1 MONTH OF
FREE
READING

at

www.ForgottenBooks.com

By purchasing this book you are
eligible for one month membership to
ForgottenBooks.com, giving you
unlimited access to our entire
collection of over 700,000 titles via
our web site and mobile apps.

To claim your free month visit:

www.forgottenbooks.com/free680839

ISBN 978-0-666-45399-0
PIBN 10680839

JAHRESBERICHT

über

die Fortschritte der classischen

lterthumswissenschaft

begründet

von

Conrad Bursian,

herausgegeben

von

Iwan Müller,

ord. öffentl. Prof. der classischen Philologie an der Universität Erlangen.

Achtundvierzigster Band.

Vierzehnter Jahrgang. 1886.

Dritte Abtheilung.

ALTERTHUMSWISSENSCHAFT.

Register über die drei Abtheilungen.

BERLIN 1888.

VERLAG VON S. CALVARY & CO.

W. Unter den Linden 17.

Bd. 48-49

21619 e

Inhalts-Verzeichniss

des achtundvierzigsten Bandes.

———

Der Bericht über antike Musik von Dr. Reimann in Berlin folgt später.

Jahresbericht über lateinische Lexikographie.

Vom 1. Juli 1884 bis 30. Juni 1886.

Von
Professor Dr. Karl E. Georges
in Gotha.

Archiv für lateinische Lexikographie und Grammatik mit Einschluss des ältern Mittellateins als Vorarbeit zu einem Thesaurus linguae latinae mit Unterstützung der königl. bayerischen Akademie der Wissenschaften herausgegeben von Eduard Wölfflin, ordentl. Professor der klassischen Philologie an der Universität München. I. Jahrg. Heft 3 u. 4. II. Jahrg. Heft 1—4. III. Jahrg. Heft 1. Leipzig 1885—1886.

Mit staunenswertem Fleifse hat Wölfflin unter Beihilfe seiner Mitarbeiter in 1½ Jahren śieben Hefte dieser Zeitschrift zustande gebracht. Jedes Heft bringt Neues und Interessantes in der gediegensten Form; auch schon Proben des Thesaurus linguae Latinae der Zukunft, welche an Gründlichkeit nichts zu wünschen übrig lassen.

Ich gebe nun für die Nicht-Besitzer des Archivs ein Inhaltsverzeichnis jedes Heftes. I. Jahrg. 3. Heft bringt: Beobachtungen auf dem Gebiete des Medicinerlateins, von G. Helmreich. Pandus, span. pando, vom Herausgeber. Zum Vokativ auf ie, von O. Friedrich. Satullus, von Ph. Thielmann. Ablativi absoluti im Perf. Depon. mit Objekt; Potentialis Perf. act. plur. und Perf. Depon., von J. H. Schmalz. Zu Hor. od. 3, 5, 43 u 47, von M. Gitlbauer. Der Reim im Lateinischen, vom Herausgeber. Quodie, von L. Havet. Das lateinische Suffix aster, astra, astrum, von Franz Seck und H. Schnorr v. Carolsfeld. Die Verba desiderativa, vom Herausgeber. Tenus und fine, vom Herausgeber. Thesauri Latini specimen I. (Abacinus bis Abalbus), von Edm. Hauler. Rebellatrix, von M. Hertz. Abante, vom Herausgeber. Montaneus, Aericrepantes, von K. Sittl. Miscellen. Amaxopoios. Remulcare. Favisor. Coniectanea, von J. M. Stowasser. Sumptifacio. Quaestifacio. Eluresco, von L. Havet. Gelu, von K. E. Georges. Avenarius, von Dressel.

Acaius = Achaeus, von J. M. Stowasser. Neüter, von L. Havet. Litteratur 1884. Lexikographie. Grammatik. Sprachgebrauch der einzelnen Autoren. Die lateinischen Glossen. Erklärung von H. Prof. Nettleship. — Fragebogen 3. u. 4. Sprechsaal und Fragekasten.
    I. Jahrg. 4. Heft. De linguae latinae verbis incohativis, von
K. Sittl. Ampla. Ansa, von Rud. Schöll. Modulabilis. Rebellatrix, von
Verschiedenen. Vulgärlateinische Substrate romanischer Wörter (Fortsetzung), von G. Gröber. Infinitiv totondi. forsitam, von Max Bonnet.
Epikritische Noten (Abactor, abigeus, abacus, abaddir), von G. Götz.
Anxia »Angst«, von K. Rossberg. Thesauri latini specimen. Partic. II,
von Edm. Hauler. Addenda et Corrigenda, vom Herausgeber. Stomida,
von K. Sittl. Miscellen. Lexikalisches zu Cato, von Edm. Hauler.
Monubilis. Torunda, von J. Piechotta. Soracum, von R. Peiper. Sei-
mitus, von S. Frankfurter. Bestia. besta. belua, von Adam Miodonski.
Ferae. Pecudes. Hexameterschluss, von K. Weiman. Malva. Maltha.
Malvatus. Mauvais, von Konr. Hofmann. Ἔνοστρος, purpurn, von J. M.
Stowasser. Strambus. Admissum, von L. Havet. Litteratur 1884.
Lexikographie. Grammatik. Sprachgebrauch der einzelnen Autoren. —
Romanisches. — Sprechsaal und Fragekasten.
    II. Jahrg. 1. Heft. Frustra, nequiquam und Synonyma, vom Heraus-
geber. Beitrag zur Kenntnis des gallischen Lateins, von Paulus Geyer.
Aequipotens, von Franz Harder. Habere mit dem Infinitiv und die Ent-
stehung des romanischen Futurums, von Ph. Thielmann. Zu nequiquam,
vom Herausgeber. Das adverbielle cetera, alia, omnia, vom Herausgeber. Vulgärlateinische Substrate romanischer Wörter (Fortsetzung),
von G. Gröber. Thesauri latini specimen. Partic. III, von Edm. Hauler.
Addenda lexicis latinis. Simitu, von E. Rohde. Zu Plautus, Seneca und
Persius, von Franz Bücheler. Decretum, von Theodor Korsch. Miscellen. Culleolum, callicula. aris. speculum. trux, von O. Ribbeck.
Das Verbum purare. Zu Albinus, von Fritz Schöll. Coniectanea, von
J. M. Stowasser. Paulum, pusillum, parum und Synonyma, von G. Helmreich. Zu den differentiae verborum, von Karl Rück. Agnaphus. Exa-
gillum, von Max Bonnet. Tranix, von Konrad Hofmann. Spacus, ital.
spago, von K. Sittl. Instabilis, innabilis, von Carl Nauck. Paucilo-
quus. Gremia, von L. Havet. Est videre, vom Herausgeber. Litteratur 1884. 1885. Grammatik. Einzelne Autoren. Glossen. — Erster
Jahresbericht der Redaktion. Verzeichnis der Pensa und Mitarbeiter.
Sprechsaal und Fragekasten.
    II. Jahrg. 2. Heft. Habere mit dem Infinitiv und die Entstehung
des romanischen Futurums. II., von Ph. Thielmann. Alte Probleme,
von Fritz Schöll. Paralipomena zur Geschichte der lat. Tempora und
Modi, von Ed. Lübbert. Coromagister, von Ed. Wölfflin. Precator, von
Hermann Usener. Speculoclarus, von Em. Hoffmann. Was heifst bald ...
bald? Vom Herausg. Carrum, von K. E. Georges. Die Hisperica Famina,

von Paul Geyer. Sollus. Vix, von L. Havet. Sessim, von Karl Weyman
Addenda lexicis Latinis. Acieris, franz. acier, von Konr. Hofmann. Vul-
gärlatéinische Substrate romanischer Wörter (Fortsetzung), von G. Gröber.
Thesauri latini specimen quartum, von Edm. Hauler. Miscellen. Detegi,
von Herm. Usener. Olli, von Franz Harder. Necesse est mit dem Indi-
cativ. Nedum modo, von A. Zingerle. Coniectanea, von J. M. Stowasser.
Aus einem unedierten Glossare, von Rob. Ellis. Cunae, cunabula, von
Fr. Vogel. Zur distributiven Gemination. Catulus. Iutor, vom Herausgeber. Litteratur 1884. 1885. Aussprache des Lateinischen. Anecdota. Specialwörterbücher. Grammatik und Sprachgebrauch der einzelnen Autoren. — Sprechsaal und Fragekasten.

II. Jahrg. 3. Heft. Lexikalisch-kritische Bemerkungen, von Georg
Götz. Exomico, von Adam Miodonski. Porcaster, von G. Helmreich.
Infinitivus futuri passivi auf -uiri, von Sam. Brandt. Omnipar. Omni-
pater. Omniparus, von Wilh Brandes. Die Verba desuperlativa, vom
Herausgeber. Mediastrini. Genetiv mit Ellipse des regierenden Sub-
stantivs, vom Herausgeber. Habere mit dem Particip. Perf. passivi. I,
von Ph. Thielmann. Reimender Heilspruch, von G. Helmreich Vulgärlateinische Substrate romanischer Wörter (Fortsetzung), von G. Gröber.
Thesauri latini specimen V, von Edm. Hauler. Abiudicativus. Adfabri-
cari. Abducere. Abductio. Addenda lexicis latinis, von J. N. Ott u. a.
Miscellen. Vermischte Bemerkungen (zu Ennius, Lucilius, Caesar und
Memmius), von Emil Bährens. Balteanus, von Fr. Vogel. Calandra.
caliandrum charadrius, von K. Sittl. Filia, von L. Havet. Litteratur 1884. 1885. Lexikographie. Sprachgebrauch der einzelnen Autoren. Glossaria. — Fragebogen für Semester 5 u. 6. Sprechsaal und
Fragekasten.

II. Jahrg. 4. Heft. Per und Anhang, von Friedrich Stolz. Titus,
von Franz Bücheler. Habere mit dem Partic. Perf. Pass. II, von Ph. Thielmann. Zur Beurteilung des sogenannten Mittellateins, von Karl Sittl.
Instar, ad instar, vom Herausgeber. Afannae, von Georg Götz. Thesauri latini specimen. Partic. VI. (Abdicabilis bis abdicativus), von
Edm. Hauler. Donicum. donec cum. Episcopium, von Anton Zingerle.
Miscellen. Zur lex metalli Vipascensis, von Franz Bücheler. Coniectanea, von J. M. Stowasser. Inscius = ignotus, von Friedr. Vogel.
Zum Gastmahl des Trimalchio. Calandra, von Karl Sittl. Saraballum,
von Seb. Dehner. Coromagister, von E. A. Gutjahr-Probst. Prologus,
von L. Havet. Varia, vom Herausgeber. Litteratur 1885. 1886. Lexikographie und Grammatik. Varro de lingua latina. Sprachgebrauch
der einzelnen Autoren. Glossen. — Sprechsaal und Fragekasten. —
Sachregister. Stellenregister. Romanisches.

III. Jahrg. 1. Heft. Lucifer von Cagliari und sein Latein, von
W. Hartel. Capreolus, franz. cabriolet, vom Herausgeber. Zu den lateinischen Sprichwörtern und sprichwörtlichen Redensarten, von P. Zu

1*

Placidus p. 49, 10, von Georg Götz. Der substantivierte Infinitiv, vom
Herausgeber. Thesauri latini specimen. Partic. VII (Abdicare), von Edm.
Hauler. Cantuna, von Konr. Hofmann. Besta. Bestea. Bestolus, vom
Herausgeber. Intimare, von X. Curvus, uncus und Komposita, von Adolf
Müller. Pacifico, vom Herausgeber. Addenda lexicis latinis, von E. F. G.
Dimicatura, von Bernh. Dombart. Vulgärlateinische Substrate romanischer
Wörter (Fortsetzung), von G. Gröber. Cerrum, von Karl Sittl. Mis-
cellen. Zu Lucilius und zur altlateinischen Prosodie, von Franz Büche-
ler. Storia. Inormis, von Bernh. Dombart. A, ab, abs, von Joh. Hauss-
leiter. Transitive Verba als Reflexiva bei Corippus, von M. Petschenig.
Litteratur 1885. 1886. Laut- und Formenlehre der latein. Sprache.
Sprachgebrauch der einzelnen Autoren. Glossen. — Zweiter Jahresbericht
der Redaktion.

Lexikographie der lateinischen Sprache von F. Heerdegen
(= Handbuch der klassischen Altertumswissenschaft, herausgeg. von
Iwan Müller. Bd. II. S. 427—451. Nördlingen 1885. gr. 8⁰).

1. Geschichte und Litteratur der lateinischen Lexikographie. Wie in der Grammatik überhaupt, so stehen auch in der
Lexikographie die Leistungen der Römer hinter denen der Griechen an
Umfang, Wissenschaftlichkeit und Selbständigkeit der Forschung weit
zurück. Der erste nach der Meinung des Verf. zu nennende Autor aus
der augusteischen Zeit ist 'M. Verrius Flaccus', Verfasser eines Werkes
'De verborum significatu'; dann dessen Epitomator (etwa in der Mitte
des 2. Jahrh. n. Chr.) 'Sex. Pompeius Festus', aus dessen Auszug ein
gewisser 'Paulus' zur Zeit Karls des Gr. wiederum einen Auszug machte.
Auf diese folgt 'Nonius Marcellus', dem Ende des 3. oder dem Anfange
des 4. Jahrh. n. Chr. angehörig, mit seinem Werke 'De compendiosa
doctrina', endlich 'Isidorus, Bischof von Sevilla' (um 570—636) mit seinem
Werke 'Etymologiarum libri XX'. Es folgen nun seit dem 7. Jahrh.
n. Chr. die Glossatoren, deren Hauptrepräsentanten, wie der Verf. meint,
'Papias' (um 1063 n. Chr.) mit seinem 'Elementarium doctrinae conditum',
'Osbern' (um 1163 n. Chr.) mit seiner 'Panormia' und (etwas jünger)
'Hugutio', Verfasser eines 'liber derivationum' (ungedruckt) sind. Die
älteren handschriftlichen Glossae, wie die in Cod. Sang. no. 912 aus dem
7. oder 8. Jahrh. n. Chr., jetzt ediert und vortrefflich kommentiert von
Minton Warren (s. diesen Jahresbericht unten S. 29), sowie Placidi Glossae,
ediert und kommentiert von Deuerling, sind vom Verf. übergangen. Es
folgt nun das 'Catholicum des Joannes Januensis (= Giovanni de Balbi)'
um 1286 n. Chr., dann der 'Vocabularius breviloquus' von Reuchlin (1475
oder 1476), sowie 'Calepini Dictionarium (1502)'. Einen wirklich neuen
Anfang wissenschaftlicher, auf eigener Quellenforschung beruhender lateinischer Lexikographie bezeichnet der 'Thesaurus linguae Latinae des
Robertus Stephanus (Robert Etienne)', der zuerst 1531 in einem Bande

und dann 1543 in drei Bänden erschien. Auf diesem Thesaurus basieren
die Lexika des Trebellius Foroiuliensis, des Curtius Secundus Curio und
des Basilius Faber. 1668 erschien das 'Theatrum Romano-Teutonicum'
von Andreas Reyher, und schon zuvor (1645) das 'Lexicon criticum' des
Pareus; im Jahre 1678 das 'Glossarium ad scriptores mediae et infimae
aetatis, auctore Carolo Du Fresne, domino Du Cange'. Von Stephani
Thesaurus selbst erschien 1734—1753 eine Ausgabe in London, die aber
in der Ausgabe von Birrius (Basel 1740—1743) übertroffen wurde. Diese
Ausgaben wurden aus dem Felde geschlagen durch den von Joh. Matthias
Gesner ausgearbeiteten 'Novus linguae et eruditionis Romanae Thesaurus
post Rob. Stephani et aliorum nuper etiam in Anglis eruditissimorum
hominum curas digestus, locupletatus, emendatus', welcher im Jahre 1749
zu Leipzig in vier Bänden erschien. Als ein selbständiges Werk erschien
1771 in Padua 'Totius Latinitatis Lexicon, consilio et cura Jacobi Faccio-
lati, opera et studio Aegidii Forcellini'; neue Ausgabe 1804 in vier
Bänden[1]). Auf dem Forcellini basiert 'Schellers Lexikon' (1. Aufl. 1783,
2 Bde.; 2. Aufl. 1788, 3 Bde., 3. Aufl. 1804, 5 Bde.) und 'Freund's
Wörterbuch', 1834 ff. 4 Bde.[2]), auf Gesner und Forcellini (nicht auf
eigenen Sammlungen, wie der Verf. angiebt) 'Klotz's Handwörterbuch'
(1853 ff.); mein Handwörterbuch (7. Aufl. 1879 u. 1880) beruht mit Benutzung des Gesner, Forcellini und Scheller auf eigenen Sammlungen,
ebenso der von mir und Mühlmann begonnene, nur bis Ende J gediehene
'Thesaurus der klassischen Latinität' (1854—1868).

2. Theorie der lateinischen Lexikographie. Der Verf.
unterscheidet sieben Gesichtspunkte, welche bei Bearbeitung eines Thesaurus in Betracht kommen, den historischen (dem der geographische
untergeordnet ist), den etymologischen, den flexivischen, den semiasio-
logischen, den syntaktischen, den phraseologischen und den stilistischen.
Diese Gesichtspunkte werden in ausführlicher und lichtvoller Darstellung
näher erörtert. Dann wendet sich der Verf. zur Überschau derjenigen
lexikalischen Vorarbeiten, Untersuchungen und Vorschläge, welche zur
Herstellung eines Thesaurus linguae Latinae in neuerer Zeit gemacht
worden sind. Es werden angeführt und besprochen: 1) der gründliche

---

1) Neue Ausgaben: die von J. Furnaletto, Padua 1827 ff., die von Baily,
London 1827, die deutsche Ausgabe, Schneeberg 1831 ff., die Ausgabe von
F. Conradini, Patavii 1864 ff. 1.—3. Bd. in gr. 4 (bis jetzt bis Q) und die von
V. De-Vit, Prato 1858 ff. in 6 Bänden (vollständig); mit einem Glossarium,
vol VI, p. 558—780. Erwähnt mufste auch werden 'Appendix I et II Lexici
totius Latinitatis ab Aegidio Forcellino elucubrati, Patavii 1841.

2) Ausgelassen ist 'A new Latin Dictionary founded on the translation
of Freund's Latin-German Lexicon. Edited by E. A. Andrews. Revised, enlarged, and in great part rewritten, by Charlton T. Lewis and Charles Short.
New-York, 1879; s. Jahresbericht Bd. XXIII = 1880. Abt. 3. S. 393 ff.

Aufsatz von G. D. K. in D. (d. i. Georg David Köhler, Rektor in Dortmund) 'Über die Einrichtung eines Thesaurus der lateinischen Sprache'
(in den litter. Analekten von Fr. Aug. Wolf. IV. Heft S. 307 ff. = Fr.
Aug. Wolfs Kleine Schriften II. S. 1192 ff.), welchen wir als im Sinn und
Geist Fr. Aug. Wolfs betrachten müssen; 2) die minder wichtige, viel
schiefe Ansichten enthaltende Schrift K. Kärchers 'De optima Latini
lexici condendi ratione'; 3) die gediegene Vorrede zu Freund's Wörterbuch; 4) der schlichte Bericht Karl Halms über eine in den fünfziger
Jahren in Aussicht genommene Begründung eines wissenschaftlichen Thesaurus linguae Latinae, erstattet in einem Vortrage auf der 18. Philologenversammlung in Wien im September 1858 (s. Verhandlungen der
18. Philologenvers. Wien .1859. S. 6 ff.); 5) der Aufsatz Ed. Wölfflins
'Über die Aufgaben der lateinischen Lexikographie' (Rhein. Mus. Bd. 37.
S. 83--123); 6) das von Ed. Wölfflin gegründete 'Archiv für lateinische
Lexikographie und Grammatik mit Einschlufs des älteren Mittellateins,
als Vorarbeit zu einem Thesaurus linguae Latinae', Leipzig 1884 u. 1885
(damals bis Bd. 2 Heft 3, jetzt bis Bd. 3. Heft 1 erschienen, s. oben S. 1 ff),
auf dessen Kritik Verf. vorläufig verzichtet, was zu bedauern ist.

    Die Arbeit des Verf. ist mit grofsem Fleifse abgefafst, doch sind
ihm manche hierher gehörige Notizen (s. schon oben Anm. 1 u. 2) entgangen. Es fehlt z. B. 'Christiani Falsteri Supplementum linguae Latinae
sive Observationes ad Lexicon Fabro-Cellarianum. Flensburgi 1717',
und 'Frid. Ottonis Menckenii Observationum liber ... ad augendum in
primis et emendandum Basilii Fabri thesaurum compositus Lipsiae 1745.'
Auch wäre es wohl angezeigt gewesen, Pauckers grofse Verdienste um
die lateinische Lexikographie hervorzuheben, da dieser Gelehrte mit
wahrem Bienenfleifse in zahlreichen Schriften ein reiches Material zu
einem Thesaurus zusammengetragen hat, wobei einige Hauptschriften
hervorgehoben werden konnten, wie' die Addenda lexicis Latinis, die
Subrelicta, das Spicilegium, das Supplementum lexicorum Latinorum und
die Schrift 'De Latinitate Hieronymi'. Ebenso fehlt 'Krebs Antibarbarus,
herausg. von Allgayer', nebst den zahlreichen ergänzenden Rezensionen dieses Werkes von Poppo, Ott, Ladewig, Güthling u. a. Beim
Bibellatein (S. 436. Anm. 6) fehlt merkwürdiger Weise das Epoche
machende Werk Hermann Rönschs 'Itala und Vulgata'. Von Rezensionen
werden blofs meine und Rosenheyns Rezension des Freundschen Wörterbuches erwähnt, während doch auch hierher gehören K. E. Kärchers
ausführliche Rezension des Freundschen Wörterbuches (in der Zeitschr.
für Altertumsw. 1836 No. 14—19), G. H. Mosers und Th. Ladewigs
Rezensionen des Klotzschen Handwörterbuches. Heidelb. Jahrbb. 1848 bis
1854 und N. Jahrbb. für Phil. u. Päd. Bd. LXIX. Heft 4, J. N. Otts
Rezension der VI. Auflage meines Handwörterbuches (Zeitschr. für die
österr. Gymn. Jahrg. 1871), E. X. Allgayers Rezension der VII. Aufl.
meines Handwörterbuches (Zeitschr. für die österr. Gymn. 1880 u. 1882).

Auch mufsten erwähnt werden C. H. Gabblers Abhandlung 'De iis, quae in Luenemanniani lexici editione sexta desiderantur (Conitz 1830)', A. Drägers 'Zur Lexikographie der lateinischen Sprache (Güstrow 1861)', J. N. Otts zwei Programmabhandlungen 'Beiträge zur lateinischen Lexikographie mit besonderer Berücksichtigung des Handwörterbuches der lateinischen Sprache von R. Klotz (Rottweil 1868 u. 1879)', sowie Hildebrands Programmabhandlungen über Cicero, Cäsar, Sallust und Livius, auch mit einer Probe eines lexicon Livianum (Dortmund 1854—1868). Auch das 'Lexicon Quintilianeum von Ed. Bonnell' und die 'Clavis Suetoniana von C. Baumgarten-Crusius', sowie der 'Thesaurus poëticus von L. Quicherat' hätten wohl Erwähnung verdient.

Lateinische Grammatik. 1. Lateinische Laut- und Formenlehre von Friedrich Stolz. 2. Lateinische Syntax und Stilistik von J. H. Schmalz (in Iwan Müllers Handbuch der klassischen Altertums-Wissenschaft Bd. II. S. 129–239 u. 240 · 364. Nördlingen 1885. gr. Lex.-8⁰).

Die Beurteilung dieser beiden Schriften gehört dem Referenten des Jahresberichtes über lateinische Grammatik an[1]). Da ich aber in der Lage bin, mehrere Fehler, namentlich in no. 1, verbessern zu können, so will ich meine Bemerkungen den Lesern des Jahresberichtes nicht vorenthalten. Zu no. 1, S. 155 § 22 heifst es 'so *iogalis* (Cato)'; aber Cato r. r. 10, 5 u. 14, 2 liest Keil jetzt *togalis*. S. 156. § 23, 1 a. E. lies 'Varr. r. r. 1, 8, 4 Keil'. S. 158. Z. 3 v. o. ist 'periuro' mit einem Sternchen versehen, als Zeichen, dafs das Wort nicht vorkomme; aber es steht Plaut. asin. 322. 562. 570 und noch sechsmal; aufserdem Cic. de off. 3, 108. Ovid. amor. 3, 11, 22. Plin. 2, 21 D. Itala (Rhed.) Matth. 5, 33. Vulg. (Amiat.) Levit. 6, 3 u. sap. 14, 28. Lact. de ira dei 16, 4. S. 161. Z. 3 v. o. 'Maurte' steht nicht Corp. inscr. Lat. 1, 163 (wo blofs M A) sondern 1, 63. p. 27. Z. 164. Z. 3 f. v. o. schreibe 'pilumnoe poploe' (Fest. 205, 19). S. 169. Z. 3 v. u. Acc praet. 28. p. 239 ed. 1 u. 284 ed. 2 liest Ribbeck 'liquier'. S. 171. Anm. 157 statt 'Prisc. II, 36 H' zu schreiben 'Prisc. I. p. 36 H = 1. § 48 H'. S. 178. Z. 4 v. u. (Text). Paul. Fest. 67, 9 u. Fest. 205 (a) 14 steht 'Casmenae pro Camenae', nicht 'pro Casmena'. S. 179 Anm. 6 schreibe 'Lucilius (sat. 3, 10 M.) bei Nonius 489, 12' statt 'Caecilius'. S. 189 Z. 3 v. o. Corp. inscr. Lat. 1, 199, 7. 8. 15 steht nicht 'rusum', sondern 'susum'. S. 192. Z. 1 v. o. wird 'poste' als angenommene Form mit einem Sternchen bezeichnet, während es doch vorkommt, s. mein Handwörterbuch unter 'poste'. S. 201. Z. 8 v. u. Abl. 'sangui' ist Enn. ann. 40 V (152 M.) blofs Konjektur G.

---

[1]) Recensionen sind bereits erschienen in Wölfflins Archiv Bd. III. S. 132 f. Bd II. S. 617 ff. und in der N. Rundschau no. 12.

Hermanns. S. 204. Z. 3 v. o. Ich habe mir aus Hermes 19, 453 'Diovo(s)'
notiert, nicht 'Jovo'. S. 210. § 85. Z. 6 v. o. schreibe 'Ephem. epigr.
1. p. 13. no. 20' statt 'Corp. inscr. Lat. 4, 1824 (wo poumileonom nicht
steht). S. 214. § 89. Z. 5 f. mufste deutlicher stehen 'ab oloes, Paul. Fest.
19, 3, privicloes, Paul. Fest. 205 (a) 21, und Z. 13 schreibe 'devas' statt
'deivas', Corp. inscr. Lat. 1, 814, s. dazu Mommsen S. 208 (a). S. 216.
§ 91. Z. 8. Bei Paul. Fest. 6, 2 steht 'ipsos' nicht 'ipsus'. S. 218, A.
a. E. 'meile' u. meilea' hat auch Lucil. sat. 9, 21 M. (324 L.), wo Müller
'meile, meilia', Lachmann 'meille, meillia'; 'mille, meilia' auch Ter.
Scaur. 19, 1 K. S. 219 no. C· a. E. steht 'undeceni, 99 auf einmal bei
Plin. 36, 8 (14)'; aber Plin. 36. § 65 lesen Sillig, Jan und Detlefsen
'undcnis per latera cubitis'. S. 220. Z. 5 v. u. (Text). Bei Enn. ann.
504 u. 505 M. (448 u. 579 V.) steht 'celerissimus' nicht 'creberissimus'
S. 235. Z. 10 v. o. schreibe Varr. r. r. 1, 9, 2' statt '1> 8, 2'.

Zu no. 2. Es sollte mehr Uebereinstimmung in den Citaten beliebt worden sein, wie S. 257 Cic. Att. 7, 8 statt 7, 8, 2. S. 258 Cic. nat. deor. 1, 21
statt 1, 21, 57. S. 264 Cic. Tusc. 2, 24 statt 2, 24, 56. S. 275 Liv. 21, 50
statt Liv. 21, 50, 11. S. 278 Cic. Phil. 2, 9 statt 2, 9, 23, dagegen wieder
S. 258 Cic. Verr. 3, 195 (d. i. § 195). S. 270 Cic. de off. 2, 51 (d. i. § 51).
S. 266. § 66 Plin. maj. 33, 4, 23 st. Pliu. nat. hist. od. blofs Plin. 33, 4, 23.
§ 81 oder blofs 33. § 81, dagegen S. 275 wieder Plin. hist. n. 15. § 135.
Aufserdem S. 263. Z. 18 steht für Akkus. bei Verben der Bewegung 'Catull. 33, 5 cur non exilium itis?'; aber die Stelle heifst vollständig: 'cur
non exilium malasque in oras itis?', wo 'in' auch zu 'exsilium' gehört,
wie Riese richtig bemerkt. S. 270. 'capitis arcessere' steht auch Cic. de
inv. 2. § 97 u. pro Deiot. § 30. S. 271 'refert' mit einem bestimmten
Substantiv als Subjekt steht nicht blofs Lucr. 4, 981 (984), sondern auch,
wie mein Handwörterbuch Bd. 2 Sp. 2027 oben den Verf. hätte belehren
können, Pliu. 7, 42; 11, 267; 18, 187 u. 317. Dazu noch Fronto ad M.
Caes. 4, 3. p. 64, 12 N. S. 273. Z. 5 v. u. soll bei Suet. Tib. 12 'custodem factis' zusammengehören. Die Stelle lautet: 'non cessavit efflagitare
aliquem cuiuslibet ordinis custodem factis atque dictis suis'; wo also
'factis atque dictis suis' von 'efflagitare' abhängt. S. 277 steht: 'mei
causa' lesen wir erst bei Apul. u. Tertull., aber doch 'nostri causa' Cic.
de amic. § 57, sui causa, Cic. Verr. 3. § 121. S. 279 unten setze 'Tibull.
1, 1, 43' statt 'Tibull. 1, 43'; übrigens steht 'requiescere lecto' auch
Prop. 1, 8, 33. S. 280 wird 'potior mit Genet.' mit Cic. fam. 1, 7, 5
bclegt; es steht aber auch Cic. de off. 3. § 113 (castrorum) u. Varr. de
vit. pop. Rom. 2. fr. 1 bei Non. 498, 19 (Romae); daselbst Anm. 4 wird
'comitatus mit Abl mit Tac. ann. 14, 8' belegt; es steht aber schon
Cic. Cael. § 34 (alienis viris comitata). S. 282 sollen 'obsonatu redeo
(Plaut. Men. 277 u. 280)' und 'venatu redeo (Stat. Ach. 1, 119)' Supina
sein; ich halte sie für Ablative, ebenso wie cubitu surgat, Cato r. r. 5, 5.
S. 284. Z. 12 v. o. heifst es: 'militiae neben domi, auch belli neben domi

(kaum wohl selbständig, vielleicht Fronto p. 123 Nab., wo militiae)'; aber belli' allein steht ja Terent. heaut. 112. Cic. de rep. 2. § 56.

Onomasticon totius Latinitatis, opera et studio Vincentii De-Vit lucubratum. Tom III. fasc. 3—5. p. 233 — 632 (von 'Gephides' bis 'Julianus'). Prati 1884—1886. gr. 4⁰.

Nachdem im Laufe zweier Jahre vier Hefte des Onomasticon erschienen sind, ist etwa die kleinere Hälfte des ganzen Werkes fertig geworden. Der Fleifs, mit welchem das Material zusammengetragen worden, ist staunenswert, selbst das Corpus inscr. Lat. ist in ausgiebigster Weise benutzt.

Dafs einzelne Druckfehler und sonstige Versehen vorkommen, ist menschlich und verzeihlich. Sogleich S. 233. Sp. 1 unter 'Geraestus' steht der Druckfehler Mela 2, 79 statt Mela 2, 7, 9 (= 2. § 107), und in dieser Stelle lesen Parthey und Frick nicht mehr 'Capharea', sondern 'Capherea', wie auch Mommsen Solin. 11, 25 nach den besten Handschriften 'Caphereus' aufgenommen hat, eine Form, welche öfter vorkömmt. S. 249. Sp. 2 unter 'Gito' od. 'Giton' war die Angabe der Lesarten 'Gyton' und 'Gniton' unnötig, da die Form 'Giton' bei Petron seit Burmann fest steht. Eher konnte der griechische Akk. 'Gitona', bei Petron. 9, 1 u. 92, 7, angeführt werden, den der Verf. unter anderen Artikeln beibringt, z. B. unter 'Gorgo', Akk. Gorgona', Stat. Theb. 1, 544, wo hinzuzufügen Verg. Aen. 8, 438. Lucan. 6, 746. Mythogr. Lat. 1, 204 u. 2, 53. Fulgent. myth. 3, 1. p. 103 M. Es fehlt griech. Akk. Plur. 'Gorganas', Mart. 10, 4, 9. Mart. Cap. 6, 702. Fulg. myth. 1, 26. S. 287. Sp. 1 unter 'Hadrianopolis' fehlt der Genetiv 'Hadrianopoleos', Amm. 31, 12. § 4 u. 10, der Akk. 'Hadrianopolim', Amm. 14, 11, 15; 27, 4, 12 u. ö., und der Abl. 'Hadrianopoli', Itin. Antonin. p. 137, 3 Wess. S. 344. Sp. 1 unter 'Herceus' ist Ovid. Ibis 282 (286) wohl zu streichen, da Merkel und Riese dort Rhoetei Jovis lesen. S. 344. Sp. 2 hätte unter 'Herculaneum' die Stelle Cic. ad Att. 7, 3, 1 gar nicht mehr erwähnt werden' sollen, da man dort längst 'Aeculanum' liest. Auch durfte nicht gesagt werden, die Form 'Herculaneum' sei die bessere, da sie ja die einzig richtige ist. S. 382. Sp. 1 fehlen unter 'Hesperides' wieder die griechischen Formen Genet. 'Hesperidon', Plin. 37, 38 (wechselnd mit 'Hesperidum'). Akk. 'Hesperidas' Varr. r. r. 2, 1, 6. Ovid. met. 11, 114. Mela 3. § 103. Plin. 5, 46. Solin 31, 6. Nbf. 'Hesperidae', wov. Abl. 'Hesperidis', Schon Juven. 5, 152. S. 393. Sp. 1 wird noch für Hierosolyma, ae, Cic. Flacc. 28 (§ 67) angeführt, wo allerdings die meisten Handschriften Hierosolymam haben, aber jetzt von Baiter (ed. Turic.) und von Kayser der Akk. Plur. 'Hierosolyma' gesetzt ist, weil Cic. Flacc. 28. § 67 u. 69 zweimal sicher der Abl. Plur. 'Hierosolymis' steht. Andere Stellen giebt mein Handwörterbuch

Tensaurus Italo-graecus. Ausführliches historisch-kritisches Wörterbuch der griechischen Lehn- und Fremdwörter im Lateinischen, von
Günther Al. Saalfeld. Wien 1884, Gerolds Sohn. 1184 Spalten
in Lex.-8⁰.

Bei Beurteilung dieses Buches bin ich Partei; ich lasse daher das
mir brieflich mitgeteilte Urteil eines hochgeachteten Gelehrten folgen.
Er schreibt: »Ein Philolog muſs — mag er wollen oder nicht — Ihr
Handwörterbuch bei einer derartigen Publikation benutzen, ja er würde
sich, falls er es nicht thäte, den Männern der Wissenschaft gegenüber,
die empfindlichsten Blöſsen geben; aber es in einer so plumpen und
unverschämten Weise von A bis Z abzuschreiben, wie S. es gethan hat,
das steht wahrlich in der philologischen Welt als ein Unikum da! Wollte
man der Krähe alle die fremden Federn, mit der sie sich geschmückt
hat, ohne Schonung ausrupfen, wie erbärmlich nackt würde sie da erscheinen. Man könnte ohne ungerecht zu sein, beim Hinblick auf die
Massenhaftigkeit des in diesem grofsartigen Tensaurus Entlehnten
eine Rezension desselben in die wenigen Worte zusammenfassen: Das
ausführliche Wörterbuch der griechischen Lehn- und Fremdwörter im
Lateinischen von S. zeichnet sich dadurch aus, dafs es auch in den Erläuterungen fast lauter Lehnwörter enthält«.

Ich kann nicht umhin, meine Verwunderung darüber zu erkennen
zu geben, dafs von den vielen Rezensenten des Buches, auch nicht ein
einziger sich die Frage vorgelegt hat, woher hat S. das Material genommen, da doch Vorsicht geboten war, nachdem Prof. Dr. Oskar Seyffert
in Berlin Saalfelds 'Hellenismus' als ein Plagiat aus Mommsens römischer
Geschichte, Marquardts Handbuch und andern Werken bezeichnet hatte.
Das von den Rezensenten durchgehends gespendete Lob gehört zum
grofsen Teile mir.[1] Im übrigen verweise ich auf meine ausführliche
Rezension des Werkes in der Berliner Philol. Wochenschrift im 5. Jahrg.
(1885) no. 11 u. 12. Dort habe ich bemerkt, dafs S., wenn er eigenes
Studium angewendet, er hunderte von Wörtern aus den Grammatikern
und Medizinern hätte nachtragen und sich dadurch ein wirkliches Verdienst um die lateinische Lexikographie erwerben können. Ich gebe nun,
wie ich dort versprochen, einige Proben aus jedem Buchstaben, und zwar
aus dem A: acharistum collyrium (ἀχάριστον), Marc. Emp. 8. fol. 98 (a),
40 ed. Ald. Inscr. de Lyon p. 453 und dazu Boissieu p. 454. — acro-
bystia (ἀκροβυστία, Vorhaut), Moisis assumpt. ed. Hilgenf. c. 8. — tempus
quod propter ignorantiam vocatur adelon (ἄδηλον, ungewifs), Censorin.
21, 1. — allegorice (Adv.), Porphyr. Hor. sat. 2, 5, 56 u. ep. 1, 10, 10.

[1] Max Müller sagt in der englischen Zeitschrift Academy 'dieser Tensaurus ist ein wirklicher Tensaurus', er hätte nur hinzufügen müssen 'aber
nicht durch eigenen Fleifs, sondern durch Entlehnung fremden Eigentums
zustande gebracht'.

allegoricos (ἀλλήγωρικῶς), Porphyr. Hor. carm. 2, 10, 4 u. 9; sat. 1, 7, 3; ep. 1, 7, 73. — amblyopia (ἀμβλυωπία, Blödsichtigkeit) rein lat. obtunsio, Cass. Fel. 29. p. 56, 18. — ammogosia (ἀμμογωσία) = ferventis arenae adobrutio, das Vergraben im heifsen Sande, Cass. Fel. 76. p. 187, 5. — amycha (ἀμυχή, Schramme, Rifs, Ritze), Cass. Fel. 5 p. 12, 18; 18 p. 26, 17; 24 p. 41, 18; 54. p. 140, 21. — anchon (ἀγχών, Partic. von ἄγχω, die Kehle zuschnüren), Akk. Plur. anchonas, Cass. Fel. 37. p. 81, 11. — anagargarisma (ἀναγαργάρισμα, Mittel, zum Gurgeln), Cass. Fel. 1. p. 6, 19; 33. p. 70, 11 u. ö. — anagargarismus (ἀναγαργαρισμός, das Gurgeln), Alexander lat. 1, 66. — anatrope (ἀνατροπή, Umsturz), Cass. Fel. 82. p. 193, 22. — anconiscus (ἀγκωνίσκος, kleine Ecke), Augustin. quaest. in heptat. 2, 109. — Androphagoe (Ἀνδροφάγοι), eine Völkerschaft, Mela 3. § 59. — anorexia (ἀνορεξία, Mangel an Efslust), Soran. latin. p. 50, 9 — anotericus (ἀνωτερικός, zum Obern gehörig), Cass. Fel. 48. p. 124, 8. — antanaclasis (ἀντανάκλασις, Zurückgabe desselben Wortes in einer andern Bedeutung), Isid. 2, 21, 10. — anthracion (ἀνθράκιον) = anthrax als Karbunkel, Cass. Fel. 22. p. 37, 21. — antias, adis (ἀντιάς, die Mandel am Halse), Plur. bei Cass. Fel. 35. p. 77, 2 (griech. bei Cels. 7, 12, 2). — antiscopoe (ἀντίσκοποι), Censorin. fr. 2, 4; vgl. Hultsch Praef. p. VIII. — antispasis (ἀντίσπασις), Cass. Fel. 54. p. 140, 13. — antoecumene (ἀντοικουμένη), Gegensatz oecumene, Gromat. vet. p. 61, 22. Prob. Verg. georg. 1, 233 (dreimal). — apelassonos (ἀπ᾽ ἐλάσσονος), Terent. Maur. 2056 K. — apemphaenonta metra (ἀπεμφαίνοντα), Rufin. in metr. Ter. 559, 25 K. — aphelos, Adv. (ἀφελῶς, einfach, schmucklos), Porphyr. Hor. carm. 2, 6, 3. — apithanos (ἀπίθανος, nicht leicht überzeugend), Ven. Fortun. art. rhet. 1, 3. p. 83, 27 Halm. — aporyma (ἀπόρρυμα, ein Maafs der Thebaner), Metrol script. p. 103, 8 Hultsch. — apostatatus, us, Gregor. M. in 1 reg. 5, 3, 20 ··· aplistia (aplestia) = ἀπληστία, Gloss. Sang. A 309 und im Bibellatein, s. Thielmann in Wölfflins Archiv I. S. 69. — apostrofo, Gloss. Sang. A 307. Gloss. Vatic. VI. p. 508 (b). — aristocratia (ἀριστοκρατία), Heges. 2, 13, 1. — artofacium (ἀρτοφάκιον?), Soran. Lat. p. 101, 6. — atelia (ἀτελεία, Freiheit von Staatslasten), Heges. 1, 24 extr. ·· atonia (ἀτονία, Abspannung, Mattigkeit), Cass. Fel. 42. p. 102, 22 u. 46. p. 117, 1. — autexusion (αὐτεξούσιον, freie Macht), Hieron. vir. ill. 83. — 2) zum B: blasphemiter, Mar. Victorin. adv. Arium 1, 46. ·· boëthema, atis (βοήθημα, Hilfsmittel in der Medezin, Arzenei), Soran. Lat. p. 81, 16. Gloss. Sang. V 151 (wo vulg. voëtema) — boëthematicon (βοηθηματικόν, Arzeneienbuch), Soran. Lat. p. 3, 8 u. (Plur.) p. 61, 7. ··· bothria ulcera, Cass. Fel. 29. p. 51, 10 und subst. bothrion (Genet. Plur.) dolores, p. 54, 15. — 3) zum C: cacochyma (κακόχυμα) corpora, id est malo humore possessa, Cass. Fel. 26. p. 43, 1. — cacochymia (κακοχυμία, Schlechtigkeit der Säfte), Cass. Fel. 42. p. 100, 8. — cacodaemon (κακοδαίμων), Firmic. math. 2, 32. p. 42, 26. — cacozelos, Adv. (κακοζηλῶς), Sen. suas. 2. 16. — calycu-

larius (mit einer Fruchtkapsel versehen), Cael. Aur. chron. 2, 13, 159
u. 4, 3, 52. calycularis unter calyx blofs mit Apul. herb. 4 belegt, steht
auch Cael. Aur. chron. 2, 7, 102 u. 2, 13, 153. Plin. Val. 1, 37. auch
calycaris, Cael. Aur. Chron. 4, 3, 55 (aus Paucker Suppl. p. 57). —
carpodesmon (griech. καρπόδεσμα, Armbinde), Cass. Fel. 24. p. 41, 16.
— catafrico, are, Cass. Fel. 1. p. 8, 10. — catantifrasis, Akk. -in (κατ-
αντίφρασις), Cledon. 28, 26 u. 58, 30 K. — catarrhizo, Alexander Lat. 1,
9. — cenodoxus (κενόδοξος), Gloss. Sang. C 147. Gloss. Paris. p. 57.
no. 126. — cephalopus (κεφαλοποῦς?), Cass. Fel. 40. p. 92, 14 (wo: pedes,
quos appellant cephalopodas, viell. Klumpfüfse). — ceratoides (κερατο-
ειδής, hornartig), Cass. Fel. 29. p. 50, 15. — chemosis (χήμωσις, ein
Fehler der Augen, wenn die entzündete Hornhaut rot wird und anschwillt),
Cass. Fel. 29. p, 50, 13 u. 51, 7. — chirurgumenos (χειρουργούμενος,
operierend), Soran. Lat. p. 3, 8. — chronites, richtiger mit cod. p chro-
niotes (χρονιότης, lange Zeit, lange Dauer), Cass. Fel. 49. p. 128, 14 u.
16. — chrysopa similis chrysopraso, Ambros. in psalm. 118. serm. 16.
§ 42 (vol. I, 2. p. 1513 Migne). — citrinus = citrius, Firmic. math. 2,
12 extr. — cnesmone (κνησμονή, das Jucken), Cass. Fel. 16 in. — com-
propheta, Hieron. in Ion. ad 1, 2. — cylix (κύλιξ), Porphyr. Hor. art.
poët. 52. — 4) zum D: dadinus (δάδινος, von Fichten), Cass. Fel. 79.
p. 191, 12 (oleum). — diachartu (διὰ χάρτου), Cass. Fel. 19. p. 28, 15.
— diacolocynthidos (διὰ κολοκυνθίδος), Marc. Emp. 20. fol. 112 (b), 47.
— dialimma, (διάλειμμα), Soran. lat. p. 73, 2; p. 105, 3; p. 108, 14
(S. hat dialemma aus Theod. Prisc. 2, 21). — diamolybdu (διὰ μολύβδου),
Soran. Lat. p. 97, 16. — diapityru (διὰ πιτύρου), Cass. Fel. 37. p. 82,
16. — diasycon (διὰ συκῶν), Soran. Lat. p. 63, 5. — dia trion pipereon
od. pepereon (διὰ τριῶν πεπερέων), Cass. Fel. 42. p. 103, 11; 55. p. 143,
19. — diorobu (δι' ὀρόβου), Cass. Fel. 40. p. 91, 15 u. 92. 1. — dicolos
(δίκωλος, zweigliedrig), Serv. de metr. Hor. 468, 21 u. 469, 11 K. — dilogos
(διλογῶς), Porphyr. Hor. sat. 1, 10, 36 u. epod. 17, 6. — distrofos (zwei-
strophig), Serv. de metr. Hor. 469, 11 u. 470, 9 K. — drachmalis, Cass.
Fel. 71. p. 172, 5. — 5) zum E: ectyloticus (ἐκτυλωτικός, Schwielen ver-
ursachend, verhärtend), Cass. Fel. 20. p. 32, 1. — medicamentum edri-
con (ἑδρικόν, Stuhlgang beförderndes Mittel), Cass. Fel. 74. p. 178, 22.
— elafion (ἐλάφιον, Hirsch), ceraselafu (κέρας ἐλάφου, Gallen.; Hirsch-
horn), Cass. Fel. 29. p. 56, 11. — embrocismus, Cass. Fel. 42. p. 97, 15.
— embreco, are (von ἐμβροχή, feuchter Umschlag), Cass. Fel. 1. p. 4, 11
u. p. 5, 2; 63. p. 156, 1. Alexander Lat. 1, 41. — embryotomia (ἐμ-
βρυοτομία), Soran. Lat. p. 90, 7 u. 92, 15. — embryulcia (ἐμβρυουλκία),
Soran. Lat. p. 90, 7 u. 18; p. 92, 12; p. 93, 1. — embryulcus (ἐμβρυ-
ούλκος), Soran. Latin. p. 91, 15; p. 93, 23; p. 110, 18. — embryoticus
(ἐμβρυοτικός, innere Geschwüre hervorbringend), Cass. Fel. 21. p. 35,
18. — cmicranios s. hemicranios. — emorragia (αἱμορραγία, Blutflufs,
Blutsturz), Cass. Fel. 82. — emophtyicus (αἱμοπτυϊκός, Blut speiend),

Cass. Fel. 39. p. 85, 17 u. p. 89, 6. — encathismo, are (von ἐγκάθισμα, warmes Bähmittel), Soran. Lat. p. 63, 7. — encausis, Genet. eos (ἔγκαυσις), Cass. Fel. 1. p. 4, 9; 62. p. 154, 4; 64, p. 156, 21. — enchyma (ἔγχυμα), id est infusio in nares, Cass. Fel. 32. p. 64, 11. — enclisis (ἔγχλισις), Macr. de diff. 1, 1. — encolpizo (ἐγκολπίζω, in den Busen senken, schütten, Th. Prisc. 4. fol. 311 (a), 24. Cass. Fel. 78. p. 191, 1. Soran. Lat. p. 64, 12; p. 71, 22; p. 100, 25; p. 101, 3; p. 102, 2. — encomiologicus (ἐγκωμιολογικός, zu einem Lobgedicht gehörig), Serv. de cent. metr. 466, 11 K. — encymatismus (ἐγκυματισμός, Einspritzung, Infusion), Soran. Lat. p. 60, 12; p. 66, 17; p. 83, 16; p. 95, 14. — encymatizo (ἐγκυματίζω, einspritzen), Soran. Lat. p. 81, 18. — energōs (ἐνεργῶς), Porphyr. Hor. carm. 4, 11, 11 u. sat. 1, 2, 132. — eneter Akk. tera (ἐνετήρ, Klystierspritze), Cass. Fel. 48. p. 127, 6. — tria enhypostata (ἐνυπόστατα), hoc est tres subsistentes personae, Hieron. ep. 15, 3. — epithesis (ἐπίθεσις), Porphyr. Hor. epod. 5, 47. — epitrope (ἐπιτροπή), Porphyr. Hor. ep. 2, 2, 76. — epuloticus (ἐπουλωτικός,· das Vernarben befördernd), Cass. Fel. 46. p. 120, 7. – epyllion (ἐπύλλιον, kleines Gedicht), Auson. XXVI, 1, 35 u. XXVIII, 4, 10 Schenkl. — — eremizo, are (ἐρημίζω, ausleeren), Cass. Fel. 51. p. 135, 9 (eremizato folle). – euruptus (εὔρυπτος, wohl gereinigt), Soran. Lat. 132, 20. — exegematicus (ἐξηγηματικός von ἐξήγημα, erzählend), Prob. ad Verg. ecl. praef. extr. p. 349 extr. — 6) zum F u. G: filiatros (φιλίατρος, Freund der Arzeneikunst), Soran. Lat. p. 3, 8. -- filonius (φιλώνειος, des Philo), Cass. Fel. 42. p. 103, 13; 43. p. 106, 14; 51. p. 133, 20. — flegmagogus (φλεγμαγωγός, Schleim abführend), Cass. Fel. 8. p. 15, 13. — fysalis, Genet. idos, Genet. Plur. idon (φυσαλίς, Judenkirsche), Cass. Fel. 21. p. 37, 12; 45. p. 113, 17 u. p. 114, 3. — gargareon (γαργαρεών, der Zapfen im Munde), Cass. Fel. 35. p. 75, 13 u. 15. — gargarismus (γαργαρισμός, das Gurgeln), Cael. Aur. chron. 2, 6, 92; 2, 7, 99; 2, 13, 154. — gastrimargia (γαστριμαργία), Gloss. Sang. G 15. -- genea, Genet. geneas, Akk. genean (γενεά, ᾶς), Censorin. 17. p. 31, 3 u. 6 sq. — geronticōs (γεροντικῶς, nach Art der Greise), August. bei Suet. Aug. 71 Roth. — Graecensis, Nebenform von Graeciensis, Corp, inscr. Lat. 6, 656 (pavimentum Graecense). — graphiarium (grafarium, von γράφω, Rezept), Soran. Lat. app. p. 120. § 3 u. p. 128. § 56. Alexander Lat. 1, 26. 49. 96. — gynaecia scil. medicina (γυναικείη, die Medizin für Frauenkrankheiten), Th. Prisc. 3. praef. fol. 308 (b). — gypsoplasticus (γυψοπλαστικός, aus Gyps geformt), Firmic. de error. 6, 4. — 7) zum H: heliosis, Akk. heliosin (ἡλίωσις, das Sonnen, lat. solatio), Cass. Fel. 54. p. 141, 2. — hemicranios (ἡμικράνιος), Cass. Fel. 1. p. 2, 11. -- Hermaphrodita, Anthol. Lat. 317 R. lemm. — biereus (ἱερεύς, Priester), Cod. Theod. 16, 8, 4. — Hilurii = Illyrii, Plaut. Men. 235. — Hippocrenaeus (ἱπποκρηναῖος), Ps. Claud. laud. Herc. 5. — holocleros (ὁλόκληρος, in allen seinen Teilen unversehrt, fehlerlos, untadelhaft), August. bei Suet.

Claud. 4 Roth. — hydrelaeum (ὑδρέλαιον, Wasser mit Öl vermischt), Cass. Fel. 54. p. 140, 15. — hydrocephalus (ὑδροκέφαλος, einen Wasserkopf habend), Soran. Lat. p. 93, 5. — hydroplasmus (ὑδροπλάσμος), Gloss. Sang. H 69. Gloss. Vatic. VI, 527, a (= qui cantionem componit organi). — hymnista *(ὑμνιστής = ὑμνητής, Hymnensänger), Adelh. laud. virgin. 18. — hypopyos (ὑπόπυος, unterwärts eiternd), Cass. Fel. 29. p. 21, 11. — hyposfagma (ὑπόσφαγμα, mit Blut unterlaufene Stelle, bes. eine Ergiefsung des Blutes ins Auge), Cass. Fel. 29. p. 58, 11. — hypospadias (ὑποσπαδιάς, der die Öffnung des Zeugungsgliedes unterwärts hat), Soran. Lat. p. 75, 19 u. p. 76, 12. — 8) zu I: idema (hydema?) = aquosa inflatio, Cass. Fel. 75. p. 179. 11. — ilingiontes (ἰλιγγιῶντες,. am Schwindel leidend), Cass. Fel. 1. p. 2, 4. — ionthi (ἴονθοι, ein mit dem ersten Barthaar ausbrechender Gesichtsausschlag, Finnen), Cass. Fel. 7. p. 14, 7. – Isauricus (Ἰσαυρικός, isaurisch), storax. Cass. Fel. 41. p 95, 14 u. 51. p. 123, 15. — iscemus u. ischemos (ἴσχαιμος, Blut hemmend), Soran. Lat. app. p. 121, 24. Cass. Fel. 39. p. 90, 1. — 9) zum L: lachanodes (λαχανώδης, gemüseartig), Cass. Fel. 71. p. 171, 10. — leptopyria (λεπτοπυρία, leichtes Fieber), Gloss. Sang. L 90; vgl. De-Vit Gloss. unter dem W. — leptopyrexia, (*λεπτοπυρεξία), Marc. Emp. 20. fol. 116 (b). 52. — leptospathios, on (*λεπτοσπάθιος), ferramentum, Cass. Fel. 32. p. 67, 1 u. 36. p. 80, 9. — lexopyretos, Cass. Fel. 55. p. 143, 22; 61. p. 150, 4 u. 16; p. 151, 7 u. 21. — lichenodes (λειχηνώδης, flechtenartig), Cass. Fel. 9. p. 16, 10. – lipothymia (λιποθυμία, Ohnmacht), Cass. Fel. 21. p. 33, 14. — lithiontes (λιθιῶντες, den Blasenstein habend, an Steinschmerzen leidend), Cass. Fel. 45. p. 113, 11. — lysiponion (λυσιπόνιον, ein die Kräfte weckendes Heilmittel), Cass. Fel. 38. p. 84, 18. — 10) zum M: macronosia, Akk. sian (μακρονοσία, langwieriges Kranksein), Cass. Fel. 4. p. 12, 1; 30. p. 60, 3; 61. p. 152, 14. — masticatorius (mastico, zum Kauen dienlich), Cass. Fel. 32. p. 64, 4. — masuca (μασουχᾶ, unbekannte Arzneipflanze), Cass. Fel. 42. p. 102, 22. — melinos (μήλινος, von Äpfeln, Quitten bereitet), subst. meline (Quittenpflaster) Vespasiani, Cass. Fel. 21. p. 35, 23. — metromania (*μητρομανία, matricis furores sive insania), Cass. Fel. 71. p 191, 7. — metrenchytes, Akk. ten (μητρεγγύτης, Mutterspritze). Cass. Fel. 78 extr. p. 191, 2 u. 4. — microsfyxia (μικροσφυξία, schwacher Puls), Cass. Fel. 42. p. 96, 13; 62. p. 154, 7; 64. p. 156, 22. — mimesis, Akk. mimesin (μίμησις) Porphyr. Hor. ep. 1, 17, 46 u. 61, 1; 18, 16 u. 28. — mixobarbaron (μιξοβάρβαρον), Auson. epigr. 30 lemm. Schenkl. — mixolydius (μιξολύδιος, eine Tonart), Censorin. fr. 12, 2. · monarchus (μόναρχος), Gloss. Sang. M 129. Saalfeld führt für 'monarcha' an: Poeta ap. Mar. Victorin. 2551 P., aber statt 'monarcha' liest Keil 103, 18 'Menoeta'; das Wort 'monarcha' steht Osbern, gloss. 355 (a). — murretum (= μυρσινών, ein Myrrhenhain), Auct. de idiom. gen. (V) 580, 34 K. — 11) zum N: Nileus, Genet. eos (Νειλεῦς, ein griechischer Arzt), Cass. Fel. 43. p. 109, 2. – 12) zum O:

onesiphorus (ὀνησιφόρος), Gloss. Sang. O 121. Gloss. Vatic. VI, 537 (a)
u. VII, 571 (b). Gloss. Amplon. 358, 46. Gloss. Paris. p. 227. no. 113. —
Orcus, altlat Orchus (Ὄρχος), Naev. epigr. bei Gell. 1, 24, 2. — ortho-
kathemenos, e, on (*ὀρθοκαθήμενος, gerade sitzend), Soran. Lat. p. 50,
23. — ostomachion (ὀστομάχιον, ein Spiel mit vierzehn Beinplatten von
verschiedener geometrischer Gestalt, aus denen man allerlei Figuren
legte, unserem sogenannten chinesischen Rätselspiel [a new Chinese puzzle]
ganz ähnlich, nur dafs zu diesem nicht mehr als sieben Platten gebraucht
werden), Ennod. carm. 2, 133 lemm. (bei Ausou centonupt. p. 140, 26
Schenkl griechisch). — oxydercicon (ὀξυδερκικόν, das Gesicht schärfendes
Mittel), Cass. Fel. 29. p. 56, 17 u. p. 57, 16. — 13) zum P: paedicos
(παιδικός, für Knaben geeignet), Cass. Fel. 29. p. 55, 9. — paeonicus
(παιωνικός, aus päonischen Versen bestehend), Quint. 9, 4, 47 Halm. —
paraphrastice, Augustin ep. 8. — parecbasis (παρέκβασις), Porphyr. Hor.
carm. 2, 1, 1 u. 3, 4, 42. — paregorizo (*παρηγορίζω = παρηγορέω, beschwichtigen, lindern), Soran. Lat. app. p. 121, 18. — pepsis, Akk. in
(πέψις, die Verdauung), Cass. Fel. 57. p. 145, 17. 61. p. 153, 18. —
pericranios (περικράνιος, um den Hirnschädel), Cass. Fel. 1. p. 2, 10 u. 16.
— peripatetice, Adv. (περιπατητικῶς, peripatetisch), Schol. Gronov. ad
Cic. Dejot. p. 423, 39 Orell. — periphrasticōs, Adv. (περιφραστικῶς, um-
schreibend), Serv. Verg. georg. 1, 162. (S. hat blofs Schol. Bern. ad
Verg. georg. 1, 112). — phaëthon (φαέθων, leuchtend), Censorin. 13, 4
(Jovis stella, quae phaëthon appellatur). — phthoe (φθόη, Auszehrung,
Schwindsucht), Cass. Fel. 75. p. 179, 16. — philosophos (φιλοσύφως),
Porphyr. Hor. carm. 3, 1, 5. — picros, Genet. Plur. picron (πικρός, bitter),
Gargil. Mart. medic. 53. Cass. Fel. 44. p. 110, 3. — pityriasis, Akk. in
(πιτυρίασις, der Kleiengrind), Cass. Fel. 6. p. 13, 10. — pladarosis,
Akk. in (*πλαδάρωσις = πλαδάρωμα, Nässe, bes. überflüssige), Cass. Fel.
42. p. 96, 9. — Plagioxypus (der Ausschläger, Spottname eines Redners),
Cornif. rhet. 4, 42 (nach Klotz's Vermutung). — plastographus (πλαστο-
γράφος, Schriftverfälscher), Gloss. Sang. P 97. — poecticos (ποιητικός),
Lucil. sat. 443 Lachm., aber poleticos (πωλητικός), Lucil. sat. 15, 32 M.
— pragmatia (πραγματεία, Behandlnng, Abhandlung), Porphyr. und
Acron Hor. ep. 1, 19 in. — psephista (ψηφιστής, Rechner), Varr. sat.
Men. 48 (nach Büchelers Vermutung). — prosodion (προσόδιον), Porphyr.
Hor. ep. 2, 1, 134 (Akk. Plur. prosodia). — protrepticos, e, on (προ-
τρεπτικός), Porphyr. Hor. carm. 1, 27 in. (protreptice ode est). — psit-
tacius (psittacus, papageienfarbig), Cass. Fel. 17 extr. p. 25, 17 u. 31.
p. 35, 22. — pyriama (πυρίαμα, trockenes Schwitzbad), Cass. Fel. 33.
p. 69, 18. — 14) zum R: rizonychia (ῥιζωνυχία, die Wurzel des Nagels),
Cass. Fel. 13 extr. p. 21, 3. — 15) zum S: sarcolabus (σαρκολάβος,
Fleischzange), Soran. Lat. p. 107, 6 u. p. 110, 4. — scenoma (σκήνωμα,
Zelt), Serv. Verg. Aen. 3, 351. — schematizo (σχηματίζω), Cass. Fel. 72.
p. 173, 4. — scotomaticos (σκοτυματικός, lat. tenebrosus), Cass. Fel. 1.

p. 2, 5. — scorpiace (σχορπιαχή, Mittel gegen den Skorpionstich), Lucifer de non parc. 8. p. 228, 11 H., Titel einer Schrift des Tertullian, s. Tert. Scorp. u. dazu Oehler Tert. tom. 1. p. 495. Dieselbe Schrift Scorpiacum (σχυρπιαχόν), Hieron. adv. Vigilant. 8. — seiromastes (σειρομάστης, eine Lanze mit einem Widerhaken), Hieron. ep. 147, 9. — spargesis od. spargosis (σπάργωσις, das Schwellen, Strotzen), Soran. Lat. p. 26, 19, — staltice, Adv. (stalticus, σταλτιχός, zusammenziehend), Pliu. Val. 2, 26 extr. (wo jetzt falsch spaltice). — stumaticos (στυματιχός, gegen Mundkrankheiten angewendet), diachrysma, Cass. Fel. 35. p. 76, 21. — sycotice (συχωτιχή, Feigenmittel), Cass. Fel. 74. p. 178, 22. — symptoma (σύμπτωμα, Cael. Aur. chron. 2, 7, 97. Cass. Fel. 46 lemm. Soran. Lat. p. 89, 12; p. 90, 10 u. 12. p. 106, 3; p. 109, 5. Oribas. Bern. 6, 25 (schon bei Weise). — synpepticos (συμπεπτιχός, zur Verdauung dienend), Cass. Fel. 55. p. 143, 22. — syringiacus (συριγγιαχός, rohrartig), Cass. Fel. 20. p. 32, 1. — 16) zum T: technyphion (τεχνύφιον, kleines Atelier), Suet. Aug. 72 (wo auch Roth im Texte noch das falsche 'technophion' hat, aber Praefatio p. XL zu p. 71, 6 richtig stellt). — tefrodes (τεφρυειδής, aschgrau), Cass. Fel. 36. p. 78, 14. — tiltum (τιλτόν, gezupfte Leinwand, Charpie), Cass. Fel. 19 extr. p. 30, 3; 22. p. 38, 14; 32. p. 67, 2. — titanis, Genet. eos (τίτανις, Kalk, Gyps), Pliu. Val. 2, 56 (wo Genet. tytaneos geschrieben). — trachoma (τράχωμα, Rauheit, rauhe Stelle), Cass. Fel. 29. p. 55, 1. — tragizin (τραγίζειν), Censorin. 14, 7. — trapeza (τράπεζα, Tisch), Mela 3, 9, 2 (3. § 87). — tricocollema (*τριχοχόλλημα, Pflaster zum Aufheften der Haare), Cass. Fel. 29, p. 58, 8). — typice, Adv. (von typicus, τυπιχός), Fulgent. ep. 3, 9.

Wie kopflos Saalfeld oft andern nachgeschrieben hat, davon habe ich in der Rezension in der Philol. Wochenschrift zahlreiche Beispiele gegeben. Ein recht drastisches gebe ich hier noch nachträglich. In Gesners Thesaurus steht: 'hymnidicus ... Alcimus carm. 178. Mar. Victor. adv. Arium 2', daraus ist in Klotz's Handwörterbuch gemacht Avienus Av. carm. 178. Mar. Vict. in Av. 2; und so auch im Tensaurus. Auch Fabri Thes. giebt 'hymnidicae laudes, Alcimus carm. 178'. Wer ist nun dieser 'Alcimus'? Weder in den Ausgaben des Alcimus Avitus, noch in der Anthologie steht ein solches Carmen.

Dictionaire étymologique latin par Michel Bréal et Anatole Bailly. Paris 1885. S. VIII u. 463.

Hauptzweck dieses Wörterbuches ist nicht blofs die Etymologie, sondern die Darstellung der Geschichte eines jeden Wortes. Die Verfasser haben daher zu zeigen versucht, zu welcher Reihe von Begriffen, zu welcher Face des Lebens des römischen Volkes, zu welcher Art der antiken Kultur jeder Ausdruck gehört, indem sie fast hinter jedem Stammwort in einer Anmerkung vom Stamme ausgehend die Bedeutungen der Reihe nach erörtern. Bei der Abfassung des Buches haben die Verfasser

zunächst die Lehrer der Gymnasien im Auge gehabt, und dann die Studenten der philosophischen Fakultät.

Das Buch ist mit Geschick angelegt und durchgeführt. Jeder
gröfsere Artikel ist eingeteilt in I. Comp(osita). II. Der(ivata). Die
neuere Orthographie ist teilweise eingeführt (z. B. cena, condicio, contio,
nuntius, pretium); doch steht z. B. noch lagena, promontorium; neben
'suavium' ist die Form 'savium' nicht erwähnt; eine Form 'acipiter' neben
'accipiter' kennen unsere Lexika nicht. Was die Etymologie betrifft, so
ist nicht überall der eigentliche Stamm angegeben. Für 'aptus' ist z. B.
'apiscor' angegeben, während es doch heifsen mufste: APIO (ἄπω, ἄπτω),
aptus, apiscor, adipiscor. Es steht 'exuo' und dazu 'induo' während es
doch heifsen mufste 'DUO' (δύω), Comp. 'exuo, induo'); dazu auch 're-
duvia', welches ganz fehlt (Die Verfasser nehmen einen Stamm — uo an,
wozu auch 'subucula' gehören soll). Auch fehlen Wörter, z. B. acipenser
od. acupenser; unter 'alvus' fehlt 'alvarium, alveare, alveatus'); unter
'caudeo' fehlt 'succenseo od. suscenseo'; unter 'forceps' sind die Formen
'forfex' u. 'forpex' unerwähnt geblieben. Den Schlufs macht I. Index
alphabétique Latin. II. Index alphabétique Grec. In no. I fehlen viele
Wörter, die der Schüler nun gewifs nicht finden wird, z. B. 'accendo, in-
cendo, succendo', wo doch auf 'cando' verwiesen werden mufste; ebenso
fehlt 'promontorium', was nicht jeder unter 'mons' vermuten wird. Druck
und Papier sind für ein Schulbuch splendid.

Supplementum lexicorum Latinorum. Scripsit C. Paucker. Vol.
prius (A—L). Berol. 1883 - 1885. S. 464 in 8⁰.

Dieses Werk soll nach der Ankündigung alle die Wörter enthalten,
welche als Ergänzung der lateinischen Wörterbücher in zwanzig und
mehr Abhandlungen in verschiedenen Zeitschriften und besonderen Bro-
schüren von Paucker mitgeteilt worden sind. Paucker selbst hat in seinen
Meletemata lexistorica altera als Pars II einen Index derjenigen Wörter
abdrucken lassen, welche er in seinen Addenda lexicis Latinis und vielen
andern Schriften bisher veröffentlicht hatte. Die in diesem Index verzeichneten Wörter sind a) teils in dem Supplementum gar nicht wieder
abgedruckt, teils b) nur mit blofser Angabe des Fundorts (bes. A. d. i.
Addenda) verzeichnet worden. Die vollständigen Belegstellen zu b habe
ich in meiner Anzeige des Supplementum in der Berliner phil. Wochenschrift 5. Jahrg. (1885) no. 6. Sp. 182ff. gegeben Der Druck des Vol. I
war bis S. 384 gediehen, als C. von Paucker starb. Auf Ersuchen des
Verlegers übernahm Herr Archidiakonus Dr. Rönsch in Lobenstein die
Fortsetzung, resp. Beendigung des Vol. I. Da aber von der Wittwe
Pauckers das nötige weitere Material aus dem Nachlasse ihres Mannes
verweigert worden ist, so ist vor der Hand an die Vollendung des Werkes
nicht zu denken. Ich lasse noch einige Berichtigungen folgen. S. 83
steht 'coalitus (coalere)' statt '(coalescere)'. — S. 85 heifst es: coctor,

transl., i. e. decoctor, Sen. Ben. 2, 26 (falsch st. 4, 26, 3), wo aber Gertz wohl mit Recht 'decoctori' aufgenommen hat. — S. 86 unter 'codia' schreibe Isid. 4, 9, 9 st. 4, 9, 4. — S. 107 concavare Ovid. [met. 2, 195], Sen. apoc. 4, 3 (wo aber concacavit' steht). — S. 172 lies 'defloratiuncula' statt 'defioratiuncula'. — S. 294 ist wohl 'eludificari' u. s. w. zu streichen, da Meyer bei Porphyr. Hor. ep. 2, 2, 125 'ludificaretur' liest. — S. 239. Z. 7 v. u. zu 'pyramida' ist 157 Chalcid. Tim. 26 zu streichen, denn dort ist 'pyramidis' Genetiv von 'pyramis'. — S. 289 'flictari, Arnob. 4, 24'; aber dort liest Reifferscheid mit Sab. 'afflictatur'. — S. 295 'formatilis, Chalcid. A.; aber Chalcid. Tim. 225 hat Wrobel 'formabilem'. — S. 448 'laxus, us, Plin. Val. 2, 49: vitulinus idem fimus laxui et tortis aliquo casu(talis) continuo impositus', lies 'luxis', d. i. 'auf die verrenkten und verdrehten (Knöchel). — In einigen Fällen hat Paucker bei Wörtern, welche schon in der VII. Auflage meines Handwörterbuches stehen, (r. G.)', d. i. recepit Georges, hinzugefügt, in vielen weiteren Fällen aber nicht. Überhaupt hätte eine ganze Reihe von Wörtern, welche schon im Forcellini ed. De-Vit und in meinem Handwörterbuch stehen, wegbleiben können. Druck und Papier sind splendid.

Lexikon zu den Schriften Cäsars und seiner Nachfolger mit Angabe sämtlicher Stellen, von H. Merguet. I—V. Lieferung S. 784 (bis 'peto'). Jena 1884—1886. 4°.

Das Cäsar-Lexikon von Merguet ist ganz in derselben Weise bearbeitet, wie das Lexikon zu den Reden des Cicero von demselben Verfasser. Alle mir zu Gesicht gekommenen Rezensionen stimmen darin überein, dafs das Buch mehr eine Fabrikarbeit, als ein wissenschaftlich aufgebautes Werk ist. Schon der Text ist teilweise unbrauchbar, da er nach der bei Tauchnitz im Jahre 1847 erschienenen Text-Ausgabe von Nipperdey redigiert worden ist, bekanntlich aber Nipperdeys Ausgaben des Cäsar dem heutigen Standpunkt der Kritik nicht mehr entsprechen. Merguet scheint gar keine Ahnung gehabt zu haben von dem, was in den letzten Jahrzehnten von Dinter, Dübner, Frigell, Heller, Hofmann und Hoffmann, Holder, Menge, Paul, Vielhaber und anderen für den Text des Cäsar geschehen ist. Derselbe Tadel, den das Cicero-Lexikon erfahren hat, dafs es nach rein äufserlichen Merkmalen gearbeitet ist, trifft auch das Cäsar-Lexikon. Ein weiterer Fehler ist es, dafs nirgends die Paragraphenzahlen beigefügt worden sind, weil sie in der benutzten Ausgabe fehlen. Da das Cäsar-Lexikon von Merguet sowohl von mir (in der Philol. Rundschau V. Jahrg. no. 44), als von Schneider (in der Philol. Wochenschr. 1884. no. 42), von Kleist (in der Wochenschr. für klass. Philol. II. Jahrg. no. 8) und von anderen ausführlich besprochen und namentlich auch die Inkorrektheit des Druckes, die falschen Citate und das Fehlen der verschiedenen Lesarten vieler Stellen gerügt worden, so sehe ich von einer weiteren Besprechung ab.

Lexicon Caesarianum, von Rudolfus Menge et Siegmundus
Preuss. Fasc. I u. II (bis ʿcopia'). Leipzig 1885 u. 1886. gr. Lex.-8⁰.

Ich habe über dieses Lexikon schon in meinem vorigen Jahresbericht (Jahresber. für Alterthumsw. XL., 1884. Abth. III. S. 97 f.) in
bezug auf den Plan des Werkes berichtet. Ich constatiere, dafs die Verfasser das, was sie im Prospekt versprochen, in den bereits erschienenen
zwei Heften redlich gehalten haben; bedauere aber nochmals, dafs die
Artikel nicht nach den Bedeutungen geordnet sind, man sich daher die
Belegstellen für dieselben mühsam zusammenziehen mufs. Die Verfasser
citieren nach Dinters Cäsar-Ausgabe, wahren sich aber in jedem Falle
ihr eigenes kritisches Urteil. Da Menge sich als Cäsar-Kritiker einen
Namen erworben hat, so bedarf es wohl kaum der Versicherung, dafs
in bezug auf Kritik nur Tüchtiges geleistet worden ist. Die angestrebte
Kürze hat oft geschadet. So wird Sp. 1 unter *a, ab, abs* angegeben, wie
oft sich *a* vor Konsonanten, nicht aber, wie oft sich *ab* findet; und doch
läfst sich ein Ergebnis aus einer derartigen Zusammenstellung erst gewinnen, wenn man beides nebeneinander hat, wie Meusel (in Fleckeisens
Jahrb. 1885. Heft 4 u. 5) gezeigt hat. Und auch die weitere Einrichtung
des Artikels *a, ab, abs* erschwert eine Orientierung aufserordentlich. In
den meisten Fällen wird angegeben: *a* kommt in Verbindung mit dem
Verbum so oft, mit dem so oft vor; schlägt man bei den betreffenden Verben nach, so mufs man sich die Stellen, in denen *a* gebraucht
ist, häufig in dem ganzen Artikel zusammensuchen, ja oft genug wird
man auch hier wieder auf so und so viele andere Artikel verwiesen.
Auch vermifst man z. B. eine Zusammenstellung der Verbindungen der
Adjektiven mit den Substantiven, der Adverbien mit den Verben. Trotz
alledem wird das Cäsar-Lexikon von Menge und Preuss in den meisten
Fällen gute Dienste leisten; ich wünsche ihm daher den besten Fortgang.

Vollständiges Lexikon zu den pseudo-cäsarianischen Schriftwerken.
Von Siegmund Preuss. Erlangen 1884. S. 433. gr. 8⁰.

Ich kann das günstige Urteil, welches ich über den ersten Teil
(bell. Gall. 8 und bell. Alex) in meinem vorigen Jahresbericht S. 106 f.
abgegeben habe, auch auf den zweiten Teil (bell. Afric. und Hisp.) aus-
dehnen. Der Verfasser hat seine Aufgabe bis zum Schlusse des Ganzen
in höchst befriedigender Weise gelöst.

Lexicon Caesarianum. Confecit H. Meusel. Fasc. I—V. Berol.
1884—1886. In gr. Lex. 8⁰.

Dieses ausgezeichnete Werk ist von sämtlichen Kritikern sogleich
nach Erscheinen des ersten Heftes einstimmig als ein Meisterstück und
als eine wahre Fundgrube für lateinische Grammatik, Lexikographie und
Stilistik bezeichnet worden. Ich beschränke mich daher hier darauf anzugeben, in welchen Beziehungen sich Meusels Lexikon von dem Cäsar-

Lexikon von Merguet und von dem von Menge-Preuss vorteilhaft unterscheidet, und zwar 1) von Merguets Lexikon a) durch regelmäfsige Rücksichtnahme auf die handschriftliche Überlieferung; b) durch Anführung der wichtigsten Konjekturen, überhaupt durch stete Berücksichtigung der Cäsar-Litteratur; c) durch Angabe der Abweichungen vom Text der neueren kritischen Ausgaben; d) durch Anordnung der Artikel nach den Bedeutungen; e) durch Mitteilung spezieller Untersuchungen des Verfassers; f) durch Hinzufügung der Paragraphenzahlen; g) durch Ausschliefsung der Forscher Cäsars; h) durch korrekten Druck und Zuverlässigkeit in den Zahlenangaben. 2) Von Menge-Preuss Lexikon, a) durch Anordnung der Artikel nach den Bedeutungen unter Berücksichtigung aller in Betracht kommenden Gesichtspunkte; b) durch genauere Durchführung im Einzelnen (z. B. wenn 'a', wenn 'ab' steht); durch genauere Berücksichtigung der Varianten, besonders der handschriftlichen Klasse β; d) durch Vermeidung von Verweisungen auf andere Artikel; e) durch Aufnahme der Eigennamen.

Vom Artikel alter an sind die Mitteilungen der Emendationsversuche unterblieben und werden in einem Anhange gegeben werden, der die Vermutungen nach der Folge des Textes von Kapitel zu Kapitel bringen und so den Text des Lexikons vor Überladung schützen wird.

Nach einer Notiz des Verlegers zum vierten Hefte, welches im Dezember 1885 erschienen ist, sollen von nun an jährlich vier Hefte erscheinen; möge dem Verfasser Gesundheit und Mut verbleiben, um dieses Versprechen zu halten.

Zur Lexikographie von Caesar de bello Gallico. Von Ignaz Prammer (XXXIV. Jahresbericht des K. K. Staatsgymnasium im VIII. Bezirke Wiens für das Schuljahr 1884). S. 30 in gr. 8.

Nach dem Titel obiger Gelegenheitsschrift erwartet man irgend eine gelehrte Abhandlung. Die Schrift enthält aber weiter nichts, als die Aufzählung von Fehlern, welche der Verfasser bei Abfassung seines recht brauchbaren und nett gedruckten Wörterbuches zu Cäsars b. G. in den Cäsar-Wörterbüchern, besonders in denen von Eichert und Ebeling-Dräger, gefunden hat, für welche ihm die Herausgeber gewifs dankbar sein werden. Die Abhandlung zerfällt in drei Rubriken. 1. Veraltete Lesarten. 2. Auslassung von Wörtern. 3. Fehler und Lücken. Dann Anhang I. Verbesserungen zu den Indices der Cäsar-Ausgabe von Holder. Anhang II. Verbesserungen zu Dittenbergers Cäsars-Ausgabe Aufl. 13. Den Schlufs machen einige Nachträge. — Die Bemerkungen zu Eicherts Wörterbuch gelten für die siebente Auflage (1880); es war aber ein Jahr vor der Veröffentlichung (1883) die achte erschienen, in welche manche der gerügten Fehler schon verbessert sind. Die neunte Auflage ist unter der Presse.

Wörterbuch zu den Gedichten des Vergilius Maro. Von G. A. Koch. Sechste vielfach verbesserte Auflage. Von K. E. Georges. Hannover 1885. S. VIII u. 456 in 8⁰.

Die in dieser Auflage vorgenommenen Veränderungen, resp. Verbesserungen, sind folgende: 1) Die neue deutsche und lateinische Orthographie ist eingeführt worden. 2) Viele falsche Citate sind nachgeschlagen und verbessert worden. 3) Mehrere Artikel sind als falsche Lesarten, welche nicht mehr in den neuesten Ausgaben von Haupt, von Kappes, von Ribbeck und von Ladewig - Schaper stehen, entfernt worden (z. B. circumplector, convehor, crebro, destringo, excelsus, funerus). Vielfache Verbesserungen der Erklärungen sind unter Zuziehung der Ausgaben von Wagner-Koch, von Ladewig- Schaper und von Kappes, der Beiträge von Kvičala und der Übersetzung von Hertzberg vorgenommen worden, wobei ich auch eine Rezension des Schulwörterbuches zur Äneide von Koch, von E. Glaser (in der Philol. Rundschau II. Jahrg. no. 32. Sp. 1010 ff.) benutzt habe. 6) Alle Anführungen gelehrter Werke sind als überflüssiger Ballast über Bord geworfen worden; ebenso die Citate aus den Grammatiken.

Ich habe die Besorgung dieser Auflage aus Gefälligkeit gegen meinen Verleger übernommen und glaube in dem kurzen Zeitraum eines halben Jahres das Mögliche geleistet zu haben. Daß nach sorgfältiger Benutzung aller Hilfsmittel noch manche Verbesserung hätte eintreten können, weiß ich selbst nur zu gut. So muß es unter 'acies' Z. 5 heißen 'Ä 2, 333' statt 3, 233. — S. 12 fehlt 'adscendo s. ascendo' u. 'adspicio s. aspicio'. — Z. 13 unter 'adsuesco' setze 'votis adsuesce vocari, G 1, 42' statt 'adsuesce votis'. — Z. 19 unter 'aevum a. E.' schreibe 'Ä 11, 85' statt 'B 11, 85'. — S. 23 unter 'alias' fehlt die Bedeutung 'anderswohin, Ä 11, 96'. — S. 24 unter 'Alpheus' schreibe '(Alfios)' statt '(Alfeo)', was italienisch ist. — S. 26 unter 'altus (tief) no. 2 fehlt 'altus gemitus, Ä 11, 95'. — S. 35 unter 'Aracynthus' schreibe Gebirge, welches sich mitten durch Ätolien hinzieht'. — S. 39 unter 'arista no. 2' auch Sing. kollektiv = Getreide, G 1, 8. — S. 41 unter 'arvum' ganz am Ende schreibe 'Ä 8, 695' statt 'Ä 2, 209' was schon vorher steht. — S. 42 unter 'asporto' schreibe 'alqm hinc'. — S. 54 unter 'Brutus' schreibe '509 v. Chr.' — S. 39 unter 'cingo no. 2, b, a' schreibe 'den Himmel' (statt 'die Luft'). — und unter 'circulus' am Ende schreibe 'obtorti auri'. — S. 71 unter 'clangor' fehlt 'Jammergeschrei, Ä 6, 561'. — S. 87 unter 'corona no. 1, a' fehlt 'regni corona, Ä, 8, 405'. — S. 105 unter 'densus' fehlt 'Neutr. Plur. subst., densa sere, baue dicht das Feld', G 2, 275. — S. 164 zu 'foveo am Ende' ore fove, G 4, 230 Ribbeck (Schaper 'fave'). — S. 170 unter 'funis am Anfang' schreibe um das troianische Pferd zu ziehen, Ä 2, 239'. — S. 179 zu 'graviter no. b', 'hasta sub mentum gr. pressa, mit Wucht hineingestoßen, Ä 10, 347'. — S. 190 unter 'horreum' schreibe 'auch die Waben der Bienen, G 4, 250'.

— S. 239 unter ʿaurumʾ schreibe ʿpateris et auro u. blofs auro, mit goldenen Schalen, G 2, 192. Ä 7, 245ʾ. — S. 243 unter ʿloquor Z. 3 v. o.ʾ
schreibe ʿÄ 1, 614ʾ. — S. 246 schr. ʿlychnus od. (Ribb.) lychinusʾ. —
S. 247 unter ʿmaerensʾ fehlt synkop. Genet. Plur. ʿmaerentum, Ä 11, 216ʾ.
— S. 261 unter ʿMnesteusʾ schreibe ʿDat. (statt Genet.) Mnesti, Ä 5, 184ʾ;
vgl. Neues Formenl. 1, 301. — S. 270 unter ʿnascor no. 1ʾ fehlt synk. Genet. Plur. Partic. Praes. ʿnascentumʾ, G 3, 390ʾ. — S. 323 unter ʿpremo
no. 3 schreibe bastam sub mentum graviter (mit Wucht), Ä 10, 347ʾ. —
S. 344 Sp. a Z. 2 von unten schreibe ʿfruges receptaeʾ statt ʿfruges reli-
quias, Ä 1, 178ʾ. — S. 347 unter ʿrefero no. 2, fʾ schreibe ʿtalia voceʾ
statt blofs ʿtaliaʾ, Ä 1, 94. — S. 387 zu ʿstagnum no. 1ʾ füge ʿfontis
stagna Numici, Ä 7, 150 (der Numicus oder Numicius geht aus einem
Sumpf hervor)ʾ. — S. 409 Sp. b oben schr. eines Verstorbenen Grabmal
(statt Kapelle), Ä 4, 457ʾ; vgl. Nissen Templum S. 7. — S. 413 ʿtergumʾ
am Ende gehört Ä 10, 718 zu no. 1, da es dort ʿRücken des Ebersʾ.

Wörterbuch zu Ovids Metamorphosen. Bearbeitet von Joh. Siebelis. Vierte Auflage. Besorgt von Friedrich Polle. Leipzig 1885.
S. IV u. 396 in 8⁰.

Dieses Ovid-Wörterbuch hat durch Polles Bemühungen, wie längst
anerkannt ist, an Zuverlässigkeit der Angaben mehr und mehr gewonnen. Auch in dieser vierten Auflage ist der Herausgeber bemüht gewesen Fehlendes .zu ergänzen und Unrichtiges zu berichtigen. Obgleich
schon in der dritten Auflage eine grofse Anzahl neuer Artikel, die in
den neuesten Textesrezensionen von Korn und Merkel stehen, nachge-
tragen sind, so haben sich doch noch einige übersehene für die vierte
Auflage gefunden, nämlich Cephenus, Cocinthius, dilectus, exsicco, inter-
cido, Lar, obsuo, pavio, praelongus. Sehr viele Erklärungen und Über-
setzungen sind in eine präciesere Form gebracht worden; auch haben
mehrere Artikel eine bessere Anordnung erhalten, z. B. ʿadhucʾ (wo jetzt
Gegenwart und Vergangenheit geschieden ist). Ich habe meinem lieben
Freunde Polle diejenigen Bemerkungen, die ich mir zur dritten Auflage
gemacht habe, schon vor dem Druck der vierten mitgeteilt und er hat
sie zu meiner Freude als beachtenswert in das Manuscript eingetragen.
Nachträglich habe ich noch zu bemerken: S. 41 würde ich unter ʿavelloʾ
setzen (velli od. vulsi), denn beide kommen im Ovid nicht vor. — S. 45
bucinaʾ steht auch 1, 337. — S. 109 1. ʿeo (gehe)ʾ am Ende; ʿissetʾ
7, 350 u. 13, 194. — S. 223 unter ʿnoceoʾ fehlt ʿmit Infinit. 6, 38. 9, 478.
15, 131ʾ. — S. 303 oben unter ʿreposcoʾ mufs es heifsen ʿamissam vir-
tutem voce, zurückrufen, 13, 235ʾ. — S. 337 schreibe ʿsto, stětiʾ statt
ʿsětiʾ. — S. 340 unter ʿsubmergoʾ steht aus 9, 593 oceano, unter
ʿsub vertoʾ aus derselben Stelle ʿOceanoʾ. — S. 361. ʿThymbreiusʾ ist
8, 719 nicht zweifelhafte Lesart, sondern blofs Konjektur von Korn, wie
Eichert richtig bemerkt. — S. 388 zu ʿvimenʾ, 12, 436 vimen quernum,

Milchseige aus Eichenzweigen (so noch die Ausgabe von Bach, während dieser Vers und drei andere von Merkel und Korn als unecht ausgeschieden worden sind; doch s. Bach zur Stelle). — S. 390 unter 'virga' ist 14, 630 (Pfropfreis) bloſs Konjektur von Heinsius; Merkel und Korn lesen mit den Handschriften 'lignum'. Übrigens verweise ich auf die ausführliche Besprechung dieses Wörterbuches in dem diesjährigen Jahresbericht über Ovid von meinem Kollegen Ehwald.

Wörterbuch zu den Verwandlungen des Publius Ovidius Naso. Von Otto Eichert. Neunte verbesserte Auflage. Hannover 1886. S. IV u. 299 in 8⁰.

Die schon nach vier Jahren nötig gewordene neue Auflage beweist die weite Verbreitung dieses Ovid-Wörterbuches. Nach der Manier des Verfassers ist bloſs das Vorwort der ersten Auflage, wie in allen folgenden, abgedruckt; der in der Rezension der achten Auflage in Bursians Jahresbericht 1881. Abt. III. S. 252 ff. von mir gegebenen zahlreichen Berichtigungen und Zusätze ist, obgleich sie der Verfasser gekannt und benutzt hat, mit keinem Worte gedacht. Das ist nicht schön. Ich kann daher auch, da die neue Auflage eben erst erschienen ist, nur konstatieren, daſs meine Berichtigungen und Zusätze in dieselbe eingetragen worden sind. Es fehlen noch die Artikel 'obsuo, 11, 48 (wo Polle 'obsuta', Merkel und Korn obstrusa) und 'pavio (schlage fest) 6, 58 (Korn Textausgabe)'.

Vollständiges Schulwörterbuch zu den Lebensbeschreibungen des Cornelius Nepos. Herausgegeben von Gustav Gems. Paderborn und Münster 1886. S. IV u. 237 in 8⁰.

Der Verfasser dieses Schulwörterbuches, der auch eine recht brauchbare, der Empfehlung werte Schulausgabe des Cornelius Nepos mit erklärenden Anmerkungen herausgegeben, hat, weil ihm die vorhandenen Nepos-Wörterbücher nicht genügen, zu den vielen vorhandenen ein neues erscheinen lassen. Obgleich ich nun durch die Herausgabe des Nepos-Wörterbuchs von Koch ein Rival des Verfassers geworden bin, kann ich doch nicht umhin, das Buch als brauchbar zu bezeichnen. Als einen Hauptvorzug seiner Ausgabe stellt der Verfasser die Einrichtung auf, daſs er immer die Grundbedeutung des Wortes in fetter Schrift vorausgestellt habe, was aber doch andere Leute in den meisten Fällen auch gethan haben. In manchen Fällen paſst die angegebene Grundbedeutung, wie die Faust aufs Auge. So z. B. 'inicio, hineinwerfen', und dann zuerst als eigentlich 'huc pellis iniecta, hierüber war ein Fell geworfen, Ag. 8, 2'. Da ist also 'inicio = darauf-, darüberwerfen'. Dagegen in Kochs Wörterbuch: 'inicio, 1) werfe, breite auf od. über etwas, mit dem Beispiel aus Ag. 8, 2. 2) übtr., jage ein, flöſse ein, übh. verursache' u. s. w., wo es wohl deutlicher hätte heiſsen müssen '2) werfe hinein, übtr. u. s. w.' Mitunter sind die Erklärungen etwas undeutlich,

z. B. unter ʻnihilʼ, wo es heifst: ʻnihil aliud quam, nichts anderes als;
hingegen ist Ages. 2, 4 nihil quam comparavit zu ergänzen ʻegitʼ statt
ʻist nach nihil agit zu ergänzen egitʼ. Die Anführung von Artikeln wie
ʻnexʼ war unnötig, da man jetzt Att. 8, 5 allgemein ʻdicis causaʼ liest.
Welchen Modus der Verfasser bei den Quantitätsbezeichnungen angewendet hat, ist nicht ersichtlich. Wenn z. B. ʻbiduumʼ statt ʻbīduumʼ,
ʻCadusiiʼ statt ʻCadūsiiʼ, ʻcibariaʼ statt ʼcībāriaʼ steht, so ist das gewifs
nicht in der Ordnung.

Vollständiges Wörterbuch zu den Lebensbeschreibungen des Cornelius Nepos. Von G. A. Koch. Fünfte berichtigte und vermehrte Auflage, besorgt von K. E. Georges. Hannover 1885. S. IV u. 202 in 8⁰.

Die von mir in dieser Auflage vorgenommenen Veränderungen,
resp. Verbesserungen, sind folgende: 1) Die neue deutsche und lateinische
Orthographie ist eingeführt worden. 2) Viele falsche Citate sind nachgeschlagen und verbessert worden. 3) Eine Reihe Artikel sind als falsche
Lesarten entfernt (asporto, certe, devenio, hierarches, irritus, nex, occubo,
obiectus [Subst.], praedestino, sterno, struo, welches letztere Wort ich
nicht hätte streichen sollen, da auch Halm und Fleckeisen Them. 6, 4
ʻstruiʼ lesen, obgleich ich mit Nipperdey - Lupus ʻinstruiʼ [hergerichtet
würden] dort vorziehe), dagegen einige in den Text gekommene Artikel
aufgenommen worden (eminiscor, seni, stolidus, letzteres Konjektur Polles).
4) Alle Anführungen gelehrter Werke sind als überflüssiger Ballast über
Bord geworfen worden; ebenso die Citate aus den Grammatikern. Dieses
Verfahren hat in den mir bekannt gewordenen Rezensionen (in der Zeitschrift für österr. Gymnasien von Edm. Hauler, in der Philologen-Rund-
schau V. Jahrg. no. 8 Sp. 180 ff. von C. Wagener, und in dem Centralorgan für die Interessen der Realschulen Jahrg. 1885. S. 581 f. von G.
Hoffmann) Beifall gefunden. Da die Bogen des Buches stereotypiert
worden sind, werde ich die von den genannten Rezensenten gerügten
Druckfehler u. s. w. in dem nächsten neuen Abzug soweit als möglich
beseitigen.

Lexicon Taciteum. Ediderunt A. Gerber et A. Greef. Fasc. V
(fortuna bis impero). Lips. 1883. gr. Lex. 8⁰.

Der Fortgang dieses vortrefflichen Werkes scheint ein langsameres
Tempo eingeschlagen zu haben, da seit drei Jahren kein neues Heft
erschienen ist. Es wäre zu bedauern, wenn die Herausgabe ins Stocken
geriethe. (Während des Druckes des Jahresberichtes ist Fasc. VI erschienen. G.)

Antibarbarus der lateinischen Sprache. Von Ph. Krebs. Sechste
Auflage in vollständiger Umarbeitung der vom Gymnasialrektor Dr.
Allgayer besorgten fünften Auflage. Von J. H. Schmalz. I. Bd.
1. Heft. Basel 1886. S. XVI u. 144 (bis Amittere) in gr. 8⁰.

Mein seliger Freund Allgayer hatte eigentlich seinen Schüler, den
Gymnasialrektor J. N. Ott in Rottweil, zu seinem Nachfolger bestimmt.

Dieser scheint die Herausgabe abgelehnt zu haben. In keine bessern
Hände, als in die des Herrn Gymnasialdirektor Schmalz, hätte nun das
Werk gelangen können. Durch seine gediegenen Arbeiten über die Latinität mehrerer Korrespondenten des Cicero, durch seine Ausgabe des
Sallust und neuerdings durch seine vortreffliche Darstellung der lateinischen Stilistik in Iwan Müllers Handbuch, hat derselbe seine Berechtigung zur Übernahme einer solchen Arbeit dargethan.

Der neue Herausgeber entwarf einen Plan, nach welchem das weit-
schichtige Werk mit möglichster Berücksichtigung der überlieferten Gestaltung einheitlich bearbeitet und praktisch möglichst nutzbar werden
könnte. Es werden nun sieben Gesichtspunkte aufgestellt, nach welchen
der Herausgeber sich vornehmlich gerichtet hat, und zwar: 1. Das Sprach-
material der reinen und ausgebildeten Sprache, d. h. Ciceros und Caesars,
ist besonders berücksichtigt worden. 2. Die Barbarismen, zumal in den
Phrasen und Konstruktionen, meist Germanismen, sind dazu benutzt worden, die Kräfte der beiden Sprachen in bezug auf stilistische Verwertung zu messen. 3. Die Polemik gegen frühere Rezensenten, gegen
Bücher, die jetzt in verbesserter Gestalt vorliegen, ebenso die Hinweisung auf veraltete Werke oder auf allgemein bekannte Lexika wurden
fallen gelassen (wozu ich bemerke, dafs die Hinweisung auf veraltete
Werke, z. B. auf die Bücher von Siebelis und Weber doch noch öfter
vorkommt, und dafs da, wo Allgayer gegen die VI. Auflage meines
Handwörterbuches polemisiert, nicht immer die VII. Auflage eingesehen
worden ist, s. unten zu 'acceptare'). 4. Die Fremdwörter und deren Deklination sind durch deutsche ersetzt; auch ist die neue Orthographie
eingeführt worden. 5. Viele Stellen, namentlich aus Cicero, sind vollständig angeführt worden, wodurch der Leser in den Stand gesetzt wird,
die Angaben des Antibarbarus selbst nachzuprüfen. Dasselbe hat ja
schon Allgayer gethan. 6. Es wurde, wo thunlich, die Geschichte des
Wortes oder der Konstruktion gegeben, damit der Nachschlagende je
nach seiner Richtung wisse, wie weit er zu gehen habe. Auch hierin
hat Allgayer schon Verdienstliches geleistet. Die neuere Litteratur ist
umfänglich beigezogen, und die Verfasser, denen Erklärungen, besondere
Auffassungen oder Abänderungen entnommen, sind ausdrücklich genannt
worden.

Ich habe viele Artikel der fünften Auflage mit denselben in der
sechsten verglichen und überall gefunden, dafs die Umarbeitung vom
Herausgeber mit Recht als eine durchgreifende bezeichnet wird.

Herr Direktor Schmalz hat die Güte gehabt, diese neue Ausgabe
des Antibarbarus mir (neben den Proff. Ed. Wölfflin und Iwan Müller)
zuzueignen. Ich will ihm meinen Dank dadurch bethätigen, dafs ich ihm
meine zur vierten und fünften Auflage gemachten Notizen zur Benutzung
anbiete. Zu den bereits gedruckten Bogen sind es folgende: S. 40 unter
Abalienare heifst es: 'Mit Nepos hat jedoch auch Livius den blofsen

Ablativ, z. B. Nep. Ages. 2, 5 und Liv. 3, 4, 4'. An beiden Stellen steht
es mit dem Dativ, wie auch 'alienare' mit Dativ der Person steht, s. unten
zu 'Alienare S. 127'. — S. 44 unter Abesse mit 'tantum' ist das Beispiel Hirt. B. Alex. 22, 1 (tantum absunt, ut etc.), nicht ganz allein-
stehend in der römischen Litteratur; s. Augustin. de civ. dei 9, 16, 1
p. 390, 18 D: a quibus longe absunt, ut incontaminatissimi perseverent.'
— S. 48. Z. 6 v. u. 'abire in proverbium' ist Fest. 230 (a), 17 u. 310 (a)
33 Ergänzung von Ursinus. — S. 59 oben. In der bekannten Stelle
Cic. Cat. 1, 1, 1 *quousque tandem abutere patientia nostra*, ist weder ein
Abnutzen noch ein Aufbrauchen gemeint, sondern 'ahuti' ist = sich zu
Nutze machen; vgl. Justin. 14, 5, 2: *abuti valetudine viri.* — S. 62. Z. 10
v. u. ist der Druckfehler 'Curt. 15, 7 (2), 1' statt 'Curt. 7, 2 (1), 15'
stehen geblieben. — S. 63 unter Acceptare heifst es auch jetzt noch:
'Für acceptare wird von Georges u. Klotz auch der ältere Plinius zitiert
u. s. w.' Ja, Aufl. VI, aber nicht mehr Aufl. VII. — S. 65 unter Accin-
gere a. E. Tac. ann. 12, 44 steht nicht 'studio suorum', sondern 'studio
popularium'. — S. 74 unter Actus. Das Wort steht Ovid. ex Pont.
3, 5, 15 nicht vom rednerischen Vortrag, sondern 'actus' ist hier = That,
d. i. Wirklichkeit, wie Augustin. conf. 9, 4, 7 actu, Ggstz. cogitatu.
— S. 78 unter Adam a. E. Bei Augustin. de excid. urbis § 3 steht
nicht 'illa vetus Eva', sondern 'Eva nova'. — S. 79. Z. 12. v. o. ist in
der Stelle aus Sen. ep. 64, 10 der Druckfehler 'quo' statt 'equo' stehen
geblieben; und das. unter Adaptare steht noch immer falsch, das Wort
komme nur im Partic. Perf. Pass. vor; s. mein Handwörterbuch, wo Vulg.
exod. 26, 5 'ut (ansa) altera alteri possit adaptari (freilich ed. Tisch.
'aptari'); wozu noch Boet. topic. Arist. 6, 5. p. 715 ed. Basil.: 'non
adaptabitur alterius terminus ad alterum . . . 'oportet enim in omne uni-
vocum adaptari'. — S. 83 unter Adequitare mit 'in' steht schon Liv.
35, 35, 14: '*in* dextrum cornu *ad* suos'. — S. 97. Adulteratus vom
Geld wird allerdings, wenn auch im Spätlatein, gebraucht; adulteratae
pecuniae steht bei Firmic. math. 4, 12. p. 102, 54 u. 7, 27. p. 210, 34
ed. Prucker (1551). — S. 105 heifst es: Aenigma hat im Dat. und
Ablat. 'aenigmatis', nicht 'aenigmatibus'; aber 'aenigmatibus' steht Vulg.
3 reg. 10, 1 u. 2 paral. 9, 1; 'aenigmatis' hat Varro nach Charis. 123, 3.
-- S. 112 erwartet man unter Aetas eine Notiz über das Vorkommen
von 'aetas iuvenilis', Augustin. ep. 36, 1, 'aetas virilis', Hor. art. poët.
166. Vulg. 1 reg. 2, 33. Cassian. coen. inst. 4, 24, aetas senilis, Cael.
Aur. acut. 2, 19, 30. Th. Prisc. 1, 1 init. — Ebenso S. 113 f. unter
Aeternus über das Vorkommen von 'aeterna urbs', Tibull. 2, 5, 23.
Amm. 16, 10, 14. Cod. Theod. 7, 13, 14. Appendix ad opp. Leonis
tom. 3. p. 500, XX. — S. 115 soll 'Afer' poetisches Latein sein und
in Prosa nur Liv. 21, 22, 2 vorkommen. Hier ist mein Handwörterbuch
nicht ungestraft aufser Acht gelassen; dort steht noch: Afri campi, Vitr.
8, 2, 8. p. 191, 14 Rose. Afra tapetia, Valerian. bei Vopisc. Aurel. 12,

1 (dazu Afrae lineae Vopisc. Aurel. 48, 5). Afra pisa, Pall. 11, 14, 9.
Afrum vinum, Pelag. vet. 1. p. 18. Afrum bitumen, Pelag. vet. 25. p. 84.
— S. 126. Zu Alias a. E.; 'alias' für 'alioqui' steht auch Cypr. ep. 69,
10. p. 759, 5 Hartel. — S. 127. Alienare steht mit Dat. der Person
nicht blofs Liv. 44, 27, 8, sondern auch schon 30, 14, 10 u. 35, 31, 4.
— S. 129. Alioqui im konditionalen Sinne hat schon Sen. ep. 94, 17.
— S. 132. Dafs Aliubi keineswegs eine seltenere Form, zeigen die
vielen Stellen in meinem Handwörterbuche; auch mufsten die dort stehenden Stellen (Plin. 13, 129 u. 36, 59) für 'non aliubi' und 'nec usquam
aliubi' angeführt werden, da Freund im Wörterbuch behauptet, diese
Verbindungen kämen nicht vor. — S. 133. Z. 9f. von oben (unter Alius)
heifst es: 'omnes ceteri (nicht ceteri omnes)'; aber 'ceterus omnis, cetera
omnis, ceteri omnes, ceterae omnes, cetera omnia' kommt sehr oft vor,
s. Cato r. r. 77. Liv. 7, 35, 1; 22, 20, 6; 24, 22, 15; 26, 33, 9; 26,
36, 8; 26, 42, 1; 28, 10, 16; 29, 27, 14. Gran. Licin. p. 34, 4 Bonn.;
für 'alii omnes' fehlen auch die Belege, s. Cato r. r. 2, 1. Sall. Cat. 37,
7 u. Jug. 61, 9. Liv. 9, 36, 1; 35, 14, 1; 'alia omnia' steht Cic. Phil.
2, 26, 64 u. 4, 5, 13. Sen. ep. 86, 16. — und ebenf. S. 133 'alius quam'
steht auch Sall. Jug. 82, 3; Liv. 1, 56, 7; 31, 35, 7. — S. 138 unter
Altus heifst es: von Gott sagt man nicht 'altus' oder 'altissimus'; aber
'Altus' steht so Commodian. apol. 962 (aber nicht mehr instr. 2, 8, 6), 'Altissimus (der Höchste), Commodian. instr. 2, 8, 3 u. apol. 362. — S. 139
(unter Altus) konnte neben 'altum otium' auch 'profundum otium (Amm.
28, 4, 14)' stehen; und ebenf. S. 139. Z. 17 v. u. mufs es statt 'sententia
altius penetrat' heifsen 'eaque offensio altius penetrabat, Tac. ann. 16, 21'.
— S. 143f. konnte unter Amicus gegen Klotz Handwörterbuch bemerkt
werden, dafs 'amicus animus' nicht blofs Hor. carm. 4, 7, 19 steht, sondern
auch Cic. Sest. § 121 u prov. cons. § 41. Curt. 4, 11 (43), 4; 8, 12
(42), 9; 10, 4 (13), 2, amicissimus animus, Cic. Planc. § 100 u. Phil.
7. § 5.

Glossae nominnm. Edidit Gustavus Löwe. Accedunt eiusdem
opuscula glossographica collecta a Georgio Goetz. Lips. 1884. S. XVIII
u. 264 in 8⁰.

Diese von Prof. Götz in Jena veranstaltete Sammlung zerfällt in
zwei Abteilungen. Die erste enthält (S. 1—63) die aus 1083 Nummern
bestehenden Glossae nominum, deren Abdruck bereits vier Jahre vorher begonnen und von Löwe selbst bis No. 990 redigiert wurde; den Rest
hat Götz aus dem Nachlasse Löwes hinzugefügt. Die Glossen sind aus
codex Amplonianus, codex Werthinensis und aus Vulcanius ausgezogen
und geben bis 'lignarium'. Die zweite Abteilung (S. 66 — 252) besteht
aus teils in Zeitschriften, teils in den Acta soc. philol. Lips. bereits
herausgegebenen Abhandlungen, und zwar: 1) Zur Epitome des Festus
(Acta VI. S. 359 ff.). 2) Anzeige von Placidus ed. Deuerling (Jenaer

Litteraturzeitung 1875. Art. 508. S. 694 ff.). 3) Beiträge zu Placidus
(Rhein. Museum Bd. XXXI. S. 55 ff.). 4) Zur Kritik der glossae Abavus
(aus den Mélanges Graux [Paris 1884]. S. 767 ff., hier in der ursprüng-
lichen deutschen Fassung). 5) Rezension der Synonoma Bartholomei ed.
J. L. G. Mowat (Philologischer Anzeiger Bd. II. S. 400 ff.). 6) Vulcanius'
Onomasticon vocum Latino-graecarum (Acta IV, S. 365 f.). 7) Zu den
lateinischen Glossarien (Acta V. S. 340 ff.). 8) Glossographisches (Fleck-
eisens Jahrbücher 1879. S. 705 ff.) 9) Glossematica (Revue de philol.
Bd. VII. S. 197 ff. und VIII. S. 103 ff.). 10) Glossographisches I und
II (Rhein. Museum Bd. XXX. S. 616 ff. Fleckeisens Jahrbücher. 1878.
S. 800). 11) Aus lateinischen Glossaren (Wölfflins Archiv Bd. 1. S. 21 ff.).
12) Glossematisches zu Plautus und archaischer Latinität 1—3 (Acta II.
S. 462 ff. V. S. 306 ff. Analecta Plaut. S. 202 ff.). 13) in Lucili satu-
rarum fragmenta coniectanea (Commentationes philol. in honorem G.
Curtii editae [Lips. 1874]. S. 239. 14) Zu Catullus (Acta II. S. 477 f.)
15) Zu Laevius (Acta VI. S. 351 f.). 16) Suetoniana (Rhein. Museum
Bd. XXXIV. S. 491 ff.) 17) Zum carmen de figuris (Acta IV. S. 359 f).
Zum Schlufs eine Seite Addenda, dann I. Index locorum. II. Index
vocabulorum. Ausgeschlossen sind die von Löwe in den Vorreden und
Anmerkungen zu den von ihm mit Götz und Schöll herausgegebenen
Plautusstücken und in den Schriften anderer gegebenen Bemerkungen.

Aus der Praefatio geht hervor, dafs die Herausgabe dieses Nach-
lasses in keine bessern Hände als in die des Prof. Götz hätte gelangen
können. Der Herausgeber ist oft ergänzend und berichtigend eingetreten
und giebt hier und da recht schlagende Vermutungen. Es ist also sicher
anzunehmen, dafs das von Löwe begonnene Werk zum Abschlufs gebracht werden wird. Bereits hat Prof. Götz'einen neuen Beweis seiner
Thätigkeit für die Glossographie gegeben, indem er im Jenaer Sommer-
Lektionskatalog 1886 erscheinen liefs: 'De Placidi glossis Prolusio',
in welcher mit gewohnter Akribie abgefafsten Abhandlung schlagend
bewiesen wird, dafs die sogenannten Placidusglossen einst vollständiger
gewesen sind als die bis jetzt bekannten Sammlungen; s. meine ausführliche Anzeige dieser Schrift in der Berliner Philol. Wochenschrift 1886.
No. 14. S. 427—429. Aus dieser Anzeige wiederhole ich hier die Belege für glossa, glossema und glossula, welche in den Wörterbüchern noch höchst dürftig sind. Also a) glossa, Varr. LL. 7, 10.
Auson. epigr. 127, 2 (78, 2). Charis. 229, 31 u. 242, 10 K. Anecd. Helv.
p. 177, 34. Gloss. Sang. G 93 (wo 'glosa' geschrieben, wie auch in
vielen andern Glossarien, s. Löwe Prodr. p. 1: auch Gell. 18, 7, 3 Hertz
jetzt 'glosarium'). b) glossema, Varr. LL. 7, 34 und 107. Asin. Gall.
bei Suet. gramm. 22 extr. Quint. 1, 8, 18. Fest. 166 (b), 8 u. 181 (b),
18. Charis. 131, 10 K. Grammat. Vatic. V, 240 (b) extr. Cassiod. (Martyr.) de orthogr. (VII) 167, 9. 174, 10. 175. 4. 176, 14. 177, 9 K.
Gloss. Amplon. 335, 7 (glosema). c) glossula, Diom. 426, 26 K. Schol.

Pers. 1, 95. Labh· (Cyrill.) gloss. 82 (a). Gloss· cod. Vatic· 3321. —
Im Wörterbuch ist nachzutragen glossemaṭicos (γλωσσηματικῶς), Porphyr. Hor. ep. 2, 1, 15 cod. M.

On latin glossaries. With especial reference to the Codex Sangallensis 912. Edited, with notes, by Minton Warren (Reprinted from
the Transactions of the American philological Association 1884). Cambridge 1885. S. 124—228 in gr.-8⁰.

Nach Gustav Löwes Prodromus S. 139 ist der Codex Sangallensis
912 nächst dem Codex Vaticanus 3321 die älteste der uns bekannten
rein lateinischen Glossenhandschriften. Bisher waren nur einzelne Glossen
nach Excerpten Useners von Löwe im Prodromos abgedruckt; Herr Prof.
Minton Warren in Baltimore hat nun das vollständige Glossar nach
eigener Abschrift, die er an zweifelhaften Stellen durch Herrn Prof.
Kägi in Zürich hat revidieren lassen, zum Abdruck gebracht. Dem Texte
voraus gehen (S. 124—140) einleitende Bemerkungen, welche die Wichtigkeit dieses Glossars für kritische, grammatische und lexikalische
Studien darlegen; angefügt sind (S. 188—228) den Text verbessernde
Anmerkungen, welche von dem Scharfsinn und der Belesenheit des
Herausgebers rühmliches Zeugnis ablegen. Ob dennoch die Abschrift
immer genau ist, kann ich nicht behaupten. Gloss. Sang. hat N 98 p. 170
nach Minton Warren: 'nimpha, virgo celestis vel numina'; nach Löwes
von Ritschl (im Rhein Museum XXXI, 538) mitgeteiltem Excerpt:
'nympha, virgo celestis, numen aquae', gerade so wie in Gloss. Amplon.
355, 22. Ein paar andere Fälle teilt Herr Prof. Götz in der Anzeige
dieser Schrift in Wölfflins Archiv Bd. II. S. 194 mit. Das Glossarium
Sang. bringt interessante Beiträge zum Lexikon. Ich will hier nur einige
folgen lassen, welche noch nicht im Lexikon verzeichnet sind, und zwar
aus A: 127 adsponsio. — 287 intertortuosus (als Erklärung von 'anfractus').
— 307 apostrofo, auch im Gloss. Vat. VI p. 508, b. — 309 aplistia
(aplestia) = ἀπληστία, sonst im Bibellatein, s. Thielmann in Wölfflins
Archiv I. S. 69. — 316 apocrisis[1]). — Aus B: 18 basileus (βασιλεύς),
rex. — 19 basilea (βασίλεια), regina. — Aus C: 247 cenodoxus (κενόδοξος); vgl. Gloss. Paris. p. 57. n. 126. — 275 crinitus, Kompar. 'cri-
nitior'. 504 conclassare (= adiungere classem); vgl. Placid. gloss. 26,
20. Isid. gloss. 453. 516 coniero, Nebenf. zu coniuro. — Aus D: 24
depacare (delenitus, depacatus). 79 amenticius und dementicius. 98 de-
bellio (= duellio), bellator. 202 despectabilis. — Aus E: 233 subtractor.

---

[1]) Andere Auszüge aus A s. in meiner Anzeige dieses Glossares in der
Berliner Philol. Wochenschrift 1886. No. 7. S. 208 ff. Dort habe ich A 271
vermutet, 'alternatus variatus' (wie im Gloss. Vatic. VI, 506, a) u. A 390 'atri-
enses'. Herr Prof. Götz schreibt mir nun: 'Ihre Vermutungen treffen sicher
zu, sie finden sich ebenso in einer Parallelhandschrift des Codex Sang.'

234 exhausto. — Aus F: 103 fructifer. 132 Depon. sibilor. 245 fun-
danus (= rusticus, qui fundos colit). — Aus G: 15 gastromargia oder
gastrimargia (γαστριμαργία). — Aus H: 69 hydroplasmus. — Aus I:
10 iacturarius (häufig Verlust erleidend); vgl. Löwe Gloss. Nom. p. 166 sq.
336 minuo, avi (wovon 'minuatim'; vgl. Forcellini ed. De-Vit unter
'minuo', wo angeführt wird Praecept. Childeb. (a. 528) bei Marten: aut
aliquid de rebus aut terminis minuare cogitetis. 343 interlinitus von
'interlinio', Nebenform von 'interlino', 372 intrio = infundo; auch Gloss.
Vatic. VI, 529, und 'intereo = infundo, interitum = infusum Papias'.
Diese Glossen sind offenbar durch das Missverstehen von Cato r. r. 156,
6 'intrito' und durch Ter. Phorm. 318 'intristi' entstanden. — Aus L:
5 daemoniosus. Dazu bemerkt der Herausgeber De-Vit Lex. cites only
example of 'Daemoniacus' from Rufin. 3. Recognit. 3—6. Aber Rönsch
im Rhein. Museum 24, 505 bringt noch folgende Belege: Itala (Can-
tabr.) Luc. 11, 14. Gloss. Vatic. VI, 531 u. VII, 581. Gloss. Paris.
p. 191. no. 50 (wo statt 'demoniorum' mit Hildebrand zu lesen 'demanio-
sum'). 74 lecticalis, qui lectulum facit; vgl. Löwe Gloss. nom. p. 167.
90 leptopyria (*λεπτοπυρία); vgl. De-Vit gloss. in v. leptopyrexia
(λεπτοπυρεξία) hat Marc. Emp. 20. fol. 116 (b), 52 ed. Ald. 131 fan-
tasticus (= fanaticus). — Aus M: 100 commixticius = miscellaneus;
Hieron. in Nahum 13, 16 als Übersetzung von συμμικτός. — Aus N:
115 nocticula = luna; dagegen Labh. (Philox.) gloss. 120 (d) nocticula
= ἑκάτη νυκτοφαίνουσα. — Aus O: 121 onesiphorus (ὀνησιφόρος). —
Aus P: 97 plastographus; vgl. Gloss. Vatic. VI 540 (a) u. VII, 574 (a).
146 praecesso, are (= saepe praecedo). 186 pecudarius. 207 pellector
(Verführer), wie Gloss. Vatic. VI, 538 (b). Osbern gloss. 468 (a), dazu
'pellectio' (Verführung), Acta martyr. S. Polycarp. 4. 344 primor = prior.
— Aus R: 8 randum = arbitrandum; vgl. Löwe Prodr. p. 346 u. Gloss.
nomin. p. 142. 78 remigator = remex. — Aus S: 9 tubicinator, wie
Labh. (Cyrilli) gloss. 188 (d). 136 semispathium = semigladium. 248.
specularius = lanciarius. 315 spondit = spondet (wie Labh. gloss.
173 d, splendit = splendet). 325 stropharius (von stropha) = impostor.
332 subtrectare. — Aus T: 15 tagma (τάγμα), wie Labh. (Cyrilli) gloss.
181 (d). — Aus U und V: 13 vagitatur, violenter plangit. 22 valitant,
sani sunt; vgl. Löwe Gloss. nomin. p. 170. 23 vagurrit = per otium
vagatur. 151 voëtema, vulg. statt boëthema (βοήθημα) = adiutoria,
medic. t. t., wie Soran. Lat. p. 81, 16. 225 utire, will der Herausgeber
in 'utere' als aktiven Infinitiv verwandeln; sollte es nicht aus 'utier'
verschrieben sein und auf Plaut. Cas. 2, 3, 4 oder Ter. Phorm. 603
gehen? — Aus Y: 4 aquaticus (Wasserschlange).

Das Glossar ist korrekt gedruckt, doch ist zu verbessern S. 197
unter No. 199 'Corollarum' in 'Corollarium', S. 199 unter No. 411 'Streich'
in 'Strich', S. 201 unter No. 51 'deterrimium' in 'deterrimum'.

Phillips Glossary. Extracts from a Glossary in the Phillips library at Cheltenham (American Journal of Philologie. Vol. VI. No. 4).

In der Bibliothek zu Cheltenham befindet sich unter No. 4626 eine Glossarhandschrift, aus welcher hier Buchstabe M und N durch Herrn Prof. Minton Warren in Baltimore mitgeteilt wird, der das ganze Glossar Herrn Prof. Robinson Ellis in Oxford zur Veröffentlichung übersendet hat. Die Glossen stützen sich teils auf Festus, Paulus und Isidorus, teils auf Osbern Thesaurus novus u. Glossae (in Classici auctores ed. Mai. vol. VIII). Einige nicht uninteressante Glossen will ich hier geben. M 2 **Maspiter**, mars quasi maris pater; vgl. Varr. LL. 9. § 75. — M 9 **Matutinus** comparatur matutinior, issimus. M 25 **matrisso**, as, quod est matrem imitari; vgl. Osbern gloss. p. 365 (b) matrissare, matri assimilari, wodurch vielleicht C. F. W. Müllers Vermutung, der Plautin. Prosodie S. 372 bei Pacuv. trag. 139 R 'matrissem' vorschlägt, bestätigt wird.

Glossae in Sidonium (Anecdota Oxoniensia. Classical series, vol. I. Part. V. S. 27—62. Oxford 1885 in 4⁰).

Diese Glossen enthalten manches lexikalisch Merkwürdige, besonders aus dem Spätlatein, welches ich hier mitteilen will, wobei ich diejenigen Wörter, welche noch nicht in meinem Handwörterbuche stehen, mit einem Sternchen bezeichnen werde. S. 27, 25 Akk. haeresim. — S. 28, 31 'thymiama' und 'propitiatorium'. — S. 28, 32 propitiatio. — S. 29, 3 forellus; vgl. Du Cange: 'forellus, vagina'. --- S. 29, 10 lectus tornatilis. — S. 29, 25sq. prima vigilia noctis 'fax' appellatur. — S. 29. 27 antelucanum (Morgendämmerung). — S. 30, 5 u. p. 33, 21 *Romanice. — S. 30, 25 *silicernus ('silex' i. e. rupis. Inde silicernus i. e. curvus a cernendo terram; dagegen Osbern. gloss. 559: silicernus, moribundus, quasi silicem i. e. sepulcrum cernens). — S. 31, 21 *bit(h)alassum, i. e. duplex mare. — S. 32, 1 *avencare = avenas exstirpare. — S. 32, 14 *derisorie. — S. 32, 35 levigatus 'cum' pumice. — S. 33, 22 dote, i. e. dotalicio. — S. 33, 29 citharizare, *symphonizare. — S. 34, 13 epitaphium, dazu noch von mir Varr. sat. Men. 110. Sidon. ep. 2, 8. Heges. 1, 45, 10. — S. 35, 9 u. 10 *Arvernia (das Gebiet der Arverner). — S. 35, 11 per antifrasim. — S. 38, 14 'depretior' und 'appretior' depon. Nebenf. zu 'depretio' und appretio'. p. 39. 31 praeconari. — S. 40, 11 aures elephantinae. S. 40. 19 effugare. — S. 40, 24 acella (='ascella') s. *fossicula illa, quae sub brachiis est. — S. 40, 30 faetor *Ampsan(c)ticus. — S. 211. 13 sophistice. — S. 211, 14 graecisso. — S. 41, 15 *congelidare = simul gelare. — S. 41, 21 *augmentative, privative. — S. 41, 29 ebullitiones fontium. — S. 42, 29 *placitatores (wohl placidatores von placido) litium. — S. 44, 2 primarie. — S. 44, 30sq. cautio fideiussoria, pignoraticia, *hypothecaria, chirographaria. — S. 45, 25 versificator. — S. 46, 25 eulogium. — S. 46, 32 victorialibus vesti-

mentis vel armis. — S. 47, 21 colonaria condicio (wie Cod. Just. 1, 4,
24). — S. 47, 28 tumba. — S. 48, 32 parochia, *parochiani. — S. 49,
4 indages. — S. 50, 9 u. 10 *aurifaber. — S. 50, 24 u. 25 metropolitanus
i. e. archiepiscopus, metropolis est mater civitatum (ebenso S. 51, 29). —
S. 51, 27 terra paludosa. ··· S. 52, 26 probatica piscina. — S. 53, 27
Akk. ʻhomonemʼ. — S. 54, 22 *turpiloquus (nach De-Vit auch Isid. regul.
monach. 17, 2). — S. 55, 1 nardum pisticum. — S. 56, 21 parunculus.
— S. 57, 2 inseminare = besäen (eig.). — S. 58, 3 mimus ioculator.

Notes in Latin Lexicography. I u. II. Edited by Henry Nettleship
(in The Journal of Philology vol. XII. No. 24. p. 191—202. Vol. XIII.
No. 26. p. 67—80 u. 164—181. Vol. XIV. p. 29—39).

Herr Prof. Nettleship in Oxford, dessen Güte ich die beiden Hefte
verdanke, giebt Zusätze zum Lexikon aus Glossarien, aus Grammatikern
und aus dem Corpus inscr. Lat., von denen ich jedoch einem grofsen
Teil der aus den Glossarien des Labbaeus u. a. gegebenen die Aufnahme
in meinem Handwörterbuch versagen mufs, wogegen die anderen höchst
willkommen sind. — In demselben Journal vol. XIII. p. 299—302 teilt
Herr Prof. T. Haverfield in Oxford ebenfalls Lexicographical Notes II
mit (No. I ist mir nicht zugekommen), und zwar a) eine ausführliche
Besprechung über ʻcarbasusʼ. b) Nachträge aus den Grammatici ed.
Keil und aus Augustini regulae.

Glossarium Terentianum ex recensione Georgii Goetz. (Index
lectt. aestiv. Jenens 1885.)

Herr Prof. Götz in Jena giebt aus dem Nachlasse Gustav Löwes
dieses Glossarium nach zwei Handschriften, von denen die eine (A) Codex Vaticanus 1471 saec. IX, die andere (B) ein Auszug aus A. Die
erste Hälfte der Handschrift enthält Glossen zu Terentii Andria, Adelphoe
und Eunuchus, die zweite andere Glossen. Durch diese Terenzglossen
wird manche gute Lesart oder Vermutung bestätigt; so z. B. Andr. 202
circumitione. Eun. 326 lepus tute es; pulpamentum quaeris. Eun. 493
post huc continuo exeo. Auch für das Lexikon bietet das Glossarium
einige Beiträge. Gloss. 12 (zu Andr. 221) Abl. Atheniense (wie Plin.
33, 113). Gloss. 106 (zu Andr. 202) circumlocutio. Gloss. 162 (zu
Adelph. 480) cod. A Schreibung conditio. Gloss. 182 (zu Eun. 257)
salsamentarius. Gloss. 185 (zu Eun. 543) extimem. Gloss. 216 (zu
Andr. 175) Schreibung ʻerusʼ. Gloss. 252 (zu Eun. 38) comessor (so!).
Gloss. 297 (zu Eun. 133) fidicina. Gloss. 299 (zu Eun. 257) saginator.
Gloss. 306 (zu Eun. 589) stropha = dolus. Gloss. 307 (zu Eun. 756)
metuculosus (so!). Gloss. 312 (zu Eun. 31) alazon (als Erklärung von
ʻgloriosusʼ). Gloss. 325 (zu Eun. 242) pinguities. Gloss. 341 (zu Andr.
245) inaffabilis (noch in keinem Lexikon). Gloss. 348 (zu Andr. 266)
incerto (Adv.), wozu noch Heges. 1, 16, 3. Gloss. 377 (zu Andr. 688)

incrudescit (Forcell. ed. De-Vit nur Not. Tir. 81: incrudescit, incruduit).
Gloss. 431 (zu Adelph. 981) absque non faciam. Gloss. 488 (zu Adelph.
781) verbero, flagrio (als Erklärung von mastigia'). Gloss. 489 (zu
Adelph. 908) structilis saepes (als Erklärung von 'maceria'). Gloss. 534
(zu Andr. 533) optate. Gloss. 649 (zu Eun. 688) veternosus, hydropicus.
— In den Addenda berichtet Herr Prof. Götz noch über zwei andere
Glossaria Terentiana.

De glossis lexici Hesychiani Italicis. Scripsit Otto Immisch.
Lipsiae 1885. S. 118. 8⁰. (Doktordiss.)

Schon der Rektor Köler hat in seinem Aufsatz 'Einrichtung eines
Thesaurus der lateinischen Sprache (in Fr. Aug. Wolfs Litterar. Analekten IV. S. 313 f.)' die Wichtigkeit der ins Griechische übergegangenen
lateinischen Wörter für die Kenntnis der lateinischen Sprache angedeutet, und in neuerer Zeit haben andere, in neuester Zeit in Wölfflins
Archiv Gröber (1. S. 37 und S. 67) und Helmreich (S. 326) ebenfalls darauf
hingewiesen. Der Verfasser obiger Dissertation hat es nun unternommen,
das nötige Material zusammenzustellen. Die Abhandlung zerfällt in zwei
Teile, deren erster die fontes (d. h. die mit den Griechen in Verkehr
stehenden italischen Völker) und die auctores (d. h. die Schriften, aus
denen Wörter entlehnt wurden), während der zweite die einzelnen Glossen
bespricht, von denen nur wenige dem Hesychius angehören. Dabei werden
immer Italica und Latina geschieden. Die höchst fleifsige Arbeit macht
dem Senior des philologischen Seminars zu Leipzig alle Ehre. Eine
eingehendere Besprechung wird hoffentlich im Jahresbericht von einem
in diesem Fache kundigeren Referenten erfolgen. — S. 338 ist 'inscr.
Orelli no. 4794' ein falsches Citat. Zu S 340 bemerke ich, dafs 'denarion (δηνάριον)' auch bei Beda de orthogr. 270, 16 K. ('denarius' latine
masculini generis est, 'denarion' graece neutri).

Über alte Formen bei Vergil. Von Karl Wotke. (Wiener Studien Bd. VIII. 1886. S. 131—148).

Vergil hat viele archäische Formen angewendet. Besonders ver-
dankt dem Zwang des Metrums allein so manche seltene und ungewöhnliche Form bei Vergil ihre Wiedererweckung oder Erhaltung. Der Verfasser stellt nun diese Formen in lichtvoller Darstellung zusammen, und
zwar: I. Substantivum. a) ältere Wörter, z. B. 'divus' für 'deus', 'Ma-
vors' für 'Mars'. b) Abweichungen von der gewöhnlichen Deklination,
z. B. Genetivendung ·ai, Genetiv 'die u. dii' von 'dies', der Dat. Sing.
der 4. Deklin. auf -u, auffälliger Ahlat. Sing. classi, imbri, Genet. Plur.
-um statt -arum od. -orum und -um statt -uum ('currum' und 'manum').
II. Adiectivum. Veraltete Formen, z. B. Mavortius, potis, alacris. Adjektiva abundantia, wie inermus, infrenus. III. Pronomen. Dativ Sing. 'mi',
Nom. Plur. fem. 'haec'. IV. Numeralia. Akk. Plur. masc. 'duo' und
Akk. Plur. 'tris'. V. Adverbia, wie 'forsan' und 'mage'. VI. Partikeln,

wie ʻastʼ, niʼ für ʻneʼ, ʻquianamʼ. VII. Verbum. Formen gewöhnlich
nach der 2. Konjug. gehender Verba nach der 3. Konjug., wie fulgĕre,
fervĕre, stridunt, potĭtur, parag. Infinitiv auf -ier, z. B. accingier, defen-
dier; synkopierte Imperfekta nach der 4. Konjug., wie ʻinsignibat, lenibatʼ,
unregelmäfsige Formen, wie ʻausim, fuatʼ und dergl. mehr. Um das Vorkommen älterer Formen noch besonders anschaulich zu machen, wird
zum Schlufs noch kurz über das Verhältnis Vergils zu seinen Vorgängern
gehandelt.

De sermonis proprietatibus, quae in Philippicis Ciceronis orationibus inveniuntur. Scripsit Oscarus Hauschild. (Dissert. Haleuses.
1886. S. 235—305. 8⁰.)

In der Einleitung spricht der Verfasser gegen die Annahme, dafs
Cicero in den Philippischen Reden zum Asianum genus, dem er nach
der Meinung einiger in den Reden seiner Jugendzeit gehuldigt habe,
zurückgekehrt sei; er bediene sich vielmehr der kräftigen Wörter und
Wendungen aus der Volkssprache, um den Antonius durch die Wucht derselben zu treffen. Die Abhandlung selbst hat folgende Einteilung: I. De
vocabulorum delectu. A. De formatione vocabulorum. a) De derivatione.
§ 1. De substantivis in-*io* terminantibus. § 2. Substantiva in-*tas* exeuntia.
§ 3. Substantiva in-*ia* desinentia. § 4. Substantiva suffixo-*mentum* conformata. § 5. Substantiva verbalia in-*us* quartae declinationis. § 6. Masculina in-*o* desinentia. § 7. Masculina in-*tor*, -*sor* exeuntia. § 8. Deminutiva. § 9. De Adiectivis in-*bilis*, ·*osus*, -*orius*, -*ax*, -*atus* exeuntibus.
§ 10. De verbis frequentativis vel intensivis. § 11. De verbis inchoativis.
§ 12. De verbis denominativis in-*are*. b) De compositione verborum.
§ 13. De substantivis et adiectivis compositis. § 14. De verbis compositis. B. De singulis quibusdam verbis locutionibusque. a) De verbis
Latinis. § 15. De substantivis. § 16. De adiectivis et adverbiis. § 17. De
verbis et locutionibus. b) De verbis Graecis. § 18. c) De vocabulorum
significatione ab usu urbano abborrente. § 19. De substantivis. § 20. De
adiectivis et adverbiis. II. De elocutione. A. De abundantia sermonis.
§ 22. B. De sermonis brevitate. § 23. III. De syntaxi. § 24. De ratione
coniungendi partem attributam cum parte subiectiva. § 25. De gradatione.
§ 26. De pronominibus. § 27. De casibus. a) De casu genetivo. b) De
casu dativo. c) De casu accusativo. d) De casu ablativo. § 28. De
praepositionibus. § 29. De coordinatione. a) De asyndetis. b) De pa-
rataxi. § 30. De·subordinatione. § 31. De genere verborum. Appendi-
cula, in welcher aus den wenigen Briefen und Fragmenten des Antonius
der Unterschied zwischen der Latinität des Cicero und der des Antonius
festzustellen versucht wird, wobei der Verfasser freilich bei dem geringen
Material zu keinem belangreichen Resultat kommt.

Die Abhandlung ist mit grofsem Fleifse zusammengestellt, wenn
auch die beigebrachten Beweise noch hier und da Widersprüche finden
dürften, wie denn Wörter und Wendungen der Volkssprache zugewiesen

werden, die sicher dieser nicht allein angebören. Der Verfasser citiert mein Handwörterbuch sehr fleifsig, hat aber mitunter vergessen, dasselbe nachzuschlagen. Im einzelnen habe ich mir folgende Berichtigungen und Ergänzungen notiert: S. 248 heifst es: hortatio, Phil. IX, 6; ad Quint. fr. 1, 1 (genauer: ad Quint. fr. 1, 1, 14. § 41). Apud alios scripto-res nusquam exstare videtur! Das Wort findet sich nach Ausweis der Lexika und meiner Sammlungen noch Cic. Orat. § 66; de fin. 5. § 6; ep. 9, 14, 7; ad Quint. fr. 1, 1, 16. § 45. Sall. Jug. 60, 2. Auct. b. Alex. 10, 5. Liv. 40, 4, 12. Suet. Aug. 85. Apul. met. 1, 10. Eumen. pan. Constant. Caes. 14, 5. Donat. Ter. Andr. 2, 4, 3. — S. 250. vitatio steht auch Cic. de fin. 5. § 20 (vit. doloris). — S. 251 unter mendici-tas wird gesagt, dafs paupertas in den Reden nur éinmal vorkomme (de leg. agr. 2. § 64); es mufste hinzugefügt werden, dafs das Wort in den andern Schriften Ciceros nicht selten gelesen werde. — S. 254 heifst es: compotor invenitur in orat. Phil. 2, 42 et 5, 22 et nusquam alibi! Es steht noch Apul. met. 2, 31. — S. 256 wird unter animosus ange-führt Val. Max. 8, 2 (genauer 8, 2, 3), aber dort ist 'animosius' der Komparativ des Adverbiums 'animose'; dagegen steht 'animosus' Val. Max. 2, 4, 1; 2, 7, 15; 4, 3, 4 und Kompar. 'animosius' 5, 4, 6. — Ebenf. S. 256 inhumatus steht auch Lucr. 6, 1213 (1215). Hor. carm. 1, 28, 24 u. sat. 2, 3, 195. Ovid. her. 10, 123 u. met. 7, 608. Sen. Troad. 895 u. Octav. 344. Sil. 5, 129. Stat. Theb. 1, 276; 9, 158 u. 299; 12, 151. Auson. epigr. 72, 1. — S. 259 stillare; Cic. ad Att. 9, 7, 1 liest Wesenberg 'instillarunt'. — S. 260 assolet; Cic. de inv. 2. § 122 liest Friedrich 'quae solent'. — S. 261. Warum in divendere die Silbe 'dis' nicht 'vim seiungendi' haben soll, sehe ich nicht ein, es ist doch = 'im Detail verkaufen, ausverkaufen'. — S. 262 Z 4 v. o. Cic. Verr. 5. § 22 liest C. F. W. Müller 'provideo'. — S. 263 fustuarium steht öfter auch bei den JCt., s. Dirksen Manuale. — S. 264 illim steht auch Cic. Quinct. § 79 M. — S. 274. Zu malum (als Ausruf) s. aus-führlich Constant Martha in der Revue de philologie 1879 p. 19—25; 1883 p. 1—5 u. 1884 p. 139. Spengel zu Plaut. truc. 5, 1, 38. — S. 280 a. E. huc = ad eos steht auch Cic. de off. 1. § 150 (adde huc). Caes. b. c. 3, 4, 6 (huc . . . adiecerant). Ovid met. 3, 133 (huc adde) u. 6, 182 (huc adice). — S. 296. Z. 11 v. u. Cic. Phil. XIII, 11 lesen Kayser und Halm (ed. Orell. 2) de memoria dilabuntur. — S. 297 will der Verfasser Cic. Phil. II, 87 'non solum de die, sed etiam in diem vivere' nicht gelten lassen; er will für 'vivere' lesen 'bibere'. Gewifs nicht nötig.

De Vitruvii copia verborum. Part. II. Scripsit Henricus Ulrich. Schwabach 1885. S. 14 in 8⁰. (Beigabe zum Progr. der Lateinschule zu Schwabach.)

Nachdem der Verfasser in der Beigabe zur Lateinschule zu Frau-kenthal 1882 die Substantiva behandelt hat, welche dem Vulgärlatein

augebören und im Vitruv vorkommen (s. Jahresbericht 1882 –1884 S. 113),
behandelt er in dieser Beilage a) De adiectivis derivatis. b) De adverbiis
derivatis. c) De verbis derivatis. d) De vocabulis compositis. e) De
vocabulis ab eleganti sermone plane discrepantibus. f) Appendix. De
flexione. Die Wörter, welche Vitruv zuerst gebraucht hat, sind mit einem
Sternchen, die, welche er allein gebraucht hat, mit einem Kreuzchen bezeichnet. S. 3 bei pusillus sagt der Verfasser: 'Primitivum pusus in
lexicis non invenitur' aber in allen gröfseren Wörterbüchern steht doch
'pusus', Knabe (wohl wörtlich 'der Kleine'), Pomponius (Spengel jetzt
'Papinius') bei Varr. LL. 7, 28'; dafs pusus' hier Substantiv, ist irrelevant. — S. 11 Z. 3 v. o. citiert der Verfasser 'Cic. fam. 6, 8 haec deliberatio non convenit cum oratione'; aber es steht 'Cic. fam. 6, 8. § 2
haec tua deliberatio non mihi convenire visa est cum oratione Largi'.
Dergleichen Verballhornungen sind zu tadeln. — Ebendas. heifst es zu
scaevus 'proprie dicitur a Serv. Verg. Aen. 3, 351 iter scaevum'; aber
es mufste genauer die ganze Stelle stehen: 'nec ab itinere ingressis,
scaevo, id est sinistro'. S. 13 zu paucus. Dieses Adjektiv ist im Sin-
gularis nicht so selten, als der vom Verfasser citierte Köhler (De auctorum belli Afr. et belli Hisp. latinitate p. 23) glaubt. Es steht Cornif.
rhet. 4. § 45. Hor. art. poët. 203. Auct. b. Afr. 67, 2. Vitr. 1, 1, 6.
Papir. dig. 50, 8, 13 M. Novell. 33. c. 1 Gell. 9, 4, 5 u. 20, 1, 31.
Hygin. fab. 194. Schol. ad Caes. Germ. Arat. 146. p. 392, 21 Eyss.
Ennod. carm. 2, 16, 9. Lucifer de reg. apost. 11. p. 61, 25 Hartel.
Gregor. Tur. hist. Franc. 5, 20.

Bemerkungen zur Syntax des Vitruv. Von Johann Braun. Bamberg 1885. S. 108 in 8⁰. (Doktordissertation).

Der Verfasser dieser Dissertation hat mir dieselbe als nachträg-
liche Gabe zu meinem Doktorjubiläum zugesendet; ich habe sie mit herz-
lichem Dank aufgenommen. Obgleich die kritische Anzeige eigentlich
dem Referenten über lateinische Grammatik zusteht, will ich doch auf
den Inhalt hiermit aufmerksam machen. Er ist folgender: I. Der Gebrauch des Infinitiv. A. Der Infinitiv mit Nominativ. B. Verba mit dem
Infinitiv. 1. Verba der Möglichkeit. 2. Verba der Notwendigkeit. 3. Verba
des Wollens. 4. Verba der positiven Willensäufserung. 5. Der Infinitiv
als Subjekt. C. Verschiedenes. II. Der Infinitiv mit Akkusativ. A. Die
übergeordneten Verba. 1. Verba sentiendi. 2. Verba cogitandi 3. Verba
der Affekte. 4. Verba dicendi. 5. Verba des Willens. 5. Unpersön-
licher Hauptsatz. B. Verschiedenes. III. Die mit Partikeln eingeleiteten
Substantivsätze. IV. Gerund und Gerundiv. V. Die indirekten Frage-
sätze. A. Übergeordnete Verba. B. Modus. C. Form der indirekten
Frage. 1. Satzfragen. 2. Wortfragen. VI. Zur Komparation. VII. Zum
Pronomen. VIII. Zum Gebrauche des Kasus. IX. Zur Textgestaltung.
Der Verfasser bekundet in seiner Arbeit grofse Begabung für gramma-

tische Beobachtungen, welche er hoffentlich auch noch für den oder jenen Autor in Anwendung bringen wird. Im IX. Kapitel zeigt er sich als besonnenen Kritiker.

De M. Cornelio Frontone imitationem prisci sermonis latini affectante. T. I. Von Carl Priebe. Stettin 1885. S. 18 in 4⁰. (Programmabh.)

Wie schon der Titel obiger Schrift besagt, hat sich der Verfasser vorgenommen den Nachweis zu liefern, dafs Fronto ein geflissentlicher Nachahmer der archaischen Latinität gewesen sei. In der Einleitung (S. 1—10) bespricht er weitläufig die bekannte Thatsache, dafs von der Zeit des Augustus an die lateinische Sprache allmählich dem Verfalle entgegen gegangen ist, und zwar namentlich auch durch Fronto und seine Schüler. Fronto wird dabei S. 2 als 'omnium qui umquam exstiterunt scriptorum plane stultissimus ideoque summa de se opinione inflatus' und S. 3 als 'homo imbecillus' bezeichnet. Dann beginnt die eigentliche Abhandlung, und zwar de elocutione (während im nächsten Programm 'de imitatione' gehandelt werden soll). Der Verfasser behandelt a) (S. 10—12) die Wörter, welche Fronto und sein Schüler Marcus anders gebraucht haben als die älteren uns bekannten Schriftsteller; b) (S. 12—17) diejenigen, welche Fronto und seine Schüler wahrscheinlich 'e priscorum scriptorum consuetudine' entnommen haben, und zwar vorzugsweise aus Plautus; c) S. (17—18) folgen die Ausdrücke, welche Fronto mit den Dichtern der früheren und späteren Zeit gemeinsam hat, die aber der guten Prosa fremd sind.

Ich gebe nun einige Bemerkungen. S. 11 gemmula (Edelstein) steht auch Vulg. u. Apul., s. mein Handwörterbuch (welches der Verfasser leider [s. unten] nicht zu besitzen scheint). — phalerae v. Schmuck der Rede steht aufser Symm. ep. 1, 89 (83) auch Sulpic. Sev. dial. 1, 27, 3 (ph. sermonum). — pipulum, eig., steht auch Soran. Lat. p. 138, 9. — S. 12 attrectare eig., mit den Händen betasten, steht ja schon bei Cicero u. a., s. mein Handwörterbuch. — S. 13. Bei Plaut. Poen. 1, 2, 143 (356) steht nicht alcedonia, sondern alcedo. — consimilis steht ja bei Cicero, Cäsar u. a. — S. 14. Bei 'dispendium' hat der Verfasser nicht den Unterschied der Bedeutung bei Plautus und der Bedeutung bei Späteren beobachtet. Bei Plautus ist 'dispendium' = Verlust an Geld, bei Späteren = Verlust überhaupt. — Statt herilis mufste erilis stehen, wie jetzt im Fronto, sowie bei Plautus u. s. w. geschrieben wird; vgl. Brambach Hülfsbüchlein unter 'erus'. — palliolatim steht aufser bei Plaut. Pseud. 1275 auch Caecil. com. 133 nach Ribbecks sicherer Vermutung. — S. 15. Wenn der Verfasser zu tegora (Fronto p. 141, 17) sagt: 'apud Plautum me legisse non memini', so ist zu bemerken, dafs 'tegoribus' bei Fleckeisen und Brix gelesen wird capt. 900 (899) und 915 (912) und Pseud. 198, wie schon mein Handwörterbuch

unter 'tergus' nachweist. — unter volutare mufste das zu 'cum animo
meo cogito', 221, 7, gesetzte Citat Plaut. truc. 2, 5, 4 (451 Schoell)
zum folgenden 'cum corde meo agito' gesetzt werden, da ja bei Plaut.
steht: 'quomque eam rem in corde agito'. — S. 17 gargarissare steht
auch Varr. L. L. 6. § 96. — S. 18 barbarismus steht nicht zuerst bei
Martial (6, 17, 2), sondern schon Cornif. rhet. 4. § 17. Quint. 1, 5, 5 sqq.,
wie schon alle Lexika angeben. — Es durfte nicht focillare, sondern
es mufste focilare, wie ja Fr. p. 88, 5 steht, gesetzt werden, da dieses
die bessere Schreibung ist, s. mein Handwörterbuch unter 'focilo' und
'refocilo'.

De Q. Aurelii Symmachi vocabulorum formationibus ad sermonem
vulgarem pertinentibus. Scripsit Ern. Theod. Schulze. (Dissert.
Hal. VI. p. 113—232 und Separatabdruck Hal. Sax. 1884. S. 120 in 8⁰.)

Unter die späteren lateinischen Schriftsteller, welche eine grofse
Anzahl Wörter aus der Vulgärsprache entnommen haben, gehört namentlich auch Symmachus.· Der Mühe, diese Ausdrücke aus den Schriften
des Symmachus zusammenzustellen und deren Gebrauch neben andern
Schriftstellern nachzuweisen, hat sich der Verfasser mit grofsem Fleifse
und grofsem Geschick unterzogen. Die Abhandlung zerfällt in Kap. I.
De derivatione p. 7—90 (p. 113 - 118). Kap. II. De compositione p. 90
—120· (p. 202—232). Kap. I. zerfällt in § 1—11 de substantivis. § 12
de nominibus (subst. et adiect.) deminutivis. § 13 — 20 de adiectivis.
§ 21—22 de adverbiis. § 23 — 25 de verbis. Kap. II. zerfällt in § 26—29
de vocabulis cum praepositionibus compositis. § 30 de verbis in-ficare,
de adiectivis in-ficus exeuntibus. § 31 de alia verborum compositione.
Sehr reich ist Symmachus an sogenannten ἅπαξ λεγόμενα; ich
habe deren nicht weniger als 28 gezählt. Einige sind noch nicht in
meinem Handwörterbuch aufgeführt, z. B. adflexus, orat. 2, 20, demensus,
ep. 1, 1, 1, inermitas, or. 2, 17, ingravatus, ep. 2, 29; 6, 79; 9, 94
(Plin. 28, 174 jetzt in gravitate). preciculae (= preces), ep. 9, 133 (11), 1.
Wenn S. 10 'expraefectus' dem Symmachus (ep. 7, 126) allein zugeschrieben wird, so ist zu bemerken, dafs 'ex praefecto urbi' auch Capi-
tolin. Maximin. 20, 1 und 'ex praef. praet.' auch Gruter. inscr. 151, 6
steht. Eine Reihe Wörter weist der Verfasser gewifs mit Unrecht der
Vulgärsprache zu, wie acrimonia, altor, commonitio, contemptus, dilu-
cescere, dinumerare, discingere, disquirere, disterminare, explorator,
filiola, haesitantia, investigatio, helluatio, munificentia, nisus, obstinatio,
signator, tuitio. Erst nach Beendigung seiner Schrift erhielt der Verfasser die Ausgabe des Symmachus von Seeck. Sie wurde jedoch nach·
träglich noch benutzt und dabei manche Stelle in Anmerkungen kritisch
beleuchtet. Der Verfasser selbst bringt 15 eigene Vermutungen, welche
von kritischer Begabung Zeugnis ablegen. Ich halte aber die S. 36 an-
gefochtene Vermutung Gruters (Symm. ep. 3, 28) 'seritate metiri' für

eine höchst glückliche Konjektur, der auch Haupt (Opusc. III, 402) seinen
Beifall geschenkt hat. Dafs das Wort 'seritas' bis jetzt nur noch aus
Glossen nachgewiesen worden ist, ist irrelevant, da ja, wie Verfasser
selbst dargethan, Symmachus eine Menge ἅπαξ λεγόμενα hat. — S. 6 mufs
es unter 'Altor' heifsen 'Cic. de nat. deor. 2, 34, 86'. — S. 9 f. heifst es:
'Explorator .... Caesar *perraro* ex sermone militari'. Was falsch ist, da
das Wort sehr oft bei Caesar steht. — S. 25 schreibe 'Frustratio' statt
'Frustatio'. — Wenn S. 51 in or. 3, 6 für den Dat. Plur. 'essedis' ein
Nomin. Sing. 'esseda' angenommen und dafür Verg. georg. 3, 204 (wo
ja Akk. Plur. 'esseda') angezogen wird, so ist das ein Irrtum; denn der
Nomin. Sing. ist für beide Stellen 'essedum', welches Wort schon Cicero
hat, während Plur. 'essedae' (nach der 1. Deklin.) sich bis jetzt nur aus
Sen. ep. 56, 6 nachweisen läfst[1]). — S. 66 ist zu 'superforaneus' zu bemerken, dafs es in meinem Handwörterbuche statt 'Symm. ep. 3, 48 u.
4, 11' heifsen mufs 'Symm. ep. 3, 48. Sidon. ep. 4, 11' und dazu noch
'Ennod. ep. 2, 9' und de synod. p. 304, 21 H. Ebenso ist in meinem
Handwörterbuche unter 'interminus' a. E. statt 'Symm.' zu setzen 'Prud.
(c. Symm. 2, 106)'; dagegen steht Symm. relat. 15, 3 intermini annorum
recursus.

   Über die Sprache des Claudianus Mamertus. Von August Engelbrecht. (Separatabdruck aus den Sitzungsberichten der Wiener Akademie der Wiss. Bd. 110. S. 423 ff.) Wien 1885. S. 122 in 8⁰.

   Der Verfasser verspricht am Schlusse der Vorrede seiner Ausgabe
des Claudianus Mamertus (Corp. script. eccles. latin. vol. XI. Vindobon.
1885) p. XLIX demnächst in einer besonderen Abhandlung die Latinität
des Schriftstellers des weiteren besprechen zu wollen. Das Versprechen
ist durch obige Abhandlung genügend gelöst worden. Es galt aber dem
Verfasser keineswegs eine Gesamtdarstellung der formellen wie syntaktischen Eigentümlichkeiten der Sprache Claudians zu liefern, sondern die
Abhandlung verfolgt nur den Zweck, die Stellung, welche Claudian in
der Geschichte der lateinischen Sprache einnimmt, halbweg ausreichend
zu charakterisieren. Die eigentliche Abhandlung zerfällt nun in folgende
Teile: I. Allgemeine Charakteristik der Sprache Claudians.
Es wird der Beweis geliefert, dafs Claudian vielfach Nachahmer des
Apulejus war und dafs er nicht selten auch archäische Wörter angewendet hat. II. Spezielle Eigentümlichkeiten der Sprache Claudians. A. Claudians ἅπαξ εἰρημένα, von denen folgende in meinem Hand-

---

1) Der Verfasser kann sich übrigens damit trösten, dafs schon im Jahre
1881 ein junger Professor in Tübingen denselben Schnitzer gemacht hat. In
'Martialis epigrammaton liber primus. Rec. Jo. Flach' lesen wir zu Mart. 1, 105, 8:
'esseda] usitatior forma est *esseda* primae declinationis. Sed hujus temporis
auctores, imprimis Suetonius, *essedum* dicunt'; s. zum Überflufs Cic. ep. 7, 7, 1
(essedum aliquod capias suadeo).

wörterbuche fehlen: adeotenus, Cl. 141, 9 (nach der Seitenzahl der Ausgabe von Engelbrecht). — ante temporaneus, Cl. 145, 21. — circumgar-
rire, Cl. 132, 10. — conflictor, Cl. 189, 2, auch Osbern thes. nov. p. 236
(unter 'fligo'), aber vielleicht richtiger 'conflictator', welches auch De-Vit
Glossarium steht. — indisiunctim, Cl. 55, 4. — inluminabilis, Cl. 103, 19.
— intercaelestis, Cl. 147, 7. — itatenus, Cl. 140, 13; 143, 15; 149, 14;
151, 21; 171, 3. — mansum (wahrsch. Aufenthaltsort v. Bienenstock),
Cl. 205, 10. — opellum (= opusculum), Cl. 24, 15. — probare,
Cl. 32, 15 not. crit. — perceptus, Abl. perceptu, Cl. 37, 18. —
perincatholicus, Cl. 24, 11. — posticipare, Cl. 74, 20. — prosternitare,
Cl. 134, 5. — quadrigonus, Cl. 195, 11; in meinem Handwörterbuche
falsch blofs subst. quadrigona, da an der Stelle 'figura' vorhergeht. —
scientialiter, Cl. 117, 11. — seminaliter, Cl. 77, 23, aber nicht ἅπαξ
εἰρημένον bei Claudian, sondern nach Forcellini ed. De-Vit auch Intpr.
Iren. 1, 8, 5 u. 2, 14, 2. Aufserdem sind in meinem Handwörterbuche
nachzutragen: ad plene, Cl. 80, 12. — dispuo, Cl. 135, 15. — prolapsus,
Cl. 32, 16. Hieron. ep. 98, 12. Augustin. in psalm. 109, 17 u. a. Eccl.,
s. Paucker Spicilegium p. 133. — transmundanus, Cl. 144, 20. — B. Sin-
guläre Bedeutungen oder Konstruktionen einzelner Wörter bei Claudian,
z. B. abhorret mit folg. Akk. und Infinit., Cl. 149, 21. — acescere übertr.
= lividum esse, Cl. 22, 6. — ambigere mit allgem. Akk. (de iis, quae
ambigimus), Cl. 191, 14. — apud invicem, Cl. 98, 25. — catholica, subst.
(sc. ecclesia), Cl. 23, 2 u. 25, 25 (vgl. Wölfflins Archiv I, 153: 'catholica' bis zum 5. Jahrh. nur in Afrika). — circulus als Adj. = kreisend,
im Kreislauf befindlich, Cl. 92, 7. — conivere = consentire, convenire,
S. 69 ff. ausführlich besprochen. — dediscere = discere, Cl. 204, 2. —
edormire, prägn. = dormiendo proferre, Cl. 129, 20. — falsimonium
auch Cl. 132, 10. — fraudatus mit Genetiv temporis, Cl. 19, 3. — 'Gabriel' nach den Handschriften nach der 2. Deklin., Dat. Gabrielo, Cl.
164, 18. Akk. Gabrielum, 162, 6. Abl. Gabrielo, 163, 6 u. 166, 2,
wo Engelbrecht im Text Gabrieli, Gabrielem, Gabriele hat, aber nach der
Praef. p. XLIV die Formen nach der 2. Deklin. jetzt vorzieht. — inaesti-
matus = inaestimabilis, Cl. 34, 21. — intemerandus, auch Cl. 37, 20. —
invisibilitas, auch Cl. 44, 14 (nach Forcellini ed. De-Vit auch Intpr. Iren.
4, 20, 7 u. 5, 28, 1. Arnob. iun. conflict. de deo 2, 6). — iuge, auch
Cl. 43, 21. — ligatura übtr. auch Cl. 175, 1 (wobei ich bemerke, dafs
'ligatura' auch 'das Binden' = das Vorenthalten der Sündennachlassung,
Augustin. serm. 393). — musice (Adv.), auch Cl. 73, 10 (und Apul. de
Plat. 1, 9 musice et canore). — nexuosus, übtr., Cl. 120, 21. — omni-
genus (Adj.) = omnigena, Cl. 47, 4 (omnigenum corpus; viell. auch Claud.
gigant 51 omnigenis formis). — ponderabilis nicht blofs Claud. Mam. de
stat. anim. 2, 4, 2. p. 112, 15, sondern auch 2, 4. p. 114, 1; 2, 6, p. 119, 10
u. epilog. p. 194, 6. Wenn der Verfasser dann sagt: 'ebenso bei Pru-
dent. u. a.', so beruht diese Angabe auf der vagen Notiz bei Paucker

Spicil. p. 122, wo es heifst: ponderabiliter, Ps. Augustin. specul. 20; adi. Vulg., Prud., Cl. Mam.' Da nun 'ponderabilis' nicht in der Vulgata steht, so bezweifele ich auch 'Prud.', so lange mir der Fundort nicht nachgewiesen wird. — praefixus = vorher festgestellt, Cl. 203, 11 u. Auct. inc. de Constant. Magno ed. Heydenreich 11, 18 u. 11, 23. — praesentaneus = gegenwärtig, auch Cl. 135, 13. Sidon. ep. 6, 11; 7, 10 u. 14; 8, 13. — proludium, auch Cl. 162, 6. — quamlibet = quamvis mit Konjktv., Cl. 54, 17. 20. 21; 69, 1; 71, 1 u. ö. — rate, Adv. = pro rata parte, Cl. 42, 21. — rotunda = circulus, Cl. 92, 20. — sphaeroides subst., Cl. 67, 11 u. 144, 20. — transversim, auch Cl. 90, 11 u. 14 (und nach Forcellini ed. De-Vit auch Augustin. 1. solil. 4. no. 10). — tropice, aufser Augustin de gen. ad litt. 4, 9 auch Cl. 29, 19 (und Gloss. Sang. T 181). — vulnerabilis, verwundbar, Cl. 32, 14. — Im Lexikon sind zu streichen 'ambifarie', da Cl. de stat. anim. 1, 3 p. 28, 16 jetzt 'ambifariae', daher die Stelle zu 'ambifarius' zu setzen ist. — perpere, Cl. de stat. anim. 1, 1 p. 21, 7, wo jetzt 'perperam'; aber 'perpere' steht nach Paucker Subrel. p. 14* noch Excc. de imp. 60. — perquiritatus, Cl. 19, 7, wo jetzt 'proquiritatus', weshalb das Citat zu 'proquiro' zu setzen ist.

Aufserdem berichtigt der Verf. noch andere Angaben in meinem Handwörterbuche. Unter 'causor no. II, a' ist Claud. Mam. de statu anim. 3, 11, 2 zu streichen, da dort mit codd. GLS 'cassatur' zu lesen ist. — Unter 'cervicula' soll Claud. Mám. de statu anim. 2, 11 in eigentlicher Bedeutung stehen und Augustin. serm. 298, 4 = 'Stolz' sein. — Unter 'inexterminabilis' ist Claud. Mam. de statu anim. 2, 3 p. 138, 17 Citat aus Vulg. sap. 2, 23. — intransmeabilis' steht nicht blofs bei Cl. 170, 16, sondern auch 171, 10 und bei Jordanes p. 54, 16 u. 66, 11 M. — 'libramen no. I' ist bei Cl. de stat. anim. 3, 13. p. 183, 10 = libra. III. Kritische und exegetische Bemerkungen. 1. 'accidere' und 'accedere', Perf. 'accessi'. 2 'flagrare, fraglare, fragrare'. 3. Verschiedene Pronominalformen der späteren Latinität 'eiuscemodi', Hieron. ep. 82, 6 u. Neue's Formenlehre II, 198. — Zu 'aliquispiam' Genet. Plur. 'aliquorumpiam', Cl. 176, 6. — 'hidem', wov. hujusdem, Cl. 137, 5, hisdem, Cl. 83, 1 u. ö. Ven. Fort. 7, 19, 3. Sidon. carm. 5, 156 u. 467 codd. optt., s. Engelbrecht S. 98 (518). 'istiusce', Cl. 173, 10. — 'ipsiusdem', Vict. Vit. 3, 41 Hartel. 4. Adverbien der späteren Latinität. 'prae u. propter', auch als modale respektive kausale Adverbien verwendet; so 'prae', Cl. 139, 9. Sidon. Apoll. ep. 1, 9. p. 15, 14 Lütj., und 'propter', Cl. 113, 1. — 'eotenus', Cl. 84, 14. — 'hinc' u. 'istinc' = de hac re, z. B. hinc, Cl. 33, 2 u. 123, 18 Ennod. 95, 10 Hartel u. ö. Sidon. ep. 4, 18 p. 69. 21 Lütj. Salv. gub. dei 6, 10, 54. 'istinc', Cl. 31, 6. Ennod. 521, 22 Hartel. Sidon. 2, 10. p. 33, 12 u. 3, 4. p. 43, 9 Lütj. So auch 'inde', Anthim. praef. p. 8, 22 ed. Teubn. — posthinc, Cl. 20, 6; 62, 1 u. ö. (s. Ind. verbb. ed. Engelbrecht). Sidon. carm. 22, 200. Alcim. Avit.

ep. 1. p. 37, 17 Peiper.   5. 'disicere, dissicere', letzteres, wie ich bereits in meinem Handwörterbuche angenommen, Nebenform des ersteren, nicht, wie Ribbeck will, Nebenform von 'dissecare'.   6. 'foetutinae, fetidinae'. Der Verfasser hat die letztere Form in seine Ausgabe (de stat. anim. 2, 9. p. 137, 1) aufgenommen, gestützt auf sämtliche Handschriften des Claudian und auf die Handschriften $O\varPi$ bei Gell. 13, 21 (20), 1. Er hat aber die Glossen übersehen. Gloss. Sangerm. 'fetutina'. Placid. gloss. 47, 9 u. 15 'foetutinis' und 'foetutina'. Osbern Thes. nov. p. 230 und Osbern gloss. p. 244 (a) 'foecutina', wie cod. $\varPsi$ Gell. 13, 21 (20), 1 'fe-cutinas'. Diese Glossen gehen wahrscheinlich auf Apul. apol. 8 zurück, da bekanntlich viele Glossen auf diesem Autor beruhen. Eine andere Frage ist, ob nicht Claudian das ihm nicht recht verständliche Wort in der von den Handschriften gebotenen Form zurecht gestutzt hat. Im Anschlusse folgen noch einige Beiträge zur Kritik und Erklärung einzelner Stellen Claudians, welche abermals von der mafsvollen Kritik, welche der Verfasser bei Herausgabe des Claudianus Mamertus geübt hat, günstiges Zeugnis ablegen.

Meletemata Porphyrionea. Scripsit C. Franc. Urba. Vindobonae, 1885. 69 S. in gr. 8⁰ (Doktordiss.).

Diese mit grofsem Fleifse ausgearbeitete Schrift zerfällt nach einer Einleitung, in welcher der Verfasser darzuthun sucht, dafs die Latinität des Porphyrio nicht der Africitas, sondern dem Vulgärlatein angehört, in vier Hauptteile. I. De codicibus Porphyrionis. II. Observationes lexilogae. III. Observationes ad syntaxin Porphyrioneam pertinentes. IV. De quibusdam stili Porphyrianei proprietatibus. Hier soll blofs über Abteilung II verhandelt werden; sie enthält: § 1. Wörter, welche Porphyrio selbst als der Vulgärsprache angehörig bezeichnet. § 2. Wörter und Redensarten, welche nach des Verfassers Meinung der Volkssprache angehören. § 3. Stellen, welche für die Aussprache oder für die Zeitbestimmung eines Wortes Wert haben. § 4. Wörter, welche in meinem Handwörterbuche fehlen, meist grammatische t. t., von denen ich die griechischen Lehnwörter oben unter die Zusätze zu Saalfelds Thesaurus eingereiht habe; aufser diesen noch: compellator, zu sat. 2, 1, 22, dispariter, zu epod. 7, 11, Gabius (Adj. zu Gabii), zu ep. 1, 11. 7, Girbitanus, zu ep. 2, 2, 181, maledicacissimus, zu art. poët. 281, Superl. von maledicax, was jetzt Plaut. Curc. 512 Götz, timefacio, zu sat. 1, 4, 126. § 5. ἅπαξ εἰρημένα in Porphyrios Kommentar, welche meistens bereits im Lexikon stehen. § 6. Wörter, bei welchen in meinem Handwörterbuche Porphyrio nicht als Gewährsmann angeführt wird, weil ich das, füge ich hinzu, nicht für nötig hielt. Wo sollte der Raum herkommen, wenn ich alle solche Zumutungen erfüllen wollte. § 7. Ungewöhnliche Wörter, aus denen sich auf das Zeitalter Porphyrios schliefsen läfst. Es fehlen übrigens eine ganze Reihe Wörter, welche ebenfalls angeführt werden mußten, z. B. amphibolice (Adv.) zu sat. 2, 1, 48. amphibolus, zu carm. 1, 6, 7, antomasia, zu carm. 1, 17, 21, an numquid (oder vielleicht) zu epod. 4, 13; aut numquid, zu epod. 1, 7 u. 9; 7, 13; 16, 44, apparator conviviorum, zu sat. 2, 2, 67, circumlator, zu art. poët. 319, commendator, zu ep. 1, 18, 79, enarrator (Cicerone), zu sat. 2, 1, 230, favorabiliter, zu art. poët. 120, forculae = furculae, zu epod, 2, 33, gratiose, zu carm. 4, 5, 24, gregarius canis, zu sat. 1, 7, 2, heroicus (heroisch = episch), zu ep. 2, 1, 250, inaccessibilis, zu serm. 2, 1, 20, inanimalis, zu carm. saec. 31, macilentus, zu sat. 1, 3, 45. minutatim (einzeln), zu ep. 2, 2. 164, monstrose, zu carm. 1, 2, 14, opistographus, zu ep. 1, 20, 9, penitus, Kompar subst. 'penitiora mentis', zu sat. 1, 4, 89, praecantatrix, zu carm. 1, 27, 21, praetorium (Prachtvilla), zu carm. 2, 18, 20, promereri aliquem, zu carm. 2, 8, 9 u. ep. 1, 17, 35, scelerosus, zu epod. 5, 87, unguis superductus, zu sat. 1, 5, 32, tempusculum, zu sat. 1, 4, 9, translative, zu carm. 1, 14, 7 u. 4, 1, 6, vestiarius (Garderobier), zu ep. 1, 1, 94 u. dgl. m. s. Symbola philol. Bonn. p. 495 sqq.

Ich gebe zum Schluß noch einige Berichtigungen und Zusätze. S. 27 'fuga' für 'velocitas' steht schon oft im Vergil, s. mein Handwörterbuch und Kochs Wörterbuch zum Vergil. — Ebenf. S. 27 'Sorax' ist nicht ἅπ. εἰρ. bei Porphyr. Hor. carm. 1, 9 in., sondern der Akk. 'Soractem' steht schon Plin. 7. § 19. — S. 28 unter 'coctio' muß es heißen Laber. com. 63 jetzt Ribbeck ed. 2 'coctio'; ebenso liest Bücheler in den zwei Stellen aus Petron. 14, 7 u. 15, 4 jetzt (ed. 3) 'coctio'. Danach ist auch mein Handwörterbuch zu berichtigen. — S. 29 zu 'attagen'. Porphyrio meint die Nebenform 'attagena', s. mein Handwörterbuch. S. 31 hält der Verfasser mit Recht 'aqua Gabia' fest, s. Orelli inscr. 2083 matronis Gabiabus, und 2084 Junonibus Cabiabus. — Ebenf. S. 31 heißt es: horoscopus, C. 4, 17, 17 (forma 'horoscopus' exstat apud Pers. 5, 18. Manil. 3, 190. 200. 205. 504. Augustin. de civ. dei 5, 2, extr.). Dieses ist ungenau; denn 'horoscopos' steht allerdings Akk. 'horoscopon' Manil. 3, 190 u. 205, dagegen steht Pers. 6 (nicht 5), 18 Vokat. horoscope', Manil 2, 829. 3, 200 u. 504 Nomin. 'horoscopus' und Augustin. de civ. dei 5, 2 extr. Genet. 'horoscopi' und Akk. 'horoscopum'. Danach ist auch mein Handwörterbuch zu berichtigen. — S. 32. Die Form 'lagyna' steht auch Schol. Veron. ad Verg. ecl. 7, 33. p 75 Keil. — Ebenf. S. 32 'satyricos' steht ja mit dem Beleg Porphyr. Hor. ep. 1, 18, 19 in meinem Handwörterbuche (Bd. 2. Sp. 2242). — S. 37 'epanalepsis' steht auch Diom. 445, 25 K. — S. 39 'ironicos' steht auch Schol. Bemb. Terent. adelph. 4, 7, 25. Lactant. Stat. Theb. 10, 592.

Die Abhandlung ist in einem recht netten Latein geschrieben; der Druck ist schön und korrekt.

Lexikalische Excerpte aus weniger bekannten lateinischen Schriften von Herm. Rönsch (Romanische Forschungen Bd. II S. 280—313).

Erste Serie. A. Aus der Übersetzung der Apostelgeschichte im Codex Gigas der Stockholmer Bibliothek.

Im Jahre 1879 erschien: Die Apostelgeschichte und die Offenbarung Johannis in einer alten lateinischen Übersetzung aus dem Gigas librorum auf der königl. Bibliothek zu Stockholm. Zum ersten Mal herausgegeben von Johannes Belsheim, nebst einer Vergleichung der übrigen neutestamentlichen Bücher in derselben Handschrift mit der Vulgata und mit andern Handschriften. Christiania 1879. S. XIX u. 134 in 8⁰.

Aus dieser Schrift giebt nun Rönsch lexikalische Excerpte. Die Abhandlung zerfällt in I. Wörter und Wortbedeutungen, von welchen ich, wie auch in den folgenden Abteilungen, nur diejenigen ausziehen werde, welche in der Gigas ἅπαξ εἰρημένα sind. Also: perfletus (κλαυθμός), act. apost. 20, 37. — semicinctium (σιμικίνθιον), 19, 12. — instar = institutum, ritus, 6, 14. — Sidoniensis, 12, 20. — nudiusquartanus, 10, 30. — similiter = simul (κατὰ τὸ αὐτό), 14. 1. — conquirere = disputare, 6, 9; u. Depon. conquiri. 9, 29. — delibare = immolare, 15, 29. — epulari = laetari (εὐφραίνεσθαι), 7, 41. — exhortari = consolari, 15, 32. Wenn S. 290 gesagt wird, von *timefacere* kenne man nur das Partic. Perf. Pass. 'timefactus', so ist das unrichtig; denn Porphyr. Hor. sat. 1, 4, 126 steht 'timefacit'. II. Grammatische Formen. 1. Nomina. Cyrenium, Genet. Plur. für 'Cyrenensium' (woraus es wohl verschrieben ist, G.), 6, 9. S. 293 wird für Akk. Mytilenem auch Vell. 1, 4, 4 angezogen, aber dort lesen Kritz und Halm 'Mytilenen'. — 2. Verba. praedicibant = praedicabant, 8, 25. — disceptari (Depon.), 11, 2, ebenso molestari, 15, 19. III. Syntaktisches. disputare mit Dativ, 20, 7. — 'ut' (im Texte falsch 'est') mit dem Futurnm, 26, 20. — 'ne' mit dem Infinitiv, 15, 38. — IV. Lautliches. hestiernus = besternus, 7, 28.

B. Lexikalisches aus Leidener lateinischen Juvenalscholien der Karolingerzeit.

Aus drei mit Scholien versehenen Juvenal-Handschriften der Universitätsbibliothek zu Leiden hat Prof. Schopen in Bonn im Gymnasialprogramm vom Jahre 1847 (S. 1—23) die auf die dritte Satire bezüglichen genau so, wie sie teils auf dem Rande, teils zwischen den Zeilen des Textes sich vorfanden, herausgegeben. Rönsch giebt nun aus diesen Scholien Excerpte, und zwar I. Wörter. tegulicium (Ziegeldach), p. 17, 18 (zu meritoria, Juven. 3, 232). — bidubium (biduvium), p. 23, 4 (zu Juven 3, 311). — netura, p. 9, 5 (zu Juven. 3, 103); ob aber die Richtigkeit dieses Wortes Vulg. eccli. 6, 31 dadurch gesichert ist, bleibt nach Thielmanns Darstellung in Wölfflins Archiv I, 86 immer noch zweifelhaft. — decollator, p. 5, 12 (zu Juven. 3, 36); doch auch Osbern Thes. nov. p. 96. — raucitudo, p. 3, 24 (zu Juven. 3, 16). — venundatio,

p. 4, 31 (zu Juven. 3, 33); doch auch Lexic. Graeco-Lat. p. 588, 14
Vulcan. ʻπρᾶσις, venundacioʼ. — brosis (βρῶσις, cibus), p. 9, 1 (zu Juven.
3, 102). — amphibolum (= amphimallum), p. 21, 17 Anm. (zu lena, Juven. 3, 283). — plagiarius (= curator plagarum), p. 7, 20 (zu Juven.
3, 76). — ʻinbrumatusʼ und ʻincibatusʼ, p. 9, 2 (zu Juven. 3, 102). —
insensatus, p. 21, 23 (zu Juven. 3, 285). — brachyemerus, p. 9, 4 (zu
Juven. 3, 13). — despective, p. 3, 10 (zu 3, 13); doch auch Osbern
Thes. nov. p. 524. - permaxime, p. 6, 20 (zu Juven. 3, 62); aber nicht
Cato r. r. 38, 4, wo Schneider und Keil ʻmaximeʼ. — reconsuere, p. 11,
19 (zu Juven. 3, 151). — ʻopizin (= ὀπίζειν)ʼ und ʻopizareʼ p. 15, 13
u. 15 (zu Juven. 3, 207). — ʻpalaestrizari (Depon.)ʼ und ʻpalaestrizareʼ,
p. 7, 1 u. 2 (zu Juven. 3, 68); doch steht ʻpalaestrizareʼ nach Forcellini
ed. De-Vit schon Boët. in Aristot. categ. 3. p. 183. — II. Wortbedeutungen, tibicen = hemistichium, p. 14, 15 (zu Juven. 3, 193). — invo-
lutio, das Einwickeln in . . ., das Umhüllen mit . . ., p. 3, 9 (zu Juven.
3. 13). - meritorium, Bordell, p. 6, 26 (zu Juven. 3, 65) und p. 17, 18
(zu Juven. 3, 234); doch auch Isid. 10, 229. — imbecillis = sine bacillo,
p. 4, 9 (zu Juven. 3, 28). — III. Grammatische Formen. 1. Ungewöhnliche Kasusformen. tibicinis, als Nominativ, p. 14, 12 (zu Juven.
3, 193). — saturus = satur, p. 22, 7 (zu Juven. 3, 293). — 2. Unge-
wöhnliches Genus. cucullum, Nebenf. von cucullus, p. 12, 18 (zu Juven.
3, 170); doch nach Appel auch Gloss. Amplon. (?) — 3. Idiotismen des
Zeitworts. convitiare = convitiari, p. 17, 30 (zu Juven. 3, 237).

In derselben Zeitschrift Bd. II. S. 314 ff. bringt Rönsch 1) Etymo-
logische Miscellen, in denen die Ableitungen von Diez einer Kritik unterworfen werden. — 2) Das Substantiv bolunda, aus dem griechischen
ὄλυνθος. — 3) Das Adjektiv pronostonus, von pronus und —στονος. —
4) Das Adjektiv cererosus = a Cerere correptus ac prehensus; nebenbei
auch über cerritus.

Herr Archidiakonus Dr. Rönsch in Lobenstein hat auch aufserdem
in den letzten zwei Jahren wieder interessante Beiträge zur lateinischen
Lexikographie und Grammatik in verschiedenen Zeitschriften abdrucken
lassen, welche hier im einzelnen anzuführen, ich aufser stande bin, indem mir die Zeitschriften augenblicklich nicht zu Gebote stehen, Herr
Dr. Rönsch aber mir seine Beihilfe aus triftigen Gründen versagt hat.
Als eine Art Probe gründlicher Behandlung führe ich die in der Berliner Philol. Wochenschrift 6. Jahrg. (1886) No. 3 u. 4 abgedruckte Mis-
celle über die Etymologie von promuntorium an. Die Ableitungen
von pro und mons oder von prominere werden verworfen, dagegen eine
Ableitung von pro und *mungere, also urspr. promunctorium vorgeschlagen.
Die Schreibung promunturium wird dem späteren Vulgärlatein zugewiesen,
trotzdem dafs sie durch die besten Handschriften beglaubigt ist, weil die
Abschreiber ihre Schreibweise oft in die abgeschriebenen Texte gebracht
hätten. Als Beleg dafür werden angeführt: cocturium, Anthim. ep. 52

(cod. g); excepturium, Itiner. Burdigal. c. 7 (ed. Tobler); emuncturium
Exod. 25, 38 bei Graff. Diut. 1, 495; prensurium (= pressorium), Exc.
Stephani p. 338, 32; subposturium (=suppositorium), Exc. Steph. p. 268,
50 u. 271, 11. Dazu die Adjektiva: calculaturius, Cod. inscr. Roman.
Rheni ed. Steiner no. 300; cursurius, Edict. Diocl. 9, 14; sarsurius, Cae-
sar Arelat. reg. ad virg. 42.

De genere neutro intereunte in lingua Latina. Scripsit **Ernestus
Appel**. Erlangae, 1883. Pagg. 121 in 8⁰. (Doktordiss.).

Wie schon der Titel sagt, will Verfasser den Übergang der Neutra in Masculina und Feminina, besonders in die ersteren, wie er Schritt
vor Schritt bis in die romanischen Sprachen erfolgt ist, nachweisen.
Die Schrift beginnt mit Aufzählung der benutzten Hilfsmittel und bringt
dann das Nötige in zwei Hauptabteilungen. In der ersten Hauptabteilung, der eigentlichen Abhandlung (S. 4—44), giebt der Verfasser eine
Übersicht über den Wandel des genus, der sich schon im archaischen
Latein zeigt und bis zu dem Romanischen fortgeht, und weist dann in
zwei besonderen Abschnitten den Einfluß nach, den sowohl die **Wort-
gestalt**, (S. 10—34) als die **Bedeutung** (S. 35 44) in betreff der
Umwandlung des Geschlechts ausgeübt hat. Die zweite Hauptabteilung
(S. 45—111) besteht in einem **Index**, der in folgende Abteilungen zerfällt: A. Neutra cum feminis commutata (S. 47—79), und zwar I. Substantiva et feminina et neutra eadem aetate adhibita. II. Neutra in feminina conversa. III. Feminina in Neutra conversa. B. Neutra cum
masculinis commutata (S. 79—111), und zwar: I. Substantiva, quae et
masculina et neutra eadem aetate usurpata sunt. II. Neutra in masculina conversa. III. Masculina in neutra conversa. In den einzelnen Abteilungen wird immer die archaische, die goldene, die silberne und spätere Latinität geschieden. Das Material ist unter Benutzung der angegebenen Hilfsmittel mit großem Fleiße zusammengetragen; leider hat
der Verfasser die verzeichneten Hilfsmittel (z. B. mein Handwörterbuch)
nicht immer sorgsam benutzt. Ich gebe nun einige Berichtigungen und
Nachträge. S. 51 heißt es: πορφυρίζον, purpurissum, Plaut. most.
261 etc. purpurissam fem. Naev. ap. Non. 218. Aber Mercier (218, 31),
hat ja dort auch ‘purpurissum’, dagegen Quicherat 236, 32 ‘purpurissam’.
Ribbeck Nov (nicht Naev.) com. 83 hat purpurissum’ und sagt in der Nota
crit.: ‘purpurissum *Leid.*, purpurissăm W., purpurissam *ceteri libri*, quod
quamvis testimonio Nonii firmari videatur, tamen verum esse non credo.’ —
Ebenf S. 51 steht acina abl., Catull. 27, 4; aber Schwabe liest in der
2. Ausg. ‘acino’, Hertz Gell. 6 (7), 20, 6 in der Catullstelle noch ‘acina’.
— S. 53 unter impendium muß es Gruter inscr. 1070 (st. 1077), 6
heißen. Das falsche Citat ist aus Ludwigs Schrift (de Petronii sermone)
S. 19 herübergenommen. — S. 59 fehlt equisetum; equiseta, Apul.
de herb. 39 (40). — S. 61 zu lignum, femin. ligna noch Genet. Plur.

'lignarum', Jordan. Get. § 267. p. 127, 9 M. — S. 65 fehlt trigonum, fem. trigona', Claud. Mam. de statu anim. 1, 25. p. 89, 17. p. 91, 1 u. p. 92, 20 Engelbr. — S. 67 fehlt celeuma graec.; celeuma Abl. Fem., Ven. Fort. vit. S. M. 4, 423. — S. 75 infamia, Isid. 5, 27, 26, wo Otto mit cod. Gud. 1 'infamia' liest (Areval allerdings 'infamium')· — S. 78 valvola; valvolum, Gloss. Sang. V 3. — S. 79 mufste nach Z. 2 v. o. stehen: 3. 'quartae declinationis feminina in neutra conversa' und dazu porticus; Plur. portica, Anon. Vales. 12. § 71. — S. 86 fehlt gaesum, γαῖσος, Gloss. — S. 87 monimentum fehlt munimentus, monumentus, Inscr. Neap. 6843, 11 u. 6916, 14. Corp. inscr. Lat. 1, 1641. — S. 97 testamentum; Mask. schon Itala (Ottobon.) exod. 24, 8 (sanguinis testamentum, quem etc.) — S. 101 sagum steht schon Cato r. r. 135, 1 (wie mein Handwörterbuch zeigen konnte). — S. 104 fehlt 'denarius'; denarion (δηνάριον), Beda de orthogr. 270, 16. Plur. denaria', Paul. dig. 12, 6, 21. Scaevol. dig. 33, 1, 20. § 1. — S. 105 fehlt 'malleolus; malleolum' oder 'malliolum', Acta martyr. Polycarp. 11 (Plur.) und Gloss. s. Löwe Prodr. p. 399, 34 (welche Schrift zum grofsen Schaden überhaupt unter den Hilfsmitteln fehlt). — Ebenf. S. 105 fehlt 'nervus; nervum', Vulg. Jerem. 20, 2. 'nerva' (νευρά), Labh. gloss. p. 120 (a). — S. 106 fehlt thronus; thronum, Ven. Fort. vit. S. Mart. 4, 213. — Ebenf. S. 106 thesaurus; 'thensaurum' auch Gloss. Sang. A 153 (aerarium, tesaurum). — S. 107 cucullus; 'cucullum' auch Unedierte Scholien zu Juven. III von Schopen S. 12, 18 (zu 3, 170) und 'cuculla' s. Forcell. ed. De-Vit und den Verfasser selbst S. 43, wo es heifst 'ital. cocolla', während hier S. 107 ital. cuculla'. — S. 108 tomus; 'tomum' auch Osbern gloss. 365 (b). — 'triumphus': Akk. Plur. 'triumpha', Optat. Porf. 13, 3 L. Müller. — Wenn ich diese interessante Schrift erst im jetzigen Jahresbericht anzeige, so liegt die Schuld an dem Verfasser. Derselbe hat mein Handwörterbuch ausgiebig benutzt, es aber nicht der Mühe wert gefunden, mir ein Exemplar seiner Dissertation zuzuschicken, wie andere Schüler Wölfflins stets gethan haben.

De affirmandi particulis Latinis. I. Profecto. Scripsit Siegfried Steinitz. Vratisl. 1885. 56 S. in 8. (Doktordiss.).

C. F. W. Müller bemerkt zu Ciceros Laelius S. 12, dafs profecto keine Versicherungspartikel sei, sondern nur eine subjektive Überzeugung oder sehr wahrscheinliche Vermutung ausdrücke, wie unser 'jedenfalls, bestimmt, gewiss'. Der Verfasser obiger Dissertation, ein Schüler Müllers, hat nun die Wahrheit dieser Behauptung darzuthun versucht. Er handelt 1. Über den Gebrauch der Partikel 'profecto' bei Plautus und Terenz. 2. Sehr ausführlich über den bei Cicero. 3. Nur summarisch über den der übrigen Prosaiker bis auf die ersten Afrikaner. Nach dem mir brieflich zugegangenen Urteil eines Plautiners sind, was Plautus

betrifft, die Belege weder vollständig, noch sind alle Schwierigkeiten gehoben. Immerhin ist die fleifsige Arbeit dankenswert.

Wenn der Verfasser S. 52 a. E. sagt: Apud M. Varronem profecto non deprehendi', so hat er Varro sat. Men. bei Gell. 13, 11, 5
(= sat. Men. no. 338 B = p. 175, 2 R.) übersehen.   Ebenso ist es unrichtig, wenn es S. 53 heifst: Plinius maior ex tot libris in praefatione
semel (§ 17) et alterius libri tribus locis (§ 4. § 43.   § 158) adhibet
particulam', denn 'profecto' steht nach dem Index verbb. ed. Harduin.
noch 11, 145; 24, 5; 26, 20; 32, 143; 36, 110; 37, 16 u. 160.

Studien zur lateinischen Orthographie. II. Von Joh. Oberdick.
Breslau 1886. S. XII in kl. 4⁰. (Programmabh.).

Die erste Abteilung dieser Studien erschien als wissenschaftliche
Beilage zum Jahresbericht 1878 – 1879 über das Königl. Paulinische
Gymnasium zu Münster.   Ich habe dieselbe im Jahresbericht 1879 – 1880
(Bursians Jahresber. Bd. XXIII. 1880. Abt. III) S. 433 angezeigt.   Nachdem der Verfasser in Abt. I die einfachen Vokale behandelt hat, läfst
er nun die Diphthonge und teilweise die Konsonanten folgen.   Die mit
Gründlichkeit abgefafste Abhandlung zerfällt daher in B. Diphthonge ae,
e, oe (p. II – VI) und au – o (p. VI).   C. Konsonanten (p. VII – XII).
I. Gutturale. K. C. Ci und Ti.   Ein grofser Teil der vom Verfasser aufgestellten Schreibungen ist schon allgemein in die neueren Texte und
in die VII. Auflage meines Handwörterbuches aufgenommen.   Ich werde
daher nur einige der Wörter anführen, bei denen die Orthographie in
den besten Handschriften schwankt, und diejenige Schreibung angeben,
welche der Verfasser eingeführt wissen will.   So fetus, fecundus, fecun-
dare, fecunditas, fenum, fenus, femina, felis, fenebris, fenerator, fenera-
trix, fenerare, fenusculum, fenile, feniseca, fenisex, fenisicium, fenarius;
dagegen foeteo, foetidus, foetor; ferner murena nicht muraena, paelex
nicht pelex (pellex), pomerium nicht pomoerium, praesepis, praesepe,
praesepia nicht praesaepis u. s. w.   Dazu bemerke ich, dafs auch bei
Plaut. Curc. 228 u. rud. 1038, sowie bei Cato r. r. 4, 1 u. 14, 1, Varr.
r. r. 1, 13, 6. 2, 5, 16, Vulg. (Amiat.) 3 reg. 4, 26 u. ö.   Charis. 59,
11 Prob. cath. 8, 3 Mar. Plot. Sacerd. 472, 25 K. überall diese Schreibung
ohne Variante steht. Amiat. Luc. 2. v. 7. 12. 16 hat praesipium. — taeter
nicht teter. — Wenn S. VI 'aurichalcum' für 'orichalcum', 'ausculum'
für 'osculum' schlechte Schreibungen genannt werden, so ist das doch
wohl zu viel gesagt.   Das 'au' ist breitere Aussprache für 'o'. — Nach
S. VII soll Kalendae und Karthago geschrieben werden. -- S. VIII id-
circo nicht iccirco. — nequiquam gebräuchlicher als necquicquam. —
S. IX quisquis, Neutrum quicquid, quisquam, Neutrum quicquam. —
succenseo nicht suscenseo (obgleich 'suscenseo' mehr beglaubigt ist, s.
Faëruus zu Terent. Andr. 2, 6, 17 = 448 und Wagner zu Terent. heaut.
915; suscenseo ist = subscenseo von subs und caudo, und so noch Gloss.

Sang. S 441); Caes. b. c. 1, 84, 3 steht allerdings ʿsuccensendum' ohne
Variante. — S. X. Wenn es da heifst ʿcondicio nicht conditio; so ausschliefslich die Inschriften', so ist das doch nicht so ganz richtig, denn
in einer Inschrift aus der Augusteischen Zeit bei Orelli inscr. 4859
(vol. 2. p. 551. lin. 18) steht sub conditio(ne). Aufserdem steht ʿconditio'
auch Enn. trag. 301 R. = 401 V. nach dem cod. opt. Paris saec. X. bei
Non. 110, 14 (Müller 396 hat ʿcondiciones'). Plaut. rud. 1041 haben
sämtliche Handschriften ʿconditiones' (Götz ʿcondiciones'); ebenso Cic.
de inv. 2. § 73 (wo daher Friedrich conditionem). ʿconditio·steht auch
Suet. Tib. 51 u. rhet. 6 ed. Roth. Vitruv. p. 242, 6 ed. Rose. Hygin. fab.
p. 93, 16 ed. Schmidt. Augustin de civ. dei 7, 5. p. 281, 5 u. 13, 24, 4.
p. 507, 5 ed. Dombart. Firmic. de error. 12, 9. p. 94, 15 Halm. Itin.
Alex. 44. p. 24, 9 ed. Volkm. Serv. Verg. Aen. 1, 740 codd. LH. Gloss.
Sang. (saec. VIII) C 498.

Herr Direktor Oberdick hat in der Wochenschrift für klassische
Philologie 2. Jahrg. (1885) No. 8. Sp. 241 ff. die dritte Auflage von Bram-
bachs Hülfsbüchlein gründlich besprochen und das abfällige Urteil, welches ich im vorigen Jahresbericht abgegeben, bestätigt. Das Buch bedarf einer durchgehenden Überarbeitung und Ergänzung.

Einige stilistische und realistische Bemerkungen zur militärischen
Phraseologie des Tacitus. Von Fr. Fröhlich. Aarau, 1885. S. 17
in 4⁰. (Programmabh.).

Schon Sallust und Livius verstanden es die feststehenden militä-
risch-technischen Ausdrücke, wie sie am reinsten in den von Cäsar selbst
verfafsten Büchern über den gallischen und Bürgerkrieg überliefert sind,
zu variieren. Tacitus übertrifft in dieser Beziehung seine Vorgänger weit:
er erfindet neue Termini, verändert schon längst bestehende, zieht Poesie
und Rhetorik in den Dienst des Mars, und erreicht so allerdings eine
in sprachlicher Hinsicht bestehende Abwechselung; dem Erklärer der
Realien aber bereitet gerade diese stilistische Gewandtheit im einzelnen
Fall oft nicht geringe Schwierigkeiten.

Einige Beispiele aus dieser höchst interessanten Schrift habe ich
bereits in der Anzeige derselben in der Berliner philol. Wochenschrift
6. Jahrg. 1886 gegeben, ich lasse hier noch ein weiteres folgen. S. 12
heifst es: A. v. Damaszewki macht in seiner interessanten Abhandlung
ʿüber die Fahnen im römischen Heere' aufmerksam auf die taktische
Bedeutung der Feldzeichen. Auch bei Tacitus finden sich eine Anzahl
Ausdrücke. welche beweisen, dafs, wie zur Zeit der Republik, die Bewegungen der Truppen durch die entsprechenden Bewegungen der ʿsigna'
bezeichnet werden: signa inferre, aquilas ferre adversum tela = angreifen;
signa aquilasque efferre = ausmarschieren; vexilla convellere = aufbrechen;
signa obicere = einen Gegenangriff machen; aquilas convertere = Kehrt
machen; aquilas figere bumo und signa constituere = Halt machen; signa

parare = sich zum Kampf rüsten; signa transferre = übergehen. Vergleiche auch: signa coniungere, signa vexillaque congregare, vexilla con-
trahere = Truppen zusammenziehen.

Durch diese Schrift werden viele bisher im Tacitus noch dunkle
Punkte aufgehellt und falsche Ansichten, namentlich in Marquardts Handbuch, berichtigt; sie wird daher namentlich den Erklärern des Tacitus
willkommen sein. Möge uns Herr Prof. Fröhlich recht bald wieder mit
einer ähnlichen Schrift über ein Thema aus den römischen Altertümern
beschenken.

Curvus, uncus und Komposita. Von Adolf Müller. (Programm
    des Gymnasiums und des Realgymnasiums zu Flensburg.) Leipzig
    1886. (In Kommission bei B. G. Teubner.) S. 38 in 4⁰.

Prof. Wölfflin hatte im Archiv den Wunsch ausgesprochen, es
möchten Verfasser von Programmabhandlungen und Doktordissertationen
das bereits zu einem Thesaurus linguae zusammengebrachte Material zu
dahin abzielenden Abhandlungen benutzen; er sei bereit, das nötige Material zur Verfügung zu stellen. Der Verfasser obiger Abhandlung hat
nun den Reihen eröffnet, und zwar auf eine so geistreiche Weise, dafs
selbst einem Laien die Lektüre der Schrift interessant erscheinen dürfte.

In der Einleitung sagt der Verfasser: 'Curvus und uncus treten
in der uns erhaltenen römischen Litteratur verhältnismäfsig spät hervor.
Abgesehen von Fachschriften über Landwirtschaft, Architektur, Medizin
und Naturgeschichte, vermeidet die Prosa des goldenen und auch des
silbernen Zeitalters die Simplicia mit zwei Ausnahmen, curvus einmal
bei Sallust, uncus einmal bei Livius, durchweg, während sie von den
Komposita nur incurvus und aduncus in wenigen Fällen gebraucht.
Aber auch in der archaischen Poesie ist das Vorkommen beider Wörter
nur spärlich; erst Lucrez und besonders Vergil, der Begründer der epischen Diktion und Phraseologie, verschafft ihnen eine feste Stellung. Er
setzt sie mit Vorliebe als stehende Attribute zu gewissen Substantiven;
diese Verbindungen werden von den übrigen Dichtern der augusteischen
Zeit und ihren späteren Nachahmern, besonders den Epikern, aufgenommen; Neubildungen, Erweiterungen treten hinzu, und so führen sie ein
kräftiges Leben bis in die Karolingerzeit. Es ist natürlich, dafs auch
die Prosa des Mittel- und Spätlateins die Wörter aufnimmt. Die christlichen Autoren insbesondere erweitern nach dem Vorgange der Satiriker
die bis dahin vorwiegend sinnliche Bedeutung von curvus auch zur
geistigen, speziell ethischen'.

Nach Besprechung der Etymologie von curvus, die zu keinem
bestimmten Resultat führt, bespricht der Verfasser 1) curvus und seine
Sippen. Sie gehören zunächst den Ausdrücken aus der Landwirtschaft
an (aratrum, vomer, falx u. dgl.), dann dem Augurstab (lituus), dann
einigen Blasinstrumenten (lituus, cornu, bucina), dann Waffen (arcus,

securis, scutum), dann anderen Geräten (z. B. lebes, scrinium, tintinna-
bulum); dann dem Wasser und seiner Umgebung (mare, flumen, ripa,
ora, litus), dann dem Schiff und seinen Teilen (ratis, carina, puppis u.
dgl.), den Gewächsen und ihren Teilen (Stamm, Zweigen, Ranken, Wurzeln, Blättern), dann den Tieren (bes. dem delphinus), dann dem Menschen
und dessen Körperteilen, dann dem Himmelsgewölbe, der Erde, den Bergen
u. dgl., dann Gebäuden, endlich Abstrakten. 2) uncus und seine Sippen,
gehört ebenfalls zunächst den Ackergeräten an (aratrum, vomer), dann
dem Angelhaken (hamus), anderen Haken und Spangen, dann der Zange,
dem Brenneisen; ferner den verschiedenen Waffen, den Körperteilen der
Menschen und Tiere u. dgl. m.

Daſs bei der Masse der Belegstellen einzelne Unrichtigkeiten mit
unterlaufen, ist verzeihlich; leider ist aber auch das Material nicht ganz
vollständig. Ich erlaube mir daher einige Berichtigungen und Nachträge
hier anzufügen.

S. 3 oben heiſst es: Müller schreibt ‘urvom’; aber auch A. Spengel
schreibt ‘Urvum’. — S. 5 hat Macrobius nicht § 5 noch ‘utrumque curvum est’ hinzugefügt, sondern diese Worte ebenf. aus Gell. V, 8. § 8 u. 9
abgeschrieben. — Ebend. haben Merkel und Korn Ovid. Met. 1, 98 tuba
directi aeris (nicht derecti), und S. 24 sagt der Verfasser selbst das Gegenteil
von ‘curvus’ sei ‘directus’ (nicht derectus). — S. 6 fehlt unter den Waffen
hasta incurva, Val. Max. II, 3, 3, recurva, Ovid. Fast. II, 560. — S. 8
fehlt unter den Stellen zu ‘litus’ Catull. LXIV, 74. — S. 14 von Menschen fehlt Plin. XI, 274 (incurvi umeris). — S. 15 oben. ‘curve’ steht
auch Osbern thes. nov. p. 132 (wo: curve, curvius, curvissime; und auch
‘curvus, curvior, curvissimus’). — Ebenf. S. 15 Z. 8 v. o. schreibe ‘agge-
runda’ statt ‘aggernuda’. — S. 16 muſste das Citat aus Victor. Vit.
doch nach der neuen Ausgabe von Petschenig angeführt werden (II, 25.
p. 33, 16). — S. 17 unten schreibe Plin. XI, 219 st. Plin. XI, 37, 88
(da Plinius doch sonst nur nach Buch und Paragraph citiert wird; auch
muſste es wenigstens statt 88 heiſsen 89); sogleich darauf schreibe ‘Sidon. carm.’ statt ‘Sidon. ep.’, und dann ‘Pallad. VII, 2, 3’ statt des sinn-
losen Citates ‘Vegetius de r. r. VII, 2’. — S. 18 wird Varr. de r. r.
noch im Jahre 1886 nach Gesner citiert, und weiter unten steht ‘Varr.
de r. r. § 4’ statt ‘Varr. de r. r. II, 9, 4’. — S. 20 unten steht abermals ‘Sidon. ep.’ statt ‘Sidon. carm.’, und zwar XXII, 153, nicht 159. —
S. 22 ob. schreibe statt ‘Macrob. Somn. Scip. I, 15’ genauer I, 15, 5. —
Ebenf. S. 22 unten steht fälschlich ‘Sen. epp. V, 21, 6’ statt ‘Plin. epp.
V, 21, 6’. Zu dem sprichwörtlichen ‘curvum corrigere’ muſste auch Corp.
inscr. Lat. 1, 1438 p. 264 citiert werden (wo: Corrigi vix tandem, quod
curvom est factum, crede). — S. 25. Die Erklärung: ‘incurvus, valde
curvus’ hat auch Osbern Thes. nov. p. 132. — Ebenf. S. 25 Z. 4 v. u.
schreibe Ovid. met. VIII, 141 statt VIII, 11. — S. 26 Z. 6 v. o. schreibe
Optat. Porf. 26, 14 statt 16, 24. — Ebenf. S. 26 ‘incurvatus’ steht nicht

4*

blofs Cic. de fin. 2, 33, sondern auch Pliu. XV, 37 (rami) u. XIX, 157
(cacumen alicuius rami). Grat. cyn. 478 (podagra). ʽreclinatusʼ steht
nicht blofs Cels. IV, 1. p. 122, 13 D. (wo es übrigens reines Particip ist),
sondern auch Ovid. met. II, 246 (undae). Colum. III, 18, 1 (praetorto
capite et recurvato). ʽdecurvatusʼ steht nicht blofs bei Non. 80, 19 (nicht
16, wo übrigens nicht ʽbura decurvataʼ steht, sondern: bura dicitur pars
aratri posterioris decurvata), sondern auch Osbern Thes. nov. p. 132 (de-
curvo, unde decurvatus et decurvatio). — S. 29 Z. 9 v. o. schreibe ʽep.
ex Pont. 2, 7, 9 u. 10ʼ statt ʽep. ex Pont. 7, 9 u. 10ʼ. — S. 30 Z. 6 v. o.
schreibe ʽchron. pass. 5, 1, 19ʼ statt ʽchron. pass. 4, 19ʼ. — S. 38 heifst
es: ʽSonstige Komposita (von uncus) kommen nicht vorʼ. Aber doch ʽsub-
uncusʼ, Osbern gloss. p. 566 (a) u. thes. nov. p. 605; vgl. ʽsubcurvusʼ,
Amm. 26, 9, 11.

Einen Auszug aus dieser Abhandlung hat der Verfasser in Wölfflins
Archiv Bd. III. S. 117—130 und S. 236—250 gegeben, für welchen die
meisten der von mir oben gegebenen Berichtigungen und Nachträge ebenfalls passen.

Über die Bildung und Bedeutung der lateinischen Adjectiva auf f er
und g er. Von Dr. Deipser. Bromberg 1886. S. 30 in 4⁰. (Progr.)

Gewöhnlich werden die Adjectiva auf f er und g er gleichgestellt.
Der Verfasser will nun einen Unterschied herausgebracht haben. Er
fafst die Bedeutungen von f er in den damit gebildeten Komposita in
vier gröfsere Klassen zusammen, von denen freilich jede noch eine
Menge von Abstufungen enthält, die nicht weiter schematisch eingeteilt
werden sollen. — f er bedeutet nach des Verfassers Annahme 1) hervorbringend. 2) führend, handhabend. 3) herbeiführend, bewirkend. 4) hat
es die Bedeutung verschiedener Komposita von f e r o, wie a f f e r o, a u f e r o,
p r a e f e r o, s u f f e r o. Dagegen bedeutet g er blofs 1) tragend. 2) versehen mit.

Der Verfasser will nun nach diesem Schema sämtliche Stellen
erklären, kommt dabei aber oft in die Brüche, aus denen er sich dadurch herauszuhelfen versucht, dafs er die Stellen oft gegen alle handschriftliche Autorität ändert, namentlich da wo g er steht dafür f er setzt.
Auch giebt er den oben aufgestellten Bedeutungen zuliebe zuweilen Erklärungen, die nicht zutreffen dürften. So soll z. B. (S. 7) ʽcaelifer Atlas
(Verg. Aen. 6, 796)ʼ bedeuten ʽden Himmel bewegendʼ statt ʽden Himmel
tragend, Träger des Himmelsʼ, da die Mythologie wohl weifs, dafs Atlas
den Himmel getragenʼ, nicht aber dafs er ʽden Himmel bewegt hatʼ;
vgl. auch Avien. phaen. 575. Poenus Atlas, s u b i i t c e l s a e q u i p o n-
d e r a m o l i s, c a e l i g e r. Gründlich hereingefallen ist der junge Verfasser, wenn er (ebenf. S. 7) schreibt: a r c i f e r, ͵Bogen führend, navis,
inscr. ap. Orell. 3625. Dort steht so: Ⅲ ARC, d. i. nach Orellis Ergänzung triere Arcifero, d. i. der trieris, die den Namen Arcifer (der

Bogenschütze) führt; vgl. Labh. gloss. p. 16 (a) arcifer τοξοφόρος. Schon
das von Orelli richtig gesetzte Arcifero mufste ihn aufmerksam machen;
nach seiner Erklärung würde 'arcifera' ergänzt werden müssen. Auch
steht die Ergänzung gar nicht fest; denn Furnaletto ergänzt in der Appendix I. zum Forcellini ARC(ITENENTE). Dafs ein Maskulinum als Name
bei trieris stehen kann, beweist z. B. die Inschrift bei Orelli 3612 'trieris
Triumphus'. Nicht besser steht es, wenn es (S. 6) heifst: electrifer,
Harz (!!) tragend, alni, Claud. fesc. 12, 14 (richtiger Claud. nupt. Hon.
et Mar. fescenn. 2, 14). Wo heifst 'electrum' jemals 'Harz'? Der
Dichter spielt auf die Sage an, dafs der Bernstein aus den Thränen
entstanden sei, welche die in Pappeln verwandelten Heliaden um ihren
Bruder Phaëthon geweint (s. Ovid. met. 2, 363 sqq.: cortex in verba no-
vissima venit. Inde fluunt lacrimae, stillataque sole rigescunt de ramis
electra novis); Claudian setzt statt 'populi' die damit verwandten 'alni'.
So schon Gesner zur Stelle des Claudian S. 159. Auch will es mir nicht
gefallen, dafs S. 6 Z. 3 v. o. für 'aurifer amnis' nicht Catull. 29, 19, sondern der spätere Nachahmer des Tibull. (3, 3, 29) citiert wird; ebenso
Arnob. 6. p. 196 statt Arnob. 6, 10. Ebenf. S. 6 a. E. steht 'ista odori-
fera, Sen. ep. 33'; aber Sen. ep. 33, 3 (2) lesen Fickert und Haase 'ista
ocliferia'. Auf derselben Seite Z. 23 v. o. statt 'Phil. 2, 39, 10' zu setzen
Phil. 2, 39, 101' und unten Anm. 21 statt 'Elacc. von Baehrens' zu korri-
gieren 'Flacc. von Baehrens'. S. 7 wird für 'hastifer' Reines. inscr. 1, 163
citiert, mein Handwörterbuch, welches der Verfasser nicht zu besitzen
scheint, hat noch Orelli inscr. 4983 (= Wilmanns inscr. 2278 = Bram-
brach inscr. Rhen. 1336). S. 8 oben Orest. trag. 86 (85) lesen Maehly
und Schenkl 'plectrigeri'. Zu S. 11. Der Nominativ 'saetiger' steht Anthol. Lat. 682, 3 R. Anecd. Helv. p. 164, 16. S. 12 wird zu 'urniger'
Anthol. Lat. 142, 12 citiert. Ein falsches Citat. Das Wort steht Anthol. Lat. 5, 30, 6 Burm. = 484, 6 Meyer = 616, 6 Riese. Von S. 12
−30 folgen Erläuterungen und kritische Bemerkungen, denen man nicht
immer beistimmen kann, namentlich wo der Verfasser seinem Schema
zuliebe gegen alle Handschriften ändern will.

Trotz der angegebenen Mängel ist die Arbeit immerhin eine höchst
dankenswerte.

Deutsch-lateinisches Handbüchlein der Eigennamen aus der alten,
mittleren und neuen Geographie, zunächst für den Schulgebrauch zusammengestellt von G. A. Saalfeld. Leipzig 1885. S. XII u. Sp. 738
in gr. 8⁰.

Ein Rezensent in der Zeitschrift 'Die deutsche Volksschule' 1885.
No. 10. S. 79 nennt obige Schrift 'ein vortreffliches Buch, welches wirklich einem tiefgefühlten Bedürfnis abhilft'. Nun haben wir aber schon
seit funfzig Jahren ein Buch mit dem Titel: 'Deutsch-lateinisches ver-
gleichendes Wörterbuch der alten, mittleren und neuen Geographie, eine

Beigabe zu jedem deutsch-lateinischen Wörterbuche. Mit Berücksichtigung der besten älteren und neuesten Hülfsmittel ausgearbeitet und mit
der Angabe der Quantität versehen von Dr. G eo r g A e n o th e u s K o c h.
Leipzig, in der Hahn'schen Verlagsbuchhandlung. 1835. Dieses Buch
sieht dem Handbüchlein von Saalfeld so ähnlich, wie ein Ei dem andern,
nur dafs Zusätze gegeben sind, welche Saalfeld aus Neumanns Geogra-
phischem Lexikon des deutschen Reiches, sowie aus Meyers Handlexikon
des allgemeinen Wissens wörtlich abgeschrieben hat. Den schlagenden
Beweis dafür hat Dr. Aly in den von ihm redigierten Blättern für
höheres Schulwesen (2. Jahrg. 1885. No. 6. S. 97 f.) in einem Aufsatze,
der den Titel 'M o d e r n e B ü c h e r f a b r i k a t i o n' führt, geliefert. Dieser
Aufsatz ist auch auf dem Umschlag des 15. Heftes der vierten Auflage
von Meyers Konversationslexikon abgedruckt.

Am Schlusse meines Jahresberichtes sage ich denjenigen Verfassern
der oben angezeigten Schriften, welche mir ihre Arbeiten gütigst zuge-
schickt haben, meinen herzlichen Dank. Möchte diese Güte, namentlich
von Seiten der Gymnasiallehrer, öftere Nachahmung finden, als es leider
bis jetzt trotz meiner Bitte am Schlusse der VII. Auflage des Handwörterbuches der Fall gewesen ist. Man benutzt das Handwörterbuch
ausgiebig, vergifst aber dabei den Verfasser.

Bericht über die Erscheinungen auf dem Gebiete der griechischen und römischen Metrik.

Von

Gymnasial-Oberlehrer Professor Dr. **Richard Klotz**
in Leipzig.

Der vorliegende Bericht, der, in Anschlafs an unsern letzten Bericht XXXVI. (1883. III.) S. 289—453, Erscheinungen der Jahre 1883—1885 mit einigen Nachträgen aus früheren Jahren vereinigt, beweist wiederum, wie eifrig überall die metrischen Studien betrieben werden. Bringt er doch nicht weniger als vier zusammenfassende Darstellungen, No. 13—16. Insbesondere ist in letzter Zeit die metrische Technik der späteren Jahrhunderte Gegenstand verschiedenartiger Erörterung geworden, No. 34. 35. 36. 63—68 u. 137, teilweise im Zusammenhang hiermit die Frage über Einflufs des Wortaccents in der Dichtkunst, No. 34. 67 und besonders No. 90. 94. 96 u. 98, Schriften, die einzelne eigenartige Erscheinungen von einer neuen Seite beleuchten, doch, soweit sie das Altlatein betreffen, nach Referents Ansicht die Ritschl'sche Theorie nicht umstofsen. Die Frage nach dem symmetrischen Bau des griechischen Dramas, in der unser voriger Bericht keinen Fortschritt konstatieren konnte, hat diesmal wenigstens ein Werk, wenn es auch etwas über das Ziel hinausgeht, entschieden gefördert, No. 87, vgl. auch No. 75. Über Composition der Cantica des römischen Dramas enthält eine Schrift, No. 98, beachtenswerte Vorschläge, endlich ist die Hauptquelle für alle Metrik, die aristoxenische Rhythmik, wie auch vielfach die übrige alte metrische Tradition von neuem eingehend untersucht worden. An unserer bisherigen Anordnung des ziemlich weitschichtigen Stoffes halten wir fest. Auch darin ändern wir unser Verfahren nicht, dafs wir solche Leistungen, denen wir unsere Anerkennung versagen, mit einer gewissen Ausführlichkeit besprechen, was jeder nur billigen wird, der weifs, wie verschiedene Grundanschauungen auf dem weiten Gebiete der Metrik noch herrschen und wie oft daher die Ausgangspunkte und Ergebnisse der Forschung mit einander unvereinbar scheinen.

I. Untersuchungen zur Geschichte der metrischen Theorie.

1) **Rudolph Westphal**, Griechische Rhythmik. (Auch u. d. Titel Theorie der musischen Künste der Hellenen von **August Rossbach** und **Rudolph Westphal**.) Als dritte Auflage der Rossbach-Westphalschen Metrik. Erster Band. Leipzig 1885, B. G. Teubner. XL u. 305 S. in gr. 8.

Rec.: Berliner philolog. Wochenschrift V. (1885) No. 43 S. 1367—1369 v. Referenten.

2) **Derselbe**, Aristóxenus' von Tarent Melik und Rhythmik des klassischen Hellenenthums. Übersetzt und erläutert. Leipzig. Ambr. Apel. 1883. LXXXIV u. 506 S. in gr. 8.

Rec.: Philol. Rundschau III. (1883) No. 42 S. 1318—1326 v. F. Vogt. — Wochenschrift f. klass. Philol. I. (1884) No. 24 S. 737—749 v. Karl von Jân. — Lit. Centralblatt 1883 No. 30 S. 1042—1045. — Blätter für lit. Unterhaltung 1883 No. 52 v. J. Mäbly. — Journal des Savants 1884, février, S. 106—114 v. H. Weil (zugleich mit No. 3). — Berliner phil. Wochenschrift IV. N. 43 S. 1337—1341 u. No. 44 S. 1369—1373, sowie Götting. gelehrt. Anzeigen 1884 No. 11 S. 406—430, beidemale v. E. von Stockhausen.

3) **Derselbe**, Die Musik des griechischen Alterthums. Nach den alten Quellen neu bearbeitet. Leipzig 1883, Veit u. Co. VI u. 354 S.

Rec.: Lit. Centralblatt 1883 No. 30 S. 1042—1045. — Lit. Rundschau IX. (1883) No. 532—534 v. U. Kornmüller. — Philol. Wochenschrift 1883 No. 43 S. 1354—1362 u. No. 50 S. 1569—1580.

Über No. 2 u. 3 siehe Jahresbericht über Musik von H. Guhrauer XLIV. (1885. III.) S. 7—14. 21—24.

Diese drei aufgeführten Werke Westphals gehören an die Spitze dieses die Quellen der Metrik behandelnden Abschnittes. Denn selbst das zuerst genannte verfolgt nur den einen Zweck, des Aristoxenos Rhythmik aus dessen Fragmenten und der späteren Überlieferung zu rekonstruieren. — Was ist in dieser 3. Auflage, die mindestens die 4. vollständige Bearbeitung, in Wirklichkeit aber die 6. oder 7. ist, aus der ersten Rhythmik beibehalten worden! »Kaum etwas anderes als die Aristoxenischen Taktmegethe und die gröfseren πόδες ἁπλοῖ des Aristides«. »Es bedurfte gerade eines Menschenalters (nach Herodotischer Zählung)«, meint Westphal selbst S. 12, »dafs ich mit der Rhythmik des Aristoxenos auch nur einigermafsen zum erwünschten Ziele kommen konnte«. Durch H. Weil und E. F. Baumgart bekennt er Unterstützung gefunden zu haben; er hätte auch noch andere nennen können, so den unermüdlich mitforschenden J. Cäsar, auf dessen wohlgemeinte Ausstellungen (No. 4—6 und 8) Verfasser fast immer nur harte Worte der Ent-

gegnung hat, S. 211 f., auch 151. 164. 166. 226. 230 f. 270. 296. Muſs
er doch selbst gestehen, daſs dieser seine Forschung schon dadurch gefördert hat, dafs er Unhaltbares als solches aufdeckte, S. XXXIV, und
erkennt er z. B. Cäsars Veto gegen die Identificierung der monopodi-
schen und dipodischen Basen der Metriker mit den Aristoxenischen χρόνοι
ποδικοί als wohl berechtigt an. Auch gebührt diesem das Verdienst, die
später von Westphal angenommene Messung der verkürzten Daktylen
des logaödischen Versmaſses gefunden zu haben.

Eine in etwas elegischem Tone gehaltene Widmung, Abschnitte
aus den Vorworten zur ersten Auflage der Rhythmik (1854) und zu den
Fragmenten und Lehrsätzen der griechischen Rhythmiker und ein Nach-
wort eröffnen das Werk, dann giebt Verfasser das Lehrgebäude der
Rhythmik streng nach Aristoxenos. Dasselbe enthält fast alles wesentliche, was der 1. Band der 2. Auflage der Rossbach-Westphalschen Metrik giebt, mit Ausschluſs der Harmonik (Abschnitt II.) und Melopoiie
(Abschnitt IV.), die den 2. Band dieser 3. Auflage bilden sollen, während der eigentlichen Metrik der 3. Band zufallen soll. Ja, da jetzt die
Melik der Rhythmik folgt, Aristoxenos aber, der die Harmonik vor der
Rhythmik behandelt hatte, wiederholt die bereits von ihm erörterten
Thatsachen der Harmonik zur Erläuterung rhythmischer Verhältnisse
heranzieht, so waren auch einige Excurse in die Harmonik unvermeid-
lich, ein besonders groſser in dem Paragraphen über die πόδες ἄλογοι
S. 138 — 145 über die schwierigsten Punkte der antiken Intervalllehre,
vgl. ferner S. 151 f.; auch einzelne Abschnitte aus der speciellen Metrik
der 2. Auflage waren herbeizuziehen, in denen die 2. Auflage der Rhythmik bereits eine Änderung erlitten hatte, so I³ S. 181 f. = II² S. 853.
854. Überhaupt ist die Anordnung des Stoffes von der früheren sehr
abweichend; was früher in drei Abschnitte getrennt war, die Geschichte
der metrischen Theorie I² S. 1—252, die eigentliche Rhythmik S. 481—
744 und die Rhythmikerfragmente und Musikreste, Supplement zu I²
S. 1 — 65, erscheint jetzt zusammengezogen in eine einheitliche Besprechung der Aristoxenischen Lehrsätze und der übrigen übereinstimmenden oder abweichenden Darstellungen der späteren Rhythmiker und
Metriker. Das kritisch-historische Material ist in sehr verkürzter Gestalt nur, soweit es unmittelbar zur Rhythmik gehört — die Schriftstellerei des Aristoxenos soll der 2. Band ausführlich bringen — in das
Werk hineingearbeitet, so § 2 über Aristoxenos, Dionys den Jüngern,
Aristides, § 36 über die spätern Metriker, Hephästion, Marius Victorinus u. s. w. Die Lehrsätze des Aristoxenos werden stets vorangestellt
und übersetzt, dann die der übrigen Rhythmiker gegeben, so daſs das
Quellenmaterial vollständig gesichtet vorliegt. Da nun auch sonst vielfach die frühere Anordnung aufgegeben ist, verschiedene Kapitel zusammengezogen oder erweitert erscheinen, so läſst sich kaum die
alte Rhythmik wiedererkennen. Die wesentlichsten Neuerungen aber

bestehen in der Aufnahme der Ergebnisse von Verfassers neuester Aristo-
xenosbearbeitung (No. 2 und 3).

Sehr einfach stellt sich jetzt nach S. 25 u. 26 der Unterschied
zwischen χρόνοι ποδικοί oder σημεῖα ποδικά und χρόνου ῥυϑμοποιίας ἴδιοι
heraus; wonach der zusammengesetzte Takt im Sinne des Aristoxenos
so viele χρόνοι ποδικοί hat, als die Zahl der in ihm enthaltenen einfachen Takte oder Versfüfse beträgt, und die in jedem dieser Versfüfse
(als Einzeltakt gefafst) enthaltenen Arsen und Thesen identisch sind mit
den χρόνου ῥυϑμοποιίας ἴδιοι, eine Erklärung, die Westphal vor allem
dadurch gewinnt, dafs er mit Baumgart den vorletzten Satz bei Psellus
S. 12 αὔξεται δὲ ἐπὶ πλειόνων τό τε ἰαμβικὸν γένος καὶ τὸ παιωνικὸν τοῦ
δακτυλικοῦ, ὅτι ⟨ἐν τῷ ἐλαχίστῳ ποδὶ oder τοῖς ἐλαχίστοις ποσὶ⟩ πλείοσι
σημείοις ἑκάτερον αὐτῶν χρῆται aus dem ursprünglichen Text ausscheidet,
in dem es nur als Scholion gestanden hätte.   Damit ist diese Frage
sehr vereinfacht, allein es bleibt noch einzelnes dabei dunkel, wie z. B.
die Definition des ποδικὸς χρόνος bei Psellos § 8 nicht recht dazu
stimmen will ὁ κατέχων σημείου ποδικοῦ μέγεϑος, οἷον ἄρσεων ἢ βάσεων
ἢ ὅλου ποδός, in der die letzten Worte auch nicht späterer, erklärender
Zusatz sein können, da sie sich alsbald p. 20 wiederholen; sehr beachtenswert ist, was Verf. über die χρόνου ῥυϑμοποιίας ἴδιοι S. 127f. sagte.
Ferner hat sich Verf. jetzt zu einer gänzlichen Beseitigung der s. g.
kyklischen Verse aus dem melischen Rhythmus entschlossen; sie sind ihm
nur noch Recitationsverse.   Die wichtigsten Änderungen hat der Umstand gebracht, dafs Verf. zu der Einsicht gekommen ist, dafs die Formen der griechischen Rhythmik, wie für Pindar, Äschylus u. s. w. so
auch für Bach, Beethoven u. s. w. gelten und dafs in Ermangelung der
antiken Compositionen besonders das Studium des noch den alten Rhyth-
menreichtum aufweisenden Sebastian Bach vielfach den Schlüssel für die
antiken Lehren bringt.   Umgekehrt mufs dem Aristoxenos nach Westphal, der sich hierin der Anerkennung von Seiten keines Geringeren
als E. v. Stockhausen rühmen kann, eine ähnliche reformatorische Bedeutung für den rhythmischen Vortrag monodischer Kunstwerke der
modernen Musik zugewiesen werden, wie seit Lessing dem Lehrer des
alten Rhythmikers für das moderne Drama.   Aus Bach gewinnt jetzt
Verf. einen anderen Standpunkt in der Frage der Taktgleichheit, erhält
das Aristoxenische σχῆμα ποδικόν, die rhythmische ἀγωγή eine sehr an-
sprechende Erläuterung § 46f., vgl. S. 289, wird besonders anschaulich
die Wirkung der verschiedenen Verteilung der Icten auf gröfsere Takte,
deren Ethos Westphal auf diese Weise genau nach Aristides und Pseudo-
Euklid bestimmen kann § 42. bs. S. 247f.   Hier tritt Westphal S. 273ff.
wiederum für die Ansetzung der Icten auf die zweite Hebung der Dipodien in Trimetron und Tetrametron ein.

Es wird wohl manches noch eine andere Fassung und Klärung
finden müssen, wenn auch das quellenmäfsig begründete System des

Aristoxenos die unerschütterliche Grundlage der Metrik bleiben wird. In einem nicht unwesentlichen Punkte ist z. B. Referent nicht der gleichen Ansicht, wie Verfasser. Dieser meint zwar, Vorwort zu No. 2 S. XII, dafs es in der bewunderungswürdigen Klarheit des grofsen Denkers läge, dafs wir viel mehr von ihm hätten, als die Handschriften von seinen Werken überliefern; um bei ihm zwischen den Zeilen zu lesen gehöre weiter nichts als unbedingte Hingabe an ihn u. s. w. Allein die meisten Lehrsätze, besonders die aus dem ersten allgemein gehaltenen Teile werden uns in so knappem Auszuge, ja teilweise geradezu nur fragmentarisch überliefert, dafs es unstatthaft ist, aus jedem Satze alle die Consequenzen zu ziehen, die man ziehen könnte, wenn Aristoxenos ausdrücklich jede Ausnahme in Abrede gestellt oder überall, wo er eine solche angenommen wissen will, sie auch angegeben hätte Das gilt, um nur zwei Beispiele anzuführen, von dem Satze, dafs die Länge »stets unabänderlich«, wie noch feierlich in dem Schlufsworte gesagt wird, »das Doppelte der Kürze sei« — aufser in der Katalexis und den irrationalen Versfüfsen. Denn niemand kann behaupten, dafs diese beiden vom Verfasser angenommenen Ausnahmen wirklich die einzigen waren. Wenigstens läfst sich darnach nicht der Wert des Epitrits in den s. g. dorischen Strophen Pindars bestimmen nach der jetzt wohl endgiltig aufgegebenen Triolenmessung u. a. Die äufserste Konsequenz zieht Verfasser ferner aus der S. 13. 15 entwickelten Scala über die Zerlegung der in fortlaufender Komposition gebrauchten Takte. Obgleich nämlich dieselbe gerade bei den Worten οἱ ἐν τῷ ὀκτασήμῳ μεγέθει abbricht, meint Verfasser, man müsse notwendig annehmen, dafs ein achtzeitiges μέγεθος mit einer andern Gliederung als 4 : 4 in fortlaufender Rhythmopoiie nicht vorkommt. Und doch haben wir im achtzeitigen Dochmios ein derartiges μέγεθος in ausnahmsweise schräger Gliederung und zwar nach einer Überlieferung schol. ad Aesch. sept 99. 120, die auch Westphal, Rhythmik S. 178—181 als gut und alt anerkennt. Dafs dieselbe auf einen erfahrenen alten Rhythmiker zurückgeht, beweist für Ref. der Satz καὶ ταῦτα δὲ δοχμιακά ἐστιν καὶ ἴσα ἐάν τις αὐτὰ ὀκτασήμως βαίνῃ, d. h. wenn man den Dimeter als 8 : 8 d. i. 1 : 1 taktiert. Der achtzeitige Einzeltakt (ὀκτάσημος ῥυθμός) ist schräg gegliedert, indem man ihn ähnlich wie den Päon _◡|◡◡ zerlegte, etwa in ◡ ͞ und ͞ ◡ _. Überhaupt kommt die alte Überlieferung bei diesem Rhythmus durch Verfasser nicht zum Verständnis. Zwei Thatsachen, die diese verbürgt, bleiben ihm reine Rätsel, nämlich die zweite, aber seltene Art des zwölfzeitigen Dochmios, die Aristeides überliefert und die auch nicht leicht, wie Verfasser will, auf einen Fehler der Handschrift zurückgeführt werden kann, da ein Beispiel das Schema bezeugt, und die Angabe des schol. Hephaest., dafs einige als Grundform des Dochmios nicht ◡ _ _ ◡ _, sondern ◡ _ _ ◡◡ annehmen. Gerade diese beiden Thatsachen aber erklären sich bestens bei der Annahme des

Referenten, vgl. vor. Bericht S. 301, dafs der schräg gegliederte achtzeitige Takt (ῥυϑμὸς ὀκτάσημος δόχμιος) durch eine Art von Anaklasis
oder Hyperthesis aus dem gerade gegliederten achtzeitigen Takte (ῥυϑμὸς ὀκτάσημος ὀρϑός d. i. anapästischer oder daktylischer Monometer)
entstanden sei. Gehen wir z. B. vom anapästischen Monometer aus,
der ja in seinem Ethos und hypermetrischen Gebrauch in Klagegesängen
dem Dochmios so nahe steht, so nahm man, um eine Steigerung der
gewöhnlichen Klage zur erschütternden Klage eines haltlosen, dem Geschick erliegenden Helden zu kommen, dasselbe vor, wie um vom iambischen Monometer zum ionischen Rhythmus zu kommen. Dort gliederte
man statt ∪ _ ∪ _ | ∪ _ ∪ _ , indem man die beiden Hebungen vereinigte
∪ ∪ _ _ | ∪ ∪ _ _ ionicus a minore, oder _ _ ∪ ∪ | _ _ ∪ ∪ ionicus a maiore
ohne Auftakt einem Ditrochäus gleich, oder auch _ ∪ ∪ _ | _ , ∪ _ im Cho-
riamb mit Hebung am Anfang und Ende; oder endlich ∪ _ _ ∪ | ∪ _ _ ∪
im Antispast, der nur in diesem Sinne als Abart des ionischen Rhythmus eine gewisse Berechtigung hat, vgl. Christ, Metrik [2] S. 467. 471,
Eur. Phoen. 1539, indem man die Senkung am Anfang und Ende ver-
teilte. Ähnlich machte man es mit dem Anapäst; man vereinigte die
beiden Hebungen, denn die ersten beiden Hebungen im Dochmius hatten
die Icten, die letzte war tonlos, wie uns Dionysios den Dochmios beschreibt,
vgl. vor. Bericht S. 302, also _ ᐃ ∪ ∪ ∪ ∪ und nahm statt der zwei Kürzen der Anapästen nur eine tonlose Kürze als Auftakt vor, also

$$\frac{8}{8} \quad \underset{\vartheta\acute{\epsilon}\sigma\iota\varsigma}{\text{∪,} \; \underline{\text{.}} \; \underline{\text{.}}} , \; \underset{\ddot{\alpha}\rho\sigma\iota\varsigma}{\text{∪} \; \widetilde{\text{∪∪}}} | \; \underset{\vartheta\acute{\epsilon}\sigma\iota\varsigma}{\text{∪,} \; \underline{\text{.}} \; \underline{\text{.}}} , \; \underset{\ddot{\alpha}\rho\sigma\iota\varsigma}{\text{∪} \; \widetilde{\text{∪∪}}} \quad \text{u. s. w.,}$$

dann hat es einen guten Sinn, wenn τινὲς οὕτω μετροῦσιν ∪ _ ᐃ ∪ ∪ ∪ .
So oder ähnlich erklärt sich nach alter Überlieferung und Analogie des
ionischen Rhythmus der dochmische Monometer durch Anaklasis aus
dem Monometer des γένος ἴσον, dem anapaestischen (daktylischen) Monometer, der dochmische Dimeter ganz so aus dem anapästischen Dimeter.
Und wollte man die selten gebrauchte anapästische oder daktylische Tripodie ähnlich brechen oder schräg zergliedern, so mufste man auf den
von Aristides beschriebenen zwölfzeitigen Dochmios ∪ ᐃ ∪ _ ∪ ∪ _ ∪ _
kommen. Dafs es aber nur diese beiden Dochmioi gab und keinen
andern, erklärt sich nun ganz natürlich, ebenso dafs dieser letzte Dochmios
so gut wie nicht in der Praxis vorkam. — Zu einem solchen Resultat
konnte aber Verfasser nicht kommen, weil für ihn der achtzeitige Takt
keine andere Gliederung als 4 + 4 zulässt, und Verfasser verfällt deshalb darauf, in sämtlichen Dochmien katalektische baccheische Dimeter
zu suchen. Dagegen aber legt die Metrik entschiedenes Veto ein auf
Grund der Auflösbarkeit der letzten Länge, die bei seiner Annahme
nicht, wie Verfasser sich die Sache zu deuten scheint, dreizeitig sein
könnte, sondern vierzeitig sein müfste, eine Länge, die in Gedichten
des päonischen Rhythmengeschlechts an sich bisher unerhört ist, keinesfalls aber in zwei Kürzen aufgelöst werden könnte, da ja die von West-

phal angeführten, aber selbst sehr zweifelhaften Auflösungen einer drei-
zeitigen Länge im Schlusse des Glykoneions bei Pindar und Euripides
gar keine Analogie für eine Wiedergabe einer vierzeitigen Länge durch
zwei Kürzen sind. Hier scheint überhaupt ein Versehen vorzuliegen,
da jetzt gar von einer nur einzeitigen Pause geredet wird statt wie früher
von einer zweizeitigen. Andere Versehen finden sich in Referents oben
erwähnter Recension aufgeführt.

4) Julius Caesar, De Aristidis Quintiliani musicae scriptoris
aetate disputatio. Index lect. hib. Marburg. 1882. 14 p. in 4.

Rec.: Philologische Rundschau 1883, No. 38. S. 1196—1200 von
K. von Jan.

5) Derselbe, additamentum disputationis de Aristide Quintiliano.
Index lect aest. Marburg. 1884. 4. S. 3 — 5.

Verfasser hält seine Ansicht, dafs Aristides in die spätere Zeit zu
setzen sei, in No. 4 gegen Albert Jahn, vgl. vor. Bericht S. 291, und in
No. 5 gegen Westphal fest, worüber Guhrauer, Jahresb. XLIV. (1885,
III) S. 6 bereits berichtet hat.

6) Derselbe, Adnotata de elementis Aristoxeni rhythmicis. Index
lect. hib. 12 p. in 4.

Rec.: Philol. Wochenschrift V. No. 17 S. 518 — 520) v. H. Guhrauer.

7) Karl von Jan, Recension von No. 6 philol. Rundschau V.
(1882) S. 644—651.

8) Julius Caesar, De verborum *arsis* et *thesis* apud scriptores
artis metricae latinos, imprimis Marium Victorinum significatione.
Index lect. hib. Marburg. 1885. XVIII p. in 4.

Aufser einzelnen textkritischen Bemerkungen handelt es sich hier
um die Bedeutung der Ausdrücke *arsis* oder *sublatio* und *thesis* oder
positio bei Marius Victorinus. In No. 6 richtet sich Verfasser gegen
Westphal, in No. 8 gegen von Jan, der in diesem Streite zu Gunsten
Westphals in No. 7 entschieden hat.

Von den übrigen Leistungen über die alte Metrik heben wir mit
Übergehung aller Textausgaben und kritischen Untersuchungen nur einige
Schriften hervor, die sich besonders mit der Geschichte der metrischen
Theorie befassen. Anderes hierher gehörige s. unter No. 76.

9) Leopoldus Cohn, De Heraclide Milesio grammatico. Bero-
lini. 1884. S. Calvary u. Co. 111 S. gr. 8.

Rec.: Philol. Wochenschrift. 1885. No. 7. S. 201 — 204 v. Paul Cauer.

Heraklides aus Milet, später in Alexandria, lebte zu Ende des
ersten, vielleicht auch zu Anfang des zweiten Jahrhunderts vor Christi G.
Von ihm ist eine Schrift περὶ καθολικῆς προσῳδίας in zahlreicheren

Fragmenten nachweisbar, die durch Herodians berühmtes Werk gleichen Titels und Inhalts verdrängt worden ist. Vgl. auch Wilhelm Frye, de Heraclidae Milesii studiis Homericis. Diss. Leipzig. Hirzel. 119 p. in 8: auch in: Leipziger Studien VI. 1. S. 93—188, rec.: Philol. Rundschau. 1885. No. 33. S. 1025—1028 v. G. Schömann.

10) Carolus Albertus Bapp, De fontibus, quibus Athenaeus in rebus musicis lyricisque enarrandis usus sit. Diss. inaug. Leipzig. 1885. 40 S. in 8; erweitert in: Leipziger Studien VIII, 1 S. 85—160.

Auf Grund eingehender Quellenforschung wird vermutet, dafs Athenaeus für die verschiedenen musische und lyrische Fragen behandelnden Partien seiner Δειπνοσοφισταί nicht Aristoxenos, Aristokles, Juba und Didymos eingesehen, sondern nur teils Dionysius v. Halikarnafs, teils Trypho direkt benutzt habe.

11) F. Bücheler, Coniectanea 8. Rhein. Museum. 37. Bd. S. 339. begründet die Vermutung, dafs die bei Marius Plotius Sacerdos erhaltene Sammlung von Beispielen zu den verschiedenen Versmafsen der Zeit des Nero und Caesius Bassus angehört, und zwar zum Teil aus älteren Schriften genommen oder auch in jener Zeit neu gebildet sei.

12) Gerhardus Schultz, Quibus auctoribus Aelius Festus Aphthonius de re metrica usus sit. Diss. inaug. Breslau 1885. 55 p. in 8.

Verfasser erkennt zwar Westphals Verdienst, die beiden späteren Theorien der Metriker unterschieden zu haben, vollständig an und baut auf der dadurch gewonnenen Grundlage weiter, dagegen glaubt er ihm (Metrik I² S. 105) nicht, dafs der metrischen Theorie der älteren Grammatiker immer noch die alte, wenn auch oft mifsverstandene musische Theorie zu grunde gelegen habe, sondern ist der Überzeugung, dafs ein alter Grammatiker mit Bewufstsein von Aristoxenos abgewichen sei und nach consequent befolgten Grundsätzen ein neues Lehrgebäude dieser Disciplin geschaffen habe. Diese wichtige Frage lasse sich jedoch bei dem jetzigen Stande der Quellenforschung, wo über Varro, Caesius Bassus, Juba u. a. vieles unerledigt sei, noch nicht endgiltig entschieden; vielmehr müsse man erst die uns erhaltenen Werke über Metrik viel genauer als bisher auf ihre Quellen hin untersuchen. Ein Beitrag dazu ist diese mit anerkennenswertem Eingehen in die kleinsten Einzelheiten unternommene Quellenuntersuchung über Marius Victorinus, der erwiesenermafsen (vgl. H. Keil, quaest. gramm. I. Halis 1870 und praef. ad Mar. Vict. in: Grammat. lat. VI, p. XIV) den Aphthonius ausgeschrieben hat. Dieselbe ergiebt folgende, zum Teil (vgl. bes. S. 39) von der bisherigen Forschung abweichende Resultate: das Werk, welches in zwei Büchern leges artis novemque prototypa, die s. g. Derivation aller Metra aus den zwei bekanntesten, dem Hexameter und Trimeter, und die Metra des Horaz behandelt, ist, wie Verfasser für fast alle wesentlichen Partien nachweist, vier verschiedenen Quellen entnommen. Vertreter der neuen Theorie war einzig Juba, dagegen wurden für die Darstellung der älteren Theorie benutzt Caesius Bassus, wenn auch nur, wie wohl auch Juba, im ἐγχειρίδιον, und Terentianus, von denen man dies auch bisher schon annahm, aber am meisten Thacomestus. Diesen kann man zwar nicht dem Caesius Bassus gleichstellen, da er schon nicht mehr mit Beispielen aus klassischen Dichtern operiert, überhaupt selten Dichternamen anführt und die meisten Beispiele selbst bildet, aber er verdient hohe Beachtung, weil er die Derivationslehre am ausführlichsten giebt und dabei von Caesius Bassus unabhängig ist. Er verfaßte sein Werk wohl nicht viel nach 150 n. Chr., da er den Dichter Annianus (c. 150 n. Chr.), aber noch nicht Septimius Serenus kennt. Quelle war für ihn vielleicht Varro, den er besonders nennt, S. 55, 11 und anderwärts, vorwiegend aber griechische Schriften, worauf die vielen griechischen Ausdrücke hinweisen, die ihm eigen sind.

II. Metrische und prosodische Schriften allgemeinen Inhalts.

13) Hugo Gleditsch, Metrik der Griechen und Römer mit einem Anhang über die Musik der Griechen. In: Handbuch der klassischen Altertumswissenschaft, herausgeg. von Dr. Iwan Müller. Nördlingen. Beck'sche Buchh. II. Band. 1885. S. XIV—XVIII u. 491--619.

Rec.: Revue critique. 1885. No. 50. S. 465 v. Salomon Reinach.

Das Wichtigste aus der alten Metrik wird in bündigster Form übersichtlich zusammengestellt. Anordnung und Verteilung des Stoffes ist etwa die gleiche wie bei Christ, doch wird die griechische und römische Metrik getrennt behandelt und einer jeden ein einleitender Abschnitt über die Entwickelung der metrischen Kunst vorangestellt. Für unseren Bericht heben wir hervor, daß die Bildung des sotadeischen und galliambischen Metrums in die voralexandrinische Zeit gerückt wird im Widerspruch mit der gewöhnlichen Annahme, zuletzt noch vertreten durch v Wilamowitz, s. vor. Bericht S. 431; daß bei den Daktylen der Unterschied zwischen Katalexis in syllabam und in bisyllabum dadurch beseitigt wird, daß auch der spondeisch-trochäische Ausgang für akatalektisch genommen wird. Die verschiedenen Ansichten über den Ursprung des Hexameters werden dahin combiniert, daß eine doppelte Herleitung desselben angenommen wird, nämlich einerseits aus zwei tripodischen Gliedern, andererseits aus einem tetrapodischen und dipodischen Kolon, die sich noch deutlich in den verschiedenen Caesuren zeigen soll. Das Stasimon Aesch. suppl. 630 wird falsch gemessen; es ist sicher ein logaoedisches Chorlied und weist keinen dochmischen Rhythmus auf, dessen Ethos zu diesem Liede schon gar nicht passen würde, da es Segenswünsche der von Argos in Schutz genommenen Danaiden enthält. Auch das Canticum Ter. Phorm. 153 178 wird ohne Not für trochäischiambisch genommen, da v. 156 gegen Schlee mit Bentley und der Vulgata auch trochäisch zu messen ist. Es ist rein trochäisch und besteht aus der wiederholten Folge zweier akatalektischen und eines katalektischen Tetrameters, an die sich ein Hypermetron von 36 Takten anschliefst, so schon vor. Ber. S. 416. 424. Verfehlt ist es auch in einem Verse wie Hor. art. poët. 263 eine Cäsur im Wortinnern im|modulata anzunehmen; vielmehr ist der Vers in Übereinstimmung mit dem Inhalte absichtlich ohne Cäsur gebildet. Über andere Einzelheiten spricht sich Referent in einer Recension in der Berliner philol. Wochenschrift, 1886 No. 16 S. 505 f. aus, doch hebt er auch hier hervor, dafs die Darstellung überall auf der neuesten Forschung beruht und die wichtigste Litteratur in übersichtlicher Anordnung und guter Auswahl zusammengestellt ist.

14) Lucian Müller, Metrik der Griechen und Römer. Für die obersten Klassen der Gymnasien und angehenden Studenten der Philologie. Mit einem Anhang: Entwickelungsgang der antiken Metrik. Leipzig, B. G. Teubner. 1880. VIII u. 80 S. in 8. Zweite Ausgabe, ebenda 1885. XII u. 83 S. in 8.

Rec.: Philol. Rundschau I (1881) No. 38 S. 1217--1223 v. G. Stier. — Revue critique 1881 No. 36 S. 36 f. — Phil. Anz. 1882 S. 414 — 418. — Blätter f. bayr. Gymn. XXI. 7. 8 S. 413 — 414. — 2. Ausgabe: philol. Wochenschrift V (1885) No. 43 S. 1369 u. 1370. — Ins Italienische übersetzt von V. Lami. Milano, Hoepli. 1883. VI u. 120 S. in 12. — Desgleichen ins Französische von Legouëz. Paris 1881. (Rec.: Revue critique 1881 No. 52 S. 504—506 v. A. Croiset.) — Cultura 1882 I S. 19 —20. — Revue de philol. VI S. 160. — Muséon I S. 152—153. — Ins Holländische übersetzt von E. Mehler. Amsterdam, Sulpke. 1881. 96 S.

Eine gefällige Zusammenstellung der Hauptpunkte der Metrik in noch kürzerer Form als die so eben besprochene. S. 30 ff. giebt Verfasser seine Theorie, dafs die alten Dichter zwischen dem Versictus und dem Wortaccent möglichste Abweichung gesucht hätten, worauf wir noch alnmei unter No. 96 zurückkommen. Das Gesetz soll am wenigsten gelten in denjenigen Teilen des Verses, welche die meiste Freiheit haben; dies könne man an den rhythmischen Gesetzen des lateinischen Hexameters beobachten. Allein gerade die am strengsten gebauten zwei letzten Füfse zeigen bei dem gewöhnlichen Ausgang auf zwei- oder dreisilbiges Wort möglichst grofse Harmonie der verschiedenen Accente. Und Verfassers Vorschrift, wonach das Ende jeder metrischen Reihe (in der Cäsur und am Schlufs kleinerer Verse der letzte Fufs, am Schlufs gröfserer Verse anderthalb oder zwei Füfse) den Rhythmus des Fufses, mit dem sie endigt, genau wiedergeben soll, d. h. also z. B. am Ende der Penthemimeres des Hexameters den anapästischen Rhythmus, wird, wie § 24. 3 überhaupt, nicht recht klar. Das dem fraglichen Ausgange gleichstehende, nur als Ausgang eines längeren Verses noch zarter zu behandelnde Ende des Pentameters beweist, dafs die Römer den Anapäst am Schlusse solcher Reihen eben nicht herausgehört haben wollten, denn sonst hätten sie den anapästischen Wortfufs an der Stelle nicht gemieden. Sehr ansprechend wird das Verbot einsilbiger Wörter am Schlusse des Verses oder der metrischen Reihe begründet. Deshalb ist aber Vergil z. B. wegen der Ausgänge et cum frigida | mors oder praeruptus aquae | mons nicht zu tadeln, sondern diese Verse sind als absichtlich eigenartig gebaut, als eine effektvolle Tonmalerei hervorzuheben. Sonst aber erscheinen, wie das von dem besonders auf dem Gebiet der lateinischen Metrik verdienten Forscher gar nicht anders zu erwarten ist, alle prosodischen, metrischen und rhythmischen Gesetze in klarer Beleuchtung, so besonders der Abschnitt über den Hiatus im lateinischen Verse, der in ähnlichen Werken meist recht ungenügend behandelt wird. Der anhangsweise auf 20 Seiten dargestellte Entwickelungsgang der metrischen Kunst im Altertum bringt eine zutreffende kurze Charakteristik der fraglichen Erscheinungen, bei der nur das altrömische Drama zu schlecht und Ennius, dessen Verse ihrer grofsen Mehrzahl nach von wunderbarer Schönheit sein sollen, zu gut wegkommt.

15) Francesco Zambaldi, Metrica greca e latina. Turin 1882, Löscher. XV u. 679 S. in 8.

Rec: Rivista di Filologia XIV. (1885) 1/2. S. 136—140 von Remigio Sabbadini. — Philol. Wochenschrift IV. (1885) No. 29/30 S. 952 —954 vom Referenten.

Diese Metrik ist viel ausführlicher als die beiden zuletzt besprochenen gehalten und beruht auf streng wissenschaftlicher Forschung, verzichtet aber fast vollständig auf Angabe der Litteratur; nur in der Einleitung wird ein Überblick über die Hauptvertreter der deutschen Forschung auf diesem Gebiete geboten, die von selbständigem Urteil zeugt. Die Behandlung des Stoffes weicht nicht von der der Vorgänger ab. Die Komposition der einzelnen Verse zu Perioden, Strophen und Systemen wird ausführlich erläutert durch Analysen aus allen Rhythmengeschlechtern. Eigene Ansichten des Verfassers zeigen sich selten, z. B. darin, dafs er die bisherigen Erklärungsversuche des Dochmios verwirft, und zwar mit Recht, und in diesem Verse einen einheitlichen Takt von acht Moren finden will mit dem Hauptaccent auf der ersten Kürze; vgl. jedoch über die Unhaltbarkeit dieser Accentsetzung unseren vorigen Bericht S. 302—305; verfehlt ist die Erklärung des sog. versus Aristophaneus am Ende der dochmischen Strophen, der einfach logaödisch zu messen ist. Fein dagegen ist die Beobachtung S. 178 über die Wirkung von Elisionen wie Vergil. Aen. III 658 u. a. Den Versuch, die auffällige Quantität in den drei Eigennamen Παρθενοπαῖος, Ἱππομέδοντος und Ἀλφεσίβοιαν in den viel behandelten Tragikerversen wie die italienischen Be-

tonungeu in Genóva, Napóli u. ä. zu erklären, hat Referent bereits verworfen in Philol. Wochenschrift l. l. S. 954, wo als das Wahrscheinlichste
die Form Ἀλφεσσίβοιαν (jedoch ist der Vers überhaupt nur durch spätes
Grammatikerzeugnis überliefert) und Ἱππομμέδοντος als Analogiemessung
nach φιλομμειδής u. a. angenommen wurde. Versehen und Inkonsequenzen
finden sich S. 191 ϝέξ, 277 ŏtium, 357 pōtius bei Plaut. Trin. 275;
S. 118 und 609 λεόντων ἔφεδρε Soph. Phil. 401 verschieden und zwar
beide male falsch gemessen; ähnlich Ant. 1163 einmal S. 625 richtig, das
andere mal S. 619 falsch behandelt; besonders viele Druckfehler finden
sich in den griechischen Versen.

16) Fr. Zambaldi, Elementi di prosodia e metrica latina. Turin,
Löscher. 1885. VIII u. 72 S. in 8.

Rec.: La Cultura 1885 12/13. S. 416 – 421.

Dieses kurzgefafste Handbuch der lateinischen Prosodie und Metrik ist Referenten zur Zeit noch nicht bekannt. — Wir wenden uns zu
den Schriften prosodischen Inhalts.

17) A. Canello, Della »posizione debole« nel latino. Rivista di
Filologia. X. Fasc. 10—12 (April—Juni). Turin 1882. S. 535 u. 536.

18) Frederico Garlanda, Ancora della lunghezza di posizione.
Ebenda XI. (1882) S. 99—101.

Ein Streit über die geringfügige Frage, ob in Wörtern, wie strĕpit,
die erste Silbe durch die vor dem Vokale stehende Lautgruppe in merklicher Weise alteriert werde (Canello) oder nicht (Garlanda). — Aufserdem sucht Canello die Möglichkeit einer Silbenabteilung res-to, res-
tringo u. s. w. nachzuweisen auf Grund der entsprechenden Erscheinungen der romanischen Sprachen, nämlich des französischen res-ter, es-prit,
spanischen des-nado, des-pacho, ves-tis, espirito und italienischen ispirito,
iscuola, was hier besonders zu beachten sei, weil die lateinischen Grammatiker über den fraglichen Punkt nichts sagten.

19) Fr. Peck, Notes on latin Quantity. Transactions of American
philol. Association 1882 III S. 50—59

enthält Bemerkungen über schwankende Quantität im Lateinischen.
Wichtig für Prosodie des alten und klassischen Latein ist

20) A. Horning, Ein vulgärlateinisches Betonungsgesetz. In Dr.
Gustav Gröbers Zeitschrift für roman. Philologie VII. (1883) S. 572
u. 573.

Dafs ĕ, ĭ und ŭ vor kurzem Vokal in drittletzter Silbe im Lateinischen unfähig waren den Ton zu tragen, geht daraus hervor, dafs
klassische Bildungen wie battúere, consúere, mulíerum, paríetem, abíetem,
aríetem, phíala, filíolus gemeinromanisch báttere, cónsvere, muliérem,
pariétem, abétem (ohne i), ariétem, filiólus geworden sind, also in allen

diesen Formen der Accent auf die vorhergehende und folgende Silbe gerückt ist. Messungen wie ābjĕtĕ bei Ennius, ābjĕtĭbus, ārjĕtăt, ābjĕtĕ, pārjĕtĭbus, tēnvĭă bei Vergil und späteren Dichtern, vgl. Lachmann ad Lucret. S. 129. 130 lassen das Gesetz als ein sehr altes erscheinen. Auf diese Thatsache der Accentverschiebung gestützt, dürfe man als sicher annehmen, dafs jene Vokale auch dann, wenn sie betont waren, zur Konsonantierung neigten, was eine Verrückung des Accents zur Folge hatte. In zweisilbigen Wörtern, wie meus, tua, deus, dies, pius behielt der erste Vokal den Accent, weil er sonst auf die letzte Silbe hätte übergehen müssen, was einem Grundsatze der lateinischen Sprache widerstrebte. Sobald jedoch meus, tua u. s. w. als Proclitica unter Anlehnung an ein anderes Wort des Accents für verlustig gingen, wurden ĭ, ĕ und ŭ vor Vokal zu Konsonanten oder schwanden ganz, vgl. lateinisches sam, sos, sis für suam, suos, suis. — Zu untersuchen bleibt noch, wie weit eine Betonung wie múlierem u. s. w. auf den Bau der Verse des altrömischen Dramas etwa von Bedeutung war.

21) J. la Roche, Reim und Alliteration in der griechischen Poesie. Zeitschrift f. d. österreich. Gymnasien XXXV. 5. S. 321—327.

Wo sich bei Homer Reim am Ende zweier benachbarter Verse oder Versteile befindet, liegt reiner Zufall vor. Beabsichtigten Reim findet Verfasser in vereinzelten Fällen, S. 322 in Chorpartien der Tragödie und bei den Komikern. Dagegen erscheint ihm der Gebrauch der Alliteration bei griechischen Dichtern unzweifelhaft, besonders bei π und χ, eine Behauptung, die durch eine vier Seiten lange Sammlung, vornehmlich aus lyrischen und dramatischen Dichtungen bewiesen werden soll. Allein abgesehen von Wortspielen, wie Σῶσος καὶ Σωσὼ σωτήρια u. ä., bleibt es meistens recht fraglich, ob die thatsächliche Alliteration auch wirklich auf Absicht beruht.

22) J. Pirchala, Die Alliteration in der lateinischen Poesie. I. Egyetemes philol. közlöny 1883 No. 5 S. 510—519 u. No. 6 S. 632—647 (ungarisch geschrieben)

ist Referenten unbekannt geblieben. — Andere Schriften über denselben Gegenstand beschränken sich auf die altlateinische Poesie und kommen daher an geeigneterer Stelle zur Besprechung, vgl. No. 107 ff. Schriften prosodischen und metrischen Inhalts für die Schule sind von deutschen Schulmännern im Verlaufe dieser Jahre sehr wenig veröffentlicht. Es erschien:

23) Seyffert und Habenicht, Palaestra musarum. I. Hexameter und Distichon. In neuester Auflage. Halle, Waisenhaus. 1883, und es stellte

24) A. Grumme, Das Wichtigste aus der griechischen und römischen Metrik im Programm von Gera 1883 auf 18 S. in 4⁰ zusammen, und endlich

25) Casimir Richter, Über die Zweckmäfsigkeit lateinischer
Versübungen auf Gymnasien. Programm von Osnabrück 1883. 10 S.
in 4.

verficht die Ansicht, dafs eine obligatorische Einführung der lateinischen
Versübungen auf Gymnasien nicht wünschenswert sei. — Dagegen ist im
Auslande, insbesondere in Frankreich und Italien eine solche Menge von
Schulbüchern für Prosodie und Metrik teils in öfters wiederholten Auf-
lagen, teils ganz neu erschienen, dafs es hier genügen mag, einige her-
vorragende und die ganz neuen anzuführen.

26) L. Quicherat, Traité de versification latine à l'usage des
classes superieures des lettres. 3. éd. revue, corrigée et augmentée.
Paris, Hachette. 1882. 428 S. klein 8. und

27) Derselbe, Nouvelle prosodie latine. 28. ed. Ebenda 1882.
108 S. in 8.

gebören ihrer Bedeutung nach an die Spitze und sind auch in einer Besprechung von G. Stier, Philol. Rundschau II No. 39 S. 1236—1241, dem-
entsprechend gewürdigt worden.

28) G. Grumbach et A. Waltz, Prosodie et métrique latines.
4. éd. Paris, Garnier frères. 1884. VIII u. 114 S. in klein 8.

Rec.: Philol. Wochenschrift V. (1885) No. 43 S. 1370 — 1371 vom
Referenten.

29) A. F. Maunoury, Prosodie grecque, contenant la quantité et
la métrique. Paris, Delagrave. 1883. 80 S. in klein 8.

30) Charles Thurot et Emile Chatelain, Prosodie latine.
Paris, Hachette. 1882. III u. 140 S. in klein 8.

enthält einen Anhang über griechische Prosodie.

31) J. Lejard, Nouveau traité de prosodie latine. Tours, Mame.
1885. VIII u. 200 S. in 12.

giebt aufser der gewöhnlichen Prosodie und Metrik und Übungsbeispielen
auch einiges über die Geschichte der antiken Metrik.

32) R. Cianfrocca, Prosodia e metrica della lingua greca, ad
uso delle scuolo liceali. Bologna, Mereggiani. 1885. 57 S. in 16.

Rec.: La Cultura 1885 12/13 S. 416—421 v. B.

Diese sowie folgende Schrift:

33) E. Panozzo, Il metro greco nei poeti latini. Preludio VIII, 8
S. 73—77. VIII, 17 S. 176—181

sind Referenten nicht bekannt geworden.

34) Wilhelm Meyer, Zur Geschichte des griechischen und lateinischen Hexameters. Sitzungsberichte der philos.-historischen Klasse der Königl. bayr. Akademie der Wissenschaften zu München 1884. Heft 6 S. 979—1089. München in Comm. bei G. Franz. 1885.

Rec.: Litt. Centralblatt 1885 No. 20 S. 686—688. — Deutsche Litteraturzeitung 1885 No. 25 S. 893—894 v. E. Hiller. — Philologus. Suppl.-Bd. V. 2 S. 226—228 v. F. Hanssen (zugleich auch über No. 35).

35) Derselbe, Anfang und Ursprung der lateinischen und griechischen rhythmischen Dichtung. München, G. Franz. 1885. 186 S. in 4.

Rec.: Deutsche Litteraturzeitung 1885 S. 894—896 v. E. Seiler. — Berliner philol. Wochenschrift VI. (1886) 5 S. 143—144 v. Wäschke. — Riv. di filolog. XIV. 1—2. Juli. August 1885 S. 134—136 v. Remigio Sabbadini.

Im ersten Abschnitt von No. 34 zur Geschichte des alexandrinischen Hexameters behandelt Verfasser den Bau der Hauptcäsur, der fünften Hebung und der Nebencäsuren. Die Alexandriner halten folgende drei vor ihrer Zeit noch nicht beachtete Regeln ein, wonach 1) der Trochäus und Daktylus im zweiten Fuße nicht durch den Schluß eines drei- oder mehrsilbigen im ersten Fuße beginnenden Wortes gebildet werden darf, 2) vor der männlichen Cäsur im dritten Fuße nicht ein iambisches Wort stehen und 3) wenn die dritte Hebung Wortschluß und männliche Cäsur zeigt, nicht auch in der fünften Hebung Wortschluß mit männlicher Cäsur eintreten darf. Von diesen Regeln finden sich zwar einige Abweichungen, selbst bei den kunstgerechtesten Dichtern, besonders bei Eigennamen oder wörtlicher Aufnahme von Versstücken früherer Dichter, oder wenn rhetorische Zwecke verfolgt werden, doch tritt ganz klar hervor, daß diese Regeln von den alexandrinischen Dichtern ausgesonnen sind; so besonders bei Kallimachos, der im zweiten Fuße überhaupt nur zwei trochäische und keinen daktylischen, in der dritten Hebung nur 13 iambische Wortschlüsse kennt, während bei Apollonios Rhodios von der ersten und zweiten Regel öfters Ausnahmen sich finden, aber weniger von der dritten. Die gleichen Regeln gelten auch für die erste Hälfte des Pentameters, in der zweiten dagegen sind iambische Schlußwörter und trochäische Wortschlüsse im fünften Fuße zahlreich verwendet, natürlich aber werden im Schluß einsilbige Wörter vermieden, denen daktylische Wörter oder Wortschlüsse vorausgehen. Die erste Regel hat ihren Grund darin, daß der Schluß eines längeren Wortes schwerer ins Ohr fällt und darum durch den schweren Wortabschnitt im zweiten Fuße die Hauptcäsur im dritten Fuße ihrer Wirkung beraubt scheint. Die zweite erklärt sich daraus, daß, wo jeder Fuß zwei Längen umfaßt, in der am stärksten hervortretenden Stelle des Verses ein Wort von nur 1$^1/_2$ Länge zu leicht klingt, und die dritte entstand

aus dem Streben, die durch die Wiederkehr gleichförmiger Einschnitte
unerträglich werdende Monotonie zu vermeiden.

Während die Alexandriner in der zweiten, dritten und vierten
Hebung des Hexameters nicht gar selten drei betonte Wortschlüsse
setzen, meiden sie es, in der vierten und fünften, selbst bei weiblicher
Cäsur im dritten Fuße und noch mehr in der dritten, vierten und fünften
Hebung schwerbetonte Wortschlüsse sich folgen zu lassen, nicht minder,
wenn der Vers keinen Einschnitt im vierten Fuße, dagegen Cäsur je im
dritten und fünften Fuße hat, diese beiden Cäsuren durch betonten
Wortschluß zu bilden. Wortschluß in der fünften Hebung gestatten sie
sich regelrecht nur dann, wenn im dritten weibliche Hauptcäsur steht
und dieser ein längeres Wort folgt, welches die vierte und fünfte Hebung
in sich schließt, wie $\chi\rho\eta\vartheta\iota\delta\alpha \ \tau\eta\nu \ \pi o\lambda\upsilon\mu\upsilon\vartheta o\nu \mid \epsilon\pi\iota\sigma\tau\alpha\mu\epsilon\nu\eta\nu \mid \chi\alpha\lambda\grave{\alpha} \ \pi\alpha\iota\zeta\epsilon\iota\nu$,
oder wenigstens im vierten Fuße keine schwerbetonte männliche Cäsur
eintritt; die Aufeinanderfolge von zwei männlichen Cäsuren im vierten
nnd fünften Fuße dagegen erlauben sie sich nur, wenn der Wortschluß
der vierten oder (seltener) der fünften Hebung durch Enklitika u. s. w.
versteckt ist.

Für die Nebencäsuren ferner hat das alexandrinische Zeitalter
folgende, bereits von R. Volkmann, Comment. epicae 1852. S. 24 gegebene Regeln, die die Epiker schon gekannt und angebahnt zu haben
scheinen, ausgebildet und zu Schulregeln erhoben, daß die männliche
Hauptcäsur des dritten Fußes mit einer männlichen Cäsur im vierten
Fuße oder mit der bukolischen nach demselben verbunden sein muß.
Am schärfsten tritt sie zuerst bei Callimachos hervor, weniger bei
Apollonios Rhodios. Der Grund der Regel ist einleuchtend. Nur die
weibliche Hauptcäsur im dritten Fuße, die schon bei Homer bevor-
zugt war und bis auf Nonnos herab immer beliebter wurde, konnte den
Hexameter in zwei annähernd gleiche Teile befriedigend und ohne jede
Nebencäsur teilen ($2\frac{3}{4} + 3\frac{1}{4}$, Differenz $\frac{1}{2}$ Fuß). Bei männlicher
Hauptcäsur im dritten Fuße ist dagegen das zweite Stück ($3\frac{1}{2}$ gegen
$2\frac{1}{2}$, Differenz ein Fuß) schon zu lang, um in einem Zuge gesprochen zu
werden. So geschah Abhilfe durch diese zwei Nebencäsuren. Im ersteren Falle wurde das zweite Stück nicht sowohl geteilt als verkleinert,
denn jene beiden männlichen Cäsuren im dritten und vierten Fuße
bilden zusammen die Hauptcäsur, die nun nicht mehr auf einem, sondern auf zwei Beinen stehe ($2\frac{1}{2} + 1 + 2\frac{1}{2}$). Im anderen Falle wurde
das zweite Stück wirklich geteilt. Da aber ein Einschnitt nach dem
vierten Trochäus ebenso gemieden ward, wie die Cäsur nach der fünften
Hebung, so blieb nur noch die Teilung nach dem fünften Daktylus,
d. h. die bukolische Nebencäsur ($2\frac{1}{2} + 1\frac{1}{2} + 2$), durch die auch, da
sie daktylisch ist, ein angenehmer Wechsel der Cäsur- und Zeilenschlüsse
gegeben war, und zwar in derselben Weise auch bei der trochäischen
Hauptcäsur, mit der verbunden sie bei Theokrit und den übrigen Alexan-

drinern gern gebraucht wurde. Damit erledigt sich auch F. Lehrs' Einspruch gegen jede Nebencäsur und insbesondere gegen die bukolische,
die nur so lange erklärlich war, als man die Notwendigkeit der Nebencäsur bei männlicher Hauptcäsur noch nicht erwiesen hatte.

Diese für die Alexandriner aufgestellten drei Regeln werden von
Nonnos ebenso streng beobachtet und. mehr oder weniger auch von seinem
Anhang, nur iambischer Versschlufs in der dritten Hebung wird etwas
öfter zugelassen, bei Nonnos in 26 Fällen auf 400 männliche Hauptcäsuren,
jedoch fast nur nach vorhergehendem trochäischen Worte wie ἔγχος |
ἔχων. Der Gebrauch der verschiedenen Wortformen im nonnianischen
Verse wird übersichtlich in acht Regeln zusammengestellt, ebenso die
Regeln über den Versschlufs. Neu ist hier Verfassers Fassung der Regel
über zweisilbige Schlufswörter, dafs, während die Schlufssilbe bei drei-
und viersilbigen Wörtern oft kurz ist, trochäische Wörter im Hexameter-
schlusse vermieden werden, denn eine häufigere Ausnahme bildet nur
die Phrase καὶ αὐτός und καὶ αὐτόν.

Um schliefslich zu beweisen, dafs die quantitierende Poesie bis
ins 7. Jahrhundert n. Chr. keine Spur davon zeigt, dafs sie von der
accentuierenden Poesie beeinflufst sei oder deren Entstehung beeinflufst habe, stellt Verfasser folgende Erscheinungen, die man gröfsten
Teiles dahin erklärt hatte, zusammen: 1) Babrios hält in seinen Choliamben den Accent auf der vorletzten Silbe und zwar stets als Paroxy-
tonon, weil die letzte Silbe nur selten kurz ist. 2) Die Accentuierung
der Endsilbe des Pentameters wird zwar nicht schon beim ersten Auftreten desselben, wie Hanssen (s. unten No. 66, in: Verhandlungen der
36. Philologenvers. 1882. S. 290) annahm, wohl aber seit der Zeit kurz
vor Christus entschieden gemieden. 3) Wenn auch im nonnianischen
Hexameter bei langen Schlufssilben der Accent keinen Regeln unterworfen scheint, so erhält doch die kurze Schlufssilbe, die nicht zu einem
zweisilbigen, wohl aber drei- und mehrsilbigen Worte gehören darf, weder
selbst den Hauptaccent noch infolge von proparoxytoner Betonung auch
nur einen Nebenaccent; ebenso werden nach einer Beobachtung des Verfassers oxytone zweisilbige, aber nicht drei- und mehrsilbige Wörter vor
der trochäischen Hauptcäsur gemieden; auch die Wörter, welche im dritten
Fufse männliche Cäsur bilden, sind nach Tiedke's Beobachtung (s. vor.
Bericht No. 38. 6) fast durchweg Paroxytona, seltener Proparoxytona und
noch seltener anders accentuiert, ja selbst in der seltenen Nebencäsur,
wenn die fünfte Hebung durch Wortschlufs gebildet wird, stehen in den
meisten Fällen Paroxytona, nicht so gar selten Proparoxytona, jedoch
nur bei anapästischem Schlufs, nicht bei spondeischem wie ἀκοίμητον,
weil dann ein stärkerer Nebenaccent eintreten würde. 4) In anakreontischen Zeilen hat (vgl. Haussen l. l.) etwa seit Justinians Zeit die lange
vorletzte sowie auch die vierte, kurze Silbe in der Regel den Wortaccent,
wie ταλάροις φέροντες ἄνδρες. Endlich 5) was die Accentuierung der

elften Silbe des lyrischen Trimeters der Byzantiner anbetrifft, so ist die
gänzliche Vermeidung der Proparoxytona und die völlige Herrschaft der
Paroxytona erst im 10. Jahrhundert zur Durchführung gekommen. In
diesen Trimetern tritt vielmehr nur erst die Erscheinung hervor, dafs
die vom Versictus getroffene lange Schlufssilbe nicht auch noch mit dem
Wortaccent belegt wird.   Die von Hanssen l. l. dafür vorgebrachten
Erklärungen verwirft Verfasser; für ihn ist die allen diesen Fällen zu
grunde liegende Regel, dafs die Accentuierung der Schlufssilbe zu vermeiden ist, eine rein rhetorische, die mit irgend welcher Rücksicht
auf die Accentpoësie nichts zu schaffen hat.   Dafs sich diese Wohl-
klangsregel auch gegen die Proparoxytona richtete, erklärt sich ihm,
wie bereits angedeutet, daraus, dafs diese einen Nebenaccent auf die
Endsilbe schieben.

Im zweiten Abschnitte wird untersucht, wie weit die Entwicke-
lungsstufen der lateinischen Hexameterform mit den Hauptpunkten
des griechischen Vorbildes übereinstimmen oder von ihnen abweichen.
Ennius, der dieselbe nach dem Homerischen Muster ordnete, hat auch
zugleich die Hauptgegensätze geschaffen: die aufserordentliche Bevorzugung der männlichen Cäsur, vielleicht in Rücksicht auf verschiedenen
Cäsur- und Zeilenschlufs, sodann die Zulassung, ja Bevorzugung der
bei Homer schon gemiedenen und der bei den Alexandrinern verbotenen
Wörter und Wortschlüsse im vierten Fufse. Lucilius und Horaz unterscheiden sich in metrischer Bildung (anders ist es natürlich mit ihrer
Prosodie) nicht wesentlich von Ennius; nur ist ersterer vorsichtiger mit
dem Wortschlufs der fünften Hebung, vielleicht auch mit dem Trochäus
im vierten Fufse.   Der neue Einflufs der griechischen Regeln ist bei
Lucrez noch getrübt, deutlich aber und stark bei Cicero. Catull's Vorliebe für Spondeen im fünften Fusse und Tibulls nur im ersten Buche
streng durchgeführtes Streben, den Cäsurschlufs des Pentameters (denn
beim Hexameter hat diese alexandrinische Regel kein Römer beobachtet)
nicht mit iambischem Wort zu bilden, sind alsbald wieder aufgegebene
Nachahmungen geblieben.

Dafs die bekannteren Regeln über die klassische Form des Hexa-
meterschlusses nicht schon in frühester Zeit galten, sondern erst allmählich entstanden, zeigt schon ein Blick auf die 500 Schlüsse bei Ennius,
in denen sich alle möglichen Formen finden. Die weitere Entwickelung
besteht wesentlich darin, dafs die fünfte Hebung wie die sechste nicht
mehr betonten Wortschlufs bildet. Zunächst liefs man, um einen harten
Wortschlufs in der fünften Hebung zu mildern, dem längeren, die fünfte
Senkung und den letzten Fufs ausfüllenden Schlufsworte ein einsilbiges
Wort vorangehen, wie ut citharoedus, oder Elision eintreten, wie pro-
perarc Epicharmi, so besonders Lucilius und Lucrez, oder man liefs dem
Wortschlufs in fünfter Hebung zwei zweisilbige Wörter folgen, wie flexúm
tenet arcum, so Cicero, Horaz und Tibull, bis dann endlich die klassische

Zeit, nach Vorgang des Cicero und besonders des Germanicus, diese harte Schlufsform nur noch bei Fremdwörtern, Eigennamen oder zu besonderem Effekt (femineó ulutatu) zuliefs. Vielleicht hätte hier noch die Verschiedenheit von spondeischen und anapästischen Schlüssen, wie flexúm tenet arcum und vgl. Vergil Aen. XI, 562 răpĭdúm super ámnem, hervorgehoben werden können. Daran aber, dafs bei dem nunmehr nur noch auf zwei- oder dreisilbigem Wort üblichen Schlusse der Wort- und Versaccent im fünften und sechsten Fufs zusammenfiele, haben Verfassers Ansicht nach die alten Dichter nicht gedacht (vgl. unter No. 98 Ende), sondern die Vermeidung von viersilbigen und molossischen Wörtern am Schlusse des Hexameters ist ihm nur eine dem Wohlklang äufserst vorteilhafte, genaue Nachahmung des alexandrinischen Verbots eines Wortschlusses in fünfter Hebung, das im Lateinischen noch allgemeiner werden mufste, weil die männliche Hauptcäsur so gut wie zur alleinigen Herrschaft gelangt war. War aber einmal schon viersilbiges Schlufswort verpönt, so war das Schwinden des fünfsilbigen nur natürlich. Die Vermeidung von einsilbigen Wörtern am Schlusse des Hexameters soll nach Verfasser dem Bau der dramatischen Zeilen entlehnt sein; aber warum sie nicht direkte Nachahmung des griechischen Hexameters sein soll, sieht man nicht ein. Der iambische Pentameterschlufs wird vom Verfasser nicht erklärt.

Ganz besonders ausführlich wird die Entwickelungsgeschichte der Cäsuren gegeben, und die zum Teil von denen Lucian Müller's abweichenden Ergebnisse werden durch statistische Listen dargelegt. Bei Ennius, sowie noch bei Lucilius und Horaz, vielfach auch bei Lucrez ist die männliche Cäsur im dritten Fufse alleinige Hauptcäsur, die weibliche im dritten und die männliche im vierten können nur als Ersatz- oder Nebencäsuren gelten. Die weitere Entwickelung wird durch Nachahmung der griechischen Regeln hervorgerufen, nach denen die trochäische Caesur im vierten Fufse vermieden und die männliche Cäsur des dritten Fufses stets mit einer Nebencäsur nach der vierten oder vor der fünften Hebung verbunden wird. Auf dieser Stufe steht z. B. Cicero vollständig, abgesehen von zwei Versen mit trochäischer Nebencäsur im vierten Fufse, teilweise auch Lucrez. Während bisher wenigstens die beiden Ersatzcäsuren noch nicht mit Nebencäsuren verbunden zu sein brauchten, ist es nun die nächste Entwickelungsstufe, dafs die Lehre von der Notwendigkeit einer Nebencäsur auch auf die beiden Hilfscäsuren ausgedehnt wurde. Also wird die Cäsur nach der vierten Hebung stets mit Nebencäsur nach der zweiten Hebung und die weibliche Cäsur des dritten Fufses stets mit den beiden männlichen Nebencäsuren nach zweiter und vierter Hebung verbunden, während manche Dichter die Hilfscäsur nach der vierten Hebung überhaupt meiden nach der alexandrinischen Regel, dafs jeder Hexameter im dritten Fufse Hauptcäsur haben sollte. So hat Tibull im ersten Buche die männliche Hauptcäsur verbunden mit der

Nebencäsur nach der vierten oder vor der fünften Hebung und nur einmal nach dem vierten Trochäus; in 405 Versen steht 82 mal die weibliche Ersatzcäsur mit den beiden männlichen Nebencäsuren, nur in drei
Versen fehlt sie nach der zweiten Hebung. Überhaupt nur drei Verse
zeigen keine Cäsur im dritten Fuſse, dafür aber männliche Ersatzcäsur
im vierten Fuſse mit Nebencäsur nach der zweiten und vor der dritten
Hebung. Bei solcher Strenge beharren jedoch nur wenige Dichter, die
meisten und gerade die besten schufen sich wieder mehr Beweglichkeit,
indem sie zwar die von den lateinischen Dichtern selbst ersonnenen Nebencäsuren für die beiden Ersatzcäsuren festhielten, aber die beiden von
den Griechen herübergenommenen Regeln verletzten und zwar so, daſs sie
der männlichen Cäsur im dritten Fuſse oft keine Nebencäsur folgen lieſsen,
so vor allen Ovid (wie hätte man auch sonst Wörter wie felicissima,
ignobilitate in den Vers bringen können!), und sehr oft den vierten Daktylus trochäisch teilte; so schon Tibull in seinen späteren Büchern, Properz
und noch viel mehr Ovid. Gegenüber diesen von den Dichtern der
Augusteischen Zeit geschaffenen Freiheiten wird später bald diese, bald
jene griechische Regel wieder strenger beobachtet; z. B. bald die trochäische Cäsur im vierten Fuſse gemieden, so von Capella und Coripp.
Ja manche gingen noch weiter. Pedantisch mieden sie nicht nur die
männliche Hilfscäsur (also die Verse ohne Cäsur im dritten Fuſse), sondern
sogar die weibliche mit ihren beiden Nebencäsuren, bauten somit fast
nur Hexameter mit der männlichen Hauptcäsur und mit Nebencäsur nach
der vierten oder vor der fünften Hebung, so in klassischer Zeit Lygdamus
und das elfte Gedicht der Katalekta des Vergil, später Symphosius,
Priscian und Eugenius von Toledo. — Gelegentlich nimmt Verfasser um
männlicher Cäsur willen ein selbständiges *que* an, das schon bereits andere gethan, zuletzt Fr. Hanssen für Commodian, vgl. vor. Bericht
No. 105; allein weder für Commodian noch für die Poesie des ersten
Jahrhunderts ist dies notwendig. In Versen wie die vom Verfasser angeführten Lucan. I, 124. 357. II, 459. VII, 188. 742 lassen sich die un-
regelmäſsigen Cäsuren durch längere Wörter entschuldigen.

Den Wert des lateinischen Hexameters schlägt Verfasser nicht gar
hoch an. Er blieb ihm eine künstliche Nachahmung, reichlich mit Män-
geln behaftet, besonders infolge des verhängnisvollen Aufgebens der
weiblichen Hauptcäsur und der Einförmigkeit im Verlauf der Reihen,
weit unter der Beweglichkeit und Mannichfaltigkeit des griechischen
Hexameters stehend, den die Alexandriner nur wenig verschönerten,
Nonnos und seine Genossen nur wenig entstellten.

Schlieſslich bespricht Verfasser in sehr zutreffender Weise 22 Senare, die Priscian seiner laus Anastasii imperatoris (a. 512) voraus-
schickt, die darum von hohem Interesse sind, weil sie eine einzig dastehende Nachahmung des komischen Trimeters der Griechen
sind mit allen Freiheiten desselben, aber auch ohne diejenigen des altlateinischen Senars.

Das neueste Werk Meyers ist Referenten noch nicht zugegangen. Dem oben genannten Recensenten E. Seiler gilt der Versuch, die rhythmische Dichtung auf semitischen Ursprung zurückzuführen, wenigstens fürs Lateinische als nicht gelungen, dagegen ist Wäschke mit den Ergebnissen dieser Schrift vollkommen einverstanden; ebenso Sabbadini.

36) Ludovicus Tichelmann, De versibus Ionicis a minore apud poëtas Graecos obviis. Diss. inaug. Königsberg. Graefe und Unzer. 1884. 64 S. in 8.

Eine fleifsige und übersichtliche Zusammenstellung des Materials. Akatalektische Tetrameter, je zehn bei Aeschylus und Euripides, nur einen bei Sophocles, zwei bei Aristophanes und drei bei Anakreon, sind ganz regelrecht gebaut ohne jede Contraction der beiden Kürzen, die Hephaestion S. 39 nur für die katalektische Form bezeugt; nur löst Euripides zweimal die erste und einmal die zweite Hebung auf, erstere wohl nur unter dem Einflufs von Eigennamen, und Aristophanes hat zweimal ran. 324. 340 im Eingang einen Bacchius, den Verfasser nicht richtig nach Analogie des vorangestellten Kretikers ran. 326. 342 erklärt. Die Anaklasis findet sich bei Aeschylus neunmal im zweiten Teile und sechsmal in beiden. Die Choriamben Pers. 647. 652 will Verfasser für Ioniker mit Anakrusis erklären, ebenso Ar. Thesm. 109, während er Soph. Oed. rex 483 ff. als Choriamben gelten läfst. Den Molossus am Ende des Trimeters Eur. Bacch. 71, den Nauck und Westphal änderten, verteidigt er mit Cycl. 502. 510. 517. Auch Binnen- und Endkatalexis werden mit einer Anzahl Beispiele belegt, die Brachykatalexis mit Anaklasis dreimal mit Anakr. fragm. 47. 48.

Die akatalektischen Trimeter werden bei den scenischen Dichtern in 31 Beispielen und bei den klassischen Lyrikern und bis in die späte christlich-byzantinische Zeit in zahlreichen Beispielen verfolgt. Nur Euripides contrahiert im ersten Fufse zweimal, Synesius fünfmal; Eur. Bacch. 573, wo Auflösung im ersten und Contraction im dritten Fufse angenommen wird, ist schwerlich richtig gemessen. Anaklasis zwischen dem ersten und zweiten Fufse findet sich nur einmal bei Aristophanes, einmal auch bei Sappho, öfters bei Anakreon und Synesius, vereinzelt auch bei Constantinus Siculus. Öfter wird die letzte Silbe im dritten Päon durch eine Länge ausgedrückt. Anaklasis zwischen dem zweiten und dritten Fufse kommt nur bei den Lyrikern vor, zweimal bei Anakreon, dreimal bei Synesius, welch letzterer gern im ersten Fufse einen Molossus setzt (17 mal), ja einmal sogar Anaklasis in allen Füfsen hat. Binnenkatalexis findet sich im ersten Fufse fünfmal bei Aeschylus und Euripides, im zweiten viermal bei Aeschylus und Aristophanes, mit Binnenkatalexis im zweiten Fufse bei Anakreon fr. 55, im ersten Fufse vielleicht Aesch. Hel. 4. (ed. W.), Brachykatalexis vielleicht zweimal bei Euripides.

Akatalektische Dimeter ohne Anaklasis baut Aeschylus 39, Euripides 4, Aristophanes 3, dazu 1 mit Anakruse Thesm. 9., eine andere
Form der Anakruse bei Aesch. sept. 720; besonders häufig ist dieser
Vers bei Anakreon und in den Anacreontea, auch findet er sich vorwiegend ohne Anaklasis in je zwei Gedichten des Gregor v. Nazianz
und des Synesius. Mit Anaklasis ist er nicht minder häufig, 16 mal bei
Aeschylus, siebenmal bei Aristophanes, später wurde er das gewöhnliche
lyrische Versmaſs, vor dem alle übrigen Formen zurücktraten. Während
die reinen Dimeter ohne Anaklasis nach Synesius nicht mehr nachweisbar sind, finden sie sich in der Anaklasisform besonders bei Johannes
Gazaeus und Sophronius, ferner bei Ignatius, Constantinus Siculus, Leo
Magister, Georgius Grammaticus. Im Dimeter ohne Anaklasis werden nur
einmal carm. anacr. 42, 2 die zwei ersten Kürzen kontrahiert, wohl nicht
44, 10; bei Anaklasis jedoch geschieht dies häufig, einmal sogar zugleich
mit Auflösung der ersten Länge carm. anacr. 57, 1, vielleicht auch 32, 7.
Unzweifelhaft wird auch in den s. g. Anakreontischen Liedern bisweilen
die erste Länge des zweiten Fuſses aufgelöst (nicht des ersten, carm.
anacr. 32, 8 σὺ δὲ τίμιος γεωργῶν), einmal sogar bei Zusammenziehung
der zwei Kürzen des ersten Fuſses 42, 5.   Endlich kommt zur ausführlichen Besprechung die Erscheinung einer Länge anstatt der infolge der
Anaklasis eigentlich kurzen Silbe am Ende des ersten Fuſses.   Sie findet
sich schon einmal bei Aeschylus suppl. 1022., siebenmal bei Aristophanes,
öfters in den Anacreonteen und bei Synesius, einmal bei Gregor von
Nazianz und viermal bei Sophronius, dann nicht mehr. Einmal wird
dabei auch die erste Senkung zusammengezogen carm. anacr. 50, 11.
In zwei Fällen, carm. anacr. 42, 13 und 44, 11, findet Verfasser eine
Auflösung der letzten Länge des ersten Fuſses, was wohl schwerlich
richtig ist; ebensowenig bei Synesius I. 77 (νοέροῖσι Flach's Konjektur
für νοοῖσι). Dagegen wird eine Anzahl Verse von der Form ∪∪‒∪∪∪‒‒
daraus erklärt, daſs in dimetro, qui anaclasin admittit, prima arsis posterioris pedis corripitur, so carm. anacr. 35, 11. 36, 5, 8, 15. 50, 6. 40, 3.
48, 22. 55, 8 u. a.; bei christlichen Dichtern findet sich diese Erscheinung nicht (Sophronius XI, 27 ist corrupt.)   Endlich steht zuweilen statt
der zwei ersten Kürzen ein Trochäus, der wohl nicht zu ändern sei,
carm. anacr. 16, 4 u. 5. 38, 36. 42, 12. 48, 25 u. 26. 58, 9, bei christlichen Dichtern nur dreimal im Constantinus Siculus und zweimal im
Leo Magister. — Katalexis am Ende des ersten Fuſes erlaubten sich
nur die Dramatiker, dreimal Aeschylus, zweimal Sophocles, je viermal
Euripides und Aristophanes.   Gewöhnliche katalektische Dimeter bieten
vereinzelt je zwei Sophocles, Euripides und Timocr. fragm. 6; brachy-
katalektische je zwei Aeschylus, Ag. 459. 477 und Aristophanes, Vesp.
302. 316.

Reingehaltene Pentameter giebt es nicht, wohl aber bei Aeschylus je zwei mit inlautender Katalexis des ersten und dritten Fuſses,

Pers. 71. 78, und aus einem reinen Ionicus und drei Dimetern mit Anaklasis bestehende Ag. 694. 711 und katalektische, zugleich mit Katalexis der dritten und Anaklasis zwischen den beiden letzteren Füfsen Pers. 106. 112; endlich dreimal im Euripides Cycl. 501. 509. 517 bei Anaklasis zwischen den zwei letzten Füfsen mit Molossus statt Epitrit. Zweifelhaft bleibt Eur. Phoen. 1539, wo Verfasser mit Westphal und Schmidt an synkopierte Daktylen denkt, Dindorf an Choriamben, das richtige aber wohl Christ fand, der ionischen Pentameter mit nur einer Kürze im Anlaut annimmt, also die s. g. Antispaste.

Regelrecht gebaute Hexameter zeigt Euripides sechs, solche mit einem zum Spondeus contrahierten Anapäst im Anfange Sophocles zwei, nämlich Oed. rex 489. 504 (wohl schwerlich richtig aufgefafst, es sind einfach vereinzelte Ionici a maiore in einem choriambisch-ionischen Chorliede); mit dreifacher Anaklasis, also aus drei Dimetern zusammengesetzt Euripides zwei; ebensoviel auch Aeschylus, nur dafs dieser die dritte Senkung lang braucht Prom. 503. 412, sämtlich mit Cäsur im vierten Fufse nach der ersten Hebung des Epitrits. Regelrechte katalektische Hexameter hat Euripides drei, und noch einen mit Auflösung der letzten Hebung des fünften Fufses, viermal mit Katalexis im zweiten und vierten Fufse, darunter einmal mit Auflösung der letzten Arsis des fünften Fufses; ferner zwei mit Katalexis im dritten und vierten Fufse wahrscheinlich Sophocles Oed. rex 494. 509 (Eurip. suppl. 42 ist in Dimeter aufzulösen).

Heptameter baue nur Euripides vier, nämlich zwei rein mit Cäsur nach der zweiten Senkung des vierten Fufses, zwei mit Anaklasis zwischen den letzten Füfsen und Brachykatalexis. — Endlich Verse aus acht Ionikern biete nach Westphal und Schmidt Aristoph. vesp. 293. 305. — Anhangsweise wird über Verstechnik des Sophronius und die Unechtheit des carm. V. des Leo Magister gehandelt.

37) J. Luthmer, De choriambo et ionico a minore diiambi loco positis. (Dissertationes Argentorat. VIII.) Strafsburg. Truebner. 1884. 99 S. in 8.

Aus den Lyrikern und Dramatikern werden alle diejenigen Stellen zusammengestellt, an welchen der Choriamb in sonst iambischen Versen sich findet. Der Choriamb aber gilt dem Verfasser als ortus e diiambo ∪‒∪‒ sedibus syllabarum primae et secundae inter se permutatis ‒∪∪‒ und ähnlich der Ionicus a minore mit den Icten ∪∪‒‒ aus ∪‒∪‒ entstanden. Da also der Choriamb wie der Diiambus den Hauptictus auf der letzten Länge trage, so könnten diese beiden Versfüfse (∪‒‒∪∪‒) einander leicht vertreten, was im griechischen Drama und bei den lesbischen und alexandrinischen Lyrikern wirklich vorkommen soll. Freilich an positiven Stützen für diese Annahme läfst sich nicht viel vorbringen. Denn garnichts beweisen in dieser Hinsicht die angeführten 17 Trimeter,

in denen der Choriamb die erste Dipodie ersetzen soll. Denn Eur. suppl.
889 hat bereits Hermann es verworfen, wenn Dindorf παῖς vor Παρθενοπαῖος auswerfen will; letzterer stützte sich auch nur auf Aesch. sept. 547,
einen Vers, den er selbst als unäschyleisch beseitigt hat; über diesen
und sept. 488 und Soph. fragm. 785 vgl. oben No. 15; Choëph. 657.
Arist. pac. 663 handelt es sich um die Interjektion εἶεν, deren letzte
Silbe lang gebraucht werden kann, wie in ἐέ, ἐεεέ u. ä., endlich Aesch.
Choëph. 1049 ist sicher corrupt. So bleiben nur drei vereinzelte
Fälle anzuführen, wo antistrophische Entsprechung zwischen Choriamb
und Diiamb überliefert wird, nämlich Phil. 1137 ∾ 1161, wo offenbar
Corruptel vorliegt, da die Verse auch in anderen Dingen nicht übereinstimmen, Arist. Ach. 1150 ∾ 1162 τὸν ξυγγραφῇ = κᾳθ' ἕτερον, wo
ξυγγραφῇ wie ein erklärender Zusatz zu Ἀντίμαχον τὸν Ψακάδος aussieht,
wofür es bereits Elmsley nahm, und Lys. 326 ∾ 340, wo selbst Dindorf
Verdacht schöpft gegen γυναῖκας ἀνθρακεύειν = ὑστερόπους βοηθεῖ. Denn
vesp. 1454 ∾ 1468, wo die Handschriften die richtige Lesart παῖς ὁ Φιλο-
κλέωνος geben, und Lys. 324 ∾ 338 werden fälschlich angeführt. An
letzterer Stelle, wo Bentley wohl ἐς πόλιν mit Recht entfernt hat, läfst
die Form ⌣⌣ ⌣ ⌣ _ gegen _ ⌣ ⌣ _ ohne Anstofs choriambische Messung
zu, wenn sie auch Verfasser auf Grund der scholia Hephaest. A. verwerfen will. — Was sonst noch als Beweis angeführt wird, nämlich dafs
der Choriamb die Stelle der ersten wie der zweiten Dipodie im iambischen
Dimeter vertreten könne, und dafs einzelne iambische Strophen mit einem
oder zwei Choriamben beginnen, ist nicht ausschlaggebend. Mit dieser
Beweisführung kommen wir nicht weiter als bis zu der durch die Analogie der Ioniker verständlich zu machenden Anaklasis des Choriamb
und Diiamb in choriambisch-ionischen Gedichten, für die als Beweis
Anakreon fragm. 21 beigebracht wird und die sich wohl auch in vereinzelten Stellen der Komödie Eingang verschafft hat; und auch nur das
kann als von Hephästion S. 6 bezeugt gelten. Dagegen bleibt ein ausgedehnter Gebrauch dieser Erscheinung bei den Tragikern nach Verfassers Zusammenstellungen noch Hypothese.

Endlich erklärt Verfasser auch das Vorkommen des Diiambus unter
Ionikern. Wie sich die gewöhnliche Anaklasis aus folgenden Icten erkläre: rein ⌣⌣ ⌣́ ⌣ ⌣⌣ ⌣̇ ⌣̇ , ἀνακλώμενον ⌣⌣ ⌣́ ⌣ ⌣̣ ⌣ ⌣̇ ⌣̇ , so sei
auch die Möglichkeit, dafs ein Diiambus ⌣ ⌣́ ⌣ ⌣̣ für Ionikus ⌣⌣ ⌣́ ⌣̣ stehe,
nicht abzuweisen. Auch hier sind die Zusammenstellungen sorgsam;
aber manche Messung bleibt zweifelhaft, so besonders die Einführung der
Form ⌣ ⌣̱ ⌣̣ selbst bei Aeschylus. Das gilt auch in erhöhtem Mafse
von dem dritten Abschnitt, von denjenigen Partieen, in denen diese
beiden Erscheinungen gemeinsam innerhalb derselben Periode auftreten
sollen. S. 54 ff. Prom. 128. 397. sept. 720. Soph. El. 1058. Pers. 658.
Eur. Phoen. 1539. Iphig. Aul. 171. Bacch. 72; Pers. 648 rechnet Verfasser selbst nicht mit hierher. — Zu einem verwerfenden Urteile kommt

38) Friedrich Haussen, In der Recension von No. 37 im Phil. Anzeiger XV. (1885) S. 10—12.

Der Hauptictus dürfe im Jonicus a minore nicht auf der letzten Länge angesetzt werden wegen der Analogie mit der modernen Musik, wegen der Jonici mit vierzeitiger Länge ◡ ◡ ⌣, die dann eine nicht nachweisbare aufsteigende Länge sein müfste aus ⌣ ⊥, und wegen der Identität des Jambus und des aufsteigenden ionischen Rhythmus. Denn letzterer sei nur ein langsamer Jamb, in welchem sowohl Kürze als Länge verdoppelt ist. Dagegen hätte man im Eintreten des Choriamb für Diiamb die Äufserung jenes Taktwechsels zu erkennen, wonach innerhalb iambischer Reihen durch Verschiebung der Icten eine trochäische Gegenströmung entstehen kann. Darin liege der Schlüssel zum Verständnis der Logaöden. Während Luthmer die Ictenverschiebung auf den ersten Fufs eines Diiambus beschränkt, nimmt sie Haussen in jedem Fufse eines iambischen Kolons an aufser dem letzten, auch in mehreren hinter einander; ferner glaubt er, dafs in zwei benachbarten Choriamben die beiden zusammenstofsenden Längen in eine vierzeitige zusammengezogen werden können, so Aesch. Prom. 128. sept. 720—726. Soph. El. 1058—1069. Eur. Heraclid. 353—359. Troad. 565—567, z. B. also νεανιῶν | στέφανον ἔφερεν | Ἑλλάδι κουροτρόφῳ als ◡ _ ◡ _ | ◡ ◡ ◡ ◡ ◡ ◡ ì _ ◡ ◡ ⌣ _ ◡ ◡ _; das häufige logaödische Glied κραιπνοφόροι δέ μ' ἔπεμψαν αὖραι soll _ ◡ ◡ ⌣ _ ◡ ◡⌣_, ◡ ∟ _ sein. Den Choriamb denkt sich demnach Haussen auf der letzten Länge betont; denn sonst hätten wir die von ihm verworfene aufsteigende vierzeitige Länge in diesen letzten Beispielen.

Am Ende dieses Abschnittes erwähnt Referent noch, dafs

J. Wex, Die Metra der alten Griechen und Römer im Umrifs erklärt und übersichtlich dargestellt. Zweite Bearbeitung. Leipzig, B. G. Teubner. 1883. IV u. 94 S. in gr. 8.

nicht metrischen, sondern metrologischen Inhalts ist.

III. Metrische Schriften über das griechische Epos.

39) Arthur Ludwich, Aristarchs Homerische Textkritik nach den Fragmenten des Didymos. Zweiter Teil. Leipzig, B. G. Teubner. 1885. IV u. 774 S. in gr. 8.

enthält besonders im dritten Teile (Polemik) verschiedene Abhandlungen metrischen Inhalts, von denen hier die beiden über die im Laufe der Jahrhunderte immer merklicher werdende Abnahme der Spondeen und die 'Spondeenliebe einzelner Versstellen' hervorgehoben seien. Streng nach der zuerst von Drobisch angewandten statistischen Methode wird hier der Spondeenreichtum der alten Zeit und der allmähliche Rückgang

anschaulich dargestellt. Über andere Abhandlungen, wie 31 und 32 vgl.
unseren vorigen Bericht No. 31.

40) Georgius de Kobilinski, De A, I, Y vocalium apud Homerum mensura caput I. Diss. inaug. Königsberg 1882. 36 S. in 8.

Die Regel, dafs a, ι, υ, wo sie einmal lang sind, in der Senkung
immer als lang, und wo sie einmal kurz sind, in der Senkung immer als
kurz gebraucht werden müssen, erleidet bei Homer einige Ausnahmen;
diese will Verfasser sämtlich beseitigen. — Im Auslaut finden sich
Fälle im ersten Fufse wie πολλᾱ vor λισσύμενος, ῥυστάζεσκεν, πυκνᾱ
vor ῥωγαλέην, da soll πολέα, πυκινά geändert werden, weil im ersten
Fufse zwar ein Trochäus unerhört sei, aber ein Tribrachys nicht selten
stehe. Andere Stellen, wie βλοσυρῶπις ἐστεφάνωτο A 36 und ἧνιν εὐρυ-
μέτωπον K 292, γ 382 sollen korrupt sein. — Glücklicher ist Verfasser
mit seiner Untersuchung über diejenigen Fälle, wo eine ursprüngliche
Länge in der Senkung gekürzt sein soll. Hier wird Σ 493 ἠγίνεον
mit Synizese gelesen oder zusammengezogen in ἠγίνευν, I 414 ἵκωμι mit
Nauck in ἵωμι geändert, γ 419 für ἰλάσσομ' nach handschriftlicher Überlieferung ἰλασώμεθ' gelesen, für ἴσασι nach bekannter Analogie ἴσσασι
(aus ἴδσασι) geschrieben, P 324 κήρῡκ' als Dativ elidiert. Ausführlich
wird noch die erste Kürze von λῖην, δῖος u. ä. besprochen und mit
Glück gegen Hartel, Homer. Stud. III. S. 6 polemisiert, der hier und in
ähnlichen Formen dem Jod eine Rolle zuerteilt hat, die ihm nicht zukommt. Verfasser hält an der gewöhnlichen Erklärung fest, dafs die
Kürze sich hier positione erklärt, also durch den folgenden Vokal veranlafst ist, ebenso bei den Substantiven auf ῐη und ῑη, den Endungen
ῐων und ῑων, Verbalformen von λῠω und τῑω u. ä., auch habe Hartel
in Fällen wie Αἰγυπτίη, πόλιος die Synizese mit Unrecht geleugnet. Ω 219
sei ὄρνῑς ἐν μεγάροισι zu schreiben. $\varDelta$ 202 umzustellen λαῶν, οἵ Τρίκκης
οἱ ἔποντ' ἐξ ἱπποβότοιο, letzteres schwerlich richtig. Verfehlt ist die Erklärung, dafs φοινίκόεις zu messen und dies gar nicht von φοίνιξ abzuleiten,
sondern eine Weiterbildung von φοινός, φοίνιος sei; dafür wäre auch
das angeführte παιπαλόεις neben zweifelhaftem παίπαλος u. ä. keine Analogie. Hier liegt Synizese von όεις vor, vgl. die spätere Kontraktion
in -οῦς. Im Worte χρύσεος wird die erste als lang durchgeführt; die
scheinbaren Ausnahmen lassen sich sämtlich durch Synizese der beiden
letzten Vokale beseitigen. — Endlich wird in Abrede gestellt, dafs kurze
Silben im An- oder Inlaut jemals lang in der Senkung erscheinen. Es wird E 487 ἀλόντε mit Bentley umgestellt, ι 135 ἀμόψεν statt
ἀμῶεν geschrieben. ἱμάς soll bei Homer nur ῐ haben; ψ 201, Ψ 363,
φ 46 ist die Kürze herzustellen, indem der elidierte Vokal erhalten bleibt,
wie es an der zuerst genannten Stelle auch überliefert ist ἐτάνασσᾰ
ἱμάντα, und K 475 wird umgestellt πυμάτης ἐδέδεντο ἱμᾶσι; K 478 wird
in οὖς νῶιν ἐπῑφαυσκε das Augment hergestellt; endlich soll bei der

Konjunktion πρὶν an neun Stellen ein γ' einzufügen sein, das an vielen ähnlichen Stellen teils von allen, teils von einigen Handschriften überliefert ist. ι 242 ist τασσαρἄκῦκλοι zu messen, λ (nicht Δ) 697 soll nach φ 19 falsch gebildet sein.

41) A. Gemoll, Homerische Blätter. Osterprogramm. Striegau 1885. 20 S. in 4.

Im zweiten Abschnitte wird Stichometrisches bei Homer besprochen. An 40 Homerischen Stellen kommt es vor, dafs zwei benachbarte und dem Inhalte nach eng zusammenhängende Reden die gleiche Verszahl zeigen, nämlich je 3 Δ 313. Ξ 190. Ψ 426. β 402. γ 22. π 261. ρ 345; je 4 P 652. σ 401. χ 481; je 5 Δ 131. T 101. Ψ 94. x 383. ο 260. τ 36; je 6 Δ 350. K 234. Ξ 264. Φ 462. X 8. X 331. δ 632. ν 140. χ 154; je 7 Δ 404. Ω 425. ϑ 132. ρ 544. σ 170. ψ 166; je 8 P 238; je 9 Γ 166; je 10 O 158. Ψ 59; je 14 φ 207; je 16 β 130. υ 304; je 21 π 69; je 22 ψ 183. Aufserdem nehme man bei zwei zusammengehörenden Reden gern ein Vielfaches von Versen, wie 4 : 2 ι 364. χ 101 u. s. w., wofür 25 Beispiele beigebracht werden. Da beide Erscheinungen in der Ilias seltener sind als in der Odyssee, so scheinen wir es hier mit einer Manier zu thun zu haben, die im Laufe der Zeit beliebter wurde. -- Rec.: Berliner philol. Wochenschrift VI. (1886) 4 S. 101—104 v. R. Volkmann.

42) E. Kammer, Homerische Vers- und Formenlehre zum Gebrauch in Gymnasien. Gotha, F. A. Perthes. 1884. 54 S. in gr. 8.

Rec.: Wochenschrift f. klass. Philol. I. 22 S. 684—685 v. A. Gemoll. — Blätter f. bayr. Gymnasien XX. 8 S. 406 — Berliner philol. Wochenschrift 1884 38 S. 1180—1182 v. R. Peppmüller. — Philol. Rundschau 1884 39 S. 1245—1248 v. E. Bachof. -- Gymnasium II. 15 S. 509 —510 v. H. Menge.

ist Referenten noch nicht zugekommen. — An die Besprechung der Leistungen über Homer reihen wir noch folgende Schriften über einen Homerischen Hymnus und die Alexandriner:

43) K. Francke, De hymni in Cererem homerici compositione, dictione, aetate. Kiel (v. Maack) 1881. 28 S. in 4.

Rec.: Philol. Rundschau 1885 No. 3 S. 65 — 70 v. E. Eberhard. — Philol. Anzeiger 1882 1 S. 1 - 4.

Der Hymnus soll nach der viel.besprochenen terpandrischen Compositionsform zu gliedern sein: 1 - 3 πρόλογος, 4—95 ἀρχά Ceres, Proserpinae raptu exacerbata terram pererrat, 95 — 232 κατατροπά Ceres ad Celeum devertit, 233—283 ὀμφαλός Ceres divinitate resumpta templum sibi exstrui iubet, 284—440 μετακατατροπά Proserpina Cereri redditur, 441 — 486 σφραγίς Ceres et Proserpina in Olympum revocautur, 486—495 ἐπίλογος. S. 22 — 24 enthalten statistische Angaben über Cäsuren und Hiat, sowie über das Vorkommen des Spondeus im ersten und fünften resp. vierten Fuſse.

44) Reinholdus Steig, De Theocriti idylliorum compositione. Diss. inaug. Berlin 1882. 47 S. in 8.

Eine Besprechung der wirklichen oder vermeintlichen strophischen Gliederung von I. III. XI. XV. XVIII., über die der Jahresbericht an anderer Stelle Auskunft giebt, s. XXXIV. (1883. I.) S. 278. Hier heben wir nur hervor, daſs Verfasser abweichend von Gebauer einen einzigen Vers bei den sicilischen Hirten annimmt, der der Verbindung einer daktylischen Tetrapodie und Dipodie sehr ähnlich gewesen wäre, worauf die häufige Anwendung der caesura bucolica und die besondere Markierung derselben durch Anaphora hinweise id. IX. 7. 8 ἁδὺ μὲν ἁ μόσχος γαρύεται, | ἁδὺ δὲ χά βῶς. | ἁδὺ δὲ χά σύριγξ χὠ βουκύλος, | ἁδὺ δὲ κῆγώ. Mit dieser Cäsur beschäftigen sich auch folgende kleinere Aufsätze:

45) R. Y. Tyrrell, The bucolic caesura. In: Hermathena. Dublin 1882. No. VIII. S. 340–343.
Rec.: Philol. Wochenschrift III. (1883) No. 17 S. 518 und

46) H. Nettleship, The bucolic caesura. American Journal of Philology No. 1 S. 75—76.

Von diesen ist der zweite dem Referenten gar nicht bekannt geworden. Der erste bestimmt die Regel über die fragliche Cäsur dahin, daſs der vierte Fuſs ein Daktylus sein muſs, wenn nach der bukolischen Cäsur eine Gedankenpause eintritt.

48) C. Hartung, Bemerkungen zu den griechischen Bukolikern. Erster Teil: Die strophische Responsion. Programm. Sprottau 1884 und 1885. 38 und 28 S. in 8.

Im allgemeinen übereinstimmend mit No. 44 erkennt auch Hartung nur in amöbäischen Gesängen wirkliche Symmetrie an. Zu einem Parallelismus einzelner Versglieder mag die Anlage und der Charakter der bukolischen Dichtung geführt haben, eine streng durchgeführte strophische Responsion ist jedoch nur zu verlangen, wo der Schaltvers eintritt oder Dialog stattfindet. Was monologische Gedichte ohne Intercalar betrifft, so wird für idyll. III. Fritzsche's Einteilung gebilligt. (Steig in No. 44 hatte von Vers 6 an es in 3 Disticha und 14 Tristicha gegliedert, jedoch mit Entfernung von 24 und Beibehaltung von 20); für XI. ergebe Borsdorfs (comment. in Theocr. carm. XII, Jauer 1874) einzig richtige Einteilung in sechs ungleiche Sinnabschnitte, daſs der Dichter keine harmonische Symmetrie habe schaffen wollen. Id. XII. bietet nach Fritzsche je elf Verse als Einleitung und Schluſs, in der Mitte drei fünfzeilige Strophen, vom Dichter möglicherweise beabsichtigt. Aber sicher abzuweisen sei jede Symmetrie in dem Adonisliede XV, 100

—144; ferner XVIII. XX. XXIII, 19—48. XXVI, auch in den drei im äolischen Dialekt verfaßten Gedichten XXVIII—XXX, weiter auch in Bion III. V—VIII. X. und Moschus I. V—VII. Das gleiche gilt von den ganz episch gehaltenen Gedichten XIII. XVI. und XVIII, natürlich auch von XXII. XXIV. Mosch. II. IV. Wenn hier und da eine gewisse Symmetrie sich findet, so ist sie zufällig, weil der Dichter eben über den einen Punkt nicht mehr zu sagen wußte als über den andern.

Von den dialogischen Gedichten ohne Intercalar, IV—X. XIV. sind in IV. bloß Anfang und Schluß strophisch zu nennen, wo Battus und Corydon Schlag auf Schlag einander kurze treffende Antworten geben, während in der Mitte ein gemütlicherer Ton eintritt und infolge dessen die Symmetrie der Teile weniger streng ist; gar keine Symmetrie ist vorhanden in V. VI. VII. und XIV. Über die vielbesprochene Responsion von VIII. läßt sich überhaupt nichts sicheres ergründen, in IX. und X. korrespondieren nur die je sieben Verse des Daphnis und Menalkas, resp. des Battus und Milon.

Die Gedichte, in denen Strophenschluß durch den versus intercalaris bezeichnet wird, sind I. II. Bion I. Mosch. III. Von diesen zeigt II. ein prooemium v. 1—16 und nach vorausgeschicktem Schaltvers ein Lied (18—63) von neun fünfzeiligen Strophen, v. 58 ist zu streichen; das Übrige bleibt zweifelhaft. I, 66—142 sind 13 symmetrisch gebaute fünfzeilige Strophen. Doch ist die Überlieferung unzuverlässig. (Steig No. 44 gewinnt für 66—122 21 Disticha, 123 ff. 4 Tetrasticha). Auch in Bion I. und Mosch. III. wird Symmetrie vermutet, in letzterem 13 zehnzeilige Strophen.

48) A. Couat, Notes sur la versification des hymnes de Callimache. Annales de la faculté de Bordeaux. 1882 No 2 S. 77—87.

49) F. Beneke, Beiträge zur Metrik der Alexandriner. Programme des städtischen Gymnasiums zu Bochum, 1883 und 1884. 32 und 34 S. in 4.

Erstere Schrift ist Referenten nicht bekannt geworden, und über die beiden Programme Benekes vgl. A. Rzach im Jahresbericht XXXVIII. (1884. I.) S. 13 und 14; sie handeln über die Elision bei Kallimachos, Philetas, Hermesianax und Phanokles in I. und bei Apollonios, Aratos und Nikandros in II.

50) G. Heep, Quaestiones Callimacheae metricae. Diss. Bonn 1884. 44 S. in 8.
betont die Notwendigkeit der männlichen oder weiblichen Hauptcäsur im dritten Fuße bei Callimachus, die unbestritten ist, und giebt de caesuris minoribus cum primaria apte coniungendis die Vorschrift, dass durch die gewöhnliche Hauptcäsur der anapästische Rhythmus in den Vordergrund tritt, aut hepthemimere insequenti vis semiquinariae in-

6*

fringatur aut incisionibus dactylicis trochaicisve adiectis numerus dacty-
licus restituatur, vor allem also sei der Einschnitt nach der fünften Hebung zu meiden; vgl. über diese Punkte die ausführlicheren Erörterungen W. Meyers in No. 34 im Anfang. Des weiteren werden behandelt die
Daktylen und Spondeen in den vier ersten Versstellen, Läugung kurzer
Endsilben, zum Teil in Polemik gegen Hilberg, besonders gegen dessen
Ausdehnung der sog. freien Wörter, worin Referent beistimmt, vgl. vorigen Bericht S. 307 und 308, endlich die positio debilis. Die Schrift wird
in der deutschen Litteraturzeitung (1884, No. 23 S. 832 und 833) durch
v. Wilamowitz-Möllendorf abfällig besprochen.

51) M. Schneider, De Dionysii Periegetae arte metrica et grammatica capita selecta. Diss. inaug. Leipzig 1882. 50 S. in 8.

über Cäsuren, Läugung auslautender Vokale, Hiat und schwankende
Quantität im Inlaut; vgl. Rzach a. O. S. 23 und 24.

IV. Metrische Schriften zur griechischen Lyrik.

52) H. Reimann, Studien zur griechischen Musikgeschichte.
Zwei Gymnasial - Programme. Ratibor 1882. Glatz 1885. 24 und
23 S. in 4.

Das erste den νόμος behandelnde Programm ist vorwiegend, vgl.
Jahresb. XLIV. (1885. III.) S. 27 und 28, das zweite über die Prosodien wenigstens zu einem wesentlichen Teile musikgeschichtlichen Inhalts und gehört deshalb in den Bericht über griechische Musik. Hier
sei nur die allerdings nicht hinreichend begründete Ansicht erwähnt, dafs
das ursprüngliche Versmafs der Prosodien die daktylische Tripodie
gewesen, vorübergehend aber zur Zeit der Herrschaft des Epos der Hexameter, der ja nur eine Vereinigung zweier daktylischen Tripodien sei,
so in den Prosodien des Eumelos (um 784−754), erst unter Einflufs der
Aulosmusik wahrscheinlich durch Klonas sei die Anakruse dazugekom-
men. Das über das προσόδιον handelnde schol. ad Pind. Olymp. 3 sei
nach Heph. S. 86 zu verbessern τὸν συγγενῆ ἴαμβον statt τροχαῖον. Später
sei auch systematische strophische Form nachweisbar, wie in dem Hymenaeus in Aristophanes' Frieden 1329 bis fin. ein palinodischer Strophen-
komplex angenommen wird α (Trygaeus). A. B. C C' B' A'. α' (Trygaeus).

53) E. Wölfflin, Die Epoden des Archilochos. Rhein. Museum
XXXIX, 1 S, 156−157.

Wenn alte wie neue Metriker annehmen, dafs in den Epoden des
Archilochos der Dimeter dem Trimeter vorangehen könne, so sei dies
ein Paradoxon. Das Fragment 86 ed. Bergk: αἰνός τις ἀνθρώπων ὅδε, |
ὡς ἀρ' ἀλώπηξ καὶ ἐτὸς ξυνωνίην | ἔμιξαν, das zu dieser Annahme ge-
führt habe, beginne zwar eine Fabel, allein diese könne recht gut gerade

durch die Einfügung mitten ins epodische Versmaſs um so fester mit einer Invective oder Satire verbunden gewesen sein, da Archilochos in seinen Schmähgedichten gern Fabeln verwendete. Der Bau von Hor. Od. 2, 18 non ebur neque aureum | mea renidet in domo lacunar könne hierbei nicht in Frage kommen, da hier eine ganz andere Versart vorläge.

54) Conrad Hermann, Zu den daktylo-epitritischen Strophen bei Pindar. Neue Jahrbücher für Philol. 130. Bd. (1884) S. 481—492.

Die ursprüngliche Reihe der sog. dorischen Strophen Pindars, aus der die übrigen durch Variation entstanden, wäre eine katalektische daktylische Tetrapodie mit angeschlossenem Epitrit. Erstere sei also, abgesehen von der weiter entwickelten Katalexe, identisch mit dem ersten Bestandteile des Hexameters, den Verfasser auf Grund der bukolischen Cäsur aus einer Tetrapodie und Dipodie bestehen läſst. Der Epitrit dagegen sei »entstanden oder abgeleitet aus der schematischen Grundform der trochäischen Dipodie«. Diese hat für Verfasser acht Zeitteile. Nach einer dem Verfasser ganz eigentümlichen Theorie ist die antike Auffassung des Verhältnisses von Hebung und Senkung 1:1 im Daktylus, 2:1 im Trochäus u. s. w. »durchaus falsch oder einseitig, weil der ganze Charakter oder ästhetische Wert eines Fuſses keineswegs auf einem solchen bloſsen äuſseren Verhältnisse beruhen kann«, sondern »die Verschiedenheit der einzelnen Füſse beruht überall nur teils darauf, daſs der Accent der Arsis im Verhältnis zur Zahl der einzelnen kurzen Silben der Thesis eine zunehmende Steigerung erfährt $\angle \cup, \angle \cup \cup, \angle \cup \cup \cup$, teils darauf, daſs in dem fest begränzten zeitlichen Rahmen der Thesis eine geringere oder gröſsere Anzahl solcher kurzer Silben nebst den dieselben ergänzenden leeren Zeitteilen eingeschoben wird, sowie endlich verschiedene Aufeinanderfolge von Arsis und Thesis überall einen anderen Charakter des Versmaſses aus sich bedingt.« Der Epitrit soll nun aus einer auf Grund dieser Theorie konstruierten achtzeitigen trochäischen Grundform mit zweiter leeren mora der ersten Senkung $2 \underset{\wedge}{1} 1 2 2$ dadurch entstehen, daſs eben diese leere mora »eliminiert« wird. Eine solche ganz unerweisliche Eliminierung einzelner Elemente nimmt Verfasser auch in anderen regelmäſsigen zwei- und dreisilbigen Versmaſsen an.

55) Moriz Schmidt, Über den Bau der Pindarischen Strophen. Leipzig, B. G. Teubner. 1882. XXXII u. 144 S. in gr. 8.

Rec.: Revue critique 1883 No. 9 S. 164—167 v. Alfred Croiset. — Deutsche Litteraturzeitung 1883 No. 20 S. 694—695 v. G. Kaibel. — Cultura II. No. 7 S. 223—224 v. Zambaldi. — Philol. Anzeiger XIII. Supplem. 1, S. 656-663 v. F. Vogt.

Die eurythmische Gliederung der Chorstrophen hatten Roſsbach und Westphal in der ersten Auflage der Metrik bis ins einzelne durchgeführt; allein in der zweiten Auflage lieſs Westphal dieselbe wieder

fallen unter der gewifs richtigen Begründung, dafs alle derartigen Aufstellungen nur auf subjektiven Erwägungen beruhen und deshalb keinen
Anspruch auf einigermafsen gröfsere Wahrscheinlichkeit haben können.
Da nahm Heinrich Schmidt in seiner Metrik die von ihrem Begründer
selbst aufgegebene Theorie wieder auf, aber dessen eurythmische Dia-
gramme leiden an manchen bereits genügend bekannten Schwächen, unter
denen Verfasser besonders wiederholt hervorhebt, dafs die Anakrusen
aufser Berechnung blieben. So ist der Verfasser der zweite, der den
Versuch einer eurythmischen Gliederung der Pindarischen Chorstrophen
wieder aufnimmt, und es ist anzuerkennen, dafs er in seinen jetzigen
Schemata gegenüber seiner letzten gröfseren Leistung auf diesem Gebiete (Vorwort und Einleitung zu Pindars olympischen Siegesgesängen;
andere kleinere Schriften werden gelegentlich mit in vorliegende ihrem
wesentlichen Inhalte nach aufgenommen, vgl. vorigen Bericht No. 48)
einen bedeutenden Fortschritt erreicht hat, insofern er sich bemüht,
Dehnung und Pausen nur da anzunehmen, wo ein Indicium für dieselben
vorhanden ist, von der nicht ohne Gewaltmittel durchführbaren tetrapo-
dischen Gliederung abgekommen ist u. a. Wie schon angedeutet, läfst
sich nach Referents Ansicht in dieser Frage nichts für absolut sicher
hinstellen, sondern es kann sich nur um eine mehr oder weniger grofse
Wahrscheinlichkeit handeln. Verfassers Standpunkt ist ein anderer. Nach
den Ergebnissen seiner Pindarischen Metrik, so glaubt er wirklich, vgl.
S. 135, »hat die alte Kolometrie nur ein historisches Interesse. Sie kann
mit der ganzen alten Terminologie, welche sie nach sich gezogen hat,
getrost in die Rumpelkammer geworfen werden. Ja noch mehr: Hand-
bücher über Metrik zu schreiben, Vorlesungen über Metrik zu halten,
hat, sobald es sich um die eigentlich klassische Zeit der griechischen
Dichtkunst handelt, keinen Sinn, da die Metrik jenen wechselnden Wert
der Silben und die Pausen gar nicht kennt, ohne deren Zulassung doch
die Ausgleichung der in Respondenz gesetzten grofsen χρόνου μεγέθη ein
Ding der Unmöglichkeit bleibt«. So geht Verfasser von vornherein zu
weit, wenn er glaubt, etwas anderes ermitteln zu können, als eine Gliederung, die Pindar möglicher- oder auch wahrscheinlicherweise seinen Kompositionen zu grunde gelegt hat. Bei einzelnen Strophen mag eine solche
Gliederung sogar im höchsten Grade wahrscheinlich sein, so in den Epoden der ersten nemeischen Ode, wo der seltene Fall vorliegt, dafs Verfasser sowohl mit Rofsbach - Westphal, als auch mit Heinrich Schmidt
völlig, und in den Strophen der dritten olympischen Ode, wo er wenigstens mit letzterem im wesentlichen übereinstimmt.

Verfasser verfolgt nun den Gedanken weiter, den er bereits früher
in kleineren Schriften (s. vorigen Bericht No. 48) an einzelnen Chorstrophen durchgeführt hatte, und gliedert eine gröfsere Anzahl Pinda-
rischer Oden nach der Formel a a oder a a b in der Weise, dafs er
zwei Teilen die gleiche Takt- oder χρόνοι-Zahl giebt, wobei jedoch die

einzelnen Kola sich nicht nach Umfang und Ausfüllung zu entsprechen brauchen. Das an das Periodenpaar antretende Epodikon giebt er ganz frei; ferner nimmt er noch andere künstlichere »Baustile« mit proodischen und mesodischen Bestandteilen au und unterscheidet zwischen einer gröfseren Menge Systeme strengeren Baues S. 14 — 92 und einer geringeren Anzahl freier gebauter S. 93 — 135.

Unter den Systemen ersterer Art sind zweiteilig nach der Formel A = A′ folgende elf Strophen: Nem. II mit 16 : 16; Isthm. II u. VI 18 : 18; Nem. I 21 : 21; Nem. IV. Isthm. III u. IV. Isthm. fr. 1 22 : 22; Isthm. V. Pyth. II 30 : 30. Ol. II 81 : 81 und eine Epode Pyth. II 31 u. 31. Ans dieser zweiteiligen Form entsteht die dreiteilige, das sog. ἐπῳδικόν in weiterem Sinne, dadurch, dafs den zwei gleichen μεγέϑη ein Drittes entweder nachfolgt, ἐπῳδικόν im engeren Sinne, vielfach denselben ziemlich gleich nach Bau und Umfang, öfters auch ausgedehnter, meist in Epoden, nämlich elfmal: Ol. III mit 16 : 16, 6. III 16 : 16, 6. XII 18 : 18, 10. III 19 : 19, 8; Pyth. III 19 : 19, 21. Nem. III 17 : 17, 8. V 17 : 17, 14. VII 12 : 12, 10. IX 13 : 13, 13. Isthm. I 16 : 16, 14. III 15 : 15, 13, in Strophen nur viermal Ol. X 12 : 12, 14; Pyth. X 17 : 17, 7. XII 21 : 21, 12; Nem. VI 16 : 16, 20, oder vorangeht, das προῳδικόν ziemlich selten und meist von geringem Umfauge Pyth. VII str. 6, 14 : 14. Ol. XIII str. 4, 22 : 22. Pyth. VIII str. 12, 12 : 12. Pyth. VIII epod. 14, 14 : 14. Ol. XI str. 10, 11 : 11. Pyth. X epod. 9, 12 : 12. Ol. I epod. 17, 22 : 22, oder endlich als Centrum eingewebt wird, die kunstvollste Art, durch eine reiche Menge von Beispielen vertreten. Diese zerfallen wieder in drei Klassen. Das mesodische Glied ist nämlich entweder einteilig: Ol. VII 15. 10. 15. Nem. IX 18. 8. 18. Nem. VIII str. 16. 10. 16. Isthm. VI epod. 16. 5. 16, oder, jedoch selten, zweiteilig: Ol. VI epod. 20. (8. 8). 20. Pyth. IX epod. 18. (12. 12). 18, so dafs der Bau auch als vielfach zweiteiliger betrachtet werden könnte, als 28 : 28, 30 : 30 u. s. w. Am häufigsten aber ist das μεσῳδικόν dreiteilig, also selbst wieder mesodisch: Nem. I epod. 9. (8. 2. 8). 9. Isthm. I str. 11. (5. 3. 5). 11. Isthm. II epod. 9. (6. 4. 6). 9. Nem. V str. 14 (8. 6. 8). 14. Ol. VIII str. 12. (5. 3. 5). 12. Isthm. IV str. ebenso Ol. XII str. 12. (6. 6. 6) 12. Ol. IX str 12. (15. 7. 15). 12, dabei die Mesode genauer (7. 8). 7. (8. 4 3). Isthm. V epod. 18. (7. 2. 7). 18. Pyth. III str. 14. (8. 6. 8). 14, endlich Isthm. IV epod. 11. (5. 5. 6. 5. 5). 11.

Den übrigen Strophen und Epoden, 31 an der Zahl, weist Verfasser einen freieren Bau zu. Von zweiteiligen begegnen hier fünf Arten. Entweder zerfällt jeder der an μέγεθος ungleichen Teile in zwei an Ausdehnung gleiche Zeitgröfsen nach Formel 2a + 2b: Ol. I str. 23. 23 : 11. 11. Pyth. VI 11. 11 : 13. 13. Pyth. IX str. 11. 11 : 7. 7. Nem. VI epod. 11. 11 : 9. 9, oder in zwei mesodisch erweiterte μεγέϑη: Ol. III str. 8. 5. 8 : 6. 5. 6. Ol. VIII epod. 5. 6. 5 : 9. 8. 9, oder es wird nur einer dieser Teile erweitert und zwar nur einmal durch ein Epodikon: Pyth. V str. 10. 10 : 11. 11. 14, dreimal durch ein Proodikon Ol. XIV 10. 13. 13 : 20. 20.

Pyth. V epod. 16. 12 : 10. 10. Nem. VIII epod. 14. 14 : 7. 10. 10, am
häufigsten aber durch ein Mesodikon Nem. III str. 15. 15 : 7. 12. 7. Nem.
X str. 8. 8 : 12. 8. 12. Nem. ib. epod. 7. 7 : 11. 7. 11. Ol. VII epod. 9. 9 : 13.
8. 13. Ol. IX epod. 9. 9 : 10. 6. 10. Ol. VI str. 14 5. 14 : 9. 9. Ol. X epod.
11. 10. 11 : 9. 9 (S. 135 falsch angegeben). Nem. VII str. 15. 3. 15 : 13. 13.
Die dreiteiligen sind seltener, folgen aber denselben Gesetzen wie die
zweiteiligen. Die Perioden der drei ungleichen Teile folgen entweder
stichisch auf einander, wie Pyth. XI epod. 4. 4 : 6. 6 : 5. 5. Nem. XI
str. 7. 7 : 6. 6 : 4. 4, oder lassen sich eine Erweiterung gefallen und zwar
durch Mesodikon Pyth. I str. 7. 4. 7 : 11. 11 : 5. 3. 5. ib. epod. 8. 8 : 13.
13 : 8. 3. 8, oder durch Mesodikon und Epodikon zugleich Isthm. VIII
10. 10. 8 : 7. 9. 7 : 15. 15. 3. - Die vierteiligen Systeme endlich weisen
sämtlich neben drei gleichen Teilen einen abweichenden auf, der proodisch
Ol. XI epod. 15. 12. 12. 12. Pyth. IV epod. 9. 15. 15. 15 und epodisch
erscheint, so Pyth. IV str. 15. 15. 15. 12. Pyth. IX 16. 16. 16. 8. —
Schliefslich werden Ol. IV und V sowie des Simonides Epinikion auf den
Kreontiden Skopas und zwei Bruchstücke des Bakchylides in derselben
Weise behandelt, anhangsweise auch das Hyporchem des Pratinas. (Athen.
XIV S. 617 B.).

Referent verzichtet darauf, zur Begründung seines oben angeführten
Urteils die einzelnen Aufstellungen eingehend zu prüfen. Um jedoch
das Verfahren zu charakterisieren, das Verfasser bei seinen Gruppierun-
gen anwendet, greift er zwei Gedichte heraus: Ol. II und Nem. II. In
ersterem ist zunächst die erfreuliche Thatsache zu konstatieren, dafs
Verfasser seine früheren Ansichten aufgegeben und für die Strophen jetzt
das auch vom Referenten gebilligte Schema Christs, den er jedoch hier
S. 18 f. nicht nennt, vollständig, selbst mit dessen πεντάχρονος, angenommen hat, weil man so teilen müsse, dafs die Icten ihr Recht bekom-
men. Auch erkennt er den letzten Vers, den er früher dem päonischen
gleich mafs, jetzt als logaödisches, also allöometrisches Epodikon an:
εὐωνύμων τε πατέρων | ἄωτον ὀρθόπολιν, willkürlich aber schlägt er den
vorletzten Vers ἔρεισμ᾽ Ἀκράγαντος zu dem logaödischen Teil, der dadurch
auf 36 χρόνοι erhöht wird. Diese setzt er in Respondenz mit den zwei
ersten Versen der Strophe und gewinnt so mit Hilfe von zwei Vorpausen
das Schema: (päon.) 36. 45. 45. (logaöd.) 36. Beachtet man aber die
rhythmischen Verhältnisse an sich, ohne jede Absicht Eurythmien zu
finden, so stellt sich die Sache ganz anders, nämlich die Strophe zerfällt in I ἀναξιφόρμιγγες -- κελαδήσομεν, eine continuatio von sieben
päonischen Takten mit einer Kürze als Auftakt, II a ἤτοι Πίσα -- πολέμου ;
das sind acht päonische Takte mit einer Länge als Auftakt, II b θήρωνα
— νικαφόρον 6 desgleichen, also ein s. g. antibakchiischer Abschnitt,
III a γεγωνητέον -- ξένων bakchiischer katalektischer Tetrameter, oder ein
akatalektischer und ein katalektischer bakchiischer Dimeter, III 6 ἔρεισμ᾽
Ἀκράγαντος ein akatalektischer bakchiischer Dimeter und IV logaödisches

Epodikon, also päon. 8, antibacch. 9 + 7, bacch. 4 + 2, logaöd. 7 oder 8. Um in den Epoden die Formel 50 : 50. 32 herauszubringen, weifs sich der Verfasser nicht anders zu helfen, als indem er eine τετράσημος an- nimmt, deren zwei erste χρόνοι den einen Päon schliefsen, während die letzten zwei den betonten Anfang bilden sollen, z. B. χρόνος ὁ πάν | των πατὴρ δύναι | το θέμεν ἔρ | γων τέλος als ⏑⏑⏑_ | ⏑_|⏑⏑_ | ⏑⏑⏑_ | _⏑_; das Richtige wird wohl sein, die erste von ἔργων mit der πεντάσημος zu notieren, da die entsprechende Silbe in sämtlichen Epoden bedeutsam ist, ganz wie bei der πεντάσημος in den Strophen, also: ⏑⏑⏑_ | _˙⏑_⏑| _⏑⏑⏑ | ⌣_ | _⏑_. Im zweiten Verse endlich hat der Verf. ganz unnötige Dehnungen angenommen; es läfst sich einfacher messen _⏑_⏑| _⏑⏑⏑| _⏑_ | _⏑_ ˙⏑. Das giebt dann für die Epoden folgende Taktverhält- nisse: päon. (4. 5). 5. 4. 4. 4, iamb. epod. 4. Die Epoden geben so allen- falls die Grundlage einer musikalisch befriedigenden Komposition; bei den Strophen aber bleibt jede weitere Aufstellung darüber, wie der Kom- ponist Eurythmie hergestellt habe, reine Hypothese. — Besonders durch- sichtig ist die kleine aus lauter oft gebrauchten logaödischen Kola zu- sammengesetzte Strophe der zweiten nemeischen Ode: ὅθενπερ καὶ Ὁμη- ρίδαι | ῥαπτῶν ἐπέων ταπόλλ᾽ ἀοιδοί | ἄρχονται Διὸς ἐκ προοιμί | ου καὶ ὅδ᾽ ἀνὴρ ‖ καταβολὰν ἱερῶν ἀγώ | νων νικαφορίας δέδεκ | ται πρῶτον Νε- μεαίου | ἐν πολυϋμνήτῳ Διὸς ἄλσει. Alles gliedert sich ungezwungen 4. 4. | 4 + 2 ‖ 4 4. 4. | 4, also je drei viertaktige logaödische Glieder, einmal sämtlich akatalektisch durch einen Adonius, das anderemal sämtlich kata- lektisch, das letzte sogar brachykatalektisch durch einen Doppeladonius abgeschlossen. Wie gliedert nun Verfasser? Da der vorletzte Vers (κατα- βολὰν — Νεμεαίου) ein zwölfzeitiges μέγεθος ist, so mufs ihm irgendwie ein ebensolches vorausgehen. Weil nun der erste und letzte Vers je vier Takte haben, setzt er diese in Respondenz, obgleich sie ganz verschieden ge- baut sind, und verlangt nun das Schema 4. 12 : 12. 4, d. h. Vers 2 und 3 sollen nicht blofs zehn, sondern zwölf Takte haben. Darum soll die erste Länge von ῥαπτῶν nicht die fehlende letzte Senkung des ersten Verses enthalten und überhaupt keine Anakruse sein, sondern eine τρί- σημος: so wird der zweite Vers eine Pentapodie, ebenso mufs aber auch der dritte Vers zu einer Heptapodie ausgerenkt werden, damit 5 + 7 = 12 herauskommt. Diese wird dadurch hergestellt, dafs _◦_⏑ ⏑_⏑ und _◦_⏑⏑_◦ abgeteilt wird, und von den sich dann ergebenden zwei ganz gleich gebauten Tripodien (denn dafs dabei die irrationale Silbe fälsch- lich um einen Takt vorgeschoben wird, ist wohl reines Versehen) wird die eine tripodisch, die andere mit Dehnung der vorletzten Silbe tetra- podisch gemessen. So entsteht die »eurhythmische« Gliederung
            4. 5. 3 : 4. 4. 4. 4. 4 d. i 4. 12 : 12. 4. —
      Die übrigen metrischen Schriften über Pindar handeln im wesent- lichen über die Frage, ob die Pindarischen Chorstrophen nach dem Vor- bilde des Terpandrischen Nomos komponiert wären. Die hierüber zuerst

von Westphal aufgestellte, nach Referents Ansicht (vgl. vor. Bericht
S. 356) unerweisliche Hypothese hat, aufser in F. Mezgers Erklärung
von Pindars Siegesliedern (Leipzig 1880), in neuerer Zeit noch folgende
Anhänger gefunden:

56) Macan, On the Terpandrian νόμος in the Epinikia of Pindar.
In: Transactions of te Oxford philological society 1882/83. S. 16—20.
Vgl. Jahresbericht für Altert. XLIV. (1885. III.) S. 28.

57) Eduard Luebbert, Commentatio de priscae cuiusdam epiniciorum formae apud Pindarum vestigiis. Index schol. aestiv. Bonn
1885. XXII S. in 4.

Rec.: Philol. Rundschau V. (1885). S. 929 – 931 v. L. Bornemann.

58) Derselbe, Meletemata de Pindaro nomorum Terpandri imitatore. Universitätsprogramm. Bonn 1885. Cohen u Sohn. 23 S. in 4.

59) Derselbe, Commentatio de poësis Pindaricae in archa et
sphragide componendis ¦arte. Index schol. bibern. Bonn 1885/86.
XXVI S. in 4.

Letztere Schrift behandelt besonders die Komposition der achten
pythischen Ode. Über die beiden ersten berichtet auch unser Jahresbericht XLII (1885. I.) S. 59 — 63 ebenso wie über die folgenden, die
fragliche Hypothese mit Recht verwerfenden ausländischen Schriftchen:

60) Alfred Croiset, Les nomes de Terpandre et les odes de
Pindare. In: Annuaire de l'association pour l'encouragement des études
grecques en France. 14ᵉ année. Paris 1880. 8. p. 99—116 und

61) L. Gildersleeve, Symmetry in Pindar, In Johns Hopkins
University Circulars 1883. No. 25. S. 138—140.

Hier heben wir nur No. 57 u. 58 hervor. In seiner ersten Schrift
führt Luebbert die Einteilung in προοίμιον, ἀρχά, κατατροπά, ὀμφαλός,
μετακατατροπά, σφραγίς, ἐξόδιον zunächst an Pyth. X durch und findet
die gleiche Kompositionsart in sämtlichen Pindarischen Gedichten mit
Ausnahme von Nem. XI, das kein Epinikion, sondern ein Enkomion sei,
und der sieben kleineren Ol. IV, V, XI, XII, XIV, Pyth. VII, Nem. II.
Genauer untersucht er die κατατροπαί und μετακατατροπαί, die er, je
nachdem sie sich von den benachbarten Teilen trennen oder mit denselben verbinden lassen, in sieben, resp. in vier Klassen scheidet. —
Auch die ältere aiginetische Schule eines Timokritos und Euphanes hätte
dieselbe Norm befolgt und zwar mit Vorliebe das Lob der Aiakiden in
den ὀμφαλός gebracht. Ein solches Gesetz kann man aber höchstens
für die Anordnung des Stoffes zugeben, keinesfalls ist es ein rein for-
males Kompositionsgesetz. Denn auch Verfasser nimmt nach Westphals
Vorgang wiederholt den Beginn eines Hauptteiles mitten in dem Verse
an ohne jede Rücksicht auf die Form. Das schwierigste bleibt immer

προοίμιον, *ἀρχά* und *κατατροπά* sowie die entsprechenden drei Schlufs-
teile abzutrennen, was oft nur in unvollkommener, sehr zweifelhafter
Weise möglich ist. Selbst z. B. in Pyth. X, dem Gedicht, wo pressissi-
mam illam maximeque elaboratam antiquiorum epiniciorum symmetriam
intellegere licet, findet sich zwischen *κατατροπά* v. 29 und *μετακατα-*
τροπά v. 51 doch nur für diejenigen ein Anklang, die mit Verfasser
glauben, dafs, weil v. 29 *ναυσὶ δ'οὔτε πεζὸς ἰὼν τάχ' εὕρος ἐς Ὑπερ-*
βορέων ἀγῶνα θαυματὰν ὁδόν und v. 51 *κώπαν σχάσον, ταχὺ δ' ἄγκυραν*
ἔρεισον χθονὶ πρῴραθε eadem navigationis imago redit, der Dichter absichtlich die beiden Teile hervortreten lasse, zu denen Referent nicht
gehört.

No. 58 enthält eine Abwehr. »Pindars Gedichte sind Nomen.«
So wird mit Konsequenz weiter geschlossen. Dieser Annahme könne
man dreierlei entgegenhalten, das an Ol. XIII erläutert wird.
Erstens waren Terpanders *νόμοι* entschieden Sologesang. So müfsten
es auch die Pindarischen Epinikien sein, aber nur in idealer Weise,
weil der Dichter in seinem Texte die Fiktion festhalte, dafs er allein
singe, nicht der Chor. Zweitens: auch dafs die alten *νόμοι* abweichend
von Pindars Gedichten nicht antistrophisch waren, spreche nicht gegen
Pindars Nachahmung derselben, da der Charakter des *ἀπολελυμένον* durch
den bewegteren Inhalt der ersteren geboten war, in denen ein Einzelner das Leben viel mehr nachbildete, als der erhabene Chor Pindars.
Drittens widerspreche allerdings die Hauptstelle über den *νόμος*, Pollux IV, 66 der in Pindar von Westphal, Moriz Schmidt, Mezger u. a.
durchgeführten Einteilung, besonders insofern die *μετακατατροπά* in den
Pindarischen Kompositionen immer dem *ὀμφαλός* folge, während Pollux
sie vor demselben nennt. Diese Anordnung des Pollux sei jedoch auch
ganz richtig, da Bergk in dem Kallimacheischen Palladis lavacrum diese
Nomosform erwiesen habe. Neben dieser habe es aber noch eine zweite
gegeben, in der die *μετακατατροπά* zwischen *ὀμφαλός* und *σφραγίς* stand,
wie in desselben Kallimachus hymnus in Cererem. Diese letztere Form
habe Pindar nachgeahmt. In unserer Stelle seien die zwei Aufzählungen
der einzelnen Teile wohl eher durch die Schuld der Abschreiber als durch
Pollux selbst vermengt worden. Referent glaubt nicht, dafs Westphals
Hypothese durch diese neue Annahme von zwei verschiedenen Nomos-
formen sich verteidigen lasse, da die eine derselben, wenn man in der
Stelle des Pollux die richtige Reihenfolge finden kann, erst recht jedes
äufseren Zeugnisses entbehrt, und zwar ist dies dann gerade die in
Pindar vermutete.

Gelegentlich wird ausführlich und glücklich über den kitharodi-
schen, aulodischen und auletischen *νόμος* gehandelt, besonders auch über
den Kreter Chrysothemis als Nomendichter; ferner wird hervorgehoben,
dafs der *νόμος* bis auf Timotheus Milesius ein Solovortrag ohne Chorgesang gewesen wäre. Für den berühmten auletischen *νόμος Πυθικός*

nimmt Verfasser mit Guhrauer Vortrag durch einen eiuzigen Auleten an.
Die Entscheidung ist bei den Nachrichten, die uns zu Gebote stehen,
schwierig, vielleicht unmöglich. Bei den σαλπιστικὰ κρούματα braucht
man nicht mit Verfasser an eigentliche σάλπιγγες zu denken, an einen
singularem tubarum usum. Referent erinnert in dieser Beziehung an
v. Jau, Philol. 38. Bd. S. 370. Aber auch Pollux IV, 81 bezeugt nicht
ausdrücklich einen Solovortrag eines einzigen Auleten, mit den Worten
τὸ ἄχορον αὔλημα τὸ Πυϑικόν, die vielmehr nur das Fehlen eines sin-
genden oder tanzenden Chores hervorheben.

62) Alfred Croiset, La poésie de Pindare et les lois du lyrisme
grec. Paris 1880. XVI u. 458 S. in 8.
handelt u. a. auch S 25 — 161 über die rhythmische Komposition Pin-
darischer Gedichte, vgl. darüber unseren Jahresbericht f. A. XLII. (1885.I)
S. 54 u. 55.

63) A. G. Engelbrecht, De scoliorum poësi. Diss. Wien. Gerold. 1882. 101 p. in 8.
Rec.: Zeitschrift f. österr. Gymn. XXXIV, 1 S. 13 - 15 v. A. Rzach.
— vgl. unseren Jahresbericht f. A. XXXIV (1883. I.) S. 23.

64) Deutschmann, De poësis Graecorum rhythmicae primordiis.
Beilage z. Programm des Progymnasiums zu Malmedy. 1883. 24 S. in 8.
Rec.: Philol. Rundschau III (1883) No. 41 S. 1283 - 1287. — Philol.
Anzeiger. 1883. 8. 420 -- 423 v. F. Haussen.

Um die Zeit zu bestimmen, in der von der neuen, den Accent in
der vorletzten Silbe berücksichtigenden Verskunst der Griechen die ersten
Spuren sich zeigen, untersucht Verfasser die in Inschriften und Handschriften erhaltenen poëtischen Reste der ersten zwei Jahrhunderte unserer Zeitrechnung, soweit sie den Umfang von vier Versen übersteigen.
Konsequent findet sich zwar die neue Verskunst in keinem dieser Gedichte, sondern wird erst vom Verfasser durch ziemlich gewaltsame und
unwahrscheinliche Textänderungen in den meisten Gedichten durchgeführt. Allein trotzdem ergiebt sich, dafs im Ausgang des ersten Jahrhunderts die Bewegung beginnt, da bei vollständiger Wahrung der Quantität Wortaccent wie Versictus am Versende berücksichtigt wird und im
Ausgang des zweiten Jahrhunderts im Ende einiger Versmafse, wie der
Choliamben und Anakreonteen accentus vel ictu prorsus neglecto ponitur,
wie denn z. B. auch die vorletzten Silben sowohl im Hexameter als im
Pentameter betont werden. Doch mufs Verfasser zugeben, dafs bei der
Dürftigkeit des ihm bis jetzt vorliegenden Materials noch keine endgiltige Entscheidung möglich ist. Vgl. oben No. 35.

65) Friedrich Hanssen, Ein musikalisches Lautgesetz in der
quantitierenden Poesie der Griechen. Rhein. Mus. f. Philol. N. F.
XXXVIII. (1883) 2. S. 222—244.

66) Derselbe, Die Gliederung der im codex Palatinus erhaltenen Sammlung der Anacreontea. In: Verhandlungen der 36. Philologenversammlung in Carlsruhe 1882. Leipzig. B. G. Teubner. 1883. S. 284 — 293.

67) Derselbe, Accentus grammatici in metris anacreontico et hemiambico quae sit vis et ratio explicatur. Philologus. Suppl.-Bd. V. Heft 2. S. 197—225.

68) Derselbe, Über die unprosodischen Hymnen des Gregor von Nazianz. Philologus. XLIV. 2. S. 228—235.

Um den steigenden Rhythmus zu charakterisieren, wird am Ende des daktylischen Pentamters Widerstreit des grammatischen Accents gegen den Versictus gesucht. In byzantinischer Zeit wird daher ein grammatischer Accent auf der Ultima des Pentameters vermieden. Die allmähliche Entwickelung dieser Erscheinung wird anschaulich nachgewiesen: Die klassische Elegie zeigt in 1358 Pentametern die Ultima des ersten Kolons 464 mal, die des zweiten noch 244 mal betont, d. i. in 34,2%, resp. 18%. Da nun auch im homerischen Hexameter etwa 26% und in den ältesten iambischen Trimetern 30% Versausgänge betont sind, so erscheint offenbar am Schluß des ersten Kolons des Pentameters das Accentgesetz nicht wirksam, was auch für die spätere Technik gilt, während im zweiten Teile der Prozentsatz (18 gegen 34,2) schon erheblich hinter dem zu erwartenden zurückbleibt. In der alexandrinischen Poesie finden sich unter 1621 Pentametern nur noch 203 mit betonter Ultima, d. h. der Prozentsatz ist bereits weiter auf 12,6, also ganz merklich zurückgegangen. Die Elegie der römischen Zeit bietet insgesamt (jedoch mit Ausschluß der Inschriften) in 3239 Pentametern 193 betonte Ausgänge, d. h. nur noch 6%. Dieser Prozentsatz verringert sich, wenn man einzelne noch wesentlich auf alexandrinischem Standpunkte stehende Dichter, wie Philodemus, und den auch sonst der älteren Observanz nachstrebenden Lucian u. a. ausscheidet, gar bis auf 2,3%, während bei der konservativen Richtung der Römerzeit 10,3% gleichfalls schon einen kleinen Rückgang zeigen. In der Byzantinerzeit ist dem Palladas im Anfang des fünften Jahrh. (mit 29 betonten Schlüssen unter 292 Pentametern) als letztem Vertreter der älteren Technik eine besondere Stelle einzuräumen. Sonst bleiben 3404 Pentameter mit 36 betonten Schlüssen, d. i. 1,36%, von denen die 14 auf Joannes Geometra's Paradisus entfallenden wohl auf Textverderbungen beruhen, da derselbe in seinen Hymnen nur einen Fall kennt, und wieder andere, wie Agathias in Auth. Pal. V 280, 4 als wörtliche Nachahmungen eines älteren Vorbildes zu entschuldigen sind.

So läßt sich auch hier durch anderthalb Jahrtausende der Kampf verfolgen zwischen dem immer stärker werdenden Sprachgefühl, das an dem Accent der Ultima Anstoß nahm, und der metrischen Technik, die

von einem solchen Verbote nichts wufste. Derselbe hat bereits in den
Theognidea begonnen, die noch die häufigste Betonung der Ultima mit
20,7 % geben, während nach den am Schlusse des ersten Kolons gemachten Beobachtungen 34 % zu erwarten wären. Als wichtiger Mark-
stein in dieser Entwickelung tritt Antipater von Sidon im Anfang des
ersten Jahrhunderts vor Chr. hervor, der zuerst auffällig die Betonung
der Ultima meidet. Palladas von Chalkis, noch im fünften Jahrhundert
n. Chr., ist der letzte, der dieselbe noch öfters zuläfst (in 10,3 %), während in der Mitte des sechsten Jahrhunderts Agathias von Myrina und
Paulus Silentiarius die fragliche Betonung schon so gut wie ganz ver-
schmähen.

Mit dieser Erscheinung bringt Verfasser auch eine andere viel-
erörterte Frage in Zusammenhang, nämlich nach dem Accent auf der
vorletzten Silbe des byzantinischen Trimeters. Sowohl Ritschls
als auch Sauppes Ansichten werden hier verworfen und mit Hilberg,
Princip der Silbenwägung (vor. Ber. No. 14) S. 272 zwei Vorgänge getrennt untersucht, nämlich die im siebenten Jahrhundert auftretende Vermeidung der Betonung der Ultima und die erst im zehnten Jahrhundert zur definitiven Anerkennung gekommene Vermeidung der
Betonung der Antepänultima, und dies gewifs mit Recht, denn
dieselben weisen einen keineswegs parallelen Verlauf auf. Die erstere
ergiebt sich als Abschlufs einer langen Entwickelung, welche derjenigen,
die wir beim Pentameter fanden, durchaus entspricht; nur dafs sie dort
rascher sich vollzog. Mit dem Alexandriner Lykophron (mit 25,4 %
gegen früher durchschnittlich etwa 30 %) und der orbis descriptio (mit
18 %) beginnt die Abneigung gegen Betonung der Endsilbe, die dann
stärker wird, besonders bei Paulus Silentiarius (11 %), Agathias (8,7 %)
und Joannes Gazaeus (3 %) und unmittelbar nach Georgius Pisida (1,1 %)
zum Abschlufs kommt. Anders ist es mit der weiteren Bewegung, die
auch die Proparoxytona beseitigte. Hier kann bis auf des Georgius Pisida Expeditio Persica von historischer Entwickelung noch keine Rede
sein, da der Prozentsatz der auf der Antepänultima betonten Verse noch
bei Gregor von Nazianz, Heliodor und Agathias (mit 17,8, 18,2 und
17,4 %) erheblich den bei den Tragikern (12 –15 %) übersteigt. Nur
läfst sich beobachten, dafs in den verschiedenen Jahrhunderten gleichmäfsig bei den in getragenem Tone schreibenden Dichtern (bei Aeschylus 15,3, Sophokles 12, Euripides 13,5, Lykophron 11,3, Paulus Silentiarius 12,3 % und bei Joannes Gazaeus (0 Fälle unter 33) die Proparoxytona seltener sind als bei den übrigen (wie Simonides 29,6, Aristophanes 24,7, Philemon 19,7, Menander 21,2 %); ja selbst zwischen dem
Satyrdrama des Euripides und dessen übrigen Dramen mag sich ein
kleiner Stilunterschied ergeben von $^6/_{10}$ % (14,1 : 13,5). Die Besciti-
gung des Accents aus der Antepänultima beginnt genau erst da, wo sich
das Verbot der Betonung der Ultima endgiltige Anerkennung verschafft

hat, nämlich im bellum Avaricum des Georgius Pisida (mit 14 % gegen 23,2 in desselben εἰς τὸν κατὰ Περσῶν πόλεμον). Und stetig sehen wir den Prozentsatz in den weiteren Werken desselben fallen auf 7,8, 6,8, 6,5, 4,5 bis auf 2,6 in dem Gedicht contra Severum. Bei Theodosius Diaconus in seiner Ἅλωσις τῆς Κρήτης sind bereits alle 1039 Trimeter paroxytonisch auslautend. Demnach hat es allerdings den Anschein, als läge hier eine Erfindung des Georgius Pisida vor, der den musikalischen Tonfall im Trimeterschlusse noch regelmäfsiger und deutlicher machen wollte. Auf die Frage, wie weit hier ein Streben nach Länge der Ultima vorliegt, wird nicht eingegangen.

Den Skazou des Babrios nimmt Verfasser für einen im letzten Fufs retardierten Trimeter, dessen letzte (nicht vorletzte) Silbe den Versictus trägt. Dafür spricht ihm der Umstand, dafs Babrios auf der vorletzten Silbe den Circumflex meidet, was nicht unbedingt darauf zurückzuführen sei, dafs die Ultima der Regel nach eine Länge ist. Denn es ergiebt sich ihm die Möglichkeit, dafs die Länge der Endsilbe durch den Acut der vorletzten, und nicht umgekehrt der Acut auf der vorletzten durch die Länge der letzten Silbe herbeigeführt ist, daraus, dafs in zwei allerdings seltenen Fällen, wo die Quantität der Endsilbe für den Accent der vorhergehenden gleichgiltig ist, kurze Endsilben sich finden, nämlich wenn die vorletzte Silbe nur positione lang ist, wie bei φόρτον in sechs oder sieben Versen, und wenn die Endsilbe ein Enklitikon ist in fünf Versen. Einen zweiten Beweisgrund für seine Auffassung des Skazonten findet Verfasser darin, dafs Babrios die Pänultima seiner Verse nicht gern aus einer positionslangen Silbe bestehen läfst. In den 1564 Versen von No. 1—136 der Gitlbauerschen Ausgabe sollte man etwa 590 mit vorletzter positionslangen Silbe erwarten, während sich nur 83 finden. Verfasser legt dieser Berechnung die allgemeinen in der Natur der griechischen Sprache begründeten Verhältnisse zu grunde, wonach in drei von acht Versen die vorletzte Silbe positionslang wäre; richtiger wären wohl die speciellen Positionsverhältnisse bei Babrios dabei in Anschlag gebracht worden. In denselben Versen finden sich Properispomena im ganzen 49 mal, während sich in der gleichen Zahl Homerischer Verse (Ilias N—O 205) die circumflectierte Pänultima 143 mal findet. Diese beiden Erscheinungen, die Vermeidung von Schlufsformen wie κάμνω und τοῦτο erklärt Verfasser daraus, dafs Babrios den grammatischen Accent nicht auf die erste Mora der ersten Silbe fallen lassen wolle. Dieses Accentgesetz sei aber nur dann verständlich, wenn der Versictus nicht auf die vorletzte Silbe falle. So liege denn auch hier nichts anderes' vor als das bereits am Pentameter und Trimeter dargelegte Streben nach dem Ende des Verses hin einen Fall vom höheren Ton zum tieferen zu erreichen.

Die gleiche Erscheinung endlich läge vor, wenn Nonnos nach Tiedkes Beobachtung (Hermes XIII. S. 59 uud 266) vor der Penthemi-

meres fast nur paroxytonische Worte braucht. Denn während die Seltenheit der Proparoxytona und Properispomena sich darauf zurückführen
läfst, dafs Nonnos in die Hebungen gewöhnlich naturlange Silben setzt,
beweise das Fehlen der Oxytona und Perispomena deutlich, dafs auch
vor der Penthemimeres Fall von höherem Tone zum tieferen beabsichtigt
ist. Daselbe Gesetz zeige sich weniger konsequent auch vor der Cäsur
nach der fünften Hebung.

Nach alle dem findet Verfasser das Bestreben nach Vereinigung
des grammatischen Accents mit dem metrischen Ictus weder bei Babrios
noch bei Nonnos, letzteres in Widerspruch mit A. Ludwich (Fleckeisens
Jahrbücher 1874 S. 441ff.), der sich mit Unrecht auf die Vermeidung
von Hexameterausgängen auf Proparoxytonis wie πτολίεϑρον ἔπερσεν be-
rufe, eine Erscheinung, die hinreichende Erklärung darin finde, dafs pro-
paroxytonische Betonung eine kurze Endsilbe voraussetzt und diese mit
dem durch das Schema des Nonnos geforderten spondeischen Versausgang in Widerspruch stand.

No. 66 schliefst sich dem Inhalte nach an diese Beobachtungen an.
Das Streben nach Widerstreit von grammatischem Accent und metri-
schem Ictus bei aufsteigendem Rhythmus ist in den Anakreontischen Anaklomenoi (nicht in den Hemiamben) in der Versmitte zur Geltung gekommen, insofern sich in byzantinischer Zeit eine Zunahme der Accente
auf der zweiten Senkung, d. i. auf der vierten Silbe, und eine Abnahme
der Accente auf der zweiten Hebung, d. i. auf der fünften Silbe zeigt.
Dagegen läfst sich das Streben nach Vereinigung vom grammatischen
Accent und metrischen Ictus bei weiblichem Versausgang zuerst in den
Anakreontischen Anaklomenoi und Hemiamben erweisen. Während im
vierten Jahrhundert bei Synesius und Gregor von Nazianz noch keine
Vorliebe für Betonung der vorletzten Silbe hervortritt, ist diese Betonung im fünften, sechsten und siebenten Jahrhundert bereits Regel, der
sich nur wenige Verse entziehen, in späterer Zeit endlich ausnahmsloses
Gesetz. — Auf Grund dieser Beobachtungen wird S. 289ff. das Alter
einer Anzahl Gedichte der im codex Palatinus erhaltenen Sammlung genauer als bisher bestimmt.

In No. 67 hält Verfasser an seinen bisherigen Aufstellungen auch
Meier gegenüber fest (vgl. No. 34), giebt sodann eine eingehende Übersicht der bei diesen Fragen in betracht kommenden Gedichten, und zeigt
in exakten statistischen Zusammenstellungen übersichtlich die Accent-
verhältnisse der einzelnen Versgattungen, der hemiambici, anaclomeni
und dimetri ionici puri und trimetri ionici a minore sowohl im Versausgang als auch im Versinnern. Daraus zieht er die Konsequenzen für die
Geschichte des Accentes in diesen Versarten. Hervorzuheben ist dabei,
dafs Verfasser unter Zurücknahme seiner früheren Ansicht in No. 65
S. 289ff. jetzt einen Einflufs der christlichen Hymnenpoesie annimmt.

Die neueste Abhandlung No. 68 ist Referenten noch nicht bekannt
geworden, vgl. von demselben Verfasser auch No. 38, 82 und 97.

V. Metrische Schriften über das griechische Drama.

Wir besprechen zuerst Schriften allgemeineren Inhalts über Aeschyleische und Sophocleische Compositionen, sodann die Aufstellungen über einzelne Versmafse der Tragödie und schliefsen mit den Leistungen über Aristophanes.

69) N. Wecklein, Über die Technik und den Vortrag der Chorgesänge des Aeschylus. Fleckeisens Jahrbücher f. klass. Philologie. 13. Supplementband. Leipzig 1882. S. 213 – 238. — Auch als besonderer Abdruck der Julius-Maximilians-Universität Würzburg zur 300 jährigen Jubelfeier gewidmet. Leipzig 1882. G. B. Teubner. 26 S. in gr. 8.

Rec.: Fleckeisens Jahrbücher 127. Band (1883) S 21 — 28 von Christian Muff. — Revue critique, n. ser. XV (1883) No. 22 S. 421—427. — Philol. Rundschau 1884 No. 33 S. 1025 – 1028 von Brinckmeier. — Philologus XLIII, 4 S. 712—712 von F. Haussen.

Verfasser untersucht zunächst, wie die nicht-antistrophischen Chorgesänge bei Aeschylus vorgetragen wurden: Ag. 475, wo, da vier melische und zwei Trimeterpartien (489 · 500 und 501 – 502) die Einteilung dreimal zwei gaben, an Vortrag durch Halbchorführer gedacht wird; Eum. 244 sollen die acht Teile so zum Vortrag kommen, dafs der Coryphaeus als Führer des ersten Halbchores die Trimeter 244 – 253 spricht, der Halbchor seinem Führer die Aufforderung nach Orest zu suchen 254 – 255 zuruft, während mit 256 der zweite Halbchor, der den Verbrecher sofort entdeckt, eintritt und zwar ein Mitglied nach dem andern je einen der sechs noch übrigen Teile vortragend. Denn der Chor ist hier wie im Agamemnon zu 12 Personen anzunehmen. Septem 78 – 108 sind zwölf Abschnitte, die, nach dem Inhalt zu schliefsen, von Einzelnen vorgetragen werden sollen. Auch Sept. 848 — 860 sind dem Verfasser nicht antistrophisch und darin, dafs auf die Frage τί φῶ; mit τί δ᾽ ἄλλο γ᾽ ἤ u. s. w. geantwortet wird, findet Verfasser einen Anhalt für Einzelvortrag, der in drei Abschnitte auf Koryphaios (bis τί φῶ;), den Führer des andern Halbchores (nur ein Vers τί δ᾽ ἄλλο — ἐφέστιοι;) und den Koryphaios verteilt wird. Suppl. 825 – 835 ist so corrupt, dafs man nur behaupten kann, dafs von Responsion keine Spur da ist und dafs der Inhalt auf verschiedene Sprecher hinzudeuten scheint. Endlich sei zwar choëph. 152 – 162 als nich-antistrophisch vom Chor gesungen und Prom. 687 – 695 als eine lebhafte Gefühlsäufserung an Stelle der üblichen zwei Trimeter wohl vom Koryphaios vorgetragen, sonst aber ergebe sich die Regel, dafs die nicht-antistrophischen Chorpartien sämtlich nur von einzelnen Choreuten gesungen wurden.

Die Annahme von Prooden, Mesoden und anderer künstlicher Verflechtung der Strophen und Aristrophen erweist sich als irrig, nur einmal findet sich die Gliederung $\alpha\beta\beta\alpha$; sonst ist durch Einsetzung der Ephymnien bereits volle Ordnung, besonders durch Kirchhoff, geschaffen, wobei nicht immer der gleichmäfsige Anschlufs an beide Strophen ängstlich gewahrt wird, wie Ag. 1448 (vgl. v. Wilamowitz index schol. Gryphisw. 1879). Die übrigen Beispiele sind choëph. 935, ibid. 783, suppl. 100, Ag. 121, 139, 159. Eum. 1035, Pers. 636 (zuerst allerdings nur $\dot{\eta}\acute{\epsilon}$), Eum. 778, wo zweimal die ganzen Strophen wiederholt werden. Aufser diesen eigentlichen Ephymnien giebt es aber auch noch sog. rhythmische, nämlich die Wiederholung bestimmter gleicher Partien von vier logaödischen Tetrapodien am Schlusse, die nur mit verschiedenen Worten ausgefüllt erscheinen, am Schlusse der Strophen und Antistrophen suppl. 630, Ag. 367, ähnlich auch Sept. 108—150, wo sich in Strophe und Antistrophe je dreimal der gleiche iambische Schlufsvers nach Dochmien findet. — Das Vorkommen dieser Ephymnien verwertet Verfasser zu einem Schlufs über die Vortragsweise der Chorgesänge. Da dieselben entschieden vom Gesamtchor vorgetragen wurden, so müsse das eigentliche Strophenpaar von einer kleineren Zahl gesungen worden sein. Deshalb werden die Strophenpaare choëph. 935 an Halbchöre verteilt. Sonst aber zeigen sich immer drei Strophenpaare mit Refrain, ja in zwei Chorgesängen, die vier Strophenpaare aufweisen, findet sich der Refrain nur bei den drei ersten derselben. Daher wird hier Vortrag durch drei $\sigma\tauο\tilde{\iota}\chi οι$ angenommen und zwar so, dafs demselben, der die Strophe singt, auch die Antistrophe zufällt (letzteres in Übereinstimmung mit der alten Theorie vgl. schol. ad Eur. Hec. Hec. 647, wie denn auch Prom. 574 Strophe und Antistrophe durch dieselbe Person vorgetragen wird), während die Ephymnien und ein etwaiges viertes Strophenpaar dem Gesamtchore zugeteilt werden. Auch sonst wird für die antistrophischen Chorgesänge Vortrag durch den gesamten Chor angenommen, mit Ausnahme von Ag. 1344 und Eum. 585, wo die einzelnen Choreuten und zwar zwölf sprechen: Ein besonderer Fall ist Pers. 155, wo der Gesamtchor in Tetrametern die Königin begrüfst ($\pi\acute{α}ν\tau α\varsigma$ $\mu\acute{υ}\vartheta οισι$ $\pi ρ οσαυ δ\tilde{α}ν$).

Zu eingehender Besprechung kommen endlich auch einige komplicirtere Partien, so der ionische Schlufschorgesang und die Parodos der Hiketiden, die Parodos der Sieben, besonders 135 ff., Agam. 1448; ferner die Parodos des Agamemnon, wo die Anapästen und das erste Strophenpaar mit Epode dem Koryphaios zugeteilt werden und für diese Besonderheit der Grund in der Nachahmung einer besonderen Weise der altertümlichen Volkspoesie gesucht wird, schliefslich die letzte grofse melische Partie der Sieben, in der der Klagegesang des Chores an Halbchöre verteilt wird, und der grofse Kommos der Choëphoren 315, wo der Fall vorliegt, dafs eine Chorpartie antistrophisch der einer Bühnenperson entspricht und deshalb die melischen wie anapästischen Chorika dem Chorführer zuerteilt werden und erst vom

dritten Abschnitt, von v. 456 an Gesamtchorvortrag angenommen wird,
alternierend mit Electra und Orestes, während die allerletzte Partie mit
Kirchhoff allen zusammen zugewiesen wird.

70) Chr. Muff, Der Chor in den Sieben des Aeschylos. Halle a. S.,
Mühlmann 1882. 31 S. in 4. Osterprogramm des König-Wilhelms-
Gymnasiums zu Stettin.

Rec.: Philol. Rundschau II (1882) No. 40 S. 1249 — 1252 von
N. Wecklein. — Philol. Anzeig. XII (1882) S. 179—194.

In der Parodos der Sieben des Aeschylus wird durchweg antistrophische Composition angenommen; das letzte Strophenpaar 151--164
an Halbchöre, das vorletzte 134—150 an sechs Einzelchoreuten (entweder
1-6 oder 7—12) und das drittletzte Strophenpaar, schon bei Kirchhoff
in je drei Teile zerlegt, 104 — 133 den andern sechs Choreuten zugeteilt, endlich sei auch die Eingangspartie, in der wiederholter Wechsel
der vortragenden Personen unverkennbar ist, von den zwölf Einzelchoreuten vorgetragen, doch giebt Muff selbst zu, dafs hier die Durchführung im einzelnen sehr zweifelhaft ist; überhaupt wird die antistrophische
Responsion dieser Stücke nur durch wenig wahrscheinliche Umstellungen
und Annahme der kühnsten Dochmienformen erreicht, wie denn z. B.
folgende Dochmien Ritschls hier wieder erscheinen δαῖμον χρυσοπή|ληξ,
ἔπιδ᾽ ἔπιδε τάν|δε πόλιν ἄν ποτ᾽ εὐ|φιλήταν ἔθου u. a. Jedenfalls soll
der Chor σποράδην auf die Bühne gezogen, etwa von jeder Seite sechs
Choreuten, und erst bei dem ersten Stasimon in die Orchestra gekommen sein. — Im ersten Epeisodion werden die drei dochmischen
Strophenpaare dem Chorführer und dem »Parastates«, die zehn Chortrimeter den übrigen zehn Choreuten zugewiesen; v. 199 — 201 dem
Eteokles allein mit unwahrscheinlichen Textänderungen, weil der Wechsel
der Personen gegen alle Symmetrie wäre. Hermann und Ritschl haben
die überlieferte Verteilung der Verse an Eteokles und Chor mit Recht
gehalten, und Referent erinnert an einen ähnlichen Fall Prom. 979, der
den vorliegenden schützt und umgekehrt wieder durch diesen gedeckt
wird. — Im ersten Stasimon seien die Strophen und Antistrophen
von Halbchören gesungen, wie denn die ihm folgenden 2×3 Trimeter
350--355, die die Überlieferung Halbchören giebt, von deren Führern
vorgetragen sein müfsten.

Für die grofsartige Symmetrie des zweiten Epeisodions zeigt
Verfasser volles Verständnis und verwirft Weils Anordnung mit Recht,
vgl. vorigen Jahresbericht unter No. 45. Ganz Aeschyleisch wäre es und
pafste herrlich zu dem Streben der Tragiker nach symmetrischer Anordnung, wenn die von den respondierenden Chorstrophen umschlossenen
Dialogpartien in dem gleichen Umfang erschienen. Doch verzichtet er
darauf eine solche Anordnung herzustellen, die sich nicht ohne die gröfste
Gewaltsamkeit herstellen lasse. Deshalb kehrt Verfasser zur Ritschl-

7*

schen Anordnung zurück. Referent (No. 75) hat unterdessen diesen allerdings nicht mit ganz einfachen Mitteln durchzuführenden Versuch unternommen, glaubt aber auch, dafs derselbe kein endgiltiges Ergebnis geben
kann, wenn er auch mit weniger Gewaltmitteln als der Ritschls ausgeführt ist. Vielleicht prüft Verfasser hier nochmals. Was die Chorpartien dieser Scene betrifft, so teilt Verfasser die Mahnung vor dem Bruder-
mord v. 664—669 dem Koryphaios, die nach jeder Wechselrede einge-
legten Strophen und Antistrophen aber Hemichorien zu, ebenso auch die
zwei weiteren Strophenpaare, die vier Chortrimeter der letzten Sticho-
mythie endlich wieder dem Chorführer.

Auch das zweite Stasimon bestimmt Verfasser für Hemichorien-
vortrag, nur das letzte Paar kann nach ihm dem Gesamtchor gegeben
werden. Der ganze Zusammenhang aber von Strophe β an zeugt ziemlich deutlich für Vortrag durch Gesamtchor. Dagegen wird mit
Recht Westphals Gliederung nach der Compositionsform des Terpandrischen νόμος verworfen. — Alles, was der Chor im dritten Epeisodion spricht, fällt dem Chorführer zu, einschliefslich der melodramatisch vorgetragenen anapästischen Systemen 807 815. – Vom dritten
Stasimon soll das erste Strophenpaar an Halbchöre zu verteilen sein,
das zweite dagegen besser vom Gesamtchor als vom Chorführer, was
auch denkbar wäre, gesungen sein.

In der Exodos soll das erste anapästische Hypermetron 838 - 857
dem Koryphaios zuzuweisen sein, im folgenden aber die Personenbezeich-
nungen des Mediceus völlig sinnlos sein, aber auch Weils Änderung von 843
und die vorzeitige Einführung der Schwestern ist nicht zu billigen, da der bisher auf der Bühne thätige Chor ein Recht hat selbst noch vor den Schwestern
seinem Schmerze Luft zu machen, der erste Teil auch aus längeren Partien mit ruhigen Reflexionen besteht, während im zweiten Teile vorgebracht wird, was sich auf das Königshaus und das Unglück der Schwestern
bezieht. Soweit geht Verfasser mit Hermann. Insbesondere wird nun
für das Klagelied des Chores 858 - 931 nicht ein so zerstückelter Vortrag, wie bei Hermann, angenommen, sondern nur zwei selbständige Abschnitte in jeder Strophe, die im ersten Paare durch Wechsel des Metrums und der Vortragsweise (1. iambisch, 2. anapästisch) hinreichend
markiert sind. So ergeben sich sechszehn Abschnitte. Von diesen sind
die vier ersten des ersten Strophenpaares wegen der dort vorkommenden Anapästen gesondert zu halten. Verfasser läfst die lyrischen Reihen
dieses Strophenpaares von Halbchören gesungen, die anapästischen von
dem Koryphaios und »Parastates« recitiert sein; die übrigen zwölf Abschnitte den einzelnen Choreuten zufallen, und zwar mögen sechs mit dem
Koryphaios schon jetzt der Antigone, die andern sechs mit dem »Parastates« der Ismene zur Seite gestanden haben. In den θρῆνος der Schwestern
(932—988) hat der Chor gar nicht eingegriffen, sondern die Refrains
sind wohl von den beiden Schwestern gemeinsam gesungen worden. Dies

nahm schon Kirchhoff an, mit dem übereinstimmend auch die Schlufs-
anapäste verteilt werden. — Über diese Abhandlung handelt auch
H. Guhrauer im Jahresbericht über Musik (XLIV S. 32—34), der mit
Recht das Problematische aller dieser Annahmen betont und gegründete
Einwände gegen derartige subjektive Aufstellungen vom musikalischen
Standpunkte geltend macht, die auch Referenten sehr beachtenswert er-
scheinen, vgl. unsern vorigen Bericht zu No. 46 und 55.

71) Hermannus Freericks, De Aeschyli Supplicum choro. Diss.
inaug. Leipzig, G. Fock. 1883. 86 S. in 8.

Rec.: Philol. Rundschau IV (1884) No. 43 S. 1315—1318 von Ch.
Muff. — Philol. XLIII, 4 S. 713—716 v. N. Wecklein.

Obgleich Verfasser das Urteil anerkennen mufs, das Zacher (vgl.
unsern vorigen Bericht No. 55) gefällt hat über die neueren Versuche
die Vortragsweise der einzelnen chorischen Partien zu bestimmen, ver-
zweifelt er nicht an der Lösung dieser Fragen und sucht zunächst für
das im Titel genannte Stück, in dem der Chor die Hauptrolle spielt,
neue Beweise. Diese bietet ihm eine von der gewöhnlichen etwas abweichende Definition der Parodos, sonst aber meist rein subjektive
Erwägungen. Nach ersterer besteht das erste Chorikon 1—181 aus drei
verschieden vorgetragenen Partien. Den Prologos bilden die Anapäste
1—39, in denen Verfasser im Anschlufs an Referents quaest. metr. S. 6
ein ᾆσμα ἀπολελυμένον findet, parakatalogisch unter Flötenbegleitung vom
Koryphaios vorgetragen, die Parodos 40—117 ed. Wecklein = 40—103
ed. Kirchhoff, ein vollstimmiger Chorgesang (nach Aristoteles' Definition
ὅλου χοροῦ), das erste Stasimon 118—181 ed. W = 104—165 ed. K.,
für das Verfasser Vortrag durch Halbchöre annimmt, bestimmt durch
den Gedankengang und den ganz anderen Ton, der angeschlagen wird.
Und zwar seien hier nicht einmal die Ephymnien dem Gesamtchor zu-
zuteilen, sondern gleichfalls von Halbchören gesungen. Weckleins wider-
sprechende Ansichten (vgl. No. 69) sind für Verfasser durch Muffs Besprechung in Jahrb. f. Phil. 1883 S. 26 widerlegt. — Die dochmischen Chorstrophen im ersten Epeisodion 315 ff. nimmt Verfasser mit Westphal für
einen monodischen Gesang des Chorführers, weil hier Wechselrede vorliegt, in der wiederholt Worte des einen von dem andern aufgenommen
werden, wie 360, 381 K., das päonisch-dochmische Lied dagegen v. 423 für
Gesang des Gesamtchores, lediglich wegen des Gedankenganges. Dasselbe werde noch auf der Bühne gesungen, da der Chor erst auf die
Aufforderung des Danaos (vgl. 491) die Orchestra betrete. Aus gleichem
Grunde gilt das zweite Stasimon als Gesamtchorlied Gliederung nach
der Terpandrischen Compositionsform ist hier wie im folgenden Stasimon zu verwerfen. Das letztere teilt Verfasser so, dafs das erste
Strophenpaar Halbchören, die drei nächsten den einzelnen Choreuten
der Halbchöre zufallen. — Was das iambisch-dochmische Gedicht im

dritten Epeisodion betrifft, so meint Verfasser, dafs die Jamben und
Dochmien von verschiedenen Personen vorgetragen wären, das beweise
auch die vereinzelt dastehende Angabe des Scholiasten zu Eum. 252 τὸ
αὐτὸ πρόσωπόν ἐστι, womit auf eine Ausnahme von der Regel hingewiesen werde. Es liege also der Fall von μεταβολή vor, den Aristides
Quint. S. 42 bezeichne mit den Worten ἢ ὅταν ἐξ ἑνὸς εἰς πλείους; darauf führe auch der Umstand, dafs der Mediceus vor den Dochmien die
παράγραφος habe; die πλείους seien in diesem Falle wohl die Halbchöre,
der εἷς je ein Halbchorführer. — Das vierte Stasimon verteilt Verfasser an Halbchöre. In der Exodos endlich wird v. 989. 992 und 921
ὀπαδοί und ὀπάονες von den bewaffneten Begleitern verstanden. die Danaos zum Schutze vom Argiverkönig erhielt; demnach Beteiligung der
Dienerinnen am Gesang und überhaupt alle bisherigen Aufstellungen verworfen. Den Begleitern wird stropha β, den Danaiden das erste Strophenpaar und die zweite Antistrophe zugewiesen. Während endlich das
letzte trochäische Strophenpaar den Danaiden insgesamt gegeben wird,
soll der vorhergehende Streit durch Halbchöre, resp. deren Führer vorgetragen sein, wie denn auch die vorhergehenden Strophen zwischen zwei
Parteien, nämlich die Danaiden und die Begleiter zu teilen seien.

72) Franz Stolte, De chori, qualis in perfecta Graecorum tra-
goedia apparet, ratione et indole. Im Jahresbericht des Progymnas.
Nepomucenum. Rietberg 1882. 25 S. in 4.

enthält nichts erwähnenswertes; vgl. Jahresb. f. Alt. XXX (1882. I.)
S. 1139 und 1140.

73) Th. Heidler, De compositione metrica Promethei fabulae
Aeschyleae capita IV. Diss. Breslau, Köhler. 1884. 46 S. gr. 8.
Vgl. Jahresb. f. Alt. XXXVIII (1884. I.) S. 117.

74) J. Wetzel, Quaestiones de trilogia Aeschylea. Berlin. Programm des Collège français. 1883. 29 S. in 4.
Rec.: Philol. Anzeig. XIV, 7 S. 377—379 v. -t.

Der Ausdruck τριλογία gehört erst der Alexandrinischen Zeit an
und bezeichnet lediglich drei in einer Didaskalie zur Aufführung gebrachte Tragödien. So viele habe Aeschylus immer vereint aufgeführt,
allein dieselben wären nicht notwendig durch den Zusammenhang der
Handlung verbunden gewesen, wie die Persertrilogie beweise; wo ein
solcher sich fände, beruhe er nicht auf einer eigentümlichen Kunstrich-
tung des Aeschylus, noch in der hergebrachten Technik, sondern auf
dem Mythus, ein Ergebnis, das die Orestic, Lykurgie, Oedipodie und
die Prometheustrilogie beweisen sollen.

75) **Ricardus Klotz**, Studia Aeschylea. Abhandlung zu dem
Programm des Königl. Gymnasiums zu Leipzig 1884. 36 S. in 4.; auch
Hinrichsche Buchhandlung. Ebenda. 1884.

Rec.: Philol. Rundschau V (1885) 28 S. 865—868 von W. Brinckmeier. — Philol. Anzeig. XVI (1885) 11 S. 575—578 von N. Wecklein.

Von metrischen Fragen wird behandelt die im Princip allgemein
anerkannte Symmetrie derjenigen Trimeterpartien, die zwischen Chor-
strophenpaaren stehen. Nur in den zwei umfangreichsten Scenen dieser
Art, Eum. 781 und Sept. 355, schwanken die Ansichten noch bedeutend.
Die Abhandlung sucht ein neues Moment zur Geltung zu bringen, das
seitdem auch Zielinski, vgl. No. 87, für Aristophanes betont hat, nämlich, dafs Symmetrie längerer Partien ohne Eurythmie nicht denkbar ist.
In ersterer Scene stellt sie vollkommene Symmetrie und Eurythmie einfach dadurch her, dafs aufser den Versen 781 — 796, die die Handschriften richtig vor 827 wiederholen, auch noch die Wiederholung des folgenden Verses 797 angenommen und in der von Hermann und Dindorf
vor 859 konstatierten Lücke ein Ausfall von 13 Versen bestimmt wird.
Diese Lücke aber läfst sich nicht bestreiten, da vor dem Pronomen $\ddot{o}\sigma\eta\nu$
in v. 860 kein Substantiv steht, auf das sich dasselbe beziehen könnte.
Ebensowenig kann man gegen die Wiederholung des Verses 797 nach
826 im Verein mit den vorhergehenden einen triftigen Grund vorbringen,
da er sich hier ganz wie in der entsprechenden Stelle an die letzten
Worte der Eumeniden $\dot{\alpha}\tau\iota\mu o\pi\epsilon\nu\vartheta\epsilon\tilde{\iota}\varsigma$ anschliefst, ja sogar den ganz gleichen
Satzbau bei gleichen Gedanken aufweist, nur dafs Athene, wo sie zuerst $o\dot{v}$
$\gamma\dot{\alpha}\rho\ \nu\epsilon\nu\acute{\iota}\varkappa\eta\sigma\vartheta\epsilon$ sagte, sich jetzt in regelrechtem Asyndeton deutlicher aus-
drückt mit $o\dot{v}\varkappa\ \ddot{\epsilon}\sigma\tau'\ \ddot{\alpha}\tau\iota\mu o\iota$. Eine solche Wiederholung und besonders
deren Weglassung in den Handschriften ist durchaus nicht unerhört, son-
dern der Fall liegt sicher vor: Arist. vesp. 290 repetendus post 303, wohl
auch Lysistr. 306 rep. post 295 und av. 1323. 1324 rep. post. 1334.
N. Wecklein hat eine Ansicht über diesen Punkt aufgestellt, bei der er
auch in seiner oben angeführten Besprechung dieser Schrift beharrt, wonach vv. 803 — 804 in einem Vers zusammenzuziehen, 860 — 871 auszu-
werfen und nach 886 mit Buttler eine Lücke von zwei Versen anzunehmen sei, so dafs nach den verschiedenen Chorstrophen viermal d r e i z e h n
Verse der Athene folgen. Es ist eine unnötige Fessel, wenn man auch
nach den verschiedenen Strophen dieselbe Zahl von Trimetern verlangt,
die Gesetze der Symmetrie erfordern nur für die je der Strophe und
Antistrophe folgenden Verse gleiche Zahl. Schwerlich giebt auch die
Zahl d r e i z e h n eine befriedigende Eurythmie. Und die drei Gewaltmittel, die Hermannsche Zusammenziehung, die Buttlersche Lücke und
die Dindorfsche Athetese von zwölf Versen, sind von ihren Urhebern ziemlich eingestandenermafsen, vgl. Aesch. ed. Herm. II p. 633, erst um der
Responsion willen angewandt worden. Sagt doch auch Dindorf, Aesch.
ed. V. praef. p. CX, dafs in dem zweiten Teile der verworfenen Verse

nihil inesse, quod Aeschylo indignum sit, und über die ersten weifs er
auch nichts vorzubringen als non nihil differunt ab moderato dicendi
genere loquendi, quo in ceteris sermonibus animum Furiarum vehementer
commotum sedare studet Minerva. Wenn endlich Wecklein nicht über
die Schwierigkeit, die in τοιαῦτα v. 869 liegen soll, hinwegkommt, so
sei nur an den echt dichterischen Sprachgebrauch von τοῖος in Versen
wie Eum. 380. Pers. 609. Prom. 952 erinnert, wonach auch hier τοιαῦτα
auf das von v. 860 an gesagte geht: σὺ μὴ ἱδρύσῃς Ἄρη ἐμφύλιον, ἀλλὰ
πόλεμος θυραῖος ἔστω κτλ. im Sinne von τοιαῦτα, ὥστε μή σε ἱδρύσαι
Ἄρη ἐμφύλιον, ἀλλὰ πόλεμον θυραῖον εἶναι, ἕλεσθαί σοι πάρεστιν ἐξ ἐμοῦ.
»Darnach ist das, was ich dir dafür biete«, nämlich μετασχεῖν u. s. w.

Auch in der zweiten grofsen Scene gleichen Charakters Septem 355 wird den einzelnen Reden eine gleichmäfsige durchgehende
eurythmische Gliederung in je fünf Verse zugewiesen, die ebenso wenig
eine rein logische zu sein braucht wie in den Aristophanischen Peri-
kopen der Parabasen u. a. Vgl. übrigens zu No. 70. Hier sei nur erwähnt, dafs man auch mit sehr wenig, ja fast gar keinen Athetesen den
Gesetzen der Symmetrie und Eurythmie genügen kann, wenn man annimmt, dafs bisweilen, d. h. in der ersten Botenrede und der ersten und
vierten Königsantwort ein eurythmisches Glied mehr oder weniger gesetzt sei als in der entsprechenden Partie, eine Erscheinung, die auch
in der Responsion der Aristophanischen Tetrameterperikopen vorliegt,
vgl. zu No. 87, und bei Aeschylus noch viel unbedenklicher ist, weil
das Moment der Choreutik wegfällt. Die Entscheidung in dieser Frage
gebührt der Textkritik und gehört daher nicht in unsern Jahresbericht.

Ins Gebiet der Metrik dagegen gehört der Versuch, eine typische
Form für die so seltenen Prooden des Aeschylus zu finden. Die προῳδός
in der Parodos der Sieben wird in zwölf selbständige Glieder zerlegt
(nicht in zehn, wie ein Recensent meint. Denn die Trimeter 97 u. 100
bilden doch schwerlich mit den vorhergehenden Dochmien einen Abschnitt);
und da nun bei sechs derselben der Fall vorliegt, dafs je zwei mit einander in Inhalt und Form respondieren, so wird das gleiche auch bei
den übrigen vermutet, was auf dieselbe Compositionsart führen würde,
die bereits in der anderen Aeschyleischen προῳδός, nämlich der zum
θρῆνος der Schwester 941—949 anerkannt ist. Für beide wird die Möglichkeit offen gelassen, dafs im Anfang ein nicht respondierendes Glied
als προῳδικόν steht; vielleicht liegt der gleiche Fall auch am Schlusse
vor. Es hätte nahe gelegen auch auf die Frage nach der Vortragsweise
dieser Parodos einzugehen. Das hat jedoch Verfasser in Consequenz
seiner Ansichten unterlassen; vgl. vorigen Bericht No. 46 u. 55, den vorliegenden in No. 70.

Gelegentlich S. 32 wird der Bau der anapästischen Dimeter behandelt. Die vom Verfasser quaest. metr. S. 17 aufgestellte Regel über den
Bau der ersten Dipodie des Paroemiacus, die wegen dreier wiedersprechen-

der Stellen bestritten wurde, stellt sich als richtig heraus, da zwei dieser
Stellen Pers. 55 und Antig. 939 jetzt, wo sie nach der besten Über-
lieferung hergestellt sind, keine Ausnahme mehr bilden und die dritte
Stelle Ai. 1416 corrupt ist, da zwei Paroemiaci hinter einander erschei-
nen. In der Frage jedoch, ob in der zweiten Stelle der Dipodie der
Dactylus nach Anapäst oder Spondeus zulässig sei, hat Verfasser seine
Ansicht in etwas modificiert; vgl. zu No 83.

76) **Michael Gitlbauer**, Philologische Streifzüge. 1.—4. Lieferung. Freiburg i. Br., Herder. 1884/1885. II S. 31—57. VII S. 197
—288. VIII S. 269—320. in 8.

In II. »Elemente der griechischen Chorstrophe« wird der Gebrauch
der Wörter στίχος und μέτρον besonders bei Hephaestion und Marius
Victorinus besprochen. In eingehender Erörterung nimmt Verfasser verschiedene Epochen der metrischen Kunst an. In der ersten habe man
nur zwischen περίοδος ἀσύνθετος und π. σύνθετος unterschieden, in der
zweiten ein metrisch-musikalisches »Normalmaſs« = μέτρον von 18—24
χρόνοι πρῶτοι angenommen, wofür στίχος ursprünglich nur graphischer
Terminus technicus war. Eine dritte Epoche habe das »Normalmaſs«
bis auf 32 χρόνοι πρῶτοι erweitert. Dieser erweiterte metrische Satz
von 24-32 Moren heiſse bei Marius Victorin. S. 72 und schol. ad Hephaest. S. 147 περίοδος, während sonst die Namen μέτρον und στίχος
die alte Bedeutung behielten. Hephaestio dagegen unterscheide vier
Gattungen von μεγέθη: κῶλα oder κόμματα unter 18 χρ. = ἡμιστίχια,
στίχοι zu 18—24 χρ., μέτρα bis zu 30 χρ. und ὑπέρμετρα über 30 χρ.;
auſserdem kann μέτρον noch in weiterer Bedeutung jede selbständige
metrische Gröſse bezeichnen bis zu 30 χρ.; endlich aber wäre die Grenze
zwischen μέτρα und ὑπέρμετρα noch weiter heraufgerückt nach schol. ad
Hephaest. p. 199 und Mar. Vict. p. 111, nämlich ἕως λβ'. Aber über
diese durch die Überlieferung begründete äuſserste Grenze geht Verfasser noch hinaus und nimmt als wirkliche Maximalgrenze für μέτρα
gar 36 χρόνοι πρῶτοι an, weil »die Tetrapodien des γένος διπλάσιον zur
Bildung eines dreigliederigen Satzes sich so häufig vereinigten« und man
kein abnormes ὑπέρμετρον in solchen Bildungen finden könnte.

In VII. »Metrische Studien zu Sophocles' Aias« sucht Verfasser
auf diesem »Normalmaſs« fuſsend in ganz neuer Weise die Parodos 172
—256 und den groſsen Kommos 331—429 des Sophocleischen Aias
eurythmisch zu gliedern, ein Versuch, der ganz so zu beurteilen ist wie
der ähnliche in No. 55. Gelegentlich werden in einem Excurse die
Päonen in Aristoph. Lysistrate 781—828 in ähnlicher Weise behandelt.
Päone und Dochmien erkennt Verfasser nicht als eigentliche Rhythmen an, sondern erstere sind ihm, ähnlich wie Christ, verkürzte trochäische Dipodien; in letzteren findet er ebenso am Ende verkürzte tro-

chäische Tripodien, resp. Hexapodien, deren erster Takt die Freiheit des Polyschematismus biete.

In VIII. »Metrische Studien zu Euripides' Herakleiden I.« handelt es sich um Konstatierung einer ausgedehnten Responsion der Parodos auch über die Trimeter 69—133 hinweg, die nur durch sehr umfangreiche Änderungen und besonders Athetesen möglich wird. In diesem vierten Hefte ist jedoch die Untersuchung noch nicht abgeschlossen.

Rec. nur von der 1. Lieferung: Lit. Centralbl. 1885 No. 24 S. 817 von A. E. — Zeitschrift f. d. österr. Gymn. XXXVI, 3 S. 206—207 von A. Scheindler. — Blätter f. bayr. Gymn. XXI, 3. 4 S. 163. — Wochenschrift f. klass. Philol. II, 27 S. 844—848 von E. Wolff. — Berlin. phil. Wochenschrift V, 36 S. 1134—1136 von R. Schneider. — La Cultura VI, 6 S. 206—212 von P. Merlo. — Egyetemes phil. Közlöny IX, 6. 7 S. 570—571 von M. Latkoczy.

77) Hugo Gleditsch, Die Cantica der Sophocleischen Tragödien nach ihrem rhythmischen Bau besprochen. Zweite, durch den Abdruck des Textes vermehrte Bearbeitung der »Sophocleischen Strophen« desselben Verfassers. Wien, Cronegen. 1883. XV u. 276 S. in 8.

Das treffliche Hilfsbuch für Sophocleische Metrik ist bereits ausführlich in unserm Jahresbericht f. Alt. XXXVIII (1884. I.) S. 13—134 von N. Wecklein besprochen.

78) Moriz Schmidt, Commentatio de numeris in choricis systematis Aiacis Sophocleae continuatis. Index lect. Jena 1881. 15 S. in 4.

79) Derselbe, Metrisches zu Sophocles. Jahrbücher f. Philol. 125. Band. I S. 1—18.

In No. 78 wird von Sophocles' Aiax die Parodos behandelt in der bereits im vorigen Jahresber. unter No. 48 besprochenen Weise, ebenso 693 und 879 ff. Die an vorletzter Stelle genannte Partie verteilt Schmidt unter Verwerfung von Henzes Einteilung an die einzelnen Choreuten, sodaſs jeder etwas vorträgt atque exercitatiores quidem pro virtute sua ampliores difficiliores (partes), rudiores pro viribus suis viliores faciliusque explendas; in der letzten Partie nimmt er Vortrag durch Koryphaios und Parastates an; letzterem sollen 892. 897. 905 und die antistrophisch entsprechenden Verse zufallen. — No. 79 handelt über die Parodoi Oed. Col. 117—253 und Philoct. 135—218, sowie über den κομμός, ibid. 1083—1217. Im ersten Stücke weicht Verfasser in der Verteilung an die einzelnen Choreuten von Muff ab, in den beiden anderen, meint er, lasse sich nichts bestimmtes über den Vertrag aufstellen. — Nicht zugekommen sind Referenten die folgenden zwei kleinen Aufsätze.

80) A. W. Verrall, On a metrical practic in greek tragedy. In Journal of Philology XII (1883) 23 S. 136—167.

81) **Théodore Reinach**, Sur un artifice de modulation rythmique employé par les poètes grecs. In: Mélanges Graux. Recueil de travaux d'érudition classique, dédié à la mémoire de Charles Graux. Paris, Ern. Thorin. 1884. S. 225 - 230.

Zu Aesch. suppl. 418 ff., Eur. Or. 140 ff. und Arist. Acharn. 241 ff.

82) **Friedrich Haussen**, Über den griechischen Wortictus. 2. Wirkung des Wortictus beim Versbau. Rhein. Mus. f. Philol. 1882. 2 S. 258 — 261.

Die Erscheinung, daſs im iambischen Trimeter der Tragödie die zwei letzten Silben tribrachischer Wörter, abgesehen vom Versanfang, nur äuſserst selten aufgelöst werden, während das gleiche bei den Anfangssilben regelmäſsig geschieht, sei sȯ zu fassen: Stehen im iambischen Trimeter zwei Kürzen an Stelle einer den metrischen Ictus tragenden Länge, so wird zwischen diesen beiden Kürzen Wortschluſs gemieden, und bilden jene beiden Kürzen den Teil eines tribrachischen oder tribrachisch endigenden Wortes, so nehmen sie in dem Tribrachys gern die Stelle 1 und 2 ein, dagegen ungern die Stelle 2 und 3. Grund dieser Erscheinung sei, daſs man die zweite der beiden die lange Ictussilbe vertretenden Kürzen der ersten möglichst ebenbürtig zu machen bestrebt war. Denn die zweite Kürze erhält wohl einen nur etwas schwächeren Ictus, deshalb also nicht ὐ ὀ ὐ, weil dann die erste Silbe auſser durch den Versictus durch das Gewicht der Pause am Ende des Wortes verstärkt worden wäre, wohl aber ὐ ὀ, ὐ· Referent bemerkt bei dieser Gelegenheit, daſs für die alte Musik die Betonung der beiden eine lange Ictussilbe vertretenden Kürzen zweimal bezeugt ist.

83) **A. Nauck**, Kritische Bemerkungen IX. Mélanges gréco-romains tirés du bulletin de l'académie imperiale des sciences de St. Pétersbourg. Tome V. Livraison 2. St. Pétersburg 1885, Eggers u. Co. S. 93—252.

S. 208 und 209 spricht sich Verfasser in Anschluſs an Eurip. Iphig. Aul. 161 über die Beobachtung Elmsleys zu Eur. Med. S. 242 aus, wonach der Dactylus in der anapästischen Dipodie fast durchgängig nur zugelassen wird nach einem vorausgehenden Dactylus. Alle gegen dieses Gesetz verstoſsenden Dipodien unserer Überlieferung, also die Formen ᴗᴗ ı _◠ᴗ und _ ı _◠ᴗ erklärt Verfasser für fehlerhaft. Einige Contraventionsfälle hätte Referent in einsichtiger Weise behandelt, de numero anap. quaest. metr. S. 14 sqq. Daſs Verfasser findet, daſs Referents Erörterungen unvollständig wären, erklärt sich daraus, daſs Referent die Fragmente absichtlich als unsicher auſser Betracht liefs und Verfasser die fraglichen Dipodien auch in den schon etwas freier gehaltenen Systemen, wie Oed. Col. 146 ausmerzen will, womit er zu weit geht. Iphig. Aul. 161 kann ὄλβιος allenfalls als Spondeus gelten, doch ist Verfassers Umstellung οὐδείς ۱

ὄλβιος εἰς τέλος sehr ansprechend. Referent sucht jetzt auch noch weitere Ausnahmen von dieser Regel, die er früher ändern wollte, zu erklären, cf. stud. Aechyl. S. 32, nämlich ubi dactylus ab altero proximae
dipodiae dactylo excipitur, Aesch. Ag. 92. suppl. 1054. Soph. Trach.
1275, aut propter nomen proprium excusatur Aesch. suppl. 6, aut ubi
vocales facillime coalescunt, Ag. 360. Arist. vesp. 624. Nauck behandelt ein Fragment des Axionicus (= Com. 3 S. 532 M, S. 413 K) bei
Athen VIII S. 342 B νάμασιν ἅλμης statt ἅλμ. ν. und Aesch. frg. 374,
worin er mit Recht daktylisches Mafs findet.

84) E. Ruelle, Note sur la musique d'un passage d'Euripide. In:
Annuaire de l'association pour l'encouragement des études grecques en
France. 16. année. Paris 1882. S. 96—105

stellt für Eur. Orest. 140—142 auf Grund der Andeutungen des Dionysius Hal. de verb. comp. XI (vgl. vorigen Bericht No. 8 S. 302 ff.)
folgende in mixolydischer Tonart gehaltene Composition auf σῖγα σῖγα
                                                                                              E e E e
λεπτὸν ἴχνος ἀρβύλης | τίθετε μὴ κτυπεῖτ', wobei die grofsen Buchstaben
      E e F e   e f   f g g E   f F,
doppelt so grofse Noten als die kleinen bezeichnen sollen. Allein abgesehen davon, dafs die Wahl der Töne problematisch ist, laufen auch
Irrtümer unter, z. B. ist die erste Silbe in ἴχνος kurz. Vgl. auch unsern Jahresb. XLIX (1885. III.) S. 28.

85) F. V. Fritzsche, De numeris dochmiacis. III u. IV. Rostock.
Ind. lect. hib. 1884 u. aest. 1885. 6—8 u. 2—8 S. in 4.

Die, wie es schien, längst beseitigte Lehre der späteren Metriker
wird wieder verteidigt, wonach der Dochmius aus dem Antispast abzuleiten sei. Wie der Kreter Thaletas den Creticus entwickelt habe aus
der trochäischen Dipodie durch Kürzung des letzten Trochäus bis auf
eine einfache Länge, ganz so sei auch der Bacchius aus dem Antispast
entstanden, der die Verbindung eines Jambus und Trochäus sei ◡ _ _ aus
◡ _ | _ ◡. Ferner habe man den Antispast auch erweitert, indem man
den Trochäus doppelt setzte ◡ _ | _ ◡ _ ◡; und aus dieser für die συ
νεχὴς ῥυθμοποιία unerweislichen Form soll der Dochmius dadurch entstanden sein, dafs man den letzten Trochäus wieder kürzte, wie beim
Creticus und Bacchius. Dagegen wird mit Recht der Dochmius als ein
einheitlicher Rhythmus betrachtet und betont, dafs die Zerlegung desselben in Jamb und Creticus von den Rhythmikern nicht so gemeint sein
kann, wie es die römischen Grammatiker, Quint. IX, 4, 57, aufgefafst
hätten. Die Hauptstelle jedoch, die dies genauer erläutert, die bereits
oben citierte Stelle aus dem cod. Saibantianus, scheint Verfasser entgangen zu sein. In Anschlufs an den zwölfzeitigen Dochmius, den Aristides überliefert, vgl. oben unter No. 1, kommt das logaödische Versmafs zur Besprechung, für das Verfasser gleichfalls die alte Theorie der

Antispaste wieder zur Anerkennung bringen will durch Analysen, wie ⏑__⏑I_⏑⏑_ für das dritte Glykoneion. Verfasser verheifst eine weitere Darlegung hierüber bei späterer Gelegenheit.

86) **Textor**, Zur dramatischen Technik des Aristophanes. Zwei Programme des Kaiser-Wilhelmsgymnasiums. Stettin 1884 u. 1885. 31 u. 38 S. in 4.

Rec.: Berliner philol. Wochenschrift 1885 No. 21. — Philol. Anzeiger XV (1885) 7/8 S. 404—407 von Christian Muff. — Philol. Rundschau V (1885) 52 S. 1313—1322 von O. Kaehler.

In der einen Hälfte der Aristophanischen Stücke, nämlich Thesmophoriazusen, Ritter, Lysistrate und Wolken, liegt eine einheitliche Handlung vor, eins aber, nämlich die Frösche, zerfällt nach Verfassers Ansicht in zwei völlig geschiedene Haupthandlungen (doch hat nach Referents Ansicht Droysen in der Einleitung seiner Übersetzung des Stückes die Einheit dieses Stückes einleuchtend nachgewiesen); eine Analyse der fünf übrigen Stücke, Acharner, Friede, Plutos, Ekklesiazusen und Wespen, ergiebt, dafs in ihrem dramatischen Aufbau insofern ein Dualismus besteht, als eine wirklich dramatische Handlung nur immer im ersten Teile, bis zur Parabase, soweit eine solche vorhanden ist, herrscht, in der dann folgenden bunten Mannigfaltigkeit der Scenen aber kein Fortschritt der Handlung mehr zu erkennen ist, eine vom Verfasser unerklärt gelassene Beobachtung, die jedoch in der folgenden Schrift eine gewisse Bestätigung erhält.

87) Th. **Zieliński**, Die Gliederung der altattischen Komödie. Leipzig 1885, B. G. Teubner. VIII u. 399 S. in gr. 8. Mit einer lithographischen Tafel.

88) **Derselbe**, Über dorischen und ionischen Stil in der attischen Komödie. (Russisch.) Journal des Kaiserl. russ. Ministeriums der Volksaufklärung 1885. 3. Abteilung. S. 1—64. 129—176. 177—221.

Ersteres rec. Deutsche Litteraturzeitung 1885 No. 40 S. 1411 —1413 von Fr. Blass. — Litterar. Centralblatt 1886 No. 4 S. 127—131 von -g.

I. August Meineke hat eine Künstlergeschichte der attischen Komödie gegeben. Eine Kunstgeschichte derselben fehlt noch. Durch eine sorgfältige Analyse der erhaltenen Komödien will Verfasser die Momente klarstellen, die für eine geschichtliche Darstellung der Attischen Komödie mafsgebend sein sollen. Auf einen wesentlichen Teil des Werkes, in dem ziemlich kühne Hypothesen über verschiedene Bearbeitungen der Aristophanischen Komödien gegeben werden, die voraussichtlich auf Widerspruch von Seiten der Aristophaneskritik stofsen werden, verzichtet unser Referat und hält sich lediglich an die metrischen Aufstellungen über die Aristophanische Komödie. Was Verfasser mit diesen vorbereitet, ist gleichfalls noch nicht eine Kunstgeschichte der attischen Komödie, sondern nur eine Geschichte der Kunstformen derselben.

Das Aristotelische Gliederungsschema der Tragödie wird als unbrauchbar für die Komödie verworfen und als Urkern der altattischen Komödie drei charakteristische Teile herausgeschält, indem zwischen Parodos und Parabase der Agon zur Geltung gebracht wird, wie Verfasser nach Arist. vesp. 533. ran. 883 den von Westphal Metrik II S. 401 und proleg. ad. Aesch. S. 96 als Syntagma bezeichneten Teil benennt. Die Parodos, die in viel weiterem Sinne gefafst wird als gewöhnlich, in den älteren Stücken noch ziemlich einfach gehalten, später aber immer reicher gegliedert, enthält nicht nur den ersten Vortrag des einziehenden Chores, sondern sämtliche Evolutionen desselben von seinem ersten Erscheinen bis zur Einnahme eines festen Standpunktes und zieht sich öfters durch Zwischenscenen unterbrochen durch mehrere hundert Verse hin. Die Theorie der Parabase weicht von der gewöhnlichen darin ab, dafs zu dem ἐπίρρημα und ἀντεπίρρημα noch ein πνῖγος und ἀντίπνιγος angesetzt wird wegen der Nebenparabase der Eirene, wohl unnötigerweise, da dort wohl besser eine Syzygie ohne ἁπλᾶ konstatiert wird. Ferner soll die Parabase ursprünglich den Epilog der Komödie gebildet haben, in dem das παραβαίνειν und ἀποδῦναι der Choreuten ganz natürlich erklärt wird. Die Masse Trimeterscenen und die Exodos, für die sich keine kanonische Form findet, vgl. S. 187—190, sind erst später dazu gekommen. Der ἀγὼν behauptet die Stelle, wo die Handlung ihren Höhepunkt erreicht hat und das eintritt, was im Drama die Katastrophe heifst, d. i. wo der Gedanke, den die Komödie zum Ausdruck bringen will, wie in den Fröschen die höhere Bedeutung der Aeschyleischen Tragodik, zur allseitigen Anerkennung kommt; während alles übrige, was die komische Dichtung noch bietet, mutwilliges Spiel der Phantasie ist und recht gut mit den kleinen Bildern und Arabesken verglichen werden kann, mit denen die Frescomaler das Hauptgemälde umgeben. Gewöhnlich ist zwar die Form eines Streites zwischen den Vertretern der einander entgegenstehenden Ansichten gewahrt, aber manchmal ist der eine nur ein Zweifler, wie Blepyros in den Ekklesiazusen, dessen Einwendungen nur von Wifsbegierde zeugen, oder ist sogar im voraus vom Gedanken des anderen eingenommen, wie der Kuckuck in den Vögeln. Da der ἀγὼν ein wesentlicher Bestandteil der Komödie ist, so findet er sich auch in allen Aristophanischen Komödien. Nur die zweite Eirene entbehrt desselben, allein das war nach Verfasser keine regelrechte komodische Dichtung, sondern ein »Weihefestspiel«. Der Agon in seinen mannigfaltig ausgestatteten Teilen kommt zur Besprechung. Ihm pflegt eine vorbereitende Scene vorauszugehen, etwa προαγὼν zu nennen, der da, wo der ἀγὼν und die πάροδος durch keine Zwischenscene vermittelt werden, mit dem letzten Teile der Parodos zusammenfallen kann, sonst aber in iambischen Trimetern geschrieben ist. Das metrische Gebäude des eigentlichen $\dot{\alpha}\gamma\dot{\omega}\nu$ ist bis in die Einzelheiten fein ausgebildet und besteht aus zwei respondierenden Hauptteilen in folgenden Unterabteilungen: 1) $\dot{\omega}\delta\dot{\eta}$, vom Halbchor gesungen und zwar (S. 266) vom rechten Halbchor, 2) $\varkappa\alpha\tau\alpha\varkappa\varepsilon\lambda\varepsilon\upsilon\sigma\mu\acute{o}\varsigma$ vom Chorführer vorgetragen, regelmäfsig zwei anapästische oder iambische Tetrameter, deren Inhalt sich schon durch den Namen ergiebt, mit dem gewöhnlichen Anfang $\dot{\alpha}\lambda\lambda\dot{\alpha}$, 3) $\dot{\varepsilon}\pi\acute{\iota}\rho\rho\eta\mu\alpha$ (gewöhnlich anfangend $\varkappa\alpha\grave{\iota}$ $\mu\dot{\eta}\nu$) eine ununterbrochene Folge von Tetrametern meist anapästischen oder iambischen Taktgeschlechts, wovon nur nub. 1415 eine Ausnahme bildet, wo in einer Parodie ein Trimeter erscheint, der darum nicht zu entfernen ist; wogegen ibid. 1085—1088 die vier Trimeter am Ende des $\dot{\varepsilon}\pi\acute{\iota}\rho\rho\eta\mu\alpha$ in Dimeter zu zerlegen und dem folgenden Teile zuzuweisen sind, 4) $\pi\nu\tilde{\iota}\gamma o\varsigma$ ein Hypermetron in demselben Mafse wie das $\dot{\varepsilon}\pi\acute{\iota}\rho\rho\eta\mu\alpha$, 5) $\dot{\alpha}\nu\tau\omega\delta\dot{\eta}$ im Versmafs mit der $\dot{\omega}\delta\dot{\eta}$ identisch, vom andern Halbchor gesungen, 6) $\dot{\alpha}\nu\tau\iota\varkappa\alpha$-$\tau\alpha\varkappa\varepsilon\lambda\varepsilon\upsilon\sigma\mu\acute{o}\varsigma$, wie die entsprechende Partie des ersten Teiles immer zwei Tetrameter, vom andern Halbchorführer vorgetragen, mit dem gewöhnlichen Eingange $\dot{\alpha}\lambda\lambda\dot{\alpha}$, 7) $\dot{\alpha}\nu\tau\varepsilon\pi\acute{\iota}\rho\rho\eta\mu\alpha$, häufig mit $\varkappa\alpha\grave{\iota}$ $\mu\dot{\eta}\nu$ anfangend, in anapästischen oder iambischen Tetrametern, dem $\dot{\varepsilon}\pi\acute{\iota}\rho\rho\eta\mu\alpha$ entsprechend; doch so, dafs auch anstatt der Anapästen des ersten Teiles hier iambische Tetrameter eintreten, 8) $\dot{\alpha}\nu\tau\acute{\iota}\pi\nu\iota\gamma o\varsigma$ im Metrum des vorhergehenden Teiles; in demselben ist, ebenso wie im $\pi\nu\tilde{\iota}\gamma o\varsigma$, die Binnenkatalexis unzulässig; zwei Fälle, die dagegen sprechen, sind zu ändern, ran. 1088 $\dot{\upsilon}\pi$' $\dot{\alpha}\gamma\upsilon\mu\nu\alpha\sigma\acute{\iota}\alpha\varsigma$ $\tau\tilde{\omega}\nu$ $\check{\varepsilon}\tau\iota$ $\nu\upsilon\nu\acute{\iota}$ (?) 21 Verse gegen die gleiche Anzahl im $\pi\nu\tilde{\iota}\gamma o\varsigma$, und Lysistr. 602, wo wohl eher $\lambda\alpha\beta\grave{\varepsilon}$ $\tau\grave{o}\nu$ $\sigma\tau\acute{\varepsilon}\varphi\alpha\nu o\nu$ unter Ausscheiden von 604 zu lesen ist, sodafs je neun Reihen entstehen. 3 und 4 sowie 7 und 8 werden von Schauspielern ohne Einmischung des Chors vorgetragen, natürlich unter Musikbegleitung, die übrigen bisher genannten Teile sind bereits als Chorleistungen bezeichnet. Häufig kommt nun noch hinzu 9) $\sigma\varphi\rho\alpha\gamma\acute{\iota}\varsigma$, vier Tetrameter, die das Urteil enthalten oder 10) das $\dot{\varepsilon}\pi\iota\rho\rho\eta\mu\acute{\alpha}\tau\iota o\nu$, eine kurze Schlufsrede der beiden Gegner zu je drei Trimetern, vgl. auch S. 238 Anmerk., wo auch an anderen Stellen ähnliche $\dot{\varepsilon}\pi\iota\rho\rho\eta\mu\acute{\alpha}\tau\iota\alpha$ nachgewiesen werden.

Für die drei Hauptteile der alten Komödie ist die für den $\dot{\alpha}\gamma\dot{\omega}\nu$ so eben ausführlich geschilderte epirrhematische Composition unzweifelhaft, sogar auch in der seltenen Agonistenparodos equ. 1316 — 1334. Dieselbe findet sich auch in den übrigen Scenen, die sich im Laufe der Zeit an den alten Kern ansetzten. Den Prolog zwar giebt Verfasser ganz frei und auch ein Teil der Trimeterpartien zeigt ihm entschieder die epeisodische Gliedernng in Stasima und Dialogpartien, wie die Tragödie, aber eine gründliche Zergliederung sämtlicher Aristophanischer Stücke in ihre einzelnen Bestandteile S. 195 — 216 ergiebt auch eine gröfsere Anzahl Syzygien, S. 213—215 zusammengestellt, d. h. eine symmetrisch und eurythmisch angeordnete Vereinigung von $\dot{\omega}\delta\dot{\eta}$ und $\dot{\alpha}\nu\tau\omega\delta\dot{\eta}$ sowie $\dot{\varepsilon}\pi\acute{\iota}\rho\rho\eta\mu\alpha$ und $\dot{\alpha}\nu\tau\varepsilon\pi\acute{\iota}\rho\rho\eta\mu\alpha$, meist in der Form a b = a b oder b a = b a, besonders zahlreich in den älteren und mittleren Stücken. Eigentliche Epeisodia kommen überhaupt nur nach der Parabase in der zweiten Hälfte des Dramas vor. Diese Syzygien sind ihrem Inhalte nach entweder wirkliche Parallelscenen: Ach. 347—392. 1000—1060 u. s. w. S. 221 oder das ἀντεπίρρημα enthält einen Fortschritt in der Handlung dem ἐπίρρημα gegenüber, jedoch so, dafs in beiden die Handlung einen gemeinsamen Gegenstand hat, der uns die Syzygie als etwas einheitliches empfinden läfst, wie Vorbereitung zum Opfer und Gebet pac. 922 —1038, av. 801—902 u. a. S. 222. Überall, wo die Zweiteilung des Stoffes irgendwie möglich war, zog der Dichter die epirrhematische Composition der epeisodischen vor. Wo er dies trotzdem nicht thut, wie ran. 1120—1260 (Musterung der Prologe und Mele des Euripides und Aeschylos) u. a. S. 221, da waren es technische Gründe, die ihn abhielten. Das streng gebaute ἐπίρρημα nämlich durfte nicht durch andersartige Bestandteile unterbrochen werden, wie die in Epeisodien häufig eingestreuten ἀμοιβαῖα oder andere melische Partien. Sowie endlich die Epeisodien Eingang in die Komödie fanden, so konstatiert auch Verfasser tragische Syzygien und zwar sowohl in Chorgesängen, besonders in der Parodos, Ant. 100. Prom. 128. Aias 221. Philoct. 135. Oed. Col. 117, aber auch in der Exodos Eum. 916 und im Stasimon Alc. 861. Andr. 501, ebenso im Threnos Ag. 1448. Choëph. 306. Ant. 801 u. a. in vier Variationen, sondern auch in den Dialogpartien sept. 369—719, wo die zweimal drei Trimeter im Eingang als ἐπιρρημάτιον gefafst werden; Eum. 778 (beide Abschnitte übereinstimmend mit Referents Vorschlägen s. No. 75), Ag. 1407. Phil. 220 - 514. Oed. Col. 800 - 891, wo die vier Tetrameter des Theseus als σφραγίς genommen werden, endlich Hippol. 362—678, wo sogar ein volles Stasimon eingeschoben ist. Ferner findet Verfasser diese Compositionsart in dem Phalloslied Ach. 263, in dem Chelidonizontenlied (Bergk, poët. lyr. graec. III, S. 671), in dem von Catull übersetzten Hymenaeus, ja auch schon im Threnos der Hecuba und Helena um Hektor Il. Ω, 748, wogegen ihm der vorausgehende Threnos der Andromache ein ἁπλοῦν ist.

II. Im zweiten das Moment der Choreutik behandelnden Teile wendet sich Verfasser zunächst mit Glück besonders gegen R. Arnoldts und O. Henses Theorie von Halbchor- und Einzelvortrag der Chorlieder. Selbst Stellen, wo Anreden an einzelne Choreuten mit Namensnennung vorkommen. sprechen noch nicht für Einzelvortrag aller Choreuten, sondern können recht gut z. B. vom Chorführer vorgetragen sein, wie eine gleiche Anrede des Demosthenes vesp 242ff. beweist. Aufserdem giebt es nur ein sicheres Anzeichen für den Vortrag durch einen Einzelchoreuten, nämlich wenn der Chor antistrophisch durch einen Agonisten vertreten wird, wie in den Gephyrismoi der Fröscheparodos. In der epirrhematischen Composition fallen die ἐπιρρήματα dem Einzelvortrag zu, die Oden aber gehören dem Chore und zwar die ᾠδή dem rechten

Halbchor, die ἀντῳδή dem linken, eine Verteilung, für die besonders av. 353 angezogen wird. In der Parodos und Parabase der Lysistrate erscheint sogar der Männerhalbchor sowie der Frauenhalbchor in je zwei Viertelchören in der Orchestra vermittelst einer Aufstellung, die Verfasser in sehr sinniger Weise ausfindig macht S. 271. Für die Tragödie nimmt Verfasser durchweg Gesamtchorvortrag an, nach Referents Ansicht im allgemeinen mit Recht, doch geht er offenbar bei Verfolgung seines Princips im Eifer der Polemik gegen Christ, Muff und Hense zu weit, wenn er z. B. Wechselgesang bei Aeschylos leugnet. Nicht unmöglich ist Verfassers Annahme, dafs aufser in den Schlufsgesängen der Aeschyleischen Schutzflehenden und der Eumeniden, wo Doppelchöre anerkannt sind, auch in der Exodos der Sieben ein Nebenchor der Propompen sich zum Hauptchore geselle.

Um die Vortragsweise der einzelnen Teile zu ermitteln, geht Verf. von den zwei Sätzen aus, dafs Verschiedenheit des Vortrags mit verschiedener metrischen Behandlung im Zusammenhang stehe und nach der Bedeutung der Wörter die Epirrhemata im betreff des musikalischen Vortrags mindestens eine Stufe unter den Oden stehen. Richtig werden für die iambischen Trimeter drei verschiedene Gestalten angenommen, die sich nach Verfasser auch sämtlich in der Komödie vertreten finden, nämlich aufser den gewöhnlichen komischen auch lyrische ohne Auflösungen und Anapästen, häufig in den vom Verfasser ionisch genannten Strophen, und tragische mit Auflösungen, aber ohne Anapästen, die der Chor ausnahmslos in den Epirrhemata braucht, wie Verfasser S. 293 ff. erweist; das gleiche gilt auch vom iambischen Tetrameter, vgl. Westphal, Metrik II² S. 495, während der trochäische Tetrameter nur die Behandlung als lyrischer und epischer Vers erleidet, die Anapästen nur eine, nämlich die epische. Aus diesen Unterschieden folgert nun Verfasser, dafs der iambische Tetrameter als lyrischer Vers dem Kunstgesang angehört, als chorisch-epischer dem Recitativ, der dialogische aber dem Melodram. Denn dafs auch der letztere nicht rein deklamatorisch vorgetragen wurde, bezeugt das alte schol. ad nub. 1352 τοῦ ὑποκριτοῦ διατιθεμένου τὴν ῥῆσιν ὁ χορὸς ὠρχεῖτο, also gehörte zu diesem iambischen und, wie der Wortlaut der ἀντῳδή des Lysistrateagons beweist, auch zu dem anapästischen Tetrameter Chortanz und Musikbegleitung. Unbewiesen aber ist Verfassers Annahme, es habe bei Chortetrametern allemal der nicht am Vortrag beteiligte Halbchor den Tanz ausgeführt. Wenn sich hierüber überhaupt etwas näheres feststellen läfst, so könnte nur die Stelle Lys. 539—542 herangezogen werden, die eher für das Gegenteil spricht. Der komische Trimeter gehört der ψιλὴ λέξις an; der tragische dagegen ist nach Verfasser begleitetes Recitativ. Der musikalische Vortrag der Trimeter der Tragödie steht zwar auch für Referenten fest, vgl. vorigen Bericht S. 373. Allein man sieht nicht ein, weshalb Verfasser das Melodram ganz ausschliefst. Denn selbst bei gleicher metrischer Behandlung ist ein verschiedener musikalischer Vortrag gewifs möglich. Und von dem tragischen Trimeter ist uns dies klar bezeugt durch die vielbesprochene Plutarchstelle de mus. cap. 28. Für Gesang d. h. in diesem Falle doch Recitativ zeugt der Ausdruck ᾄδειν und ebenso die zwei vom Verfasser angeführten Aristophanesstellen Ach. 1184, nub. 1371, allein der andere Ausdruck λέγειν πρὸς κροῦσιν vom Recitativ statt vom Melodram zu verstehen verbietet doch der Gegensatz zwischen λέγειν und ᾄδειν und Westphals Erkärung (Geschichte der Musik S. 117 und sonst) trifft das Richtige. Verfasser findet auch das Seccorecitativ d. h. das unbegleitete Recitativ in der Komödie angewandt und weist ihm die Commatia der Parabasen zu; die Stellen, aus denen er diese Vortragsweise folgern will, machen sie allerdings wahrscheinlich, beweisen sie aber nicht unbedingt; av. 202 ff., 676 ff. Sicher ist das begleitete Recitativ für die Tetrameter der Tragödie; das beweist eine Aeschylusstelle, was Verfasser entgangen ist, nämlich Pers. 157. Denn die Tetrameter ὦ βαθυζώνων ἄνασσα Περσίδων ὑπερτάτη u. s. w. werden einer Aufforderung des Koryphaios gemäfs (πάντας μύθοισι προσαυδᾶν) vom Gesamtchor und deshalb sicher nicht melodramatisch, sondern mindestens recitativmäfsig vorgetragen.

Für unerwiesen hält Referent die im dritten Abschnitt vorgetragene Hypothese, dafs die Er rhythmie nicht blofs für jeden einzelnen Chorgesang, sondern für die gesamten Compositionen desselben Stückes ein festes Gesetz war. Denn dasselbe läfst sich nur erweisen durch verschiedene Hypothesen über Diaskeue einzelner Aristophanischer Komödien, über die zu urteilen wir der Fachkritik überlassen, ferner durch eine Trennung von sog. ionischen und dorischen Chorgesängen. Nur in den Acharnern erscheint der päonische Rhythmus durchaus herrschend. Eine Verquickung aber von Päon, Anapäst und Ditrochäus, wie sie Verfasser annimmt, ist höchst problematisch, ebenso die Messung des Päon in Stellen wie av. 333. vesp. 410 u. a. auf S. 331 ff., ferner auch, um das gelegentlich zu erwähnen, die Messung (S. 329) des Anfangs der ʻRhadinaʼ oder die Schmidtʼsche Auffassung der sog. ʻpseudo-trochäisch-päonischenʼ Tetrameter S. 143 Anm. und die Erklärung der καταλογή S. 314.

Anerkennung verdient wieder der letzte Abschnitt über die Sym· metrie, der endlich einmal einen Fortschritt in dieser Frage aufweist, auf die schon so viele Mühe ohne jede Frucht verwandt ist. Der Verfasser schreckt selbst bisweilen fast zurück, vgl. S. 355, vor den Consequenzen der von ihm gefundenen Ergebnisse, und es läfst sich noch gar nicht übersehen, wie weit diese die griechische Tragödie berühren, für welche z. B. die vom Verfasser richtig gewürdigte Symmetrie der sieben Redepaare in den Aeschylischen Sieben in einem übereinstimmenden Versuch bis in die kleinsten Gliederungen verfolgt in No. 75 vorliegt, oder für das römische Drama. So erscheinen jetzt Referents

Aufstellungen über Plautinische Scenen in den Zittauer Gymnasialpro-
grammen 1876 und 1877 nicht mehr in solcher »Inselhaftigkeit« als
bisher. Mutet uns doch jetzt, verglichen mit sept. 356—358 = 359—361
S. 231 und den ἐπιρρημάτια der Komödie des Eingangsepirrhemation im
miles ganz anders an und es folgen dann auch ebenso regelrecht nach
den griechischen Vorbildern gebaute Syzygien in der Form a b a b oder
a b b a, und der Tetrametermonolog des Gripus (Rud. 920—935) bildet
eine richtige Pericope von vier tetrastichischen Strophen. So zeigt sich
der von einem verdienten Plautuskritiker als schwerer »Irrtum« ver-
worfene Versuch doch zuletzt als ein nicht ganz zu verachtendes Moment, worauf hier gelegentlich mit hingewiesen sein mag. In einem Fall
wäre uns die Symmetrie durch gute Überlieferung bezeugt, wenn C und
D nach Trin. 862 statt in der Mitte am Ende des Satzes einen Zwischenraum lassen; und darin besteht wohl der 'error' der Handschriften. Denn
es scheint, dafs, wie dieselben Handschriften zu 301 den Übergang vom
Canticum zur stichischen Composition mitten in der Scene durch das
gleiche Mittel bezeichnen, vgl. auch Most. 407. Cist. III, 1, 9, so auch
hier das Ende der Syzygie und der Anfang der gewöhnlichen stichischen
Composition notiert werden sollte. Denn die vorausgehenden Verse 843
—862 enthalten eine treffliche, ganz nach alter Technik gebaute Tetra-
metersyzygie der Form a b a b, wobei a aus je zwei tetrastichischen
Strophen' des Sycophanten und b aus je zwei Tetrametern des Charmides besteht, wie sie bereits Referent im Zittauer Osterprogramm 1876
S. 32 zum Abdruck gebracht hat.

Verfasser sucht zunächst mit anerkennenswerter Consequenz das
Princip der epirrhematischen Composition bis zur strengsten Anerkennung für die Aristophanischen Komödien zu bringen. Und wenn er dabei
nach Referents Ansicht vielfach über das rechte Ziel hinausschiefst, so
bleibt ihm jedenfalls das Verdienst, grofse über Hunderte von Versen
sich erstreckende Scenen im kunstvollen mit Musik und Tanz oder Marsch
begleiteten Dialog als symmetrisch erwiesen zu haben, ein Ergebnis, das
Referent um so freudiger begrüfst, als er gleichzeitig mit Verfasser nach
den gleichen Grundsätzen symmetrische Gliederung in mehreren hundert Aeschyleischen Dialogversen aufgestellt hat, so besonders Eum. 811
—916. sept. 356—617, vgl. No. 75. Im einzelnen bleibt noch vieles
streitig. Die tetradische Gliederung der Epirrhemata der Parabasen ist
wohl nicht mehr zu bezweifeln. Wenn Verfasser dieselbe Gliederung in
denen der Parodos und des ἀγών verlangt, so ist das ein glücklicher
Gedanke, ebenso, dafs er nicht so weit geht, in jedem Falle auch die
gleiche Verszahl zu fordern, sondern für die Parodoi und die Agone annimmt, dafs zwar gewöhnlich die Epirrhemata gleich waren, aber auch
das eine um eine Pericope von vier tetrastichischen Strophen gröfser
sein könnte. Weniger einleuchtend ist die Pausentheorie, wonach überall
da, wo die Anzahl der Verse nicht genüge eine Pericope vollzumachen,

8*

Pausen von 1—3 und mehr Tetrametern angesetzt werden. Verfasser glaubt zwar, das sei keine Hypothese von ihm, sondern eine durch Aristophanes gegebene Thatsache, und er malt sich auch allerliebst den Effekt aus: Die Musik respektiert die Pause, der Flötenbläser hält inne, die Choreuten bleiben plötzlich wie festgebannt auf einem Beine stehen. Allein es ist dies reine Hypothese, da die angezogenen Stellen, selbst ran. 1020, Lysistr. 590 eine solche Pause nicht notwendig erfordern. Und verfehlt ist die Annahme für nub. 314—438 und av. 268—386, dafs der epirrhematische Teil durch die Oden nicht gegliedert, sondern unterbrochen worden sei in der Form 12 $\dot{\omega}\delta\dot{\eta}$ 7 $\dot{\alpha}\nu\tau\omega\delta\dot{\eta}$ 125 = 144 Tetrameter = neun Pericopen und 54 $\dot{\omega}\delta\dot{\eta}$ 7 $\dot{\alpha}\nu\tau\omega\delta\dot{\eta}$ 35 = 96 Tetrameter oder 6 Pericopen. Es waren diese Stellen lieber unerledigt zu lassen, da doch, um ein Wort Ritschls zu gebrauchen, ein Princip nicht gleich zu Tode geritten werden mufs. In einem andern Punkte dagegen ist Verfasser in der Verwerfung von Responsion viel zu weit gegangen. In den Trimetersyzygien nämlich will er gar keine Symmetrie anerkennen, im allgemeinen wohl mit Recht, finden sich doch in einzelnen derselben sogar längere Abschnitte in Prosa. Allein für eine wird uns die Entsprechung in gleicher Verszahl durch ein altes Zeugnis bestätigt, d. i. die Trimetersyzygie 922 ff. $\check{\alpha}\gamma\varepsilon$ $\delta\dot{\eta}$, $\tau\dot{\iota}$ $\nu\tilde{\omega}\nu$ und 956 ff. $\check{\alpha}\gamma\varepsilon$ $\delta\dot{\eta}$, $\tau\dot{o}$ $\varkappa\alpha\nu o\tilde{\nu}\nu$, die Parallelscenen enthalten. Das Zeugnis stammt von Heliodor, vgl. O. Hense, Heliodor. Unters., Leipzig 1870 S. 72; nur versah es Hense darin, dafs er v. 973 nicht von der Syzygie abtrennte und deshalb dem Zeugnis zu liebe eine ganz unwahrscheinliche Athetese vornahm. Vers 973 correspondiert aber mit 1016 und hat nichts mit der Syzygie gemein.

Das ganze Werk schliefst mit einem Mifston, nämlich mit einer Verurteilung der sog. grofsen Responsion Oeris; in dieser stimmt zwar Referent mit dem Verfasser überein, vgl. vorigen Bericht S. 290. 370 ff.; allein da Oeri und seine Genossen, so grofs auch bisher ihr Eifer war, schon seit 1882 nichts derartiges mehr veröffentlicht haben, ist es ein überflüssiges Raisonnement. Wollte dagegen Verfasser mit Oeris Namen schliefsen, so wäre ein Hinweis auf dessen frühere Leistungen im Aristophanes am Platze gewesen, besonders auf Jahrb. für Philol. 1870 S. 353 ff., wo nicht blofs einige, sondern ziemlich viele der Zielinskischen epirrhematischen Kompositionen und Syzygien bereits nachgewiesen sind.

VI. Der saturnische Vers der Römer.

89) F. E. Korsch, De saturnio latinorum versu, Aufsatz in der russischen Zeitung des Ministeriums der Volksaufklärung, Petersburg 1882, April.

ist Referenten unbekannt geblieben.

90) Otto Keller, Der saturnische Vers als rhythmisch erwiesen. Leipzig, Freytag, 1883. II u. 83 S. in 8.

Der Saturnier der Römer ist bereits in unserm vorigen Bericht (XXXVI, S. 387—398) in Anschlufs an die Werke von Havet, Boissier und Ramorino ausführlich besprochen worden, aber auch in diesen letzten Jahren ist er Gegenstand vielfacher Erörterungen gewesen, sowohl in mehreren selbständigen Werken als auch in einer grofsen Anzahl von Besprechungen über dieselben, von denen einige selbständigen Wert haben; besonders die Frage über die rhythmische Geltung des fraglichen Verses ist neuerdings sehr verschieden angefafst worden, ohne dafs Referent in seiner Ansicht, vgl. vorigen Bericht S. 395 ff., erschüttert worden ist, siehe zu No. 96 am Ende. Der Saturnier » rhythmisch erwiesen « ist eine Hypothese, die Keller durch keinen zwingenden Beweisgrund nach streng philologischer Methode gestützt hat. Der Vers soll durchaus als accentuierender aufzufassen, die Quantität dagegen völlig gleichgiltig, sein Schema folgendes sein: dábunt málum | Mételli ‖ Naévio | poétae, das noch einige Variationen zuläfst, wie _ ◡ ◡ _ ◡ | ◡ _ ◡ ‖ _ ◡ _ ◡◡ _ ◡ mit zwei unbetonten Kürzen oder gar im zweiten Teile ‖ _ ◡◡ _ ◡◡, ja _ ◡ _ ◡ | ◡◡ _ ◡‖ _ ◡◡ _ ◡ _ ◡ mit drei unbetonten Kürzen, dagegen durften nie zwei Tonsilben zusammenstofsen, Verse wie Samnio cepit zeigten vielmehr die Beschränkung der zweiten Hälfte auf zwei Tonsilben.

91) Fel. Ramorino, Ad O. Kelleri opusculum quod inscribitur. Der saturnische Vers rhythmisch erwiesen. excursus. Rivista di Filologia. Anno XII (1883) S. 181—195

stimmt Keller bei, nur wird als Inkonsequenz Kellers hervorgehoben, dafs er Naévió poétae, Filiós Barbáti u. ä. mit drei Icten ansetzt gegen die lateinischen Betonungsgesetze, und deshalb einer Messung, wie Naévio poétae u. s. w. mit nur zwei Icten und ganz unwahrscheinlichen Synizesen der Vorzug gegeben, ja in Versen wie régibus ·subigúndis werden sogar zwischen den zwei Icten vier unbetonte Silben wegen der flüchtigen Natur derselben noch erträglich befunden. Doch erkennt Ramorino in Übereinstimmung mit seiner früheren Ansicht (vgl. vorigen Bericht No. 72), wenigstens auch metrische d. h. quantitierende Saturnier an, die in späterer Zeit unter dem Einflufs der griechischen Poesie entstanden sein sollen, und glaubt dadurch den Grammatikerzeugnissen gerecht zu werden; allein trotzdem bleibt in Ramorinos Deductionen unerklärt, wie plötzlich statt der zwei in jedem Hemistich angenommenen Icten drei oder gar vier entstehen konnten. Denn unglaublich ist, was Ramorino annimmt, dafs dies sämtlich Analogiebildungen wären, daraus zu erklären, dafs man in Versen wie Naevio poëtae, flaminis gessistei aus Mifsverständnis infolge der Quantität der Worte zu drei Icten gekommen wäre.

92) **Rud. Westphal**, Recensionen von No. 90 u. 91 in Berliner
philol. Wochenschrift 1884 S. 1334 — 1337, desgleichen in Göttiug.
gelehrt. Anzeigen 1884 No. 9 S. 340—352.

Westphal hatte Metrik II² S. 36 ff. verschiedene altlateinische allitterierende carmina als accentuierende Poesien genommen, aber den Saturnier noch als prosodierendes Metrum von acht Takten gefafst. Keller
hat ihn seitdem überzeugt, dafs auch im Saturnier die Quantität keine
Rolle spiele, an der Unterdrückbarkeit der Senkungen hält er gegen
Keller fest und sucht dadurch das catonische carmen (Metrik II² S. 38)
und ähnliches einzureihen.

93) **Hugo Gleditsch**, Recension von No. 90 in Wochenschrift
f. class. Philologie I, 2 S. 42—48
findet im Saturnier einen quantitätslosen Vers von trochäischem Rhythmus mit vier Hebungen in beiden Gliedern und unterdrückbaren Senkungen: Dábunt málum Métellí ┊ Naévió poétaé. Eórum séctam séquun-
túr ┊ múlti mórtálés, vgl. desselben Metrik S. 579 (s. No. 13).

Andere Recensionen von Kellers Werk: Fleckeisens Jahrbücher
1883 S. 423—428 von G. A. Saalfeld (zustimmend); — ferner: Litt Cen-
tralblatt 1883 No. 50 S. 1759. — Correspondenzblatt f. württemb. Schulen
XXXI, 9. 10 S. 470 u. 471 von Bender; — abfällig besonders Deutsche
Litt. Zeitung 1883 No. 43 S. 1505 ·- 1506 von F. Leo. — Philol. Anzeiger 1883 S. 423—428 von Karl Sittl. — Philol. Rundschau 1884 No. 3
S. 92 — 99 von Johann Huemer. — Revue de philologie IX (1885) 2
S. 144 — 148 von H. F. Karsten, der besonders durch Westphals bei-
stimmende Besprechungen veranlafst, die schwache Grundlage für die
Annahme unprosodischer Saturnier und die Inkonsequenzen, zu denen
dieselbe führt, darlegt. Neuerdings hat Kellers Annahme tiefer zu begründen versucht

94) **Rudolf Thurneysen**, Der Saturnier und sein Verhältniss
zum späteren römischen Volksverse. Halle, Max Niemeyer. 1885.
63 S. in 8.

Thurneysen hebt 30 inschriftlich und 69 handschriftlich überlieferte
saturnische Verse als besonders sicher aus und sucht vielfach in Übereinstimmung mit Keller zu erweisen, dafs dieselben nach dem Wortaccent gebaut seien. Als Träger des Accentes kann ihm eine kurze
Silbe ebenso stehen, wie eine lange; doch können für eine betonte oder
dem Accent vorausgehende Silbe zwei Kürzen eintreten. Jeder Saturnier
enthält fünf Hauptaccente, den ersten immer auf der ersten Silbe; auch
die Stelle des dritten und fünften ist geregelt, die des zweiten und
vierten frei. Bei längeren Worten oder Wortkomplexen kann einer derselben von einem Nebenaccent vertreten sein; einsilbige Wörter können
nur im Anfang des Verses den Accent tragen. — Durch eine kräftige

Hauptsäsur entstehen zwei Halbverse, der erste mit drei, der zweite mit
zwei Versaccenten, wobei fünfsilbige Wörter oder Wortkomplexe doppelt
betont genommen werden, ebenso viersilbige einen Diiambus oder Ditrochäus bildende. Jeder Halbvers ist durch schwächeren Einschnitt in
zwei Versteile gespalten. Elision ist über die Nebencäsur erlaubt, über
die Hauptcäsur nicht. Die Nebencäsur wird nur vernachlässigt bei fünf-
und mehrsilbigen Wörtern, auch bei viersilbigen aufser bei denen von
dem Schema ◡ ◡ _́ ◡ und ◡́ ◡ ◡ ◡́ dann, wenn sie unmittelbar vor der
Hauptcäsur stehen. Der erste Teil des ersten Halbverses, die
Eingangsdipodie enthält aufser dem feststehenden Accent auf der ersten
Silbe gewöhnlich einen zweiten Accent auf der dritten, manchmal aber
auch auf der zweiten oder vierten; gewöhnlich besteht er aus vier Silben,
die durch Auflösungen auf fünf und sechs steigen können; nur selten tritt
an Stelle der zwei ersten Silben ein einsilbiges vollbetontes Wort, einmal besteht auch dieser ganze Teil nur aus einem dreisilbigen Worte
aétáte. — Der zweite Teil des ersten Halbverses ist immer drei-
oder viersilbig in den Formen ◡́◡◡ | ◡́ ◡ oder ◡́ ◡ ◡ ◡́. — Der erste Teil
des zweiten Halbverses mit dem vierten Hauptaccent ist am freisten
behandelt, er ist zwei- bis viersilbig, meist ◡́ ◡ _, doch auch ◡́◡◡ ◡ mit
und ohne Auftakt (◡) und zwar mit demselben immer, wenn der letzte
Versteil nur zweisilbig ist. Dieser ist nämlich gleichfalls zwei- bis
viersilbig, wenn der vorhergehende Teil nur zwei Silben enthält, mindestens dreisilbig; der Accent darf sich nicht weiter als zwei Moren von
der Endsilbe entfernen; also ◡́◡◡ | ◡́◡◡ ◡́. Zu diesen Regeln stimmen
von den 99 als sicher herausgehobenen Versen 8 · 9 nicht, leidlich die
spätesten inschriftlich gesicherten Saturnier, die Grabschrift des M. Caecilius C. I. L. I, 1006 aus dem 7. Jahrhundert der Stadt; dagegen fast
gar nicht die Musterverse der römischen Metriker, deren Theorie sicher
auf Caesius Bassus und Varro, ja vielleicht noch über letzteren zurück-
reicht, vgl. folgende Nummer; allein darin findet Verfasser gerade ein
sicheres Anzeichen, dafs er wesentliche Eigentümlichkeiten der alten
Saturnier aufgedeckt habe. Für Referenten ist aber die bunte Mannigfaltigkeit, welche die 90 vom Verfasser ausgehobenen und konsequent
nach dem accentuirenden Prinzip zerlegten Saturnier zeigen, ein nicht
zu verachtender Beweis für das Gegenteil von dem, was Verfasser erweisen will, nämlich dafür, dafs der Accent es eben nicht sein kann,
nach dem der Saturnier gemessen wurde.

Dadurch endlich, dafs man bei Feststellung der Regel, wonach
Versictus und Wortaccent zusammenfallen mussten, die Vorschrift aus
der griechischen Kunstpoesie herübernahm, dafs nicht mehr eine einfache
Kürze, sondern nur eine Länge oder Doppelkürze den Versictus trage,
entstand nach Verfassers Vermutung aus dem alten Saturnier der seit
Caesars Zeit (Sueton. Caes. cap. 80) überlieferte römische Volksvers,
dieser aber wurde wieder der Vater der spätlateinischen Rhythmen und

romanischen Versarten, oder er hat wenigstens, wenn Wilh. Meyer (vgl.
No. 35) mit seiner Herleitung des rhythmischen Versbaues aus der semitischen Dichtung Recht hat, die Adoptierung der östlichen Dichtungs-
form erleichtert.

95) Eugène Misset, Le rhythme du vers saturnien. Sonderabdruck aus der Revue 'lettres chretiennes', Lille und Brügge. 1881
ist Referenten nur aus einer Erwähnung durch L. Müller (No. 96 S. 27)
bekannt, der er entnimmt, dafs der französische Gelehrte den Saturnier
gleichfalls rhythmisch fafst und der Ansicht ist, dafs derselbe den Versictus stets auf betonter Silbe und zwar auf der ersten, dritten, sechsten
und vorletzten, die Cäsur hinter der vierten und siebenten Silbe habe.

96) Lucian Müller, Der saturnische Vers und seine Denkmäler.
Leipzig, B. G. Teubner. 1885. VIII und 176 S. gr. 8. — Vgl.
desselben, Quaestionum Naevianarum capita tria. Journal des K.
russ. Minist. der Volksaufklärung. Januarheft 1884 und Q. Euni reliquiae. Petersburg 1885. S. XXXV.

Dieser Schrift gebührt das Verdienst allen den im vorhergehenden
erwähnten Hypothesen gegenüber den streng quantitierenden Charakter
des Saturniers wieder glücklich verfochten zu haben. Der Wortaccent
tritt nach Müller im Saturnier gegen den Ausdruck der Länge zurück,
der saturnische Vers ist durchaus quantitierend und steht durch Strenge
der Metrik und Prosodie sogar den Annalen des Ennius weit näher als
den Komödien des Plautus; seine Gesetze sind folgende. Das gewöhnliche
Schema der alten Grammatiker ist zu grunde zu legen. Die Hebung
kann durch zwei Kürzen ersetzt werden, doch dürfen diese nicht auf zwei
Wörter verteilt werden, was die scenischen Dichter gestatteten, und nicht
Schlufssilben von daktylisch oder tribrachisch ausgehenden Wörtern sein.
Unauflösbar ist die dritte Hebung, wenn nach ihr die Hauptcäsur eintritt, was jedoch nur in schlechten inschriftlich erhaltenen Versen vorkommt, unauflösbar auch die zweite und fünfte Hebung, wenn die folgende Senkung unterdrückt ist. Die Unterdrückbarkeit der Senkungen
beschränkt auch Verfasser auf die vorletzten der beiden Hemistichien, eine Erscheinung, die er darauf zurückführt, dafs die vorletzte
Senkung der beiden kleinen Verse, wie das Beispiel der Griechen und
römischen Daktyliker zeigt, als besonders für die Kürze bestimmt
und deshalb leichter zu unterdrücken schien, während durch Unterdrückung der ersten Senkung der trochäische, resp. iambische Charakter
entstellt worden wäre. Überall aber können die Senkungen beliebig lang
oder kurz sein, nur vermeidet man den Vers aus lauter Längen zu bilden und hält gern den ersten Trochäus nach der Hauptcäsur rein. Der
Spondeus erscheint dort fast nur zur Compensation der unterdrückten
vorletzten Senkung mŭltī mŏrtālēs. Gern steht an dieser Stelle ein kre-

tisches Wort, besonders gemieden wird ein molossisches (vgl. dasselbe
Gesetz bei den dramatischen Dichtern No. 97). Abgesehen vom Schluſs des
ersten und zweiten Hemistichs kann die Senkung auch durch zwei Kürzen
gegeben werden, jedoch mit denselben Beschränkungen, wie bei den aufgelösten Hebungen. Arsis und Thesis zugleich werden nicht aufgelöst;
selbst der Tribrachys für Jambus erscheint (wohl nur zufällig) erst bei
Varro. Die Cäsuren bestimmt Verfasser in der bisherigen Weise. Nur
ist der Gebrauch des Einschuitts nach dem dritten Jambus blofs in den
nachlässig gehaltenen Inschriften (s. unten) nachzuweisen, eine Beobachtung, die Referenten besonders wichtig erscheint, weil dadurch der letzte
Anhalt für die Ansetzung von nur drei Icten fällt, vgl. unten. — Als
Grund für die sog. caesura Korschiana gilt Verfasser das Streben nach
möglichster Verschiedenheit des poetischen Rhythmus von der grammatischen Betonung, ein Streben, das bei den beiden ersten Jamben besonders angebracht war, da sonst überall Übereinstimmung zwischen den
beiderseitigen Accenten von selbst sich ergab. Doch sind darum Saturnier, die kein Wortende nach dem zweiten Jambus haben, nicht für ver-
derbt zu halten. Weder das erste noch das zweite Hemistich schliefsen
der Regel nach auf ein einsilbiges Wort; wo dies doch geschieht, steht
an vorletzter Stelle ein Jambus z. B. sustulit suās | res; ebenso wird der
dritte Jambus rein gehalten, wenn unmittelbar darnach der Hauptein-
schnitt eintritt, ein Fall, der sich jedoch nur in zwei Inschriften findet,
die auch sonst mangelhaften Versbau zeigen. Denn zwei Stellen von
Naevius, die nach Verfasser einen solchen fehlerhaften Spondeus zeigen
und deshalb durch Umstellung zu bessern sind, wie ganz unwahrscheinlich 15 deum regis Neptunum fratrem regnatorem, sind anders zu messen
s. unten. — Diärese findet sich nirgends, Synizese spärlich und fast nur
in den bei den Dramatikern häufigen Fällen wie mea, tua, eo, eorum,
duello und puer, letzteres wohl unnötig vom Verfasser angenommen.
Elision ist nur mafsvoll angewandt und hat ihren Platz hauptsächlich
zwischen der ersten und dritten Senkung und von der fünften bis sechsten Hebung. In Bezug auf Hiat steht Verfasser auf dem vom Referenten gegen Havet, s. vorigen Bericht S. 394, eingenommenen Standpunkt.
— Die Prosodie ist streng gewahrt; selbst Positionsvernachlässi-
gung in griechischen Eigennamen wie Calўsonem sind zu bezweifeln;
Verkürzung der Endsilbe in iambischen Wörtern findet sich nicht; dagegen wird eine kurze Endsilbe öfters durch die Kraft der Arsis ge-
längt in erster, zweiter und fünfter Stelle, eine Freiheit, die Verfasser
fast in der gleichen Ausdehnung gelten läfst, wie Havet, vgl. darüber
unsern vorigen Bericht No. 69 S. 392—394.

So erscheint nach der umsichtigen Durcharbeitung des Materials
durch den feinfühligen Metriker und Kritiker der Saturnier nach einer
fast unerwartet strengen Norm gebaut, besonders der Nävianische. Dies
Ergebnis gewinnt Verfasser zum Teil dadurch, dafs er die Bedeutung

der inschriftlich überlieferten Saturnier zurückdrängt und zwar wie Referenten scheint, in einer durchaus sachlich zu rechtfertigenden Weise. Nur ein Teil derselben, besonders die zweite und dritte Scipioneninschrift zeigen gut oder leidlich gebaute Verse, die anderen aber stehen auf der gleichen Höhe mit den anderen versificierten Inschriften. Glücklich ist der Beweis für die erste Scipioneninschrift geführt, dafs ihr Verfasser, zu unwissend den schulmäfsigen Gesetzen des Metrums überall zu entsprechen, zur Befriedigung des Ohres oder vielmehr des Auges sich begnügte, den einzelnen Versen etwa den gleichen Umfang zu geben. Aber eine Consequenz, die sich bei diesem Ergebnis aufdrängt, hat Müller nicht vollständig gezogen, nämlich dafs man sich auf solche elende Verse nur für solche metrische Eigenheiten beziehen darf, die anderweitig schon feststehen. Z. B. bemerkt Verfasser richtig, dafs die Hauptcäsur nach dem dritten Jambus so gut wie allen Halt verliert, da die Verse bonc oeno ploerume ¦ cosentiont R[omai] ‖ duonoro optumo fuise viro, ebensowenig diese Cäsur beweisen könne, wie dafs der zweite Teil nur zwei Icten haben könne. In den guten inschriftlich überlieferten Versen sowie in der Litteratur der saturnischen Dichter findet sich die fragliche Cäsur nicht sicher überliefert. Denn Naev. 15 und id. epigr. 6 sind zwar Verfassers Umstellungen unstatthaft, weil sie zusammengehörendes unnatürlich trennen, allein an diese Cäsur zu denken verbietet schon der spondeische Ausgang deúm regis ¦ frátrém ‖ Neptúnum régnatórem und obliti súnt ¦ Rómaé ‖ loquiér latina lingua, es sind vielmehr Beispiele für den Auftakt im zweiten Teile bei trochäisch-spondeischem Ausgange des ersten, worüber weiter unten zu reden sein wird, ganz wie, nur ohne die Unterdrückung einer inlautenden Senkung des ersten Teiles, Appii Claud caec. carm. II nequíd fraudís ¦ stupríqué ‖ feróciá cépit, was Verfasser bei seiner Theorie, wonach der Saturnier nur sechs Icten hat, ändern mufs. Die andern Stellen, an denen man an eine solche Cäsur denken könnte, Naev. 42. Appii Claud. caec. carm. III sind zu unsicher überliefert und lassen sich überhaupt nicht ohne Änderungen zu Saturniern machen. Damit aber fällt, wie Verfasser zu bemerken unterläfst, der einzige Halt für die Annahme von nur drei Icten des ersten Halbverses Die Notwendigkeit aber vier Icten statt drei anzusetzen, ergiebt sich auch noch auf andere Weise. Es giebt ja noch eine dritte Quelle, zwar nicht für die saturnische Litteratur, wohl aber, worauf es bei einer metrischen Untersuchung zunächst ankommt, für die Formen des saturnischen Verses. Das sind die Beispiele der Grammatiker, die zwar nicht immer den saturnischen Gedichten direct entnommen sind, was die Grammatiker aus guten Gründen unterliefsen, aber doch den wirklichen Saturniern nachgebildet sind, so, dafs ein solches Schema für den Metriker, abgesehen von den Wortfüfsen, so gut ist, als eine ganze Reihe sicher überlieferter Verse des Livius oder Naevius. Diese Schemata hat Verfasser ganz unbeachtet gelassen, obgleich er selbst es ist, der die

Theorie der Grammatiker — und zwar mit vollem Recht — direkt auf Caesius Bassus sicher und durch Varros Vermittelung auf den der Blütezeit der saturnischen Dichtkunst so nahe stehenden Accius mit grofser Wahrscheinlichkeit zurückführt, also auf eine Zeit, wo man die wirklichen Texte der saturnischen Epen genau kannte. Nun sieht Referent die feinen Regeln Müllers, besonders über die erste Dipodie des ersten Teiles und diejenigen über den gewöhnlichen Anfang des zweiten Halbverses durch das vorhandene Material bestätigt. Aber ebenso entschieden mufs er betonen, dafs die Schönheit des stichisch gebrauchten Versmafses eines so genialen Dichters wie Naevius in diesem steifen monotonen Gebilde von sechs Icten, wie Müller fälschlich annimmt, nicht beschlossen sein konnte, gerade Caesius Bassus, vgl. S. 6, betont dessen reiche Verstechnik mit den Worten, ut vix invenerim apud Naevium, quos pro exemplo ponerem. Und so wird uns auch der akatalektische iambische Dimeter für den ersten Halbvers und der katalektische trochäische Dimeter für den zweiten bezeugt; eine unzweifelhafte Lücke, die auch Müller annimmt, mufs sogar noch andere Formen enthalten haben. Dahin gehörten nach Referents Ansicht Beispiele mit dem Auftakt im zweiten Theile, wie sie auch in unserer Überlieferung sich finden, deren weder Havet noch Müller Herr werden können. Aufser den oben schon angeführten hebe ich hier nur hervor aus guten Inschriften inscr: V, 4 quibus si ín longá licuíssét | tibi útiér vitá, IV, 3 quoiús formá virtútei | parísumá fúit. Denn nicht ist für părĭsuma statt pari-tuma in opi-tuma eine volle Analogie mit Müller zu finden und noch viel weniger kann sich Verfasser für die konjizierte Form ti für tibi auf mi aus mihi beziehen, da im ursprünglichen mibbi der Verlust des b durch Einwirkung des vorhergehenden m entstand, während bei tibhi die ursprüngliche Aspirata der Regel nach im Inlaut zu b ward, aber nimmermehr zu h.

Alle diese von Müller nicht anerkannten Schemata, die sich sehr wohl mit dem gröfsten Teil der von Müller mit feinem Gefühl herausgefundenen Regeln vertragen, sind auch in dem rhythmischen Werte des Versmafses, wie wir ihn abweichend von Müller bestimmten, vollständig begründet. Dafs z. B. der Auftakt, der im ersten Teile strenge Regel war, im Anfang des zweiten Teiles recht selten erscheint, hat doch seinen Grund in dem Streben die Monotonie im Anfang der beiden Vershälften zu vermeiden, aber darum ist er noch nicht unbedingt zu verwerfen. Er wie der sog. kretische Ausgang des ersten Teiles u. a. ist zwar für Müller unannehmbar, aber nur, weil er sich über den rhythmischen Wert des Saturniers nicht klar geworden ist. Denn eine Unklarheit ist es jedenfalls, wenn er für den ersten Halbvers der gewöhnlichen Form nur drei Icten ansetzt, ihn aber trotzdem nicht, wie Havet, als Tripodie bezeichnet, sondern als katalektischen iambischen Dimeter, wie es auch gar nicht anders möglich ist. Dieser aber hat doch vier

Icten und es liegt offenbar derselbe Vorgang vor von der Unterdrückung
einer Senkung, wie ihn Müller weiter zurückgreifend vereinzelt auch für
den vorhergehenden Fuſs nach Spengel bestimmt. Mit Glück hat Verfasser unsern Vers nach den Beobachtungen behandelt, die er bei den andern römischen Versmaſsen gemacht hat. Allein seine Polemik S. 48 gegen
K. Bartsch und überhaupt die Gelehrten, die ohne der klassischen Philologie anzugehören das Problem des Saturniers zu lösen versuchten,
ist ungerecht. Denn nicht Westphal noch dem Referenten, denen der
neueste Verfasser der griechischen und römischen Metrik (vgl. No. 13
S. 579) es zuschreibt, gebührt das Verdienst die richtige Zahl der Takte,
aus denen der Saturnier besteht, bestimmt zu haben, sondern, wie Referent schon im vorigen Bericht S. 396 hervorhob, dem viel getadelten
K. Bartsch.

Das Werk ist ziemlich reich an Exkursen, wie die Polemik gegen
O. Kellers Horazkritik, die mehr Raum einnimmt, als die Widerlegung von
desselben Gelehrten Ansichten über den Saturnier S. 45 ff., über die Herleitung des Pentameters aus verdoppelter Penthemimeres des Hexameters
S. 52, über Entstehuug der Hinkverse S. 36 und 52. Hiernach soll der
Erfinder dieser Verse, um durch den unerwarteten barbarischen Wechsel
Lachen zu erregen, »die beste Form der letzten Dipodie«, nämlich
‿⏑‿ einfach umgekehrt haben zu ⏑‿‿. Um aber zu zeigen, dafs der
letzten Silbe des Choliambus die Hebung zukomme und nicht der vorletzten, hätten Babrios und andere Dichter den Grundsatz befolgt, ausnahmslos mit einem auf der vorletzten Silbe betonten Wort (paroxytonisch, da die letzte stets lang war) den Vers zu schlieſsen; aus dem
gleichen Grunde sollen auch die Byzantiner den 12 silbigen Jambus stets
auf der vorletzten Silbe accentuiert haben. Und hier kommt Müller
wieder auf seine, auch in No. 14 vorgetragene Theorie, »daſs das erste
Gesetz aller antiken Metrik ist, den poetischen Rhythmus
möglichst im Gegensatz zum grammatischen Accent zu bringen.« Zum Beweise dessen muſs auch wieder der Vers (vgl. vorigen
Bericht S. 396) consól, censór, aidílis herhalten. Nach Müller »sieht
man absolut nicht ein, weshalb die Dichter die natürliche Reihenfolge
der von dem Verstorbenen durchmessenen Ehrenämter so seltsam ge-
wandelt hätten, wenn es nicht eben geschehen wäre, um die Übereinstimmung des metrischen Ictus mit dem prosaischen Accent zu vermeiden.« Dem gegenüber erlaubt sich Referent die bescheidene Bemerkung, dafs die seltsame Wortstellung sich doch recht gut und einfach
aus Rücksicht auf die Euphonie erklären läſst, da die zunächst liegende
Wortstellung aidílis | cónsol | cénsor dreimal hinter einander trochäi-
schen Ausgang zeigen würde, der auch einem weniger geschulten Ohre
um so auffälliger sein muſste, weil er am Ende des vorigen Verses bereits da war und auch im zweiten Teile nicht zu vermeiden ging. Man

sieht, wie wenig auch in diesem schon viel citierten Verse eine »absolut« zwingende Nötigung zu Müllers Prinzip vorliegt.

97) **Friedrich Haussen**, Recension von No. 94 und 96. Philol.
Anzeiger XVI (1886) 1 S. 25—29.

F. Haussen in seiner Recension stimmt nicht bei, wenn Müller
zwei der Scipioneninschriften einem ziemlich unfähigen Versifex zuschreibt; doch giebt er zu, dafs in der für die Müllersche Theorie besonders in Frage kommenden ersten Inschrift der zweite und letzte Vers
auch für ihn unscandierbar ist und der zweite überdies einen auffälligen
Hiatus bietet. In allen vier Scipioneninschriften findet er strophische Komposition und zwar in III in der Form a b + a b + a h,
wobei a = Saturnier mit unterdrückter vorletzter Senkung, in II b b +
a b + a b, in IV a b + b b + a b und in I a c + b b + a c, wobei c durch
dvonóro óptumó | fuise viro und dedet témpestátebús | aide mereto ge-
geben ist.

VII. Metrische Schriften über das römische Drama.

98) **Wilhelm Meyer**, Über die Beobachtung des Wortaccentes
in der altlateinischen Poesie. Aus den Abhandlungen der Königl.
bayer. Akademie der Wissenschaften. I. CL. XVII. Bd. I. Abt. München 1884. In Commission bei G. Franz. 120 S. in 4.

Rec.: Deutsche Litteraturzeitung 1884 No. 35 S. 1273—1274 von
F. Leo. — Rivista di Filologia XIV (1885) 1. 2. S. 134—136 von Remigio Sabbadini. — Litt. Centralblatt 1884 No. 46 S. 1603—1604 von
A. R., sämtlich anerkennend; ferner Wochenschrift für klassische Philologie 1884 No. 47 S. 1481—1486 von J. Draheim.

Diese Schrift des strebsamen Forschers kommt zwar in der auf
dem Titel genannten Frage zu rein negativen Ergebnissen, bringt jedoch des neuen und anregenden so viel, dafs ihr eine eingehende Besprechung in unserem Berichte zukommt. — Während die sog. unreinen
anapästischen Wortschlüsse bei den griechischen Komikern durchaus in
jedem Fufse, bei den Tragikern nur im ersten Fufse erlaubt waren und
ebenso der unreine spondeische überall, wo er überhaupt möglich war,
erkennt Verfasser die Hermann-Ritschl'schen Beobachtungen als richtig
an, wonach, vgl. Ritschl proleg. S. 206—250, wohl iambische Wörter
und Wortschlüsse, deren Schlufssilbe vom Versaccent getroffen wird, abgesehen vom vorletzten Fufse, über den besondere Regeln gelten, überall
stehen können, aber spondeische und, wie Ritschl und Verfasser hinzufügen, auch anapästische Wörter und Wortschlüsse im zweiten,
dritten und vierten Fufse gemieden wurden. Dasselbe gilt natürlich auch
von den entsprechenden Stellen der Septenare und Oktonare. Nur giebt

hier Verfasser Ritschls ·Ansicht ungenau, wenn er behauptet, dafs »Ritschl den trochäischen Septenar nach antikem Muster als bestehend aus einem Creticus und einem iambischen Trimeter ansehe«. Das that derselbe nur, um einen antiken Kunstausdruck zu brauchen, ὡς πρὸς τὸν μετρι- κὸν χαρακτῆρα, d. h. um die Bildung der fünf letzten Füfse, die mit der des Senars übereinstimmt, nicht nochmals erörtern zu müssen. Ritschl l. l. S. 207 hatte diese Erscheinung damit erklärt, dafs accentus observationem, quoad eius fieri posset, conciliatam esse. J. Draheim hatte in einem volle drei Jahre vor Meyers Abhandlung erschienenen Aufsatze im Hermes XV (1880) S. 238 – 243 diese Erscheinung (unter Referents Zustimmung, vgl. vorigen Bericht No. 81) dahin erklärt, dafs Terenz, auf den sich Draheim noch beschränkte, das griechische Di- podiengesetz insofern beobachtet habe, als er eine lange und noch vom Wortaccent getroffene Silbe, also wenigstens die allerschwersten Längen vermieden habe in die erste Senkung der trochäischen oder in die zweite der iambischen Dipodie zu bringen, beides Senkungen, die im Griechischen überhaupt keine Länge duldeten. Verfasser bringt die fragliche Erscheinung gleichfalls mit dem Dipodiengesetz in Verbindung und hat das Verdienst, die Beobachtung Draheims auch für Plautus nach- gewiesen zu haben, verwirft aber Ritschls allgemeine, und Draheims spe- cieller gefafste Erklärung, meint ferner, letzterer wäre deshalb auf halbem Wege stehen geblieben, weil er nur den spondeischen Ausgang berück- sichtigt habe und nicht auch den anapästischen (choriambischen). In- defs ist hierin Draheim nur beizupflichten, da zwischen Spondeus und Anapäst nicht blofs der von Draheim angeführte Unterschied der Accen- tuierung (im Anapäst tonlose Kürze vor der Hebung), sondern ein grofser metrischer Unterschied herrscht, für den Verfasser leider keinen Sinn gezeigt hat, wenn er diese beiden Versfüfse von vornherein vollständig gleichstellt. Dabei gelangen zunächst die allgemeinen Gesetze für den Bau der Jamben und Trochäen, wie die Bildung und Verbindung von Hebung und Senkung im griechischen wie altlateinischen Dialogvers, u. a. zur ausführlichen Erörterung, die zwar nicht wesentlich neue Thatsachen bietet, aber manches von neuer Seite beleuchtet.

Im tragischen Trimeter gestattet der erste Fufs zwei vom Vers- accent getroffene Kürzen am Schlusse eines Wortes; wenn diese in den übrigen Füfsen selten sind, so beruht das darauf, dafs eine solche auf- gelöste Hebung stets von der vorangehenden Senkung getrennt, mit der folgenden Senkung verbunden sein sollte; eine principielle Abneigung gegen einen Wortschlufs, der von zwei mit dem Versaccent belegten Kürzen gebildet wird, war bei den Griechen nicht vorhanden. Das be- weist auch die griechische Komödie, die die Wortschlüsse ◡◡̇◡ und ‿◡̇◡, wo sie überhaupt möglich sind, ebenso gestattet, wie die andern ◡⊥,‿⊥ und ◡◡⊥. Für das Lateinische gilt die Regel, dafs die Hebung der Jamben und Trochäen nicht durch zwei kurze Schlufssilben eines drei-

und mehrsilbigen Wortes gebildet sein darf, eine Regel, die nur im ersten
Fuſse etwas häufiger verletzt wird, jedoch nur in daktylischen, nicht in
tribrachischen Wörtern, was Verfasser S. 37 für Zufall erklärt, da im
ersten Fuſse auch der regelrechte Tribrachys gemieden sei. Den richtigen Grund für beide Erscheinungen werden wir unten angeben. Die
Erklärung dieser ganzen Regel sucht Verfasser darin, daſs man diese
auf zwei Kürzen schlieſsenden Wörter in der Hebung gerade so behandelt habe, wie in der Senkung; also weil túrpĭă múltos unzulässig ist,
soll auch turpĭă făcít vermieden sein. Daſs dagegen zwischen Hebung
und Senkung ein groſser quantitativer Unterschied ist, beachtet Verfasser nicht, ebensowenig dafs dieser quantitative Unterschied von Livius
bis auf Terenz herab auch gewahrt erscheint, da z. B. istĕ tŭos, nuberĕ
tŭo u. ä. in der Hebung unbedenklich ist, in der Senkung unmöglich.

. Für die Bildung des vorletzten Jambus der Senare, iambischen
Oktonare und trochäischen Septenare erkennt Verfasser die Regel an,
wonach die zwei schlieſsenden Jamben nicht durch zwei rein iambische
Wörter oder Wortschlüsse gebildet werden dürfen, was bekanntlich im
Widerspruch mit der griechischen Technik steht, die den vorletzten Fuſs
zwar sichtlich zart behandelte, aber doch in ganz anderer Weise. Als
Ausnahme von dieser Regel läſst Verfasser mit Recht nicht blofs die
Fälle gelten, wo das vorletzte Wort anapästisch ist und mit einer vorausgehenden Kürze die vorletzte Hebung bildet, wie erŭs ŏpĕrăm dăre,
sondern auch diejenigen, wo die beiden Kürzen der drittletzten Hebung
mit dem vorletzten Jambus ein Wort ausmachen, wie legiones rĕvĕniunt
domum. Die Erklärung findet Verfasser richtig darin, dafs diese ver-
pönten Verse klappernd und monoton klingen würden, z. B. pŏtēst | pă̆ti,
oder auch tú̆rpĭtēr pă̆tī. Nur drängt sich da sofort die Frage auf,
warum sie für das griechische Ohr nicht auch klapperten, doch offenbar, weil dort mannigfaltige Abwechselung der Betonung vorlag, auſser
τύχοι τύχων auch νέα γυνή, καλῶς λέγεις, ἐγὼ πάθω u. s. w.

Um jedoch diese Erscheinungen zu erklären, ohne den grammatischen Accent zu Hilfe zu nehmen, betrachtet Verfasser die Zeilen- und
Cäsurschlüsse ausführlich und sucht auch hier eine gröſsere Abweichung der römischen Technik von der griechischen nachzuweisen. In
den iambischen Zeilenschluſs war es den griechischen Dichtern
gestattet ohne alle Rücksicht auf Elision ein- oder zwei einsilbige Wörter zu stellen, nur sehr schwere Wörter scheinen dem Verfasser gemieden. Aber in Wirklichkeit handelt es sich gröſstenteils um Enklitika
und ähnliche leichte Wörter; etwas schwerere finden sich nur in Schlüssen
aus zwei einsilbigen Wörtern: τί φῶ, ὁ νοῦς, die meist als ein Wort gelten
können, man vergleiche nur die Behandlung von Wendungen: quid agam
u. ä. in der Senkung lateinischer Verse. Ganz anders soll es bei den
Lateinern stehen, wo einsilbige Wörter und Elisionen gemieden sein sollen.
Allein Plautus bildet den Zeilenschluſs oft durch est, einigemale durch

andere Formen von esse, etwas seltener durch einsilbige Personalpro-
nomina te, se, nos, mi, aber auch durch vis und dem. Elision ist gleichfalls nicht unerhört, wie uti erae erat achtmal; proscaenio hic. Kaum
anders ist es bei Terenz, der nach Verfasser nachlässiger sein soll. Doch
abgesehen von der Eigenheit desselben einsilbige Interjektionen, besonders gern mit Elision (meist auch von einer anderen Person gesprochen)
ans Versende zu stellen, sind es verhältnismäfsig nicht mehr und auch
nicht andere Fälle, als bei Plautus. Von schweren Wörtern begegnet
gegen plautinisches vis und dem bei ihm nur res ipsa fert, das wie vis,
vgl. quamvis, quantumvis enklitisch sein kann, vgl. rē-fert, während das
plautinische dem ziemlich sklavische Nachahmung der Schlüsse, wie δούς
bei Euripides u. s. w. sein mag. Überhaupt aber ist, wie wir auch im
weiteren sehen werden, die Behauptung des Verfassers, dafs Terenz im
Versbau nachlässiger sei als Plautus, nirgends ausreichend bewiesen. —
Von der Bildung von trochäischen Zeilensch'lüssen giebt Verfasser
selbst zu, dafs die lateinischen Dichter sich darin etwas freier zeigen als
die griechischen. In den etwa 1300 iambischen Septenaren des Plautus
werden etwa 39 (bei Meyer fehlen jedoch noch einige Stellen, wie
capt. 512. Pseud. 263) durch ein einsilbiges Wort geschlossen, bei Terenz etwa 12 von 380 Versen. Letzterer ist hier jedoch strenger als
Plautus, da er den einsilbigen Schlufs nur bei enklitischen Wörtern anwendet, zu denen nach Bentleys Beobachtung auch res gehört, wie
Phorm. 178, vgl. vorigen Bericht S. 427, während Plautus auch schwere
Wörter zuläfst, wie det, fit, scit u. ä., was Verfasser zu erwähnen unterläfst. Richtig bemerkt Verfasser weiter, dafs, während die Griechen
offenbar um des Zeilenschlusses willen diese Hebung nicht auflösen und die
vorhergehende Senkung immer durch eine Kürze geben, die Römer wie
diese letzte Hebung, so die vorhergehende Senkung zwar frei gaben,
aber beim Schlufs mit einsilbigem Worte immer rein halten, jedoch nicht
unbedingt bei Elisionen.

Dasselbe Gesetz gilt für die trochäischen Cäsurschlüsse, wie
für die Zeilenschlüsse. Geht man von den Senaren aus, deren Cäsuren
sicher sind, d. h. wo man nicht zwischen dritter und vierter Senkung
schwanken kann, so ergiebt sich, dafs die Griechen einsilbige Wörter in
der gleichen Weise zuliefsen wie beim Zeilenschlufs und zwar in der
Cäsur nach der dritten wie nach der vierten Senkung, nur schwerere
Wörter, wie γράμματα μαθεῖν δεῖ, erscheinen seltener. Ganz anders soll
es nach Verfasser auch in dieser Beziehung bei den Römern stehen. Bei
der überhaupt viel seltneren Cäsur im vierten Fufse des Senars findet
sich einsilbiges Wort nach betóntem Wortschlufs bei Plautus und Terenz
nur selten S. 55, nämlich etwa 14—16 mal bei Plautus, darunter einmal
bei Eigennamen, und 18 mal bei Terenz, darunter vier Eigennamen, meist
in nicht schweren Wörtern, wie sunt, sint, iam, Pronomina, Präpositionen,
res je einmal, sonst durch Elisionen gemildert, sodafs man auf Grund

dieses Materials Terenz kaum als nachlässiger hinstellen kann. Etwas häufiger natürlich findet sich die gleiche Erscheinung bei der gewöhnlichen Cäsur nach der dritten Senkung, bei Plautus 16 — 18 mal in 2300 Senaren, bei Terenz 9 mal in 1150. Das ist nach Referents Ansicht so gut wie gar keine Abweichung von der griechischen Praxis (z. B. bei Aristophanes in den ersten 300 Trimetern der Ritter in dritter Senkung 18 mal einsilbige Partikeln, in vierter Senkung 12). Denn man kann bei solchen Vergleichen nicht ohne weiteres die Zahlen gegenüberstellen, weil die griechische Sprache viel reicher an einsilbigen Partikeln ist. Das muſs aber hier besonders betont werden, weil Verfasser aus diesem angeblich zahlenmäſsig erwiesenen Unterschied die weittragendsten Schlüsse zieht. Noch mehr aber ist hervorzuheben, daſs zwar in dem 2. Fuſe der Spondeus vor einsilbigem Worte von Plautus und Terenz gemieden ist, aber keineswegs im dritten Fuſe, wo er in einer gröſseren Anzahl Verse überliefert wird. Denn daraus geht hervor, daſs die bloſs in dem zweiten Fuſe auftretende Erscheinung sich nicht durch den Cäsurschluſs allein erklären läſst, weil sie dann auch bei der Cäsur nach vierter Senkung vorhanden sein müsste. Darin also, daſs die Römer Verse wie decrévi, tāntīspér mē | minus incúriae nach dem griechischen Vorbilde στέργειν, φιλανϑρώπου δὲ | παύεσϑαι πόνου bildeten, aber immer nur Eingänge wie Si dīvītēs sunt | oder allenfalls miser ēx ănĭmō fit |, weil im griechischen Vorbild die zweite Senkung nur durch eine oder bei den Komikern durch zwei Kürzen gegeben wurde, zeigt sich der römischen Cäsur Abhängigkeit von den Griechen. Und was hat in Versen wie istēst ăgēr | profécto etc. die Reinhaltung des zweiten Jambus mit dem Cäsurschluſs zu thun? Die Römer haben ohne Rücksicht auf Cäsurschlüsse einfach da, wo die Griechen reine Senkung forderten, die unreinen spondeischen Ausgänge gemieden, worauf wir noch unten zurückkommen müssen.

Richtiger scheint zwar Verfassers Beobachtung, daſs die griechischen Tragiker »nicht selten« Trimeter ohne Hauptcäsur im dritten oder vierten Fuſe bildeten (Aesch. 80, Soph. 70, Eur. 150), die Lustspieldichter »auſserordentlich oft« d. h. Aristophanes 700, davon 100 durch längere Wörter wie Λακεδαιμονίοις, andere durch Elision entschuldigt, dagegen die lateinischen Komiker die Cäsuren streng beobachteten, nämlich Plautus mit 13 Ausnahmen, achtmal bei längeren Wörtern, Terenz mit 13 Ausnahmen bei längeren Wörtern, mit drei in Eigennamen und sechs anderen, während die späteren lateinischen Dichter cäsurlose Senare überhaupt nicht dichteten. Allein der Vergleich hinkt auch hier, denn für die griechischen Tragiker sind die veralteten Beobachtungen von Rud. Roeding, De Graecorum trimetris iambicis caesura etc. carentibus, Upsala 1874, zu Grunde gelegt, dem Verfasser also Meklers und Humphreys' Leistungen, vergl. vor. Bericht No. 53 und 54, unbekannt geblieben, die übereinstimmend die sog. Quasi-Cäsura in der Elision hervorhoben, ein Vorbild für die lateinischen Elisionen in der Cäsur, die Meyers ausführlich S. 60—65, 69 bespricht. Auch war in allen diesen Fragen zum Vergleich nicht Aristophanes heranzuziehen, sondern der Dialog der neueren Komödie eines Menander u. s. w., die z. B. auch die Cäsur des Trimeters viel sorgsamer wahrt.

In den iambischen Septenaren hat Plautus die gewöhnliche Cäsur nach der vierten Hebung fast ausnahmslos durchgeführt, er zeigt in fast 1300 Versen nur fünf Ausnahmen mit Wortende nach der fünften Senkung; Terenz hat die regelmäfsige Cäsur viel öfter aufgegeben, aber dann regelmäfsig, mindestens wohl 23 mal in etwa 380 Versen, die Cäsur nach der fünften Senkung (oft zugleich auch eine nach der dritten), die Terenz wohl der nahe verwandten Gattung der iambischen Oktonare entlehnt, eine Neuerung, die Verfasser S. 72 tadelt, der wir dagegen unsere Anerkennung nicht versagen können. Denn in längerer stichischer Komposition hat der iambische Schlufs etwas gesucht manieriertes und monotones. Auch hat Terenz hier nur das griechische Vorbild nachgeahmt. Denn nach Reissigs Beobachtung (Coniect. in Aristoph. S. 117 sq.) giebt es auch im griechischen eine seltnere Cäsur nach der fünften Senkung. Meyer erklärt diese Beobachtung zwar für »irrig«, beweist jedoch mit seiner an den Septenaren der Ritter versuchten Widerlegung nur die Richtigkeit derselben. Denn von 147 Versen haben dort 110 die regelmäfsige Cäsur nach der vierten Hebung und 22 die nach der fünften Senkung, während von den übrig bleibenden 15 Fällen in der Cäsurstelle zwei sechssilbige, drei fünfsilbige und fünf viersilbige schwere Wörter (eins mit Elision) und nur fünf molossisches Wort (wie ϑω|πείας) zeigen. Besser aber zeigt sich kaum eine Cäsur in der Aristophanischen Komödie beobachtet. — Was den iambischen Oktonar betrifft, der ebenso regelmäfsig wie der Septenar gebaut erscheint, so giebt Plautus, selbst viele zerstreute mitgerechnet, nur gegen 300, davon etwa 180 mit rein gehaltener iambischer Hauptcäsur nach der vierten Hebung, und etwa 120 mit der trochäischen Cäsur nach der fünften Senkung und zwar bald reine Reihen der ersten Art, wie Amph. 155—157. 1053—1061. 1068—1075, seltener reine Reihen der zweiten Sorte, wie Amph. 1076 —1085, Capt. 909—921, sonst meistens gemischte. Terenz dagegen hat in gut 800 solchen Versen kaum 60 mit iambischer Cäsur und zwar stets zerstreut unter den anderen. Offenbar war hier die Gefahr der Monotonie noch viel gröfser als beim Septenar, da hier jeder Vers mit dieser iambischen Cäsur den gleichen Schlufs zweimal bietet. Verse ohne jede Hauptcäsur finden sich durch lange Wörter entschuldigt, wie Plaut. Amph. 257 und sechsmal bei Terenz, doch immer so, dafs eine wohlklingende Dreiteilung der Langzeile dadurch entsteht, dafs Wortende vor der vierten und sechsten Hebung zugleich eintritt.

Für den trochäischen Septenar hatte Ritschl, Proleg. S. 247, aufser der Hauptcäsur nach dem vierten Trochäus zwei vicarias caesuras

post quartam et quintam arsim angenommen, erstere häufig begleitet von
einer nach der fünften Senkung Verfasser ·will aufser der Hauptcäsur
nur noch die letzte nach der fünften Senkung anerkennen und kann
dafür vorbringen, dafs alle Verse ohne Hauptcäsur mit wenigen Ausnahmen an dieser Stelle Wortende zeigen. Dafs er die Cäsur nach der
fünften Hebung verwirft, darin ist entschieden beizustimmen. Dafs er
aber auch die zweite, nämlich die nach der vierten Hebung verwirft, die
doch in den rhythmischen Verhältnissen des trochäischen Septenars ebenso
begründet ist, wie die entsprechende in dem iambischen Septenar, hängt
mit Verfassers schon oben besprochener Auffassung des griechischen Vorbildes zusammen. Auch die griechischen Komiker kennen, obgleich dies
Verfasser in Abrede stellt, hier ganz wie beim iambischen Septenar die
fragliche Cäsur. Denn unter den vom Verfasser ausgehobenen 155 trochäischen ·Septenaren der Vögel des Aristophanes sind 120 nach dem
vierten Trochäus geteilt, 20 bieten diese Cäsur nach der vierten Hebung,
so dafs nur 15 Verse ohne Hauptcäsur bleiben, von denen neun durch
längere Wörter entschuldigt sind. Im Lateinischen giebt für Plautus das
Verzeichnis S. 78, 79 im ganzen 54 Beispiele dieser Cäsur mit streng
eingehaltenem Jambus, S. 77 und 80 für Terenz 19 ebensolche Fälle, zu
denen noch 16 Beispiele auf S. 83 und 84 kommen; einmal, Amph. 860,
steht sogar syllaba auceps. Dadurch scheint diese ganz rationelle Cäsur,
die Verfasser beseitigen will, wohl aufser Frage gestellt. Fraglich bleibt
nur, wie weit und ob überhaupt Verfassers Cäsur nach dem fünften Trochäus, die im rhythmischen Bau des Verses keine Begründung hat, also
nur eine Hilfsdiärese sein kann, unbedingt nötig ist. Denn auch hier
müssen wir den altlateinischen Dichtern dieselbe Freiheit gestatten, die
ihnen·Verfasser in den Senaren und Oktonaren, vgl. z. B. S. 71, 72, gewährt, nämlich besonders bei längeren Wörtern die Hauptcäsur gänzlich
zu vernachlässigen. So lassen sich von etwa 28 übrig bleibenden Fällen
bei Plautus 11 durch vier- oder fünfsilbige Wörter entschuldigen, andere
durch schwere dreisilbige, im Wortspiel stehend wie mil. 208. Trin. 853,
drei durch Eigennamen; in anderen ist vielleicht andere als anapästische
Messung zulässig ĭllĕ quĭdēm u. a. Epid. 673. 618. Poen. 856. mil. 998,
andere Stellen sind kritisch unsicher wie Stich. 268. Most. 376. 831.
Curc. 342, und ähnliches gilt von der geringen Anzahl solcher Beispiele
bei Terenz. Jedenfalls können wir auch hier keine wesentliche Abweichung vom griechischen Vorbilde als bewiesen erachten.

Darnach wendet sich Verfasser den rein melischen Versarten zu.
Allein wir machen erst halt, um unser Urteil über die bisherigen Haupt-
partien zusammenzufassen und auszuführen, was Referent um so mehr für
geboten hält, als Verfassers Ausführungen bisher nirgends auf erheblichen
Widerspruch gestofsen sind. Das sogenannte Dipodiengesetz mit der
bereits angedeuteten Beschränkung auf den Spondeus steht als unzweifel-
hafte Thatsache fest, aber die angeregten Fragen können nicht als vom

Verfasser zum Austrag gebracht gelten; insbesondere bleibt zu bean-
standen Meyers Erklärung dieses Dipodiengesetzes und die ziemlich
scharf pointierten Konsequenzen, die er daraus gegen die Annahme vom
Einfluſs des Wortaccents zieht. Schon die erste Proposition ist nicht
erwiesen, nämlich, daſs die Lateiner viel strengere Gesetze in Bezug auf
Zeilen- und Cäsurschlüsse, sowie Cäsuren überhaupt ausgebildet hätten
als die Griechen, aus eigener Initiative, im Widerspruch gegen das griechische Vorbild; wie aus unserer Besprechung hervorgeht. Nach Verfassers Annahme soll auf der einen Seite »der Ordner der altlateinischen
Jamben und Trochäen« in metrischer Feinfühligkeit den Griechen überlegen gewesen sein. An den einzelnen Stellen aber, wo Verfasser dies
annahm, nämlich in sämtlichen Fragen der Zeilen- und Cäsurschlüsse,
haben wir gezeigt, daſs kein wesentlicher Unterschied zwischen römischer
und griechischer Technik herrschte. Ein häufigeres Vorkommen von einsilbigen Wörtern ist hier bei dem Reichtume der griechischen Sprache
an solchen ganz natürlich. Sodann ist das griechische Vorbild, wenn
auch vielleicht nicht für alle melischen, so doch gewiſs für die Dialog-
verse des altlateinischen Dramas, um die es sich hier handelt, nicht die
zügellose aristophanische Komödie der attischen Demokratie des fünften
Jahrhunderts, die Verfasser allein zum Vergleich herbeizieht, sondern
die viel zahmere neue Komödie eines Menander u. s. w., die in ihrer
Technik noch nicht so eingehend untersucht ist. Daher lassen sich durch
etwaige Abweichungen von der alten Komödie nicht so weittragende
Schlüsse über selbständiges Schaffen nach neuen Gesetzen bei den römischen Dichtern begründen. Aber schon das zum Vergleich Gebotene
zeigte die Nachahmung oft recht sklavisch. Auf der anderen Seite soll
dieser Ordner in metrisch-rhythmischen Dingen eine solche Ignoranz be-
sessen haben, die sich mit seiner sonstigen Feinfühligkeit nicht vertragen
würde. So behauptet Verfasser S. 39, 24, derselbe hatte »ganz ver-
ständiger Weise« keinen Unterschied zwischen spondeischen und anapästischen Wortschlüssen gemacht; die Entstehung seiner Regel, daſs
jede Senkung mit Ausnahme der letzten durch eine lange Silbe ausgedrückt werden könne, erkläre sich »auf natürliche Weise« dadurch, daſs
er, da ihm zwei Kürzen einer Länge gleich galten und er nicht
einsah, warum die beiden Kürzen vor der Länge bevorzugt
werden sollten, überall, wo er die Senkung durch zwei Kürzen gebildet fand, statt einer nicht bloſs zwei Kürzen, sondern auch eine Länge
setzte. Wäre er aber ein solcher Ignorant gewesen, daſs der Unterschied zwischen den zwei Senkungen der Dipodie oder der zwischen
den zwei Kürzen einer aufgelösten Hebung oder denen der zweisilbigen
Senkung u. ä. ihm unbekannt geblieben wäre, wie hätte er auf das feine
Dipodiengesetz kommen sollen? So wie sie Verfasser darstellt, lag die
Sache nicht. Denn daſs der Ordner recht wohl diese Unterschiede,
besonders die Verschiedenheit der rationalen und irrationalen Länge

kannte, läfst sich vielfach aus dem Bau der altlateinischen Verse beweisen. Was ist denn der Grund davon, dafs in der Hebung der Jamben und Trochäen zwei auslautende oder zwei verschiedenen Wörtern angehörende Kürzen möglich sind, z. B. omnĭă; vocabŭlă părasiti u. ä., aber nicht ebenso in der Senkung, während doch in Anapästen beides in Senkung wie Hebung zulässig ist, z. B. ŏmnĭă nŭnc, sĕmpĕr, hăbĕre u. ä.? Offenbar der wohlbekannte Umstand, dafs die Hebung und Senkung in Anapästen quantitativ gleichwertig war, zwei volle Moren betrug, bei den Jamben und Trochäen zwar die Hebung auch den gleichen Wert von zwei Moren hatte, die Senkung dagegen nur 1—1½ Moren, die nur durch flüchtigere Kürzen ausdrückbar waren. Also nicht aus Ignoranz liefs der Ordner diese Längen in allen Senkungen zu, sondern aus reiner Not. Und er that recht daran. Denn sonst hätte er seiner Muttersprache in unverantwortlicher Weise Gewalt anthun, einen sehr wesentlichen Teil des lateinischen Sprachgutes bei Seite werfen müssen. Um welchen Preis, lehrt eine Vergleichung solcher Spielereien, wie Catulls carmen IV. mit einer jeden Scene der römischen Komödie. Es war also eine reine Zwangslage, die ihn verhinderte sein griechisches Vorbild ganz zu erreichen. Soweit es nun anging, hielt er die fraglichen Senkungen vor den allerschwersten Längen frei. Zwar die Anapästen waren dabei ganz unbedenklich, sobald nur die beiden Kürzen so leicht gehalten wurden, wie es auch ausnahmslos geschah; es mochte etwa das Gleiche sein, wie wenn bei der modernen Musik ein Achtel aufgelöst wird durch zwei Sechzehntel, mit welchen diese Kürzen auch ein neuerer Metriker direkt notiert hat. Deshalb hätte sie aber auch Meyer, wie Draheim, ganz getrennt vom Spondeus halten sollen; alle die zahlreichen Fälle, wo Anapästen in inlautender Senkung der Dipodie stehen, bilden ebensowenig wie im Griechischen eine Ausnahme vom Dipodiengesetz. Wenn sie aber im vierten Fufse des Senars u. s. w. etwas seltener sind, so hat das seinen natürlichen Grund. Da der folgende vorletzte Fufs überwiegend aus Anapäst oder Spondeus besteht, wurde an dieser Stelle ein Jamb oder leichter Spondeus bevorzugt, schon um Wechsel und Klarheit des Versbaues zu fördern. Ganz anders ist es beim Spondeus. Um diesen in der inlautenden Senkung der Dipodie erträglich zu machen, sollte die Länge in der Senkung wenigstens nicht schwerer sein als die der Hebung. Und da ist es wohl keine Frage, dafs die erste Silbe von mŏrtis viel schwerer ins Ohr fällt als die von mŏrtălitas. Warum das? Einer, der jeden Einflufs des Wortaccents leugnet, kann keine genügende Antwort geben. Verfasser mufs sagen: aus demselben Grunde, aus welchem man im Zeilen- und Cäsurschlusse wohl ámplēxáre hanc sagte, aber nicht ád mōrtém te, wohl aber ăpŭd te. Nun lag auch sicher der gleiche Grund vor, in der inlautenden Senkung der Dipodie wie in dem katalektischen Schlusse des iambischen Septenars, der im Griechischen immer auf ◡ ⏤ ◡, im Lateinischen aber auf ⏑⏑ ⏑⏑ ◡ gebildet wird, die Silben-

folge mōrtēm tē also ⏌ _, _ für ursprüngliches ⏑ ⏌ _ zu meiden. In diesem letzteren Falle handelt es sich auch nicht um die innere Senkung
der Dipodie, und das hat Meyer zu seiner Erklärung veranlafst. Allein
wenn der Grund der fraglichen Erscheinung ih einer Uebertragung der
Zeilenschlüsse auf die Cäsurschlüsse zu finden wäre, dann müfste doch
z. B. im Senar die hephthemimeres die gleiche Erscheinung zeigen wie
die andere Hauptcäsur, die penthemimeres, also ein Vers wie decrévi
tantispér me | minus incúriae ebenso verpönt sein, wie et tántisper me |
díxi minus incúriae es ist. Dafs das aber nicht der Fall ist, wurde
bereits bemerkt. Meyer führt selbst dafür an Ter. Heaut. 147. Andr.
540. 718. Eun. 418. Heaut. 543. Plaut. Cas. prol. 51. Cas. 320
mil. 828. 853. Persa 456. 1314 (?). Doch ist das Verzeichnis nicht vollständig, es fehlt z. B. Bacch. 1026. Daraus geht aber hervor, dafs auch
hier nicht ein im Lateinischen strenger durchgeführtes oder neu erfun-
denes Zeilen- und Cäsurschlufsgesetz den Ausschlag gab, sondern das
Vorbild der Griechen nachgeahmt wurde. Denn nur gerade an den
Versstellen, wo im Griechischen die Länge ganz verboten
war, d. h. in den inneren Senkungen der Dipodien und nur im
iambischen Septenar in der ersten Senkung der katalektischen
Schlufsdipodie sind die fraglichen schweren Längen gemieden. Dagegen ertrug z. B. die erste Senkung der zweiten Dipodie des Senars
auch bei der caesura hephthemimeres diese schweren Längen, weil an
dieser Stelle auch im Griechischen die Länge ganz gesetzmäfsig war. s. o.

So zeigt sich, wie Unrecht Meyer daran gethan, seiner sonst so
sachlich gehaltenen Schrift einen sehr stark polemischen Charakter gegen
Ritschl's Accenttheorie zu geben. Was Ritschl früher nur fühlte und
aussprach, aber noch nicht klar beweisen konnte, das können wir jetzt,
gestützt auf die unterdessen besonders durch Ritschl und seine Schule
geschaffene textkritische Grundlage, auf das richtige Mafs beschränken.
Auch hat man oft, und so besonders auch Meyer, Ritschl eine viel
gröfsere Beachtung des Wortaccents zugeschrieben, als nach seiner
eigenen Erklärung zulässig ist. Proleg. S. 207 pro fundamento fuisse
quantitatis observationem ... cum quantitatis autem severi-
tate summa accentus observationem, quoad eius fieri posset, conciliatam esse. Dafs aber der lateinische Accent viel schärfer als der
griechische die Silbenquantität beeinflufste, bezeugen doch Thatsachen
der Prosodie, wie die Verkürzungen vĭdĕ, vĭdĕn u. ä. Ja in einem Falle
haben sogar die nachritschelianischen Untersuchungen einen Einflufs des
Accentes auf den quantitativen Bau des Verses herausgestellt, den Ritschl
noch nicht unbedingt behauptete, die Vermeidung eines doppelten Jambus
in der iambischen Schlufsdipodie. Die unmittelbare Wiederholung der
divergierenden grammatischen und Versbetonung im Jambus pŏtĕst |
pătī bot dem römischen Ohre eine so arge Dissonanz, dafs sie allenfalls
im Eingang des Verses, wo sie sich noch paralysieren liefs, hingenommen

wurde, am Schlusse aber unerträglich war, während sie dem griechischen
Ohre keinen Mifsklang bot, weil das Monotone im Wortaccent wegfiel
s. o. So war dem Römer die Versbetonung von corpóra wohl ebenso
mifsfällig wie in facile. Allein letztere war leicht zu umgehen, da fácile
sich an vielen Versstellen anbringen liefs; für Formen wie córpora dagegen eignete sich fast nur das Ende des Verses, wo sie oft der Sinn
des Satzes nicht duldete, wie man denn auch mit solchen offenen Kürzen wohl nicht gerade gern den Vers schlofs, eine Erscheinung, die noch
eine gründliche monographische Behandlung verdiente. Es war also kein
Zufall, wie Meyer sagen mufs, sondern eine Notlage, dafs man corpóra,
omnía u. ä. bisweilen im Anfang des Trimeters betonte, jedoch nicht
facile u. ä. Die Verhältnisse endlich in den inlautenden Senkungen der
Dipodien liegen thatsächlich folgendermafsen. Verse wie omnes | ămānt |
te etc. sind ebenso in Ordnung wie omnes | ămān|tur etc., weil hier das
oberste Gesetz erfüllt, die Quantität ganz nach griechischem Muster ist, der
Wortton auf der ersten Kürze von ămant gegen den Versictus auf der
zweiten langen Silbe amānt nicht aufkommen kann; das gleiche gilt
von Stellen wie miser éx | ănĭmō | fit etc. Der römische Dichter ge-
stattet aber ferner unbedenklich den Spondeus in allen den Fällen, wo
die Senkung durch tonlose Länge, die Hebung dagegen durch auch vom
Wortton getroffene Länge ausgedrückt erscheint, also: omnes | mōrtā|les;
Quod si es|sēt făc|tum, ja selbst dann die aufgelöste Hebung, wie: Ita
res | ēst, fătĕ|or; et con|dūcĭbĭ|le; pro | cŏmmĕrĭ|ta noxia. Denn die
Hebung hat da immer noch Vers- und Wortton vor der Länge der
Senkung voraus. Ja er ging noch einen Schritt weiter und gestattete
sich in den fraglichen Stellen selbst noch solche Spondeen, wo die beiden
Längen entweder gleichmäfsig vom Wortton getroffen oder vernachlässigt
waren, weil dann die in der Hebung stehende Länge immer noch den
Versictus voraus behielt, also: praesto apud me ; ēsse ā|iunt oder ve |
rŏ spēc|tatum satis oder non | lāmēn|tari decet. Aber ein drittes Ver-
hältnis mied er, nämlich Spondeen wie: et ís | mūltŏ | praestábit, oder
Quod sí tu abicias fór|mīcīs ; papáverem, wo die Senkung aus betonter
und die Hebung aus unbetonter Länge besteht. Denn in diesem Falle
hat die durch keinen Wortton getroffene Länge der Hebung kaum noch
etwas voraus vor der durch den Wortton gehobenen Länge der Senkung,
sondern beide Längen erscheinen so gut wie gleichartig, trotzdem auf
der einen der Versictus liegt, da dieser letztere durch den grammatischen
Accent der Senkung paralysiert wird. Sollen wir nun alle diejenigen Verse,
wo ein solcher bedenkliche Spondeus überliefert ist, ändern, wie zum Teil
Fleckeisen u. a. gethan haben? Bei Terenz sind es verschwindend wenig,
vgl. vor. Ber. S. 428, fast nur Hec. 488 vĕhĕmēntĕr dēsĭdĕrō, bei Plautus etwa Amph. 841. Trin. 646. 862. 886. 947. Capt. 915. Rud. 461.
623. 651. 872. 987. 997. 1081. 1104. 1246. 1394. 1396. Asin. 834 im
drittletzten Versfusse; von denen liefse sich auch ein gröfserer Teil leicht

ändern; aber das hält Referent für unnötig, denn sie haben sämtlich
den gleichen Entschuldigungsgrund, dafs sie vor einem schweren, den
Vers schliefsenden, viersilbigen Worte stehen; bei manchen gehen auch
lange Wörter voraus; wie Rud. 987 Séd tu enumquam píscatorem | ví-
dīstī venéfice. Ja in nicht wenigen von ihnen ist eine beabsichtigte Dissonanz, ein besonderer Effekt von Tonmalerei kaum zu verkennen. Der
Erfinder desselben scheint Ennius gewesen zu sein, bei dem sich diese
Erscheinung zuerst findet. Man lese nur aufmerksam: Enn. trag. fr. 91
vidí, videre quód sum passa aegérrume, | Hectórem curru quádriiugo
raptárier, | Hectóris natum dé muro iactárier (nicht etwa de muro
Hectoris filium iactarier oder ä.), ferner ib. 174 necásset, quo quis crŭ-
cĭātū perbíteret, dazu den einzig bei Terenz dastehenden Versausgang
vĕhĕmēntĕr dēsīdĕrŏ. So soll auch bei Plautus durch die Häufung von
lauter schweren Längen eine besondere Gewichtigkeit erzielt werden, wie
líbertas porténditur; ad postremum pervenerit; ad cáelum pervenerit; ja
was für ein tragikomisches Pathos liegt in diesem besonders im Rudens
öfter wiederkehrenden Versbau, wie cúm māgnā | pecunia; cúm magnis
crepúndiis, von dem für das ganze Stück so bedeutsamen Gegenstande.
Ganz selten ist es so im ersten Teile des Verses, wie Bacch. 968 Eum.
ego ádeo uno mendácio. Ja den beiden Sprachkünstlern der republikanischen Zeit scheint der grofse Dichter der augusteischen Epoche diesen
Effekt abgelauscht zu haben, man vergleiche nur Versausgänge wie Vergil. Aen. III, 12 penátibus ét magnís dis u. ä.

Damit sind wir bei einem anderen Punkt angelangt. Verfassér
will nach Luc. Müller und Corssen auch in den zwei letzten Takten des
Hexameters keine Rücksicht auf Wortaccent gelten lassen, besonders
wegen der im römischen Epos zugelassenen Ausgänge, wie ó déa cérte.
Das Zusammenfallen von Wort- und Versaccent ist ihm eine »mecha-
nische Notwendigkeit«, zu erklären aus dem Streben nach drei- oder
zweisilbigem Schlusse. Dies aber erklärt er aus rhetorischen Gründen
unter Berufung auf Quint. IX, 4, 65, wo jedoch umgekehrt die rhetorischen Regeln durch die entsprechenden Vorschriften des Hexameter-
schlusses begründet werden. Für einen Punkt giebt auch die Rhetorik
keinen Anhalt. Verfasser selbst mufs zugeben, dafs »man es mied, die
fünfte Hebung des Hexameters durch Wortende zu bilden«, doch ist
die Fassung der Regel nicht richtig, da der Schlufs wie audít dea certe
in der unausgebildeteren Technik des Ennius sich findet. Dafs es hiermit eine ähnliche Bewandtnis hat, wie mit den so eben ausführlich erörterten Spondeen bei Plautus, beweist schon der Umstand, dafs, wie jenes
ó déa certe im epischen Stil zulässig war, man Schlüsse wie răpĭdŭm
super amnem Verg. Aen. XI, 562 mit Anapäst immer noch angenehmer
empfand als die entsprechenden mit dem Spondeus, ib. IX, 574 durch
Eigennamen entschuldigt Dioxīppūm Promolumque. Ist auch hier ein
griechisches Vorbild mafsgebend gewesen? cf. R. Volkmann, comment. ep.
S. 12. vgl. zu No. 34.

Endlich können auch die S. 6 sq. behandelten rhetorischen Schlüsse nicht als Beweis gegen Ritschl's Accenttheorie angeführt werden, wie Verfasser thut. Denn es bleibt unleugbare Thatsache, dafs Cicero alle die Schlüsse anwandte, wie mŭltos, mactăbo, amăre, ja auch ĕxigit und ĕxigunt, wo der Wortton auf einer langen Silbe ruhte, dagegen· ängstlich nur alle die mied, wo wie in ăgunt, ăgit dadurch, dafs der letzte Wortton auf eine metrische Kürze fällt, eine Dissonanz entstand oder wenigstens kein längeres Aushalten des letzten Hochtones angänglich war.

Wir haben den Inhalt der Schrift noch nicht erschöpft. Phaedrus' und Publilius' Technik wird im Anschlufs an die einzelnen Capitel berührt, ebenso Horaz und anhangsweise v. 110 -- 126 die Geschichte des griechischen und lateinischen Trimeters in der späteren Zeit. Ebenso gebührt Anerkennung dem letzten, allerdings nur skizzenhaft gegebenen Teil, einem Versuch über die lyrıschen Zeilenarten bei Plautus und Terenz. Der strenge Bau der trochäischen Oktonare wird mit A. Spengel entschieden verfochten, vgl. vor. Ber. No. 76, in den Anapästen die von denen der Jamben und Trochäen weit abweichenden prosodischen und rhythmischen Freiheiten zugegeben und das Dipodiengesetz darin gefunden, dafs 1) die Zeilen- oder Cäsurschlufs bildende Hebung, d. h. beim Dimeter die vierte, beim Oktonar auch die achte, ebensowenig aufgelöst wird, wie die gleichen Zwecken dienenden Hebungen der iambischen und trochäischen Reihen. Bacch. 1197 sumĕrĕ censes von Ritschl mit Recht gestellt, und 2) die 2. und resp. 6. Hebung der Dimeter, Paroemiaci, Septenare und Oktonare und die 3. Hebung der Paroemiaci und die dieser letzteren entsprechende siebente der Septenare nicht durch die zwei schliefsenden Kürzen eines längeren Wortes gebildet werden dürfen; Ausnahmen hiervon finden sich nur etwa sieben überliefert S. 91; aufserdem bei A. Spengel noch etwa 26 in zweifelhaften Stellen. Referent billigt auch dies Dipodiengesetz, nur ist es nicht neu und entspricht dem griechischen Vorbild. Auch geht Verfasser zu weit, wenn er principiell Stellen für falsch erklärt, wo die zweite Hebung zugleich mit der ersten und dritten aufgelöst ist, wie denn z. B. der allerdings noch nicht definitiv hergestellte Vers Trin. 239 Blăndĭ lŏquentŭlŭs | hărpăgŏ mēndăx ganz nach dem griechischen Muster sich erklärt Ζεὺς πολυάνορος ἀμφὶ γυναικός u. ä. Referent hatte im vor. Bericht S. 413 diese Art der Auflösung gegen Spengel zwar nur bei den römischen Tragikern gehalten, doch ist kein Grund, sie den Komikern abzusprechen. — Auch Daktylen sind nach Meyer in dem römischen Drama möglicherweise anzunehmen, selbst mit Auflösung der Hebung. Bei den römischen Tragikern hat man sie schon längst anerkannt und Ter. And. 625 sind sie wahrscheinlich, Bücheler nimmt sie Curc. 94 sq. an, doch dürfte es sich in der Komödie nur um einzelne s. g. kyklische Reihen handeln können, bei denen eine Auflösung der Hebung unzulässig ist. — Im kretischen Tetrameter findet Verfasser mit Recht die notwen-

dige und gesetzmäfsige Cäsur in der Mitte der Zeile; deshalb wird die
letzte Hebung des zweiten oder vierten Fufses nicht aufgelöst, die Senkung dieser Füfse rein gehalten; der Molossus, aber nicht der Choriamb,
wird im ersten und dritten Fufse und nur in der von Ritschl angesetzten
Betonung (Ausn. Amph. 221) zugelassen. Wo die Hauptcäsur nicht erscheint, soll eine Hilfscäsur nach der ersten Hebung des dritten Fufses
eintreten, jedoch nur in 13 Fällen, nur Rud. 252 (bei fünfsilbigem Worte)
ist keine Cäsur nachweisbar, deshalb ist aber die Stelle nicht mit Verfasser zu verwerfen, sondern bei längeren Wörtern ist die Unterlassung der Hauptcäsur, wie in den Dialogversen, entschuldigt, wodurch
auch die Hilfscäsur wenigstens zum gröfseren Teile überflüssig wird.
Der Schlufs erfährt dieselbe Behandlung wie jeder andere iambische
Schlufs (einsilbige Wörter, wie sum, sit, selten, Elision nur achtmal).
Die bacchischen Tetrameter sind zwar etwas freier gebaut, insofern zweisilbige Senkung im ersten und dritten, aber fast nie im zweiten Fufse,
und Molossus in allen Füfsen möglich ist; allein die gewöhnliche Cäsur
nach der ersten Hebung des zweiten Fufses hat immer einen reinen
Jambus vor sich, während die zweite Cäsur in der Mitte des Verses,
also am Ende des zweiten Fufses als trochäische Cäsur auch den Molossus vor sich duldet.   Verfasser nimmt auch nach Analogie des Senars
und trochäischen Septenars (s. jedoch oben) eine Cäsur nach der ersten
Hebung des dritten Fufses an, doch bleibt zweifelhaft, wie weit dieselbe
beabsichtigt ist, da in vielen Fällen lange Wörter (bis zu fünf Silben)
das Unterbleiben jeder Cäsur entschuldigen können.   Zwei kurze Endsilben eines längeren Wortes bilden keine Hebung; im Versschlufs wird
ein einsilbiges Wort gemieden oder doch nur nach einem Jambus gesetzt; spondeische Wörter bilden nicht die Senkung und erste Hebung
des zweiten Fufses, mit Ausnahme von Most. 121 (langes Wort) und 101,
wohl nicht Pseud. 1334 (vérum si vóltis), während dies im ersten Fufse
unbedenklich ist (25 Fälle). — Der Bau der Terenzischen bacchischen
Tetrameter stimmt mit dem der Plautinischen überein. Dagegen findet Verfasser in der einzigen Kretikerpartie des Terenz, Andr. 626—634, manches auffallende, was ihn veranlafst, eine neue Einteilung in sechs
Hexapodien vorzunehmen, die jedoch principiellem Bedenken unterliegt
und nicht alle Schwierigkeiten hebt, da das Dipodiengesetz auch für den
Hexameter gelten müfste.   Referenten scheinen die Bedenken gegen
Tetrameter nicht so erheblich, da das Unterbleiben jeder Cäsur in zwei
Versen durch lange Wörter (necessario, impudentissuma) völlig entschuldigt ist.

    99) Friedrich Leo, Ein Kapitel Plautinischer Metrik. Rhein.
Museum f. Philol. Neue Folge. 40. Bd. (1885.) S. 761—203.

    1. Die Plautinische Technik kennt in den Canticis aufser den all-
gemein anerkannten Versmafsen auch noch eine Anzahl seltener auf-

tretende, wie kürzere katalektische Reihen, auch logaödische und choriambische. Der einzige äußere Anhalt, zweifelhafte metrische Reihen zu bestimmen, liegt, was zuerst Studemund aussprach, in der vom Ambrosianus überlieferten Kolometrie, die die Palatini gleichfalls nur wenig verdunkelt bewahren, in der, wenn auch nicht gerade die Hand des Dichters selbst, jedenfalls alte metrische Tradition vorliegt. Dieser Gedanke ist bereits von Winter durchgeführt, den Verfasser nicht nennt, vgl. vor. Bericht No. 74. — Ein zweites Moment bildet die Frage nach dem griechischen Vorbild. Daß dies vor allem die νέα κωμῳδία der Griechen war, für einzelne Stücke auch die s. g. mittlere, ist unbestreitbar. Aber nach Leo unterliegt es keinem Zweifel, daß Plautus und Naevius nicht alle ihre Metra in ihren Originalen vorfanden. Deshalb zieht er die alte Tragödie des Aristophanes als Vorbild herbei; v. Wilamowitz-Möllendorff, Hermes XVIII. S. 249 sq., hatte gemeint, die spätere griechische Komödie mit ihrer Polymetrie sei die Vermittlerin gewesen. Leo behauptet, dagegen sprächen schon die Fragmente des Livius und Naevius. Allein daraus, daß von Livius u. a. nur Jamben oder Trochäen überliefert sind, folgt bei der Geringfügigkeit dieser Fragmente noch nicht, daß ihnen Polymetrie abzusprechen sei. Selbst der besondere Umstand, den Leo anführt, daß außer dem trochäischen Tetrameter die anderen Langverse und insbesondere der iambische Septenar der Tragödie fremd waren, beweist nicht, daß dasselbe auch von der neuen Komödie galt. Diese konnte nach Referents Meinung recht wohl auch für die freieren Maße Vorbilder enthalten haben. Hephaestion rechnet sie zu den κατὰ στίχον μικτά, auch erkennt Verfasser selbst an, daß sie außer den Trimetern und Tetrametern freier gebaute Verse enthält; z. B. sicher Kretiker, Eupolidien, das metrum Choerilium, daktylische Tetrameter mit iambischem Schluß, trochäische Dimeter, Ithyphallici u. a. Auch der vom Verfasser angezogene Ausspruch des Caesius Bassus: quem dixi a comicis antiquis et latinis et graecis interponi frequentissime beweist nichts dagegen, und ein Beispiel (fragm. anon. 51) solcher katalektischer Tetrameter aus der Zeit nach Aristophanes' Plutos ist wirklich überliefert — Fast scheint es daher bei unseren jetzigen Hilfsmitteln unmöglich, die Frage ganz zum Austrag zu bringen. Unter solchen Verhältnissen wird man auch auf das von Leo beigebrachte Zeugnis des Marius Victorinus p. 78 nicht gar viel geben können: nostri in modulandis metris seu rhythmis veteris comoediae scriptores sequi maluerunt, id est Eupolin Cratinum Aristophanem. Letzteres sieht ganz so aus, als wäre es nach dem bekannten Horazvers zugesetzt, und es bleibt recht fraglich, ob der Ursprung dieser sonst ganz allgemein gehaltenen Behauptung nicht ein ähnlicher ist, wie Rufinus' (p. 560) Ansicht, der den akatalektischen iambischen Tetrameter auf Boiscus zurückführt. Wenn also Leo glaubt, höchst wahrscheinlich habe Plautus den iambischen Septenar wie den anapästischen katalektischen Tetrameter unmittelbar dem Aristophanes entlehnt, so ist das nicht mehr wahrscheinlich, als dafs hier eine Lücke der Überlieferung über die neue Komödie vorliegt. Dafs aber eine solche Lücke wirklich anzunehmen ist, beweist Leo's verfehlter Versuch, selbst die Plautinischen Kretiker und Bacchien aus Aristophanes herzuleiten. Denn dafs, wie Leo meint, Plautus seine kretischen Rhythmen nach solchen päonischen Partien, wie in Aristophanes' Acharnern gebaut habe, ist unglaublich. Mag man nämlich auch die durchaus bedeutsame Abweichung, dafs die letzte Silbe im römischen Verse regelmäfsig kontrahiert ist, wie Verfasser will, aus der Natur des lateinischen Sprachmaterials erklären, so bleibt doch das ganz verschiedene Ethos und der Unterschied zwischen Chor- und Einzelvortrag zu beachten. Für die Bacchien findet aber selbst Verfasser kein eigentliches Vorbild im Aristophanes. Da greift er zu den Dochmien. Diese sollen »völlig ausreichen, die Ausbildung der römischen Bacchien zu erklären.« Allein diese sind ja gar kein Versmafs der Komödie, sondern, wo sie sich in der Aristophanischen Komödie finden, sind sie paratragödischer Natur. Selbst in den Acharnern, wo sie sich etwas zahlreicher finden, sind sie sicher überall nur parodistisch aufzufassen. Abgesehen von allen anderen Bedenken ist der ganz verschiedene Charakter beider Versarten ausschlaggebend. Gleichfalls ganz originell ist hierüber die Ansicht von Hugo Gleditsch, Metrik S. 588, den Leo ebenfalls nicht überzeugt hat. Jener nämlich glaubt, die lateinischen Bacchien wären nach dem aufsteigenden ionischen Metrum gebildet worden, was gewifs ebensowenig befriedigt und eine noch viel kühnere Vermutung ist, da hier eine Versart nach dem Vorbild eines ganz anderen griechischen Rhythmus erfunden sein soll. Referent meint, dafs diese Sache viel einfacher liegt. Vorbild für die römischen Bacchien waren natürlich — die griechischen Bacchien, und nur die vorgefafste Meinung liefs Leo nicht das Richtige finden, die ihn das griechische Vorbild an solchen Stellen suchen liefs, wo es eben nicht zu finden war. Referent hat wiederholt, zuletzt in seinem vor. Bericht S. 406 und 424, darauf hingewiesen, dafs die altlateinischen Cantica im griechischen Sinne Monodien sind und, da uns die Vorbilder der neueren Komödie völlig verloren sind, die Monodien des Euripides immer noch das einzige sind, was wirklich zum Vergleich gezogen werden kann. Und dort finden sich auch die Bacchien, denen die lateinischen nach Ethos und Technik am meisten entsprechen: z. B. Or. 1437 προσεῖπεν δ᾿ | Ὀρέστας | Λάκαιναν | κόραν· ὦ | Διὸς παῖ, ‖ θὲς ἴχνος | πέδῳ δεῦρ᾿ | ἀποστᾶ|σα κλισμοῦ. Trotzdem läfst sich diese Lücke auch mit Zuhilfenahme dieses nicht unmittelbaren Vorbildes kaum beseitigen. Akatalektische Tetrameter des γένος ἄνισον kommen unseres Wissens in der griechischen Litteratur nicht vor: sie erscheinen aus je zwei unverkürzten Dimetern zusammengesetzt und erklären sich nach Christ und Leo am einfachsten sämtlich aus den hypermetrischen Bildungen, für die z. B. bei Aristophanes zahlreiche

Beispiele auch im iambischen und trochäischen Metrum vorliegen. Darnach liegt die Frage nahe, ob nicht solche Hypermetra selbst sich im römischen Drama finden und hier setzt Leo's specielle Untersuchung mit Erfolg ein, wie denn Referent eine indirekte Beeinflussung durch die altattische Komödie mit seinen obigen Bemerkungen nicht ganz in Abrede stellen will.

2. Ein anapästisches Hypermetron hat Christ Men. 361 konstatiert. Leo stellt diesem ein wohlgelungenes trochäisches an die Seite Men. 590 sq., dessen Schlufs Synaphie zeigt dicto dixeram controrsiam | ut ei sponsio finiret. | Quid ille, quid? praedem dedit., weniger wahrscheinlich Poen. 1174 sq. Ebenso ist beizustimmen, wenn er die Katalexe der Bacchien zuläfst, wie Pers. 807 perge út coeperás | delúde, ut lubét u. a. Bacch. 1137. Men. 966. Hypermetrisch ·erscheinen Bacchien Men. 591. 753. Varro fragm. 405 B. Ferner wird eine Anzahl seltenerer, mehr oder weniger vereinzelter Reihen und Kola mit Glück besprochen. Da dies jedoch auf rein textkritische Fragen hinauskommt, beschränkt sich unser Bericht auf die Hauptergebnisse. Die katalektische trochäische Tripodie wird als eine römische Neubildung aus dem katalektischen Ithyphallicus erklärt, diese wie der Ithyphallicus selbst wird nachgewiesen Curc. 100. 101 als παρατέλευτον und Schlufskolon einer kretischen Komposition, ferner Trin. 136. Aul. 157. ibid. 136 sq. Curc. 117. Epid. 166 sq. Cas. IV, 4, 5 u. 10, ibid. II, 2, 37; ebenso der trochäische Dimeter in kretischen Partien, ferner trochäische Dipodie und Ithyphallicus Cas. III, 6, 9. Pseud. 922; ähnlich Pseud. 1267 sq., 1110 sq. Dieser Gebrauch des Ithyphallicus und verwandter ·kurzer Reihen als Clausel verwandter Metra, innerhalb oder am Ende trochäischer und kretischer Cantica findet sich in der altattischen Komödie im allgemeinen vorgebildet, wofür die Belegstellen auf S. 179. 180. Die Mehrzahl der Ithyphallici bei Plautus, nämlich 11 unter 21, ist mit zwei reinen Senkungen gebaut, acht andere beginnen mit reinem Trochäus, ein anderer hält wenigstens den zweiten Trochäus rein, nur einer, Aul. 1·15, ist ohne reinen Trochäus, der Daktylus ist zweifelhaft; ohne Auflösung sind 13, die erste Hebung lösen drei auf, die zweite einer (zweifelhaft), die dritte vier, einer vielleicht die zweite und dritte zugleich. — In ähnlicher Weise wie die katalektische trochäische Tripodie und den Ithyphallicus habe Plautus die iambische Tripodie aus dem häufig angewandten katalektischen iambischen Dimeter geschaffen. Beispiele derselben biete Epid. 9. 25. 29. 52. 57 u. a., Merc. 133 zwei solcher Tripodien vor iambischen Dimetern, endlich Stich. 8 sq. in Verbindung mit dem s. g. metrum Reizianum.

Darnach kommt dieser versus Reizianus zur Untersuchung. Das thatsächliche Material, schon bei Spengel, ergiebt, dafs dies Kolou in einer Anzahl Fälle sicher iambisch gebaut ist, in anderen wieder anapästisch. Spengel hatte darnach alle anapästisch zugestutzt, weil dies die Majorität ist. Leo schlägt einen Mittelweg ein. Er erinnert an die bald iambischen, bald logaödischen ähnlichen Schlufskola der attischen Komödie wie ἢ συκοφάντης ἄλλος οἰμώζων καθεδεῖται. στρόβει πυκνώσας. νέμεσθε φῦλα. ὅθεν τρέφεσθαι. παρὼν ἀποδημεῖ und ταῦτ' ἠλιθιάζω. τοῦ μηνὸς ἑκάστου, Doppelkola χαῖρ', ὦ Ἑκάεργε, | ὅπαζε δὲ νίκην. τὸν ἄνδρα κρατήσεις und ein offenbar epicharmischen Versen nachgeahmtes Epigramm auf Epicharm nach katalektischen trochäischen Tetrametern εὑρὼν Ἐπίχαρμος, τὶν ὧδ' ἀνέθηκαν, μεγάλα χάρις αὐτῷ. Aus diesem Sachverhalt ergiebt sich ihm folgendes: der römische Dichter, der diese Verse nachahmte, durfte sich in seinem vollen Rechte fühlen, Reihen wie ἢ συκοφάντης ἄλλος οἰ - μώζων καθεδεῖται und κοὐ ξυντυχών σ' Ὑπέρβολος | δικῶν ἀναπλήσει seinerseits entgegenzustellen adeo út tu meam senténtiam | iam noscere possis und sollícitae noctes ét dies, | sorór, sumus semper. Neben iam noscere possis aber treten zu lassen pote quám fungo imber oder nos cóquere hic cenam konnte ihn kein Bedenken abhalten, da er für den römischen Vers weder die Reinheit der Senkung noch die Einheit der Hebung anzuerkennen hatte. Das iambische Kolou aber von dem daktylischen mit Anakrusis im Gebrauch zu trennen nötigte ihn nichts, da ihm und seinem Publikum auch pote iám fungo imber iambisch klang. Jedoch giebt Leo zu, dafs Plautus in Verbindung mit Bacchien den iambischen Charakter dieses Kolons gewahrt zu haben scheint.

Im Anschlufs hieran gelangen einige logaödische Verse zur Besprechung: Cas. IV, 3, 3. ib. 10. Bacch. 989 sq. ◡◡◡_◡◡_◡◡_ dreimal mit einem daktylischen katalektischen Tetrameter, letzterer auch Men. 114. Curc. 135. Cas. III, 6, 19 sq., ferner choriambische Men. 110, verglichen mit Arist. Lys. 346, und Ter. Ad. 610 sq und endlich in der Eingangsscene vom Stichus, 1 — 5 werden mit Ritschl nach der Kolometrie des Ambrosianus Choriamben mit Basis angenommen, die in v. 2 trochäisch, in den übrigen iambisch ist. — Schliefslich sei noch bemerkt, dafs ein Teil dieser Neuerungen bereits Aufnahme gefunden hat in des Verfassers kritischer Plautusausgabe, deren erster Band, Berlin 1885, bei Weidmann erschienen ist.

100) F. Buecheler, Coniectanea. Rhein. Museum f. Philol. N. F. 39. Band (1884) S. 274—292.

Zur Metrik gehört S. 285 f. die Behandlung von Plaut. Curc. I, 2, 96 Goetz u. f. Es wird dort eine Anzahl versus Choerilei (auch Diphilei) nach dem Vorbilde der attischen Komödie angenommen mit dem Schema ἡνίκα μὲν βασιλεὺς ἦν Χοιρίλος ἐν σατύροις, nur dafs der lateinische Dichter für den Daktylus auch den Spondeus zulasse (Naekius Choerili S. 258).

101) **Georg Voss**, De versibus anapaesticis Plautinis. Strassburger Doctordiss. Leipzig, B. G. Teubner, 1881, auch aufgenommen
in das Progr. des Progymn. zu Diedenhofen. 1881. S. 1—18 in 4.

ist eine textkritische, meist an Studemund und C. F. W. Müller sich
anschliefsende Behandlung einiger anapästischer Stücke aus Plautus, dem
eine metrische Besprechung in einem zweiten, bis jetzt aber noch nicht
erschienenen Teile nachfolgen soll. Die behandelten Scenen sind Mil.
1011. Aul. 705. Rud. 928. 956. Trin. 820. 1115. Bacch. 1076. 1087. 1149.

102) **A. Luchs**, .Commentationes prosodiacae Plautinae. Zwei aka-
demische Programme. Erlangen I. 1883/1884. II. 1885. 23 und
16 S. in 4.

behandeln die eigentümliche Prosodie und Betonung der mit quidem ver-
bundenen Pronominalformen, in II. speciell die Demonstativa. — I. rec.
Wochenschrift f. klass. Philologie II, 9. S. 268—269 von W. Abraham.
— II. Philol. Anzeiger XV (1885) 7./8. S. 416—417.

103) **Ericus Below**, De hiatu Plautino quaestionum prima pars,
qua agitur de biatu qui fit in thesi. Berlin, Weidmann. 1885.
99 S. in 8.

Rec.: Deutsche Litteraturzeitung 1885. 35. S. 1237 und 1238 von
F. Leo.

Zusammenstellung der in den Handschriften mit dem im Titel bezeichneten Hiat überlieferten Plautinischen Verse, deren Besprechung ins
Gebiet der Plautuskritik gehört.

104) **K. Meissner**, Die strophische Gliederung in den stichischen
Partien des.Terentius. Jahrbücher f. klass. Phil. 129. Bd. 4./5. Heft.
1884. S. 289—330.

Verfasser stellt den Satz auf: Sämtliche stichische Partien der
Cantica des Terenz sind strophisch gegliedert. Und zwar sollen im iambischen Oktonar-, trochäischen Septenar- und iambischen Senarpartien,
in letzteren jedoch nur soweit sie zum eigentlichen Canticum gehören,
jedesmal drei gleichartige Verse zu einer Reihe verbunden sein, in iambischen Septenarpartien stets je zwei Verse eine Strophe bilden. Recht
hat Verfasser mit der Behauptung, dafs die begleitende Musik, wenn sie
eine nur einigermafsen kunstvolle Weise entwickeln wollte, eines Com-
plexes von mehreren Versen bedarf. Allein von vornherein ist es unwahrscheinlich, dafs bei der einen Versart immer nur aus zwei, bei den
übrigen immer gerade aus drei Versen ein solcher Complex bestanden
habe. Verfasser geht aber alles Ernstes an die Durchführung dieses
Gesetzes; 19 Oktonar- und 28 Septenarpartien sind durch drei teilbar;
Kriterien für Strophenschlufs geben stärkere Interpunctionen und Ab-
gänge von Personen (mit einer Ausnahme), aber nicht das Auftreten der-

selben. Dabei wird schon manches im Text geändert; Verse, die in einem besonderen Metrum gedichtet sind, sollen vom Dichter absichtlich eingeschoben sein, um ein bedeutsames Moment der Handlung hervorzuheben. In den übrigen soll die Inkorrektheit der Überlieferung die ursprüngliche Gliederung verdunkelt haben; diese sucht Verfasser in drei Stücken (Eunuch, Phormio und Adelphoe) herzustellen unter Anwendung der im vorigen Jahresbericht unter No. 79 geschilderten Methode. Hier sei nur bemerkt, dafs auch vom metrischen Standpunkt gegen manche Textänderung Einspruch zu erheben ist, wie wenn Adelph. 642 ein tadellos überlieferter Vers, nach Auswerfung des vom Verfasser nicht verstandenen ersten Wortes ita, »flüssiger« werden soll: Nam mīrābār quid hīc negoti essét tibi; so auch Eun. 485. Hec. 485.

105) Derselbe, De iambico apud Terentium septenario. Festschrift des Herzogl. Gymnasiums zu Bernburg 1884. 39 S. in 8.
Rec.: Jahrbücher f. Philol. u. Pädag. 130. Bd. 10./11. S. 578—580. Blätter f. bayr. Gymn. XIX, 4 S. 198—212 von A. Köhler. — Wochenschrift f. klass. Philol. II. (1885) 33. S. 1039—1040 von H. Draheim.
enthält eine Besprechung der Hauptcäsur des iambischen Septenars bei Terenz. Diese soll ausnahmslos hinter der vierten Hebung eintreten und die entgegenstehenden Beispiele mit Hilfe der Textkritik zu beseitigen sein. Referent hat über diese Frage seine Ansicht bereits oben unter No. 98 S. 130 geäufsert.

106) Johannes Stadelmann, De quantitate vocalium latinas voces terminantium. Diss. inaug. Luzern 1884.
Diese Referenten aus der ausführlichen Besprechung von Schweizer-Sidler in der Wochenschrift f. klass. Philologie II (1885) 32. S. 1012—1017 bekannt gewordene Arbeit beschäftigt sich mit der besonders für die altlateinische Verstechnik so wichtigen Frage nach der ursprünglichen Länge verschiedener offener Schlufssilben, gehört jedoch mehr ins Gebiet der Grammatik, weshalb hier ein kurzer Hinweis genügen mag. — Zum Schlufs dieses Abschnittes berichten wir noch über einige Schriften über Allitteration in altlateinischen Dichtungen. Vgl. No. 22.

107) L. Buchhold, De paroemoeoseos (adlitterationis) apud veteres Romanorum poëtas usu. Diss. inaug. Lipsiae, Lorentz. 1883. 112 S. in 8.
Rec.: Wochenschrift f. klass. Philol. I. (1884) 31. S. 979—982 von Ph. Thielmann. — Berliner philol. Wochenschrift V. (1885) S. 666 u. 667 von Paul Feine. — Archiv f. Lexikographie I, 1 S. 131—132 von E. W. — Philol. Rundschau 1884 No. 14 S. 443—446 von W. Ebrard. — Deutsche Litteraturzeitung 1884 No. 25 S. 901 - 902 von P. Langen.
Verfasser geht von der Ansicht aus, dafs wie die ältesten Redner in ihrem sprachlichen Ausdruck durch die Poesie beeinflufst waren,

ebenso später umgekehrt die Dichter wieder viele Figuren von den Rednern aufgenommen haben, und giebt deshalb S. 7—35 als Grundlage für die Abschnitte über die Allitteration bei Dichtern die alte Theorie der Redner über die verschiedenen Arten der similia in sehr anerkennenswerter Gründlichkeit. Auch zeigt er grofse Vorsicht bei Aufstellung der Beispiele von Allitteration, die wirklich beabsichtigt sein sollen. Viele Fälle, wo es sich um unbedeutende Wörter handelt und doch einzelne Mitforscher Absicht des Dichters nicht ausschliefsen, scheidet er aus, ebenso auch alle die Beispiele, wo es sich um Wendungen aus dem gewöhnlichen Leben oder sonst formelhafte Verbindungen handelt, beides gewifs mit Recht. Denn bei einer genauen Bestimmung aller dieser Erscheinungen dürfen nur die ganz unzweifelhaften Fälle zu Grunde gelegt werden. Auch sind die einzelnen Erscheinungen scharf getrennt zu halten. Wenn dabei als Rückschritt getadelt wird, dafs Referent in seiner Schrift über Allitteration bei Plautus auf die Durchführung dieser Unterarten verzichtete, so ist zu bemerken, dafs dieselben damit nicht geleugnet wurden, sondern nur für die damals gestellte Aufgabe als unwesentlich nicht weiter berücksichtigt wurden.

Der Ausgangspunkt der Untersuchung ist die Behauptung, dafs übermäfsiger Einflufs der Rhetorik auf die alten Komiker stattgefunden habe. S. 6 Romanorum quidem veteres poëtae scaenici ita rhetorum praecepta persecuti sunt, ut — nonnullas figuras fere immodice adhibuerint. Die Konsequenz hiervon ist die Verwerfung der Annahme, dafs vor Plautus die Allitteration noch ausgedehnter gewesen sei, eine Annahme, die sich allerdings nicht exact beweisen läfst, für die jedoch manches spricht, vgl. auch unten unter No. 109. Dafs Allitteration in Grabinschriften seltener ist, weifs ja Verfasser selbst S. 39 gut zu erklären. Im übrigen verdient die Abhandlung volles Lob; besonders wird untersucht, an welchen Versstellen die Allitteration bedeutsam ins Ohr fällt.

Das Homoeoarcton zeigt sich im saturnischen Vers 24 mal möglichst in den Hebungen, Ausnahmen bilden fast nur Wörter, wie lŏquier, lătina, wo die anklingenden Silben sich nicht in die Hebung bringen liefsen; dabei wird den Hebungen des zweiten Hemistichs, besonders der ersten und zweiten der Vorzug gegeben. Die gleichen Bestimmungen gelten bei den scenischen Dichtern, zunächst für die iambischen Senare und Oktonare und trochäischen Septenare, teils in pathetischen, parodistischen und feierlichen Stellen, inc. inc. 73. Bacch. 933. inc. inc. 14, teils in besonderer Tonmalerei, Enn. tr. 41; Plaut. Aul. 91, teils bei Beschreibungen von Persönlichkeiten, Plaut. Pseud. 659. Ter. Hec. 440. Afr. com. 61, Plaut. Mil. 546, und Aufzählungen, Plaut. Trin. 1021. Zusammengesetzte Wörter allitterieren teils in den Anfangssilben, teils in den inneren Stammsilben, teils in beiden zugleich, Plaut. Aul. 93. Rud. 1194 ex tingere ex tempulo, op tingit op tatum. Wo die Allitteration in

der Senkung erscheint, ist dies meistens veranlafst entweder durch die
·Form des Wortes, wie bei iambischem Anlaut oder in längeren anapästisch oder spondeisch beginnenden Wörtern, die auch häufig das vorhergehende Wort mit der anklingenden Silbe in die Senkung ziehen, wie
Naev. com. 113 Libera linguá loquemus lúdis liberáliber, oder auch durch
den Bau des Verses, wie bei molossischen Wörtern, die der Regel nach
auf der zweiten Silbe den Ton haben, Most. 352 ita mali maeroris, am
Versschlufs, Bacch. 281 laedít lubens, im Anfang der Jamben Acc. tr. 200
Maiór mihi moles máius miscendúmst·malum. Die Bevorzugung der zweiten Vershälfte zeigt sich nicht blofs in der gröfseren Zahl der Beispiele,
sondern auch darin, dafs häufig dort zwei und drei Buchstaben allitterieren, Most. 32 partem palmam possidet; Amph. 782 múlto mulier
máximast, ferner Men. 252. Amph. 448. 954. Ter. Hec. 440. ex inc. inc.
fr. 14, auch häufig Paronomasien, mil. 330 Scéledre, scelera, Paregmena,
Aul. 324 párce parcum u. a., Polyptota, wie Stich. 765 stautem stanti,
auftreten. Besonders trifft die Allitteration oft auf die dritte, auch fünfte
Hebung, in längeren Versen auf die entsprechende fünfte und siebente,
was sich aus der besonderen Bedeutung der ersten Hebung nach der
Hauptcäsur erklärt, wie an verschiedenen Stellen nachgewiesen wird,
Most. III, 1. Trin. IV, 3, 21 sq. Asin. V, 2; etwas ähnliches beobachtete
Referent bereits (Allitt. u. s. w. 10 u. 18). Die gleichen Erscheinungen
finden sich in allen übrigen Versarten, wie Dimetern und Anapästen.
In iambischen Septenaren ist zwar der zweite Teil gleichfalls besonders
allitterationsreich, fünfte und sechste oder sechste und siebente Hebung,
doch erscheint auch die dritte Hebung reich bedacht in kretischen Wörtern, die im zweiten Hemistich bei doppelter Allitteration kaum unter-
zubringen wären; im trochäischen Oktonar trifft die Allitteration gern
die sechste und siebente Hebung bei viersilbigem Schlufswort. Auch in
Cretikern und Bacchien wird die Hebung bevorzugt, und zwar meist die
des ersten und zweiten oder des dritten und vierten Fufses, seltener die
übrigen. — Im Hexameter werden infolge der Unauflösbarkeit der
Hebungsläugen die ersten Silben der iambisch, anapästisch und baccheisch
anlautenden Wörter in die Senkung verwiesen und die gewöhnliche Hauptcäsur erschwert es, die Allitterationssilben in die Hebung zu bringen.
Doch sind die Hebungen vor und nach der bukolischen Cäsur öfter durch
Allitteration ausgezeichnet; im Pentameter sind es die zwei ersten Hebungen des zweiten Teiles.

Vokalquantität braucht bei diesen Erscheinungen nicht gewahrt zu
werden: Acc. tr. 434 pĕtere pēstem, Amph. 326 vŏlucrem vōcem; auch
zwischen einfacher und Doppelkonsonanz sei die Allitteration anzuerkennen Enn. tr. 213 sonitu saevo et spiritu, desgleichen zwischen a und au,
aber nicht mehr zwischen o und au, a und ae oder verschiedenen Vokalen, wohl aber zwischen Tenuis und Aspirata für die Plautinische Zeit,
ebenso zwischen c und qu; ferner in verschiedenen Satzteilen, besonders

bei Personenwechsel, letzteres ein Punkt, auf den Referent Allitt. S. 8
bereits aufmerksam gemacht hat.

Der gleiche Ausgang, das Homoeocatalecton ist nur bei gleicher
Quantität beabsichtigt; er erscheint als einsilbig in den betonten Endsilben der Jamben, Trochäen, Anapästen und Kretiker, zweisilbig bei
Trochäen im Anfang, bei Bacchien sowohl in den beiden ersten als auch
in den beiden letzten Füfsen, dreisilbig meist in Endungen wie -arii im
iambischen Senar. Hinreichend belegt erscheint auch die Paromoeosis
κατὰ κῶλα in allen Arten, insbesondere erweist Verfasser durch zahlreiche Beispiele aus allen Versgattungen diejenigen κατὰ τέλος τῶν κώ-
λων, die Luc. Müller, de re metr. S. 456 nur καθ᾿ ἡμιστίχια und καθ᾿
ὅλους στίχους anerkennen wollte, auch κατὰ διποδίαν als unzweifelhaft
beabsichtigt.

Endlich werden auch die übrigen verwandten Erscheinungen, Pa-
rechese, Paronomasie, Paregmenon, Polyptoton durch Beispiele reichlich
belegt, wonach sich ergiebt, dafs der Gebrauch κατὰ μέρος λόγου, mit
dem Homoeoarcton übereinstimmend, besonders in den ersten Hebungen nach der Cäsur vorkommt, der κατὰ κῶλα wie beim Homoeocatalecton κατὰ διποδίαν, καθ᾿ ἡμιστίχια und καθ᾿ ὅλους στίχους. Dabei
wird S. 92f. nachgewiesen, dafs die viel bekämpfte Lachmannsche Regel
über die Repetition, Lachm. ad Prop. II, 3, 44 S. 111: ne idem voca-
bulum eodem accentu eademque syllabarum quantitate recurrat, nur für
die Epizeuxis und Anadiplosis gilt. — Auf Grund dieser Beobachtungen
unternimmt es Verfasser in verschiedenen Fällen von Dittographie die
Plautinische Fassung nachzuweisen und macht schliefslich den Versuch, aus
den besprochenen Erscheinungen Concinnität und eine gewisse Symmetrie
im Bau einzelner Cantica zu erschliefsen, doch verwahrt sich Verfasser
ausdrücklich, dafs er Referents Ausführungen in diesem Punkte bei-
stimme, die sich jedoch nicht auf eigentliche Cantica beziehen. Die einzelnen besonders ausführlich behandelten Stellen sind Pseud. II, 1, Bacch.
IV, 4, Persa V, 2, Cas. III, 5.

108) J. Baske, De alliterationis usu Plautino. Particula prior.
Diss. Königsberg 1884. 38 S. in 8.

S. 28—38 wird eine gröfsere Anzahl unzweifelhafter Allitterationen
bei Plautus in übersichtlicher Gruppierung zusammengestellt; vorausgehen allgemeine Erörterungen, die nach Jordan, kritische Beiträge zur
Geschichte der lateinischen Sprache S. 167—188, die verschiedene Bedeutung der fraglichen Erscheinung in der deutschen und altrömischen
Litteratur hervorheben. Verfasser ist vorsichtig in Anerkennung von
Allitterationen, zu weit geht er vielleicht nur, wenn er sie noch zwischen
s : st : str und st : sp : sc gelten läfst. Referents Abhandlung über denselben Gegenstand wird wiederholt erwähnt, doch hat Verfasser wohl nur
das Zittauer Osterprogramm von 1876, nicht das vom folgenden Jahre

eingesehen, sonst würde er Bemerkungen wie auf S. 15 und 23 etwas
anders gefaſst haben.

109) Carolus Boetticher, De allitterationis apud Romanos vi
et usu. Diss. inaug. Berlin, Mayer und Müller. 1884. 60 S. in 8.
Rec.: Wochenschr. f. kl. Phil. II. (1885) 29. S. 909—911 v. Ph. Thielmann. — Philol. Rundschau 1884. No. 51. S. 1622—1624 v. W. Ebrard.

Boetticher erörtert sehr eingehend die Frage, ob die altnationale
Dichtung der Römer die Allitteration nach bestimmten Gesetzen gekannt
habe, und kommt zu Resultaten, die von denen der vorigen Schrift abweichen. Auch Referent hält Verfassers Darlegungen auf S. 1—32 für
sehr beachtenswert. Eine Untersuchung über die Allitteration der Saturnier ergiebt, wenn man auch an manchen Stellen nicht Allitteration
findet, wo sie Verfasser sucht, wie Naev. 35 V. expe—ditionem ducit,
dafs eine reichliche Hälfte der erhaltenen Saturnier allitterierende Verse
sind und zwar in der Weise, dafs entweder nur in einem von beiden
Hemistichien eine besondere Allitteration vorliegt, oder auch in beiden
oder endlich, dafs sich dieselbe auf beide verteilt. In letzterem Falle
ist die Stelle derselben im ersten Hemistich beliebig, in dem zweiten
aber an die Hebung gebunden und zwar meist an die erste; wenn sie
erst auf der dritten steht, wird regelmäfsig die dieser vorausgehende
Senkung unterdrückt. Bei Plautus und Ennius u. a. findet sich zwar
die Allitteration noch recht oft, ja gewöhnlich auch sehr intensiv, allein
doch schon viel seltener als in den Saturniern; und später nimmt sie
immer mehr ab. Aus dieser Wahrnehmung lasse sich der Rückschluſs
ziehen, dafs in den Saturniern nicht der Höhepunkt dieser Erscheinung,
sondern bereits der Anfang des Niederganges vorliege, eine Vermutung,
die Verfasser, da sie sich nicht direkt beweisen läfst, durch verschiedene
Erörterungen wahrscheinlich zu machen sucht. In alter Zeit habe man
kurze Verse gebaut, noch nicht aus zwei Kurzversen zusammengesetzte
Langverse, und in diesen Kurzversen habe die Allitteration auf betonter
Silbe geruht, wozu ein Seitenstück im finnischen Epos und in einzelnen
angelsächsischen Versen vorliege. Die Einrichtung der saturnischen Lang-
zeile und die Annahme des streng quantitierenden Baues habe auf die
Allitteration zerstörend wirken müssen. Verfasser sucht diese Hypothese
durch innere und äufsere Gründe zu stützen, die hier nicht ausgeführt
werden können, aber wenigstens zum Teil beachtenswert scheinen. Die
letzten Abschnitte gehören nicht in unseren Bericht, da sie sich mit der
Allitteration in Prosa, besonders bei Tacitus beschäftigen.

110) Otto Raebel, De usu adnominationis apud Romanorum
poëtas comicos. Diss. inaug. Halle a. S. 1883
gehört nicht unmittelbar in unseren Bericht, weil syntaktische Verbindungen gleich oder ähnlich lautender Worte, Wortspiele u. ä. ohne Eingehen auf metrische Technik behandelt werden.

VIII. Metrische Schriften über römische Lyriker und Epiker.

111) J. Baumann, De arte metrica Catulli. Programm. Landsberg a. W., Schaeffer und Co. 1881. 22 S. in 4. Rec.: Cultura IV. 7. S. 225 v. Zambaldi. — Philol. Anzeig. XIII. 7. 8. S. 371—373 v. C. Jacoby. — Vgl. vorigen Bericht No. 86.

Aus dieser etwas ungleich gehaltenen Übersicht über die von Catull gebrauchten Versmafse mag hier die richtige Würdigung der caesura $\varkappa\alpha\tau\grave{\alpha}\ \tau\grave{o}\nu\ \tau\rho\acute{\iota}\tau o\nu\ \tau\rho o\chi\alpha\tilde{\iota}o\nu$ bei Catull hervorgehoben werden. Luc. Müller ist in der Verwerfung·derselben etwas zu weit gegangen. Catull steht noch im wesentlichen auf dem Standpunkte seines alexandrinischen Vorbildes, und das Streben der römischen Dichter, diese Cäsur ganz zu vermeiden, ist nur erst im Entstehen wahrzunehmen. So wird die fragliche Cäsur nicht blofs in den acht Versen, wo sie auch Luc. Müller anerkennen mufste, weil sonst jede Cäsur fehlen würde, sondern auch mit Recht in Versen, wie carm. 64, 146, 148 nil metuunt iurare, | nihil promittere parcunt, u. a. angenommen, wo sie der Inhalt gebieterisch fordert. Unbegründet dagegen ist die Annahme, dafs Cn. Matius, Catulls Vorgänger, die Choliamben freier behandelt habe. Denn auch dessen Fragment 5, 1 ist streng gebaut. Über die an erster Stelle erwähnte Cäsur handelt auch

112) Jacob Walser, Zur Caesura $\varkappa\alpha\tau\grave{\alpha}\ \tau\rho\acute{\iota}\tau o\nu\ \tau\rho o\chi\alpha\tilde{\iota}o\nu$ im Lateinischen. Zeitschrift f. österr. Gymn. 33. Jahrg. 1882. S. 1—29.

E. Bährens (Neue Jahrbücher f. Philol. 1881 S. 409) hatte in der im Titel genannten Cäsur eine griechischen Vorbildern entnommene Erfindung späterer Grammatiker gesehen und erklärt, ein lateinischer Hexameter, der blofs diesen Abschnitt habe, sei seit Catulls Zeit ein Unding; Prop. II, 33, 9, IV, 5, 25, V, 7, 41. Hor. Epist. I, 9, 4 seien zu ändern. Dagegen weist Walser nach, dafs, wenn diese Cäsur auch seltener ist, doch eine hinreichende Anzahl Beispiele ihre Existenz sichern, teils solcher, wo sie der einzige Einschnitt ist, teils solcher, wo sie von anderen Cäsuren zwar begleitet, aber ebenfalls mafsgebend und leitend ist; z. B. Verg. Aen. IV, 417, 582. XII, 336, 367. Freilich unter den Hunderten von Beispielen, die Verfasser anführt, sind eine gröfsere Anzahl noch auszuscheiden. Vgl. auch Jahresbericht für Alt. XXXV. (1883. II.) S. 225 und 226.

113) Derselbe, Über die Tragweite der Caesura post quartum trochaeum im antiken und im deutschen Hexameter. Zeischrift f. d. österr. Gymn. 35. Jahrg. (1884) S. 885—900.

Eine wirkliche Cäsur nach dem vierten Trochäus, etwa als Ersatz der $\dot{\epsilon}\varphi\vartheta\eta\mu\iota\mu\epsilon\rho\acute{\eta}\varsigma$ ähnlich wie die nach dem dritten Trochäus für die

πενθημιμερής, wagt Verfasser selbst im alten Hexameter nicht anzunehmen. Ja für den griechischen Hexameter giebt Verfasser zu, dafs
dieselbe » selbst als Fufscäsur ganz in den Hintergrund gedrängt « erscheint. Nur soll dieselbe im lateinischen Hexameter bereits eine kleine
Bedeutung gewonnen haben und zwar sowohl in Ansehung der Wort-
gestalten, die im Verein mit ihr auftreten, als auch bezüglich der Interpunktion. Allein auch dieser bescheidene Versuch ist abzuweisen. Denn
dafs in ennianischen Versen wie corde capessere semita nullá pedem
stabilibat gar keine Cäsur stattfindet, hat Luc. Müller mit Recht konstatiert, ebenso wenig findet ein solcher Einschnitt statt Ovid. fast. IV, 721
Nox abiit oriturque aurora. Parilia posco u. ä. Dagegen hat des Horaz
bekannter Vers non quivis videt immodulata poëmata iudex auch Luc.
Müller schwerlich richtig beurteilt, wenn er die Hauptcäsur mit τμῆσις
in im|modulata annimmt. Horaz hat vielmehr absichtlich einen versus
immodulatus ohne Häuptcäsur gebildet, indem er in derselben komischen
Weise auf den Inhalt Rücksicht nahm, wie Aristophanes ran. 1322, 1323,
wenn er den Fehler des Euripideischen Glykoneion, den er rügt, selbst
macht.

114) Henri de la Ville de Mirmont, De l'hexamètre spondaïque
dans Catulle. Annales de la Faculté des lettres de Bordeaux. VI. N.
S. Tome I. (1884) No. 3 S. 118—126

konstatiert, dafs die Vorliebe Catulls für spondeische Hexameterausgänge,
besonders im carm. LXIV, in gar keinem Verhältnisse weder zu den nach-
catullischen Dichtern noch selbst zu Ennius' archaischem Standpunkte
steht, und weist in eingehender Untersuchung nach, dafs hier ein beab-
sichtigter Effekt vorliegt, für den das alexandrinische Vorbild, insbesondere das des Callimachus und Apollonius mafsgebend war.

115) Frédéric Plessis, Un chapitre de métrique latine. Le
Pentamètre dactylique. — Extrait du Bulletin de la faculté des lettres
de Caen. Caen, F. le Blanc-Hardel. 1885. 12 S. in 8.

ist eine Zusammenstellung der gewöhnlichen Regeln über den lateinischen Pentameter. Erwähnung verdient nur, dafs S. 8 darauf hingewiesen
wird, dafs dreisilbige Pentameterausgänge wie constitit in thalamo deshalb nicht den Römern so auffallen mochten, weil die Präposition mit
dem Substantiv wie ein viersilbiges Wort empfunden wurde. cf. Quint.
I, 5, 27. — Rec.: Cultura 1885. 12/13. S. 416—421.

116) A. Bonin, Untersuchungen über das 62. Gedicht von Catull.
Programm des Realgymn. Bromberg. 1885. S. 3—18 in 4.

Unter Annahme einer Lücke von 61 Versen zwischen 31 und 32
wird folgende Symmetrie für das im Titel genannte Gedicht gewonnen:
5. 5. 6. ¦ 1 + (6 --7. 8—8. 9—9. 10—4 +) 6. | 11. 11. 9, eine Drei-

teilung in angeblich schöner Architektonik. Denn einem Amphiprostylos gleich mit Pronaos und Opisthodomos zerfalle das Gedicht in Einleitung (19), Hauptteil (102) und Schlufs (9). — S. 13—16 wird beobachtet, dafs Catull in diesem Gedichte Cäsurenwechsel nicht willkürlich eintreten lasse, sondern stets aus bestimmten Gründen. So beginnt er nach längerem Vordersatz, der aus Versen mit gewöhnlicher Hauptcäsur gebildet ist, den Nachsatz gern mit trochäischer Hauptcäsur, ebenso wie er ein stark ausgeprägtes Adversativverhältnis ähnlich rhythmisch markieren oder eine längere Periode bedeutsam abschliefsen will. — Bei dieser Gelegenheit sei bemerkt, dafs

117) **Alexander Riese**, Die Gedichte des Catullus herausgegeben und erklärt. Leipzig, B. G. Teubner. 1884. XVIII und 288 S. in 8.

S. XXXVIII—XLIII das Wichtigste über die Catullische Metrik zusammenstellt. Dagegen

Carl Ziwsa, Die eurythmische Technik des Catullus. II. Teil. Wissenschaftliche Beilage zum 19. Jahresbericht des Leopoldstädter Kommunal-, Real- und Obergymnasiums. Wien 1883. 40 S. in 8.

enthält nichts metrisches, wie man nach dem Titel vermuten könnte, sondern handelt über Verwendung rhetorischer Figuren.

118) **Emil Urban**, Vorbemerkungen zu einer Horazmetrik. Programm. Insterburg 1885. 32 S. in 4.

Rec.: Berliner philol. Wochenschrift V. (1885) 37. S. 1153—1157 v. W. Mewes. — Philol. Rundschau V. (1885) No. 41 S. 1289—1291 v. Heinrich Müller.

Verfasser gedenkt eine Horazmetrik zu veröffentlichen und nimmt Stellung zu seinen Vorgängern in den Fragen über Terminologie in der Metrik, die angeblichen kyklischen Daktylen, die Cäsuren und Betonung der Worte im Verse, Vierteiligkeit der Horazischen Oden u. a., wie Referent, dem dies Programm noch nicht zugekommen ist, den angeführten Besprechungen entnimmt.

119) **R. Köpke**, Die lyrischen Versmafse des Horaz für Primaner erklärt. Progr. des Gymn. Landsberg a. W. 1883. 31 S. in 8. 2. Aufl. Berlin, Weidmann. 1884. 33 S. in 8.

Rec.: Berliner philol. Wochenschrift 1883. No. 33 S. 1026—1027 v. W. H. — Zeitschrift für österr. Gymn. XXXIV. 8/9. S. 624—626 v. J. Huemer. -- Gymnasium I. 17. S. 555 v. H. K. Stein.

Diese Schulzwecken dienende Schrift enthält nichts hier zu erwähnendes. Das Gleiche gilt auch von den folgenden Veröffentlichungen über Horaz:

120) H. Schiller, Mètres lyriques d'Horace après les resultats de la métrique moderne. Traduit sur la 2. ed. allemande et augmenté de notions élémentaires de musique appliquées à la métrique par O. Riemann. Paris, Klinksieck. 1882. IV und 83 S. in 12.

Rec.: Bulletin critique 1883. No. 10 S. 181—183 v. V. Jacques. — Mélanges d'archéologie II. 5. S. 473 - 474.

121) S. Cavallin, Ofversigt af Horatii lyriska versmatt, till laeroverkens tjenst. Luṅd, Gleerup. 1885. 19 S. in 8.

122) Fr. Appendini, Metrica oraziana ad uso degli scuole. Roma, Artera. 1884. 23 S. in 8.

123) E. Stampini, Commento metrico a XIX liriche di Orazio di metro rispettivamente diverso, col testo relativo conforme alle migliori ed. 2. ed. Turin, Loescher. 1885. XIII und 84 S. in 16. Vgl. vorigen Bericht No. 95.

124) C. Fumagalli, I metri oraziani brevemente esposti ad uso dei cursi liceali. Verona, Druckere Tedeschi. 1884. 35 S. in 16.

125) H. Habenicht, Die Allitteration bei Horaz. Progr. Eger 1885. 27 S. in 8 ist Referenten noch nicht zugekommen.

126) Paulus Kleinecke, De penthemimere et hephthemimere caesuris a Virgilio usurpatis. Diss. inaug. Halle, E. Karras. 1882. 55 S. in 8.

Rec.: Philol. Rundschau IV. No. 9 S. 270—276 v. W. Krafft (abfällig). — Rivista di Filologia XIV. (1885) S. 181—186 v. Remigio Sabbadini (anerkennend).

Unter Beschränkung auf die Bucolica und Georgica versucht Verfasser für diejenigen Verse, die beide im Titel genannte Einschnitte bieten, zu ermitteln, welcher von beiden die Hauptcäsur ausmache. Aufser im Satzende und Satzbau (leges I—III) findet er einen Anhalt in der Stellung des am meisten betonten Wortes, das nicht unmittelbar vor der Cäsur stehen dürfe (lex IV), wohl aber nach derselben (lex VI); auch dürften zwei grammatisch oder durch Allitteration eng verbundene Wörter ebensowenig durch die Cäsur getrennt werden (lex V), wie überhaupt ein zum zweiten Hemistich oder zum nächsten Verse gehöriges Wort durch die später angesetzte Hauptcäsur aus dem Zusammenhange gerissen werden könne (lex VIII) u. a. m. Referent erkennt das Bestreben an, die vom Dichter beabsichtigte Hauptcäsur unter den möglichen herauszufinden, allein Verfassers Annahmen beruhen zum ganz überwiegenden Teile auf rein subjektiven Erwägungen, und überhaupt läfst sich die reiche Mannigfaltigkeit in engeren oder freieren Vereinigungen grammatischer Satzteile, besonders bei einem solchen Sprachkünstler wie Vergil, nicht in die wenigen vom Verfasser aufgestellten Gesetze bringen.

127) Johannes Draheim, De Vergilii arte rhythmica. Jahrbücher f. Philol. 129. Bd. 1884. 1. S. 70—73.

Da im Anfang und Ende des lateinischen Hexameters unstreitig
Wort- und Versaccent übereinstimmen, sei lediglich zu untersuchen, wie
weit die gleiche Übereinstimmung nach der Mitte zu reiche. B. Gi-
seke's Urteil hierüber (Homerische Forschungen, Leipzig 1862. S. 123
u. 104) bestätigt Verfasser dahin, dafs Vergilius ictuum et accentuum
discordiam in alteram tertiam quartamque thesim admiserit, in extremis
concordantiam praeoptaverit, perpetuum autem amborum concentum vi-
taverit. Auf Grund exakter statistischer Unterlagen wird dies näher
ausgeführt. Sehr zahlreich sind diejenigen Verse, in denen schon von
der vierten Hebung an Übereinstimmung der beiderseitigen Accente stattfindet. Bei den wenigen in der fünften Hebung hierin divergierenden
Versen (meist bei Eigennamen) tritt gewöhnlich (nämlich in 155 Versen)
mildernd Elision gewichtiger Worte ein. Auch sei gerade hier die Enklitika que, wie ve und ne häufig, durch die der Hauptaccent des
Wortes nicht verrückt werde, was auch von den zwölf versus hypermetri
bis auf einen, Aen. VII. 160, gelte.

128) K. Brandt, De re metrica in Vergilii eclogis. Salzwedel
1882. Festschrift.

Rec.: Wochenschrift f. class. Philol. I. No. 47 S. 1486—1488 von
H. Draheim.

ist Referenten unbekannt geblieben. — Über

129) Rudolf Maxa, Die vierte und sechste Ekloge des Vergilius
strophisch gegliedert. Trebitsch, Selbstverlag des Verfassers. 1882.
17 S. in 8., sowie

130) Derselbe, Die strophische Gliederung an der zweiten und
zehnten Ekloge des Vergil nachgewiesen. Progr. Trebitsch 1882. und

131) W. H. Kolster, Vergils Eklogen in ihrer strophischen Gliederung nachgewiesen mit Kommentar. Leipzig, B. G. Teubner. 1882.
XIII u. 226 S. in gr. 8.

vergl. vorigen Bericht No. 100 uud 101. Über Kolsters und Maxa's
Schriften berichtet jetzt Schaper, Jahresber. f. Altert. XXXI. (1882. I.)
S. 122—133 u. 139 u. 140 ausführlich. Referent schliefst sich dem Urteil Schapers vollständig an. Auch ihm bestätigen diese neuesten Versuche nur, dafs selbst mit gewaltsamer und willkürlicher Änderung des
Textes die strophische Gliederung in Vergils Eklogen nicht nachzuweisen ist.

132) F. Urban, Die Allitteration in Ovids Metamorphosen. Progr.
Braunau 1882. 49 S. in 8.

wird in einer Besprechung in der Zeitschrift f. d. österr. Gymn. 34. Bd.
1883. 11. S. 867 u. 868 als eine umsichtige und sorgfältige Arbeit gerühmt, ist aber dem Referenten bisher nicht zugekommen.

132) W., La métrique de Phèdre. Annales de la Faculté des lettres de Bordeaux. VI. N. S. Tome I. No. 3. S. 127.

Gegenüber der Behauptung Luc. Müllers (rei metr. summarium S..33 und Metrik S. 19), wonach Phaedrus den Tribrachys nicht im ersten und dritten Fufse des Senars zulassen soll, wird die Auflösung der Hebung bei vorhergehender Kürze in allen Fülsen aufser dem letzten nachgewiesen durch Stellen, wie Phaedr. I, 5, 1. II, prooem. 2. I, 19, 3. App. 16, 6. Sieht man doch auch keinen Grund, weshalb der Tribrachys gerade nur im zweiten, dritten und vierten Fufse zulässig gewesen sein soll. Er findet sich auch bei Seneca im fünften Fufse, vgl. L. Quicherat, Traité de versification S. 219, note 3, und bei Horaz im ersten, epod. 2, 27.

133) Ernestus Trampe, De Lucani arte metrica. Diss. inaug. Berlin 1884. 78 S. in 8.

Rec.: Wochenschrift für klass. Philol. 1885. No. 13. S. 400 von R. Friedrich.

Die prosodischen Gesetze über Verkürzung langer und Längung kurzer Vokale werden eingehend dargestellt; darnach meidet Lucan Kürzungen wie stetĕrunt, ibĭ, ubĭ gänzlich, mifst immer canō u. s. w. und in Substantivformen ŏ, ĭnis, aber ō, ōnis, jedoch jedes Wort immer nur in einer Quantität, längt kurze Endsilben nie aufser vielleicht einmal 2, 564 parāt vor Hauptcäsur und h. Besonders genau werden die Elisionen und die Gesetze über den letzten Teil des Hexameters behandelt und zwar letztere nicht blofs, soweit sie die Beschränkung auf zwei- und dreisilbiges Schlufswort betreffen, sondern auch die weiteren Beschränkungen für kürzere und längere Wörter an vorletzter Stelle und Lucans Vorsicht im Gebrauch der einsilbigen Präpositionen und Conjunctionen in diesem zweiten Teile des Hexameters, endlich desselben äufserst sorgsame Durchführung des Grundsatzes, Abschnitte des Inhalts und des Verses möglichst in Übereinstimmung zu bringen. Letzteren verfolgt Lucan so streng, dafs er nur an acht bestimmten Versstellen gröfsere oder kleinere Gedankenabsätze eintreten läfst, nämlich aufser den fünf Cäsuren (semiquinaria, semiseptenaria, semiternaria, trochaica pedis tertii und bucolica) nur noch in den Einschnitten vor dem zweiten und sechsten Fufse und ganz selten nach dem ersten Trochäus. — So hat zwar Verfasser dem ziemlich absprechenden Urteil Carl Friedrich Webers (de spuriis et male suspectis Lucani versibus, Lipsiae 1821) gegenüber erwiesen, dafs Lucan in allen den hervorgehobenen Punkten sich streng und konsequent zeigt, ja nicht blofs sämtliche Beschränkungen im Versbau, an die Ovid u. a. sich gehalten haben, sich auferlegt hat, sondern in manchen Stücken noch über diese hinausgegangen ist. Darin aber kann Referent nicht mehr eine stilvolle Weiterbildung der epischen Verskunst finden, für die Vergil unerreichtes Muster bleibt, sondern nur eine stillose übertriebene Feinheit, die allenfalls für die

Elegie in etwas als ein Fortschritt über die klassische Zeit hinaus gelten könnte, in Lucans Gedicht dagegen eine der Würde der heroischen Poesie durchaus unangemessene Künstelei ist. In richtiger Würdigung dieser Thatsache empfiehlt Petronius für's epische Gedicht wieder die Kunst Vergils, dem auch alle nachlucanischen Epiker gefolgt sind, und nur an dem Homerus latinus hat Lucan einen nahen Vorgänger für seine geschmacklose Behandlung des epischen Verses.

135) R. Weise, Vindiciae Juvenalianae. Diss. inaug. Halle a. S. 1884., auch Leipzig. G. Fock. 69 S. in 8.
berührt die Metrik Juvenals nur kurz und bietet nichts hier zu erwähnendes.

136) Theodor Korsch, Metrisches zu Martial. Rhein. Museum f. Philol. N. F. 41. Bd. (1886.) 1. S. 155—157.
handelt im Anschlufs an Mart. XI, 2, 5, wo er lieber ein einsilbiges io, als mit W. Gilbert iŏ mit zwei Kürzen annimmt, über die fünf Fälle der productio in arsi. Diese wird nur in den zwei Beispielen VII, 44, 1. X, 89, 1, (beidemale in tuus) anerkannt, wo sie durch die Penthemimeres und Hephthemimeres der Hexameter genügend entschuldigt ist; dagegen im Pentameter wird sie verworfen. Richtig ist nun zwar VI, 61, 2 sinūs omnes als Plural statt Singular vermutet, allein IX, 101, 4. wo Verfasser domuīt, wie nach Analogie von petiīt, rediīt mifst, und XIV, 77, 2, wo gar plorabāt vor hic gemessen oder hic in sic verwandelt werden soll, liegt sicher der gleiche Fall, wie in den ersten beiden Stellen vor, nämlich dafs die Verlängerung durch die Hauptcäsur des Pentameters geschützt wird. Denn für eine Länge der letzten Silbe von docuīt ist überhaupt petiīt etc. keine Analogie, und die Erhaltung der ursprünglichen Länge in Formen wie plorabāt, wie bei Ennius ganz sicher, so bei Martial undenkbar.

137) Fridericus Otto Stange, De re metrica Martiani Capellae. Diss. inaug. Lipsiae 1882. 62 S. in 8.

Die metrische Technik des Ausonius, Prudentius, Boëtius u. a. ist bereits sorgfältig behandelt, allein für des Martianus Capella Metrik hatte sich bis jetzt noch kein Specialforscher gefunden. Deshalb verdient Stange's Dissertation hier besondere Erwähnung.

In der Prosodie schliefst sich Martianus Capella ziemlich eng an die klassischen Vorbilder der Vergilschen Schule an, so in der inlautenden Vokalkürzung vor folgendem Vokal, nur prāeopto findet sich unverkürzt, ähnlich aber schon Stat. Theb. VI, 519 prāeiret, ferner in Vermeidung jeder Synizese (S. 9. 26 văcāt statt vacûum, S. 331. 7 hymeněă), sowie der Synaloephe, die selten bei einsilbigen Wörtern, einmal bei langem Vokal vor folgender Kürze erscheint, so endlich in Bezug auf Längung kurzer Endsilben, die im ganzen in 18 Fälle meist vor der Cäsur oder in Hebung begegnet, und in den übrigen prosodischen

Erscheinungen; die einzigen Abweichungen sind folgende: compăr, frustră, so schon bei den alten Scenikern, vielleicht auch ĭgnosce und ĭgnotum im Senar. Der Einfluſs des Wortaccentes auf die Quantität schlieſslich ist unverkennbar, wenn auch nur an wenig Worten: lŏquax gegen lŏquáces (S. 25 jedoch wird nūgax vermutet), flăgĭtáret gegen flăgitat; néque, wo kein Einfluſs des *qu* angenommen wird, cérnĕrĕs u. a., während bei mŏrosus und in trĭcare falsche Etymologie im Spiele sein mag, dagegen sind besonders altertümliche Formen erhalten, wie die Infinitive auf -arier und -erier, auch iusti für iussisti, impete, farcinat für farcinavit.

Die metrische Technik des ganz besonders reich gestalteten Versbaues richtet sich ebenfalls nach den besten Mustern; so zunächst im Hexameter, der regelmäſsig quantitierend ist. Denn da drei Stellen S. 48, 17. 32, 27 und 255, 10 zu ändern sind, eine aber S. 332, 4 verdorben, so wird stets eine der klassischen Hauptcäsuren eingehalten, die trochäische Hauptcäsur ist nur an einer Stelle sicher; die Häufung der Spondeen und Daktylen wird vermieden; der Schluſs erfolgt meist mit zweisilbigen Wörtern, seltener mit dreisilbigen, zweimal auf zwei einsilbige, und nur einmal auf einsilbiges Wort vor iambischem. — Auch die Pentameter, die sogar einmal für sich allein eine stichische Komposition bilden, sonst aber immer mit Hexametern zu Distichen vereint erscheinen, sind ganz exakt nach klassischen Mustern gebaut, besonders auch im zweiten Teile, nur S. 331, 19 endet einer auf ācŭlĕō und S. 98. 9 auf āĭŏmā, eine schwankende Quantität in einem Eigennamen zeigt S. 198. 7 Archīmedea, dagegen ist S. 197. 25 tellŭs zu ändern; etwas häufiger tritt am Ende des ersten Teiles Hiatus auf, aber meist nur zwischen gleichen Vokalen (ā und ā oder ō und ō).

Ebenso sind die iambischen Senare streng gebaut. Dies gilt insbesondere von der Reinhaltung der zweiten und vierten Senkung, Beobachtung der Hauptcäsuren und Vermeidung des Ausganges auf zwei iambische Wörter. An Freiheiten der Komiker und des Phädrus ist also nicht zu denken. Nur Hiat vor der Hauptcäsur ist nicht abzuweisen. Dagegen nimmt Verfasser an vier Stellen, wo eine Länge in der zweiten oder vierten Senkung zu stehen scheint, Kürzung dieser Silben an: mŏrosus, ĭgnŏtus, s. o.; sŏritas und fescĕnnina. Ein Gedicht zeigt gröſsere Unregelmäſsigkeiten und es bleibt zweifelhaft, ob hier mit Verfasser Entstellung der Überlieferung — es ist gerade das letzte des ganzen Werkes — oder Absicht des Dichters anzunehmen ist. Für letztere spricht der Umstand, daſs es sich um eine Ansprache an den Sohn handelt, in der eine Nachahmung des scenischen Senars nicht unpassend wäre. — Katalektische iambische Dimeter zeigen im ersten Fuſse Spondeen und besonders häufig (49—53 mal) Anapästen, aber auch reine Jamben, weshalb man sie nicht für Anacreonteen halten dürfe. Bisweilen erscheint auch ein Daktylus, der eine überlieferte Tribrachys aber S. 298. 2 wird wegkonjiziert; einzelne wenige Kretiker

finden sich zwar auch, doch sind sie als Anapästen zu messen. Der
zweite Fuſs ist immer ein reiner Jambus (S. 53. 11 rĭgente statt frī-
gente; S. 256. 2 corrupt; S. 298. 11 sicher cĭere, wo codd. clere, Eyssenhardt cĕlĕrare, vgl. die akatalektischen Dimeter). Im dritten Fuſse ist
der Spondeus nicht abzuweisen. Denn wenn auch zwei Stellen (intrĭ-
catus und pĕrexit) sich allenfalls anders messen lassen, so bleiben noch
sechs Fälle. — Die immer mit Hexametern verbundenen akatalektischen iambischen Dimeter sind in zwei Gedichten S. 33 und 336
streng gebaut, ohne Tribrachys und Anapäst, und mit Spondeen nur an
erster oder dritter Stelle. Nur ein drittes Gedicht, S. 245, zeigt regel-
widrige, aber stets unbetonte Länge der Senkung in zwei oder drei Fällen.

Die Hendekasyllaben sind rein, die Cäsur nach der sechsten
Silbe wird bis auf sechs Fälle in ihnen stets gewahrt; der erste Fuſs
ist immer nach strenger Norm ein Spondeus, auch S. 11. 15 ohne iam,
und S. 343. 7 nach den Handschriften. — Die Asclepiadeen beginnen
achtmal mit Daktylus statt mit Spondeus, was mit Luc. Müller für eine
Neuerung des Martianus Capella erklärt wird. Sonst aber sind dieselben rein gehalten in Bezug auf Prosodie und Cäsuren, vor denen bisweilen Hiat erscheint; dasselbe gilt auch von der nur einmal S. 343 f.
vorkommenden katalektischen Form, sowie von den ganz vereinzelten
drei trochäischen Octonaren und den Adonii (S. 36. 6 wird Mor-
tălibusque für eine Glosse zu caducis erklärt) und den nach der Sitte
der späteren Dichter stichisch gebauten Paroemiaci, die aus reinen
Anapästen bestehen. -- Über die ionischen Tetrameter kann Verfasser Luc. Müllers Urteil nicht erschüttern, das dahin geht, daſs, abgesehen von einem Molossus und zwei Ditrochäen, alles rein gehalten
ist. Zweifelhaft ist Verfasser der Charakter der Dimeter S. 344 sq., da
sie mit einer Ausnahme stets molossisch beginnen; allein wegen des
zweimaligen Vorkommens der Anaklasis ist ihr ionischer Charakter un-
bestreitbar (S. 345, 7 korrupt, Verfasser ac tum Cynthia). Endlich die
s. g. Choriambischen Tetrameter (vgl. Christ, Metrik § 534) sind
ganz rein gebaut. Dabei ist Sabaĕorum, peperīt und Stŏici zu messen;
die letzte Stelle S. 35, 10 will Verfasser ändern; quidquid agent historici praescia dans futuri.

Die sorgfältigen Untersuchungen ergeben, daſs Martianus Capella
bei all seinem Formenreichtum in strenger Einhaltung der Silbenquantität und metrischen Technik den besten Dichtern nachgestrebt hat, ohne
dabei die übertriebene Peinlichkeit der anderen späteren Dichter zu
beobachten. Manches hatte bereits Luc. Müller festgestellt, aber Verfasser gebührt das Verdienst, über die Metrik des Martianus Capella zum
ersten Male eine erschöpfende, zusammenfassende Darstellung gegeben
und insbesondere die Grenze festgestellt zu haben, bis zu welcher der
Dichter in einem Zeitalter, dem bereits für die Prosodie und Metrik der
guten Zeiten fast jedes Verständnis abging, sein Ziel wirklich erreicht hat.

Zum Schlufs behandelt Verfasser noch die Frage, ob Martianus auch das Ethos der verschiedenen V ersarten in seinen Dichtungen beachtet habe. Während nun in dieser Beziehung Luc. Müller de re metrica S. 104 sich dahin geäufsert hatte, dafs saeculi quarti quintique auctores excepto uno fortasse Claudiano nullo fere delectu diversissima pro arbitrio adhibuisse metra solam varietatem nitoremque versuum spectantes, weist Verfass er in ausführlicher Betrachtung der einzelnen Gedichte nach, dafs dies Urteil auf den so formenreichen Martianus Capella nicht passt, dieser vielmehr aestimatorem numerorum haud ita mediocrem fuisse arbitrum. So oft er auch nach Art der altrömischen Saturae aus der prosaischen Darstellung in die metrische übergeht, so lässt sich doch fast immer für die Wahl des Metrums eine hinreichende ratio angeben, besonders für den Gebrauch der Hexameter oder Distichen und Jamben, aber auch in den anderen Formen, so dafs nur in ganz wenig Fällen Zweifel bleiben.

Nachtrag.

Im Asklepiosheiligtum zu Epidauros befand sich in schöner Steinschrift eine Sammlung kleiner Gedichte des bisher völlig unbekannten Dichterlings Isyllos, Sokrates' Sohn aus Epidauros. P. Kabbadias entdeckte und veröffentlichte dieselbe Ἐφημερὶς ἀρχαιολογική, 1885. S. 67 f. Das erste Gedicht besteht aus sieben trochäischen Tetrametern, das zweite und fünfte aus 17, resp. 23 Hexametern, das dritte aus einem Distichon und drei Hexametern, das vierte endlich ist ein Paian auf Asklepios in aufsteigendem ionischen Rhythmus. Über diesen authentisch überlieferten Paian aus einer jedenfalls noch guten Zeit handelt

138) **Friedrich Blass**, Der Paian des Isyllos. Fleckeisens Jahrbücher für klass. Philologie 131. Bd. 1885 S. 822—826.

Blass nimmt die keine Schwierigkeiten bietende Versteilung des athenischen Professors Dr. Ch. Semitelos an. Aufser der 42-, resp. 44 mal vorkommenden akatalektischen Grundform des Jonicus a minore findet Verfasser mit Recht dreimal Katalexiṣ am Ende der Reihe, sechs-, resp. fünfmal die gewöhnliche Anaklasis, Epitrit mit folgendem Ditrochäus, die Grundform mit aufgelöster erster Hebung viermal, mit aufgelöster zweiter wohl einmal; besonders häufig aber den Ditrochäus, nämlich fünfzehnmal _ ᴗ _ _, viermal _ ᴗ ⌣͜ᴗ _, vereinzelt ⌣͜ᴗ ᴗ _ _ und _ ᴗ _ ᴗ, einmal auch _ ᴗ _ ᴗ ᴗ; letztere Form, so auffällig sie ist, läfst sich mit. Blass als Ditrochäus auffassen, da Isyll auch im trochäischen Tetrameter an gerader Stelle den Dactylus sich erlaubt, I, 1. Der Ditrochäus als Taktschema des Jonicus a minore steht im Anfang der Reihen, häufig aber auch mitten unter rein gehaltenen Grundformen; vielleicht kommt er schon bei Aischylos in der Schlufsform, wie suppl. 1140. Prom. 421 vor: τύδε μειλίσ|σοντες οὖδας. Blass glaubt nun, der Joniker sei aus dem Ditrochäus durch dieselbe Umbiegung gebildet wie der Choriamb

aus dem Diiamb; also wie _ ᴗ ᴗ _ | _ ᴗ ᴗ _ | _ ᴗ ᴗ _ aus ᴑ _ ᴗ _ |
ᴑ _ ᴗ _ | ᴑ _ ᴗ _, so auch aus (ᴑ) _ ᴗ _ | ᴑ _ ᴗ _ | ᴑ _ ᴗ _ | ᴑ. . . . Jo-
nicus· a minore (_) ᴗ ᴗ _ | _ ᴗ ᴗ _ | _ ᴗ ᴗ _ | _ und gemischt der Ana-
klomenos (_) ᴗ ᴗ _ | ᴑ _ ᴗ _ | _ und endlich drei Silben später begonnen
der Jonicus a minore (_ ᴗ ᴗ) _ | _ ᴗ ᴗ _ | _ ᴗ ᴗ _ | _ ᴗ ᴗ. . . . Darnach
sollen die beiden Kürzen nicht der Zusammenziehung fähig sein, weil
sie für _ ᴗ ständen. In Isylls Paian tritt diese Zusammenziehung nie
ein; wohl aber bereits in Euripides' Bakchai und den Sotadeen.

139) U. v. Wilamowitz-Möllendorff, Isyllos von Epidauros.
Philologische Untersuchungen. Neuntes Heft. Berlin, Weidmann. 1886.
VII und 210 S. in gr. 8.

behandelt S. 3--29· sämtliche Gedichte Isylls vom metrischen Standpunkt
aus. In seinen Hexametern schliefst sich Isyll an die laxere Praxis des
Epos an, in seinen trochäischen Tetrametern steht er dem Epicharm und
der attischen Komödie am nächsten, gestattet Auflösung der vorletzten
Hebung und, wie schon Blass bemerkte, einmal den Daktylus, der auch
in dem Tetrameter der Komödie sicher bezeugt ist; Ar. Ach. 318, av. 396,
thesm. 436, eccl. 1155, equ. 319 u. a.

Ein längerer Excurs S. 125—161 enthält wertvolle, eingehende
Untersuchungen über den ionischen Rhythmus. Nach den Grundsätzen
Lachmanns (Kleine Schriften I, 84) und gröfstenteils in engem Anschlufs
an Hephaistion bringt. Verfasser die ionischen Gedichte des Alkman,
Alkaios, der Sappho sowie des Anakreon, ferner einige der Tragiker und
des Aristophanes zur ausführlichen Besprechung, verfolgt somit die fraglichen Kunstformen bis auf Isylls Zeit und legt dar, dafs Isylls Paian
den Jonikern des neuen Dithyrambos am nächsten steht. Dessen »ungeheure Bedeutung« erkennt Verfasser darin, dafs mit ihm die Entwicklung der hellenischen Kunstformen ihren Abschlufs gefunden hat, angesichts dessen »man nur Gott bitten kann, dafs er denen ihre Blindheit
yerzeihe, die dem Aristoxenos die Verachtung des Dithyrambos nach-
schwatzen«.

Referent hat in Verfassers geistreichen und anregenden Darlegungen vieles anzuerkennen, hier hebt er zunächst einiges hervor, was die
Methode der Forschung betrifft. Für derartige Untersuchungen über die
meist fragmentarisch überlieferte · griechische Lyrik empfiehlt Verfasser
mit Recht die Vorsicht, dafs man von solchen Versbrocken, wie Alc. 87.
101, die keinen vollständigen Gedanken oder ganzen Vers geben, ab-
sehen müsse. Demnach kann wohl auch Anacr. 37, ein mitten aus einem
Citat herausgerissenes Objekt, nicht als Beweis für den Choriamb statt
des Jonikers verwendet werden. Eine zweite Vorsicht mufs noch hinzu-
kommen, nämlich dafs man bei kürzeren Fragmenten scharf unterscheidet,
ob die Versart bezeugt oder nur von der neueren Kritik vermutungs-
weise hergestellt ist. Läfst man alle unter diese Bedenken fallenden

Fragmente unberücksichtigt, dann bleibt ein so dürftiges Material, dafs Verfassers ausführliche Behandlung der dramatischen Joniker als Ergänzung nötig wird.

Trotzdem ist schon viel geleistet. Bei Alkman läfst sich der Diiambus belegen, bei Sappho der katalektische Trimeter mit Ditrochäus im zweiten Fufse finden; andere freiere Trimeter- und Tetrameterformen bleiben zunächst weniger sicher; ansprechend ist fr. 51 in sechs Dimeter, einen Trimeter und einen Monometer (Molossus) geteilt; ob letzterer Vers überhaupt richtig, bleibt zweifelhaft. Der Diiambus läfst sich bei Sappho nur im Eingang nachweisen, während bei Anacreon fr. 21 das Schema ⏑ ⏒ ⏑ _ _ ⏑ ⏑ _ ‖ ⏑ ⏒ ⏑ _ ⏒ _ ⏑ _ durch regelrechte strophische Entsprechung bezeugt ist. — Die einseitige Bevorzugung der Hephaistioneischen Tradition trägt Verfasser selbst Bedenken konsequent durchzuführen und z. B. S. 143 Telesillas Verschen ἇδ᾽ Ἄρτεμις, ὦ κόραι, | φεύγουσα τὸν Ἀλφεόν als ionische Dimeter zu fassen. Konsequent ist da freilich nur Westphals Annahme, dafs Hephaistions Jonikertheorie wie die ὡς πρὸς τὸν μετρικὸν χαρακτῆρα bequeme Schablone des Heliodorischen Antispasts (⏑ _ ⏑ ⏑ und ⏒ ⏑ _ _ wie ⏒ _ _ ⏒) gemacht sei, oder das Verfahren von Friedrich Blass, Fleckeisens Jahrb. f. klass. Philologie 133. Bd. 7. S. 451—464, in einem Aufsatze, auf den erst unser nächster Bericht eingehen kann. Wenn jedoch Blass, um für seine Theorie ein älteres Zeugnis zu gewinnen, aus Mar. Vict. 149, 32 und aus Caesius Bassus S. 259, 1 herauslesen will, dafs die alten Rhythmiker, ja wohl gar Aristoxenos das Γλυκώνειον als bakchisches Metrum bezeichnet hätten, so sei bemerkt, dafs diesen Stellen weiter nichts zu entnehmen ist, als die auch sonst bekannte Thatsache, dafs das᾽ choriambische Metrum bei den Rhythmikern vielfach bakcheisch hiefs. Da somit kein vorhephaistioneisches Zeugnis für die freiere Art des Jonicus beschafft ist, erlaubt sich Referent auf die mediceischen Scholien des Aeschylus hinzuweisen. Der nicht ganz unerhebliche metrische Teil derselben geht, wie Referent nachzuweisen in der Lage ist, in seiner jetzigen Fassung auf Heliodor zurück und von diesem läfst sich durch Stellen wie schol. Med. ad Aesch. sept. 98. 120 und schol. Hephaest. A. p. 185 W. u. a. wahrscheinlich machen, dafs er vielfach älterer rhythmischer Tradition folgte. Den gebrochenen ionischen Rhythmus bezeugt zu Aesch. Prom. 130. cf. 413. sept. 707 das Scholion: ὁ ῥυθμὸς Ἀνακρεόντειός ἐστι κεκλασμένος πρὸς τὸ θρηνητικόν κτλ.

Referent sieht der in Aussicht gestellten Untersuchung über die Joniker des Dramas mit Spannung entgegen; dem Verfasser aber gebührt bereits auf Grund der vorliegenden Forschung das Verdienst, die letzte grofsartige metrische Kunstschöpfung des hellenischen Altertums als historische Erscheinung voll gewürdigt zu haben. Vgl. auch vorigen Bericht No. 85.

Bericht über die auf die Geschichte der classischen Alterthumswissenschaft bezügliche Litteratur der Jahre 1884—1886.

Von

Professor Dr. Adalbert Horawitz
in Wien.

Meinem Versprechen im letzten Jahresberichte gemäss, gebe ich noch weitere Berichte über Schulschriften. In erster Linie haben wir uns mit einer, das gesammte Unterrichtswesen behandelnden Schrift zu beschäftigen, mit:

Lorenz von Stein, Das Bildungswesen III. Theil 1. Heft (als VII. Theil der Verwaltungslehre). Stuttgart, Cotta, 1884. 530 S.

Wie im letzten Jahresbericht muss auch heuer auf die Fortsetzung dieses merkwürdigen epochemachenden Werkes aufmerksam gemacht werden. Der geistvolle Verfasser ist in den Jahrhunderten der Aufklärung so recht in seinem Elemente, in treffender Charakteristik führt er die geistigen Factoren der neueren Geschichte vor, verweilt bei der Stellung der Kirchen zum Bildungswesen Europas, weist die erste Berührung zwischen der Staatsidee und dem Bildungswesen nach und setzt Begriff und Inhalt der neuen europäischen Bildung und Civilisation fest. Auch hier fehlt es wieder nicht an höchst bedeutenden Um- und Ausblicken und an Andeutungen, die zu Büchern ausgeführt werden könnten und sollten. Werden die verschiedensten Gelehrten namentlich die Historiker und Juristen gut thun, den oft geradezu überraschenden tiefbedeutsamen Bemerkungen zu folgen und auch dort wo sie anderer Ansicht sein sollten, den Gedanken des berühmten Gelehrten nachzugehen, so fiele für die ernstdenkende Journalistik nicht minder viel ab, nicht wenig könnten auch die katholischen Theologen lernen. Classischere Worte über die fast nur Dogmatik und Liturgik ins Auge fassende, vom inneren Christenthum abführende Richtung der verweltlichten Kirche sind wohl selten geschrieben worden, wie von Stein.

Für unsere Zwecke ist es vor Allem werthvoll zu sehen, wie be-
geistert Stein die unvergängliche Bedeutung der classischen Studien feiert
und wie treffend er nachweist, dass die eigentliche Idee des germanischen
Bildungswesens stets mit den classischen Studien vereint gewesen sei.
Ganz prächtig ist sein Hinweis auf Luthers Ansicht, wie der katholische
Unterricht sich zur ächten classischen Bildung verhalten habe, »ja sie
haben allezeit dawider aufs höchste getobet und noch toben, denn der
Teufel roch den Braten wohl; wo die Sprachen herkämen, würde sein
Reich ein Loch gewinnen, das er nicht leicht könnte wieder zustopfen«.
Luther war es auch, der gegen den heutzutage so sehr herrschenden
Utilitarismus sich aussprach, welcher die alten Sprachen »das Kleinod«
für unnütz erklärte. In warmer Weise gedenkt Stein der Verdienste
Luthers, »ohne ihn«, sagt er, »stände das deutsche Volk auch jetzt noch
vielleicht auf dem rein utilitarischen Bildungsstandpunkt des heutigen
Amerikas, das zwar Baumwolle und Brod, aber keinen einzigen Gedanken
nach Europa zurückzubringen vermag«. Eingehend kennzeichnet er auch
die Bedeutung des Präceptor Germaniae, des Gründers des tüchtigen
Schulwesens in Europa -- »Luther hat der neuen Epoche des Bildungswesens seine Auffassung und seine individuelle Kraft, Melanchthon ihr
ihren Körper und ihre Ordnung gegeben«. Mit Recht hebt Stein sodann
den Einfluss Bacon's auf Ratichius und Comenius hervor. Wir müssen
es uns versagen auf alle die interessanten Ausführungen hinzuweisen, in
denen Stein z. B. die Philosophie oder die neue Rechtswissenschaft u. A.
behandelt, unsere Aufgabe liegt anderswo. Auch auf die zwei Seiten
aller Entwickelung, der europäischen gemeinsamen und der nationalen
kann hier nicht eingegangen werden, so lehrreich eben diese Betrachtungen sind, oder auf die glänzende Charakteristik des Jesuitenthums
als Erziehungsfactor, »der die Bildung durch das Bildungswesen verder-
ben will« (S. 87 ff.). Aber gerade für uns wird es als Wahrwort gelten
müssen, wenn Stein meint, dass die Höhe und Tiefe der Lehrfunction
der Universitäten in jedem Lande bedingt sind durch die Entwickelung
seines Gymnasialwesens. Ganz vorzüglich sind das französische, wie das
englische Studienwesen charakterisirt und die wesentlichen tiefgehenden
Unterschiede derselben von dem deutschen hervorgehoben. Sehr lesens-
werth aber ist der Abschnitt über die Anfänge des eigentlichen Gymnasialwesens im 16. und 17. Jahrhundert, in der neben allgemeinen höchst
zutreffenden Bemerkungen Melanchthon, Trotzendorf, G. Wolf, Neander
und Joh. Sturm besprochen werden. Wir möchten nur meinen, dass die
Grammatiken Melanchthons in der Beurtheilung etwas zu kurz kommen,
dagegen ist J. Sturm's Werk: das Princip der classischen Latinität des
Gymnasiums für die ganze deutsche Vorbildung dauernd festgestellt zu
haben, mit Recht gerühmt. Klar unterscheidet Stein ferner die zwei
Gattungen von Philologen, von denen der einen nicht etwa das huma-
nistische Verständniss des Alterthums, sondern die höhere lateinische

und griechische Grammatikalbildung die höhere Vorbildung selber ist. Bei der Schilderung der Gymnasialschöpfungen in Sachsen und Württemberg wird der Nachweis erbracht, dass Württemberg in der Schulgesetzgebung des 16. Jahrhunderts allen anderen Staaten der Welt voraufgegangen sei, und dass es sich rühmen kann, für das verfassungsmässige Recht des Bildungswesens zuerst die Bahn gebrochen zu haben. Schliesslich sei noch auf den Abschnitt über das Gymnasialwesen und die realistische Bildung verwiesen (S. 449 ff.).

An dem vortrefflichen Werk, das Niemand ohne Dank und reiche Anregung lesen wird, möchten wir nur das tadeln, dass der Verfasser so häufig seine Andeutungen gar nicht weiter verfolgt, wo es am belehrendsten wäre, gerade ihn über Sachen und Personen urtheilen zu hören. Im Einzelnen würde sich Manches entgegnen lassen; Stein setzt z. B. die Beschäftigung der Deutschen mit Tacitus Germania, die schon im Anfange des 16. Jahrhunderts beginnt, zu spät an, ebenso die ersten Versuche der deutschen Archäologie, die ebenfalls mit Peutinger anheben, einmal wird J. Camerarius I übersehen u. dgl. Doch was bedeutet dies einer solchen Meisterleistung gegenüber? Je classischer dieses Werk, dessen allgemeine Verbreitung in Lehrerkreisen wir lebhaft wünschten, ist, desto nöthiger wäre es bei der nächsten Auflage die zahlreichen Druckfehler zu beseitigen.

Diesem grandiosen Werke deutscher Gelehrsamkeit seien einige englische Werke concreter Art angeschlossen:

The Story of the University of Edinburgh during its first three hundred years by Sir Alexander Grant etc. With illustrations. In two Volums I. 384 p. II. 510 p. London, Longmans Green and Co. 1884.

Auch dieses grosse und reichhaltige Werk ist in jener prachtvollen Ausstattung, auf dem soliden Papier und die Augen schonenden uncialen Drucke herausgegeben, durch die uns die Engländer beschämen. Es ist zum 300jährigen Jubiläum der berühmten schottischen Hochschule erschienen, einer Schule, der Oliver Goldsmith, Walter Scott, Thomas Carlyle (vgl. seine Bemerkungen V. II. 146 ff) und Charles Darwin, die Staatsmänner Palmerston, John Russel u. a. als Schüler angehörten. Weniger bekannt dürfte es sein, dass auch Niebuhr vom 27. October 1798 bis 7. October 1799 an der Universität Vorlesungen über Chemie, Physik, Mathematik, Agricultur hörte und dort neben der Achtung vor den Schotten eine umfassende Kenntniss der englischen Volkswirthschaft gewann. Grant hatte drei sogenannte Vorgänger, er hat einen reichen Stoff benutzt und wie es scheint wohlgeordnet und jedenfalls sehr instructiv in diesem Werke niedergelegt. Er schildert zuerst die schottischen Universitäten vor der Reformation (I 1—53) und zeigt, wie der katholische Clerus im Grossen und Ganzen die wenigen ehrenvollen Ausnahmen, die

11*

sich für die höhere Bildung der Geistlichkeit einsetzten, im Stiche liess;
schildert dann die Bemühungen der Reformer (53 — 96) und die Anfänge
der Universität Edinburg (97 — 180). Das 4. und 5. Capitel führen die
Universitätsgeschichte bis 1858 und geben reiche Excurse über einzelne
Persönlichkeiten und Institute. Band II. beschreibt (im VI. Capitel) die
Streitigkeiten zwischen dem akademischen Senat und dem »town council«
in den Jahren 1703 — 1858, geht sodann (im VII. Capitel) auf die innere
Geschichte der Universität ein, wobei wieder sehr werthvolle Ausführungen über die Bibliothek und die Bauten und Finanzverhältnisse der Universität, sowie über die Professoren der einzelnen Fächer gegeben werden. Den Schluss bildet ein Bericht über das Studentenleben. Für unsere
Zwecke habe ich aus der sehr dankenswerthen Jubiläumsausgabe Einiges
über philologische Studien anmerken können. Dass in dem College von
Edinburg zur Zeit der Herrschaft des Humanismus Latein auch die Um-
gangssprache war (I. S. 136), bedarf eigentlich keines Beweises (vgl. die
weitere Historie S. 137). In St. Andrews wurde eine Lehrkanzel für
Latein um 1620, in Glasgow 1637, in Aberdeen erst 1839 (!) gegründet
(über das Latein zu Edinburg um 1597 cf. S. 193). Eine ganz prächtige
Notiz ist die (I. 227) von dem Professor der Medizin Robert Sibbald,
der um 1706 im »Edinburgh Courant« eine Bekanntmachung einrücken
liess, in der er erklärt »historiam naturalem et artem medicam quam
Dei gratia per annos quadraginta tres feliciter exercuit, docere in pri-
vatis collegiis incipiet« und nun folgende Anforderungen an die Mediciner stellt: Monendos autem censet juvenes harum rerum curiosos, se
non alios in album suum conscripturum quam qui calent linguas Latinam
et Graecam omnem philosophiam et Matheseos fundamenta; quod chiro-
graphis praeceptorum testatum vult. Grant schreibt darauf ausser Anderem, das uns zeigt, dass auch in Schottland die Fertigkeit Latein zu
schreiben ja zu lesen bedenklich abhanden gekommen ist (S. 227 f.),
folgende Worte: »The qualifications laid down by Sibbald for Students
joining his class the »Medical Preliminary« so to speak, which he pre-
scribes — would astonish aspirants to Medicine of the present day . . . .
Sibbald was in a very different position from a modern Professor in the
Faculty of Medicine . . . . . . he required as his audience young men,
who could follow his Latin and who hat cultivated minds.« Freilich im
16. und 17. Jahrhundert hatte Schottland ein grosses Ansehen durch
seine Latinität (cf. 269). Kein Geringerer als Puffendorff (Introd. ad
Histor. Europaeam ed. 1680) sagt . . Scotorum gens ingeniorum prae-
stantissimorum ferax et maxime Latinae linguae cognitione illustrium.
Morhof (de pura dictione Latina 1725) gibt den Schotten vor den Eng-
ländern den Vorzug, was ihr Latein anlangt. Der Verfasser nimmt denn
auch als eine Thatsache an, dass, während Deutsche und Engländer sich
dem Hellenismus ergaben, Franzosen und Schotten sich auf das Latein
beschränkt hätten. In der That wurde das Griechische auf schottischen

Universitäten nicht vor dem Siege der Reformation daselbst gelehrt, Melville erzählt, (I. 44. n. 2) er sei um 1539 an der Universität St. Andrews der Einzige gewesen, der einen griechischen Text des Aristoteles habe lesen können. Er war damals ein 14jähriger und hatte Griechisch nach der Grammatik von Pierre de Marsilliers gelernt. Das im Jahre 1560 geschaffene »Book of Discipline«, ein neues System für die Universitäten, verlangte für Latein drei oder vier Jahre, nicht minder vier Jahre für Griechisch, aber im Verein mit Logik und Rhetorik. Von ausserordentlicher Bedeutung für die Sprachen ist der aus Genf gekommene Andreas Melville, der mit Feuereifer dem Humanismus in Schottland Bahn brechen wollte (vgl. M. Crie Life of Melville, James Melville's [sein Neffe] Diary Bannatyne edition); was hat der Mann in Glasgow Alles gelehrt: Grammatik, Homer, Hesiod, Phokylides, Theognis, Pythagoras, Isokrates, Pindar, Theokrit, Aristoteles Politik und einige Dialoge Platon's. In Glasgow zuerst wurde also wirklich Griechisch getrieben und dieses Beispiel war nicht verloren. Melvilles System war aus einer Mischung des Studiums von Aristoteles und der Gegenanschauungen, wie sie in den Schriften von Pierre Ramée und Taläus vorlagen, hervorgegangen. Immer mehr entfernte er sich von dem Geiste der mittelalterlichen Universitäten. Auch Edinburg erhielt um 1589 eine Ordnung, in der die griechische Grammatik von Clenardus, Stücke aus dem Neuen Testament, Isokrates, Homer, Hesiod und Phokylides vorgeschrieben waren. Wir finden dabei starkes Memoriren aus den Autoren, beständige Versionen und Reversionen; man soll sogar (cf. 150) auf Reinheit des Stiles auch im Griechischen gesehen haben. Der »Tutor of humanity«, man nannte ihn »Regens humaniorum literarum«, hatte um 1597 neben seiner Hauptfunction Latein zu lehren auch die Verpflichtung, die Elemente des Griechischen bei seinen Pflegebefohlenen zu übernehmen, um 1645 sollte das Griechische — verstehe ich recht — nunmehr in den Colleges gelehrt werden. Ueber die Stellung des Griechischen um 1707 vgl. I. S. 260ff. Um 1741 waren zwei Professoren des Griechischen in Edinburg, der eine, Drummond, las aber lieber für Mediciner mit Zugrundelegung des Hippokrates und Rufus Ephesius, der andere, Robert Law, scheint sehr fleissig gewesen zu sein, das Verzeichniss seiner Vorlesungen ist ein grosses, u. a. las er auch über Cebes, Demosthenes und Euripides. Aber es gab keine Grammatikalschulen, in denen Griechisch ordentlich getrieben wurde, bald wurde es ein Monopol der Universitäten, die Folge davon war durchaus beklagenswerth, ganz richtig schreibt Grant: There was no idea throughout Scotland in the last century of the greatness of Hellenic culture. (Ob das nicht von Einfluss auf den Volkscharakter geworden, cf. Buckle Histor. of Civilisation und dagegen die deutsche Auffassung seit dem intensiven Betrieb der griechischen Studien, seit der humanistischen Wiedergeburt durch Winckelmann,

Lessing, Göthe u. s. w.) Vgl. damit die Vorschläge der Commission von
1829, womit die Anschauungen von Professor Blackie (um 1847?) zu-
sammenzuhalten sind, wonach kein Student in die »junior Greek class«
aufzunehmen sei, der nicht die Anfänge der Grammatik inne habe und
die ersten sechs Capitel des Johannes - Evangelium übersetzen könne.
Darüber entspannen sich uns sehr seltsam berührende Debatten (II. 79 ff.)
bis in die fünfziger Jahre hinein (vgl. S. 112). Ein sehr werthvoller Abschnitt (S. 322—327) ist den Professoren der griechischen Sprache gewidmet. Von William Scott I und dessen Sohn William Scott II, die
von 1708 bis 1730 die Professur inne hatten, kann nichts besonderes berichtet werden, was noch immer besser ist, als was über ihren Nachfolger
Colin Drummond gesagt werden kann, der angeblich von 1730—1738
Griechisch tradirte, in Wahrheit jedoch die einträglichere Lehre der Me-
dicin betrieb, die eigentliche Mühe aber anderen überliess. Doch man
höre Grant selbst (II. 323): Robert Law (der Griechisch tradirte) who
had never become Professor died of consumption in 1741. Dessen Nachfolger R. Hunter verkaufte schliesslich die Kanzel an Andrew Dalzel
(1772). Und das war endlich der rechte Mann. Der damals 29 jährige
hatte seinen Lehrstuhl bis 1806 inne, er erwies sich nicht bloss tüchtig,
erfolgreich und ward hochgeachtet, er brachte auch die Universität zu
Ehren und wirkte sehr für den Aufschwung der griechischen Studien in
Schottland. Hingebend als Lehrer und Schriftsteller arbeitete er Jahre
lang an seinen »Collectanea Graeca«, von denen er 1785 in der Vorrede
schrieb: Labor quidem humilis, laus vero non item, si modo hoc opusculum vel tantulum conferre valuerit ad studium promovendum Graecarum literarum, quibus apud nos deficientibus cito deficiet omnis doctrina
politior, iisdem vigentibus, omnes etiam artes quae ad humanitatem pertinent, una vigebunt. Dieses Werk machte ihn aber auch über England
hinaus bekannt; unter seinen Correspondenten erscheinen neben Porson,
Parr, Cyril Jackson: Böttiger und Heyne (nicht Heyre, wie es S. 325
heisst). Auch sein Colleg war das beste seit der Gründung des griechischen Collegiums, es zählte um 1784 hundertundsechzig Hörer. Seine
Stärke lag in der Anregung, Lord Cockburn schreibt darüber: when we
sat passive and listened to him, he inspired us with a vague but sincere
ambition of literature, and with delicious dreams of virtue and poetry.
Die liebenswürdige Persönlichkeit des Mannes, von dem Cockburn im
Hinblicke auf die Bekleidung der Stelle eines »clerk to the General
Assembly« bemerkt: The was too innocent for it, zeigt sich auch in
seinen Briefen; seine Geschichte der Edinburger Universität ist Fragment geblieben. Ihm folgte der gewissenhafte George Dunbar, der sich
vom Gärtner zum Gelehrten emporgearbeitet hatte, den Lehrstuhl des
Griechischen von 1806—1852 behauptete und ein »English Greck Lexicon« herausgab.

The University of Cambridge From The Royal Injunctions Of 1535 To The Accession Of Charles The First. By James Bass Mullinger M. A. Lecturer on History and Librarian of St. John's College Cambridge of the University Press. 1884. 683 S.

1873 war der erste Band der Universitätsgeschichte in der Stärke von 686 Seiten gedruckt. Der vorliegende Band besitzt beinahe denselben Umfang; an Reichhaltigkeit des Stoffes der historischen und biographischen Daten kommt er seinem Vorgänger gleich. Selbstverständlich, dass auch·von diesem Bande das nicht verlangt werden kann, was wir in Deutschland von einer Universitätsgeschichte erwarten. Die englischen Colleges sind wie die Akademien der Renaissance etwas sehr Verschiedenes von unseren Hochschulen. Das hat u. a. in neuerer Zeit wieder von Stein (in seinem Bildungswesen) gezeigt. Die englischen Universitäten knüpfen an katholische, an hierarchische Institutionen an und zeigen ein mönchisches Zusammenleben, eine gewisse mittelalterliche Gebundenheit, auf welche Verfasser des vorliegenden Werkes mit einer ·behaglichen Befriedigung hinblickt. Ja er geht so weit, die College-Erziehung, an die Auslassungen des einstigen Jenenser Professors Wolfgang Heyder anknüpfend und gestützt auf eine Stelle in von Döllinger's »die Universitäten sonst und jetzt«, den deutschen Hochschulen zu empfehlen. Der Stoff ist wie gesagt überreich, jedes College wird in seiner Geschichte und seinen Einrichtungen verfolgt, jeder bedeutende Mann wenigstens aufgezählt, u. a. die Kanzler eingehender gewürdigt, z. B. Thomas Cromwell und Stephan Gardiner. Die Jugend- und Studiengeschichte des letzteren (vgl. Horawitz Erasmiana III. 38) wird dabei nicht berührt; diese Männer meist nur in ihrer politischen Stellung und den Beziehungen zur Universität gewürdigt. Es ist nicht wohl zweckmässig den Versuch einer Inhaltsangabe des Buches hier folgen zu lassen, es sei nur Einiges herausgegriffen, was unseren Zwecken näher liegt. Wie die Betonung des Griechischen auch in Cambridge (schon 1535) zu Controversen führte, wird S. 54 ff. erzählt, das Resultat war der Abgang des Reformators Smith an die Universität von Padua, worauf auch der Autor in echt englischer Weise den Abgegangenen begleitet (57 — 59). Um 1535 wurde eine Lectorstelle für das Griechische verlangt, 1540 dafür eine königliche Professur mit 50 £ dotirt errichtet. Ascham schreibt ganz überschwenglich und ganz unglaublich von den Erfolgen dieser Professur; u. a. (S. 52) Aristotle and Plato were being read even by the boys, . . . Sophocles and Euripides . . are more familiar authors than Plautus was in your time, und ähnliches von Herodot, Thukydides, Xenophou, Demosthenes und Isocrates. Doch schwankte die Kenntniss des Griechischen das ganze Jahrhundert hindurch sehr hin und her, gegen Ende des Jahrhunderts war sie jedenfalls gering (cf. II. 419 und die gute Note 4 zu 420). S. 117 ff. spricht Mullinger von Martin Bucer, der in Cambridge erschien, S. 125 von Alciati und Zasius, S. 252 über

J. Gruter, S. 320 über das lateinische Wörterbuch des Thomas Thomas, S. 419 ff. über die griechischen Studien in Cambridge, die allerdings in der Zeit des ausgehenden sechszehnten Säculums nicht. sehr bedeutend genannt werden können. S. 493 berichtet Mullinger über den 1611 erfolgten Besuch des G. Casaubonus in Cambridge und die Benutzung der Richardson'schen Bibliothek durch ihn. (Dabei sind die Tagebücher von Casaubonus, die mit Vorrede und Noten von J. Russell in zwei Bänden Oxford seit 1850 herausgegeben sind, nicht nachgesehen, vgl. daselbst VI. S. 789, 854, 855, 877). Für die innere Geschichte von Cambridge und die Geschichte seiner Colleges ist Mullingers Werk in der That eine Fundgrube; charakteristisch nur, wie wenig die Ergebnisse der wissenschaftlichen Arbeit von Cambridge in dem genannten Zeitraum für die Weltcultur zu bedeuten haben. Die Register sind musterhaft; unbegreiflich dagegen, dass nirgends die zwei Bände auch äusserlich geschieden wurden, man vergreift sich beständig. Der Fortsetzung des stattlichen Werkes sieht man mit Interesse entgegen.

Von ganz anderem Charakter ist das folgende Werk:

Le Più Celebri Università. Antiche e Moderne per Francesco Montefredini. Roma, Torino, Firenze, Fratelli Bocca. 1883. 178 S.

Eine höchst erfreuliche Schrift des durch klassische Form wie durch kühne Polemik bekannten neapolitanischen Publicisten! Schon in der Einleitung begegnet man geistvollen Bemerkungen, z. B. der über die geistige Eroberung Europas durch Italien, während dies durch Waffengewalt unterjocht ward, oder über die Einigung Europas zur Zeit Karl des Grossen, oder über die Stellung der Kirche zur Bildung und die Entstehung der Universitäten. »Il carattere del nuovo culto è la libertá, und dove questa manca, esso vien meno« Nach dieser anregenden Einleitung geht Montefredini zur Betrachtung der berühmten alten Universitäten Italiens über, behandelt lebhaft und frisch von S. 9—30 die Geschichte von Bologna (wie er selbst sagt nach Savigny Geschichte des römischen Rechts im Mittelalter, wobei er vor der Uebersetzung von Bollati warnt), verweilt bei ihren Einrichtungen, unter denen er der grossen Privilegien der deutschen Studenten mit den Worten gedenkt: »quasi promessa del suo glorioso avvenire scientifico.« Von S. 30—47 wird Padua geschildert, in dem sich die Deutschen ebenfalls hoher Auszeichnungen erfreuten. Es ist natürlich, dass er hier ebenso des unheilvollen Einflusses der Jesuiten als der Bedeutung Galileo Galileis Erwähnung thut und interessant zu erfahren, dass es 1545 in Bologna 170 Lehrkanzeln gab. S. 47—57 wendet sich Montefredini zur Universität Paris, deren völlige Verschiedenheit von dem, was man vom wissenschaftlichen Standpunkte Universität nennt, er treffend bezeichnet, deren Beherrschung und Entwerthung durch die Kirche er in rückhaltloser Weise darlegt.

Einer ungemein scharfen Kritik unterzieht er 57 ff. die gegenwärtigen Universitäten Italiens. Ein Abgrund (abisso) trennt sie von den berühmten alten, geöffnet durch eine politische Katastrophe. Herb und in grossen satirischen Zügen zeichnet Montefredini sodann das gegenwärtige italienische Professorenthum. S. 68 I nostri professori sacri e inviolabili non hanno nulla più a sperare, nulla a temere, neppare un' ombra di quella concorrenza che inprime tanto movimento alle buone università. Patroni assoluti non dico della loro cattedra, ma dell'altre vacanti, sono i soli esseri pervenuti a uno stato di calma e di beatitudine sorrumana. Una classe cosi privilegata in una società dedita à materiali appetiti e povera di grandi interessi spirituali, si deve di necessità convertire in una casta immobile. Doch ich müsste das Buch ausschreiben, wenn ich die herrlichen von dem echtesten Patriotismus durchglühten Ausführungen Montefredinis hier alle anführen wollte. Sei hier nur bemerkt, dass mancher Vorwurf, der den italienischen Professoren gemacht wird, auch an anderen Orten sitzen dürfte. Uebrigens ist Montefredini von der liebenswürdigsten Begeisterung für die deutschen Einrichtungen erfüllt, mit vollem Rechte sieht er in der kampfesfrohen Bewegung der deutschen Universitäten und vor Allem in den Seminarien die besten Grundlagen des akademischen und wissenschaftlichen Lebens. Es wirkt geradezu ergreifend, wenn man dabei etwa an die Zeiten von Celtis und Hutten denkt, von einem edlen geistvollen Italiener heute die Worte zu hören: Wir sollen Studenten nach Deutschland schicken etwa auf fünf Jahre, damit uns, die wir durch fremde Waffen unsere Freiheit gewannen, auch auf dem geistigen Gebiete von dort aus geholfen werde. Und gleich darauf wendet sich Montefredini zur Betrachtung der Universität Bonn (S. 62 - 83), wobei er eine ganz gründliche Kenntniss der akademischen Verhältnisse Deutschlands zeigt und viele Professoren namentlich hervorhebt. Dann kommt Leipzig an die Reihe (83 - 91), wobei er die gute Bemerkung macht, in Deutschland sei die Professur kein Ruhekissen, sondern ein Kampffeld (un campo aperto di battaglia). Auch hier werden wieder eine Menge von Professoren genannt. Mit grossem Lobe gedenkt er Oesterreichs, das in so kurzer Zeit Deutschland auf dem wissenschaftlichen Gebiete ebenbürtig geworden sei, ja in mancher Hinsicht — er denkt wohl an die medicinische Schule — es übertroffen habe. Wer an die Namen von A. Springer, Heinrich Brunner, O. Lorenz und vor Allem an Wilhelm Scherer denkt, den Unersetzlichen, wird Montefredini Recht geben müssen; der wissenschaftliche Aufschwung ist ein gewaltiger. Weniger klar sieht der italienische Schriftsteller, wenn er meint, in wenigen Jahren sei bei uns der Jesuitismus überwunden worden; der wuchert im Gegentheil üppig fort, ja üppiger als je, er ist das Einzige, das sich unter allem Wechsel der Personen und Regierungssysteme allein fest und unerschütterlich erhält. Es fällt auf, dass er keinen Namen von Wiener Professoren nennt,

die Namen — von den zahlreichen Berühmtheiten der medicinischen Fa-
cultät abgesehen — von L. v. Stein, Büdinger, Sickel, Suess, Wiesner,
Stefan, Siegel, Exner u. v. a. hätte man doch erwarten sollen. Freudig berührt es, wie er auch am Schlusse dieser Ausführungen des Waffenruhms
und der wissenschaftlichen Grösse der Deutschen gedenkt (S. 134). Die
zwei letzten Capitel von S. 136 an enthalten eine äusserst scharfe Polemik gegen den clerical angehauchten Unterrichtsminister Baccelli, der
das System der vom Staat unabhängigen sogenannten freien Universitäten
(das Protectionskind von Windthorst und Consorten) in Italien einführen
wolle. Es liegt uns fern, über Baccelli, dem unter A. Vallauri ein Buch
mit den schmeichelhaftesten Aeusserungen widmete und der als Anatom
wenigstens in Italien gelobt wird, ein Urtheil abzugeben, die fachliche
Kritik aber, die Montefredini an seinen Plänen übt, wirkt sehr überzeugend. Montefredini erklärt sich gegen die sogenannten freien, d. h. ultramontanen Universitäten und wünscht nach dem Vorbilde Deutschlands
die Einwirkung der Regierung bei der Besetzung der Lehrerkanzeln etc.
Seine Polemik ist, abgesehen von der ätzenden Schärfe und vernichtenden Schlagfertigkeit gegenüber den Ultramontanen, die er wie jeder
Freund der Religion, der Menschlichkeit und Wissenschaft so recht von
Herzen hasst, auch productiv; er wünscht eine Verminderung der 23 (!)
Universitäten (auf 27 Millionen Menschen, während Deutschland mit
40 Millionen nur 21 zählt!), er wünscht, dass die Professoren sich wirklich auch dem Lehrfache widmen möchten und nicht, wie es jetzt üblich
sei, Advocaten, praktische Aerzte und Ingenieure seien, welche den Pro-
fessorentitel nur führen, um dadurch mehr zu verdienen, er wünscht,
dass das Nepotenthum fern gehalten werde (cf. S. 153) Mit vollstem
Rechte wendet er sich voll tiefer Entrüstung gegen die Aeusserung des
Ministers, er wolle die Jugend von der Pedanterie der klassischen Sprachen befreien. — Das erscheint ihm so als ob der Kriegsminister die
Soldaten zur Felonie verleiten wolle und dabei einen Secretär mit dem
Rosenkranz in der Hand hätte. In Deutschland und England fehle es
freilich an dem mit der Wissenschaft unvereinbaren Feinde, der katholischen Geistlichkeit, dort suche man dagegen Wissenschaft und Moral
zu vermählen (vgl. dazu die Ausführungen von L. v. Stein im III Theile
des Bildungswesens). Sehr gut behandelt er dann die Kämpfe zwischen
Windthorst und Gossler mit unverholener Bewunderung des deutschen
Wesens. Möge nur das, was er in Italien fürchtet, in Oesterreich nicht
geschehen, die Gründung der sogenannten freien, d. h. ultramontanen
Universität in Salzburg! Von dem gegenwärtigen erleuchteten Unterrichtsminister Oesterreichs Dr. von Gautsch ist freilich nicht zu befürchten,
dass er ein österreichisches Ingolstadt errichten werde, wo ein herrliches
österreichisches Heidelberg erstehen könnte! —

Ein kleine Gelegenheitsschrift ebenfalls aus Italien ist:

Lo studio di Bologna e i suoi fondatori. Discorso inaugurale del Prof. d. Giacomo Cassani nella |riapertura della R. Università di Bologna. 1885.

Eine panegyrisch gehaltene Rede auf Bologna »la madre degli studii, la dotta«, auf Irnerius und die Romanisten von Bologna mit Aufforderungen an die Studenten, dem alten Ruhme der Universität nachzueifern.

Ihm sei angereiht:

A'Ateneo Genovese E il suo Parregiamento Alle Universita Di Primo Ordine. Discorso inaugurale dell Anno Academico 1883—1884. Per Emanuele Celesia, Professore ordinario di Letteratura Italiana. Genova, P. Martini. 1884. 31 S.

Ein sehr schön ausgestatteter Panegyricus auf Genua und Ligurien, ausiaufend in eine Verherrlichung Mazzini's, Ruffini's und Mameli's, die ohne von dem zu reden, wonach der deutsche Leser zuerst fragt — Studieneinrichtungen, Lehrplan u. dgl. — einen ungeheuren Nomenclator von Berühmtheiten gibt, unter denen auch Grammatiker (S. 21) schon im dreizehnten Jahrhunderte genannt werden, später (S. 22) begegnet man auch den bekannten Namen Lor. Valla's, Bonfadio's Partonopes und G. P. Maffei. Als Juristenfacultät bestand das Ateneo schon um 1243, was, wie der Verfasser richtig bemerkt, ein viel längeres Bestehen voraussetzt. Dass auch Nyo Fieschi, der nachmalige Papst Innocenz IV., den man padre del diritto, und delle divine und umane leggi monarca nannte, im Ateneo unterrichtet ward, mag schliesslich noch bemerkt sein. Lateinische Dichter sind auf S. 19 angegeben.

Und nun wieder zu deutschen Schulschriften:

Zur Geschichte der alten Strassburger Universität. Rede gehalten am 1. Mai 1885, dem Stiftungstage der Kaiser Wilhelms-Universität von Dr. Emil Heitz. Strassburg (J. H. E. Heitz) 1885. 8. 61 S.

Geschichtliche Notizen über die aus dem 1538 entstandenen Gymnasium hervorgegangene, alte, 1621 die Rechte einer Universität erhaltende Akademie, deren bedeutendste Lehrer kurz (wohl nach Lorenz-Scherers Geschichte des Elsass) erwähnt werden. Eingehender verweilt Heitz bei dem Oesterreicher Matthias Bernegger und bei Heinrich Boekler. Die Bedeutung von Johannes Schweighäuser, Jeremias Oberlin, Richard Bruncks wird nur gestreift, um Strassburgs Antheil an der Wiederaufnahme des Studiums des Griechischen zu erweisen. Eine lächerliche Geschichte über die Paranymphen siehe S. 59. Gute Charakteristik des Aufklärungszeitalters S. 58.

John Amos Comenius Bishop of The Moravians. His Life and
Educational Works. By S. S. Laurie A. M. F. R. S. E. etc Second
Edition Revised. Cambridge At The University Press. 1884. [Pitt
Press Series]. 240 S.

In der geschmackvollen Ausstattung, auf dem guten Papier und in
dem wohlthuenden Druck dieser Ausgabe wird das Leben des grossen
Pädagogen in eingehender und fesselnder Darstellung geschildert. Der
Verfasser ist von der erschöpfenden Gründlichkeit seiner Arbeit selbst
überzeugt, er versichert in dem Vorwort zur zweiten Auflage : this book
is the most complete — so far as I know the only complete — account
of Comenius and his works, that exists in any language. Die Einleitung
»The revival of letters« überschrieben gibt ein richtiges Bild der Zustände und Erscheinungen (cf. die gute Bemerkung über die Schule der
Reformation (S. 5. 8), über Bacon (S. 12), über Wolfg. Ratichius (S. 15 ff.).
Vortrefflich wird dann in der liebevoll ausgeführten Lebensbeschreibung
des Comenius ausgeführt, wie die unholde Erscheinungsform so mancher
damaliger Schulen in Comenius nicht bloss den Gedanken zeitigen
konnte, die Schulen seien der Schrecken der Knaben, die Schlachthäuser
der Geister, in denen der Hass gegen Literatur und Bücher gross gezogen werde, sondern auch den Plan erstehen liess, selbst Hand anzu-
legen an die Verbesserung, ja Neugestaltung des Unterrichts- und Erziehungswesens. Da richtet sich sein Blick vor allem gegen das Ueber-
mass von Grammatik (S. 24). Folge der Erkenntniss, dass hierin zu
viel geschehe, ist sein Werk: »Grammaticae facilioris praecepta«. Laurie
verfolgt nun alle Erlebnisse und Eindrücke, die auf des Comenius pädagogische und didaktische Arbeit Einfluss haben mussten. Die Cardinal-
sätze seiner Pädagogik werden dabei stets klar und an der richtigen
Stelle beigebracht (vgl. S. 35). Er fasst sein Urtheil etwa in den Worten zusammen: In education Comenius was a sense Realist — the first
great and thorougly consistent Realist. Bis S. 65 schildert Laurie an
der Hand der eigenen Schriften des Comenius und neuerer Hilfsschriften
(die freilich weder ordentlich citirt werden, vgl. z. B. S. 19 u. über Gindely, noch auch vollständig genannt werden können, freilich ist die Anzahl
der Schriften über Comenius Legion!) den äusseren Lebensgang des trefflichen Mannes, von S. 65—69 folgt eine allerdings deutschen bibliographischen Anforderungen keineswegs genügende Aufzählung der Schriften
des Pädagogen, nach Perioden eingetheilt. Er unterscheidet die Pol-
nische Periode von 1627—1642, die Elbinger Periode (1642—1650), die
Periode von Saros-Patak (1650—1654) und die Amsterdamer Periode
(von 1654—1657). Von 71—228 erstreckt sich die Besprechung der
Werke des Comenius, wohl das bedeutendste an dem Buche Laurie's.

Das erste Capitel behandelt die »Magna Didactica«, wobei Laurie
mit vollem Rechte sich häufig der Worte des Autors bedient oder auch
ganze Stellen in Uebersetzung vorführt (vgl. S. 75). Das ist gewiss ganz

gut und wir können der Auffassung Lauries nur Recht geben, wenn er
S. 216 sagt: The object of this volume is to present Comenius himself
to the English reader — not Comenius as I may unterstand him. The
latter would have been a comparatively easy task; the task which I
have untertaken, has been a laborious one. Der II. Theil hat den
Titel: Method in the teaching of Language more fully considered. Der
III. Theil handelt von den Lehrbüchern des Comenius und der Art ihrer
Benutzung. Der IV. Theil von der inneren Einrichtung der »Pansò-
phic-School und deren Unterrichtsplan. Den Schluss macht ein kritischer Ueberblick.

Ecce, gehalten in der Königl. Landesschule zu Grimma von Prof.
Dr. H. Wunder. VII. Heft. Grimma, Selbstverlag des Herausgebers.
(1 M. 20 Pf.) 1884. 101 S.

Ein mit schweren Opfern bestrittenes Unternehmen, das wieder von
der Verlagsmisere für ernstere Schriften erzählen kann. Und zweifellos
ist es sehr werthvoll durch seine biographischen Beiträge über das Leben
ehemaliger Grimmaner Lehrer und Zöglinge. Gleich die erste Biographie
fesselt unser Interesse, sie ist dem Andenken Arnold Dietrich Schäfers
(geb. 16. Oktober 1819, gest. 20. November 1883) gewidmet (s. S. 5—19).
Schäfer, der Sohn eines Lehrers zu Seehausen, studirte in Leipzig unter
G. Hermann, R. Klotz, M. Haupt und Wachsmuth Philologie und Geschichte. Damals schon trieb er Demosthenische Studien, wirkte sodann
(von 1842 an) als Erzieher am Vitzthumschen Institute in Dresden, 1850
wurde er Professor an der Landesschule zu Grimma, wo er die allgemeine Liebe der Schüler gewann. Durch Schneidewin ermuthigt, liess
er eine Reihe seiner Demosthenischen Studien im »Philologus« erscheinen, 1856 – 1858 konnte er sein berühmtes Buch »Demosthenes und seine
Zeit« bei Teubner herausgeben; ein Werk, das auch dem Studium der
attischen Redner zu gute gekommen. Seine nationale Gesinnung trug ihm
mittlerweile von Minister v. Beust ein partikularistisches Verwarnungs-
schreiben ein, worauf er die am 3. November 1857 erfolgte Berufung als
Professor der Geschichte an die Universität Greifswald annahm. Eine
Frucht dieser bis 1865 dauernden Thätigkeit sind eine Reihe von Untersuchungen im Gebiete der griechischen Geschichte und Vorstudien zu
seiner Geschichte des siebenjährigen Krieges, die 1870 (Berlin, Hertz)
erschien. Neben v. Sybel wirkte er seit 1865 an der Bonner Universität
als Professor der alten Geschichte, besonders nachhaltig in seinem Se-
minar. Seine Studien wurden nur durch grosse Reisen, z. B. nach
Griechenland und dem Orient (1875, selbst nach Algier 1881) unterbrochen, einen Ruf als Director der preussischen Archive lehnte er ab;
er widmete sich ganz seiner Lehrthätigkeit und seinen Forschungen.
Doch war er kein weltabgewandter Gelehrter, mit voller Seele war er
bei Deutschlands Einigungswerke, aber auch für die ästhetische Bildung

wirkte er durch Vorträge und Aufsätze, wie durch Reden über Schiller als
Nationaldichter, über Göthes Stellung zur deutschen Nation. Er war ein
deutscher Patriot und ein guter gläubiger Protestant. — Von S. 19—28
bespricht Wunder das Leben des Prof. K. H. Löwe, auch eines Schülers
von Hermann und Klotz, der von 1845—1876 an der Grimmaner Schule
lehrte und 1884 verstarb. Einige kleine Arbeiten Löwes zum Livius
und Vergil sind S. 24 angegeben. Löwe ist der Vater des Lieblings-
schülers Ritschls, des durch seine glossatorischen und Plautinischen Arbeiten rühmlichst bekannten Carl Gustav Löwe (geb. 18. Februar 1852,
gest. 14. December 1883), der auch Grimmaner Schüler war. Der nachmalige Gelehrte war (wie dies oft vorkommt) am Gymnasium nur als
Schüler von »guten aber nicht glänzenden Anlagen« bezeichnet, er entwickelte sich aber unter Ritschls hinreissendem Einflusse sehr rasch
und ward zu der Riesenarbeit, die Ritschls Geiste vorschwebte, zu der
Schöpfung eines corpus glossariorum herangezogen. Als Frucht dieser
Studien, in denen er nie ermüdete, zu denen er grosse Reisen unter-
nahm (1878 hatte er den Mailänder Palimpsest, auf den Studemund aufmerksam machte, nochmals untersucht), erschien 1876 der Prodromus
corporis glossariorum Latinorum, gerade noch zeitig genug, um den
Meister . . . . ein letztes Mal zu erfreuen. Mit Götz nahm Löwe aber
auch die Plautinischen Arbeiten Ritschls auf, im Auftrage der Wiener
Akademie der Wissenschaften bereiste er für die Bibliotheca patrum Latinorum spanische und portugiesische Bibliotheken — eine Fülle von
wissenschaftlichen Arbeiten verlangte seine Kraft, die Stellung, die er
als Custos an der Göttinger Bibliothek seit 1880 einnahm, sicherten ihm
Musse und Mittel zu jenen Plänen; aber wie F. A. Wolf befiel auch ihn
ein ruheloser verhängnissvoller Trübsinn. (Verzeichniss seiner Werke
S. 51.)

Noch ist eine Reihe von Biographien in dem Hefte enthalten, meist
von Theologen und Juristen und unseren Zwecken fernliegend; nur des
Grimmaners C. F. Prossdorf sei Erwähnung gethan, der im zweiten Decennium unseres Jahrhunderts in einem Jahre durchschnittlich 10—11000
lateinische Disticha verfertigte, wie der eingehenden Darstellung der Entwickelung K. Reichards (S. 57 ff.).

Festschrift des Herzoglichen Gymnasiums und Realgymnasiums zu Dessau 1885. Geschichte der Herzoglichen Haupt-
schule zu Dessau 1785—1856. Von Dr. Otto Franke. Mit zwei
Abbildungen (die Schulgebäude). Dessau 1885. In Commission bei
P. Baumann. 129 S.

Vornehmlich die Lehrpläne sind werthvoll, die der Verfasser mit-
theilt. So wird 1785 in IV. Latein nach Gedike lateinisches Lesebuch
begonnen, in III. Eutrop oder ein anderer leichter Autor gelesen, in II.
Justinus abwechselnd mit Nepos, ebenso Sallust und Cäsar, Ovid oder

Phaedrus, in I. Cicero oder (mit Recht jetzt erst der schwierige) Livius, Vergil oder Horaz. Alterthümer wurden nach Oberlini rituum romanorum tabulae, Mythologie nach Eschenburgs griechischer und römischer Fabelgeschichte getrieben. Griechisch begann erst in II., vermuthlich nach der Halleschen Grammatik, zur Lectüre Gedike's Lesebuch oder Xenophon Cyrop., in I. Herodian, die künftigen Theologen: Novum Testam. graec. (nur 4 Stunden wöchentlich). Der revidirte Lehrplan von 1790 zog in III. Cornelius Nepos, in I. Suetou und die Exercitia stili heran, Alterthümer werden unvermindert gelehrt. Im Griechischen treten zu Gedike noch Schulzii capita selecta und Heinzelmann Lesebuch in II., Homeri Ilias in I. hinzu. Bei der Maturitätsprüfung 1816 fand man mit Recht Livius zur Bewährung der Kenntnisse genügend. In dem abgeänderten Lehrplan war aber im Anfang unseres Jahrhunderts wieder Manches anders geworden, die Stunden in II. wurden im Latein auf 8, die in III. auf 6 erhöht. Seit 1803 werden Splittegarb Lesebuch und Ritzhaub kl. gr. Grammatik und Gedike's Chrestomathie eingeführt, Eutrop wird wieder in III. aufgenommen, in II. erscheinen Cicero (Reden), Plinius Epp. und Vellejus Paterculus (!). Seit 1803 wird in I. auch Tacitus (Annalen) gelesen. Im Griechischen behauptet sich Herodian bis 1817, die Odyssee und Plutarch (Vitae) finden sich zuerst 1813 in I. 1817 wurde Buttmann's Grammatik eingeführt, schriftliche Uebungen werden nicht erwähnt. Aber erst von 1819 an kam für das Griechische eine bessere Zeit, bisher war es ja nur in zwei Classen und in vier Stunden wöchentlich gelehrt worden; nunmehr wurden die Stunden vermehrt, der Unterricht früher begonnen, die Lectüre ausgedehnter. Vortrefflich war die Einrichtung der Privatlectüre, wonach jeder Schüler der Prima und Secunda daheim einen lateinischen und griechischen Autor lesen und excerpiren musste. In der Wahl der Lehrmittel erfolgten aber stete Veränderungen, in I. treten Tacitus Agricola, Tibull, Cicero de divin., de orat, in II. auch Curtius hinzu; Krebs Grammatik, Gröbel Anleitung zum Uebersetzen, Friedemann Chrestomathie wurden für II., das Lesebuch von Jacobs und Döring für III., Wiggert Vocabeln für V., de Marées erstes lateinisches Lesebuch für die Vorklasse verwandt. Im Griechischen in I. Aeschylus (Próm.), Sophocles (Trach. Od. Col. Antigone), Euripides (Phoen. Medea, Alcestis), Herodot, Thukydides, Xenophon (Memorabilien), in II. Xenophon Hellenica, Anab. und Cyrop., Jacobs Attica. Ausserdem A. und C. Matthiae griechisches Lesebuch, Rost Grammatik. In II. und III. wurden Jacobs Lesebuch II, Heinzelmann Lesebuch, Buttmanns kleine Grammatik, in III. (IV.) Jacobs Lesebuch I und Nadermann griechische Wurzeln gebraucht. Die Schulordnung von 1840 brachte abermalige Neuerungen, unter denen nur ein stärkeres Hervortreten des syntaktischen Unterrichts, der Exercitien und Extemporalien im Latein genannt werden mag. Auch im Griechischen werden die Syntax, für die Kühner's gr. Syntax seit 1842 eingeführt wird, mehr betont, schon in II.

Plato gelesen, die Ilias in I. mit lateinischer Erklärung des Sprachlichen und Sachlichen durchgenommen, Memorirübungen für beide Sprachen seit 1844 dringlichst empfohlen. Das für die Geschichte des deutschen Schulwesens werthvolle, an pädagogischem Detail reiche Buch bringt im Anhange noch eine Uebersicht der Geschichte der Anstalt von 1856 bis 1885 und ein Verzeichniss der seit 1785 veröffentlichten Programm-Abhandlungen, Schulordnungen, Reden u. dgl. Schliesslich sei noch er-erwähnt, dass um 1883 ein im Wesentlichen sich an die revidirten preussischen Lehrpläne vom 31. März 1882 anschliessender Lehrplan an allen anhaltischen höheren Lehranstalten eingeführt wurde.

Geschichte des Weseler Gymnasiums von den ältesten Zeiten bis zur Gegenwart. Von Director Dr. Ad. Kleine. 177 S. nebst einem Anhange von 51 S.

Mit der grössten Sorgfalt; nach guten Quellen und Hilfsschriften, darunter auch zahlreichere Archivalien — ausgeführte Geschichte des Gymnasiums auf dem Hintergrunde der Stadtgeschichte, welche wieder zeigt, wie die grossen Ereignisse allüberall auch die Culturentwickelung beeinflussen. Es kann nicht unsere Sache sein, ins Einzelne einzugehen oder das zu erzählen, was allen Schulen gemeinsam ist. Das scholastische System herrschte natürlich auch hier bis etwa in die Mitte des fünfzehnten Jahrhunderts, drei hervorragende Männer: die Rectoren Alexander Hegius (S. 17 f.), Hermann von dem Busche (S. 18 ff.) und der Conrector Adolf Clarenbach (über den wir hier S. 23, 24 mehr erfahren) waren an der Schule thätig. Erst in der Mitte des vierten Decenniums des sechzehnten Jahrhunderts wurde das Griechische in den Lehrplan aufgenommen. Der Lehrplan von 1584—1585 ist nicht ohne Interesse. In der Octava s. infima wird als Regel verzeichnet: Discipuli huius classis ita instituentur, ut apte discant syllabas colligere, districte pronuntiare ac scripto ac voce exprimere. Dabitur opera ut non tantum latinum, verum etiam germanicum idioma tam scriptum quam typis expressum exactissime pronuntient. In VII. und IV. sind natürlich die Disticha Catonis, in V. und IV. Cicero und Terenz, in III. Vergil, im Griechischen die Grammatik des Clenardus eingeführt, für IV. und III wird die Rhethorica Talaei, für die Prosodie in V. Tibull verwendet. Die Zahl der wöchentlichen Unterrichtsstunden für V., VI. und III. betrug (ausser den Privatlectionen) 38! Von dem Rector Oridryus (1572, eigentlich Bergwald), der auch Vorsteher einer für lateinische und griechische Werke angelegten Druckerei war, wurde eine den Einrichtungen der Düsseldorfer Schule nachgebildete Ordnung vorgelegt. Im siebzehnten Jahrhundert war bis 1630 im Latein die Grammatica Tremoniana in Gebrauch, die dann durch Gram. Bernensis verdrängt ward (cf. S. 88). Es fällt dies in die Zeit des von Rector M. J. Santen entworfenen Lehrplanes von 1632. Die Autoren sind in dieser Ordnung dieselben geblieben, Horaz wird noch vermisst, auch Homer erscheint noch nicht, Lateinsprechen natürlich gefordert; wegen der Armut der meisten Schüler wird kein Schulgeld erhoben. Nichts soll zum Auswendiglernen gegeben werden, was nicht früher erklärt ward. S. 87 und 90 werden Lehrer und Rectoren von 1567 an aufgeführt, als Curiosität werde die testamentarische Bemerkung des tüchtigen Crantzius (†1628) citirt, seine Enkel sollten lieber Handwerke lernen, weil sie dann glücklicher leben könnten als Schulleute, die den bitteren Schulstaub essen müssten. Unter Rector Sell (1656 — 1697) wurde der Orbis pictus und die Janua von Comenius und die griechische Grammatik von Theoph. Golius verwendet, Horaz und Hesiod kommen auch schon vor. 1735 wurde die Berolinensis Langiis (lat. Grammatik) eingeführt, aus dem Plan von 1768, der auf S. 122 ff. umständlich behandelt wird, ist nur erwähnt, dass in II. Erasmi Colloquia gelesen wurden, das Griechische aber — ein entschiedener Rückschritt! — kaum so weit getrieben, dass ein Schriftsteller gelesen werden konnte, dass Cäsar in I. besonders in den Abschnitten, welche sich auf Deutschland beziehen, des Tacitus Germania, Florus, Sueton und Seneca vorlagen, im Griechischen endlich Homer (daneben das Neue Testament) in sein Recht eingesetzt wurde. In der Poesie und Oratorie greift man auch zu den Zeitgenossen, Gellerts Fabeln, Weissens Kinderlieder, Gottschedens Anweisung zur Oratorie, in den Privatlectionen tradirt man römische Antiquitäten nach Heineccius oder Nieuport und die Anfangsgründe der Metaphysik nach Ernesti initia doctrinae solidioris. Der neue Lehrplan von 1798 brachte im Griechischen der Wunderlichkeiten genug, z. B. wurden in II. in einer Stunde Xenophon (Memorabilien), in der anderen Anakreon, in I. in einer Stunde Homer und Plato, in einer anderen griechische Literatur docirt, dazu im Anschlusse an deutsche Dichter Aesthetik getrieben. Sehr wertvoll sind die im »Anhange« abgedruckten Schulpläne, nicht minder das Lehrer- und Schülerverzeichniss von Wesel. Unter den Schülern finden wir Berühmtheiten, wie den preussischen Finanzminister I. C. G. Maassen (23. August 1769 — 2. November 1834 vgl. H. v. Treitschke deutsche Geschichte III). Ueber die höchst verwerfliche Dispens vom Griechischen, ja sogar vom Latein (!!) vgl. S. 145, die neueren Einrichtungen seit 1825 werden von S. 171 ab behandelt. Die Literatur über Hegius und Busch könnte etwas reicher sein (vgl. Allg. deutsche Biographie), sonst aber gehört Kleine's Buch zu den bestgeschriebenen Gymnasialgeschichten. Und nun zu allgemeineren Schriften:

Deutsche Uebersetzungen klassischer Schriftsteller aus dem Heidelberger Humanistenkreis. Von Dr. Karl Hartfelder (Beilage zum Jahresbericht des Heidelberger Gymnasiums für das Schuljahr 1883 –1884. Heidelberg, Buchdruckerei von G. Mohr, 1884, (Progr. No. 552) IV. 34 S.

Es war ein glücklicher Gedanke des um die Geschichte des Hu-

manismus hochverdienten Verfassers, den seit Degens bekanntem Werke
nicht mehr behandelten Gegenstand in Angriff genommen zu haben.
Wir erfahren ganz hübsche literarhistorische Daten. Schon um 1473
erschien bei Coburger in Nürnberg eine Uebersetzung von Boethius,
1486 eine Uebersetzung des Eunuchus von Terenz in Ulm von Hans
Nythart, 1499 der ganze Terenz in Strassburg bei Hans Gryninger,
1488 Cicero de Officiis bei H. Schobser in Nürnberg. Die meisten
Uebersetzungen stammen aus Augsburg, Nürnberg, Strassburg, den
culturerfüllten Reichsstädten; aber auch der Heidelberger Humanistenkreis, durch R. Agricola auf den Wunsch des Kurfürsten Philipp an-
geregt, schritt zur Uebersetzung griechischer Historiker und Dichter.
Hier ist in erster Linie Dietrich von Plenningen zu erwähnen, der Uebersetzer des Sallust und der Schrift Lukians gegen die Verläumder, welche
Agricola in so vorzüglicher Weise ins Latein übersetzte, der er den
Titel »Von der Klaffern« gibt; an sie schloss sich seine Uebersetzung
des Ὄνειρος ἢ ἀλεκτρυών (1515). Hartfelder macht über diese Versionen
die Bemerkung (S. 7): Man merkt ihnen sehr wohl an, dass Luthers
gewaltiges Sprachtalent damals noch keinen Einfluss auf die deutsche
Darstellungsweise geübt hatte. Sie wimmeln von oberdeutschen Pro-
vinzialismen, welche erst durch Luthers Schriften aus der Schriftsprache
verdrängt worden sind.   Der Satzbau ist unbeholfen, manchmal schwer
durchsichtig, ist aber durch Naivität und Gemüthlichkeit anziehend.
Recht beachtenswert ist, was Hartfelder über Reuchlin als Uebersetzer
beibringt (S. 8 ff.). Schon Reuchlin ist Purist, er spricht es in den
Anmerkungen zur Uebersetzung des ersten Buches der Tusculanen aus,
dass man sich schämen solle, lateinische Wörter in die deutsche Rede
einzumischen.   Und er macht Ernst mit dieser Forderung, indem er
saxum mit Büchsenstein, inferi mit Hölle, musicus mit Luttenschleher,
villa mit Lusthus übersetzt.   An Reuchlin schliesst sich Werner von
Themar, über den Hartfelder bekanntlich in einer eigenen Schrift sich
verbreitete. Er sagt über ihn als Uebersetzer (S. 10): Meines Wissens
sind diese Uebersetzungen Vergils und Horazens durch Werner die
ersten in Deutschland. Vorgänger hat er jedenfalls nicht benützt: sie
sind ganz seine eigene Arbeit. Er scheint den Hauptwert bei einer
Uebersetzung in der Deutlichkeit gesehen zu haben; darum fügt er an
manchen Stellen erklärende Worte in Klammern bei.   Auch Jakob
Wimpfeling erscheint als Uebersetzer (cf. S. 10 ff.). Hartfelder nimmt
(S. 11) an, die im Cod. Palat. German. 451 der Heidelberger Universitätsbibliothek enthaltenen und wohl nach der lateinischen Version des Isokrates πρὸς Δημόνικον (von R. Agricola) gefertigte Uebersetzung rühre
von Wimpfeling her und führt die übrigen nicht aus dem Griechischen
gemachten Uebersetzungen Wimpfelings an, von denen er bemerkt, sie seien
die schwerfälligsten und ungelenksten unter allen den Proben, die er
mittheile. Die Proben, welche gegeben worden, sind (S. 15) v. Plennin-

gen, Uebers. von Seneca ad Marciam de consolatione c. I—V, (S. 18), Reuchlin: Tusculanen I. 1—10 nebst Anmerkungen zu der Uebersetzung, (S. 28) Themar: Eclog. X. Vergils, Horaz Sat. I. 9. S. 32. Wimpfeling: S. Brief an Friedrich von Dalberg und Uehers. von Ciceros Cato (»Von dem Alter« § 1—3).

Hartfelders Schrift ist belehrend und macht Lust, auch von anderen Uebersetzern zu hören, die Noten sind gut instruirend, geben auch Literaturangaben, zu denen aber u. a. meine Darstellungen in v. Sybels Hist. Zeitschrift B. 25., im »Neuen Reich« 1872 und in der Zeitschrift für deutsche Culturgeschichte 1875. S. 65 ff. und 743 (zu S. 4 und 10) angezogen werden können. Ueber Celtis vgl. meinen Aufsatz in Raumers Hist. Taschenbuch vom Jahre 1884 (Der Humanismus in Wien) und v. Bezold, der Erzhumanist C. Celtis (v. Sybels Hist. Zeitschrift).

Eclogae Latinae e Mureti Ernesti Ruhnkenii aliorumque recentiorum operibus a C. T. Zumptio, descriptae quartum retractatae ac suppletae cura H. H. Wolffii. Lipsiae. Ed. Wartig (E. Hoppe) 1885.

In der Praefatio gibt Wolff die »singularia fata« der Ausgabe an, von der wir nicht glauben, dass sie überflüssig sei. Auch die Neulateiner, besonders Muretus, haben ihre Berechtigung, das Urtheil von Männern wie Ruhnken und F. A. Wolf, die z. B. die Lectüre jenes Humanisten empfehlen, um eine tüchtige Latinität zu gewinnen, steht wohl noch in voller Kraft. Wolff kann nicht umhin in der Einleitung über gewisse Zeitrichtungen zu klagen: Sed postquam aliquamdiu per scholas nostras grassata est pestifera eorum ratio, qui ad res et usum vitae omnia referenda, antiquarum litterarum studia maximeque latine loquendi scribendique usum aut omnino exstirpanda aut saltem amputanda censerent u. s. w. Er führt ein schönes Wort Hegels ins Feld, das dieser schon 1809 über die Culturbedeutung der klassischen Studien geäussert (Werke XVI. S. 135).

Was nun die Auswahl anbelangt, so sind Angelo Poliziano (S. 1—18), V. Bembus (21), L. Bonamicus (22), Christ. Longolius (26), Paulus Manutius (29), Muretus (34—108), P. I. Perpinianus (113—115), Philippus Camerarius (115, warum nicht Joachimus Camerarius I.?), Petr. Burmannus (117), I. Aug. Ernestius (122—140), Davides Ruhnkenius (140—192), I. N. Niclasius (192), S. F. N. Morus (199), Dan. Alb. Wyttenbachius (207—241), Fr. A. Wolfius (241—264) vertreten.

Allen Respect vor Zumptens Auswahl, dennoch hätten wir, da es sich um Neulateiner handelt, statt einigen sehr wenig Bekannten, lieber Stücke aus den Schriften des Erasmus, des Praeceptor Germaniae, der Franzosen Budaeus und Dionysius Lambinus, Scaliger, Casaubonus gesehen. Vor Allem aber wären bei einer solchen Ausgabe, die doch für die Selecten der Gymnasien oder für junge Philologen berechnet sein mag, biographische Angaben und erläuternde Noten kaum abzuweisen. Allerdings die Arbeit des Herausgebers wäre dadurch eine weitaus schwierigere aber auch verdienstlichere geworden.

Hugo Grotius et Cornelius Tacitus. Scripsit I. C. G. Boot. (Ex actis litterariis Regiae Academiae Disciplinarum Neerlandicae Scr. alt. Vol. XII. Amstelodami apud Io. Müllerum 1882. 30 S.

Eine sorgfältige, gutgeschriebene Untersuchung der Beziehungen des Historikers Grotius zu dessen Vorbild Tacitus. Wie Grotius von seinen ersten Versuchen an stets den römischen Geschichtsschreiber vor Augen hatte, wird im Einzelnen genau nachgewiesen. Was Grotius als Emendator der Annalen geleistet, wird S. 5 ff. an treffenden Beispielen gezeigt. In seinen Annales et Historiae de rebus Belgicis folgt Grotius dem Vorbilde so sehr, dass Boot sagen kann: Ut in inscriptione operis, sic in rebus narrandis manifeste Tacitum ante oculos vel potius in mente habuit. Von S. 11 – 26 weist der Verfasser seinen Plan nach: primum afferam nonnullos locos, in quibus Grotius aliquod Taciti dictum fideli memoriae infixum in suam rem convertit, addamque pauca, quae ex aliorum scriptorum lectione fluxerunt; deinde voces et constructiones verborum, quas e Tacito hausit; tum indicabo vocabula a Grotio ficta aut nova ratione usurpata, verbo attingam locos paullo obscuriores; postremo indicabo partes narrationis illustriores, in quibus maxime elucet quanta arte historia ab eo scripta sit. Als additamentum von S. 26 an folgen endlich Emendationen des Autors und Peerlcamps zum verderbten Texte des Grotius'schen Geschichtswerkes.   .

Zur Geschichte der Hamburgischen Bildung in der ersten Hälfte des siebzehnten Jahrhunderts, I. Theil von Dr. Konrad Friedländer. 4. 31 S.

Populäre aber anziehende Darstellung aus dem geistigen Leben der berühmten Handelsstadt. Nach recht guter Einleitung in die allgemeinen Verhältnisse geht der Verfasser (S. 9 ff.) auf die Geschichte des 1613 eingeweihten, aber schon 1623 angefeindeten Gymnasium ein, das übrigens nie beansprucht als Universität aufgefasst zu werden. Von 1614 – 1651 wurden in die Matrikeln dieser, vielleicht nach niederländischen Vorbildern gestalteten Anstalt 857 Studenten, darunter 226 Hamburger, eingeschrieben. Friedländer gibt Nachrichten über die Familien, aus denen die Gymnasiasten stammten, sowie über Lebensgang der bedeutendsten unter diesen Letzteren. Daraus ersieht man, dass sich weniger unter den Theologen, als unter den Medicinern tüchtige Köpfe befanden. Ganz gut sind die Bemerkungen über die zwei berühmten Apostaten des Protestantismus, Peter Lambeck und Lukas Holste, bei Lambeck hätte aber die Schrift von F. L. Hoffmann, K. L. Soest 1864, angeführt werden sollen, etwas kurz ist I. F. Gronovius, auch einer der Schüler des Hamburger Gymnasiums (S. 23 nach Bursian

G. d. kl. Ph), abgethan. Es ist dankenswert, dass Friedländer die Beziehungen der Hamburger Studenten zu den Universitäten verfolgt (24 ff.);
er liefert dabei den Nachweis, es hätten sehr viele Hamburger in Padua
und Basel promovirt, im fünfzehnten Jahrhundert sei besonders Prag
ein gesuchter Studienort gewesen. Dass zwischen Hamburg und Rostock
ein enger Zusammenhang bestand, ist selbstverständlich.

Die Fortsetzung der interessanten Schrift, welche sich mit einigen
anderen deutschen, mit niederländischen, englischen, französischen und
italienischen Universitäten und schliesslich mit den litterarischen und
wissenschaftlichen Kreisen in Hamburg beschäftigen soll, kann nur sehr
erwünscht sein.

Francesco Mauri. Ricerche critiche di Giulio Urbini. Foligno. Campitelli 1881. 38 S.

In dem am 28. September 1500 in Spello, einer kleinen aber ur-
alten Stadt Umbriens geborenen Francesco Mauri, der später in den
Minoritenorden eintrat, schildert Urbini einen verspotteten italienischen
Wimpfeling, der dem Paganismus seiner Zeit gegenüber in einem religiösen Epos das Andenken des Franz von Assisi verherrlicht. Dieses
lateinische Heldengedicht »Franciscias«, das in 13 Bücher zerfällt und
aus 11 980 Hexametern besteht, ist nach den von Urbini mitgetheilten
Proben vornehmlich Ovid und Virgil nachgebildet und Cosimo I. gewidmet. Die Bemerkungen Urbinis über die Renaissance sind meist zutreffend, seine kritischen Ausführungen unterrichtend, nebenbei mag
erwähnt werden, dass er den »Dichter von Marbach» citirt.

D. Antonio de' Bergolli Sacerdate, librajo e tipografo Modenese del secolo XVI. Bologna Societa tipografica già Composi-
tori 1884.

P. Riccardo gibt in dieser Schrift genaue und sorgfältige Beiträge
zu der noch fehlenden Bibliographie Italins (arreguachè se le pubbliche
biblioteche d'Italia lasciano motto a desiderare riguardo ai cataloghi
generali, mancano poi quasi tutte degl' indici Speciali), indem er Druck-
werke des Priesters A. Bergolla in Modena aufführt (Bergolla gest. 1541),
die für unsere Zwecke allerdings keine besondere Bedeutung haben.

Dr. Pietro Pozza fra Tommaso Campanella, Filosofo —
Patriota — Poeta Giudicato Nel Secolo Decimonono. Lonigo Gaspari
1885. 130 S.

Ein prächtig ausgestattetes und prächtig geschriebenes Büchlein,
das als Nachfolger des grossen Werkes von Pf. Amabile in Neapel
(1882) wie es scheint für ein weiteres Publicum das Andenken des
Märtyrers für die Freiheit zu erneuern strebt. In der That liest sich
das Werkchen, das voll von politischen Reflexionen ist, recht gut, es

stellt den am 5. September 1568 zu Stilo in Calabrien geborenen Campanella mit Recht an die Seite Arnold's von Brescia und Savonarola's und nennt ihn einen Vorläufer unserer Zeit. Besser vielleicht: unserer Fortschrittsideen, denn Vieles, wodurch Campanella damals der Folter und sechsundzwanzigjähriger Gefängnisshaft verfiel, ist ja jetzt noch blosser Wunsch. Campanella war aber auch als Gegner der Aristotelischen Philosophie, als Vorläufer Kant's bezüglich seiner Kritik des Intellekts und als Verfechter der inductiven Methode zu nennen. Interessant ist der Hinweis Pozza's, dass ein Sohn der »dotta Germania« dass Leibnitz erst wieder auf Campanella aufmerksam machte und Herder Gedichte desselben übersetzte. An der zur Erweckung des Patriotismus bestimmten warmgehaltenen Schrift sind nur der Mangel der Uebersichtlichkeit und das Fehlen eines Registers — übrigens eine romanische Gewohnheit — zu tadeln. Das Büchlein ist ein wahres Muster von typographischer Ausstattung; unsere deutschen Verleger könnten sich überhaupt an der Eleganz der Typen und vor Allem an dem starken uud schönen Papier vieler italienischer Ausgaben ein Muster nehmen.

La Coltura Letteraria e Scientifica in Rimini. Dal Secolo XIV ai Primordi del XIX del Bibliotecario Dott. Cav. Carlo Tonini Vol. I. Rimini Tipografia Danesi già Albertini. 522 S.

Ein sehr interessantes, stoffreiches Buch, das die Bildungsverhälnisse Riminis in den oben angegebenen Zeiträumen behandelt. Besonders möge hier hingewiesen werden auf Bemerkungen über die Grammatiker Riminis und die Chronisten (S. 40 ff.), die Beziehungen Pandolf v. Malatesta's zu Petrarca (56 ff.) — wie denn die Heroen Rimini's die Malatesta sich überhaupt als Mäcenaten erwiesen (73 ff.) — die Schilderung von Robert Valturius, des Verfassers eines Tractates »de re militari« in 12 Büchern, an dem Tonini die »perizia di latinità« und »versatissimo nei volumi di tutti i migliori si dal Lazio e si della Grecia« rühmt (Besprechung des Werkes S. 117 ff., ein Werk, das sogar Justus Lipsius in seinem Buche über das römische Kriegswesen benutzt haben soll, S. 123), über Pietro Perleoni, den Lieblingsschüler Filelfo's (178 ff.), von dem (S. 183) auch Schriften angegeben werden, über Giovanni Aurelio Angurelli (geb. 1441), den Dichter der lateinisch geschriebenen »Chrisopeia« und dem Horaz nachgeahmten Oden (206 ff.), über Philippus de Arimino, den Verfasser mehrerer lateinischer Werke (aufgezählt S. 235 f.) u. v. a., die eingehend zu besprechen zu weit führen würde (vgl. 239 ff.).

Erstrecken sich die bisher gegebenen Andeutungen für den Zeitraum bis zum XVI. Jahrhundert, so sind die folgenden Capitel dem XVI. gewidmet. In der Einleitung wird vom Unterrichtswesen Riminis im Allgemeinen gesprochen, das denn auch gegen das Ende des Jahr-

hunderts in den Händen der Jesuiten war. Der grösste Theil des sehr
fleissig behandelten historischen Stoffes hat nur für die Geschichte der
italienischen Literatur Werth, ab und zu begegnet man allerdings auch
Lateinschreibenden, z. B. dem Dichter Francesco Modesti (geb.
1471), dessen Venezias eine ziemlich genaue Nachahmung Virgils ist (andere
Werke desselben angegeben S. 343), oder Pico Paolo Faustino, der auch
eine Reihe (S. 347 angeführter) lateinischer Schriften schrieb. S. 356
handelt er über den erst 1726 erschienenen Commentar zu den Bucolica
des Virgil von Carlo Malatesta (gest. 1576?), der mit einem Trattato
sull' artificio poetico schliesst. Recht werthvoll, wenn auch für unsere
Zwecke weniger wichtig, sind die hübschen Ausführungen über Dichter
von Rimini und Theologen dieser Stadt, an die sich Nachrichten reihen
über einen Giac. Battista Foschi, der um 1512 Sueton Caesares cum
Phil. Beroaldi Commentationibus zu Paris herausgegeben habe, über
Gio. Antonio Modesti, der um 1510 ein Carmen de laudibus Maxi-
miliani (Argentinae) erscheinen liess, um 1520 eine Oratio ad Carolum
V. in Luterum (Romae) und mehreres, das bis jetzt ungedruckt ist,
scheint z. B. eine Oratio de bonarum artium disciplinis in Plinium
et Avienum, über Mauritius de Montefiore (S. 415), der ein Epitome in
P. Ovidii Nasonis Metamorphoseos. Rimini 1562 herausgab. Uebersetzungen von Klassikern, z. B. von Dioscorides 1542, der Tusculanen
1544, der Epp. familiares Cicero's 1544, der Reden Cicero's 1556. Die
philippischen Reden 1556, die Vitae des Plutarch, ein Werk über die
Augurien und den Aberglauben der Alten 1542, S. 418 ff. angegeben,
vgl. auch S. 440, und über die Juristen (S. 445 ff.) und Theologen
(S. 480 ff.) die Mediciner (S. 488 ff.), Darstellungen, die für die Tradition der humanistischen Tendenzen zeugen.

Wir sehen der Fortsetzung des gründlichen und belehrenden
Werkes, dessen reiche Citate aus gedruckten und ungedruckten Schriften sehr instructiv und willkommen sind, mit Interesse entgegen.

Studi sulla Litteratura Italiana De' Primi Secoli per Alessandro
D'Ancona Prof. nella R. Universitá di Pisa. Ancona A. Gustavo
Morelli. Editore 1884. 460 S.

Für unsere Zwecke ist vornehmlich nur die sehr sorgfältige biographische Studie über Petrarca's Lehrer Convenevole da Prato (S. 105
—151) zu erwähnen. Ancona kennt auch die deutsche Literatur, selbst
Primisser's Bemerkungen (in v. Hormayr's Archiv, Wien 1818) sind ihm
nicht entgangen. Im Ganzen wird man seinen Ausführungen nur bei-
pflichten können, dankenswerth ist besonders die Analyse jenes Epos,
das dem alten Meister zugeschrieben wird und das eine Art zeigt, die
auch auf Petrarca Einfluss gewonnen haben dürfte. Die übrigen Artikel des Buches handeln von Jacopone da Todi und italienische Lite-
raturverhältnisse.

Das Folgende führt in den Humanismus Polens:

Lukasz Gornicki. Sein Leben und seine Werke. Ein Beitrag zur Geschichte des Humanismus in Polen von Raphael Löwenfeld. Breslau. Wilhelm Korburr 1884. 223 S.

Instructive Bemerkungen über den Humanismus in Polen, denen sich von S. 15 an die Biographie des 1527 in Bochnia geborenen Lukasz Gornicki, des Starosten zu Tykocin (gest. 22. Juli 1603), anschliesst. Gornicki ist der Repräsentant des polnischen Humanismus, der so ziemlich alle die Züge aufweist, die man an dieser geistigen Bildung anderswo findet, nur von der Anwendung der Zote und der sonst im Gefolge des Humanismus auftretenden Knabenliebe will Löwenfeld die Polen unberührt wissen. Gornicki hat eigentlich nichts Neues geschaffen, aber klassische und italienische Bildungselemente in Polen verbreitet. In seinem »Dworzanin« (erschien 1566 Krakau) bietet er eine freie Bearheitung von Castigliones Cortegiano. Sein Lieblingsautor aber war Seneca, überhaupt ein Liebling der Polen (vgl. die Benutzung durch die Dichter Kochanowski und Rej), ihm ist die Troas Gornicki's (1589 erschienen) nachgebildet, sie zeigt ein sehr bedeutendes formelles Talent und geschickte Umformung der Sprache Seneca's. Aber er arbeitet seinen Autor in der Weise um, dass er als guter Katholik an die Stelle verzweifelten Unglaubens überzeugten Glauben setzt. Seine Schwäche ist die Weitschweifigkeit. Seneca's de beneficiis hat er übersetzt und theilweise verarbeitet. Auch als Historiker stand Gornicki unter dem Einflusse der Alten, vornehmlich des vergötterten Livius, dies zeigen seine »Dzieje«; nicht minder ist seine Schrift »Dämon Socratis« vom Studium Platons' berührt.

Eine allseitige Beurtheilung des Menschen und Schriftstellers ist noch nicht versucht worden, man kann deshalb dem Verfasser des reichhaltigen Buches für seine sorgsame Arbeit nur dankbar sein. Etwas viel ist es verlangt, wenn er bei jedem Leser seines Buches die Kenntniss der polnischen Sprache voraussetzt, da hätte das Buch gleich lieber polnisch geschrieben werden können. Der deutsche Ausdruck lässt ohnedem Manches zu wünschen, vgl. S. 8, wo Callimachus lebendige Vermittelungsstrasse genannt wird oder S. 9, wo man von reisigen Streichen gleichmachenden Glaubenszwanges lesen kann. Das Druckfehlerverzeichniss ist unvollständig, S. 6 muss es Novoforensis, S. 11 elegans, S. 13 stateczny, 106 Anonymus, 122 Canoniker heissen u. s. w.

Bericht über die die römischen Privat- und Sacral-Alterthümer betreffende Litteratur des Jahres 1885, resp. 1884.

Von

Professor Dr. Moritz Voigt

in Leipzig.

I. Schriften allgemeinen Inhaltes.

1) F. **Trawinski**, La vie antique. Manuel illustré d'archéologie grecque et romaine d'après les textes et monuments figurés. Traduction d'après Guhl et Koner. Revue et annotée par O. Riemann. Seconde partie: Rome. Paris 1884. Mit 530 Abbildungen. 548 S.

enthält eine Uebersetzung des Werkes von Guhl und Koner, das Leben der Griechen und Römer, mit zusätzlichen Bemerkungen versehen.

II. Schriften über Privatalterthümer und Kulturgeschichte.

2) N.-Henry **Michel**, agrégé à la faculté de droit de Paris chargé d'un cours de droit romain, Du droit de cité romaine. Études d'épigraphie juridique. Première série: Des signes distinctifs de la qualité de citoyen romain. Paris 1885. 374 S.

Dieser Band erörtert die äusseren Kennzeichen des römischen Bürgerrechts: Toga, Sprache und Namen, danach in drei Abtheilungen zerfallend. Insbesondere

I[e.] partie: De la toga (S. 5—26) bespricht die Toga als exclusives Attribut des römischen Bürgers, die daraus sich ergebenden Consequenzen hinsichtlich des Gebrauches derselben entwickelnd: Verlust der Toga als Folge der capitis deminutio media, Anlegung derselben seitens der Volljährigen, Verwendung der Toga als Leichengewand, als Staats- wie als Strassen-Kleid und als Trauergewand. Die Verleihung des ius togae an Pereginen wird jedoch nicht berührt.

II[e.] partie: De la langue (S. 27—39) behandelt die Stellung des Lateinischen als des berufsmässigen Idiomes des römischen Bürgers.

IIIᵉ· partie: Du nom (S. 40 — 372) eröffnet mit einer Erörterung
über die verschiedenen Elemente vom Namen des römischen Bürgers, wie
über dessen Exclusivität hinsichtlich des Peregrinen, wobei die wichtigsten Zeugnisse: das Edictum Claudii de civitate Anaunorum in C. I. L.
V, 5050, 37 und Suet. Claud. 25 übersehen sind.   Sodann werden die
einzelnen Elemente des Namens dargestellt, beginnend in chap. I mit
dem praenomen, der in vier Gruppen zerlegt wird: prénoms usuels se
rencontrant dans toutes les gens; prénoms employés exclusivement ou
plus fréquemment par certaines gens; prénoms démodés und prénoms
nouveaux apparaissant dès les premières années de l'Empire, woran
dann die Erörterung der beiden Fragen sich anknüpft: ob die Gentilen
freibeliebt die Vornamen für ihre Söhne wählen konnten, und zu
welchem Zeitpunkte der Vorname dem Kinde beigelegt ward.

Darauf wendet sich chap. II zum nomen, bezüglich dessen namentlich die auftretenden Suffixe, die Namen der von einem Gemeinwesen
Manumittirten, wie die vorkommenden Abbreviaturen besprochen werden.

Chap. III, das cognomen behandelnd, eröffnet mit einer Betrachtung von dessen Function innerhalb des Namens des Individuum während der Kaiserzeit, worauf die Erörterung den Zeiten der Republik
sich zuwendet, hier dessen Ursprung auf die patricischen Kreise zurück-
führend.   Daran schliesst sich eine Betrachtung darüber, woher die
cognomina entlehnt sind, sowie über deren Vererblichkeit, wie Häufung
und über die Veranlassung der letzteren.

Chap. IV: De la filiation bespricht die Einfügung vom Namen
des Vaters oder fernerer Ascendenten, wie vom Namen des Patrones,
wobei S. 302 ff. eine Erklärung der Anomalie versucht wird, dass der
Freigelassene mitunter ein anderes nomen führte, als der Manumissor,
was nach dem Verfasser darauf beruhen soll, dass dem Manumissor nur
das in bonis esse am Sclaven zugestanden, der dominus ex jure Quiritium aber consentirt hatte und auf Grund dessen nun der manumissus
das nomen des letzteren empfing, dagegen in das Patronat des ersteren
kam.   Allein abgesehen davon, dass diesfalls der manumissus bloss
Latinus wurde, so war doch auch jener Consens juristisch effectlos, da-
fern er nicht etwa in einer iteratio manumissionis solenn sich mani-
festirte.

Chap. V: De la tribu erörtert die dem Namen eingefügte Angabe
der Tribus, welcher der Betreffende angehört, woran sich eine Darstellung der verschiedenen Modalitäten anknüpft, in denen die Angaben
vom Domicile Jemandes gemacht werden.

Ein Anhang, besprechend den Namen der Frauen, wie der Sclaven
(S. 363—372), schliesst den Band ab.

Die Schrift leidet an einem doppelten Gebrechen: einestheils
wiederholt dieselbe im grossen Ganzen nur Bekanntes, und anderntheils
ist die Darstellung desselben von übermässiger Breite und Weitschweifig-

keit; überdem ist häufig ganz unzubehöriges eingeschaltet, so z. B.
S. 13 ff., 22 f., 32 ff., 48 ff., 65 ff., 164 ff., 186 ff., 241 ff., 312 ff.,
während wiederum die Litteratur-Nachweise sehr karge sind.

3) Gennaro Cioffi, ingen. e profess. d'architettura, delegato
stradale presso il G. civile, Sull' origine della moneta e del commercio presso i Romani poche parole esposte. Potenza 1885. 76 S.

Wie der Titel besagt, werden einige wenige Worte über den Ursprung des Geldwesens und des Handels von Rom geboten, woneben
Angaben über den Ursprung der Münze im Allgemeinen, über röm.
Civilprozess, über die Fora Roms, über dessen Maasse, Gewichte und
Münzen hergehen. Das Ganze bildet einen Haufen von Materialien,
welche aus modernen Werken zusammengelesen sind, ohne irgend welchen wissenschaftlichen Werth.

4) Ἀϑ. Στ. Κουμανούδης, Δεκάλιτρον ἰταλικόν in Ἐφημερίς Ἀρχαιολογική 1885. III, 187 f.

publicirt ein antikes Gewichtstück mit der Aufschrift δεκάλιτρον ἰταλικόν.

5) Ludwig Holzapfel, Römische Chronologie, Leipzig 1885. V
und 364 S.

6) Otto Seeck, Die Kalendertafel der Pontifices. Berlin 1885.
VII und 192 S.

Beide Schriften gebören nicht dem Gebiete an, auf welches der Bericht
des Referenten sich erstreckt.

7) Sam. Spitzer, Dr., Ober-Rabbiner zu Essek, Die Uhr. Ein
Beitrag zur Culturgeschichte der Alten (Hebräer — Griechen — Römer). Essek 1885. 179 S.

Das Buch zerlegt seinen Darstellungsstoff in drei Abschnitte, von
denen der erste die »Primitive Zeitbestimmung der Alten und die hierzu
gebrauchten Objekte« erörtert und zwar in Cap. I »Einleitendes« die
Fixierung des Tagesanfanges (Abend, Mitternacht, Mittag), Monats-
dauer, wie Tageseintheilung bei den orientalischen, wie classischen
Völkern bespricht, worauf Cap. II—IV den Hahn, den Esel, wie den Hund
als Zeitmesser betrachtet, dabei auf das gallicinium, wie conticinium ver-
weisend.

Sodann Abschnitt II »Steine, Luft, Blumen und Schatten als Zeitmesser« giebt in fünf Capiteln eine Einleitung, sowie eine Erörterung
der leuchtenden Steine, der Feuer-, Rauch- und Stangensignale, dann
der Blumen, wie des Schattens als Zeitmesser, worin von entsprechenden Institutionen innerhalb des römischen Alterthums nichts nachgewiesen wird.

Endlich Abschnitt III »wirkliche Uhren als Zeitmesser« behandelt nach einer Einleitung in Cap. II—IV die Sonnenuhr, Wasseruhr und die Sanduhr, worunter auch die römischen Data erwähnt werden. In Betreff des römischen Materials gebricht es dem Verfasser an Kenntniss der Quellen, wie Litteratur, und an Beherrschung des Stoffes, wie an Kritik, daher die ärgsten Dinge mit unterlaufen: S. 35 die Ausdrücke intempessanox, ad media nox, S. 34 f. das Verkennen, dass nicht jede Zeitbestimmung, wie z. B. de media nocte zugleich als Zeitmass recipirt ist, S. 164 die Umwandlung des P. Cornelius Scipio Nasica in einen Caesar Cornelius Naphicus.

8) O. Marucchi, Di un antichissimo orologio solare recentemente scoperto in Palaestrina, in Annali dell' Instituto. LVI, 286—306.

giebt Nachricht und Schilderung von dem wieder aufgefundenen, von Varro beschriebenen horologium zu Praeneste.

9) E. Belot, Correspondant de l'Institut, professeur à la faculté des lettres de Lyon, De la revolution économique et monétaire qui eut lieu à Rome au milieu du IIIe· siècle avant l'ére chrétienne et de la classification générale ' de la société romaine avant et après la première guerre punique. Paris 1885. 143 S.

Der Inhalt dieser Schrift findet seinen Schwerpunkt durchaus im Gebiete des Staatsrechtes und entzieht sich daher der Berichterstattung an diesem Orte.

10) Edmond Dupouy, Dr., Medicine et moeurs de l'ancienne Rome d'après les poètes latins. (Mit Abbildungen.) Paris 1885. XXIV und 432 S.

Der Verfasser behandelt seinen Stoff in drei Abschnitten, die er gewinnt durch eine Gruppirung der Quellen nach dem dichterischen Genre, welches die betreffenden Autoren vertreten. Demgemäss umfassen der erste Abschnitt die lyrischen, elegischen, epischen und didactischen Dichter: Ovid, Horaz, Catull, Tibull, Properz, Vergil, Lucan und Lucrez; Abschnitt II die Satiriker: Lucilius, Persius, Juvenal und Martial; sowie Abschnitt III die Tragiker und Komiker: Seneca, Terenz, Plautus und Publius Syrus. Aus den Schriften eines jeden dieser Dichter gesondert hebt nun der Verfasser den von ihm bevorzugten Stoff heraus: einzelne Passagen, welche in die Darstellung selbst verwebt werden. Und zwar gewinnt diese Darstellung ihren Schwerpunkt in einer medizinischen Analyse der Dichterstellen, wogegen das sittengeschichtliche, welches daneben hergeht, mehr zurücktritt. Welchen wissenschaftlichen Werth nun jene ersteren Untersuchungen haben, wagt Referent nicht zu beurtheilen, wenn immer auch anzuerkennen ist, dass dieselben dem Laien manches interessante bieten, wie z. B. S. 142 die Beurtheilung der Sentenzen in

Vergil's Georgica über die Liebes-Empfindungen vom physiologischen Gesichtspunkte aus oder die Revue, welche über Lucrez gehalten wird; jedenfalls aber ermangelt das bezügliche Material der Uebersichtlichkeit und systematischen Ordnung. Dagegen das sittengeschichtliche enthält nur bekanntes. Der Schrift im Ganzen aber geht eine streng wissenschaftliche Haltung ab: die Quellencitate, mehrfach in Uebersetzung gegeben, entbehren durchgängig des Nachweises, wo sie zu finden sind.

Endlich noch eine Bemerkung: wenn S. 147 an die Verse von Verg. Aen. VI, 621 f.: vendidit hic auro patriam dominumque potentem imposuit, die Bemerkung geknüpft wird: »ces vers, il faudra les graver un jour sur les murs de Metz«, so wird man die Kritiklosigkeit schwer fassen, mit welcher derartiges Strassengeschwätz von einem vernünftigen Manne wiederholt wird.

11) J. F. Houwing, De Romanorum legibus sumptuariis. (Dissert.) Lugd. Bat. 1883. VI und 84 S.

Diese durch Zufall dem Referenten sehr verspätet in die Hand gekommene Dissertation bietet nach einer Einleitung (S. 1—13), worin griechische Parallelen, die sittenrichterliche Funktion der römischen Censur, wie die historische Stellung des Luxus im Leben der Römer erörtert werden, in Cap. I (S. 14 -31) eine Betrachtung der leges regiae, wie der XII Tafeln, insoweit dieselben auf Einfachheit und Bescheidenheit der Sitten, wie Lebensweise abzielten, wobei insbesondere zu den einschlagenden XII Tafelgesetzen ein ganz trefflicher Commentar gegeben wird. Dann wendet sich Cap. II (S. 32—50) zur Betrachtung der sittenrichterlichen Funktion der Censoren in ihrer auf die Einschränkung des Luxus sich richtenden Wirksamkeit: es werden einerseits die mannichfachen, historisch beglaubigten Beispiele censorischer Ahndungen von Verschwendung oder Luxus, wie andrerseits die fortschreitende Ausbreitung von Wohlhabenheit, opulentem Leben, wie Verfall der alten Sitten dargestellt. Endlich Cap. III (S. 50—84) erörtert an erster Stelle die einschlagenden Passagen ven Gellius und Macrobius als Quellen für die leges sumptuariae; dann das Alter der leges Oppia, Orchia, Didia, Aemilia und Licinia; darauf den Inhalt der leges sumptuariae, wie endlich die legislatorische Veranlassung, wie Tendenz dieser Gesetze.

Die Schrift bietet ein reiches Material, mit Fleiss zusammengetragen und mit Verständniss verwerthet.

12) P. Cogliolo, prof. ordin. di diritto rom. nella R. Università di Modena, Saggi sopra l'evoluzione del diritto romane. Torino 1885. VIII und 138 S.

Nachdem der Verfasser die moderne Lehrmeinung, dass aus den Gestaltungen der socialen Verhältnisse, wie solche in dem frühesten Lebensalter oder auf der niedrigsten Culturstufe der Völker hervortreten, die Uranfänge des Rechtes sich erkennen lassen, auf S. 1—25 dargelegt hat, hebt derselbe hervor, dass der Rechtsstoff in seiner Entwickelung inneren Gesetzen folge und derartige Gesetze am sichersten in dem römischen Rechte sich beobachten und darlegen lassen. Zur exemplarischen Veranschaulichung solcher Thesen bietet sodann der Verfasser neun Abhandlungen aus dem Gebiete des römischen Rechtes, bezüglich deren das orientirende Programm S. 30 ff. gegeben ist und welche der Verfasser selbst S. 138 als Bruchstücke einer Rechtsgeschichte bezeichnet. Und zwar betreffen diese Abhandlungen im Besonderen die historische Entwickelung der Eviction der dos (S. 33—51); den Erwerb des Besitzes durch das Kind (S. 51—74); die Logik im Rechte und die juristische Terminologie (S. 74—85); das System des römischen Privatrechtes (S. 85—91); Alter der Eintheilung der Rechte in dingliche und persönliche (S. 92—101), worin eine historische Entwickelung der verschiedenen Species der Contracte gegeben wird; actio und ius (S. 101—108); die Familie und das Eigenthum im alten römischen Rechte (S. 108—115), die Stellung der Descendenten gegenüber dem väterlichen Besitzthume erörternd; die patria potestas (S. 116—119), sowie das promissum annui (S. 119—137), worin das Garderobengeld der Frau nach seiner Stellung und seinem Naturell im römischen Rechte eingehend behandelt wird.

In allem dem bietet das Werk bei weitem mehr, als sein Titel vermuthen lässt: es giebt rechtshistorische Untersuchungen durchaus in wissenschaftlicher Methode behandelt.

13) Fustel de Coulanges, membre de l'Institut, prof. d'hist. à la faculté de lettres de Paris, Recherches sur quelques problèmes d'histoire. Paris 1885. IV und 528 S.

Von diesem vier verschiedene Abhandlungen umfassenden Werke kommt hier in Betracht lediglich Abh. I: Le colonat romain, S. 1 - 186, welche selbst wiederum in zehn Capitel zerfällt, denen eine Einleitung vorausgeht.

Im Besonderen chap. I: Nos documents des deux premiers siècles de l'empire. Fermiers par contrat qui se transforment peu à peu en colons erörtert die Entstehung des Colonates, welche auf drei Sätze gestützt wird: 1. der Pachtzins muss stets in baar Geld vereinbart werden, andernfalls ist der Vertrag kein Contract d. h. nicht klagbar; — allein dieser Satz ist irrig: so z. B. Dig. XIX, 2, 35 § 1. — 2. Die locatio conductio partiaria ist demgemäss nicht Contract, als vielmehr nicht juristische Vereinbarung, bloss der Sphäre des bürgerlichen Lebens und der bürgerlichen Sitte anheim fallend; — allein dem widersprechen die Quellen: dieselben bekunden deren Klagbarkeit, somit deren Natur als Contract, so z. B. Dig. XVII, 2, 52 § 2. Cod. II, 3, 9.—3. Aus der locatio conductio partiaria entwickelte sich der Colonat in der Weise,

dass der mit seinen Leistungen rückständige Pächter durch seine Schuld
an das Pachtgut gebunden ward: ils ne sont pas encore liés au sol par
la loi, mais ils le sont par leur dette. La terre les retient, non pas encore à titre de colons, mais à titre de debiteur, und zwar sollen den
Beweis hierfür liefern die obaerati bei Varr. RR. I, 17, wie die Passagen bei Col. RR. I, 3, 12. Allein jenes ist unklar: während der Ver-
pachter ein Interesse hat, den zahlungsunfähigen Pächter auf beste
Manier los zu werden, nicht aber denselben für seine Lebenszeit festzuhalten, so ergab auch das Recht keinerlei Weg für solches Festhalten: es boten, wie bereits im Jahresbericht von 1884 XL, 258 hervorgehoben, weder das Staats- noch das Privatrecht irgend welche Hand-
habe, um aus der locatio conductio des Freien ein Statusrecht der Un-
freiheit für den Pächter, geschweige denn für dessen Descendenz zu
entwickeln; die obaerati aber bei Varr., wie die Schuldknechte bei Colum. sind die im Civilprozesse dem Gläubiger addicirten Schuldner schlechthin und nichts anderes, wie zahlreiche Quellenbelege bekunden: Voigt
in Berichten der sächs. Ges. der Wiss. Phil. hist. Cl. 1882, XXXIV, 92 ff.

Chap. II: Documents du temps des Antonins. — Les » Saltus «.
Les colons du »Saltus Burunitanus« behandelt die Ansätze des Colonats,
welche in Rescripten von Marc Aurel, wie in der Inschrift vom saltus
Burunitanus gefunden werden, indem hier coloni genannt sind, bezüglich
deren der Verfasser S. 41 drei Merkmale hervorhebt: ils sont hommes
libres et non pas esclaves; ils sont cultivateurs sans contrat; ils sont
enfin, de fait sinon de droit, cultivateurs à perpetuité. Allein wenn
auch das erste und dritte, so ist doch das zweite Merkmal nicht zutreffend: wenngleich die Pachtbedingungen der Parzellenpachtung auf
jenem kaiserlichen saltus allgemein und gleichmässig durch ein kaiserliches Edict aufgestellt waren, parallel somit den Pachtbedingungen, wie
z. B. bei Cat. RR. 150, so erfolgte doch der Eintritt in den Pacht nicht
ohne, als vielmehr durch Contract: durch einfache Consens-Erklärung mit
den vorgeschriebenen Bedingungen, womit zugleich eine besondere Ver-
tragsurkunde entbehrlich wird.

Chap. III: Documents du troisième et du quatrième siècle: colons
amenés de Germanie bespricht die Ansiedelung von Barbaren im Reiche,
welche zu einer Unterordnung derselben unter den Colonat führten.

Chap. IV: Des tenures serviles führt aus, dass Verhältnisse, ähnlich dem Colonate, darin gegeben gewesen seien, dass der Herr dem
Sclaven mitunter eine Gutsparzelle zur Bewirthschaftung auf eigene
Rechnung überlassen habe, und diese Sclaven nun als adscripti oder
adscripticii prädicirt worden seien, weil solche in der forma censualis
gesondert declarirt wurden, und dass anderntheils dem Freigelassenen
mitunter die Bewirthschaftung einer Gutsparzelle als operae von dem
Manumissor auferlegt worden sei. Allein der ersteren Annahme steht
entgegen, dass jenem Quasi-Pachtverhältnisse aller juristische Character

mangelt, der letzteren dagegen, dass derartige Belastungen des libertus durch das Recht ausgeschlossen waren: Dig. XXXVIII, 1, 2 pr. 2, 1 pr.

Chap. V: De l'inscription des colons sur les registres du cens bestimmt die Bedeutung der für die Colonen verwendeten Ausdrücke: censiti, censibus ascripti, ascripticii, tributarii: der Colone, von seinem Gutsherrn bei der Steuerbehörde declarirt, ist auf Grund dessen selbst zu einer Grundsteuer pflichtig. Daran knüpft der Verfasser eine instructive Untersuchung über die einschlagenden Steuerverhältnisse.

Chap. VI: Documents tirés des Codes. La constitution légale du colonat erörtert die Haltung der einschlagenden kaiserlichen Constitutionen gegenüber dem fraglichen Institute: alle uns überlieferten Constitutionen gehen aus von einer administrativen oder finanziellen, das Colonat betreffenden Specialfrage, wogegen ein umfassendes und organisches Gesetz über dasselbe nicht überliefert ist.

Endlich chap. VII: Conditions des colons au point de vue de droit, und chap. VIII: Obligations des colons envers le propriétaire. Devoirs et redevance, La »coutume de la terre« erörtern den juristischen Gehalt des Colonates, worauf chap. IX: Quelques observations sur le colonat die sociale Lage des Colonen in das Auge fasst, und endlich chap. X: Nos documents sur le colonat romain postérieurs à l'empire den Colonat in den germanischen Staaten auf altrömischem Territorium verfolgt.

14) Ferdinando Picinelli, Dr., La evoluzione storico — giuridica del divorzio in Roma da Romolo ad Augusto, in Archivio giuridico. 1885 XXXIV, 424—472.

Der Verfasser giebt eine Geschichte des Scheidungsrechtes der Römer bis zu Ausgang der Republik in sechs Abschnitten und behandelt dabei: 1. das Ehescheidungsrecht, wie solches in den leges regiae auftritt, sowie 2. den legislatorischen Character der betreffenden Vorschriften: dieselben gehen aus von der Rücksicht einer Wahrung der militärischen Interessen des Staates, wie der Interessen der Familie; 3. das Recht der XII Tafeln über die Ehescheidung und die usurpatio durch trinoctium; 4. die Ehescheidung des Sp. Carvilius Ruga; 5. die Rückwirkung dieses Scheidungsfalles auf das Recht: die Verdrängung des iudicium domesticum, als Scheidungsgerichtes, durch das iudicium de moribus; endlich 6. das Ueberhandnehmen der Ehescheidungen in Folge des eintretenden Sittenverfalles.

Die Arbeit bietet eine übersichtliche und klare Behandlung eines interessanten Thema auf der Grundlage eingehender Quellen-, wie Litteratur-Studien.

15) Carl Bernstein, Zur Lehre von der dotis dictio, in Juristische Abhandlungen. Festgabe für Georg Beseler zum 6. Jan. 1885. Berlin 1885. S. 80—93.

Die Abhandlung eröffnet mit einer Wesenbestimmung der dotis

dictio als eines einseitigen solennen Actes. Daran schliesst sich eine Reconstruction der solennen Formel der dictio, welche in der Clausel: Tibi doti erunt unter Vorausschickung der die dos specialisirenden Worte bestehen soll, — eine unerwiesene Aufstellung, da die Quellenzeugnisse, auf welche der Verfasser sich beruft, wie solche selbst besagen, nicht von der dotis dictio, sondern von der zur Stipulation sich gestaltenden promissio handeln, wie insbesondere aus Dig. XXIII, 3, 59 pr.: decem tibi aut Titio doti erunt sich ergiebt, worin eine solutionis causa adjectio, somit eine der Stipulation ausschliesslich eigene Geschäftsfigur verlautbar ist.

Sodann werden unter no. I die mannnichfachen Functionen der dotis dictio erörtert: neben der obligatorischen construirt der Verfasser aus irrig gedeuteten Quellenbelegen noch eine liberatorische, ja sogar eine dingliche Function, woraus dann unter no. II gewisse dogmatische Consequenzen in Betreff des Naturells der dotis dictio entwickelt werden — alles dies von irrigen Voraussetzungen ausgehend und ohne Werth für die Wissenschaft. Endlich unter no. III wird die vom Verfasser als äusserst geistreich gewürdigte Hypothese referirt, es sei die dotis dictio eine der Verlöbniss-Sponsion inserirte Contractsclausel gewesen, und daran die eigene Aufstellung angeknüpft, dieselbe sei eine lex coemptioni dicta gewesen: eine nuncupatio des Gewalthabers bei Uebertragung der Gewalt über seine Tochter auf den Ehemann, wozu bemerkt wird: »nicht stören darf es uns, dass die lex (d. h. die dotis dictio) sich nicht auf den Gegenstand der Uebertragung selbst (d. h. der coemptio) bezieht.« Irgend welcher Beweis für diese Construction ist nicht erbracht, wohl aber übersehen, dass diesfalls die dotis dictio weder bei juristisch unsolenner Ehe, noch bei confarreatio statthaft gewesen wäre, das erstere aber durch Cic. p Flacc. 38, 86 bekundet wird, während im Uebrigen die Quellen nirgends eine derartige Beschränkung der dotis dictio andeuten, wohl aber dieselbe noch zu einer Zeit auftritt, wo die coemptio selbst ausser Anwendung gekommen war.

Im Uebrigen ist zu bemerken, dass in der obbezeichneten Eingangs-Parthie der Verfasser einestheils, indem er wider die Vertreter anderer Ansichten polemisirt, zwar diese letzteren nennt, dagegen aber bei seinen eigenen Einwendungen anzugeben unterlässt, dass dieselben bereits von Anderen früher erhoben worden sind; sowie anderntheils seine eigene Wesensbestimmung der dotis dictio vorträgt, ohne anzugeben, dass solche bereits früher von Anderen gegeben worden ist. Dadurch entsteht beidemal der Schein, als ob die diesbezüglichen Sätze originale des Verfassers seien, was in Wirklichkeit in beiderlei Beziehung nicht der Fall ist.

16) L. Séverin, avocat, lauréat, Étude sur le Ius Italicum.
Thèse pour le doctorat. Bordeaux 1885. 124 S. (Daneben: De la
situation des Français en Orient au point de vue de la jurisdiction).

Diese Schrift, mit einer bibliographischen Uebersicht, wie mit einer
orientirenden Vorbemerkung eröffnend, ordnet ihren Stoff in sechs Capitel, von denen das erste (S. 16—26) einestheils die Entstehung des
ius Italicum betrachtet, — wobei der Verfasser nicht genügend würdigt,
dass das historische Auftreten jenes Privilegs und die Aufnahme seiner
technischen Benennung nicht zusammenfallen, — und anderntheils die
Gründe für die Ertheilung des Privilegs bespricht. Dann folgt in
chap. II (S. 27—41) eine Wesensbestimmung des ius Italicum als eines
Vorrechtes, angeknüpft an den Boden, nicht an die Person, woran sich
in chap. III (S. 42—73) die Bestimmung vom juristischen Gehalte des
ius Italicum knüpft: seines privat-, wie staatsrechtlichen Elementes:
Empfänglichkeit des Bodens für das meum esse ex iure Quiritium, Immunität, wie Theilnahme der Bürger der damit beliehenen Commune an
denjenigen Gesetzen, deren Geltungsgebiet auf Italien allein beschränkt
ist, während wiederum chap. IV (S. 74—97) jene beiden ersteren Punkte
im Einzelnen darlegt und entwickelt. Sodann chap. V (S. 98--113)
prüft die staatsrechtliche Stellung der mit dem Privilege beliehenen
Communen: römische Bürgercolonien und Municipien, und endlich chap.
VI (S. 114—122) fasst das ius Italicum während der Byzantinerzeit in
das Auge: zunächst nach seinem Rechtsgehalte, — wobei in Betreff der
Empfänglichkeit des Grund und Bodens für das quiritarische Eigenthum
der Verfasser den unhaltbaren Satz vertritt, dass bereits frühzeitig in
dieser Periode der Unterschied jenes Eigenthumes und des in bonis
esse untergegangen sei, — sowie die Verleihung des Privilegs während
dieser Periode.

Der Charakter der Arbeit ist vorwiegend kritisch und polemisch:
dieselbe bietet weniger eigene neue Aufstellungen, sondern befasst sich
vornämlich mit einer Prüfung der vorgefundenen Lehrmeinungen, diesen
gegenüber Stellung nehmend. Und in dieser ihrer Behandlung des
Stoffes leistet die Schrift anerkennenswerthes: die Darstellung ist übersichtlich und klar, entwickelt mehrfach neue Gesichtspunkte und bekundet
Unbefangenheit und richtiges Urtheil gegenüber den vorgefundenen Lehr-
aufstellungen.

17) B. Heisterbergk, Name und Begriff des Ius Italicum. Tübingen 1885. VIII und 192 S.

Die Schrift behandelt, wie der Titel besagt, ein doppeltes Thema.
Zunächst das Wesen des ius Italicum, wobei der Verfasser S. 104 ausgeht von Ulp. in Dig. L, 15, 1: est et Heliopolitana, quae a divo Se-
vero — Italicae coloniae rempublicam accepit. Diese Stelle bietet nach
dem Verf. S. 143 eine »Definition« des ius Italicum als ius Italicae co-

loniae. Daraus entnimmt der Verfasser: das Colonierecht und der Name colonia, somit die staatsrechtliche Qualität als solche sind zwei verschiedene staatsrechtliche Attribute; das ius Italicum aber ist identisch mit der Verleihung des Colonierechtes, verschieden dagegen von der Verleihung der Coloniequalität (S. 109 ff.). Dieser grundlegende Satz wird indess sofort wieder aufgehoben durch die Aufstellung: die Verleibung des Colonierechtes enthält nur dann eine Verleihung des ius Italicum, wenn die erstere ohne einschränkenden Vorbehalt erfolgte, wogegen andernfalls Colonierecht ohne ius Italicum verliehen ward (S. 122). Sonach scheidet der Verfasser drei Classen von Bürgercolonieu: Colonieu, denen das Colonierecht vorbehaltslos, dann solche, denen das Colonierecht unter Beschränkungen verliehen war, und endlich Titularcolonien.

Sodann der Name ius Italicum ist hergenommen von den alten Bürgercolonien, welche im Gegensatze zu den jüngeren Militärcolonien coloniae italicae genannt worden sein sollen (S 168 f.). Und zwar soll zwischen beiden ein practischer Unterschied darin bestanden haben, dass in den ersteren den Colouen ipso iure quiritarisches Eigenthum, wie Immunität des Bodens zustand, in den letzteren aber nicht zustand, sondern solche Vorrechte durch kaiserliches Privileg besonders zu gewähren waren (S. 169 ff.)

Die Beweise für diese Sätze werden durch dialectische, wie interpretative Künsteleien geschaffen: direct sind dieselben nirgends in den Quellen nachgewiesen. Es gilt auch hier, was Fustel de Coulanges in der unter no. 13 angezeigten Abhandlung S. 73 A. 2 in Betreff von des Verfassers »Die Entstehung des Colonats« bemerkt: il apporte à l'appui de son système beaucoup de raisonnements, mais aucun texte.

Die Aufstellungen des Verfassers werden durch folgende Thatsachen widerlegt:

1. Verleihung des ius Italicum und des Colonierechtes sind nicht identisch: Constantinopel erhielt das erstere: Sozom. Hist. ecl. VII, 9. Valent. Val. et Grat. im C. Th. XIV, 13, 1. Hon. et Th. im C. Just. XI, 21, 1, war aber niemals Colonie; und ebenso erfolgte die Verleihung des ius Italicum an das Municipium Stobi in Macedonien, ohne dass damit eine vorbehaltlose Verleihung des Colonierechtes Hand in Hand ging: Severin unter no. 16 S. 103 ff.;

2. dem Breviarium imperii des Kaiser August, einer Reichsmatrikel, in welcher auch die Communen nach ihrer staatsrechtlichen Stellung aufgeführt und geordnet waren, ist die Scheidung zweier Classen von coloniae civium fremd: es giebt nur Eine Classe von coloniae civium schlechthin, von denen einzelne als durch das ius Italicum besonders privilegirt bezeichnet werden, oder, mit anderen Worten, das ius Italicum ergiebt nicht eine eigene staatsrechtliche Unterart des Colonierechtes, sondern einfach ein der Colonie verliehenes Privileg;

13*

3. die technische Bezeichnung ius Italicum qualificirt dasselbe als Sonderrecht der italischen Bürgercommune, nicht aber der italischen Bürgercolonie.

18) Matthiass, Römische Alimentarinstitution und Agrarwirthschaft, in Jahrbücher für Nationalöconomie und Statistik. N. F. 1885. X, 505 ff.

Dieser Aufsatz, eine weitere Ausführung von § 10 des in Jahresbericht 1883 XXXVI, 250 ff. angezeigten Werkes über die römische Grundsteuer und das Vectigalrecht enthaltend, giebt eine theoretische Construction der bei den Alimentationsstiftungen auftretenden dinglichen Radicirung der Zinszahlungs-Verbindlichkeit: der Grundbesitzer, aus dem Alimentationsfonds ein Capital empfangend, überträgt dagegen ein nach seinem Werthe abgeschätztes Grundstück an den Staat zum Eigenthume und empfängt dann dasselbe zu dinglichem Erbpachte unter Auferlegung eines Bodenzinses: vectigal, pensio, canon zurück, der selbst einem Zinse des dargeliehenen Capitales von 5 Procent entsprach, somit eine Ordnung, welche das Grundstück in eine Emphyteuse umwandelte.

Das Bedenken von Savigny, Vermischte Schriften V, 61 f., dass die Quellen und insbesondere Hygin. (de cond. agr. 116 f.) nichts davon berichten, es seien fiscalische Grundstücke als agri vectigales in Erbpacht gegeben worden, wird durch die Bemerkung erledigt, dass Hygin. wahrscheinlich im Jahre 103, also ungefähr gleichzeitig mit den ersten umfassenden Alimentationsinstituten; aus den Jahren 101 und 103 stammend, jedenfalls aber nicht vor das Jahr 99 zurückgehend, geschrieben und so nun dieselben nicht berücksichtigt habe. Allein selbst dann bleibt das Bedenken unerledigt, dass auch andere hier massgebende Quellen nichts davon berichten, dass fiscalische Grundstücke zur Emphyteuse vergeben worden seien.

Sodann der weitere Einwand von Savigny, dass die dem Schuldner der Alimentationsstiftung obliegende Leistung als usura, nicht aber als canon, pensio oder vectigal in den betreffenden Urkunden bezeichnet ist, beseitigt der Verfasser nicht. Gewann aber das Geschäft die von demselben vorausgesetzte Gestaltung, so war die dem Schuldner obliegende Leistung nicht Darlehns-, sondern Erbpacht-Zins; und so wird denn auch in tab. alim. Vellei. lin. 16 geschieden: deducto vectigali et is (i. e. iis praediis), quae ante Cornelius Gallicanus et Pomponius Bassus obligaverunt, wogegen die Interpretation des Verfassers, es seien damit Grundstücke bezeichnet, die bereits früher in jener Weise vectigales geworden seien, in jene Passage etwas hineinträgt, was nicht darin liegt, indem vielmehr eximirt werden ein ager vectigalis und ein bereits früher beliehener ager obligatus.

Endlich wird auf S. 508 ff. nach gleicher Structur die Alimentationsstiftung von Plin. ep. VII, 18 vgl. mit I, 8 vom Jahre 97—100 erklärt:

Plinius übertrage sein Grundstück zu Eigen an die Stadt Comum und lasse sich solches zu Erbpacht zurückgeben unter Uebernahme eines vectigal von 6 Procent des Capitals. Allein Plinius bezeichnet selbst seinen eventuellen Besitznachfolger als dominus.

Der Versuch des Verfassers, die Entstehung der Emphyteuse auf die Alimentationsstiftungen zurückzuführen und die bei solchen auftretenden Zinsgeschäfte zu jener ersteren Rechtsfigur zu construiren, ist somit verfehlt.

19) **François Geny**, Étude sur la Fiducie. Nancy 1885. 126 S.

Der Verfasser bietet eine eingehende Monographie des so wichtigen Rechtsinstitutes der fiducia, einestheils deren Wesenseigenthümlichkeiten und Functionen, und anderntheils die Entstehung und historische Entwickelung von fiducia und actio fiduciae bis herab in das Mittelalter darstellend. Die Schrift zeichnet sich durch Klarheit und strenge Folgerichtigkeit der Entwickelung aus, verfehlt aber gleichwohl ihr Ziel, indem der Verfasser in einer irrigen Vorstellung vom Wesen und Character der fiducia befangen ist: dieselbe ist ihm eine »clause secrète d'un acte solennel, passé par un acte separé et sans formes«. Während nun in den Quellen keinerlei Spur auch nur einer technischen Bezeichnung, geschweige denn des organischen Vorkommens eines geheimen Vertrages beim solennen Rechtsacte sich vorfindet oder von dem Verfasser nachgewiesen ist, so entbehrt auch die auf solche Annahme gestützte historische Entwickelung des Verfassers aller und jeder Stütze in den Quellen.

20) **Biagio Brugi**, Dr., prof. ord. nella R. Università di Catania, Delle alluvioni e dei cambiamenti nel letti dei fiumi secondo i libri dei gromatici veteres confrontati col Dig. Saggio di un commento ai gromat. vet. Catania 1885. 55 S.

Nach einer Einleitung, welche die Wichtigkeit der Schriften der Gromatiker für gewisse Parthien des Rechtes hervorhebt, erörtert und bejaht der Verfasser in § 1 die Frage nach der juristischen Bildung und Rechtskenntniss der Gromatiker, die einschlagenden Beweise aus deren Schriften heraushebend. Dann wenden sich § 2 und 3 zur Feststellung der Verhältnisse, unter denen die Alluvion einen Eigenthums-Erwerb vermittelt, insbesondere inwieweit dieselbe beim ager limitatus ausgeschlossen ist oder Platz greift. Daran knüpft sich in § 4 eine Erörterung der Rechtsordnung in Betreff der insula in flumine nata, wie des alveus fluminis relictus beim ager limitatus, worauf § 5 mit der Darlegung abschliesst, dass die Rechtsgrundsätze über alluvio, alveus derelictus und insula nata ein Product jüngerer Zeiten der Republik, wie der Theorie sind.

Die Arbeit liefert einen beachtenswerthen Beitrag zu dem antiken Fluss-Rechte.

21) **Muzio Pampaloni**, prof. ord. nella R. Università di Macerata, Sopra l'isola formata per avulsione nei fiumi in diritto romano e odierno. Prato 1885. 54 S.

erörtert die in jüngerer Zeit mehrfach behandelte Frage nach den Eigenthumsverhältnissen der durch allmählige Anschwemmung in einem Flusse entstandenen Insel. Die sehr sorgsam geführte Untersuchung findet jedoch ihren Schwerpunkt in dem modernen Rechte.

22) **Contardo Ferrini**, Studi sul legatum optionis, in Memorie del R. Istituto Lombardo. Classe di lettere e scienze mor. e pol. XV, 179—219. Milano 1885.

Der Stoff dieser Arbeit ist in fünf Capitel zerlegt, von denen Cap. I das Wesen, wie die Formel des legatum optionis in historischer, wie dogmatischer Beziehung, und Cap. II den juristischen Effect des Legates bis zu ausgeübter optio erörtert. Sodann bespricht Cap. III die optio an sich: deren Charakter als denuntiatio und rechtliche Erfordernisse, und Cap. IV deren juristischen Effect, worauf Cap. V die Stellung des legatum optionis im justinianischen Rechte dargestellt.

Die Arbeit zeichnet sich aus durch eine gelehrte und klare, gründliche und erschöpfende Behandlung ihres Stoffes.

23) A. **Esmein**, Sur l'histoire de l'usucapion, in Nouvelle Revue historique de droit français et étranger. Paris 1885. XI, 261—302.

erörtert zuerst die früheste Function, wie die Erfordernisse der Usucapion, insbesondere die Irrelevanz von iustus titulus und bona fides darlegend. Sodann verfolgt der Verfasser das Auftreten beider Momente als juristischer Thatbestände in der historischen Entwickelung des Rechtes, wie insbesondere deren Aufnahme unter die Requisite der Usucapion.

Selbst wenn man die Ergebnisse der Untersuchungen des Verfassers nicht in allen Punkten billigt, wird man anerkennen, dass dieselben einen schätzenswerthen Beitrag zu der so interessanten geschichtlichen Entwickelung jenes wichtigen Institutes liefern.

24) **Pietro Rossi**, Interpretazione della L. 45. D. de usuris et fructibus XXII, 1. Siena 1885. 32 S. (Auch in Studi Senesi nel Circolo giurid. della R. Università II)

erörtert in ansprechender Ausführung den in der angezogenen Digestenstelle ausgesprochenen Rechtssatz, dass die Fruchtnutzung, welche aus der zwischen Ehemann und Ehefrau geschenkten Sache erwächst, dann dem Beschenkten verbleibt, wenn solche durch dessen eigene Arbeitsthätigkeit erzielt ist, andernfalls dagegen dem Schenker zugehört. Es hat jedoch dieser in dogmatischer Beziehung interessante Satz eine Bedeutung nur für die Jurisprudenz.

25) A. Boistel, prof. à la faculté de Paris, Du dies incertus et de ses effets, dans les dispositions testamentaires. Paris 1885. (Extrait de la Revue générale du droit). 33 S.

Ausgehend von Dig. XXXV, 1, 75: dies incertus in testamento condicionem facit, erörtert der Verfasser zwei Fragen: die sachliche Bedeutung einestheils des Ausdruckes dies incertus in den Rechtsquellen, und anderntheils jener ausgesprochenen Regel. Der Aufsatz bietet vor Allem den interessanten Nachweis, dass bei der Scheidung von dies und condicio die römischen Juristen weniger auf metaphysische, als auf grammatische Kriterien sich stützten, während im Uebrigen die Arbeit ebenfalls eine specifisch juristische Bedeutung hat.

26) J. Kappeyne van de Capello, Abhandlungen zum römischen Staats- und Privatrecht. Nach dem Holländischen. Mit Vorwort von Dr. Max Conrat (Cohn), Prof. in Amsterdam. Stuttgart 1885. 354 S.

Das erste Heft dieses Werkes: »Betrachtungen über die Comitien« (S. 1—114) unterfällt nicht dem Ressort des Referenten und wird in den Staatsalterthümern besprochen.

Dagegen das zweite Heft umfasst zwei Untersuchungen, wovon die erste »Ueber das vim facere beim interdictum Uti possidetis« (S. 115—199) zuerst, eingereicht bei der königl. Akademie der Wissenschaften zu Amsterdam, im Jahre 1880 daselbst erschienen und von Franken in der Mnemosyne. Nouv. ser. 1881 IX, 145 ff kritisirt worden ist. Dieselbe zerlegt ihren Stoff in drei Abschnitte: eine Erörterung des conventionellen vim facere, welches, für gewisse interdicta von Gai. IV, 170 bekundet, von dem Verfasser mit der aus Cicero bekannten deductio quae moribus fit identificirt und welchem die Function einer Bestimmung der Vertheilung der Parthierollen, wie der Zweck einer Feststellung der Identität des im Streite befangenen Grundstückes beigemessen wird. Sodann eine Untersuchung des von Gai. l. c. bezeugten interdictum secundarium, welches von dem Verfasser S. 167 bestimmt wird als Interdict, gegen denjenigen gewährt, welcher, gezwungen sich diesbezüglich vor dem Richter zu erklären, jeden eigenen Anspruch auf den Besitz fahren lässt und von der Befugniss, den Beweis possessionem ad se pertinere zu erbringen, absieht.« Endlich eine Erörterung der Gestalt, welche das interdictum Uti possidetis im justinianischen Rechte angenommen hat.

Und sodann eine Abhandlung über die constituta pecunia (S. 200 —354), zuerst im Jahre 1882 in der holländischen Themis erschienen,

welche in sieben Abschnitte zerfällt: 1. über die actio certae creditae
pecuniae, sowie 2. über die actio constitutae pecuniae, 3. über das constitutum, sowie 4. über die condictio triticaria. Daran schliessen sich
an unter 5. Innere Geschichte des alten Prozesses, »eine flüchtige Skizze
in groben Umrissen«, wie der Verfasser selbst S. 334 sagt, und sodann
unter 6 und 7 einige Bemerkungen über das prätorische Edict und über
das constitutum im justinianischen Rechte.

27) Gennaro Manna, Sopra un passo controverso di Quintiliano
(Inst. Orat. V. 10 § 105). Estratto dal Foro Abruzzese. Fasc. di Marzo
1885. 10 S. 4.

bespricht die merkwürdige Angabe von Quintil.: lata lex est »ut argentarii dimidium ex eo, quod debebant, solverent, creditum suum totum
exigerent.« Und zwar eröffnet die Untersuchung mit einer zutreffenden,
zurückweisenden Kritik der gesuchten Deutungen, welche von anderer
Seite jene Vorschrift bisher erfahren hat, worauf der Verfasser seine
eigene Auffassung darlegt: an dem einfachen Sinne der Worte Quin-
tilians festhaltend, findet derselbe in dem fraglichen Gesetze ein Privi-
legium, wodurch den argentarii im Falle einer Panik ein Schutz gegen
überstürzte Rückforderungen von jederzeit gefälligen Geldeinlagen und
gegen die daraus drohende Zahlungssuspension gewährt wurde.

Dieser Auslegung ist nachzurühmen, dass sie zuerst einen den
Worten angemessenen Sinn jener Verfügung beimisst. Allein es tritt
derselben das Bedenken entgegen, dass das Stillschweigen der sonstigen
Quellen über ein derartiges Privileg der argentarii befremdlich ist.
Weit eher dürfte der letztere Umstand darauf hinweisen, dass die fragliche lex nicht eine Vorschrift von bleibender Geltung erlies, als vielmehr ein transitorisches: ein reines Gelegenheitsgesetz war; dann aber
wird das Gesetz kaum die vom Verfasser angenommene Aufgabe gehabt
haben: denn war die Panik bereit ausgebrochen, so kam die Hülfe des
Gesetzes zu spät, während der bevorstehende Ausbruch der Panik schwerlich von der Legislation der Kaiserzeit in das Auge gefasst wurde. Wohl
aber bietet sich eine andere Veranlassung für das Gesetz der Erwägung
dar: von Ausgang der Republik ab, wie in der Kaiserzeit traten, wie Plut.
comp. Lys. 3, 4 bezeugt, in Rom periodisch Geldklemmen ein, zu deren
Abwehr auch mannichfache Maassregeln seitens der Staatsgewalt ergriffen
wurden (vgl. Handbuch der klassischen Alterthumswissenschaft IV, 892
A. 2); so nun dürfte auch das obige Gesetz zu dem Zwecke erlassen
worden sein, das baare Geld mehr in Umlauf zu bringen; die Vorschrift
aber, dass die argentarii nur die Hälfte der bei ihnen gemachten Ein-
lagen zurückzuzahlen brauchen, ward dabei durch die Rücksicht bestimmt,
deren Solvenz nicht zu gefährden.

28) E. Dressel, Alcune osservazioni intorno ai bolli dei mattoni urbani, in Bulletino di correspondenza archeol. 1885. S. 98--110.

In Anknüpfung an die Drucklegung von Marini, Inscrizioni antichi doliari legt der Verfasser die aus dieser Sammlung sich ergebenden, die römische Ziegelfabrikation betreffenden historischen Daten dar: bis in die Kaiserzeit hinein treten in Italien nur Privatziegeleien auf, abgesehen von der in Oberitalien befindlichen, in kaiserlichen Besitz gelangten officina Pansiana. Namentlich gewinnt von der Mitte des 1. Jahrhunderts ab die Ziegelei der Nachkommen des Consul Cn. Domitius Afer an Bedeutung, indem sie ein Jahrhundert hindurch die für die Colossalbauten Roms erforderlichen Ziegel liefert. Von Trajan ab treten dann fiskalische Ziegeleien auf, bis dann dieselben mit Septimius Severus und Caracalla verschwinden, um erst in der Byzantiner-Zeit wieder eine Thätigkeit zu bekunden.

29) Prof. Dr. H. Blümner, Das Kunstgewerbe im Altertum. I. Abteilung. Das antike Kunstgewerbe nach seinen verschiedenen Zweigen. Mit 133 in den Text gedruckten Abbildungen. 267 S. — II. Abteilung. Die Erzeugnisse des griechisch-italischen Kunstgewerbes. Mit 143 in den Text gedruckten Abbildungen. 243 S. Leipzig 1885.

Beide Schriften, dem Sammelwerke »Das Wissen der Gegenwart« angehörig und insbesondere eine eigene Serie von Publikationen eröffnend unter dem Titel: »Geschichte des Kunstgewerbes in Einzeldarstellungen von Prof. Dr. H. Blümner und Dr. O. von Schorn«, folgen der Aufgabe und Methode, welche jene Sammlung im Allgemeinen adoptirt. Und dies ist auch besonders ausgespochen in I, 10: »die in folgendem versuchte Darstellung des antiken Kunstgewerbes erhebt nicht den Anspruch darauf, dem Leser das Resultat neuer Untersuchungen vorzuführen, dafür wäre eine Sammlung, welche dem Publikum keine wissenschaftlichen Abhandlungen bieten, sondern den Inhalt des Wissens der Gegenwart übermitteln will, auch nicht der rechte Ort. Was wir geben, ist die Summe der das antike Kunstgewerbe betreffenden neueren Forschungen, unter Berücksichtigung der neuesten Funde und Abbandlungen.«

Insbesondere Abtheilung I behandelt die textile Kunst, Keramik, Glasarbeit, Arbeit in Holz, Elfenbein, Horn etc., Arbeit in Metall, Steinschneidekunst, Mosaik und dekorative Wandmalerei; und wiederum Abtheilung II das Haus und seine Ausstattung, Mobiliar, Geräthe, Schmuck und Bewaffnung, Pferdegeschirr, Wagen etc.

30) L. von Urlichs, Archäologische Analekten. Achtzehntes Programm des von Wagner'schen Kunst-Instituts. Würzburg 1885. 23 S. 4.

In no. VI dieser Analekten: »Römisches« giebt der Verfasser auf S. 17—19 Nachträge zu Detlefsen, de arte Roman. antiquissima II. Und zwar:

1. wird das Zeugniss von Pliu. H. N. XXXV, 154 bekämpft, dass die Terracotten des capitolinischen Tempels von Tarquinius Priscus herrühren, indem dieselben nach Plut. Popl. 13. Fest. 274 v. Ratumena vielmehr dem Tarquinius Superbus angehören.

2. Wird die Statue der Venus Verticordia datirt: dieselbe ward nach Pliu. H. N. VII, 121 von Sulpicia, der Gattin des Fulvius Flaccus, der Tochter des Paterculus eingeweiht; der letztere aber triumphierte im Jahre 496, während Fulvius Flaccus im Jahre 517 und öfter Consul war.

3. Aus den Beinamen von Statuen sind Data für deren Alter zu entnehmen, so des Hercules Pompeianus, des Hercules Antianus, des Apollo caelispex, des Mercurius malevolus, des Mercurius sobrius.

31) Louis Haenny, Schriftsteller und Buchhändler im alten Rom. Dissertation der Universität Zürich. Leipzig 1884. — 2. Auflage 1885. 119 S.

Der Verfasser erörtert seinen Stoff in drei Hauptabschnitten: Schriftsteller (S. 1 — 23), Buchhändler (S. 23 — 45) und Verhältniss zwischen Beiden (S. 45 — 88), woran dann noch als vierter Abschnitt eine Besprechung verschiedener Einzelfragen sich anreiht (S. 89 — 119): technische Herstellung und Umfang von Bücherrollen, Autorenrecht, Verlagsrecht, Bücherpreise, wie Dedication von Werken.

Von besonderem Interesse ist der dritte Abschnitt, welcher auf die Frage zuspitzt, ob das Verhältniss zwischen Autor und Verleger im römischen Leben einen rechtsgeschäftlichen Character gewonnen und zu einem Verlagscontracte zwischen Beiden sich gestaltet habe, und ob anderntheils durch solchen Contract mit dem Autor ein Honoraranspruch vereinbart zu werden pflegte, Fragen, die vielleicht noch schärfer dahin sich präcisieren lassen: ob im römischen Leben die Schriftstellerei zu einem Broterwerbe sich gestaltet habe, bei welchem der Erwerb in einem contractmässig zwischen Verleger und Autor vereinbarten schriftstellerischen Honorar bestand. Die Fragen werden nun von dem Verfasser verneint, der reelle Nutzen, welchen der Autor aus seinen Schriften zog: bestand nicht in Autorenhonorar, sondern abgesehen von dem, was der schriftstellerische Ruhm etwa an Vortheilen brachte, in der Gabe, welche der Autor von demjenigen, dem das Werk dediciert war, empfing. Mit diesem Ergebnisse stimmt überein, dass die Rechtsquellen nirgends weder des litterarischen Eigenthumes, noch des Verlagscontractes gedenken, während doch die Frage nach dem Eigenthume am Manuscripte von anderen Gesichtpunkten aus von denselben in der That erörtert worden ist, so z. B. bei Gai. II, 77.

Der vierte Abschnitt stützt sich vornämlich auf das von Birt, Antikes Buchwesen, beigebrachte Material, dabei einzelnes einer neuen, selbstständigen Prüfung unterziehend, so die Frage nach der Herstellung der zu verkaufenden Exemplare.

Die Schrift bekundet in der Behandlung ihres Stoffes Klarheit, wie Selbstständigkeit der Gesichtspunkte und Urtheile und eine sorgfältige Benutzung der Quellen.

32) J. B. Mispoulet, Du nom et de la condition de l'enfant naturel romain, in Nouvelle Revue historique de droit français et étranger 1885. IX, 15—63·

Der erste der beiden in dem Titel angedeuteten Abschnitte erörtert in zwei Paragraphen zuerst die Ausdrücke liber naturalis und spurius, mit der Darlegung beginnend, dass beide Ausdrücke das ausserehelige Kind, sei es von Sclaven, sei es von Freien, bezeichnen und zwischen beiden eine Verschiedenheit der Bedeutung nicht obwalte, worauf in § 2 das Gesetz der Namensgebung rücksichtlich des ausserehelichen Kindes festgestellt wird: während das Sclavenkind nach dem Ermessen seines Herrn einen Sclavennamen empfing, der indess meist dem Namen von Vater oder Mutter entsprach, so erhielt das Kind der Freien gemeinhin das nomen gentilicium oder auch einen sonstigen Namen seiner Mutter.

Sodann im dem zweiten Abschnitte, die rechtliche Stellung des ausserehelichen Kindes betreffend, werden die einschlagenden Verhältnisse lediglich für die vorchristliche Kaiserzeit und zwar in § 1 die privatrechtlichen Beziehungen erörtert und dabei festgestellt, dass das Recht von vornherein eine cognatio nur zwischen Kind und Mutter, wie deren Cognaten anerkannte, solches Verhältniss an sich aber in früheren Zeiten ohne Rechtswirkung war, bis dann in der Kaiserzeit dasselbe in Betreff des ius liberorum, wie der erbrechtlichen Succession Rechtsfolgen gewannen, woneben dann auch demselben in dem Verhältnisse zum Vater gewisse Wirkungen beigemessen wurden. Dann wendet sich § 2 zur Erörterung der Civität des ausserehelichen Kindes, woran endlich in Polemik gegen Wilmans die Ausführung sich anschliesst, dass Soldatenkinder, mit cives Romani erzeugt, keine Privilegien genossen.

Die Abhandlung gelangt in klarer und gründlicher Darstellung zu billigenswerthen Ergebnissen.

33) P. O. Cordier, De l'adrogation. Paris 1885

ist dem Referenten nicht zugekommen.

34) J L. Ussing, Erziehung und Jugendunterricht bei den Griechen und Römern. Neue Bearbeitung (Calvary's philologische und archäologische Bibliothek. Band 71 und 72, erste Hälfte.). Berlin 1885. 179 S.

Diese Neubearbeitung legt nicht den Ussing'schen Originaltext, sondern angemessener Weise die im Jahre 1870 erschienene, gefällige Uebersetzung von Friedrichsen zu Grunde, deren Text wiedergebend, wie aber auch den gebotenen Quellenapparat revidirend und ergänzend. Ueberdem wird ein alphabetisches Register und ein Inhaltsverzeichniss als nützliche Zuthat beigefügt. Durch die nachbessernde Hand des Herausgebers hat die Schrift an Werth und Brauchbarkeit nur gewonnen.

35) Professor Fr. Brežnik, Erziehung und Unterricht bei den Römern zur Zeit der Könige und des Freistaates. Wien und Leipzig (1884) 32 S.

Dieses für den vorjährigen Jahresbericht dem Referenten zu spät zugekommene Schulprogramm von Rudolfswert bespricht auf S. 4 — 17 die Erziehung: die Aussetzung oder Aufnahme des Neugeborenen in die Familie, die Namensgebung, die erzieherischen Functionen der materfamilias und der Wärterin, die Spiele der Kinder, die Anleitung zu Religiosität, wie Wohlverhalten, endlich die weitere Erziehung des Jünglings durch den Vater. Und sodann S. 17—32 den Unterricht: den ausschliesslich häuslichen Unterricht der älteren Zeiten in den Elementarfächern, wie weiterhin für den Staatsdienst, dann das Eintreten von Sclaven als Lehrer, wie das Aufkommen von Privatschulen; ferner die Aufnahme von Grammatik und Rhetorik, wie von Jurisprudenz und Philosophie unter die Lehrfächer; endlich die Musik und Orchestik, wie die Gymnastik als Lehrgegenstände.

Die Behandlung des Stoffes ist wenig eingehend und bietet nichts neues, leidet dabei ebenso an dem Mangel einer genügenden historischen Gliederung, wie auch mehrfach an schiefen Urtheilen, abgesehen von Irrthümern, wie ärgerlichen Versehen im Einzelnen (so z. B. S. 4, 1: zehn Tafelgesetze der Römer).

36) L. Delastre, De la capitis deminutio minima en droit romain. Paris 1885. 208 S.
ist dem Referenten nicht zugekommen.

37) J. M. Miller, k. Gymnasialprofessor, Die Beleuchtung im Alterthum. Beiträge. Programm der Königlichen Studien-Anstalt Aschaffenburg für das Studienjahr 1884/85. Würzburg 1885. 57 S.

Das obige Thema wird in diesem Programme nur in Betreff der hellenischen Welt erörtert, wogegen das Römische für das Jahr 1886 in Aussicht gestellt wird. Möchte solches Versprechen sich erfüllen!

38) Prof. Hermann Strimmer, Das gesellige Leben der Römer zur Zeit des Horaz, nach dessen Gedichten übersichtich dargestellt. Programm des k. k. Ober-Gymnasiums zu Meran. Meran 1885. 31 S.

Der Verfasser verfolgt die Aufgabe, die Lebensordnung und Lebensweise der Römer, wie solche aus den Schriften des Horaz erhellt, darzulegen, und bespricht so nun die Beschäftigung während der ersten Morgenstunden, die Spaziergänge, Spazierfahrten, Besuche, Gymnastik, Jagd, das Bad, Theater, Amphitheater, Würfelspiel, endlich Gastmähler und Trinkgelage.

39) Carl Schoenhardt, Alea. Ueber die Bestrafung des Glücksspiels im älteren römischen Recht. Stuttgart 1885. VIII und 120 S.

Die Schrift bietet theils einen Ueberblick über die mannichfachen Glücksspiele der Römer, dessen Material jedoch lediglich den modernen Werken über römische Privatalterthümer entlehnt ist, theils eine Untersuchung des Begriffes von alea, theils eine Erörterung der verschiedenen gesetzgeberischen Erlasse wider das Glücksspiel ebenso der Republik wie der Kaiserzeit, wobei es jedoch, was die ersteren betrifft, dem Verfasser nicht gelungen ist, aus den mannichfachen Quellenangaben über einschlagende Gesetze deren historische Zusammenhänge oder Bezüglichkeiten zu entwickeln, wie daraus historische Bestimmungen und Datirungen abzuleiten.

40) Gaston Garrisson, Le suicide dans l'antiquité et dans les temps modernes. Paris 1885. 290 S.

Diese historische Erörterung des Selbstmordes befasst sich in ihrer ersten Parthie mit dem Alterthume und zwar in deren zweiten Abschnitte mit den Römern: zuerst das Auftreten des Selbstmordes im Volksleben betrachtend und dabei zu dem Ergebnisse hinleitend, dass der Selbstmord zu Rom, gleichwie bei anderen Völkern, in den früheren Perioden selten, in den jüngeren Zeiten einer überspannten Civilisation dagegen ein von solcher gezeitigtes häufigeres Vorkommniss war. In Betreff der Auffassung aber, welche das Römerthum dem Selbstmorde zu Theil werden lässt, legt der Verfasser dar, dass nicht derselbe an sich, sondern nur der Mangel eines triftigen Grundes dafür von einem Tadel der Volksstimme betroffen wurde, daher, während der gerechtfertigte Selbstmord keine Abweichung von dem gebräuchlichen Verfahren in Behandlung des Verstorbenen zur Folge hatte, bei ungerechtfertigtem Selbstmorde das Begräbniss versagt, ja später sogar das Vermögen von dem Fiscus eingezogen wurde — eine Aufstellung, bei der jedoch übersehen ist, dass die Scheidung von gerechtfertigtem und ungerechtfertigtem Selbstmorde gar nicht altrömisch ist, vielmehr erst einer jüngeren Periode angehört: vgl. Marquardt, Staatsverwaltung III, 295 A. 6. Insbesondere der Selbstmord, wodurch ein Verbrecher der zu erwarten-

den criminellen Verurtheilung sich entzog, galt juristisch gleich als Zu-
geständniss des Verbrechens, daher er in Bezug auf das hinterlassene
Vermögen den gleichen Effect hatte, wie die Verurtheilung selbst, während wieder am Soldaten der Versuch des Selbstmordes mit Todesstrafe
oder missio ignominiosa belegt wird. Mit einer eingehenden Darstellung
der einschlagenden Vorschriften des justinianischen Rechtes schliesst
zeitlich die bezügliche Untersuchung ab.

III. Schriften über Sacralalterthümer.

41) **Augustus Keseberg**, Quaestiones Plautinae et Terentianae
ad religionem spectantes. Dissertatio phil. Lipsiae 1884. 60 S.

Der Verfasser bietet eine systematisch geordnete Zusammenstellung
von Aeusserungen des Terenz, vornämlich aber des Plautus in Betreff
dreier, die römische Religion betreffender Punkte:

1. S. 2 – 8 in Betreff der Opfer: über exta und viscera der con-
sultatorischen Thieropfer, über piacula, Zeit der Opfer, Opfergaben, casti-
monium beim Opfer, wie über ritus romanus und graecus;

2. S. 8—14 in Betreff der Auspicien: über die Begriffe von scaeva,
strena und religio;

3. S. 14—60 in Betreff der Götter, welche Parthie jedoch einem
anderen Ressort zufällt.

42) V. **Kehr**, Quaestionum magicarum specimen. Programm. Haders-
leben 1884. 19 S. 4.

ist dem Referenten nicht zugekommen.

43) W. de **Gray Birch** im Athenaeum 1885. no. 2997. S. 440 f.

bespricht die im Jahresberichte 1881. XXVIII, 52 angezeigte Bleitafel
von Bath, eine mehrfach abweichende Lesung derselben proponirend.

44) J. **Fayout**, Du ius sepulcri en droit romain. Paris 1885.
482 S.

45) **Audibert**, Funérailles et sépultures de la Rome païenne.
Thèse. Paris 1885. 236 S.

sind beide dem Verfasser nicht zugekommen.

46) R. **Mowat**, La domus divina et les Divi in Bulletin épigraphique 1885. V, 221—240. 308—316. 1886. VI, 31—36. (Auch separat:
Vienne 1886.)

Der Verfasser, domus divina erklärend als domus Divi i. e. Julii
Caesaris, stellt sich die Aufgabe, die Divi und Divae des kaiserlichen
Hauses ihrer Persönlichkeit nach zu eruiren. Die Schrift trägt somit
einen vorwiegend historischen Charakter an sich.

47) Alfred Pernice, Zum römischen Sacralrechte. I, in Sitzungsberichte der königlich preussischen Akademie der Wissenschaften zu
Berlin. Jahrgang 1883. S. 1143—1169.

Die Thatsache, dass die Rechtsgeschäfte des ius sacrum der Römer
gleich denen des ius publicum specifisch eigenthümliche und von dem ius
privatum abweichende Structuren und Formen bekunden, veranlasst den
Verfasser, jene ersteren gesondert zur Darstellung zu bringen, wobei
derselbe zwei Gruppen unterscheidet: Rechtsgeschäfte mit Göttern, »die
nothwendig sacrale Form haben«, worunter eingeordnet werden Votum
und Dedication, Devotion, Evocation, Auspication (mit welchem Ausdrucke der Verfasser den Wortschatz bereichert), sowie » in gewissem
Sinne auch das Begräbniss«, und anderntheils sodann Rechtsgeschäfte
unter Privaten, »die in sacraler Form abgeschlossen werden können«,
worunter einbegriffen werden Sponsion, eidliche Zusage und Con-
farreation. Im Besonderen zerfällt der Aufsatz in drei Abschnitte
und zwar

I. mit Votum und Dedication beginnend, in Betreff deren die Quellen
auf das Deutlichste die Structur bekunden, dass das Votum eine pro-
missio ist, einem Gotte geleistet unter einer gesetzten Bedingung, deren
Eintritt für den Promittenten eine Schuldverbindlichkeit und so nun die
Pflicht zur Solution des promissum begründet, wogegen die dedicatio als
Act unentgeltlicher Hingabe einer Sache in die Zubehörigkeit eines
Gottes sich darstellt. Alles dies, völlig klar und zweifellos und in neueren
Werken, so in Preller's röm. Mythologie, Marquardt's Staatsverwaltung,
beziehentlich von Danz, Der sacrale Schutz im römischen Rechtsverkehre
dargelegt, wird von dem Verfasser vorgetragen, woran sich dann auf
S. 1155 die Aufstellung anschliesst: »Das Begräbniss ist nicht in demselben Sinne ein Rechtsgeschäft wie Gelübde und Weihe; es ist nicht
freiwillig, sondern die Erfüllung einer religiösen Verbindlichkeit; das
officium sepeliendi erscheint als eine bestimmten Personen anhaftende
Sacralschuld. Auf der andern Seite ist das Grab der einzige Wohnort
der dii Manes, es ist dis Manibus sacrum. Danach gestaltet sich denn
auch das Begräbniss als Rechtsgeschäft anders. Es ist ein einseitiger
Act, das mortuum inferre.« Hier nun ist die Auffassung, die Vollziehung
einer obliegenden religiösen Pflicht qualificire den Vollziehungsact ohne
Weiteres zum Rechtsgeschäfte, ebenso neu, wie originell: danach sind
auch Gebet oder Opfer als Rechtsgeschäfte anzusehen. Allein auch im
Detail der Ausführungen tritt manches Neue hervor: in der Formel
»votum solvit libens merito« oder dergl. wird merito S. 1146 erklärt als:
»der Gott hat gethan, was ihm oblag« anstatt: der Gott hat sich um
mich verdient gemacht; S. 1149 wird die Sentenz von Ulpian in Dig. L,
12, 2 § 2: voti obligationem ad heredem transire constat übersetzt: »der
Uebergang auf die Erben ist allmählig sicher gestellt« im Widerspruche
mit dem juristischen Sprachgebrauche, welcher für solchen Gedanken

die Ausdrücke verwendet: usitatum, moribus inductum, introductum, re-
ceptum est, dagegen durch constat bezeichnet, dass etwas unbezweifelten
Rechtens ist, und eine allmählige Sicherstellung des Rechtssatzes vielmehr in Abrede stellt. Dann wieder der Annahme unserer Wissenschaft,
dass eine dedicatio Namens des Staates wesentlich die Mitwirkung eines
pontifex erfordere, wird S. 1151 die Bemerkung entgegengestellt: »die
Betheiligung des Pontifex beim Weiheacte scheint ursprünglich facultativ
gedacht zu sein« unter Berufung auf die Dedication der Capelle der
Pudicitia plebeia, welche doch nicht ein von Staatswegen vollzogener,
als vielmehr ein rein privater Act war. Ferner wird S. 1152 als Beleg
für den Satz, dass bei privaten Consecrationen vielfach die Betheiligung
eines Priesters erwähnt werde, die Inschrift angezogen: taurobolium fe-
cerunt — praeeunte Aelio Castrensi sacerdote, so dass die Vollziehung
der Bluttaufe als Act der Consecration eines Objectes aufgeführt wird,
während wieder S. 1153 gesagt wird: »das private Heiligthum wird als
sacrarium oder säcellum vom öffentlichen unterschieden«, während in
Wahrheit diese termini einen ganz anderen Sinn vertreten.

II. Die Devotion, Evocation und die sogenannte Auspication werden als einseitige Rechtsgeschäfte mit der Gottheit bezeichnet, darauf
angelegt, die Götter zu einer Handlung oder Aeusserung zu nöthigen.
Darauf werden in wenigen Worten die einschlagenden Cultusacte besprochen und zwar

1—3. Die Devotion eines Bürgers, wie einer feindlichen Stadt, und
die Evocation von deren Göttern, deren erste und letzte als Sonder-
erscheinungen des Votum aufgefasst werden. Diese Acte selbst sind eingehender und gründlicher, als vom Verfasser, ebenso in Marquardt's
Staatsverwaltung, wie in Preller's römischer Mythologie (II³, 78—81) erörtert worden; der Verfasser bringt etwas Neues bei nur in Betreff der
Devotion des Bürgers: dieselbe » erscheint nirgends als Darbringung
eines Sühne-Opfers für eine solche menschliche Sünde«, wogegen die dem
Gebrauche zu Grunde liegende Idee nicht entwickelt wird. Allein solche
nackte Negation hat einen untergeordneten wissenschaftlichen Werth,
während wiederum die Quellen den leitenden Grundgedanken bekunden:
nach Liv. VIII, 9, 10. Petr. fr. I Büchel. wird durch solche Devotion das
dem Staate drohende Unheil auf den Devovirten selbst, gleich als Sünden-
bock für den Staat, abgelenkt, während jenes Unheil selbst von der ira
Deorum ausgeht. Im Uebrigen ist die Aufassung der Devotion als Rechtsgeschäft zwischen Mensch und Gottheit unrömisch: die zahlreichen De-
fixions-Tafeln (von denen der Aufsatz des Verfassers keine Kenntniss
verräth) weisen nicht im Entferntesten auf eine derartige Auffassung
hin. Und nicht minder ist die evocatio Deorum ebenso wenig ein Rechtsgeschäft, wie die an einen Freund erlassene Einladung, als Hausbesuch
bei dem Einladenden Quartier zu nehmen. Die umfänglichere Arbeit

von Ansaldi, de Diis multarum gentium Romam evocatis (XVI und 150 Seiten) scheint dem Verfasser völlig unbekannt geblieben zu sein.

4. In Betreff der sogenannten Auspication wird nur bemerkt, dass die diesfallsige legum dictio die Modalitäten ausspricht, unter denen das Auspicium erbeten wird und: »die Antwort des Gottes ist nicht Annahme und Abschluss des angebotenen Vertrages, sondern Erfüllung.« Indess dass in alle dem ein Vertrag zu befinden sei, daran hat kein Römer je gedacht.

Darauf wendet sich Abschnitt

III. zu den sacralen Rechtsgeschäften unter Privaten, welche »obligatorischer Art« sind: »es wird dadurch ein Verpflichtungsverhältniss eingegangen und dessen Erfüllung unter die Gewähr der Götter gestellt.« Im Besonderen

1. »den ursprünglich sacralen Charakter der Stipulation (Sponsion) gesteht die herrschende Meinung in Uebereinstimmung mit der Grammatikertradition jetzt zu« Dem Referenten ist weder jene herrschende Meinung, noch diese Grammatikertradition bekannt. Der Verfasser beruft sich allerdings auf die Angabe von Fest. 329a, 23, es habe Verrius Flaccus spondere von sponte sua, dagegen sponsus et sponsa davon abgeleitet, dass beide σπονδὰς interpositis rebus faciant, somit also von σποδαὶ, weil die Verlobten unter auspicia sponsalia (Cic. de Div. I, 46, 104. Val. Max. I, 5, 4) das Verlöbniss vollzogen. Dies nun ist dem Verfasser eine »Grammatikertradition« und ein Zeugniss dafür, dass die Stipulation ursprünglich einen sacralen Charakter gehabt habe! Den Mangel an jeglicher quellenmässigen Bekundung solcher Behauptung ersetzt nun der Verfasser durch alle möglichen Hypothesen, von denen die Quellen abhalten konnten, da diese in der That nicht die entfernteste Andeutung für einen alten sacralen Charakter der Stipulation geben.

2. Die confarreatio, wo sich die Ausführung des Verfassers auf zwei Hypothesen beschränkt: durch das far-Opfer sei die Eheschliessung erfolgt – eine Annahme, die ganz unvereinbar ist mit dem Wesen des römischen Opfers — und: dass die während solcher Opferhandlung gesprochenen Worte »den Ausdruck des Conseuses, vor allem die Zustimmung der Braut zum Eheabschlusse enthielten«, — eine Annahme, die noch unvereinbarer ist mit dem Wesen des römischen Opfers: es ist so etwas einfach undenkbar. Ueberdem widerlegt sich solche Hypothese dadurch, dass bei Scheidung der confarreirten Ehe zuerst der Scheidungsspruch und dann die diffareatio, als der contrarius actus der confarreatio erfolgte; denn danach erfolgt bei jenen erst die Kundgebung des Cousenses und dann die confarreatio.

3. Endlich als letztes Rechtsgeschäft unter Privaten, in sacraler Form abgeschlossen, wird der promissorische d. h. zur Bekräftigung einer übernommenen Verbindlichkeit abgelegte Eid in Betracht gezogen. Als Sondervorkommnisse solchen Eides bespricht der Verfasser theils

den Amtseid, theils das iurare in leges der Magistrate, theils den Sol-
dateneid, wobei die Hauptfrage unberührt bleibt, worauf der Charakter
solcher Eide als Rechtsgeschäft, wie auch als Rechtsgeschäfte unter
Privaten beruhen soll, theils endlich den Eid als Versprechensform »im
privaten Verkehrsrecht«, wobei der Verfasser weitere Rechtsfolgen nicht
angiebt, als die den Falscheid betreffenden; allein da diese Folgen
doch nicht bloss den promissorischen, sondern den auch assertorischen Eid
treffen, diesen letzteren aber gewiss nicht zum »Sacralrechtsgeschäfte«
qualificiren, so fehlen in der That alle Rechtsfolgen, welche für promissorischen Eid den Charakter als Rechtsgeschäft ergäben.

Welcher Gewinn aus einer derartigen Abhandlung der Wissenschaft
erwachsen soll, vermag Referent nicht zu ersehen.

Jahresbericht über römische Geschichte und Chronologie für 1885.

Von

Dr. Hermann Schiller,

Gymnasial-Direktor und Universitäts-Professor in Giefsen.

I. Zusammenfassende Darstellungen.

Z a l l a e P a r r i n i , Storia di Roma antica dalle origine italiche, fino alla caduta dell' Impero d'Occidente. Florenz 1885.

Das Buch ist ein Schulbuch, als solches nicht geschickt gemacht. Es wird uns in Deutschland schwer verständlich, wie diese 263 enggedruckten Seiten im Unterricht verwertet werden sollen. Schlimmer ist die Art der Anordnung, die einfach chronologisch ist, grössere zusammenfassende Gesichtspunkte nicht aufstellt und unter dem Stoffe keine Auswahl trifft. Moderne Forschung berücksichtigen die Verfasser so gut wie nicht; namentlich ist die Darstellung der Kaiserzeit ganz in der altherkömmlichen Weise gehalten. Für die Förderung der historischen Wissenschaft ist das Buch wertlos; aber auch für den historischen Unterricht würde es bei uns keinen Wert haben.

L u d w i g H o l z a p f e l , Römische Chronologie. Leipzig 1885.

Dem Inhalt nach zerfällt das Buch in drei Teile, von denen der erste die Reduction der römischen Jahre auf solche der christlichen Aera, der zweite die verschiedenen im Altertum gebräuchlichen römischen Aeren, der dritte den Gang des römischen Kalenders bis auf Cäsars Reform zum Gegenstande hat.

Zuerst werden bekannte Dinge über die Reduction der römischen Jahre auf christliche Aera erörtert, wobei die Fehlerhaftigkeit der vorrömischen Chronologie nachgewiesen wird; der Verfasser ist der Ansicht, dafs die Abirrung derselben sich am sichersten bestimmen lassen würde, wenn es gelänge, einesteils die ursprüngliche Magistratstafel herzustellen, anderseits aber die Verschiebungen des consularischen Antrittstages voll-

14*

ständig zu ermitteln. Ehe er aber an diese Untersuchung geht, unterzieht er die sonstigen Anhaltspunkte, mittels deren man die wahre Zeitrechnung herzustellen versuchte, einer Prüfung; dieselbe ergibt, dafs
weder die beiden Synchronismen, auf welche Mommsen das meiste Gewicht legt (351 V. = 400 v. Chr. u. Ol. 98, 1 = 388/7 v. Chr.), sicher
sind, noch die kapitolinische Nagelschlagung ein wertvolles Resultat ergibt. Er sucht darum die Verschiebungen des Amtsneujahres vollständig
zu ermitteln. Dabei wird das Resultat gefunden, dafs die Jahrzahlen
des Livius, Cicero und Eutrop bis auf den gallischen Brand mit einander durchaus übereinstimmen, woraus der Schlufs gezogen wird, dafs
sie also auf der nämlichen Magistratsliste beruhen müssen, die mit den
alten offiziellen Fasten identificiert wird. Von der dritten Dekade an
rechnet Livius nach zwei verschiedenen Aeren, die um ein Jahr von
einander abweichen, was sich so erklärt, dafs er verschiedenen Annalisten
folgte. Für diejenige Zählung, der auch Cicero folgt, war Licinius Macer
mafsgebend. Die drei Diktatorenjahre 420, 430, 445 wurden hier nicht
gerechnet, sondern sind erst später — wenigstens ein Jahrhundert vor
dem Ende der Republik — interpoliert; 453 galt dagegen in der ursprünglichen Jahrtafel als ein besondres Amtsjahr. Die 4 -- 5 jährige
Anarchie erscheint dem Verfasser nicht als Fiction. Die kapitolinische
Magistratstafel ist lediglich eine spätere Redaction der alten offiziellen
Magistratstafel; die diodorischen Fasten und die der libri lintei sind um
die nämliche Zeit entstanden und ergänzen sich zum Teil gegenseitig,
wenn auch bedeutende Lücken bleiben.

Im dritten Abschnitt wird die Chronologie der auf den gallischen Brand
folgenden Periode der Republik festgestellt; dazu werden die Angaben
der Triumphalfasten und die Interregen-Angaben verwandt; bezüglich der
letzteren neigt Holzapfel zu der Unger'schen Hypothese, dafs das Inter-
regnum zum vorhergehenden oder folgenden Amtsjahr gerechnet worden
sei. Danach versucht er die Verschiebungen des Amtsjahres nachzuweisen. Während die Reduction für das Jahr v Chr. 390 um 6½ Jahr
differiert = 1. Juli 383, wird mit dem Jahre 280 die Differenz auf
⅓ gebracht = 1. Mai 280. Im vierten Abschnitt wird untersucht, in
wiefern die der betrachteten Periode angehörigen Synchronismen mit
diesen Ansätzen übereinstimmen; dieselben dienen denselben teils zur
Bestätigung, teils lassen sie sich mit denselben ohne Schwierigkeit vereinigen. Im fünften Abschnitt wird die nach Cicero von Ennius erwähnte
Sonnenfinsternis non. Jun. 350 d. St. als am 12 Juni 391 eingetreten
erwiesen; daraus wird die Richtigkeit der Gleichung non. Jun. 354 V. =
12. Juni 391 v. Chr. abgeleitet, sowie der Schlufs, dafs der römische
Kalender damals mit den Jahreszeiten soweit in Einklang stand, als dies
bei einem Mondsonnenjahr überhaupt verlangt werden kann.

Im sechsten Abschnitt wird die Chronologie der vor dem Jahre 354 V.
liegenden Periode der Republik festgestellt; dieselbe durch Fixierung

der einzelnen Jahresanfänge herzustellen, erscheint aussichtslos. Dagegen glaubt der Verfasser einzelne zwischen je zwei Magistratsjahren liegende Intervalle, die eine längere oder kürzere Reihe von Jahren umfassen, wenigstens ihrer wahren Zeitdauer nach auf ein Jahr genau bestimmen zu können. So entspräche V. 318 = 430 v. Chr.; 323 V. = 425 v. Chr.; 324 V. = 424 v. Chr.; 329 V. = 417/6 v. Chr.; 347 V. = 397 v. Chr. Über das Jahr 318 V. hinaus gewährt die römische Überlieferung keine direkten Anhaltspunkte mehr. Doch läfst sich 245 V. mit 505/4 v. Chr. und 354 V. mit 391/90 v. Chr. zusammen bringen; in dieser Zeit sind acht Kollegien ausgefallen, von denen die nach 297 und 326 fehlenden Konsulate sich in den diodorischen Fasten, das nach 319 ausgefallene Konsulat in den libri lintei erhalten haben, während von den übrigen fünf eines zwischen 246 und 271, zwei vielleicht auch in den libri lintei angeführte zwischen 324 und 329 und zwei zwischen 329 und 397 zu suchen sind.

Der siebente Abschnitt handelt von der offiziellen Aera; es wird darin in recht klarer Weise auseinandergesetzt, wie nach einander verschiedene Rechnungsweisen entstanden und wie dieselben zu verstehen sind. Im achten Abschnitt wird die Zeitrechnung des Fabius speciell dargestellt. Der Verfasser gelangt hier zu folgenden Resultaten: Gallischer Brand 366 (364 V.); zweiter Einfall der Gallier 396; dritter Einfall 408; 13 jährige Waffenruhe 408 — 421 (408 — 22 V.); Abschlufs des Friedens 421 (422 V.); 30 jährige Ruhe 422 — 451 (423 — 454 V.); Beutezug der Gallier 452 (455 V.); Sieg der Gallier und Samniten und Niederlage bei Sentinum 456 (459 V.); 10 jährige Waffenruhe 457—466 (460 bis 69 V.); Kämpfe bei Arretium, Schlacht am vadimonischen See 467 (470 V.); völlige Niederlage der Boier und Friedensschlufs 468 (471 V.); 45 jährige Waffenruhe 468 — 513 (471—516 V.); abermalige Erhebung der Boier 513 (516 V.); Aufteilung des picenischen Gebiets 518 (521 V.); Krieg mit Boiern und Insubrern 526 (529 V.).

Im neunten Abschnitte werden die sonstigen Aeren dargestellt, des Timäus, des Eratosthenes, dem Polybius und Nepos folgten, des L. Cincius Alimentus, des Cato, des L. Calpurnius Piso, dem Eutrop folgt, des Varro, der Censorinus, Dio-Zonaras, meist Plinius folgten. Die meisten Schriftsteller haben sich an keine bestimmte Aera gebunden, sondern folgen abwechselnd verschiedenen Jahreszählungen. Vollends keine Rede von der Durchführung bestimmter Aeren kann bei den Chronographen sein.

Die im zehnten Abschnitte geführte Untersuchung über die römischen Königslisten führt zu dem Ergebnisse, dafs die sämtlichen vorhandenen entweder auf den Fasten des Fabius oder auf der offiziellen Magistratsliste beruhen oder aus beiden mit geringen Änderungen combiniert sind. Die Einzelansetzungen müssen zu der Zeit, als die Geschichtschreibung begann, schon im wesentlichen festgestanden sein. Von der im elften

Abschnitt untersuchten albanischen Königsliste denkt Holzapfel besser als Mommsen; doch haben wir auch nach seiner Ansicht den ältesten Bestand nicht mehr; die älteste Liste, die wohl bald nach der Unterwerfung der Latiner zusammengestellt worden sein mag, enthielt nur römische Namen; griechische, wie Aeneas Silvius, Egyptus und Capys werden erst nach der Anknüpfung an Aeneas und Ascanius Eingang gefunden haben.

Der zwölfte Abschnitt stellt den römischen Kalender bis auf Cäsar dar. Hier wird die Zahl der schon vorhandenen Hypothesen noch vermehrt. Die zahlreichen Einzelheiten gestatten keine Wiedergabe.

Anhang 1 behandelt die Zeit des ersten zwischen Rom und Karthago abgeschlossenen Handelsvertrags. Derselbe gehört in die Anfänge der Republik und die Namen der Konsuln Brutus und Horatius sind der Urkunde selbst entnommen. Anhang 2 stellt für die lateinischen Annalen des Fabius fest, dafs wirklich Fabius Pictor ihr Verfasser ist, Anhang 3 für die Zählweise der Intervalle, dafs wenn ein Ereignis als im so und so vielten Jahre nach einem anderen geschehen bezeichnet wurde, die Autoren der republikanischen Zeit die Gewohnheit hatten, den Anfangstermin auszuschliefsen und den Endtermin einzurechnen, während bei Beginn der Kaiserzeit die Sitte aufkam, beide Termine einzuschliefsen und der Sprachgebrauch von nun ab schwankte. Wurden dagegen die Jahrabstände in Cardinalzahlen angegeben, so scheint von jeher unsicher gewesen zu sein, ob nur der Endtermin mitgezählt oder beide Termine ausgeschlossen wurden.

Dafs Holzapfel in seinem Buche die Wahrheit gefunden habe, wird Niemand zu behaupten wagen; denn mehr als irgendwo ist in der römischen Chronologie die Frage berechtigt: Was ist Wahrheit? Das wird man ihm zugeben, dafs seine Darstellung klar und übersichtlich ist und wohl geeignet, die Probleme zu zeigen.

Arnold Schaefer, Geschichtstabellen zum Auswendiglernen. 16. Aufl., herausgegeben von Dr. Julius Asbach. Leipzig 1885.

Von dem bekannten Büchlein erscheint hier eine neue Auflage, die Herr Dr. Asbach, ein Schüler Schaefers, bearbeitet hat. Er hat nur soweit daran geändert, als erforderlich schien, demselben den Vorzug der Korrektheit zu wahren.

Theodor Mommsen, Römische Geschichte. 5. Band. Die Provinzen von Cäsar bis Diokletian. Mit zehn Karten von H. Kiepert. Berlin, Weidmannsche Buchhandlung 1885.

Der fünfte Band erscheint vor dem vierten, weil die Geschichte der einzelnen Landesteile von Cäsar bis auf Diokletian dem Publikum in zugänglicher Fassung nirgend vorliegt, während die Gegenstände, welche der vierte Band darstellen soll, teils aus dem Altertum gut über-

liefert, teils öfter dargestellt worden sind. Da gegründete Hoffnung
vorhanden ist, dafs wir von Mommsen auch noch den vierten Band erhalten werden, so können wir uns um so eher eine Motivierung gefallen
lassen, die in dem vorgerückten Alter des Verfassers ihren Ursprung
hat, denn in der That wäre kein Lebender imstande gewesen, gleich
Mommsen, in einer Darstellung von Ländern und Leuten ähulich umfassende Kenntnisse zu einem glänzenden Mosaikbilde zu vereinigen.

Die Einleitung beklagt den Stand der Überlieferung, welcher
gerade das verschweige, was zu wissen notwendig, und das berichte, was
zu erfahren überflüssig sei und für das Leben der Provinzen, die eigentliche Hauptseite der Kaiserzeit, nichts überliefere. So ist das Buch mit
Entsagung geschrieben, und mit Entsagung will es der Verfasser gelesen sehen.

Die Darstellung wird eingeleitet durch die Erzählung über die
Vorschiebung und Regulierung der Nordgrenze, wie sie Augustus teils
geplant, teils ausgeführt hat. Dieselbe zerfällt in drei grosse Abschnitte:
1) die Operationen an der Nordgrenze der griechisch-makedonischen
Halbinsel im Gebiete der mittleren und unteren Donau, in Illyrikum,
2) die an der Nordgrenze Italiens selbst, in Rätien und Norikum,
3) die am rechten Rheinufer, in Germanien.

ad 1. Das Vorspiel zu diesen Operationen bildete die Vorschiebung der römischen Herrschaft in das Savethal in den Jahren 35 – 33;
von hier sollte das Dakerreich bekämpft werden, was aber nachher unnötig wurde, da dasselbe zusammenbrach. Die Zuordnung der von
M. Licinius Crassus unterworfenen Gebiete auf dem rechten Donauufer
ist bekanntlich streitig; Mommsen schliefst sich der Ansicht von Zippel
an, die Entstehung der Provinz Mösien legt er in das Jahr 11 v. Chr.
und macht. L. Calpurnius Piso zum Statthalter von Mösien. Diese Annahme hat indessen geringe Wahrscheinlichkeit, wenn man bedenkt, dafs
wir erst im Jahre 6 n. Chr. zum erstenmale von einem solchen hören,
und in den häufigen Kämpfen in diesen Gegenden doch wahrscheinlich
einmal ein solcher betheiligt gewesen wäre. Ich halte auch jetzt meine
Annahme (Gesch. d. röm Kaiserzeit 1, 236), dafs für Piso ein aufser-
ordentliches Kommando hier in Makedonien und Thrakien errichtet
wurde, für zutreffender 'mit Rücksicht auf Tac. ann. 6, 10 decus trium-
phale in Thracia meruerat. Die Kämpfe gegen die Alpenvölker an
der Nordgrenze von Italien finden kurze, die Organisation der eroberten
Gebiete, namentlich Rätiens und Norikums eingehende Darstellung. Die
glänzendste Partie dieses Abschnittes -- vielleicht des Buches -- bilden
die Kämpfe gegen Deutschland. Bringen sie auch, nach der erstmaligen
Darstellung Mommsens, wenig Neues, so wird doch jeder Leser von der
Klarheit und Wärme sich immer wieder angezogen fühlen.

Das zweite Kapitel beschäftigt sich mit Spanien. Dasselbe umfafst
nur 14 Seiten; aber kaum ein anderes weist die glänzenden Resultate

von Mommsens Forschungen in reicherem Mafse auf. Die Schriftstellernachrichten spielen dabei eine sehr zurücktretende Rolle, und die Geschichte der hochbedeutenden Romanisierung ist fast ganz aus Inschriften
und sonstigen Denkmälern geschrieben. Organisation, Gemeindeverhält-
nisse, Aushebung, Sakralwesen, Handel und Verkehr werden uns in ihrer
ganzen Bedeutung erst in dieser Darstellung zum ersten male erschlossen.

In Kapitel 3 sind die gallischen Provinzen dargestellt. Für dieselben fliefsen die Schriftquellen reichlich genug, und sie haben hier
eine ebenso umsichtige als kühn kombinierende Verwendung gefunden.
Nach kurzer Darstellung der Unterwerfung des Landes und seiner Versuche, die römische Herrschaft abzuschütteln, wird die Organisation und
besonders eingehend, wieder vorwiegend an der Hand der Denkmäler,
die Romanisierung geschildert. Von besonderer Bedeutung ist in diesem
Zusammenhange die Darstellung der Gauordnung der drei Gallien und
des Landtags derselben, glänzend die Schilderung der Kultur- und
Bildungsverhältnisse im Lande.

Im vierten Kapitel kommen das römische Germanien und die freien
Germanen zur Behandlung. Ober- und Nieder-Germanien werden im Zu
sammenhange mit den anwohnenden Stämmen dargestellt, die mit letzteren
geführten Kämpfe geschildert. Hier sind besonders die Ausführungen
über den Limes von Interesse, der nach Mommsen ursprünglich der
Grenzweg des Reiches war und sich erst später in Ober-Germanien in eine
mit gewissen Durchgängen versehene Grenzbarrikade verwandelte. Ob
dieser Ausdruck nicht doch immer noch zu schwach ist und der Limes
nicht eine vollständige Grenzwehr war? Wir kommen darauf in dem
Jahresb. für röm. Staatsaltertümer zurück. , Interessant sind auch die
Ausführungen, wie es kam, dafs den Niederrhein nach Claudius zwar
die römische Herrschaft, nicht aber die römische Kultur überschritten
hat. Mit besonderer Ausführlichkeit wird der Aufstand der Bataver
unter Civilis geschildert, zugleich mit jener einzigen Kenntnis von Land
und Leuten, wie sie sich nur bei Mommsen findet. Äufserst wichtig sind
die meist aus Inschriften abgeleiteten Darstellungen der obergermani-
schen Verhältnisse, namentlich des Limes, über den Mommsen seine Ansicht hier gründlicher entwickelt, »der eigentliche und nächste Zweck der
Anlage war die Verhinderung der Grenzüberschreitung; Wachtposten
und Forts wurden errichtet zur Abwehr räuberischer Einbrecher und
zur Erhebung der Grenzzölle«; dieselbe hat jetzt keine grofse Zustimmung,
wohl aber mehrfach Widerspruch gefunden; für die doch immer unbe-
deutenden Zölle und die Abwehr der zur Zeit der Entstehung gewifs
noch nicht sehr zahlreichen räuberischen Einfälle kann man sich nicht
leicht so grofse Anlagen vorstellen. Unter den Bemerkungen über die
Datierung des gallischen Kaisertums sind manche nicht aufrecht zu erhalten; so wird der Sturz des Tetricus S. 151 A. 1 »nicht später als 272«
angesetzt, »unmittelbar nach der zweiten Expedition gegen Zenobia«,

während S. 441 A. 2 die schon von mir gebrachte Datierung nach den
Ausführungen Waddingtons angenommen wird, wonach die Zerstörung
Palmyras erst Frühjahr 273 fällt. Ebenso wenig wird die radikale Beseitigung der Berichte der Kaiserbiographien allgemeine Zustimmung
finden. Als Lager und Sitz des Legaten für Obergermanien wird jetzt
Mogontiacum angenommen, die Zangemeisterschen Ergebnisse für die
trajanische Einrichtung der rechtsrheinischen Gebiete werden gebilligt.

Im fünften Kapitel ist Britannien dargestellt. Auch dieser Abschnitt enthält viel Interessantes, namentlich bezüglich der Art, wie die
Römer die Insel unterworfen und zum Teil assimiliert haben. Von den
beiden Wällen an der Nordgrenze schreibt Mommsen die Erneuerung
des nördlichen (Antonius-) Walles dem Septimius Severus zu; doch scheinen die Gründe dafür nicht zwingend zu sein; denn thatsächlich spielt
in den folgenden Zeiten nur der Hadrianswall eine Rolle.

Reich an neuen Ergebnissen ist auch Kapitel 6, das die Donau-
länder und die Kriege an der Donau schildert. Die Verhältnisse der
Romanisierung, namentlich des Städte- und Strafsenwesens werden meist
aus den Inschriften dargelegt mit jener ausgebreiteten, die kleinste Ein-
zelheit wie die grofsen Gesichtspunkte in gleichem Mafse beherrschenden
und berücksichtigenden Kenntnis. Besondere Beachtung verdienen die
Darstellungen der Daken-, der Markomannen- und der Gothenkriege; mit
Recht hält Mommsen letztere auch nur für Grenzkriege, veranlafst durch
die dunkelen Völkerverschiebungen vom Nordosten nach dem schwarzen
Meere; an den wohlüberlegten Plan einer bleibenden Besitzergreifung
ist nicht zu denken.

Kapitel 7 »das griechische Europa« bietet gewissermafsen das
Nachspiel zu der Darstellung der griechischen Verhältnisse in den drei
ersten Bänden der römischen Geschichte. Der kaiserliche Philhelle-
nismus überbietet aber noch den republikanischen, wie dies an der Behandlung von Athen und Sparta, aber auch von ganz Achaia durch die
Kaiser erwiesen wird. Anziehend ist auch die Darstellung »der guten
alten Sitte«, die eine Reihe von neuen Gesichtspunkten über den Einflufs des Griechentums auf die Römer nachweist. Natürlich fehlen auch
die tiefen Schatten in dem Mifsregiment der Provinzialregierung und
der freien Städte nicht. Sehr instruktiv ist die Darstellung der Hellenisierung der Balkan- und unteren Donaugebiete und die Behandlung
der Lehensfürsten und ihrer Gebiete im Bosporus. Aus der ganzen Darstellung spricht der ergreifende Zauber, den die Betrachtung einer welt-
berühmten Trümmerstätte auf den Beschauer stets üben wird.

Kapitel 8 beschäftigt sich weniger mit den Geschicken von Kleinasien als mit der Darlegung der Friedensverhältnisse, namentlich der
westlichen Landschaften unter dem Kaiserregimente. Mit erstaunlicher
Detailkenntnis werden uns die Verwaltungskörper, die städtischen Ver-
fassungen und Rivalitäten und der Fortschritt der Hellenisierung vor-

geführt, namentlich auch die hellenischen Bünde in Kleinasien und die
Verhältnisse der Provinzialpriester und Asiarchen, sowie des Religious-
wesens, endlich die sozialen Zustände erörtert.

Das neunte Kapitel »die Euphratgrenze und die Parther« führt die
Zusammenstöfse vor, welche um die Herrschaft von Vorderasien zwischen
Römern und Parthern bezw. Persern stattfanden. Auch hier greift Mommsen wieder weit zurück, um den Gegensatz zwischen den zwei einzigen,
neben einander stehenden Grofsstaaten im Orient klar zu machen. Namentlich instruktiv sind die Ausführungen über die Zustände des Parther-
staates. Die Feldzüge von Antonius bis auf Diokletian werden in glänzender Weise dargestellt; über Einzelnes wird sich streiten lassen. So gestatten die Vorgänge in Armenien unter Nero eine andere Auffassung bezüglich des Anfangs der Verwickelung, und der politischen Klugheit Burrus'
und Senecas wird vermutlich zu grofse Bedeutung beigelegt. Auch über die
Auffassung der trajanischen Politik in diesen Gegenden kann man anderer
Ansicht sein; dafs die von Mommsen vorgetragene consequent und in
grofsem Zusammenhange gedacht ist, kann man zugeben. Aber mehr als
fraglich bleibt es doch, ob Diokletian die Politik Trajans durchgeführt hat,
die doch, so weit wir es wissen, ganz andere Ziele sich gesteckt hatte.

Eine besondere Betrachtung widmet Kapitel 10 Syrien und dem
Nabatäerland. Mommsen weist zunächst die Gründe nach, aus denen eine
Teilung in Civil- und Militärbezirke, wie sie in Gallien schon unter
Augustus stattfand, hier nie erfolgt ist. Ob aber hier der Doktrin zuliebe
nicht zu weit gegangen wird, wenn aus diesem Umstande die geringere
Qualität der syrischen Armee in Geist und Zucht hergeleitet wird? Und
selbst wenn dies richtig wäre, so hätte es sich schwerlich anders machen
lassen. Sehr interessant, aber nicht überall zweifellos, ist hier die Darstellung des Verhältnisses zwischen Hellenismus und Aramäischem; die Schilderung Antiochiens ist ebenso ein Meisterstück Mommsenscher Darstel-
lungskunst, wie die des Handels und der Industrie von Syrien. Auch Judäa
und die Juden erhalten ein besonderes -- das elfte -- und vielleicht für
die meisten Leser das fesselndste Kapitel. Ihr »Kirchenstaat« wird mit
vernichtenden Strichen geschildert. Wie die Diaspora zur griechischen
Sprache gezwungen wurde, aber doch ihre Nationalität festhielt, ist auch
für heutige Verhältnisse belehrend, noch lehrreicher, wie diese Diaspora
sich mit der Jehovareligion in allegorisierender Weise abzufinden wufste.
Wie sich allmählich der Hafs der Juden gegen den Kaiserkult entflammte,
hat Mommsen namentlich an einer neuen, geistvollen Deutung der Apo-
kalypse gezeigt; ein Hauptvorzug ist, dafs die Katastrophe der Juden
als die unvermeidliche Notwendigkeit der bei ihnen eingetretenen Entwickelung aufgezeigt wird. Auffällig ist die Auslegung des Verbotes der
Beschneidung; Mommsen glaubt, dasselbe sei mit dem Verbote der Kastra-
tion verknüpft gewesen und aus Misverständnis der jüdischen Sitte hervorgegangen. Aber sollten denn die Satiriker die curti Judaei für Kastra-

ten gehalten haben? Und ein so weltkundiger Mann wie Hadrian! Man
hat doch darin wohl nichts als eine Mafsregel zur Verhinderung der
weiteren Ausbreitung und der Fortpflanzung der durch die Beschneidung
charakterisierten Sekte zu erblicken.

Kapitel 12 beschäftigt sich mit Ägypten, dessen eigentümliches
staatsrechtliches Verhältnis in äufserst klarer Weise dargelegt wird.
Auch hier sind die Schilderungen des Handels und der Industrie, des
Seeverkehrs und des Volkscharakters meisterhaft. Alexandreia ist besonders gezeichnet, und die Bedeutung dieser Stadt für das Reich ist
noch nirgends so allseitig und erschöpfend dargelegt worden wie hier.
Dasselbe kann man sagen von den im Süden gelegenen Staaten, namentlich dem Reiche von Habesch. Bezüglich der Expedition des Aelius
Gallus nach Arabien kann ich meine Auffassung nicht für widerlegt halten.

Das letzte Kapitel — 13 — führt uns in die afrikanischen Provinzen.
Der Reihe nach werden uns die einzelnen Teile des römischen Gebietes
in ihrer Entstehung und in ihren Schicksalen vorgeführt. Sehr interessant ist der Nachweis, wie die phönikische Stadtordnung der italischen
wich; äufserst lehrreich auch die Ausführung über den Grofsgrundbesitz
und die Ordnung der Berbergemeinden; mannichfach neue Gesichtspunkte
eröffnet die Darstellung der Bildungsverhältnisse, namentlich die Ausführung über die lateinische Bibelübersetzung.

Beigegeben sind 10 Karten von Kiepert in bekannter trefflicher
und klarer Ausführung. Es läfst sich in keiner Litteratur ein so eigen-
artiges Werk nachweisen, wie dieser fünfte Band; ihn konnte eben nur
Mommsen schreiben. Was daraus zu lernen ist, läfst sich erst nach
wiederholtem Studium übersehen; aber es ist unendlich viel. Freilich
liegt darin vielleicht eine Beeinträchtigung des Erfolges für das Buch.
Es setzt vieles voraus, was schwerlich allgemein vorausgesetzt werden
darf, und es mutet dem Leser recht viel zu, nicht nur an Aufmerksam-
keit und Gedächtnis, sondern auch an Urteil und selbst an aktiver
Phantasie. Sicherlich wird diese Schwierigkeit geringer werden, wenn
erst der vierte Band erschienen ist. Aber trotz alledem dürfen wir
stolz sein auf diese Fortsetzung der römischen Geschichte, und wir
können es verstehen, dafs der Zwischenraum zwischen dem ersten Erscheinen jener und dieser Fortsetzung drei Jahrzehnte betrug.

Th. Nöldeke. Über Mommsens Darstellung der römischen Herrschaft und römischen Politik im Orient. Zeitschrift der Deutschen
Morgenl. Ges. 39, 331 - 352.

Der Verfasser will als Orientalist dieses und jenes berichtigen und
ergänzen, gelegentlich aber auch als Dilettant in alter Geschichte Abweichungen von Mommsens Ansichten geltend machen. Ich hebe nur
die Hauptsachen heraus.

Mommsen stellt sich die Hellenisierung Syriens und anderer orien-

talischer Länder zu ausgedehnt vor; dafs die Landessprache in Syrien
aus den Kreisen der Gebildeten ganz verdrängt sei, dafs sie der griechischen gegenüber die Stellung eingenommen habe, wie in Gallien das
Keltische gegenüber dem Latein, ist sicher übertrieben. Das Aramäische
ist in Palmyra und im Nabatäerreiche bis nach Medîna offizielle Schriftsprache und zeigt hier sogar eine jüngere Stufe der Sprachentwicklung
als im Achämenidenreiche; dies war die bekannte Sprache Syriens, die
nur aus dem offiziellen Gebrauche durch das Griechische verdrängt
wurde, aber in Privaturkunden sich noch vielfach erhielt. Der edessenische
Dialekt des Aramäischen ist schon in heidnischer Zeit in festem litterarischen Gebrauch gewesen und hat dort schon wirkliche Schulung er ·
fahren. Das Griechische war überall nicht die Sprache der Gebildeten,
sondern derjenigen, die es speziell gelernt hatten.

Noch viel weniger als in Syrien kann in Abessinien von Hellenisierung die Rede sein; auch die Hypothese, dafs die Erhebung des
Geez zur Schriftsprache durch arabische Einflüsse veranlafst sei, ist
äufserst unwahrscheinlich. Aus dem Fehlen der Inschriften werden zu
weitgehende Schlüsse gezogen; so giebt es aus dem Arsakidenreiche mit
Ausnahme der griechischen Inschrift des Goterzes überhaupt keine Inschriften; man kann also nicht zum Beweise, dafs die Arsakiden die
griechische Sprache nicht zu der ihrigen gemacht haben, das Fehlen der
Inschriften aus ihrem Reiche anführen. Ob es in Syrien so wenig Inschriften gab, wie Mommsen behauptet, können wir gar nicht wissen, da
die Städte dort abwechselnd zerstört und wieder aufgebaut wurden und
bei dieser Gelegenheit zahllose Inschriftsteine verschüttet und verbraucht
worden sein können, während die Orte des ‘Haurân und Palmyra seit
ihrer Zerstörung kaum von Menschen berührt worden sind.

Die alte einheimische Bildung und Blüte Syriens darf man nicht
zu gering anschlagen; die griechischen Städte in hellenistischer Zeit
sind nur zum kleinen Teile Neugründungen. Der Kulturboden zwischen
Euphrat und Mittelmeer ist durch Wüsten und Gebirge stark eingeschränkt; als das Land römisch wurde, war wohl so ziemlich jede Stelle,
wo eine Stadt liegen konnte, von einer solchen eingenommen, und es
erklärt sich so ganz natürlich, dafs dort keine neuen Städte aus römischen Standlagern erwachsen sind. Die Anlage solcher Lagerstädte ist
zunächst doch wohl mehr aus dem Mangel passender Garnisonsorte in
barbarischen Ländern, als aus der bewufsten Absicht zu erklären, den
militärischen Geist rein zu erhalten. Übrigens scheint es in Palästina
eine solche Lagerstadt gegeben zu haben, die von Eusebius angeführte
Λεγεών.

Die Selbstverwaltung der syrischen Städte ist älter als die Mace-
donier-Invasion; doch ist überall nach semitischer Weise ein aristokra-
tisches Regiment vorauszusetzen. Die Verfassungsentwickelung Palmyras
ist also nicht so unnational, wie es zunächst scheinen könnte.

Die Mischung syrischer und griechischer Art hat neben vielem
Erfreulichen auch recht unerquickliche Resultate zur Folge gehabt. Aber
die Grabanlagen des Königs Antiochos von Kommagene kann man
nicht als deutlichen Ausdruck syrisch-hellenischer Mischkultur ansehen,
da syrisches hier gar nicht vorhanden ist, sondern persisches. Zur Entwickelung kam diese Mischung erst nach Diokletian. Alles in allem
war der Sieg des Islâm für die semitischen Länder kein grofses Unglück; das äufserlich griechische Gepräge wurde allerdings in Kurzem
völlig verwischt und die Verbindung mit griechischer Bildung teils gänzlich zerrissen, teils immer loser, aber der Verlust war nicht so grofs,
wie es scheint; denn das griechische Wesen der Syrer des siebenten
Jahrhunderts hatte mit echtem Hellenentum nichts mehr zu schaffen.
Wenn Mommsen sagt »bis der Islâm die Bibliothek von Alexandreia
verbrannte«, so soll das doch wohl nur symbolisch gemeint sein; denn
dafs Cäsar und nicht Omer die alexandrinische Bibliothek verbrennen
liefs, ist bekannt. Mommsens Urteil über Lucian ist ungerecht; er hätte
diesen Orientalen besser würdigen sollen, der inmitten der allgemeinen
Orientalisierung der gebildeten Welt mit so viel Geist und in so feiner
Form nachdrücklich für den gesunden Menschenverstand, für wahres
Hellenentum und gegen allen Aberglauben und Ungeschmack auftritt.

Traians Eifer, die Grenzen vorzuschieben, hat den Nabatäerstaat
in seiner hohen Blüte zum Teil gefördert; andererseits aber hätte er
die südlichen Teile den einheimischen Fürsten lassen müssen; denn sie
wurden von den Römern nicht besetzt und verfielen nach dem Unter-
gange des Nabatäerstaats den Beduinen, deren Vordringen nach Syrien
von hier aus erleichtert wurde.

Das Scheitern der arabischen Expedition will Nöldeke nicht, wie
Mommsen, Aelius Gallus zur Last legen; die wirkliche Ursache liegt in
der Unbekanntschaft der Römer mit Arabien. Gegen die Annahme,
dafs die Bewohner Jemens einmal das rote Meer bis nach Ägypten
hinauf beherrscht hätten, erheben sich grofse Bedenken; noch weniger
dürfte der König von Aksum je eine wirkliche Seeherrschaft geübt
haben, von abessinischer Seetüchtigkeit hat man nie gehört.

Ob die parthische Dynastie wirklich nicht-iranischen Blutes ist,
steht noch nicht so fest, wie Mommsen angiebt; sicher aber ist, dafs ihre
Herrschaft nie als die einer fremden Nation angesehen wurde; auch
mufste dieselbe nicht dem Legitimitätsdrange weichen; sie hatte ja
4—500 Jahre regiert. Die Hauptsache bei der sâsânidischen Restauration
war die Wiederherstellung der Einheit des Reichs, da das Arsakiden-
reich eine viel losere Fügung hatte als das sâsânidische. Die Vasallen
der Arsakiden waren wirkliche Vasallenfürsten, die dem Souverän nur
gehorchten, wenn sie nicht anders konnten. Die grofsen Geschlechter
der Kârên, Sûrên stammten aus der Heimat des Arsakes, standen also
von vornherein in engster Beziehung zur erobernden Dynastie; so er-

klärt sich, dafs mit der Partherherrschaft ein früher unbekanntes Feudal-
wesen beginnt. Die Grenzen des parthischen Reiches sind zu reichlich
bemessen. Dafs die Partherkönige nur aus Deferenz gegen Rom keine
Goldmünzen prägten, ist ganz unglaublich; der eigentliche Grund ist
aber nicht zu erraten. Die Politik des Augustus und Nero gegen das
Partherreich war die einzig verständige; zur Kritik der ziellosen Eroberungen Traians genügt, dafs der verständige Hadrian die alte Reichs-
grenze gegen die Parther wieder herstellte.

Ludwig Riefs, Grundprobleme der römischen Geschichte in ihrer
verschiedenen Auffassung bei Ranke und Mommsen. Preufs. Jahrb. 56,
543 – 588.

Der Verfasser weist an der Art, wie die beiden grofsen Geschichtschreiber die Genesis der römischen Weltherrschaft darstellen und an
den Momenten der Umgestaltung, welche aus der Republik die Monarchie
hervorgehen haben lassen, die Verschiedenheit ihrer Auffassung nach,
die er am Schlusse so zusammenfafst. Bei Ranke ist die Einheit der
Zusammenfassung merkwürdig; er verfolgt die fortschreitende Entwickelung der römischen Republik und ihrer Weltherrschaft, die ihm bei
Beginn unsrer Aera ihren Höhepunkt erreicht. Mommsen betrachtet in
einer Epoche der römischen Geschichte die innige Verbindung von frei-
heitlichen Institutionen mit glücklicher nationaler Einigung; mit der
Stagnation der Verfassung tritt der allgemeine Verfall und die nationale
Dekomposition durch den Kosmopolitismus ein; mit diesem Zustande ist
ihm die Notwendigkeit eines autokratischen Regiments verknüpft; das
Interesse konzentriert sich auf die staatsmännische Befähigung der Persönlichkeiten, die den gegebenen Gedanken zur That machen wollten.
Das eine Werk sucht dem wissenschaftlichen Bedürfnis, den ganzen Verlauf zusammenfassend zu verstehen, ein völliges Genüge zu thun; an
dem andern ist die innige Verbindung von nationalem Schwunge und
liberaler Intelligenz, die in den fünfziger Jahren vorwaltete, bemerkbar;
es ist der beredteste Ausdruck der Tendenzen des Jahrzehnts, in welchen
es dem deutschen Volke geschenkt ward.

Etwas auffällig an dem Aufsatze ist, dafs der Verfasser die teleo-
logische Konstruktion Rankes so wenig betont, die doch eigentlich die
tiefste Triebfeder der Vorzüge und der Schwächen des Werkes enthält.

Victor Duruy, Geschichte des römischen Kaiserreichs. Aus dem
Französischen übersetzt von Prof. Dr. Gustav Hertzberg. Leipzig.
Verlag von Schmidt und Günther.

Das schön ausgestattete und geschmackvoll übersetzte bekannte
Werk ist im Dezember 1886 bis zur Lieferung 48 gelangt; die beiden
ersten Bände sind bereits vollständig erschienen.

II. Altitalische Ethnologie.

E. Baehrens, Acca Laurentia. Jahrb. f. kl. Phil. 1885, S. 777—801.

Der Verfasser erhebt am Eingange den Vorwurf, dafs die moderne Hyperkritik fast alle Sagen als unnützen Plunder beiseite werfe, während dieselben oft bei richtiger Interpretation Goldkörner enthielten.

Der Name Laurentia und Larentia ist bezeugt, der erstere der ältere; mit den Laren hat derselbe nichts zu thun; der Name ist ohne Anstofs, wenn wir von Laurentes, den Bewohnern von Laurentum, ausgehen. Acca wird Göttin bedeuten, möglicherweise Mutter. Unter der Buhlerin der Sage (bei Macrobius etc.) versteht der Verfasser die Hafenstadt Laurentum, die keinen Mangel an meretrices hatte. Hercules bezeichnet oft die griechischen Kauffahrer. Nachdem Laurentum der vorübergehende Aufenthaltsort griechischer Schiffer gewesen war, kam sie an die Etrusker (Tarutio Tusco denupta est), welche ein wohlorganisiertes und mächtiges Reich aus ihr gemacht hatten, als auch sie jene Gegenden wieder verliefsen. Im laurentinischen Städtebunde erkennt der Verfasser ein Abbild des sowohl im Mutterlande befindlichen als auch in der Poebene und in Campanien ins Leben gerufenen Zwölfstädtebundes. Latini sind ursprünglich die »Verehrer der Laren oder Flurgötter« d. h. die Mitglieder des laurentinischen Bundes. Als ein Sohn von Acca Laurentia gestorben war d. h. entweder nicht zur Entwickelung gelangte oder durch Feindeshand zerstört wurde, trat Romulus an dessen Stelle, ward Mitglied des laurentinischen Städtebundes. Unter der Bevölkerung Latiums im achten Jahrhundert v. Chr. bemerken wir einerseits Aboriginer, die sich trotz ihrer Vermischung mit Etruskern in ihrer Eigenart behaupteten, und ihre alten Bedränger, die Sabiner, welche schon damals im Albanergebirge selbst sich festgesetzt zu haben scheinen. Sie führten auf den Hügeln am Tiber lange Kämpfe mit einander, bevor dort der Föderativstaat entstand, aus dem sich Rom entwickelte. Ramnes (wahrscheinlich mit Rasennae zusammenhängend = Etruskerlinge) und Tities (ein unerklärter Schimpfname) werden sie allgemein genannt. Der erste König an der Spitze jenes Föderativstaates — Romulus — war ein Aboriginer, er sah ein, dafs dem jungen Gemeinwesen Aufnahme in einen der beiden grofsen Bünde not that, in den albanischen oder laurentinischen. Da die albanische Liga von den Sabinern beherrscht wurde, trat er mit Laurentum in Beziehung. Aber die Sage von Titus Tatius beweist, dafs damals Rom von den Sabinern wenigstens teilweise erobert wurde und neben seinem einheimischen Herrscher sich einen gleichberechtigten sabinischen gefallen lassen mufste. Dem Romulus kamen aber $\Lambda οχόμων$ (Dion. 2, 37) und Lucerus, Ardeae rex (Paul. s. 119) zu Hilfe d. h. der laurentinische Bund, der damals noch vorherrschend etruskische Einrichtungen hatte. Viele von den da-

mals zu Hilfe kommenden latino-etruskischen Mannen mögen in Rom
geblieben und zu den Luceres konstituiert worden sein. Bei dem Tode
des Titus Tatius ist wieder Laurentum in erster Linie beteiligt; der
zwischen Laurentum und Lavinium-Alba bestehende Gottesfriede wurde
erneuert. Laurentum hat für das junge Rom und seinen ersten König
viel gethan, daher Acca Laurentia als nutrix Romuli erscheint. In den
Kämpfen Roms unter Hostilius gegen Alba genofs die erstere die Unterstützung von Laurentum. Der Tod von Acca Laurentia wird von Macrobius unter Ancus Marcius verlegt. Mit diesem Könige tritt das Sa-
binertum wieder auf, welches Laurentum und seinen Bund über den
Haufen warf.

Die Reste des zersprengten Laurentinerbundes liegen in dem
Fragm. d. Cato (S. 12 Jordan) vor. Aber die getrennten Glieder schlossen
sich wieder zusammen in dem Bunde von Aricia. Servius Tullius suchte
diese Gefahr von Rom abzuwenden, indem er die acht Völker zu einem
Bunde unter Roms Vorstandschaft vereinigte (Dedikation des Diana-Tem-
pels auf dem Aventin).

Die Acca Laurentia und die dea dia sind identisch; letzteres beifst
die helle, lichte Göttin und bezeichnet die Diana. Die dea dia ist die
aricinische und aventinische Diana. Das Grab der Acca Laurentia bezeichnet die Stelle, wo ihr zuerst von staatswegen geopfert wurde. Dies
geschah durch Servius Tullius: um die Gruft der Göttin für das neue
Bundesheiligtum auf dem Aventin zu sichern und an Rom zu bannen,
mufste sie hier auch ihre staatliche Verehrung geniefsen, mufste Laurentum ganz und gar in Rom aufgehen. Der jüngere Tarquinius setzte des
Servius' Werk fort, indem er teils in den schon gewonnenen acht laurentinischen Städten, von denen freilich einige entfremdet oder durch Volsker
entrissen waren, sich einen Anhang verschaffte, teils vor allem durch
seinen Einflufs beim Adel das übrige Latium unter Rom als Haupt vereinigte. Als Versammlungsplatz liefs er aber den ferentinischen Hain bestehen; religiöse Kultstätte wurde fortan der Tempel des Juppiter La-
tiaris auf dem Mons Albanus, aber Rom als Bundesvorstand anerkannt.

Um die Sagenbildung zu erklären, geht der Verfasser auf die Sage
von Romulus und Remus ein; er erkennt darin den Kampf zweier Nach-
bargemeinden über die Anlage einer Stadt auf dem Palatin; der Mord
von Remus drückt die Eroberung von Remuria aus; den aus dem nämlichen Stamme entsprossenen Sieger (Rom) nahm Laurentum an Stelle
von Remuria auf. Nachdem aber einmal Remus dem Romulus als Bruder an die Seite gestellt war, wurde er allmählich derselben göttlichen
Abkunft teilhaftig. In der weiteren Ausbildung des Mythus vom Zwillings-
paar griffen die Erzählungen über Acca Laurentia tief ein. Sie wurde
deren nutrix und mit dem pater nutricius der Brüder, Faustulus, verbunden. Nun gab erst die Eigenschaft der Acca als scortum Anstofs.
Und man deutete die lupa nicht mehr als eine Dirne, sondern als Wölfin;

zu dieser fand sich das andere dem Mars heilige Tier, der Specht. Jetzt erfand man auch die ficus Ruminalis, das Lupercal, die aedes Romuli, den heiligen Cornelkirschenbaum, die das Wunder bezeugten und für alle Zeit festigten.

Die Deutung ist ansprechend, auch im einzelnen wohl zusammenhängend, aber, wie alle diese Versuche, doch in ihren Resultaten nicht sicher.

III. Königszeit und Übergang zur Republik.

Francesco Bertolini, Saggi critici di Storia Italiana, Milano 1883.

Diese Studien umfassen das Altertum und das Mittelalter. Für den Jahresbericht kommen nur die ersteren in Betracht. Sie handeln von

1. Lo stabilimento del governo consolare. Der Verfasser sucht zuerst etwas weitläufig zu erweisen, dafs die Tradition über die Vertreibung der Könige nicht richtig sein kann, sondern dafs letztere das Werk teils der königlichen Familie selbst, teils der römischen Aristokratie war, während ein Teil der Bevölkerung auch noch später an dem Königtume festhielt. Das königliche Haus selbst war in zwei Parteien gespalten; auf der einen Seite standen König Tarquinius und seine drei Söhne Sextus, Titus und Aruns, auf der andern die Mitglieder der jüngeren Linie Brutus und Collatinus. Der Dissens im königlichen Hause fand in dem Frevel an Lucretia einen offenen Ausbruch und ein Ende: die ältere Linie wird aus Rom verbannt, während die jüngere bleibt und triumphiert; die königliche Gewalt bleibt, nur in veränderter Gestalt. Und zwar war dies mit Beseitigung des königlichen Namens eine Art Diktatur, die nachher in gröfserer Einschränkung auf die gens Valeria überging. Die Absetzung des Collatinus bezeichnet die zweite Phase der Revolution, die Bedingung, die Residenz auf der Velia zu verlassen, welche P. Valerius gestellt wurde, die dritte. Erst diese dritte Phase zeigt die Beteiligung des ganzen Volkes, das sich vereinigt, um die gens Valeria ihrer Privilegien zu entkleiden. P. Valerius, der dem Schicksal der Tarquinier zu entgehen wünscht, bringt das Provokationsgesetz ein und erhält den Namen Poplicola von dem dankbaren Volke. Der Krieg des Porsena ist nicht zur Unterstützung des Tarquinius geführt worden, sondern hatte den Zweck, dem aus seinem Gebiete von keltischen Stämmen vertriebenen Etruskerfürsten neue Gebiete zu gewinnen. Er hatte eine Art von Diktatur über die etruskischen Fürsten; nur so können wir uns erklären, dafs er einen Krieg gegen die mächtigen römischen Könige führte. Der Latinerkrieg ist ebensowenig zur Zurückführung des Tarquinius unternommen worden, vielmehr wollten sich die Unterworfenen von dem römischen Joche befreien, was ihnen auch durch Erlangung des foedus aequum gelang.

2. Il tribunato della plebe e le elezioni tribunizie prima del plebiscito Publilio. Der Verfasser will die Ableitung der Tribunen von den tribuni militum oder den Tribusvorstehern Niebuhrs nicht zugeben, sondern erblickt darin eine ganz neue Institution. Als Anfangszahl sieht er fünf an. Die Wahl erfolgte stets in Tribusversammlungen, anfangs unter Beteiligung der Patricier, seit den leges Publiliae ohne dieselben. Diese leges enthielten auch Bestimmungen über die Kompetenz der Tribusversammlungen.

3. Di Spurio Cassio Vecellino e della sua legge agraria. Der Verfasser hält das Auftreten des Sp. Cassius für historisch; er wollte die Alleinnutzung des ager publicus aus Billigkeitsrücksichten seinen Standesgenossen entreifsen und wurde dafür von diesen zum Hochverräter gestempelt. Er hatte nichts weiter beabsichtigt, als ein vertragsmäfsiges Versprechen, welches der Staat der Plebs geleistet hatte, zu erfüllen.

4. Dei fini del decemvirato. Auch die Überlieferung über das Decemvirat hält der Verfasser für gänzlich wertlos; er sieht nur daraus, dafs man zur Zeit der annalistischen Aufzeichnung keine Ahnung mehr von dem wahren Sachverhalte hatte. Der Verfasser erblickt in der Decemviratgesetzgebung eine Neuordnung des Staates nach athenischem Muster. Während die Zusammensetzung des ersten Decemvirn-Kollegiums noch den alten Staat mit Alleinberechtigung der Patricier zeigt, weist das zweite auf die neue Verfassung hin, welche die Kämpfe zwischen Konsulat und Tribunat ausgleichen sollte. Die Einsetzung der Decemvirn selbst sollte eine dauernde Einrichtung sein. Dies schliefst der Verfasser daraus, dafs zur Wiederherstellung des Konsulats ein Gesetz erforderlich ist, und dafs das dritte Valerisch-Horazische Gesetz den Plebisciten Gesetzeskraft verleihe. Den Preis, um den die Plebeier in das Decemvirn-Kollegium gelangt waren, bildete die Aufgebung des Tribunats. Bei Wiederherstellung des Konsulats, die von den Patriciern ausging, wurde auch jenes wiederhergestellt, und die geschriebenen Gesetze schützten gegen Rechtsverletzung seitens der Konsuln. Aber dies war der Plebs nicht genug, und sie setzte noch das dritte Valerisch-Horazische Gesetz durch.

IV. Zeit des Ständekampfes und der Eroberung Italiens.

W. Soltau, Die Inschrift des Flavius. Das Datum des ältesten Censorenprotokolls. Wochenschr. f. klass. Philol. 2 (1885), 1275—1280. 1596—1600.

Es ist bis jetzt keine Einigkeit darüber erzielt worden, wie die Zahl CCIIII annis post Capitolinam dedicatam in der Weiheinschrift des Flavius am Concordientempel bei Plin. n. h. 33, 20 zu deuten sei. Zu-

nächst erweist der Verfasser, daſs Plin. nicht mit Liv. 9, 46, 1 im
Widerspruche steht. Vielmehr war Flavius von März 449 — 450 aedilis
curulis; gegen Schluſs seines Amtsjahres, noch vor der Wende des
449. und 450. Konsular-Amtsjahres errichtete er seine Aedicula, und um
dieselbe Zeit wurde er zum Volkstribun gewählt, welches Amt er a. d.
IV Id. Dec. antrat. Die anulorum depositio fand statt gleich nach dem
Amtsantritt der Konsuln von 450; die 204 anni der Flaviusinschrift
reichen aber mit Recht nur bis zu einem Termine am Schluſs von 449.
Flavius rechnete seine 204 Jahre von der Tempelweihe des kapitolinischen
Tempels id. Sept. des ersten Konsulatsjahres. Das erste Jahr post Capitolinam dedicatam war also 246, 449 war das 204.; am Schlusse des
Jahres 449, am Ende seines ädilicischen Amtsjahres konnte also auch
Flavius nicht anders als Plinius sagen CCIIII annis post aedem Capi-
tolinam dedicatam. Die Varronische Zählung ist nichts anderes als die
restituierte Flavianische unter Versetzung der zu Varros Zeit längst
vulgären 244 Königsjahre dem ersten Jahr der Republik vor der
Tempelweihe.

Als Ergänzung dieses Resultats untersucht Soltau in einem zweiten
Artikel, wie sich dazu die zweite uralte Datierung im sogenannten
Censorenprotokoll Dionys. 1, 74 verhalte. Das Ergebnis dieser Untersuchung ist: das Jahr der Alliaschlacht war auch nach dem Censorenprotokoll das 120. Amtsjahr post reges expulsos oder — was dasselbe
ist — nach flavianischer und pontifikaler Datierung das 119 post aedem
Capitolinam dedicatam. Wer aber, wie die Censoren, nach Kalenderjahren rechnete, der muſste sogar Kal. Mart. 364 bereits in das 121. Jahr
versetzen, während das 121. Amtsjahr erst Kal. Quinct., ¹/₃ Jahr nachher
begann. Damit ist die Differenz zwischen flavisch-varronischer und censorischer Zählungsweise beseitigt, zugleich ein sicherer Ausgangspunkt
für die ältere römische Chronologie gewonnen. Zugleich sind zwei Resultate von prinzipieller Bedeutung gewonnen. 1. Da das Verhältnis
von Amtsjahr und Kalenderjahr von V. 245 bis V. 364 und später seit
454 feststeht, so können etwaige Kontroversen über die Zahl und
Dauer der Amtsjahre nur in Betreff der von Varro auf 90 Amtsjahre
angesetzten Zwischenzeit (364 — 454) bestehen. 2. Neben der Rechnung
in Amtsjahren lief eine Rechnung nach Kalenderjahren. Eine solche
muſs zunächst in Censorenakten üblich gewesen sein. Aber sie war
selbst den pontifikalen Kreisen nicht fremd, insofern es einen Schalt-
cyklus gab und vor allem die pontifices wissen muſsten, in dem wie
vielten Jahre eines Cyklus man stand.

V. Die punischen Kriege und die Unterwerfung der Mittelmeerländer.

Napol. Salza, Cartagine dalle origini alle guerre puniche. Ricerche storiche. Casale 1884.

In einer Einleitung giebt der Verfasser eine kurze Übersicht der phönikischen Geschichte, die er mit Schiaparelli in fünf Perioden teilt, ohne Neues zu sagen. Dann giebt er eine geographische und ethnographische Übersicht von Nord-Afrika und gelangt im folgenden Abschnitte zu den Gründungsberichten über Karthago, aus denen schliefslich sich doch nichts als der phönikische Ursprung der Stadt ergiebt.

Der erste Teil der eigentlichen Abhandlung über Karthago giebt die Geschichte der Stadt, die von kleinen Anfängen sich in einer der geschichtlichen Kenntnis sich entziehenden Periode von 300 Jahren so weit entwickelt, dafs sie allmählich ihre Flügel immer weiter entfalten kann, zunächst an der nordafrikanischen Küste, dann am Mittelmeere. Die Eroberungen in Sicilien, welche sehr eingehend betrachtet werden, begründen den Ausbruch der punischen Kriege. Mit einem Überblicke über den Besitzstand beim Ausbruch der punischen Kriege und einer kurzen Darstellung der auswärtigen Beziehungen der Stadt schliefst dieser Abschnitt.

Der zweite Teil behandelt die Verfassung, die Religion, Ackerbau, Handel, Industrie, Finanzwesen (Bergbau in Spanien, Tribute und Steuern, Zölle und aufserordentliche Einnahmen), Kriegswesen zu Land und zur See, Litteratur und Kunst.

Das Schriftchen giebt auf kleinem Raume die wissenswertesten Dinge aus der Geschichte von Karthago in guter Übersicht und in knapper Darstellung. Darin liegt sein Hauptverdienst.

G. Egelhaaf, Analekten zur Geschichte des zweiten punischen Krieges. v. Sybels Hist. Zeitschr. 53, (N. F. 17), 430—469.

1. Der Vertrag der Römer mit Hasdrubal. Derselbe ist erst 225 oder bestenfalls 226 abgeschlossen. Bezüglich des Inhalts verdient Polybius den meisten Glauben, der sagt, dafs von nichts anderem als von der Ebrolinie darin die Rede war. Eine Erwähnung Sagunts oder Sagunts und Emporiaes ist danach ausgeschlossen. Aber er weifs von einem Schutzverhältnisse der Saguntiner zu den Römern; dieses hat bestanden, und die Berichte des Livius und Appian fehlen nur darin, dafs sie diese Abmachungen über Sagunt als Bestandteil des Vertrags mit Hasdrubal darstellen. Die Bedeutung und Tragweite des Vertrags ist nur zu verstehen, wenn man die oberitalischen Verhältnisse zugleich ins Auge fafst. Das Vordringen Hasdrubals nach dem Ebro hatte Sagunt, Emporiae und was sonst von Griechen in Spanien vorhanden war

um ihre Selbständigkeit besorgt gemacht; sie suchten bei Rom um Schutz nach, und dieses wollte für einen abermaligen Krieg mit Karthago einen Stützpunkt in Spanien erhalten. Sie wurden also in die römische πίστις aufgenommen d. h. Rom garantierte den betreffenden Städten ihre Freiheit und sagte ihnen-event. seinen Schutz zu. Eine offizielle Mitteilung dieses Abschlusses an die Karthager erfolgte nicht. Die Absicht der Römer war, den Karthagern, die damals in Neukarthago einen mächtigen Stützpunkt gewannen, energisch entgegenzutreten. Hasdrubal arbeitete den Zettelungen der Römer durch Verbindung mit den Kelten in Italien entgegen, die seit dem flaminischen Ackergesetz 232 in Gährung waren. Alles kam jetzt für Rom darauf an, eine Koalition der Karthager und Kelten zu verhüten; die römische Gesandtschaft, welche nach Spanien geschickt wurde, hatte die Aufgabe, Hasdrubal zu streicheln und zu begütigen. Daraus erklärt sich der Vertrag: die Römer gaben Hasdrubal carte blanche (παρεσιώπων) für das ganze Gebiet jenseits des Ebro. Darin war auch implicite enthalten, dafs Rom darauf verzichtete, sein Schutzverhältnis mit Sagunt bei diesem Anlasse international zur Anerkennung zu bringen; es wurde nicht aufgehoben, aber es blieb einseitig ein römisch-saguntinischer Akt und ohne Verbindlichkeit für Hasdrubal. Der positive Teil des Vertrages, welcher den Karthagern die Überschreitung des Ebro in kriegerischer Absicht untersagte, enthielt für dieselben noch keine nennenswerte Beschränkung, da sie das Land südlich des Flusses bei weitem noch nicht beherrschten. Dem karthagischen Handel war dabei die volle Aktionsfreiheit gewahrt; denn nur die Überschreitung des Flusses ἐπὶ πολέμῳ war untersagt. Den Römern gab der Vertrag die Möglichkeit, den keltischen Krieg zu lokalisieren, und insofern war er ein Fehler Hasdrubals. Vielleicht hatte er den Mut zu der kühneren Politik nicht, weil er von der heimischen Oligarchie durch eine tiefe Kluft getrennt war und das Bewufstsein hatte, den eignen Staat nicht hinter sich zu haben. Der Vertrag wurde nicht zwischen den offiziellen Gewalten Karthagos und dem römischen Senat vereinbart, sondern war eine blofse Konvention mit der obersten Militärgewalt Karthagos in Spanien; so wurde sie bei den Verhandlungen im karthagischen Senate aufgefafst, welche mit der Kriegserklärung schlossen. Der karthagische Senat stützte sich ausschliefslich auf den Wortlaut des Friedens von 241. So an die Wand gedrängt, weder fähig, mit dem Vertrage von 225 zu operieren, noch mit dem von 241, forderten die römischen Gesandten entweder die Auslieferung derer, die den Angriff auf Sagunt verschuldet hätten, oder das Bekenntnis, dafs der karthagische Staat für die That seines Feldherrn einstehe, und also Krieg.

2. Zur Geschichte des Jahres 216/215. Das Schicksal von Nuceria und Acerrae ist erlogen; die Geschichte von Nuceria ist zum Teil aus Liv. 23, 7, 3 geflossen.

3. Der Vertrag Hannibals mit Philippos V. Die Version
des Polybios über denselben ist echt.

    4. Die Schlacht bei Nola im Jahre 215. Die verschiedenen
Berichte darüber sind so zu verstehen: Hannibal erscheint vor Nola,
um Marcellus von der Plünderung Samniums abzuhalten und den Pfahl
aus dem Fleische der Campaner zu ziehen, den Nola bildete. Er bietet
öfter eine Schlacht an, die Marcellus ablehnt. Nun schickt Hannibal
den gröfsten Teil seines Heeres auf Beutemachen aus, um den Nolanern
zu schaden und sein Heer zu ernähren; hierbei kommen namentlich die
leichten Truppen, die ἀκοντισταί, zur Verwendung. Nun greift Marcellus
plötzlich an und wirft den vorhandenen Teil des karthagischen Fufs-
volks über den Haufen; die Reiterei Hannibals kommt dabei nicht zum
Vorschein, weil auch sie auf einem Beutezug sich befindet. Aber allmählich kehren die karthagischen Abteilungen, durch Ordonnanzen be-
schieden, zurück, und Marcellus mufs zurück nach Nola.

    Otto Meltzer, De belli Punici secundi primordiis adversariorum
capita quattuor. Progr. des Wettiner Gymn. Dresden 1885.

    Der Verfasser spricht zuerst über den Parteistandpunkt der Quellen
und die Parteien bei den Puniern. Er hat in einer früheren Untersuchung (Festschrift zur Einweihung des Wettiner Gymnasiums zu Dresden
1884) zu erweisen gesucht, dafs die Ursachen des zweiten Krieges nicht
in den Abtretungen im Frieden nach dem ersten zu suchen sind, sondern dafs dieselben in dem dort aufgestellten Grundsatze der gegenseitigen Achtung der Herrschaftsgebiete lagen; die Bundesgenossen waren
namentlich aufgeführt; der Friede wurde Mitte des Sommers 513 d. St.
geschlossen, und die letzten Truppen der Punier verliefsen Sicilien zu
dieser Zeit.

    Schon Fabius Piktor hatte nach Polyb. 3, 8 für den nach Sagunts
Einnahme 536 ausbrechenden Krieg tiefere Gründe gesucht und dieselben in dem Bestreben des Hasdrubal gefunden, eine Alleinherrschaft
zu begründen; als der Versuch, in Karthago selbst die Verfassung zu
ändern, mifslungen sei, habe er in Spanien ohne Rücksicht auf den karthagischen Senat geherrscht. Hannibal habe dasselbe Ziel verfolgt und
wider Willen der Machthaber in Karthago den Krieg begonnen. Hamilcar
Barkas wird hier nicht erwähnt; aber die übrigen Schriftsteller beschuldigen ihn bereits der gleichen Unbotmäfsigkeit und Willkür nach dem
Söldnerkriege bei dem Übergange nach Spanien. Um sich vor Strafe
seitens der Gegner in Karthago zu schützen, begann danach Hannibal
den Kampf, indem er die Turdetaner zum Angriffe auf Sagunt reizte
und eine römische Friedensgesandtschaft gar nicht vorliefs. Ob Fabius
auch diese Dinge schon hatte, läfst sich nicht feststellen; die Nachfolger
verfolgten aber immer deutlicher das Bestreben, das Recht der Römer
und das Unrecht der Karthager möglichst hervortreten zu lassen.

Von den punischen Quellen, welche gegen die Barkiner geschrieben haben, kennen wir nichts; aber sie haben jedenfalls in diesem Sinne geschrieben; die Schriftsteller, welche für die Barkiner waren, unter denen Silenos in erster Reihe zu nennen ist, stellten die Führer mit glänzenden Farben da und behaupteten, die Majorität in Karthago sei auf ihrer Seite gewesen. Polybius läfst beide Versionen auf sich wirken und geht ungefähr den Mittelweg, indem er diese so gefundenen Nachrichten durchaus selbständig verarbeitete.

Hamilkars Benehmen in der Soldfrage auf Sicilien war eine Eigenmächtigkeit, aber im Staatsinteresse nötig; der Krieg brach auch nur aus, weil der karthagische Senat die Auszahlung der ganzen Soldschuld verweigerte. Natürlich haben die Gegner dann ihre Schuld auf Hamilkar abzuladen versucht. Die Abdankung Hamilkars nach Vereinbarung der Friedensbedingungen mit C. Lutatius schädigte allerdings das Staatsinteresse; aber seine Ehre gestattete ihm keinen anderen Ausweg. Zur Zeit des Söldnerkrieges waren die beiden Parteien in Karthago an Einflufs ziemlich gleich, wie wir aus der Gestaltung des Oberbefehls sehen. Die barkinische Partei stützte sich auf Volk und Soldaten; zur Zeit des Friedensschlusses hatte die Gegenpartei unter Hanno d. Gr. die Entscheidung gegeben. Das Ansehen der Barkiner stieg im Laufe des Krieges, doch bekamen sie nie die Herrschaft in Karthago allein; schliefslich wurde der Krieg von Hamilkar und Hanno gemeinsam beendet. Der Krieg dauerte 3 Jahr 4 Monat d. h. von Herbst 513 bis Ende 516.

Kapitel 2 beschäftigt sich mit der Besetzung Sardiniens durch die Römer. Das Bündnis mit den Römern erwies sich zunächst im Söldnerkriege als nützlich. Hanno gestattete ihnen die Verproviantierung in Sicilien, freilich wohl mehr im eignen Interesse, da er die einzige in Betracht kommende Rivalin Roms nicht vernichten lassen wollte. Die Gefangennahme von ungefähr 500 italischen Händlern, welche die Meuterer verproviantierten, durch die Karthager haben die Römer selbst als berechtigt angesehen, und als die Karthager die Gefangenen auf Reklamation des Senates freigaben, kaufte dieser auch die sämtlichen in Rom befindlichen Kriegsgefangenen los und schickte sie nach Karthago, verbot auch den Verkehr mit den Aufständischen; ja er gestattete sogar den Karthagern die Truppenwerbung im römischen Gebiete. Übrigens lag die Unterdrückung der Söldnerschaaren im eignen Interesse der Römer, die eine gefährliche Nachbarschaft erhalten hätten. Auch nachher lehnten die Römer eine ihnen angesonnene Einmischung in Afrika ab. Um so unerklärlicher ist die Besetzung von Sardinien. Der Verfasser nimmt an, dafs es auch in Rom zwei Parteien gab, von denen die eine eine milde, die andere eine harte Behandlung der Punier und lediglich die Berücksichtigung des römischen Interesses befürwortete; letztere hatte jetzt das Übergewicht. In Sardinien hatten auch die Söldner gemeutert, Hanno, der sie unterdrücken sollte, geschlagen und

gekreuzigt, waren aber von den Einwohnern vertrieben worden; diese
forderten die Besetzung durch die Römer, und letztere entsprachen der
Aufforderung mit der Motivierung, es handele sich um herrenlosen Besitz. Als die Karthager Miene machten, eine Flotte dorthin zu schicken,
erklärten die Römer den Krieg, worauf die Karthager ohne Kampf Sardinien abtraten und 1200 Talente bezahlten; dies geschah 516. Alle
entgegenstehenden Berichte werden von dem Verfasser als gegenstandslos
zurückgewiesen.

Kapitel 3 stellt die Thaten des Hamilkar und Hasdrubal in Spanien
dar. Die bekannten Thatsachen gestatten uns nicht den Schluſs, daſs
Hamilkar durch eine Verfassungsänderung seine Absichten in Karthago
durchgesetzt habe. Es gab vielmehr dort eine Aristokratenpartei, die
es mit Rom hielt, und eine andere, welche für einen Krieg mit Rom
die Macht möglichst konzentrieren wollte. Alle Anträge, welche eventuell
im Senat scheiterten, konnten, wenn sich ein Suffete dafür erklärte, vor
die Volksversammlung gebracht werden, und hier hatten die Barkiner
das Übergewicht. Hamilkar wurde nach Beendigung des Söldnerkriegs
zum Anführer gegen die Numidier mit Hanno gewählt; doch muſs dieser
Krieg rasch beendet gewesen sein, da Hamilkar schon 517 in Spanien
ist. Die Abberufung des Hanno und die Ernennung des Hasdrubal' zum
Unterfeldherrn, nicht zum Kollegen des Hamilkar, beweist, daſs zu dieser
Zeit die barkinische Partei in Karthago am Ruder war. Über den Wert
der Erwerbung Spaniens ist kein Wort zu verlieren; aber von hier aus
den Kampf gegen Rom zu führen, davon war damals sicherlich nicht
die Rede. Hamilkar unterwarf die Küste und einen Teil des Binnen-
landes, schickte von dem Erwerb der Beute nach Karthago, um seine
Anhänger zu stärken, und lieſs durch Hasdrubal die Unterwerfung der
Numidier vollenden.

Bei Hamilkars Tode hatte seine Partei das Regiment; Hasdrubals
Erwählung durch die Soldaten wurde in Karthago durch Volk und Senat
bestätigt; Ungesetzlichkeiten fielen auch hierbei nicht vor. Die Vor-
trefflichkeit seiner Verwaltung in Spanien geben selbst die Gegner zu;
dadurch wurde auch seine Partei in Karthago gestützt. Die Römer
hatten schon Hamilkar an weiteren Eroberungen zu hindern gesucht und
Hasdrubal die Ebrolinie als die äuſserste für die Karthager erreichbare
Nordgrenze bezeichnet; ob letzterer diese Bedingung stillschweigend
hinnahm, wissen wir nicht. Wahrscheinlich geschah dies 528; jedenfalls
hat er aber über die Sache nach Karthago berichtet. Nachher, da man
die Karthager ins Unrecht zu setzen suchte, während die Römer bei
Sardinien damit begonnen hatten, wurde dieser einfache Vorgang entstellt. Hasdrubal und die Karthager waren aber damals mit dem Ge-
bietszuwachs zufrieden und dachten an einen Krieg mit den Römern
noch nicht. Von den Saguntinern war bei jener Abmachung mit keinem
Worte die Rede; denn sie standen noch in keinem Bundesverhältnisse

zu den Römern, welches erst einige Jahre später aus Furcht vor den Puniern zustande kam. Auch in Sagunt gab es eine unabhängige und eine römische Partei; letztere siegte; die Häupter der Gegenpartei wurden mit dem Tode bestraft. Die Römer hatten in der Verabredung mit Hasdrubal sich zu nichts verpflichtet, also konnten sie auch Sagunt aufnehmen; aber sie brachen doch ihre eigene Erklärung, in der sie den Karthagern das Land südlich des Ebro überlassen hatten; damit brachen sie den Vertrag von 513 bezüglich der Nicht-Einmischung in das gegenseitige Reichsgebiet. Als nachher die römische Gesandtschaft ihm untersagte, die Saguntiner anzugreifen, machte Hannibal mit Recht diesen Standpunkt geltend. Hannibal suchte darauf um Ermächtigung nach, die Saguntiner bekriegen zu dürfen, welche karthagische Unterthanen angegriffen hätten. Dafs die Rechtsfrage den Karthagern günstig war, haben die Römer nachher selbst anerkannt; sie haben nur eine Erörterung derselben abgelehnt, weil eine ihnen verbündete Stadt zerstört worden sei. Hannibal hatte aber seinerseits mit Überschreitung des Ebro die frühere Verabredung gebrochen.

Kapitel 4 erörtert die Übernahme des Kommandos durch Hannibal und die Kriegserklärung von seiten der Römer. Dafs auch er von den Soldaten gewählt wurde, ist zweifellos; dagegen ist es zweifelhaft, ob die Zustimmung in Karthago so allgemein war; eher dürfte die aristokratische Partei mit dem Popanz der Monarchie einen Teil des Volks gegen die Bestätigung gewonnen haben. Über Hannibals erste drei Jahre hat Polybius richtig berichtet; er hat den Krieg mit den Römern nicht beschleunigt und nicht vermieden, da er nicht mehr zu vermeiden war. Seine Fortschritte bewogen die Saguntiner, kurz bevor die Gesandtschaft in Spanien erschien, zum Anschlusse an die Römer. Die römische Gesandtschaft, welche nach dem Beginne der Belagerung von Sagunt nach Karthago und zu Hannibal geschickt worden sein soll, ist eine Fiction, erfunden, um die Römer wegen ihres Nicht-Eintretens für die föderierte Stadt zu rechtfertigen. Dieselbe wurde mannichfach mit der 534/5 wirklich abgesandten durcheinander geworfen. Dafs die Römer so wenig entschlossen vorgingen, bewirkte wohl die Aussicht des illyrischen und noch mehr des makedonischen Krieges; auch schreckte sie die weite Entfernung Spaniens So entschlossen zum Kriege, wie Polybius sagt, war man in Rom aber selbst nicht nach der Kunde vom Fall Sagunts, wie Fabius berichtet; was Dio und Zonaras darüber erzählen, ist richtig. Die Chronologie der Thaten Hannibals will der Verfasser später erörtern.

G. Faltin, Der Einbruch Hannibals in Etrurien. Hermes 20, 71—90.

Wo Hannibal den Winter 218/17 zugebracht hat, läfst sich aus Polybios nicht ersehen; vielleicht hat er südlich des Po eine Stellung genommen, durch welche die nach Placentia geflüchteten Trümmer des

an der Trebia geschlagenen Heeres von ihren natürlichen und nächsten
Verbindungen abgeschnitten wurden, während er Cremona und den Teil
des Heeres, der von Placentia später dahin gebracht worden war, der
Beobachtung der befreundeten Gallier überliefs.

Livius (21, 58) berichtet von einem Versuche Hannibals, den
Apennin zu überschreiten, als sich die ersten unsicheren Anzeigen des
Frühjahrs bemerklich machten. Die Richtigkeit der Nachricht ist oft
bezweifelt worden, Faltin hält dieselbe im Ganzen für unzweifelhaft, da
Hannibal einen ungemeinen Vorteil gewonnen hätte, wenn er durch einen
unerwartet frühen Beginn des Feldzugs die vorzügliche Position dem
Gegner entrifs, noch ehe er sie besetzt hatte. Livius erzählt dann von
der Rückkehr Hannibals gegen Placentia und einem Kampfe mit Sempronius, der schliefslich für die Römer einen schmerzlichen Verlust an
höheren Offizieren brachte. Nach dem Kampfe habe sich Hannibal nach
Ligurien, Sempronius nach Lucca begeben. Dieser Bericht wird durch
die Notiz Liv. 21, 50, 10 bestätigt. Das Zusammentreffen wurde wohl
dadurch herbeigeführt, dafs Flaminius dem Sempronius Weisung geschickt hatte, am 15. März sich mit seinen Truppen im Lager von Arretium einzufinden. Dasselbe Unwetter, welches Hannibal zur Umkehr
zwang, hielt auch den Marsch der Römer auf, so dafs, als das punische
Heer auf Placentia zurückzog, die Spitze unerwartet mit den Römern
zusammenstiefs. Doch glückte es Sempronius, die schützenden Defiléen
zu gewinnen. Bei dem raschen Marsch durch die Gebirge gelang es
den Ligurern die Gefangenen zu machen, die sie Liv. 21, 50, 10 Hannibal übergaben. Wahrscheinlich konnte Sempronius durch den Pafs,
der von Reggio auf Carrara läuft, entkommen. Nach diesem Zusammenhange haben wir uns Hannibal im Gebiete der Ligurer, am Nord-
abhang des Apennin in der Nähe des Zugangs zu den Pässen von La
Cisa und Sassalbo zu denken, so dafs Livius zur Ergänzung der Angabe
des Polybios, dafs Hannibal im Gebiete der Gallier überwintert habe,
eine wertvolle Notiz liefert.

Hannibal zog aus der Gegend von Parma über den Pafs von Pon-
tremoli bis Lucca. Hier hatte sich Sempronius so lange aufgehalten,
bis der Eintritt der Überschwemmung und die Ankunft des neuen Konsuls bei Arretium ihn veranlafsten, nach starker Besetzung von Pisa
Lucca aufzugeben, indem man die Arnolinie zur Grundlage der Aufstellung der Westarmee machte. Hannibal wandte sich nun südöstlich
durch die Sümpfe auf das Thal der Elsa, und nachdem sich seine Truppen
erholt hatten, führte er sein Heer über Siena nach Fojano. Im Chiana-
thal angekommen, meldet er dem Konsul seine Nähe durch Rauchsäulen
an, die aus den brennenden Dörfern emporwirbeln. Erst jetzt erfuhr
Flaminius, dafs sein Verteidigungssystem durchbrochen und seine Verbindung mit Rom durchschnitten war. Ebenso war die Stellung seines Kollegen bei Ariminum unhaltbar geworden. Seine Offiziere verlangten,

durch die Reiterei Fühlung mit dem Feinde zu nehmen, um zu erfahren, in welcher Richtung dieser weiter zu operieren gedenke; sie haben ihm weiter geraten, die Vereinigung mit Servilius um jeden Preis zu suchen, ein unter den obwaltenden Umständen schweres Problem. Flaminius entschied sich für letzteren Versuch, zu welchem Zweck er sich Foligno näherte, wo die Strafsen zusammenstiefsen, auf denen man sich nähern konnte; er wollte sich dadurch die Möglichkeit sichern, Rom vor einem Handstreiche Hannibals zu bewahren. Der sachlich verständige Entschlufs wurde schlecht ausgeführt. Er suchte ohne jede Vorsichtsmafsregel an den Feind zu kommen und lief blindlings in die Falle, die ihm Hannibal am trasimenischen See gestellt hatte.

Unter den näheren Ausführungen, durch die Faltin dieses Resultat zu begründen sucht, ist ein recht wichtiger Punkt sehr bedenklich. Das in der Überlieferung wiederholt genannte Faesulae sucht er nicht in Nord-Etrurien, sondern nimmt ein zweites Faesulae in der Gegend von Cortona, etwa wo das heutige Fojano liegt, an. Irgend ein Zeugnis dafür giebt es nicht, und gegen die Wahrscheinlichkeit der Hypothese spricht, dafs, wenn es zwei Faesulae gegeben hätte, die Schriftsteller nicht ohne nähere Bezeichnung Faesulae hätten nennen können.

Th. Mommsen, Zama. Hermes 20, 144 – 156 und 318 – 320.

Der Verfasser legt den durch die neuesten Entdeckungen veränderten Stand der Frage über die Lage der beiden Zama da. Nach zwei neugefundenen Inschriftsteinen gab es in Afrika zwei Zama, das eine östlichere bei Sidi - Amor - Djedîdi (colonia Zamensis), das andere westlichere bei Djiamâa (colonia Augusta Zamensis maior). Beide liegen an dem nördlichen Abhange des Gebirgsstocks, den der Silianaflufs in seinem oberen Laufe teilt, von Hadrumetum jenes etwa 60, dieses etwa 100, beide von einander etwa 30 römische Meilen entfernt. Mommsen stellt alle Nachrichten, die wir über die beiden Zama aus dem Altertum besitzen, zusammen und kommt zu dem Schlusse, dafs Zama regia das West-Zama ist. Eine weitere Untersuchung der alten Überlieferung führt zu dem Ergebnisse, dafs in West-Zama auch der Ort der Hannibalschlacht zu suchen ist. Naraggara, wenn es nicht zwei Orte dieses Namens gegeben hat, ist ein Irrtum, dessen Entstehung bis jetzt noch nicht klar ist.

Eine kleine Beigabe von Oppolzer's in Wien bestimmt die Sonnenfinsternis des Jahres 202 v. Chr.

W. Soltau, Das katonische Gründungsdatum Roms. N. J. für Philol. 131, 553—560.

Man war bald nach dem zweiten punischen Kriege noch kaum über das Prinzip einig, nach welchem man die römische Königszeit

chronologisch fixieren könne. Andererseits ist es sicher, dafs um 150
v. Chr. bereits detaillierte Zahlen für die römischen Regenten aufgestellt worden sind, welche nur wenig modificiert bis auf den heutigen
Tag einer gewissen Geltung sich erfreut haben. Es liegt nahe zu denken,
dafs von den zwischen 170—150 v. Chr. schreibenden Annalisten vor
allem Kato eine Kritik der bisherigen Anschauungen gegeben und auf
eine Klärung dieser Frage eingewirkt habe. Der Verfasser will untersuchen, zu welchem Resultate Kato gelangt ist. Auf drei Wegen wird
der Versuch unternommen, Katos Rechnungsweise kennen zu lernen;
sie führen alle auf das gleiche Resultat: Kato setzte Roms Gründung
744 v. Chr., 238 vor Beginn der Republik, diese selbst aber 506 v. Chr.

Derselbe, Das julianische Datum von Syphax' Gefangennahme.
Ebend. S. 773—776.

Es ist für die Kenntnis des römischen Kalenders von prinzipieller
Bedeutung, dafs die Anfänge, die Ursachen und der Modus der Zunahme
bei jener kalendarischen Verwirrung, welche in Rom gegen Schlufs des
zweiten punischen Krieges zweifellos bestand, klar dargelegt werden.
Dazu erscheint die erste Hälfte des Jahres 203 v. Chr. besonders passend,
da wir hier Polybios neben Livius besitzen; überall sind die Intervalle
in Tagen angegeben; nirgends finden sich, wenn man von der schlech-
teren Tradition bei Appian, Dio-Zonaras, Antias und Coelius bei Livius
absieht, Widersprüche in der Überlieferung. Dabei ist der Anfangs-
punkt präcis in julianischer Datierung und für den Endpunkt das alt-
·römische Datum so überliefert, dafs von vorneherein eine Kontroverse
beinahe ausgeschlossen erscheint. Der Verfasser will zeigen, dafs man
kaum um Tage, geschweige um Monate, von der durch die Überlieferung gegebenen Position abweichen darf. Dazu wählt er die Überlieferung über die Gefangennahme des Syphax, bezüglich deren er zu dem
Resultate gelangt, dafs dieselbe 44+15 + 10 = 69 Tage, etwa am 70. Tage
nach dem Lagerbrande anzusetzen sei. Dieses Resultat könne wohl um
zwei bis drei Tage, nicht um Wochen der Wirklichkeit widersprechen.
Das altrömische Datum der Schlacht bei Cirta ist der 24. Juni, also
war der Lagerbrand postrid. id. April. altrömischen Stiles. Der 14. Aprilis
altrömisch entsprach einem julianischen Datum zwischen 5.—10. März
julianisch; es war also die römische Datierung der julianischen um
30—40 Tage voraus d. h. es fehlten zwei Schaltmonate. Damit ist es
aber möglich, fast auf den Tag genau jedes Datum des Jahres 203 v. Chr.
in ein julianisches umzusetzen. a. d. VII. Kal. Quinct. (der Tag von
Syphax' Gefangennahme) war der 25. Mai julianisch. Umgekehrt fiel
die Sonnenfinsternis vom 6. Mai julianisch auf nonae Juniae. Damit ist
nach des Verfassers Ansicht ein fester Ausgangspunkt nicht nur für die
kalendarischen Verhältnisse von 203 v. Chr., sondern überhaupt für die
Kalenderverwirrung jener Zeit gewonnen. Kal. Mart. a. u. c. 551 be-

trug die Differenz zwischen altrömischer und julianischer Datierung nur 29 Tage.

H. Dübi, Die Römerstrafsen in den Alpen. Separat-Abdruck aus dem Jahrbuch des S. A. C. Bd. XIX, 381—416 und XX, 344—363.

In dem ersteren Aufsatze behandelt der Verfasser die Seealpen und die Cottischen Alpen; früher (Jahrbuch des S. A. C. XVI, 463 ff. und XVII, 377) hat derselbe, der Präsident des schweizerischen Alpen-Klubs ist, zusammengestellt, was wir von den Alpen in antiker, besonders römischer Zeit aus Schriftstellern, Inschriften und Denkmälern erfahren können.

In den erwähnten Alpen sind den Römern folgende Pässe bekannt: 1) der Küstenpafs durch die Seealpen. 2) der über den Col d'Argentière. Dübi wendet sich in einer längeren Ausführung gegen Freshfield (Jahresbericht 1884 S. 67 f.). Das punctum saliens ist nach Dübi in dem Berichte des Livius die Angabe, Hannibal sei links abgebogen in das Gebiet der Tricastiner und an die Durance marschiert. Mit Polybius und Ammian 15, 10 zusammengehalten ergiebt sich für den Anfang des Marsches die Isère-Mündung, als Endpunkt Turin, dazwischen drei Möglichkeiten des Alpenübergangs: Mont Cenis, Mont Genèvre und Col d'Argentière; über letzteren ging Pompeius, über den Mont Genèvre Hannibal. 3) Der Mont Genèvre, der frequenteste Pafs der Westalpen. Konstantin scheint im Jahre 312 über denselben gegangen zu sein.

Der zweite Teil betrachtet die Grajischen und Poeninischen Alpen. Entgegengesetzt der gewöhnlichen Ansicht, welche Cäsar B. G. 1, 10 über den Mont Genèvre gehen läfst, nimmt der Verfasser an, er sei über den Mont Cenis gegangen ins Thal des Arc an die Isère und längs dieser nach Grenoble. Der kleine Bernhard ist schon Polybius bekannt und hatte den Hauptstrom der gallischen Einwanderer nach Italien gebracht; der Verfasser konstruiert die Route über denselben nach den Itinerarien. Das gleiche geschieht beim Mons Poeninus. Die Strafse über den Simplon wird in keinem antiken Itinerare erwähnt; dafs sie dennoch existierte, wissen wir aus der Inschrift C. I. L. 2, 6649.

Rud. Thommen, Abfassungszeit der Geschichten des Polybios, Hermes 20, 196—236.

Die Frage nach der Abfassungszeit der Geschichten des Polybios ist bis jetzt nirgends erschöpfend behandelt; der Verfasser will diese Lücke ausfüllen.

Als Polybios die Vorrede zum ersten Buche schrieb, wollte er nur die Erzählung bis zum Jahre 167 fortführen; dagegen verrät die Vorrede zum dritten Buch die Absicht, bis 146 zu gehen; diese beiden Vorreden sind also nacheinander und zwar durch einen erheblichen Zeitraum getrennt entstanden. Das grofse Werk besteht also aus zwei

Teilen, welche eine letzte Redaction erst zusammengeschweifst hat. Die
Abfassungszeit der beiden ersten Bücher fällt vor 150 v. Chr. Der
erste Plan, nur die Geschichte der dreiundfünfzig Jahre von 219 – 167
zur Darstellung zu bringen, zu dem allein die drei Vorreden passen,
war schon vor 151 gefafst und teilweise auch durchgeführt. Der erste
Plan, die Geschichten bis 167 zu führen, wurde noch während des ersten
Aufenthaltes in Italien entworfen; der andere, dieselben bis 146 fortzu-
führen, mufs erst viele Jahre später in ihm gereift sein. Die ersten
30 Bücher sind noch während des ersten Aufenthaltes in Italien entstanden; doch sind in denselben auch spätere Zuthaten zu erkennen, die
sich durch die Exkursform von der übrigen Erzählung ablösen. Mit
Hinweglassung dieser Stellen kann man daher die ersten 30 Bücher als
einen vor 150 erschienenen Teil der Geschichten ansehen. Die Stelle 3,
5, 7 mufs entweder mit Kapitel 1—3 oder 4 - 5 niedergeschrieben sein,
verliert also, zeitlich genommen, die direkte Beziehung zur Einleitung
in ihrer Gesamtheit und es bleibt nur die zu dem einen oder dem
andern Vorredeteile bestehen. Damit verlieren aber auch die weit-
gehenden Folgerungen, die man aus jenem vermeintlichen Zusammenhang gezogen hat, ihren Wert. Dafs Polybios, als er jene Stelle schrieb,
schon ein betagter Mann war, bleibt bestehen. Er hatte ursprünglich
die Absicht, mit dem Jahre 169 sein Werk zu beschliefsen; sie hat er
in den ersten 30 Büchern durchgeführt. Nach Ablauf weiterer 15 Jahre
— beim Abschlufs der 30 Bücher 'hat er im besten Mannesalter gestanden — regte sich in ihm das Bedürfnis, in sein Geschichtswerk
auch noch diese selbsterlebte Periode aufzunehmen; mittlerweile war er
ein alter Mann geworden. So erklärt sich sein Wunsch, es möge ihm
vergönnt sein, sein Werk zum Abschlusse zu bringen.

Der zweite Teil der Geschichten begreift die letzten zehn Bücher.
Man kann, da Polybios durch Vermittlerdienste, Reisen mit Scipio und
Begleitung desselben nach Numantia bis Herbst 133 in Anspruch genommen war, allgemein 132 als terminus a quo für die Abfassungszeit
dieses zweiten Teiles mit einiger Sicherheit im Auge behalten. Auf
gleichzeitiger Aufzeichnung scheinen dem Verfasser zu beruhen: 30, 19
bis 23; 32, 9. 10 11 – 14 (einige Jahre später), 15. Die Stelle 32, 9 ff.
führt, da von Scipio gesprochen wird, wie man nur von einem Lebenden
sprechen kann, auf die Abfassungszeit von 132 - 129. Innerhalb dieser
Zeit mufs daher diese Stelle eingeschaltet, d. h. der ganze zweite Teil
aus dem angesammelten Materiale herausgearbeitet worden sein. Kapitel 10 — 11, 9 setzt der Verfasser ihrer Abfassungszeit nach ins Jahr 166,
Kapitel 11, 10 - 15 zwischen 162—170. Dem schliefst sich an die Notiz
Kapitel 19, 7; sie ist 155 als Notiz niedergeschrieben und fand dann
Aufnahme in das Buch. Eine weitere gleichzeitige Aufzeichnung ist
37, 10; wir begegnen hier wie vielfach Resten eines Tagebuches, die
oft recht unausgeglichen in das Werk verwebt sind. Wichtig für die

eigentliche Abfassungszeit ist auch 38, 6. 7: dieselbe »legt uns den Moment unmittelbar vor Augen, da er daran ging, zwar schmerzerfüllt, aber doch sicheren Blicks und mit fester Hand diese letzte Partie, welche den Untergang Griechenlands behandeln sollte, niederzuschreiben. Diese Bemerkung hat also eine, einen ganzen grofsen Abschnitt seines Werkes berührende Tragweite, kann daher chronologisch verwertet werden«. Der Verfasser verlegt diese Stelle in die Zeit 132—129. Manchmal finden sich in diesem zweiten Teile Stellen, die älter sind als die Umgebung, in der sie jetzt stehen, und in denen man Reste verstreuter tagebuchartiger Aufzeichnungen zu erkennen hat, von denen manche gemacht worden waren, bevor Polybios noch daran dachte, sie in grofsem Mafsstabe zu verwerten. Sie können aber nicht in der Annahme irre machen, dafs der zweite Teil viel später entstanden ist als der erste. Als Polybios aber beide verschmolz, wurde der erste mannichfach dadurch beeinflufst und erhielt durch diese letzte Redaktion ihm ursprünglich fremde Elemente. Diese Aufgabe der Verschmelzung wird wahrscheinlich den greisen Verfasser mit der Abfassung des numantinischen Krieges in den letzten Jahren beschäftigt haben.

Föhlisch, Über die Benutzung des Polybius im XXI. und XXII. Buche des Livius. Progr. Pforzheim 1885. (Fortsetzung und Schlufs.)

Der Verfasser behandelt zunächst den Alpenübergang. Livius ist hier von Polybius abhängig. Mit dem Alpenübergange findet der Verfasser sich rasch ab: »Livius suchte zwei verschiedene Marschberichte zu vereinigen, und so ist jener unerklärliche livianische Marschbericht entstanden.« Wenn der Verfasser sich mit den Arbeiten von Neumann, Hennebert, Bürkli-Meyer, Douglas, Freshfield, Perrin, Dübi, Rauchenstein bekannt machen wird, wird er vielleicht die Ansicht gewinnen, dafs diese schwierige Frage nicht so einfach und nicht in so peremptorischer Weise zu entscheiden ist. So wird weiter geurteilt: Liv. c. 32, 1—5 ist aus Polyb. c. 49, 1—5 entnommen, und dies soll bewiesen werden durch die Behauptung, dafs Livius bald der Vorlage folgt, dann wieder etwas einflicht, zusammendrängt, überhaupt dafs die Abänderungen in der Anordnung am einfachsten aus »Darstellungsgründen« des Livius erklärt werden. So geht es weiter, C. 50 und 51 Polyb. = Liv. 32, 7—33—11 (32, 7—8 stammt wohl aus Coelius); Polyb. c. 52—55 = Liv. c. 34—38. Hierbei wird aus einigen Mifsverständnissen bei Livius geschlossen, dafs sein Bericht aus Polybius herzuleiten sei. Für den Alpenübergang hatte Livius den Polybius und Coelius, welche beide auf Silen zurückgingen, benutzt, für den italischen Schauplatz stand ihm noch die ganze Masse heimischer Annalisten und Traditionen neben jenen zu Gebote. Polyb. c. 60 = Liv. c. 39. Pol. c. 62—65 = Liv. c. 40—45. Liv. c. 45, 2-46, 2 fehlen bei Polybius.

Die Schilderung der Schlacht am Ticinus ist bei beiden Autoren gleich. Liv. c. 47 ist Polybius neben Coelius benützt. Liv. c. 48—51 ist eine Kombination eines römischen Berichtes mit dem Polybianischen. Liv. c. 54. 55. 56 ist Kombination von Polyh. c. 71—74, von livianischen Ausschmückungen und Aenderungen in dem Berichte einer römischen Quelle. Polyh. c. 75. 76 und Liv. 57. 60. 61 folgen derselben römischen Vorlage. Überall wird gegen die Annahme einer Epitome, wie sie Hirschfeld Z. Ö. G. 1883, 1—11 dargelegt hat (Jahresbericht 1883, 477), polemisiert. Diese Polemik ist durchaus am Platze, da es sich hier um eine Hypothese handelt, die noch durchaus der Klarstellung bedarf; aber ich würde doch für sehr zahlreiche Stellen den Beweis nicht als erbracht ansehen, dafs hier Livius die Werke des Polybius einfach übersetzt habe; denn die Übereinstimmung ist meist nicht gröfser, als sie überhaupt sein wird, wenn ein Grieche und ein Römer im Wesentlichen die gleiche Sache darstellen.

Liv. XXII 1, 1—4 ist aus Polyh. 78, 2—79, 5 excerpiert; völlig identisch, bei Livius nur gekürzt, sind die Berichte Polyh. 78, 6. 79 —83 = Liv. 2. 3. Liv. 4, 4—7, 5 = Polyh. 83—85, 7 ist wieder ein Beleg für die Livianische Quellenkombination; benutzt sind hier Polybius und Fabius und zwar wird säuberlich das jedem Gehörige geschieden. Von 85, 7—86, 7 und Liv. 8, 1—7 wird die bisherige Quelle durch eine römische ersetzt. Polyh. 86, 8 wird wieder strenge von Liv. 9, 1—7 benutzt. Mit c. 9, 7 folgt Livius einer römischen Quelle und hat von da an Polybius nur noch sehr wenig benutzt. Die Berichte gehen so sehr aus einander, dafs man kaum an eine gemeinschaftliche Quelle, sondern höchstens an eine beiden Autoren zugrunde liegende Tradition denken kann. Ich mufs gestehen, dafs ich mir unter letzterer eigentlich nichts denken kann. Engen Anschlufs an Polyh. 95 zeigt Liv. c. 19; Polyb. 96, 1—7 wird von Liv. 19, 7—20, 7 völlig umgewandelt, aber die Abhängigkeit zeigt sich 1. in der Gleichheit des Inhalts der ganzen Erzählung, 2. in der Gleichheit im Ausdrucke. Das erstere ist mir wieder etwas dunkel geblieben; denn ich vermag nicht zu sehen, wie derselbe Inhalt anders erzählt werden sollte, namentlich wenn man bedenkt, dafs für solche Schilderungen eine gewisse Schablone sich festgestellt hatte. Polybius geht alsdann zu dem Seekriege über, Livius verfolgt die folgenden Siege der Römer bis Ende v. c. 21 und zwar ist er zu dieser Änderung durch eine kurze Andeutung des Polybius veranlafst, der von ἐπικυδεστέρας ἐλπίδας spricht. Dafür läfst Livius weg, was Polyh. 96, 7—97, 2 berichtet wird; Liv. 22, 1—4 bilden die aus Polyh. 97, 2—6 und der bisher befolgten Quelle zusammengesetzte Einleitung zu dem folgenden sich völlig an Polybius anschliefsenden Teile. Liv. c. 22 ist wörtlich entnommen aus Polyh. 98. 99. Mit Polyh. 99, 9 kehrt Liv. 22. 21 zum italischen Kriege zurück. Polyh. 100—102 harmonieren nach Inhalt und Form ganz genau mit der entsprechenden Livianischen Darstellung.

Liv. 24, 11—14 stammen aus römischer Quelle. Polyh. 103 = Liv. 25.
26. 27, beide nach römischen Quellen, Livius wahrscheinlich nach einer
jüngeren. Polyh. 104. 105 völlig = Liv. 28—29, 7, von da bis 30, 10
Livianischer Zusatz. c. 31 holt Livius das c. 21 Übergangene nach;
32 — 40, 1—4 findet sich nicht bei Polybius. Von 110, 5 folgt wieder
Liv. 44 genau; aus anderer Quelle kommen hinzu 46, 9; 48, 2—5
und 49, 2. Von 49, 13 verläfst Livius den Polybianischen Bericht,
um sich bis zum Schlusse des Buches ganz römischen Quellen anzu-
schliefsen.

Pesch, Friedrich, Die Kämpfe der Römer um Gallia, Cisalpina
und die Schlacht bei Clastidium. Progr. Coblenz 1885.

Der Verfasser stellt die angegebene Epoche nach den Quellen dar.
Für die Beurteilung der Hauptquelle, Livius, folgt der Verfasser einfach
den Resultaten Nissens: er giebt kein anschauliches Bild von dem Gange
der Feldzüge.

Die Berichte über die Feldzüge der Jahre 200 und 197 stimmen
so sehr überein, dafs sich die Vermutung aufdrängt, der eine sei aus
dem andern entstanden. Und zwar ist es mit Rücksicht auf Polyh. 17,
11, 8 wahrscheinlich, dafs im Jahre 197 die in beiden Berichten erwähnte
grofse Schlacht vorgefallen ist. Auch in dem Berichte über das Jahr 196
ist manches unwahrscheinlich, sowohl bezüglich des Details als auch bezüglich des Resultates, welches nicht so bedeutend gewesen sein kann,
wie berichtet wird. Im Feldzuge von 194 ist ebenfalls der Bericht nicht
glaubwürdig; denn die Quellen des Livius berichten betreffs der Beteiligung des Konsuls Scipio ganz Verschiedenes. Nach der einen Version
hat er sein Heer mit dem seines Kollegen vereinigt und verheerend das
bojische und ligurische Gebiet durchzogen, nach der andern ist er, ohne
etwas Denkwürdiges vollbracht zu haben, wegen der Wahlen nach Rom
zurückgekehrt. Im Kriege von 193 und 192 erzählt Livius offenbar
35, 22 dieselbe Unternehmung, welche er 35, 40 nochmals berichtet.
Der Verfasser will dies so erklären, dafs Livius zwei Annalisten benutzte,
die ihren Bericht einer Quelle, der Stadtchronik, entnommen hatten, der
eine oder der andere jedoch ungenau. Nachdem nun Livius seine Erzählung nach der einen Vorlage schon bis zu den Wahlen für das Jahr
191 geführt hatte, ist er nachher seiner zweiten Quelle von dem Zeit-
punkt an gefolgt, wo die Konsuln des Jahres 192 in ihre Provinzen
abgehen.

Die Resultate der Untersuchung scheinen sehr unsicher, da sie fast
alle auf subjektivem Fürwahrhalten beruhen.

VI. Die Revolution.

Ritter, Georg, Untersuchungen zu dem allobrogischen Krieg.
Progr. Hof 1885.

Der Verfasser will das Quellenmaterial über den allobrogischen
Krieg und über die unmittelbar vorhergehenden Kämpfe von neuem prüfen.
Die Reihe der Kämpfe, über welche sich diese Untersuchung erstreckt, beginnt im Jahre 125 v. Chr., wo die Massilier die Hülfe der
Römer gegen ihre raublustigen Nachbarn, namentlich Salluvier und Vocontier angerufen hatten.   Der Konsul M. Fulvius Flaccus zog gegen sie
zu Felde, besiegte sie und feierte 123 seinen Triumph.   Die Notiz der
Triumphalfasten de Liguribus Vocontieis Salluvieisque ist so zu verstehen,
daſs Liguribus der allgemeine Name ist, der durch die beigesetzten
Namen spezialisiert wird.   Vermuten läſst sich aus der Aufeinanderfolge
derselben, daſs der römische Feldherr auf dem kürzesten Wege von Ober-
Italien aus durch einen Alpenpaſs den Feinden in den Rücken kam und
zuerst die Vocontier, dann die Salluvier besiegte; von den Salluviern
wird ausdrücklich bezeugt (Strab. 4, 203), daſs sie ligurischen Stammes
waren.   Dieser Kampf war aber nicht entscheidend; schon der Konsul
des nächsten Jahres 124 C. Sextius Calvinus muſste gegen sie zu Felde
ziehen; die Salluvier werden abermals geschlagen, eines von ihnen be-
wohnten Küstenstriches beraubt, und zur Sicherung des eroberten Gebietes wird die Kolonie Aquae Sextiae wahrscheinlich 123 gegründet.
Der Konsul triumphierte 122 de Liguribus Vocontieis Salluvieisque.   Von
einem Kampfe des Sextius gegen die Allobroger, den Mommsen annimmt,
findet sich in den Quellen keine Nachricht.   Ob Aquae eine Bürger-
kolonie oder eine latinische war, läſst sich nicht entscheiden; jedenfalls
bestand sie nicht lange, und es ist möglich, daſs die Reste der Kolo-
nisten nach Narbo Martius übersiedelten.

Nach C. Sextius Calvinus übernahm C. Domitius Ahenobarbus den
Oberbefehl.   Der König der Salluvier hatte bei den Allobrogern Unterstützung gefunden, und diese selbst waren in das römische Gebiet ein-
gefallen.   Dadurch entstand der allobrogische Krieg, in den auch die
Arverner gegen die Römer eintraten; denn sie übten eine Art Schutz-
herrschaft über die gallischen Stämme zwischen Rhein, Ozean, Pyre-
näen und Alpen aus.   Die erste Schlacht fand bei Vindalium statt, in
der die Allobroger besiegt wurden; Orosius giebt hier wohl die Ergänzung des Livianischen Auszuges, während Florus eine verworrene Schilderung liefert; die Schlacht hat 121 stattgefunden.   Da jetzt die Arverner
für die Allobroger eintraten, fühlte sich der römische Feldherr nicht
stark genug und erwartete erst die Hülfe, die ihm der Konsul Qu. Fabius Maximus brachte; beide rückten zusammen nach Norden vor, wo
es an der Mündung der Isara zum Kampfe gegen Arverner und Allo-

broger kam, in welchem die ersteren besiegt wurden und die letzteren
sich unterwarfen. Auch dieser Kampf fällt in das Jahr 121, auf den
8. August. Die Triumphalfasten berichten über den Sieg de Allobro....
et rege Arvernorum Betutto und de Galleis Arverneis im Jahre 120.
Auffallend ist, dafs der Triumph des Fabius, dessen Sieg doch später
fällt, vor dem des Domitius erwähnt ist, und dafs Domitius über die
Arverner triumphiert, während er nach anderen Zeugnissen die Allobroger bei Vindalium geschlagen hat. Aus diesen Thatsachen haben Mommsen und Herzog den Grund entnommen, die Aufeinanderfolge der Siege
umzukehren. Aber dazu berechtigt das Zeugnis der Triumphalfasten
nicht, da sich nachweisen läfst, dafs nicht immer in derselben Ordnung, in welcher die Siege erfochten worden waren, die Triumphe gefeiert wurden, z. B. 167 v. Chr. Dazu kommt noch, dafs Fabius früher
in Rom zurück war als Domitius, der noch nachher den Arvernerkönig
hinterlistig gefangen nahm. Dafs bei Fabius das Volk der Allobroger
ausdrücklich genannt wird, hat darin seinen Grund, dafs er erst dasselbe
vollständig zur Unterwerfung brachte, wie er ja auch hiervon den Beinamen Allobrogicus erhielt. Auch die Stelle des Strabo, aus der Mommsen
für seine Ansicht einen Beweis entnahm, liefert diesen nicht, denn Strabos
Excurs stellt eine rückwärts gerichtete Betrachtung über die einstigen
Machtverhältnisse der Arverner an. Ebenso sind der Ort, wo die Kämpfe
stattfanden, und die Umstände, unter denen sie sich vollzogen, der Momm-
senschen Annahme ungünstig.

Alb. Wilms, Über die Geschichte des Sklavenkrieges. Festschrift des Wilhelm-Gymnasiums. Hamburg 1885. Seite 21—30.

Für den ersten und zweiten Sklavenkrieg besitzen wir aufser den
Epitomatoren Florus und Orosius nur die bei Photius und anderswo
aufbewahrten Fragmente des Diodor; für den zweiten sind wir beinahe
auf Diodor und Florus allein angewiesen. Nur Diodor entwickelt mit
richtiger Einsicht die politischen und sozialen Gründe, und er bezeichnet
richtig die wirklich schuldige Partei, auch sagt er den Sklaven nicht
blofs Schlimmes nach, sondern führt Züge des Edelmutes und der Dank-
barkeit an. Florus und Orosius sprechen nur mit Abscheu von den
Sklaven; trotz ihrer auseinandergehenden Berichte gehen sie auf Livius
zurück, und sie ergänzen sich einander; im Bunde mit dem Auszuge
aus Livius können sie notdürftig den verlorenen Bericht des letzteren
ersetzen.

Diodor hat uns allerdings mehr psychologische und kulturhistorische
Angaben hinterlassen, während Livius nach einer kurzen Einleitung den
Krieg bis zu seinem Ende schildert. Trotzdem findet sich in Betreff
der Thatsachen und solcher Schilderungen, die mit dem Parteiinteresse
nichts zu thun haben, eine auffallende Übereinstimmung. Eine Analyse
zeigt, dafs alle unsere Nachrichten über die Ereignisse des ersten

16 *

Krieges Spröfslinge einer gemeinsamen Mutter sind. Diodor hat den
Posidonius sicher benützt, ja einfach abgeschrieben; ihm gehören die
sachlichen Räsonnements, welche Diodor aufgenommen hat. Diese zusammengehalten mit seiner Freundschaft mit römischen Staatsmännern
geben uns die Gewifsheit, dafs er unparteiisch geschrieben hat.

Ed. Lang, Das Strafverfahren gegen die Katilinarier und Cäsars
und Catos darauf bezügliche Reden bei Sallust. Progr. Schönthal 1884.

Der Verfasser will zuerst die Schuldfrage bezüglich des Lentulus
und seiner vier Genossen untersuchen. Er stellt die Frage: Sind sie
als überführt (manufesti) oder als geständig (confessi) des Hochverrats
anzusehen? Briefe und Waffen allein überführten die Verhafteten nicht
so, dafs sie manufesti gewesen wären. Wie steht es mit dem Geständnis?
Der Verfasser findet in scharfer Analyse des Ciceronianischen Berichtes,
dafs die erfolgten Geständnisse nicht von Belang gewesen sein können.
Die Aussagen der Zeugen endlich, so weit wir sie von Cicero und Sallust erfahren, genügen vollständig, um die Verhafteten des Hochverrats
und der Vorbereitung der schwersten Verbrechen zu überführen, vorausgesetzt 1. dafs die Zeugen die Wahrheit sagten und 2. dafs Cicero und
Sallust diese Aussagen wahrheitsgemäfs mitgeteilt haben. ad 1. Verschiedene Gründe mahnen zur Vorsicht in der Benutzung dieser Zeugenaussagen, aber sie reichen nicht aus, um sie, wie Backmund (Catilina
und die Parteikämpfe in Rom, Programm Münnersstadt 1869/70), für
unwahr zu erklären. ad 2. Ciceros Mitteilungen über diese Aussagen
sind nur mit Vorsicht aufzunehmen, Sallusts eigne Erinnerungen nicht
immer zuverlässig. Resultat des ersten Teiles; Betreffs der Schuldfrage
non liquet, jedenfalls weder manufesti noch confessi.

Im zweiten Teile behandelt der Verfasser die Strafe. In einer
längeren Voruntersuchung kommt der Verfasser zu dem Resultate, dafs
die Todesstrafe gegen römische Bürger weder gesetzlich abgeschafft,
noch thatsächlich aufser Gebrauch gesetzt, sondern nur in ihrem Gebiete und in ihrer Anwendung bedeutend eingeschränkt war. Die Hinrichtung der Catilinarier ist in der Hauptsache nicht als Schutzmafsregel,
sondern als Strafmafsregel zu betrachten und findet deshalb keine zu-
längliche Rechtfertigung in dem senatus consultum ultimum. Als Strafmafsregel ist sie eine Verletzung der Provokationsgesetze, speziell des
sempronischen Gesetzes. Der Versuch, die Anwendbarkeit desselben auf
den vorliegenden Fall auszuschliefsen, ist unhaltbar. Denn Ciceros Behauptung, die Verschwörer hätten als solche die Rechte der Bürger verloren, ist eine Sophisterei; die Catilinarier als manufesti und confessi
anzusehen mit der Folge, dafs dadurch eine gerichtliche Konstatierung
ihrer Schuld überflüssig und ihre sofortige Hinrichtung durch den Konsul
statthaft war, erscheint bei genauer Prüfung des vorhandenen Akten-
materials als juristisch unzulässig. Auch scheint das Herkommen jene

exceptionelle Behandlung der manufesti und confessi auf gemeine Verbrecher niederen Standes beschränkt zu haben. Trotzdem glaubt der Verfasser, dafs Cicero aus Patriotismus gehandelt hat, da ihm neben der Bufse für seine Gesetzesübertretung doch auch vor- und nachher die glänzendste Anerkennung zu teil geworden ist.

Die Reden des Cato und Cäsar bei Sallust geben nicht die wirklich gehaltenen getreu wieder, sondern entsprechen nicht einmal recht den thatsächlichen Verhältnissen, den Bedürfnissen des Falles, sie sollen nur die nachfolgende Charakterzeichnung der beiden illustrieren. Jedenfalls sind sie keine historischen Aktenstücke; bei der Rede Cäsars macht sich noch aufserdem eine apologetische Tendenz geltend. Sallust hält sich dabei an die catilinarischen Reden Ciceros und an griechische Vorbilder. Der Verfasser schliefst aus dieser Benützung des Cicero, dafs das Urteil in cäsarischen Kreisen über das Vorgehen desselben ein anderes gewesen sei, als man aus Cäsars eigenem Verhalten in den Jahren 63 und 58 schliefsen könne. Für Sallust ergiebt sich die Bestätigung des Urteils, das Licinianus Granius gefällt hat: Sallustium non ut historicum, sed ut oratorem legendum puto.

Im Anschlufs an die Lang'sche Arbeit unterzieht

C. John, Das Verhör der Catilinarier. Jahrb. f. class. Phil. 1885, 841—856.

die Frage einer neuen Kritik.

John bestreitet zunächst die Annahme Hagens und Langs, dafs Lentulus und Cethegus unbeschadet ihrer senatorischen Rechte dem ganzen Verhör beigewohnt hätten, während die übrigen, auch die Belastungszeugen, vorgeführt wurden. Die Suspension ihrer senatorischen Rechte war die unmittelbare Konsequenz der Verhaftung. Nun kommt hier allerdings störend die Thatsache der Anwesenheit des Lentulus während der Umfrage dazwischen, die dem Verhöre folgte (in Cat. 4, 13). Aber John meint, diese beweise für das Verhör nichts. Entweder blieben sämtliche Verhaftete nach ihrer Abhörung zugegen (in Cat. 3, 13) oder seine Anwesenheit wurde durch die Förmlichkeit der Abdicatio notwendig. Hagen und Lang haben weiter den Unterschied zwischen Volturcius und den Allobrogern bei dem Verfahren gegen die Catilinarier verkannt; ersterer ist Kronzeuge, da Cicero den Wert seiner Mitteilungen erkannt hatte, ihm aber auf andere Weise die Zunge nicht hätte gelöst werden können. Überhaupt hatte sich Cicero mit den Zeugen genau über die Mittel verabredet, wie die Verhafteten am sichersten überführt werden könnten. Das Summarische der Untersuchung erklärt sich auch daraus, dafs der Senat kein Gerichtshof, sondern ein Beirat des Konsuls war. Aufserdem hat Cicero vor dem Volke nicht alles mitgeteilt, was sich in den Verhören ergeben hatte. Danach will John über den Bericht, den Cicero in der überlieferten Rede von der

Senatsverhandlung des 3. Dec. 63 giebt, ein günstigeres und gerechteres Urteil für angezeigt halten und versucht eine Darstellung des Verlaufs. Volturcius hat, nachdem er seine Begnadigung erhalten hatte, Alles enthüllt uti gesta erant; also hat er dem Senat schon de paratis incendiis, de caede bonorum, de itinere hostium die nötigen Mitteilungen gemacht. Nach weiteren Mitverschworenen gefragt sagte er, darüber wisse er nicht mehr als die Gesandten, doch habe ihm Gabinius drei Senatoren Autronius, Servius Sulla und Vargunteius genannt. Die Angaben der Gesandten bestätigten jene Aussagen und ergänzten sie in bezug auf den Anteil der Allobroger und auf den Termin; auf die Frage nach weiteren Teilnehmern nannten sie den P. Cornelius Sulla und erwähnten die Träume des Lentulus von einer Monarchie. Darauf stellte Cicero nach bestätigenden Äufserungen aus der Mitte des Senats, die namentlich Cethegus belasteten, die Beweismittel zusammen, präzisierte die Anklage und bestimmte den Gang des folgenden Verhörs. Für die konsularische Jurisdiktion wurden nur die neun Verschworenen ausersehen, von denen sich speziell die direkte Beteiligung an der sollicitatio Allobrogum et servitiorum erweisen liefs. Dieses Vergehen rechtfertigte in den Augen eines römischen Bürgers eine aufserordentliche Sühne. In dem folgenden Verhöre war die Anerkennung des anonymen Briefs an Catilina die Hauptsache; denn erst damit war der urkundliche Beweis des hochverräterischen Verkehrs mit dem Reichsfeind geliefert und den übrigen Schreiben ihre volle Beweiskraft gegeben Cethegus bekannte sich zu seinem Siegel, verweigerte aber über den Inhalt weitere Auskunft, Statilius confessus est d. h. nach John er gestand die Thatsache, dafs er mit den Gesandten mündliche Versprechungen getauscht, die er von ihrer Regierung ratificiert zu sehen wünschte. Auch Lentulus äufserte sich über sein Schreiben nicht. Erst später suchte er die Gallier zu desavouieren, die aber jetzt ihre Gespräche mit ihm erzählten, und nun gestand er diese, weil er den Allobrogern gegenüber sein Spiel verloren sah. Durch Volturcius liefs ihn Cicero vollends mit dem anonymen Briefe überraschen, und in seinem Schrecken bekannte er. Gabinius leugnete Anfangs, gab aber schliefslich, als er sich durch die Zeugenaussagen überführt sah, alles zu.

Bezüglich der Schuld kommt John zu dem Ergebnisse, dafs der Thatbestand des Verbrechens wie auch seine Straffälligkeit rechtskräftig festgestellt gewesen sei; diese ergab sich dem Senat hauptsächlich aus der Übereinstimmung der Zeugenaussagen. Die That, d. h. die Aufwieglung der Gallier und Sklaven und die Vermittlung ihrer Kooperation mit Catilina scheinen Statilius ohne Umstände, Lentulus und Gabinius, überführt durch die Zeugen, zugestanden zu haben, während Cethegus leugnete; die schuldhafte Absicht hat wohl keiner der Angeklagten zugestanden.

Cicero hat es in seinem Berichte an der nötigen Objektivität

fehlen und die thatsächliche Beschränkung der Anklage und der Geständnisse sowie die Verteidigungsversuche der Angeklagten nicht genügend zur Geltung kommen lassen, aber die Absicht der Fälschung
oder Vertuschung konnte er nicht haben.

F. Corréard, Vercingétorix. Paris 1884.

Der Verfasser dieses populär gehaltenen Buches giebt in zwei
einleitenden Kapiteln eine Reihe von Bemerkungen über Bevölkerung
und Sitten des alten Gallien, die durch eine Anzahl gut gewählter Abbildungen deutlich gemacht werden. Alsdann schildert er die Berührungen
zwischen Römern und Germanen und kommt im vierten Kapitel zu dem
Aufstande von 58 v. Chr., den er eingehend bis zum Tode des Vercingetorix verfolgt. Der gallische Held ist dem Verfasser bewundernswert,
weil er einen grofsen Gedanken und eine edle Gesinnung besafs. Er
träumte von einer Einigung Galliens, die allein den Kampf gegen die
fremden Zwingherren bestehen konnte; diesem Gedanken weihte er sein
Leben, dem jedes eigne Interesse fremd blieb, namentlich jeder Ehrgeiz. In den Dienst dieses Gedankens stellte er seine enthusiastische
Beredsamkeit, seine unbezwingliche Thatkraft und seine bedeutenden
militärischen Anlagen. Sein Plan, die Römer von ihrer Verbindung mit
Italien abzuschneiden und sie im Innern zu vernichten, welches zur
Wüste gemacht werden sollte, zugleich aber die Provence anzugreifen,
war der denkbar beste. Aber er rechnete nicht mit den Leidenschaften
seines Volkes, das keine klare Vorstellung von Vaterlandsliebe besafs,
sondern nur Parteigeist. An der Bekämpfung des letzteren ist Vercingetorix gescheitert. Indisziplin und Mangel an unbedingtem Vertrauen
zu dem Führer entsprangen daraus. In letzter Linie triumphierte die
Civilisation über die Barbarei. Die Schrift ist klar und warm geschrieben.

**Ch. Tissot, Recherches sur la campagne de César en Afrique.
Mémoires de l'Institut national de France 31, 2, 1—61.**

Der Verfasser der Schrift de bello Africano ist ein Augenzeuge,
wahrscheinlich ein Generalstabsoffizier Cäsars, vielleicht ein Genieoffizier,
worauf die sorgfältige Angabe der Terrainverhältnisse schliefsen läfst.
Der Verfasser will auf Grund dieser genauen Berichte den Kriegsschauplatz eingehend vorführen.

Nach Cäsars Landung und vergeblichem Versuche, Hadrumetum
zu gewinnen, rückte er 1. Januar 708 auf Ruspina (Monastir) vor, wo
er am selben Tage eintraf. Diesen Ort hatte er mit bewundernswertem
Scharfblick zum Ausgangspunkte seiner Operationen bestimmt. Das Plateau
von Skanès, von dem nordwestlich die alte Stadt lag, hat die Gestalt
eines unregelmäfsigen Fünfecks; vier Seiten werden vom Meere bespült,
die fünfte beherrscht die grofse Ebene des Oued‑Melah, schützt den
Hafen, der zwei Millien südlich von der Stadt lag, und enthält noch einen

Ankerplatz im Schutze der Westseite des Vorgebirges h. Marsa el-
Kdima (der alte Hafen). Hier vermochte sich Cäsar 23 Tage lang gegen
überlegene feindliche Streitkräfte zu halten. Am 2. Januar gewann er
Leptis, sieben Millien südöstlich von Ruspina, dessen Besitz zur Deckung
seiner Operationsbasis erforderlich war; es war eine starke Festung
mit dreifacher Enceinte und besafs eine sehr grofse und sichere Rhede.
Der Diktator kehrte wieder nach Ruspina zurück, unter dessen Mauern
am 4. Januar die Schlacht gegen Labienus stattfand, und zwar in der
Ebene, die sich zwischen dem rechten Ufer des Oued-Melah, dem
Plateau von Ruspina und den Hügeln von Sidi-ez-Zaghouâni ausdehnt.
Jetzt verstärkte Cäsar seine Verschanzungen um Ruspina. Als Scipio
herankam und alle Zufuhr abschnitt, mufsten die Soldaten sich einige
Tage von einer Alge (fucus saccharinus) nähren, die noch heute von
den Bewohnern in Tunis als Viehfutter benützt wird. Die Kavallerie
des Labienus versuchte Leptis zu nehmen, doch sie richtete nichts aus.
Unterdessen begannen die Desertionen und Abfälle im republikanischen
Lager. Erst nach dem Eintreffen der 13. und 14. Legion konnte Cäsar
27. Januar die Offensive ergreifen. Von seinem Lager, das im Nord-
westen des Plateaus von Skanès lag und die von den Pompeianern besetzte Ebene vor sich hatte, marschierte er auf Ruspina, ging nach dem
Hafen hinunter und führte seine Legionen längs des Gestades durch
die linke Seite der Ebene; überall deckten seinen Marsch Höhen,
welche dem Feinde die Bewegung verbargen. So konnte er sich der
ersten Erhebungen im Osten der Ebene bemächtigen, die er rasch ver-
schanzen liefs. Ein von Numidiern besetzter Hügel wird von spanischen
Reitern genommen. Derselbe liegt eine Millie südlich von Benbla, 7 km
westlich von Lemta und 5300 m südöstlich von Mesdour; er beherrscht
die Ebene des Oued-Melah, in deren Mittelpunkt sich die Stadt Urzita
erhob; die Ruinen dieser Stadt liegen 1500 m nordöstlich von Mesdour
und 2250 m südwestlich von Mnara, auf dem rechten Ufer des Oued-
Sablin, 2300 m westlich von dem streitigen Hügel. Die in dem Berichte erwähnte grofse Villa mit vier Türmen zeigt sich in ihren Trümmer-
resten 1000 m westlich vom Fufse des Hügels und 1350 m ostnordöst-
lich von den Ruinen des alten Städtchens. Die Folge des Reitergefechtes
vom 27. Januar war die Aufhebung der Belagerung von Achilla; Considius
zog durch das Reich Jubas nach Hadrumetum zurück. Diese Angabe ist
so zu verstehen, dafs die Sebkha von Sidi-el-Hani oder der Salzsee von
Kairouan die Grenze zwischen Numidien und dem römischen Gebiete
bildete. Considius hätte eigentlich von Achilla nach Sarsura und von
da auf der Hauptstrafse über Thysdrus nach Hadrumetum ziehen müssen,
dem kürzesten Wege. Aber hier konnte ihn die feindliche Reiterei in
der Flanke fassen, und so ging er von Achilla nach Thysdrus und von
da am Westufer des Sees von Kaïrouan hin. Indessen kam Juba zu
Scipio mit den verlangten Verstärkungen. Cäsar schob indessen seine

Stellung langsam weiter vor und besetzte alle dominierenden Punkte.
Labienus suchte ihn zu hindern und sich einer benachbarten Höhe zu
bemächtigen. Auch hier ist das topographische Detail wieder bewunderns-
würdig treu geschildert. Das Thal, welches von dem Verfasser des bellum
Africanum geschildert wird, ist ein schluchtähnlicher Hohlweg, 2 km von
dem arabischen Flecken Bou-Daoui und 1500 m südlich von dem Hügel,
den Cäsar am 27. Januar besetzt hatte. An den Abhängen sind felsige,
stark ausgewaschene Überhänge, die crebra loca speluncae in modum;
südlich von dem Hohlweg ist auch heute noch ein alter Olivenwald; der
Hügel, dessen sich Cäsar bemächtigte, liegt unmittelbar südlich von dem
Thale, 2800 m nördlich von Zaouïat-el-Kountech und 4800 m ostsüdöst-
lich von Mesdour. Cäsars Hauptlager befand sich gegenüber von Uzita
auf den Höhen; um sich diesem Platze von der feindlichen Reiterei un-
behelligt nähern zu können, liefs er mitten durch die Ebene zwei befestigte Laufgräben ziehen; zugleich erleichterten dieselben das Graben
von Brunnen und die Desertionen, auf die er rechnete. Nachdem Cäsar
die Parallelen bis unter die Mauern von Uzita, doch aufserhalb der Schufs-
weite, geführt hatte, stellte er auf der ganzen Linie, der Stadt gegenüber, seine Geschütze auf. Aber zum eigentlichen Schlagen kam es
nicht. Varus überfiel zur See Leptis, Cäsar verfolgte ihn bis nach Hadrumetum. Die Hauptfrage Cäsars bildete die Beschaffung der Lebens-
mittel. Er sandte Truppen aus, um die Getreidevorräte der Landbe-
völkerung in das Lager zu schaffen. Labienus legt diesen einen Hinter-
halt an dem Höhenzuge, der sich von Mesdour nach Menzel-Kemel erstreckt. Die Aufbewahrungsart des Getreides, welche der Verfasser des
bell. Afr. schildert, besteht heute noch in Afrika. Aber diese Vorräte
hielten nicht lange vor, und da die Gegner jeden Kampf weigerten, verstärkte er die Besatzungen von Ruspina, Leptis und Achilla, gab den Schif-
fen Ordre, vor Thapsus und Hadrumetum zu kreuzen und rückte vor die
Stadt Agar; sie heifst heute Beni-Hasseïn und liegt 13 km südsüdöstlich
von Mesdour und 15 km südsüdwestlich von Lemta, 4500 m östlich von Zeremdin und 25 km südwestlich von den Ruinen von Thapsus. Bald bemächtigte sich Cäsar der Stadt Zeta (h. der arabische Flecken Kneïs 6400 m
nordwestlich von Bordjin). Vacca (h. Henchir-Zaïet) fiel eher in Jubas
Hände, als ihm Cäsar Hilfe bringen konnte. Scipios Lager befand sich
in der ganzen Zeit auf dem Höhenzuge vom Menzel-Kemel über einer
der beiden Quellen des Oued-Melah.

. Am 23. März nahm Cäsar Sarsura unter den Augen des Feindes;
die Ruinen dieser Stadt liegen bei Bou-Merdès, 9 Millien südlich von
Zeremdin und 12 Millien nördlich von El-Djemm (Thysdrus). Am
24. März kam Cäsar wieder südlich nach Tisdra (Thysdrus h. El-
Djemm); doch eine Rekognozierung zeigt ihm die Uneinnehmbarkeit des
Platzes, und er geht nach Agar zurück. Da kam ihm die Nachricht
von der Unterwerfung der Stadt Thabena zu; dieser Name ist mit dem

anderen Thaenae identisch. Das Reitergefecht bei Tegea fand westlich
vom Flecken Menzel-Kemel statt, wo sich 1500 m südlich von Bordjin
Ruinen finden, die von Cäsars Lager 18 km = 12 Millien entfernt waren.
Da der Feind durchaus nicht zum Schlagen zu bewegen war, änderte
Cäsar seinen Feldzugsplan und verliefs am 4. April sein Lager vor Agar
und marschierte nach Thapsus, das er lebhaft angriff. Scipio mufste
Hülfe bringen und lagerte sich acht Millien von der Stadt. Cäsar hatte
den kürzesten Weg eingeschlagen am Nordufer des Salzsees von Sidi-
ben-Nour (stagnum salinarum); Scipio war ihm auf den Höhenzuge gefolgt über Djemal, Lemta, Ras Dimas und lagerte sich bei Soukuin,
einem Weiler 12 Millien von Thapsus. Die Küste läuft bei letzterem
Orte von WNW nach OSO, nimmt aber vom Kap Dimas an eine nord-
südliche Richtung. Kap Dimas bildet fast einen rechten Winkel, dessen
Spitze Thapsus war. Eine niedere Hügelreihe an der Küste von Monastir bis zum Kap Dimas, ein Bergstock von Khnis bis südlich von
Bou-Merdès, der sich von West nach Ost bis nach Mehdia fortsetzt, endlich der Küstengürtel, welcher Mehdia mit Kap Dimas verbindet, grenzen ein weites Amphitheater ab, das fast geschlossen ist um den Salzsee von Sidi-ben-Nour. Das Nordufer desselben ist durch eine kleine
nur 2500 m breite Kette von der Küste geschieden, das Ostufer ist nicht
weiter von dem Küstenstriche südlich von Kap Dimas entfernt. Thapsus war also vom Festlande nur durch zwei schmale Landzungen zugänglich, die auf der einen Seite von der See, auf der andern von dem Salzsee begrenzt waren. Die Kommandeure der vereinigten republikanischen
Truppen lagern am 5. April auf der nördlichen Landzunge, nahe an
einander und acht Millien von Thapsus, in zwei getrennten Lagern unter
dem Befehle von Scipio und Afranius. Cäsar hatte auf der Landzunge
ein castellum anlegen lassen, welches Scipio's Vormarsch hemmte; dieser
trennt sich von Afranius und Juba, welche vor demselben Stellung nahmen, und umgeht am 6. und in der Nacht vom 6. auf den 7. April den
Salzsee auf dessen südlichem Ufer, folgt den Dünen, die ihn vom Litto-
ral trennen, und erreicht mit der Morgenröte eine Stellung 1629 m vom
castellum und von den Linien Cäsars vor Thapsus. Cäsar liefs durch
einen Teil seiner Flotte eine Diversion im Rücken der feindlichen Truppen ausführen, wobei die Schiffe so nahe als möglich am Gestade Stellung nahmen, und zwar in dem schmalen Meeresarme, welcher vom Festlande die beiden flachen Inseln Sorelle trennt. Scipio wurde zuerst
geschlagen und zog Afranius und Juba mit in seine Niederlage.

VII. Die Zeit der Julier, Claudier, Flavier und Antonine.

Joh. Schmidt, Zum Monumentum Ancyranum 44, 442—470.

In einer Besprechung von Mommsens neuer Ausgabe des Mon.
Anc. und von Bormanns Marburger Rect. Progr. macht der Verfasser

eine Reihe von Emendationen. Sodann äufsert er sich über die Bestimmung der Schrift. Bormanns Ansicht, dafs wir in dem Denkmale
die Grabschrift des Augustus zu erkennen haben, tritt er bei.

Ausführlich erörtert Schmidt die Zeitbestimmung der von Augustus
erwähnten arabischen und aethiopischen Expedition. Er tritt in der
Frage, ob Aelius Gallus als praef. Aegypti den Zug geleitet, auf die
Seite Mommsens gegen Krüger, Merriam und mich, glaubt aber die Zeit
und die Dauer beider Expeditionen noch näher bestimmen und den ganzen Verlauf der Ereignisse, insbesondere den Hergang des aethiopischen
Krieges und die Rolle, die Petronius dabei spielte, in einigen Punkten
noch etwas richtiger und anschaulicher darstellen zu können, als dies
bis jetzt von der einen wie von der anderen Seite geschehen sei; auch die
absolute Richtigkeit der augustischen Zeitangabe eodem fere tempore
werde sich damit noch deutlicher herausstellen.

Schmidt hält »über jeden Zweifel hinaus für festgestellt«, dafs
Aelius Gallus die arabische Expedition als praef. Aegypti kommandiert
habe. Dio sage es ausdrücklich und auch aus Strabo 16, 22 p. 780
ergebe es sich; Bedenken, den Statthalter aus Ägypten wegzuschicken,
habe es nicht gegeben, da man damals die Ägypter und die ihnen benachbarten Völker nicht gefürchtet habe; die arabische Expedition sei
aber bedeutend genug gewesen, um sie in des Statthalters Hände zu legen.
Wenn Plin. n. h. 6, 160 den Aelius Gallus als ex equestri ordine bezeichne, während er in bezug auf Petronius 6, 181 noch hinzufüge praefecto Aegypti, so wollte jene Bezeichnung durch 5, 11. 12 beleuchtet sein
und gestatte jedenfalls nicht den Schlufs, dafs Plin. damit gegen die
Bekleidung der Präfektur durch Aelius Gallus zur Zeit der arabischen
Expedition zeuge. Was Strabo p. 819 angehe, so müsse jeder, der die
Stelle aufmerksam lese, zugeben, dafs Strabo dort nicht daran denke,
in chronologischer Reihenfolge die Präfekten Ägyptens aufzuzählen. Er
beweise das οὐ πολεμιστὰς εἶναι zuerst an zwei Beispielen für die
Ägypter selbst, dann weiter für τὰ πέριξ ἔθνη.

Im Grofsen und Ganzen ist es ja gleichgiltig, ob Aelius Gallus
als praef. Aegypti oder kraft Spezialmandats die Expedition unternommen hat. Die Gründe indessen, die mein verehrter Kollege vorträgt,
haben mich auch nicht bekehrt. Dafs Dio ausdrücklich sagt, Aelius
Gallus sei praef. Aegypti gewesen, wär mir auch bekannt; aber ich habe
auf seinen Bericht, wie ich S. 199 erörtert habe, keinen entscheidenden
Wert gelegt, weil er auch sonst eine Reihe von irrigen Angaben über
diesen Feldzug hat, vor allem aber, weil er 54, 5, 4 auch schon Petronius
den ersten Felzug als ὁ τῆς Αἰγύπτου ἄρχων unternehmen läfst, eine
Angabe also falsch sein mufs, nach Plinius aber die über Aelius Gallus
falsch ist. Wie sich aus Strabo 16, 22 p. 780 ergeben soll, dafs Aelius
Gallus zur Zeit der Expedition praef. Aegypti gewesen sei, kann ich
leider auch jetzt noch nicht sehen. Denn an der betreffenden Stelle

steht nichts als: ἡ τῶν Ῥωμαίων ἐπὶ τοὺς Ἄραβας στρατεία νεωστὶ γενη-
θεῖσα ἐφ' ἡμῶν, ὧν ἡγεμὼν ἦν Αἴλιος Γάλλος — τοῦτον δ' ἔπεμψεν ὁ
Σεβαστὸς Καῖσαρ διαπειρασόμενον τῶν ἐθνῶν etc. Weder hier, noch in
der ganzen Erzählung steht etwas anderes, als daſs er ἡγεμὼν war und
ἔστειλε τὴν στρατείαν; wenn ich mir die Argumentation Schmidts bezüglich des Petronius für Gallus aneigne, so hat Strabo ihn nicht als ἔπαρχος oder Αἰγύπτου ἄρχων bezeichnet, weil er es nicht war. Jedenfalls
kann so nicht der praef. Aegypti bezeichnet sein, wohl aber der dux,
also ungefähr der praefectus legionis mit Spezial-Kommando; denn er
hat schwerlich mehr als eine Legion bei sich gehabt, wie ich S. 198 berechnet habe. Auch Jos. A. J. 15, 9, 1. 2. 3 kennt nur Petronius als
praef. Aegypti, nicht Aelius Gallus, den er sonst jedenfalls als dessen
Vorgänger bezeichnet hätte. Daſs man die Ägypter und die benachbarten Völker nicht gefürchtet hat, geht allerdings aus Strabo S. 819. 820
hervor, aber doch nur unter der Voraussetzung, daſs der Präfekt und
die Besatzung anwesend waren, welche zur Niederhaltung der feindlichen
Elemente ausreichten. Etwas ganz anderes ist es aber, wenn man den
praef. Aegypti auf eine Expedition von unabsehbarer Dauer sendet, namentlich zu einer Zeit, wo sich in Aethiopien ein Groſsstaat zu bilden
begann. Schmidt meint, die beiden Pliniusstellen bewiesen nicht, daſs
Aelius Gallus nicht praef. Aegypti gewesen sei. Ich meine doch, wenn
man dieselben nur im Zusammenhange liest. Plinius berichtet 6, 160
Romana arma solus in eam terram adhuc intulit Aelius Gallus ex equestri ordine, indem er nach der Beschreibung von Arabien die historischen
Berührungen giebt, welche zwischen dem Lande und den Römern stattfanden. Alsdann beschreibt er Äthiopien und giebt § 181 auch die Beziehungen der Römer zu diesen Gegenden mit den Worten: Intravere
autem et eo arma Romana divi Augusti temporibus duce P. Petronio et
ipso equestris ordinis praefecto Aegypti. Nun läſst sich doch sicherlich
nicht bestreiten, daſs auf die Notiz § 160 hier bezug genommen wird;
denn eine andere Expedition der Römer divi Augusti temporibus findet
sich zwischen § 160 und 181 nicht berichtet. Die Art der Beziehung
ist aber klar ausgedrückt durch et eo — divi Augusti temporibus, und
daſs der dux auch equestris ordinis war, wie bei der vorhererwähnten Expedition, zeigen die Worte duce P. Petronio et ipso equestris ordinis;
aber nun tritt hinzu praefecto Aegypti. Plinius müſste nun allerdings
den Satz, daſs die Sprache dazu da ist, die menschlichen Gedanken zu
verbergen, beherzigt haben, wenn er das eine Mal durch die Worte ex
equestri ordine dasselbe hätte ausdrücken wollen wie das andere Mal
durch die Worte et ipso equestris ordinis praefecto Aegypti. Schmidt
verweist auch auf 5, 11; aber hier finde ich nichts als folgende Notizen:
nec solum consulatu perfunctis atque e senatu ducibus, qui tum res
gessere, sed equitibus quoque Romanis, qui ex eo praefuere
ibi Atlantem penetrasse gloria fuit, und equidem minus miror incomperta

quaedam esse equestris ordinis viris, iam vero et senatum inde intranti-
bus quam luxuriae etc. Hier wird gesagt, dafs in und nach den Kämpfen gegen den Freigelassenen Aedemon nicht nur Konsulare und duces
ex senatu, sondern auch ex equitibus Romanis qui ex eo ibi praefuere
d. h. Prokuratoren von Ritterrang bis zum Atlas vorgedrungen seien.
Auch an dieser Stelle sind so wenig wie 5, 160 mit equites Romani die
Prokuratoren an und für sich bezeichnet, sondern durch den Zusatz qui
praefuere ibi. Ich konnte mich also an dieser Stelle über meinen Irrtum nicht eines besseren belehren, sondern wurde lediglich durch dieselbe in der Annahme bestärkt, dafs, wenn Pliu. 5, 160 den Aelius Gallus
als praef. Aegypti hätte bezeichnen wollen, er entweder wie 5, 181 praef.
Aegypti oder wie 6, 11 qui ibi praefuit zu ex equestri ordine hinzugefügt hätte. Die Stelle Strabo 819 kann man wenigstens so auffassen,
wie es Schmidt thut; sie beweist also weder im einen noch im anderen
Falle etwas für die Aufeinanderfolge der Präfekten. In welcher Eigenschaft war aber Petronius in Ägypten zurückgeblieben, während Gallus
seine Expedition machte? Denn dafs er in einer amtlichen Stellung in
dieser Zeit war, beweist der Bericht Strabos 17, 1, 54 S. 820 mit völli-
ger Evidenz: Ἐπειδὴ δὲ οἱ Αἰθίοπες καταφρονήσαντες τῷ μέρος τι τῆς
ἐν Αἰγύπτῳ δυνάμεως ἀπεσπάσθαι μετὰ Γάλλου Αἰλίου πολεμοῦν-
τος πρὸς τοὺς Ἄραβας, ἐπελθόντες τῇ Θηβαΐδι etc. — ἐπελθὼν δὲ ἐλάτ-
τοσιν ἢ μυρίοις πεζοῖς Πετρώνιος. Da nun Plinius Petronius ausdrücklich als praef. Aegypti die Expedition gegen Aethiopien unternehmen
läfst, so bleibt für mich kein anderer Schlufs übrig, als dafs er in derselben Zeit praef. Aegypti war, während deren Gallus in anderer Eigenschaft die arabische Expedition leitete.

   Über die Zeit der Expedition bemerkt Schmidt folgendes: »Dio
läfst 53, 29 die arabische Expedition ihr Ende finden Anfang 730, nicht
lange nach der Rückkunft des Augustus aus Spanien, und ihre Dauer
scheint er auf etwa 1¹/₂ Jahre zu erstrecken; denn das ταῦτα in der
Zeitbestimmung ἐν ᾧ δὲ ταῦτα ἐγίγνετο 53, 29, 3 mufs sich nicht blos,
wie Schiller S. 199 zu meinen scheint, auf den offenbar rasch gedämpften
Aufstand der Kantabrer und Asturer nach dem Weggang des Augustus
aus Spanien beziehen, sondern auf die vorher erzählten spanischen Kämpfe
des Augustus selbst und das in derselben Zeit im Rom geschehene.«
Leider sind dabei einige Versehen untergelaufen. Jedenfalls hat Dio nicht
1¹/₂ Jahr für die Expedition des Gallus angenommen; denn er sagt,
nachdem er c. 28 die Vorgänge in Rom im Jahre 730 und c. 29, wie
die Worte ἐν μὲν οὖν τῇ πόλει ταῦτα τότε ἄξια μνήμης ἐγένετο· οἱ δὲ
δὴ Κάνταβροι οἵ τε Ἄστυρες — ἐπανέστησαν beweisen, einen teilweise
damit parallel laufenden Aufstand in Spanien berichtet hat, 29, 3 ἐν ᾧ
δὲ ταῦτα ἐγίγνετο — d. h. doch höchstens die erwähnten Ereignisse des
Jahres 730 — καὶ ἄλλη τὶς στρατεία καινὴ ἀρχήν τε ἅμα καὶ τέλος ἔσχεν,
d. h. er verlegt Anfaug und Ende des arabischen Feldzuges ins Jahr 730.

Dafs er auch die Kämpfe des Augustus in Spanien selbst nicht gemeint haben kann, zeigt 28, 1 ἐπειδὴ πλησιάζειν τε ἤδη τῇ πόλει ἠγγέλθη und 3, wo ausdrücklich geschrieben wird ταῦτα μὲν ἀποδημοῦντι ἔτ᾽ αὐτῷ ἐψηφίσθη und ἀφικομένῳ δὲ ἐς τὴν Ῥώμην etc.; endlich 29, 1 ἐν μὲν οὖν τῇ πόλει — οἱ δὲ δὴ Κάνταβροι etc. ὡς τάχιστα ὁ Αὔγουστος ἐκ τῆς Ἰβηρίας — ἀπηλλάγη. Aber auch schon die ganze Anordnung zeigt, dafs Dio an die Kämpfe des Augustus nicht gedacht haben kann; denn diese berichtet er c. 25, 3 und 5 mit den Worten δι᾽ οὖν ταῦτα ὁ Αὔγουστος, ἤδη δὲ ἔνατον μετὰ Μάρκου Σιλανὸν ὑπάτευεν etc., verlegt sie also ausdrücklich ins Jahr 729, beschreibt dann die Krankheit des Augustus in Tarraco, berichtet c. 26 die Entlassung der Veteranen, die Ordnung in Mauretanien und die Einziehung von Galatien, Kämpfe des M. Vinicius gegen Alpenvölker und c. 27 städtische Bauten des Agrippa etc. Wie sollte er also, besonders nachdem er c. 28, 1 mit den Worten ἐκ δὲ τούτου δέκατον ὁ Αὔγουστος μετὰ Γαίου Νωρβανοῦ ἦρξε die Ereignisse des Jahres 730 noch besonders abgeschieden hat, 29, 3 mit ἐν ᾧ δὲ ταῦτα ἐγίγνετο nochmals auf die in einem früheren Jahre berichteten und durch eine Reihe von anderen Berichten von c. 28. 29 völlig getrennten spanischen Kämpfe mit dem einfachen Worte ταῦτα zurückgreifen? Ebenso deutlich wird das Jahr 731 c. 30 durch die Worte ὁ δ᾽ Αὔγουστος ἑνδέκατον μετὰ Καλπουρνίου Πίσωνος ἄρξας ἠρρώστησεν αὖθις abgetrennt.

Schmidt fährt fort: Sicher mufs Petronius um die Mitte des Jahres 730 die Präfektur Ägyptens übernommen haben; denn schon im Spätsommer, spätestens im Herbst oder Winter 730 hat Herodes Getreide von ihm gekauft. Aelius Gallus hat bereits um den Anfang des Jahres 728, vielleicht sogar noch 727, die sehr umfänglichen Vorbereitungen für die Expedition begonnen und ist im Sommer 728 aufgebrochen; denn er blieb nach Strabo 16, 24 p. 781 Sommer und Winter in Leuke Kome. Frühjahr 729 brach er von dort auf, bis Mariaba brauchte er sechs Monate, dabei ist der Aufenthalt durch Kämpfe, Belagerungen etc. nicht mitgerechnet; für den Rückweg brauchte er 60 Tage bis Egra Kome; von da kam er in elf Tagen nach Myos Hormos, von da nach Koptos und Alexandreia; für die ganze Abwesenheit seit dem Aufbruche von Leuke Kome bis zur Rückkehr nach Alexandreia will Schmidt gegen zehn bis zwölf Monate ansetzen. Die Expedition erreichte etwa März 730 ihr Ende; dazu stimmt Hor. od. 1, 29, 35; denn Dio gedenkt der Absicht des August nach Britannien zu gehen 727/8 (vielmehr nach 25, 1. 2 im Jahre 728/9; denn nach 25, 2 στρατευσείοντα ἐς τὴν Βρετανίαν κατέσχον οἱ Σαλασσοὶ — καὶ οἱ Κάνταβροι; nach 25, 3 δι᾽ οὖν ταῦτα ὁ Αὔγουστος ἤδη δὲ ἔνατον μετὰ Μάρκου Σιλανοῦ ὑπάτευεν (d. h. 729) ἐπὶ μὲν τοὺς Σαλασσοὺς Τερέντιον Οὐάρρωνα ἔπεμψεν; nach § 5 αὐτὸς δὲ Αὔγουστος πρός τε τοὺς Ἄστυρας καὶ πρὸς τοὺς Καντάβρους ἅμα ἐπολέμησέ, also im gleichen Jahre 729). Die Nilfahrt, auf der Strabo seinen Freund Aelius Gallus begleitete und bis nach Heliupolis

und Syene zur äthiopischen Grenze gelangte, wird derselbe Ende 727
oder Anfang 728 unternommen haben, um den nötigen Grenzschutz zu
bestellen. Mommsen hat also den Aufbruch aus Ägypten um mehr als
ein Jahr, den aus Leuke Kome um ein Jahr zu spät angesetzt; denn
wenn letzterer erst Frühjahr 730 stattfand, so konnte Aelius Gallus erst
Frühjahr 731 nach Alexandreia zurückkommen. Aber Winter 730 war
Petronius auch schon nach Mommsen Statthalter von Ägypten, und
aufserdem ist Dio 53, 29 dagegen. Einen Nachfolger erhielt Aelius
Gallus nach seiner Rückkehr an Petronius, der sich gegen die Äthiopen
mit Lorbeern bedeckt hatte. Denn es ist nicht richtig, wenn Mommsen
den Petronius erst, als er die Statthalterschaft antritt, nach Ägypten
kommen und erst, nachdem er sie angetreten hat, gegen die Äthiopen
ziehen läfst; es ist nicht richtig, wenn er die Äthiopen erst 730 oder
731 ins römische Gebiet einfallen läfst. Es widerspricht dies der Darstellung Strabos in mehreren Punkten; denn der erste Zug gegen die
Äthiopen mufs kurz nach der Rückkehr des Augustus aus Spanien im
Frühjahr 730 schon sein Ende erreicht haben; und Strabo sagt ausdrücklich, die Schwächung der ägyptischen Besatzung hat den äthiopischen Einfall in die Thebais veranlafst. Nun segelte Gallus Sommer
728 von Kleopatris ab; aber schon 727 konnten die Äthiopen über seine
Absicht unterrichtet sein; es ist daher am natürlichsten, wenn wir sie
noch im Herbst oder Winter 728 in Ägypten einbrechen lassen. Wie
thöricht wäre es gewesen, wenn sie bis 730 oder 731 bis nach Beendigung der arabischen Expedition gewartet hätten! Augustus hat allerdings die beiden Expeditionen nicht gleichzeitig befohlen; aber der ohne
den Statthalter zurückgebliebene Rest der römischen Besatzung konnte
dem feindlichen Angriff nicht ruhig zusehen. Offenbar führte Petronius
während der Abwesenheit des Statthalters, gleichviel in welcher Charge,
das Kommando über die Truppen und das Land und beschlofs sofort
die Überrumpelung von Syene zu rächen. Der ganze Feldzug, wie ihn
Strabo beschreibt, wird mit den nötigen Vorbereitungen bis zur Rückkehr nach Alexandreia die Zeit von Ende 728 bis Frühjahr 730 beansprucht haben; er kam ungefähr gleichzeitig mit Gallus zurück, und
nichts war natürlicher, als dafs Augustus ihn an die Stelle des letzteren
setzte. Denn der Äthiopenkrieg war noch nicht zu Ende. Wann der
Angriff der Kandake erfolgte, ob noch Winter 730/1 oder erst 731, läfst
sich nicht feststellen; wahrscheinlich erst 731; dieser zweite Feldzug
würde bis Winter 732 gedauert haben. Dio setzt den Abschlufs dieser
Aktionen mit der Abreise des Augustus nach Sicilien Spätherbst 732
gleichzeitig. Die von Kandake abgeordnete Gesandtschaft erreichte ihn
in Samos Winter 733/4. Wenn Plinius n. h. 6, 111 sagt: duce Pe-
tronio-praefecto Aegypti, so widerstreitet dies der gegebenen Darstellung nicht; den zweiten Feldzug hat er wirklich als Statthalter gemacht.
Plinius hatte keine Ursache sich exakter auszudrücken, wenn ihm selbst

die Verhältnisse in ihren Einzelheiten gegenwärtig waren, was nicht feststeht. Dio läfst allerdings Petronius schon bei der ersten Expedition ἄρχων τῆς Αἰγύπτου sein, aber in seinem kurzen, zusammenfassenden Berichte kann eine solche kleine Ungenauigkeit nicht wunder nehmen. Strabo hütet sich wohl, den Petronius bei der Erzählung des Zuges nach Napata als ἔπαρχος oder ἄρχων τῆς Αἰγύπτου zu bezeichnen. Durch diese Darstellung wird nun der Ausdruck eodem fere tempore in seiner Exaktheit in viel strikterer Weise als bisher nachgewiesen. Augustus dachte bei der äthiopischen Expedition offenbar vornehmlich an den ersten Zug des Petronius, der bis Napata führte; den zweiten konnte er ganz aufser acht lassen. Dieser erste Zug begann aber etwas später als die arabische Expedition, endete aber fast gleichzeitig. Wenn er sagt meo iussu et auspicio ducti sunt etc., so kann er an den vor dem Angriff der Äthiopen bereits dem Aelius Gallus gegebenen allgemeinen Befehl, einen Kriegszug gegen dieselben zu unternehmen, gedacht haben. Wem das nicht genügt, der kann auch annehmen, dafs Petronius nach empfangenem Bericht über den Einfall der Äthiopen sich die Erlaubnis zu dem Rachezug noch exprefs per Kourier erbeten habe.

Interessant ist in Schmidts Berechnung, dafs Aelius Gallus mindestens vom Sommer 728 bis März 730 aus Ägypten abwesend war; ich möchte, er hätte einen Fall nachgewiesen, wo ein Statthalter beinahe zwei Jahre auf Anordnung der Regierung, noch dazu einer so mistrauischen und vorsichtigen, wie des Augustus, aus seiner Provinz abwesend gewesen ist. Und das soll in einer Provinz geschehen sein, welche nach Mommsens (R. G. 5, 582 f.) drastischer Schilderung im Krawallieren den anderen voraus war. Etwas anderes ist es, wenn der Statthalter, wie nachher Petronius, durch Angriffskrieg gezwungen wurde, die Provinz zu verteidigen. Schmidt mufs auch selbst zugeben, dafs man vor Gallus' Abwesenheit dem Petronius irgendwie eine amtliche Stellung habe übertragen müssen. Alle diese Schwierigkeiten schwinden, wenn Petronius Statthalter und Aelius Gallus nur Führer der arabischen Expedition war. Freilich würde dazu nicht stimmen, wenn Augustus wirklich den Aelius Gallus wegen der unglücklichen Expedition abgesetzt hätte; aber dies ist doch nur ein Resultat Mommsens und Schmidt, der demselben folgt, gerät mit sich in einigen Widerspruch; denn S. 456 sagt er: »Alle Unglücksfälle, alles Unerfreuliche bleibt in dem Mon. Anc. bei Seite.« Daraus folgt, dafs Augustus die arabische Expedition nicht als Unglücksfall und nicht als unerfreulich ansah, sonst hätte sie nicht erwähnt werden dürfen; er mufs sie vielmehr zu »den rühmlichen Thaten und Ereignissen« gerechnet haben, »die den Glanz des römischen Namens zu erhöhen geeignet waren«, da nach S. 456 »eben lediglich dieser Erwähnung geschieht.« Betrachtete er aber die arabische Expedition so, so lag kein Grund vor, den Gallus abzusetzen event. nach meiner Auffassung hinderte nichts, ihn später zum Nachfolger des

Petronius zu machen. Die Nilfahrt des Aelius Gallus läfst sich mit ebenso viel soviel Recht vor als nach dem arabischen Feldzug ansetzen (S. meine Gesch. 200).

Aber mit dem oben Schmidt nachgewiesenen Misverständnisse bezüglich seiner Datierung der Absicht des Augustus, nach Britannien zu gehen, die 728/9, nicht, wie er thut, 727/8 zu setzen ist, fällt auch der einzige Anhalt weg, den Anfang der arabischen Expedition Sommer 728 zu setzen; er mufs Frühjahr oder Sommer 729 gesetzt werden. Wenn die äthiopische Expedition »ungefähr gleichzeitig« zu setzen ist, so kann sie, da der Endpunkt spätestens Herbst 730 gesetzt werden mufs, recht gut Ausgang des Sommers 729 nach dem Abgang des Aelius Gallus unternommen worden sein. Schmidt meint allerdings, Petronius müsse im Frühjahr 730 zurückgekommen sein; aber diese Annahme wird weder durch Dio 53, 28, 1 ὑπὸ γὰρ τῆς ἀρρωστίας ἐχρόνισε, noch durch Strabos νεωστὶ ἐκ Καντάβρων ἥκοντι erfordert; denn νεωστὶ hat gleich nuper eine zeitlich nicht so eng beschränkte Bedeutung.

O. Schrader, Zu Ovidius und den Quellen der Varusschlacht. Neue Jahrb. für Philologie 131, 487—493.

Die Hauptsache in dem teilweise zur Verteidigung früherer Arbeiten geschriebenen Aufsatze ist, dafs Tiberius nur einmal den Rhein nach der varianischen Niederlage überschritten hat, und zwar nach Velleius im Jahre 10, nach Dio im Jahre 11; die erstere Angabe ist vorzuziehen; im Jahre 11 hielt sich Tiberius in Gallien auf. In den beiden Jahren war Tiberius von Germanicus begleitet.

M. von Sondermühlen, Aliso und die Gegend der Hermannsschlacht. Brandenburg a. d. H. 1784.

Das Kastell Aliso ist nach des Verfassers Ansicht an der Mündung der Glenne in die Lippe bei dem Orte Liesborn zu suchen. Die folgenden 50 Seiten können wir uns schenken, da sie uns die Übersetzung der griechischen und römischen Quellen geben. Varus ging an die Weser, um mit seinem Sommerlager die Anfänge zu einem festen Standquartiere an der Weser zu finden; er folgte dabei dem trockenen Boden der Senne, benutzte die Dörenschlucht oder den Bielefelder Pafs und erreichte über Lage und Lemgo die Weser bei Varenholz. Aus seinem Sommerlager marschierte er gegen die Ems, überschritt die Werre und ging über Buer, Oster-Cappeln und Verme zur Rechten die Höhen des Süntels, die Essener und andere Berge. Die Teutoburg findet sich hier mitten in den Höhenzügen, die sich nach Osten an das Wiehegebirge lehnen, im Süden die Niederungen des Elze- und Haseflusses, im Norden und Westen die weiten Moore und Heidestrecken zur Grenze haben, die sich bis an die Ems und Ostfriesland ziehen, als eine runde Bergkuppe, Dietrichsburg genannt, bei Melle. Am ersten Tage

lagerte das Heer in der Gegend von Bünde, am zweiten Tage |in der
Nähe der Dietrichsburg; der Winne Brook, ein Thal, das bei dem an
der Elze gelegenen Gute Bruchmühlen beginnt und sich an der linken
Seite des Flusses bis zum Gute Bruche bei Melle in grofser Breite und
Länge hinzieht, soll »Sieg-Bruch« oder Siegesthal bezeichnen und noch
an die Schlachtstätte erinnern; das Lager der Römer befand sich auf
einem Berge »Wagenhorst«; auch dieser Name soll an die Vorfälle der
Varusschlacht erinnern. Die Römer suchten nach Vörden, einem alten
Passe, zu gelangen; bei dem heutigen Dorfe Engter kamen sie aus den
Bergen und mufsten dann das Witte-Feld zu erreichen suchen. Aber
Armin warf sie in die Berge zurück; diese sind in der Umgegend von
Osnabrück zu suchen. Alle diese Gegenden erinnern in Sagen an diese
Kämpfe; der Zug des Germanicus läfst sich auch mit denselben wohl
vereinigen. Er drang an der oberen Ems über Friesoite, Kloppenburg,
Vechta und Diepholz in die Wesergegenden, erreichte bei Lübcke das
Wiehegebirge und kam bei Bünde an das erste Varuslager; nach dem
Besuch der anderen Schlachtfelder ging er wieder nach der Ems zurück.

Wieder eine Hypothese, die natürlich nicht besser und nicht schlech-
ter ist wie die zahlreichen anderen.

Th. Mommsen, Die Örtlichkeit der Varusschlacht. Sitzungsber.
der Königl. Preufs. Akad. der. Wiss. 1885. V. Gesamtsitzung vom
29. Januar.

Varus verweilte im Sommer 9 v. Chr. hauptsächlich im Cherusker-
lande an der Weser; der Name Cherusker führt auf die Gegend zwischen Hameln und Minden; eben dahin führt, dafs es für die römische
Armee unter den damaligen Verhältnissen am nächsten lag, den Weg am
Rhein zur Weser über Aliso durch die Dörenschlucht im Lippeschen
Wald zu nehmen. Für die Ansetzung des eigentlichen Schlachtfeldes
besitzen wir folgende Data: 1. die Katastrophe erfolgte auf dem Marsche
von der Weser nach dem Rhein. 2. Auf der Linie Vetera – Aliso –
Weser ist die Armee nicht zugrunde gegangen. 3. Nach Tac ann. 1, 60
ist das Schlachtfeld nördlich von der Lippe, östlich von der Ems zu
suchen. Die Bezeichnung saltus fordert eine Gebirgsgegend und weist
damit auf den Osning oder das Wiehengebirge. 4. Mehr als die Berge
hinderten Moore (paludes) den Marsch der Römer. Die schliefsliche
Katastrophe trat in einem Engpasse ein; es liegt nahe, an ein von
Mooren umschlossenes Défilé zu denken. Aber mit allen uns gebliebe-
nen Nachrichten läfst sich die Lokalisierung des Schlachtfeldes nicht
erreichen. Als die Insurrektion ausbrach, mufs Varus von der Weser
wie von der Lippe mehrere Tagemärsche entfernt gewesen sein; aber
wo er stand, wissen wir nicht; ebenso wenig, welches Marschziel er nach
dem Ausbruch der Insurrektion ins Auge fafste. Dafs er sofort Kehrt
machte, ist wahrscheinlich. Aber welche Richtung er nach erfolgtem

Angriffe einschlug, ob er die Weser zu erreichen suchte oder seitwärts die Lippe oder geradewegs den Rhein, wird dadurch nicht entschieden. In diese Ungewifsheiten und Lücken treten nun die Münzfunde ein. Mommsen verzeichnet dieselben, und zwar 1. den Barenauer Fund, von Menadier untersucht. 2. Andere Funde in der Umgegend von Barenau (Engter, Kalkriese, Dieve Wiese nordwestlich von Barenau, Amt Vörden, Borgwedde, Venne, Sammlung des Pastors Lodtmann in Freeren. 3. Sonstige Funde zwischen Ems, Weser und Lippe (Jever, Bingum, Sögel am Hümling, Spaan unweit Sögel, Märschendorf zwischen Quakenbrück und Vechta, Amt Bersenbrück, Süderweh bei Lengerich (Amt Freeren), Bramsche, Stadt und Amt Osnabrück, Wittlage, Kriebenstein bei Lintorf, Melle, Hedemünden a. d. Werra, Oeynhausen bei Driburg, Haltern am rechten Ufer der Lippe).

Nach Mommsens Ansicht gehören die in und bei Barenau gefundeneuen Münzen zu dem Nachlafs der im Venner Moore zugrunde gegangenen Armee des Varus. Allerdings müsse man einräumen, dafs militärische Katastrophen dieser Art regelmäfsig einen solchen Nachlafs nicht ergeben haben, noch ergeben können. Das Aufräumen des Schlachtfeldes und insbesondere die Besitznahme des bei den einzelnen oder in den Kassen vorhandenen haaren Geldes wird mit solcher Gründlichkeit zu allen Zeiten besorgt, dafs späteren Geschlechtern nicht viel zu finden bleibt. Die varianische Niederlage hat aber eine Ausnahme machen können. Die Katastrophe mufs sich über ein weites Terrain erstreckt haben, und mancher Römer wird umgekommen sein, ohne dafs seine Leiche vom Feinde gefunden wurde; namentlich suchten manche im Moore Zuflucht und fanden hier ihren Tod. So konnte mancher wohlgefüllte Geldgurt den Feinden entgehen.

Die Seltenheit von Kupfermünzen im Barenauer Fund (unter 226 Stück nur 112) erklärt sich daraus, dafs Soldaten und Offiziere bei einem Marsch in Feindesland nur einen Sparpfennig für besondere Gelegenheiten bei sich trugen, also nur Gold oder Silber. Goldmünzen der früheren Kaiserzeit werden bei den freien Germanen aufserordentlich selten gefunden; in dieser Hinsicht sind die Goldfunde im Venner Moore eine numismatisch schlechthin einzig dastehende Thatsache, welche einen aufserordentlichen Vorgang als Erklärungsgrund fordert. Alle diese Münzen sind unter Augustus geprägt, zwei der vier genauer beschriebenen etwa ein Decennium vor der Varusschlacht; die gute Erhaltung der einen weist auf kurze Umlaufszeit. Die Silbermünzen zeigen einen verschiedenen Befund. Wenn man die Münzen der Barenauer Sammlung als im Venner Moor gefunden ansieht, so zerfallen dieselben in zwei durchaus verschiedene Teile. Von den 213 Silbermünzen sind 181 Denare der späteren Republik und der augustischen Zeit, 32 Denare des neronischen Fufses, beginnend mit Pius und hinabreichend bis ins vierte Jahrhundert. Die erstere und gröfsere Masse reicht der Zeit nach genau so weit wie

17*

die Goldmünzen, d. h. der jüngste und am zahlreichsten vertretene De-
nar ist etwa zehn Jahre vor der Varusschlacht geprägt. Die augustischen sind gut konserviert; die erstere Masse besteht ausschliefslich aus
den in der späteren Hälfte der Regierung des Augustus gangbaren Sor-
ten und macht durchaus den Eindruck, als wären diese Stücke alle
gleichzeitig gegen das Ende der Regierung des Augustus in die Erde
gekommen. Die andere Partie ist stark verletzt, gehört sehr verschiedenen Zeiten an und macht den Eindruck, dafs diese Münzen unmöglich gleichzeitig in Umlauf gewesen und in die Erde gekommen sein
können. Der römisch-germanische Verkehr, aus dem dieselben stammen, scheint überwiegend dem dritten und mehr noch dem vierten Jahrhundert anzugehören. So ist es, wie bei dem Goldgelde, eine aufserordentliche Thatsache, dafs die Gesamtmasse der Silbermünzen des Venner Moores zu 6/7 dem Courantgeld der späteren augustischen Periode
angehört. Die älteren Münzen können ihrer ganzen Beschaffenheit nach
nicht auf stetigen Zwischenverkehr zurückgeführt werden, während aufser
der Verschiedenheit der Metalle vor allem das zerstreute Vorkommen
der Münzen wiederum verbietet, an einen durch irgend welchen unbe-
rechenbaren Einzelfall gerade hier in die Erde gelegten Schatz zu
denken. Aber auf das »grofse Moor« nordöstlich von Osnabrück passen
auch die übrigen Bedingungen, welche nach den Berichten der Alten
für das Schlachtfeld gefordert werden. Die Örtlichkeit ist sowohl von
der Weser, wie von der Lippe soweit entfernt, wie es nach strategischen
Erwägungen vorauszusetzen war. Sie fällt in das Gebiet nordwärts der
Lippe und östlich von der Ems. Der Teutoburger Wald ist nicht der
Osning, sondern die Bergkette, welche gegenüber der Porta Westpha-
lica mit der steilen Margareta-Clus beginnt und unter dem Namen der
Mindenschen Bergkette, des Wiehengebirges, der Lübbeschen Berge,
der Osterberge bis nach Bramsche an der Hase sich erstreckt. Die
Venner Gegend bietet die Vereinigung von Bergen und Mooren, welche
die Berichte fordern. Die Katastrophe wurde herbeigeführt durch die
Einkeilung der Armee zwischen Bergen einer- und Mooren andrerseits.
Aber die Örtlichkeit entspricht auch den natürlichen Kommunikations-
verhältnissen. Wenn der Marsch von der mittleren Weser ausgeht und
ohne die Lippe zu überschreiten als Ziel den unteren Rhein im Auge
behält, können nur zwei alte von der Weser westwärts führende Kom-
municationslinien in betracht kommen; von diesen entspricht die von
Minden nach Bramsche allen geforderten Bedingungen. Der Angriff erfolgte zwei bis drei Tagemärsche nördlich von Barenau, welches als der
eigentliche Ort der Katastrophe anzusehen ist.
        Wir werden z. Z. über diese von Mommsen gezogenen Schlüsse
nicht hinauskommen; nur wenn sich bezüglich des Barenauer Münz-
schatzes erheblich veränderte Fundergebnisse eruieren lassen sollten,

was aber kaum denkbar ist, könnte vielleicht bezüglich der Örtlichkeit in gröfserer oder geringerer Nähe Kombinationen gemacht werden. In der Hauptsache wird man wohl stets an dieser Gegend festhalten müssen.

J. Menadier, Der numismatische Nachlafs der varianischen Legionen. v. Sallets Zeitschrift f. Numismatik 13, 89—112.

Schon im Jahre 1698 hat Zacharias Götze der auf dem Gute Barenau und den Feldmarken der benachbarten Gemeinden Venne und Engter gehobenen Münzfunde eingehend Erwähnung gethan; aber diese Erwähnung blieb meist unbekannt, und erst Mommsen hat eine Feststellung des thatsächlichen Fundbestandes veranlafst und die Würdigung in der Abhandlung über die Örtlichkeit der Varusschlacht niedergelegt. Der Fund von Barenau repräsentiert das in der späteren Hälfte der augustischen Regierung umlaufende Geld, unter dem republikanische Denare zahlreich und die schlecht ausgebrachten Legionsdenare des Antonius in ansehnlicher Menge vertreten sind und das jüngste dem Jahre 2 v. Chr. angehörende Gepräge, welches die Bilder der Cäsaren Gaius und Lucius zeigt, das häufigste von allen ist. Hierdurch, sowie durch die auffallende Zahl der Goldmünzen ist der Fund vor allen übrigen des nördlichen Deutschlands ausgezeichnet. Die Münzen sind zerstreut auf den Äckern, lose im Boden befindlich gefunden, und diese Einzelfunde haben sich seit 200 Jahren bis auf die Gegenwart immerwährend wiederholt. Die Annahme eines absichtlich verborgenen Schatzes ist dadurch ausgeschlossen; ebenso unmöglich ist es, an zufällig in Verlust geratene und durch den Handelsverkehr an den Fundort gelangte Münzen zu denken. Nur wenn man in ihnen den Nachlafs eines geschlagenen und vernichteten römischen Heeres anerkennt, wird man allen Einzelheiten gerecht. An Germanicus will Menadier nicht denken, da er keine derartige Niederlage erlitten habe, wie sie die Münzfunde unbedingt voraussetzen lassen. Die sämtlichen Grundstücke, an denen sich Einzelfunde noch nachweisen lassen, liegen einander unmittelbar benachbart auf der Grenze der Kirchspiele Venne und Engter im Norden Osnabrücks am nördlichen Abhange des Wiehengebirges, da, wo der weit vorspringende Kalkrieser Berg mit dem von der Gegenseite sich nähernden grofsen Moore einen Pafs von einem Kilometer der Breite nach bildet, der von einem Bache durchsetzt wird. Es trifft also alles zusammen, was die Schriftsteller von der Örtlichkeit der varianischen Niederlage berichten: Wald, Sumpf, Berg und Engpafs. Gröfsere Bedeutung hat das allgemeine geographische Moment, das dieser Gegend zukommt. Sie wird von der südlichen der beiden von der mittleren Weser zur Ems und von dieser zum Rhein führenden natürlichen Verkehrs- und Heerstrafsen durchschnitten, die den nördlichen Abhang des Wiehengebirges entlang von Minden nach Lingen führt, bezeichnet an dieser fast genau die Mitte zwischen den genannten Orten und wird auch dem Kreuzungspunkte derselben mit der von Soest über Warendorf und Iburg nach Osnabrück und von hier zur Seeküste führenden Römerstrafse nicht fern sein. Im Begriff aus dem an der Mittel-Weser bei Minden befindlichen Sommerlager nach Xanten zu marschieren, erfährt Varus den Aufstand einer abseits wohnenden Völkerschaft. Armin hatte denselben erregt, um die Römer von der Heerstrafse längs der Lippe zu entfernen. Gleichwohl mufste bei dieser Abschweifung das letzte Marschziel im Auge behalten werden können. Dies trifft bei Barenau, nicht aber bei Detmold und Beckum zu; jenes liegt nicht sonderlich aus dem Wege und ist doch von der Lippe ziemlich weit entfernt und durch zwei waldige Berghöhen von ihr geschieden.

Da Menadier die Münzen unzweifelhaft für die redenden Überreste der Varusschlacht ansieht, beschreibt er sie eingehend.

Paul Höfer, Der Feldzug des Germanicus im Jahre 16 n. Chr. Mit einer Karte. 2. Ausgabe. Bernburg und Leipzig 1885.

Eine neue Behandlung der Feldzüge des Germanicus kann ohne Zweifel auf Beachtung Anspruch machen, namentlich wenn sie hält, was sie verspricht, und ein gesichertes Resultat liefert. Sehen wir, ob dieses der Fall ist.

Was der Verfasser über die Quelle, Tacitus, sagt, ist längst bekannt. Das Neue, welches er findet, werden schwerlich Viele anerkennen wollen. Er behauptet nämlich, aus dem Bericht des Tacitus lasse sich überall die Benutzung einer Quelle erkennen, die von einem Augenzeugen verfafst sei. Dies ist an und für sich möglich. Aber man müfste denn doch annehmen, dafs derselbe Militär war und gerade über den militärischen Teil erschöpfend berichtet hätte. Leider ist aber dieser Teil des Berichtes der allerschwächste. Dagegen führt der Verfasser eine Reihe von Ausdrücken an, die auf Augenzeugenschaft zurückgehen sollten, wie obscuri saltus, non sideribus inlustris u. ä., die aber sämtlich am Studiertische eines nicht-militärischen Mannes entstanden sein können. Denn lokale Anschauung spricht sich darin nirgends aus. Aber weiter soll dieser Bericht auch einen poetischen Hauch tragen, und dieser Zug läfst die Quelle erraten — es war Pedo Albinovanus. Auch dieser Nachweis scheint mir so wenig gelungen, wie der erste; vielmehr ergiebt sich aus beiden mit Sicherheit, dafs der Verfasser Tacitus in Schilderungen und Sprachgebrauch viel zu wenig kennt; sonst würde er nichts besonderes erkannt haben, wo ganz verbreitete Züge in Frage kommen. Und mit welchem Rechte wird Pedo als Quelle genannt? Eine Stelle desselben, in der orbemque relictum ultimo perpetuis claudit natura tenebris - rerumque vetant agnoscere finem vorkommt, soll Tacitus in novissimum ac sine terris mare nachgeahmt haben, die monstra des Piso sollen sich in den monstra des Tacitus wiederfinden, — offenbar, weil dies Wort in der lateinischen Litteratur so selten ist; das sind die Be-

weise. Seneca spricht von Pedo qui navigante Germanico dixit; was er
für eine Fahrt meinte, wird nicht gesagt; aber der Verfasser weifs nicht
nur, dafs hier die Fahrt in der Nordsee gemeint ist, sondern »Pedo
mufs die Thaten des Germanicus besungen haben«. Ovid mufs dann in
ganz allgemein gehaltenen Worten das Material für den Beweis liefern,
dafs des Germanicus Thaten schon zu seiner Zeit besungen worden seien;
da pafst nun freilich eine Zuschrift desselben an Pedo schlecht, in der
es heifst, er habe nicht gleich Theseus mit Schwert und Keule Feinde
zu bändigen, aber der Verfasser liest daraus »die Worte Ovids hätten
Pedo, wenn sie ihn noch in Rom antrafen, veranlassen können, seinem
Helden näher zu sein und ihm auch in Waffenthaten ähnlich zu werden«.

Wenn die Untersuchungen über die Quelle kein befriedigendes,
geschweige ein abschliefsendes Resultat ergeben, so werden wir von der
Zuverlässigkeit derselben im zweiten Kapitel keinen besseren Eindruck
erhalten. Dafs der Taciteische Bericht militärisch wertlos ist, sieht der
Verfasser ein, erklärt dies aber damit, dafs die Quelle eben ein — Poet
war. Man darf Tacitus' Fehler offen aussprechen, aber das wird man
ihm doch nicht imputieren dürfen, wenn er es auch nicht selbst sagte
(ann. 2, 17), dafs er für seine Berichte über die Feldzüge des Germanicus keine bessere Quelle zu finden gewufst habe, als einen Poeten.
Hätte der Verfasser sich sonst in Tacitus Schriften umgesehen, so wüfste
er, dafs dieser unmilitärische Schriftsteller auch da gänzlich wertlos ist,
wo er militärische Quellen benutzen konnte, vielleicht benutzt hat. Da
wir ferner Schilderungen eines Freundes und Verehrers des Germanicus
vor uns haben, so sind dieselben möglichst in günstiges Licht gestellt.
Dagegen haben die örtlichen Angaben den gröfsten Wert, da wir hier
die Berichte eines Augenzeugen vor uns haben. Wenn man nun auch
Alles zugeben wollte, was der Verfasser voraussetzt, so müfste man doch
auch hier in Betracht nehmen, dafs man es nach seiner Ansicht mit
einem Poeten zu thun hat, dem es doch nur auf die Staffage, nicht auf
topographische Bilder ankam. Aber während alles sonst dichterisch
ausgeschmückt und behandelt ist, sind alle Ortsangaben topographisch
genau, und der Stein der Weisen ist vor dem Verfasser einzig deshalb
nicht gefunden worden, »weil alle bisherigen Untersuchungen wichtige
Merkmale der Örtlichkeit, welche die Quelle angiebt, übersehen haben«.
Dieses ist ja möglich; aber möglich ist auch, dafs der Verfasser versucht Dinge hineinzuinterpretieren, die nirgends stehen; dafs er dabei
die neuere Litteratur nur teilweise kennt, sei nebenbei bemerkt.

Kapitel 3 beschäftigt sich mit dem Marsche, und hier leistet er
gute Dienste, da er mit der Landschaft genau vertraut ist. Ob freilich
Germanicus diesen Weg machte, ist eine andere Frage. Der Verfasser
läfst es unentschieden, ob Germanicus auf dem Wege Lathen a. d. Ems
bezw. Landegge — Hümling — Kloppenburger Gest — Büren (Hunteüber-
gang) — Folkwech ev. — Twistringen, Ehrenburg — Sulingen — Sieden

— Borstel — Drakenburg nördlich von Niemburg an die Weser gelangte,
oder ob er auf dem südlichen Wege Hümling — Herzlake (Haseüber-
gang) — Fürstenau — Vörden — Hunteburg — Wittlage — Pr Olden-
dorf — Lübbeke bei Minden die Weser erreichte; jedenfalls soll er auf
diesem letzteren Wege zurückgezogen sein. Diese Ergebnisse hat aber
in der Hauptsache schon Hartmann (Picks Z. 1878) gefunden.

Kapitel 4 stellt die Schlacht auf Idistaviso dar. Der Kampf der
Cherusker gegen Chariovalda fand weseraufwärts mindestens in der Gegend von Minden statt, da sich nur hier saltus befanden. Bei Minden
unterhalb der Porta setzte sich Germanicus zuerst fest. Der weitere
Weg ist schwierig zu finden; denn der »Augenzeuge« hat hier wieder
seiner poetischen Phantasie den Zügel schiefsen lassen und von hohen
einstürzenden Uferwänden der Weser gesprochen, die sich nirgends
finden als an der Porta. Mit diesen stimmen nun zwar die Entfernun-
gen nicht, aber die Schlacht kann nur an der Porta stattgefunden haben.
Der Jakobsberg pafst nicht ganz zu der Beschreibung des Tacitus, auch
der campus inter Visurgim et colles läfst sich nicht ermitteln. Dagegen
kann man noch in dem Wihen-Gebirge auf dem linken Weserufer die
silva Herculi sacra erkennen; denn auch sie war dem Donar heilig.
Die in Germania 34 erwähnten columnae Herculis sind die Porta;
auf dem linken Ufer zwischen dem Wihen-Berge und der Weser findet
sich auch der campus. Eine eingehendere Darlegung zeigt nun, dafs
hier jeder Ausdruck des Tacitus erklärt werden kann. Wo hätte aber
ein begeisterter Lokalantiquar nicht dies stets fertig gebracht? Der
Verfasser mufs zwar die Reiterei durch Hochwald auf den Kamm steigen
und gelegentlich absitzen lassen, aber dies thut nichts; die Deutschen
merkten es ja nicht und Germanicus war ein so feiner Feldherr, dafs er
die Reiterei sogar im Hochwalde verwandte; denn dafs auch der Hochwald Unterholz besitzen kann, ist dabei gleichgiltig. Und dazu mufs
die Reiterei auf gänzlich unbekanntem Terrain den Marsch durch den
Hochwald zur Nachtzeit ausführen. Um aber diese schöne Übereinstimmung zustande zu bringen, mufs sich der »Augenzeuge« wieder einige
Berichtigungen gefallen lassen, wo er offenbar schönfärben wollte. Der
Annahme des Schauplatzes auf dem linken Ufer steht ann. 2, 12 Caesar
transgressus Visurgim entgegen; damit wird aber der Verfasser rasch
fertig: Germanicus ging allein über den Flufs; von Brücken ist nirgends
die Rede. Aber ist es denn nötig, dafs bei jedem Flufsübergange das
Brückenschlagen ausdrücklich erwähnt wird, insbesondere, wenn sich
keinerlei bedeutende Folgen an dieses Ereignis knüpfen? Dafs transgressus von dem Einzelnen bei Tacitus sich angewandt findet, scheint
mir fraglich. Die Namen, welche auf den Wihenberg hindeuten sollen,
sind nicht minder bedenklich; da soll Wallucke bedeuten Versteck der
Walhe d. h. der Römer, weil hier Stertinius die Umgehung vorgenommen haben soll; der Name Mindens kann nach der Ansicht des Ver-

fassers nur von dem Lager des Germauicus herrühren (munitio); dieses
soll Ptolemaeus unter letzterem Namen anführen. Aber seit wann wird
denn eine Örtlichkeit nach einem einmaligen Lager bezeichnet, das noch
dazu in einem Gebiete liegt, welches die Römer nicht behaupten konnten?
Und warum hätte es denn nicht castra Germ. oder einfach castra ge-
heifsen? Natürlich hat man auch hier einige Waffenstücke gefunden,
denen aber der Verfasser selbst keinen grofsen Wert beilegt.

Kapitel 5 stellt die Schlacht am Angrivarenwalle dar. Der Verfasser sucht das Schlachtfeld links der Weser; Germanicus war bereits
auf dem Rückzuge. Die Örtlichkeit ist an der Hunte, wohin die Sitze
der Angrivarier verlegt werden. Bei Wahrendorf stimmt die Örtlichkeit
ganz genau mit der Beschreibung des Tacitus, die Reste der palus pro-
funda werden in dem Dümmer gesucht.

Kapitel 6 wirft die Frage auf, wo das zweite Lager des Germanicus stand. Der Verfasser findet, dafs in dem Gutshof Wahlburg alle
Bedingungen vorhanden seien, um die Örtlichkeit für das zweite Lager
in Anspruch zu nehmen. Ich habe an Beweisen für diese Ansicht eigentlich nur gefunden, dafs dort sich ein Wassergraben finde, dessen Böschun-
gen flach und an den Enden sauber abgerundet sind; die saubere Technik
mache durchaus nicht den Eindruck mittelalterlicher Befestigung. Aber
ist es denn möglich, in dem dortigen Terrain nach zwei Jahrtausenden
an einem einfachen Wassergraben mit Sicherheit römische Technik zu
erkennen, namentlich wenn dieser Wassergraben doch so rasch aufge-
worfen war und unter so drangvollen Umständen, wie dies Tacitus berichtet? Und mufs nicht bei der von dem Verfasser in jenen Gegenden
nachgewiesenen Veränderung der Wasserverhältnisse vielfach geändert
worden sein? Ebenso wenig beweist doch der Name, der für den Verfasser freilich wieder unzweifelhaft römischen Ursprung trägt: Wahlburg = Walahburc = castra Romanorum. Schon erheblicher ist ein dritter
Faktor, die zahlreichen Funde von Römermünzen in dieser Gegend; der
Verfasser hat eine grofse Zahl derselben im Besitze des Erblandrosts
von Bar auf Barenau eingesehen Wie vorsichtig man aber bei Verwertung dieser Funde sein mufs, zeigt der Umstand, dafs in derselben
Sammlung sich Münzen von Nero—Gallienus befinden, die ebenfalls in der
gleichen Gegend gefunden sein sollten.

Der Angriff der Germanen auf das römische Heer beim Rück-
marsche vor dem Schlagen des Lagers fand bei Lübbeke statt.

Der Verfasser findet sich bei seinen Resultaten leicht mit allerlei
Unzuträglichkeiten bei Tacitus ab; so ist es nach seiner Annahme doch
eine starke Lüge, wenn Germanicus sich rühmte: debellatis inter Rhenum Albimque nationibus, da er nur bis zur Weser gekommen war;
auch läfst Tacitus ausdrücklich den Vormarsch erst nach der zweiten
Schlacht aufhören, während der Verfasser schon denselben nach der
ersten einstellt. Ob das auch zu den poetischen Farbungen des Augen-

zeugen gerechnet werden muſs? Wenn dieser aber nicht einmal so viel
merkte, daſs die Weser nicht die Elbe war, und die zweite Schlacht
nicht von der ersten zu scheiden vermochte, dann verdient er wahrhaftig
nicht, daſs man sich um seine Phantasieen kümmert, geschweige, daſs
man neue wissenschaftliche Gébäude auf diesem unzuverlässigen Fundamente aufrichtet.

Den weiteren Weg von der Wahlburg nach der Ems hat der Verfasser nicht verfolgt; doch vermutet er, Germanicus habe sich auf der
rechten Seite der Hase gehalten und sei in der Gegend von Kloppenburg
in den oben erwähnten Weg eingelenkt.

So scheint mir das Resultat dieser Schrift nicht dem etwas ver-
wegenen Versprechen des Verfassers zu entsprechen. Die Grundfrage,
ob Germanicus die Weser überschritten oder nicht, wird in gewaltsamer
Weise und im Widerspruch mit Tacitus gelöst. Dieses muſste aber der
Verfasser thun, weil sonst seine ganze schöne Entdeckung zu nichte
wurde. Ob man sodann den topographischen Angaben irgend ein Gewicht beilegen darf, ist mindestens eine schwere und nur von Fall zu
Fall entscheidbare Frage. Der Verfasser hält dieselbe aber a priori für
entschieden, und auf dieser irrigen Annahme führt er seinen weiteren
Bau auf. Warum er nun diese Methode als etwas besonderes preist?
Der Leser wird jedenfalls gut thun, auch nach der Schrift Höfers über
die Germanicuszüge sich für ein vorsichtiges non liquet zu entscheiden.

F. Knoke, Zu dem Feldzug des Germanicus im Jahre 16 n. Chr.
Neue Jahrb. f. Philol. 131, 633—638.

Der Verfasser will die Behauptung Höfers, Germanicus sei in dem
Feldzuge des Jahres 16 n. Chr. gar nicht über die Weser gegangen,
widerlegen.

Er geht vom Anfang des Kapitels 2, 11 aus, wonach man einen
Übergang des Germanicus erwarten müsse; denn nisi pontibus praesi-
diisque impositis könne nur positiven Sinn haben: Der Cäsar hielt es
als Feldherr nicht für angemessen die Legionen (ohne Anwendung von
besonderen Vorsichtsmafsregeln) einer kritischen Lage auszusetzen; er
hielt es vielmehr für nötig, Brücken zu schlagen und Befestigungen an-
zulegen. Wäre es zum Bau der Brücken und zu einem Übergange des
Heeres über die Weser nicht gekommen, so würde man die Gründe ein-
schalten müssen, welche den Germanicus an der Ausführung seiner Absicht hinderten; von solchen sagt aber der Schriftsteller nichts. Sie
sind aber auch nicht zu finden; denn Germanicus wuſste, daſs er die
Weser überschreiten muſste, hatte also jedenfalls einen Brückentrain bei
sich, und die Schwierigkeiten des Brückenschlags angesichts der Feinde
hätten ihn sowenig als Corbulo (Tac. ann. 15, 9) davon abgehalten. Die
Probe der Richtigkeit seiner Interpretation findet er in dem Ausdrucke
equitem vado tramittit, wobei vado adverbial zu fassen sei, nicht als

Abl. instr.; vado transmittere bedeute hindurchreiten lassen, wobei ein
Schwimmen der Pferde stellenweise nicht ausgeschlossen sei; man könne
es also erklären: unmittelbar, ohne Anwendung besonderer Transport-
mittel, ohne Schiffe und ohne Brücken übersetzen lassen. Der Ausdruck
equitem transmittit gebe eine Beschränkung des ersten Satzes Caesar-
ratus, in der Weise, dafs der Schriftsteller sage, der Cäsar habe die
Übergangsweise der Reiter nur auf diese angewandt. Das Hinüber-
schicken der Reiter hätte aber keinen Sinn gehabt, wenn der Cäsar die
Legionen nicht auch hinübergehen liefs. Den Zweck der Mafsregel
giebt Tacitus mit den Worten ut bostem diducerent d. h. sie sollten die
Streitkräfte der Feinde teilen, um das Brückenschlagen zu erleichtern.
Das Resultat giebt Tac. c. 12 Caesar transgressus Visurgim d. h. die
Überschreitung der Weser mit der Hauptarmee auf der Brücke. Dem ·
Resultat kann man beitreten, die Argumentation ist teilweise schwach.
So z. B. die Idee eines Brückentrains, die Vorstellung, dafs vado adver-
bial gebraucht sei, was doch eigentlich gar nichts besagt.

    v. Pflugk-Hartung, Über den Feldzug des Germanicus im
Jahre 16. Rhein. Mus. f. Philol. N. F. 41, 73 – 84.

    Anknüpfend an P. Höfers Buch: der Feldzug des Germanicus'
macht der Verfasser gegen die Ergebnisse desselben folgende Bedenken
geltend. Die Reiterei konnte bei Minden nicht an drei Stellen über
den Flufs gehen, da derselbe heute wegen seiner Breite und Tiefe ein
solches Unternehmen unmöglich machen würde, damals aber die doppelte
Wassermasse dem Nordmeere zugeführt haben mufs. Die Germanen verliefsen ohne Grund ihre vorteilhafte Stellung auf dem rechten Ufer und
bewerkstelligten den schwierigen Übergang, um das befestigte Römer-
lager anzugreifen. Die Schlacht erfolgte in der denkbar ungünstigsten
Stellung für die Germanen, mit der Weser teilweise im Rücken. Sie
werden geschlagen, gröfstenteils in den Flufs gesprengt und doch so
wenig geschwächt, dafs sie bald wieder kampfbereit sind. Der Cäsar
benutzt den Sieg nicht, sondern zieht zurück. Mag der Verlust der
Germanen so grofs oder gering gewesen sein, wie er will, jedenfalls
waren sie unterlegen und sicher nicht sofort wieder schlagfertig, so dafs
für einen Rückzug keine Veranlassung vorlag. Der Angriff am Angri-
varenwall läfst sich nur verstehen, wenn nicht heimkehrende, sondern
vorwärtsmarschierende Römer angegriffen wurden, wenn die Schlacht den
Zweck der Landesverteidigung hatte. Auch Tacitus redet erst nach der
Schlacht vom Rückmarsch.

    Das Bestreben Höfers, aus den Taciteischen Ortsbeschreibungen
durch Vergleiche mit der Beschaffenheit der betreffenden Gegend Klarheit zu gewinnen, ist auf ein unerreichbares Ziel gerichtet; denn jene
Ortsbeschreibungen sind viel zu allgemein. Aufserdem ist es immer ein
übel Ding, von jetziger Ortsbeschaffenheit auf die vor 1800 Jahren zu-

rückzuschliefsen, da die gesamten Verhältnisse geändert sind, Saatfeld an Stelle von Sumpf, kahles Land an Stelle von Wald sich befindet. Der Verfasser weist alsdann nach, wie Tacitus in dem betreffenden Berichte chronologisch und geographisch ungenau verfahre.

Positiv liest der Verfasser aus demselben heraus, dafs Germanicus nicht bei Emden landete, sondern er werde schwerlich viel nördlich der Hasemündung geblieben sein. Die Unterredung zwischen Arminius und seinem Bruder kann nicht an der Weser stattgefunden haben, sondern mufs an einem bei weitem schmäleren Flusse erfolgt sein; ebenso wenig kann die Reiterei dieselbe durchschwommen haben. Ebenso weist die Verschweigung des Brückenschlags auf einen kleineren Flufs; ein solcher auf der Weser würde sicher erwähnt worden sein. Der betreffende Flufs war vielmehr Hase oder Hunte. Armin war in der Schlacht von Idistaviso nur Teilführer; ein Oberkommando fehlte. Nach der Schlacht marschierte Germanicus in südöstlicher Richtung zwischen Teutoburger Wald und Weser weiter, wobei er in das Gebiet der Cherusker kam. Da er in einem Bogen vorging bei der wachsenden Feindeszahl, konnte die zweite Schlacht an dem Grenzwalle zwischen Burgundern und Angrivariern erfolgen. Diese waren zu dieser Zeit das bedeutendste Volk zwischen Ems und Weser; man kann ihre Grenzen etwa im Detmoldischen suchen. Erst nach der zweiten Schlacht erfolgte der Rückmarsch; in dieser scheint bereits Inguiomerus der einflufsreichere Leiter gewesen zu sein. Die Siegesinschrift debellatis inter Rhenum Albimque nationibus kann nur bedeuten, das Heer habe Nationen (nicht die Nationen) zwischen Rhein und Elbe besiegt.

Wieder eine neue Hypothese, um nichts· besser begründet und ebenso willkürlich als die andern. Man sollte doch endlich einmal einsehen, dafs mit den Taciteischen Ortsbeschreibungen allein nichts anzufangen ist. So lange man alles daraus beweisen kann, kann man nichts mit denselben beweisen.

Maria-Renatus de la Blanchère, De rege Juba regis Jubae filio. Diss. Paris 1883.

Der Verfasser stellt zuerst Abstammung und Erziehung Jubas fest, wobei er von der Inschrift CIL 2, 3417 ausgeht, die er mit einem recht breit gehaltenen Kommentare ausstattet, was man einer Doktordissertation, die einen gewissen Umfang haben mufs, nachsehen kann; Neues enthält derselbe nicht. An der Schriftstellernachricht, dafs Juba zuerst von Augustus Numidien erhalten habe, will der Verfasser festhalten. Der Anfang der Regierung wird mit Müller auf 29 v. Chr., die Vertauschung Mauretaniens mit Numidien auf 25 v. Chr. bestimmt. Was der Verfasser über den Zustand von Numidien unter Juba sagt, sind hübsche Phantasieen, die sich an die heutigen Verhältnisse anlehnen; aus einer wissen-schaftlichen Untersuchung hätten sie fortbleiben müssen. Die geographische Schilderung von Numidien und Mauretanien hat für den einigen Wert, dem die gröfseren französischen Arbeiten über Nord-Afrika nicht zugänglich sind. Dagegen giebt Kapitel 4 eine fleifsige Zusammenstellung der über Jubas Regententhätigkeit in Mauretanien erhaltenen Notizen; dieselbe ist um so wertvoller, als das Material schwer zugänglich ist, soweit die baulichen Reste und die bei den Ausgrabungen gewonnenen Reste von Skulpturarbeiten in Frage kommen. Ob der Verfasser hier in der Begeisterung für seinen Stoff dem Juba und seiner Gemahlin nicht zu viel zuschreibt, ist mindestens zweifelhaft. Betreffs des Todesjahres — 23 n. Chr. — tritt der Verfasser mit Recht Müller bei. (Vgl. Jahresb. f. 1876—78, 497 f.) In Kapitel 5 wird der Nachweis erbracht, dafs Juba römischer Bürger war und als solcher den Namen C. Julius führte. An eine Mitregentschaft der Kleopatra und gar an eine Verleihung Mauretaniens an sie will der Verfasser nicht glauben. Die Genealogie und Familiengeschichte schlägt bekannte Dinge unnötigerweise breit; einzelne Versehen hierbei berichtigt der Verfasser am Schlusse. Kapitel 6 beschäftigt sich mit Juba als Schriftsteller und Mensch, wobei die erhaltenen Notizen flüchtig zusammengestelllt sind; zu einem Bilde reichen sie nicht aus, doch daran ist der Verfasser nicht schuld. Der Zustand Mauretaniens bei Jubas Tode ist ein Phantasiegemälde.

F. **Abraham**, Velleius und die Parteien in Rom unter Tiberius. Progr. d. Falk-Realgymn. Berlin 1885.

Der Verfasser glaubt aus Velleius für das Parteitreiben unter Tiberius einige wichtige Schlüsse ziehen zu können.

Zunächst stellt er den Wert des Velleius als Quelle fest: Er fälschte das Bild der Ereignisse durch Fortlassen unliebsamer Einzelheiten, stärkeres Hervorheben anderer, durch künstliche Gruppierung und im Notfalle durch doppelsinnige Ausdrücke. In einer Anzahl von Stellen, welche gut beglaubigten Nachrichten anderer Schriftsteller widersprachen, hat er die offizielle Version aufgenommen, d. h. er ist einem Ausspruche des Augustus oder Tiberius gefolgt. Endlich hat er lobende und tadelnde Erwähnung einzelner Personen in seine Darstellung der Begebenheiten in besonders auffälliger Art eingewoben. Je parteiischer er sich hierbei benimmt, um so mehr darf man hoffen, gerade bei der Sichtung und Prüfung dieser Personen-Notizen Aufschlufs über die Parteistellung der einzelnen genannten Männer zu erhalten.

Unbedingtes Lob erhalten von Velleius Augustus, Tiberius, Livia und Drusus; der Verfasser schliefst aus dem letzteren Verhältnis, was auch sonst bekannt ist, dafs Tiberius sein Verhältnis zu Livia und Augustus stets als ein ungetrübtes erscheinen lassen wollte. Agrippa, Marcellus und Germanicus werden gelobt, doch nur mit Einschränkungen oder in gedämpftem Tone. Germanicus erscheint stets als zweite Per-

son neben Tiberius — war er in der That das nicht? —, seine Thaten
in Germanien werden gar nicht erwähnt. Der Verfasser schliefst hieraus
und aus der Verschweigung des Zuges des Domitius über die Elbe, Tiberius habe die Erwähnung fremder Kriegsthaten auf diesem Gebiete
seines eigenen Ruhmes nicht gern gesehen. Man fragt sich: Warum
nicht? Seine eigenen unzweifelhaft viel gröfseren Erfolge konnten sich
auf dem Grunde dieser ephemeren Thaten um so verdienstlicher abheben.
Ein gewisser Tadel trifft Gaius und Lucius Cäsar, aber die Thatsachen
werden sehr geschwächt, weil Tiberius immer an dem Gedanken festhielt, der erstere sei durch Lollius zu seinem Benehmen verleitet worden; Lollius selbst wird an zwei Stellen schärf mitgenommen. Zwischen
Germanicus und seiner nachgelassenen Familie wird scharf unterschieden.
Tiberius wollte geglaubt sehen — vielleicht war dies auch zutreffend —
dafs Germanicus das Verhalten Agrippinas und ihres Anhanges nicht gebilligt habe. Velleius hielt diese julische Partei für sehr kaiserfeindlich,
dies zeigt er an der Behandlung des A. Caecina Severus; er erwähnt
dessen Thaten gar nicht, mit Ausnahme einer verlorenen Schlacht, wegen
deren er scharf getadelt wird, ohne Zweifel weil derselbe ein eifriger
Anhänger der Agrippina war. Dasselbe gilt von Plautius Silvanus, der
aber zur Partei der Livia gehörte; der Verfasser schliefst daraus, dafs
unmittelbar nach dem Tode der Livia 29 n. Chr. die Anhänger derselben ihre bevorzugte Stellung verloren hatten und die volle Ungnade des
Kaisers erfuhren.

Seiau wird mit schmeichelndem Lob überhäuft, aber von allen
seinen Anhängern erwähnt er nur den wirklich tüchtigen Junius Blaesus.
Der Verfasser schliefst daraus, dafs Velleius im Jahre 30, wo die Macht
Seians auf ihrem Gipfel war, dessen Anhängern, wenn nicht feindlich,
so doch fremd gegenüber stand. Und weiter wird geschlossen, er habe
zu einer Coterie gehört, deren Haupt wahrscheinlich Cotta Messalinus
war. Velleius zeigt gewisse Antipathieen gegen L. Munatius Plancus
und entschiedene Sympathieen für C. Asinius Pollio, eine gewisse Vorliebe für M. Brutus und eine Erbitterung gegen Antonius und dessen
Freund Dellius. Auch gegen L. Asprenas macht er eine gehässige Bemerkung und von allen bei der Katastrophe der Julia Beteiligten wird
Julius Antonius mit dem gröfsten Hasse behandelt. Alles dies stimmt
zur Parteistellung des Messala Corvinus und seiner beiden Söhne Valerius Messalinus und Aurelius Cotta Messalinus, die mit dem ausgesuch-
testen Lobe von Velleius bedacht werden. Der Verfasser schliefst, dafs
sich hier ein engerer Kreis erkennen lasse, zu dem Velleius selbst gehört habe, aufserdem die Söhne des Messala Corvinus, die Domitier,
Asinius Gallus, Aelius Lamia, L. Apronius, wahrscheinlich die Vinicier
und P. Cornelius Dolabella. Sie waren feindlich der Partei der Agrippina, hielten sich fern von Seiau und Livia und verfolgten innerhalb der
kaiserlichen Partei ihre Privatfehden mit den Munatiern und Asprenas.

Am Schlusse stellt der Verfasser noch eine Anzahl von Personen zusammen, aus deren Erwähnung er zum Teil wieder Schlüsse zieht für
ihre Parteiangehörigkeit.

Ich habe meine Bedenken gegen das Verfahren des Verfassers
Berl. phil. Wochenschr. 1885 S. 1523 ausgesprochen.

F. Thudichum, Der Kampf der Chatten und Hermunduren um
die Salzquellen im Jahre 59 n. Chr. Beil. d. Allg. Zeit. 1885 N. 146.

Im Anschlufs an Tac. ann. 13, 57 führt der Verfasser aus, dafs
die Hermunduren westlich bis an die fränkische Saale reichten. Das
Objekt der geschilderten Kämpfe waren die Salzquellen bei Neustadt,
das vier Stunden oberhalb Kissingens an der Saale liegt. Neustadt und
der in seiner Umgebung gelegene Salzforst, der sich bereits im achten
Jahrhundert n Chr. nachweisen läfst, blieben bis zum achten Jahrhundert Besitztum der Franken.

F. Kuntze, Beiträge zur Geschichte des Otho-Vitellius-Krieges.
Progr. Gymn. Karlruhe 1885.

Der Verfasser beabsichtigt die von Gerstenecker (s. Bursians
Jahresbericht 1882, 521) gefundenen Resultate einer neuen Prüfung zu
unterziehen.

Er findet, dafs der Übergang der Othonianischen Truppen über
den Po erst nach der Aufhebung der Belagerung von Placentia erfolgte.
Dabei bleibt aber, wie er selbst zugesteht, durchaus unaufgeklärt, warum
beide kriegführenden Teile Cremona unberührt liefsen. Die Berechnung,
welche Gerstenecker für die beiderseitigen Streitkräfte anstellt, wird
für die Othonianische Partei mit Recht verworfen. Bezüglich der Frage,
ob Otho sein Hauptquartier in Betriacum oder in Brixellum gehabt
habe, entscheidet sich der Verfasser für den Bericht des Plutarch; Tacitus verschweigt, was Plutarch deutlich angiebt: das Zurückbleiben des
Otho in Brixellum und seine Ankunft in Betriacum. Diese Stelle ist
lehrreich für das Verhältnis der beiden Schriftsteller; was hätte Plutarch,
wenn er den Tacitus vor sich gehabt hätte, veranlassen sollen, die von
diesem verschwiegenen Momente so deutlich hervorzuheben, zumal da
ein eigentlicher Widerspruch und die Notwendigkeit der Berichtigung
nicht vorhanden war? Ebenso ist der Bericht des Plutarchs vorzuziehen
über die Gründe für den Wechsel im Oberkommando nach dem Treffen
am Kastortempel. Von den Zuständen in Othos Lager entwirft Plutarch ein
zutreffendes Bild: die Truppen waren unzufrieden und unbotmäfsig, die
·Führer uneinig; Otho mit Titianus und Proculus drängt zur Schlacht,
Paulinus und Celsus wollen aus strategischen Gründen den Kampf in
die Länge ziehen. Betreffs des Brückenbaus der Vitellianer kommt der
Verfasser in seiner Untersuchung zu dem Ergebnisse, dafs es den Otho-
nianern nicht gelang, die Brücke zu zerstören, dafs aber die Vitellianer
bei der Abwehr viele Leute verloren.

Auch für die Schlacht von Betriacum giebt Plutarch befriedigenden
Aufschlufs; er weifs von dem Vormarsch gegen die Addamündung nichts,
sondern sagt, Proculus und Titianus hätten einen Vormarsch von 12¹/₂ Mill.
verlangt; sie wollten wahrscheinlich in der Nähe der Caneta ihre Lager
schlagen und am folgenden Tage die Schlacht annehmen. Paulinus und
Celsus waren dagegen, weil sie voraussahen, dafs der Feind nicht warten, sondern während des Marsches oder inmitten der Schanzarbeiten
angreifen würde. Und es kam, wie sie vorausgesehen hatten. Der Schauplatz der Katastrophe liegt nach Plutarch 18 Millien westlich von Betriacum, nach Tacitus 16; 16 Millien hatten aber nach Tacitus die Othonianer
zu marschieren, um von dem Lager ad quartum lapidem zu ihrem angeblichen Marschziel, der Addamündung, zu gelangen. Da wird man
doch der Vermutung beitreten müssen, dafs Tacitus mit seinen 16 Mill.
gerade wie Plutarch den Kampfplatz habe bezeichnen wollen. Er hätte
dann allerdings das Lager bei Betriacum, nicht dasjenige ad quartum lapidem, als Ausgangspunkt angenommen und die Adda mit der Caneta ver-
wechselt, wenn man nicht mit Nipperdey die Worte confluentes-flumi-
num als verdorben bezeichnen will. Die Ereignisse nach der Schlacht
sind für die Quellenfrage insofern interessant, als bei Plutarch alles klar
und deutlich, bei Tacitus die Einzelheiten verwischt sind, der Name des
Celsus gar nicht genannt wird.

Im Laufe der Untersuchung stellt sich zur Genüge heraus, dafs
der Verfasser an die Benutzung einer gemeinsamen Quelle durch Plutarch und Tacitus glaubt.

A. Chambalu, Flaviana. Philologus 44, 106. 502.

1. Das zweite und das fünfte Konsulat Domitians. Nach
Suet. Domit. 2 hat Domitian in den Jahren 71—79 nur ein ordentliches
Konsulat bekleidet, im Jahre 73; für dieses war ursprünglich Titus designiert, er trat aber zu gunsten seines Bruders zurück und stimmte bei
der Wahlverhandlung über das zweite Konsulat im Senate persönlich für
seinen Bruder. Letztere Angabe ist falsch, da Domitian im Jahre 71
vor dem 5. April designiert worden ist und Titus zu dieser Zeit noch
in Alexandreia war. Aber auch von dem ordentlichen Konsulate für 73
ist Titus nicht zurückgetreten, denn er ist weder im Herbste 70 für
1. Januar 73 designiert worden, noch vor März 71 von dieser Designation zurückgetreten, war auch die ganze Zeit nicht in Rom. Was indessen die Abwesenheit für ein Hinderungsgrund im einen oder anderen
Falle gewesen wäre, vermag ich nicht zu sehen. Nach Chambalu war
der Hergang vielmehr folgender: Vespasian hatte sich März 71 mit Domitian für 1. Januar 72 designieren lassen, als aber Titus aus dem
Orient zurückgekehrt und Mitregent geworden war, liefs er sich im November 71 zum Konsul für 1. Januar 72 designieren. Zurückgetreten
ist also Domitian und zwar durch den Einflufs des Titus. Darauf sollen
sich auch die Worte des Plinius in dem Pan. Traian. beziehen: consula-

tum recusasti, quem novi imperatores destinatum aliis in se transtulere.
Sollte vielmehr hier nicht an das Vierkaiserjahr gedacht sein? Domitian
hat bei dieser Gelegenheit für Titus gestimmt, Sueton also von Titus
behauptet, was von Domitian gilt. Allgemein nimmt man nun an, dafs
das zweite Konsulat im Jahre 73 das einzige ordentliche Domitians gewesen sei, Chambalu ist dagegen der Ansicht, dafs dies nur bezüglich
des fünften Konsulats vom Jahre 77 gilt, das in den Fasten — teilweise
nur mit falscher Nummer — und auf vier Marmorblöcken erscheint.
Auf anderen Monumenten — Münzen und Inschriften — erscheint noch
im Jahre 77 das im Jahre 76 bekleidete fünfte Konsulat des Titus.
Aber auf drei Inschriften erscheint die Designation zum Konsulate in
auffälliger Weise; daraus will Chambalu schliefsen, dafs in den Früh-
jahrscomitien des Jahres 76 wohl Vespasian und Domitian, nicht aber
Titus, zu Consuln für 77 bestimmt wurden, dafs aber dann Titus in
aufserordentlicher Weise seine Ernennung zum Konsul durchsetzte. Ich
meine, dieser Schlufs läfst sich auf zwei spanische Inschriften und eine
nicht einmal sichere aus den Donaugegenden nicht begründen. Es wäre
doch sonderbar, wenn Titus geglaubt hätte, seine Usurpation — wenn
man so sagen darf — dadurch legitimieren zu können und zu müssen.
Nach Chambalu that er das, um zu verhindern, dafs Domitian und Vespasian am 1. Januar 77 anträten, da er die ordentlichen Konsulate nur
dem Mitregenten und dem Kaiser vorbehalten wissen wollte. Er setzte
auch die offizielle Lüge durch, nach der nicht Domitian, sondern er
selbst als ordinarius des Jahres 77 betrachtet wurde. Aber Domitian
verlangte, die Fasces weiterzuführen, und so trat Vespasian, um den
Streit der Söhne zu beschwichtigen, zurück, und Titus rückte in die
erste, Domitian in die zweite Stelle ein. Da aber Domitian zuerst das
ordentliche Konsulat geführt hatte, dann an seines Vaters Stelle das
suffizierte, so rechnete man bei der noch nicht durchgedrungenen scharfen Scheidung zwischen ordentlichem und suffiziertem Konsulate das
ununterbrochene Konsulat des Domitian als ein einziges. Die anders
lautenden Angaben der Fasten erklärt Chambalu damit, dafs Titus das
gröfste Interesse daran hatte, die Thatsache, dafs er bei seinem Streben nach gleicher Macht mit seinem Vater vielfach von diesem mit Hülfe
des Senats und des Domitian zurückgedrängt und gedemütigt worden
war, soviel als möglich aus der Welt zu schaffen. Wie vollständig ihm
das gelungen ist, soll der Umstand beweisen, dafs wir über die unleugbare Rivalität zwischen Kaiser und Mitregent durch die Schriftsteller
nichts erfahren. Für so weit gehende Schlüsse reicht das Beweismaterial
meines Erachtens nicht aus. Wie wollte es Titus anfangen, um auf
allen Denkmälern die Konsulate zerstören und umändern zu lassen?
Und hätte Domitian in seiner 15 jährigen Regierungszeit nicht die Gelegenheit finden und erfassen sollen, hier die Restitution des Richtigen
vorzunehmen? Die in diesem Zusammenhange verwerteten Münzen, Cohen

Vesp. Dom. 1 und Vesp. Tit. Dom. 7, sind Zufälligkeiten, die jeden
Augenblick durch neue Funde ihre zweifelhafte Beweiskraft völlig verlieren können.

2. Der Verfassungsstreit zwischen Titus und Vespasian.
Titus erhob auf Grund des ihm von den Legionen nach Einnahme des
jerusalemitischen Tempels verliehenen Imperatortitels Anspruch auf eine
der kaiserlichen ähnliche Stellung. Vespasian liefs seinen Sohn November 70 zum Imperator designieren, d. h. zum Nachfolger erklären. Aber
Titus begnügte sich damit nicht. Er verzichtete wohl auf das Praenomen
Imperator, aber machte auf seinen eigenen Münzen deutlich, dafs das
zwischen den Namen erscheinende imp. Ausdruck seiner Herrschergewalt
und nicht blos Siegestitel sei. Chambalu schreibt mit Mommsen Vespasian die Absicht zu, die Eponymie des Kaiserjahres nicht an die tribunizische Gewalt, sondern an das Konsulat anzuknüpfen; ausgeführt
hat er diese Absicht nicht, denn sicher zwei-, vielleicht dreimal sind
andere Consules ordinarii bekannt. Er führt deshalb nach Chambalu
auf seinen und den Senatsmünzen die Zahl des Konsulats regelmäfsig
an, läfst dagegen die der tribunizischen Gewalt meist aus. Aber auch
davon giebt es doch zahlreiche Ausnahmen aus den Jahren 71. 72. 73. 77.
78. 79. Am nächsten läge es, hier Zufälligkeiten in der Auffindung der
Münzen anzunehmen oder uns unbekannte Rücksichten gelten zu lassen,
vielleicht technischer Art, welche sich auf den Münzen Nervas, (Cohen
Nr. 5. 14. 19. 28. 42 u. a.), Traians, Hadrians etc. massenhaft wiederholen. Chambalu findet aber dahinter viel tiefere Absichten. Auf den
Münzen von 71 erklärt sich nach seiner Auffassung die trib. pot. II
daraus, dafs sich die Absichten Vespasians bezüglich seiner Eponymie
noch nicht geklärt hatten. In den Jahren 72 und 77—79 werden die
Abweichungen damit erklärt, dafs Vespasian den Titus von den Konsulaten fernhalten wollte, dieser sie aber doch auf Umwegen erreichte.
Da soll nun eine Verständigung dadurch herbeigeführt worden sein,
dafs beide Teile den streitigen Konsulaten nicht die bisherige Wichtigkeit beilegten, sondern zu der früheren Regel zurückkehrten, die Eponymie an die tribunizische Gewalt zu knüpfen. Aber inzwischen, während
73 und 78 beide nicht Konsule waren, nahm Vespasian im Jahre 74
seinen alten Plan der konsularischen Eponymie wieder auf — liefs ihn
aber nach vier Jahren schon wieder fallen. Ich kann mich nicht ent-
schliefsen, Vespasian in solchen eigentlich bedeutungslosen Fragen —
Chambalu selbst erklärt sie dafür — so viel Aufwand von staatsmänni-
scher Konstruktion und Inkonsequenz zuzutrauen; hätte er wirklich die
Absicht gehabt, das Konsulat zu einer anderen Bedeutung als bisher
zu erheben, so hätte er sicherlich mit Energie und Konsequenz die Ab·
sicht durchgeführt.

Mit dem Verfassungsstreit soll auch die Erwähnung der Censur
auf Münzen des Titus aus den Jahren 76 und 77 zusammenhängen; da

Chambalu selbst diesen Zusammenhang nicht erklärt, so braucht man sich darüber einstweilen nicht den Kopf zu zerbrechen.

Von dem Verfassungsstreite entwirft Chambalu folgendes Bild: Vespasian rechnete seine Herrschaft vom 1. Juli 69 als dies imperii, Titus leitete vom 5. August 70 Ansprüche auf eine der kaiserlichen ähnliche Stellung her. Um nicht zwischen Vater und Sohn das Schwert entscheiden zu lassen, mußte eine Verständigung zwischen beiden stattfinden. Titus wurde November 70 zum Imperator designiert, er sollte offenbar für die ganze Regierungszeit Vespasians designierter Imperator bleiben. Titus kehrt heim, stürzt als gehorsamer Sohn mit theatralischer Affektation in die Arme seines geliebten Vaters und Kaisers und setzt seine Ansprüche wenigstens teilweise durch. Vor dem 1. Juli 71 feiert er den Triumph, erhält zu dem imp. proconsulare die trib. pot. (1. Juli) und ist nun Mitregent. Von da an ist er bestrebt, alle kaiserlichen Rechte sich anzueignen, er ist nach Suet. Tit. 6 Teilhaber und gar Schirmer der Gewalt, gleichsam der Vormund seines Vaters und Kaisers Vespasian. trat diesen Bestrebungen versteckt entgegen; dazu dienten ihm Domitian und der Senat. So mußte er das Münzrecht mit seinem Bruder teilen; so blieb es bezüglich des Imperatortitels zweifelhaft, ob er Namen oder Akklamation sei. Erst im Jahre 74 setzte Titus mit der eigenen Münzprägung auch den Titel imp. als Namen durch, aber nicht als Vor- sondern als Beinamen. In diesem Kampfe war Titus geistig überlegen. Selbst scheinbare Demütigungen verstand er sich zunutze zu machen. Der Senat wollte die Ansprüche des Mitregenten zurückweisen, indem er die dritte und vierte Akklamation auf den Münzen des Titus wiedergab; aber dies schloß zugleich die Anerkennung dafür ein, daß Titus wie der Kaiser das Recht habe, auch den nicht unter seiner Führung erfochtenen Sieg als unter seinen Auspicien errungen zu betrachten und also in der Titulatur aufzuführen. War aber durch das Zählen der Akklamationen anerkannt, daß Titus gerade wie Vespasian oberster Kriegsherr sei, so war die äußerliche Anerkennung dieser Thatsache durch den hierfür seit alters eingebürgerten Imperatornamen eine selbständige Folge. Aber sollten denn, muß ich fragen, Vespasian, Domitian und der ganze Senat so borniert gewesen sein, diese Logik nicht einzusehen und sich zu hüten, den Schritt zu thun, der solche Konsequenzen hatte! Freilich — fährt Chambalu fort — brauchte Titus, um diese logische Notwendigkeit durchzusetzen, über ein Jahr, ein Beweis für den zähen Widerstand des Vespasian. Läßt sich aber dies nicht auf minder kunstvolle Weise erklären, wenn man nur nicht von der Idee ausgeht, daß Titus und sein Vater vom Moment, wo dieser Kaiser wurde, erbitterte Feinde waren? Wo findet sich sonst ein Anhalt dafür? Titus kann doch nicht alle Leute gezwungen haben, ihre Erinnerung auszutilgen, und Domitian, der das Andenken seines Bruders

nicht schonte, hätte doch zu solch offenbarem Unrecht desselben nicht
geschwiegen.

Auf diesem Wege brachte nach Chambalu Titus, nachdem er erst
die Mitregentschaft durchgesetzt hatte, alles an sich: Triumph, imp. proconsulare, Imperator-Titel und — Akklamationen, tribunic. pot., Konsulate,
Pontifikat, alles wurde ihm zu teil. Die Censur wurde wohl um seinetwillen
aus der Vergessenheit gezogen; obgleich Senator wurde er praef. praet.
Den Erlassen des Staatsoberhaupts stand er nicht ferne; allerdings sind
die Militärdiplome nur auf den Namen Vespasians gestellt, andere tragen
die Namen des Kaisers und der beiden Söhne. Aber Sueton berichtet,
dafs er im Namen seines Vaters Verfügungen ergehen liefs. Aus allem
diesem dürfte ein Unbefangener den Schlufs ziehen, dafs Vespasian das
Heft in der Hand behielt und zu seinem ältesten Sohne in einem Ver-
trauensverhältnis stand; denn wer hätte ihn nötigen können, diesen
gegen alles Herkommen zum Gardepräfekten zu machen und ihn edi-
cieren zu lassen in seinem Namen?

Die Überschätzung des Konsulats tritt auch in der letzten Ausführung
hervor. Titus wollte nicht, dafs Domitian den Kaiser oder den Mitregenten zum Kollegen erhielte. Aber im Jahre 80 mufste das doch
geschehen, da Vespasian inzwischen starb. »Es mag Titus zu gefährlich
gewesen sein, das wichtige Konsulat seinem bisherigen Nebenbuhler allein
zu überlassen. Er liefs sich daher noch nachträglich im November 79
designieren«. Ich meine, man braucht nach diesem Motive nicht zu
suchen, wenn man nur den Brauch beobachtet, nach dem die regierenden Kaiser seit Gaius unmittelbar nach ihrem Regierungsantritte das
erste ordentliche Konsulat, so weit es möglich war, stets bekleidet haben.
Sonderbar ist doch auch, dafs, wenn Titus solchen Wert auf das Konsulat gelegt hat, er als Kaiser dasselbe aufser eben das eine Mal nach
seinem Antritte nicht wieder bekleidet hat.

Der Widerstreit dauerte nach Chambalu durch die ganze Regierungszeit Vespasians; es giebt in demselben zwei Abschnitte, den Anfang der Mitregentschaft des Titus bis zur Censur und die Jahre 76
und 77. In der letzten Zeit Vespasians wird es wieder still, und wir
hören nur, dafs Vespasian in seinem Testamente Domitian zum Mitregenten bestimmt hat. »Nicht unmöglich, dafs Vespasian dem Titus
ein eben solches enfant terrible an die Seite setzen wollte, wie ihm
selbst sein älterer Sohn gewesen war. Möglich aber auch, dafs bei der
Gesinnung des Kaisers gegen seinen Mitregenten, die in Rom doch wohl
öffentliches Geheimnis war, eine solche Behauptung, die vielfach geglaubt
wurde, dem Domitian nur dazu dienen sollte, gegenüber seinem Bruder
Anteil an der Gewalt durchzusetzen. Dafs er nicht viel erreichte, erklärt sich aus der geistigen Überlegenheit des Titus über den jüngeren
Bruder Domitian.« Wenn das Verhältnis öffentliches Geheimnis war, so
ist es doppelt auffällig, dafs wir nichts davon erfahren, und wenn Domi-

tian auch noch um seine Ansprüche gebracht wurde, so hatte er doch
erst recht keinen Grund, das Andenken seines Bruders zu schonen. Man
kann sich aber sonst leicht denken, dafs Vespasian wünschte, dafs Titus
seinen Bruder als Mitregent annähme. Denn die Dynastie hatte in der
Familie des Titus keinen Erben; von Domitian liefs sich ein solcher erwarten. Auch mochte Vespasian den Ehrgeiz des jüngeren Sohnes hinreichend kennen, um zu der Einsicht zu gelangen, dafs hier ein Sicher-
heitsventil geöffnet werden müsse.

3) Wann ist Vespasian im Jahre 70, Titus im Jahre 71 aus dem
Orient nach Rom zurückgekehrt?

Diese Fragen sind nach der Ansicht Chambalus wichtig, weil in
der Regierungszeit Vespasians drei Abschnitte zu unterscheiden sind:
Die Regierung Mucians, dann die Vespasians, endlich die des Vespasian
und Titus. Nach der gründlichen Untersuchung des Verfassers kam
Vespasian in der ersten Hälfte des Oktober zu Rom, Titus Mitte Juni 71
vor Rom an.

K. Herm. Zwanziger, Der Chattenkrieg des Kaisers Domitian.
Progr. Würzburg 1885.

Der Verfasser beabsichtigt Asbachs Aufsatz »Die Kaiser Domitian
und Trajan am Rhein« Westdeutsche Zeitschr. f. Geschichte und Kunst
3 Heft 1 und die Darstellung des Chattenkrieges in meiner Kaisergeschichte einer eingehenden Prüfung zu unterziehen.

Natürlich kann der Verfasser auch keine neuen Quellen erschliefsen;
es handelt sich also darum die vorhandenen für seine Ansicht breitzu-
schlagen, d. h. hauptsächlich die Glaubwürdigkeit des Frontinus möglichst herabzudrücken. Und wodurch? »Frontins Teilnahme am Chattenkriege scheint mir keineswegs erwiesen.« Und warum dies? Seine
Stellung zu Nerva und Trajan läfst darauf schliefsen, dafs er nicht gut
mit Domitian stand. Hat denn Herr Zwanziger Tacitus und Plinius gelesen? Wenn er durch deren Berichte auch nicht von seiner Vorstellung,
Frontin habe bei Domitian schlecht angeschrieben gewesen sein müssen,
weil er bei Nerva in hohem Ansehen stand, befreit wird, kann ich ihm
nicht helfen (vgl. die Recension von J. Asbach, Westdeutsche Zeitschr.
f. Gesch. u. Kunst 1886, 369 ff.). Aber wäre dem so, wie ihm nicht ist,
so müfste ja in diesem Falle der Bericht des Frontinus noch von gröfse-
rem Werte sein: denn war er mit Domitian zerfallen, so hat er doch
sicherlich nicht zu viel über ihn gesagt. Doch nein! Herr Zwanziger
weifs sogar, dafs Frontin ein Schmeichler des Kaisers war; »er wollte
den Kaiser auf sich aufmerksam machen angesichts der bevorstehenden
Verwicklungen an der Donau.« Herr Zwanziger wirft »uns anderen Laien«
vor —, dafs wir mit der Interpretation willkürlich verfahren; wie würde
sein Verfahren bezeichnet werden müssen?

Nun mäkelt der Verfasser weiter an einigen Ausdrücken Asbachs;

er behauptet, Frontin spreche von keiner Schlacht, sondern höchstens
von einem Überfalle. Aber wie wird er denn da mit den Worten fertig
hostibus inopinato bello adfusus contusa immanium ferocia nationum
provinciis consuluit und 2, 11, 7 bellum — victis hostibus? Der Verfasser liefert ein Stück weiterer neuer Interpretationskunst, indem er
die erstere Stelle übersetzt: »nachdem er den Trotz furchtbarer Völker-
schaften gebrochen hatte, gab er sich der Sorge für die Provinzen hin«;
er findet nach dieser feinen Übersetzung »hierin einen Hinweis auf die
baldige Entfernung vom Kriegsschauplatze, die in dieser Weise motiviert
und entschuldigt wird«. Nun würde zwar ein Primaner schliefsen, dafs
adfusus und consuluit doch wohl in einem Zusammenhange stehen müfsten, er würde contusa vielleicht mit niedergetreten, niedergeschmettert
übersetzen und dadurch auf den Gedanken kommen, dafs es sich hier
doch um einen Kampf handeln müsse, und er würde den Abl. abs. wie
das Part. Coni. zu consuluit in innere Beziehung setzen und in dem
letzteren das Ergebnis des ersteren vermuten. Aber Frontin war ein
Diplomat, er wählte seine Worte so, dafs sie seine Gedanken verbargen.
Zum Überflufs spricht aber dieser ungeschickte Diplomat 2, 3, 13 von
einem equestre proelium und einer victoria; aber der Verfasser lernt
hieraus nur, — »dafs auf römischer Seite vorwiegend Reiterei ins Ge-
fecht kam; daraus würde hervorgehen, dafs es Domitian überhaupt nicht
um ernstliche, sondern nur um rasche Erfolge zu thun war«. Was wird
aber nun aus dem bellum und den victis hostibus 2, 11, 7? heifst das
erstere vielleicht bei den Römern »Reiterattaque« und das letztere vielleicht »Sieg der Feinde«? Und diese Reiterattaque ist sogar Tacitus
bekannt, der darauf anspielt. Germ. c. 30. velocitas juxta formidinem,
cunctatio propior constantiae est; damit ist Domitian gemeint! Alle
Hochachtung vor solcher Interpretation! Damit hat Zwanziger bewiesen,
»dafs Domitian im Chattenkriege vorzugsweise Reiterei verwendet hat,
dafs er selbst nur kurze Zeit am Kriege teilnahm, dafs er, zufrieden
mit dem leichten Siege, die Chatten ihren Wäldern zugetrieben zu haben,
den Kriegsschauplatz verlassen hat«. Letzteres heifst wohl im Lateinischen Frontin 1, 3, 30 subiecit ditioni suae hostes? Wers ihm glauben
will, soll nicht daran gehindert werden.

   Bezüglich der Anlage des limes, dessen einzelne Teile sich in
ihrer Entstehung zur Zeit noch nicht fixieren lassen, sucht Zwanziger
wieder Domitian durch eine ebenso feine Interpretation möglichst viel
abzuzwacken. Indem er mit Asbach Frontin 2, 11, 7 Sueborum liest,
findet er, dafs Domitian die vom Main zum Neckar ziehende Befesti-
gungslinie angelegt hat. Natürlich ist dieser so fundierte Beweis nichts
wert, da er lediglich eine Konjektur zum Fundamente hat; auf anderem
Wege ist Mommsen zu ähnlichem Resultate gelangt, das auch noch nicht
sicher gestellt ist, aber doch einige Wahrscheinlichkeit hat, weil es sich
auf die Existenz von Arae Flaviae gründet. Nun höre man aber das

Ende! »Die Römer hatten im Kampfe gegen die Chatten nur geringe
Erfolge zu verzeichnen — aber im Anschluſs an diesen Krieg kam es
zu einer bedeutenden und erfolgreichen Vorschiebung der römischen
Grenze und zu einer neuen und wichtigen Ausdehnung des römischen
Reichsgebietes«. Wie grofs die Erfolge des Domitian im Kriege waren,
weiſs niemand, selbst der Verfasser kann es mit aller Kunst der Interpretation nicht finden; dafs Frontin von bellum, victis hostibus und
subiecit ditioni suae hostes spricht, ist ihm, scheint es, ganz entgangen
— wenn aber Frontin von einem Siege kein Wort berichtet hätte, so
müſsten wir doch einen solchen annehmen; denn noch nie hat ein be-
siegtes Heer Anstalten zur Grenzdeckung und Grenzvorschiebung im
Gefolge einer Niederlage gemacht. Was ist also das Ergebnis der Schrift
des Verfassers? Am Anfange drohte er uns Alle zu vernichten -- am
Ende kommt er wesentlich zu demselben Resultate, aber er läfst eine
wichtige Stelle des Frontin beiseite — sonst hätte er zu ganz demselben
Ergebnisse gelangen müssen.

Und zum Schluſs bekommt Tacitus auch noch ein gutes Zeugnis.
Er hat den Triumph des Domitian einen erlogenen genannt — mit Recht,
denn Gell. 5, 6, 21 sagt, man hätte nur eine ovatio feiern dürfen,
wenn der Krieg rite indictum gewesen sei. Der Verfasser vergifst wieder
seinen Tacitus, der doch auch über Germanicus einiges geschrieben, und
auch sonst einige Kriege gegen Barbaren beschrieben hat; ich rate ihm
diese Schilderungen auf das rite indictum zu prüfen. Auch waren nicht
5000 Gefallene vorhanden etc. — also Domitian feierte ·keinen iustus
triumphus! Und schliefslich wird Tacitus auch dafür entschuldigt, dafs
er Domitian nicht einmal Germ. 29 mox limite acto nennt, obgleich der
Verfasser mit Mommsen und Chambalu der Ansicht ist, derselbe habe
hier Domitian gemeint. »Aber immerhin erzählte er das Ereignis und
in einer solchen Form, dafs für den römischen Leser deutlich erkennbar
war, wen er meinte«. Ich wünsche dem Verfasser auch solche Leser
für seine Schrift; vielleicht erkennen dieselben auch deutlich, was er
meinte. Ich bin nur ein gewöhnlicher Mensch, und mir ist dies deshalb
wohl nicht überall gelungen.

J. Asbach, Die Konsularfasten der Jahre 68—96 n. Chr. Bonn.
Jahrb. 79 (1885) S. 105—177.

Der Verfasser hat schon die Fasten der Jahre 96—119 in den
Bonn. Jahrb. 72 veröffentlicht (Jahresbericht 1883, 504 f.); nach denselben Grundsätzen sind die vorliegenden bearbeitet. Die Arbeit ist sehr
verdienstlich, wenn sie uns vielfach auch nur zeigt, was wir Alles noch
nicht oder nicht mehr wissen. Problematisch ist die Verteilung der
Konsulate in dem Jahre 69 trotz Mommsens Arbeit noch immer.

Aus dem reichhaltigen Kommentare, der ein sehr umfangreiches
Material methodisch verarbeitet, ist es schwer einzelne Resultate heraus-

zuheben. Ich wähle die, welche von allgemeinerer Bedeutung sind. Die flavischen Kaiser haben das Konsulat nach anderen Grundsätzen behandelt, als es vorher und nachher geschah. Die Eponymie ist im Prinzip zu den Vorrechten der Regenten hinzugefügt. Häufiger als früher wird nach einem Konsul, dem Regenten, datiert. Derselbe behält das Konsulat nur kurze Zeit. Domitian als Kaiser ist nachweislich in den meisten Jahren, vielleicht aber in allen, am 13. Januar zurückgetreten. Besonders charakteristisch für die flavische Epoche ist das Vorkommen der Iteration. Mit dem Jahre 69. wird die Verkürzung der Konsularfunktion energisch durchgeführt, seit 85 n. Chr. giebt es nur viermonatliche Fristen. Damit sank die Bedeutung des höchsten Amtes, während seine Abhängigkeit vom Regenten wuchs. Mit der Verkürzung der Funktion hängt auch das weitere Umsichgreifen des seit Einführung des semestralen Amtes nachweisbaren Brauches zusammen; die am 1. Januar antretenden Konsuln bei der Datierung zu bevorzugen.

Julius Asbach, Cornelius Tacitus.

Nach einigen wesentlich mit negativen Ergebnissen schliefsenden Erörterungen über das Leben des Tacitus geht der Verfasser näher auf die Schriften desselben ein.

Der Agricola ist eine historische Schrift mit politischer Tendenz. Tacitus erhebt darin im Namen des Traian, der damals noch am Rheine stand, seine Stimme, um diejenigen eines besseren zu belehren, die von dem neuen Regenten eine schärfere Reaktion gegen die vorhergehende Regierung, vor Allem die Züchtigung der Freunde Domitians erwarteten. Dies wird hauptsächlich aus c. 42 abgeleitet. Die energische Strafrede, die sich an die Adresse einer extremen Partei richtet, mufste um so eindrucksvoller sein, als sie von dem cos. design. Tacitus herrührte. Man wird diese Auffassung nicht als unmöglich bezeichnen können, aber ebenso wenig als wahrscheinlich; Traian war sicherlich nicht der Mann, zu der Zeit, wo er im Heerlager am Rheine stand, in Rom eine Art Entschuldigung schreiben zu lassen, dafs man keine Senats-Reaktion durchführte, die noch dazu nur von einer Minorität erstrebt wurde. Eher hatte Tacitus selbst das Bedürfnis, die politisch farblose Haltung seines Schwiegervaters, vielleicht auch seine eigne zu rechtfertigen, und eine solche Annahme würde alle die Punkte, welche der Verfasser hervorhebt, viel natürlicher erklären.

Auch bezüglich der Auffassung über die Tendenz der Germania kann ich den Resultaten Asbachs nicht zustimmen. Nach seiner Ansicht führt sie uns »auf das Gebiet der auswärtigen Politik«, ist in den ersten Monaten 98 erschienen und wurde durch bestimmt nachweisbare Vorgänge am Niederrhein hervorgerufen. Die von Domitian unternommene Regulierung der Rheingrenze wurde in Rom mit gröfstem Interesse verfolgt; dasselbe stieg, als Traian nach seiner Ernennung zum Mit-

regenten in Germanien blieb, um das von Domitian begonnene Werk zu
Ende zu führen, mehr durch kluge Politik als durch kriegerische Er-
folge. Tacitus befindet sich mit dieser Politik in vollem Einverständ-
nisse. Man würde diese Tendenz noch besser verstehen, wenn man den
Beweis führen könnte, dafs eine Partei in Rom den Kaiser zu einem
Angriffskriege gegen die Germanen zu drängen suchte, und dafs im
Gegensatz gegen diese Tacitus seiner Überzeugung von der Nutz-
losigkeit einer bewaffneten Offensive beredten Ausdruck gegeben. Der
Anfang von C. 38 Nunc de Suebis dicendum est giebt dem Verfasser
Veranlassung zu der Vermutung, dafs es zur Zeit, wo die Schrift erschien, schon in Rom bekannt gewesen sei, dafs Traian beabsichtigte,
sich im Laufe des Jahres an die Donau zu begeben, um die Beziehungen zu den Donaugermanen zu regeln und den Bau des rhätischen Limes
in Angriff zu nehmen.

Eine zutreffende Widerlegung dieser Ansichten giebt

Th. Mommsen, Festrede zur Feier des Geburtstags Friedrichs II.
Sitzungsber. der Königl. preufs. Akademie der Wissenschaft zu Berlin
vom 21. Januar 1886.

Mommsen sucht die Frage, was Tacitus mit der Germania gewollt
habe, zu lösen, indem er zuerst feststellt, was seine Schriftstellerei überhaupt bezweckt. Hafs und Liebe richten sich bei ihm durchaus auf Personen, und ein Tendenzschriftsteller ist er nicht in dem Sinne, dafs er
einer einzelnen Staatsform oder einer politischen Partei besondere Gunst
zuwendet oder gar Gedanken praktischer Reform zwischen seinen Zeilen
zu finden sind. Er ist kein aristokratischer Oppositionsmann, sondern
sein Ideal einer Staatsform beruht auf der Durchdringung des demokra-
tischen, des aristokratischen und des monarchischen Staatswesens und
der dadurch herbeigeführten Vereinigung der guten und Niederhaltung
der üblen Elemente eines jeden einzeln genommen; aber von der praktischen Undurchführbarkeit desselben ist er nicht minder überzeugt.
Praktisch möglich erscheint ihm nur die Monarchie, gegen die der Senat
keine Schranke bilden kann, sondern lediglich die Individualität des
Herrschers. Insofern ist er schlechterdings und unbedingt ein Monarchist,
aber aus Not, aus Verzweiflung; denn die Monarchie ist ihm nur eine
Zeit unabwendbaren äufseren und inneren Verfalles. Eine Konsequenz
dieser Auffassung ist die Gleichgiltigkeit gegen die politischen Verhältnisse der Gegenwart, welche die gesamte Kaiserlitteratur beherrscht.
Tacitus verachtet selbst seine enge und ruhmlose Arbeit; der Inhalt
seines Werkes ist ihm gleichgiltig oder widerwärtig. Es gab Fragen
genug, selbst in der greifbaren äufseren Politik, zu denen der Historiker
Stellung nehmen mufste; Tacitus hat es weder in Britannien noch in
Armenien gethan. That er es in der Germania? Der Moment wo diese
Schrift erschien, legte es nahe genug. Aber trotzdem geschah es nicht;

denn wenn die Schrift diese Bestimmung gehabt hätte, so hätte sie über
den militärischen Stand der Dinge, die Truppenlager, die Grenzbefesti-
gungen, die Machtstellung der freien Germanen doch einiges berichten
müssen; sollte Domitian in Schatten gestellt werden, so mufste des
Nachfolgers und der an ihn geknüpften Hoffnungen Erwähnung geschehen.
Aber von dem Allem geschieht nichts. Die Schrift macht den Eindruck
einer rein geographischen Abhandlung; eine bestimmte politische Tendenz
wird man ihr nicht beilegen können und eine moralische nur in dem
Sinne, wie sie allen Werken des bedeutenden Mannes zukommt. Dagegen kann die Schrift einen Teil der Historien gebildet haben, indem
sie eine voraufgeschickte Geographie der neuen Kriegsschauplätze in
Germanien gab, wo die Vorgänge der Historien zum grofsen Teile spiel-
ten; die historisch geographische Einleitung zum jüdischen Kriege und
die Schilderung von Britannien wie Agricola widersprachen solcher Annahme nicht; denn der einfache Stoff liefs sich leicht in die Erzählung
einlegen.

An dieser Darlegung Mommsens scheint dasjenige, was zur Widerlegung der Asbach'schen Annahme vorgebracht wird, wohlbegründet. Der
positive Teil der Hypothese hat manches gegen sich, vor Allem, dafs
weitaus die meisten der in der Germania besprochenen Stämme und Gebiete in den Historien gar nicht berührt werden. So werden wir uns auch
jetzt noch bescheiden müssen, bezüglich der Bestimmung dieser Schrift
mit einem non liquet zu antworten.

J. H. Schwarz, Der Bar-Cochbaische Aufstand unter Hadrian
oder der gänzliche Verfall des jüdischen Reiches. Brünn 1885.

Der Verfasser beklagt sich in der Vorrede über die Gleichgiltigkeit seiner Stammesgenossen gegen die Geschichte ihres Volkes, die doch,
wie keine andere, Charaktere vorführe, »zu denen wir wie zu idealen
Gebilden emporschauen« etc. Ich fürchte, seine Arbeit wird nicht dazu
beitragen, diesen Zustand zu ändern; es wäre auch bedauerlich, denn
wenn seine Volksgenossen aus seiner Darstellung ein Bild des Bar-Kokaba Krieges entnehmen wollten, so würden sie eines erhalten, das jedenfalls so isoliert und so verzerrt wäre, wie leider die Stellung des
Judentums auf anderen Gebieten. Der Verfasser sitzt hinter einer
chinesischen Mauer, die Talmud heifst, und was sonst in der Welt über
diesen Krieg geforscht und gefunden ist, existiert für ihn nicht.

Wissenschaftlich ist also die ganze Schrift durchaus wertlos und
zwei Seiten in Schürers Neutestamentlicher Zeitgeschichte sind mehr
wert, als die 60 Seiten des Herrn Schwarz zusammen.

Lehrreich ist immerhin das Verfahren. Der Verfasser beginnt mit
einer Darstellung des Josephus, der natürlich in den schwärzesten Farben gemalt wird: er mufs sogar »durch seine Verräterei die stolze Veste
Jerusalem zu Fall gebracht haben«, ohne ihn wäre dieselbe nie erobert

worden. Hat der Verfasser wirklich Josephus gelesen oder hat ihn sein Nationalhaſs nur das Schimpfen, nicht das Lesen gestattet? Wunderbare Vorstellung hat der Verfasser von dem römischen Bürgerrechte, bezw. er weiſs darüber gar nichts, wie folgende Worte beweisen: »Flavius (soll heiſsen Vespasian) — verlieh ihm sogar seinen kaiserlichen Namen: »Flavius«. Schon dieser Umstand, daſs ein römischer Cäsar einen Juden mit seinem kaiserlichen Namen schmückte« etc. Natürlich von Tiberius Julius Alexander und ähnlichen Fällen hat der Verfasser nie etwas vernommen. Noch wunderbarere Unwissenheit zeigt die rührende Geschichte des ächten Propheten Jochanan ben Saccai, der Vespasian prophezeite, daſs er Kaiser von Rom würde; »diese Prophezeiung ging auch sofort in Erfüllung, denn während dieser Unterredung kam ein Bote aus Rom, der Vespasian meldete, er sei zum Kaiser gewählt worden«. Hat der Verfasser wirklich auch nur bei Schlosser, den er citiert, römische Geschichte gelesen?

Statt Geschichte wird uns eine Reihe wertlosen talmudischen Klatsches vorgeführt; wie wertlos derselbe ist, davon hat der harmlose Verfasser gar keine Ahnung, denn mit einer kindlichen Naivetät trägt er diese Dinge vor — die sich allerdings in den Berichten der jüdischen Überlieferung über Hadrian schon zur Sinnlosigkeit steigert. Das einzige Neue, was ich gefunden habe, ist S. 39 ein groſser Excurs über die Beschneidung, um die sich Bar-Kokaba ein besonderes Verdienst erwarb, indem er »die unzerstörbare P'riah durch Aufschlitzung des inneren Vorhautblattes der Länge nach als zweiten Akt der Operation dekretierte« — es ist eine seiner gröſsten Thaten!

Es ist unglaublich, was für Albernheiten und Geschmacklosigkeiten der Verfasser seinen Lesern aufzutischen wagt — eine der gröſsten steht S. 41. Danach soll Tineius Rufus, dessen Namen der Verfasser natürlich auch mishandelt, seine schöne Frau abgesandt haben, um den Rabbi Akiba zum Abfall zu bringen. Diese aber heiratete Akiba, natürlich nachdem sie Jüdin geworden war. »Auf die Eroberung des Rabbi hatte es Tineius Rufus abgesehen und verlor dabei — seine Frau! Das ist die verdiente Strafe, wenn man Frauen zu diplomatischen Zwecken verwendet!« S. 45 wird sogar Hadrian eine Tochter zugeschrieben, die einen Lebensbaum umbauen läſst, was Veranlassung zu einer Empörung giebt; nach S. 51 war Antoninus Pius gar ein Geheimer-Jude. S. 54 kennt der Verfasser Münzen mit der Aufschrift Adeunti Aug. Judaeae, die die Juden zu Ehren des Hadrian prägen lieſsen, als er Syrien besuchte! Ob S. 58 »Tikemont Kaisergeschichte« Druckfehler ist, bleibe dahingestellt; nett ist auch, was dem Verfasser über die Münzen dieses Aufstandes bekannt geworden ist.

Gleich dem Inhalt ist Stil und Interpunktion — mit einem Worte, die Schrift leistet an Ignoranz das Groſsartigste, was mir seit langer Zeit in die Hände gekommen ist — und solches Zeug will das Judentum regenerieren!

Gaston Boissier, L'opposition sous les Césars. 2. édition. Paris 1885.

Das in zweiter Auflage vorliegende Buch ist in dem Jahresberichte noch nicht besprochen worden; ich hoffe diese nicht mir zur Last fallende Unterlassung durch diese Besprechung wieder gut zu machen.

Das erste Kapitel erörtert die Frage, wo die Unzufriedenen zu suchen seien. Nicht in den Heeren, nicht in den Provinzen, nicht in den Munizipien; denn alle diese Faktoren hatten durch das Kaiserreich gewonnen, sie hatten also keinen Grund zur Opposition. Diese fand sich allein in Rom. Die Befriedung des Reiches, welche einst die Alleinherrschaft willkommen erscheinen liefs, war bald in Vergessenheit geraten, und nun siegte die Bosheit und die zügellose Neigung zur Kritik, welche in einer litterarisch hoch entwickelten Gesellschaft nicht erstaunlich sind, wenn der Versuch der Begründung einer Alleinherrschaft unternommen wird. Als Augustus diese litterarischen Angriffe unerträglich fand, war die Opposition da.

Das zweite Kapitel schildert die Opposition der höheren Stände in Rom. Dieselbe war durch die eigentümliche Form der Regierung hervorgerufen, die unter republikanischen Formen thatsächlich schrankenloser Despotismus sein konnte, weil es keine gesetzlichen Grenzen gab, welche sie respektieren mufste. Die unruhige und unsichere Regierung rief eine Opposition hervor, die keine Prinzipien und keine Konsequenz, keine festen Ziele und kein entschiedenes Verfahren kannte, die auch nicht in offiziellen Körperschaften ihren Ursprung hatte, sondern die in unfafsbarer Weise alle Gestaltungen der höheren Gesellschaften erfüllte. Den Hauptberd der sich für die offizielle Schmeichelei und Servilität schadlos haltenden Gesellschaft bildeten die Gastmähler und die Plaudereien auf den Strafsen und den öffentlichen Plätzen und Promenaden (circuli). Bald war es die gewöhnliche Plauderei, bald die Vorlesung irgend eines Schmähgedichts, bald eines satirischen Testaments, bald beifsende Bonmots, in welcher sich die Opposition kundgab; sie war so mannigfaltig, wie die Veranlassungen, die sie für die Unzufriedenheit bot. Wir besitzen nur geringe Überreste, einige Epigramme, einige boshafte Anspielungen auf der Bühne und bei den sonstigen Schauspielen, einige giftige Pfeile, die bei den Recitationen abgeschossen wurden, die Tyrannendeklamationen der Rhetorenschulen, die versteckten Stellen in den Erzeugnissen der Litteratur, die von dem Autor so gedacht waren, wie sie das vornehme Publikum interpretierte und bezog — dies sind die Spuren, an denen wir die Existenz der Opposition verfolgen können. Diese Opposition war nicht eigentlich republikanisch; höchstens in den Rhetorenschulen hatte das Wort Republik noch Curs, selbst die Philosophen gingen nicht auf den Sturz des Kaisertums aus, sondern sie zürnten nur der Lasterhaftigkeit der Kaiser.

Das dritte Kapitel beschäftigt sich mit der Verbannung Ovids. Die Veranlassung zu derselben war nach Boissier eine Beziehung zu dem unzüchtigen Verkehr, welcher zwischen der jüngeren Julia und Silanus bestand; die Vermutung ist ansprechend — aber sie ist eben auch nur Vermutung. Lehrreich ist diese Verbannung dadurch, dafs sie zeigt, wie Augustus von verhältnismäfsig liberalen Grundsätzen durch die mächtigeren Verhältnisse zur Repression geführt wurde.

Im vierten Kapitel werden uns die Delatoren vorgeführt; der Verfasser betont mit Recht, dafs die Einrichtung nicht aus der Kaiserzeit stammt, er erklärt dieselbe zutreffend, er führt die verbreiteten Vorstellungen auf das richtige Mafs zurück — aber neues babe ich nicht gefunden; ich habe alles Wesentliche, was hier auf vielen Seiten gesagt wird, auf zweien in meinem Buche »Geschichte des römischen Reiches unter Nero« Berlin 1872 erörtert.

Kapitel 5 beschäftigt sich mit dem Roman des Petronius; Boissier erblickt in ihm eine zur Unterhaltung Neros gedichtete Schilderung des Lebens der unteren Klassen, in denen Nero sich bisweilen bewegte, mit Angriffen gegen Lucan und Seneca.

Kapitel 6 schildert die Schriftsteller der Opposition, Lucan, Tacitus, Juvenal; der zweite wird möglichst gereinigt, der dritte soll als Haupttendenz verfolgt haben, die Freigebigkeit der Kaiser für die Litteraten herbeizuführen; ich meine, dem einen wird zu viel, dem anderen zu wenig gethan: ein blofser Bettler, wie ihn Boissier darstellt, war Juvenal nicht.

Das Ergebnis ist: die Opposition hatte kein Ziel, sie opponierte, um zu opponieren — sie bestand mehr aus Unzufriedenen als aus Verschwörern.

G. Volkmar, Die Religionsverfolgung unter Kaiser Tiberius und die Chronologie des Fl. Josephus in der Pilatus-Periode.   Jahrb. f. prot. Theol. 11, 136—143.

Die von Josephus AJ. 18, 3, 4. 5 berichtete Judenverfolgung ist mit der von Tac. ann. 2, 85 berichteten identisch; dafs sie an der betreffenden Stelle berichtet wird, erklärt sich daraus, dafs Josephus die beiden Anti-Semiten Seianus und Pilatus mit einander in Verbindung setzen wollte.

August Jacobsen, Die Quellen der Apostelgeschichte.   Progr. d. Friedr.-Werd. Gymn. Berlin 1885.

Der Verfasser will einen Beitrag zur Aufhellung der Zeiten des Urchristentums liefern, indem er die Frage erörtert, ob die Apostelgeschichte durchgehends oder nur in einzelnen Partieen authentische Geschichtserzählung enthält.

Dem Verfasser steht die Identität der Verfasser des Lukas-Evangeliums und der Apostelgeschichte fest. Für ersteres hat Lukas in sehr ausgedehntem Mafse abwechselnd bald das Matthäus-, bald das Markus-Evangelium benutzt. Die gleiche Subjectivität macht sich auch in der Apostelgeschichte geltend, und eine gewisse Gewalttätigkeit in der Quellenbenutzung und gewisse willkürliche Kombinationsversuche finden bezeichnende Analogieen in der anderen Lukasschrift.

Lukas steht auch in der Apostelgeschichte der urchristlichen Geschichte schon recht fern und durchschaut ihren Zusammenhang und Charakter nicht immer genau; namentlich hat er verschiedene antijüdische Züge eingefügt, im Widerspruche mit seinen Quellen. Dem heiligen Geist wird eine eigentümliche, das Wirken Jesu gewissermafsen erst abschliefsende und vollendende Mission zugeteilt; die Wunderberichte werden erweitert und gesteigert, die christologische Spekulation tritt in den Vordergrund. Lukas hat bald seine Vorlage excerpiert, bald mehr aus dem Gedächtnis nacherzählend berichtet, bald in kühner Kombination seinen Stoff erweitert, er läfst sich durch zufällige Ideenassociationen zu Verschiebungen in der Geschichtserzählung verleiten. Zuweilen hat Lukas sehr geschickt einen späteren Zug durch eine gelegentliche Notiz vorbereitet.

AA. c. 1 12 berichtet Lukas über die Anfänge des apostolischen Zeitalters, vornehmlich allerdings nur über die Thätigkeit Petri. Nach des Verfassers Ansicht trägt derselbe hier hauptsächlich mehr oder minder glückliche Kombinationen vornehmlich im Anschlufs an Notizen, die er in den Briefen des Paulus gefunden hat, zuweilen auf Grund von Nachbildungen resp. von Entlehnungen aus der evangelischen Geschichte vor. Demzufolge ist der historische Wert dieser Aufzeichnungen nur gering. Diese allgemeinen Sätze erweist der Verfasser an einer Reihe von Thatsachen. AA. 13—15 (16, 3) giebt Lukas Mitteilungen über die Missionsthätigkeit des Paulus. Hier ist die Darstellung viel genauer und anschaulicher, viel mehr ins Einzelne gehend; besonders bedeutsam sind die Itinerarien. Aufser den paulinischen Briefen sind zwei weitere Quellen benutzt; die eine enthielt die gemeinsame Thätigkeit des Paulus und Barnabas, die andere ist die sog. Wir-Quelle. Die gewaltige Wirksamkeit des Heidenapostels ·kommt auch hier nicht annähernd zu erschöpfender Darstellung. Auffällige Lücken erweisen auch hier die mangelhafte Kenntnis, die Lukas von diesen Vorgängen hat, die Mangelhaftigkeit seines Quellenmaterials. AA. 16 (16, 6) - 28 enthalten einige Abschnitte (16, 10—17; 20, 4 – 15; 21, 1 - 18; 27, 1—28, 16), die sich in formaler Beziehung sofort durch den Gebrauch der 1 P. Pl. in der Erzählung und nicht minder durch lebendig anschauliche Darstellung und durch Genauigkeit selbst in nebensächlichen Angaben unterscheiden. Sie sind unter dem Namen der Wir-Quelle bekannt. Doch ist es nicht wahrscheinlich, dafs Lukas zu den Angaben der Quelle Zusätze gemacht hat.

Der Verfasser weist im Einzelnen nach, wo er solche Zusätze vermutet.
Der Verfasser der Wir-Quelle scheint ihm Titus zu sein.

Julius Jessen, Apollonius von Tyana und sein Biograph Philostratus. Progr. Gelehrtenschule des Johanneums. Hamburg 1885.

Der Verfasser will die Schrift des Philostratus näher untersuchen
und »auch nichtphilologische Leser mit der »Lichtgestalt« des Pytha-
goreers, der ein Gegen- oder Nebenchristus sein soll, bekannt machen.«
Er bespricht die einzelnen Berichte und seciert sie bezüglich ihrer Wun-
derthaten und ihrer Glaubwürdigkeit. Dabei kommt er zu dem Resultate, dafs Philostratus keine Parallele zu Christus zeichnen habe wollen,
was unzweifelhaft richtig ist. Sonst wird Apollonius sehr schlecht beurteilt, weil der Verfasser selbst unter dem Eindruck steht, dafs er eine
Apologie für das Christentum zu schreiben habe. So wirft er ihm vor,
er wolle ein Prophet seines Volkes sein, ohne die dazu nötige Energie
zu besitzen, und er sei überhaupt nichts weniger als ein religiöser
Genius: »kein Wort von ihm, das im Menschenherzen widerhallt, keine
Mahnung, die in der Seele brennt«; in gespreizt feierlichem Tone trage
er seine Weisheit vor. Wir erlauben uns die einfache Frage, was wohl
Philostratus aus den überlieferten Reden Christi gemacht haben würde?
Wenn die besten Zeitgenossen so viel von Apollonius gehalten haben,
so kann er doch nicht so leer gewesen sein, wie ihn der Verfasser darstellt. Was letzterer über die Quellen sagt, sind lediglich Hypothesen,
die mehr in die Litteraturgeschichte gehören.

VIII. Die Zeit der Verwirrung.

Hermann Haupt, Jahresbericht über Dio Cassius. Philologus
XLIV, 132. 557.

Der Verfasser bespricht bier die späteren Bücher und giebt in
einer Schlufsbemerkung eine Zusammenstellung der gewonnenen Ergebnisse. Ein einheitliches Prinzip der Quellenbenutzung für das Gesamt-
werk läfst sich nicht aufstellen, da das Verhältnis des Schriftstellers zu
seinen Hauptquellen in den einzelnen Abschnitten sehr verschieden ist.
Die Behauptung, dafs Dio auf gröfsere Strecken immer nur einer einzigen Quelle folgte, ist in überzeugender Weise widerlegt worden. Ob
wir aber dahin gelangen werden, auch nur für gröfsere Partieen die
Nachrichten Dios auf bestimmte Vorlagen zurückführen zu können, mufs
dahingestellt bleiben. Für die Geschichte der julischen Kaiser sind von
Tacitus unabhängige Quellen herausgelöst worden; die Prüfung der zeit-
genössischen Nachrichten zeigte die durchgängige Verlässigkeit Dios.
Aber ebenso haben die Prüfungen ergeben, dafs Dios Werk nicht eine
freie einheitliche Produktion, sondern eine Kompilation ist, wobei er

aber von einem Quellenbericht zu dem anderen überging. Aber zu
wenig beachtet wurde bisher der rhetorische Grundzug, der die Ausführungen im Einzelnen, die Schilderung von Charakteren, die Motivierung des inneren Zusammenhangs der Begebenheiten nahezu wertlos macht.

J. Plew, Kritische Beiträge zu den Scriptores historiae Augustae.
Progr. Lyc. Strafsburg i. E. 1885.

Der Verfasser will im Gegensatz zu H. Peter Philol. 43 das Verhältnis der Scriptores zu Marius Maximus darstellen und zusammenfassen, was man nach den über letzteren erhaltenen Zeugnissen eigentlich von ihm wissen könne.

Die schon von früher bekannte Taxation Plews betreffs der script.
hist. Aug. findet sich auch jetzt bestätigt. Sie sind »unter diejenigen
Geschichtschreiber einzureihen, die mit Kleister und Schere arbeiteten.«
Marius Maximus dagegen wird Sueton gleichgestellt; beider Gesichts-
kreis und Interesse reicht nicht über die Mauern Roms hinaus. Aber für
die Charakteristik der Kaiser in ihrem Verhältnisse zum Hof, zum Senat,
zum Volk, nach rein menschlicher Seite, ferner für die römische Stadtchronik, mit einem Worte für die Sittengeschichte Roms soll Marius Maximus ein viel reicheres Material als Sueton geboten haben, während dasselbe an Zuverlässigkeit dem Suetonischen mindestens gleich, wenn nicht
auch überlegen war. Das historisch Wertvollste in den Script. verdanken wir zum gröfsten Theil dem Marius Maximus.

Was endlich die Persönlichkeit des letzteren betrifft, so ist weder
seine Identität mit dem General des Severus, noch mit dem praef. Urbi
des Maximus erweisbar.

Otto Seeck, Der erste Barbar auf dem römischen Kaiserthrone.
Preuss. Jahrb. 56, 267—300.

Der Verfasser entwickelt in der Einleitung die immer noch bedeutende Autorität des Senates im dritten Jahrhundert, dessen Gegner
eigentlich nur die gemeinen Soldaten waren. Der stets wiederkehrende
Streitpunkt ist die Kaiserwahl, auf die Senat und Heer Anspruch erhoben. Aus diesem Kampfe will der Verfasser eine »zwar kurze, aber
in symptomatischer Beziehung höchst interessante Episode« hervorheben.

Im folgenden stellt der Verfasser die Erhebung des Maximinus
dar, der zwar von den Soldaten erhoben wurde, aber nicht als Erwählter des Heeres zu betrachten ist und auch nicht als solcher mit absicht-
licher Nichtachtung dem Senate entgegentrat. Als Erwählter des Heeres
ist er nicht zu betrachten, »weil Rekruten, die noch gar nicht ins Heer
eingestellt waren, die Stimmung desselben gewifs nicht repräsentierten«;
»die Übrigen nehmen ihn an, weil sie einen Regierungswechsel herbei-
sehnten und er im Augenblicke der Einzige war, der sich ihren Wün-

schen darbot.« Dafs der einzelne Senator in den Augen der Truppen
als ein hoch über ihnen stehendes Wesen galt, scheint dem Verfasser
bewiesen durch Verschwörungen und Aufstände, »die ihren Herd in den
Truppen, ihren Gegenstand in der Erhebung eines Senators fanden und
zwar jedesmal eines Senators der vornehmsten Rangklasse.« Maximinus
wurde von dem Senate bestätigt, wie die Inschriften C. I. L. VI, 2001. 2009
lehren; auch den Titel Germanicus liefs er sich vom Senate verleihen,
auf seinen Münzen nennt er sich nur Germanicus; dieser Titel war für
ihn die Legitimation seines Thronraubes.

Die Verschwörungen hatten dem Kaiser gezeigt, dafs seine Verdienste um das Reich ihm keine Sicherheit verschafften, und die Empfin-
dung seiner niedrigen Abkunft veranlafste immer grimmigeres Wüten
gegen den Adel des Reiches   Die Soldaten hielt er mit eiserner Strenge
nieder, da sie sich auch nicht treu erwiesen hatten, den kleinen Mann in
den Provinzen entfremdete der ungeheure Geldverbrauch, den die Rü-
stungen herbeiführten, und der durch die öffentlichen Einkünfte und
privaten Stiftungen der Munizipien, durch den Schmuck der Plätze und
die Weihgeschenke der Tempel mit befriedigt werden mufste. Anhänger
hatte er wenige, selbst im Heere. Trotzdem brach kein Aufstand aus,
weil Maximinus ein so bedeutendes Heer vereinigt hatte, dafs keine
Provinz imstande war, für sich Widerstand zu leisten und kein Statthalter wagte, rings von Spähern umgeben, mit den Nachbarkommandos
Verbindungen anzuknüpfen.   So brach denn der Aufstand aus, wo er
am unangreifbarsten war, freilich auch am ungefährlichsten erschien,
in dem militärisch-schwachen, aber rings durch Meer und Wüste ge-
schützten Afrika.

Der Erhebung der Gordiane schlofs sich Capellianus, der Legat
von Numidien, »augenblicklich« an; dies beweisen die Inschriften C. I. L. 8,
10845, ein Legionsziegel mit der Aufschrift leg. III Aug. Gordiana eb.
10474, 9 und die Tilgung von Maximinus' Namen im Lager von Lambaesis eb. 2675. Diese kann nicht stattgefunden haben, nachdem der
Thraker schon gefallen war; denn sonst müfste auch der Name der Legion, welche damals gleichfalls geächtet wurde, radiert sein. Aufserdem
hatte auch Gordian dem Capellianus keinen Nachfolger schicken können,
wie dies Herodian VII, 9, 2 erzählt, wenn er nicht in Numidien anerkannt gewesen wäre. Endlich wäre die schwere Strafe, welche später
über die leg. III Aug. verhängt wurde, unerklärlich, wenn sie weiter
nichts gethan hätte, als dem Herrscher, an welchen sie ihr Schwur band,
treu zu bleiben. Als in Rom der Senat sich für Gordian erklärt hatte,
»kamen in unglaublich kurzer Zeit von allen Seiten die Nachrichten,
dafs Feldherren und Heere die Bilder Maximins von den Standarten
gerissen und die der Senatskaiser aufgeflanzt hätten « Diese »unglaublich kurze Zeit« wird daraus abgeleitet, dafs, da die Gordiane nur 20
bis 25 Tage regiert haben, »alle Provinzen, in denen sich Statuen oder

Münzen von ihnen nachweisen lassen, unmittelbar auf die Kunde von ihrer Erhebung sich dem Aufstande angeschlossen haben«. Wie sehr der alte Adel der Gordiane auf die Phantasie wirkte, »zeigt der merkwürdige Umstand, dafs der Name Sempronius, welcher an die Abstammung der Gordiane von den Gracchen erinnern sollte, mehrfach auf provinzialen Münzen und Inschriften erscheint, obgleich die Kaiser ihn nicht führten. Ägypten hatte die Aufforderung des Senats gar nicht abgewartet; dies weifs Seeck daher, »dafs der vom Senat verliehene Beiname ῾Ρωμαῖος nicht auf den alexandrinischen Münzen erscheint; bewiesen wird diese Hyphothese »durch die grofse Zahl von Münzen, welche auf einen sehr frühen Beginn der Prägung hinweist«. »Arabien und die syrischen Provinzen schlossen sich wahrscheinlich an«, und »da eine Stadt tief im Innern von Phrygien mit dem Bilde Gordians zu prägen wagte, so können auch die beiden benachbarten Legionen Kappadokiens der Erhebung nicht fremd geblieben sein.« Seeck rechnet für den Aufstand im Osten allein mehr als 100 000 Mann heraus, »nur freilich standen sie viel zu fern, um auf die unmittelbare Entscheidung von Einflufs zu sein«.

Die Katastrophe in Afrika wurde dadurch veranlafst, dafs Gordian den Capellianus seines Amtes entsetzte; letzterer erklärte sich jetzt wieder für Maximinus »seine Truppen waren ihm blindlings ergeben und fragten wenig danach, gegen wen sie geführt würden«.

Über die Wahl der beiden Senatskaiser und das staatsrechtliche Kunststück dabei vermag Seeck sowenig Neues zu bringen, wie über die Kämpfe zwischen Maximinus und der Senatspartei, den Sturz der Senatskaiser und die Erhebung Gordians III., wobei der Senat »wieder auf die alte Rolle zurückgekommen war, zur Wahl des Heeres einfach Ja zu sagen«. Es war der letzte Versuch der römischen Adelsversammlung, ihr altes Recht zu behaupten.

Diese Abhandlung ist auch »in symptomatischer Beziehung« nicht ohne Interesse, und deshalb soll sie einer genaueren Betrachtung unterzogen werden. Ich mufs den Leser zu diesem Zwecke auf den Jahresber. f. röm. Gesch. v. 1883 S. 461 ff. verweisen. Seeck hat meine römische Kaisergeschichte einer Kritik unterworfen, deren Ton bis jetzt glücklicherweise in der Rezensionenlitteratur vereinzelt geblieben ist, obgleich man an Derbheit hier zur Genüge gewohnt ist. In dieser Rezension ist nun besonders meine Behandlung des Kaisers Maximinus angegriffen, und ich mufste natürlich doppelt begierig sein, wie sich nun diese Epoche unter der Feder des Rezensenten gestaltet hat.

Seeck hat mir vorgeworfen, dafs ich die »ungeheure Autorität« des Senats in jener Zeit nicht gekannt hätte. Ich habe diese Anklage Jahresber. 1883 S. 463 f. bereits widerlegt. Was bringt nun aber Seeck für seine Behauptung vor? Er stellt längst bekannte Thatsachen über die Elemente zusammen, auf denen sich diese Autorität aufbaute, die von niemand bestritten worden ist, freilich auch weder im Guten noch im Bösen jemals im dritten Jahrhundert entschieden hat. Ich habe in meiner Geschichte 1, 872 ff. das entschiedenste Eingreifen des Senates in der Wahl und Regierung des Tacitus dargestellt, aber gerade diese Episode zeigt recht evident, dafs diese Autorität nur in traditioneller Weise sich erhalten hatte, wirkliche Macht und wirklichen Einflufs aber nicht mehr besafs.

Seeck bestreitet, dafs Maximinus als Erwählter des Heeres zu betrachten sei, weil Rekruten, die noch gar nicht ins Heer eingestellt gewesen seien, die Stimmung desselben nicht repräsentierten. Woher weifs Seeck, dafs ihn nur Rekruten wählten? V. Max. 7, 1 steht his rebus conspiscuum virum Alexander — *omni exercitui* praefecit, gaudentibus cunctis ubique tribunis ducibus et militibus. 2. denique *totum eius exercitum*, qui sub Heliogabalo magna ex parte torpuerat, ad suam militarem disciplinam retraxit. 8, 8 heifst es Augustus ab *exercitu* appellatus. Ebenso berichtet Eutrop 9, 1 ad imperium accessit sola *militum* voluntate und is hello adversus Germanos feliciter gesto cum a *militibus* imperator esset appellatus. Aur. Vict. Caes. 25, 1 sagt sogar M. *praesidens rei bellicae*-potentiam cepit suffragiis legionum. Auch die Epit. 24, 2 sagt wenigstens regnum eripuit pluribus de *exercitu* corruptis. Also wo sind die Rekruten Seecks? Wenn er nicht die ganze Überlieferung über den Haufen werfen will, mufs er doch wohl die Wahl durch das germanische Heer zugeben. Wie kommt Seeck zu den Rekruten? Er hat in der Vita Max. gelesen c. 5. 6. dafs Maximinus Rekruten einexerciert hat, hat aber dabei übersehen, dafs die Vita diese Thatsache an den Anfang der Regierung des Alexander verlegt, wo er ihn zum tribunus legionis quartae ex tironibus machte; die Stelle c. 7 hat er offenbar gar nicht gelesen.

In demselben Zusammenhange behauptet Seeck, dafs der einzelne Senator in den Augen der Truppen als ein hoch über ihnen stehendes Wesen gegolten habe, und führt dafür zwei Aufstände an, die ihren Herd in den Truppen, ihren Gegenstand in der Erhebung eines Konsularen fanden. Was beweist das? doch nichts weiter, als dafs unter einem dem Senate ergebenen Kaiser, wie Alexander, die senatorischen Offiziere ebenfalls einigen Einflufs besafsen und ein und die andere Abteilung durch Geld und gute Worte für sich zu gewinnen vermochten (trig. syr. 32, 1 defectionem, quam consularis vir Magnus-paraverat); wie wenig diese Putsche bedeuteten, zeigt ihr Schicksal. Warum hat aber Seeck nicht erwähnt, dafs diese selben osroenischen Bogenschützen, welche sich für den vir consularis Magnus hatten gewinnen lassen, nachher *unum ex suis* zum Kaiser machen wollten, den Maximinus aus einer Tribunenstelle entlassen hatte? Dafs wir es hier nicht mit Sympathieen des Heeres für einen Senator zu thun haben, liegt auf der Hand und läfst auf die Gründe schliefsen, welche diese Truppe schon für die Pläne des Magnus gewonnen hatten. Dafs dieser die Seele einer Verschwörung

19*

war, zeigen die Elemente derselben v. Max. 10, 1 -- qui cum mullis
militibus et centurionibus ad eum confodiendum consilium inierat; höhere
Offiziere standen demnach gar nicht auf seiner Seite. In den nächsten
Jahrzehnten bereits werden ausnahmsweise Senatoren, regelmäfsig Leute
aus der Truppe auf den Thron erhoben; man sieht daraus, wie wenig
der senatorische Rang bei dem Heere bedeutete. Seeck nimmt gegen
alle Berichte an, dafs Maximinus um Bestätigung seiner Wahl beim
Senate nachgesucht habe. Das Richtige hat jedenfalls Vict. Caes. 25,
1. 2 potentiam cepit suffragiis legionum. Quod tamen etiam patres, dum
periculosum existimant inermes armato resistere, approbaverunt. Weiter
beweisen auch die Inschriften C. I. L. 6, 2001. 2009 so wenig als die auf
ihn geschlagenen Münzen mit dem Revers P. M. Tr. P Cos. P. P. S. C.
(Cohen Maxim. 53. 57 etc.); denn ob der Senat wollte oder nicht, so
wurden die betreffenden Prägungen und Kooptationen durch die kaiserlichen Beamten der Hauptstadt veranlafst. Seeck nimmt nachher an, dafs
Gordian I. auf seinen Sohn Münzen schlagen liefs, ehe der Senat ihn
als Mitregenten bestätigt hatte; und Maximinus sollte sich von der Bestätigung des Senates abhängig gemacht haben? Dasselbe würde von
dem Titel Germanicus gelten, selbst wenn der von Seeck S. 276 A. versuchte Beweis glücklicher wäre, als er ist. Er behauptet, es gebe zahlreiche Münzen, auf denen Maximinus sich Konsul nenne, die folglich
nicht vor dem 1. Januar 236 geschlagen sein könnten, auf denen er aber
noch nicht den Titel Germanicus führe, obgleich einige ·davon die victoria Germanica feiern; daraus schliefst er, Maximinus habe den Titel
nicht eher geführt, bis ihm der Senat denselben erteilt habe. Zunächst
kann nach Cohens Verzeichnissen von zahlreichen Münzen dieser Art
nicht die Rede sein. Sodann stehen diesen wenig zahlreichen Münzen
zahlreiche andere gegenüber mit dem Avers: Maximinus Pius Aug.
Germ. und dem Revers: Victoria Germanica. Will Seeck — angenommen, dafs der Germanensieg· im Sommer oder Herbst 235 erfochten
wurde — diese Münzen alle nach dem 1. Januar 236 setzen, während
doch die gesamte bekannte Praxis der Kaiserzeit dafür spricht, dafs ein
Sieg sofort und nicht erst beinahe ¹/₂ Jahr, nachdem er erfochten war,
auf den Münzen verherrlicht wurde? Dabei nimmt Seeck als ausgemacht
an, dafs Maximinus noch Ende 235 nach Pannonien gezogen sei, weil
die Inschrift C. I. L. 3, 3736 die Titel Dacici Sarmatici noch mit der
trib. pot. bis verbinde und Herodian 7, 2, 9 χειμῶνος ἤδη καταλαμβά-
νοντος ihn dorthin abgehen lasse. Aber diese Datierung ist nichts weniger als sicher. Denn die Vita und Herodian berichten von einer Haupt-
expedition gegen die Germanen, die offenbar 235 stattfand, und »fuerunt
et alia sub eo bella plurima ac proelia« etc.; letztere können aber nicht
im Jahre 235 untergebracht werden. Die erwähnte Inschrift schliefst
diese Annahme nicht aus; denn wenn man auch Herodians Angabe be-
tonen will, so läfst sich doch die Erwerbung eines Sieges über Sarmaten

noch im Jahre 236 unterbringen. Am 25. März 235 ist Maximin jedenfalls schon vom Senate anerkannt und im Besitze der trib. pot.; also
wird dieselbe wohl Anfang März erworben worden sein. Dreierlei Rech-
nungen sind zu dieser Zeit denkbar. Entweder die trib. pot. wurde
gezählt von März zu März, so dafs also die 2. von März 236/237 lief,
oder vom 10. December ab, so dafs die 2. vom 10. December 235/236
lief, oder vom 1. Januar, so dafs die 2. vom 1. Januar 236/237 lief. Welchen Fall man nun annehmen mag, so konnte Maximinus, wenn er im
Anfang Oktober, wo in Germanien die winterliche Zeit schon begann,
aufbrach, wohl noch einen Sieg bis zum 10. December erringen. Den
Eindruck, dafs er den Winter 235/6 bis Frühjahr 236 in Pannonien verbracht habe, machen die Vita und Herodian nicht; denn sie erwähnen
nur Pläne, keine erheblichen Thaten: 13, 3 Pacata Germania Sirmium
venit Sarmatis inferre bellum parans atque animo concupiens atque ad
Oceanum septentrionales partes in Romanum ditionem redigere, quod
fecisset, si vixisset; es ist aber nach der Thatenlust des Thrakiers nicht
denkbar, dafs er 2½ Jahre in Pannonien unthätig verbracht hat.

   Seeck nimmt an, dafs sich Capellianus dem Aufstand der Gordiane
augenblicklich angeschlossen habe; dies sollen die Inschrift C.I.L. 8,
10845, ein Legionsziegel eb. 10474, 9 und die Tilgung von Maximins
Namen im Lager von Lambaesis eb. 2675 beweisen. Zunächst ist der
Ziegel 10474, 9 nicht so sicher, wie es Seeck hinstellt; das G ist teilweise radiert, O und R sehr ungleich; Mommsen bemerkt dazu: fortasse
leg. III. Aug. Gor(diana). Man kann nun diese Interpretation geben,
die allerdings den Schriftstellernachrichten in allen Punkten zuwider-
läuft; aber ist es nötig, dies zu thun? Sicherlich nicht. Der Name
Maximins kann sehr gut erst getilgt worden sein, als die Nachricht von
seinem Tode nach Afrika gelangte. Damals war die leg. III. Aug. noch
nicht aufgelöst. Dies scheint Mommsens Ansicht zu sein: Maximini
igitur nomen deletum videtur esse, antequam ipsa legio Gordiani iussu
tolleretur. Diese kann ebenso gut die Bezeichnung Gordiana auf einem
Ziegel sich gegeben haben, wenn dieser Ziegel überhaupt so zu lesen
ist; denn Gordian III. hat sicherlich nicht in den ersten Tagen seiner
Herrschaft dieselbe aufgelöst. Und dafs gerade Ziegel bereitet worden
seien in den wenigen Tagen, in denen das Regiment der Gordiane in
Afrika bestand und die Legion sicherlich andere Dinge zu thun hatte,
ist an und für sich durchaus unwahrscheinlich. Die dritte Inschrift beweist
noch weniger, wenn, wie ich vermute, 8, 10895 gemeint ist — 10845
enthält blos die drei Buchstaben NIE —. Der Leser findet das Urteil
Mommsens darüber Jahresb. 1883, S. 465. Ebenso wenig stichhaltig ist,
was Seeck weiter anführt, Gordian I. hätte Capellianus keinen Nachfolger bestimmen können, wenn er nicht in Numidien anerkannt gewesen wäre. Warum nicht? Es kam nur darauf an, ob er auch die
Macht haben würde, seiner Ernennung bei den Soldaten die Anerkennung

zu verschaffen. Wenn Seeck endlich die Strafe der Kassation für die
dritte Legion für unerklärlich erklärt, wenn sie weiter nichts gethan
hätte, als dem Herrscher, an welchen sie ihr Schwur band, treu zu bleiben, — den Vergleich mit dem Heere, welches vor Aquileja gelegen
hatte, kann doch Seeck nicht ernsthaft gemeint haben — so zeigt das
Verfahren Valerians, dafs man die Art der Bestrafung jedenfalls für un-
gerechtfertigt hielt; denn er hat sie wieder restituiert. Gordian III. hat
die Pietät gegen seine Verwandten stets sehr betont; Capellianus war
in Afrika verhafst, die Legion durch ihre Beteiligung an dem Sturze
der Gordiane misliebig (M. Gesch. 1, 793 A. 5). So konnte die Auflösung hinlänglich gerechtfertigt erscheinen. Durch V. Maxim. 19, 5
proludens ad imperium, si Maximinus perisset ist es nahe gelegt, an einen
Versuch des Capellianus, nach Maximinus' Tode sich die Herrschaft zu
verschaffen, zu denken; hat sich die Legion daran beteiligt, so erklärt
sich ihre Auflösung um so leichter.

Fast unglaublich ist, dafs Seeck nach den Nachweisen, die ich
Jahresb. 1883 S. 464 ff. betreffs der »zahlreichen Provinzen, in denen
mit dem Bilde der Gordiane·Münzen geprägt und Statuen von ihnen
errichtet worden sind« noch den Mut hat, seinen Lesern in den Preuss.
Jahrbüchern abermals die nämlichen Behauptungen aufzutischen. Ich
habe dort bewiesen durch die von Seeck selbst angeführten Autoritäten,
dafs es sich bei diesen zahlreichen Denkmälern um eine sehr unsichere gallische und eine ebenso unsichere afrikanische Inschrift handelt, mit denen sich historisch gar nichts anfangen läfst, und um einige
Münzen aus Cilicien, Phrygien, Korcyra und Alexandreia. Bezüglich
dieser Münzen hat der verstorbene Missong, wahrscheinlich der gröfste
Kenner der Numismatik dieser Zeit, das Urteil gefällt, dafs alle Colo-
nial-Münzen — Alexandreia ausgenommen — die bei Mionnet und Cohen
sich fänden, sehr zweifelhaft seien, und dafs das Fehlen der Gor-
dian-Münzen bei der Unmasse von colonialer Prägung jedenfalls seine
grofse Bedeutung — natürlich nicht im Sinne von Seeck — habe. Ich
halte es aus diesem Grunde für überflüssig, den auf diese Münzen begründeten, recht ausschweifenden Schlüssen Seecks — er berechnet daraus für die Gordiane im Osten 100000 Mann — weiter nachzugehen.

Sonst ist der frisch geschriebene Aufsatz eine angenehme Lektüre.

Otto Ritschl, Cyprian von Karthago und die Verfassung der
Kirche. Göttingen 1885.

Im ersten Teile behandelt der Verfasser die kirchliche Wirksamkeit Cyprians und seinen Begriff von der Kirche. Er stellt ausführlich
die Entstehung des Streites zwischen dem Bischofe und einem Teile
seiner Gemeinde über die Wiederaufnahme der vom Glauben Abgefallenen in die Kirche dar und eröffnet dabei eine Reihe von neuen Gesichtspunkten; sodann schildert er die Kircheuspaltungen in Karthago und

Rom und Cyprians Verhältnis zu denselben, endlich den Streit Cyprians
mit Stephanus von Rom; zum Verständnis des letzteren war es erforderlich, in einer eigenen Untersuchung Cyprians Begriff von der Einheit
der Kirche festzustellen. Alle diese Erörterungen enthalten neue und
interessante Gesichtspunkte; aber sie gehören in die Kirchengeschichte.
    Der zweite Teil stellt die Verfassung der christlichen Kirche nach
den Cyprianischen Briefen dar. Von dem Presbyterium erhält man aus
den Briefen insofern keine völlig ausreichende Vorstellung, als dasselbe
vollzählig, d. h. unter Teilnahme des Bischofs und aller Presbyter der
Gemeinde nie erscheint. Als Vertretung des abwesenden Bischofs oder
bei Erledigung des bischöflichen Stuhles durch Tod erscheint das Kol-
legium der Presbyter und Diakonen. Doch unterstanden Gemeinden,
in denen eine solche Vertretung bestand, der speziellen Aufsicht des
Metropolitanbischofs, und die Thätigkeit dieses Kollegiums wurde dadurch mannigfach beschränkt. Selbständiger war dasselbe in der Me-
tropole, da es hier unter keiner fremden Aufsicht stand. Aber in Karthago herrschten doch zur Zeit dieser Vertretungen besondere Zustände,
so dafs man, was hier vorgeht, nicht ohne weiteres generalisieren darf.
An den Konzilien nahmen in den meisten Fällen nur Bischöfe teil; spricht
Cyprian gelegentlich auch von Klerikern und der gesamten Gemeinde,
so sind das Projekte, die er hegte, aber wieder fallen liefs; trotzdem
ist auch von einigen Konzilien bezeugt, dafs auch Presbyter und Diakonen teilnahmen und das Volk anwesend war; aber sie hatten kein Stimm-
recht; daneben gab es aber geheime Sitzungen, welchen nur Bischöfe
beiwohnten. In öffentlichen Sitzungen erteilte das Volk dem gefafsten
Beschlusse durch Akklamation seine Zustimmung. Konzilien fanden in
einer Provinz regelmäfsig einmal im Jahre statt, aufserdem bei besonderen Veranlassungen auf besondere Berufung; das Konzil ist die höchste
Instanz und im Allgemeinen waren die Bischöfe einer Provinz durch die
Konzilbeschlüsse gebunden; ein eigentlicher Zwang fand, namentlich wenn
es sich um Neuerungen handelte, nicht statt; die Konzilien besitzen Ge-
richtsbarkeit und Gesetzgebungsrecht und entscheiden über Anerkennung
neugewählter Bischöfe auf wichtigeren Sitzen, die Beschlüsse erfolgten
nach Majorität und wurden mit den einzelnen Abstimmungen aufgezeich-
net. Der Verkehr der Bischöfe und Gemeinden unter einander war ein
sehr reger, sowohl persönlich als namentlich brieflich; die Beförderung
der Briefe an Cyprian erfolgte fast immer durch Kleriker, aber auch
durch sonst vertrauenswürdige Personen. Die Aufnahme neuer Mitglieder in den Klerus erfolgte vor versammelter Gemeinde; aber Cyprian
hat auch in einigen Fällen auf eigne Hand ordiniert, nachträglich aber
seine Handlung gewissermafsen der Entscheidung der Gemeinde unterbrei-
tet. Aber vorher fand eine Prüfung statt, und in dieser lag die Entscheidung in den Händen des Bischofs; auch wenn diese erfolgt war, trat noch
eine längere oder kürzere Probezeit ein. Doch auch hiervon gestattet

sich Cyprian Abweichungen, die er nachträglich entschuldigt. Die Wahl
der Bischöfe erfolgte in einer Versammlung, zu der aufser der ganzen
Gemeinde einige benachbarte Bischöfe der Provinz zusammenkamen.
Die Wahl erfolgte auf Präsentation durch das Volk und die Bischöfe,
die in Gegenwart des Volkes ihr iudicium abgaben. Aber die Beteiligung des Volkes an der Wahl besteht in nichts anderem als in dem
Rufen, welches der Ausdruck der Zustimmung zur Präsentation war.
Als »Volk« gelten die Anwesenden. Nach der Wahl wurde der neue
Bischof von den Bischöfen ordiniert. Er machte den übrigen Bischöfen
Mitteilung, um ihre Anerkennung zu erhalten, die immerhin für wün-
schenswert und bei den Metropoliten seitens der übrigen Metropoliten
für unumgänglich galt. Aber das Entscheidende ist doch die Ordination
und nur diese. Die Hauptbedeutung bei der Wahlhandlung haben die
Bischöfe, da sie auch in besonderer Weise für die Ordination des neuen
Kollegen verantwortlich sind; sie bürgen für die Rechtmäfsigkeit der
Wahl und die Würdigkeit des Erwählten. Der Ritus der Handauflegung
war kein wesentliches Stück bei der Ordination. Bedingungen, welche
bei einer Ordination in Berücksichtigung kamen, waren die wirkliche
Erledigung des betreffenden Bischofssitzes, die Wahl ohne Beeinflussung,
dafs der neue Bischof in der Gemeinde genau bekannt war, das kanonische Alter und aufserdem die bekannten allgemeinen Eigenschaften,
welche ein Bischof haben sollte. Über das Aufsteigen in der Kleriker-
laufbahn gab es keine festen Grundsätze; der Übertritt von Klerikern
in eine andere Gemeinde galt als zulässig. Was der Verfasser über
Kirchenzucht und Gesetzgebung, sowie über das kirchliche Vermögen
und seine Verwendung sagt, betrifft innere kirchliche Angelegenheiten.
Dagegen wollen wir noch kurz über Gemeinde und Gemeindebeamte re-
ferieren.

Die Unterscheidung von Laien und Klerus ist bereits schroff aus-
geprägt; für die Kleriker wird eine Sonderstellung beansprucht. Kleriker sind alle kirchlichen Beamten einschliefslich der Subdiakonen, Lec-
toren, Akoluthen, Exorcisten; Bischöfe, Presbyter und Diakonen sind
den Laien vorgesetzt. Volk und kirchliche Beamte sind zum Gehorsame
gegen die Bischöfe verpflichtet, Rechte haben sie ihnen gegenüber nicht.
Spricht Cyprian von denselben, so geschieht es meist, wenn er sie eben
misachtet hat und nachträglich Entschuldigung erbittet. Diese Rechte
sind Reste einer Verfassungsperiode, in welcher die Masse der Christen
noch wesentlich eine selbständigere Stellung in der Gemeinde einnahm.
Die Laien, welche im Besitze aller Rechte sind, dürfen den Gemeinde-
versammlungen beiwohnen, ihre Zustimmung zu den Wahlpräsentationen
und Beschlüssen geben, Zustimmung oder Einspruch bei der Aufnahme
von Sündern oder Häretikern aussprechen. Am schwierigsten ist die
Aufgabe, die Rechte und Pflichten des Bischofs darzustellen, da hiervon
in den Briefen von und an Cyprian nur selten die Rede ist; die Dar-

stellung des Bischofs ist aber gefärbt. Sodann stehen wir hier in einer
teilweise neuen Entwickelung drin, und wie dieselbe nachher sich dar-
stellte, wissen wir auch nicht. So ist der Verfasser oft nur imstande,
die subjektive Auffassung Cyprians von der Stellung des Bischofs wieder-
zugeben; objektiv können nur die Pflichten und Obliegenheiten des Bischofs in der Einzelgemeinde dargestellt werden. In Rechte und Pflichten tritt der Bischof durch die Ordination. Als Vorgesetzter seiner
Gemeinde übt er die disciplina durch Belehrung, Ermahnung und Strafe.
Die diligentia liegt ihm auch ob; sie ist die Sorge um die Wohlfahrt
der Gemeindeglieder, vor allem der Armen und Bedürftigen. In der
Verfügung über das Gemeindevermögen war der Bischof von vornherein
sehr selbständig. Auf dem Gebiete des Kultus ist der Bischof Priester
als Vertreter Christi; davon ist aber nicht zu trennen die kirchenleitende
Thätigkeit. Er giebt bei der Taufe durch sein Gebet und die Auflegung
der Hand den heiligen Geist und erhält durch die regelmäfsige Ausübung des Opfers die religiöse Gemeinschaft der Christen. So bildete
er das Bindeglied zwischen Gott und seiner Gemeinde, die gar nicht
ohne ihn denkbar, sondern sein Erzeugnis ist. Da die Teilnahme
am Opfer nur denen zugestanden werden konnte, die frei von Sünde
waren, so hängt damit die disciplina auf engste zusammen: ihr Zweck
ist die Herstellung der zum Opfer erforderlichen Reinheit. Aber
dafs Cyprian erst diese Auffassung begründet und gegen Widerstand
durchzusetzen versucht hat, erweist der Verfasser zur Genüge. Dem
Bischof mufs aber auch der Klerus, nicht blos das Volk gehorchen; er
hat auch die Bürgschaft für die reine Lehre zu übernehmen. Die Lehre
von der apostolischen Nachfolge der Bischöfe beruht schliefslich auf
dem Priesteramte als solchem; vermöge desselben sind die Bischöfe nicht
nur Nachfolger der längst gestorbenen Apostel, sondern gegenwärtige
Vertreter Christi. Cyprian hält bei Todsünde und Haeresie den Bischof
für absetzbar, aber nur durch ein Konzil. Auf eine über den Stand der
anderen Bischöfe hervorragende Stellung der Bischöfe in den Hauptstädten
deuten erst einige Züge bei Cyprian, z. B. der Ausdruck papa; aber
eigentliche Metropolitenrechte des Bischofs anderen gegenüber lassen
sich noch nicht nachweisen. Er beruft die Konzilien, führt die Aufsicht
über bischoflose Gemeinden, vermittelt den Verkehr seiner Provinz mit
anderen; aber die Hauptsache ist doch, dafs seinem persönlichen Ansehen sich die anderen Bischöfe beugten. Die Presbyter haben ihre
eigentliche Aufgabe in der Wirksamkeit innerhalb des Presbyteriums zu
suchen. Sie bringen auch das Opfer dar, und darin liegt ihre Stellung
begründet, aber unbedingt gleichgestellt sind sie den Bischöfen nicht;
sie besorgten wahrscheinlich den Kult in einzelnen Bezirken und unter-
stützten den Bischof in seiner Lehrthätigkeit und in der Seelsorge; auf
den Konzilien hatten sie beratende Stimme. Die Diakonen hatten selbständige Stellung nur, wenn sie mit den Presbytern Mitglieder des Kol-

legiums waren, welches während der Abwesenheit eines Bischofs oder
bei einer Sedisvacanz die bischöflichen Aufgaben versah; im Allgemeinen sind sie dem Bischofe und den Presbytern untergeordnet, die
Gehilfen bei deren priesterlichen Opferhandlungen. Die niederen kirchlichen Beamten werden zwar öfter, aber nicht in charakteristischer Weise
erwähnt.

Ein Anhang behandelt die Chronologie der Cyprianischen Briefe.
Er wird für jeden unentbehrlich sein, der sich mit ähnlichen Fragen
beschäftigt.

Die Schrift ist klar, vorsichtig, sorgfältig und ein wertvoller Beitrag insbesondere für die Kenntnis der Verfassungsentwickelung in den
ersten christlichen Jahrhunderten.

Abbé A. C. Hénault, Origines chrétiennes de la Gaule celtique.
Recherches historiques sur la fondation de l'église de Chartres et des
églises de Sens, de Troyes et d'Orléans. Paris und Chartres 1884.

Von den zwei Schulen, welche sich in Frankreich mit der Erforschung der Anfänge des Christentums befassen (s. Jahresb. 1880,
S. 515 ff.), gehört der Verfasser der positiv-gläubigen an; dafs dies
der Fall ist, bezeugt erstens eine begeisternde Ansprache an Notre-
Dame de Chartres, die Schutzpatronin der Kirche, und zweitens ein Brief
des Bischofs von Chartres, der das Buch für rechtgläubig erklärt.

In einer langen Einleitung behauptet der Verfasser, dafs man sehr
wohl über die Anfänge der gallischen Kirche ins Klare kommen könne;
es gehört dazu nur der Glauben an die sagenvolle Überlieferung, die
frommer Eifer — man könnte auch sagen Betrug — konstruiert hat.
Und so wird er beweisen, dafs die Kirchen von Chartres etc. schon im
ersten Jahrhundert gestiftet worden sind, ihre Bischöfe hatten etc. Natürlich mufs der Leser genau so gläubig sein, denn sonst wird er bei
den ersten Seiten das Buch aus der Hand legen und wird es denen überlassen, die stark im Glauben sind.

Der erste Teil erörtert im Allgemeinen die Frage, ob Gallien
schon in apostolischer Zeit mit Kirchen versehen gewesen sei; der zweite
Teil beschäftigt sich mit den im Titel erwähnten speciellen Kirchen.

Der Verfasser sucht zunächst zu erweisen, dafs ganz Gallien schon
im ersten Jahrhundert n. Chr. so civilisiert gewesen sei, dafs das Christentum Aufnahme finden konnte. Ich habe nach diesen Beweisen gesucht;
denn es wäre ja interessant, wenn der Verfasser neue Nachrichten auf-
gefunden hätte. Aber das braucht er nicht, eine Reihe von allgemeinen
Sätzen beweisen, dafs Gallien für den Empfang des Christentums reif
war. Le Blant, auch ein durchaus nicht rationalistischer Gelehrter, hat
aus den Inschriften geschlossen, dafs es mit der Apostolicität der gallischen Kirche nichts sein könne; aber für den Glauben unseres Verfassers sind Inschriften ohne Beweiskraft. Wir wollen nicht bestreiten,

dafs Inschriften oft zu grofse Bedeutung beigelegt und namentlich ein falsch generalisierendes Beweisverfahren auf dieselben aufgebaut wird. Aber wenn unter tausenden von Inschriften keine einzige über das dritte Jahrhundert zurückgeht, so ist dieser Umstand doch einigermafsen lehrreich. Alsdann wird aus den Nachrichten der Kirchenväter, die bekanntlich die ganze Welt dem Christentume zusprachen, ohne weiteres geschlossen, dafs also auch Gallien demselben gehörte. Hilarius insbesondere giebt das Material für alles, was der Verfasser braucht. Ebenso werden die Texte des Sulpicius Severus, des Gregor von Tours so lange gezerrt und gequetscht, bis sie auch ein passendes Resultat ergeben. Ich zweifle nicht, dafs der Verfasser aus den betreffenden Stellen sogar herauslesen kann, dafs Gallien eigentlich die Wiege des Christentums ist.

Im zweiten Teile beginnt dasselbe Interpretationsverfahren mit den Märtyrerakten und Legenden, welche auf die Gründung der Kirchen von Chartres etc. sich beziehen. Das Resultat ist ganz wie der Verfasser es brauchte: die Kirchen sind apostolischen Ursprungs.

Ein Anhang handelt von La Vierge Druidique. Im Gau der Carnuten wurde schon vor der römischen Invasion das Bild einer Jungfrau verehrt, die den Erlöser gebären sollte! in gallischer Sprache stand unten: Virgini pariturae Druides. Kein Mensch zweifelte an dieser Tradition, da kam die böse Revolution, und seit dieser Zeit begannen Zweifel sich zu erheben. Aber man darf nicht zweifeln: da ist schon die gallische Vorläuferin der Jungfrau Maria. Und über solchen Unsinn redet der Verfasser ernsthaft auf beinahe 50 Seiten und natürlich wieder in jener Nachahmung wissenschaftlicher Untersuchung, welche den Unerfahrenen täuschen mufs: er redet darum herum, statt überhaupt einmal zu erweisen, dafs es eine solche Statue zu jener Zeit mit einer solchen Inschrift gegeben haben kann.

Seine Lorbeeren liefsen den Verfasser nicht schlummern: er giebt seinem Buche noch ein Supplément bei, zugleich réponse aux objections des contradicteurs Paris und Chartres 1885. Man erfährt daraus wenigstens zum Troste, dafs solche Produkte auch in Frankreich die gebührende Würdigung finden, obgleich man noch immer diese Litteratur zu ernsthaft nimmt.

IX. Die Zeit der Regeneration.

L. A. Jeep, Der Kaiser Diokletian und seine Stellung in der Geschichte. Zeitschr. f. allg. Gesch. 1885, 112—123.

· Der Verfasser sucht nachzuweisen, wie die Bestrebungen Diokletians in wahrhaft tragischer Weise gescheitert sind. Dieses Ziel hat auf seine Arbeit mannigfach trübend eingewirkt, ohne dafs irgend ein neuer Gesichtspunkt sich fände, mit dem etwas anzufangen wäre. Der Grundfehler der Arbeit ist, dafs der Verfasser die historische Kontinuität gar nicht gekannt, wenigstens nicht berücksichtigt hat, sonst hätte er über die Verwaltungseinrichtungen des Kaisers zu anderer Auffassung und anderem Urteile gelangen müssen, und der Satz »das Schlimmste aber war, dafs Diokletian durch seine Einrichtungen der Schöpfer eines 1000jährigen Bureaukratismus geworden ist« wäre ungeschrieben geblieben. Unparteiisch ist er in Beurteilung der Christenverfolgung, obgleich auch hier ein authentisches Bild der Verhältnisse nicht gegeben ist. Mindestens den Beweis schuldig geblieben ist er für seine Ansicht, dafs durch die Bauten Diokletians »die Provinzen in Not kamen wegen der Bebauung ihrer Ländereien«. Wie hat sich der Verfasser die Lage des Ackerbaues in jener Zeit vorgestellt? Und waren Ackerbauer ohne weiteres als Steinmetzen, Maurer, Bildhauer etc. zu gebrauchen? Was der Verfasser über die militärischen Verhältnisse sagt, ist fast alles unrichtig. Maxentius hat auch nicht wegen des Mangels an Truppen bei seinen Gegnern gesiegt, sondern Severus wurde von den ehemaligen Truppen des Herculius verraten. Auch Galerius drohte dieses Schicksal — an Truppen fehlte es ihm nicht. Davon, dafs Diokletian der Schöpfer einer Feldarmee geworden ist, hat der Verfasser keine Ahnung. Man kann der Abhandlung gemütliche Wärme und eine gewisse erbauliche Wirkung nicht absprechen, oder eine wissenschaftliche Bereicherung ist sie nicht.

Hermann Sachs, Achilleus und Domitius. v. Sallets Zeitschr. für Numism. 13, 239—247.

Der Verfasser erklärt sich gegen die Identität der unter Diokletian auftretenden Kaiser in Ägypten Achilleus und Domitianus. Die griechischen Prägungen des letzteren haben nur LB; da sich kein Stück mit LA fand, glaubt der Verfasser schliefsen zu dürfen, dafs er nur kurze Zeit regiert hat. Ein Teil der Domitiansmünzen ist mit lateinischen Lettern geprägt, gehört also in die Zeit nach der Münzreform Diokletians, die in das zwölfte Jahr seiner Regierung fällt. Aus der geringen Zahl der griechischen Münzen aus diesem Jahre schliefst der Verfasser, dafs die kaiserliche Macht in Alexandreia zu dieser Zeit von einem anderen usurpiert sein mufste. Da setzen die Münzen des Domitian ein, der kurz vor dem 29. August zu regieren begann, also durch seine Besetzung der Münzstätte die Veranlassung zum Aufhören der legitimen Prägung gegeben hat. Er hat aber auch nach dem 29. August nicht lange geherrscht, was die geringe Zahl seiner Münzen zeigt. Nun endet das 12. Regierungsjahr Diokletians mit dem September 296. Domitius Domitianus hat also im September 296 noch gelebt. Achilleus war aber schon am 1. April 296 gestorben. Es ergiebt sich daraus, dafs Domitian mit Achilleus nicht identisch ist.

Ich bin in meiner Kaisergeschichte 2, 138 ff. auf anderem Wege
zu der Ansicht gelangt, dafs die Kaiser nicht identisch sind. So weit
stimme ich auch mit dem Ergebnisse der vorstehenden Untersuchung
überein. Was Sachs über die Regierung Domitians vor dem 29. August
und im September 296 sagt, ist eine geistreiche Kombination, aber ohne
ausreichendes Fundament. Denn er hat nicht bewiesen, dafs das Ab-
brechen der Münzen der syrischen Währung eine Folge einer Usurpation
sein mufste; sie konnte ja einfach die Folge der bis jetzt in ihren
Einzelheiten unbekannten Münzreform sein. Die Schwierigkeit, dafs zugleich nach römischer und syrischer Währung geprägt worden ist, wenn
die beiden Münzsorten demselben Kaiser angehören, ist nicht beseitigt,
und die von mir erwähnten Münzbilder und Signaturen sind von ihm gar
nicht berücksichtigt.

Madden hat angenommen, dafs der Domitianos der bei ihm Taf. 2, 2
abgebildeten Alexandriner mit LB nicht mit dem Taf. 4, 2 gebildeten
identisch sei, und die ganz verschiedenen Gesichter unterstützen seine
Annahme.   Die auf Taf. 4, 2 gebildeten Gesichtszüge stimmen allerdings mit denen des L. Domitius Domitianus, aber Follis und syrische
Währung sind hier in ihrer Vereinigung eine noch gröfsere Schwierigkeit, und warum der Kaiser auf der einen nur Domitianos und auf der
anderen L. Domitius Domitianus heifst, ist auch einstweilen nicht zu erklären   Bei der jetzigen Sachlage werden wir gut thun auf das LB
keine gewagten Schlüsse zu gründen, sondern an der Nicht-Identität
des Domitius und Domitianus und Achilleus festzuhalten, ohne das Datum der Regierung genau bestimmen zu wollen.

O. Hirschfeld. Bericht über eine Reise in Dalmatien. Arch.-
epigr. Mitteilungen. S. 1—30.

Aus dem Berichte heben wir die Inschriften von Brazza hervor.
Herculi Aug. sac. Val. Valerianus mil. cum insisterem ad capitella co-
lumnarum ad termas Licinau||s quas (st. quae) fiunt Sirmi. In der Nähe
des Steines fanden sich Cippen und Aren mit Ornamenten, welche auf
das Atelier eines Steinmetzen schliefsen lassen.

Die Inschrift bietet eine merkwürdige Parallele zu der passio
sanctorum IV coron., die in ihrem ersten Teile wahrscheinlich auch in
den Steinbrüchen bei Sirmium spielt. Als Bestimmungsort der Säulen-
kapitelle werden die Thermae Licinianae genannt. Ob dieselben in Sirmium oder in Rom waren, läfst sich nicht entscheiden. Unter den cor-
ronati der Passio will Hirschfeld einen cornicularius des Stadtpräfekten
mit drei officiales verstehen. Aus den von Mommsen veröffentlichten ordo
salutationis von Thamugadi (Eph. ep. 5, 629 ff. Jahresber. f. Staatsalt. 1884
S. 289) wird coronati herbeigezogen und die Vermutung ausgesprochen,
dafs coronati die Bezeichnung der Officialen mit Einschlufs der obersten

Chargen gewesen sei; dann würde sich die Bezeichnung quattuor coronati
gut erklären lassen.

Wilhelm Ohnesorge. Der Anonymus Valesii de Constantino.
Diss. Kiel. 1885.·

Der Verfasser spricht zuerst über die handschriftliche Überlieferung beider Stücke. Dieselbe weist schon klar auf die verschiedene
Herkunft derselben hin. Diese wird bestätigt durch die sprachliche
Verschiedenheit. Die Sprache des ersten ist weniger verwildert als die des
zweiten. Die zahlreichen sprachlichen·Thatsachen sind manchmal gar zu
fein gesponnen und gesucht, scheiden auch nicht immer das, was auch
vielen anderen Schriftstellern gemein ist. Auch die Untersuchungen über
den verschiedenen Stil ist teilweise recht gesucht. Das Hauptresultat
ist deshalb doch nicht zu verwerfen. Auch die innere Verschiedenheit
ist bedeutend. Der zweite ist anekdotenhaft, liebt die Erzählung von
Zeichen und Wundern; der erste ist ruhig und objektiv. Wieder gesucht ist, dafs das zweite Stück es liebe, denen, die bei ihm eine
Rolle spielen, irgend welche Eigenschaften zuzuschreiben: dies erklärt
sich meist |aus dem ganz verschiedenen Materiale und den verhältnis-
mäfsig zahlreichen handelnd auftretenden Personen. In II tritt ein bib-
lischer, Gott und Teufel citierender Ton entgegen, der in I gänzlich
fehlt; I ist lang und prägnant, II breit; I übergeht fast geflissentlich
alle kirchlichen und hebt die auswärtigen Fragen hervor.

Sodann beschäftigt sich der Verfasser mit dem ersten Valesischen
Stücke. Man hat als Quellen genannt Cassiodors Getica, die Panegyrik
von 313, Lactanz, Euseb, Eutrop, Ammian und Orosius. Der Verfasser
weist die Unzulässigkeit dieser Annahmen nach und zeigt, dafs sich
Quellen für dasselbe nicht finden lassen, so vielfach sich die Nachrichten desselben mit den Berichten anderer Autoren ähneln, berühren und
kreuzen, dafs aber dieses Stück durchaus zuverlässig und eine der
besten Quellen für die Constantinische Geschichte ist, ja für manche
Partieen die Hauptquelle; dagegen ist der Anonymus die Hauptquelle
des Orosius, wie der Verfasser ganz schlagend beweist; auch Silvius hat
ihn benützt.

Im dritten Kapitel bestimmt der Verfasser den Wert der Nachrichten des Anonymus im Einzelnen. Entstanden ist das Stück zwischen
363 und 417. Nur an vier Stellen zeigt sich christliche Spur und hier
gleich die eines Fanatikers. Der Verfasser hält diese für Interpolationen und schreibt die erste Abfassung einem Heiden zu, der Senator in Rom war. Erwiesen scheint mir nur, dafs die Quelle im Westen
entstanden ist. Der ursprüngliche Verfasser war ein Zeitgenosse, vielleicht ein Augenzeuge. Vielleicht ist das Stück das Fragment einer
Kaiserchronik.

Ich habe gegen einige Ergebnisse der fleifsigen Arbeit meine Bedenken im Philol. Anz. 1886 S. 121 ff. ausgesprochen.

Chrysanthos Antoniades. Kaiser Licinius. Eine historische
Untersuchung. München 1884.

Der Verfasser untersucht zunächst das Verhältnis der Quellen für die
Geschichte des Licinius. Eusebius hat die Schrift de mortibus persecutorum
benützt; die Excerpta Valesiana stammen für die Licinianische Verfolgung
aus Orosius — dies hat Ohnesorge in seinem vorstehend besprochenen Aufsatze widerlegt. Von den Byzantinern benützt Theophanes den Eusebius
und Eutrop, hat also keinen selbständigen Wert. Georgios Monachos
hat Socrates ausgeschrieben, Cedrenus den Theophanes. Das Ergebnis
dieser Quellenuntersuchung ist wertlos, denn alle diese Dinge sind längst
bekannt, die Untersuchung über die Excerpta Valesiana kommt zu völlig
unhaltbaren Resultaten.

Dann giebt der Verfasser die kritische Lebensbeschreibung des
Licinius. Dieselbe ist äufserst unkritisch und gänzlich wertlos, da der
Verfasser die meisten hier in betracht kommenden Fragen gar nicht
kennt, viel weniger löst. Es sei nur an einigen Punkten dieser Nachweis erbracht; der Verfasser behauptet, Constantin sei von seinen Soldaten zum Augustus ernannt worden. Hätte sich derselbe auch nur
oberflächlich mit den Münzen bekannt gemacht, so hätte er gefunden,
dafs zahlreiche in Trier, London und Lyon, also im Gebiete des Constantin, geschlagene Münzen die Bezeichnung Constantinus nob. Caesar
tragen, während die Reverse des Chlorus noch beibehalten sind; von
den zahlreichen Münzen der Mitregenten, die ihn Constantinus nob. Caes.
nennen, will ich gar nicht sprechen. Auch stimmen alle besseren Quellen darin überein, dafs Constantin zuerst Caesar wurde, und das konnte
nach dem Diokletianischen Regierungssystem, welches auch Constantin
zu Recht bestehend anerkannte, allein eintreten. Die Truppen mögen
ihn als Imperator begrüfst haben, aber die Anweisung seiner Stellung
erfolgte durch den Oberkaiser. Ebenso unrichtig ist alles, was über das
Verhältnis von Maximianus Herkulius und Maxentius, sowie die Erhebung
des letzteren gesagt wird. Von der Schwierigkeit dieser Fragen hat
der Verfasser keine Ahnung. Mit derselben glücklichen Unkenntnis wird
die Frage entschieden, ob Licinius zuerst Caesar oder Augustus wurde.
Dafs über dieselbe die gröfsten Zweifel bestehen — Eckhel auf der
einen, Henzen-Borghesi auf der anderen Seite — weifs der Verfasser
nicht. Ebenso grundlos ist, was der Verfasser wohl Hunziker von einem
Oberkaisertum des Licinius nachredet; von einem solchen findet sich
auch keine Spur; der Rang der drei Augusti wird lediglich durch die
Anciennetät bestimmt; bekanntlich hielt sich Maximinus Daja für den
ältesten und Constantin liefs sich durch den römischen Senat die Anciennetät vor den anderen dekretieren. Von den vielen Schwankungen,

welche sich aus den Münzen entnehmen lassen, kann uns der Verfasser
natürlich nichts sagen, denn davon weifs er selbst gar nichts.

Bezüglich des Verhältnisses des Licinius zu dem Christentum plän-
kelt der Verfasser etwas gegen Görres — es ist ein Streit um des Kaisers Bart; denn wann Licinius die Kirche zu verfolgen begonnen hat,
wissen wir einfach nicht, und ob nun Keim behauptet seit 315 oder Görres
seit 319, ist völlig gleichgiltig; entscheiden läfst sich dieser Streit
nicht; man kann eben sogut 316, 317, 318, 320 sagen. In der Schilderung dieser Verfolgung selbst sollte man doch solche Naivitäten nicht
wiederholen wie »durch die Ausschliefsung der Christen aus dem Heere
verlor dasselbe seine edelsten und tüchtigsten Offiziere«. Das würde
hundert Jahre später kaum zutreffen.

Einige Excurse machen den Schlufs. Der erste fragt: Licinius
oder Licinnius? Das Verhältnis auf den Münzen wird nach Eckhel angegeben und nach Cohen, ist aber bei beiden nicht mehr richtig; die
grofsen Münzfunde in Österreich etc. haben dieses Verhältnis erheblich
verschoben. Die Citate aus dem C. I. L. verstehe ich leider nicht; da
wird zweimal ein Tom. I Pars. V und darin IX, XX, XXV, XIX etc.
citiert und dann ein pars posterior; ich kenne diese Ausgabe, die der
Verfasser benützt hat, nicht, kann sie also auch nicht kontrolieren;
aber das weifs ich, dafs die Zusammenstellung wieder falsch ist; ich
kenne nicht 27 sondern mindestens 45 Inschriften des Licinius. Das Resultat, dafs Λικίνιος Licinius zu schreiben sei, wird wohl richtig sein,
wenn man die Münzen nicht allein entscheiden lassen will; aber wenn
dasselbe etwas wert sein sollte, mufste die Untersuchung genau sein.

Der zweite Excurs handelt über zwei Münchener Handschriften
des Georgios Hamartolos und Muralts Ausgabe und hat für den Jahresbericht keinen Wert, der dritte über das angebliche Religionsedikt vom
Jahre 312 sucht zu erweisen, dafs es kein Edikt vom Jahre 312 giebt.
Der Verfasser hält, was er auf zwei Seiten darüber schreibt, für einen
durchschlagenden Beweis — lassen wir ihm diesen Glauben, es ist das
einzige, was wir von der Schrift unangetastet lassen können.

V. Schultze. Untersuchungen zur Geschichte Konstantins d. Gr.
Zeitschr. f. Kirchengeschichte 7, 343—371 und 8, 517 - 542.

Der Verfasser will einige Punkte behandeln, welche sich auf die
Festsetzung und Charakterisierung der persönlichen Stellung Konstantins zum Christentum beziehen. Er erachtet es schon als grofsen Gewinn, bei dieser Gelegenheit zu zeigen, wie weit wir in der kirchlichen Detailforschung in Beziehung auf Konstantin d. Gr. noch im Rück-
stande sind.

1. Die römische Bildsäule mit dem Kreuze. Der Verfasser
ist der Ansicht, dafs, wenn man die Thatsache der Aufstellung der
Statue zugäbe, man sich dem Zugeständnisse nicht entziehen könne,

dafs der Kaiser damit eine persönliche öffentliche Erklärung für die christliche Religion abgegeben habe und abgeben habe wollen. Man kann ihm dieses zugeben, vorausgesetzt, dafs es sich wirklich um das christliche Kreuz und nicht um ein indifferentes Zeichen bei dieser Darstellung handelt. (Vgl. meine Gesch. 2, 206). Er sucht zu erweisen, dafs Eusebius schon zur Zeit der Errichtung den Kaiser als Christen betrachtet hat. Was dieser Beweis für einen Wert haben soll, ist mir nicht klar geworden. Denn wenn auch Eusebius dies thut, folgt daraus doch noch nicht, dafs es in der That so war. Ich mufs in dieser Hinsicht auf meine Gesch. 2, 205 ff. verweisen, wo ich die von dem Verfasser bis jetzt vermifste Verwertung der Münzen gegeben habe, aus der sich die Christlichkeit des Kaisers zu dieser Zeit jedenfalls nicht erweisen läfst. Auch der Schlufs mit der Fassung der Inschrift des Konstantinsbogen zu gunsten des Christentums ist nicht beweiskräftig. (M. Gesch. 2, 205).

2. Die Tempelbauten in Konstantinopel. Die von Zos. 2, 31 berichtete Verbindung des Dioskurentempels mit dem Hippodrom sucht der Verfasser dadurch abzuschwächen, dafs er μέρος — ποιησάμενος erklärt: er stellte zwischen dem bereits vorhandenen Heiligtume und der Rennbahn eine bauliche Verbindung her. Dann kommt er sogar zu folgendem Schlusse: »Ein Heiligtum, das keine Priesterschaft und keinen Kult mehr hat, hört nach antiker Vorstellung auf, ein Tempel in religiösem Sinne zu sein.« Ich kann nicht finden, dafs es einen grofsen Unterschied macht, ob Konstantin einen neuen Tempel baute oder einen vorhandenen mit dem Hippodrom verband; in beiden Fällen wäre der Zweck der gleiche gewesen, den Dioskuren eine Verehrung zu erweisen und sie zu Schutzgöttern des Hippodroms zu erklären. Woher Herr Schultze weifs, dafs der Tempel keine Priesterschaft und keinen Kult mehr hatte, hat er uns nicht verraten; wir brauchen es deshalb auch nicht zu glauben. Nimmt man ein neutrales Verhältnis des Kaisers zu den Religionen an, so braucht man weder diese noch andere Stellen durch Interpretation zu pressen. Denn - die Tyche vermag auch der Verfasser nicht wegzudeuteln; freilich einen Tempel und eine Priesterschaft will er auch hier nicht zulassen. Höchstens »ein Gebäude im Stile der antiken Tempel; doch ist damit noch durchaus nicht sein Charakter als Kultusstätte gefordert. Er mufs zwar eine superstitiöse Verehrung zugeben, aber es fehlt ihr das spezifisch heidnisch-religiöse Gepräge«. Wir erkennen wohl richtiger darin wieder die Neutralität, welche beiden Religionen gerecht zu werden suchte und mit Vorliebe Kulte aufsuchte, welche beiden gemeinsam sein konnten; an das »Glück« konnte aber auch der Christ glauben, und er glaubte wirklich daran. Nur bei dieser Annahme widersprechen sich die Berichte des Eusebius und Zosimus in der That nicht, wenn man die beiderseitigen aus dem jeweiligen religiösen Standpunkte sich ergebenden Zuthaten in Abzug bringt.

Warum Schultze die Notitia urbis Const. als Beweismittel dafür anführt, dafs es in Konstantinopel keine Tempel gegeben habe, konnte ich nicht sehen; zwischen Konstantin und Theodosius II. liegt doch die Regierung Theodosius d. Gr., welche dieses Fehlen zur Genüge erklärt.

3. Die Inschrift von Hispellum. Auch hier bemüht sich Schultze darzuthun, dafs der in der Inschrift erwähnte templum Flaviae gentis kein templum sei; es soll darunter »eine prächtige Halle zu denken sein, in welcher neben den Bildnissen des Kaisers und seiner Söhne auch das in Marmorschrift übertragene Reskript Aufstellung gefunden haben mag. Der offiziell gebrauchte Name aedes kann darum nicht auffallen, weil die Stätte, an der die imago principis Aufstellung fand, eben dadurch eine gewisse Weihe und auszeichnende Bedeutung erhielt, z. B. das Asylrecht gewann.« Unter den contagiosae superstitionis fraudibus soll der Kaiserkult gemeint sein. Aber Schultze wird schwerlich Jemand für seine Interpretation gewinnen; aedes ist der Tempel und sonst nichts; auch erhält die aedes nicht durch die imago principis die Weihe, sondern durch die Verehrung, welche sich an diese imago knüpft. Bei contagiosae superstitionis fraudes ist an Magie und blutige Opfer zu denken, wie ich das in m. Gesch. 2, 290 erörtert habe. Dafs ein Kult des Flavischen Hauses hiermit verbunden war, hat Mommsen in der Besprechung der Inschrift von Spello erwiesen, falls man mit Schultze nicht Lust hat, auch hier den pontifex gentis Flaviae so zu interpretieren, dafs er erst nach Konstantins Tode eingesetzt worden sei, aufserdem ist er für Afrika bekannt.

4. Konstantin und die Haruspicin. Die Berichte stimmen in der Thatsache überein, dafs Konstantin gegen die Mantik eingeschritten ist. Schultze sucht nun zu erweisen, dafs die Verordnungen des C. Th. 9, 16, 1. 2; 16, 10, 1 mit jenen Berichten insofern übereinstimmen, »als ihr Inhalt ein derartiger sei, dafs eine Mafsregel, wie die von den Historikern berichtete, sich als wahrscheinliche Konsequenz daraus erweist.« Zu diesem Behufe liest der Verfasser aus dem ersten Edikte heraus: »Man empfängt den Eindruck, als ob der Kaiser sich selbst aus der Zahl derjenigen, welche das Bedürfnis fühlen, ihrer Superstition Genüge zu leisten, ausnehme und die Freiheit der öffentlichen Haruspicin im Tone souveräner Verachtung dieser letzteren weiterhin gewährleiste.« Diesen Eindruck empfängt, wer ihn zu empfangen sucht; wer unbefangen die Worte liest, wird ihn nicht haben. Übrigens ist die Argumentation mit Eindrücken, die so subjektiv sind, immer bedenklich. Warum beruhigte sich Schultze nicht bei der wohlbegründeten, in die ganze Entwickelung passenden Erklärung, dafs hier die politische Wahrsagerei tot gemacht werden sollte? Dasselbe will Schultze aus der Verordnung 9, 16, 2 herauslesen, wo sich der Kaiser durch den Ausdruck consuetudinis vestrae und praeteritae usurpationis officia von dieser Disziplin gelöst habe. Wie sollte er denn sagen? Der Verfasser

vergleiche doch die übrigen Erlasse an Provinzialen und Veteranen, und
er wird an vestrae keinen Anstofs nehmen, und er schlage die Bedeutung von praeteritus im C. Th. nach, so wird auch hier kein Grund zu
Bedenken bestehen. Am wunderbarsten ist die Interpretation von 16, 10, 1.
Hier spricht der Kaiser bei Blitzschlägen die Befugnis, über das dadurch gegebene Zeichen (quid portendat) Untersuchung anzustellen und
an ihn zu berichten, den haruspices zu und sagt ausdrücklich, auch
Private dürften sich derselben bedienen. »Ein Unbefangener«, um mit
Schultze zu reden, würde daraus mindestens die religiöse Neutralität
des Kaisers folgern. Schultze aber findet, dafs sich darin ein religiöses
Interesse für die Haruspicin nicht bemerkbar macht, sondern nur das
Bestreben, die Haruspicin in der Hand zu behalten. Weiter haben be-
sonnene Leute auch nichts behauptet; aber man weifs nicht, warum sich
in den beiden früheren Erlassen ein religiöses Interesse des Kaisers
gegen die Haruspicin bemerkbar machen soll; sogar die Ausdrücke
mos veteris observantiae und haec consuetudo scheinen ihm absichtlich
gewählt, um die Kühle des Kaisers bemerkbar zu machen. Ja der Verfasser findet weiter, die Abneigung gegen die Zeichendeutung sei bereits
bei den beiden ersten Erlassen fest gewurzelt gewesen. Und die Berichte der Historiker findet er insoweit in Ordnung, dafs von hier aus
kein grofser Schritt mehr zu dem völligen Verbote der Haruspicin war.
Ein weniger voreingenommener Beurteiler hätte wohl schliefsen müssen,
dafs die Historiker wieder aus verschiedenen Gründen das auf die private Anwendung der Haruspicin bezügliche Verbot generalisiert hätten.

5. Der Staat und das Opferwesen. Dieselbe Haltung schreibt
Schultze Konstantin gegenüber dem Opferwesen zu. Dieses Resultat
wird auf eine wunderbare Weise gewonnen; nämlich die Worte in dem
Gesetze C. Th. 16, 10, 1 über die Haruspices dummodo sacrificiis do-
mesticis abstineant, quae specialiter prohibita sunt »die bis jetzt noch
nicht in ihrer Tragweite nach dieser Richtung erkannt sind«, sollen sich
auf eine besondere kaiserliche Verordnung beziehen, welche die Haus-
opfer untersagte. Wenn Schultze die Entwickelung dieser Frage im
vierten Jahrhundert studiert hätte, so hätte ihn dies vor einem solchen
unbegreiflichen Mifsgriff behüten müssen. Denn es ist sonnenklar, dafs
mit diesen Worten nichts anderes gemeint sein kann, als was C. Th.
9, 16, 1. 2 verboten ist, nämlich »nullus haruspex limen alterius acce-
dat« und »concremando illo haruspice, qui ad domum alienam accesse-
rit oder noch deutlicher haruspices et sacerdotes et eos qui huic ritui
assolent ministrare ad privatam domum prohibemus accedere. Das Verbot der privaten Opfer erfolgt zuerst durch Theodosius. Der Verfasser
hält überhaupt die blutigen Opfer und die daran sich knüpfende Wahrsagerei und die unblutigen, die öffentlichen und die privaten nicht genügend auseinander; aus diesem Grunde ist dieser ganze fünfte Abschnitt völlig wertlos. Allen Nachrichten widerspricht aber direkt die

von Schultze gezogene Konsequenz: »Aber man darf fragen, wie viel
oder wie wenig dem Heidentum noch geblieben ist, nachdem das Gesetz
ihm die Haruspicin, das Opferwesen und die Tempel nahm.« Wir wissen, dafs Constantin nur Tempel schliefsen liefs, welche unsittliche Kulte
in sich schlossen.

6. Der Untergang des Licinius. Dieser Abschnitt leidet an
dem Grundfehler, dafs der Bericht des Eusebius V. Const. und nicht,
wie es sein mufste, der des Anon. Vales. und Zosimus zugrunde gelegt
ist, der in allen Einzelheiten jenem weit überlegen ist.   Durch eine
solche Quellenbenutzung kommt Schultze zu dem Schlusse, das Urteil
über das Verhalten Konstantins bei der Hinrichtung des Licinius möglichst zurückzuhalten und ihn nicht des Treubruchs und des Meineides
zu beschuldigen.

Es mufste hier vielfach den Anschauungen des Verfassers wider-
sprochen werden, da sie von vorgefafsten Meinungen ausgehen.   Dabei
soll nicht vergessen werden, dafs seine Ausführungen Beachtung verdienen. Ich habe versucht nachzuweisen, dafs sich die unter 1—5 gegebenen einer Anschauung leicht zuordnen, welche davon ausgeht, dafs
der Kaiser eigentlich die Neutralität in religiösen Fragen erstrebte,
aber durch sein allmählich sich entwickelndes persönliches Verhältnis
zum Christentum dieselbe mit eigener Hand untergraben hat.

Eduard Löffler. Der Comes Theodosius. Diss. Halle-Wittenberg 1885.

Die Abhandlung bietet wenig Neues. Der Verfasser erzählt breit
und gemütlich, was Ammian berichtet, und natürlich schon unendlich oft,
nur meist kürzer wiederholt worden ist. Die zahllosen Druckfehler, von
der nicht einmal die Vita des Verfassers frei ist, sind keine Würze der
Schrift. Am Ende derselben conjiciert er, dafs Valens an der Beseitigung des Theodosius mitgewirkt habe. Dies stimmt nicht zu dem, was
wir über das Verhältnis zwischen Gratian und seinem Oheim wissen.
Auffällig ist, dafs der Verfasser nicht zwischen den Vorgängen im Lager
von Brigetio und der Hinrichtung den Zusammenhang gefunden hat, der
doch unzweifelhaft besteht. So hätte diese Dissertation ohne Schaden
ungedruckt bleiben können.

X. Die Völkerwanderung

Thomas Hodgkin. Italy and her invaders 476—535. Vol. III.
The ostrogothic invasion. Vol. IV. The imperial restoration Oxford 1885.

Von diesem Werke ist schon der erste Band (Jahresb. 1880, 524f.)
angezeigt worden; der zweite ist mir nicht zugekommen.

Im dritten Bande enthüllt uns der Verfasser ein figuren- und farbenreiches Gemälde, da er hier die Ostgoteninvasion von ihrer Vorbereitung in Byzanz bis zur Vernichtung des Reiches durch die Oströmer vorführt. Das erste Kapitel giebt die Geschichte der Ostgoten von 335—474; im zweiten wird uns die Regierung des oströmischen Kaisers Zeno mit grofser Ausführlichkeit erzählt, man sieht nicht recht warum, da diese zum Verständnis der Ostgotenwanderung nur teilweise erforderlich war. Das dritte Kapitel beschäftigt sich mit den beiden Theodorichen in Thrakien, von denen der Amaler für Zeno gegen den anderen, den Sohn des Triarius kämpft. Aber wie in diesen Kämpfen von Treue und Zuverlässigkeit nie die Rede ist, so sehen wir den letzteren bald auf Seite des Kaisers den Amaler bekämpfen, nachdem sich beide zuerst gegen Zeno verbunden hatten. Jener stirbt 481, der Amaler wird 484 Konsul und erscheint 487 vor den Toren von Konstantinopel. Die Rechtsfrage, auf Grund deren Theodorich von Zeno nach Italien gesandt wird, wird von dem Verfasser wenig befriedigend erörtert; von einer respublica Romana kann in dieser Zeit nicht mehr die Rede sein. Auch über Odovakar wird im vierten Kapitel nichts Neues gesagt, dessen Beziehungen zur römischen Kirche bleiben recht unklar, und auch seine Rechtstellung hätte sich genau präzisieren lassen. Kapitel 5, der rugische Krieg wirft ziemlich kritiklos Geschichte und Mythus durcheinander, Kapitel 6 schildert die Beziehungen zwischen Theodorich und Odovakar bis zu des letzteren Ermordung, und damit ist die eigentliche Eroberungsgeschichte zu Ende. Kapitel 7 und 8 legen das Verhältnis von König und Volk sowie die Zustände am Hofe dar, sehr eingehend und mit viel Detail, aber mit wenig scharfer Scheidung von Wesentlichem und Unwesentlichem. Kapitel 9 und 10 schildern in ähnlicher Weise die Beziehungen Theodorichs zu Gallien und zum Ostreiche, Kapitel 11 zur Kirche; in diesem Zusammenhange werden Boetius und Symmachus in einem eigenen Kapitel (12) sehr ausführlich behandelt. - Ich finde nicht, dafs hier der Gegensatz von Arianismus und Katholicismus völlig zu seinem Rechte kommt, und noch weniger, dafs der an Landesverrat grenzende Widerstand des letzteren gebührend charakterisiert wäre; die ganzen Verhältnisse werden zu sehr nach Personen, nicht nach den tieferen Zusammenhängen dargelegt. Die drei letzten Kapitel führen die Geschichte bis zum Tod der Amalasuntha fort, wobei namentlich die Personen Belisars und Justinians ungebührlich hervortreten. Der vierte Band stellt in grofser Ausführlichkeit den Gotenkrieg bis zur Ausrottung des Volkes dar. Doch liegt diese Erzählung aufserhalb der Grenzen des Jahresberichts.

Beigegeben sind beiden Bänden eine Anzahl eingeklebter Photographien und einige Karten, sowie einige Abbildungen von Mosaik-Darstellungen. Für eine Bereicherung der wissenschaftlichen Forschung kann ich auch diese beiden Bände nicht ansehen, wohl aber schildern sie in interessanter Weise eine freilich schon stofflich hochinteressante Zeit.

Jul. Jung. Die Germanen an der Donau und das römische Reich.
Z. f. allg. Gesch. 1885, 480—501.

Der Verfasser schildert in ziemlich eingehender Weise die Rolle,
welche die Germanen an der Donau besonders seit dem energischen
Auftreten der Westgoten bis zur Auflösung des Gepidenreiches gespielt
haben. Namentlich hebt der Verfasser den agrarischen Zug der germanischen Völker scharf hervor, der sie namentlich von den Hunnen scheidet. Doch waren die Goten mehr Viehzüchter; dazu bedurften sie aber
ausgedehnter Weideplätze, und dieses Bedürfnis erklärt zum Teil den
Wandertrieb. Auch die Art, wie ein Stamm wanderte, hat der Verfasser anschaulich gemacht; man versteht darnach, wie leicht die Wander-
schwärme durch Strapazen, Entbehrungen, Krankheiten, Angriffe von
verfeindeten Stämmen decimiert wurden. Eingehender wird sodann die
Thätigkeit Alarichs und Stilichos verfolgt.

Francesco Bertolini. Saggi critici di Storia Italiana. Milano 1883.

Wir haben schon oben einige Aufsätze aus diesem Buche mitgeteilt. Eine gröfsere Arbeit beschäftigt sich mit der Herrschaft Odovakars: La signoria di Odoacre e la origine del medio evo.

Der Verfasser kann sich nicht mit der herkömmlichen Ansicht be-
freunden, dafs die Herrschaft Odovakars den Anbruch des Mittelalters
bedeute, wie auch bei keinem gleichzeitigen Schriftsteller sich diese Ansicht findet. Dafs die Zeitgenossen eine andere Auffassung haben mufsten, zeigt das Verhalten Odovakars selbst. Er dachte gar nicht daran
ein neues Reich in Italien zu begründen, sondern erkannte den Kaiser
in Konstantinopel als Herrn an, suchte wiederholt um die Verleihung
des Titels patricius nach und nannte sich blofs den Barbaren gegenüber
König, ohne indessen königliche Abzeichen zu tragen. So lange er den
Patriziertitel nicht hatte, enthielt er sich aller Regierungshandlungen,
die nicht unbedingt notwendig waren. So wurden 477—479 im Occident keine Konsuln ernannt; erst seit 480 erscheint wieder der occiden-
talische Konsul.

Auch die Version, welche Odovakar als einen Eindringling an der
Spitze barbarischer Scharen in Italien erscheinen läfst, ist falsch. Sein
Vater Edico war ein hoher Offizier Attilas, ein Kollege des Patricius
Orestes, er selbst in Italien erwachsen und erzogen und Offizier im kai-
serlichen Heere. Er kam empor infolge einer Militär-Revolution, wie
Orestes emporgekommen war, das Motiv war Landbesitz für die fremden
Truppen zu erringen.

Wie der Verfasser aus dem Gange des Krieges gegen die Ostgoten wahrscheinlich macht, waren die Ansiedelungen der Barbaren nur
in Norditalien erfolgt; Süditalien mufste wahrscheinlich eine entspre-

chende Geldsumme bezahlen. Da es sich meist um unverheiratete Soldaten handelte, können die eigentlichen Änderungen in den Grundbesitz-Verhältnissen nicht grofs gewesen sein; die Ansiedelungen werden dasselbe Schicksal gehabt haben wie die Militär-Kolonien des Sulla und der Kaiser. Auch in dieser Hinsicht tritt die Zeit Odovakars nicht über die analogen Fälle hervor, welche so oft in Italien eingetreten waren.

Bowers Ansicht, dafs die Einmischung Odovakars in die Wahl des Papstes Felix III die Grundlage des kaiserlichen Einmischungsrechtes im Mittelalter war, ist unzulässig, da schon bei der nächsten Papstwahl davon keine Rede mehr ist. Diese eine Thatsache war durch besondere Umstände veranlafst, wurde aber keine organische Einrichtung.

Wir besitzen nur ein Dokument, in dem Odovakar König heifst (Marini, J. papiri diplom. Roma 1805 N. LXXXII), und zwar mit Recht, da es sich hier um eine Schenkung an einen Barbaren, den comes Pierius handelt; auf den Münzen, die in Italien kursierten, heifst er Fl. Odovac., weder rex, noch dominus noster. Münzen hatte aber auch Ricimer geschlagen.

Also Odovakar ist nicht der Begründer einer neuen, wohl aber der Wiederhersteller der alten constantinischen Reichsordnung.

Dafs die entgegengesetzte Ansicht sich in der Geschichtsforschung durchsetzen konnte, erklärt sich aus dem Umstand, dafs seitdem der Kaisertitel im Occidente verschwindet; sie erhielt eine Unterstützung durch eine von der Augurentradition verbreitete Auffassung, wonach das römische Reich der Erfüllung seiner Geschicke nahe war.

R. v. Scala. Über die wichtigsten Beziehungen des Orientes zum Occidente im Altertum. Wien 1886.

Der Verfasser weist Phöniker, Cheta und kleinasiatische Indogermanen (Karer, Myser, Lyder, Lyker, Phryger) als die Medien nach, durch welche orientalische Kultur den Griechen zuflofs. Wir müssen es uns versagen auf die interessanten und in fesselnder Darstellung gegebenen Ausführungen einzugehen und wenden uns zu dem Einflufs des Orientes auf das römische Reich. Derselbe läfst sich nachweisen in der Kunstindustrie, worin phönikische Einwirkung zutage tritt, sowie in religiösen Übertragungen (Rhea Kybele, Isis, Mithra). Doch auch in dem römischen Hofceremoniell (Kunst, Adoration, Vortragung des Feuers, Tagebücher über die Ereignisse des kaiserlichen Hauses, Erziehung der Söhne Vornehmer mit den kaiserlichen Prinzen), das persischem Vorgange nachgebildet ist. Sodann findet unter dem Kaiserreich jene grofsartige Ausgleichung zwischen Occident und Vorderasien statt, welche zum Teile eine Wirkung des lebhaften und schnellen Verkehrs ist. Italien wird durch syrisch-aramäische Sklaven in ein Gartenland umge-

wandelt, eine Reihe von Kulturpflanzen kommt aus dem Oriente. Bithy-
ner und Phryger wirken als Schullehrer in Spanien und Frankreich,
germanische Leibwächter beschützen den Fürsten von Judaea, Spröfslinge maurischer und kleinasiatischer Fürstengeschlechter werden römische Konsuln, Syrer, Berber und Araber besteigen den römischen Kai-
serthron. Chaldäische Astrologen spielen eine bedeutende und verderb-
liche Rolle in Rom, die römischen Ärzte sind meist Aegypter, in den
grofsen Städten des Ostens Tarsus, Nicaea, Nikomedia erheben sich römische Amphitheater, ja Stadtteile mit den Namen der Stadtviertel
Roms. Selbst Indien und China treten mit Rom in Beziehungen, ein
bedeutender Handel pulsiert zwischen Indien und Rom. Indische Ge-
sandschaften kommen nach Italien, römische Philosophen holen sich die
indische Weisheit; mit China besteht wenigstens ein bedeutender Zwischen-
handel. Der Traum der römischen Universal-Monarchie umfafste schliefslich sogar diese beiden grofsen Reiche.

Theod. Birt. De fide christiana quantum Stilichonis aetate in
aula imperatoria occidentali valuerit. Marburg. Univ. Schrift 1885.

Birt erörtert zuerst die Frage, ob Claudian Christ oder Heide
war; letzteres bezeugen die christlichen Zeitgenossen, und zwar so un-
terrichtete wie Augustin, die doch wahrlich keinen Grund und auch
nicht die Gewohnheit haben, einen Christen als Heiden darzustellen, eher
und öfter umgekehrt. Birt meint aber, dafs dem nicht so sei, diese
Schriftsteller hätten nur aus der Erwähnung heidnischer Gottheiten geschlossen, dafs Claudian ein Heide gewesen sei. Wenn er nun in dieser
Weise die heidnische Überlieferung nicht nur bewahrte, sondern sogar
festhielt, so glaubt Birt bei der Anerkennung, die Claudian fand, daraus auf die Art des Christentums schliefsen zu dürfen, das Stilicho
selbst und die mafsgebenden Persönlichkeiten dieser Zeit kultivierten:
sie hatten wenig mehr als den Namen vom Christentum. Wenn aber
Stilicho und der Hof ein solches Christentum pflegten, so kann auch
Claudian Christ gewesen sei. Das Christentum des Dichters erhält
aber eine weitere Stütze an dem Gedichte de Salvatore, welches Claudian von den ältesten und besten Zeugen zugeschrieben wird.

Nun führt Birt aus Claudian eine Anzahl von Beispielen des Christentums an, dem Stilicho und sein Anhang zugethan war. Der Finger
Gottes wird von Claudian in der Schlacht am Frigidus nicht anerkannt,
im Jahre 400 wurde von Stilicho die Victoria wieder in die Kurie zugelassen, die griechischen Kampfspiele durften wieder gefeiert werden,
Claudian verzeichnet die Prodigien, und Stilicho gestattet wieder die Be-
fragung der haruspices, Träume und Orakel spielen bei Claudian eine
grofse Rolle; 399 werden die Gladiatorspiele bei den kaiserlichen Spielen
zwar abgeschafft, aber bei Privaten erhielten sie sich. Der Panegyrikus auf
Honorius ist nach Synesius' Rede, vom Jahre 397 gearbeitet. Aber wäh-

rend Synesius als erste Grundlage fürstlicher Tugend die εὐσέβεια preist, hat Claudian dieselbe völlig schwinden lassen. So war auch das Christentum Stilichos beschaffen, und Orosius hat ausdrücklich überliefert, dafs dessen Sohn Eucherius Heide geblieben sei. Ich habe die gegen Birts Annahme über das Christentum Claudians bestehenden Bedenken in der Berl. Philol. Wochenschrift 1885 S. 1645 ff. ausgeführt. Interessant bleibt der Nachweis, welche heidnischen Anflüge das Christentum Stilichos zeigte, und seine Katastrophe erhält dadurch helleres Licht. Allerdings hätte Birt nachweisen müssen — man kann das — dafs die einzelnen angeblich von Indifferenz zeugenden gesetzgeberischen Mafsregeln sich durch das Beispiel wirklich christlicher Kaiser decken lassen — vielleicht hätte er dann denselben bei Stilicho weniger grofse Tragweite beigemessen, als er dies jetzt thut.

A. Pellissier. Les grandes leçons de l'antiquité chrétienne. Paris 1885.

Der Verfasser hat sich die Aufgabe gestellt, ohne Polemik und ohne Zuflucht zu irgend einer Autorität die Thatsachen reden zu lassen, um zu zeigen, was Moses und Christus der Welt an unvergänglichen und erhabenen Gaben hinterlassen haben. Etwaige Verstöfse gegen den rechten Glauben (katholischen) bittet er von vornherein als nicht vorhanden anzusehen; er nimmt sie ohne irgend welchen Vorbehalt zurück. Denn er will niemanden Ärgernis geben. Nach dieser Einleitung, welche einen korrekt katholischen Standpunkt erwarten läfst — kann es aber bei einem wirklich wissenschaftlichen Buche einen Standpunkt geben, der nur gewisse Konsequenzen gestattet? — bespricht der Verfasser eine Reihe von Zeitfragen, die so wenig, wie die Erörterungen über das alte Testament, welche den ganzen Teil ausfüllen, für den Jahresbericht von Interesse sind.

Der zweite Teil behandelt das Evangelium. Der Verfasser giebt einen Überblick über den Zustand der römischen Welt beim Erscheinen Christi, bespricht Leben, Tod und Sittenlehre Christi, auch in kritischer, freilich durchaus konservativer und apologetischer Weise und verfolgt eingehend den Gehalt und die Form der Evangelien. Alle diese Erwägungen sind nicht nur schön geschrieben, sondern sie enthalten eine Menge geistvoller, überraschender Bemerkungen, und jeder Leser wird sie mit Genufs studieren. Aber das Ergebnis im Ganzen wird sich die theologische Wissenschaft schwerlich aneignen wollen, noch weniger die Geschichte, welche keine Verpflichtung hat, orthodoxe Resultate zu finden.

Im dritten Teile wird die Kirche dargestellt, wobei im ersten Jahrhundert Petrus und Paulus hervortreten, im zweiten die apostolischen und die apologetischen Väter. Es gilt davon genau das, was über den zweiten Teil gesagt ist. Ein eigener Abschnitt beschäftigt sich mit der christlichen Kunst, und man kann wohl sagen, dafs derselbe ein

kleines Meisterwerk ist. Nicht an wissenschaftlichen Resultaten; denn
was der Verfasser in dieser Beziehung vorbringt, ist alles aus dritter
und vierter Hand, und manches ist nicht einmal ganz richtig; aber der
ganze Duft, der die Darstellung durchzieht, der feine Geschmack, das
sichere Urteil, der hingehende Glaube, der sich in die Zeit zu versetzen
vermag und dabei die übersichtliche Gruppierung — alle diese Vorzüge
werden dem Gebildeten — denn für diesen, nicht für die Leute der
Wissenschaft ist das Buch berechnet, unzweifelhaft einen grofsen Genufs
bieten. Der folgende Abschnitt schildert uns die grofsen Väter zur Zeit
der Verfolgungen des dritten Jahrhunderts — Clemens von Alexandreia,
Tertullian, Origenes, Cyprian. Das Zeitalter Constantins mit den grofsen
Kämpfen der Katholicität gegen den Arianismus schliefst sich an, Hilarius, Athanasius, Basilius, Gregor von Nazianz, Johannes Chrysostomus
und Ambrosius samt den christlichen Dichtern Ephrem, Synesius, Prudentius liefern hier den Stoff. Vielleicht verletzt den nicht orthodoxen
Leser kein Abschnitt mehr als dieser — denn wir sehen lauter Heroen
des Katholizismus, die doch nicht vereinzelt recht kleine Menschen und
recht wenig von dem christlichen Geiste durchdrungene Persönlichkeiten
waren.

Der folgende Abschnitt, welcher das Eindringen der Barbaren
schildert, gruppiert sich um die Person des Augustinus, der weit aus
dem Rahmen heraustritt, wie das in einer katholischen Darstellung natürlich ist. Auch hier fehlt es nicht an ausgezeichnet schönen Partien,
aber auch an jener eigentümlichen Kolorierung, die alle unvorteilhaften
Züge durch geeignete Schattierung zu verdecken versteht. Der Abschnitt schliefst mit einer Betrachtung der Verdienstlichkeit der Mönchs-
orden.

Der letzte Abschnitt giebt die Quintessenz: eine Apologetik der
katholischen Kirche der Gegenwart.

Jahresbericht
über die griechischen Sakralaltertümer.

Von
August Mommsen
in Hamburg.

---

2. Artikel: Delphi.

Ich sehe das Jahr 1878, in welchem meine Delphika erschienen, als dasjenige an, hinter welches dieser Bericht nicht zurückzugreifen hat, doch ist von Fortschritten erst seit 1880 zu melden. Im Juli 1880 nämlich fing die französische Schule in Athen, der wir schon die Iuscriptions recueillies à Delphes P. 1863 zu verdanken hatten, wiederum an den Boden des alten Delphi freizulegen und zu durchsuchen. Die gefundenen Schriftdenkmäler sind bekannt gemacht und erläutert im Bulletin de correspondance hellénique vom V. Bande an, die meisten von B. Haussoullier, einige auch von P. Foucart. Ein Teil dieser Publikationen ergiebt etwas für die Sakralaltertümer Delphis, wovon denn zu berichten sein wird.[1]) Einzelne auf delphischem Boden gemachte Funde sind in der Ephemeris 1883 S. 162 = 1884 S. 218 und in den Mitteilungen des Instituts X 2 herausgegeben. An bezüglicher Litteratur sind zwei Dissertationen zu nennen: Fr. Deneken, de Theoxeniis, Leipzig 1881 und Aemil. Reisch, de musicis Graecorum certaminibus, Wien 1885.

Dafs für die delphischen Sakralaltertümer in den letzten Jahren etwas mehr Material gewonnen ist und sich unsere Kunde etwas erweitert hat, läfst sich nicht leugnen; doch ist der gemachte Fortschritt nicht entfernt demjenigen zu vergleichen, welcher durch die Inscriptions recueillies à Delphes herbeigeführt wurde.

Der Bericht wird sich ordnen nach den Gegenständen.

Pythien. Dafs die vier Soterienlisten W-F n. 3–6 zugleich ein Bild des musikalischen Agons der Pythien darstellen, war bisher Ver-

---

[1]) Der 2. Artikel berücksichtigt vom Bulletin nur die drei Bände V, VI und VII.

mutung, Delphika S. 196. Jetzt haben wir eine Art von Zeugnifs. Aus
Haussoullier n. 2 (Bull. V p. 305) wird nämlich entnommen, dafs der
musikalische Agon des Soterienfestes, welches man im dritten Jahrhundert v. Chr. zu Delphi stiftete, den Altersklassen und dem Range nach
den Pythien gleich, ἰσοπύθιος, sein sollte; s. hernach Soterien. Daraus darf
man schliefsen, dafs der neue Agon, auch was die Mannigfaltigkeit der
Leistungen, die Anzahl und Tüchtigkeit des Personals angeht, dem
pythischen, wie er bis dahin begangen worden, ebenbürtig war, dafs
uns also die Soterienlisten ebenso sehr eine programmatische Übersicht
geben von dem, was am Pythienfeste in Vortrag, Reigen und Spiel ausgeführt zu werden pflegte. — Auch dem Auslande galt der musikalische
Agon der Pythien als Vorbild. Nach Haussoullier n. 3 ladet Eumenes II.,
s. u. S. 321, im Begriff der Athena Nikephoros einen Kranzagon zu gründen,
die Ätoler ein denselben anzuerkennen und ihn mit den Pythien gleich-
zustellen so weit musikalische, mit den Olympien so weit gymnische und
hippische Leistungen vorkommen. — Nach Haussoullier n. 4 ist die
Stadt Sardes dank Eumenes II. einer grofsen Gefahr entgangen und
stiftet Athenäen und Eumeneen. Es sollen diese Kranzagonen in allen
Stücken den Pythien gleich stehen, sowohl in Betreff der musikalischen
als der gymnischen Leistungen. Die Delphier gehen darauf ein und erkennen die neugestifteten Agonen von Sardes als isopythisch an. —
Man könnte, ausgehend von n. 4, behaupten wollen, dafs die delphische
Anerkennung zwar formell ein Akt der Gemeinde, etwas Weltliches sei,
in der That aber hier die Genehmigung des delphischen Gottes erstrebt
und erlangt werde sowohl im allgemeinen als in Bezug auf die Kalender-
tage des neuen Festes, welche, damit das Fest nicht mit anderen Festen
kollidiere, mit den delphischen Priestern hätten vereinbart und festgestellt werden müssen; die delphische Gemeinde vertrete vor der Welt
den delphischen Gott und seine Priester, und ebenso werde in n. 3 von
den Ätolern als den Beherrschern Delphis die Anerkennung eines pergamenischen Festes nachgesucht. Aber von einer Feststellung der Ka-
lendertage mit der delphischen Behörde sagen die Urkunden nichts,
und aus n. 2 ergiebt sich, dafs die Anerkennung eines neuen Festes in
gleicher Weise von Chios seitens der Ätoler verlangt ist; s. hernach
Soterien.

   Auch haben wir hier noch der Aparchen-Inschrift C. I. A. II 2
p. 435 n. 985 zu gedenken, welche jetzt für die ältere Geschichte der
Pythien verwendbar geworden ist. Eine 1879 auf Delos gefundene
Widmung (Bull. IV p. 190) gleicht das Jahr des delischen Epimeleten
Medeios, das sechste der Aparchen-Inschrift, dem Konsulatsjahr des
Lentulus und Crassus 657 Varr. = 97 vor Chr. Das erste Jahr der
Aparchen-Inschrift ist also 102 vor Chr., woraus sich für das attische
Archontenjahr 102/1 vor Chr. = Ol. 169, 3 ergiebt. Der achtjährige
Cyklus also, nach welchem damals dem pythischen Gotte die Steuern

entrichtet wurden, hob an mit dem dritten Jahre einer unebenzahligen Olympiade, und jene alte Ennaeteris, die bis Ol. 47, 3 den Pythien zu Grunde lag, wird dieselbe Lage gehabt haben. Die auch aus anderen Gründen wahrscheinliche Annahme, s. Chron. S. 192, dafs die delphische Ennaeteris ihre Epoche in der unebenzahligen Olympiade gehabt habe, findet somit Anhalt an der jetzt ermöglichten Zeitbestimmung der πρώτη ἐννεετηρίς, die im Eingang der Aparchen-Inschrift (lin. 2 [τὰς ἀπα]ρχὰς τῆς πρώτης ἐννεετη[ρίδος]) genannt wird.

Endlich sei noch bemerkt, dafs U. Köhler aus der Zeit des Eingehens der amphiktyonischen Herbstdekrete in Athen geschlossen hat, die Feier der Pythien gehöre nebst der Herbstpyläa nicht dem Anfang oder der Mitte, sondern dem Ende des Pythienmonates an. S. C. I. A. II 2 p. 319 und 545, auch Unger, Sitzungsberichte der Münchener Ak. phil. Kl. 8. Nov. 1879 Band II S. 177, wo noch mehr Gründe beigebracht werden.

Soterien. Von den neuen, d. h. den seit 1880 ans Licht gekommenen Funden ist am wichtigsten die schon erwähnte Inschrift Haussoullier n. 2, ein in Delphi aufgestelltes Dekret der Chier folgenden Inhalts: Die Ätoler melden durch ihre Boten die Stiftung der Soterien und der ätolische Staat, wie auch der Strateg Charixenos hat sich an uns (Chier) gewendet, dafs wir den musischen Agon des neuen Festes mit dem der Pythien gleichstellen, den gymnischen und hippischen mit den Nemeen, sei es in betreff der Lebensalter (der Agonisten), sei es in betreff der Ehrenrechte (die ihnen, wenn sie gesiegt, daheim zustehen sollen). Die Volksgemeinde der Chier geht darauf ein und erkennt den Kranzagon der Soterien als den Pythien und Nemeen ebenbürtig an. Alle Vorrechte der pythischen und nemeischen Sieger sollen auch den siegreichen Kämpfern der Soterien zustehen. Es sind drei Theoren zu ernennen und alle vier Jahr (καθ᾽ ἐκάστην πενταετηρίδα) soll die Ernennung stattfinden. — Von einem hippischen Agon der Soterien hat man bisher nichts gewufst (Delph. S. 223 zu berichtigen). — Die penteterische Ernennung führt auf eine penteterische Soterienfeier, und im selbigen Sinne läfst sich vielleicht die Gleichstellung mit den Pythien benutzen. Damit vereinbar ist der Umstand, dafs diejenigen Begehungen des Festes, deren Programme uns in W-F. n. 3—6 vorliegen, wahrscheinlich nicht penteterisch gewesen sind; Penteteriden enthalten auch Festakte, die jährlich wiederkehren, und bei der Leichtigkeit, mit der sich in der Diodochenzeit eine Technitenschaft herberufen liefs, können die musikalischen Agonen recht wohl jährlich gewesen, der jährlichen Feier, wenn man sie zum vierten Mal beging, grofse Opfer und körperliche Agonen, zu denen sich Theoren von auswärts einfanden, zugesetzt sein. — Ferner ist zu erwähnen die delphische Inschrift Ephemeris 1883 S. 162, welche A. Nikitsky ehend. 1884 S. 218 ergänzt hat. Es ist von winterlichen Soterien, [χ]ειμερινῶν Σωτηρίων, die Rede. Den

Ergänzungen zufolge hat Delphi Boten gesendet nach Theben an eine
bestimmte Truppe und diese hat von ihren Mitgliedern etliche nach
Delphi abgegeben, die daselbst ohne besonderes Honorar, δωρεάν, dem
Gott ihre Dienste liehen. Schliefslich folgt ein Technitenverzeichnis.
Reisch de musicis Gr. certaminibus p. 105 vermutet als Zeit dieser Feier
die Mitte des zweiten Jahrhunderts vor Chr.; nach dem Verzeichnis zu
schliefsen sei sie unbedeutend gewesen, man habe die Bewohner Delphis
als die Feiernden anzusehen. Es scheint also, dafs ihm die winterlichen
Soterien nichts zu thun haben mit dem von allen Griechen begangenen
Dankfest, welches nach der Niederlage des Brennos gestiftet ward. Wer
die Inschrift Ephem. a. O. völlig sondert von der W-F. n. 3—6 angehenden Frage, kann für seine Ansicht allerdings geltend machen, dafs es
im hellenischen Altertum gar manche Dankfeste des Namens Soteria
gegeben haben mufs, auch einmalige, s. Bull. IV p. 473 und unten Art. 3
S. 329. Wer den entgegengesetzten Weg einschlägt, also zu kombinieren
wünscht, kann sich auf die Gemeinsamkeit der Fundstätte (Delphi) be-
rufen, auch etwa hinweisen auf die partielle Winterlichkeit der Nemeaden
und das ἰσονέμεον des 276 vor Chr. gestifteten Dankfestes; nach der
kombinierenden Ansicht würde das Dankfest einmal im Quadriennium
glänzender und zwar sommers gefeiert sein und hätten die drei übrigen
Begehungen des Festes nicht so grofse Opfer und nicht alle drei Agonen
gehabt und dem Winter angehört. Aufserdem wäre zu behaupten, später,
zur Zeit der Inschrift Ephem. a. O., sei das Dankfest herabgekommen,
wie ein Vergleich mit W-F. n. 3—6 lehre; denn unter den vier Soterien-
festen W-F. n. 3—6 müfsten drei Winterfeste sein. Doch bleibt die
Sache durchaus problematisch.

Es sind nun noch die jüngsten Debatten über die Zeit der W-F.
n. 3—6 registrierten Agonen darzulegen, und zwar nach Anleitung von
Reisch, der a. O. p. 87 ff. die Frage gründlich und einsichtsvoll behandelt hat. Er bezeichnet W-F. n. 3 mit I, die drei folgenden Listen mit
II, III, IV; das werde ich auch thun. Die zuerst von Wescher aufgestellte Zeitbestimmung, der zufolge I ungefähr dem Jahre 200 vor Chr.
angehört, haben spätere Forscher präzisiert, indem sie den Archon Emmenidas von II in das Jahr Ol. 145, 4 = 197/6 vor Chr. setzen; in
diesem Jahre nämlich ist ein Emmenidas Archon in Delphi gewesen.
I, III, IV nun müssen in naheliegende Jahre gesetzt werden, weil durch
die vielfach übereinstimmenden Personenbestände der vier Listen grofse
Intervalle ausgeschlossen sind. Für die Archonten von I, III, IV können
aber nur Vorjahre von Ol. 145, 4 gewählt werden; den Nachjahren
lassen sich I, III, IV nicht zuweisen, da diese von Archonten anderen
Namens okkupiert sind. Auch unter den Vorjahren des Emmenidas
sind zwei okkupiert, Ol. 145, 3 durch den Archon Orthäos und 145, 1
durch Mantias (Haussoullier n. 15). Von den fünf Vorjahren 144, 3 bis
145, 3 bleiben also drei übrig, 144, 3 und 4 und 145, 2; diesen drei

Jahren müssen die Archonten der Soterienlisten I, III, IV zugewiesen werden, und zwar so, dafs der in III genannte Archon Nikodamos, da er nach C. I. Gr. n. 1689 (lin. 6 *Πυθίοις*) in ein drittes Olympiadenjahr gehört, in das Jahr 144, 3 kommt. Es ergiebt sich hiernach folgende Verteilung der Listen auf die Jahre:

Jahr vor Chr.	Olymp.	Listen	
202/1	144, 3	Nikodamos	III
201/0	4	Kleondas	IV
200/199	145, 1	Mantias	
199/8	2	Aristagoras	I
198/7	3	Orthäos	
197/6	4	Emmenidas	II

O. Lüders u. a. dagegen verzichten auf Ermittelung bestimmter Jahre und setzen die vier Listen in eine viel ältere Zeit, als die Soterienfeier noch etwas Neues war. — Reisch verwirft die vorhin dargelegte Verteilung auf die Jahre 144, 3 und 4, 145, 2 und 4, wobei er sich zunächst gegen Dittenberger Syllog. p. 592 f. wendet, der neuerdings dieselbe zu verteidigen gesucht hat. Unter anderem führt Reisch aus, der Personenbestand leite dahin II zeitlich zwischen I und III anzunehmen; besonders unwahrscheinlich sei es II und III durch nicht weniger als fünf Jahre zu trennen, da von den in II verzeichneten Mitgliedern der Truppe 16 (viell. 18) in III wiederkehren, eine Übereinstimmung, die gröfser sei als bei irgend einem Listenpaare, das man sonst zusammenstellen könne. Einiges Gewicht habe man auch auf die Anordnung der Listen bei Wescher-Foucart zu legen, und diese ergebe für II ja ebenfalls die Mittelstellung zwischen I und III. — Durch die Widerlegung der präzisierten Hypothese Weschers d. h. dessen was vorstehende Tabelle enthält, ist Weschers Hypothese noch nicht beseitigt. Wer auf die Identifizierung des Emmenidas von II mit dem Archon des Jahres 145, 4 verzichtet und die vier Begehungen einige Jahre früher ansetzt oder eines bestimmten Ansatzes sich enthält, bleibt bei Weschers Hypothese und braucht die widerlegenden Gründe der Dissertation de musicis Gr. cestaminib. nicht zu fürchten. Aber der sehr kundige Verfasser derselben weifs auch positive Anhaltspunkte zu finden, durch welche die Weschersche Hypothese nicht blos in dieser besondern Gestalt, sondern überhaupt beseitigt wird. Er zeigt p. 96 von mehreren der auf den Soterienlisten Verzeichneten, dafs sie in älteren Schriftdenkmälern vorkommen, z. B. hinweisend auf den athenischen Komöden Telestes, der auf der Insel Delos c. 286 vor Chr. auftrat und ebenfalls als Komöde unter den zu Delphi auftretenden Techniten des Soterienfestes registriert ist (W-F. n. 5, 58), woraus sich 286 vor Chr. als approximative Zeitbestimmung der vier Listen ergiebt. Auf eine dem Jahre 200 vor Chr. nicht wenig voranliegende Zeit führt auch noch ein anderer

Umstand. Um 200 vor Chr. trat die Technitenschaft von Teos bei den-
Soterien in Delphi auf, und mit ihr standen die Ätoler schon längere
Zeit in Verbindung; die in I—IV registrierten Techniten weisen aber
keinen Teier auf (wohl aber Athener, 31 an der Zahl, so dafs es eine
athenische Truppe gewesen sein mag). Um 200 vor Chr. können also
die vier Listen nicht gesetzt werden. Reisch p. 93, 2 (nach Sauppe). —
Durch Reischs Darlegung ist denn die Hypothese Weschers, sei sie ausgeführt wie sie wolle, beseitigt und, was mehr sagen will, für die Lü-
derssche Ansicht etwas Positives gewonnen. Bisher nämlich schien für
dieselbe weiter nichts zu sprechen als die etwas vage Mutmafsüng, dafs
man zur Abfassung solcher Verzeichnisse wie sie in I—IV vorliegen,
bald nach Stiftung des Soterienfestes, also in den Anfängen des dritten
Jahrhunderts vor Chr., am geneigtesten gewesen sein werde.

Heroënmahl, Theoxenien. Deneken, de Theoxen., kommt auf
beide Feste zu sprechen. Vom Heroënmahl heifst es p. 3, dafs es bekanntlich in Delphi ein Fest des Namens Ξένια gegeben habe; Schol.
Pind. Nem. VII 68 γίνεται ἐν Δελφοῖς ἥρωσι Ξένια, ἐν οἷς δοκεῖ ὁ θεὸς
ἐπὶ ξένια καλεῖν τοὺς ἥρωας. Da das einfache ξένια Gastmähler bezeichnet, zu denen distinguierte Fremde, um sie zu ehren, von staatswegen eingeladen werden, so war es angemessen, die gastmahlähnlichen
Bräuche des Kultus durch eine besondere Bestimmung zu unterscheiden,
und so heifst denn jene ceremoniöse Bewirtung, die man zu Delphi den
Göttern im Lenz ausrichtete, nicht Xenia, sondern Theoxenia. Ebenso
wenig dürfte das nicht näher bestimmte Xenia Name des delphischen
Heroënmahls gewesen sein, und wir werden in jenem Scholion γίνεται
ἐν Δ. ἥρωσι ξένια schreiben müssen, nicht Ξένια wie in Denekens Dissertation geschrieben ist. Einer eingehenderen Besprechung hat der
Verfasser das merkwürdige Fest nicht unterzogen. — Etwas weniger
dürftig ist seine Erörterung der theoxenischen Bräuche, p. 9. Er geht
aus von der Glosse des Hesych., nach welcher die Theoxenien ein Fest
des Apoll gewesen sind. Es habe aber auch Leto teilgehabt, nach Polemon bei Athen. IX 372; und wenn Apoll und Leto, auch Artemis.
Diesen drei Gottheiten habe das lenzliche Lektisternium der Delphier gegolten. Die andere Glosse des Hesych. θεοξένια κοινὴ ἑορτὴ πᾶσι τοῖς
θεοῖς wird in die Note verlegt und mit der Bemerkung abgefertigt, dafs
sie jener ersterwähnten Glosse widerspreche. Nach Deneken sind also
die delphischen Theoxenien den Letoïden und der Leto begangen worden, einem Götterverein, auf den sich viele Bräuche in Delphi (vgl.
unten Attalosfest) und aufser Delphi bezogen, und sind was die gefeier-
ten Götter angeht, etwas recht Gewöhnliches gewesen. Ferner bleibt es
rätselhaft, wie ein gewöhnliches Letoïdenfest auf alle Götter ausgedehnt
werden könne; dafs die Theoxenien den Göttern überhaupt galten,
sagt nicht blos Hesych., sondern auch Schol. Pind. Ol. III p. 91 Böckh.
Hiernach könnte es scheinen, dafs die Glosse θεοξένια Ἀπόλλωνος ἑορτή

sich auf Pellene und den daselbst dem Ἀπόλλων θεοξένιος ausgerichteten Agon Theoxenia beziehe, Pausan VII 27, 3 (Delph. S. 301, 1).
Aber die delphischen Theoxenien sind das bekanntere Fest, daher es
sich empfiehlt beide Glossen auf Delphi zu beziehen und zu sagen, dafs
die Bewirtung der zwölf Götter im Hause des Apoll mit Bezug auf den
göttlichen Hauswirt ein Fest des Apoll habe heifsen können; Apoll gab
das Fest, die anderen Olympier waren seine Gäste. Für die Teilnahme
aller (zwölf) Götter spricht auch eine Analogie. Der attische Kultus
war dem delphischen verwandt, und im selben Monate (Theoxenios =
Elaphebolion) hatte Athen seine Pandien (von πάντες δῖοι = πάντες
θεοί) und benutzte den Zwölfgötteraltar. So ist denn, auch wenn Orph.
XXXV 8 Βαῖν' ἐπὶ πάνθειον τελετήν (Anrede an Leto) nicht auf die delphischen Theoxenien zu beziehen sein sollte, eine Beschränkung auf die
gewöhnliche Trias von Delphi und Delos nicht zuzulassen.

Attalosfest des 13. Herakleios (Thargelion), gestiftet von Attalos II. Philadelphos, der nach dem Tode seines Bruders Eumenes II. im
Jahre 159 oder 158 vor Chr. die Regierung übernahm für dessen un-
mündigen Sohn Attalos (reg. als Attalos III. von 138 bis 133). Aus
Hauss. n. 1 (Bullet. V p. 157) ergiebt sich folgendes: Die Delphier
haben sich zweimal nach Pergamon gewendet an Attalos II., das erste
Mal wegen des Unterrichts der Prinzen, lin. 9 ὑπὲρ τᾶς τῶν παίδων
διδασκαλίας (also nicht blos des Attalos [III]), und Attalos II. hat teils
um die Kosten der Ausbildung seiner Neffen zu bestreiten, teils um
gottesdienstliche Bräuche auszurichten eine Summe Geldes gesendet.
Das Geld wird heiliges Eigentum und die Administratoren sollen ein
Fest, Attaleia genannt, feiern. Sie haben dem Apoll, der Leto und der
Artemis zu opfern drei ausgewachsene Rinder, welche die Stadt Delphi
darbringt, auch die übrigen Opfer des nach · Attalos zu benennenden
Festes. Bei der Volksspeisung sollen 40 Metreten Wein verbraucht
werden. Am 12. des Monats Herakleios müssen die Opfertiere bereit
stehen, am folgenden Tage findet ein Festzug von der Tenne (Vorstadt
Pyläa) statt und die Gemeinde wird mit lautem Ruf belehrt, dafs es
das Attalosfest sei, welches man begehe. — Hiermit zu vergleichen ist
das delphische Alkesipposfest, beruhend auf dem Legat des Alkesippos,
eines reichen Kalydoniers; das Geld wird belegt; von den Zinsen soll
jährlich im Monat Heräos (Pyanepsion) ein Fest, die Alkesippeia, dem Apoll
begangen werden nach dem Tode des Gebers; unter den Bräuchen ist
eine Pompe, die von der Tenne ausgeht. S. W-F. n. 436. — Was die
drei ausgewachsenen Rinder, Darbringung der Stadt Delphi am 13. Herakleios, angeht, so mag dieses Opfer älter und in das Attalosfest nur
hineingezogen sein.

Herden. Über das beim delphischen Tempel gehaltene Vieh war
man bisher wenig unterrichtet; C. I. Gr. n. 1688 l. 14 τὰ ἱερήϊα ἀθρόα
συναγόντων, τὸς ὄνος, wo die Erklärung von τὸς ὄνος 'die Esel' nicht

völlig sicher ist; Delph. S. 189, 1. Ein jetzt hinzugekommenes Zeugnis
Foucart n. VI (Bullet. VII p. 429) = W-F. n. 459, herrührend aus dem
Jahre Ol. 150, 3 Arch. Praxias ergiebt keine ὄνοι. Es soll der Inschrift
zufolge von dem Tempelgebiet (τᾶς ἱερᾶς χώρας) ein Stück gewahrt
bleiben für die heiligen Rinder und Pferde; das zu wahrende Stück
wird bestimmt nach Wegen, auch nach Örtlichkeiten, wie dem Lakoni-
kon (vielleicht = [πολυ]άνδριον Λακώνων in Weschers Inschr., s. Delph.
S. 13, 1), dem Hippodrom, dem Hellanikon Heroon u. a.

Geld. Die den Delphiern von König Attalos II. zugestellte Geldsumme, s. vor. S., betrug 21 000 alexandriuische Silberdrachmen. Davon waren 18 000 bestimmt, die Kosten des Unterrichtes der Prinzen
zu decken, 3000 sollten gottesdienstlich verwendet werden. Die Delphier
nun beschliefsen nach Hauss. n. 1, dafs die Gabe eine dauernde sein
solle, und gedenken nur mit den Zinsen zu wirtschaften. Das Kapital
soll also dem Gott gehören (εἶμεν τὸ ἀργύριον ποθίερον τοῦ θεοῦ) und
niemals angegriffen werden. Die Administration wird genau geregelt.
Bleibt bei Zahlung des Honorars an die Lehrer und Erzieher der Prinzen ein Rest, so ist besondere Entscheidung einzuholen, was mit dem
Reste zu thun sei. Die Delphier wählen im Monat Pötropios (Poseideon)
drei Administratoren, welche die Summe im Monat Amalios (Gamelion)
Arch. Amphistratos auszuleihen haben zum 15. Zins d. h. zu sieben
Prozent ungefähr. Geliehen wird nur Grundbesitzern, deren Land den
doppelten Wert des Darlehus hat. Unter fünf Minen soll keinem ge-
liehen werden. Auch Bürgen sind nötig für das Darlehn und für das
Unterpfand (den Grundbesitz des Schuldners). Jeder abgeschlossene
Kontrakt ist auf zwei weifse Tafeln zu schreiben und nach geschehener
Verlesung in der Ekklesie die eine im Tempel, die andere im Archiv
niederzulegen; die Kosten werden aus dem Agio (bei dem Wechseln
der alexandrinischen Silberdrachmen gegen schlechtere Landesmünze)
bestritten. Was die 18 000 Drachmen an Zinsen bringen, ist für die
Honorare, die Zinsen der 3000 Drachmen für die Opfer (Attalosfest) bestimmt. Die im Pötropios neu eintretenden Administratoren sollen bis
zum 15. Endyspötropios (Munychion) die Zinsen eingefordert haben, so
dafs sie im folgenden Monat, dem Herakleios, an die Tempelkasse ab-
geliefert werden. (Im Herakleios scheint dem delphischen Tempel auch
anderes [Abgaben] zugeflossen zu sein, Delph. S. 314; weniger sicher ist
es W-F. n. 89 [Beitrag zum bakchischen Gesellschaftsmahl im Herakleios entrichtet] hierher zu ziehen.) Im zweiten Teile der Inschrift werden die Bräuche des Attalosfestes, s. vor. S., vorgeschrieben. Dann wird
nachträglich wieder zu dem Gelde zurückgekehrt und dessen Zukunft
möglichst gesichert. Nach fünf Jahren hat ein jeder Schuldner die em-
pfangene Summe zurückzugeben. Falls einer der verschiedenen Beteiligten seinen Verpflichtungen nicht nachkommt, so treffen ihn Bufsen,
die fixiert werden. Für die beigetriebenen Kapitalien soll der Monat

Boathoos (Boëdromion) Termin der Ablieferung sein. (Boathoos ist der Monat des Neoptolemsfestes, und Neoptolem ist wohl, wie sein Vater, als Beschützer des apollinischen Eigentums angesehen worden: Delph. S. 321 f. Nahe dem Grabe des Neoptolem befand sich Polygnots Gemälde, auf welchem die Strafen dargestellt waren, die im Jenseits sowohl anderer Frevler, als auch derjenigen warteten, die sich an heiligem Gute vergangen hatten.) — Die ängstliche Behutsamkeit der delphischen Geldwirtschaft erklärt sich wohl mit daraus, dafs öfters nach entlegenen Orten ausgeliehen ward. Obwohl Delphis auswärtige Beziehungen sehr umfangreich waren, mochte es doch nicht immer leicht sein, einem fernwohnenden Schuldner, der säumig war, durch die πρόξενοι beizukommen, und es war nötig, sich in jeder Hinsicht durch Bürgschaften zu sichern. — In demselben Sinne kann man Inschriften wie Foucart n. I (Bull. VII p. 410) heranziehen; die Hieromnemonen bewilligen Vorrechte einem Knidier und einem Eleer, weil sie heilige Gelder, die man verloren geglaubt, angezeigt und dem Gott gerettet haben. Da die Anzeigenden Ausländer sind, so wird auch das Geld an Ausländer verliehen gewesen sein.

Opfer. Nach Haussoullier n. 49 (Bullet. VI p. 215) haben die Bewohner von Chersonnes am Pontos dem delphischen Gott eine Hekatombe Kleinvieh nebst einem Rinde (ἑκατόμβαν βούπρω[ιρον]), der Athena (Pronäa) zwölf Stück Kleinvieh nebst einem Rinde (δωδεκαίδεκα βούπρῳρον) übersendet. Die Opferwilligkeit war wohl gerade in den entlegenen Pflanzstädten, denen es gut ging, besonders grofs, sowie auch heutzutage weit abgesiedelte Griechen der Heimat gedenken und sich freigebiger erweisen als die nahe wohnenden.

Bräuche. Man pflegte in Delphi Laub und Kränze von dem Lorbeerbaum Apollons gottesdienstlich zu verwenden, Delph. S. 282 f. Haussoullier n. 73 (Bullet. VI p. 239) giebt uns eine Verwendung weltlichen Sinnes. Berufene Schiedsrichter, Fremde, die man eingeladen in Delphi Streitigkeiten zu schlichten, werden mit einem Kranz vom Baume des Gottes geehrt.

Geographische Proxenenliste. Das grofse Verzeichnis delphischer Gastfreunde, W.-F. n. 18, ist im allgemeinen geordnet nach der Zeit, da die einzelnen zu Gastfreunden ernannt wurden; wir haben also eine Chronik solcher Ernennungen vor uns; vielfach finden sich Personen desselben Heimatsortes verzeichnet, so sind die lin. 17, 88, 115, 118, 274 genannten sämtlich Römer, die lin. 133 ff., 184 f., 189, 319 genannten sämtlich Alexandriner aus Ägypten, selbst aus weniger bedeutenden Orten, wie Alexandria Troas, Chersonnes am Pontos, werden mehrere verzeichnet. Von anderer Art ist die Liste, von welcher Haussoullier im Bullet. VII p. 189—203 unter n. 93 zwei Fragmente, Nikitsky in den Mitteilungen des deutschen Instituts zu Athen X 2 ein drittes publiziert hat. Hier ist die Anordnung nach örtlicher Nähe gemacht; im allge-

meinen wird aus jedem Orte nur Ein Gastfreund genannt, selten und
ganz ausnahmsweise ist ein Ort durch mehrere Personen vertreten (Massalia, Bullet. a. O. p. 199). — Von den in W-F. n. 18 verzeichneten
kehren einige (freilich nur wenige) in der geographischen Liste wieder.
Es können also die beiden Inschriften ihrer Abfassungszeit nach nicht
sehr weit von einander liegen. — Was zur Anfertigung der geographischen Liste veranlaſste, war nicht der Wunsch, den Gastfreunden eine
Ehre anzuthun; die Schlichtheit der Verzeichnung verbietet diese Annahme. Daſs für jeden Ort immer Ein Gastfreund genannt wird und
daſs die Örter einer geographischen Anordnung folgen, läſst die Veranlassung in den heortologischen Botschaften erkennen, die nach allen
Richtungen von Delphi ausgingen, um hohe Festzeiten, die penterischen
namentlich, anzukündigen durch Boten, welchen in der fremden Stadt
ein Obdach zu sichern war. Sie fanden dasselbe bei Gastfreunden. Obwohl dem ankündigenden Boten ein herkömmlicher Anspruch auf gute
Verpflegung, wenn nicht gar auf Auszeichnung, zustand, vgl. Haussoullier
n. 3 l. 25 f. $\delta i \delta o \mu \varepsilon \nu$ $\delta[\varepsilon \ldots .] \rho o \nu$ $\varkappa a i$ $\xi \varepsilon \nu i a$ $\delta \sigma a$ $\varkappa a i$ $\tau o i \varsigma$ $\tau \dot a$ $' O \lambda \dot u \mu \pi i a$
$\varepsilon \pi a \gamma \gamma \varepsilon \lambda \lambda \dot o \nu \tau o \iota \varsigma$ $\vartheta \varepsilon \omega \rho o i \varsigma$ $\delta i \delta o \nu \tau \iota$ (Bull. V p. 375), so hing doch schliefslich alles ab von dem guten Willen des Gastfreundes, von seiner Häus-
lichkeit, seinen Glücksumständen. So war es denn, wo den Delphiern
mehr als Ein Gastfreund lebte — und der Fall war häufig — angemessen, ein bestimmtes Haus zu empfehlen, wo Gutes zu erwarten war.
Weshalb dennoch mehrere Massalioten verzeichnet sind, bleibt unklar;
möglich, daſs mehrere delphische Boten (zwei, Haussoullier n. 49, Bull. VI
p. 215) zugleich Massalia besuchen sollten, oder daſs ein längerer Aufenthalt und eine Verteilung auf mehrere Gastherbergen in Aussicht genommen ward. Die Delphier nun, welche ins Ausland gingen, um eine
Penteteris oder sonst eine hohe Feier anzumelden, machten ihre Reisen
vermutlich so, daſs ein und derselbe Bote nach mehreren einander nahen
Orten ging, so wie bei uns Kaufleute und Fabrikanten durch einen
jeden ihrer Beauftragten ein gewisses Gebiet bereisen lassen. So gelangte man denn dahin, die zu besuchenden Punkte geographisch zusammenzustellen. Den Reisenden ward dadurch ihre Aufgabe erleichtert, auch wenn die geographische Zusammenstellung etwas willkürlich
war und eigentliche Reiserouten wie in Haussoullier n. 93 Frgm. B,
Bull. VII p. 199, wo etliche der genannten Inseln und Städte, wie Haussoullier treffend bemerkt hat, eine immer weiter westwärts von Delphi
sich entfernende Folge bilden, nicht überall sich ergaben. — Bei der
Anfertigung von Haussoullier n. 93 hat man also das Beherbergen del-
phischer Festverkündiger im Auge gehabt. $\vartheta \varepsilon \omega \rho \acute o \varsigma$ ist nicht blofs der
an einem Feste in öffentlichem Auftrage teilnimmt, sondern auch der
mit der Anmeldung eines Festes Betraute, und auch auf letztere Bedeutung
bezieht sich $\vartheta \varepsilon \omega \rho o \delta \acute o \varkappa o \varsigma$ und $\vartheta \varepsilon \omega \rho o \delta o \varkappa i a$; siehe Haussoullier n. 2 und 3.
Man könnte also n. 93 eine Theorodokenliste nennen, wobei im allge-

meinen an solche Fremde zu denken ist, die gelegentlich ihres Besuches in Delphi darum gebeten haben, die delphischen Theoren unter ihr Dach führen zu dürfen und denen dies unter anderen Ehrenrechten seitens der Delphier bewilligt ist. (Es konnte die Theorodokie auch als Pflicht übertragen werden, wie die Delphier Quartiergeber ernennen wollen zur Beherbergung der Pergamener, welche nach Delphi kommen und die von Eumenes auszurüstenden Nikephorien ankündigen, Haussoullier n. 3.) Aber die von Haussoullier gewählte Benennung 'Proxenenliste' genügt völlig. Ein Gastfreund, der das homerische φιλεῖν zu üben ablehnte und den an seine Thür pochenden Boten aus Delphi abwies, war des Namens Gastfreund nicht wert; die Proxenie schliefst die Theorodokie notwendig in sich. — Auch bei der Anfertigung von W-F. n. 18 ward nicht der Zweck verfolgt, die Gastfreunde zu ehren. Eher kann man sagen, Delphi habe sich selber ehren wollen, indem es sich im Geleite seiner reichen und angesehenen Gönnerschaften auf die Nachwelt brachte. Aber der Gedanke einer Übersicht, der bei Haussoullier n. 93 leitete, könnte ebenfalls bei der grofsen Proxenenliste leitend gewesen sein, obwohl die Übersicht, welche sie bietet, nicht eben sehr bequem ist.

3. Artikel: Delos.

Was die amphiktyonisch-attische Zeit angeht, so wird es Aufgabe eines späteren Artikels sein, dieselbe zu besprechen und darauf hinzuweisen, wie sehr die bezüglichen Texte, jetzt als cl. VIII tabulae amphictyonum Deliacorum' im C. I. A. II 2 vereinigt, unter der sorgfältigen Hand des Herausgebers gewonnen haben. Artikel 3 beschäftigt sich im wesentlichen nur mit den späteren Jahrhunderten und den Forschungen der französischen Schule.

A. Lebègues Ausgrabungen, angefangen im Frühjahr 1873, bezogen sich auf das Kynthos-Gebirge. Inschriften, die sich auf dem Gipfel desselben fanden, ergeben Priester und Küster des Zeus Kynthios und der Athena Kynthia, wodurch ein örtlicher Kultus dieser Gottheiten erwiesen ist. Auf dem westlichen Abhange des Kynthos ward jene Grotte freigelegt, die schon längst die Beachtung der Forscher auf sich gezogen hatte; nach Lebègue wäre die Grotte, ein sehr primitiver Felsenbau, Apolls ältester Tempel auf Delos gewesen und hätte teils als Weissagestätte, teils als eine Art Observatorium zur Bestimmung der Jahrpunkte gedient (Homer. Odyss. XV 404 Ὀρτυγίης καθύπερθεν ὅθι τροπαὶ ἠελίοιο). Lebègue publizierte dann seine Forschungen in dem 1876 erschienenen Buche Recherches sur Délos. Nachdem er die Insel verlassen, wurde einiges von Stamatakis gefunden. Dann nahm die französische Schule ihre Arbeiten wieder auf, jedoch nicht da, wo Lebègue thätig gewesen war, sondern in der Gegend des dem Apoll ge-

weihten Haupttempels der Insel Delos und seines zahlreiche andere
Weihstätten einschliefsenden Bezirks; Bull. VI p. 296; erster Bericht I
p. 219 ff., datiert vom 31. März 1877. Der Urheber desselben, Th. Homolle, hat die Ausgrabungen vier Jahre lang fortgesetzt und von den
Funden auch weiterhin berichtet. Sein unermüdlicher Fleifs ist belohnt
worden, namentlich durch die Entdeckung einer ganzen Reihe von Urkunden, welche die delische Tempelverwaltung des dritten und zweiten
Jahrhunderts vor Chr. ausführlich darlegen; vor Homolle hatte man
weiter nichts als jene von Böckh behandelten Inschriften aus der Zeit
der Amphiktyonie, siehe vorhin. Der Bericht steht im Bull. VI zu Anf.;
an diesen Bericht und die grofse Urkunde Arch. Demares, welche p. 6
bis 54 abgedruckt ist, werden wir uns im Folgenden besonders zu halten
haben. Im Sommer 1881, wenn nicht schon früher, ist Homolle auf
Delos abgelöst worden durch Am. Hauvette-Besnault (Bull. VII p. 103)
und S. Reinach (a. O. p. 330). Hauvette durchsuchte die Gegend des
Sarapistempels, welche Inschriften lieferte, bezüglich auf ägyptische und
syrische Götter, von denen erstere schon früher als delisch bekannt
waren. Anderswo, in einem Hause nahe am Stier-Portikus (vermutlich
n. 32 auf Lebègues Plan), wurden choragische Listen entdeckt, welche
die erste Notiz von delischen Dionysien brachten. Reinachs Funde
gehen besonders das Kabirenheiligtum und die Posidoniasten von Be-
rytos, welche ein Bild der Göttin Roma aufstellten, also ebenfalls im-
portierte Gottesdienste an; dafs es auf Delos ein Kabirenheiligtum gab,
wufste man, nicht aber den Ort desselben, welchen Reinach nachweist
(Ostabhang des Theaterhügels).

Hiernach wird Artikel 3 meines Berichts nicht weiter zurückgehen
als bis zum Jahre 1877 d. i. bis zum Anfange der Homolleschen Ausgrabungen. — Aufser den Arbeiten der französischen Schule, die in
31 Artikeln des Bulletin (Band I—VII) vorliegen, ist an bezüglicher
Litteratur zu nennen: C. Robert, Beiträge (Hermes XXI S. 161 ff.); auch
Dittenberger, Sylloge p. 507 ff.

Ehe wir uns nun zu den Hauptgegenständen dieses Berichts (Festfeier, heilige Kasse und Schatz) wenden, dürfte es angemessen sein, einiges
über delische Gottesdienste und das Verhältnis der einstmaligen
Kunde zu der jetzigen zu bemerken. — Aus den Hülfsmitteln also die
vor 1877 als Lebègue schrieb, zu Gebote standen, ward entnommen, dafs
auf Delos Apollon, Artemis und Leto, Eileithyia und die hyperboreischen
Jungfrauen (Hyperoche und Laodike, Opis und Arge), Anios (folglich auch
Dionysos und die drei Önotropen), Zeus und Athena, die thesmophorische
Demeter, Asklepios, Hermes, Poseidon, Iris (s. Benseler) gottesdienstlich
verehrt wurden. Auch waren Sarapis und andere ägyptische Gottheiten für
Delos nachgewiesen, ferner der tyrische Herakles und die Dioskuren-Ka-
biren. — Man kannte manche Beiwörter, z. B. Soter und Kynthios, Bei-
wörter des Zeus; Dikäosyne, Beiwort der Isis. — Was Götterverbin-

dungen anging, so stand für die delische Trias die solenne Folge der
Namen nicht fest, s. Delph. S. 104. — Das neue Material bestätigt im
allgemeinen den früheren Bestand; der früher etwas hypothetische Dio-
nysosdienst ist jetzt sicher; s. vorhin. Hinzugekommen sind die Chariten,
Hestia und Pan. Den Chariten sind goldene Kränzchen, s. u., geweiht
worden, doch scheint es einen eigenen Charitendienst auf Delos nicht
gegeben zu haben; C. I. Gr. II p. 249 n. 2325 (Charitenpriester) ist
viell. parisch. Homolle Bull. VI p. 142 versteht überall nur die Chariten-
bilder, welche die Apollonsstatue auf der Linken emporhielt. Auch eine
besondere Verehrung der Hestia ist zweifelhaft (Homolle a. O.), und von Pan
dürfte dasselbe gelten; einzelne diesen Gottheiten geweihte Gaben, die
der Tempelschatz enthielt, führen nicht notwendig auf eigene Kulte. —
Hinzugekommen sind ferner die syrischen Gottheiten Hagne Aphrodite,
Adatos und Atargatis, Macrob. Sat. I 23, 17, letztere nachmals = Hague
Aphr., und andere von fremdher eingedrungene Kultusobjekte. — Merkwürdig sind die Beiwörter, welche das neue Material bietet, besonders
in den ausländischen Kulten; Isis z. B., von der ein signifikanter Zu-
name (Dikäosyne, s. vorhin) schon bekannt war, heißt auf Hauvettes
Inschriften Bull. VI p. 323 ff. auch Soteira, Nemesis, Hygieia, Nike und
Tyche Protogeneia, wodurch denn Plutarchs *Ἶσις μυριώνυμος* bestätigt
wird. Es erscheinen Götterverbindungen, für die es bisher keine delischen Belege gab, die Zwölfgötter (Folgerung aus dem Dodekatheon),
Poseidon und die Kabiren u. dgl. m., dann ergiebt sich, dafs in der
jüngeren Zeit die solenne Folge der delischen Trias 'Apoll Artemis
Leto' war. — Man verzeichnete vier delische Altäre (Lebègue S. 42 ff.),
in welcher Zahl die bei Herodot IV 35 und VII 97 genannten und das
Grab Opis' und Arges, vermutlich ein Aschenaltar, vgl. G. A. § 17, 5, nicht
mitgezählt waren. Die Urkunde Arch. Demares nennt zwei Altäre, von
denen man früher nicht wufste, das Pythion und das Hieropöon; auch
der aus Plutarch bekannte Hörneraltar (*κερατών*) kommt vor. — Tempel die bestimmt namhaft gemacht waren und nicht auf blofser Folgerung beruhten, standen bis 1876 wenige zu Gebot. Herodot erwähnte
ein Artemision, Strabo ein Letoon (Lebègue p. 44) delische Inschriften eine
Weihstätte des tyrischen Herakles (Herakleion). Von dem amphiktyonischen
Titel Böckh St. H. II S. 327, aus dessen neunter Zeile Homolle Bull. V
p. 276 *ἐν τῷ ναῷ τῷ ἀρχ[αίῳ]* citiert (vermutlich nach Le Bas), ward am
besten gänzlich abgesehen; der Böckhsche Text bot nicht *ἐν τῷ ναῷ τῷ ἀρ-
χ[αίῳ]*, sondern fünf Buchstaben mit Lücke: *ασ . . . τωι*, und jetzt liest
man *ἐν [τ]ῶ[ι] νεῳ τῷ Ἀθ[η]να[ίων . .]*, C. I. A. II 2 p. 288 n. 818. Fast
ebenso unbrauchbar war Zeile 11 . *ωιων νεῳ* (Böckh), woraus jetzt
[ἐν Δ]ηλίων νεῳ hergestellt ist. Die neuen Funde ergeben folgendes
Verzeichnis: Siebenbildertempel (*ναὸς οὗ τὰ ἑπτὰ ἀγάλματα* oder *ζῷα*),
Tempel (*νεώς, ἱερόν*) des Apoll, Tempel (*ναός*) der Artemis oder Artemision, Tempel (*νεώς*) des Asklepios oder Asklepieion, Eileithyiäon,

Thesmophorion, Herakleion, Dodekatheon, Sarapeion, Isieion. — Homolle glaubt die Fundamente des Siebenbildertempels gefunden zu haben, er hält ihn für einen Tempel der Artemis. Auf einer der jetzt freigelegten Stätten, welche sich als die Area eines tempelähnlichen Baus zu erkennen giebt, haben sich archaistische Statuen, sieben an der Zahl, gefunden, dazu eine Basis mit Widmung an Artemis. Die Widmung ist in altertümlicher Schrift und besagt, dafs Mikkiades (Sohn des Melas) und Archermos (Enkel des Melas) aus Chios der Artemis ' dies Bild' weihen in Ausübung der ererbten Kunst des Melas. Der Bildhauer Melas von Chios, dessen Sohn und Enkel das Kunstgewerbe fortsetzten, gehören einer ziemlich alten Zeit an (Plin. N. H. XXXVI 4 § 2). Die sieben archaistischen Statuen, deren eine auf der Basis gestanden haben mufs, hält Homolle für Darstellungen der Artemis und leitet von ihnen die Bezeichnung ναὸς οὗ τὰ ἑπτὰ ἀγάλματα her. Homolles Hypothese ist interessant und leichter zu bezweifeln, als durch eine bessere zu ersetzen. Was er indes über Identität des in dem amphiktyonischen Inventar Le Bas 242 l. 9 = Böckh, St. H. II S. 327 vorkommenden 'alten Tempels' und des Siebenbildertempels sagt, kann mit Sicherheit abgelehnt werden, weil die angegebene Zeile dieses Inventars nichts von einem alten Tempel enthält; siehe vorhin. Zu den älteren Gebäuden wird allerdings der Siebenbildertempel gehört haben; nach dem Inventar Arch. Demares, Bull. VI p. 48 l. 177, befand sich daselbst der goldene Kranz, welchen Nikias im fünften Jahrhundert vor Chr. gestiftet hatte, s. u. S. 351. — Noch unzureichender als über die örtlichen Anhaltspunkte der Gottesdienste von Delos war man über die Festfeier unterrichtet; man wufste von apollinischen Delien und von den Megalartien, einem Tage des Thesmophorienfestes (Hermann G. A. § 65, 34 und 22); Herodot überlieferte gewisse Bräuche die auf ein Fest hindeuteten, jene dem Andenken der Hyperboreerinnen geltenden: die Lockenweihe im Artemision und ein ἀγείρειν der Delierinnen; ein dem Poseidon auf Delos ausgerichtetes Opferfest ergab sich aus C. I. Gr. II p. 229 n. 2271 lin. 38, freilich ein nicht sowohl der delischen Behörde, als dem Verein (τῷ κοινῷ) der tyrischen Herakleisten unterstelltes. In den seit 1877 aufgefundenen Titeln nun ist erstlich die Rede von Delien und Thesmophorien, also Festen, die schon früher bekannt waren. Dann finden sich erwähnt: Apollonien und Dionysien, ein Fest der Artemis-Britomartis, Aphrodisien, Dioskurien. Auch begegnet ein Agon des Ptolemäosfestes (Bull. IV p. 323 f.). Von noch anderen Festen, die in dem neuen Material vorkommen oder vorzukommen scheinen, wird unten die Rede sein. — Was endlich die zeitliche Regelung der delischen Gottesdienste, den Kalender also, anging, so war die frühere Kunde schwankend und lückenhaft; einige Monatsnamen (Hieros u. a.) kannte man allerdings. Jetzt sind alle zwölf Monate des von Athen nicht mehr beherrschten Delos, dazu ihre Folge und das Neujahr sicher nachgewiesen.

Auch das Verhältnis zum attischen Kalender unterliegt im allgemeinen keinem Zweifel, da die homonymen Monate (Thargelion, Hek., Metag., Pos.) einander entsprochen haben müssen und durch Gleichungen, wie Thargelion del. = Targ. att., auch für alle heteronymen Monate die Gleichungen: Lenäon del. = Gamel. att. u. s. w. feststehen. Etwas hypothetisch indes bleiben diese Gleichungen doch, weil wir über den Sitz des Schaltmonds und über die Schaltregel der Delier auf Vermutungen gewiesen sind. Die kalendarische Verwandtschaft von Athen und Delos empfiehlt die Annahme, dafs der Schaltmond sich auch auf Delos dem Posideon angelehnt, mithin den Namen eines späteren (zweiten) Posideon geführt habe. Ebenso ist über die Schaltregel zu urteilen, zumal da Diodor II 47 ($\lambda\acute{\epsilon}\gamma\epsilon\tau\alpha\iota$ $\delta\grave{\epsilon}$ $\varkappa\alpha\grave{\iota}$ $\tau\grave{o}\nu$ $\vartheta\epsilon\grave{o}\nu$ (Apoll) $\delta\iota'$ $\dot{\epsilon}\tau\tilde{\omega}\nu$ $\dot{\epsilon}\nu\nu\epsilon\alpha\varkappa\alpha\acute{\iota}\delta\epsilon\varkappa\alpha$ $\varkappa\alpha\tau\alpha\nu\tau\tilde{\alpha}\nu$ $\epsilon\grave{\iota}\varsigma$ $\tau\grave{\eta}\nu$ $\nu\tilde{\eta}\sigma\sigma\nu$ (nach der Insel der Hyperboreer)) vermutlich delische Religionsvorstellungen giebt, die Verschmelzung derselben aber mit der in Athen befolgten 19jährigen Regel auf praktischen Gebrauch dieser Regel seitens der Delier schliefsen läfst. — Zu demselben Schlusse führt die Anknüpfung der ersten achtjährigen Steuerzeit an Ol. 169, 3, s. o. S. 317; denn — was man übersah — mit 169, 3 beginnt eine kallippische Periode (die vierte), und Kallippos ist als Gründer der jüngeren dekennaeterischen Zeitrechnung Athens anzusehen, s. Chronol. S. 314. Offenbar haben diejenigen, welche das erste Jahr der ersten delischen Ennaeteris (Oktaeteris) dem ersten Jahre einer kallipischen Hexkähebdomekontaeteris entsprechen liefsen, die delischen Zeiten nach Kallipp regeln, besonders für die Bestimmung der Schalt- und Gemeinjahre sich der güldenen Zahlen des Kallipp bedienen wollen. Es wurde also der neunzehnjährige Kanon so wie Kallipp ihn reformiert hatte, befolgt, und die Achtjährigkeit der Steuerverzeichnung, die wir aus C. I. A. II n. 985 entnehmen, war beliebt worden nicht weil man oktaeterische Chronologie trieb, sondern weil die Oktaeteris ihre Bedeutung im Apollodienst ehedem gehabt, und was die heiligen Steuern anging, vielleicht auch später bewahrt hatte. Die achtjährigen Steuerzeiten erinnern einigermafsen an die Indiktionen, Spatien von 15 Jahren, die keineswegs chronologische Cyklen darstellen. — Die Frage, wie die winterlich beginnenden Jahre der Delier den Sommerjahren Athens geglichen wurden, kann nach Analogie der römisch-attischen Gleichungen, vgl. Philologus XLV S. 432, 35, vielleicht dahin beantwortet werden, dafs von den beiden geglichenen Jahren das delische immer ein Semester eher anfing.

Festfeier. Die durch Plurale des Neutrums wie $\varDelta\acute{\eta}\lambda\iota\alpha$ bezeichneten Feste haben sich durchweg in regelmäfsigen Fristen wiederholt, allein von allen Begehungen, die durch solche Plurale bezeichnet werden, gilt das nicht. Die von den Deliern dem sidonischen Fürsten Philokles beschlossenen Soterien, Inschr. Bull. IV p. 329 $\varkappa\alpha\grave{\iota}$ [$\vartheta\tilde{\upsilon}\sigma\alpha$]$\iota$ $\sigma\omega\tau\acute{\eta}\rho\iota\alpha$ $\dot{\upsilon}\pi\grave{\epsilon}\rho$ $\Phi\iota\lambda\sigma\varkappa\lambda\acute{\epsilon}\sigma\upsilon\varsigma$ $\dot{\epsilon}\nu$ $\varDelta\acute{\eta}\lambda\omega$ $A\pi\acute{o}\lambda\lambda[\omega\nu\iota$ . . . .] $\varkappa\alpha\grave{\iota}$ $\varDelta\iota\grave{\iota}$ $\Sigma\omega\tau\tilde{\eta}\rho\iota$ $\dot{\epsilon}\nu$ $A\vartheta\acute{\eta}\nu\alpha\iota\varsigma$, sind

mit Homolle für eine einmalige Feier zu halten wie das entsprechende
Opfer in Athen; ein stehendes Soterienfest haben die Delier in Athen
nicht beschliefsen können. Es ist also die Inschrift Bull. a. O. für die
delische Heortologie einigermafsen gleichgültig. — Das Verständnis der
Bull. VI p. 144 aus dem Inventar Arch. Skylakos angezogenen Stelle:
ἄλλη (nämlich φιάλη) Ἀντιγονέων Σωτήρια (σωτηρία? Sinn: eine andere
das Wohlergehen jemandes angehende Schale von der Gattung der
antigoneischen), ἐπιστα[τοῦντος . . . .] εἰς Στρατονίκεα, ἐπιστατοῦν-
το[ς . . . . .] εἰς Σωπάτρεια, ἐπιστατοῦντος Σωσιπόλιος · εἰς Νικολάεα,
ἐπιστατο[ῦντος . . .] ist durch die Lücken erschwert, aber von festlichen
Bräuchen wird doch wohl die Rede sein. Gegen regelmäfsig wiederkehrende Stratonikeen ist nichts einzuwenden; die Königin Stratonike
hatte Delos reich beschenkt, s. u. S. 350, eine ihr geltende Feier
kann nicht auffallen. Auch wäre es etwas müfsig zu fragen, ob nicht
wenigstens die Sopatreen und Nikolaeen einmalige Begehungen gewesen
sind; so scheint denn nichts übrig zu bleiben als die Aufnahme auch
dieser etwas apokryphischen Feste in den delischen Kalender. — Homolle nun weifs auch noch andere Feste zu ermitteln: Eutycheen, Philadelpheen, Antigoneen, Demetrieen, Philetäreen, Evergesieen, Patäkeen,
Paneen. Geradezu vorkommen thut keins dieser Feste, sie beruhen
alle miteinander auf Interpretation und Schlufsfolgerung. Im Inventar
Arch. Demares p. 31 l. 19 heifst es von einer Phiale: Εὐτύχειος | ʿEine
eutycheischeʾ. Homolle erklärt (Bull. VI p. 143): eine gelegentlich des
Eutycheenfestes überreichte Phiale. Ebenso W. Dittenberger Sylloge
p. 510 und 514. In gleichem Sinne, und häufiger, finden sich Genitive
partitiven Sinnes, wie p. 35 l. 55 ἄλλαι φιάλαι ‖, ἱεροποιῶν Μνησικλέους,
Διογένου, Εὐτυχείων Φιλαδελφείων ὁλ(κὴ) ⊦ Η Η ʿzu den eutycheischen
und philadelphischen gehörig, aus der Zahl derselbenʾ, nach Homolle
so viel wie: aus der Zahl der an den Festen dieses Namens überreichten
Phialen. Jene acht Homolleschen Feste beruhen sämtlich auf solchen
Adjektiven, denen ein heortologischer Sinn untergelegt wird. — Wenn
es bei acht Festen der Delier herkömmlich war, das Dargebrachte nach
dem festlichen Anlasse der Darbringung zu bezeichnen, so mufs dies
Herkommen damals überhaupt delisch gewesen sein, so dafs Phialen, die
bei den Delien und den übrigen oben S. 328 genannten Götterfesten
in den Schatz kamen, ebenfalls nach dem festlichen Anlafs zu be-
zeichnen waren. Aber keine einzige Phiale wird in den Inventaren
nach jenen Götterfesten prädiziert, bei denen doch ohne Zweifel solche
Darbringungen stattfanden. Phialen wurden häufig überreicht durch die
Deliaden und die Deliaden wirkten sicher mit bei den Delien, s. u.
S. 339 f. (der Titel n. 17 Bull. III p. 379 bezieht sich auf die Delien
und Apollonien; er rührt her von einem attischen Ehepaar, dessen
Kinder mitgewirkt hatten, der Sohn als Deliast, die beiden Töchter als
Kanephoren; möglich, dafs die Töchter Deliaden waren, κανηφορήσασαν

also attische Ausdrucksweise ist). Dennoch finden sich nirgends 'delische' Phialen. — Homolles Auffassung ergiebt Zeitbestimmungen; nach
ihm kommt das im Inventar Arch. Demares l. 55 Gesagte darauf hinaus,
dafs die beiden Phialen zur Zeit der Eutycheen und Philadelpheen, in
dem Monate und am Tage dieser Feste, dargebracht sind. Zeitbestimmungen haben die delischen Hieropöen allerdings oft hinzugefügt, allein
sie lauten auf das Jahr; der Monat, in welchem eins der Kleinodien in
den Schatz gekommen, wird niemals angegeben, ebenso wenig das beor-
tologische Äquivalent eines Monatstages. Selbst bei Kapitalien findet
sich nur hin und wieder der Monat notiert. — Die Hieropöen haben
in der Regel zwei Phialen, eine eutycheische und eine philadelpheische,
jährlich in den Schatz gestiftet, vermutlich während ihrer Funktionszeit.
Nun kommt es vor, dafs sie zwei Phialen des angegebenen Namens von
anderen Hieropöen empfingen (Bull. VI p. 41 l. 116 und p. 45 l. 151),
also von Vorgängern, die dem Herkommen erst nachträglich genügten.
Die nachträglich eingehenden Phialen heifsen ebenso gut eutycheische
und philadelpheische — dafs sie benannt worden nach den rechten Ablieferungszeiten, die man freilich nicht eingehalten, liefse sich doch
nur behaupten, wenn wir der rechten Ablieferungszeiten ganz sicher
wären. — Es gab auf Delos ein Ptolemäosfest. Die Phialen, welche
zur Gattung der ptolemäischen gehörten (πτολεμαιέων, Inventar Arch.
Skylakos Bull. VI p. 144), brauchen nicht auf das Fest bezogen
zu werden. Ptolemäische mochten sie genannt werden, weil der Aufschrift zufolge Ptolemäos sie geschenkt hatte oder weil sie im Geschmack der ptolemäischen Phialen gearbeitet waren. Ebenso ist
möglicherweise über παταικείων 'zur Gattung der patäkeischen Phialen
gehörig' Bull. VI p. 35 l. 54 zu urteilen, denn p. 46 l. 157 und 160 f.
wird ein Patäkos als Spender von Kleinodien des Schatzes genannt.
Einzelne dieser Bezeichnungen würden uns vielleicht verständlich
werden, wenn wir die Phialen mit ihrem Bildwerk und mit ihren
Widmungsworten vor Augen hätten; doch lasse ich es dahingestellt sein,
ob man die paneischen für solche halten kann, auf denen ein Pan gebildet war, vgl. p. 43 l. 126 ποτήριον .. ἐμβόλιον ἔχον Πανίσκον, die
eutycheischen für solche, auf denen gutes Glück (εὐτυχία) erbeten
wurde, vgl. p. 33 l. 41 κυμβίον οὗ ἐπιγραφή· ... φίλ' Ἄπολλον ... εὐτυ-
χίην ὄπασον. Auch liefse sich an Namen von Werkmeistern denken.
Sichere Erklärungen sind nicht zu geben, aber Homolles Ansicht scheint
nicht das Rechte zu treffen.

    Wenden wir uns nun einer für unsern Gegenstand besonders wich-
tigen Stelle der grofsen Inschrift zu, die im Bulletin fast zwei Seiten
füllt, sich aber, weil etliche Rubriken monatlich wiederkehren, folgender-
mafsen verkürzen läfst.

Delische Rechnungsurkunde Archon Demare

ἰνήλωται εἰς τὰ κατὰ μῆνα	Lenäon	Hieros	Galaxion	Artemis
χοῖρος τὸ ἱερὸν καθᾶραι	[4 Dr. 3 Ob.]	4 Dr. 5 Ob.	[4 Dr. 3 Ob.]	4 Dr. 3 Ob
πεύκη κληματὶς	[4 Ob.]	[4 Ob.]	[4 Ob.]	4 Ob.
...τα ἐπὶ βωμοὺς καὶ Πύθιον καὶ Πρόπυλα	12 Dr.			
τῷ τοὺς στεφάνους πλέξαντι	4 Dr. 2 Ob.			
Ἀπόλλωνι Ἀρτέμιδι Λητοῖ Διὶ Σωτῆρι Ἀθηνᾷ Σωτείρᾳ	[ ]			
στεφανώματα		3 Dr.	5 Dr.	4 Dr.
...υμοὺς Πύθιον ἱερόποιον {(Gewicht) / τιμή	Talente 22 27 Dr. 2 Ob.	25 37 Dr. 3 Ob.	20 30 Dr.	15 22 Dr. 4 C
ἄνθρακες	13 Dr.	12 Dr.	15 Dr.	[- -]
εἰς ἱερισμὸν	10 Dr.			
χαρτῶν	5 Dr.			
ἐλαίου {(Mass) / τιμή	Metretes 1 15 Dr. 2 Ob.	1 17 Dr.	1/2 8 Dr. 3 Ob.	[- -] [- - -]
ἅλες	1 Dr. 4 Ob.			
ὄξος	3 Dr. 3 Ob.			
αμπάδες, ῥυμοὶ εἰς τοὺς χοροὺς		13 Dr.	[- - -?] 6 Dr.	Ἀρτεμισί Βριτομ. 6
εἰς κόσμησιν χηροῦ			1 Dr. 3½ Ob.	
σφόγγοι			2 Dr.	
λίνον			3 Dr.	
μύρον			5 Dr.	
εἰς ἐπίχρασιν				
Δι, ὥστε χρῖσαι τὸν χε- {(Mass) καὶ τὰ ἄλλα ὅσα χρίεται{ τιμή				
τοῖς χρίσασιν				
(vorher: Ἀφροδισίων τῷ χορῷ)				
λιβανωτὸς				
ἱερείᾳ εἰς τὰ νομιζόμενα				
...ῖς τὸ θύρετρον ἐνοικοδομήσασιν				

4 Dr.

11 Metret.
99 Dr.

2 Dr.

4 Dr.

Die zwölfmal wiederkehrenden Rubriken beruhen hier und da auf Ergänzungen, die aber nur l. 188 (ἄνθρακες oder ἐλαίου?) zu Zweifeln Anlaſs geben. Es kommen also in allen Monaten vor die Rubriken: χοῖρος, πεύκη, στεφανώματα, ξύλα. Ergänzen wir l. 188 ἄνθρακες, so ergiebt sich die Ausgabe für Kohlen zwölfmal, die für Öl nur elfmal; letztere nämlich fehlt im Thargelion nur nominell, siehe unten über ἐπίχρασις. Ergänzen wir hingegen l. 188 ἐλαίου — für ἄνθρακες und ἐλαίου dürfte es an Raum fehlen, so ist die Ausgabe für Kohlen die elfmalige, und die für Öl fehlt in keinem Monat.

In dem Ausgaben-Verzeichnis beginnt jeder Monat mit χοῖρος τὸ ἱερὸν (τοῦ Ἀπύλλωνος nämlich, C. I. Gr. II p. 229 n. 2272) καθᾶραι und für diese ceremoniöse Reinigung des delischen Haupttempels sind vier Drachmen oder ein wenig mehr eingestellt. — Allmonatlich wurden auch vier Obolen für Kienspäne zum Feueranmachen, πεύκη κληματίς, ausgegeben. — Die gröſsere Ungleichheit der übrigen vier wiederkehrenden Rubriken lehrt, daſs auch solche Bräuche, die nicht sowohl monatlich, als jährlich oder noch seltener zu vollziehen waren, dazu auſserordentliche Geschäfte, z. B. die Herstellung von Gold- und Silberbarren durch Einschmelzen der Trümmer, in Betracht kommen.

Als ein jährlicher Brauch giebt sich kund die allgemeine Erneuerung der Kränze. Sie fand im Lenäon (att. Gamelion), dem ersten Monate des delischen Jahres, statt. Unter Lenäon sind 12 Dr. eingetragen für Kränze, mit denen die Altäre, insonderheit der pythische Altar und die Vorhalle des Haupttempels geschmückt wurden, στεφανώματα ἐπὶ βωμοὺς καὶ Πύθιον καὶ Πρόπυλα, und 4 Dr. 2 Ob., die der Kranzwinder erhielt, τῷ τοὺς στεφάνους πλέξαντι. Die Rubrik στεφανώματα haben wir allerdings auch in jedem der übrigen elf Monate, aber ohne den Zusatz ἐπὶ βωμοὺς κτλ und der Betrag ist viel geringer (meist 4 Dr.); auch folgt keine Zahlung für den Kranzwinder. — Es wird an immergrüne Kränze (Lorbeer) zu denken sein; vergl. Delph. S. 283, 1.

Etwas der jährlichen Erneuung des Kranzschmuckes Verwandtes mag der nur im Lenäon vorkommende ἱερισμός bezeichnen, Heiligung und Weihung von Orten und Sachen, die das Jahr über gebraucht worden. Kosten 10 Dr.

Im Lenäon Arch. Demares war auch Geld ausgegeben worden für ein Opfer (εἰς θυσίαν), das der delischen Trias und den soterischen Gottheiten (Zeus und Athena) galt. Es stellt sich dar als ein Eingangsopfer des Jahres, könnte aber auch ein verspätetes Schluſsopfer sein, denn in der Urkunde Arch. Kosmiades (Bull. VI p. 81) wird ein der delischen Trias im Posideon gebrachtes Opfer erwähnt (Kosten 15 Dr.), in welchem vielleicht derselbe Brauch zu erkennen ist. Nach Lysias 26, 6 ward in Athen dem Zeus Soter am letzten Jahrestage geopfert. — Ob die für den sidonischen Fürsten Philokles in besonderer Veranlassung ausgerichteten Soterien, s. o. S. 329 f., sich dieser Herkömmlichkeit des Lenäon anschlossen, oder ob eine andere Zeit im Jahre gewählt worden ist, läfst sich nicht untersuchen.

Was dann den Hieros (att. Anthesterion) angeht, so hatte Kirchhoff C. I. A. I p. 154 gemeint, der Thargelion del. = Thargelion att., Monat des der Geburt der Letoiden geltenden Delienfestes, habe im delischen Kalender auch den Namen Hieros gehabt. Die vermeintliche Doppelnamigkeit des Monats ist jetzt beseitigt. Neuerdings nun hat C. Robert in seinen 'Beiträgen zum griechischen Festkalender' Hermes XXI S. 161 ff. die Feier der Delien zwar ebenfalls dem Hieros zugewiesen, diesen Monat aber, wie es das neue Material verlangt, als letzten Wintermonat (Anthesterion) behandelt. Die Ansicht älterer Forscher (Böckh St. H.³ II S. 72), dafs die Delieu am sechsten und siebenten Thargelion gefeiert seien, wird mithin von ihm bekämpft. Sie empfahl sich besonders dadurch, dafs es passend schien, in den Delieu die Natalicien der delischen Hauptgötter zu sehen; nach delischer Dogmatik war Artemis am sechsten, Apoll am siebenten Thargelion zur Welt gekommen (Diog. Laert., siehe Chron. S. 89 f.), diesem Tage also mufste das Hauptfest der Insel bestimmt gewesen sein. Der Verfasser der Beiträge bemerkt, dafs Thuk. III 104 und Dionys. Perieg. 527 auf eine frühere Zeit im Jahre, nicht auf die der beginnenden Kornernte (Thargelion) hinführen; nach Thukydides a. O. fand die Reiuigung im Winter 426/5 vor Chr. statt und im Anschlufs an dieselbe die Stiftung der delischen Penteteris seitens der Athener. Die Bestimmung μετὰ τὴν κάθαρσιν wolle sagen: unmittelbar nach der Reinigung (die sich der Verfasser im Winter 426/5 abgeschlossen denkt, und diese Annahme ist allerdings die angemessenste), nicht nach einem Zwischenraum von vielen Tagen, im Thargelion. Dionysios a. O. bezeuge ein grofses von den Nesioten auf Delos begangenes Frühlingsfest (ἱσταμένου γλυκεροῦ νέου εἴαρος), in welchem man die von Thukydides ganz ebenso geschilderten Delien zu erkennen habe. — Bei der Wahl des Monates läfst der Verfasser sich durch Homolles Inschriften leiten. Im Hieros werde alljährlich die Insel, Delos nämlich (Homolle, Bull. VI p. 80, 3, versteht unter νῆσος die Insel der Hekate, Rheumatiari), gereinigt, worin eine immer wiederkehrende Erneuerung jener κάθαρσις von Ol. 88, 3 vermutet werden dürfe. Dieser Reinigung schliefse sich im selben Monat das Delienfest an. Der Monat Hieros gebe sich schon durch seinen Namen als besonders wichtig für das Festjahr zu erkennen, auch sei es sehr bemerkenswert, dafs im Hieros die verhältnismäfsig grofse Summe von 13 Dr. für λαμπάδες κτλ verausgabt werde, während dieselbe Rubrik im Artemision und Hekatombäon nur sechs und fünf Drachmen aufweise. Gegolten habe das im Hieros begangene Hochfest der Delieu dem aus Lykien auf seine Heimatsinsel zurückkehrenden Apoll und dem mit ihm

wiederkehrenden Lenze, so dafs die Delien durchaus den Theophanien
Delphis entsprachen.

Das Verdienst der Erörterung liegt besonders darin, dafs C. Robert die Schwäche der älteren (einst auch von mir adoptierten) Ansicht
nachgewiesen hat. Sagen wir uns denu von ihr los. — Thukydides berichtet die Reinigung von Delos unter den ersten Ereignissen des Winters 426/5, daher sie allerdings wohl mit Dodwell (Annal. p. 141) in
den Herbst gesetzt werden kann, d. h. vom Herbst an; sie mag etliche
Monate in Anspruch genommen und bis zum Ende des Winters gedauert haben. — Was Robert zu Gunsten des Hieros heranzieht, genügt
nicht. Die Analogie der Theophanien ist dubiös, weil den Delien das
mantische Element fehlt. Die Reinigung der 'Insel' auf Delos zu beziehen ist unsicher, auch ob sie alljährlich stattfand. Dafs der Hieros
den höchsten Betrag, 13 Dr., für Fackeln u. s. w. aufweist, ist wahr;
allein es ist daraus nicht zu schliefsen, dafs das höchste Fest, das der
Delieu, im Hieros begangen ist. Man müfste so schliefsen, wenn unser
Verzeichnis vollständig wäre; es ist aber unvollständig, die bedeutenden
Zuschüsse aus Staatsmitteln fehlen, vgl. Bull. VI p. 20 l. 157 und p. 24
l. 198, auch unten S. 337, 345 und 348. Aus den im Hieros, Artemision
und Hekatombäon für Fackeln u. s. w. eingestellten Beträgen: Drach-
men 13, 6 und 5, ist also nur für die drei Monate selbst und das Ver-
hältnis ihrer Feste etwas zu entnehmen (wobei man sich allerdings des
Gedankens entschlagen kann, dafs die 13 Dr. zweien kleineren
Festen gegolten hätten). — Die seltsame Hieronymität des zweiten
Monats delischen Kalenders beruht möglicherweise darauf, dafs die
Hauptzeit pythischer Weissagung auch den Deliern als eine besonders 'heilige' Zeit galt; Hieros del. ist nämlich = Bysios delph., siehe
Jahresber. f. Altertums-Wissensch. 1885 S. 407, 1. Statt einen Spruchtag
des delischen Gottes im Hieros anzunehmen, vgl. Virg. Aen. III 84 ff.,
kann man dabei stehen bleiben, dafs die Delier auf Delphi und das
pythische Orakel wie auf eine höhere Instanz mit gröfstem Respekt
hingeblickt haben müssen; vgl. Inschr. Bull. IV p. 474 (Aufstellung
eines pythischen Spruchs im Weihbezirk des delischen Apoll); auch
Herod. VI 98. Die Rubrik ξύλα ἐπὶ βωμοὺς Πύθιον ἱερόπδιον zeigt im
Hieros den Betrag von 37 Dr., den höchsten unter den zehn Beträgen
die erhalten sind, vielleicht daher weil im Monat Hieros das Pythion
d. i. der Altar des Spruchgottes, besonders viel benutzt ward.

Von den Besonderheiten des Galaxion (att. Elaph.) kennen wir
aus direkten Angaben zwei; erstlich wissen wir, dafs der Abschlufs der
Inventare, dann dafs eine Dionysosfeier stattfand. — Die Inventare, wenn
sie Daten haben, datieren vom Galaxion. Homolle, der Bull. VI p. 97, 1
vier Belege giebt, ist der Meinung, dafs eigentlich die Jahresscheide,
(Ultimo Posid. 1 Lenäon) den Abschlufs hätte bilden sollen, dafs aber
wegen Vielheit der Geschäfte eine Verzögerung und Verspätung bis zum

dritten Monat leicht habe eintreten können. Aber dafs die zufälligen
Umstände immer gerade auf den dritten Monat führten ist nicht glaub-
lich, man hat vielmehr ein Herkommen zu erkennen; vermutlich gingen
im Aufang des Galaxion viele Weihgeschenke ein, s. u., und hat man
gewünscht, diesen Zugang nóch mitzuinventieren, was so zustande
kam, dafs dem schon fertig gestellten Veszeichnisse des von früher her
Vorhandenen die ἐπέτεια einfach als letzter Abschnitt angeschlossen
wurden (a. O. p. 99). — Der Monat der Dionysosfeier ergiebt sich aus
dem Ausgaben-Verzeichnisse Arch. Sosisthenes 3. Jahrhundert vor Chr.
(Bull. V p. 468); es sind unter Galaxion 25 Dr. eingestellt für ein
Dionysosbild. Anderswo ist vom Bemalen und Schmücken (κόσμησις) des
Bildes dié Rede, auch von dem Wagen, auf welchem das Bild umher-
geführt ward (a. O. p. 508). Aufbewahrt wurde der Wagen im Hause
der Andrier (Bull. VI p. 135). Die grofse Urkunde Arch. Demares giebt
in dem Verzeichnis der Monatsausgaben keine Zahlung für ein Dionysosbild, aber hernach p. 24 l. 198 finden sich — der Ergänzung zufolge
unter den κατὰ ψηφίσματα gezahlten Beträgen, 50 Dr. für ein Dionysosbild, woraus nebenher erhellt, dafs das nach Monaten geordnete Register, s. o. S. 332, keineswegs alle im Jahre des Arch. Demares
für gottesdienstliche Zwecke gemachten Zahlungen enthält. Von den
nur im Galaxion vorkommenden Einträgen lassen sich die 9 1/2 Ob. εἰς
κόσμησιν χηροῦ l. 184 vielleicht auf das Dionysosbild beziehen (vergl.
Urk. Arch. Hypsokles 3. Jahrhundert vor Chr. (Bull. V p. 508) εἰς
κόσμησιν τοῦ ἀγάλματος Π ⊢ ||||, welcher Betrag freilich viel gröfser
ist); gewisse Körperteile mochten wächsern sein und Blattgold oder
Farbe aufgetragen werden. — Man bemerke, dafs im selben Monat zu
Athen die städtischen Dionysien begangen wurden, wie sich denn überhaupt bei den Griechen späterer Zeit keine wesentlichen Unterschiede
in Betreff der dionysischen Feste zeigen; vgl. W. Dittenberger de sacris
Rhodiorum S. IX. Delische Dionysien kommen vor in den choragischen
Titeln, welche Hauvette gefunden hat, s. o. S. 326. Den Inhalt wolle man
aus folgender Skizze des V. Titels entnehmen. Lin. 1 f. ἐπ' ἄρχοντος
Καλλίμου (vor Chr. 270, nach Homolle) ὑγίεια καὶ εὐετηρία ἐγένετο,
l. 3 ff. καὶ οἵδε ἐχορήγησαν εἰς Ἀπολλώνια (folgen vier Namen von Cho-
ragen) · l. 6 ff. εἰς Διονύσια · παίδων (vier Namen) · κωμῳδῶν (sechs Namen) · τραγῳδῶν (sechs Namen) · l. 19 ff. καὶ τάδε ἀργυρώματα παρέ-
δωκα ('ich, der Archon, habe meinem Nachfolger überliefert') θυμιατή-
ριον (folgen noch viele andere Weihgeschenke). καὶ οἵδε τῷ θεῷ (= τῷ
Διονύσῳ) ἐπεδείξαντο · κιθαρῳδοί (Namen) · αὐληταί (Namen) · τραγω[ιδοί]
(Namen) · κωμῳδοί (Namen) · ὀλυματοποιός sic (Weibername). Sehr ähnlich die übrigen zehn choragischen Titel; doch sind in n. I—IV keine
Kleinodien registriert; in III VIII X XI folgt παίδων nach Ἀπολλώνια;
kleine Unterschiede auch sonst z. B. in den Gattungen der Techniten.
Die Διονύσια der choragischen Titel sind ohne Zweifel eben das Diony-

sosfest des Monats Galaxion, von welchem Homolles Inventare Kunde geben. — Dafs wir es mit dem Monat Galaxion zu thun haben, lehren auch die auf Hauvettes Inschriften meistens hinzugefügten Verzeichnisse von Weihgeschenken, die überliefert wurden; wären sie datiert, so würden sie den Galaxion nennen, so gut wie jene vier Bull. VI p. 97, 1 zitierten Inventare. — Die nach ihren Leistungen klassifizierten Techniten bieten nichts Neues dar, nur dafs am Schlufs einiger von diesen Technitenverzeichnissen ein oder eine ὀλυματοποιός vorkommt. Es ist aber mit Dragumis (Bull. VII p. 384) ϑαυματοποιός zu lesen. So verschwindet denn die rätselhafte Spezialität eines Olymatopöen; immerhin sind auch die ϑαυματοποιοί bemerkenswert, da z. B. die ungefähr gleichzeitigen Verzeichnisse von Delphi diese Gattung nicht enthalten.

Dafs die Apollonien ein hohes Fest seien, wufste man schon vor Hauvettes Zeit aus einigen Dekreten; dem Dekret Bull. II p. 331 f. zufolge beschliefsen die Delier, dafs man den und den bekränze und dafs der Hierokoryx im Theater an den Apollonien, wenn die Knabenchöre (οἱ χαο[οἱ τ]ῶν παίδων, vgl. vorhin das aus einigen der Hauvetteschen Titel zitierte παίδων) auftreten, den Beschlufs verkündigen solle. Die Funde Hauvettes nun zeigen Apollonien und Dionysien in unmittelbarer Verbindung, und zwar gehen überall die Apollonien voran und haben die Dionysien die zweite Stelle. Dies läfst vermuten, dafs auch die Apollonien im Monat Galaxion gefeiert wurden und dafs die Feier nahe vor den Dionysien stattfand. Die Wahl eines andern und gar eines späteren Monats (des Thargelion, Roberts Annahme) ist ausgeschlossen durch die inschriftliche Folge: Apollonia Dionysia.

Viel weniger sind wir über die Delien instruiert. Meines Erachtens hat Robert sie sehr richtig derjenigen Zeit zugewiesen, in der sich Winter und Lenz scheiden. Da wir nun aber in dieser Gegend der Jahreszeitenscheide schon ein Apollonsfest ersten Ranges, die Apollonien, antreffen, so bleibt nur übrig Delien und Apollonien zusammenzuwerfen, so jedoch, dafs der erste Tag des zweitägigen Festes Delia, der folgende Apollonia hiefs, und beide vereinigt die höchste Feier des delischen Festjahres darstellten. Zwei gesonderte, dennoch aber kalendarisch naheliegende Hochfeste — Delien im Hieros (Roberts Annahme), Apollonien im Galaxion — sind unwahrscheinlich. — Der Anordnung 'Delien Apollonien' günstig ist die Inschrift Bull. III p. 379 κανηφορήσασαν Δήλια καὶ Ἀπολλώνια. Sie liefert ein Argument gegen die ältere Setzung der Delien(7. Thargelion), weil nach dieser umgekehrt Ἀπολλ. καὶ Δήλια zu erwarten wäre; aber gegen den Hieros als Delienmonat läfst sie sich kaum benutzen, höchstens dafs man vielleicht sagen könnte, es sei passender die Mitwirkung der Kanaphore auf ein Fest zu beschränken. — Als Sonnenstand der Epiphanie des delischen Apoll kann man Äquinoktium annehmen. Nach Diodor II 47

beginnt Apolls Lautenspiel um Äquinoktium, was auch auf das delische
Hochfest seiner Epiphanie anzuwenden sein dürfte. Damit stimmt teilweise Dionys. Perieg. 528 f.; es läfst sich ἀρχομένου γλυκεροῦ νέον εἴαρος
passend auf den Jahrpunkt beziehen, was dann folgt εὖτ᾽ ἐν ὄρεσσιν
ἀνθρώπων ἀπάνευθε κυεῖ λιγύφωνος ἀηδών, freilich nicht, da die Nachti-
gall erst drei Wochen nach Äquinoktium in Griechenland anlangt und
noch weitere vier Wochen verlaufen, ehe sie zu legen beginnt (um den
11. Mai unseres Kalenders) und brütet (κυεῖ). Werfen wir das poetische Gerede weg, uns haltend an ἀρχομένου — νέον εἴαρος, Äquinoktium.
Dafs diese Zeit im Jahre einem Feste der Cykladenbewohner sehr zu-
sagt, lehrt der Evangelistrientag (März 25 a. St.), welcher heutzutage auf
Tenos mit grofsem Gepränge begangen wird und eine Menge Besucher von
fern und nah herbeizieht. März 25 a. St. ist Cäsars aequinoctium ver-
num, und auch die Stifter des christlichen Festes, welche von Weih-
nachten zurückrechnend zu März 25 gelangten, sind, da diese Marien
feste schon im fünften Jahrhundert unserer Ära aufkamen (Kurtz, Lehrbuch der Kirchengeschichte[5] S. 160 § 57, 2), mit ihrem Ansatze dem
Äquinoktium nahe geblieben, von welchem der Evangelistrientag heutzutage allerdings merklich abgeht. Sollen nun die Delien um Äquinoktium fallen, so müssen wir sie dem Galaxion = att. Elaph. zuweisen,
der Hieros ist zu früh. Für den Mondstand gehe man davon aus, dafs
Hekte und Hebdome den Letoiden gehören, setze also den Anfang der
Feier auf den 6. Galaxion. Wenn dieselbe nun bis Vollmond (14.)
dauerte, so bewegte sich das neuntägige Spatium in einem solarischen
Spielraum, dessen Mitte Äquinoktium einnahm. Die Feier von Ol. 88, 3
begann vor Chr. 425 April 5; Äquinoktium März 26. Spielraum seit
Ol. 89, 3 (dem mutmafslichen Rezeptionsjahre des metonischen Kalen-
ders, s. Chronol. S. 407) März 7 — April 12. Lauter postäquinoktiale
Lagen würden sich nur erreichen lassen durch Benutzung schwindender
Phasen (Galaxion 28).

Dem vorgeschlagenen Programm zufolge haben wir uns den ersten
Akt der grofsen Feier, also die Delien, als ernstlich religiös begangen
zu denken mit Opfern, auf deren Ausfall Gewicht gelegt wurde. Den
günstigen Ausfall nun dieser Opfer scheinen die choragischen Titel im
Eingang zu melden mit ἐπὶ ἄρχοντος τοῦ δεῖνος ὑγίεια καὶ εὐετηρία
ἐγένετο. Hauvette versteht: La santé publique et l'année ont été
bonnes. Aber ein historischer Bericht von früheren Dingen ist hier
wohl nicht, vielmehr scheint der Sinn: es wurden uns gute Zeichen
zu teil; sie lehren, dafs wir auf Gesundheit und Wohlergehn bis
heute übers Jahr rechnen dürfen. Die so meldeten blickten demnach
nicht rückwärts, sondern vorwärts; sie hatten die nächste Zukunft
im Auge.

An dem Festzuge, der sich den Opfern angeschlossen haben wird,
sind ohne Zweifel die Deliaden, vielleicht auch die Deliasten beteiligt

22*

gewesen. Beide Bezeichnungen gehen die ·Festfeier der Delien an;
man vergleiche Thyiaden, Anthesteriaden (Rhodos, s. Dittenberger
a. O. S. IX) u. dgl.; Herakleisten, Hermaisten, Posidoniasten (delische
Inschriften). Die Deliaden werden häufig erwähnt als Überbringerinnen
der goldenen Kränze und kostbaren Gefäfse, welche von Ptolemäos, Attalos, Scipio u. a. eingingen; ihr Amt war also dem der Kanephoren verwandt und wurde vielleicht auch durch κανηφορεῖν bezeichnet, s. o. S. 330 f.
Da sich nun Delien und Deliaden nicht trennen lassen, so folgt, dafs
der Delientag überaus einträglich war für die Schatzkammern der delischen Götter; kein Tag des Festjahres kam wohl den Delien gleich in
Absicht der Spenden. — Was die Wahl einer Hekte, also eines der
Artemis geweihten Kalendertages, angeht, so bemerke man, dafs unter
den Bewahrörtern der Schätze das Artemision eine hervorragende Rolle
spielt; die älteren Inventare des von Athen nicht mehr abhängigen Delos beginnen mit dem Artemision; in den jüngeren hat allerdings der
Apollonstempel den ersten Platz (Homolle im Bull. VI p. 60). Auch
kann man vielleicht sagen, dafs die Deliaden ihrem Lebensalter und
ihrem Geschlechte nach zunächst die Artemis angingen. — Die am
sechsten eingegangenen Kleinodien registrierte man gleich und fügte
den schon früher fertig gestellten Teilen des Inventars die neuen Eingänge noch im Galaxion hinzu, sorgte vermutlich auch für baldige Aufstellung der Inschrift, die gleichsam als Quittung den Empfang bestä-
tigte. So hängt denn der Abschlufs der Inventare im Monat Galaxion
mit der spendenreichen Hekte des Monats zusammen.

Der heortologische Komplex der Delien, Apollonien und Dionysien
entspricht dem Feste der städtischen Dionysien Athens, nur dafs das
ältere Element, der Apollonsdienst, auf Delos nicht in dem Mafse wie
in Athen (Heortol.· S. 59) verdunkelt ist. An dem Parallelfeste Athens
nun wurde auch dem Asklepios, dazu den Zwölfgöttern gedient. Auf
Grund der allgemeinen Verwandtschaft des delischen Hochfestes mit dem
attischen liefse sich denn viell. vermuten, dafs auch auf Delos, neben den
Letoiden und Dionysos, dem Gotte des achten Monatstages und den
Zwölfgöttern einige Bräuche im Galaxion gewidmet worden seien; dafs
es auf Delos einen Asklepiosdienst und ein Dodekatheon gab, steht aus
Inschriften fest, s. o. S. 326 f. Doch gebricht es für solche Vermutungen
an Anhalt; nur die attische Analogie haben sie für sich. — Aber in
Betreff der Formel καὶ πρόσοδον (εἶναι) πρὸς τὴν βουλὴν καὶ τὸν δῆμον
πρώτοις μετὰ τὰ ἱερά kann man wohl getrost der Analogie folgen. Die
Athener meinten damit die Tage des Elaphebolien, welche nach den
Dionysien folgten; s. Chron. S. 431. Die völlig gleichlautende Formel
delischer Inschriften wird ebenso zu verstehen, mithin auf den Galaxion
zu beziehen sein. — Aus Bull. VII p. 106 u. II l. 14 ἠλευθερώθη Ἄρτεμις
Εὐθύμου erhellt, dafs sich den delischen Dionysien Manumissionsverkün-

digungen anschlossen, ein Herkommen, welches, bis man es verbot, auch in Athen obwaltete, Äschin. 3 § 41 ff.; s. Hauvette a. O. p. 122.

Dafs dem Monat Artemision ein Fest seiner Namensgöttin geeignet habe, war zu vermuten. Jetzt bedarf es der Vermutungen nicht mehr, da das Artemisfest in der Urkunde Arch. Demares, siehe oben S. 332 Tabelle, direkt angegeben wird. L. 186 liest man [λαμπάδες] ῥυμοὶ εἰς τοὺς χοροὺς Ἀρτεμισίοις Βριτομαρτίοις Γ Ⱶ ʿ6 Drachmen für Fackeln und gewisse andere Erfordernisse der Chöre'. Diesem Feste könnte man geneigt sein die Haarweihe der delischen Jugend, von der Herodot IV 34 erzählt, zuzuweisen; sie geschah nämlich an einer Stätte innerhalb des Artemision, war also möglicherweise ein artemidischer Brauch. Weiteren Anhalt ergäbe die Analogie: da nämlich die Haarweihe den attischen Helenophorien sinnverwandt scheinen kann, also durch jene wie durch diese die Mädchen, welche heiraten wollten, den Zorn der Artemis versöhnten, so möchte man die delische Ceremonie dem Artemision zuweisen, weil das attische Parallelfest vermutlich am 16. des entsprechenden Monats (Munychion) stattfand. Aber die delische Haarweihe vollzog sich am Grabe jener Hyperboreerinnen, die der Eileithyia einen Entbindungsdank brachten, scheint also Nebenceremonie eines Eileithyienfestes zu sein. Die Helenophorien alsdann waren mysteriös, mithin doch ziemlich verschieden von der zwar wohl recht feierlichen, aber nicht geheimnisvollen Darbringung des abgeschnittenen Haars.

Thargelion. Die Urkunde Arch. Demares l. 186 (Bull. VI p. 23) hat Θαργηλιῶνος. Die Schreibung mit T, Ταργηλιών Bull. V p. 26, ist blofse Variante.

Die Hypothese früherer Forscher, dafs am siebenten Thargelion die Delien mit ihren penteterischen Wettspielen von Athenern und Nesioten glänzend begangen worden séien (Thuk. III 104), läfst sich dem neuen Material gegenüber nicht aufrecht erhalten; siehe oben S. 338. Immerhin bleibt von jener Hypothese einiges übrig, wonach um die angegebene Monatszeit eine bedeutende Festfeier statt hatte. Versuchen wir das was noch übrig bleibt, zu einer Art von Programm zu vereinigen: Name des Festes unbekannt. — Tharg. 6. Verpackte Gaben (Bernstein, siehe Baumeister zu Hymn. 104, oder erste Garben?) aus dem Hyperboreerlande ankommend, zuerst von Hyperoche und Laodike, zweien hyperboreischen Jungfrauen, im Geleite der fünf Perphereer dargebracht der Eileithyia wegen Letos glücklicher Niederkunft; Herod. IV 34 f. Haarweihe der delischen Jungfrauen und Jünglinge im Artemision am Grabe der Hyperoche und Laodike (mutmafslicher Zweck: die Gunst der Eileithyia zu erlangen; was die Jugend, welche sich ja nur indirekt an Eileithyia wandte, nicht gewufst zu haben braucht; sonst hätten wohl nicht· auch Jünglinge teilgenommen). Artemis geboren. — Tharg. 7. Apoll geboren. Kollekte der Weiber (vermutlich für Eileithyia, die der

Leto beigestanden) unter Absingung von Liedern des lykischen Poeten
Olen, in denen die schon vor Hyperoche und Laodike mit den Göttern
(mit Leto, die die Letoiden im Schofse trug) gekommenen hyperboreischen Jungfrauen Opis und Arge angerufen wurden (Herodot a. O. erzählt zuerst von den später gekommenen, weil er der Ordnung des
Festkalenders folgt). Opferasche gestreut auf Opis' und Arges Grab
beim Artemision. — Für das Letofest — denn unter diesem Namen
lassen sich die Bräuche wohl zusammenfassen, ergeben die neuen Funde
fast gar nichts. Es findet sich eine Stätte des Eileithyiendienstes,
das Eileithyiäon. Die spätesten Inventare nennen dies vermutlich sehr
alte Heiligtum nicht mehr unter den Schatzhäusern; eine Phiale, die
der Eileithyia gestiftet worden von einer reichen Dame, befand sich im
Tempel des Apoll; das Eileithyiäon mag überfüllt gewesen sein mit geringeren Frauengaben. — Kollekten (ἀγείρειν, Herod. a. O.) müssen
häufig auf Delos stattgefunden haben, wenn anders die ϑησαυροί der
Inschriften von Homolle richtig auf Opferstöcke gedeutet sind. Die ent-
nommenen Summen sind klein. Wie bei verschiedenen anderen Tem-
peln (Bull. VI p. 70), so wird es auch beim Eileithyiäon einen Opfer-
stock gegeben haben, und in diesen that man die Geldmünzen, welche
die Weiber beim Letofest gesammelt hatten. — Die mit Stroh um-
wickelten ἱερά aus dem Hyperboreerlande bleiben rätselhaft und es läfst
sich nicht entscheiden, ob es Erstlinge der Kornernte waren und die
Delier, um deren erhalten zu können, das Fest in den Monat der beginnenden Ernte (Thargelion) setzten, oder ob sie im Sinne des Mär-
chens von Leto, auf welche Züge aus dem Leben der Wachtel übertragen wurden, siehe Delph. S. 104, die Brütezeit der Wachtel (von
Ende Mai unseres Kalenders an, Jahresz. §. 262) im Auge hatten. —
Der Hauptgewinn, den die neuen Funde gebracht haben, liegt in der
Beseitigung der Hypothese, nach welcher die Feier des sechsten und
siebenten Thargelion 'Delia' biefs.

Im delischen Thargelion wurde auch ein Dioskurenfest mit gym-
nischem Agon begangen. Dies besagen die Worte der grofsen Urkunde
lin. 186 εἰς ἐπίχρασιν τοῖς Διοσκουρίοις Δ Γ Η Η 'zum Salben an den
Dioskurien 17 Dr.' Ἐπίχρασις von ἐπιχραίνω 'bestreiche'. 17 Dr. sind
der damalige Preis eines Metretes Öl, und auch in anderen Monaten
ist ein Metretes Öl gekauft worden. Die Rubrik ἐλαίου fehlt daher im
Thargelion nur nominell. Das ganze Quantum ward bei den Dioskurien
verbraucht, die Letofeier des sechsten und siebenten ist also mit einem
gymnischen Agon nicht verbunden gewesen, was jedoch nur, wenn die
penterischen Agonen von Ol. 88, 3 noch bestanden (?) und das Jahr
des Demares ein drittes der Olympiade ist (?), gegen die alte Hypothese
(Delien am siebenten Thargelion) benutzt werden kann. — Gegen Ende
Juni (fünftes Jahrhundert vor Chr.) kommen die Zwillinge am Himmel
nach einer Unsichtbarkeitszeit von zwölf (Gemin. α, Kastor) und neun-

zehn (Gemin. β, Pollux) Tagen, siehe Hartwig, Schweriner Progr. S. 18, morgens wieder zum Vorschein. Im Thargelion steht das morgendliche Wiedererscheinen bevor, so dafs die Tendenz des Festes vielleicht die war, die den Seefahrern günstigen Sterne wieder herbeizurufen. Die Dioskuren wurden auf Delos mit den samothrakischen Kabiren zusammengeworfen, siehe Reinach, Bull. VII p. 338, und diesen Dioskuren ist wohl das Hochfest der Dioskurien begangen worden (so dafs dasselbe möglicherweise zusammenhing mit der den Lemniern neues Feuer von Delos bringenden Theorie (G. A. § 65, 9); die lästigen Nordwinde (Etesien), vgl. Cornel. Nep. I 1, 5, wehen im Thargelion noch nicht). Die Identifikation hindert nicht, das Fest an die bevorstehenden Frühaufgänge der Kastoren zu knüpfen, denn auch die Kabiren scheinen ursprünglich Personifikationen des Seefahrtsgestirns gewesen zu sein; Diodor IV 43 (G. A. § 65, 7). — Die Frage, ob die attischen Anakeen den Dioskurien parallel, also im Thargelion gefeiert sind, siehe C Bötticher, Philologus XXII 3 S. 404, lasse ich bei Seite.

P a n e m o s (att. Skir.). Es wurden im Jahre des Demares 11 Metreten Pech gekauft, um das an den Altären und sonstigen Baulichkeiten verwendete Holzwerk zu bestreichen; vgl. Bull. VI p. 25 l. 202 und Ephem. Arch. (1883) S. 108 l. 13. Besonders genannt wird der Hörneraltar κερατών (vgl. Bull. VI p. 48 l. 172 τύπον ξύλινον κεραμίδων τῶν ἐπὶ τὸν κερατῶνα 'Holzmodell der für den Hörneraltar nötigen Schindeln'), welcher nämlich bald (im Hekatombäon) gebraucht wurde. Vorläufig aber mufste .der Anstrich erhärten und die Altäre etliche Tage hindurch unbenutzt bleiben. — Lin. 187 f. ergänzt Homolle: ξύλα ἐπὶ βωμούς, Πύ 188 [θιον, ἱερόποιον, τά(λαν τα)..τιμή..·ἄνθρακες......] Δ ⊪ · πίσσης κτλ. Aber da, nach l. 189 zu schliefsen, die Lücke 38 Buchstaben hatte, ist vielmehr zu setzen: Πύ[θιον, ἱερόποιον Δ Γ τιμή Δ Δ Η ⊪· ἐλαίου χό(ες) Δ τιμή] Δ ⊪ · πίσσης κτλ. Was fehlt ist also die Rubrik ἄνθρακες. Dies und die temporäre Aufsergebrauchstellung des Keraton und anderer Altäre könnte auf einen Opferstillstand und eine Zeit des Erkaltens aller Herde und Essen, ähnlich den neun feuerlosen Tagen auf Lemnos, zu deuten scheinen. Allein auf gewissen Altären mufs doch geopfert sein im Panemos, die Rubrik ξύλα ἐπὶ βωμοὺς Πύ[θιον κτλ] lehrt es. So bleibt denn das Fehlen der Rubrik ἄνθρακες rätselhaft.

Das Ausgabenverzeichnis Arch. Demares lehrt uns im H e k a t o m b ä o n ein Aphroditefest kennen. Es fiel also in die Zeit, wo die dieser Göttin geweihte Myrte blüht (Juni, Juli und Anfang August unseres Kalenders, siehe Jahresz. S. VII und 478). Aus Plutarch ergiebt sich, dafs Theseus von Kreta nach Delos gelangte und nach Aufstellung des Aphroditeschreins (᾿Αφροδίσιον) mit den befreiten Jünglingen einen künstlichen Tanz ausführte mit Wendungen und Verschlingungen, welche die Irrgänge des Labyrinths nachahmten, und dafs die Tanzenden sich um

den Keraton herumbewegten. Es ist also bei dem delischen Aphrodite-
feste der Keraton benutzt worden. Zu demselben Feste mögen die
Turnspiele gehört haben, auf welche ἐλαίου χό(ες) ⌐ | hindeutet; Theseus
nämlich stiftete auch einen Agon. (Die nebenher von Plutarch überlieferten Data, betreffend die Feier von Amathus und die Ankunft in
Athen, kann ich hier nicht erörtern.) — Es ist nun noch von Erklärungs-
versuchen des Wortes ῥυμός zu berichten, welches in dem Ausgaben-
verzeichnis Dinge bezeichnet, die, neben den Fackeln, für die Chöre
erforderlich waren; so schon l. 183 und 186; unter Panemos (l. 189)
heißt es: Ἀφροδισίων τῷ χορῷ λαμπάδες, ῥυμοὶ ⌐· χορεῖα △ᶜ für den
Chor des Aphrodite festes Fackeln, Trachten(?) fünf Dr.; Chorgaben
zehn Dr.'. Ῥυμός kommt inschriftlich vor in dem Sinne einer Gesamtheit von Sachen, z. B. von 63 Phialen, die im Schatzhaus bei einander-
stehen und so vereinigt an die Wage oder nach der Schmelze ge-
schafft werden. Böckh hat 'Abschnitt, Abteilung' verstanden. Homolle,
Bull. VI S. 90, stimmt bei, giebt aber der Böckhschen Erklärung
mehr Bestimmtheit. Ihm ist ῥυμός ein Repositorium (étagère, Bort),
dessen Fächer durch Bretter gebildet sind. Robert, Hermes XXI
S. 166, 1, vermutet lange Bänder, welche sämtliche Tänzer anfaßten;
ihm schwebte so etwas vor wie der albanesische Tüchertanz, den
Byron im Childe Harold beschrieben hat. Geht man aus von ῥυμός
= Wagendeichsel, Zugholz von dem die Stränge laufen, so erhält man
Stäbe, an welchen Gegenstände aufgehängt werden können, und eine
staffelartige Vereinigung solcher Tragstäbe würde etwas unseren Küchen-
börtern Ähnliches ergeben. Also eine zierliche Trage, um die Chorgaben (χορεῖα) anzuhängen und pomphaft darzubringen in der Art, wie
bei uns die silbernen Löffel, um welche die Bürger nach der Scheibe
schießen wollen, auf einem Brett vereinigt emporgehalten und aller
Welt zur Schau gebracht werden bei dem Umzuge durch die Stadt.
Wo, wie l. 183 und 186, zwar ῥυμοί, aber keine χορεῖα erwähnt sind,
da haben die Priester bloß die Tragvorrichtungen beschafft und
aus der Tempelkasse bezahlt und sind die Chorgaben von anderen
gespendet worden. (Die zuletzt vorgetragene Deutung ist im Grunde
nur eine Modifikation derjenigen, welche Böckh und Homolle gegeben
haben.)

Metageitnion. Der Thesmophorienfeier ging eine ceremoniöse
Reinigung, Bull. VI p. 24 l. 198: χοῖρος τὸ Θεσμοφόριον καθᾶραι ⊢⊢⊢ |||,
vorher, und die fand statt im Metageitnion (Homolle a. O. p. 80, vermutlich nach einer unedierten Urkunde). Der Metageitnion hat also das
nächste Anrecht für den Monat der delischen Thesmophorien zu gelten, die
mithin weit früher begangen worden sind als die attischen (Pyan). In dies
Jahreszwölftel fallen die höchsten Wärmestände (um den 9. und 10. August
unseres Kalenders) und diese bedingen Enthaltsamkeit, wie denn auch
die 14tägigen Fasten vor der κοίμησις τῆς Θεοτόκου in der Nähe des

heifsesten Tages beginnen (1./13. August) und vormals, ehe der alte
Kalender sich so sehr verschoben, den heifsesten Tag einschlossen. Auch
anderswo im alten Hellas ist Metageitnion Monat der thesmophorischen
νηστεία gewesen, Delph. S. 72, I. — Die Delier nun, so sehr sie sonst
darauf bedacht waren die Theoren mit Saitenklang und Reigen und
Kurzweil aller Art zu unterhalten, haben doch die ernsten Bräuche der
Demeter mit Sorgfalt und nicht unbedeutendem Kostenaufwande gefeiert. Der Staat gab einen Zuschufs; die Urkunde Arch. Demares Bull.
VI p. 20 l. 157 verzeichnet 50 Dr., die für die Thesmophorien eingingen von den Schatzmeistern. Die ganze Stelle l. 198—202 beschäftigt
sich mit den Beträgen, die die Thesmophorien erforderten; eins der
Opfertiere (τῇ Δήμητρι ὖς ἐγκύμων) kostete 32 Dr.; sie zu füttern gab
man 9 1/2 Dr. aus; die Priesterinnen der Demeter und die der Kore erhielten je 15 Dr., anderer teilweise unverständlicher (l. 200 ἐχ θύματος
Δ Γ ⋲ Homolle, vielleicht ἔχθυμα οἷς Δ Γ ⋲, s. Fränkel S. 22 zu
Böckh St. H.[3]) Pöste nicht zu gedenken. — In das Verzeichnis l. 180
—194 sind diese Ausgaben nicht eingetragen, s. o. S. 336.

Für die Festfeier der vier letzten Monate des Jahres geben uns
die bisher publizierten Urkunden fast gar keine Anleitung. Über ein
der delischen Trias im Posideon gebrachtes Opfer vergl. man was oben
S. 334 gesagt ist. — Allerdings gestattet das Ausgaben-Verzeichnis
einzelne Rückschlüsse; der starke Ölverbrauch im Apaturion und Posideon läfst bedeutende Agonen, der erstgenannte Monatsname auch das
Vorhandensein eines Apaturienfestes vermuten.

Vor 1877 war unser Material so klein, dafs eine Wiederherstellung des delischen Festkalenders kaum unternommen werden konnte,
jetzt können, wie aus Vorstehendem erhellt, Versuche in diesem Sinne
gemacht werden. Aber der über den merklichen Fortschritt empfunde-
nen Freude dürfte sich leicht ein Bedauern beimischen; wir lernen die
delischen Sakralaltertümer nur aus Urkunden kennen, die dem sinken-
den Griechentum angehören, einer Zeit des Eindringens fremder
Elemente, s. o. S. 327, die möglicherweise den alten Kultus von seiner Eigenart abbrachten, iedenfalls seinen Geltungsbereich einschränkten
und die frühere Harmonie der delischen Bräuche störten. Völlig gegenstandslos ist solches Bedauern nicht, doch erwäge man Folgendes. Die
syrischen Götter (Hague Aphrodite; Adad und Atargatis) kommen in
der Urkunde Arch. Demares (c. 180 vor Chr.) noch nicht vor, sie sind
erst nach 180 eingedrungen; s. Hauvette Bull. VI p. 475 f. Von dieser
Ausländerei ist also der umfangreichste und beste Teil unseres jetzigen
Materials völlig frei. — Die ägyptischen Kulte dagegen haben zur Zeit
des Demares schon zur Staatsreligion von Delos gehört, vergl. Bull. VI
p. 27 l. 236; p. 24 l. 196; C. I. A. II 2 p. 434 n. 985 D l. 11, und Weih-
inschriften wie Bull. VI p. 328 ff. n. 22 (Zeus Urios neben der ägyptischen Tetrade); n. 23 (Zeus Kynthios mit zwei ägyptischen Göttern);

n. 26 (Apoll neben drei ägyptischen Göttern, Stellvertreter des Harpokrates); p. 479 = Athen. IV S. 457 (Διονύσῳ καὶ Σαράπι οἱ συμβαλό
μενοι κατὰ πρόσταγμα τοῦ θεοῦ, welcher Singular auf den mit Dionysos
identifizierten Sarapis geht) scheinen ein Verschwinden der Unterschiede
von Ägyptertum und Hellenentum zu beweisen. Solche Vergesellschaftungen
und Gleichsetzungen gingen indes wohl aus persönlicher Ansicht, aus
subjektiver Dogmatik hervor, und wenn eine Ablenkung und Modifikation
stattfand, so wurden davon mehr die fremden Elemente als die einheimischen Götter betroffen; ebenso ward z. B. mit Isis Hygieia, siehe
oben S. 327, nicht etwa die griechische Hygieia ägyptisiert, sondern der
Grieche brachte sich die Isis näher, indem er sie ins Griechische übersetzte und verständlich sagte, was Isis für ihn sei. Eine Trübung der
heiteren anmutigen Bräuche des Hellenentums ist wenig wahrscheinlich;
der Hellene wollte geniefsen und sträubte sich im allgemeinen wohl
recht sehr die Kutte der Isisdiener (μελανοφόροι) anzuthun und einzutreten in die schwarze Brüderschaft (σίνοδος, Athen. II S. 134, Bull. VI
p. 479), die unter dem Gesetze der Entsagung (Bull. VI p. 350 n. 79
ἀπ' οἴνου μὴ προσιέναι (nämlich πρὸς ᾽Ισιν) μηδὲ ἐν ἀνθινοῖς (im Putz))
stand und mit einer dem grofsen Publikum unverständlichen Inbrunst die
Isis unter allen denkbaren Namen anrief und nebenher wohl ein Achselzucken hatte für die, welche ihre Götter mit goldenem Tand zu vergnügen meinten. Zu dieser tiefgehenden inneren Trennung kam, um
eine gegenseitige Beeinflussung zu erschweren, die äufsere hinzu, die
ägyptischen Gottheiten hatten ihre eigenen abgesonderten Tempel. An
dieser Thatsache haftet nicht der geringste Zweifel, obwohl es in der
schon erwähnten Widmung Bull. VI p. 331 n. 26 heifst: Σεράπει ᾽Ισει
᾽Ανούβει Ἀπόλλωνι θεοῖς συννάοις. Der, welcher die Worte eingraben
liefs, hat sich darin gefallen, dem Harpokrates, der sonst letzter der
ägyptischen Tetrade ist, den Namen Apoll zu geben, ihm war er das.
Übrigens steht n. 26 durchaus einzeln da; wäre Apoll wirklich Tempelgenofs (σύνναος) der Götter des Nillandes geworden, so würden auch
andere Widmungen davon Kunde geben. Im allgemeinen ist noch zu
bemerken, dafs wir nicht wissen, aus welcher Zeit diese Annäherungen
und Umtaufungen herrühren; alle vorhin angeführten Widmungen können
in die Zeit nach 180 vor Chr. gesetzt werden; die Urkunden Arch.
Amphikles (Bull. II p. 570 ff.) und Arch. Demares und die sonst publizierten Partien älterer Denkmäler enthalten nichts von solchem auf eine
subjektive Spielerei hinauskommenden Durcheinander hellenischer und
ägyptischer Götternamen. — Anders zu urteilen ist über die Zusammenwerfung der Dioskuren und Kabiren. Es beruhte dieselbe keineswegs
auf einer subjektiven Ansicht einzelner, wie jene selten vorkommenden
Identifikationen fremder und einheimischer Götter. Die Belege bestehen
nicht lediglich in Widmungen, die sich nach der Willensmeinung des
Widmenden so oder anders gestalten, und sind zahlreich. Wenn die

'grofsen' Götter von Samothrake ursprünglich semitisch sind (kabirun,
arabisches Adjektiv, bedeutet 'grofs') und die Delier sie aus dem Orient
erhielten, so mag durch die Identifikation der bisher in hellenischer
Weise verehrten Dioskuren Kastor und Pollux mit den semitischen
Göttern das alte Ceremoniell beeinflufst worden sein, so dafs eine De-
nationalisierung stattgefunden hätte. Allein der Kabirendienst der Delier konnte auch durch samothrakische Propaganda veranlafst werden,
und auf Samothrake und Lemnos waren die Kabiren vermutlich schon
etwas hellenisiert.

Weiterhin ist zu handeln von dem heiligen Eigentum und
der Verwaltung desselben durch die Hieropöen. Ich werde
dabei durchaus der trefflichen Arbeit Bull. VI p 1—169 folgen. Der
Verfasser derselben, Th. Homolle, stützt sich mitunter auf Urkunden,
die noch nicht publiziert sind, was er teils selbst bemerkt, teils dem
Leser zu bemerken überläfst; aber wir dürfen seiner Sachkunde und
Gewissenhaftigkeit völlig vertrauen. Ihm also folgend gebe ich nach-
stehende Skizze.

Die Hieropöen, ἱεροποιοί 'Opferer', hatten auf Delos den Kultus
zu besorgen, auch die Tempelkasse und was an Kleinodien, Vorräten
oder sonstigem Besitz vorhanden war, zu verwalten und zu bewahren.
Letztere Aufgabe tritt in den Jahren, aus denen unsere Inschriften herrühren, so sehr in den Vordergrund, dafs man die Hieropöen dieser
Zeit Finanz- und Schatzbeamte nennen kann; ihre Administration umfafste aufser der Tempelkasse (ἱερὰ κιβωτός) auch die ebenfalls im
Tempel befindliche Staatskasse (δημοσία κιβωτός). Es bestand das Hiero-
pöenamt aus vier jährlich gewählten Mitgliedern, doch scheinen sie ihre
Thätigkeit in der Regel zu zweien geübt zu haben (woraus nicht zu
folgern, dafs die Gesamtbehörde, vgl. Bull II p. 570 l. 11 und VI p. 45
l. 151, in Semesterbehörden zerfiel). Sie waren abhängig von der Volksgemeinde, deren Schreiber ihren Amtshandlungen auwohnte, um denselben Gültigkeit zu geben. Sehen wir ab von den Geschäften, welche
durch die Administration der Staatskasse herbeigeführt wurden, so bestand ihre Thätigkeit darin, dafs sie Land verpachteten und Häuser
vermieteten, Gefälle an den Meistbietenden abgaben, auch auszuführende
Arbeiten (Bauten) verdangen; ferner hatten sie die Schätze des Tempels zu hüten, endlich die Opfer und Bräuche zu besorgen oder besorgen
zu lassen. Die Übergabe des Eigentums an die folgende Jahresbehörde,
ein feierlicher Akt, fand regelmäfsig im Monat Galaxion statt, siehe
oben S. 336 f. — Das eingegangene Geld that man in Krüge (στάμνος
'irdenes Gefäfs') und ein jeder Geldkrug erhielt seine Aufschrift (ἐπι-
γραφή). Es ward in derselben angegeben, wie viel Geld sich in dem
Kruge befinde, unter welcher Jahresbehörde es eingegangen (meist ohne
Monatsangabe), durch welche Beamte es hinterlegt sei und dergl. mehr.
Die Aufschriften sind bald mehr bald minder ausführlich, nur das Wie-

viel fehlt niemals. Sie lehren uns die Geldquellen des Tempels kennen.
Von den Grundstücken gingen Mieten (ἐνοίκια) und Pachten (ἐνηρόσια)
ein; Pachtkontrakte (ἱεραὶ συγγραφαί), auf zehn, mitunter auf fünf Jahre
lautend, hatten alles mit peinlicher Genauigkeit und Behutsamkeit festgestellt. Ferner flossen Gefälle in die heilige Kasse, Weidegeld, Fähr-
geld, Hafenzoll und andere Schiffsabgaben; es ward etwas entrichtet für
das Fischen im heiligen Teich, ebenfalls für den Fang der Purpur-
schnecke. Auch waren Zinsen zu vereinnahmen; die Verträge über aus-
geliehènes Kapital, geschlossen mit einzelnen oder mit Staaten, befanden
sich in den Händen der beiden Teile und noch eines Dritten, eines
Bankiers; man lieh zu zehn Prozent auf fünf Jahre, nach deren Ablauf
das Kapital zurückgezahlt werden mußte; der Gläubiger sicherte sich
durch Hypothek. Hinzukamen dann noch allerlei kleine Aufkünfte,
Erlös aus Guano — der Tempel hielt Tauben, Lebègue p. 227, vgl.
Delph. S. 57, 3 — Beträge aus den Opferstöcken, s o. S. 341, und
dergl. mehr. — Die Hieropöen scheinen sich gewisser Mittelspersonen
bedient zu haben, aus deren Kassen das Geld, in der Regel im Monat
Posideon, an die Hauptkasse abgeführt wurde; auf solche Vermittler bezieht Homolle Ausdrücke wie ἀπὸ τῆς Ἕλληνος καὶ Μαντινέως 'aus der
Kasse der Hebungsbeamten Hellen und Mantineus', also ἀπὸ τῆς scil.
κιβωτοῦ. — Außerdem gingen Gelder vom Staate ein durch Staats-
beamte (Schatzmeister, ταμίαι), Rückzahlungen geliehener Summen, Zuschüsse für Zwecke des Kultus (Chöre und Schauspieler zu bezahlen,
die Thesmophorienfeier zu bestreiten). — Endlich sind regelmäßige
Eingänge von auswärts verzeichnet, z. B. 6000 Dr. von Tenos (Näheres
fehlt). — Ausgaben hatte man zu machen für Erfordernisse des
Gottesdienstes, s. o. S. 332 ff. Ferner waren deren zu machen für
Bauten; die Baukontrakte wurden mit derselben minutiösen Sorgfalt
formuliert wie die Pachtkontrakte, siehe vorhin. Einige Kosten verur-
sachte auch die Herstellung der Urkunde, indem für 300 Buchstaben
eine Drachme gezahlt ward; so kam die Urkunde Arch. Demares auf
200 Dr. Dann Gehälter verschiedenen Betrages; man hatte sechs Neo-
koren 'Küster', darunter drei beim Tempel des Apoll angestellte, auch
andere Beamte zu salarieren. — Von den der Tempelkasse zufallenden
Ausgaben der Hieropöen haben wir diejenigen zu scheiden, welche sie
aus der ihnen ebenfalls anvertrauten Staatskasse auf Befehl des Volkes
machten. — Die Inschriftensteine pflegen auf der einen Seite die Kassen-
rechnung zu enthalten, auf der andern Seite das Verzeichnis der Tempel-
schätze, das Inventar eigentlichen Sinnes. Auf letzteren Gegenstand
haben wir nunmehr einzugehen.

Den Hieropöen lag es ob, nicht bloß sich von dem Nochvorhanden-
sein der Inventarstücke im allgemeinen zu überzeugen, sondern es
mußten die einzelnen Stücke geprüft, insonderheit gewogen werden. Um
das Gewicht festzustellen, schaffte man die 'kleinere' Wage herbei aus

der Marktmeisterei (ἀγορανόμιον), wo dieselbe ihren Stand hatte. Beim
Wägen ergaben sich manchmal Unterschiede von den Gewichtsangaben
früherer Hieropöen. Einer der goldenen Kränze, welche Lysander gestiftet hatte, wog im Verlaufe immer weniger, zuerst 69 Drachmen, dann
68, danach 67, endlich nur 63¦¹/₂; Bull. VI p. 138. — Als Gebäude, in
denen ·man Kleinodien bewahrte, kommen in allen Urkunden vor: der
Apollonstempel, das Artemision und der Siebenbildertempel, in den
älteren auch die Erzkammer (χαλκοθήκη) und das Eileithyiäon. Letztere
Örtlichkeiten werden in den jüngeren ersetzt durch das Tuffsteinhaus
(πώρινος οἶκος) und das ursprünglich als Speicher für gewisse Vorräte
dienende Haus der Andrier. Nebenher nennen die Urkunden hin und
wieder das Aphrodision, das Neokorion, die Insel der Hekate u. a. m.
Wahrscheinlich befanden sich die meisten dieser Örtlichkeiten innerhalb des
apollinischen Bezirks. — Zur Unterscheidung der Inventarstücke wurden,
wie in Athen, auch Buchstaben angewendet, deren jeder einer Gruppe zu-
kam und je nachdem die Gruppe sich mehrte, wiederholt wurde; man
setzte also A AA AAA und so ferner, bis zu neunmaliger Wiederholung.
— Die Inventare folgen in der Verzeichnung den Örtern wo die Sachen
standen. Im Inventar Arch. Hypsokles haben₄ wir fünf Kapitel, weil
der Stätten, die die Kleinodien aufnahmen, fünf waren. Ein jedes dieser
örtlich begründeten Kapitel folgt wiederum den Abteilungen des Ge-
bäudes (Vorhalle, Schiff; rechte Seite, linke Seite). Die Aufstellung der
einzelnen Stücke war vermutlich besonders nach symmetrischen und de-
korativen Gesichtspunkten gemacht wie in unseren Museen; andere
Momente (Vorhandensein von Platz, Brechlichkeit oder Schadhaftigkeit
dieses oder jenes Kleinods) konnten nur nebenher von Einfluß sein, und
das gilt auch von den Zeiten des Eingangs Was das Jahr über hinzugekommen war, erscheint allerdings abgesondert, es wird am Schluß
des Inventars zusammen aufgeführt, und auch gewisse andere Partien
verraten eine Folge nach der Zeit des Eingehens, so sind die aus verschiedenen Archontaten herrührenden Inventarstücke Bull. VI p. 36 ff.
l. 70—88 (Arch. Demares) ziemlich kontinuierlich nach den Magistrats-
fasten aneinander gereiht. Immerhin ist das Anno da der Tempel in
den Besitz der einzelnen Weihgaben kam, als ein nebensächliches Moment für die Placierung und die dieser folgende Anordnung des Ver-
zeichnisses anzusehen.

Unter den Wertsachen befand sich besonders viel gottesdienstliches
Geräte aus edlem Metall. In dem Apollonstempel zählen wir 1600 Phia-
len; sie sind durchweg von Silber, einige auch mit goldenen Ornamenten;.
ganz goldene Phialen kommen vor Bull. VI p. 32 l. 30, Geschenke der
Königin·Stratonike. Von Bechern gab es, zur Zeit des Arch. Hypsokles
(Anfang des dritten Jahrhunderts vor Chr.) wenigstens, im Artemision 266.
Zu dieser Gattung gehören auch viele andere Trinkgefäße, z. B. die
aus Semos bei Athen. XI 409 C bekannte und in mehreren Inventaren

erwähnte ἡδυπότις, Geschenk der Echenike. Unter den Mischgefäfsen
ist ein im Inventar Arch. Hypsokles verzeichnetes erwähnenswert; es
hatte das bedeutende Gewicht von 9512 Dr. und war von Silber; die
beiden von Stratonike geschenkten waren ebenfalls silbern, die Chal-
kothek indes enthielt auch bronzene. Der Hausrat der delischen Götter
bot dann noch vieles dar, dessen man bei Prozessionen, für Spenden
und andere Ceremonien bedurfte: Körbchen (κανᾶ), Weinkannen,
Büchsen (für Weihrauch), Räucherfäfschen, bronzene Kessel und
Becken, Dreifüfse aus verschiedenem Stoff (auch silberne), Opferherde,
Lampen u. dgl.

Gebrauchsgegenstände, die den Kultus nur indirekt oder gar nicht
angehen, treffen wir wenig an in den Inventaren: Palästrengerät, He-
roldsstäbe, einen Ambos. Trophäen pflegte man in dem friedlichen
Delos nicht aufzustellen, Waffen aber werden mehrfach erwähnt.

Bildwerke kommen vor, sind aber selten näher bezeichnet. Es
gab unter den auf Delos bewahrten Schätzen geschnittene Steine, siehe
hernach, gegossene oder getriebene Metallarbeiten, doch erfahren wir
nur ausnahmsweise, dafs hier Apoll, dort Eros oder sonst eine Gottheit
dargestellt gewesen sei. Menschenartige Statuetten finden sich wenig;
es scheint, dafs man die Standbilder überhaupt nicht ins Inventar setzte,
wie denn die grofse Statue des Apoll, dessen Linke die Chariten emporhielt, nur genannt wird, um der abgefallenen Trümmer zu gedenken.
Viel häufiger sind Tierbilder.

Schmucksachen wurden viel in die Tempel gestiftet. Besonders
wertvoll waren die goldenen Kränze, deren der Tempel des Apoll etwa 50,
der der Artemis etwa 20, der Siebenbildertempel 24 enthielt. Mitunter
ist die Rede von Mitwägung des Wachses oder Harzes und des Fadens,
was Homolle dahin deutet, dafs man den hohlen Zweig, an dem die
Blätter safsen, mit Wachs oder Harz ausgofs und die Blätter mit Fäden
verband. Als Zieraten des Apollonsbildes sind verzeichnet zwei goldene
Kränze und ein goldener Fingerring. Einen der Kränze, dessen Mitte
ein Karneol schmückte, hatte die mehrerwähnte Gemahlin Seleukos Ni-
kators geschenkt. Der Ring zeigte ebenfalls einen Karneol und auf
diesem ein Bild der Nike; Stratonike, die Spenderin auch dieses Kleinods,
hatte ihre und ihres Gemahls Namensgöttin eingravieren lassen. Die
Widmung lautete Ἀπόλλωνι Ἀρτέμιδι; aber der den Ring trug, war Apoll
(Bull. VI p. 29 l. 5; p. 119 Note 6). Ihre Freigebigkeit erstreckte sich
auch auf die Nebengottheiten des Apoll. Für die drei auf Apolls Hand-
fläche schwebenden Chariten hatte sie ebenso viele Goldkränzchen (στε-
φάνια χρυσᾶ) gesendet. Noch reichere Gaben empfing die Mutter des
delischen Gottes, Leto, der sich Stratonike, selbst Mutter eines Gottes
(Antioches II. Theos), besonders nahe fühlen mochte; erstlich einen
Fingerring, in dessen Stein (Karneol) das Bild des delischen Gottes
eingeschnitten war; dann ein Halsgeschmeide aus Gold und Edelstein,

welches sehr künstlich gearbeitet war; es bestand aus 48 Schildchen und einem halbierten Schildchen zum Zusammenhaken im Nacken der Trägerin; vorn, auf der Brust der Trägerin, hingen von dem Mittelschildchen noch zwei dergleichen herab; die übrigen 47 ganzen Schildchen, welche eine Reihe bildeten, waren ein jedes mit drei Pendeloquen, alle zusammen also mit 141, behängt. Siehe Homolle, Bull. VI p. 124.

— Das Artemision enthielt besonders Putz und Luxusgegenstände der weiblichen Toilette. Unter den Halsbändern ist auch das der mythischen Eriphyle, welches sich nach Pausanias IX 41, 2 vielmehr in Amathus befand. Aufserdem kommen vor: Bein- und Armringe, Nadeln, Kämme, Salbkästchen, Fliegenwedel u. a. —

Die Inventare registrieren auch Münzen verschiedenen Stoffes und Herkunftsortes.

Einen hohen Geldwert stellten die χύματα dar, Gold- und Silberbarren, herrührend von Weihgaben, die man, weil sie schadhaft geworden, in die Schmelze schickte, ein Verfahren, welches auch heutzutage in reichen Kirchen Griechenlands herkömmlich sein soll.

Endlich finden sich Vorräte erwähnt von Hölzern, Elfenbein, Zinn und anderen geringeren Metallen, Ziegeln und dergl. Sie dienten für Bauten und Reparaturen.

Wie die delischen Tempel, als Kunstmuseen betrachtet, sehenswürdig waren, so boten sie auch dem Historiker einigen Reiz, weil sich an verschiedene Weihgeschenke alte und denkwürdige Erinnerungen knüpften. Eine Vergleichung der Schatzurkunden aus amphiktyonischer Zeit mit den delischen Inventaren des dritten und zweiten Jahrhunderts lehrt, dafs die Weihgeschenke von damals noch im zweiten Jahrhundert auf Delos bewahrt wurden. Die grofse Inschrift (um 180 vor Chr.) registriert Weihgeschenke von Nikias, Lysander, Pharax. Der von Nikias gestiftete Kranz, s. o. Seite 328, kommt auch in den Fragmenten amphiktyonischer Zeit vor, C. I. A. II n. 818 l. 7 f. (und n. 824 l. 10 ff.). Mit l. 7 f. der grofsen Inschrift (Bull. VI p. 30) στέφανος χρυσοῦς δρυὸς Λυσάνδρου ἀνάθεμα ὁλ(κὴ) ⊢ ⟨P⟩ △ ⊢ ⊢ ⊢ ||| stimmt nicht völlig das 100 Jahre ältere Inventar Arch. Hypsokles (a. O. p. 153), welches drei von dem 'Lakedämonier' Lysander gestiftete Kränze nennt, einen aus Weinlaub 69 Dr., einen zweiten aus Lorbeer 27 Dr., einen dritten aus Myrten 68 Dr. σὺν τῷ ῥόδῳ wiegend; s. o. S. 349. Dafs aber der VI p. 30 genannte Kranz mit dem ersten oder dritten des älteren Inventars identisch sei, ist nicht zu bezweifeln. Das ältere Inventar verzeichnet auch den Kranz des Pharax und nennt den Geber einen Lakedämonier. Aus noch früherer Zeit datiert die im selbigen Inventar verzeichnete Gabe des Datis, eine goldene Kette, 36 Dr. wiegend; Datis kann nur der persische Admiral sein, der die Flotte des Grofskönigs führte und dem Apoll auf einem der delischen Altäre 300 Talente Weihrauch verbrennen liefs. Auch sonst finden sich manche historisch bekannte Namen. Übrigens sind die Geber aus aller Herren Ländern, auch Römer, sogar Semiten (vgl. Dittenberger, Syll. p. 509, 11). Mag man die delischen Hieropöen, da sie offenbar von all und jedem nahmen, für schlechte Patrioten erklären (und allerdings verstanden sie wohl die kleinere' Wage besser zu handhaben als diejenige, auf welcher man Gesinnungen wägt), so viel mufs man ihnen lassen: ihrer Amtspflicht sind sie nachgekommen, sie haben Jahrhunderte lang die Schätze ihres Gottes treulich behütet und bewahrt.

Register.

I. Verzeichniss der besprochenen Schriften.

23*

Weise, P., de Bacchidum Plautinae retractatione II 78
Weise, R., vindiciae Juvenalianae II 211
Weissenhorn, J. B., parataxis Plautina II 54
Werner, J., zu Soph. Antigone I 260
Werther, Th, de Persio Horatii imitatore II 194
Westerburg, E., Petron u. Lucan II 196
Westphal. R, griech. Rhythmik III 56
— Aristoxenus' Melik III 56
— die Musik des griech Alterthums III 56
— zum Saturnier III 118
Wetzel, J., quaestiones de trilogia Aeschylea III 102
Whitelaw, R., notes on Sophocles I 251
Wiedenhofer, Fr, Antiphontis esse orationem primam I 22
Wilamowitz-Möllendorff, U. v., Isyllos von Epidauros III 159
— ein altattisches Epigramm I 75
Wille, G, de Persarum fabula I 226
Wilms, A., Geschichte des Sklavenkrieges III 243
Winter, F., Plauti fabularum deperditarum fragmenta II 126. 136
Wissowa, G, Pseudolysias' ἐπιτάφιος I 30
Wölfflin, E., die Epoden des Archilochos I 66. III 84
— zu den lat Kausalpartikeln II 50

Woltjer, J., serta romana II 153
Wortmann, E. F., de comparatonibus Plautinis II 43
Wotke, K, über alte Formen bei Vergil III 33
Wunder, H, Ecce, VII. III 173
W., la metrique de Phèdre III 154
Wagner, R., de infinitivo apud oratores atticos I 12
Wakernagel, J., οὕνεχα I 214
Walser, J., zur Caesura κατὰ τμινον τροχαῖον. — Caesura post quartum trochaeum III 149
Wangrin, L, quaestiones de scholiorum Demosthenicorum fontibus I 89
Warren, M., on Latin glossaries III 27
Zacher, K, der Becher des Ziegenhirten bei Theokrit I 77
Zalla, storia di Roma III 211
Zambaldi, F., metrica greca e latina III 65
Zarncke, E, Parallelen zur Entführungsgeschichte im Miles gloriosus II 102
Zernecke, A., de choro Sophocleo I 220
Zielinski, Th., Gliederung der altattischen Kömödie III 109
— Stil in der attischen Kömödie III 169
Zimmermann, A., Partikel quom II 62
Zwanziger, H., der Kattenkrieg des Kaisers Domitian III 277
Zycha, J., 16. u. 20. Rede des Isokrates I 40
— zum Gebrauch von περί I 194

II. Verzeichniss der behandelten Stellen.

a. Griechische Autoren.

(Die nicht näher bezeichneten Stellen sind aus der ersten Abtheilung.)

Acta apostolorum III 285.
Aeschines 172.
Aeschylus 206. 214. 97. - Agam. 92 229. 826. 360. 694 711. III 79. 108. —
Choeph. 230. 1003 258. 1049 III 78 —
— Danaid. 232. — Eum. 230. 92 102. 781. III 103. 803. 860 ff III 103. — Hiketides 227. 232. — Persae 226 258. 55 III 105. 71 78 III 77. 157 III 114. —
Prom. 223. 150 258. 412. 503 III 77 —
Septem 225. III 99. 103. 355 III 103 f. 369 ff. III 112. 488 547 III 78. — Suppl. III 101. 108. 1054 III 108 — scholia 133 f.
Agathias III 93.
Alcman 67.

Ammonius, Eranius 143
Anacreontea 73.
Andocides 2. 23.
Anthologia graeca 84. III 96. IV 411 118.
Antiochus Ascalonita II 276.
Antipater Sidonius III 94.
Antiphon 2. 14. 87.
Aphthonius 95. III 62.
Apollonius Dyscolus 117 ff.
Apsines 103.
Arcadius 141
Archilochus 65. III 84
Aristarchus III 79.
Aristides Quintilianus 90 91. 93. III 61.
— Götterreden 101. — Ἀπελλᾶ γενεθ. 101. — πρὸς Πλάτωνα 100.

b) Lateinische Autoren.

(Die nicht bezeichneten Stellen sind aus der zweiten Abtheilung.)

Druck von C. Feicht in Berlin.

JAHRESBERICHT

über

die Fortschritte der classischen

lterthumswissenschaf

begründet

von

Conrad Bursian,

herausgegeben

von

Iwan Müller,

ord. öffentl. Prof. der classischen Philologie an der Universität Erlangen.

———

Neunundvierzigster Band.

Bibliotheca philologica classica 1887.

Anzeigeblatt.

BERLIN 1888.

VERLAG VON S. CALVARY & CO.

W. Unter den Linden 17.

BIBLIOTHECA PHILOLOGICA CLASSICA.

Verzeichniss

der

auf dem Gebiete der classischen Alterthumswissenschaf

erschienenen

Bücher, Zeitschriften, Dissertationen, Programm-Abhandlungen, Aufsätze in Zeitschriften und Recensionen.

Beiblatt zum Jahresbericht über die Fortschritte der classischen
Alterthumswissenschaft.

Vierzehnter Jahrgang.
1887.

Erstes Quartal.

BERLIN 1887.

VERLAG VON S. CALVARY & Co.

W. Unter den Linden 17.

Subscriptionspreis für den Jahrgang von 4 Heften 6 Mark.

INHALT.

BIBLIOTHECA PHILOLOGICA CLASSICA.

Verzeichniss der auf dem Gebiete der classischen Alterthums-Wissenschaft erschienenen Bücher, Zeitschriften, Dissertationen, Programm-Abhandlungen, Aufsätze in Zeitschriften und Recensionen.

1887. Januar — März.

I. Zur Geschichte und Encyclopaedie der classischen Alterthums-Wissenschaft.

1. Zeitschriften.

Academy, the. A weekly review of literature, science and arts. 1887. (New series N. 765 - 816). London, Academy. 15 M.

Afrique française et les antiquités françaises. Revue de géographie et d'archéologie, publiée par J. Poinsot. 5. année. Paraissant tous les 2 mois. Paris, Leroux. 12 M.

Alemannia Zeitschrift für Sprache, Litteratur u. Volkskunde des Elsasses, Oberrheins u. Schwabens, herausg. v. A. Birlinger. 14. Jahrg. 3 Hefte. Bonn, Marcus. 6 M.

Almanach administratif, historique et statistique de l'Yonne. Année 1887, Auxerre, Gallot. 1 M 50 Pf.

— historique de Reims et des contrées voisines pour l'année 1887, par le bibliophile Remigius. Reims, Deligne.

Almanack for 1887. London, Whitaker. 12. hlf.-bd. 2 M. 40 Pf.

Anglia. Zeitschrift für engl. Philologie. Herausg. v. R. P. Wülcker. Mit einem kritischen Anzeiger, herausg. von M. Trautmann. 10. Bd 4 Hefte. Halle, Niemeyer. 20 M.

Annales de l'Est. Revue trimestrielle, publiée sous la direction de la Faculté des lettres de Nancy. Première année, 1887. Nancy, Berger-Levrault. 8. 12 M.

— de philosophie chrétienne, recueil périodique destiné à faire connaître tout ce que les sciences humaines renferment de preuves et de découvertes en faveur du Christianisme. Dir.: X. Roux. 55. année. Paris, Rue de Babylone 39. 20 M.

Annuaire administratif et historique du département de l'Orne, pour l'année 1887. Alençon, Marchand-Saillant. 3 M.

— administratif, statistique, historique et commercial du département du Gers pour l'année 1887. (71. année.) Auch, Cocharaux. 2 M. 50 Pf.

— historique du dép. de l'Yonne. 1887. Auxerre, Rouillé. 2 M. 25 Pf.

— administratif, historique et statistique du dép. de Vaucluse. Année 1887. Avignon, Chassing. 2 M.

— commercial et historique de Bar-le-Duc et du dép. de Meuse, par Bonnabelle. 25 année. (1887.) Bar-le-Duc, Contant-Laguerre. 3 M.

— du Doubs, de la Franche-Comté et du territoire de Belfort pour 1887, par P. Laurens et J. Gauthier. (73. année.) Besançon, Jacquin.

— officiel de l'instruction publique en Belgique. Année 1887. Bruxelles, Guyot frères.

Annuaire du dép. des Basses-Alpes pour l'année 1887. 55. année. Digne, Barbaroux.

— de l'instruction publique dans les Vosges pour 1887, par Th. Merlin. 26. année. Epinal, V. Durand.

— administratif, commercial et historique de la ville de Mans et du dép. de la Sarthe. VI. 1886—1887. Le Mans, Lebrault.

— administratif, statistique, historique et commercial du département de la Lozère 1887. (55. année) Mende, imp. Ignon.   1 M.

— administratif, statistique et historique des Landes pour 1887, par H. Tartière. Mont-de-Marsan, imp. Leclerq.   1 M. 25 Pf.

— administratif, statistique, historique et commercial de Meurthe-et-Moselle, par Lepage et Grosjean. 1887. 65. année. Nancy, Grosjean. 2 M. 75 Pf.

— historique, statistique, commercial et industriel du département des Deux-Sèvres pour l'année 1887. Niort, imp. Favre.   3 M.

— de l'instruction publique et des beaux-arts pour année 1887, publié par Delalain frères. 2 vols. Paris, Delalain frères.

— du département du Finistère pour l'année 1887, publié sur documents officiels. Quimper, Saoueu.   2 M.

— nouvel, des Hautes-Pyrénées, historique, administratif, judiciaire et commercial. 1887. Tarbes, Lescamela.   2 M.

— nouvel, de la Haute-Garonne, historique, administratif, judiciaire et commerciai, publié par Privat et Rives. 1887. Toulouse, Privat. 2 M. 50 Pf.

— almanach historique, administratif et commercial d'Indre-et-Loire. 1887. 13. année. Tours, impr. Ribaudeau et Chevallier.   2 M.

— statistique, historique et administratif du département du Morbihan, par A. Lallemand. 1887. 34. année. Vannes, imp. Galles.   1 M. 25 Pf.

— du département de Seine-et-Oise pour 1887. Versailles, Cerf.   5 M.

Annuario della provincia di Piacenza pel 1887. Piacenza, tip. Tedeschi.

Antiqua. Unterhaltungsblatt für Freunde der Alterthumskunde. Herausg. v. R. Forrer. Hottingen bei Zürich. (Dresden, v. Zahn.) Fünfter Jahrg. 1886/87. 12 Nummern.   6 M. 50 Pf.

Anzeiger, philologischer. Als Ergänzung des Philologus herausgegeben von E. v. Leutsch. 17. Bd. 12 Hefte. Göttingen, Dieterich.   15 M.

— bibliographischer, für romanische Sprachen u. Literaturen, herausg. von E. Ebering. 5. Bd 1887. Leipzig, Twietmeyer.   Halbjährlich: 6 M.

— für schweizerische Alterthumskunde. — Indicateur d'antiquités suisses. Red.: J. R. Rahn. 20. Jahrg. 1887. 4 Nrn. (à 1—2 B. mit Holzschnitten, Steintaf. u. Beilagen.) Zürich, Herzog.   2 M. 80 Pf.

'Απόλλων, μηνιαῖον περιοδικὸν σύγγραμμα τῇ εὐγενεῖ συμπράξει τῶν παρ' ἡμῖν λογίων ὑπὸ Δ. Κ. Σαχελλαροπούλου. 'Εν Πειραιεῖ. VII (1887). 6 M.

Archiv für Litteratur u. Kirchengeschichte des Mittelalters. Herausg. von P. H. Denifle O. P. u. F. Ehrle S. J. 3. Bd. 4 Hefte. Berlin, Weidmann. gr. 8.   20 M.; einzeln 6 M.

— für das Studium der neueren Sprachen und Literaturen. Herausg. von L. Herrig. 77. u. 78. Bd. à 4 Hefte. Braunschweig, Westermann. à Bd. 6 M.

— neues, für sächsische Geschichte u. Alterthumskunde. Herausg. von Hub. Ermisch. 8. Bd. (1887.) 4 Hefte. Dresden, Baensch.   6 M.

— für lateinische Lexikographie u. Grammatik mit Einschluss des älteren Mittellateins. Als Vorarbeit zu einem Thesaurus linguae latinae mit Unterstutzung der k. bayr. Akad. d. Wiss. herausg. v. E. Wölfflin. 4. Jahrg. (4 Hefte.) 1. Heft. (168 S.) Leipzig, Teubner.   12 M.

— für Literaturgeschichte. Herausg. v. F. Schnorr v. Carolsfeld. 15. Bd. 4 Hefte. Leipzig, Teubner.   14 M.

Archiv, pädagogisches. Centralorgan für Erziehung u. Unterricht in Gymnasien, Realschulen etc. Begründet v. W. Langbein Herausg. v. Krumme. 29. Jahrg. 1887. 10 Hefte (à 5 B.) Stettin, Herrcke & Lebeling. 16 M.

Archives historiques du dép. de la Gironde. T. 24. Bordeaux, Lefebvre.

— historiques du Poitou. T. XVI. Poitiers, Oudin.

Archivio storico per le Marche e l'Umbria, fondato da M. Santoni, O. Mazzatinti e M. F. Pulignani. Anno IV. Foligno, tip. Sgariglia. Fascicoli trimestrali. 10 M.

— giuridico, diretto da F. Serafini. Vol. XXXV. Pisa, Nistri. 8.

— storico, archeologico e letterario della città e provincia di Roma. Diretto da F. Gori. Anno XIII. vol. IX. Roma. 8. 10 M.

— storico per Trieste, l'Istria ed il Trentino, diretto da C. Morpurgo ed A. Zanetti. Anno V (4 fasc.) Roma, via del Covalo, n. 12. 8 M.

— glottologico italiano, diretto da G. J. Ascoli. Vol. XI. Turin, Löscher.

— storico veneto, diretto da R. Fulin. Vol. 29. Venezia, Visentini. 20 M.

— storico veronese. Repertorio mensile di studi e documenti di storia patria, diretto da O. Perini. Anno VIII Verona, Münster. 18 M.

Archivo. Revista literaria semanal bajo la Direccion del Dr. D. Roque Chabas, presbitero. Denia. 8 M.

Arkiv for nordisk Filologi. Udgivet under Medvirkning af S. Bugge, R. Linder, A Noreen, L. F. A. Wimmer, T. Wisén ved G. Storm. 5. Band. Christiania, Cappelen. 6 M.

Ateneo veneto, rivista mensile di scienze, lettere ed arti, dir. da De Kiriak i e De Lucchi. Venezia, tip. Fontana. 20 M.

Ausland, das. Wochenschrift für Länder- u. Völkerkunde. 60. Jahrg. 1887. 52 Nrn. Stuttgart, Cotta. 28 M.

Beiträge zur Kunde der indogermanischen Sprachen. Herausg. v. A. Bezzenberger. 12. Bd. 4 Hefte. Göttingen, Vandenhoeck. 10 M.

Bibliofilo, giornale dell'arte antica in istampe e scritture, colla relativa giurisprudenza, diretto da C. Lozzi. 12 Nrn. Bologna, Società tipografica. 6 M.

Blätter, rheinische, für Erziehung u. Unterricht. Organ für die Gesammtinteressen des Erziehungswesens. Im Jahre 1827 begründet von A. Diesterweg, 1866—1884 herausg. von W. Lange, fortgeführt von R. Köhler. 61. Jahrg. 1887. 6 Hefte Frankfurt a/M, Diesterweg. 8 M.

— für höheres Schulwesen. Herausg. von Fr. Aly. 4. Jahrg. 1887. 12 Nrn. (2 B. hoch-4.) Grünberg, Weiss' Nachf. 6 M.

— für literarische Unterhaltung. Herausg. von R. v. Gottschall. Jahrgang 1887. 52 Nrn. Leipzig, Brockhaus. 4. 30 M.

— für das bayerische Gymnasialschulwesen, red. von A. Römer. 23. Bd. 10 Hefte. München, Lindauer. 6 M.

Boletin histórico publicado por D. José Villa-Amil y Castro, D. Eduardo de Hinojosa, D. Angel Allendo Salazar y D. Marcellino Gesta y Heceta. Anno 1887. Madrid, Murillo. 4. 22 M.

Bulletin historique et monumental de l'Anjou. 1887. Angers, imp. Burdin.

— historique et archéologique de Vaucluse. 9. année. Avignon, Seguin. 12 M.

— littéraire et scientifique suisse. Revue mensuelle. Rédacteur: A. Henseler. XI. année. 1887. Fribourg, au bureau. 4. avec planches. 8 M.

— de sciences mathématiques et astronomiques, rédigé par MM. Darboux, Houel et Tannery. Mensuel. 2. série. 1887, vol. XIV et XV. Paris, Gauthier-Villars. 24 M.

— critique. Recueil bimensuel. Sous la direction de MM. Duchesne, Ingold, Thédenat. Red.: E. Beurlier. VIII. année, 1887. Paris, Thorin. 10 M.

Bulletin monumental (bimensuel) publié sous les auspices de la Société française d'archéologie pour la conservation des monuments historiques. Dir.: le comte de Marsy. Vol. LIII, 1887. (6. sér. vol III.) Paris, Champion 15 M.

— épigraphique. Fondé par Florian Vallentin, continué par Ludovic Vallentin et R Mowat. Sixième année (1887). Parait tous les deux mois. Vienne, Savigné. (Paris, Champion.) 15 M.

Bulletino archeologico Sardo. Dir.: E. Pais. IV. 1887. Cagliari.

— di paleoetnologia italiana, diretto da Chierici, Pigorini e Strobel. Anno XIII. Parma. 6 M.

— di archeologia cristiana edito da G. B. de Rossi. 4. Serie. Anno V (1887). Trimestrale. Roma, Salviucci. 4. Mit Kupfern. 11 M. 50 Pf.

Buonarotti, il, continuato per cura di E Narducci. Roma. jährl.: 12 M.

Centralblatt für die gesammte Unterrichtsverwaltung in Preussen. Herausg. im Ministerium der Unterrichtsangelegenheiten. 12 Hefte. Berlin, Hertz. 7 M.

— literarisches, für Deutschland. Herausg. u Red.: Fr. Zarncke. 1887. 52 Nrn. Leipzig, Avenarius. 4. 30 M.

— österreichisches literarisches. Unter Leitung von H. Zschokke, J. A. v. Helfert, A. Graf Thürheim, F. Pölzl, J. B. Weiss, W. Frind, Hrsg. u Red.: A. Höllerl. 4. Jahrg 1887. 24 Nrn. (1¹/₂ B.) gr. 4. Wien, Administration. 8 M. 50-Pf.

Central-Organ für die Interessen des Realschulwesens, begründet v. M. Strack, fortgeführt von L. Freytag u. H. Böttger 15 Jahrg. 1887. 52 Hefte. Berlin, Friedberg & Mode. gr. 8. 16 M.

Cultura, (la), rivista di scienze, lettere ed arti, diretta da R. Bonghi. Anno VI, 1887. (Voll. X e XI.) Roma, editore Vallardi. 12 M.

Curiosità e Ricerche di storia subalpina, pubblicate da una Società di studiosi di patrie memorie. Torino, Bocca.

Europa. Red. von H. Kleinsteuber. Jahrgang 1887. 12 Nrn. Leipzig, Keil. 4. 24 M.

Forschungen, romanische. Organ für romanische Sprachen u. Mittellatein, herausg. v. K. Vollmöller. Jahrg. IV. Erlangen, Deichert. à Heft 6 M.

Gazette archéologique, recueil de monuments pour servir à l'histoire de l'art dans l'antiquité et le moyen âge. Publiée par J de Witte et R. de Lasteyrie. 11. année (1887) 6 Nrn. Paris, A. Lévy. 4. Mit Kupfern u. Holzschnitten. 50 M.

Gegenwart, die. Wochenschrift für Literatur, Kunst u. öffentl. Leben. Hrsg.: E. Zolling. 1887. 52 Nrn (2 B) Berlin, Stilke. 4. 18 M.

Germania. Vierteljahrsschrift.für deutsche Alterthumskunde. Begründet von Frz Pfeiffer. Hrsg. von K. Bartsch. 32. Jahrg. Neue Reihe. 20. Jahrg. 1887. 4 Hefte. Wien, Gerold's Sohn. 15 M.

Geschichtsblätter, steiermärkische, herausg. von J. v. Zahn. 8. Jahrg. 1887. 4 Hefte. Graz, Leykam-Josefsthal. 8 M.

Geschichtsfreund, niederrheinischer. Red.: L. Henrichs. Jahrg. 1887. 24 Nrn. Kempen, Klöckner & Mausberg. 4. 4 M.

Giornale storico della Letteratura italiana, diretto e redatto da A. Graf, F. Novati, R. Renier. Vol. V (1887). Firenze, Löscher. Bimestrale. 25 M.

— linguistico di archeologia, storia e letteratura, fondato e diretto da L. T. Belgrano ed A. Neri. Anno 14 (1887). Genova.

— italiano di filologia e linguistica classica, dir. da L. Ceci e G. Cortese. I. (mensile.) Milano, Pirola. 8. 15 M.

Rec.: Deutsche Literaturzeitung N. 7 p. 251.

Grenzboten, die. Zeitschrift für Politik, Literatur u. Kunst. 46. Jahrg. 1887. 52 Nrn. Leipzig, Herbig. 36 M.

Gymnasium Zeitschrift für Lehrer an Gymnasien u. verwandten Unterrichts-Anstalten. Unter Mitwirk. von A. Luke u. Ph. Plattner red. v. M. Wetzel. V. Jahrg. 1887. 24 Nrn. Paderborn, Schöningh. 6 M.

Zeitschriften. 5

Handweiser, literarischer, zunächst für das kathol. Deutschland. Herausg.
v. F. Hülskamp. 26. Jahrg. 1887. 24 Nrn. Münster, Theissing 4. 4 M.
Ἑβδομάς. Ἔτος Δ' 1887. Ἐχδ.: Δ.Καμπουρόγλος. Ἀθήνησιν, τ. Κορίννες. 4.
12 M.
Ἡμέρα, νέα. Ἔτος ΙΓ' 1887. Ἐχδ.: Ἀ. Βυζάντιος; συντάχτες: Ι. Στάλιτσ.
Τεργέστη. Ἐχδ. ἅπαξ τῆς ἑβδομάδος Fol. 40 M.
Ἡμερολόγιον Ἀττικόν, τοῦ ἔτους 1887 ὑπὸ Ἑ.Ἀσωπίου, εὐνοϊκῇ συμπράξει
φιλοχαχῶν λογίων. Ἔτος ΧΧΙ. Ἀθήνησιν, τυπογρ. τ. Κορίννης. 5 M.
— τῆς Ἀνατολῆς πολιτειογραφιχόν, φιλολογιχὸν χαὶ ἐπιστημονιχὸν τοῦ ἔτους
1887. Ἐχδ. ὑπὸ Ἀ. Παλαιολόλου. Κωνστ/ει, Παλλαμάρης. 5 M.
— Βυζαντιχὸν τοῦ ἔτους 1887 ὑπὸ Κ. Χρουσαφίδου. Ἔτος ΚΑ'. Ἐν Κωνστ,
τύποις Βουτυρᾶ. 6 M.
Hermathena, a series of papers on literature, science and philosophy by
Members of Trinity College. Dublin, Ponsonby.
Hermes, Zeitschrift für class. Philologie, herausg. v. G. Kaibel u. K.Robert.
22. Bd. Berlin, Weidmann. 14 M.
Ἕσπερος. Σύγγραμμα περιοδιχὸν μετὰ εἰχόνων. Συντάχτης: Δρ. Ι. Περβά-
νογλος. 6. Jahrg. 1887/88. 24 Nrn. Leipzig, Friedrich. Fol. 32 M.
Ἑστία. Ἐχδίδοται χατὰ χυριαχήν. Σὺν τῷ Δελτίῳ τῆς Ἑστίας. Τόμος ΚΒ'
Ἔτος ΙΒ'. Athen, Hestia. 4. 16 M.
Jahrbuch, biographisches, für Alterthumskunde, begründet von C. Bursian,
fortgeführt von Iwan Müller. Berlin, Calvary & Co. 5 M.
— statistisches, der höheren Schulen Deutschlands, Luxemburgs u. d. Schweiz.
Neue Folge von Mushackes Schulkalender 2 Tl. Nach amtl. Quellen bearb.
8. Jahrg 1887. 2 Abtheilungen. Leipzig, Teubner. geb. 4 M. 40 Pf.
Jahrbücher, preussische. Herausg. v. Heinr. v. Treitschke. Jahrg. 1887.
59. u 60 Bd. à 6 Hefte. Berlin, G. Reimer. 18 M.
— für Nationalökonomie u. Statistik. Gegründet v. Bruno Hildebrandt, herausg.
v. Joh. Conrad. 25. Jahrg. 1887. 2 Bde à 6 Hefte. Jena, Fischer. 24 M.
— neue, für Philologie u Pädagogik. Herausg. unter der Red. v. A. Fleckeisen u. H Masius. 135. u. 136. Bd. 12 Hefte. Leipzig, Teubner. 30 M.
— für protestantische Theologie. Herausg. v. Hase, Lipsius, Pfleiderer,
Schrader. 19. Jahrg 1887. 4 Hefte. Leipzig, Barth. 15 M.
Jahresbericht über die Fortschritte der classischen Alterthumswissenschaft.
Begründet von C. Bursian, herausg. von Iwan Müller. 14. Jahrg. (Neue
Folge 6. Jahrg.) 1886. 12 Hefte. [46. — 49. Bd.] Mit den Beiblättern:
Bibliotheca philologica classica, 14. Jahrg. 1887, u. Biographisches Jahrbuch
für Alterthumskunde, 9. Jahrg 1887. Berlin, Calvary.
Subscr.-Pr.: 30 M.; Ladenpr. 36 M.
— theologischer. Heraúsg. von B Pünjer. Leipzig, Barth. 8 M.
Rec.: Theol. Literaturblatt N. 8 p. 74—75.
Journal, the American, of Archaeology and of the fine arts. Editors: Ch. E.
Norton and A. L. Frothingham. Vol. III, 1887. Baltimore, Fro-
thingham. 24 M.
— American, of Philology, edited by B. L. Gildersleeve. Vol. III 4 Hefte.
Baltimore. New-York, Macmillan. 15 M.
— of Philology, edited by W. Aldis Wright, J. Bywater and H. Jack-
son. Cambridge, Macmillan. à 5 M. 40 Pf.
— des Savants, publié par le ministre de l'instruction publique. Assistants:
MM. Renan, Mignet, Barthélemy Saint-Hilaire, Chevreuil.
68. année. 12 Hefte. Paris, Hachette. 4. 42 M.
Κλείω. Σύγγραμμα περιοδιχὸν μετὰ εἰχόνων. Ἐχδότης: Π. Γ. Ζυγούρης.
Ἔτος Γ' 1887. 24 Nrn. (2 B. m. Holzschn.) gr.4. Leipzig, C.A.Koch. 16 M.

Kosmos. Zeitschrift für Entwickelungslehre u. einheitl. Weltanschauung, hrsg. v. B. Vetter. 10. Jahrg. 12 Hefte mit Abb. Stuttgart, Schweizerbart. 24 M.

Korrespondenzblatt für die Gelehrten- u. Realschulen Württembergs. Hrsg. von Ramsier. 34. Jahrg. 1887. 12 Hefte. Tübingen, Fues. 7 M.

Kunstblatt, christliches, für Kirche, Schule u. Haus. Herausg. v. H. Merz u. C. G. Pfannschmidt. 29. Jahrg. 1887. 12 Nrn. Stuttgart, Steinkopf. 4 M.

Latine et Graece. (Journal of classic philology.) Edited by E. Shumway. Vol. VI (1887). New Brunswick, Latin Press. 4. 20 M.

Listy filogicke a pedagogicke. Redigirt von J. Kvitschala u. J. Gebauer. XlV. Jahrg. 1887. 6 Hefte. Prag, Tschada & Groh. 8.

Litteraturbericht, theologischer. Red. von P. Eger. 10. Jahrgang 1887. 12 Hefte. Gütersloh, Bertelsmann. gr. 8. 1 M. 50 Pf.

Litteraturblatt, deutsches, begründet v. W. Herbst, fortgeführt v. H. Keck. 9. Jahrg. 1886/87. 52 Nrn. gr. 4. Gotha, Perthes. 8 M.

— für germanische u. romanische Philologie. Unter Mitwirkung von Karl Bartsch herausg. von Otto Behaghel u. Fritz Neumann. 8. Jahrg. 1887. 12 Nrn. Heilbronn, Henniger. 10 M.

— für orientalische Philologie, unter Mitwirkung von J. Klatt herausg. von E. Kuhn. 4. Jahrg. 1886/87. 12 Hefte. Leipzig, O. Schulze 15 M.

— theologisches. Red.: C. E. Luthardt. Jahrg. 1887. 52 Nrn. Leipzig, Dörffling & Franke. gr. 4. 4 M.

Litteraturzeitung, deutsche. Herausg. von A. Fresenius. 8. Jahrg. 1887. 52 Nrn. Berlin, Weidmann. 28 M.

— theologische. Herausg. v. A. Harnack u. E. Schürer. 12 Jahrg. 1887. 26 Nrn. Leipzig, Hinrichs. gr. 4. 16 M.

Magazin, das, für die Litteratur des In- u. Auslandes. Wochenschrift der Weltlitteratur. Gegründet von J. Lehmann. Herausg. von K. Bleibtreu. 56. Jahrg. 1887. 52 Nrn. Leipzig, Friedrich. gr. 4. 16 M.

Magyar philosophiai Szemle. (Ungarische philosophische Revue.) Herausg. von Fr. Barath u. K. Böhm. 6. Jahrg. 1887. Budapest, Aigner.

Matériaux pour l'histoire positive et philosophique de l'homme. Revue illustrée. Dir.: E. Cartailhac. 21. année. Toulouse. (Paris, Reinwald.) 15 M.

Mélusine, revue (mensuelle) de mythologie, littérature populaire, traditions et usages, dirigée par Gaidoz et Rolland. T. III. 1886/87. 4. à 2 col. Paris, 6 rue des Fossés-Saint-Bernard. 1 vol. (24 nn.): 20 M.; 1 n.: 1 M.

Messager des sciences historiques ou Archives des arts et de la bibliographie en Belgique. 1887. Gand, Vanderhaeghen. 15 M.

Midland Antiquary. Ed. by W. F. Carter. Birmingham, Hougthon. 9 M. 60 Pf.

Mind. A quaterly review of psychology and philology. Ed. by G. C Robertson. Vol. 12 (1887). London, Williams. Lwbd. 15 M. 60 Pf.

Miscellanea fiorentina di erudizione e storia, pubblicata da J. Del Badia. Anno ll. 1887. Firenze, tip dell' Arte della Stampa. 8. à 1 M.

Mittheilungen, arch-epigraphische, aus Oesterreich. Herausg. von O. Benndorf u. O Hirschfeld. 10. Jahrg 1886/7. Wien, Gerold. Mit Taf. 9 M.

— Petermanns Mittheilungen aus Justus Perthes' geographischer Anstalt. Herausg. von A. Supan. 33. Bd oder Jahrg. 1887. 12 Hefte. (à 6—8 B. mit Karten.) gr. 4. Gotha, Perthes. à Heft 1 M. 50 Pf.

— aus der Sammlung der Papyrus Erzherzog Rainer. Hrsg. von J. Karabacek. 1. Jahrg., 1. u. 2. Hft. (52 S.) Wien, Verlag der Staatsdruckerei. 4. jährlich: 10 M.

Mnemosyne. Bibliotheca philologica Batava, collegerunt S. A. Naber, J. van Leeuwen, J. Valeton. Nova series. Vol. XV. 4 partes. Lugduni Batavorum. (Leipzig, Harrassowitz.) 9 M.

Monatsblätter für Geschichte, Alterthumskunde u. Volkssitte, mit besond. Berucksichtigung d. Fürstenth. Halberstadt, der Grafsch. Wernigerode u. der angrenzenden Gebiete. Herausg. von O. Frhr. v. Grote. Jahrgang 1887. 12 Nrn. Osterwick, Zickfeldt 3 M.

Monatshefte, philosophische. Unter Mitwirkung v. F. Ascherson, red. u. hrsg. v. C. Schaarschmidt. 23. Bd. 12 Hefte Heidelberg, Weiss. 12 M.

Monatsschrift, altpreussische, neue Folge. Der neuen preuss. Provinzial-Blätter 6. Folge. Herausg. v. R. Reicke u. E. Wichert. [Der Monatsschrift 22. Bd Der Provinzialblätter 89. Bd.] Jahrg. 1887. 8 Hefte. Königsberg, Beyer. 9 M.

— für Geschichte u. Wissenschaft des Judenthums Herausg. v. Z. Frankel, fortgesetzt von H. Graetz und P. F. Frankl. 36 Jahrg. [Neue Folge, 19. Jahrg.] 1887. 12 Hefte. Krotoschin, Monasch & Co. 9 M.

— baltische. Herausg. v. F. Bienemann. 34. Bd. Jahrg. 1887. 12 Hefte. Reval, Kluge. 20 M.

Museo italiano di antichità classica, dir. da D. Comparetti. Vol. III (1887). gr. 4. Florenz, Löscher. 20 M.

Muséon, le. Revue internationale des sciences et lettres, paraissant 5 fois par an Louvain, direction. 10 M.

Museum, rheinisches, für Philologie. Hrsg. v. O. Ribbeck u. F. Bücheler. Neue Folge. 42. Bd. [1887]. 4 Hefte. Frankfurt, Sauerländer. 4 M.

Nordisk Revu, herausg. von A. Noreen. Upsala. 5. Jahrgang 1887. 4. 24 Nrn { 4 M. 50 Pf.

Παρνασσός, σύγγραμμα περιοδικὸν κατὰ μῆνα ἐκδιδόμενον. Τόμ. Ι'. 1887. 12 Hefte. Athen, Parnassos. 15 M.

Philologus, Zeitschrift f. d. klass. Alterthum. Herausg. v. E. v. Leutsch. 46 Bd. 4 Hefte. Göttingen, Dieterich. 17 M.

Πλάτων, σύγγραμμα παιδαγωγικὸν καὶ φιλολογικόν. Herausg. von Bl. Skordelis, M. Galanis u. Sp. Sounkras. (1887.) Monatlich. 8. Athen, Typ. Philadelpheus. 10 M.

Prace filologiczne. Herausg. von Baudouin de Courtenay, J. Karlowicz u. A. (Polnisch) III. 1887. Warschau, Wende. 8. 7 M. 50 Pf.

Précis historiques, mélanges religieux, litteraires et scientifiques. T. XXXVI, 1887. Bruxelles, A. Vromant. 5 M. 50 Pf.

Propugnatore, il. Studii filologici, storici e bibliografici. Anno XX (1887). Bologna, Romagnoli. 18 M. 80 Pf.

Quartalsschrift, theologische. In Verbindung mit mehreren Gelehrten hrsg. von v. Kuhn, v. Himpel, v. Kober, Linsenmann, Funk u. Schanz. 69. Jahrg. 1887. Tübingen, Laupp. 9 M.

Recueil de travaux relatifs à la philologie et à l'archéologie égyptiennes et assyriennes, publié sous la direction de G. Maspero. 8. année 1887. Paris, Vieweg. 30 M.

Repertorium für Kunstwissenschaft. Red. v. H. Janitschek. 10. Bd. 4 Hefte. Stuttgart, Spemann. 8. 16 M.

— der Pädagogik Central-Organ für Unterricht, Erziehung und Litteratur. Herausg. von J. B. Heindl. Neue Folge. 21. Jahrg. (Der ganzen Folge 41. Jahrg) 1887. 12 Hefte. Ulm, Ebner. 5 M. 40 Pf.

Revista pentru istori, archeologie si filologie, sub directionea lui G. Tocïlescu. Anul V (1886/87). Bucuresci. 4 Hefte mit Taf. u. Abb. 25 M.

Revue savoisienne. Annecy, Abry. 6 M.

— ungarische. Mit Unterstützung der ungar. Akad der Wissenschaften hrsg. von Hunfalvy u. G. Heinrich. 7. Jahrg. 1887. 10 Hefte. Budapest. (Leipzig, Brockhaus Sort) gr. 8. 10 M.

Review, classical. Edited by J. B. Mayor, A. H. Church, A. M. Cook and C. Smith. Vol. I, N. 1—3. London, Nutt. (10 N. the year.) à N. 1 M. 80 Pf.

Revue, deutsche, über das gesammte nationale Leben der Gegenwart. Hrsg. von R. Fleischer. 12. Jahrgang 1887. 12 Hefte u. 4 Kunsthefte in Fol. Breslau, Trewendt.   24 M.
— de Champagne et de Brie. Brie, Paris, et Paris, Menu.   12 M.
— du Centre. Littérature, histoire, archéologie. IX. Châteauroux, Nuret. 12 M.
— d'Alsace. 10. année. Tome XV. 7 livrs. Colmar. (Mühlhausen, Bufleb.) 16 M.
— de l'instruction publique (supérieure et moyenne) en Belgique, publié sous la direction de J. Gantrelle, L Roersch, A. Wagener. Tome XXX (1887) Gand, Vanderhaegen 6 Hefte.   6 M.
— de Genève. Mensuel. Tome II (1886/87). Genf, Stapelmohr. 8. à nr. 1 M.
— Suisse. Bibliographie etc. Red. Grand-Cateret. 24 N. Genf. 4. 1 M.
— hist. et arch. du Maine. Tome XII. Le Mans. Vierteljährlich.   15 M.
— de l'art chrétienne. Trimestrielle. Tome V. (1887.) Lille, Deselées. 6 M.
— du Lyonnais. Lyon, Perrot. Monatlich.   22 M.
— des antiquaires, des artistes et des archéologues. XXVII. Marseille. 10 M.
— alsacienne. Red Le Reboullet. X. Nancy, Berger-Levrault. Monatl. 12 M.
— d'anthropologie, dir. de P. Broca. 2. série. IX. Paris, Masson. 28 M.
— archéologique; antiquité et moyen-âge Publiée sous la direction de A. Bertrand et G. Perrot. Troisième série 5. année (1887). Paris, Baer. 25 M.
— critique d'histoire et de littérature. Recueil hebdomadaire publié sous la direction de J. Darmestetter, L. Havet, G. Monod, G. Paris. Année XXI (1887). Paris, Leroux.   20 M.
— des deux Mondes. 3. période. 57. année. Paris, Leroux.   62 M.
— égyptologique. Paris, Leroux.   27 M.
— internationale de l'enseignement, publiée par la Société de l'Enseignement supérieur. VII. 1887. Mensuel. Red.: Dreyfus-Brisac. Paris, Collin. 24 M.
— d'ethnographie. Red M. Hamy. VI (1887). Bimestriel. Paris, Leroux. 25 M.
— de l'histoire des religions. 8. année (1887). 6 no. Paris, Leroux. 25 M.
— historique, dir. par Monod et Fagniez. XII (1887). Paris, Baillière. 30 M.
— générale du droit en France et à l'étranger, dirigée par J. Lefort, A. Humbert etc. XI (1887). 6 livr. Paris, Thorin.   16 M.
— de linguistique et de philologie comparée. Recueil trimestriel publié par Girard de Rialle. Tome X. Paris 1887, Maisonneuve.   17 M.
— pédagogique. Directeur: Ch. Hanriot. 10. année. Paris, Delagrave. 9 M.
— de philologie et d'ethnographie, publiée par Ch. E. de Ujfalvy. 14. année. Paris, Leroux. 4 Hefte.   25 M.
— de philologie, de littérature et d'histoire anciennes Nouv. série dirigée par E. Chatelain et O. Riemann. XI (1887). 4 livr. Paris, Klincksieck 25 M.
— des Revues et publications d'Académies relatives à l'antiquité classique en Allemagne, Angleterre, France etc. (Deuxième partie de la Rev. de Phil)
— philosophique de la France et de l'Étranger, dirigée par Th. Ribot Paris, Germer-Baillière. Monatlich.   33 M.
— politique et littéraire. Dir. E. Young. XVI. Paris, Baillière. 4. 25 M.
— des questions historiques. Dir. M. de Beaucourt. 21. année. Paris, Palmé.   20 M.
— russische. Vierteljahrsschrift für die Kunde Russlands. Herausg. von R. Hammerschmidt. 16. Jahrg. 1887. Petersburg, Schmitzdorff. 16 M.
— du Dauphinée et du Vivarois. Recueil mensuel, historique, archéologique et littéraire. 11. année. Vienne, Chardon.   15 M.
Rivista storica Mantovana. III (1887). Mantova, tip. eredi Segna.

Rivista di filologia e d'istruzione classica. Direttori D. Comparetti, G. Müller, G. Flecchia. Anno XIV, 1886/87. Turin, Löscher. 12 M.
— di storia italiana; pubblicazione trimestriale, diretta da C. Rinaudo. Anno III fasc 1—3. Torino, Bocca. 8. à 6 M.
Romania, recueil trimestriel des langues et des littératures romanes. Publié par P. Meyer u G Paris. IV (1886/87). Paris, Vieweg. 20 M·
Rundschau, deutsche. Hrsg. v. J. Rodenberg. 13. Jahrg. Octbr. 1886/87. 12 Hefte. Bd. 49—52. Berlin, Paetel. . 24 M.
— neue philologische. Herausg. v. C. Wagener u E. Ludwig. II 1887. 26 Nrn. Gotha, Perthes gr. 8. 12 M.
— litterarische, für das katholische Deutschland Herausg. von J. B. Stamminger. 19. Jahrg. 1887. 14 Nrn Freiburg, Herder. gr. 4. 14 M.
— nordische. Eine Monatsschrift, herausg von C. Mickwitz. 4. Jahrg. 1887. 12 Hefte. Reval. (Leipzig, Duncker & Humblot) Lex ·8. 20 M.
Schulkalender, baltischer, für das Jahr 1887. Riga, Kymmel. 1 M. 60 Pf.
Scuola romana. Rivista mensile filologico-artistica, pubblicata da Cugnoni e Castagnola. Roma. Anno V (1887). 4 M.
Studi, gli, in Italia. Periodico didattico, scientifico e letterario (da F. d'Orazi) Anno X (XV. XVI.) Roma, Via Ara Celi. Monatlich. 16 M.
— di filologia greca, pubbl. da E. Piccolomini. Vol. III. Turin, Löscher. à 6 M.
  Rec.: (I) Phil. Anzeiger XVI 9. 10 p. 545—549 v. O. Crusius.
Studien, Berliner, für class. Philologie u. Archaeologie. 6. Bd, 1. u. 2. Heft. (IV, 44 u. XIV, 57 S). Berlin, Calvary & Co. 1. Heft: 1 M. 60 Pf.; 2. Hft.: 2 M.
— u. **Kritiken**, theologische. Eine Zeitschrift für das gesammte Gebiet der Theologie, begründet von C Ullmann u. F. W. C. Umbreit, herausg. von J. Köstlin u. E. Riehm. 60. Jahrg. 1887. Gotha, Perthes. 15 M.
— Leipziger. Herausg. v. O. Ribbeck, H. Lipsius, C. Wachsmuth. 9. Bd. 2. Heft. (S. 171—342.) Leipzig, Hirzel. · 5 M. (cplt.: 9 M.)
— philosophische. Herausg. von W. Wundt. IV. Leipzig, Engelmann.
— Wiener. Zeitschrift für class. Philologie. (Suppl. der Zeitschrift für österr. Gymnasien.) Red.: W. v Hartel, K. Schenkl 9. Jahrg. 1887. 2 Hefte. Wien. Gerold. 10 M.
-- u. Mittheilungen aus dem Benedictiner- u. Cisterzienzer-Orden. Haupt-Red : P. M. Kinter 8. Jahrg. 1887. 4 Hefte. Würzburg, Woerl. 7 M.
Taschenbuch, historisches. Begründet v. Fr. v. Raumer. Hrsg. v. W. Maurenbrecher. 6. Folge. 6. Jahrg. 320 S. Leipzig, Brockhaus. 8 M.
Untersuchungen, philologische, herausg. v. A. Kiessling u. U. v. Wilamowitz-Möllendorff. 10. Heft. Berlin, Weidmann. 8. 205 S. mit 5 Taf. 6 M.
Vierteljahrsschrift für Volkswirthschaft, Politik u Kulturgeschichte Herausg. von Ed Wiss. Unter Mitwirkung von K. Biedermann, E. Blau, M Block u A. 24 Jahrg 1887. 8 Hefte. gr. 8. Berlin, Herbig. 20 M.
— fur wissenschaftliche Philosophie, unter Mitwirkung von Heinze u. Wundt hrsg. v. R. Avenarius. 11. Jahrg. 1887. 4 Hefte. Leipzig, Fues. 12 M.
— für Kultur u. Litteratur der Renaissance. Herausg. v. L. Geiger. Dritter Jahrg. 1887. Stuttgart, Spemann. gr. 8. Jährlich 16 M.
Westermann's illustrirte deutsche Monatshefte für das gesammte geistige Leben der Gegenwart. Herausg von Fr. Spielhagen. 30. Jahrg. 1886/87. Braunschweig, Westermann. 16 M.
Wochenschrift, Berliner philologische. Hrsg. v. Ch. Belger u. O. Seyffert. · 7. Jahrg. 1887. 52 Nrn. hoch 4. Berlin, Calvary & Co. 20 M.
— für klassische Philologie, herausg. von G. Andresen u. H. Heller. 4. Jahrg. 1887. 52 Nrn. 4. Berlin, Gärtner. 24 M.

Zeit, unsere. Deutsche Revue der Gegenwart. Herausg. v. R. Gottschall.
Jahrg. 1887. 12 Hefte. Leipzig, Brockhaus. 18 M.
Zeitschrift für deutsches Alterthum u. deutsche Litteratur. Unter Mitwirkung v. W. Scherer herausg. v. E. Steinmeyer. Neue Folge. 19. [31.] Bd.
4 Hefte. Berlin, Weidmann. gr. 8. 15 M.
— für preuss. Geschichte u. Landeskunde, unter Mitwirkung v. Duncker u. L.
v. Ranke hrsg v. C. Rössler. 30. Jahrg 1887. 12 Hefte. Berlin, Mittler.
12 M.
— für das Gymnasialwesen. Hrsg. v. H. Kern u. H J. Müller. 40. Jahrg.
Neue Folge 20. Jahrg. 1887. 12 Hefte. Berlin, Weidmann. 20 M.
— für vergleichende Litteraturgeschichte. Hrsg. von M. Koch. 2. Bd.
6 Hfte. Berlin, Hettler. 8. 14 M.
— für vergleichende Sprachforschung auf dem Gebiete der indogermanischen
Sprachen Herausg. von A. Kuhn, E. Kuhn und J. Schmidt. 29. Bd.
(Neue Folge 10. Bd.) 6 Hefte. Gütersloh, Bertelsmann. 16 M.
— für Völkerpsychologie u. Sprachwissenschaft. Herausg. v. M. Lazarus u.
H. Steinthal. 18 Bd. 4 Hefte. Leipzig, W. Friedrich. gr. 8. à 2 M. 40 Pf.
— für Museologie u. Antiquitätenkunde, sowie für verwandte Wissenschaften.
Red : J. G. Th. Graesse. 10 Jahrg. 1887. 24 Nrn. Dresden, Baensch. 4. 20 M.
— für die alttestam. Wissenschaft. Herausg. v. B. Stade. Mit Unterstütz.
der Deutschen Morgenl. Gesellschaft. 1887. 2 Hefte. Giessen, Ricker. 10 M.
— für Kirchengeschichte. In Verbindung mit W. Gass, H. Reuter u. A. Ritschl
herausg. v. Th. Brieger. 10. Bd. 4 Hefte. Gotha, Perthes. 16 M.
— für deutsche Philologie, herausg. v. E. Höpfner u. J. Zacher. 19. Bd.
Halle, Waisenhaus. 12 M.
— für romanische Philologie. Herausg. von G. Gröber. 11. Jahrg. 1887.
Halle, Niemeyer. 20 M.
— für Philosophie und philosophische Kritik, im Vereine mit mehreren Gelehrten gegründet v. J. H. Fichte, red. v. A. Krohn u. R. Falckenberg.
Neue Folge. 90 u. 91. Bd. à 2 Hefte. Halle, Pfeffer. gr. 8. à Bd. 6 M·
— für ägyptische Sprache u. Alterthumskunde. Gegründet von H. Brugsch.
Weitergeführt v. R. Lepsius. Fortgesetzt v. H. Brugsch unter Mitwirkung
v. L. Stern. 25. Jahrg 1887. 4 Hefte. hoch 4. Leipzig, Hinrichs. 15 M.
— für bildende Kunst Herausg. v. C. v. Lützow. 22. Bd. Jahrg. 1886/87.
12 Hefte. Mit Textillustr. u. Kunstbeilagen. Mit dem Beiblatt: Kunst-Chronik,
45 Nrn: Leipzig, Seemann. 28 M.; die Kunst-Chronik allein 8 M.
— für Assyriologie u. verwandte Gebiete. In Verbindung mit J. Oppert, A.
H. Sayce, Eb. Schrader u a. hrsg. von C. Bezold. 2. Bd. Jahrg. 1887.
·4 Hefte. gr. 8. Leipzig, O. Schulze. 16 M.; einzeln à 5 M.
— internationale, für allg. Sprachwissenschaft, unter Mitwirkung von L. Adam,
G. J. Ascoli, F. A. Coelho etc. herausg. von F. Techmer. 3. Bd. 1. Heft.
Leipzig, Barth. gr. 8. XXVIII, 224 S. m. 1 Portr. 12 M.
— — dasselbe. Supplement I. 193 S.
— für wissenschaftliche Theologie. In Verbindung mit mehreren Gelehrten
herausg. v. A. Hilgenfeld. 30. Jahrg. 4 Hefte. Leipzig, Fues. 12 M.
— archivalische. Hrsg. v. F. v. Löher. 11. Bd. München, Ackermann. 12 M.
— historische. Hrsg. v. H. v. Sybel. Neue Folge 21. u. 22. Bd. Der ganzen
Reihe 57. u 58 Bd. 1887. 6 Hefte. München, Oldenbourg. 22 M. 50 Pf.
— für allgemeine Geschichte, Kultur-, Litteratur- u Kunstgeschichte. Hrsg.
von. v. Zwiedineck-Südenhorst. 4. Jahrg. 1887. 12 Hefte. (5—6 B.)
Stuttgart, Cotta gr. 8. à 1 M.
— westdeutsche, für Geschichte u. Kunst. Herausg. v. F. Hettner u. K.
Lamprecht. 6 Jahrg. 1887. [Pick's Monatsschrift 14 Jahrg.] 4 Hefte.
Nebst Korrespoudenzblatt, 12 Nrn. Trier, Lintz. 10 M.; Korrespondenzblatt apart 5 M.

Zeitschrift für die österreichischen Gymnasien. Red.: W. v. Hartel, K. Schenkl. 38. Jahrg. 1887. 12 Hefte. Wien, Gerold's Sohn. 24 M.
— für das Realschulwesen. Herausg. u. red. v. J. A. Bechtel, M. Kuhn, 9. Jahrg. 1887. 12 Hefte. Wien, Hölder. 12 M.

Zeitung für das höhere Unterrichtswesen Deutschlands. Unter Mitwirkung einer grossen Anzahl von Schulmännern herausg. von H. A. Weiske. 16. Jahrgang 1887 52 Nrn. Leipzig, Siegismund & Volkening. 8 M.

2. Academien und Gesellschaftsschriften.

Abhandlungen der königl. Gesellschaft der Wissenschaften zu Göttingen. 33. Bd. 1886. Göttingen, Dieterich's Verl. 4. XXII. 435 S. 33 M.
— der philos. - philologischen Klasse der königl bayerischen Akademie der Wissenschaften. 18. Bd. Munchen 1885, Franz. 4.

Académie des sciences, helles-lettres et arts de Besançon. 1886. Besançon, imp. Dodivers.

Actes de la Société philologique. XVII. 1887. Alençon, imp. Renaut de Broise.

Almanach der königl. bayr. Akademie der Wissenschaften für das J. 1887. München, Franz. 8. 2 M.
— der kais. Akademie der Wissenschaften. 36. Jahrg. 1887. Wien, Gerold. 2 M. 60 Pf.

Annalen des historischen Vereins für den Niederrhein, insbes. die alte Erzdiöcese Köln. 46. Heft. Köln 1887, Boisserée. 8.
— des Vereins f. Nassauische Alterthumskunde u. Geschichtsforschung. 20. Bd. 1886. Wiesbaden, Niedner.

Annales de l'Académie d'archéologie de Belgique. XLIII. 3. série, tome XIII. Anvers, rue Léopold, 15. jährlich 3 M.
— de la Société hist. et arch. de Château-Thierry. 1886. Arcis-sur-Aube.
— de l'Institut archéologique du Luxembourg. T. XVIII. Arlon 1886, imp. Brück.
— de la Faculté des Lettres de Bordeaux. IV, 1887. (Paris, Leroux.) 10 M.
— de la Société ethnographique de la Gironde. Bordeaux, Duthu.
— de la Société d'émulation (agriculture, lettres et arts) de l'Ain. 19. année. Bourg, imp. Authier et Barbier.
— de la Société d'émulation pour l'étude de l'histoire et des antiquités de la Flandre. Tome X (XXXVII) 1887. Bruges, de Zuttere.
— des Basses-Alpes. Bulletin de la Soc. scient. et litt. de Digne. VII. Digne, Vial.
— de la Société d'émulation du dép des Vosges. 1887 Epinal, imp. Collot.
— de la Société historique du Gâtinais. V. 1887. Fontainebleau.
— du musée Guimet. Vol IX. Lyon. (Paris, Leroux.) 4.
— de la Société académique d'architecture de Lyon. Paris, Perret.
— de l'Académie de Mâcon VIII. Mâcon, imp. Protat frères.
— du cercle archéologique de Mons. XXI. Mons, Manceaux.
— de la Société archéologique de Namur. XXII. Namur, Westmael-Charlier.
— de la Société académique de Nantes. VIII. 1887. Nantes, imp. Mellinet.
— de la Société des lettres des Alpes-Maritimes. XIII. Nice, Malvano-Mignon.
— de la Société archéologique de Nivelles. VI. Nivelles, Despret-Poliart.
— de la Société d'agriculture, industrie, sciences, arts et belles-lettres de la Loire. Année 1887. 2. série. Saint-Etienne, imp. Théolier frères.
— du Cercle archéologique du pays de Waes. Tome XVI. Saint-Nicolas, Edom.

12   Academien und Gesellschaftsschriften.

Annuaire de l'Ecole Bossuet, 1886/87. Bar-le-Duc, Contant-Laguerre.
— de l'Académie royale des sciences, des lettres et des beaux-arts de Belgique. 1886. 52 année. Bruxelles, Hayez.
— officiel de l'instruction publique en Belgique. 1887. Bruxelles, imp. Guyot.
— des musées cantonaux. 1887. (8. année) Caen, Le Blanc-Hardel.
— des facultés catholiques de Lille. 1886/87. Corbeil, imp. Crété.
— du petit séminaire du Rondeau et de l'externat Notre-Dame, Grenoble, pour l'année 1886 Grenoble, Baratier et Dardelet.
— de l'Université cath. de Louvain. 1887. 51. année, Louvain, Van Linthout.
— de la Faculté des lettres de Lyon. V. 1887. (Paris, Leroux.)   10 M.
— de l'Institut de France pour 1887. Paris, imprimerie nationale.
— de l'archéologue français, publié sous les auspices de la Société française d'archéologie pour la conservation des monuments historiques 12. année, 1887. Paris, Hachette.   3 M. 50 Pf.
— de l'Association pour l'encouragement des études grecques en France. Paris, Maisonneuve.
— des cours de l'enseignement supérieur, 1886/87, publié par la Société de l'enseignement supérieur. Paris, Masson.
— de la Société d'ethnographie. 1887. Paris, bureau de la Société.
— bulletin de la Société de l'hist. de France. Année 1887 Paris, Loones 5 M.
— des Côtes-du-Nord, publié par la Société archéologique du département. 45. année 1887 Nouvelle.série, t. 35. Saint-Brieuc, Guyon.
— de l'Académie des sciences, inscriptions et belles-lettres de Toulouse. 42. année. Toulouse, Douladoure-Privat.
Annuario della Università di Bologna, anno scolastico 1886–87. Bologna.
— della R. Università di Genova, anno 1886–87. Genova, tip. Martini.
— della R. Università di Macerata, anno 1886–87. Macerata, tip. Bianchini.
— della R Università di Messina per l'anno scoi. 1886—87. Messina, Amico.
— della R. Università di Padova per l'anno scol. 1886—87. Padova, Randi.
— della R. Università di Palermo per l'anno scol. 1886—87. Palermo, Lao.
— dell' Università di Parma per l'anno 1886—87. Parma, tip. Rossi-Ubaldi.
— della R. Università di Pavia, anno scol. 188—87. Pavia, tip. Succ. Bizzoni.
— dell' Università di Perugia pel 1886—87. Perugia, tip. Santucci.
— scolastico della R. Università di Pisa per l'anno 1886—87. Pisa, Nistri
— della R. Università di Roma per l'anno 1886—87. Roma, Civelli.
— della R. Università di Sassari, 1886—87. Sassari, Dessi.
— dell' Accademia Reale delle Scienze di Torino, 1886—87. Torino, Paravia
— della libera Università provinciale di Urbino. Urbino, tip. della Capella.
Auzeigen, Göttingische gelehrte, unter der Aufsicht der königl. Gesellschaft der Wissenschaften. Red : F. Bechtel. Jahrg 1887. 26 Nrn. Mit **Nachrichten** von der k. Ges der Wiss. und der G.-A -Universität zu Göttingen. (12 Nrn.) Göttingen, Dieterich's Verl   27 M.
Anzeiger für schweizerische Geschichte. Herausg. von der geschichtsforschenden Gesellschaft der Schweiz. Red.: G. Tobler-Haaf. 18. Jahrg. 1887. Bern, Wyss   2 M. 50 Pf.
— des germanischen Nationalmuseums. Herausg. vom Direktorium. (A Essenwein u G. K. Frommann). Red.: A. Essenwein. 4 Bd. 1887. 12 Hefte, Leipzig, Brockhaus.   6 M.
Archeografo Triestino, edito per cura della Società del Gabinetto di Minerva. Nuova Serie, vol. XIII (1887). Triest, Herrmanstorfer.   15 M.
Archiv für Geschichte u. Alterthumskunde von Oberfranken. 20 Bd. Herausg. vom historischen Verein von Oberfranken zu Bayreuth. Bayreuth, Grau.

Archiv des historischen Vereins des Kantons Bern. 15. Bd. 3 Hefte. Bern, Jent & Reinert. à Heft 3 M.

— für Anthropologie. Zeitschrift für Naturgeschichte u. Urgeschichte des Menschen. Organ der deutschen Gesellschaft für Anthropologie, Ethnologie und Urgeschichte Unter Mitwirkung v A Bastian, O. Fraas etc. herausg. u. red. v. A. Ecker, L. Lindenschmidt u. J. Ranke. 17. Bd. 1887. 4 Hefte. Braunschweig, Vieweg & Sohn. gr. 4.

— für hessische Geschichte u. Alterthumskunde. Herausg. aus den Schriften des historischen Vereins für das Grossherzogthum Hessen von G. Schenk zu Schweinsberg. 21. Bd. 3 Hefte. Darmstadt, Klingelhoeffer. 6 M.

— für Frankfurts Geschichte u. Kunst. Herausg. vom Verein für Geschichte u Alterthumskunde zu Frankfurt a. M. 13. Bd. Frankfurt, Völcker. 6 M.

— neues, der Gesellschaft für ältere deutsche Geschichtskunde zur Beförderung einer Gesammtausgabe der Quellenschriften deutscher Geschichte des Mittelalters. XIII. Bd. 3 Hefte. Hannover, Hahn. 12 M.

— des Vereins für siebenbürgische Landeskunde. Herausg. vom Vereins-Ausschuss. Neue Folge. 21. Bd. 4 Hefte. Hermannstadt, Michaelis gr. 8. à 1 M. 40 Pf.

— für vaterländische Geschichte u. Topographie. Hrsg v. d. Geschichtsverein für Kärnten. 17. Jahrg. 1887. Klagenfurt (Heyn). 8. 1 M. 60 Pf.

— oberbayrisches, für vaterländische Geschichte, herausg. von dem historischen Verein von Oberbayern. 44. Bd. München, Franz. 4 M. 50 Pf.

— für christliche Kunst. Organ des Rottenburger Diözesanverein für christliche Kunst. Herausg. u. red. von Keppler. Jahrgang 1887. 12 Nrn. Stuttgart, Deutsches Volksblatt. gr. 8. ·4 M. 10 Pf.

— für österreichische Geschichte. Herausg. von der zur Pflege vaterländischer Geschichte aufgestellten Commission der kaiserl. Akademie der Wissenschaften. 69. Bd. Wien, Gerold.

Archives des missions scientifiques et littéraires. Choix des rapports et instructions, publié sous les auspices du ministère de l'instruction publique. Sér. III. T. XIII. Paris, Hachette. gr. 8

— historiques de la Saintonge et de l'Aunis. Tome XV. Saintes, Mortreuil. 15 M.

Archivio storico Italiano, fondato da G. P. Vieusseux e continuato a cura della R. deputazione di storia patria per le provincie della Toscana, dell' Umbria e delle Marche. Tomo XVIII (1887). Firenze, Vieusseux. 20 M.

— storico lombardo, giornale della Società storica Lombarda. Anno XIV. Milano, Dumolard. 20 M.

— storico per le provincie napolitane, pubblicato a cura della Società di storia patria. Anno XII. Napoli 1887, Furchheim. 20 M.

— storico siciliano. Pubblicazione periodica della Società siciliana per la storia patria. Anno X. Palermo, Pedone-Lauriel.

— della Società romana di storia patria. Vol. V. Roma, presso la Società.

Argovia. Jahresschrift der histor. Gesellschaft des Kantons Aargau. 17. Bd. Taschenbuch für das Jahr 1887. Aarau, Sauerländer. 8. 4 M. 40 Pf.

Arsskrift, Upsala universitets. 1887. (Filosofi, sprakvetenskap och historiska vetenskaper.) Upsala, Akad. bokhandel.

Atti dell' Ateneo di scienze in Bergamo. V. Bergamo, stabil. Gaffuri e Gatti.

— e memorie della r. deputazione di storia patria per le provincie di Romagna. Terza serie, vol. IV. 1886. Bologna, presso la Deputazione di storia patria (tip. Fava e Garagnani), 1886/87. 8. Con tavole.

— della Società storico-archeologica delle Marche in Fermo. Vol. IX. Fermo.

— della R. Accademia della Crusca. 1887. Firenze, tip. Cellini e C.

Atti dell' Accademia Ligustica di belle arti. Genova, tip. Sordo-Muti.
— della Società Ligure di storia patria. Volume XX. Ibid.
— della R. Università di Genova, pubblicati per decreto ed a spese del Municipio. Vol. XI. Ibid.
— della R. Accademia Lucchese. XXV. 1886. Lucca, tip. Guasti.
— e Memorie dell'Accademia Virgiliana di Mantova. Mantova, tip. Mondovi.
— della R. Accademia delle belle arti di Brera. Milano, Lombardi. 4.
— dell'Accademia Pontaniana. Vol. XVIII. 1886/87. Napoli, Furchheim. 15 M.
— e Memorie della R. Accademia di Padova. Nuova serie, vol. III, 1886—87. 8.
— della R. Accademia di Palermo. Nuova serie, vol. X. 4.
— della R. Accademia de' Lincei. Memorie—Rendiconti. Anno CCLXXXIV. Serie IV. (1885—86). Roma 1886, Löscher. 4.
— dell'Accademia pontifica de' Nuovi Lincei, compilati dal segretario. Tomo ed anno XXXIX (1885—86). Roma, tip. delle Scienze mat. e fis. 4.
— e Memorie della Sezione letteraria e di storia patria municipale della R. Accademia dei Rozzi di Siena. Nuova serie, vol. XI. Siena, tip. dell'Ancora.
— della R Accademia delle Scienze di Torino, vol. XXII. Torino 1886/87, Löscher.
— della R Deputazione sovra gli studii di storia patria per le antiche provincie della Lombardia. 1886. Torino, Paravia.
— della Società di archeologia e belle arti di Torino, vol. VI, 1886. Torino, Bocca.   2 M. 50 Pf.
— dell'Accademia di Udine. Ser. III, vol. VIII. Udine, Doretti.
— dell'Istituto di belle arti delle Marche in Urbino. Urbino, tip. della Capella.
— dell'Ateneo Veneto. Serie III, vol. IX. 1886/87. Venezia, Cecchini.
— del Reale istituto Veneto di scienze, lettere et arti. Tomo IV, serie VI. Venezia, presso la Segreteria dell'Istituto.
— dell'Accademia Olimpica di Vicenza. Vol. XXI. 1886. Vicenza, tip. Paroni.
Beiträge zur vaterländischen Geschichte. Herausg. von der histor. u. antiquar. Gesellschaft zu Basel. Neue Folge. Basel, Georg. 8.
— zur Anthropologie u. Urgeschichte Bayerns. Organ der Münchener Gesellschaft f. Anthropologie, Ethnologie u. Urgeschichte. Hrsg. v. W. Gümbel, J. Kollmann, F. Ohlenschlager etc. Red.: J. Ranke u. N. Rüdinger. 8. Bd. 4 Hfte. Lex.-8. München, Literar.-artist. Anstalt.   24 M.
— Thurgauische, zur vaterländischen Geschichte. Herausg. vom historischen Verein des Kantons Thurgau. 25. u. 26. Hft. (1885 u. 1886.) Frauenfeld, Huber.   4 M. 40 Pf.
Berichte, literarische, aus Ungarn über die Thätigkeit der ung. Akademie der Wissenschaften u. ihrer Commissionen, des ung National-Museums, der Kisfaludy-Gesellschaft, der hist. Gesellschaft, der naturwissenschaftl. u. a. gelehrten Gesellschaften u. Anstalten, sowie auch einzelner Schriftsteller. Hrsg. v. P. Hunfalvy. Budapest. (Leipzig, Brockhaus' Sort.)
— des Freien Deutschen Hochstiftes zu Frankfurt am Main. Hrsg. vom akad. Gesammt-Ausschuss. Jahrg. 1886/87. 4 Lief. Frankfurt a. M., Verl. des Freien Deutschen-Hochstifts. gr. 8.   6 M.
— über die Verhandlungen der königl. sächs. Gesellschaft der Wissenschaften zu Leipzig. Philologisch-histor. Klass. 1887. Leipzig, Hirzel. 8.
— des archäologischen Instituts unter der Redaktion von N. W. Kaletschow. Bd. VIII. Petersburg.
— zur vaterländischen Geschichte. Herausg. vom historisch-antiquar. Verein des Kantons Schaffhausen. Schaffhausen, Schoch.
— u. **Mittheilungen** des Alterthums-Vereins zu Wien. 24. Bd. Wien 1886, Gerold. 4.

Bibliothèque de l'Ecole des chartes. Revue d'érudition consacrée à l'étude du moyen-âge. 8. série, 47. année. Paris, Picard.

— des Ecoles françaises d'Athènes et·de Rome. (Ministère de l'instruction publique.) Année 1887. Paris, Thorin.

Bihang til Konigl. Svenska Vetenskaps - akademiens handlingar. X. 1886. Stockholm, Norstedt. 8.

Bijdragen en mededeelingen van het historisch genootschap, gevestigd te Utrecht. Tom. X. Utrecht, Kemink.

Blätter zur näheren Kunde Westfalens. Organ des histor. Vereins für das Herzogthum Westfalen, herausg. durch K. Tücking. 25. Jahrgang 1887. 4 Hefte. Meschede, Harmann.

Boletim architectonico e de archeologia da Real Associacao dos Architectos e Archeologos Portuguezes. Segunda Serie. Tomo XI. Lisboa, Lallemant.

Boletin de la R Academià de la Historia. Tomo X, 1887. Madrid, Murillo. 6 M.

— de la Real Academia de San Fernando. Madrid, Murillo. 13 M.

Bollettino delle Conferenze pedagogiche provinciali. 1887. Novara, Miglio.

— dell'Ass. della Stampa periodica in Italia. Anno VIII (1887). Roma, Forzani.

— dell'Istituto storico italiano. II. 1886/87. Roma (Ministero d. p istr.)

Boston University Year book. Ed. by the University Council. Vol. XIII (1887).

Bulletin de la Société historique et archéologique de l'Orne. T. 6 (1887). Alençon, imp. Renaut De Broise.

— de la Société des antiquaires de Picardie. T. 19. Amiens, Douillot.

— de la Société d'études scientifiques d'Angers. 16. année, 1887. Angers, Germain et Grassin.

— de la Société archéologique et historique de la Charente. 5. série. T. 8. Année 1887. Angoulème, Goumard.

— de l'Académie d'archéologie de Belgique. XX (3. série des Annales). Anvers, G. van Merlen.

— de la Commission des monuments hist. du Pas-de-Calais. T. XIII. Arras, Sède.

— de Correspondance hellénique publié par les soins de l'École française d'Athènes. Δελτίον Ἑλληνικῆς Ἀλληλογραφίας. XI. année, 1887. (6—8 No.) Athènes, Perrin. (Paris, Thorin.) 20 M.

— de la Société des sciences historiques et naturelles de l'Yonne. Vol. XLI. 1887. Auxerre, Société. (Paris, Masson.)

— de la Société des sciences et arts de Bayonne. 1887. Bayonne, impr. Lamaignère.

— de la Société archéologique, scientifique et littéraire de Béziers (Hérault). 3. série. T. 3. Béziers, Rivière.

— de l'Académie d'Hippone. Bône, imp. Thomas. .

— de la Société académique de Boulogne-sur-Mer. Boulogne-sur-Mer, Aigre.

— du Comité d'histoire et d'archéologie du diocèse de Bourges. 18. année. Bourges, Pigilet. 4 M.

— de la Société académique de Brest. 2. série. Tome XI. Brest, imp. Halégouet.

— de l'Académie royale des sciences, des lettres et des beaux-arts de Belgique. 1887. Bruxelles, imp. Hayez. 10 M.

— de la Commission royale d'histoire. 26. année, 1887. Bruxelles, imp. Hayez.

— des Commissions royales d'art et d'archéologie. 17. année (1887). Bruxelles, Muquardt. . 8 M.

— de la Faculté des lettres de Caen. Mensuel. III. 1887. (Paris, Leroux.) à no.: 1 M. 25 Pf.

— de la Société des antiquaires de Normandie. Tome XIV. Caen, Le Blanc-Hardel. (Paris, Champion.) Vierteljährlich. 8 M.

Bulletin de la Société des beaux-arts de Caen. Vol. XIII. 1887. Caen, Le Blanc-Hardel.

— historique de la Société d'agriculture, commerce, sciences et arts du département de la Marne   Chalons sur-Marne, Thouille.

— de la Société archéologique du Châtillonnais.   Châtillon-sur-Seine, imp. Leclerc.

— de la Société artistique et industrielle de Cherbourg. 11. année, 1886/87. Cherbourg, imp. Seyffert.

— historique et scientifique de l'Auvergne, publié par l'Académie de Clermont-Ferrand. 1887. (10 No.) Clermont-Ferrand, Thibaud   5 M.

— de la Société historique de Compiègne. T. VI. Compiègne, Lefebvre. 8. 319 p.

— de la Société de Borda. Dax. impr. Justère

— d'histoire et d'archéologie religieuses du diocèse de Dijon. 5. année, 1887. Dijon, à l'évêché.   4 M.

— de la Société d'études scientifiques et archéologiques de la ville de Draguignan   Draguignan, imp. Latil.

— de la Société d'études des Hautes - Alpes. 6. année. 1887. Gap, imp. Jouglardt; au secrétariat de la Société. 8.   5 M.

— de l'Académie delphinale. 3. série. T. 21. 1887. Grenoble, imp. Dupont.

— de la Société historique et arch. de Langres. T. VIII. Langres, Dangien.

— de la Société académique de Laon. T. 30. Laon, Cortillot.

— de la Société d'agriculture, sciences et arts de la Sarthe. 2. série. T. 26. (tome 34 de la collection), avec supplément. Le Mans, Monnoyer.

— de l'Institut archéologique liégeois. T. X. Liège, secrétariat: rue Louvrex 73.   10 M.

— de la Commission historique du département du Nord. Lille, imp. Danel.

— de la Société archéologique et historique du Limousin. T. XXXIV. (T. 12 de la 2. série.) Limoges, imp. Chapoulaud frères.

— de la Société d'études scientifiques de Lyon T. XIII. 1887. Lyon, Georg.

— de la Société d'anthropologie de Lyon. T. 6. 1887. Lyon, Georg.

— de la Société d'archéologie, sciences, lettres et arts du département de Seine-et-Marne. 21. année. 11. vol. Meaux, Le Blondel.

— de la Société d'agriculture, industrie, sciences et arts du département de la Lozère T 38. 1887. Mende, Privat.

— des séances du cercle archéologique de Mons.

— archéologique et historique de la Société archéologique de Tarn-et-Garonne. T. 15. 1887. Montauban, Forestié.

— de la Société centrale d'agriculture et des comices agricoles du département de l'Hérault. 74. année (1887). Montpellier, imp Grollier et fils. 5 M.

— du Musée historique de Mulhouse. XII. 1887. Mühlhausen, Detloff.

— de la Société arch. lorraine. Vol. 27. 1887. Nancy, Crépin-Leblond. 6 M.

— de la Société archéologique de Nantes et du département de la Loire-Inférieure T. 26. Année 1887. Nantes, Forest et Grimaud.

— de la Société des bibliophiles bretons et de l'histoire de Bretagne. 10. année. (1886/87.) Nantes, imp Forest et Grimaud.

— de la Commission archéologique et littéraire de l'arrondissement de Narbonne. T. 10. 1886/87 Narbonne, Caillard.

— de la Société nivernaise des sciences. 2 série. T. XV. Nevers, Michot.

— de la Société niçoise des sciences. Année 1887. Nice, Chauvin-Empereur.

— de l'Académie de Nimes. Année 1887. Nimes, imp. Clavel-Chastanier.

Bulletin de la Société littéraire et artistique de Nîmes. 5. année, 1886/87. Nîmes, imp. Clavel-Ballivet. 6 M.

— du Comité archéologique de Noyon, Andrieux.

— de la Société archéologique .et historique de l'Orléanais. Vol. XXXII. Orléans, Herluison.

— du Comité d'histoire et d'archéologie du diocèse de Paris. 6. année, 1887. Paris, Poussielgue.

— du Comité des travaux historiques et scientifiques de la section des sciences économiques et sociales du ministère de l'instr. publique. 1887 Paris, imp. nationale.

— de la Société historique et Cercle Saint-Simon. V. 1887. Paris, Cerf. 8 M.

— historique et littéraire de la Société de l'histoire du protestantisme français. Red.: Jules Bonnet. 35. année. Paris, Fischbacher. 12 M 50 Pf.

— de la Société d'anthropologie de Paris comprenant les procès-verbaux des séances, des notices, rapports etc. 22. année. Paris, Masson. 10 M.

— de la Société de l'histoire de Paris et de l'Ile-de-France. 14. année, 1887. Paris, Champion.

— de la Société de législation comparée. 18. année. 1886/87. Paris, Cotillon. Monatlich. 15 M.

— de la Société nationale des antiquaires de France. 1887. Paris, Société; Dumoulin

— de la Société des sciences, lettres et arts de Pau. T. 16. 1887. Pau, Ribaut.

— de la Société historique et archéologique du Périgord. T. XIV, 1887. Périgueux, Société.

— de l'Académie impériale des sciences de St. Pétersbourg. Tome XXXII. St. Pétersbourg, Issakoff. (Leipzig, Voss.) 9 M.

— de la Société académique d'agriculture, helles-lettres, sciences et arts de Poitiers. 1887. Poitiers, Oudin. (Paris, Derache.)

— mensuel de la faculté des lettres de Poitiers. V. année (1886/87). (Paris, Leroux.) 10 M.

— de la Société des antiquaires de l'Ouest. Année 1887. Poitiers, Dupré.

— de la Société d'agriculture, sciences et arts de Poligny. Poligny, Mareschal.

— de la Société d'agriculture, industrie, sciences, arts et lettres du département de l'Ardèche. Nouvelle série. Tome 8 (1887). Privas, imp. Roure.

— de la Société arch. du Finistère. T. XIV. 1887. Quimper, Jaouen.

— et mémoires de la Société archéologique d'Ille - et - Villaine. Tome 18. Rennes, imp. Catel et Co.

— de la Commission des antiquités de la Seine-Inférieure. Rouen, Cagniard.

— de la Société des archives historiques de la Saintonge et de l'Aunis. Vol. VIII. 1887. Saintes, Société.

— archéologique de l'Association bretonne. 3. série. Saint-Brieuc.

— de la Société philomathique vosgienne. 12. année. 1886/87. Saint-Dié, imp. Humbert.

— historique de la Société des antiquaires de la Morinie. 35. année, 1887. St. Omer, Fleury.

— de la Société des sciences historiques et naturelles de Semur (Côte-d'Or). 2. série, t. II. (1885.) Semur, Lenoir.

— de la Société archéologique de Senlis. Senlis, Payen. 5 M.

— de la Société archéologique de Sens. T. 15. Sens, Duchemin.

— de la Société archéologique, historique et scientifique de Soissons. T. 16. 2. série. Soissons, Société; (Paris, Didron)

— de la Société de la Basse-Alsace. Tome XXI, 1886. Strassburg.

18 Academien und Gesellschaftsschriften.

Bulletin de la Société scientifique et littéraire du Limbourg. Tome XXII.
Tongres, M. Collée. 6 M.
— de l'Académie du Var. Nouv. série T. 15 (1886/87). Toulon, imp. Laurent.
— de la Société archéologique du Midi de la France. Toulouse, Société. 5 M.
— de la Société archéologique du Touraine. T. XII. Tours, Guilland-Verger.
— des travaux de la Société des architectes du dép. de l'Aube. Troyes, Caffé.
— de la Société des lettres et sciences de la Corrèze. 1887. Tulle, Crauffon.
— de la Société départemental d'archéologie de la Drôme. Valence, Berger.
— de la Société polymathique du Morbihan. 1887. Vannes, impr. Galles.
— de la Société archéologique et littéraire du Vendômois Vendôme, Launay.
— de la Société d'agriculture et des arts de Seine-et-Oise. Versailles, Cerf.
— de la Société d'agriculture, sciences et arts de la Haute-Saône. Vesoul,
imp. Suchaux.
Bulletins des travaux de la Société Murithienne du Valais, publiés sous la
direction de MM. Wolff, Favrat et Morthier. Lausanne, Bridel.
— de la Société de statistique, sciences, lettres et arts du département des
Deux-Sèvres. T. XI. Niort, Clouzet.
Bullettino della Commissione archeologica communale di Roma. Terza serie.
1887. Rom, Spithöver. 24 M.
Canadian Journal, the. Proceedings of the Canadian Institute. New Series.
Vol. VI. Toronto, Clark & Co.
Carinthia. Zeitschr. f. Vaterlandskunde, Belehrung u. Unterhaltung. Herausg.
v. Geschichtsverein u. naturhist. Landesmuseum in Kärnten. Red.: Markus
v. Jarbornegg. 77. Jahrg. 1887. 12 Nrn. Klagenfurt, v. Kleinmayr. 6 M.
Commentari dell' Ateneo di Brescia, per l'anno 1886. Brescia, tip. Apol-
lonio. 8. 307 p.
Compte rendu des travaux de la Société des études historiques pendant
l'année 1885; par J. Deslosières, secrétaire. Amieus, Delattre-Lenoel.
— des travaux de l'Académie des sciences, belles-lettres et arts de Clermont-
Ferrand. Clermont-Ferrand, Thibaut.
— des travaux de l'Académie des sciences, helles-lettres at arts de Lyon pendant l'année 1887. Lyon, imp. Plan.
— des travaux de l'Académie de Metz pendant l'année 1887. Nancy, Réau.
— de l'Académie des sciences morales et politiques, rédigé par Ch Vergé.
47. année, 1887. Paris, Picard. 25 M.
— des travaux du Cercle parisien de la Ligue de l'enseignement pour l'année
1887. Paris, Chaix.
— de la Commission impériale archéologique. St. Pétersbourg. (Leipzig, Voss.)
— des travaux de l'Académie nationale de Reims, par Ch. Loriquet. Reims,
imp. Monce.
— de l'Académie de Stanislas pour l'année 1884—1885; par M. l'abbé Ma-
thieu. Nancy, Berger-Levrault. 8. 26 p.
Comptes-rendus des travaux de l'Académie des sciences, helles-lettres et
arts de Savoie en 1885, par L. Morand. Chambery, 8.
— et mémoires du Comité archéologique et historique de Noyon. T. XII.
Noyon, Andrieux.
— des séances de l'Académie des inscriptions et helles-lettres, publiés par
le secrétaire perpétuel. 31. année. 4. série. T. XV. Paris, Picard. 8 M.
— de l'association bretonne. Classe d'archéologie. Comptes rendus, procès-
verbaux, mémoires, publiés par les soins de la direction. Saint-Brieuc, imp.
Prud'homme.
— et Mémoires de la Société d'émulation des Côtes-du-Nord. T. 24. 1886.
Saint-Brieuc, Guyon.

Comptes-rendus et Mémoires du Comité archéologique de Soissons. Senlis, imp. Payen.

Correspondenzblatt des Vereins f. siebenbürgische Landeskunde. Red. von J. Wolff 10. Jahrg. 1887. 12 Nrn. Hermannstadt, Michaelis. 2 M.
— der deutschen Archive. Organ für die Archive Mittel-Europas. Red.: C. A. H. Burkhardt. 10. Jahrg. 1887. 12 Nrn. Leipzig, Grunow. 6 M.

Δελτίον τῆς ἱστορικῆς καὶ ἐθνολογικῆς ἑταιρίας τῆς Ἑλλάδος. T. IV. Athen, (Beck) 1887.

Denkschriften der philosophisch-historischen Classe der kais. Akademie der Wissenschaften. Register zu den Bdn. XV—XXXV. II. Imp.-4. (IV, 8 S.) Wien, Gerold's Sohn.	60 Pf.

Documents et rapports de la Société paléontologique et archéologique de l'arrondissement de Charleroi. Tome XVIII. Mons, Manceaux.

Egyetemes philologiai közlöny. A Magyar tud. akadémia nyelvtudományi bizottságának megbizásából Szerkesztik és kiadjak Heinrich G. és P. Thewrewk. XI. (10 Hefte). Budapest, Franklin-Gesellschaft. 12 M.

Erdélyi Muzeum. Siebenbürgisches Museum. Zeitschrift der histor. Klasse des siebenbürgischen Museumsvereins. XIV. Red.: H. Finály. Klausenburg.

Folk-Lore Journal, the. Published for the Folk-Lore Society. London, Nutt.	25 M.

Forhandliger i Videnskabsselskabet i Christiania. 1887. Christiania, Dybwad.

Forschungen, märkische. Herausg. von dem Vereine für Geschichte der Mark Brandenburg. 21. Bd. Berlin, Ernst & Korn.	6 M.
— zur deutschen Geschichte. Herausg. von der histor. Commission bei der königl. Bayr. Akademie der Wissenschaften. 27. Bd. Göttingen, Dieterich's Verl. gr. 8.	10 M. 50 Pf.

Geschichtsblätter, hansische. Herausg. vom Verein f. hansische Geschichte. 1887. Leipzig, Duncker & Humblot 8	4 M. 40 Pf.
— für Stadt u. Land Magdeburg. Mittheilungen des Vereins für Geschichte u. Alterthumskunde des Herzogthums u. Erzstifts Magdeburg. Herausg. vom Vorstande des Magdeburger Geschichtsvereins 27. Jahrg. 1887. 4 Hefte. Magdeburg, Schäfer	6 M.

Geschichtsfreund, der. Mittheilungen des historischen Vereins der fünf Orte Luzern, Uri, Schwyz, Unterwalden u. Zug 42. Bd Einsiedeln, Benziger. 6 M.

Glasgow University Review. Glasgow, Wilson & Co.	9 M.

Handelingen en mededeelingen van de Maatschappij der Nederlandsche letterkunde te Leiden over het jaar 1886. Leiden, Brill.	2 M. 80 Pf.

Handlingar, Göteborgs konigl. vetenskabs og vitterhets-samhälles. Ny tidstöljd. 25. Heft. Göteborg, Bonnier.

Handlingar Svenska Akademiens. Ar 1886. LXIV. Bd. Stockholm, Norstedt.

Historia e memorias da Academia R. das sciencias de Lisboa. Classe de sciencias moraes, politicas e bellas-lettras. N. S. T. XII. Lisboa 4.

Hopkins University Circulars. Vol. VI. (1887). Baltimore 1887, Murphy. gr. 4.	à Nr. 50 Pf.

Jaarboek van de koninklijke akademie van wetenschappen gevestigd te Amsterdam voor 1887. Amsterdam, Johannes Müller.
— der rijksuniversiteit te Groningen 1886/87. Groningen, Wolters. 3 M.
— der rijksuniversiteit te Leiden. 1886/87. Leiden, Brill.	2 M. 50 Pf.
— der rijksuniversiteit te Utrecht. 1886/87. Utrecht, Beijers. 290 p. 5 M. 80 Pf.

Jahrbuch des Kaiserlich deutschen archäologischen Instituts. Hrsg. von M. Fränkel. (Vierteljährlich.) Band II. Vier Hefte. Berlin, G Reimer. 4.	à Bd : 16 M.
Rec.: (I) Zeitschrift f. d. österr. Gymn. XXXVIII 1 p. 48—51 v. F. Studniczka.

2*

Jahrbuch der königl. preussischen Kunstsammlungen. 8. Bd. 4 Hefte. Berlin,
Grote. Fol.   30 M.
— bremisches, herausg. von der historischen Gesellschaft des Künstlervereins.
17. Bd. Bremen, Müller.   ·   2 M. 40 Pf.
— der Gesellschaft f. bildende Kunst u. vaterländische Alterthümer in Emden.
8. Bd. Emden 1887, Haynel 8.   3 M.
— der Hamburgischen wissenschaftlichen Anstalten. 3. Jahrg. 1886/87. Hamburg, Gräfe. 8.   9 M.
— des Vereins für wissenschaftliche Pädagogik. Herausg. von Th. Voigt.
19. Jahrg Leipzig 1887, Veit. gr. 8.   5 M.
— historisches. Im Auftrage der Görres-Gesellschaft hrsg. v. H. Grauert.
8. Bd. Jahrg. 1887. 4 Hfte. gr. 8. (1. Hft. 198 S.) München, Herder
& Co.   12 M.; einzeln à 3 M. 50 Pf.
— für Geschichte, Sprache u. Litteratur Elsass-Lothringens. Hrsg. vom Vo-
gesen-Club. 1 Jahrg 1886. Strassburg, E. Heitz.
— für schweizerische Geschichte, herausg. auf Veranlassung der allgemeinen
geschichtsforschenden Gesellschaft der Schweiz. 11. Bd. Neue Folge des
Archivs für schweizerische Geschichte. Zürich, Höhr.   6 M.
— des hist. Vereins des Kantons Glarus. Heft 23. Zürich, Meyer & Zeller.
  · ·   2 M. 80 Pf.
Jahrbücher des Vereins von Alterthumsfreunden im Rheinland. 81. Heft.
Bonn, Marcus gr. 8   6 M.
— der königl. Akademie gemeinnütziger Wissenschaften zu Erfurt. Neue
Folge. 14 Heft. Erfurt, Villaret 8.   3 M.
— des Vereins f. mecklenburgische Geschichte u. Alterthumskunde, gegründet
v. C. C. F. Lisch, fortgesetzt v. F. Wigger. 51. Jahrg. Mit angehängten
Quartalberichten. Schwerin, Stiller. gr. 8.   5 M.
Jahresbericht, 63., der schlesischen Gesellschaft für vaterländische Kultur.
Breslau 1886, Aderholz
— der hist.-ant. Gesellschaft v. Graubündten. 22. Jahrg 1886. Chur, Sprecher.
— 39., des Museumsvereins f. das Fürstenthum Lüneburg. Lüneburg, Engel.
— des Vereins Mittelschule in Prag Red. v. Fr. Ullsperger. 4. Jahrg·
1886. Prag, Selbstverlag. gr. 8.
— des Vereins Mittelschule in Wien. 1886/87. Veröffentlicht v. L. Fischer.
Wien, Hölder. 8.
Jahresberichte der Geschichtswissenschaft, im Auftrage der histor. Gesellschaft zu Berlin herausg. v. J. Hermann, E. Meyer. V. (1882). Berlin,
Mittler & Sohn. 8. XII, 244, 457, 350 S   22 M.
— des philologischen Vereins zu Berlin (Beiblatt zur Zeitschrift für Gymnasialwesen). Band XIII. Berlin, Weidmann.
Jahresheft d. Vereins schweiz. Gymnasiallehrer. Aarau, Sauerländer. 1 M. 40 Pf.
Investigateur, l', journal de la Société des études historiques, ancien Institut
historique. 54. année (6 Nrn.). Paris, Thorin.
Journal, the, of the anthropological Institute of Great Britain and Ireland.
London, Society.
— of the British archaeological Association. London, Trübner.
— of Hellenic studies (published by the Society for the promotion of Hellenic
Studies). Vol. VII. London, Macmillan & Co. With woodcuts and plates. 25 M.
— the Yorkshire archaeolog. and topographical. Publ. under the direct. of
the council of the Yorkshire arch. and topogr. Assoc Bradbury, Agnew.
— des Ministeriums der Volksaufklärung (Shurnal Ministerstwa Narodnago
Proweschtschenija). 1887. St. Petersburg. 12 Hefte. gr. 8.   50 M.
Korrespondenzblatt d. Gesammtvereins der deutschen Geschichts- u. Alter-
thumsvereine. Hrsg. v. dem Verwaltungsausschusse des Gesammtvereins in
Berlin. Red : R. Béringuier. 35. Jahrg. 1887. 12 Nrn. gr. 4. Berlin,
Mittler & Sohn.   5 M.

Magazin, neues lausitzisches. Im Auftrage der oberlausitz. Gesellschaft der Wissenschaften herausg. v. Schönwälder. 62 Bd. Görlitz 1887, Remer.
à 2 M. 50 Pf.

Manadsblad, Kongl. Vitterhets historie. Redaktor: Hans Hildebrand. 1887. Stockholm, Samson & Wallin. 4 M. 50 Pf.

Mélanges gréco-romains tirés du Bulletin de l'Académie impériale des sciences de St. Pétersbourg. Tome VII. St. Pétersbourg. (Leipzig, Voss.)
— d'archéologie et d'histoire, publiés par l'École française de Rome. Vol. VII. Paris, Thorin. 20 M.

Mémoires de la Société d'émulation d'Abbeville. Vol. 10. Abbeville, Paillart.
— de l'Académie des sciences d'Aix. T. 15. Aix-en-Provence, imp. Illy.
—· et comptes rendus de la Société scientifique et littéraire d'Alais. T. 17. Alais, imp Martin.
— de l'Académie d'Amiens. 5 série. Année 1886. Amiens, imp. Yvert.
— de la Société des antiquaires de Picardie. 3. série, t. 10. [T. 31]. Amiens, Douillet. Paris, Dumoulin.
— de la Société académique de Maine-et-Loire. T. 41. Angers, imp. Lachèse.
— de la Société nationale d'agriculture, sciences et arts d'Angers. (Ancienne Académie d'Angers.) Nouvelle période. T. 28. 1886. Angers, imp. Lachèse.
— et documents publiés par l'Académie Salésienne. Tome 10. Annecy, impr. Niérat et Co.
— de l'Académie des sciences d'Arras. 2. série. T. 17. Arras, imp. Rohard-Courtin.
— de la Société éduenne. Nouvelle série. T. 14. Autun, Dejussieu.
— de l'Académie de Vaucluse Tome V. 1886. Avignon, Seguin frères
— de la Société d'archéologie, littérature, sciences et arts des arrondissements d'Avranches et de Mortain. T 6 Avranches, imp. Gibert.
— de la Société des lettres, sciences et arts de Bar-le-Duc. 2. série. T. 6. Bar-le-Duc, imp. Contant-Laguerre.
— de la Société d'agriculture,· sciences, arts et helles-lettres de Bayeux. T. 13. Bayeux, Duvant.
— de la Société d'histoire, d'archéologie et de littérature de l'arrondissement de Beaune. 1886. Beaune, imp. Batault-Morot.
— de la Société académique de l'Oise. T. 13. Beauvais, imp. Père.
— de l'Académie de Bellesme. T. 10. Bellesme, Ginoux.
— et documents inédits pour servir à l'histoire de la Franche-Comté, publiés par l'Académie de Besançon. T. 18. Besançon, Bouvalot.
— de la Société d'émulation du Doubs. 5. série. Besançon, imp. Dodivers. 8.
— de la Société des sciences et lettres de Loir-et-Cher. T 17. Blois, Lecesne.
— de la Société académique de Boulogne-sur-Mer. Boulogne-sur-Mer, imp.Aigre.
— de la Société des antiquaires du Centre. Vol. 15. Bourges, imp. Pigelet et fils.
— de la Société historique et·littéraire du Cher. 4. série. Bourges, David.
— couronnés et mémoires des savants étrangers publiés par l'Académie royale. des sciences, des lettres et des beaux-arts de Belgique. Bruxelles, imp. Hayez.
—· de l'Académie nationale des sciences, arts et helles-lettres de Caen. 1886. Caen, Le Blanc-Hardel.
— de la Société des antiquaires de Normandie. Ibid.
— de la Société d'émulation de Cambrai. T. 42. Cambrai, imp Renaut.
— de la Société des sciences natur et historiques, des lettres et des beaux-arts de Cannes et de l'arrondissement de Grasse. T. 15. Cannes, imp. Vidal.
—· de la Société d'agriculture et·sciences de la Marne. 1886. Chalons-sur-Marne.

Mémoires de l'Académie des sciences, helles-lettres et arts de Savoie. 3. série.
T. 12. 1886. Chambery, imp. Chatelain. 8.
— et documents publiés par la Société Savoisienne d'histoire et d'archéologie.
T. 24. Chambery, Bottero.
— de la Société archéologique d'Eure-et-Loir. T. 11. Chartres, Petrot-Garnier.
— de la Société nationale académique de Cherbourg. Cherbourg, Le Poitevin.
— de l'Académie des sciences, helles-lettres et arts de Clermont-Ferrand.
T. 27. Clermont-Ferrand, Thibaud.
— de la Société royale des Antiquaires du Nord. Nouvelle série. 1887.
Copenhague, Gyldendal.   1 M. 50 Pf.
— de la Société académique du Cotentin (archéologie, helles-lettres, sciences
et beaux-arts). T. 6. 1886. Coutances, Salettes. 8.
— de l'Académie des sciences, arts et belles-lettres de Dijon. 3. série T. 11.
1885. Dijon, Lamarche. (Paris, Derache.)
— de la Commission des antiquités du dép. de la Côte-d'Or. Dijon, Lamarche. 4.
— de la Société Bourguignonne de géographie et d'histoire. Dijon, Darantière.
— de la Société d'agriculture, des sciences et d'arts séant à Douai, centrale
du département du Nord. 2 série. T. 21. Douai, Crepin.
— de la Société Dunkerquoise pour l'encouragement des sciences, des lettres
et des arts. 29. vol. Dunkerque, André.
— et documents publiés par la Société d'histoire et d'archéologie de Genève. .
Tome XXVII. Genève, J. Jullien.
— de la Société des sciences naturelles et archéologiques de la Creuse T. 10.
Guéret, Dugenest.
— de la Société bist. et archéologique de Langres. T. 6. Langres, au Musée.
— et documents publiés par la Société d'histoire de la Suisse romande. Mélanges. Lausanne, Georges Bridel.
— et Procès-verbaux de la Société des amis des sciences, de l'industrie et
des arts de la Haute-Loire. 2. série. 8. année. Le Puy, Marchessou.
— de la Société des sciences, de l'agriculture et des arts de Lille. 4. série.
T. 14. Lille, Quarré.
— de la Société d'émulation du Jura. 3. série. T. 6. 1886. Lons-le-Saunier,
Declume.   `
— de l'Académie des sciences, belles-lettres et arts de Lyon. Classe des
lettres. Vol. 24. Lyon, Palud; Paris, Baillière et fils.
— de la Société littéraire, historique et archéologique de Lyon Lyon, Brun.
— de l'Académie des sciences, belles-lettres et arts de Marseille. Années
1886/87. Marseille, impr. Barlatier-Feissat.
— et publications de la Société des sciences, des arts et des lettres du Hai-
naut. 4. série. T. XI. Mons, Desquesne-Masquillier.
— de la Société d'émulation de Montbéliard. Montbéliard, imp. Barbier frères.
— de l'Académie des sciences et lettres de· Montpellier (section des lettres)
T. 12. Montpellier, Boehm et fils.
— de l'Académie de Metz. 66. année; 3. série, 13. année. Nancy, Ballet.
— de l'Académie de Stanislas. 137. année (1886). 5. série. Nancy, Berger-
Levrault.
— de la Société d'archéologie lorraine et du Musée historique lorrain. 3. sér.
14 volume. 1886. Nancy, imp. Wiener.
— de l'Académie de Nimes. 8. série. T. 8. Année 1885. Nimes, imp. Clavel-
Ballivet et Ce.
— de la Société de statistique, sciences, lettres et arts du département des
Deux-Sèvres. 3. série, III. 1886. Niort, Société.

Mémoires de la Société archéologique et hist. de l'Orléanais. T. 21. Orléans, Herluison.

— de la Société d'agriculture, sciences, helles-lettres et arts d'Orléans. 2. sér. T. 27. 1886. Orléans, Puget.

— de l'Institut national de France. T. 32. Première partie. 4. 446 p. et album de planches. Paris, Klincksieck.

— de la Société d'anthropologie. T. XII. (1886/87.) Paris, Masson.

— de la Société d'ethnographie, rédigés par MM. Claude Bernard, Castaing, Duchinski, Douhousset, Dulaurier, Foucaux, Garcin de Tassy, Geslin, Halévy etc. T. 26. Paris, Maisonneuve.

— de la Société de l'histoire de Paris et de l'Ile-de-France. T. 13. 1886. Paris, Champion.

— de la Société de linguistique de Paris. T. VII. Paris, Vieweg. 15 M.

— de la Société nationale des antiquaires de France. T. 46. (5. sér. T. 6.) Paris, Klincksieck 12 M.

— de l'Académie impériale des sciences de St. Pétersbourg. VII. série. Tome XXXIV. St Pétersbourg 1886. (Leipzig, Voss.) 7 M.

— de la Société des antiquaires de l'Ouest. T. 8 de la 2. série. Année 1886. Poitiers, Druineaud.

— de la Société historique et archéologique de l'arrondissement de Pontoise et du Vexin. T. 9. Pontoise, imp Paris.

— et documents publiés par la Société archéologique de Rambouillet. T. 11. Rambouillet, Raynal.

— de la Société archéologuique du département d'Ile-et-Vilaine. Rennes, Catel.

— de la Société des lettres de l'Aveyron. T. 18. Rodez, imp. Ratery-Virenque.

— de la Société d'émulation de Roubaix. T. 13. Roubaix, Dardenne.

— de la Société archéologique et historique des Côtes-du-Nord. 2. série. IV. 1886. Saint-Brieuc, Prud'homme.

— de la Société des lettres et sciences de Saint-Dizier. Saint-Dizier, imp. Henriot.

— de la Société des antiquaires de la Morinie. T. 21. Saint-Omer, Tumerel.

— de la Société académique des sciences, arts, helles-lettres, agriculture et industrie de Saint-Quentin. 4. série. T. 7. Saint-Quentin, Poette.

— de Société archéologique de Soissons. Vol. 14. Soissons, Société.

— de l'Académie des sciences, inscriptions et helles-lettres de Toulouse. 8. série. T. 8. Toulouse, imp. Douladour-Privat.

— de la Société archéologique du Midi de la France. Toulouse, ibid.

— de la Société archéologique de Touraine. T. 36. Tours, Suppligeon.

— de la Société académique du dép. de l'Aube. 3. série. t. 34. 1887. Troyes, Lacroix.

— historiques sur l'arrondissement de Valenciennes, publiées par la Société d'agriculture, sciences et arts de cette ville. Valenciennes, Binois.

— de la Société archéologique, artistique, littéraire et scientifique de l'arrondissement de Valognes. T. 4 (1885/86). Valognes, Luce. 8.

— de la Société d'agriculture et des arts du département de Seine-et-Oise. 2. série, t. 20. Versailles, impr. Aubert.

Memorias de la R. Academia de la historia Tome XIV. Madrid, imp. Tello.

— de la Bibliotheca de la Universidad Central correspondiente á 1886. (10. anno de su publicacion) Madrid, Tello.

Memorie dell'Accademia delle scienze dell'Istituto di Bologna, serie IV, t. 7. 1886 Bologna, Gamberini. 4

Memorie storiche e documenti sulla città e sull'antico principato di Carpi. Vol. 8. Carpi, Pederzoli e Rossi. 4.

— del R. Istituto Lombardo di Scienze et Lettere, classe di lettere et scienze morali e politiche, vol. XVII (VIII della serie 4). Milano 1887, Hoepli. 4.

— della R. Accademia di scienze, lettere ed arti di Modena. Serie 2, t. IV. 4.

— della classe di scienze morali, storiche e filologiche della R. Accademia dei Lincei. Roma, Löscher. 4.

— della R. Accademia delle Scienze di Torino, serie II. t. 39. Scienze morali, storiche e filologiche. Torino, Löscher. 4.

— del R. Istituto veneto di scienze, lettere et arti. Vol. XXV. Venezia.

— dell'Accademia d'agricoltura, arti e commercio di Verona. Vol. LXIII della serie II. Verona, tip. Franchini.

Mindeskrift det philol.-hist. Samfunds. 1887. Kjöbenhavn, Klein.

Miscellanea di storia italiana, edita per cura della R. Deputazione di storia patria Tomo XXV (10. della 2 Serie). Torino, Bocca 8.

Mittheilungen des deutschen archäologischen Instituts. Athenische Abtheilung. 11. Jahrg. (1886/87). 4 Hefte. Athen, Wilberg   12 M.

— — Römische Abtheilung. Bullettino dell' imperiale Istituto archeologico germanico. Sezione romana. Band II. (Vier Hefte.) Rom. Löscher. 8.   12 M.

Rec.: (I) Deutsche Literaturzeitung N. 10 v H. v. Rohdeu

— der historischen und antiquarischen Gesellschaft zu Basel. N. F. Bd. X. Basel, Bahnmeier. 4.

— aus der historischen Litteratur, herausg. von der historischen Gesellschaft in Berlin und in deren Auftrage redigirt von Ferd. Hirsch. 15. Jahrg. 1887. 4 Hefte. Berlin, Gärtner. gr. 8.   6 M.

— der k. k mährisch-schlesischen Gesellschaft für Ackerbau, Natur- u Landeskunde. Red : C Weeber. 1887. 52 Nrn Brunn, Winiker. 4. 8 M. 20 Pf.

— des Vereins für Chemnitzer Geschichte. VII. Jahrbuch, 1886/87. Chemnitz, May.   3 M.

— des königl. sächsischen Alterthumsvereins. Namens desselben herausg. von H. Ermisch u A. v. Eye. 1887. Dresden, Baensch.

— des Vereins für die Geschichte u. Alterthumskunde von Erfurt. 14 Heft. Erfurt, Villaret.   ,   3 M.

— des historischen Vereins f. Heimathskunde in Frankfurt a. O. Frankfurt a O., Harnecker & Co.

— vom Freiburger Alterthumsvereins, herausg. von Heinrich Gerlach. 23. Heft. 1887. Freiberg, Gerlach.   2 M.

— des historischen Vereins für Steyermark. Herausg. von dessen Ausschuss. 35. Heft. Graz, Leuschner.

— neue, aus dem Gebiete historisch-antiquarischer Forschungen Im Namen des mit der Universität Halle-Wittenberg verbundenen Thüring.-Sächs Vereins für Erforschung des vaterländ. Alterthums und Erhaltung seiner Denkmale herausg. von J. O. Opel. 19 Bd. 1886 Halle, Anton.   8 M.

— des Vereins für Hamburgische Geschichte. Im Auftrage des Vorstandes herausg. v. K. Koppmann. 9. Jahrg. Hamburg, Mauke

— der littauischen litterarischen Gesellschaft. 10 Heft Heidelberg, C. Winter.

— des Instituts für österreichische Geschichtsforschung. Unter Mitwirkung v. Th. Sickel u. H. v. Zeissberg red. v. E. Mühlbacher. 8. Bd 4 Hefte. Innsbruck, Wagner.   13 M.

— der Deutschen Gesellschaft zur Erforschung vaterländischer Sprache und Alterthumer in Leipzig. 13. Bd Leipzig, Weigel

— des Alterthumsvereins zu Plauen i. V. 7. Jahresschrift. Herausg. v. Joh. Muller. Plauen, Neupert

Mittheilungen des Vereins für Geschichte der Deutschen in Böhmen. 25. Jahrg. 1886/87. Red. v. L Scblesinger. Prag. (Leipzig, Brockhaus.) gr. 8 à 2 M.

— der Gesellschaft für Salzburger Landeskunde. 27. Vereinsjahr 1887. Red. v. E. Richter. Salzburg, Dieter. 10 M.

— der anthropologischen Gesellschaft in Wien.˙ 17. Bd. 1887. Wien, Hölder.

— der k. k. Central-Commission zur Erforschung u. Erhaltung der Kunst u. historischen Denkmale. Hrsg. unter der Leitung v. J. A. Frhr. v. Helfert. Red.: K. Lind. 13 Bd. 4 Hefte Wien, Kubasta 4. 12 M.

-- archäologisch-epigraphische, aus Oesterreich-Ungarn. Elfter Jahrg. 2 Hefte. Wien, Gerold. 8 • 9 M.

— der antiquarischen Gesellschaft [der Gesellschaft für vaterländ Alterthümer] in Zurich. 22. Bd. 3. Heft. Zurich, Orell - Füssli. 24 S. mit 5 Taf.- 4. 3 M 50 Pf

Monatsblatt des Alterthumsvereins zu Wien. Red.: J. Newald. 4. Jahrg. 1887. Wien, Kubasta. 2 M 40 Pf.

Monatsschrift, österreichische, für den Orient. Herausg v. oriental Museum . in Wien Unter besonderer Mitwirkung von M. A Becker, G. Detring, F. v. Hellwald etc. Red. von A. v. Scala. 14. Jahrg. 1887. 12 Nrn. Wien, Gerold. 4. • 10 M.

Musée neuchâtelois, recueil d'histoire nationale et d'archéologie. Organ de la Société d'histoire du canton de Neuchâtel. Neuchâtel, Société. 4 8 M. •

Muzeum, Zeitschrift des (galizischen) Vereins von Lehrern höherer Schulen. (Polnisch.) 3. Jahrg. 1887. Lemberg, Milikowsky. gr. 8.

Nachrichten der Kaiserl Russ. Archäol. Gesellschaft. Bd. XIV. 1886/87. Petersburg. 4. (Leipzig, Voss.)

Notices et Extraits des manuscrits de la Bibliothèque nationale et autres. bibliothèques, publiés par l'Institut national de France. Paris, imp natio - nale. 4.

— mémoires et documents publiés de la Société d'agriculture, d'archéologie et hist. naturelle du dép. de la Manche. T 11. Saint-Lô, imp. Elie.

Notizie degli scavi di antichità communicate alla R. Accademia dei Lincei per ordine di S. E. il ministro della pubblica istruzione da F. Fiorelli. 1887 Mensile. Rom, Löscher. 4. 20 M.

Öfversigt af Kongl. Vetenskabsakademiens förhandligar. 44 arg. (10 Hefte) 1887 Stockholm, Norstedt. 6 M.

Pamietnik Akademii w Krakowie. Wydzialy filologiczny i historiczno-filozoficzny Tom. XI. Kraków, druk Uniw. Jay. 4 M.

Papers of the American School of classical Studies at Athens Ed by the Arch. Inst. of America. Vol III. Boston, Cupples and Co gr. 8. with plates.

Periodico della Società storica di Como. Pubblicazione trimestrale illustrata. Vol. VI. 1887. Como, Ostinelli. 4. 4 M.

Πρακτικὰ τῆς ἐν Ἀθήναις ἀρχαιολογιϰῆς ἑταιρίας. Athen, Petris. 8.

— τῆς φιλεϰπαιδευτιϰῆς ἑταιρίας τοῦς ἔτους 1886, ϰαὶ ἡ ἔϰϑεσις τοῦ ἀποτελέσματος τῶν ἐναυσίων ἐξετάσεων, ἀναγνωσϑεῖσα ἐν τῇ αἰϑούσῃ τοῦ Ἀρσαϰείου. Athen, Philadelphos.

Précis de l'Académie des sciences, belles-lettres et arts de Rouen et du Bulletin de la Commission des antiquités Rouen, Cagniard. 8.

Proceedings of the Literary and Philosophical Society of Liverpool Vol. 40. London, Longman. 16 M

Procès-verbaux de la Société académique de Maine-et-Loire. Angers, Lachèse et Dolbeau.

— de la Société arch d'Eure-et-Loire. T. 12. Chartres, Petrot-Garnier. 10 M.

— et Documents de la Commission historique et archéologique du département de la Mayenne T. 8. Laval, Moreau.

Procès-verbaux des séances de la Société des lettres, sciences et arts de l'Aveyron. XIX. Rodez, Ratery.

Programmes des cours dans les établissements d'enseignement supérieur de Paris et dans les grandes écoles ressortissant au ministère de l'instruction publique Suivis d'un tableau des cours par jour et par heure. Année scolaire 1886/87. Paris, Delalain. 1 M.

Przeglad archeologiczny, organ c. k. conservatoryi pomników i Tawarzystwa archeol. kraj. we Lwowie, pod redakcya K. Widmanna. Lemberg 1887.

Publications de la section historique de l'Institut de Luxembourg Vol 39. 1886. Luxembourg, Brück. 8.

— de la Société historique et archéologique dans le duché de Limbourg. Tome XXII. Nouv. sér., t. II. 1886. Ruremonde, J. J. Romen et fils.

Quartalblätter des historischen Vereins für das Grossherzogthum Hessen. Red. v. A. Wyss. Jahrg. 1887. Darmstadt, Jonghans.

Recueil des travaux de la Société libre d'agriculture, sciences, arts et belleslettres de l'Eure. 4 série. T. 11 Evreux, Disu.

— de l'Académie des sciences de Tarn-et-Garonne. 2. série. T. 2. Montauban 1886, imp Forestié 8

Rendiconti delle sessioni dell'Accademia delle scienze dell'Istituto di Bologna. Anno accademico 1886/87. Bologna, Gamberini.

— del Reale Istituto Lombardo di Scienze e Lettere Serie II, vol. XX. (1887.) Milano, Hoepli.

— della R. Accademia dei Lincei. Pubblicati per cura de' Segretari. Vol. III. (1887). Roma (Torino, Löscher). 4. 12 M.

Répertoire des travaux historiques, contenant l'analyse des publications faites en France et à l'étranger sur l'histoire, les monuments et la langue de la France Publié sous les auspices du ministère de l'instruction publique. 6. année. 1887 (4 cahiers) Paris, Hachette 12 M.

Repertorium für Kunstwissenschaft. Red. v. H. Janitschek. 10. Bd. 4 Hfte. Lex.-8. (1. Hft. 136 S.) Stuttgart, Spemann 16 M.

Revista de antropologia; órgano official de la Sociedad antropologica Espanola. Tomo XIII (1887). Madrid, Murillo 25 M.

— de la Sociedade de Instruccao de Porto. 1887.

Revue des questions scientifiques, publiée par la Société scientifique de Bruxelles. (Trimestriel) XI. année. 1887. Bruxelles, secrétariat, rue des Ursulines 14. 20 M.

— ungarische Mit Unterstützung der ung. Akademie der Wissenschaften herausg. v. Paul Hunfalvy u. G Heinrich. 7. Jahrg. 1887. 12 Hefte. Budapest. (Leipzig, Brockhaus' Sort.) 8. 10 M.

— Sextienne historique, littéraire, scientifique et archéologique; par une société de gens de lettres. 8. année. (1887.) Aix, Makaire. 12 M. 50 Pf.

— de l'École d'Alger (section des lettres, section orientale.) 7. année (1886/87). 4 fasc. Alger, imp. Fontana; (Paris, Leroux). 20 M.

— de la Société littéraire, artistique et archéologique de la Vendée. (Trimestriel.) 5. année, 1886/87. Fontenay-le-Comte, Gouraud 8 M.

— des études juives 7. année. 1886/87. Paris, Leroux 25 M.

— des langues romanes, publiée par la société pour l'étude des langues romanes. Deuxième série. Tome XIV. Paris, Maisonneuve. 10 M.

Rivista periodica dei lavori della R. Accademia di scienze, lettere et arti di Padova, redattore G. Orsolato. Vol. XXXVII. Padova, tip. Randi.

Rocznik zarzadu Akademii umiejetnosci, rok 1887. Krakau, Akademie.

Rozprawy i sprawozdania z posiedzen Wydzialu filologicznego Akademii umiejetnosci. Tom XIV. Krakau, Univ.

Saggi, Nuovi, della R. Accademia delle scienze, lettere et arti in Padova. Vol. XII. Padova, tip. Randi. 4.

Samlinger til jydsk Historie og Topografi. 14. Bind 1887. Udg af det jydske historisk-topografiske Selskab. Aalborg, M. M. Schultz

Schlesiens Vorzeit in Bild u Schrift. Berichte des Vereins für das Museum schlesischer Alterthümer. Breslau, Trewendt (1886/87).   à 1 M.

Schriften der historisch-statistischen Section der k. k. mähr.-scbles. Gesellschaft zur Beförderung des Ackerbaues, der Natur- u Landeskunde, red. v. d'Elvert. 29. Bd. Brünn, Winiker.

— des Vereins für Geschichte des Bodensees u. seiner Umgebung. 14. Heft, 1886. Lindau, Stettner. gr. 8.   5 M.

— (Sapiski) der Kais. russ. arch. Gesellschaft (Russisch) Tom II, N. 1, 2 Neue Serie. Petersburg. 8   171 u. CXLVI S. mit 2 Tafeln

Séances et travaux de l'Académie des sciences morales et politiques (Institut de France) Compte rendu (mensuel) par Ch. Vergé, sous la direction de Jules Simon. 47. année, 1887. Paris, Picard   25 M.

Sitzungsanzeiger der·kaiserlichen Akademie der Wissenschaften, philos-histor. Klasse. Jahrg 1887 ca. 30 Nrn. Wien, Gerold's Sohn   8.   2 M.

Sitzungsberichte der königl. preussischen Akademie der Wissenschaften zu Berlin, Jahrg. 1887. 52 Nrn.· Lex.-8. Berlin, G. Reimer.   12 M.

— der gelehrten estnischen Gesellschaft zu Dorpat. 1887. Dorpat. (Leipzig, K. F. Köhler.)

— der philosophisch-philologischen u. histor. Klasse der k. bayr. Akademie der Wissenschaften zu München. 1887. München, Franz.   à 1 M. 20 Pf.

— der königl. böhm. Gesellschaft der Wissenschaften in Prag. Jahrg. 1887. Red.: K Koristka. Prag, Grégr & Dattel.   6 M.

— der kaiserl. Akademie der Wissenschaften. Philosophisch·histor. Klasse. 113. Bd. 1. Heft. Wien, Gerold's Sohn Lex-8 578 S.   7 M 60 Pf.

Société des sciences et arts de Vitry-le-François. XV, 1886/87 Vitry-le-François, imp. Bitsch

—. scientifique et littéraire des Pyrénées-Orientales. T. 30. 1886. Perpignan, imp. Latrobe.

Studien, baltische. Herausg. von der Gesellschaft für pommersche Geschichte u Alterthumskunde. Red.: v. Bülow. 37. Jahrg. 1887. 4 Hefte. Stettin, Herrcke & Lebeling.   6 M.

Studi letterari e morali ed atti dell' accademia ecclesiastica modenese di s. Tommaso d'Aquino. Tomo II. Modena, società tip. Modenese, 1887. 8.

— e documenti di storia e diritto. Pubblicazione periodica dell'Accademia di conferenze storico-giuridiche. Anno VIII, 1887. Rom.   20 M.

Σύλλογος, ὁ, ἐν Κωνσταντινουπόλει ἑλληνικὸς φιλολ. Σύγγραμμα περιοδικόν. Τόμος Iʹ, 1887. Constantinopel (Lorentz & Keil). 4   6 M.

Taschenbuch, Zürcher, auf das Jahr 1887. Herausg von einer Gesellschaft Zürcher Geschichtsfreunde. Neue Folge. 10. Jahrg. Zurich,·Höhr. 5 M.

Tidskrift, Antiqvarisk, fór Sverige. Utg af Kongl vitterbets-, historie- och antiquitets-akademien genom Bror E. Hildebrand. XII. 4 Hefte. Stockholm, Samson u. Wallin.   à 1 M. 50 Pf.

Tidsskrift, historisk, femte Raekke, udg. af den danske historiske Forening ved dens Bestyrelse. Redigeret af C. F. Bricka. Kjòbenh.; Schubothe.

Transactions of the Cambridge Philological Society.ˌ Vol. IV. Edited by J. P. Postgate. London, Trübner & Co.

— of the historical Society of Lancashire aud Cheshire. Third ser., XIV. Liverpool, Holden.

— of the Society of Biblical Archaeology. Vol. XI, London, Longman.

Transactions of the Royal Society of Literature. Vol. XVIII. London, St. Martin's Place.

— of the Oxford Philological Society, 1886/87.

Travaux de la Société académique de la Loire-Inférieure, par Guillemet. Nantes, Millinet.

— de l'Académie nationale de Reims. 77. vol. 1886/87. Reims, Monce.

— de la Société d'agriculture, des belles-lettres, sciences et arts de Rochefort. Année 1886/87. Rochefort, Thèze.

— de la Société de la Maurienne (Savoie). 10. vol. S.-Jean-de-Maur, Vuilliermet.

Udsigt, kort, over det philologisk-historiske Samfunds Virksomhed 1885/86 32 Jahrg Kopenhagen, Klein. 8. 52 S. 1 M. 50 Pf.

Verhandelingen der koninklijke akademie der wetenschappen Afdeeling letterkunde 19 deel Amsterdam, van der Post. 4.

Verhandlungen der gelehrten estnischen Gesellschaft zu Dorpat. Dorpat. (Leipzig, K. F. Köhler) 3 M. 50 Pf.

— des hist Vereins von Oberpfalz u Regensburg. 40. Bd. der gesammten Verhandlungen u. 31 Bd. der neuen Folge. Stadtamhof (Regensburg, Manz)

— der St. Gallischen gemeinnützigen Gesellschaft. 18 Heft. St. Gallen, Huber & Co

Verslagen en mededeelingen der koninklijken akademie van vetenschappen. Afdeeling Letterkunde. V. Amsterdam, Joh Muller. 1 M 20 Pf.

Vierteljahrshefte, württembergische, für Landesgeschichte. In Verbindung mit dem Verein für Kunst u. Alterthum in Ulm u Oberschwaben, dem württ. Alterthumsverein in Stuttgart, dem bist Verein für das württ. Franken u. dem Sülchgauer Alterthumsverein hrsg. v dem k. statistisch-topogr. Bureau. 10. Jahrg. 1887 4 Hefte. Stuttgart, Kohlhammer. 4. 4 M.

Zeitschrift des Aachener Geschichtsvereins. 8. Bd. Aachen, Benrath & Vogelgesang 6 M

— des hist Vereins f. Schwaben u. Neuburg. 13. Jahrg Augsburg, Schlosser. 10 M.

— für Ethnologie, Organ der Berliner Gesellschaft für Anthropologie, Ethnologie u. Urgeschichte Redactions-Commission: A Bastian, R. Hartmann, R Virchow, A Voss. 19. Jahrg. 1887. Berlin, Asher. 24 M

— des Bergischen Geschichtsvereins. Hrsg. v. W. Crecelius u. W. Harless. 22 Bd [der neuen Folge 12. Bd.] Jahrg. 1886. Bonn, Marcus. 5 M.

— des Vereins für Geschichte u Alterthum Schlesiens Namens des Vereins herausg. von C. Grünhagen. 21. Bd Breslau, Max & Co 4 M.

— des westpr Geschichtsvereins 18. Heft. Danzig, Bertling. 8. 140 S. 1 M. 50 Pf.

— des Düsseldorfer Geschichtsvereins, unter Red. von W. Herchenbach. 7. Jahrg. 1887. 6 Hefte Düsseldorf, Schmidt & Olbertz. 3 M.

— der Gesellschaft für Beförderung der Geschichte der Alterthums- und Volkskunde von Freiburg, dem Breisgau u. den angrenzenden Landschaften. 8. Bd Freiburg i/Br., Stolt & Bader. 7 M.

— des Vereins für hamburgische Geschichte. Neue Folge. 8 Bd. Hamburg 1887, J. A. Meissner. 1 M. 60 Pf

— des historischen Vereins für Niedersachsen Herausg unter Leitung des Vereinsausschusses Jahrg. 1887. Hannover, Hahn. 6 M.

— des Vereins für thüringische Geschichte u Alterthumskunde. Neue Folge. 6. Bd. Der ganzen Folge 14 Bd. Jena, Fischer. 3 M.

— des Ferdinandeums für Tirol u. Vorarlberg. Herausg. v. dem Verwaltungsausschuss. 3. Folge 30. Heft. Innsbruck; Wagner. 6 M.

— f die Geschichte d. Oberrheins, hrsg. v. der bad. histor. Kommission. Neue Folge 2. Bd [Der ganzen Reihe 41. Bd.] Red.: A. Schulte. 4 Hefte. gr. 8 (1. Heft 128 u. Mittheilungen 32 S.) Freiburg, Mohr. 12 M.

Zeitschrift des Vereins für hess. Geschichte u. Landeskunde. Neue Folge.
13 [23] Bd. Kassel, Freyschmidt in Comm. 8. 311 S. 7 M. 50 Pf.
— des Vereins für Schleswig - Holstein - Lauenburgische Geschichte. 16. Bd.
Kiel, Univ.-Buchh.
— des deutschen Palästina - Vereins. Herausg. von dem geschäftsführ. Ausschuss unter Red. v H. Guthe. 9. Bd. 4 Hefte. Leipzig, Bädecker. 10 M.
— der deutschen morgenländischen Gesellschaft. Herausg. v. den Geschäfts-
führern Collitz, Thorbecke, Krehl, Windisch, unter der Red. von E. Windisch. 41. Bd. 1887. 4 Hefte. Leipzig, Brockhaus. gr. 8. 15 M.
— des Vereins für Lubeckische Geschichte und Alterthumskunde. 8. Bd
Lubeck, Grautoff.
— des Vereins zur Erforschung der rheinischen Geschichte u. Alterthümer
in Mainz. Bd. VI. 4 Hefte. Mainz, v. Zabern 5 M.
— des deutschen u österreichischen Alpenvereins. In zwanglos erscheinenden
Heften. Red v. Th. Trautwein Jahrg 1887. München, Lindauer.
— für vaterländische Geschichte u Alterthumskunde Herausg. v. dem Vereine
für Geschichte u. Altertumskunde Westfalens, durch A. Tibus u. C. Mertens. 45 Bd. Münster, Regensberg. 4 M, 50 Pf.
— der Savignystiftung für Rechtsgeschichte. Herausg. v. P. v Roth, H. Böhlau.
A. Pernice, R. Schröder. 1. Romanistische Abtheilung. 8. Bd. 1887. Weimar,
Böhlau. 7 M. 50 Pf.
— des Harz-Vereins für Geschichte u. Alterthumskunde. Herausg. im Namen
des Vereins v. Ed. Jacobs. 20. Jahrg. 1887. Wernigerode, Quedlinburg,
Huch in Comm. 6 M.
— des Vereins für Hennebergische Geschichte und Landeskunde zu Schmal-
kalden, Willisch. à Heft 80 Pf.

3. Sammelwerke.

Vermischte kritische Schriften. — Lateinische und griechische
Schriften von Autoren des späteren Mittelalters u. der Neuzeit.

Agricolae Islebiensis Apophthegmata nonnulla, nunc primum ed. Daae.
Christiania 1886 4. XVIII, 27 S. 1 M. 50 Pf.
Rec.: Theol. Literaturzeitung N. 3 v. Kawerau.

Aleardi Aleardo, due lettere inedite, pubblicate da D. Centanini (per nozze).
Rovigo. 8. 16 p.

Bergk, Th., kleine philologische Schriften. 2 Bde. Halle 1885/86, Waisenhaus. 22 M.
Rec.: (II) Lit. Centralblatt N. 3 p. 92.

Boissier, G., promenades archéologiques : Rome et Pompéi. 3. édition. Paris,
Hachette. 18. VI, 408 p. et 8 plans. 3 M. 50 Pf.

Briefe von K. D. Illgen an C. A. Böttiger. Mitgetheilt von R. Boxberger.
Jahrbücher für Philologie 134. Bd. 12. Hft. p. 632—638. v. 1886.
— von A. Masius, herausg. von M. Lossen. Leipzig 1886, Dürr. 11 M. 40 Pf.
Rec.: Lit. Centralblatt N. 13 p. 412—413.

Briefwechsel des Beatus Rhenanus, hrsg. von Horawitz u. Hartfelder.
Leipzig 1886, Teubner. 28 M.
Rec.: Deutsche Literaturzeitung N. 1 p. 4—5 v. G. Voigt.

Burnouf, E., les chants de l'Eglise latine. Restitution de la mesure et du
rythme selon la méthode naturelle. Paris, Lecoffre. 8. X, 222 p.

Calvary's philologische u. archäologische Bibliothek. 76. u. 77. Bd. (S. 577
—768.) Berlin, Calvary & Co. Subscr.-Pr. à 1 M. 50 Pf.; Einzelpr. à 2 M.

Corvinus, H., Schillersche u. Goethesche Gedichte in lateinischer Uebertragung.
Braunschweig 1886. Pr. 4. 18 S.

Curtius, E., die Volksgrüsse der Neugriechen in ihrer Beziehung zum Alterthum. Sitzungsberichte der Berliner Akademie 1887 N. XI p. 147—158.

Curtius, G, kleine Schriften. Herausg. von E. Windisch. 2 Thle. Leipzig 1886, Hirzel　　　　　　　　　　　　　　　　　　　　　　7 M.

Rec : Deutsche Literaturzeitung N. 1 p. 8—10 v. A Fresenius. — Lit. Centralblatt N. 4 p. 121—122 v. A. Wiedemann. — Wochenschrift für klass. Phil IV 9 p 259—263 u. N. 10 p. 289—295 v. Immisch. — Berliner phil. Wochenschrift VII 12 p. 370—372 v. K. Brugmann. — Gymnasium V 2 p. 51 v. Golling.

Denifle, P, Meister Eckehardts lateinische Schriften. Archiv für Literaturgeschichte des Mittelalters II p. 417—452.

Draheim, J., lyra doctorum. Carmina lyrica a viris doctis recentiorum temporum composita, elegit J.D. Leipzig, Teubner. 16. 210 S. 2 M. ; geb. 2 M. 40 Pf.

Eclogae latinae e Mureti Ernesti Ruhnkenii al. operibus a Zumptio descr., IV cur. H. Wolf. Leipzig 1885, Wartig.　　　　　　　　　　3 M.

Rec.: Korrespondenzblatt f. württ. Schulen XXXIV 1. 2 p. 80 v. Bender.

Egli, E., altchristliche Studien. Martyrien u. Martyrologien ältester Zeit. Mit Textausgaben im Anh. Zürich, Schulthess. 8. III, 112 S. 2 M. 40 Pf.

Rec.: Theol. Literaturblatt N. 13 p. 122—123.

Ephraem Syri, Sancti, hymni et sermones, quos e codicibus Londinensibus, Parisiensibus et Oxoniensibus descriptos, ed., latinitate donavit, variis lectionibus instruxit, notis et prolegomenis illustravit Th J. Lamy. Tom. II. Mainz, Kirchheim. Lex.-8. XXIII S. u. 832 Sp.　　　20 M. (I et II: 42 M.)

Euangelides, M., φιλοσοφικὰ μελετήματα. I. Athen (1885).

Rec.: Ἑβδομάς N. 144 p. 540.

Festschrift zur Begrüssung der 38. Versammlung deutscher Philologen, dargebracht vom Realgymnasium u. der Realschule zu Giessen. Giessen 1886. 8. 91 S.

— zur 300 jähr. Jubelfeier des grossh. Gymnasiums in Karlsruhe, 22. Novbr. 1886. Karlsruhe (Braun). 8. III, 89 S. Mit 3 Taf.　　　　2 M.

— zum 300 jährigen Jubiläum des Kön. Gymnasiums zu Tilsit. Tilsit 1886. 4. 36 S.

Greek Lays Idylls and Legends. A selection from recent and contemporary poets. Translated by E M. Edmonds. London, Trübner. gr. 8. XVI, 288 p. cl.　　　　　　　　　　　　　　　　　7 M. 80 Pf.

Grossi, St., carmina. Mailand 1886, Höpli.

Rec.: Lit. Centralblatt N. 1 p. 23—24 v. H. H. — Giornale di fil. classica I 4. 5 p. 312 v. L Ceci.

Hartfelder, K., Briefe von Agricola. (Festschrift der badischen Gymnasien, 1886.)

Rec.: Wochenschrift f. klass Phil. IV 8 p. 238—240 v. B. Kübler.

Horawitz, A., über die Colloquia des Erasmus von Rotterdam. Hist. Taschenbuch VI.

Huemer, J., ein (lat.) Trojanerlied aus dem Mittelalter. Zeitschrift f. d. österr. Gymnasium XXXVIII 1 p. 7—9.

Kiessling, Fr. G., Auswahl seiner Schulreden, herausg. von A. v. Bamberg. Berlin 1886, Springer. 8. XVII, 252 S.　　　　　　　　　4 M.

Rec.: Berliner phil. Wochenschrift VII 1 p. 19—22 v. K. Bruchmann. — Zeitschrift f. d. Gymn. XXXX 12 p. 721—723 v. W. Hollenberg.

Korsch, Th, στέφανος. Carmina graeca et latina. Havniae 1886, Gyldendal.　　　　　　　　　　　　　　　　　　　　　　1 M. 20 Pf.

Rec.: Academy N. 768 p. 63 v. R. Ellis.

Kurtz, E., die Sprichwörtersammlung des Planudes. Leipzig 1886, Neumann.　　　　　　　　　　　　　　　　　　　　　　1 M. 50 Pf.

Rec.: Wochenschrift f. klass. Phil. IV 9 p. 271—273. — Blätter f. d. bayer. Gymn. XXIII 2. 3 p. 122—125 v. K. Krumbacher.

Lambros, Sp., ἀνέκδοτος θρῆνος ἐπὶ τῇ ἁλώσει τῆς Κωνσταντινουπόλεως 'Εστία N. 574 p. 821—825

Lange, L., kleine Schriften. I. Göttingen 1886, Vandenhoeck & Ruprecht. 10 M. Rec.: Lit. Centralblatt 1886 N. 53 p. 1828—1829 v. K. J. N.

Melber, J., zu den angeblich aus Dio Cassio stammenden planudischen Excerpten. Blätter f. d. bayr Gymn. XXIII 2. 3 p. 99—103.

Monumenta Germaniae historica inde ab a. Chr. D usque ad a. MD, ed. societas aperiendis fontibus rerum germanicarum medii aevi. Poetarum latinorum medii aevi tomi III pars 1. **Poetae latini** aevi Carolini, rec. L. Traube. Berlin 1886, Weidmann. 4. VII, 265 S.   8 M.

Philelphus, Franciscus, oratio nuptialis habita in desponsione magnificae puellae Maruciae et magnifici equitis aurati Raymundi Attenduli. Con traduzione italiana. Tolentino. 8. 14 p. (Per nozze)

Programm zum 50 jährigen Amtsjubiläum des Hrn. Prof. A. Dübr. Friedland 1886. 4. 50 S. mit 4 Tafeln.

Reinhardstöttner, C. v., Aufsätze u. Abhandlungen, vornehmlich zur Litteraturgeschichte. Berlin, Oppenheim 8. III, 310 S. 5 M.; geb. 6 M. 50 Pf.

Rose, V., Leben des heil. David von Thessalonike, griechisch, nach der einzigen bisher aufgefundenen handschrift hrsg. Berlin, Asher. 8. XVI, 22 S. 1 M.

Skylisses, J., περὶ ἄρσεως ματαιοπονίας ἐν τῷ γράφειν Ιλαρνασσός Ι' γ' p. 105—117.

Spangenbergii bellum grammaticale, iterum editit R. Schneider. Göttingen, Vandenhoeck & Ruprecht. 8. X, 41 S.   1 M.

Strolinius, Octavius, carmina. Vicentiae, tipis Rumor. 8. 34 p.

Tamizey de Larroque, Ph., quatre lettres inédites de Jacques Gaffarel. Publiées avec avertissement, notes et appendice. (Extrait des Annales des Basses-Alpes.) Digne, imp. Chaspoul. 8. 34 p.

4. Encyclopädie und Methodologie der classischen Philologie.

Altenburg, O., Grundzüge einer Lehrplan Organisation für die oberen Gymnasialklassen. Lehrproben 10. Hft.

Bayet, C., quelques remarques sur le rôle des Facultés des lettres. Revue internationale de l'enseignement VII 3 p. 253 - 261.

Blass, Fr., Hermeneutik u. Kritik. (In Iw. Müllers Handbuch I.) Rec.: Neue phil. Rundschau I 20 p. 316—317 v. K Rossberg.

Cadet, F., l'éducation à Port-Royal (Saint-Cyran, Arnauld, Lancelot, Nicole, de Saci, Guyot, Coustel, Fontaine, Jacqueline Pascal). Paris, Hachette. 18. 320 p.   2 M. 50 Pf.

Caron, L., l'Allemagne universitaire. Amiens 1885, Yvert. Rec.: Berliner phil. Wochenschrift VII 5 p. 148—149 v. C. Nohle.

Direktorenversammlung, 11., in Ost- und Westpreussen, im Juni 1886. Gymnasium V 7 p. 249—254 u. N. 8.

Flach, J., der deutsche Professor der Gegenwart. 2. Aufl. Leipzig, Unflad. 8. VIII, 259 S. mit autotyp. Bild.   3 M.

Haufe, Grundgedanken über eine neue, einheitliche Organisation des deutschen Schulwesens, mit besonderer Berücksichtigung der Mittelschulen. Pädagogium IX 4.

Hempfing, die grosse Zahl der Abiturienten. Marburg 1886. Pr. Rec.: Gymnasium V 6 p. 207.

Instruktionen für den Unterricht an den Gymnasien. Wien 1885, Pichler. 4 M. Rec.: Berliner phil. Wochenschrift VII 2 p. 50—52 v. C. Nohle.

Kessler, C., zum Unterricht in der griechischen Sprache nach dem neuen Lehrplan. Schässburg 1886. Pr. 4. 16 S.

Klinghardt, H., das höhere Schulwesen Schwedens u. dessen Reform im modernen Sinn. Leipzig, Klinkhardt. 8. 168 S.   2 M.

Klinghardt, Steinmeyer, Mohrmann, die Schulmännerversammlung in Hannover. I—III. Blätter für höheres Schulwesen N. 12.

Kocks, das Gymnasium u. die lateinische Orthoepie. Gymnasium V 7 p. 225—230.

Krück, die Lateinfrage an der Würzburger Universität vor 100 Jahren. Pädagogisches Archiv N. 2.

Leclair, A. v., Lehrplan u. Instructionen für den Unterricht an den Gymnasien in Oesterreich, revidiert u. theilweise umgearbeitet. I. Mies 1886, Verlag des Gymu. 8. 140 S.
  Rec.: Zeitschrift f. d österr. Gymn. XXXVIII 2 p. 140—146 v. J. Nahrhatt.

Michaelis, A, die archäologische Gesellschaft in Athen. Allg. Zeitung, Beilage, N. 29.

Monumenta Germaniae paedagogica. Schulordnungen, Schulbücher u. pädagog. Miscellaneen aus den Landen deutscher Zunge. Hrsg. von K. Kehrbach. I. Bd. Braunschweigische Schulordnungen. Hrsg von Fr. Koldewey. Berlin 1886, Hoffmann & Co.   24 M.
  Rec. Berliner phil. Wochenschrift VII 4 p. 116 — 120 u. N. 5 p. 144 —148 v H. Bressler. — Zeitschrift f. Gymnasialwesen XXXXI 1 p 22 —28 v. Schrader. — Allg. Zeitung, Beilage N 4 v. Fournier. — Centralorgan f Realschulwesen XV 5 p 77—79 v. J. Gutersohn. — Lit. Centralblatt N. 12 p. 390.

— idem. Vol. II v. infra Pachtler.

Morris, E. P., the study of Latin in the preparatory course. Boston 1886, Ginn & Heath. 8. IV, 27 p.   1 M. 25 Pf.

Mosso, A., l'istruzione superiore in Italia. Nuova Antologia vol. VI N. 23.

Pachtler, K., ratio studiorum et institutiones scholasticae Societatis Jesu. I. (Mon paed. vol II.) Berlin, A. Hofmann. gr. 8. LIII, 460 S.   15 M.

Pfalz, Fr., die Lateinfrage in Frankreich. Centralorgan für Realschulwesen XV 3. 4. 5.

Quemin. E., utilité de l'étude des classiques. Discours. Rouen, imp. Lecerf. 8. 11 p.

Rivoyre, de l'étude du grec. Discours. Lyon, imp. Schneider. 8. 32 p.

Schmidt, Fr., Bivium. Ein Beitrag zur mittelalterlichen Pädagogik. Jahrbücher f. Philologie 134 Bd. 11. Hft p 549 - 555.

Schrader, W., zur Reform der Universitäten. Zeitschrift f. d. Gymnasialwesen XXXXI 2. 3 p. 65—79.

Sidgwick, A., the Greek and Latin Classics and English Literature. Classical Review I 1 p. 8—12.

Spreer, L., Feier des 50jährigen Bestehens des Pädagogiums zu Putbus. Zeitschrift f. d Gymnasialwesen XXXI 2. 3 p. 171 - 186.

Tarducci, Fr., degli studi classici, considerati come scuola di educazione politica per la gioventù. Discorso. Modena, tip. Toschi. 8. 20 p.   10 Pf.

Verhandlungen der Direktoren-Versammlungen in den Provinzen des Königr. Preussen seit 1879. 25. Bd.: Direktoren-Versammlung in der Prov Sachsen. Berlin, Weidmann. 8. VIII, 528 S.   9 M.

Vollbrecht, W., die Begründung des deutschen Einheitsschulvereins. Berliner phil. Wochenschrift VII 10 p 312—316 u. N. 11 p. 346—348.

— Bericht über die in Hannover im October 1886 zur Begründung eines deutschen Einheitsschulvereins gehaltene Versammlung. Jahrbücher für Philologie 136. Bd. 1. Hft. p. 43 – 64.

Woltjer, J., Overlevering en kritiek. Rede, gehouden bij het overdragen van het rectoraat der vrije universiteit, den 20. October 1886. Met eene bijlage betreffende de Verisimilia van A. Pierson en S. A. Naber. Amsterdam, Wormser. 8. 62 S. 1 M. 40 Pf.

Wurmsee, K, über die Gedächtnisskunst in den rhetorischen Schriften der alten Römer u. ihre Anwendung beim Unterricht in der Geschichte u. Geographie. Burghausen 1886. Pr. 8. 44 S.

Ziemer, H., der Gymnasiallehrer u. die Wissenschaft. Gymnasium V 6 p. 187—196.

Zomarides, E., das Programm der Zographos-Bibliothek u. der Hellenicos Syllogos in Konstantinopel. Allg. Zeitung, Beilage N. 79.

5. Geschichte der Alterthumswissenschaft.

Bauch, G., Caspar Ursinus Velius. I. Ungarische Revue VII 1. 2.

Beck, das Gymnasium zu Posen in südpreussischer Zeit (1793—1807). Zeitschrift der bist. Gesellschaft für Posen II 3. 4.

Bellarmin's, Cardinal, Selbstbiographie, lateinisch u. deutsch, mit geschichtl. Erläuterungen hrsg von J. v. Döllinger u. Fr. Reusch. Bonn, Neusser. 8. VI, 352 S. 6 M.; geb. 8 M.

Biographie, allgemeine deutsche. Auf Veranlassung Sr. Maj. d. Königs v. Bayern hrsg. durch die bist. Commission bei der königl. Akademie der Wissenschaften. 112—116. Lfg. (23. Bd. S. 161—804 u. 24. Bd S. 1—160.) Leipzig, Duncker & Humblot. à 2 M. 40 Pf.

Brode, R, Max Duncker. Ein Gedenkblatt. (Aus dem »Biograph. Jahrb. f. Alterthumskunde.«) Berlin, Calvary & Co. 8. 30 S. 1 M. 50 Pf.

Brodrick, G. C, a history of the University of Oxford. London, Longman. 8. 234 p. cl. 3 M.

Bruchmann, K., Wilhelm v. Humboldt. Hamburg 1886, Richter. 8. 36 S. 80 Pf.

Buchner, O., aus Giessens Vergangenheit. Giessen 1885, Roth. 2 M. 50 Pf. Rec.: Lit. Centralblatt N. 14 p. 454.

— kleine neue Beiträge zur älteren Geschichte der Hochschule Giessen. Festschrift der Realschule zu Giessen, S. 29—50.

Büchle A., der Humanist Nicolaus Gerbel aus Pforzheim. Durlach 1886. Pr. 4. 28 S

Compayré, G., the history of pedagogy. Translated, with an introduction, notes, and an appendix, by W. H. Payne. London, Whittaker. 8. 628 p. cl. 12 M.

Dallay, Saint-Ermenfroi et l'abbaye de Cusance. Besançon, imp. Jacquin. 16. XVI, 86 p. et gravures.

Denifle, H., die Universitäten des Mittelalters. I. Berlin 1885, Weidmann. 24 M. Rec.: Revue critique N. 51 p. 485—489 v. G. D. — Egyetemes phil. közlöny 1887 N. 1 p. 68—76 v. Finaczy.

— Entgegnung auf die Kritik G. Kaufmanns in den Göttingischen gelehrten Anzeigen. Archiv f. Literaturgeschichte des Mittelalters II p. 337—352.

— die Statuten der Juristenuniversität Bologna 1317—1347 und deren Verhältniss zu jenen Paduas, Perugias, Florenz. Archiv f. Kirchengeschichte III 1. 2

Derenbourg, H., Silvestre de Sacy. Une esquisse biographique. Avec portrait. Internationale Zeitschrift f. Sprachwissenschaft III 1 p. I—XXVIII.

Engel, C., das Schulwesen in Strassburg vor 1538. Strassburg 1886, Heitz. 2 M. Rec.: Lit. Centralblatt N. 6 p. 189—190.

Eucken, R., Moritz Seebeck. Ein Lebensbild. Deutsche Rundschau XIII 5 p. 224—238.

Ficker, J., Wilhelm Henzen. Nekrolog. Leipziger Zeitung, Beilage N. 11.

Fischer, K., Festrede zur 500jähr. Jubelfeier der Universität Heidelberg. Heidelberg 1886, Winter.   2 M.
Rec.: Berliner phil. Wochenschrift VII 5 p. 149 v. C. Noble.

Francken, C. M., J. N. Madvig. Mnemosyne XV 1 p. 124—128.

Gebhardt, B., Adrian von Corneto. Ein Beitrag zur Geschichte der Curie u. der Renaissance. Breslau, Preuss. 8. 133 S.   2 M. 40 Pf.

Gebhart, E., études méridionales. La renaissance italienne et la philosophie de l'histoire. Paris, Cerf.   3 M. 50 Pf.

Gelder, J. de, de oude scholen. Geschiedkundige feiten van 1560—1806, verzameld uit het archief der gemeente Alkmaar. Alkmaar, Costen. 8. 88 p.
1 M. 80 Pf.

Gertz, M. Cl., Johan Nicolai Madwig. Berliner phil. Wochenschrift VII 6 p. 189—192 u. N. 7 p. 221—224.

Goldschmidt, M. J., Johan Nikolai Madvig †. Wochenschrift für klass. Phil. IV 4 p. 248—253.

Graf, A., i pedanti nel cinquecento. Nuova Antologia vol. VI N. 23.

Grashof, Stift Gandersheim u. Hrotswitha. Studien aus dem Benedictinerorden 1886 N. 4; 1887 N. 1. v. 1886.

Heineck, zur Erasmusliteratur. Pädagogium IX 3.

Höfler, die Heidelberger Universitäts-Jubelfeier im Lichte der Geschichte. Historisches Jahrbuch VIII 1.

Hofmeister, A., die Matrikel der Universität Rostock. I: 1419—1425. Schwerin 1886 4 VI, 20 S
Rec.: Deutsche Literaturzeitung N. 7 p. 229—230 v. K. Krause.

Hübner, E., Henri Jordan. Nekrolog. Wochenschrift für klass. Philologie IV 1 p. 24—29.

Jacoby, D., Georg Macropedius. Berlin 1886, Gärtner.   1 M.
Rec.: Wochenschrift f. klass. Phil. IV 2 p. 50—53 v. B. Kübler.

Jebb, R. C., Richard Bentley. Uebersetzt von J. Wöhler. Berlin 1885, Gärtner.   4 M.
Rec.: Neue phil. Rundschau N. 4 p. 61—64. — Egyetemes phil. közlöny 1887 N. 3 p. 286—288 v. R. Weiss.

Jubiläum, 300jähriges, der Grazer Universität. Allg. Zeitung, Beil. N. 330.

Jullian, C., Ernest Desjardins. Revue historique XII (1887) p. 101—105.

Knortz, K., Gustave Seyffarth. Biographie. New York 1886.   2 M.
Rec.: Theol. Literaturblatt 1886 N. 52 p. 494 v. E. H.

Krones, F. v., Geschichte der Karl Franzens-Universität in Graz. Festgabe zur Feier ihres 300jähr. Bestandes. Graz 1886, Leuschner & Lubensky. gr. 8. XVI, 684 S.   8 M.

Kühlewein, H., Mittheilungen zur ältesten Geschichte der Klosterschule. Ilfeld. Pr. 4. 36 S.

Landenberger, Johann Valentin Andreä. Neue Blätter für Erziehung XV 3.

Laurie, S., the rise and early constitution of universities; with a survey of mediaeval eduction. New York, Appleton. 8. XXX, 293 p. cl. 7 M. 50 Pf.
Rec.: Athenaeum N. 3096 p. 283.
— the early history of Universities. Academy N. 764 p. 428; N. 768 p. 61.

Lyte, H. C., a history of the University of Oxford, from the earliest times to the year 1530. London, Macmillan. 8. 504 p. cl.   19 M. 20 Pf.

Markwart, O., Wilibald Pirkheimer als Geschichtschreiber. Basel 1886. Diss. (Zurich, Meyer & Zeller.) gr. 8. 172 S.

Müller, Joh., vor- u. frühreformatorische Schulordnungen. Zschopau 1886, Raschke.   2 M. 80 Pf.
     Rec.: Theol. Literaturblatt N. 10 p. 102 v. G. Müller.

Palaiologus, K. A., ἕλληνες διπλώματοι ἐν 'Ρωσίᾳ κατὰ τὴν ιε' καὶ ιζ' ἑκατοντ. Παρνασσός Ι' α' β' p. 32—39.

Payne, J. S., the early history of Universities. Academy N. 766 p. 27.

Pélissier, L. G., les amis d'Holstenius. II. Les frères Dupuy. Mélanges d'archéologie VII 1. 2 p. 62—128.

Pfister, Ch, Jean-Daniel Schoepflin. Annales de l'Est I 1 p. 34—63.

Pöhlmann, Geschichte des kön. Gymnasiums zu Tilsit. Tilsit 1886. Festschrift. 4. 54 S.

Reinach, S., Bénigne Emmanuel Miller. Gustave d'Eichthal. 2 nécrologies. Berlin, Calvary & Co. 8. 16 S.   1 M. 20 Pf.

Reusens, E., documents relatifs à l'histoire de l'Université de Louvain (1425 —1797). Tome III. Collèges et pédagogies. (Les vols. I et II paraîtront plus tard) Louvain 1886, Peeters. 8. 553 p.   10 M.

S F., Wilhelm Henzen †. Wochenschrift f. klass. Philologie IV 7 p. 220—222.

Sabbadini, R., studio del Ciceronianismo. — Guarino Veronese e le opere rettoriche di Cicerone. Turin 1886, Löscher. — Studi di Gasparino Barzizza. — Della biblioteca di Corvini. Livorno 1886, Giusti.
     Rec.: Neue phil. Rundschau I 25 p. 388—392 v. Th. Stangl.
     — vita e opere di Francesco Florido Sabino. Giornale della letteratura italiana VIII 3.

Schacht, die Lemgoer Schulgesetze vom J. 1597. Lemgo 1886. Pr. 4. 9 S.

Schauenstein, A., die ersten drei Jahrhunderte der Karl Franzens-Universität in Graz. Festrede. Graz 1886, Leuschner. 8. 23 S.   80 Pf.

Semper, Oskar, Gottfried Semper. Vortrag. Berlin 1886, Ernst & Korn. 4 M.
     Rec.: Berliner phil. Wochenschrift VII 9 p. 261—264 v. R. Bormann.

Sicard, A., les études classiques avant la révolution. Paris, Didier.   4 M.

Sormani, P. V., de Jo. Schraderi vita ac scriptis. Traj. 1886, Leiter-Nypels. 8 97 S

Stampfer, C., Chronik des Gymnasiums zu Meran. Meran 1886. Pr. 8. 52 S.

Steiner, H., der zürcher Professor Johann Heinrich Hottinger in Heidelberg 1655—1661. Zürich, Schulthess.   2 M. 40 Pf.

Tocco, F., Giordano Bruno. Conferenza. Firenze 1886
     Rec.: Revue critique 1886 N. 51 p. 489—491 v. F. Picavet.

Töpke, die Matrikel von Heidelberg. Heidelberg 1884/86, Winter.   25 M.
     Rec.: Hist. Zeitschrift 1887 N. 3 p. 546—549 v. K. Hartfelder.

Tosti, L., storia di Abelardo e de' suoi tempi. Roma, tip. della Camera dei Deputati. 8. XI, 302 p.   4 M. 50 Pf.

Villari, P., la storia di Girolamo Savonarola e de' suoi tempi, narrata con l'aiuto di nuovi documenti Nuova edizione aumentata e corretta. I. Firenze, Le Monnier. 8. XXXVIIII, 533 p. CLXVIII, con tavola.   8 M.

Windisch, C., Georg Curtius. Eine Charakteristik. Berlin, Calvary & Co. 8. 56 S.   2 M. 40 Pf.

Wurzbach, C. v., biographisches Lexikon des Kaiserthums Oesterreich 54. Thl.: Weil—Weniger. Wien 1886, Hof- u. Staatsdruckerei. Mit 11 genealog. Taf. gr. 8. 312 S.   6 M.

Xambeu, F., histoire du collège de Saintes (Charente-Inférieure). Fascicules 1, 2 et 3. Saintes, Trepeau. 8. 152 p.

Zitscher, Bericht über die Entwicklung der Anstalt von ihrer Gründung bis auf den heutigen Tag. Forst 1886. Pr. 4 18 S.

3*

6. Bibliographie und Bibliothekswissenschaft.

Bibliografia italiana, giornale dell'associazione tipografico - libraria italiana, compilato sui documenti communicati dal Ministero della pubblica istruzione. (24 No.) Milano, Bernadoni.   17 M.

Bibliographie und literarische **Chronik** der Schweiz. — Bibliographie et chronique littéraire de la Suisse. 17. Jahrg. 1887. 12 Nrn. Basel, Georg.
     2 M. 50 Pf

— de Belgique, journal officiel de la librairie. (24 No.) Bruxelles, Manceaux.
     4 M. 50 Pf.

— allgemeine, für Deutschland. Wöchentliches Verzeichniss aller neuen Erscheinungen im Felde der Literatur. Jahrg. 1887. 52 Nrn. Leipzig, Hinrich's Verl.   6 M.

— de la France, journal général de l'imprimerie et de la librairie Publiée sur les documents fournis par le Ministère de l'Intérieur. (52 No.) 76. année. Paris, cercle de la Librairie.   20 M.

— nederlandsche. Lijst van nieuw verschenen boeken enz. 1887. ʲ(12 Nrn.) Utrecht, Beijers.   2 M.

Bibliotheca philologica classica. Verzeichniss der auf dem Gebiete der class. Alterthumswissenschaft erschienenen Bücher, Zeitschriften, Dissertationen, Programm-Abhandlungen, Aufsätze in Zeitschriften u. Recensionen Beiblatt zum Jahresbericht über die Fortschritte der class. Alterthumswissenschaft. 14. Jahrg. 1887. 4 Hefte. gr. 8. Berlin, Calvary & Co.   6 M.

— philologica oder geordnete Uebersicht aller auf dem Gebiete der class. Alterthumswissenschaft wie der älteren und neueren Sprachwissenschaft in Deutschland und dem Ausland neu erschienenen Bücher. Herausg. von A. Blau. 40. Jahrgang 1887. Neue Folge 2. Jahrg. 4 Hefte. Göttingen, Vandenhoeck.

Blanc, J., bibliographie italico-française universelle, ou catalogue méthodique de tous les imprimés en langue française sur l'Italie ancienne et moderne depuis l'origine de l'imprimerie: 1475—1885. Vol. II: Traductions du latin et de l'italien, mémoires et articles des revues, tables chronologiques et index. Milan, chez l'Auteur édit. (Paris, Welter.) 8. col. 1041—1889. 15 M.

Boletin de la libreria. Ano XIV. (12 No.) Madrid 1886/87, Murillo. 8 M.

Bookseller, the, a newspaper of british and foreign literature, with Bents Lit. Advertiser. (12 No.) London, at the Office, Warwick Lane. 12. 8 M. 40 Pf.

Bulletin du bibliophile et du bibliothécaire. 1887. 12 No. Paris, Techener 12 M.

Centralblatt für Bibliothekswesen. Hrsg. unter ständ. Mitwirkg. zahlreicher Fachgenossen des In- u. Auslandes v. O. Hartwig. 4. Jahrg. 1887. 12 Hfte. (à 2—3 B.) gr. 8. Leipzig, Harrassowitz.   12 M.

Chandler, remarks on the practice and policy of lending Bodleian books and manuscripts. London.

Ellis, R., the lending of Mss. from the Bodleian. Academy N. 773 p. 146—147.

Faucon, M, la librairie des papes d'Avignon: sa formation, sa composition, ses catalogues (1316—1420), d'après les registres de comptes et d'inventaires des archives vaticanes. 2 vols. Paris, Thorin.   15 M. 50 Pf.

Heinsius, W., allgemeines Bücher-Lexikon od. vollständiges alphabetisches Verzeichniss aller von 1700 bis Ende 1884 erschienenen Bücher, welche in Deutschland u. in den durch Sprache u. Literatur damit verwandten Ländern gedruckt worden sind. Hrsg. von O. Kistner. 17. Bd. (1880 -- 84.) 14—24. Lfg. (2. Abth. S. 105—1028.) 4. Leipzig, Brockhaus. à 3 M ; Lief. 24: 4 M. 80 Pf.; 34 M. 80 Pf.; 17. Bd.: cplt.: 73 M. 80 Pf.

Jahres-Verzeichniss der an den deutschen Universitäten erschienenen Schriften. 1. 15. Aug. 1885 bis 14. Aug. 1886. Berlin, Asher & Co. 8. IV, 238 S. 5 M.

M, F., Dr., zur Methodik des Sammelns von Inkunabeln. Wien 1886, »Verlag der Oesterr. Buchhändler-Korrespondenz.« 8. 15 S.

Müller, J., die wissenschaftlichen Vereine u. Gesellschaften Deutschlands im 19. Jahrh. Bibliographie ihrer Veröffentlichungen seit ihrer Begründung bis auf die Gegenwart. 8 Lfg (S. 561—646.) Berlin 1886, Asher & Co. 4 6 M.

Müntz, E., la bibliothèque du Vatican au XVI. siècle, notes et documents. Paris, Leroux. 18. IV, 140 p. 2 M. 50 Pf.
Rec.: Revue critique N. 5 p. 88—91 v. Tamizey de Larroque. — Academy N. 767 p. 39 v. J. H. Middleton.

Passano, G. B., dizionario di opere anonime e pseudonime, in supplemento a quello di Gaetano Melzi. Ancona, Morelli. 8. XI, 517 p. 8 M.

Steffenhagen, E., über Normalhöhen für Büchergeschosse. Eine bibliothektechnische Erörterung. Kiel 1886, Lipsius & Tischer. 8. 117 S. 4 M.
Rec.: Lit Centralblatt N. 14 p. 467 v. H.

II. Griechische und römische Autoren.

Analecta Bolandiana. Tomus V, fasc. I et II. 1. Vita s. Audeoni Rotomagensis, ed P. Sauvage. — 2. Index processuum authenticorum beatificationis. — 3 Instrumentum recognitionis sacr. reliquiarum eccl. s. Amelbergae. 4. Vita inedita s. Meliori mart in Britannia minori ab anonymo conscripta — 5 Catalogus codd. hagiogr. Bibl. reg Bruxellensis, I. Paris 1886, Palmé. gr. 8 p 1—176 et 501—577. à vol. (4 livr.) 15 M.

— — idem. Tomus V, fasc. III. 1. Vita s. Romani presbyteri. — 2 Passio s. Mononis in Arduenna — 3 De recognitione ss. Laurentii et Stephani. 4. Vita et miracula s. Gisleni Ursidungi. — 5. Catalogus hagiographicorum bibl. Brux - p 177—288 et p. 17—64.

Gitlbauer, M., philologische Streifzüge. Erster Band. Freiburg 1886, Herder. 9 M. 60 Pf.
Rec.: (5. Hft.) Wochenschrift f. klass. Phil. IV 11 p. 337—341 v. E. Wolff.

Schönemann, J., de lexicographis antiquis, qui rerum ordinem secuti sunt quaestiones praecursoriae. Leipzig, Fock. 8. 116 S. 2 M.

1. Griechische Autoren.

Bois, H, la poésie gnomique chez les Hébreux et chez les Grecs. Toulouse 1886, imp Chauvin
Rec : Deutsche Literaturzeitung N. 12 p. 413—415 v. A. Müller.

Buchholz, L, Anthologie aus den griech Lyrikern. I. 4. Aufl. Leipzig 1886, Teubner. 1 M. 80 Pf.
Rec : Berliner phil. Wochenschrift VII 12 p. 357—363.

Hiller, E, Literaturbericht über die griechischen Lyriker. Bursian-Müllers Jahresbericht XLVI Bd. p. 1 - 80.

— zur handschriftlichen Ueberlieferung der griechischen Bukoliker. Jahrbücher für Philologie 133. Bd. 12. Hft. p. 813—821.

Knaack, G., coniectanea Stettin 1883. Pr.
Rec.: Phil. Anzeiger XVI 11. 12 p. 606—607 v. -t-.

Kopp, A, Beiträge zur griech. Excerptenliteratur. Berlin 1887, Gärtner. 5 M.
Rec.: Lit. Centralblatt 1886 N. 53 p 1824—1826 v. Ed. Z . . . . . e. — Deutsche Literaturzeitung N. 1 p. 8—10 v. Fresenius. — Jahrbücher für Philologie 133 Bd. 12. Heft p. 825—842 v. L. Cohn. — Phil. Anzeiger XVII 1 p. 33—43 v. O. Crusius.

Lipsius, J. H., quaestiones logographicae. Leipzig. Index. 4. 20 S.

Myska, G., de antiquiorum historicorum Graecorum vocabulis ad rem militarem pertinentibus. Diss. Königsberg 1886. 8. 67 S.

Schenkl, H., Pythagoreersprüche. Wiener Studien VIII (1886).
Rec.: Blätter f. d. bayr. Gymn. XXIII 2 3 p. 129—130 v. K. Krumbacher.

Schneider, Rich., Bodleiana. I. Additamenta ad volumen alterum anecdotorum Oxoniensium Crameri. (Theognosti canones.) II. De Arcadii qui fertur Bodleiano disputatio. III. Excerpta e libris Bodleianis. Leipzig, Teubner. 8. 52 S.   1 M. 60 Pf.

Studemund, W, über die Sprache der sieben Weisen in den Codices Parisini 2720 u. 1773. Wochenschrift für klass. Philologie III 50 p. 1584—1596.

Susemihl, F., analecta alexandrina. (Berlin 1885, Calvary.)   1 M. 50 Pf.
Rec.: Phil. Anzeiger XVI 9. 10 p. 549—550 v. U.

Wölfflin, E, Sprüche der sieben Weisen. Sitzungsberichte der Bayr Akademie 1886.
Rec.: Blätter f. d. bayr. Gymn. XXIII 2. 3 p. 125—128 v. K Krumbacher.

Aeschines. Ortner, H., kritische Untersuchungen zu Aeschines Reden. München. Pr. d. Wilh.-G. 8. 36 S.

Sakorraphos, χρονολογικὰ εἰς τὸν κατὰ Τιμάρχου λόγον τοῦ Αἰσχίνου. Παρνασσός ι΄ γ΄ p. 141—149.

Aeschylus, the Seven against Thebes With introduction, commentary, and translation, by A. W. Verrall. London, Macmillan. 8. 192 p. cl.   9 M.
Rec.: Academy N. 773 p. 152 v. J. P. Mahaffy.
— der gefesselte Prometheus, übersetzt von A Oldenberg. Leipzig, Bibliogr. Institut. 16. 32 S.   10 Pf.

Brey, E., de Septem fabulae stasimo altero. Berlin 1886, Calvary. 1 M 20 Pf.
Rec.: Berliner phil. Wochenschrift VII 5 p. 133—134 v. Wecklein.

Dippe, A., de canticorum Aeschyleorum compositione. Soest 1886. Pr. 4. 33 S.

Pecz, W., zu Aeschylus. (Ungarisch.) Budapest 1886. Pr.

Rappold, J., Beiträge zur Kenntniss des Gleichnisses bei Aischylos, Sophokles u. Euripides. Wien 1886. (Leipzig, Fock) 8. 27 S.   1 M.
Rec.: Wochenschrift f. klass. Phil. IV 12 p. 361—362 v. G. Hergel.

Aesop's Fables Translated into English by S. Croxan; with new applications by G. F. Townsend London, Warne. 8.   1 M. 20 Pf.

Alexander Aphrodisiensis. Günss, A., die Abhandlung Alexanders von Aphrodisias über den Intellekt zum 1. mal herausgegeben u. durch die Abhandlung: die Nuslehre Alexanders von Aphrodisias u. ihr Einfluss auf die arabisch-jüdische Philosophie eingeleitet. Leipzig. Diss. 8 41 u. 15 S.

Alexander Trallianus. Puschmann, Th., Nachträge zu Alexander Trallianus. Fragmente aus Philumenus u. Philagrius, nebst einer bisher noch ungedruckten Abhandlung über Augenkrankheiten Nach den Handschriften hrsg. u übers. Berlin, Calvary & Co. 8. 189 S   6 M. 60 Pf. (Hauptwerk u. Nachträge: 46 M. 60 Pf.)
Rec.: Academy N. 776 p. 205.

Anacreon, griechisch u. ungarisch von E. Ponori Thewrewk. Budapest 1886, Akademie. 8. 110 S.
Rec.: Neue phil. Rundschau N. 5 p. 65—68 v. G. Stier.

Anaxagoras. Kothe, H., zu Anaxagoras von Klazomenai. Jahrbücher für Philologie 133. Bd. 11. Hft p. 767—771.

Anecdota varia graeca et latina, edd. R. Schöll et W. Studemund Vol. II. Berlin, Weidmann. 8. 210 S.   à 10 M.
Rec. (1): Phil. Anzeiger XVI 9. 10 p. 518—525 v. G. Schömann —
Deutsche Literaturzeitung N. 9 p 303—304 v. E. Maass.

Anthologia graeca. Carmina figurata graeca, ad fidem potissimum codicis Palatini ed., prolegomenis instruxit, apparatum criticum, scholia adjecit C. Haeberlin. Ed. II. correctior. Hannover, Hahn. gr. 8. 90 S.   3 M.

Ludwich, A., zur griechischen Anthologie. Jahrbücher fur Philologie 135. Bd. 1. Hft. p. 64.

Mähly, J., zur griechischen Anthologie. Zeitschrift f. d. österr. Gymnasien XXXVII 12 p. 881—891.

Paur, Th., aus der griechischen Anthologie. a) Die christlichen Epigramme. b) Myrons Kuh. Lausitzisches Magazin LXII 2.

Antiphontis de caede Herodis oratio recognita et in linguam Germanicam conversa ab A. Bohlmann. I. Liegnitz 1886. (Reisner.)   1 M.
Rec.: Neue phil Rundschau N. 7 p. 97—99 v. A. Nieschke.

Kohn, J., ein Beitrag zur Frage über die Echtheit der Tetralogien des Redners Antiphon. 2 Thle. Arnau 1885/86, Selbstverlag.   60 Pf.
Rec.: Deutsche Literaturzeitung N. 51 p. 1820—1821 v. Wilamowitz-Möllendorff.

Antoninus, Mark Aurel's Meditationen. Aus dem Griech. von F.C. Schneider. 4. durchgeseh. Aufl. Breslau, Trewendt. 16. XVI, 203 S.   2 M.

Apion. Kopp, A., das Wiener Apion-Fragment. Rhein. Museum XLII 1 p. 118—121.

Sperling, A., Apion der Grammatiker. Dresden 1886. Pr.
Rec.: Wochenschrift f. klass. Phil. IV 11 p. 331—332.

Apollonius Dyscolus Forsman, C., de Aristarcho lexici Apolloniani fonte, s. unten.

Apollonius Rhodius. Linde, R., de diversis recensionibus Apollonii Rhodii Argonauticon. Hannover 1885, Schulze.   1 M. 50 Pf.
Rec.: Wochenschrift f. klass. Phil. IV 11 p. 326—328 v. A. Rzach.

Appianus. Kratt, G., de Appiani elocutione. Baden-Baden 1886, Sommermeyer.   3 M.
Rec.: Neue phil. Rundschau N. 5 p 68—69 v. H. Stich.

Krumbholz, Fr., de praepositionum usu Appianeo. Jena 1885, Neuenhahn.   1 M. 60 Pf.
Rec.: Wochenschrift f klass. Phil. III 52 p. 1641 v. Fr. Krebs.

Zerdick, A., quaestiones Appianeae. Kiel 1886, v. Maack.   1 M. 60 Pf.
Rec.: Wochenschrift f. klass. Phil. III 51 p. 1615 v. Fr. Krebs.

Arcadius. Schneider, Rich., de Arcadii qui fertur codice Bodleiano. Bodleiana (v. p. 38) p. 34—42.

Aristarchus. Forsman, C, de Aristarcho lexici Apolloniani fonte. Helsingforsiae 1883. (Berlin, Mayer & Müller.) 8. III, 129 S.   2 M. 40 Pf.

Aristophauis comoediae rec. Fr. H. M. Blaydes. 2 voll. Halle 1886, Waisenhaus.   16 M.
Rec.: Lit. Centralblatt N. 6 p. 186—187 v. -g. — Blätter f. d. bayr. Gymn. XXIII 1 p. 43—46 v. Wecklein.

— scenes from the Frogs. By A. Sidgwick. New edit. Ibid. 64 p. cl.   1 M. 80 Pf.

— the Knights New edit. London, Rivingtons. 8. 64 p. cl.   1 M. 80 Pf.

— the Plutus. New edit. Ibid. 56 p. cl.   1 M. 80 Pf.

— Nubes (the Clouds). Literally translated by T. J. Arnold. London, Cornish. 12. 54 p.   2 M. 40 Pf.

— le kane, tradotte da A. Franchetti, con note di D. Comparetti. Città di Castello 1886, Lapi.   3 M.
Rec.: Berliner phil. Wochenschrift VII 9 p. 264—265 v. C. v. Holzinger.

Augsberger, J, die Scholien zu Aristophanes' Fröschen im cod. Venetus A. München. Pr. d Ludw.-G. 8. 43 S

Aristophanes. Brief, A., de Callistrato et Philonide sive de actionibus Aristophaneis. Berlin, Weidmann. 8. 68 S.   1 M. 60 Pf.
Häberlin, C., zu Aristophanes Acharn. 1095. Philologus XLVI 1 p. 162.
Leeuwen, J. van, ad Aristophanis Nubium vs. 1065. Mnemosyne XV 1 p. 119—120.
Uckermann, W., τίς u. ὅστις in pronominalen Wiederholungsfragen bei Aristophanes. Philologus XLVI 1 p. 57—69.

Aristotelis opera omnia quae extant, brevi paraphrasi et litterae perpetuo inhaerente expositione illustrata a Silvestro Mauro S. J. Editio juxta Romanam anni 1668 denuo typis descripta opera Ehrle S. J., adjuvantibus Bouif. Felehlin et Fr. Beringer, ejusd. soc. presb. 3 vol. Tomus 1, continens Logicam, Rhetoricam, Poeticam, 915 p.; tomus 2, continens Ethicam, Politicam, Oeconomicam, 799 p; tomus 3, continens libros de physico auditu, de coelo et mundo, de generatione et corruptione, 487 p. Paris, Lethielleux. gr. 8. à 2 col.

— l'Ethique à Nicomaque. Dixième livre. Texte grec et traduction française en regard, avec introduction critique et notes par L. Rossigneux. Paris, Delalain. 12. XII, 60 p.   1 M. 25 Pf.
— metaphysica rec. W. Christ. Leipzig 1886, Teubner.   2 M. 40 Pf.
  Rec.: Wochenschrift f. klass. Phil. IV 1 p. 5—12 v. F. Susemihl.
— περὶ ἑρμηνείας, rest. D. Fr. Michelis. Heidelberg 1886, Weiss. 2 M. 40 Pf.
  Rec.: Berliner phil. Wochenschrift VII 2 p. 40—43 v. M. Wallies.
— Rhetoric Translated, with an analysis and critical notes, by J. E. C. Welldon. London, Macmillan. 8. 330 p. cl.   9 M.
  Rec.: Athenaeum N. 3092 p. 156.
— fragmenta coll V. Rose. Leipzig 1886, Teubner.   4 M. 50 Pf
  Rec.: Deutsche Literaturzeitung N. 10 p. 341—343 v. E. Heitz.

Supplementum Aristotelicum. Vol. II pars 1. Alexandri Aphrodisiensis praeter commentaria scripta minora de anima cum mantissa, ed. I. Bruns. Berlin, Reimer. 8. XVII, 231 S.   9 M.

Apelt, O., Melissos bei Pseudo-Aristoteles. Jahrbücher f. Philologie 133. Bd. 11. Hft. p. 729—766.

Arleth, E., über Aristoteles' Eth. Nic. I 5. Zeitschrift für Philosophie 90. Bd. 1. Hft. p. 50—110.

Dehlen, A, die Theorie des Aristoteles. Göttingen 1886, Vandenhöck. 2 M.
  Rec : Neue phil. Rundschau N. 5 p. 67—68 v. A. Bullinger. — Zeitschrift f. vergl. Literaturgeschichte I 2 v. H. Balthaupt.

Diels, H., über das 3. Buch der Aristotelischen Rhetorik. Berlin 1886, Reimer. 4. 37 S   2 M.

Dittmeyer, L., die Unechtheit des 9 Buches der Aristotelischen Thiergeschichte. Blätter f. d. bayr. Gymn. XXII 1 p. 16—29 u. 2. 3 p. 65—79.

Freudenthal, J, die Fragmente Alexanders zur Metaphysik. Berlin 1885, Dümmler   3 M.
  Rec.: Philosophische Monatshefte XXIII 3 4 p. 223—224.

Gomperz, Th., Skylla in der Aristotelischen Poetik u die Kunstform des Dithyrambos. Jahrbücher f Philologie 133. Bd. 11. Hft. p. 771—775.

Heine, Th., studia Aristotelica. I. Ueber die Arten der Tragödie. Kreuzburg. Pr. 4 29 S.

Heylbut, G., zur Ueberlieferung der Politik des Aristoteles. Rhein. Museum XVII 1 p. 102—110.

Hicks, R. D., new materials for the text of Aristotle's Politics. Classical Review I 1 p. 20—21.

Innes, Mac Leod, on the universal and particular in Aristotle's theory of knowledge. Cambridge 1886, Deighton. 8. 31 p.

Aristoteles. **Karnejew, A.**, zur Deutung der Aristotelischen Poetik. (Russisch.) Journal des kais. russ. Ministeriums der Volksaufklärung 1887, März, p. 90—131.

Knauer, V., Grundlinien zur aristotelisch-thomistischen Psychologie. Wien 1885, Konegen. 6 M.
Rec.: Zeitschrift f. exakte Philosophie XV 1 p. 87—96 v. Thilo.

Susemihl, F., Bericht über Aristoteles u. die ältesten Akademiker u. Peripatetiker für 1885. Bursian-Müllers Jahresbericht XLII. Bd. p. 230—268.
— zu Aristoteles Poetik c. 18. 24. Jahrbücher f. Philologie 135. Bd. 1. Hft. p. 61—64.
— zu Aristoteles Psychologie. Philologus XLVI 1 p. 86

Weber, L, de *οὐσίας* apud Aristotelem notione eiusque cognoscendae ratione. Diss. Bonn, Behrendt 8. 32 S. 1 M.

Weidenbach, P., Aristoteles u die Schicksalstragödie. Dresden. Pr. der Kreuzschule. 4. 15 S.

Aristoxenus, Melik u. Rhythmik, übersetzt von R Westphal. Leipzig 1883, Abel. 30 M.
Rec : Revue critique 1886 N. 52 p. 501—502 v. A. Croiset.

Caesar, J., adnotata de Aristoxeni elementis rhythmicis. Marburg 1884. Ind. lect.
Rec.: Phil. Anzeiger XVI 9. 10 p 505—507 v. F. Hanssen.

Arrianus. **Böhner,** de Arriani genere loquendi. Acta sem. phil. Erlangensis IV p. 1—56.

Lederer, S, eine neue Handschrift von Arrians Anabasis. Wien 1886, Pichler. 40 Pf.
Rec.: Wochenschrift f. klass. Phil. IV 4 p 105—109 v. R. Grundmann.

Athenaei Deipnosophistarum libri XV rec. G. Kaibel. Vol. II, libri VI—X. Leipzig, Teubner. 8. 498 S. 4 M. 80 Pf.

Brunk, A., de excerptis *περὶ τοῦ τῶν ἡρώων καθ᾽ Ὅμηρον βίου* ab Athenaeo servatis. Greifswald Diss. 8 39 S.

Dümmler, F., zu Athenaeus IV p 174. Rhein. Museum XLII 1 p. 139.

Callimachus. **Häberlin, C**, zu Kallimachos. Philologus XLVI 1 p. 69.

Callistratus **Briel,** de Callistrato et Philonide, v. Aristophanes p 40

Choeroboscus. **Schneider, Rich**, libellus de orthographia e Choerobosci libro confectus et *περὶ ποσότητος.* Bodleiana (v. p. 38) p. 20—33.

Comici. **Denis, J.**, la comédie grecque. 2 vol. Paris, Hachette. 8. 518 et 556 p. 15 M.

Studemund, W, duo commentarii de comoedia. Philologus XLVI 1 p. 1—26.

Democritus **Hart, G**, zur Erkenntnisslehre des Demokrit. Leipzig 1886, Teubner 1 M.
Rec.: Wochenschrift f. klass Phil. IV 1 p. 4—5 v A. Brieger. — Berl. phil. Wochenschrift VII 6 p. 170—173 v. F. Lortzing.

Demosthenes. Le orazioni ad uso delle scuole, commentate da J. Bassi. Vol. II (Le Filippiche). Torino 1886, Paravia. 16 263 p. 3 M.
— select private orations. With introductions and English commentary by F. A Paley; with supplementary notes by J. E Sandys. 2. edit. revised. 2 parts. Cambridge. 8 cl. 15 M.
Rec.: Classical Review N. 1 p. 14—15 v. W. Wayte.
— discours sur la couronne. Expliqué littéralement, annoté et revu pour la traduction française par E. Sommer. Paris, Hachette. 12. 395 p. 2 M. 50 Pf.
— ausgewählte Reden. Verdeutscht von A. Westermann 1. Lfg. 7. Aufl. Berlin, Langenscheidt. 8. 48 S. 35 Pf.
- le tre orazioni contro Filippo. Traduzione e note per O. Aurenghi. Turin 1886. Paravia. 16. 47 p. 1 M. 25 Pf.

Demosthenes. **Neupert, A.**, de Demosthenicarum epistularum fide et auctoritate. Leipzig 1886, Fock.   1 M. 50 Pf.
Rec.: Berliner phil. Wochenschrift VII 8 p. 230—234 v. W. Nitsche.

Reichenberger, S., Demosthenis de collectione prooemiorum. Landshut 1886. Pr. 8. 61 S.

Rosenberg, E., curae Demosthenicae. Hirschberg 1887. Pr. 4. 12 S.

Schäfer, A., Demosthenes u. seine Zeit. 2. Aufl. 2 Bde. Leipzig 1886, Teubner.   ·   20 M.
Rec : Wochenschrift f. klass Phil. III 51 p. 1601—1603 v. W. Nitsche.

Slameczka, F, Untersuchungen über die Rede des Demosthenes von der Gesandtschaft. Wien 1886, Hölder.   1 M. 60 Pf.
Rec.: Blätter f. d bayr. Gymn. XXIII 2 3 p. 121—122 v. H. Ortner.

Uhle, P., quaestiones de orationum Demostheni falso addictarum scriptoribus. II. Leipzig 1886, Fock.   80 Pf.
Rec.: Berliner phil. Wochenschrift VII 9 p. 267—268 v. Thalheim.

Walther, C., num quae imitationis Thucydidiae vestigia in Demosthenis orationibus inveniri possint. Giessen 1886. Diss.
Rec.: Deutsche Literaturzeitung N. 12 p. 415 v. W. Nitsche.

Διδαχή ed. by Ph. Schaff. 2. Aufl. New-York 1886, Funk.
Rec.: Deutsche Literaturzeitung N. 2 p. 49—50 v. A. Link.

Harnack, A., die Quellen der apostolischen Kirchenordnung. Leipzig 1886, Hinrichs.   4 M.
Rec.: Deutsche Literaturzeitung N. 4 p. 121—123 v. H. Lüdemann.

Dinarchi orationes tres ed Th Thalheim. Berlin, Weidmann. 8. VIII, 52 S.
75 Pf.

Diogenes Apolloniates. Diels, Leukippos u Diogenes, v. Leucippus p, 48.

Diogenes Laertius. Susemihl, F, zu Laertios Diog. I 79 u. der Chronologie des Pittakos. Rhein. Museum XLII 1 p. 140—144.

Dionysius Halic. Liers, die Theorie der Geschichtsschreibung des Dionys von Halikarnass. Waldenburg 1886. Pr.
Rec.: Wochenschrift f. klass. Phil. IV 7 p. 201 - 202.

Dionysius Periegetes. Unger, G. F, Dionysios Periegetes. Jahrbücher für Philologie 135. Bd. 1. Hft. p. 53—61.

Dionysii Thracis ars grammatica ed. G. Uhlig. ·Leipzig 1884. Teubner. 8 M.
Rec.: Badische Schulblätter IV 2 p. 26—30 v. Egenolff. — Revue critique N. 4 p. 57—60 v. H. Lebègue.

Schneider, Rich., ad Dion. Thracis Artem. Bodleiana (v. p. 38) p. 44—49.

Epictetus. Manuel d'Epictète. Texte grec, précédé d'une introduction, accompagné de notes et suivi d'un lexique des mots techniques qui se trouvent dans l'ouvrage, par Ch. Thurot. Paris, Hachette. XXXVI, 75 p   1 M.

Etymologicum magnum. Schömann, G , de Etymologici magni fontibus. II. De Zenobii praeter commentarium rhematici Apolloniani scriptis verisimilia. Danzig   Pr. 4.

Euclidis elementa ed J. L. Heiberg. III. Leipzig 1886, Teubner. 4 M. 50 Pf.
Rec.: Lit. Centralblatt N 2 p. 61 v. -z-r.

Eudoxi ars astronomica qualis in charta aegyptiaca superest, denuo edita a Fr. Blass Kiel, Univ.-Buchh. 4. 25 S.   1 M.

Euripides, Tragödien, erklärt von N Wecklein. IV. Hippolytos Leipzig 1885, Teubner.   1 M. 50 Pf.
Rec : Wochenschrift f. klass. Phil. III 52 p 1635 - 1641 v. H. Gloel.

— Herakliden, von Bauer-Wecklein. München 1885, Lindauer.   1 M·
Rec.: Neue phil. Rundschau I 25 p. 387 v. R. Gebhardt. — Blätter f. d. bayr. Gymn. XXIII 2. 3 p. 118 -119 v. K. Metzger.

Euripides, Iphigenie bei den Tauriern. Für den Schulgebrauch erklärt von Ch. Ziegler. Freiburg, Mohr. 8. VI, 85 S. 1 M.

— Medea. Scholarum in usum ed. Th. Barthold. Metra rec. W.'Christ. Leipzig, Freytag. 8. 80 S. 50 Pf.

— — edited by M. G. Glazebrook. London 1886, Rivington. 8. 160 p. cl. 1 M. 50 Pf.

Rec.: Academy N. 768 p. 57.

— — with introduction and notes by C. B. Heberden. Part I, Introduction and Text. Part 2, Notes and Appendix London, Frowde. 12. 80 p. cl 2 M. 40 Pf.

— Andromache. Literally translated from the text of Paley by W. J. Hickie. London, Cornish. 12. 30 p. 1 M. 80 Pf.

Bruhn, E, lucubrationes Euripideae. Leipzig 1886, Teubner. 2 M. 80 Pf. Rec : Berliner phil. Wochenschrift VII 5 p. 134 – 137 v. Wecklein.

Busche, C , observationes criticae in Eur. Troades. Leipzig, Fock. 8. 47 S. 75 Pf.

Eichler, O., de responsione Euripidea particula I. Leipzig, Fock. 8. 68 S. 1 M. 50 Pf.

Giesing, F., zu Euripides Medeia. Jahrbücher für Philologie 135. Bd. 1. Hft. p. 20 – 22.

Gitlbauer, M., metrische Studien zu Euripides' Herakleiden (Phil. Streifzüge, 4. 5.) Rec.: Neue phil. Rundschau N. 1 p. 1 – 4 v. L. Tachau.

Hoffmann, E., zu Euripides Hekabe. Jahrbücher für Philologie 133. Bd. 12. Hft. p 821 – 824.

Mayer, M., de Euripidis mythopoeia. Berlin 1883, Mayer & Muller. 1 M 50 Pf. Rec : Phil. Anzeiger XVI 11. 12 p. 601 – 606 v. K Seeliger.

Müller, H. J., der Dual bei Euripides, nebst einigen einleitenden Bemerkungen zur Geschichte des Duals im Griechischen. Sigmaringen 1886. Pr. 4 36 S.

Rappold, Gleichnisse bei Aischylos, Sophokles u. Euripides, v. Aeschylus p. 38.

Schmidt, F. W., Studien. II. Zu Euripides, v. Tragici p. 50.

Stadtmüller, H , zu Eurip. Iph. Aul. 610—629. Blätter f. d. bayr. Gymn. XXII 10 p. 552—558.

Stoppel, P , specimen lexici Euripidei. Wismar 1886. Pr. Rec.: Neue phil. Rundschau N. 2 p. 18—20 v. L. Tachau.

Vahlen, J , in Euripidis Electram coniectanea aliquot critica. Berlin. Iud. lect aest. 4. 13 p

Eusebii canonum epitome ex Dion. Telmah. chronico petita ill. Siegfried et Gelzer. Leipzig 1884, Teubner. 6 M. Rec.: Hist Zeitschrift 1887 N. 2 p. 249 – 250 v. H. Landwehr.

Eustathius. Jahn, A., des h Eustathius Beurtheilung des Origenes. Leipzig 1886, Hinrichs. 4 M. 50 Pf. Rec.: Theol. Literaturblatt N 5 p. 45 – 46 v. N Bonwetsch. — Bibliographie der Schweiz XVI 11 p. 200 v. E. v. M.

Galeni de utilitate partium liber, rec G. Helmreich Augsburg 1886. Pr. Rec.: Wochenschrift f. klass. Phil IV 1 p. 12—15 v H. Marquardt.

Müller, Iwan, ad Galen. I 58, 42 Kuehn. — Galenus Platonis imitator. Acta sem. phil. Erlangensis IV p. 222 u. 260

Gregorius Nazianzenus. Hilberg, J., zum Christus patiens. Wiener Studien IX 1 p. 150.

Harpocration. Kalkoff, G , de codicibus epitomes Harpocrationeae. Halle. Diss. 8 33 S.

Hephaestio. Hörschelmann, W., scholia Hephaestionea. Dorpat 1882. 4. ·Rec.: Wochenschrift f. klass. Phil. IV 11 p. 328 – 331 v. H. Reimann.

Heraclitus. Mohr, J., heraklitische Studien. Zweibrücken 1886. Pr. 8. 32 S. Rec : Deutsche Literaturzeitung N. 12 p. 110 v. H. v. Arnim.

Patin, A., Heraklits Einheitslehre, die Grundlage seines Systems u. der Anfang seines Buches. Leipzig 1886, Fock. 8. 100 S   1 M. 50 Pf.

Pfleiderer, E., die Philosophie des Heraklit von Ephesus im Lichte der Mysterienidee. Berlin 1886, Reimer.   8 *M.*
    Rec.: Deutsche Literaturzeitung N. 12 p 410—412 v. H. v Arnim. – Korrespondenzblatt f. württ. Schulen XXXIII 9. 10 p 509—513 v. P. K.

Schrader, H., des Herakleitos Problemata Homerica u. ein angebliches Summarium derselben. Blätter für das bayr. Gymnasium XXII 10.

Hermas. Dräseke u. Hilgenfeld, zum griechischen Schluss des Hermas-Hirten. Zeitschrift f. wiss Theologie XXX 2.

Herodotus, erklärt von K. Abicht. 2 Bd. Leipzig 1886, Teubner. à 1 M. 50 Pf.   Rec.: Berliner phil. Wochenschrift VII 7 p. 207—209 v. W. Gemoll.

— ἱστορίαι. Praesertim in usum scholarum, recognovit et brevi annotatione instruxit H. van Herwerden. Vol III. Continens libros VI et VII. Traiecti ad Rh., Kemink. 8. VII, 258 p.   4 M.

— rec. A. Holder. Lib V et VI. Leipzig, Freytag.   à 40 Pf.   Rec.: (1) Deutsche Literaturzeitung N. 3 p. 86—87 v. Th. Gomperz. — Wochenschrift f. klass Phil. IV 9 p. 264—269 v. W. Gemoll. — Zeitschrift f. d österr Gymn. XXXVII 12 p 901—903 v. J. Golling. — Revue critique N 8 p. 141—143.

— von J. Sitzler. 7. Buch. Gotha 1885.   2 M.   Rec.: Zeitschrift f. d. österr Gymn. XXXVIII 1 p. 25—27 v. J. Golling.

— morceaux choisis, annotés par E. Tournier. 2. édition, entièrement refondue, avec la collaboration d'A. Desrousseaux. Paris, Hachette. 16. XLIV, 292 p.   2 M.

— russisch übersetzt von O. G. Mistschenko. 2 Bde. Moskau 1885, Kusnetz.   10 M.   Rec.: Journal des kais. russ. Ministeriums der Volksaufklärung 1887, Febr., p 383—387 v. A Schukareff.

Gompertz, Th, über den Abschluss des Herodoteischen Geschichtswerkes. Wien 1886, Gerold.   50 Pf.   Rec.: Revue critique N. 50 p. 463—467.

Meyer, Ed., ist Herodots Geschichte vollendet? Rhein. Museum XLII 1 p 146—148.

Pomtow, P., de Xantho et Herodoto rerum Lydiarum scriptoribus. Dissertatio inauguralis historica. Halle 1886. (Jena, Pohle.) 8. 60 S. 1 M.

Hesiodus. Fick, A , die ursprüngliche Sprachform u. Fassung der hesiodischen Theogonie. Beiträge zur Kunde der indog. Sprachen XII 1. 2.

Hild, le pessimisme chez Homère et Hesiode, v. Homerus p. 46.

Meyer, Arthur, de compositione Theogoniae Hesiodeae. Diss. Berlin, Mayer & Muller. 8. 102 S.   2 M.

Nemethy, G., quaestiones criticae de Hesiodi Theogonia Egyetemes phil. közlöny 1887 N. 1 p 1—14; N. 2 p. 147—162; N. 3 p 232—245.

Homers Ilias, von Ameis-Hentze. Anhang. 8. Hft Erläuterungen zu Gesang XXII—XXIV nebst Register zu der ganzen Ausgabe von Wähmer. Leipzig, Teubner. 8. 185 S.   1 M. 80 Pf. (Anhang cplt.: 10 M. 65 Pf.)

— — Iliadis carmina seiuncta ed. W. Christ. 2 voll. Leipzig 1884, Teubner.   16 M,   Rec.: Wochenschrift f klass. Phil IV 13 p. 392—399 u. N. 14 p. 421—430 v. A. Rzach

— — ungarische Schulausgabe von J. Csengeri. Budapest 1886, Eggenberger. 8. LXXXX, 260 S   3 M. 20 Pf.   Rec.: Egyetemes phil. közlöny 1887 N. 1 p. 47—58 v. K. Pozder.

Homers Ilias, erklärt von J. La Roche. II. Tl. Gesang V—VIII. 3. Aufl.
Leipzig, Teubner. 8. 163 S. 1 M. 50 Pf.
— — by W. Leaf. I. London 1886, Macmillan. 16 M. 80 Pf.
Rec.: Wochenschrift f. klass. Phil. III 51 p. 1607—1609 v. A. Gemoll. —
Academy N. 769 p. 78—79 v. F. Haverfield — Saturday Review N. 1623
p. 760. — American Journal of Philology N. 27 p. 371 – 385 v. H. W. Smyth.
— — Chants 1, 5, 18, 22, 24, à l'usage de la classe de rhétorique, par
E. Lecluse. Paris, Delalain. 12. IV, 112 p. 1 M.
— — ed A Rzach. II. Leipzig, Freytag. (375 S.) 1 M.
Rec : (I) Neue phil. Rundschau N. 6 p. 81—83 v. A. Weidner.
— — book XXII. Edited, with notes by A. Sidgwick. New edit. London,
Rivington. 8 64 p. cl 1 M. 80 Pf.
— Odyssée, chant 1. Nouvelle édition, accompagnée de notes en français, à
l'usage des classes, par M. Bouchot Paris, Delagrave. 12. 24 p.
— — ed P. Cauer. II. Leipzig, Freytag. 228 S. 1 M.
Rec : (I) Wochenschrift f. klass. Phil. IV 5 p. 135—140.
— — le premier et deuxième chant. Expliqué littéralement, traduit et
annoté par E. Sommer Paris, Hachette. 12. à 72 p. à 1 M.
— — le 11. chant de l'Odyssée. Expliqué littéralement, traduit et annoté
par E. Sommer. Paris, Hachette. 12. 90 p. 1 M
-- — chants 1, 2, 6, 11, 22 et 23, à l'usage des classes de troisième et de
seconde Edition classique, précédée d'une notice littéraire par E. Talbot.
Paris, Delalain. 18. XXIV, 100 p. 1 M.
— — chant 11. Texte grec, avec un argument analytique, des notes historiques, géographiques, littéraires et grammaticales, par Vernier. 2. édition.
Paris, Delagrave. 12. 43 p.
— die homerischen Hymnen, herausg. von A. Gemoll. Leipzig 1886, Teubner.
6 M. 80 Pf.
Rec.: Berliner phil. Wochenschrift VII 1 p. 5—9 u. N. 2 p. 37—40 v.
A Ludwich. — Deutsche Literaturzeitung N. 11 p. 375 – 378 v. J. Renner.
— Zeitschrift f. d. österr. Gymn. XXXVIII 1 p. 10—25 v. E. Abel.
— Ilias, translated by J. G Cordery. London, Kegan Paul.
Rec.: Academy N. 750 p. 180 v. E D. A. Morshead. - Athenaeum
N. 3069 p. 234. — Saturday Review N. 1604 p. 135 – 137.
— — traduction par E. Pessonneaux. Paris 1886, Quantin. 4.
Rec.: Athenaeum N. 3087 p. 868.
— — vertaald door C. Vosmaer. 3. Aufl. Leiden, Sijthoff. 8. 440 S. 7 M.
— Odyssey. Books I.—XII. Translated by the Earl of Carnarvon. London
1886, Macmillan. 8. 300 p. cl. 9 M.
Rec : Athenaeum N. 3087 p. 854.
— — im Versmass der Urschrift übersetzt von F. W. Ehrenthal. Leipzig,
Bibliogr. Institut. 16. 339 S. 50 Pf.

Abel, E, a homerosi Demeter-hymnus-rol. Budapest 1885, Akademie 1 M.
Rec.: Egyetemes phil. közlöny 1887 N. 3 p. 264—268 v. E. Finaczy.
Abert, F., die Komparationsgrade bei Homer u. den Tragikern. Neuburg.
Pr. 8 43 S.
Albracht, F., Kampfschilderung bei Homer. Naumburg 1886, Domrich. 1 M.
Rec : Deutsche Literaturzeitung N. 5 p. 161 v. J. Renner. — Phil.
Anzeiger XVII 1 p. 8—10 v. A. Bauer.
Braitmaier, über die Schätzung Homers und Virgils. (Aus dem Kor-
respondenzblatt für wurtt. Schulen.) Tübingen 1886, Fues. 8. 72 S.
1 M. 50 Pf.
Brandt, P., de Batrachomyomachia Homerica recognoscenda. Bonn 1884. Diss.
Rec.: Zeitschrift f. d. österr. Gymn XXXVII 12 p. 898 – 900 v. A Rzach.

Homer. Breusing, A., Nautisches zu Homer. VII. *οὐκ ἴδμεν ὅπῃ ζόφος οὐδ' ὅπῃ ἠώς.* Jahrbücher für Philologie 135. Bd. 1. Hft. p. 1—12.

Brunk, *περὶ τοῦ τῶν ἡρώων καθ' Ὅμηρον βίου,* v. Athenaeus p. 41.

Buchholz, E., die homerische Psychologie. (Hom. Realien III, 2) Leipzig 1885, Engelmann. 6 M.
Rec.: Lit. Centralblatt 1886 N. 53 p. 1823 - 1824 v. Cr. — (III, 1 u. 2) Zeitschrift f. d. österr. Gymn. XXXVIII 2 p. 100—104 v. A. Christ.

— vindiciae carminum Homericorum. I. Leipzig 1885, Engelmann. 5 M.
Rec.: Neue phil. Rundschau I 26 p. 401—402 v. R. v. Braitenberg.

Chudzinski, A., ubi et quo tempore ortus sit hymnus Homeri VII. in Dionysum. Strasburg 1886. Pr. 4. 9 S.

Church, A. J., the stories of the Iliad and the Aeneid. London, Seeley. 18. 180 p. 1 M. 20 Pf.

Danielowicz, K., Homeros vilaga ket eposza alapjan. Ungvar 1886. Pr. 8. 84 S.

Ferenczi, J., die homerische Philosophie. Aus Ilias u. Odyssee geschöpft u. erläutert. (Ungarisch.) Budapest, Hornyansky. 8. 241 S. 4 M.

Fick, A., die Odyssee wiederhergestellt. 2 Thle. Göttingen 1886, Vandenhoeck & Ruprecht 20 M.
Rec.: Neue phil. Rundschau N. 3 p. 33 - 36 v. K. Sittl.

Franke, K., de nominum propriorum epithetis homericis. Diss. Greifswald. (Jena, Poble.) 8. 60 S. 1 M.

Funk, A., Homerisches (*πρῶτον* in Il. XI 31.) Friedland 1886. Pr. p.5—9.

Guhrauer, H, Musikgeschichtliches aus Homer. I. Lauban. 4. 24 S.
Rec : Berliner phil. Wochenschrift VII 3 p. 69—74 v. H. Reimann.

Heussner, F., zur homerischen Psychologie (die Thersitesscene im Unterricht). Lehrproben 10. Hft.

Hild, le pessimisme moral et religieux chez Homère et Hesiode. Revue de l'histoire des religions XIV 2. 3.

Hiller, E., zur homerischen Margites. Jahrbücher für Philologie 135. Bd. 1 Hft. p. 13—19.

Hüttig, Cl., zur Charakteristik homerischer Komposition. Züllichau 1886. Pr.
Rec.: Phil. Anzeizer XVII 1 p. 10—13 v. Sc.

Jebb, introduction to the Iliad and Odyssee. Glasgow 1887, Maclehose. 8. 200 p. cl. 4 M. 20 Pf.
Rec.: Classical Review 1 1 p. 12—14 v. W. Leaf. — Athenaeum N. 3094 p. 218 - 219.

Kopp, A., Apion-Fragment, v. Apion p. 39.

Kröhnert, R., zur Homerlektüre. I. Homerische Epitheta u. Gleichnisse. Memel 1886. Pr. 4. S. 27—38.

Kuhl, J., *διά* bei Homer. — *ἐπεί* bei Homer. Jülich 1885 u. 1886. Pr. (Leipzig, Freytag.) I: 3 M.
Rec.: Neue phil. Rundschau N. 2 p. 17—18 v. -l. — Wochenschrift f. klass Phil. IV 3 p. 73—74 v. A. Gemoll. — Zeitschrift f. d. österr. Gymn. XXXVIII 1 p. 39.

Leeuwen, J. van, Homerica. De particularum *κέν* et *ἄν* apud Homerum usu. Mnemosyne XV 1 p. 75 - 119.

— u. **Mendes da Costa,** der Dialekt der homerischen Gedichte. Uebersetzt von J. Mehler. Leipzig 1886, Teubner. 2 M. 40 Pf.
Rec.: Lit. Centralblatt N. 1 p. 21—22 v. Bgm.

Ludwich, A., Aristarchs Textkritik. 2 Thle. Leipzig 1885, Teubner. 28 M.
Rec : (II) Deutsche Literaturzeitung N. 52 p. 1861—1862 v. A. Gemoll.
— Lit. Centralblatt N. 1 p. 22—23 v. C(aue)r.

Homer. Ludwich, A., zum homerischen Hermeshymnos (v. 234). Jahrbücher für Philologie 135. Bd. 1. Hft p. 12.

Meyer, Elard Hugo, Homer u. die Ilias. Berlin, Oppenheim. 8. VII, 258 S.   4 M. 50 Pf.

— indogerm. Mythen. II. Achilleis. v. Mythologie.

Nägelsbachs homerische Theologie. 3. Aufl. von G. Autenrieth. Nürnberg 1884, Geiger.   8 M. 50 Pf.
Rec.: Korrespondenzblatt f. württ. Schulen XXXIII 9. 10 p. 490—494 v. G. Six.

Pressel, der Eingang der Ilias. Heilbronn 1886. Pr. 4. 26 S.

Puntoni, V., sul primitivo significato della formula proverbiale greca ἀπὸ δρυός — ἀπὸ πέτρης. (Od. XIX 123 sqq.) Studi di storia e diritto VII 3 p. 133—170.

Rauscher, G., de scholiis Homericis ad rem metricam pertinentibus. Strassburg 1886, Trübner.
Rec.: Berliner phil Wochenschrift VII 10 p. 290 - 300 v. A. Ludwich.

Römer, Homerrecension des Zenodot. München 1885, Franz 2 M. 40 Pf.
Rec.: American Journal of Philology N. 28 p. 520—523 v. H. W. Smyth.

Schmidt, Hans, über das attributive Adjektiv im Nibelungenlied u. in der Ilias. Salzburg 1886. Pr. 8. 56 S.

Schrader, H., über des Herakleitos Problemata Homerica. Blätter f. bayr. Gymn XXII 10 p. 546—552.

Schröter, A., Geschichte der deutschen Homerübersetzung. Jena 1882, Costenoble.   7 M.
Rec.: Phil. Anzeiger XVI 9. 10 p. 508—509 v. H. M.

Scotland, A., die Hadesfahrt des Odysseus. Philologus XLV 4 p. 569—612.

— das Proömium der Odyssee u. der Anfang des 5. Buches. Philologus XLVI 1 p. 35—47.

Seeck, O., die Quellen der Odyssee. Berlin, Siemenroth. gr. 8. 420 S. 9 M.

Spengel, A., zu Homeros Il. IV 527 u. III 360. Philologus XLV 4 p. 712—715.

Stummer, A., über den Artikel bei Homer. Münnerstadt 1886. Pr. 8. 63 S.

Wilkins, G, the growth of the Homeric poems. Dublin 1885, Hodges.
Rec.: Neue phil. Rundschau N. 4 p. 64 v. K. Sittl. — American Journal of Philology N. 26 p. 236 v. H. W. Smyth.

Josephus. Our young Folks' Josephus; the antiquities of the Jews and the Jewish Wars simplified. By. W. Shepard. Illustrated. London, Warne. 8. 470 p. cl.   6 M.

Isocrates. Schultze, Herm., quaestiones Isocrateae. Buxtehude 1886. Pr.
Rec.: Neue phil. Rundschau N. 4 p. 50—51 v. F. Slameczka.

Waber, L., Isokrates u. der am Schluss von Platons Euthydem gezeichnete Rhetor. Kremsier. Pr. 8. 35 S.

Istros. Wellmann, M., de Istro Callimachio. Greifswald 1886. (Berlin, Mayer & Müller.)   2 M.
Rec.: Wochenschrift f. klass. Phil. IV 9 p. 270—271 v. -k.

Isyllos. Wilamowitz-Möllendorf, U. v., Isyllos von Epidauros. Berlin 1886, Weidmann.   4 M.
Rec.: Berliner phil. Wochenschrift VII 4 p. 101—107 v. G. Schultz.

Julianus. Papadopulos-Kerameus, neue Briefe von Julianus Apostata. Rhein. Museum XLII 1 p. 15—27.

Leontius Byz. Loofs, Fr., Leontius v. Byzanz u. die gleichnamigen Schriftsteller der griechischen Kirche. 1. Buch: Das Leben u. die polem. Werke des Leontius von Byzanz. Leipzig, Hinrichs. gr. 8. VIII, 317 S. 10 M.
Rec.: Lit. Centralblatt N. 13 p. 409—410.

Leucippus. Diels, H., Leukippos u. Diogenes von Apollonia. Rhein. Museum XLII 1 p. 1—14.

Lucianus. Rec. J. Sommerbrodt. I. Berlin 1886, Weidmann.   3 M.
Rec.: Zeitschrift f. d. österr. Gymn. XXXVII 12 p. 903—907 v. A. Baar.
— dialogues des morts. Edition classique, avec notes et remarques en français, imitations de Fénelon, et ·lexique élémentaire, par J. Geoffroy. Paris, Delalain. 12. 180 p.   1 M.
— le songe, ou le coq. Texte grec, avec arguments et notes en français par J. Lemaire. Nouvelle édition. Paris, Delagrave. 12. VIII, 59 p.   50 Pf.

   Desrousseaux, A. M., sur les dialogues des morts de Lucien   Revue de philologie X 3 p. 148.

   Dietrich, Gedanken u. Skizzen aus einigen Schriften Lucians für Schüler der oberen Gymnasialklassen zusammengestellt u. erläutert. I. Lauenburg i. P. 1886. Pr. 4. 17 S.

   Schulze, P., Lukianos als Quelle für die Kenntniss der Tragödie. Jahr· bücher für Philologie 135. Bd. 2. Hft. p. 117—128.

Lycurgus. Cohn, L., zur Kritik des Redners Lykurg. Hermes XXII 1 p. 58—78.

   Kempf, J., Lykurgus szonok elete es Leokrates ellen tartott beszede. Budapest 1886. Pr. 8. 23 S.

   Schedlbauer, J., Beiträge zur Textkritik von Lykurgs Rede gegen Leokrates. Bamberg 1886. Pr. 8. 39 S.

Lysias. Le orazioni contro Eratostene e contro Agorato, pubblicate per uso delle scuole con prefazione e vocabolario da G. Müller. 2. edizione riveduta. Turin, Löscher. 8. 48 p.   80 Pf.

Musaeus. Ero e Leandro. Versione e studio critico di T. Pietrobono. Roma, tip. Centenari. 16. 48 p.

Musonius. Wendland, P., quaestiones Musonianae. Berlin 1886, Mayer & Müller   1 M. 80 Pf.
Rec : Berliner phil Wochenschrift VII 3 p. 74—77 v. L. Stein.

Nemesii Emeseni libri περὶ φύσεως ἀνθρώπου versio latina e lib. ms. nunc primum edidit et apparatu critico instruxit C. Holzinger. Leipzig, Freytag. 8. XXXVII, 175 S   6 M.

Nonnus. Tiedke, H , Nonniana. Rhein. Museum·XLII 1 p. 138—139.

   Wild, G, die Vergleiche bei Nonnus. Regensburg. Pr. 8. 85 S.

Numenius. Bäumker, A., eine angebliche Schrift u. ein angebliches Fragment des Numenius. Hermes XXII 1 p. 156—158.

Oppians des Jüngern Gedicht von der Jagd. 4. Buch, metrisch übersetzt u. mit erklärenden Bemerkungen versehen von M. Miller. Amberg 1886. Pr. 8. 51 S.

Oratores. Hüttner, G., Bericht über die auf die attischen Redner bezüglichen Erscheinungen der Jahre 1882-85. Bursian-Müllers Jahresbericht XLVI. Bd. p. 1—53.

   Wagner, R., de infinitivo apud oratores Atticos. Schwerin 1885. Pr.
Rec : Berliner phil. Wochenschrift VII 9 p. 265—267 v. W. Nitsche.

Orphica rec. E. Abel. Leipzig 1885, Freytag.   5 M.
Rec.: Wochenschrift f. klass. Phil. IV 7 p. 199—201 v. Heidenhain.

   Guttmann, A., zur Handschriftenkunde der Orphischen Argonautika. I. Königshütte. Pr. 4. 16 S.

Pausanias' description of Greece; tr. into English, with notes and index, by A. R. Shilleto. New-York 1886, Scribner & Welford. 2 vol. cl.   20 M.

   Herwerden, H. van, notulae criticae ad Pausaniam. Mnemosyne XV 1 p. 48—73.

Pausanias. **Kalkmann, A.,** Pausanias der Perieget. Berlin 1886, Reimer. 8 M.
Rec.: Deutsche Literaturzeitung N. 2 p. 54—56 v. E. Maass.

Pantazides, J., διορθώσεις εἴς τινα ἐξ Ἐπιδαύρου ἐπιγραφὴν καὶ εἰς χωρίον τι τοῦ Παυσανίου. Ἐφημερὶς ἀρχ. 1886 N. 3 p. 141—145.

Philonides. Briel, de Callistrato et Philonide, v. Aristophanes p. 40.

Philostratus. Jessen, Apollonius von Tyana. Hamburg 1885, Nolte. 2 M. 40 Pf.
Rec.: Neue phil. Rundschau N. 7 p. 99—101 v. G. F. Rettig.

Pindarus. **Bornemann, L.,** Pindars 7. nemeische Ode als Siegertodtenlied. Philologus XV 4 p. 596—613.

Schmidt, L., quaestionis de Pindaricorum carminum chronologia supplementum alterum. Marburg. Ind. lect aest. 1887. 4.

Plato. Selections from the dialogues, by Jowett and Purves   Oxford 1883,
Clarendon Press.   7 M. 80 Pf.
Rec.: Revue critique N. 1 p. 2 v. A. Croiset.

— Apologia Socratis. With introduction, notes and appendices, by J. Adam.
Cambridge. 12. 154 p. cl.   4 M. 20 Pf.
Rec.: Classical Review I 2. 3 p. 71.

— — with notes, critical and exegetical, introduction, notices, and a logical analysis of the Apology, by W. Wagner. Revised and corrected
(1876). Cheap edit. London, Bell & S. 12. 114 p. cl.   3 M.

—. il Critone o del dovere, con note di C. Mariani. Milano, Brigola. 16.
34 p.   80 Pf.

— Gorgias, erklärt von Deuschle, 4. Aufl. von Cron. Leipzig 1886, Teubner.
   2 M. 10 Pf.
Rec.: Jahrbücher f. Philologie 133. Bd. 12. Hft. p. 801—811 v. K. Troost.

— Meno, Eutyphro, etc., rec. E. Fritzsche. 1885, Teubner.   6 M.
Rec.: Phil. Anzeiger XVI 11. 12 p 607—610 v. O. Apelt.

— Phaedon. Von M. Wohlrab. Leipzig 1884, Teubner.   1 M. 50 Pf.
Rec.: Wochenschrift f. klass. Phil. IV 6 p. 162—171 v. C. Schirlitz.

— Protagoras, von Deuschle-Cron. Leipzig 1884, Teubner. 1 M. 50 Pf.
Rec.: Zeitschrift f. d. österr. Gymn. XXXVIII 1 p. 73.

— la République (sixième livre). Texte grec précédé d'une introduction sur
la théorie platonicienne de l'éducation et d'un argument analytique, accompagné de notes littéraires et philosophiques, par E. Maillet. Paris, Belin.
   1 M. 50 Pf.

— — traduction française précédée d'une introduction sur la théorie platonicienne de l'éducation et d'un argument analytique, par M. Maillet. Ibid.
   1 M. 25 Pf.

— talks with Socrates about life. Translations from the Gorgias and the
Republic. (New-York, Scribner.) London, Unwin. 12. 186 p. cl. 4 M. 20 Pf.

— a day in Athens with Socrates. Translations from the Protagoras and
the Republic. 3. edit. (New-York, Scribner.) London, Unwin. 12. 162 p. cl.
   4 M. 20 Pf.

Procli commentariorum in rempublicam Platonis partes ineditae, ed.
R. Schöll. Berlin, Weidmann. 8. 240 S. mit 1 Schrifttafel.   10 M.

Baszel, A., Platon jelentösege korunkra, nevezetesen az erettebb anulo
ifjusagra nezve. Ung.-Weisskirchen 1886. Pr.
Rec.: Egyetemes phil. közlöny 1887 N. 1 p. 79—82 v. J. Nemethy.

Bonitz, H, platonische Studien. 3. Aufl. Berlin 1886, Vahlen. 7 M. 50 Pf.
Rec.: Deutsche Literaturzeitung N. 8 p. 269 v. Bruns. — Blätter f.
d. bayr. Gymn. XXII 10 p. 571—573.

Christ, W., platonische Studien. München 1885, Franz. 4.   1 M. 80 Pf.
Rec.: Phil. Anzeiger XVII 1 'p. 24 - 32 v. O. Apelt. — Neue phil.
Rundschau N. 1 p. 4—6 v. J. Nusser. — Blätter f. d. bayr. Gymn.
XXIII 2. 3 p. 119—121 v. Baumann.

Plato. **Gratzy, O.**, über den Sensualismus des Protagoras bei Plato. Laibach 1885. Pr.
Rec.: Zeitschrift f. d. österr. Gymn. XXXVIII 2 p. 156—158 v. J. Pajk.

Guggenheim, M., die Lehre vom apriorischen Wissen. Berlin 1885, Dummler.
2 M.
Rec.: Philosophische Monatshefte XXIII 3. 4 p. 236—238 v. P. — Revue critique N. 52 p. 502 v. Th. Reinach.

Kanter, H, Platos Anschauungen über Gymnastik. Leipzig 1885, Fock. 4. 22 S.
1 M.

Kontschnik, P., Präparation zu Platons Ἀπολογία Σωκράτους. Cilli 1886. Pr. 8. 23 S

Lamparter, G., noch einmal zu Platons Phädon 62 A. Stuttgart 1886. Pr. d. Karls-G. (Lindemann.) 4. 44 S.
75 Pf.

Leeuwen, J. van, ad Platonis Theaetetum p. 151 d. Mnemosyne XV 1 p. 47.

Levi, G., la dottrina dello stato nei libri di Platone. Turin 1884, Löscher. 8. 434 S
Rec : Phil. Anzeiger XVI 11. 12 p. 610—618 v. F. Susemihl.

Ohse, J., zu Platons Charmides. Untersuchung über die Kriterien der Echtheit der platon. Dialoge im allgemeinen u. des Charmides im besondern. Fellin 1886. (Berlin, Friedländer & Sohn.) 4. 37 S. 1 M.

Richter, A., Wahrheit u. Dichtung in Platon's Leben. Berlin, Habel. 8· 32 S.
60 Pf.

Schumann, J., Bemerkungen zu einigen Stellen der Platonischen Apologie. Laibach 1886. Pr. 8. 7 S.

Stanger, die platonische Anamnesis. Rudolfswerth 1885. Pr.
Rec.: Zeitschrift f. d. österr. Gymn. XXXVIII 1 p. 78.

Waddington, Ch, sur l'authenticité des écrits de Platon. Paris 1886, Picard.
Rec.: Revue critique N. 1 p. 2—4 v. F. Picavet.

Was, H., Plato's Symposion. Eene erotische Studie. Arnheim, Gouda Quint. gr. 8. X, 103 S.

Zeller, E., über die Unterscheidung einer doppelten Gestalt der Ideenlehre in den platonischen Schriften. Sitzungsberichte der Berliner Akademie 1887 N. XII. XIII p. 197—220.

Plutarch's lives of Pericles and Fabius Maximus, Demosthenes and Cicero. Translated by J. and W. Langhorne. London, Cassell. 18. 188 p. cl. 60 Pf.

Amoneit, H, de Plutarchi studiis Homericis. Diss. Königsberg 1887. 8. 49 S.

Schulz, F. F., quibus ex fontibus fluxerint Agidis Cleomenis Arati vitae. Berlin 1886, Haack.
2 M.
Rec.: Mittheilungen a. d. hist. Lit. N. 1 p. 11—12 v. M. Klatt.

Studemund, G., Pseudo-Plutarchus de metro heroico. Philologus XLVI 1 p. 27—35.

Polyaeni strategematon libri VIII ex rec. E. Wölfflin iterum rec. J. Melber. Leipzig, Teubner. 8. XXVI, 562 S. 7 M. 50 Pf.

Polybius. **Constantinides, G.**, Polybius III 40, 11—13. Berliner phil. Wochenschrift VII 11 p. 322—324.

Faltin, G., über den Ursprung des zweiten punischen Krieges. Ein Beitrag zur Kritik des Polybios. Neu-Ruppin. Pr. 4. 20 S.

Hartstein, R., über die Abfassungszeit der Geschichten des Polybios. Philologus XLV 4 p. 715—718.

Unger, G. F., ein angebliches Polybiuscitat. Philologus XLVI 1 p. 169—170.

Porphyrii opuscula selecta rec. A. Nauck. Leipzig 1886, Teubner. 3 M.
Rec.: Deutsche Literaturzeitung N. 6 p. 198 v. A. Gercke.

Posidonius Rhodius. Schühlein, F., Studien zu Posidonius Rhodius. Freising 1886. Pr. 8. 80 S.

Prokops Gothenkrieg, übersetzt von D. Coste. Leipzig 1885, Duncker. 7 M. Rec.: Hist. Zeitschrift 1887 N. 2 p. 254—256 v. L. Erhardt.

Rhinto. Völker, E., Rhintonis fragmenta. Halle. Diss. 49 S.

Scylax. Wiedemann, A., zu dem Periplus des Pseudo-Skylax. Philologus XLVI 1 p. 170-174.

Sillographos graecos rec. C. Wachsmuth. Leipzig 1885, Teubner. 3 M. Rec.: Lit. Centralblatt N. 9 p. 279—280 v. Cr.

Socrates Ludwich, A., zum Apollohymnos des Sokrates. Jahrbücher für Philologie 133. Bd. 12. Hft. p. 811—812.

Sophokles. Erklärt von J. Holub. I. Oidipus Tyrannos. Mit 1 Abb. Paderborn, Schöningh. 8 XII, 92 S.   1 M. 50 Pf.

— — the plays, by R. C. Jebb. II. Oedipus Coloneus Cambridge 1885. 15 M. Rec.: Neue phil. Rundschau I 25 p. 385—386 v. Wecklein.

— — von C. Schmelzer. I—V. Berlin 1885/86, Habel.   9 M. 60 Pf. Rec : Neue phil Rundschau N. 3 p. 36 v. H. Müller. — Blätter f. d. bayr. Gymn. XXII 10 p. 573—576 v. K. Metzger. — Korrespondenzblatt f. württ. Schulen XXXIV 1. 2 p. 81—82 v. Bender. — Gymnasium V 7 p. 230—232 v. J. Sitzler.

— — von N. Wecklein. I. Antigone. München 1886, Lindauer. 1 M. 20 Pf. Rec.: Blätter f. d. bayr. Gymn. XXIII 2. 3 p. 118—119 v. K. Metzger.

— — für den Schulgebrauch erklärt von G. Wolff. I. Aias. 4. Aufl. von L. Bellermann. Leipzig, Teubner. 8. VI, 174 S.   1 M. 50 Pf.

— Antigone, ed. J. Kral. Prag 1886.   30 Pf. Rec.: Berliner phil. Wochenschrift VII 8 p. 229—230 v. F. Müller.

— — the text closely rendered and illustrated with short notes. Preceded by an introduction and analysis. Oxford, Shrimpton. 8. 44 p. 1 M. 20 Pf.

— Trachiniae, ed. Fr. Schubert. Leipzig 1886, Freytag.   40 Pf. Rec.: Neue phil Rundschau N. 4 p. 49—50 v. H. Müller.

Bernhard, F., eine Frage nach der chronologischen Reihenfolge der erhaltenen sophokleischen Tragödien. Oberhollabrunn 1886. Pr. 8. 34 S. Rec.: Wochenschrift f. klass. Phil. IV 9 p. 269 v. G. Hergel.

Deiter, H, zu Sophokles Elektra. Philologus XLVI 1 p. 167—169.

Herwerden, H. van, lucubrationes Sophocleae. Utrecht, Beijer. 8. 83 S. 1 M. 70 Pf.

Keelhoff, S., Oedipe à Colone 113—114. Revue de l'instruction publique en Belgique XXX 1 p. 32.

Papageorg, P. N., korrupte Sophokleische Stellen. V. Berliner phil. Wochenschrift VII 12 p. 354—355.

Rappold, Gleichnisse bei Aischylos, Euripides u. Sophokles, v. Aeschylus.

Roček, J., o sentencich se ve vyskytajicich Sofokleovych. Pilgrzim 1886. Pr. Rec.: Listy filologicke 1887 N. 1 p. 59 v. E. Kastner.

Roseth, A., Kleon in der Antigone. (Ungarisch.) Arad 1886. Pr. 8. 15 S.

Schütz, H., sophokleische Studien. Gotha 1886, Perthes.   1 M. 20 Pf. Rec.: Wochenschrift f. klass. Phil. IV 2 p. 38—42 v. A. Oldenberg.

Spengel, A., Beiträge zu Sophokles Oedipus rex. Philologus XLVI 1 . p. 48—56.

Stephanus Byzantius. Geffcken, J., de Stephano Byzantio. Göttingen 1886, Vandenhoeck & Ruprecht.   1 M. 50 Pf. Rec.: Deutsche Literaturzeitung N. 13 p. 448 v. B. Niese.

Stesichorus. Seeliger, die Ueberlieferung der griechischen Heldensage bei Stesichorus. Meissen 1886. Pr. 4. 41 S.

52 Griechische Autoren.

Strabo. Pais, Straboniana. Contributi allo studio delle fonti della storia e della amministrazione romana. Rivista di filologia classica XV 3—6 p. 97—247.

Schröter, F. M., Bemerkungen zu Strabo. Leipzig. Pr. d. Realg. 4. 17 S.

Wilkens, H., quaestiones de Strabonis aliorumque rerum Gallicarum auctorum fontibus. Diss. Marburg 1886, Elwert. 8. 60 S. 1 M. 20 Pf.

Synesius. Gaiser, E., des Synesius von Cyrene ägyptische Erzählungen od. uber die Vorsehung. Darstellung des Gedankeninhalts dieser Schrift und ihrer Bedeutung für die Philosophie des Synesius unter Berücksichtigung ihres geschichtlichen Hintergrunds. Dissertation. Wolfenbüttel, Zwissler. 8. 36 S. 1 M.

Testamentum, vetus, graecum iuxta LXX interpretes ex auctoritate Sixti V. Pont. Max. editum. Iuxta exemplar originale vaticanum Romae editum 1587 quoad textum accuratissime ed ad amussim recusum cura et studio Leandri van Ess. Ed. ster. Tauchnitii novis curis correcta et aucta. Leipzig, Bredt. gr. 8. 34 u. 1027 S. 8 M.

— — graece juxta LXX interpretes. Textum vaticanum romanorum emendatius edidit, argumenta et locos Novi Testamenti parallelos notavit, omnem lectionis varietatem codicum vetustissimorum Alexandrini, Ephraemi Syri, Friderico-Augustani subjunxit, prolegomenis uberrimis instruxit C. de Tischendorff. Ed. VII. Prolegomena recognovit, supplementum auxit E. Nestle. 2 tomi. Leipzig, Brockhaus. gr. 8. 81, 684, 616 u. Suppl. 10, 203 S. 15 M.; geb. 18 M.; Suppl. apart: 5 M.

Nestle, E., Septuagintastudien Zur Geschichte der Sixtina. Ulm 1886. Pr. 4. 19 S.

Testamentum, novum, textus Stephanici A. D. 1554, cum variis lectionibus editionum Bezae, Elzeviri, Lachmanni, Tischendorffii, Tregellesii, WestcottHortii, versionis Anglicanae, ed. F. H. A. Scrivener. London, Whittaker. 8. 702 p. cl. 9 M.

Chiappelli, A., studii di antica letteratura cristiana. 1. Il frammento viennese d'un quinto evangelio. — 2. La dottrina dei dodici Apostoli. — 3. La leggenda dell' apostolo Jacopo a Compostella. Turin, Löscher. 8. VIII, 238 p 5 M.

Cremer, H., Wörterbuch der neutestamentlichen Gräcität. 4. Aufl. Gotha 1886. 16 M. 80 Pf.
Rec.: Neue phil. Rundschau N. 1 p. 14—15 v. J. G. Brambs. — Zeitschrift f. d. Gymn. XXXXI 2. 3 p. 168—170 v A. Jacobsen.

Hicks, E. L., use of political terms in the Greek Testament. Classical Review I 1 p. 4—8. 2. 3 p. 42—46.

Lipsius, R. A., die apokryphen Apostelgeschichten u. Apostellegenden. Ein Beitrag zur altchristl. Literaturgeschichte. 2. Bd. 1. Hälfte. Braunschweig, Schwetschke. 16 M. (I u II: 42 M.)

Stellhorn, F. W., Wörterbuch zum Neuen Testament. Leipzig 1886, Dörffling. 3 M.
Rec.: Theol. Literaturblatt N. 7 p. 68 v. F. Mühlen. — Theol. Literaturzeitung N. 1 v. Schmiedel.

Theocritus, Gli idilli, con studio critico e versione di A. Cipollini. Milano 1886, Höpli. 16. VIII, 471 p. 5 M.

Themistius. Gasda, A., kritische Bemerkungen zu Themistios. II. Lauban. Pr. 4. 20 S.

Theognostus. Schneider, Rich., Theognosti canones. Bodleiana (v. p. 38.) p. 3—20.

Theophrastus. Unger, G. F., zu Theophrastos. Philologus XLV 4 p. 613 u. 641, u. XLVI 1 p. 56—57.

Thucydides ed. on the basis of Classen's edition by C. D. Morris. I. Boston 1886, Ginn & Co. 1 M. 20 Pf.

Griechische Autoren. 53

Thucydides, von Franz Müller. II. Paderborn 1886, Schöningh. 1 M. 30 Pf.
Rec.: Gymnasium V 3 p. 85—89 v. Tegge.
Bauer, A., Thukydides u. H. Müller-Strübing. Ein Beitrag zur Geschichte
der philol. Methode. Nördlingen, Beck. 8. 31 S.   70 Pf.
Frick, O., zur elementaren Behandlung von Thukydides 70. 71. Lehrproben
u. Lehrgänge 1886 N. 9.
Gräber, G., einige Reste nebengeordneter Satzbildung in untergeordnetem
Satzgefüge bei Thucydides u. Xenophon, namentlich nach temporalen
Vordersätzen. Brecklum. Pr. 4. 20 S.
Junghahn, E. A., Studien zu Thukydides. Neue Folge. Historisch-Kriti-
sches, Exegetisches, Polemisches. Berlin 1886, Calvary & Co. 8. 95 S.
                                                                  3 M. 60 Pf.
Lange, E., Kleon bei Thukydides. Burgsteinfurt 1886. Pr. 4. 18 S.
Müller, F., Dispositionen zu den Reden bei Thukydides. Paderborn 1886,
Schöningh.   1 M. 80 Pf.
Rec.: Berliner phil Wochenschrift VII 10 p. 300—302 v. G. Behrendt.
— Jahrbücher f. Philologie 134. Bd. 11. Hft. p. 580—581 v. G.
Vogrinz
Notes on Thucydides, book 1. Compiled and originally intended chiefly
for the upper middle forms in public schools. London, Longman.
p. 236 p. cl   3 M.
Polle, F., zu Thukydides II 20, 4. Jahrbücher f. Philologie 135. Bd. 2. Hft.
p. 109—111.
Schroeter, F., ad Thucydidis librum VII quaestiones philologicae. Diss.
Königsberg (Koch & Reimer.) 8. 30 S.   1 M.
Rec.: Berliner phil. Wochenschrift VII 13 p. 389—390 v. G. Behrendt.
Steup, J., thukydideische Studien. II. Freiburg 1886, Mohr.   4 M.
Rec.: Phil. Anzeiger XVI 9. 10 p. 509—515 v. J. M. Stahl.
Zographos, A., κριτικὴ καὶ ἐξηγητικὴ μελέτη ἐν τῷ πέμπτῳ βιβλ. Θουκυ-
δίδου. Erlangen 1886. Diss. 8. 106 S

Timaeus. Beloch, J., über das 3. Buch der Historien des Timaios. Jahrbücher für Philologie 133. Bd. 11. Hft. p. 775—776.

Tragici. Abert, Komparation bei Homer u. den Tragikern, v. Homerus p. 45.
Richter, R., zur Einführung in die griech. Tragiker. Lehrproben 10. Heft.
Schmidt, F. W., kritische Studien zu den griechischen Dramatikern, nebst
Anh. zur Kritik der Anthologie 2. Bd. Zu Euripides. Berlin 1886,
Weidmann. 8. IV, 511 S.   14 M. (1 u. 2: 22 M.)
Rec.: Berliner phil. Wochenschrift VII 11 p. 325—331 v. Wecklein.
— Lit. Centralblatt N. 12 p. 382—383 v. H. St.
Schwerdt, F. J., Beiträge zur Wiederherstellung der griechischen Tragiker.
Leipzig 1886, Teubner.   5 M. 20 Pf.
Rec.: Berliner phil. Wochenschrift VII 6 p. 165—170 v. Wecklein.
Schulze, P., Lukianos als Quelle für die Kenntniss der Tragödie. v. Lu-
cianus. p. 48.

Xenophon's Cyropaedia, books I. and II. With introduction and notes.
2 vols. Cambridge. 12 cl.   7 M. 20 Pf.
— memorabilia. Russische Ausgabe mit Uebersetzung, Wörterbuch u. Einleitung von K. Halberstadt. I—IV. Kiew 1887. 12.   à 2 M.
— — mémoires sur Socrate, livres 1. et 2. Texte grec. Nouvelle édition,
par Th. H. Martin. Paris, Delagrave. 12 47 et 62 p.
— . premier livre des Entretiens mémorables de Socrate. Expliqué littéralement, traduit et annoté par E. Sommer. Paris, Hachette. 12. 145 p.
— — extraits des mémorables, expliqués et traduits par M. Sommer. Paris,
Hachette. 12. 231 p.   2 M. 50 Pf.
— économique. Edition complète, avec introduction et notes par L. Humbert. Paris, Garnier frères. 12. XIV, 146 p.

Xenophon. Ball, H., Studien zu Xenophons Anabasis. 1) Ein scheinbarer Widerspruch, I 2, 9. 2) Xenophons Wahl zum Strategen. 3) Ein angeblicher Rechnungsfehler. 4) Πυθαγόρας oder Σάμιος? 5) Zu einzelnen Stellen. Philologus XLV 4 p. 614—641.

Bazin, H., la République des Lacédémoniens de Xenophon. Paris 1885, Leroux.   5 M.
  Rec.: Hist. Zeitschrift 1887 N. 3 p. 445.—447 v. L. Holzapfel.

Kruse, H., über Interpolationen in Xenophons Hellenika. Kiel. Pr. 4. 30 S.

Matthias, A., Commentar zu Xenophons Anabasis. I. u. II. Berlin 1885, Springer.   1 M. 40 Pf.
  Rec.: Zeitschrift f. d. österr. Gymn. XXXVII 10 p. 747 v. Fr. Stolz.

Otto, A., zu Xenophons Hellenika. Jahrbücher für Philologie 135. Bd. 1. Hft. p. 28—32.

Ranke, J. A., syntaktische Präparation zu Xenophons Anabasis Buch I. Zur ersten Einführung in die griech. Syntax. Hannover, Nordd. Verlagsanstalt. 8. 88 S.   1 M.
  Rec.: Zeitschrift f. d. österr. Gymn. XXXVIII 2 p. 150 v. J. Golling.

Reuss, Fr., kritische u. exegetische Beiträge zu Xenophons Anabasis. Wetzlar. Pr. 4.

Strecker, über den Rückzug der Zehntausend. Berlin 1886, Mittler.
                                                                       1 M. 25 Pf.
  Rec.: Berliner phil. Wochenschrift VII 6 p. 174—176 v. Chr. B. —
  Deutsche Literaturzeitung N. 8 p. 277—278 v. J. Partsch.

Unger, G. F., über Xenophons Todesjahr. Philologus, 5. Suppl, 4. Hft., p. 715—716.

2. Römische Autoren.

Cramer, F., de perfecti coniunctivi usu potentiali apud priscos scriptores latinos. Diss. Marburg. (Düsseldorf, Deiters.) 8. 87 S.   1 M.
  Rec.: Archiv f. lat. Lexikographie IV 1 p. 155—157 v. J. H. Schmalz.

Harkness, A., preparatory course in Latin prose authors, comprising 4 books of Caesar's Gallic war, Sallust's Catiline, and 8 orations of Cicero, with notes, a map of Gaul, and a special dictionary. Rev. ed., with col ill. New York, Appleton. LXX, 626 p. cl.   8 M.

Heller, H. J., epistola critica ad E de Leutsch. Philologus XLV 4 p. 680—688.

Planer, H., de haud et haudquaquam negationum apud scriptores latinos usu. Jena 1886, Pohle.   1 M. 50 Pf.
  Rec.: Berliner phil. Wochenschrift VII 13 p. 405—408 v. J. H. Schmalz.
  — Archiv f. lat. Lexikographie IV 1 p. 158—160 v. C. Weymann.

Richardson, G. M., de »dum« particulae apud priscos scriptores latinos usu. Leipzig 1886 (Liebisch). 8. 95 S.   2 M.

Speijer, J., lanx satura. Amsterdam 1886. 8. 30 S.
  Rec.: Deutsche Literaturzeitung N. 4 p. 127 - 128 v. Th. Stangl.

Ammianus. Stangl, Th., zu Ammianus Marcellinus. Philologus XLVI 1 p. 97.

Anonymi terrae descriptio. Schweder, E., über die Weltkarte des Kosmographen von Ravenna. Kiel 1886, Lipsius & Tischer.   1 M. 20 Pf.
  Rec.: Berliner phil. Wochenschrift VII 4 p. 107—112 v. D. Detlefsen. —
  Lit. Centralblatt N. 12 p. 387—388 v. B-r. — Phil. Anzeiger XVII 1 p. 73—76 v. K. J. Neumann. — Deutsche Literaturzeitung N. 13 p. 456—457 v. J. Partsch.

Augustus imp. Caes. Schweder, E., Beiträge zur Kritik der Chorographie des Augustus. III. Kiel 1883, Lipsius & Tischer. 2 M. (cplt. : 6 M.)
Rec.: Phil. Anzeiger XVI 9. 10 p. 566—571 v. D. Detlefsen.

Vinkesteyn, J., de fontibus libri de viris illustribus. Leiden 1886. Diss.
Rec.: Wochenschrift f. klass. Phil. IV 12 p. 368—370 v. Th. Opitz.

Apollinaris Sidonius. Mohr, P., zu Apollinaris Sidonius. Bremerhaven 1886. Pr
Rec.: Neue phil. Rundschau I 25 p 387—388 v. F. Gustavsson.

Apuleius περὶ ἑρμηνείας, herausgegeben von Ph. Meiss. Lörrach 1886. Pr. 28 S.
Van der Vliet, J., ad Apulei Metamorphoses. Rhein. Museum XLII 1 p. 145—146.

Arnobius Polle, J., zu Arnobius IV, 21. Jahrbücher für Philologie 135. Bd. 1. Hft. p. 87—88.

Augustini Hipponensis episcopi operum sectionis III pars 1. Liber qui appellatur speculum et liber de divinis scripturis sive speculum quod fertur S. Augustini. Recensuit et commentario critico instruxit F. Weihrich. Wien, Gerold. Lex.-8. LII, 725 S. 15 M.

    Caspari, C. P., eine Augustin fälschlich beigelegte Homilia. Christiania 1886, Dybwad 1 M. 70 Pf.
    Rec.: Nordisk Tidskrift VIII 1 p. 79—90 v. Nyrop.

    Frick, C., die Quellen Augustins im 18. Buch De civitate. Höxter 1886. Pr.
    Rec.: Berliner phil. Wochenschrift VII 7 p. 215—216 v. H. Rönsch.

    Régnier, A., de la latinité des sermons de Saint Augustin. Paris, Hachette. 5 M.

Ausonii opuscula rec. R. Peiper. Leipzig 1886, Teubner. 6 M. 60 Pf.
Rec.: Lit. Centralblatt N. 4 p. 122—123 v. A R.

Caesar, Oeuvres complètes. Commentaires sur la guerre des Gaules, avec les réflexions de Napoléon I., suivis des Commentaires sur la guerre civile et de la Vie de César par Suétone. Traduction d'Artaud. Nouvelle édition, très soigneusement revue par F. Lemaistre, et précédée d'une étude sur César par M. Charpentier. 2 vol. 18. I: XVI 336 p. II: 354 p. Paris, Garnier frères 7 M.
— de bello Gallico commentary after the German of Kraner-Dittenberger, by J. Bond and A. S. Walpole. London, Macmillan. 12. 490 p. 7 M. 20 Pf.
— — book V, edited, with notes and vocabulary, for use of schools, by C. Colbeck. London, Macmillan 18. 172 p. cl. 1 M. 80 Pf.
— — with notes, dictionary, and a map, by A. Harkness. Rev. ed., illustrated. New York, Appleton LXII, 377 p. cl. 6 M.
— — von H Rheinhard. 5. Aufl. Stuttgart 1886, Neff. 2 M. 70 Pf.;
                                              geb. 3 M. 10 Pf.
    Rec.: Neue phil Rundschau N. 3 p. 36 v. O. Keller.
— - with notes, vocabulary, and map, books I – VI. London, Rivington. 18. cl. à 1 M. 20 Pf.
    Eichert, O., Wörterbuch zu den Commentarien des Cäsar uber den Gallischen Krieg u. über den Bürgerkrieg, sowie zu den Schriftwerken seiner Fortsetzer. 9. verb. Aufl. Hannover, Hahn. 8. III, 319 S.
                                             1 M. 80 Pf.
    Gilbert, H, zu Cäsars bellum civile. Jahrbücher für Philologie 135 Bd. 1. Hft. p. 72.

Heuzey, L., les opérations de César (dans la Macédoine). Paris 1886, Hachette 10 M.
Rec.: Revue critique N. 11 p. 203—207 v. G. Lacour-Gayet.

Heynacher, M, was ergiebt sich aus dem Sprachgebrauch Cäsars? 2. Aufl. Berlin 1886, Weidmann. 3 M.
Rec.: Wochenschrift f. klass. Phil. IV 12 p 370—374 v. H. Babucke.
— Jahrbucher für Philologie 136 Bd. 2 Hft. p. 110—117 v. Fügner.
— Gymnasium V 8 p. 270.

Caesar. Holzer, E., Caes. bell. civ. I 71. Korrespondenzblatt für württ.
Schulen XXXIV 1. 2 p. 33—34.

Ilg, antequam u. priusquam bei Cäsar. (Aus dem Korrespondenzblatt f.
württ. Schulen.) Tübingen, Fues. 8. 7 S.   20 Pf.

Menge u. Preuss, lexicon Caesarianum. Fasc. III. Leipzig 1886, Teubner.
S. 257—384.   à 1 M. 60 Pf.
Rec.: (II) Wochenschrift f. klass. Phil. IV 10 p. 301—306 v. E. Wolf.

Merguet, H., Lexikon zu den Schriften Cäsars u. seiner Fortsetzer. 6. u.
7. Lfg. Jena 1886, Fischer. Lex.-8. IV u. S. 785—1142.   15 M.
                                                        cplt.: 55 M.

Meusel, H., lexicon Caesarianum. Fasc. 5—8. Berlin 1886, Weber. Lex.-8.
                                                        à.2 M. 40 Pf.
Rec.: Zeitschrift f. d. österr. Gymn. XXXVII 12 p. 938 u. XXXVIII 2
p. 148 v. J. Prammer.

Schliack, Conradt, Gilbert, zu Cäsars bellum gallicum. Jahrbücher für
Philologie 133. Bd. 11. Hft. p. 781—783.

Serrure, C., 2. étude sur la numismatique gauloise des commentaires de
César. Louvain 1886, Peeters. 8. 40 p.   3 M.

Vine. Fr., Caesar in Kent. The landing of Julius Caesar. London, Simpkin.
Rec.: Athenaeum N. 3085 p. 781.

Calpurnii et Nemesiani bucolica rec. H. Schenkl. Leipzig 1885, Freytag. 6 M.
Rec.: Neue phil. Rundschau N. 4 p. 52 v. E. B(ährens).

Cassiodorus. Gaudenzi, A., l'opera di Cassiodorio a Ravenna. Atti e memorie della dep. di Romagna, vol. IV N. 4—6 p. 426—480. v. 1886.

Cato. Farkas, J., Uticai Porc. Cato elete. Klausenburg 1886. Pr. 8. 111 S.

Keller, O., zu Cato's Fragmenten. Archiv f. lat. Lexikographie IV 1
p. 139—140.

Schöndörffer, O., de genuini Catonis de agricultura libri forma. Königsberg 1885, Koch & Reimer.   1 M.
Rec.: Archiv f. lat. Lexikographie IV 1 p. 161—162.

Catulli, Tibulli, Propertii carmina rec. Haupt, ed. V. cur. J. Vahlen.
Leipzig 1885, Hirzel.   2 M. 50 Pf.
Rec.: Blätter f d. bayr. Gymn. XXII 10 p. 565—567 v. C. Weyman.

Catulli liber, rec. Aem. Baehrens. II. Leipzig 1885, Teubner. 12 M. 40 Pf.
Rec.: Phil. Anzeiger XVI 9. 10 p. 530—534 v. A. Biese. — Blätter f. d.
bayr. Gymn. XXII 10 p. 562—565 v. J. Haas.

Quicherat, L., un passage obscure de Catulle eclairci par une conjecture.
Revue de philologie X 3 p. 157—161.

Ciceros ausgewählte Reden. Erklärt von K. Halm. 4. Bd. Die Rede für
Publius Sestius. 6. verb. Aufl., besorgt von G. Laubmann. Berlin 1886,
Weidmann. 8. VI, 123 S.   1 M. 20 Pf.
Rec.: (III) Wochenschrift f. klass. Philologie IV 8 p. 234—238 v. H. Nohl.

— orationes selectae, ed. H. Nohl. III. De imperio In Catilinam. Leipzig
1886, Freytag.   50 Pf.
Rec.: Berliner phil. Wochenschrift VII 5 p. 143—144 v. J. H. Schmalz.

— pro Archia, expliqué et traduit par M. Chanselle. Paris 1885, Hachette.
                                                        1 M. 25 Pf.
Rec.: Korrespondenzblatt f. d. württ. Schulen XXXIII 9. 10 p. 498—500
v. Holzer.

— — con note di C. Fumagalli. Verona 1886, Drucker & Tedeschi. 50 Pf.
Rec.: Berliner phil. Wochenschrift VII 6 p. 176 v. F. Müller.

— oratio Philippica secunda. With Introduction and Notes by A. G. Peskett.
Cambridge. 12. 170 p. cl.   4 M. 20 Pf.
— l'orazione in difesa di Cneo Plancio, commentata da G. B. Bonino. Turin,
Löscher. 8. XLVII, 124 p.

Cicero, in Verrem orationes. II. De signis. Par E. Thomas. Paris 1886, Hachette. 1 M. 50 Pf.
Rec.: Berliner phil. Wochenschrift VII 6 p. 178—179 v. J. H. Schmalz.

— de oratore, erklärt von Piderit-Harnecker. I. Leipzig 1886, Teubner. 1 M. 80 Pf.
Rec.: Wochenschrift f. klass. Phil. IV 4 p. 109—110 v. Th. Stangl.

— Cato major, de senectute. Edit., with notes, by L. Huxley. 2 pts. London, Frowde. 2 M. 40 Pf.

— — erklärt von C. Meissner. 2. Aufl. Leipzig 1885, Teubner. 60 Pf.
Rec.: Zeitschrift f. d. österr. Gymn. XXXVIII 2 p. 110—112 v. A. Kornitzer.

— Cato major; Laelius, ed. Th. Schiche. Leipzig 1884, Freytag. 50 Pf.
Rec.: Zeitschrift f. d. österr. Gymn. XXXVIII 1 p. 27—30 v. A. Kornitzer.

— de natura deorum. Für den Schulgebrauch erklärt von A. Goethe. Leipzig, Teubner. 8. IV, 242 S. 2 M. 40 Pf.

— — liber II, édition classique par E. Maillet. Paris, Belin. 12. 1 M. 35 Pf.

— — traduction, par E. Maillet. Ibid. 12. cart. 1 M. 25 Pf.

— ausgewählte Briefe, von Hofmann-Andresen. 2 Bde. Berlin 1885, Weidmann. 4 M. 50 Pf.
Rec.: Blätter f. bayr. Gymn. XXII 10 p. 558—560 v. E Ströbel. — Zeitschrift f. d. österr. Gymn. XXXVIII 2 p. 113—114 v. A. Kornitzer.

— — epistolarum selectarum liber primus. Editio altera. Augustae Taur. 1886, ex off. Salesiana. 16 47 p. ∗ 20 Pf.

— Tusculanae, erklärt von L.W. Hasper. 2 Bdcbu. Gotha 1883/85. à 1 M. 20 Pf.
Rec.: Blätter f. d. bayr. Gymn. XXII 1 p. 31—33 v. G. Landgraf.

— somnium Scipionis. 3. Aufl. von C. Meissner. Leipzig 1886, Teubner. 45 Pf.
Rec.: Berliner phil. Wochenschrift VII 6 p. 177 v. F. Müller. — Wochenschrift f. klass Phil. III 52 p. 1642 v. A. Eussner. — Blätter f. d. bayr. Gymn. XXII 10 p. 561—562 v. E. Ströbel.

— ausgewählte Reden. Aus dem Lat. v. Dr. Rähse. 5. Bdchn. Die 1. u. 2. Philippische Rede. Leipzig, Ph. Reclam jun. 16. 91 S. 20 Pf.

— for Balbus. Literally translated by Roscoe Mongan. London, Cornish. 12. 36 p. 1 M. 80 Pf.

— plaidoyer pour Célius Rufus. Traduction nouvelle par E. A. Billaut de Gérainville. Paris, le traducteur. 18. 180 p.

— Cato der Aeltere, od. Gespräch über das Greisenalter an Titus Pomponius Atticus. Wortgetreu übers. von H. R. Mecklenburg. 1. u. 2. Hft. Berlin, Mecklenburg. 32. 80 S. à 25 Pf.

Beck, R., Einleitung u. Disposition zu Ciceros Rede in Clodium. Leipzig 1886, Fock. 1 M.
Rec.: Wochenschrift f. klass. Phil. IV 3 p. 74—78 v. Th. Stangl.

Capek, J., Ciceros Urtheile über Livius Andronicus, Nävius u. Ennius. (Böhmisch.) Leitomischl 1886. Pr.
Rec.: Listy filologicke 1887 N. 1 p. 58—59 v. R. Novak.

Causeret, Ch., étude sur la langue de la rhétorique et de la critique littéraire dans Cicéron. Paris, Hachette. 4 M.

Dahl, B., zur Handschriftenkunde des Cato major. I. u. II. Christiania 1886, Dybwad.
Rec.: Berliner phil. Wochenschrift VII 10 p. 305—306 v. H. Deiter. — Neue phil. Rundschau N. 5 p. 71—73 v. J. Degenhart. — Deutsche Literaturzeitung N. 11 p. 378 v. Th. Stangl.

— kritische Bemerkungen zu Ciceros philosophischen Schriften. Philologus XLVI 1 p. 174—177.

Friedrich, W., zu Cic. Büchern de oratore. Jahrbücher für Philologie 135. Bd. 1. Hft. p. 73—87.

Cicero. **Gebhardi, W,** zu Cicero's Tusculanen, I 1. Jahrbücher für Philologie 133. Bd. 12. Hft. p 864.

Gurlitt, L., drei Suasorien in Briefform. (Cic. ep. ad Brut. I 15, 16, 17.) Philologus, 5. Suppl., 4. Hft., p 591—626.

Hachtmann, K., zu Ciceros Reden gegen Verres IV § 9. Jahrbücher für Philologie 135. Bd. 2. Hft p. 151 - 152.

Hatz, G., Beiträge zur lat. Stilistik. Zur Hendiadys bei Cicero. Schweinfurt 1886 Pr. 68 S.
   Rec.: Wochenschrift f. klass. Phil. IV 10 p. 306—308 v. Th. Stangl.

Havet, L., Cicero, Orator. Revue de philologie X 3 p. 155—157.
— le ms. B de Cicéron De nat. deor. Ibid. p. 188.

Lehmann, C A, quaestiones Tullianae. I. Leipzig 1886, Freytag. 3 M.
   Rec.: Blätter f. d. bayr. Gymn XXII 1 p. 33 v. G. Landgraf. — Korrespondenzblatt f. württ. Schulen XXXIV 1. 2 p 68—74 v. Ludwig.

Jänicke, Ch, die Verbindung der Substantiva durch Präpositionen bei Cicero. Wien 1886. Pr. 8. 20 S.

Körner, A, de epistulis a Cicerone post reditum datis. Leipzig 1886, Fock.   1 M.
   Rec : Neue phil. Rundschau N. 1 p. 8 v. St

Popp, E., de Ciceronis de officiis cod. Palatino. Erlangen 1886 Pr.
   Rec.: Wochenschrift f. klass. Phil IV 1 p. 15—18 v. Th. Schiche.

Ramorino, F., notizia di alcuni manoscritti italiani del Cato major e del Laelius di Cicerone. Rivista di filologia XV 3 – 6.

Roby, H. J, some points ot Roman law in Prof. Tyrrell's edition of Cicero's Correspondence, Classical Review I 2. 3 p. 66 – 70

Sabbadini, R., studio del Ciceronianismo. v. p. 35

Schwenke, P., des Hadoardus Cicero-Excerpte. Leipzig 1886, Teubner.
                                                                 3 M. 60 Pf.
   Rec.: Wochenschrift f. klass. Phil. IV 6 p. 171—173 v. Th. Stangl.
— Berliner phil. Wochenschrift VII 10 p 306—308 v O. Keller.

Stangl, Th, Epikritisches zu Ciceros Orator u. Brutus. Blätter f. d. bayr. Gymn. XXIII 2. 3. p. 92—93.
— zu Cic. or. in Cat. II 8. Philologus XLV 4 p. 721.

Tomanetz, K., über den Werth u. das Verhältniss der Handschriften von Ciceros Cato maior. Wien 1886. Pr. d. Gymn. in Hernals. 8. 36 S.

Claudianus Mamertus. Engelbrecht, A., Untersuchungen über die Sprache des Claudianus Mamertus. Wien 1885, Gerold.   6 M.
   Rec.: Wochenschrift f. klass. Phil. IV 5 p. 141—144 v. Deutsch. — Neue phil. Rundschau N 6 p 91—93 v P. Mohr. ·· Zeitschrift f. d. österr. Gymn XXXVIII 2 p. 121—122 v. H. Sedlmayer.

Corippi quae supersunt rec. M. Petschenig. Berlin 1886, Calvary. 9 M. 60 Pf.
   Rec.: Berliner phil Wochenschrift VII 5 p. 137 –143 v. J. Partsch. — Academy N. 776 p. 205.

Cornelii Nepotis liber. Für den Schulgebrauch mit sachlichen Anmerkungen, Sachregister u. Wörterbuch hrsg. von K. Erbe. Mit 152 Illustr. in Farbendr., 1 Karte, mehreren Nebenkarten, Schlacht- u. Städte-Plänen Stuttgart, Neff. 8. VIII, 208 S   2 M. 70 Pf ; geb. 3 M. 10 Pf.
   Rec.: Zeitschrift f. d. Gymn. XXXI 2. 3. p. 119 – 123 v. W. Böhme.

— selections illustrative of Greek and Roman History. Edited, for the use of beginners, with introduction, notes, exercises, and vocabulary, by G. S. Farnell. London, Macmillan. 18. 128 p. cl.   1 M. 80 Pf.

— recogn E. Ortmann. Ed. IV. Leipzig 1886, Teubner.   1 M.
   Rec.: Zeitschrift f. d. österr. Gymn. XXXVIII 2 p. 148—149.

Cornelius Nepos. **Gemss, G.,** Wörterbuch zu Cornelius Nepos. Paderborn 1886. 1 M. 60 Pf.
Rec.: Blätter f. d. bayr. Gymn. XXIII 2. 3 p. 142. — Korrespondenzblatt f. württ. Schulen XXXIV 1. 2 p. 77—79 v. S. H.
Lebedinski, J., lateinisch-russisches Wörterbuch zu Cornelius Nepos. 5. Aufl. Petersburg. 8. 326 S. 4 M.
Corpus iuris civilis. **Bruns, C. G,** fontes juris romani antiqui Ed. V. cura Th Mommseni. II. Freiburg, Mohr. 8 XVI, S. 209—422. 4 M.; cplt.: 8 M.
Ferrini, C., delle origini della parafrasi greca delle istituzioni. Archivio giuridico XXXVII 5. 6.
Perozzi, S., dell' antica e dell' odierna maniera di studiare il Corpus iuris. Discorso. Perugia 1886.
Rec.: Berliner phil. Wochenschrift VII 13 p. 401—402 v M. Voigt.
Curtii Rufi historiarum Alexandri Magni Macedonis libri superstites. Texte latin, publié avec une notice sur la vie et les ouvrages de Quinte-Curce, des notes, un dictionnaire, par S. Dosson. 3. tirage, revu Paris, Hachette. 16. XVI, 517 p. avec gravures et carte. 2 M. 25 Pf.

— — ed. Max Schmidt. Leipzig 1886, Freytag. 1 M.
Rec.: Neue phil. Rundschau N. 3 p. 37 38 v Weinhold. — Zeitschrift f. d Gymn. XXXXI 2 3 p 123—126 v. A. Miller.

— — erklärt von Th. Vogel. I. 3. Aufl. Leipzig 1885, Teubner. 2 M. 10 Pf.
Rec.: Blätter f. d. bayr. Gymn. XXIII 1 p. 33 v. G. Landgraf.

Krah, E., Beiträge zur Syntax des Curtius. II. Insterburg. Pr. 4. 24 S.
Rec : (I) Berliner phil. Wochenschrift VII 6 p. 179—180 v. J. H. Schmalz.
Schmidt, Max, Wörterbuch zu Curtius Rufus. Leipzig 1885, Freytag. 1 M. 40 Pf.
Rec.: Wochenschrift f. klass. Phil. IV 5 p 140—141 v. E. Krah.
Dracontius. **Rossberg, C,** zu Dracontius. Archiv f. lat. Lexikographie IV 1 p. 44—51.
Ennii et **Naevi** reliquiae em. Luc. Müller. Petersburg 1885, Ricker. 8 M.
Rec.: Phil. Anzeiger XVI 9. 10 p. 525 - 530 v. Th. Fritzsche.

Vahlen, J, über die Annalen des Ennius. Berlin 1886, Reimer. 4. 2 M.
Rec.: Phil. Anzeiger XVI 11. 12 p 618—625 v. L Müller.
Eugippii excerpta rec. P. Knöll. I. Wien 1886, Gerold. 2 M. 40 Pf.
Rec : Athenaeum N. 3087 p 859.
Eutropi breviarium ab urbe condita, recogn. F. Rühl. Leipzig, Teubner. 8. XIX, 90 S. 45 Pf.
Festi breviarium ed. C. Wagener. Leipzig 1886, Freytag. 50 Pf.
Rec : Blätter f. d bayr. Gymn. XXIII 1 p. 34 v. B. Sepp.

Goetz, G, nova meletemata Festina 4. 8 S. Jena. (Neuenhahn.) 50 Pf.
Nolhac, P de, le Festus d'Ange Politien. Revue de philologie X 3 p. 145—147.
Frontinus. **Bludau, A,** de fontibus Frontini Königsberg 1883, Beyer. 1 M. 20 Pf.
Rec.: Phil. Anzeiger XVI 9. 10 p. 539—542 v. H. Crohn.
Fronto. **Desrousseaux, A. M.,** sur la correspondance de Fronton. Revue de philologie X 3 p. 149—154.

Havet, L, le reviseur du ms de Fronton. Revue de philologie X 3 p. 189.
Gellii noctes atticae, rec. M. Hertz. Ed. minor. 2 voll. Leipzig 1885. 4 M. 20 Pf.
Rec.: Deutsche Literaturzeitung N. 7 p. 233—234 v H. J. Müller.
Glossae. **Bywater, J.,** Scaligers u. Labbé's handschriftliche Noten zu den veteres glossae verborum iuris. Rhein. Museum XLII 1 p. 62—80.

Ellis, R., Phillips glossary. American Journal of Philology N. 27 p. 310—324.
Rec.: Archiv f. lat. Lexikographie IV 1 p. 149—150 v. G. Götz.

Glossae. **Götz, G.**, de Placidi glossis. Jena 1886, Neuenhahn.   50 Pf.
Rec.: Deutsche Literaturzeitung 1886 N. 52 p. 1862 v. G. Wissowa.

Gregorius. **Clausier, E.**, Saint Grégoire le Grand, pape et docteur de
l'Église: sa vie, son pontificat, ses oeuvres, son temps (540—604). Ouvrage
posthume, précédé d'une lettre de Mgr. Plantier; publié par l'abbé
H. Odelin. Paris, Berche et Tralin. 8. XXIV, 303 p.

Hist. Aug. scriptores. **Gemoll, A.**, die Scriptores historiae Augustae. I.
Leipzig 1886, Fock. 4 14 S   80 Pf.

Novak, R., ad scriptores historiae Augustae. Listy filologicke 1887 N. 1
p. 7—14.

Horatii carmina selecta, für den Schulgebrauch hrsg. von J. Huemer.
2. durchgeseh unveränd. Aufl Wien 1886, Hölder. 8. XXVI, 204 S. 1 M. 40 Pf.

— Werke, erklärt von A. Kiessling. II. Satiren. Berlin 1886, Weidmann.
2 M. 25 Pf.
Rec.: Berliner phil. Wochenschrift VII 1 p. 9—16 v. E. Heitz.

— — texte latin, publié avec des arguments et des notes en français et
précédé d'un précis sur les mètres employés par Horace, par E. Sommer.
Paris, Hachette. 12 XVI, 426 p.   2 M.

— hendecas carminum Horatii, praemissa vita Horatii Suetoniana edidit
B. D(ahl). Oder og Jubelhymne pa Norsk ved P. H. Christiania. 12. 69 S.

— l'art poétique, éd. classique par M. Albert. Paris 1886, Hachette. 2 M. 50 Pf.
Rec.: Revue critique N. 3 p. 46—48 v. J. Uri.

— — avec des notes explicatives par M. Albert. Ibid. 16. XII, 51 p. 60 Pf.

— odes. Translated by T. Rutherford Clark. Edinburg, Douglas. 12.
228 p. cl   7 M. 20 Pf.
Rec.: Athenaeum N. 3093 p. 188.

— fünf Oden übersetzt von J. Proschberger. Regensburg 1886.
Rec.: Berliner phil. Wochenschrift VII 10 p. 302—305 v. W. Mewes.

— translations, and a few original poems, by Sir Stephen E. de Vere. With
Latin Text. London, Bell. 4. cl.   9 M.

— Episteln. Deutsch von C. Bardt. Bielefeld, Velhagen & Klasing. 8.
121 S   1 M. 60 Pf.

— dreizehn Satiren, übersetzt von E. Vogt. — 26 Oden, verdeutscht von
Fr. van Hoffs. Essen 1885, Bädeker.   2 M. 40 Pf.
Rec : Neue phil. Rundschau N. 6 p. 83—86 v. J. Krassnig. — Gymnasium
V 2 p. 52—55

— von der Dichtkunst, ins Deutsche übers von E. Schauenburg. Leipzig
1886, Fock. 4. 27 S.   1 M.

Baur, J. B , sur quelques odes d'Horace. Discours. Montbéliard, imp.
Hoffmann 8. 19 p.

Bolle, L., des Horaz Europaode. Jahrbücher für Philologie 134. Bd
11. Hft. p. 578—580.

Curschmann, F , Horatiana. Erklärungen u. Bemerkungen zu einzelnen
Gedichten u. Stellen des Horaz Berlin, Springer. 8. IV, 71 S. 1 M. 60 Pf.

Drajko, B , die Ethik des Horaz. (Ungarisch.) Budapest 1886. Pr. 8. 60 S.

Faltin, G., über den Zusammenhang des Briefes an die Pisonen. Neu-
Ruppin 1886. Pr.
Rec.: Gymnasium V 4 p. 138.

Fludorovicz, J , Horatius bölcseszeti nezetei. Debreczin 1886. Pr. 8. 15 S.

Gebhardi, W., ästhetischer Kommentar zu Horaz. Paderborn 1885. 4 M.
Rec : Blätter f. d. bayr. Gymn. XXIII 2 3 p. 103-114 v. Proschberger. — Gymnasium N. 22 p. 774—778 v. F. Rhode.

Gillischewski, W., scidac Horatianae. I. Leipzig 1886, Fock.   90 Pf.
Rec.: Wochenschrift f. klass. Phil. IV 6 p. 173—174 v. G. Faltin.

Horaz. **Grosz, E**, mikepen lett Horatius költö Augustus csaszar egyedural-manak megszilarditoja? Kesmarkt 1886. Pr. 8 14 S.

Hanna, J., zur Prosopographia Horatiana. II. Krems 1886. Pr 8. 25 S.

Heller, H. J., in Hor. sat. II 29; Od. I 2, 39. Epistola (v. p. 54) p. 680—685.

Krassnig, J., Uebersetzungsproben aus Horaz. Nikolsburg 1886. Pr.
Rec.: Zeitschrift f. d. österr. Gymn. XXXVIII 2 p. 158—160 v. A. Baar.

Menge, R., einige Horazstunden in Prima (Ode I 6 u. 5). Lehrproben u. Lehrgänge 1886 N. 9.

Oesterlen, Th., Komik u. Humor bei Horaz. II. Stuttgart 1886, Metzler. 3 M.
Rec.: Berliner phil. Wochenschrift VII 9 p. 269—272 v W. Mewes. — Lit. Centralblatt N. 12 p. 384—385 v. A. R. — Wochenschrift f. klass. Phil. IV 12 p. 365—368 v G. Faltin. — Deutsche Lite-raturzeitung N. 13 p 448—450 v. K. Schenkl. — Phil. Anzeiger XVI 9. 10 p. 534—536 v. Th. Fritzsche. — Gymnasium IV 23 p. 817—819 v. F. van Hoffs.

Plüss, Th, horazische Naturdichtung. Carm. I 4. Jahrbücher für Philologie 133. Bd 11. Hft. p. 785—797.

Turzjewitsch, J, über das Kapitol u die aedes Vestae. Kritische Unter-suchung auf Grund von Horaz Ode I 2. (Russisch.) Journal des kais. russ. Ministeriums der Volksaufklärung 1887, März, p. 74—89.

Valentin, V., ein Freundesgruss. Horatii carmen II 7. Frankfurt a/M., Rütten & Loening. 8. 10 S. 50 Pf.

Weidner, A, zu Horatius Satiren (I 10, 27; II 3, 115). Jahrbücher für Philologie 133. Bd. 12. Hft. p 865—866.

Juvenalis. Thirteen Satires, with a Commentary by J. E. B. Mayor. 4. edit. revised. Vol. I. London 1886, Macmillan. 8. 525 p. cl. 12 M. 60 Pf.
Rec.: Academy N. 770 p 95 v. A. S. Wilkins. — Classical Review N. 1 p 15—17 v. Nettleship.

— ediced, with introduction and notes by C. H. Pearson and H. A. Strong. London, Frowde. 8. 7 M. 20 Pf.
Rec.: Academy N. 770 p. 95—96 v A. S. Wilkins.

Nash, F. P., sur un passage de Juvénal (Sat. X 176—178). Revue de philologie X 3 p 154—155.

Olssufiew, Graf A., Juvenal in der Uebersetzung von Herrn Fet. Peters-burg 1886.
Rec.: Wochenschrift f. klass. Phil. IV 7 p. 207—208 v. A. Kleinschmidt.

Seehaus, A., de D. Junii Juvenalis vita. Halle. Diss. 8. 60 S.

Laevius. **Häberlin, C.,** Laeviana. Philologus XLVI 1 p. 87—97.

Licinius und Catulus. **Maixner, F.,** kritisch-exegetischer Beitrag zu Porcius Licinius u. Quintus Catulus. Zeitschrift f. d. österr. Gymn. XXXVIII 1 p. 1—7.

Livius, books 5, 6 and 7. With introduction and notes by A. R. Cluer. 2.. edit. revised by P. E. Matheson. London, Frowde. 12. cl. 6 M.

— von F. Luterbacher. Buch IV. Leipzig 1886, Teubner. 1 M. 20 Pf.
Rec.: Zeitschrift f. d. österr. Gymn. XXXVIII 1 p. 32—33 v. A. Zingerle.

— historiae, quartum edd. Madvig et Ussing. Vol. II. pars I. Kopen-hagen 1886, Gyldendal. 5 M. 50 Pf.
Rec.: Berliner phil. Wochenschrift VII 8 p. 239—241 v. -s-. — Deutsche Literaturzeitung N. 12 p. 415—416 v. H. J. Müller.

— von Weissenborn-Müller. Berlin 1885, Weidmann.
Rec.: Blätter f. d. bayr. Gymn. XXIII 2. 3 p. 140.

— libri I. II. XXI. XXII, ed. A. Zingerle. Leipzig 1886, Fieytag. 1 M. 40 Pf.
Rec.: Blätter f. d. bayr. Gymn. XXIII 2. 3 p. 143.

— deutsch von Fr. Gerlach. 22. Lfg. 5. Aufl. (3. Bd. S. 1—48.) Berlin, Langenscheidt. à 35 Pf.

Livius. Ballas, E., Phraseologie des Livius. Posen 1885, Jolowicz. 4 M. 50 Pf.
Rec : Wochenschrift f. klass. Phil. III 52 p. 1643—1644 v. H. Draheim.

Friedersdorff, Fr., de orationum operi Liviano insertarum origine et natura. I. Festschrift des Tilsiter Gymn, S. 3—10.

Frigell, A., prolegomena in Livi l. XXIII. Gotha 1885.   1 M. 20 Pf.
Rec. : Zeitschrift f. d. österr. Gymn XXXVIII 1 p.30—32 v. A.Zingerle.

Heräus, W., quaestiones de vetustissimis codicibus Livianis. Berlin 1885
(Grote).
Rec.: Neue phil. Rundschau N. 1 p. 9—10 v. F. Luterbacher.

Klinger, G., de decimi libri Livii fontibus. Leipzig 1884, Fock.   2 M.
Rec.: Wochenschrift f. klass. Phil. IV 2 p. 42

Müller, J. H., Literaturbericht zu Livius. Jahresberichte des Berliner phil.
Vereins XIII p. 1—30.

Müller, Moritz, zu Livius, Buch 31—35. Jahrbücher für Philologie 133. Bd.
12. Hft. p. 855—863.

Paulus, was heisst per fidem? (Liv. 1, 9, 13.) (Aus dem Korrespondenzblatt f. württ. Schulen.) Tübingen, Fues. 8   11 S.   20 Pf.

Riemann, O., études sur la langue de Tite-Live. Paris 1884, Thorin. 9 M.
Rec.: Neue phil. Rundschau N. 1 p. 10—12 v. J. H. Schmalz.

Tiedke, H., Livianum (XXX 40, 2). Hermes XXII 1 p. 159.

Lucanus. Obermeier, J., Sprachgebrauch des Lucanus. München 1886. Pr.
Rec.: Wochenschrift f. klass. Phil. IV 3 p. 78—80 v. J. H. Schmalz.

Souriau, du merveilleux de l'histoire dans Lucain. Revue de l'histoire
des religious XIV 2. 3.

Luciferi opuscula rec. W. Hartel   Wien 1886, Gerold.   9 M.
Rec.: Athenaeum N. 3087 p. 850.

Lucretius, de la nature, livre cinquième. Texte latin en regard de la traduction française avec introduction biographique, analyse et notes critiques
par E. Talbot   Paris, Delalain   12. LXXII, 116 p.   1 M. 80 Pf.

Rusch, P., Lucretius u. die Isonomie. Jahrbücher f. Phil. 133. Bd. 11. Hft.
p. 770 - 780.

Martialis von L. Friedländler. 2 Bde. Leipzig 1886, Hirzel.   18 M.
Rec.: Neue phil. Rundschau N. 5 p. 69—71 v. A. Zingerle. — Deutsche
Literaturzeitung N. 5 p. 161—163 v. K. Schenkl. — Classical Review I
2. 3 p. 56—58 v. J. B. Mayor.

— rec. W. Gilbert. Leipzig 1886, Teubner.   2 M. 40 Pf.
Rec.: Zeitschrift f. d. österr. Gymn. XXXVIII 1 p. 34—35 v. A. Zingerle.

Friedländer, L., das Wörterverzeichniss meiner Martialausgabe. Berliner
phil. Wochenschrift VII 6 p 163.

Gilbert, W., zur Erklärung von Martials Epigrammen. Jahrbücher für
Philologie 135. Bd. 2. Hft. p. 143—151.

Wölfflin, E., das Wörterverzeichniss zu Martial. Archiv f. lat. Lexikographie IV 1 p. 148—149.

Minucius Felix. Eussner, A., zu Minucius Felix. Philologus XLVI 1
p. 47—48.

Ovids Metamorphosen. Für den Schulgebrauch ausgewählt u. erklärt von
L. Englmann. 3. verm. Aufl. Bamberg 1886, Buchner. 8. IV, 192 S. 2 M.

— — von H. Magnus. 3 Bdchn Gotha 1886.   5 M. 40 Pf.
Rec.: Gymnasium V 4 p. 124—125 v. G. Jhm.

— — books XIII. and XIV. Edited, with introduction, analysis and notes,
by Ch. Simmons. London, Macmillan. 12. 286 p. cl.   5 M. 40 Pf.

— Heroides. Epistles I—XIII. Comprising all the Epistles in the selections
from Ovid, as used at Eton and the public schools. Literally translated by
Roscoe Mongan. London, Cornish. 12. 62 p.| 2 M. 40 Pf.

Ovidii heroides instr. H. Sedlmeyer. Wien 1886, Konegen. 5 M.
  Rec.: Deutsche Literaturzeitung N. 3 p. 87—89 v. F. Leo.
— selections, by H. R Heatley and J Arnold Turner. London, Ri-
  vington. 18. 172 p. cl. 1 M. 80 Pf.
  Ehwald, R., Literaturbericht über Ovid, 1883 - 86. Bursian-Müllers Jahres-
  bericht XLIII. Bd p. 125—282.
  Gilbert, H., zu Ovidius Heroiden VIII 104. Jahrbücher für Philologie
  133 Bd. 12. Hft. p. 865.
  Jezierski, A. St., de universis Ovidii epistulis heroidum. Tarnow 1886.
  Pr. 8. 59 S
      Rec : Wochenschrift f. klass. Phil. IV 2 p. 43 v. G. Hergel.
  Maag, A., de Ibidis Ovidianis codicibus. Bern 1885 . 8. 63 S.
  Magnus, H., Studien zu Ovids Metamorphosen. Berlin. Pr. d. Soph.-G.
  (Gärtners Verlag) . 4. 31 S.
— zu den Metamorphosen des Ovidius. (I 15; VI 53—58; V 460.)
  Jahrbucher für Philologie 135. Bd. 2 Hft. p. 129—142.
  Präparationen zu Ovids Metamorphosen, nebst vollständ. Uebersetzung.
  Von einem Schulmann. 5. Gesang. Düsseldorf, Schwann. 16. 122 S. 50 Pf.
Panegyrici. Burkhard, C., ad panegyricos latinos. Wiener Studien IX 1
  p. 171—174.
Patres. Hartel, W. v., bibliotheca patrum latinorum hispaniensis. I. Bd.
  Nach den Aufzeichnungen G. Löwes hrsg u. bearb. (Aus den »Sitzungsber.
  d. k. Akad. d. Wiss.«) Wien, Gerold. Lex -8. 542 S. 8 M.
Persii, Juvenalis, Sulpiciae saturae, rec. O. Jahn. Ed. altera cur. F.
  Bücheler. Berlin 1886, Weidmann. 3 M.
      Rec.: Lit. Centralblatt N. 11 p. 345 v. A. R. — Classical Review N. 1 p. 17
      —18 v. R. Ellis.
Phaedri fabulae, rec. ac notis illustravit J. Lejard. Quarta editio. A. M.
  D. G. Paris, Poussielgue. 18. XVI, 166 p.
— fabularum Aesopiarum liber tertius, quartus et quintus. Editio tertia.
  Aug. Taur., ex off. Salesiana. 16. 48 p. 15 Pf.
Plauti comoediae, rec. Fr. Leo. I. Berlin 1885, Weidmann. 1 M. 80 Pf.
      Rec.: Blätter f. d. bayr. Gymn. XXIII 2. 3 p. 115 v. Weissenhorn.
— ausgewählte Komödien, von A. O. Lorenz. III. Miles gl. Berlin 1886,
  Weidmann. 2 M. 70 Pf.
      Rec.: Berliner phil. Wochenschrift VII 2 p. 43—47 v. Sonnenschein.
— comoediae ex rec. Ritschelii. Tomi III fasc. II Captivi, rec. Fr. Schöll.
  Leipzig, Teubner. 8. XXIII, 136 S. 4 M.
— comoediae, rec. et enarravit J. L. Ussing. V. Kopenhagen 1886 (Leipzig,
  Weigel). 13 M. 50 Pf.
      Rec.: Berliner phil. Wochenschrift VII 13 p. 390—397 v. O. S.
— to Komedier, i fri metrisk Oversaettelse af J. Forchhammer. Kopenhagen, Reitzel. 8. 204 S. 3 M. 50 Pf.
— les comédies, traduites par E. Sommer, avec une introduction et des notices. 2 vol. Paris, Hachette. 18. 423 et 499 p. 7 M.
  Below, E., de hiatu Plautino. Berlin 1885, Weidmann. 2 M. 40 Pf.
      Rec.: Phil. Anzeiger XVII 1 p. 43—46.
  Francke, O., über Goethes Versuch, Plautus u. Terenz auf der Weimari-
  schen Bühne heimisch zu machen. Zeitschrift für vergl. Literaturgeschichte I 2, u. apart: Berlin, Hettler. 8. 26 S. 1 M.
  Keller, O., zu Plautus u. Terentius. (Senex, senis.) Jahrbücher für Philologie 133. Bd. 12. Hft. p. 863—864.
  Langen, P., plautinische Studien. Berlin 1886, Calvary. 13 M.
      Rec.: Archiv f. lat. Lexikographie IV 1 p. 160—161 v. B.

Plautus. Langrehr, P., Plautina (Epidicus). Friedland 1886. Pr. 4. S 13—17.

Meyer, R., ein Plautinisches Schönbartspiel, übersetzt. Berlin 1886, Gärtner.
1 M.
Rec.: Wochenschrift f. klass. Phil. IV 11 p. 332—337 v. Anspach.

Niemöller, W., de pronominibus ipse et idem apud Plautum et Terentium.
Halle 1886. Diss. 8. 54 S.

Ribbeck, O., die verloren gegangenen Scenen der Plautinischen Bacchides.
Rhein. Museum XLII 1 p. 111—117.

Seyffert, O., Literaturbericht uber J. Maccius Plautus, 1882—85. Bursian-
Müllers Jahresbericht XLVII p. 1—48.

Plinius maior. Heigl, die Quellen des Plinius im 9. Buche seiner Naturgeschichte. II. Marburg (Steiermark) 1886. Pr. 8. 56 S.

Plinius minor. Keller, O., zu Plinius ep. I 5, 14. Archiv f. lat. Lexikographie IV 1 p. 139—140.

Stangl, Th., zur Kritik der Briefe Plinius des Jüngern. Philologus XLV
4 p. 642—680.

Pomponius Mela. Schweder, E., Bemerkungen zu einer Stelle des Pomponius Mela. Philologus XLV 4 p. 720—721.

Priscillianus. Schepss, G., Priscillian. Würzburg 1886, Stuber. 1 M. 50 Pf.
Rec : Zeitschrift f. d. österr. Gymn. XXXVIII 1 p. 35—37 v. J. Huemer.

Propertius. Selections, by G. Ramsay, v. Tibullus p. 65.

Reisch, E., Properz-Studien. 1) Zur Chronologie der drei ersten Bücher.
2) Das vierte Buch. Wiener Studien IX 1 p. 94—150.

Quintiliani institutiones oratoriae, ed. F. Meister. II. Leipzig, Freytag.
8. 363 S. 1 M. 50 Pf. (cplt.: 2 M. 70 Pf.)
Rec . Deutsche Literaturzeitung N. 1 p. 10—11 v. H. J. Müller. — Wochenschrift f klass. Phil. IV 2 p. 43—44. — Neue phil. Rundschau N. 6
p 86—91 v. M. Kiderlin.

— liber decimus, publié par J. A. Hild. Paris 1885, Klincksiek. 3 M. 50 Pf.
Rec.: Neue phil. Rundschau N. 7 p. 101—103 v. Schütt.

Becher, F, zu Quintilian inst. or. X. Philologus XLV 4 p. 722—725.

— zu Quintilianus. Hermes XXII 1 p. 137—142.

Reuter, A., de Quintiliani libro qui fuit de causis corruptae eloquentiae.
Diss. Breslau, Koebner. 8. VI, 77 S. 2 M.

Wölfflin u. Becher, zu Quintilian. Rhein. Museum XLII 1 p. 144—145.

Rhetoren. Eussner, A., Rhet. lat p. 95 ed. Halm. Philologus XLVI 1 p.106.

Sallustii bellum Catilinae u. bellum Iugurthinum, von J. Prammer. Wien
1886, Hölder. 1 M.
Rec.: Gymnasium V 6 p. 195 v. J. Golling.

— bellum Jugurthinum, par P. Thomas. Mons 1886.
Rec.: Revue de l'instr. de Belgique XXX 1 p. 33—35 v. P. Gantrelle.

Lebedinski, J., lateinisch-russisches Wörterbuch zu Sallust. 3. Aufl. Petersburg. 8. 302 S. 4 M.

Hauler, E., die Orleaner Palimpsestfragmente zu Sallusts Historien. Wiener
Studien IX 1 p. 25—50.
Rec.: Archiv f. lat. Lexikographie IV 1 p. 166.

Jordan, H, commentationis fragmentum de Sallustii historiarum libri II
reliquiis, qui ad bellum Piraticum Servilianum pertinent. Königsberg.
Ind. lect. (Schubert & Seidel.) 4. 8 S. 20 Pf.

Kuhlmann, L., quaestiones Sallustianae criticae. Oldenburg. Pr. 4. 40 S.

Senecae dialogi, rec. M. C. Gertz. Kopenhagen 1886, Gyldendal. (Leipzig,
Brockhaus.) 11 M. 25 Pf.
Rec.: Lit. Centralblatt N. 10 p. 310—312. — Classical Review N. 1 p 19
v. E. M.

Seneca. Ahlheim, A., de Senecae rhetoris usu dicendi. Giessen 1886. Diss. 8. 54 S.
Rec.: Archiv f. lat. Lexikographie IV 1 p. 162—164 v. A. Köhler.

Fiegl, A., de Seneca paedagogo. Bozen 1886. Pr. 8. 27 S.

Gemoll, W., adnotationes criticae in L. Annaei Senecae epistulas. Kreuzburg. Pr 4.

Heikel, J. A., Seneca's Charakter u. politische Thätigkeit aus seinen Schriften beleuchtet. (Aus den Acta soc. Fenn. XVI.) Berlin 1886, Mayer & Müller. 4. 25 S. 1 M. 50 Pf.
Rec.: Wochenschrift f. klass. Phil. III 52 p. 1644—1645 v. O. Weissenfels.

Kreiher, J., Seneca u. seine Beziehungen zum Urchristenthum. Berlin, Gärtner. 8. VIII, 198 S 5 M.
Rec.: Theol. Literaturblatt N. 3 p. 29 v. H. Behm.

Servius. Van der Vliet, J., Serviana. Mnemosyne XV 1 p. 121—123.

Silii Italici Ilias latina ed. F. Plessis. Paris 1885, Hachette. 5 M.
Rec.: Phil. Anzeiger XVII 1 p. 46—59 v. R. Ehwald.

Statius. Stange, O., Papii Statii carminum, quae ad imperatorem Domitianum spectant, interpretatio. Dresden. Pr. d. Vitzth. G. 4. 38 S

Suetonius. Schepss, G., zu Suetons Fortleben im Mittelalter. Blätter f. bayr. Gymn. XXIII 2. 3 p. 97—99.

Tacitus. Oeuvres. Texte latin, revu et publié, avec commentaire, introduction, des arguments, et des tables analytiques, par E. Jacob. 2. édition. Annales, livres 11—16, suivis du Testament politique d'Auguste. Paris, Hachette. 8. 455 p. 7 M. 50 Pf.

— opera quae supersunt. Rec. Joh. Müller. Vol. II. Historias et opera minora continens. Leipzig, Freytag. 8. 360 S. 1 M. 50 Pf.
Rec.: Blätter f. d. bayr. Gymn. XXIII 2. 3 p. 141.

— opera ex rec. Orelli. Ed. II. Historiarum lib. II. ed. C. Meiser. Berlin 1886, Calvary. 4 M. 50 Pf.
Rec.: Deutsche Literaturzeitung N. 2 p. 56—57 v. J. Prammer.

— histories, books 1 and 2, with introduction and notes by A. D. Godley. London, Macmillan. 12. 264 p. cl. 6 M.

— historiae, erklärt von E. Wolff. I. Berlin 1886, Weidmann. 2 M. 25 Pf.
Rec.: Wochenschrift f. klass. Phil. IV 13 p. 389—401 v. Joh. Müller. — Blätter f. d. bayr. Gymn. XXIII 2. 3 p. 141.

— annalium reliquiae. Texte latin, publié avec des arguments et des notes par E. Jacob. Paris, Hachette. 16. XVI, 704 p. 2 M. 50 Pf.

— — expliquées littéralement, annotées et revues pour la traduction franç. par M. Materne. Livres 1, 2 et 3. Paris, Hachette. 12. 596 p. 6 M.

— — von W. Pfitzner. 3. u 4. Bdchn. Gotha 1885. 2 M. 50 Pf.
Rec.: Neue phil. Rundschau N. 4 p. 53—59 v. E. Wolff.

— Germania, erklärt von G. K. Tücking. 5. Aufl. Paderborn 1885. 60 Pf.
Rec.: Zeitschrift f. d. österr. Gymn. XXXVII 12 p. 909—910 v. J. Prammer.

— dialogus de oratoribus cap. I—XXVII, übersetzt u. erläutert von Dr. John. Urach. Pr. 4. 44 S.

Andresen, G., Jahresbericht zu Tacitus, mit Ausschluss der Germania, 1884/85. Jahresberichte des Berliner phil. Vereins XIII p. 31—112.

Asbach, J., Cornelius Tacitus. (Im Hist: Taschenbuch VI.)
Rec.: Berliner phil. Wochenschrift VII 9 p. 272—277 v. A. Eussner.

Drechsler, Fr., zu Tac. Agr. 31, 20. Zeitschrift f. d. österr. Gymnasien XXXVII 12 p. 892—897.

Fröhlich, Fr., zur militärischen Phraseologie des Tacitus. Aarau 1886, Sauerländer. 80 Pf.
Rec.: Neue phil. Rundschau N. 2 p. 20—23 v. Pfitzner.

Tacitus. **John,** zum Dialogus des Tacitus. (Aus dem Korrespondenzblatt f. württ. Schulen.) Tübingen, Fues. 8. 32 S. · 60 Pf.

Kettner, die Komposition des ethnographischen Theils der Germania des Tacitus. Zeitschrift für deutsche Philologie XIX 3.

Radlkofer, M., die älteste Verdeutschung der Germania des Tacitus·durch Johann Eberlin. Blätter f. d. bayr. Gymnasialwesen XXIII 1 p. 1—16.

Schefczik, H., de Taciti Germaniae apparatu quaestiones criticae. Troppau 1886. Pr. 8. 16 S.

Schumacher, L., de Tacito Germaniae geographo. Berlin 1886. Pr.
Rec.: Deutsche Literaturzeitung N. 2 p. 64 v. J. Partsch.

Schwenkenbecher, quo anno Taciti dialogus de oratoribus habitus sit, quaeritur. Sprottau 1886. Pr. 4. 13 S.

Stangl, Th., zu Tac. Dial. de or. c. 10. Philologus XLVI 1 p. 26.

Wolff, E., Wörterbuch zur Germania. Leipzig 1886, Freytag. 80 Pf.
Rec.: Neue phil. Rundschau N. 1 p. 12—14 v. J. Schlüter.

Wutk, B., dialogum a Tacito Traiani temporibus scriptum esse demonstravit B. W. Spandau. Pr. 4. 20 S

Terentius. Les Adelphes. Texte latin, publié avec une introduction, des notes, les fragments des Adelphes de Ménandre, les imitations de Molière, etc., sous la direction de E. Benoist, par J. Psichari. Paris, Hachette. 16. 96 S. 80 Pf.

Vallat, G., quomodo Menandrum quoad praecipuarum personarum mores Terentius transtulerit. Paris, A. Rousseau. gr. 8. 3 M.

Tertullianus. Ai martiri. Volgarizzamento e annotazioni del canonico G. Carbone. Tortona 1886, tip. Rossi. 8 25 p.

Tibullus. Selections from Tibullus and Propertius. With introduction and notes by G. Ramsay. London, Frowde. 12. 432 p. cl. 7 M. 20 Pf.

— dritte Elegie des 2. Buches, russisch übersetzt von C. C—ski. Journal des kais. russ. Ministeriums der Volksaufklärung 1886, Dez., 3. Abth. p. 176—178.

Doncieux ,G., de Tibulli amoribus. Thèse. Paris, imp. Levé. 8. VI, 108 p.

Holzer, E., zur Tibullischen Elegie II 5. Korrespondenzblatt f. württ. Schulen XXXIV 1. 2 p. 32—33.

Illmann, Ph., de Tibulli codicis Ambrosiani auctoritate. Halle 1886. Diss. (Berlin, Mayer & Müller.) 8. 85 S. 1 M. 50 Pf.

Trogus Pompeius. **Neuhaus, O.,** die Quellen des Trogus Pompejus. IV. Hohenstein 1886.
Rec.: Phil. Anzeiger XVI 9. 10 p. 536—539 v. H. Crohn.

Valerius Maximus. **Böhme, W ,** zu Valerius Maximus. Jahrbücher für Philologie 133. Bd. 11. Hft. p. 797—800.

Gaidoz, H., un passage de Val. Max. 9, 2. Revue archéologique III 8 p. 192—193.

Velleius Paterculus. **Lange,** zum Sprachgebrach des Vellejus Paterculus. Stettin 1886. Pr.
Rec.: Archiv f. lat. Lexikographie IV 1 p. 164—165.

Virgilii Maronis opera. Edition classique, avec une biographie de Virgile, des notices sur ses oeuvres, des notes historiques, géographiques, mythologiques, littéraires et grammaticales, et une carte de l'itinéraire d'Enée; par J. Duvaux. Paris, Delagrave. 12. IV, 759 p.
Rec.: Revue critique N. 2 p. 25 - 27 v. A. Delboulle.

— Bucolica, Georgica, Aeneis, rec. O. Güthling. 2 tomi. Leipzig 1886, Teubner 1 M. 35 Pf.
Rec.: Berliner phil. Wochenschrift VII 8 p. 234--239 v. W. Gebhardi.

Virgilii Maronis opera recensuit ac notis illustravit J. Léjard. Altera editio. Paris, Poussielgue. 18. XXIV, 768 p.

— Aeneis, ex recensione Chr. G. Heyne; variis lectionibus instruxit atque adnotatiunculis illustravit V. Lanfranchius. Libri tres priores. Aug. Taur., ex off. Salesiana. 16. 71 p. 50 Pf.

— — für den Schulgebrauch erläutert von K. Kappes. I. Aeneis I—III. 4 verb. Aufl. Leipzig, Teubner. 8. IV, 120 S. 1 M. 20 Pf.

— — ed W. Klouček. Leipzig 1886, Freytag. geb. 1 M. 50 Pf. Rec.: Zeitschrift f. d. österr. Gymn. XXXVII 12 p. 907—908 v. E. Eichler.

— oeuvres complètes, traduites par Th. Cabaret-Dupaty. Paris, Hachette. 18. IV, 400 p. 3 M. 50 Pf.

— the Aeneid; translated into English verse by Ch. P. Cranch. New ed. Boston 1886, Houghton. 8. cl. 12 M. 50 Pf.

Bonmassari, A., del Moreto attribuito a Virgilio, volgarizzamento forse fatto da Annibal Caro. (Per nozze.) Trento, tip. Scotoni. 8. 18 p.

Braitmaier, Schätzung Homers u. Virgils, v. Homerus p. 45.

Cauer, Fr., die Aeneassage, v. Mythologie p. 79.

Church, A. J., the stories of the Iliad and Aeneid, v. Homerus p. 45.

Collignon, A., Virgile. (Collection des Classiques populaires.) Avec portrait, 8 reproductions de Coclin et une carte. Paris, Lecène. gr. 8. 240 p. 1 M. 50 Pf.

Collilieux, E., deux éditeurs de Virgile. M. Benoist. M. Duvaux. Plan d'une édition de Virgile. Grenoble, Rigandin. 8. 31 p.

Egli, J., Beiträge zur Erklärung der pseudo-vergilianischen Gedichte. Leipzig 1886, Fock. 1 M. 50 Pf. Rec.: Neue phil. Rundschau N. 1 p. 6–8 v. H. Kern.

Hiller, H. J., Verg. Ecl. I 66; Aen. III 443; Aen. V 289; Aen. IX 315; Aen. X 198. Epistola (v. p. 54) p. 685–688.

Koch-Georges, Wörterbuch zu Vergilius. Hannover 1885, Hahn. 3 M. 60 Pf. Rec : Neue phil. Rundschau 1886 N. 26 p. 403—407 v. J. Schlichteisen.

Lange, Paul, Ronsards Franciade u. ihr Verhältnis zu Vergils Aeneide. Wurzen. (Leipzig, Fock.) 4. 36. 1 M. 20 Pf.

Müller, C. Fr., zur Erklärung des Vergil, Aen. V 673. Philologus XLV 4 p. 718—720.

Sonntag, M., über die Appendix Vergiliana. Frankfurt a. O. Pr. 4. 26 S.

Weck, F., zu Vergilius Aeneis II 256 ff. Jahrbücher f. Philologie 133. Bd. 11. Hft. p. 784.

Virgilii grammatici opera ed. J. Huemer. Leipzig 1886, Teubner. 2 M. 40 Pf. Rec.: Zeitschrift f. d. österr. Gymn. XXXVIII 2 p. 122—126 v. J. Stowasser. — (Selbstanzeige:) Archiv f. lat. Lexikographie IV 1 p. 167—168.

Vulgata. Entzian, H., de notione verborum tentandi ex usu Veteris Testamenti explicata. Halle. Diss. 8. 48 S.

III. Epigraphik und Palaeographie.

Gatti, G., griechisch-römischer Inschriftstein, dem römischen Volk gewidmet von einem asiatischen Gesandten: (Phil)adelphus regus Metradati f. Bullettino della Comm. arch. di Roma XIV 12 p. 403—404.

Inscriptiones orae septentrionalis Ponti Euxini ed. B. Latischew. I. Petersburg 1885. 20 M. Rec.: Wochenschrift f. klass. Phil. IV 8 p. 225—228 v. L. Bürchner.

Keelhoff, J., l'épigraphie. Bruxelles, Mayolez. gr. 8. 32 p. 1 M.

Mommsen, Th., der Rechenschaftsbericht des Augustus. Hist. Zeitschrift 1887 N. 3 p. 385—397.

Schmidt, J., zum Monumentum Ancyranum. Philologus XLVI 1 p. 70—86.

Wilcken, C., die Obeliskeninschrift von Philä. Hermes XXII 1 p. 1 - 16.

1. Griechische Inschriften. — Orientalische Inschriften, soweit sie zur Kenntniss der classischen Alterthumswissenschaft von Interesse sind.

Baunack, J., Cretica. Berliner phil. Wochenschrift VII 1 p. 24—28; N. 2 p. 56—60; N. 3 p. 90—92; N. 4 p. 123—124; N. 5 p. 154—156.

— u. **Th. Baunack**, Inschrift von Gortyn. Leipzig 1885, Hirzel.   4 M.
    Rec.: Phil. Anzeiger XVII 1 p 64—66 v. B. Niese. — Revue de l'instruction publique en Belgique XXX 2 p. 98—105 v. L. Parmentier.

Berger, Ph., deux inscriptions bilingues (phéniciennes et cypriotes) de Tamassus. Revue critique N. 9 p. 172—173.

Blass, F., Dialektinschriften vom ionischen Meer. Beiträge zur Kunde der indogerm. Sprachen XII 3 p. 169—214.

Bücheler u. **Zitelmann**, das Recht von Gortyn. Frankfurt a. M. 1885, Sauerländer.   4 M.
    Rec.: Phil. Anzeiger XVII 1 p. 62—63 v. B. Niese. — Revue de l'instr. publ. en Belgique XXX 2 p. 98—105 v. L. Parmentier.

Clermont-Ganneau, la stèle de Mesa, examen critique du texte. Journal asiatique IX 2 (43 p).

Cousin et **Deschamps**, inscriptions de Moughla en Carie. Bulletin de correspondance hellénique X 6 p 485—491.

Damiralis, K. C., ἐπιγραφαὶ Ἀκροπόλεως. Ἐφημερὶς ἀρχ. 1886 N. 3 p. 135—141.

Deecke, W., Nachtrag zu den neuen kyprischen Inschriften. Berliner phil. Wochenschrift VII 12 p. 379—380. v. 1886.

Delattre, A., l'Asie occidentale dans les inscriptions assyriennes. Bruxelles 1885, Vromant.
    Rec.: Berliner phil. Wochenschrift VII 7 p. 210—215 v. G. Meyer.

Diehl et **Cousin**, inscriptions de Lagina. Bulletin de correspondance hellénique XI 1. 2 p. 5—39.

Domaszewski, v., griechische Inschriften aus Mösien u. Thrakien. Arch.-epigr. Mittheilungen aus Oesterreich X 2 p. 238—244.

Drexler, W., epigraphische Bemerkungen. Wochenschrift f. klass. Phil. IV 7 p. 217—220.

Euting, zwei bilingue Inschriften (phönikisch u. kyprisch) aus Tamassos. Sitzungsberichte der Berliner Akademie 1887 N. 9. 10 p. 115—127 mit Taf. I u. II.

Fabricius, neue Fragmente einer Gesetzesinschrift von Gortyn. Berliner arch. Gesellschaft, Februarsitzung. (Berliner phil. Wochenschrift VII 9 p. 288.)

Hall, the Cypriote inscriptions of the Cesuola Collection in New York. Journal of the American Oriental Society XI 2.

Hecht, M., orthographisch-dialektische Forschungen auf Grund attischer Inschriften. II. Leipzig 1886, Fock. 4.   60 Pf.
    Rec.: Neue phil. Rundschau N. 5 p. 79—80 v. J. Sitzler.

Heuzey, L., inscription bilingue, palmyrénienne et grecque. (Μαρχος Ιουλιος etc.) Académie des inscr., 24. déc. 1886. (Revue critique N. 1.)

Homolle, Th., les archives de l'intendance sacrée à Délos. Paris, Thorin. 8. 148 p.   5 M. 50 Pf.
    Rec.: Berliner phil. Wochenschrift VII 13 p. 400—401 v. A. Furtwängler.

Homolle, Th., inventaires des temples Déliens en l'année 364. Bulletin de corr. hellénique X 6 p. 461—475.

— Jomilcos et Jechomelekh dans les inscriptions de Délos. Acad. des inscriptions, 25. févr. (Revue critique N. 10.)

Kabbadias, P., ἐπιγραφαὶ ἐκ τῶν ἐν Ἐπιδαυρίᾳ ἀνασκαφῶν. Ἐφημερὶς ἀρχ. 1886 N. 3 p. 145—178.

Kaibel, G., zu den griechischen Künstlerinschriften. Hermes XXII 1 p. 156—158.

Kaiser, R., de inscriptionum Graecarum interpunctione. Diss. Berlin. (Fock.) 8. 38 S. 1 M.

Keelhoff, J., contribution à l'étude des dialectes grecs. Le verbe dans l'inscription de Gortyne. Bruxelles, Mayolez. gr. 8.

Kontoleontos, E., Variétés. Ἐπιγραφαὶ Κλάρου, Φωκαίας, Τράλλεων, Νύσης καὶ Θυατείρων. Bulletin de correspondance hellénique X 6 p. 514—521.

Lewy, H., Stadtrecht von Gortyn. Berlin 1885, Gärtner. 2 M. 50 Pf.
Rec.: Phil. Anzeiger XVII 1 p. 63—64 v. B. Niese.

Löwy, E., Inschriften griechischer Bildhauer. Leipzig 1885, Teubner. 20 M.
Rec.: Wochenschrift f. klass. Phil. IV 13 p. 385—387 v. P. Weizsäcker.

— Revue critique N. 6 p. 100—107 v. Th. Homolle.

— Inschriften von Mughla. Mittheilungen des arch. Instituts zu Athen XI 3 p. 326—328.

— Inschriften aus Rhodos. Arch.-epigr. Mittheilungen aus Oesterreich X 2 p. 216—222.

Lolling u. **Petersen**, lesbische Inschriften. Mittheilungen des arch. Instituts zu Athen XI 3 p. 263—296

Meisterhans, K., Grammatik der attischen Inschriften. Berlin 1885, Weidmann. 4 M.
Rec.: Lit. Centralblatt N. 53 p. 1822 v. E. S.

Miller, O., de decretis atticis. Breslau 1885, Maruschke. 1 M.
Rec.: Phil Anzeiger XVII 1 p. 7—8 v. K. Seeliger.

Pantelides, S., inscriptions de l'ile de Cos. Bulletin de correspondance hellénique XI 1. 2 p. 71—79.

Radet, G., lettres de l'empereur Hadrien à la ville de Stratonicée-Hadrianopolis. Bulletin de Correspondance hellénique XI 1. 2 p. 109—128.

— et **Paris**, inscriptions de Pisidie, de Lycaonie et d'Isaurie. Ibid. X 6 p. 500 —514, u. XI 1. 2 p. 63—70.

Robert, C., eine attische Künstlerinschrift aus Kleisthenischer Zeit. Hermes XXII 1 p. 129—135.

Sakkelion, J., ἀρχαιολογικὰ Λέρου. (Inschrift des Aristomachos.) Παρνασσός Γ´ α´ β´ p 93—94; γ´ p 155.

Sayce, A. H., Egyptian ostraka. Academy N. 768 p. 61—62.

Schinnerer, Fr., de epitaphis Graecorum veterum. Erlangen 1886. Diss. 8. 53 S.

Schumacher, K., verschleppte griechische Inschriften. Rhein. Museum XLII 1 p. 148—150.

— eine griechische Inschrift des Cyriacus. Rhein. Museum XLII 2 p. 316—317.

Simon, J., zur Inschrift von Gortyn. Wien 1885, Gerold. 2 M.
Rec.: Phil. Anzeiger XVII 1 p. 64—69.

— zur zweiten Hälfte der Inschrift von Gortyn. (Aus den Wiener Studien IX 1.) Wien, Gerold. 8. 24 S. 80 Pf.

Smith, A., die Keilschrifttexte Asurbanipals, Königs von Assyrien 668—626 v. Chr., nach dem selbst in London copirten Grundtext mit Transcription, Uebersetzung, Kommentar u. Glossar. I. Leipzig, Ed. Pfeiffer. gr. 8. V, 131 S. 7 M.

Tzuntas, Chr., κατάλογος ὀνομάτων. Ἐφημερὶς ἀρχ. 1886 N. 3 p. 183.

2. Lateinische Inschriften.

Aurès, inscription gauloise de St. Cosme. Bulletin épigr. VI 6 p. 294—297.

Barnabei, F., di una rarissima iscrizione del Beneventano, relativa al culto di Ginone Rendiconti dell' Accad. dei Lincei, ser. IV, vol. II, fasc. 12, p. 369—373.

Bazin, H., le galet d'Antibes. Paris 1885, Leroux. 4.
    Rec.: Hist. Zeitschrift 1887 N. 2 p. 247 v. A. Bauer.

Boinicic, J. v., Denkmäler des Mithras-Cultus in Kroatien. Agram, Hartman.
    gr. 8. 16 S. mit 2 Fig.   80 Pf.

Borsari, L., monumenti epigrafici dal tempio di Ercole in Tivoli. Notizie degli scavi 1887, gennaio, p. 28—33.

— di un importante frammento epigrafico rinvenuto nel Trastevere. Bullettino della Comm. arch. di Roma XV 1 p. 3—7 con tav. I.

Bücheler, F., Grabstein aus Köln eines Veterans der ala classiana. Korrespondenzblatt der Westdeutschen Zeitschrift V 12 p. 275.

— älteste lateinische Inschrift. Rhein. Museum XLII 2 p. 317—320.

Bulic, F., inscriptiones, quae in museo Salonitano Spalati asservantur. Spalato 1886. Pr. 8. 84 p.
    Rec.: Wochenschrift f. klass. Phil. IV 11 p. 341 v. G. Hersel.

Cerquand, M., inscription gauloise d'Orgon. Bulletin épigr. VI 6 p. 297—298.

Conrady, neue römische Inschriften in Stockstadt. Westdeutsche Zeitschrift V 4 p. 331—354.

Deecke, W., Bemerkungen zur Felseninschrift von Corchiano u. zur pränestinischen Inschrift. Wochenschrift f. klass. Phil. IV 7 p. 220.

Delattre, A., inscriptions latines de Carthago. Bulletin épigr. VI 6 p. 266—271, cf. 1886.

Deloye, A., note sur une inscription gallo-grecque découverte prés d'Apt. Vienne, imp. Savigné. 8. 7 p.

Deux, S., inscriptions romaines du pays de Liège. Bulletin du Cercle archéologique liégeois XIX 1.

Ferrero, E, iscrizioni e ricerche intorno all' ordinamento della armate dell' impero romano. Turin 1884, Löscher.   7 M. 50 Pf.
    Rec.: Phil. Anzeiger XVI 11. 12 p. 634—636 v. H. Haupt.

Fiorelli, R., iscrizione di Roma. Blocchi del settimo o ottavo secolo p. C. con leggenda: Urani trib. et Not. — 500 nuove iscrizione della Via Salária.
— Frammento degli atti arvalici, trovato alla Via Tiburtina. Notizie degli scavi 1886, ottobre, p. 364—405.

Gamurrini, Bucchero-Kopf aus Castellana mit Inschriften: eko lartos, u. eko Kaisiθsio. Sitzung des arch. Instituts zu Rom v. 21. Januar.

Gatti, G., trovamenti riguardanti la topografia e la epigrafia urbana. Bullettino della Comm. arch. di Roma XIV 12 p. 403—414; XV 1 p. 13—24; 2 p. 33—51; 3 p. 96—106.

— epigrafi recentamente trovate in Roma (atti Arvalici etc.) Notizie degli scavi 1886, novembre, p. 416—420.

— iscrizione di legati asiatici ed altri epigrafi di Roma. Ibid. dic. p. 452—456.

— fistule aquarie di piombo (della decuria sacerdotum bidentalium) ed altre iscrizioni di Roma. Ibid. 1887, gennaio, p. 15 ff.

— epigrafe spettante ad una lex collegii. Ibid. p. 18.

— tavola lusoria: victus recedo rixari nescio melius. Ibid. p. 23.

Gomperz, Th., zu den Grabschriften der jüdischen Katakomben nächst der Via Appia. Arch.-epigr. Mittheilungen aus Oesterreich X 2 p. 231—232.

Gozzadini, les fouilles archéologiques et les stèles funéraires du Bolonais. Revue archéologique 1886, Sept -Oct.

Hauser, K. v., Epigraphisches aus Kärnten. Arch.-epigraphische Mittheilungen aus Oesterreich X 2 p. 232—234.

Hoskyns-Abrahall, J., u. **W. Th. Watkin**, a forged Roman inscription. Academy N. 767 p. 49; N. 768 p. 66 u. p. 82; N. 770 p. 99; N. 771 p. 118.

Hübner, E., römische Epigraphik. (In Iw. Müllers Handbuch d. Alt.) Rec.: Phil. Anzeiger XVII 1 p. 1—6 v. Joh. Schmidt.

Jordan, H., analecta epigraphica latina. Königsberg. Ind. lect. hib. 1886/87. Rec.: Berliner phil. Wochenschrift VII 4 p. 112—114 v. Chambalu.

Jullian, C., inscriptions romaines de Bordeaux. I. (Archives munic. de Bordeaux, tome complémentaire.) Paris, Lechevalier. 4. XII. 616 p. avec 8 planches et 200 fig. 30 M.

— inscriptions de la vallée d'Huveaune. Vienne, Savigné. 8. 110 p. 5 M.

— notes d'épigraphie (marseillaise). Vienne, Savigné. 8. 44 p. 2 M. 50 Pf.

King, C. W., Grabstein des Grammatikers Verrius Flaccus. Cambridge Antiquarian Society, Sitzung vom 25. Okt. 1886. (Berl. phil. Woch. VII 5 p. 158.)

Lignana, iscrizioni falisce: kodie uinu pipafo cra carefo. Arch. Institut zu Rom, 25. Febr. (Wochenschrift f. klass. Phil. IV 14.)

Llorente, Ph., las lapidas Romanas de Denia. Archivo N. 33 u. 34.

Meier, P. J., die Gladiatorentesseren. Rhein. Museum XLII 1 p. 122—137.

Mommsen, Th., miscellanea epigrafica. Mittheilungen des arch. Instituts in Rom 1 4 p. 253—254.

Mowat, R., sur une inscription osque accompagnée de types monétaires. Académie des inscr., 18. März. (Revue critique N. 13.)

— le trésor de Caubiac au Musée Brittanique (inscriptions pointillées). Bulletin épigraphique VI 5 p 246—247.

— deux inscriptions inédites de la Gaule, d'après des communications de Léon Renier. Bulletin épigraphique VI 6 p. 263—266.

— bibliographie des épigraphistes contemporains. Ibid. p. 298—302.

— les inscriptions de la citadelle de Namur. Ibid. p. 303—304.

Premerstein, v., neugefundene römische Inschriften aus Poetovio. Arch.-epigr. Mittheilungen aus Oesterreich X 2 p 234—237.

Robert, P., observations sur deux inscriptions du Nord-Est de la Gaule. Bulletin épigr VI 6 p. 257—263.

Ruggiero, E. de, dizionario epigrafico. Rom 1886, Pasqualucci. Fasc. II. III (p. 33—80) à 1 M. 50 Pf.
Rec : Berliner phil. Wochenschrift VII 11 p. 340—344 v. A Chambalu.
— Revue critique N. 12 p. 223—226 v. R. Cagnat.

Schmidt, J., zur lat. Epigraphik. 1. Cupula. Philologus XLVI 1 p. 163—167.

Schneider, Eug., dialectorum italicarum aevi vetustioris exempla. I. Leipzig 1886, Teubner. 3 M. 60 Pf.
Rec : Journal des kais russ. Ministeriums der Volksaufklärung 1887, Febr, p. 387—397 v. J. Cholodniak.

Sogliano, A., relazione Epigrafi dell' anfiteatro di Pompei. Programme gladiatorie, etc. Notizie degli scavi 1887, gennaio, p. 33—41.

Wölfflin, E., älteste lat. Inschrift. Archiv f. lat. Lexikographie IV 1 p. 143—144.

Zwetajew, J, inscriptiones Italiae dialecticae. Leipzig 1886, Brockhaus. 8 M.
Rec : Wochenschrift f. klass. Phil. IV 4 p. 97—105 u. N. 5 p. 129—135 v. W. Deecke — Revue critique N. 7 p. 123—125 v. V. Henry.

3. Palaeographie.

Catalogue général des ̃manuscrits des bibliothèques publiques de France. Paris, Bibliothèque de l'Arsenal. II 2; par H. **Martin**. Paris, Plon. 8. 497 p.   12 M.
— — Départemehts. II. Rouen, par H. O mont. Ibid. 8. LX, 623 p.

Codici Palatini della Biblioteca Nazionale Centrale di Firenze. Vol. I, fasc. V. Roma. 8. p. 321—400   1 M.
— Panciatichiani della Biblioteca Nazionale Centrale di Firenze. Vol. I, fasc. I. Roma. 8. p. 1—80.   1 M.

Collitz, H., das B im theräischen Alphabet. Hermes XXII 1 p. 136.

Delisle, L., notice sur des manuscrits du fonds Libri, à Florence. Paris 1886, imp. nationale.
   Rec.: Revue critique N. 4 p. 70—73 v. Tamizey de Larroque.

Desrousseaux, A. M, note sur un fragment crypto-tachygraphique du Pa-- latinus graecus 73   Mélanges d'archéologie VII 1. 2 p. 212—215.

Gardthausen, V., catalogus codicum sinaiticorum. Oxford 1886.   25 M.
   Rec.: Lit. Centralblatt N. 5 p. 158—160 v. C. R. G. — Theol. Literatur-blatt N. 7 p. 67—68 v. C. R G.

Goldmann, A., drei italienische Handschriftenkataloge s. XIII—XV. Central-blatt f. Bibliothekswesen IV 4 p. 137—155.

Gottlieb, T., Randbemerkungen des Codex Bernensis 363.   Wiener Studien IX 1 p. 151—159.

Huemer, J., iter Austriacum. I. Wiener Studien IX 1 p. 51—93.

Iosa, M., i codici manoscritti della Biblioteca Antoniana di Padova, descritti ed illustrati. Padova 1886, tip. del Seminario. 8. 262 p.   4 M.

Kirchhoff, A., Studien zur Geschichte des griechischen Alphabets. 4. um-gearb. Aufl. Mit 1 Karte u. 2 Alphabettaf. Gütersloh, Bertelsmann. gr. 8. VI, 180 S.   6 M.

Leitschuh, Fr., Katalog der Handschriften der kön. Bibliothek zu Bamberg. 2. Bd. Die Handschriften der Helleriana. Mit Einleitg.: Joseph Heller u. die deutsche Kunstgeschichte. Leipzig, Hucke. 8. IX, LIV, 201 S: Mit Porträt. Geb.   12 M.

Omont, H., catalogue des mss. de Guill. Pelicier. Paris 1886, Picard. 2 M.
   Rec.: Hist. Zeitschrift 1887 N. 2 p. 247 v. A. Bauer.

Vandini, R., appendice prima al catalogo dei codici e manoscritti posseduti dal marchese Giuseppe Campori, dal secolo XIII al secolo XIX. Modena 1886, tip. di P. Toschi. 8. 335 p.

Weber, A., die Handschriften-Verzeichnisse der kön. Bibliothek zu Berlin. 5. Bd. Verzeichniss der Sanskrit- u. Prâkrit-Handschriften. 2. Bd. Berlin, Asher & Co. gr. 4. VIII, 352 S cart   16 M. (1 u. 5: 34 M.)

Wessely, F, sur les contrats grecs du Louvre provenant de Faioum. Revue égyptologique IV 3. 4.

Wilcken, U., die memphitischen Papyri in Berlin. Hermes XXII 1 p. 142—144.

IV. Sprachwissenschaft.

1. Allgemeine Sprachwissenschaft. — Vergleichende Grammatik der classischen Sprachen.

Abel, C., Einleitung in ein ägyptisch-semitisch-indoeuropäisches Wurzelwörter-buch. 5. Hft. (Index S. 49—120.) Leipzig, Friedrich.   à 20 M.
— über Gegensinn u. Gegenlaut. Sitzung der Berliner Anthrop. Gesellschaft vom 26. Febr. (Deutsche Literaturzeitung N. 13)

Ascoli, G., due recenti lettere glottologiche. (Estratto.) Turin 1886, Löscher.
   Rec.: Literaturblatt f. rom. u. germ. Phil. VIII 1 p. 22—26 v. Schuchhardt.

Bezzenberger, A., Etymologien (Umbrisch, altslavisch etc.). Beiträge zur Kunde der indog. Sprachen XII 3 p. 239—242.

Brugmann, K, Grundriss der vergleichenden Grammatik. I. Strassburg 1886, Trübner. 14 M.
Rec.: Wochenschrift f. klass. Phil. IV 13 p. 387—392 v. F. Holthausen. — Neue phil. Rundschau N. 3 p. 42—45 v. Fr. Stolz. — Deutsche Literaturzeitung N. 11 p. 374—375 v. F. Hartmann. — Revue critique N. 6 p. 97—100 v. V. Henry.

Collitz, H., die neueste Sprachforschung. Göttingen 1886, Vandenhoeck. 1 M. 60 Pf.
Rec.: Berliner phil. Wochenschrift VII 7 p. 215—217 v. H. Ziemer, u. N. 10 p. 293—298 v K. Brugmann.
— Wahrung meines Rechtes. Beiträge zur Kunde der indog Sprachen XII 3 p. 243—248.

Darmesteter, A., la vie des mots étudiée dans leurs significations. Paris, Delagrave. 18 XII, 212 p.
Rec : Journal des Savants, février, p. 65—77 v. G Paris.

Fick, A., Etymologien. Beiträge zur Kunde der indogerm. Sprachen XII 1. 2 p. 161—163.

Filipsky, A., das stehende Beiwort im Volksepos. Villach 1886. Pr. 8. 22 S.

Gerber, G., die Sprache u. das Erkennen. Berlin 1884, Gärtner. 8 M.
Rec.: Philosophische Monatshefte XXIII 3. 4 p. 179—199 v. A. Jung.

Grasserie, R. de la, études de grammaire comparée. De la catégorie du nombre. Revue de linguistique XX 1. cf. 1886.

Hovelacque, la linguistique évolutioniste d'après M. Paul Regnaud. Revue de linguistique XX 1.

Keller, O., zur lateinischen u. griechischen Sprachgeschichte »Sub corona vendere.« »Argei.« Jahrbücher für Philologie 133. Bd. 12 Hft. p. 843—854.

Paul, H., Prinzipien der Sprachgeschichte. 2 Aufl. Halle 1886, Niemeyer. 9 M.
Rec.: Lit. Centralblatt N 7 p. 215—216 v. G. M-r. — Revue critique N. 1 p. 6—11 v. V. Henry

Pennier, F., les noms topographiques devant la philologie. Paris 1886, Vieweg. 4 M.
Rec.: Revue critique N. 5 p. 83—84 v. V. Henry.

Pott, A. Fr., zur Literatur der Sprachenkunde Europas. (Techmers Zeitschrift, 1. Supplement.) Leipzig, Barth. gr. 8. 193 S. 6 M.
— allg. Sprachwissenschaft u. C. Abels ägyptische Sprachstudien. Leipzig 1886, W. Friedrich. 3 M.
Rec.: Berliner phil. Wochenschrift VII 10 p. 308—310 v. H. Ziemer.

Schuchardt, H., über Lautgesetze Berlin 1885, Oppenheim. 80 Pf.
Rec.: Zeitschrift für Völkerpsychologie XVII 1 p. 96—100 v. L. Tobler.

Schwabe, B., was ist die Sprache u. was ist die Aufgabe der Sprachwissenschaft? Ein sprachphilosophischer Essay. Güstrow, Opitz. 8. 63 S. 1 M.

Sievers, E., Grundzüge der Phonetik. 3. Aufl. Leipzig 1885, Breitkopf & Härtel. 3 M.
Rec.: Beiträge z. K der indog. Spr. XXIII 1. 2 p. 163 v. J. Hoffory.

Tavitian, S, de l'È arménien, ou du positif de l'Être qui est l'objet de la science positive. De l'unité des lettres ou du principe de la voix et de son harmonie absolue qui constituent l'objet des sciences logiques, musique et mathématique Paris, Welter 8. 87 p.

Vogrinz, G., Gedanken zu einer Geschichte des Casussystems Leitmeritz 1884.
Rec.: Zeitschrift f. d. österr. Gymn. XXXVIII 1 p. 76—78 v. J. Golling.

Weise, O., volksetymologische Studien. Beiträge zur Kunde der indogerm. Sprachen XII 1. 2 p. 154—156

Wessely, K., Ephesia grammata, aus Papyrusrollen, Inschriften, Gemmen etc. gesammelt. Wien 1886. Pr. 8.

2. Griechische und römische Metrik und Musik.

Ambros, A. W., Geschichte der Musik. Mit zahlreichen Notenbeispielen u. Musikbeilagen. 3. gänzlich umgearbeitete Aufl. I. Die Musik des griechischen Alterthums u. des Orients, nach R Westphals u. F. A. Gevaerts neuesten Forschungen dargestellt u. berichtigt von B. v. Sokolovsky. Leipzig, Leuckart. gr. 8. XXXII, 584 S.   12 M.

Caesar, J., de arsis et thesis significatione. Marburg 1885. 4.
Rec.: Phil. Anzeiger XVI 9. 10 p. 507 v. F. Hanssen.

Chaignet, A. E., essais de métrique grecque. Le vers iambique, précédé d'une introduction sur les principes généraux de la métrique grecque. Paris, Vieweg. gr 8. 282 p.   6 M.

Keller, O, der saturnische Vers. II. Prag 1886, Dominicus.   1 M.
Rec : Blätter f. d. bayr. Gymn. XXII 10 p. 570 v. K. Sittl. — Korrespondenzblatt f. württ. Schulen XXXIV 1. 2 p. 82—83 v. Bender.

Klotz, R., Bericht über die Erscheinungen auf dem Gebiete der griechischen u. römischen Metrik. Bursian-Müllers Jahresbericht XLVIII p. 97—160.

Müller, Luc, der saturnische Vers. Leipzig 1885, Teubner.   4 M.
Rec.: Blätter f. d. bayr. Gymn. XXIII 2. 3 p. 116 v. E.

Steiger, de versuum paeonicorum et dochmiacorum apud poetas graecos usu ac ratione. Particula I. Leipzig, Fock. 4. 52 S.   1 M. 50 Pf.

Usener, H., altgriechischer Versbau. Ein Versuch vergleichender Metrik. Bonn, Cohen & Sohn. 8. 127 S.   2 M. 80 Pf.

Westphal, R., griechische Harmonik u. Melopöie. 3. Aufl. Leipzig 1886, Teubner.   6 M. 80 Pf.
Rec.: Wochenschrift f. klass. Phil. IV 7 p. 193—199 u. N. 8 p 228—234 v. K. v. Jan.

3. Griechische Grammatik und Dialektologie.

Baunack, J. u. Th., Studien auf dem Gebiete des Griechischen. I. Leipzig 1886, Hirzel.   6 M.
Rec.: Neue phil. Rundschau N. 4 p. 59—61 v. Fr. Stolz. — Deutsche Literaturzeitung N. 13 p. 447—448 v. A. Bezzenberger. — Revue de l'instruction publique en Belgique XXX 2 p. 95—98 v. L. Parmentier.

Brady, J. E, die Lautveränderungen der neugriechischen Volkssprache u. Dialekte, nach ihrer Entwickelung aus dem Altgriechischen dargestellt. Göttingen 1886, Akad. Buchh. 8. 128 S.   1 M. 50 Pf.

Brugmann, K., der Ursprung von ἀλλήλων. Jahrbücher für Philologie 135. Bd. 2. Hft. p. 105 – 109.

Dübner, F., lexique français-grec à l'usage des classes élémentaires, rédigé sur le plan du Lexique français-latin extrait du Grand dictionnaire de Quicherat. Paris, Hachette. 8. à 2 col. XVI, 526 p.   6 M.

Engel, Ed., die Aussprache des Griechischen. Ein Schnitt in einen Schulzopf. Jena, Costenoble. 8 VII, 168 S.   2 M. 50 Pf.

Johansson, K. F., de derivatis verbis graecis. Upsala 1886, Akad. Buchh. Rec.: Wochenschrift f. klass. Phil. IV 10 p 295—297 v. H. v. d Pfordten.

Keelhoff, J., le verbe dans l'inscription de Gortyne, v. Epigraphik p. 69.

Koch, A., der kleine Grieche. Ein Vademecum sämtlicher Regeln der griech. Grammatik, nebst allen unregelmässigen Verben, sowie der homer. Formenlehre, Metrik u. Prosodie. Berlin, Friedberg & Mode. 16 IV, 119 S.
50 Pf.; cart. 60 Pf.

Kontos, K., γλωσσικαὶ παρατηρήσεις. Παρνασσός Ι' γ' p. 118—125. cf. 1886.

Krapols, K, de adiectivorum Graecorum in -ι-μο, σ-ι-μο exeuntium vi, forma, origine Leipzig. Diss. 8. VI, 94 S

Krumbacher, K., ein irrationaler Spirant im Griechischen. Sitzungsberichte der phil.-hist. Klasse der Akademie zu München 1886, Heft III, p. 359–444. Rec.: *Νέα Ἡμέρα* N. 631.

Mommsen, Tycho, Beiträge zu der Lehre von den griechischen Präpositionen. 1. Hft. Frankfurt a/M. 1886, Jügel. 8. VII, 96 S. 2 M. 40 Pf.

Neckel, O., Ἀργειφόντης. Friedland. 1886. Pr. 4. S. 10—17.

Pfordten, H. v. d., zur Geschichte der griech. Denominativa Leipzig 1886, Hinrichs. 4 M.
Rec.: Lit. Centralblatt N. 9 p. 280 v. E. S. — Neue phil. Rundschau N. 6 p. 95—96 v. Fr. Stolz.

Psichari, J., essais de grammaire historique néogrecque. Paris 1886, Leroux. 7 M. 50 Pf.
Rec.: Revue critique N. 7 p. 125—127 v. W. Meyer.

Smyth, H. W., der Diphthong *Ei*. Göttingen 1885, Vandenhoeck & Ruprecht. 1 M. 80 Pf.
Rec.: Lit. Centralblatt N. 53 p. 1823 v. E. S.

Tournier, E., clef du vocabulaire grec, répertoire méthodique des principaux mots qui se rencontrent chez les prosateurs attiques, suivi de remarques sur la dérivation, la composition et la transcription du grec en français, avec une liste des principaux mots homériques. 2 tirage, revu. Paris, Hachette. 18. XII, 171 p.

Vogrinz, Beiträge zur Formenlehre des griechischen Verbums. Paderborn 1886, Schöningh. 50 Pf.
Rec.: Deutsche Literaturzeitung N. 4 p. 126—127 v. W. Dittenberger.

Wilhelm, O., zur Motion der Adjektiva dreier Endungen im Griechischen, insbesondere bei Homer u. Hesiod Coburg 1886. (Leipzig, Fock.) 4. 23 S. 1 M.

Witrzens, J., ein Beitrag zur griechischen Accentlehre. II. Gymn. zu Teschen. Pr. 8. 30 S.

Zacher, K., zur griechischen Nominalkomposition. Breslau 1886, Köhner. 2 M.
Rec.: Berliner phil. Wochenschrift VII 13 p 403—404 v. H. Ziemer. — Neue phil. Rundschau N. 5 p. 76—79 v. Fr. Stolz.

Zompolides, D., a course of modern Greek; or, the Greek language of the present day. Part 1: Elementary method. London, Williams & Norgate. 8. 176 p. cl. 6 M.

4. Lateinische Grammatik und Dialektologie,
einschliesslich des Etruskischen.

Antoine, F., syntaxe latine. Paris 1886, Vieweg. 8 M.
Rec.: Neue phil. Rundschau N. 3 p. 45—46 v. J. H. Schmalz.

Baehrens, E., carmen. Jahrbücher für Philologie 135. Bd. 1. Hft. p 65—71.

Benoist, E., nouveau dictionnaire français-latin, rédigé d'après le Dictionnaire de Danet et les travaux les plus récents de la lexicographie. 2. édition, augmentée. Paris, Garnier frères. 32. à 2 col., IV, 788 p.

— et **Favre**, lexique latin-français d'après les dictionnaires les meilleurs et les plus récents, à l'usage des examens. 3. édition. Paris, Garnier. 12 à 2 col. XVI, 1006 p.

Bersu, Ph., die Gutturalen im Lateinischen. Berlin 1885, Weidmann. 5 M.
Rec.: Wochenschrift f. klass. Phil. IV 3 p. 65—73 v. Schweizer-Sidler.

Brandes, W., accipiter, Jagdfalke. Archiv f. lat. Lexikographie IV 1 p. 141.

Bromig, G., zur Behandlung der lateinischen Deklination. Zeitschrift f. d. Gymnasialwesen XXXXI 3. 4 p. 80—88.

Brugmann, O., über den Gebrauch des condicionalen »ni« in der älteren Latinität. Leipzig. Pr. 4. 34 S.

Bury, J., simul. Beiträge zur Kunde der indog. Sprachen XII 3 p. 242.

Cassell's Latin English Dictionary. Revised, enlarged and in part re-written by J. R. V. M a r c h a n t. London, Cassell. 8. 628 p. cl.   4 M. 20 Pf.

Deipser, B., Bildung der Adjectiva auf ger u fer. Bromberg 1886. Pr.
Rec : Berliner phil. Wochenschrift VII 6 p. 181—185 v. K. E. Georges.

Devantier, F., über das Relativum in der Verschränkung. Friedeberg 1886.
(Landsberg, Schäffer.)   1 M.
Rec.: Wochenschrift f. klass. Phil. IV 13 p. 401—403 v. Zillgenz.

Du Cange, glossarium mediae et infimae latinitatis. T. 7 (R-S.). (Berlin,
Calvary) 4. à 3 col. 698 p.   Subscriptionspreis 16 M.
Rec.: Archiv f. lat. Lexikographie IV 1 p. 150—151.

Ellis, R., sources of the Etruscan and Basque languages. London 1886,
Trübner.   9 M.
Rec.: Lit. Centralblatt N. 12 p. 383 – 384 v. G. v. d. G. — Revue critique
N. 9 p. 163 – 164 v. V. Henry.

Engelhardt, M., die lat. Konjugation, nach den Ergebnissen der Sprachvergleichung dargestellt. Berlin, Weidmann. 8. VIII, 140 S.   2 M. 40 Pf.

Fierville, Ch., une grammaire latine du XIII. siècle. Paris 1886, imp.
nat.   5 M.
Rec.: Revue critique N. 9 p. 164—166 v. V. Henry.

Forcellini, totius latinitatis lexicon. Pars altera sive onomasticon totius latinitatis, opera et studio D e - V i t lucubratum. Distr. 29 et 30. (3. Bd.
S. 633—752.) Prati. (Berlin, Calvary.) gr. 4. à 2 M. 50 Pf. (Pars II. cplt.: 74 M.)

Funck, A., die Verba auf ·illare. I. Archiv f. lat. Lexikographie IV 1
p 68—88.

Georges, K. E., lateinisch-deutsches u deutsch-lateinisches Schulwörterbuch.
Lateinisch-deutscher Thl. 4. Ster.-Ausg. Mit Anhang: Wörterbuch der
Eigennamen. Leipzig, Hahn. gr. 8 VI, 812 u. 110 S   4 M. 20 Pf.
— coepi mit Infinitiv. Berliner phil. Wochenschrift VII 8 p. 250 – 252.

Gröber, G., vulgärlateinische Substrate romanischer Wörter. II. Archiv f.
lat. Lexikographie IV 1 p. 116—137.

Hauer, J., adductorium. Archiv f. lat. Lexikographie IV 1 p. 141—142.

Havet, L., coluber. Hispali. Archiv f. lat. Lexikographie IV 1 p. 142—143.

Hintner, V., »meridies«, eine etymologische· Untersuchung. Wien 1886.
Pr. d. Akad. Gymn. 8. 10 S.

Hirt, P., penes. Archiv f. lat. Lexikographie IV 1 p. 88—100.

Hofmann, C., medianus. Archiv f. lat. Lexikographie IV 1 p. 43.

Ingerslev, C. F., lateinisch-deutsches u. deutsch-lateinisches Schul-Wörter-
buch. Lateinisch-deutscher Thl 10. Aufl Braunschweig, Vieweg. gr. 8.
XVI, 809 S.   6 M.

Koch, A., lateinisch-deutsches u. deutsch-lateinisches Taschenwörterbuch.
2 Thle. in 1 Bd. 3. Aufl. Berlin, Friedberg & Mode. 16. V, 222 u. V,
482 S 2 M. 50 Pf ; lat.-deutsches Taschenwörterbuch ap. (V, 222 S.) 1 M. 25 Pf.

Krebs, Antibarbarus. 6 Aufl. von J. H. S c h m a l z. 2. u. 3. Lief. Basel
1886, Schwabe.   à 2 M.
Rec.: Archiv f. lat. Lexikographie IV 1 p. 165—166 v. E. Wölfflin. —
Listy filologicke N. 1 p. 56 – 57 v. R. Novak.

Langlotz, O., ein Kapitel lateinischer Schulsyntax. Jahrbücher für Philologie
134. Bd. 12. Hft. p. 613—615.

Meissner, K., lat. Synonymik nebst Antibarbarus. 3. Aufl. Leipzig 1886,
Teubner. 8. 90 S   1 M.
Rec : Zeitschrift f. d. österr. Gymn. XXXVIII 2 p. 149.

Meyer, W., die lateinische Sprache in den romanischen Sprachen. (Grundriss der romanischen Sprachen, hrsg. v. G. Gröber, 2. Lief., p. 351—382.) Rec.: Archiv fur lat. Lex IV 1 154—155 v. R. Thurneysen

P., H., in M., Robert Schumann u. Forcellini's Lexikon. Jahrbücher für Philologie 135. Bd 1. Hft p. 88.

Plön, H., abbinc. Archiv f. lat. Lexikographie IV 1 p. 109—116.

Pronunciation of Latin in the Augustan period. (Statement of the Committee of the Cambridge Phil. Society, MM. Peile, Postgate, and Reid.) London, Trübner. 8. 8 p.

Quicherat et Davelay, dictionnaire latin-français rédigé sur un nouveau plan. Avec un vocabulaire des noms géographiques, mythologiques et historiques, par L Quicherat. 38 tirage. Paris, Hachette. 8. à 3 col. XX, 1468 p. 9 M. 50 Pf.

Reinach, S., grammaire latine. Paris 1886, Delagrave. 4 M. Rec : Neue phil Rundschau 2 p 30—32 v. J. H. Schmalz.

Reisigs Vorlesungen über lat. Sprachwissenschaft. 10 u. 11. Lief. Berlin, Calvary. S. 577—768. à 2 M. Rec.: Archiv f. lat. Lexikographie IV 1 p. 153—155.

Ribbeck, O., Apinae tricaeque. Leipziger Studien IX 2 p. 337—342

Riemann, O, syntaxe latine. Paris 1886, Klincksieck. 4 M. Rec.: Archiv f. lat. Lexikographie IV 1 p. 151—153

Rönsch, H., Latein aus entlegeneren Quellen. Zeitschrift f. d. österr. Gymn. XXXVIII 2 p. 81 - 99.

Sapio, G., dizionario latino-italiano ed italiano-latino di eleganti modi avverbiali e di altre particelle, non che di elette locuzioni contenute nel trattato di Orazio Tursellino, accresciute e corredate di esempi e note, per la 3. classe ginnasiale. Seconda edizione, rinovata e corretta. Palermo 1886, tip. Amenta. 16. 92 p. 1 M.

Schuchardt, H., Romanisches u. Keltisches. Berlin 1886, Oppenheim. 7 M. 50 Pf. Rec.: Wochenschrift f. klass. Phil. IV 3 p. 80 - 82 v. H. Ziemer.

Stolz, Fr., lateinische Laut- u. Formenlehre. (In Iw. Müllers Handb. d. klass. Alt.) Rec.: Wochenschrift f. klass. Phil. IV 7 p. 202—207 v. Schweizer-Sidler.

Tegge, Studien zur lat. Synonymik. Berlin 1886, Weidmann. 10 M. Rec.: Lit. Centralblatt N. 1 p. 24—25 v. E. S. — Blätter f. d. bayr. Gymn. XXII 10 p. 567—570 v. G. Landgraf. — Zeitschrift f. d. österr. Gymn. XXXVIII 2 p. 114—118 v. J. Golling.

Vogel, Fr., haud impigre. Jahrbücher für Philologie 133. Bd. 12. Hft. p. 867.

Wölfflin, E., die Dissimilation der littera canina. Archiv f. lat. Lexikographie IV 1 p. 1—14.

— dirigere litteras. Abdico, abdomen etc. Ibid. p. 101—109.

— temere. Ibid. p. 51.

— ex toto, in totum. Zur Entwickelung des Hendiadyon. Ibid. p. 143.

— usque mit Akkusativ. Ibid. p. 52—66.

— vice versa. Ibid. p. 67.

Zander, C. M., »quod« et »id quod« Lund 1885, Gleerup. 4 M. Rec.: Archiv f. lat. Lexikographie IV 1 p. 157—158 v. O. Schulthess.

V. Literaturgeschichte

(einschliesslich der antiken Philosophie).

1. Allgemeine antike Literaturgeschichte.

d'Avenel, J., le Stoicisme. Paris 1886, Palmé.
Rec.: Berliner phil. Wochenschrift VII 12 p. 364—367 v. P. Wendland.

Biese, A., die ästhetische Naturbeseelung in antiker u. moderner Poesie.
Zeitschrift f. vergl. Literaturgeschichte I 2.

Bigg, C., the christian Platonists of Alexandria. Oxford 1886, Clarendon
Press. 12 M.
Rec.: Theol. Literaturzeitung N. 5 v. O. Harnack.

Janet, P., et **G. Séailles**, histoire de la philosophie. Les problèmes et les
écoles. Paris, Delagrave. 8. IV, 391 p. 4 M.

Guggenheim, zur Geschichte des Induktionsbegriffes. Zeitschrift für Völkerpsychologie XVII 1 p 52—61.

Krause, K. Ch. Fr., Grundriss der Geschichte der Philosophie. Aus dem
handschriftl. Nachlasse des Verf. hrsg. von P. Hohlfeld u. A. Wünsche.
Leipzig, O. Schulze. 8. XIV, 481 S. 11 M.

Prächter, K., die griechisch-römische Populargeschichte und die Erziehung.
Bruchsal 1886. Pr. 4. 40 S.

Rabus, L., Grundriss der Geschichte der Philosophie. Ein Leitfaden zum
Studium der Geschichte der Philosophie u. zur Rekapitulation. Erlangen,
Deichert. 8. XVI, 224 S. 4 M.

Radlow, E. L., Einiges aus der Geschichte des Skeptizismus. (Russisch.)
Journal des kais. russ. Ministeriums der Volksaufklärung 1887, Februar,
p. 240—290.

Schwegler, A., Geschichte der Philosophie im Umriss. Ein Leitfaden zur
Uebersicht. 14. Aufl., durchgesehen u. ergänzt von R. Köber. Stuttgart,
Conradi. 8. IV, 372 S. 4 M.

Striller, Fr., de Stoicorum studiis rhetoricis. I 2. Hft. Breslau 1886, Köbner.
1 M. 20 Pf.
Rec.: Berliner phil. Wochenschrift VII 12 p. 357—370 v. P. Wendland.

Vera, Dio secondo Platone, Aristotele ed Hegel. Atti dell'Accad. di Napoli XX.

2. Griechische Literaturgeschichte.

Bender, F., Geschichte der griech. Literatur. Leipzig 1886, Friedrich. 12 M.
Rec.: Neue phil. Rundschau N. 3 p. 48 v. χ. — Classical Review N. 1
p. 19 v. Jevons.

Egger, E., essai sur l'histoire de la critique chez les Grecs. 2. éd. Paris
1886, Pedone-Lauriel. 8 M. 50 Pf.
Rec.: Journal des Savants 1886, déc., p. 697—707 v. J. Girard. — Revue
critique N. 12 p. 221—222 v. A. Croiset.

Girard, J., le sentiment religieux en Grèce d'Homère à Eschyle étudié dans
son développement moral et dans son caractère dramatique. Ouvrage couronné par l'Académie française. Troisième édition. Paris. 16. 3 M. 50 Pf.

Jevons, F. B., a history of Greek Literature. London 1886, Griffin. 10 M. 20 Pf.
Rec.: Lit. Centralblatt N. 11 p. 344—345 v. B. — Athenaeum N. 3089 p. 60.

Kopp, W., Geschichte der griechischen Literatur in kurzer Uebersicht.
4. Aufl. von F. G. Hubert. Berlin 1886, Springer. 3 M.
Rec.: Wochenschrift f. klass. Phil. IV 4 p. 111—112 v. J. Sitzler. — Berliner phil. Wochenschrift VII 13 p. 398—399 v. E. Heitz.

Schulze, Ernst, Uebersicht über die griechische Philosophie. Leipzig 1886, Teubner.   1 M. 20 Pf.
Rec.: Wochenschrift f. klass. Phil. IV 10 p. 308 v. C. Hergel. — Gymnasium V 7 p. 232—233 v. G. Vogrinz.
Schwegler, A., Geschichte der griechischen Philosophie. 3. Aufl. von K. Köstlin. Freiburg (1881), Mohr.   4 M. 50 Pf.
Rec.: Revue critique N. 1 p. 1 v. A. Croiset.
Zeller, E., σύνοψις τῆς ἱστορίας τῆς ἑλλ. φιλοσοφίας. Athen 1886.   4 M.
Rec.: Ἑβδομάς N. 143 p. 532 v. M. Euangelides.

3. Römische Literaturgeschichte.

Poiret, J., essai sur l'éloquence judiciaire à Rome. Paris 1887, Thorin. 8. 308 S.
Rec.: Revue critique N. 8 p. 146—147 v. J. Uri.

VI. Alterthumskunde.

1. Sammelwerke. — Encyclopaedie und Methodologie der Alterthumskunde.

Compte-rendu du Congrès archéologique de Montbrison. (Paris 1886, Champion.) 8. LXIV, 460 p. avec 76 planches et figures.   10 M.
Daremberg et **Saglio,** dictionnaire des antiquités grecques et romaines. 11. fasc. (Cupido-Delia...) Paris, Hachette. 4.   6 M.
Denkmäler des klassischen Altertums zur Erläuterung des Lebens der Griechen u. Römer in Religion, Kunst u. Sitte. Lexikalisch bearb. von B. Arnold, H. Blümner, W. Deecke etc. u. dem Hrsg. A. Baumeister. Mit etwa 1400 Abb., Karten u. Farbendr. 4—40. Liefg. München, Oldenbourg. 4.   à 1 M.
Frey, Th., zur Bekämpfung zweitausendjähriger Irrthümer. I. Leipzig, Fritsch. 8. 84 S.   1 M. 50 Pf.
Fustel de Coulanges, de l'analyse des textes historiques. Revue des questions historiques 1887, Januar.
Gregorovius, F., kleine Schriften zur Geschichte u. Cultur. 1. Bd. Leipzig, Brockhaus. 8. VII, 323 S.   5 M. 50 Pf.; geb. 6 M. 50 Pf.
Handbuch der klassischen Altertums-Wissenschaft in systematischer Darstellung mit besonderer Rücksicht auf Geschichte u. Methodik der einzelnen Disziplinen. In Verbindung mit Autenrieth, Ad. Bauer, Blass etc. hrsg. von Iwan Müller. 5. Halbband. (1. Bd. XX u. S. 619—712 u. 4. Bd. S. 1 —224. Nördlingen 1886, Beck.   à 5 M. 50 Pf. (1. Bd. cplt.: 12 M.)
— — dasselbe. 7. Halbband. (4. Bd. S. 481—931.)   5 M. 50 Pf.
Rec.: (1. 2. Bd.) Revue de l'instruction publique en Belgique XXX 2 p. 81—91.
Reinach, S., conseils aux voyageurs archéologues en Grèce. Paris 1886, Leroux.   2 M. 50 Pf.
Rec.: Berliner phil. Wochenschrift VII 2 p. 52.

2. Mythologie und Religionswissenschaft.

Bradke, P. v., Djaus Asura. Halle 1885, Niemeyer.   3 M. 60 Pf.
Rec.: Lit. Centralblatt N. 4 p. 105—107 v. Wiedemann.
Cauer, Fr., die römische Aeneassage. Leipzig 1886, Teubner.   2 M. 40 Pf.
Rec.: Wochenschrift f. klass. Phil. IV 12 p. 362—364 v. E. Baehrens.
Crabb, G., the mythology of all nations. New edit. London, Blackwood. 8. cl.   2 M. 40 Pf.

Cumpfe, K., Antiope u. Dirke. (Böhmisch.) Listy{filologicke 1887 N. 1 p 14—19.

Flöckner, über die Hypothese Steinthals, dass Simson ein Sonnenheros sei. (Schluss.) Theol. Quartalschrift LXIX 1.

Gaidoz, H, études de mythologie gauloise. I. Paris 1886, Leroux. Rec.: Zeitschrift f. Völkerpsychologie XVII 2 p. 326—330 v F. Steinthal. — Academy N. 774 p. 161 v. Ch. Elton. — Revue de l'instruction publique en Belgique XXX 2 p. 117—125 v. E. Monseur.

Geruzez, E., petit cours de mythologie, contenant la mythologie des Grecs et des Romains, avec un précis des croyances fabuleuses des Hindous, des Perses, des Egyptiens, des Scandinaves et des Gaulois. Nouvelle édition. Paris, Hachette. 12. VI, 183 p. avec 38 fig. 1 M. 25 Pf.

Gladstone, the greater gods of Olympos. I. Poseidon. Nineteenth Century, March.

Göhler, H. R., de Matris Magnae cultu. Leipzig 1886, Fock. 1 M. 20 Pf. Rec : Wochenschrift f klass. Phil. IV 9 p. 263 v. L. Friedländer.

Gubernatis, A. de, mitologia comparata. Seconda edizione. Milano, Höpli. 16. VII, 149 p.

Heuzet, Ch, les origines chrétiennes. Précis historiques 1886 N. 12.

Höft, F., griechisch-römische Mondgottheiten. »Am Urdsbrunnen« (Rendsburg) VI 1. 2

Holba, M, über das Wesen Poseidons. Budweis 1886. Pr. 8. 34 p. Rec.: Zeitschrift f. d. österr. Gymn. XXXVIII 1 p. 78 v. A. Christ.

Jeremias, A., die Höllenfahrt der Istar. Eine altbabylonische Beschwörungslegende. Leipzig Diss 8. 43 S.

Keller, O., der Faden der Ariadne. Jahrbücher für Philologie 135. Bd. 1. Hft. p 51—52

Kennerknecht, de Argonautarum fabula, quae veterum scriptores tradiderint. Diss. Pars I—II. München, Lindauer. 8. 61 S. 80 Pf.

Koch, Th., Appollon oder Sauhirt. Hermes XXII 1 p. 145—151.

Kramer, O., de Pelopis fabula. I. Halle. Diss. (Leipzig, Fock.) 8. 42 S. 1 M.

Krejci, F., über die ursprüngliche Bedeutung der griechischen Daimones. Zeitschrift für Völkerpsychologie XVII 2 p. 161—175.

Kuhn, A., mythologische Studien. I. Gütersloh 1886, Bertelsmann. 6 M. Rec.: Deutsche Literaturzeitung N. 1 p. 2—3 v. E H. Meyer.

Meyer, Elard H., indogermanische Mythen. II. Achilleis. Berlin, Dümmler. 8. VII, 710 S 14 M.

Müller, Victor, Leitfaden zum griechischen, römischen, deutschen Sagenunterrichte. 3. verb. Aufl. Altenburg, Bonde. 8. 16 S. 25 Pf.

Pierret, religion et mythologie des anciens Egyptiens d'après les monuments. Revue égyptologique IV 3. 4.

Réville, J., l'histoire des religions. Sa méthode et son rôle d'après les travaux récents de MM. Vernes, Goblet et Van den Gheyn. Revue de l'histoire des religions XIV 2. 3.

— la religion à Rome sous les Sévères. Paris 1886, Leroux. 7 M. 50 Pf. Rec.: Historische Zeitschrift 1887 Nr. 3 p. 451—452 v. F. Cauer.

Roscher, W. H., ausführliches Lexikon der griechischen u. römischen Mythologie. 9. u. 10. Lfg. Leipzig 1886, Teubner. Lex.-8. Sp. 1409—1760. à 2 M.

Schwartz, W., indogermanischer Volksglaube. Berlin 1884, Seehagen. 8 M. Rec.: Germania XXXI 4 p. 498—500 v. F. Liebrecht.

Seemann, O., the mythology of Greece and Rome; with special reference to its use in art. Edited by G. H. Bianchi. With 64 illustrations. New and revised edit. London, Chapman. 8. 272 p. cl. 6 M.

Steinthal, Mythos, Sage, Märchen, Legende, Erzählung, Fabel. Zeitschrift für Völkerpsychologie XVII 2 p. 113—138.
Tivier, H., et **A. Riquier,** mythologie. Illustrations sur les dessins de Gluck. 6. édition, revue et corrigée. Cours élémentaire. Paris, Delagrave. 18. VIII, 334 p. 80 Pf.
Torma, Sofia v., über den Planetencultus des vorrömischen Daciens. Korrespondenzblatt der anthrop. Gesellschaft XVIII 1.
Tümpel, K., Kallone. Jahrbücher für Philologie 135. Bd. 2. Hft. p. 104.
Vernes, M, l'histoire des religions, son esprit, sa méthode et ses divisions, son enseignement en France et à l'étranger. Paris, Leroux. 18. 285 p.
Rec.: Revue critique N. 14 p. 269—274 v. Th. Reinach.

3. Alte Geschichte.

A. Allgemeine Geschichte und Chronologie der alten Welt. — Orientalische Geschichte.

Baudot, V., une visite au grand roi Sésostris. Précis historiques 1886 N. 10.
Dahn, F. v., Urgeschichte der germ u. rom. Völker. 3. Bd. (S. 641—800.) Berlin, Grote. à 3 M.
Rec.: Hist. Zeitschrift 1887 N. 2 p 250—252 v. A. Duncker.
Duncker, M., Geschichte des Alterthums. II (IX). Leipzig 1886, Duncker & Humblot. 10 M.
Rec.: Blätter f. d bayr. Gymn. XXII 10 p. 578—582 v. H Welzhofer. — Hist. Zeitschrift 1887 N. 2 p. 242—245 v. A. Bauer.
Egelhaaf, G., Analekten zur Geschichte. Stuttgart 1886, Kohlhammer. 5 M. 40 Pf.
Rec.: Lit. Centralblatt N. 10 p. 300—301 v. H-g.
Ewald, H., the history of Israel. Vol. 8. The Post-Apostolic Age. Translated from the German by J. Fr. Smith. London, Longman. 8. 434 p. cl. 21 M. 60 Pf.
Freeman, E. A., the chief periods of European history. Six lectures read in the University of Oxford, 1885. With an essay on Greek cities under Roman rule. London, Macmillan. 8. 260 p. cl. 12 M. 60 Pf.
Gercke, A., Alexandrinische Studien. I. Ueber die Regierungszeit des Königs Magas von Kyrene. Rhein. Museum XLII 2 p. 262—275.
Gutschmid, A. v., Untersuchungen über die Geschichte des Königreichs Osroëne. (Mémoires de l'Acad. de St.-Pétersbourg XXXV N. 1.) Leipzig, Voss. gr 4 1 M. 50 Pf.
Hommel, Fr., Geschichte Babyloniens-Assyriens. Berlin, Grote. S. 151—310 mit Holzschn. u. 5 Taf. à 3 M.
Howard, N., Beiträge zum Ausgleich zwischen alttestamentlicher Geschichtserzählung, Zeitrechnung u. Prophetie einerseits u. assyrischen nebst babylonischen Keilinschriften andrerseits. Dargeboten zu Nutz der Gemeinde des Herrn. Gotha, Perthes. 8. XXIX, 290 S. 5 M.
Hutecker, W., über den falschen Smerdis. Königsberg 1885, Gräfe & Unzer. 1 M.
Rec.: Neue phil. Rundschau N. 2 p. 23 v. A. Bauer.
Ireland, W. W, Herrschermacht u. Geisteskrankheit. Psycho-pathologische Studien aus der Geschichte alter u. neuer Dynastien. Autoris. Uebersetzung. Stuttgart, Lutz. 8. V, 139 S. 2 M.
Knoke, Fr., Zeittafeln. Hannover 1885, Hahn. 1 M. 35 Pf.
Rec.: Centralorgan fur Realschulwesen XV 16 p. 258 v. L. Freytag.
Meyer, Ed., Geschichte des alten Aegyptens. Berlin, Grote. S. 1—144 mit Holzschn. u. 3 Taf. à 3 M.
Rec.: Deutsche Literaturzeitung N. 3 p. 94 v. J. Krall.

Ranke, L. v., Weltgeschichte. 3. Thl. Das altrömische Kaiserthum. Mit krit. Erörterungen zur alten Geschichte. 2. Abtheil. 4. Aufl. Leipzig 1886, Duncker & Humblot. 8. 551 u. 356 S.   21 M.; geb. 24 M.

Rawlinson, G., and A. Gilman, the story of ancient Egypt. New York, Putnam's Sons. XVI, 408 p, map and ill. cl.   7 M. 50 Pf.

Riquier, A., histoire ancienne (l'Orient jusqu'aux guerres médiques). 3. édition, revue et corrigée. Paris, Delagrave. 18. XII, 125 p. avec vignettes. 80 Pf.

Schäfer, A., Abriss der Quellenkunde der griech. u. röm. Geschichte. 2 Bde. Leipzig 1885, Teubner.   II: 3 M. 20 Pf.
Rec.: Hist. Zeitschrift 1887 N. 2 p. 245 – 246 v. G. Zippel.

Schubert, R., Geschichte der Könige von Lydien. Breslau 1884, Köbner. 3 M.
Rec : Neue phil. Rundschau N. 6 p. 96 v. H. Matzat.

Tiele, C. P., babylonisch-assyrische Geschichte. I. Gotha 1886   6 M.
Rec : Lit. Centralblatt·N. 3 p. 75 – 76 v. E. M. — Academy N. 763 p. 12 v. T. Smith.

Unger, G. F., Kyaxares u. Astyages. (Abhandl. der bayr. Akad. XVI.)
Rec.: Neue phil Rundschau N. 5 p. 73—76 v. H. Matzat.

Vigouroux, la chronologie des temps primitifs d'après la Bible et les sources profanes. Revue des questions historiques X 4.

Welzhofer, H., allgemeine Geschichte des Alterthums. I. Gotha 1886. 6 M.
Rec.: Lit. Centralblatt N 2 p. 41 v. E. Mr.

Wiedemann, A., die Forschungen über den Orient. I. Jahresbericht. Philologus XLV 4 p. 689—711.

Wilcken, U, observationes ad historiam Aegypti. Berlin 1885, Mayer & Müller.   2 M. 40 Pf.
Rec.: Neue phil. Rundschau N. 2 p. 24—30 v. K. Wessely.

B. Griechische Geschichte und Chronologie.

Bazin, H., de Lycurgo. Paris 1885, Leroux.   3 M.
Rec.: Hist. Zeitschrift 1887 N. 3 p. 444 v. L. Holzapfel.

Beloch, J., die attische Politik. Leipzig 1884, Teubner.   7 M. 60 Pf.
Rec.: Lit. Centralblatt N. 2 p. 44—45 v. G B.

Busolt, G., griechische Geschichte. I. Gotha 1885.   12 M.
Rec.: Mittheilungen a. d. hist. Lit. N. 1 p. 5—11 v. Th. Winckler.

— zur Chronologie u. Geschichte der Perserkriege. Jahrbücher für Philologie 135. Bd. 1. Hft. p. 33—51.

Columba, G. M., la prima spedizione ateniese in Sicilia (427—424 a. C.). (Estr. dall' Archivio stor. sic , XI.) Palermo 1886, tip. dello Statuto. 8. 32 p.

Cooke, on the ψήφισμα of Syracosius. Proceedings of the Cambridge Phil. Soc. XIII—XV p. 17.

Curtius, E., historia de Grecia, traducida y aumentada por A. Garcia Moreno. I. II. Madrid, Garay. 4. 419 p. et 400 p.   à 6 M.

Delbrück, H., die Perserkriege u. die Burgunderkriege. Berlin 1887, Walther & Apolant. 8. VIII, 314 S.   6 M.
Rec.: Berliner phil. Wochenschrift VII 11 p. 331—336 v. R. Schneider. — Lit Centralblatt N. 3 p. 76—77 v. Br-s.

Duncker, Max, history of Greece, from the earliest times to the end of the Persian War. Translated by Sarah Frances Alleyne and Evelyn Abbott. London, Bentley. 8. 502 p. cl.   18 M.
Rec.: Academy N. 773 p. 141 v. F. J. Richards.

Hilgenfeld, A., die Schlacht bei Issos im Alten Testament (Psalm 68). Zeitschrift für wiss. Theologie XXX 3.

Holm, A, griechische Geschichte. I. Berlin 1886, Calvary & Co.   10 M.
Rec.: Mittheilungen a. d. hist. Literatur XV p. 98—106 v. G. J. Schneider.

Kubiczki, das Schaltjahr in der grossen Rechnungsurkunde CIA. 273. Ratibor
1885 Pr.
Rec : Neue phil. Rundschau N. 3 p. 40—41 v. L. Holzapfel.

Mahaffy, J. P., Alexander's Empire. London, Unwin. 8. 336 p. 6 M.
Rec.: Athenaeum N. 3100 p. 415. — Saturday Review N. 1638 p. 419.'

Ménard, L., histoire des Grecs, avec de nombreuses illustrations d'après les
monuments. Cours de cinquième. (2 et 3. fasc. Fin.) Paris, Delagrave.
18 XIII—XXIV, p 217—1032.   à 2 M.

Morris, C. D., the chronology of the πεντηχονταετία. American Journal of
Philology N. 27 p. 325—343.

Neumeyer, A., Aratus aus Sikyon. Zweiter Theil. Neustadt a. d. H. Pr.
8. 42 S.
Rec.: (I) Mittheilungen a. d. hist Lit. N. 1 p. 12—15.

Peter, C., Zeittafeln der griech. Geschichte. Halle 1886, Waisenhaus. 4 M. 50 Pf.
Rec : Wochenschrift f. klass. Phil. IV 6 p. 174—175 v. E. Bahn. —
Korrespondenzblatt f. d. württ Schulen XXXIV 1. 2 p. 83 v. Bender.

Philippi, A., uber einige Züge aus der Geschichte des Alkibiades. Hist.
Zeitschrift 1887 N. 3 p. 398—416.

Schmidt, Adolf, die Archonten Nikodemos u Agathokles u. das stumme
iota. Jahrbücher für Philologie 135. Bd. 2. Hft. p. 112—116.

Schumacher, C., de republica Rhodiorum. Heidelberg 1886, Winter. 1 M. 80 Pf.
Rec.: Saturday Review N. 1632 p. 200—201.

Schwedler, G., de rebus Tegeaticis. Leipziger Studien IX 2 p. 263—336,
und apart: Diss. 8. 43 S.

Unger, G. F., attische Archonten 292—260 v. Chr. Philologus, 5. Suppl.,
4. Hft., p 627—714.

Vallaurius, Th, epitome historiae graecae: accedit lexicon latino-italicum.
Editio decima, diligentissime emendata. Augustae Taur, ex off. Salesiana.
16 145 p.   1 M.

Wiegand, H., Plataä zur Zeit des Einfalls der Perser in Böotien. Leipzig,
Fock. 4. 19 S.   90 Pf.

Wilisch, E., Beiträge zur innern Geschichte des alten Korinth. Zittau 1887.
Pr. 4 34 S.

C. Römische Geschichte und Chronologie.

Allard, l'Empire et l'Eglise pendant le règne de Gallien. Revue des questions
historiques 1887, Januar-März.

Antoniades, Ch., Kaiser Licinius. München 1884, Riedel   1 M.
Rec.: Phil. Anzeiger XVI 9 10 p. 560—566 v. F. Görres.

Arnold, Th., the second Punic war. Ed. by W. P. Arnold. London 1886,
Macmillan   10 M. 20 Pf.
Rec : Academy N. 771 p. 109.

Bücheler, F., ala classiana in Köln. Rhein. Museum XLII 1 p. 151.

Cichorius, K., de fastis consularibus antiquissimis. Leipziger Studien IX 2
p. 171—262, u. apart: Diss. 8. 94 S.

Colleville, de, histoire abrégée des Empereurs Romains et Grecs et des per-
sonnages pour lesquels on a frappé des médailles, depuis Pompée jusqu'à la
prise de Constantinople par les Turcs. Avec la liste des médailles, leur
rareté et leur valeur d'après Beauvais. Tome I. Paris, Picard. gr. 8. 20 M.

Duruy, V., histoire des Romains. 8 vols. Paris 1886, Hachette. à 25 M.
Rec : Journal des Savants, janvier, p. 19—30 v. H. Wallon.
— Geschichte des römischen Kaiserreichs von der Schlacht bei Actium u. der
Eroberung Aegyptens bis zu dem Einbruche der Barbaren. Aus dem Franz.
übers. von G. Hertzberg. Mit ca. 2000 Illustr. in Holzschn. u. Taf. in
Farbendruck. 37.—46. Lfg. 2 Bd. S. 385—593 u. 3. Bd. S. 1—112. Leipzig,
Schmidt & Günther. 4.   à 80 Pf. (2. Bd. geb.: 20 M.)

Duruy, V., history of Rome. Vol. VI. London 1886, Kegan Paul. 36 M.
Rec.: Academy N. 771 p. 110.

Faltin, Ursprung des 2. punischen Krieges, v. Polybius p. 50.

Ferrero, E, la patria dell' imperatore Pertinace. Atti dell' Accademia di
Torino XXII 1 p. 75—87.

Gregorovius, F., Geschichte der Stadt Rom im Mittelalter. Russisch übersetzt von W. J. Savin. 5. Bd. Petersburg (1885), Typ. Udjelow. 8. 389 S.

Güldenpenning, A., Geschichte des oström. Reiches unter Arcadius u.
Theodosius II. Halle 1886, Niemeyer.　　　　　　　　　　　　　　　10 M.
Rec.: Hist. Zeitschrift 1887 N. 2 p. 252—254 v. F. Hirsch. — Götting.
gelehrte Anzeigen N. 3 v. O. Seeck.

Guiraud et **G. Lacour-Gayet**, histoire romaine depuis la fondation de Rome
jusqu'à l'invasion des barbares (programmes officiels). 2. édition, revue et
augmentée. Paris, Alcan. 8. 533 p. avec grav. et cartes.

Heuzey, L., les opérations militaires de César (dans la Macédoine). Paris
1886, Hachette. 4.　　　　　　　　　　　　　　　　　　　　　　　10 M.
Rec.: Revue critique N. 11 p. 203—207 v. G. Lacour-Gayet.

Hoffmann, O. A., de imp. Titi temporibus. Marburg 1883.
Rec.: Phil. Anzeiger XVI 9. 10 p. 551—560 v. A. Chambalu.

Holzapfel, L., die Lage des 1. März im altlatinischen Sonnenjahr. Philologus XLVI 1 p. 177—179.

Kirchner, K., Bemerkungen über die Heere Justinians. Wismar 1886, Hinstorff.
Rec.: Neue phil. Rundschau N. 7 p. 109—110 v. L. Reinhardt.

Lesieur, A., petite histoire romaine. Nouvelle édition. Paris, Hachette. 8.
36 p.　　　　　　　　　　　　　　　　　　　　　　　　　　　　15 Pf.

Löhrer, de C. Julio Vero Maximino Romanorum imperatore. Münster 1883. Diss.
Rec.: Zeitschrift für Theologie XXX 1 v. Görres.

Matzat, H., kritische Zeittafeln für den Anfang des 2. punischen Krieges.
Weilburg 1887. Pr. 4. 32 S.

Mommsen, Th, römische Geschichte. V. Berlin 1885, Weidmann.　　9 M.
Rec.: Gymnasium V 2 p. 60. — Blätter f. d. bayr. Gymn. XXIII 2. 3
p. 35—39 v. Gruber.

— the history of Rome from Caesar to Diocletian. Translated, with the
author's sanction and additions, by W. P. Dickson. With maps. 2 vols.
London, Bentley. 8. 720 p. cl.　　　　　　　　　　　　　　　　43 M.
Rec.: Academy N. 771 p. 109. — Athenaeum N. 3096 p. 279—280 u.
N. 3097 p. 314—315. — Classical Review I 2. 3 p. 60—62 v. E. G. Hardy.

Nitzsch, K. W., Geschichte der röm. Republik. II. Leipzig 1885, Duncker
& Humblot.　　　　　　　　　　　　　　　　　　　　　　　　6 M.
Rec.: Mittheilungen a. d. hist. Lit. N. 1 p. 15—18 v. Dietrich.

Ostermann, H, die Vorläufer der Diocletianischen Reichstheilung. Böhm.-
Leipa 1886. Pr. 8. 19 S.

Pflugk-Harttung, J. v., Theodorich der Grosse. Allg. Zeitung, Beilage
N. 28. 29.

Pick, zur Titulatur der Flavier, v. Numismatik p. 104.

Réville, A., l'empereur Julien III. Revue de l'histoire des religions XIII 3
p. 265—291; XIV 1 p. 1—25.

Riquier, A., histoire romaine. (Petit cours.) 3. édition, revue et corrigée.
Paris, Delagrave. 18. XII, 302 p. avec vignettes.　　　　　　1 M. 25 Pf.

Ritterling, E., de legione X gemina. Leipzig 1885, Fock.　　　　　2 M.
Rec.: Deutsche Literaturzeitung N. 6 p. 199 v. H. Dessau. — Neue phil.
Rundschau N. 7 p. 103—108 v. Pfitzner.

Schiller, H., Geschichte der römischen Kaiserzeit. 2. Bd. Von Diokletian
bis zum Tode Theodosius des Grossen. Gotha, Perthes. 8. VIII, 492 S. 9 M.

Schiller, H., die Geschichte der römischen Kaiserzeit im höhern Unterricht. Zeitschrift f. d. Gymnasialwesen XXXXI 1 p. 8—21.

Schmidt, O. E., die letzten Kämpfe der röm. Republik. Leipzig 1884, Teubner.
2 M. 25 Pf.
Rec.: Hist. Zeitschrift 1887 N. 3 p. 449—451 v. W. Soltau.

Soltau, W., Prolegomena zu einer röm. Chronologie. Berlin 1886, Gärtner. 5 M.
Rec.: Lit. Centralblatt N. 2 p. 45—46 v. L. H(olzapfel). — Wochenschrift f. klass. Phil. IV 1 p. 3—4 v. G. Thouret. — Academy N. 771 p. 110.

Stacke, L., Erzählungen aus der alten Geschichte. 2. Tl. Erzählungen aus der röm. Geschichte in biographischer Form. Mit 2 Karten. 20. Aufl. Oldenburg 1886, Schulze. 8. VIII, 208 S. 1 M. 50 Pf.

Tapernoux, P., Vercingétorix. Histoires des Gaules dès la plus haute antiquité jusqu'à la conquête romaine, illustrée de cartes d'après Kiepert, de plans et de nombreuses gravures représentant les Gaulois des diverses époques, leurs monuments, leurs habitations, leurs armes, leurs utensiles, leurs bijoux, leurs monnaies et leurs médailles. (Avant propos.) Pons, imp. Texier. 8 16 p.

Westphalen, comte de, la date de l'avènement au trône de Constantin le Grand, d'après Eusèbe et les médailles. Revue numismatique 1887 N. 1 p. 23—42.

Zwanziger, K. H., der Chattenkrieg des Kaisers Domitian. Würzburg 1885. Pr.
Rec.: Westdeutsche Zeitschrift V 4 p. 369—371.

4. Ethnologie, Geographie und Topographie.

A. Alte Geographie im Allgemeinen.

Annuaire de la Société d'ethnographie. 1887. Paris, au secrétariat.

Ausland, das. Wochenschrift f. Länder- u. Völkerkunde, unter Mitwirkung v. Fr. Ratzel u. anderen Fachmännern herausg. 60. Jahrg. 1887. Stuttgart, Cotta. 52 Nrn. gr. 4. 28 M.

Beloch, J., die Bevölkerung der griechisch-römischen Welt. Leipzig 1886, Duncker & Humblot. 11 M.
Rec.: Academy N. 769 p. 74 v. P. Richards.

Boletin de la Sociedad geográfica de Madrid. XVIII. Madrid, Murillo. 4. 30 M.

Bollettino della Società Geografica Italiana, vol. XII. 1887. Mensile. Rom, tip. Civelli. 8. à 3 M.

Bulletin de la Société de géographie de Constantine. (Paris, Challamel.) 8.

— de l'Union géographique du nord de la France. 8. année. 1887. (10 cahiers.) Lille, imp. Danel 12 M.

— de la Société de géographie de Lyon. 1887. Lyon, Georg.

— de la Société de géographie de Marseille. 1887. Marseille, au sécrétariat.

— de la Société de géographie de la province d'Oran. 9. année (1887). Oran.

— de la Société de géographie. 6. année, 6. série, tomes XLI et XLII. Paris, Delagrave. 25 M.

Carrez, L., atlas de géographie ancienne, contenant 18 cartes coloriées et un texte explicatif en regard, avec de nombreuses vues de monuments anciens. Paris, Lefort. 4. à 3 col, 20 p.

Egli, J., Geschichte der geographischen Namenkunde. Leipzig 1886, Brandstetter. 10 M.
Rec.: Zeitschrift f. Völkerpsychologie XVII 1 p. 100—103 v. L. Tobler.

Fressl, J, die Skythen-Saken. München 1886, Lindauer. 10 M.
Rec.: Lit. Centralblatt N. 12 p. 372—373 v. R. v. Scala.

Globe, le, Journal géographique. Organ de la Société de Géographie de Genève pour ses Mémoires et Bulletin. IV. série. VI. Genève, Sandoz. 6 M.

Globus. Illustrirte Zeitschrift für Länder- u. Völkerkunde. Mit besond. Berücksichtigung der Anthropologie u Ethnologie. Begründet v. Karl Andree. Herausg. von Rich. Kiepert. Jahrg. 1887. 57. u. 58. Bd. à 24 Nrn. (2 B. mit Holzschn.) hoch-4. Braunschweig, Vieweg.   à Bd 12 M.

Jahrbuch, geographisches. Begründet 1866 durch E. Behm. 11. Bd, 1887. Herausg. v. H. Wagner. 8. Gotha, J. Perthes.   12 M.

Kollmann, P., die antike Bevölkerungsstatistik u. ihre Ergebnisse. Beilage der Leipziger Zeitung N. 6—7.

Mittheilungen der Afrikanischen Gesellschaft in Deutschland. Unter Mitwirkung des Vorstandes hrsg. von W. Erman. Red. der Karten von R. Kiepert. 5. Bd. 2. Hft. Berlin, D. Reimer. gr. 8.   2 M. 80 Pf.

— des Vereins für Erdkunde zu Halle a/S. Zugleich Organ des thür.-sächs. Gesammtvereins für Erdkunde. 1887. Halle, Tausch & Grosse.   5 M.

— der geographischen Gesellschaft in Hamburg. 1886/87. Herausg. von L. Friederichsen. Hamburg, Friederichsen.   9 M.

— der geographischen Gesellschaft für Thüringen zu Jena. Im Auftrage der Gesellschaft herausg. von G. Kurze. Jena, Fischer.   5 M.

— des Vereins f. Erdkunde zu Leipzig. 1887. Leipzig, Duncker & Humblot. 10 M.

— der k. k. geographischen Gesellschaft zu Wien. Herausg. vom Redactions-u. Vortragscomité. 30. Bd. Jahrg. 1887. 12 Hefte. Wien, Hölzel. gr. 8. 10 M.

Penka, K., die Herkunft der Arier. Neue Beiträge zur hist. Anthropologie der europ. Völker. Teschen 1886, Prochaska. gr. 8. XIV, 182 S   5 M. 20 Pf.
Rec.: Neue phil. Rundschau N. 6 p 93—95 v. Fr. Stolz. — Egyetemes phil. közlöny N. 1 p. 58—64 v. S Solymossy.

Petermanns Mittheilungen aus J. Perthes' geographischer Anstalt. Herausg. von A. Supan. 33. Bd. 1887. 12 Hefte. Gotha, J. Perthes. 4. à 1 M. 50 Pf.

Pictet, A., les origines indo-européennes Ouvrage couronné par l'Académie. Deuxième édition. 3 vols. Paris, Fischbacher. gr. 8.   30 M.

Proceedings of the R. Geographical Society. Vol. VIII. London, Stanford. 30 M.

Revue de géographie, red. par Drapeyron. X. 12 Nr. Paris, Delagrave. 28 M.

Rundschau, deutsche, für Geographie u. Statistik. Unter Mitwirkung hervorragender Fachmänner herausg. von Fr. Umlauf. 9. Jahrgang 1886/87. 12 Hefte (3 Bog. m. K. u. Abb) gr. 8. Wien, Hartleben. 10 M.; einzeln 85 Pf.

Transactions of the Geographical Society of London. Vol. 55. London, Murray. Mit Karten u. Kupfern.   24 M.

Van den Gheyn, R. P, les populations danubiennes. Revue des questions historiques X 4.

Vigouroux, F., die Bibel u die Entdeckungen in Palästina, Aegypten u. Assyrien. Uebersetzung von J. Jbach. 4. Bd. Mainz 1886, Kirchheim. 25 M.
Rec.: Theol. Literaturblatt N. 12 p. 116—117 v. E. König.

Zeitschrift der Gesellschaft f. Erdkunde zu Berlin. Hrsg. von W. Koner. 22. Bd. 6 Hfte. Nebst: Verhandlungen der Gesellschaft für Erdkunde zu Berlin. Red. A. v. Danckelmann. 14. Bd. 10 Nrn. Berlin, D. Reimer. gr. 8.   15 M.; Verhandlungen apart 6 M.

— für wissenschaftliche Geographie unter Mitberücksichtigung des höheren geographischen Unterrichts. Herausg. von J. I. Kettler. 6 Bd. 6 Hfte. Weimar, Geogr. Institut. Lex.-8.   6 M.

B. Geographie und Topographie von Griechenland und den östlichen Theilen des römischen Reiches.

Aitchison, G., Darius' Palace at Susa. Athenaeum N. 3085 p. 790—791.

Attinger, G., Beiträge zur Geschichte von Delos. Frauenfeld, Huber. 8. 73 S.   1 M. 80 Pf.

Bell, C. D., gleanings from a tour in Palestine and the East. With map and 12 illustrations. London, Hodder. 8. 340 p. cl. 6 M.

Benjamin, G. W., Persia and the Persians. Illustrated. London, Murray. 8. 510 p. cl. 28 M. 80 Pf.

Benndorf u. **Niemann,** Reisen in Lykien. Wien 1884, Gerold. 150 M.
 Rec.: Journal des Savants 1886, déc., p. 734-742 v. M. Collignon.

Berger, H., Geschichte der wiss. Erdkunde der Griechen. I. Die Geographie der Jonier. Leipzig, Veit. 8. 145 S. 4 M.
 Rec.: Berliner phil. Wochenschrift VII 8 p. 244—246 v. D. Detlefsen.

Bikelas, D , the subjects of the Byzantine Empire. Scotish Review 1887, April.

Bötticher, A., die Ausgrabungen auf der Akropolis von Athen. Berliner phil. Wochenschrift VII 1 p. 2—3; N. 2 p. 34—36; N. 3 p 65—68; N. 4 p. 99—100; N. 5 p. 130—132; N. 6 p. 162—163.

— zur Topographie von Olympia. Allgemeine Zeitung, Beilage N. 346.

Conze, A., über die Ausgrabungen von Pergamon. Sitzung des Arch. Instituts zu Rom vom 14. Dez. (Wochenschrift f. klass Phil. IV 13.)

Dieulafoy, fouilles de Suze, 1885—86. Revue archéologique 1886 nov.-déc., 1887, janvier-février.

Dieulafoy, (Mme. J.), la Perse, la Chaldée et la Susiane. Relation de voyage, contenant 356 grav. d'après les photographies de l'auteur, et 2 cartes. Paris, Hachette. 4. 746 p. 50 M.

Dörpfeld, W., der Tempel von Korinth. Mittheilungen des arch. Instituts zu Athen XI 3 p. 297—308 mit Taf. VII u. VIII.

Dümmler, F., Mittheilungen von den griechischen Inseln. IV. Aelteste Nekropolen auf Cypern Mittheilungen des arch. Instituts zu Athen XI 3 p. 209—262 mit 3 Tafeln.

Engel, E., griechische Frühlingstage. Jena, Costenoble. 8. XII, 446 S. 7 M.
 Rec.: Deutsche Literaturzeitung N. 9 p 312—313 v. W. Meyer.

Erman, A., Aegypten. I. Tubingen 1885, Lauppp. 8 M.
 Rec.: Gymnasium V 2 p. 60.

Eschenburg, über das Schlachtfeld von Marathon. Berliner arch. Gesellschaft, Decembersitzung. (Berliner phil. Wochenschrift VII 3.)

Fabricius, über die Alterthumer der Stadt Samos. Berliner arch. Gesellschaft, Dezembersitzung. (Berl. phil. Wochenschrift VII 4)

Fitz-Patrik, T., an autumn cruise in the Aegean or notes of voyage in a sailing yacht. London, S. Low & Co.
 Rec.: Athenaeum N. 3090 p. 93. — Academy N. 773 p. 145

Fos, M. de, voyage en Grèce. Excursion en Morée. (Extrait du Bull. de la Soc. normande de géographie.) Rouen, imp. Cagniard. 4. 19 S.

Foucart, P., exploration de la plaine de l'Hermus, par M. Aristote Fontrier. Bulletin de correspondance hellénique XI 1. 2 p. 79—108 avec pl. XIV
— les fortifications du Pirée en 394—395. Ibid. p. 129—144.

Furrer, C., en Palestine. Traduit de l'allemand par G. Revilliod. 2 vols. Paris, Fischbacher. 8. 315 et 259 p. 7 M.

Gideon, M., ὁ Ἄθως. Konst. 1884, Lorenz & Keil.
 Rec : Lit. Centralblatt N. 3 p. 77—78 v. H. H(aupt).

Guldencrone, Mme. D. de, l'Achaïe féodale, étude sur le moyen âge en Grèce (1205-1456) Paris, Leroux. 8. 397 p.

Hanson, C. H, the land of Greece; described and illustrated. New York, Nelson & Sons. 8. VI, 400 p. ill and maps. cl. 20 M.

Hesselmeyer, E., die Ursprünge der Stadt Pergamos. Tübingen 1885, Fues. 1 M. 20 Pf.
 Rec.: Revue critique N. 1 p. 4—6 v. Th. Reinach.

Hiller v. Gärtringen, Fr., de Graecorum fabulis ad Thraces pertinentibus.
Berlin 1886, Haude & Spener.   2 M.
Rec.: Wochenschrift f. klass. Phil. IV 10 p. 297—301 v. M. Wellmann.
Hirschfeld, G., die Gründung von Naukratis. Rhein. Museum XLII 2
p. 209—225.
Hirst, J., notes from Crete. Athenaeum N. 3094 p. 230—231.
— notes from Eleusis. Athenaeum N. 3087 p. 868—869.
— notes from Laurium. Athenaeum N. 3084 p. 751.
— notes from Smyrna. Athenaeum N. 3082 p. 676—677.
Jirecek, archäologische Fragmente aus Bulgarien. Arch.-epig. Mittheilungen
aus Oesterreich X 2 p. 129—209 mit 1 Karte.
Kastromenos, P., die Demen von Attika. Leipzig. Diss. 8. 109 S.
Krumbacher, K., griechische Reise. Berlin 1886, Hettler.   7 M.
Rec.: Deutsche Literaturzeitung N. 9 p. 312 v. W. Meyer. — Lit Central-
blatt N. 3 p. 82 v. W. G. — Allg. Zeitung, Beil. N. 346. — *Νέα Ἡμέρα*
N. 615—619.
Lamprides, J., *Ἠπειρωτικὰ Μελετήματα. 1. Περιγραφὴ τῆς πόλεως 'Ιωαν-
νίνω.* Athen, Typ. Varvarregos. 16. 96 p.
Latischew, W., Uebersicht über die Geschichte der Stadt Olbia. (Russisch.)
Journal des kais. russ. Ministeriums der Volksaufklärung 1887, Januar—
März, 3. Abth., p. 1—192.
Lechat, H., fouilles au Pirée, sur l'emplacement des fortifications antiques.
Bulletin de correspondance hellénique XI 3 p. 201—211.
Lolling, H. G., das Heroon des Aigeus. Mittheilungen des arch. Instituts zu
Athen XI 3 p. 322—323.
Mahaffy, J. P., rambles and studies in Greece. 3. edit. revised and enlarged.
London, Macmillan. 8. 484 p cl.   12 M. 60 Pf.
Rec.: Academy N. 773 p. 145.
Milchhöfer, A., über Standpunkt u. Methode der attischen Demenforschung.
Sitzungsberichte der Berliner Akademie 1887 N. IV p. 41—56.
Oberhummer, E., Akarnanien, Ambrakia, Amphilochien, Leukas im Alter-
thum. München, Ackermann. g. 8. XVIII, 330 S. Mit 2 Karten. 10 M.
Paris, P., fouilles à Elatée. Le temple d'Athèna Cranaia. Bulletin de cor-
respondance hellénique XI 1. 2 p. 39—62 avec pl. I—III.
Petrides, A., *περὶ τῶν ἐν Μεσσηνίᾳ μεσαιωνικῶν πόλεων 'Ανδρούσης καὶ Νη-
σίου. Παρνασσός l' α' β'* p. 7—18.
Petrie, Flinders, recent excavations at Gizeh. Academy N. 766 p. 32—33.
Radet, G, notes de géographie ancienne. Attaleia de Lydie. Bulletin de
correspondance hellénique XI 3 p. 168—176.
Rawlinson, G., Bible topography. On the site of Paradise, early cities of
Babylonia, chief cities of ancient Assyria, etc. London, Nisbet. 12. 142 p.
cl.   3 M.
Sandys, J. E., an easter vacation in Greece; with lists of books on Greek
travel and topography, and time tables of Greek steamers and railways.
With a map of Greece and a plan of Olympia. London, Macmillan. 12.
192 p. cl.   4 M. 20 Pf.
Sarzec, E. de, découvertes en Chaldée. Accompagné de planches, publié
par L. Heuzey. Livraison 1 et fascicule 1 de la livraison 2. Paris, Leroux.
gr. 4. 72 p. et 26 planches.   à livr. 30 M.
Schweizer-Lerchenfeld, A. v., an griechischen Ufern. Allg. Zeitung, Beilage N. 44—64.
Schweinfurth, G., zur Topographie der Ruinenstätte des alten Schet (Kro-
kodilopolis-Arsinoe). Zeitschrift der Berliner Gesellschaft für Erdkunde XXII
1 mit 1 Karte.

Siemens, Reiseerinnerungen aus dem heutigen Griechenland. 23. Bericht der Philomathie in Neisse.

Skorpil, Brüder, einige Bemerkungen über archäologische u. historische Untersuchungen in Thrakien. (Bulgarisch.) Philippopel 1885.

Torr, C., the destruction of the Mausoleum at Harlicarnassos. Classical Review I 2. 3 p. 79.

C. Geographie und Topographie von Italien und den westlichen Theilen des römischen Reiches.

Ademollo, A., Vetulonia. Riflessioni critiche. (Estr. dal L'Ombrone.) Grosseto. 4. 21 p.

d'Arbois de Jubainville, les pays celtiques dans l'antiquité. Société des Antiquaires de France, 2. mars. (Revue critique N. 12.)

Axt, zur Topographie von Rhegion u. Messana. Grimma. Pr. 4. 36 S.

Baedeker, K., Italien. Handbuch für Reisende. 3. Thl. Unter-Italien u. Sicilien, nebst Ausflügen nach den Liparischen Inseln, Sardinien, Malta, Tunis u. Corfu. Mit 26 Karten u. 17 Plänen. 8. verb. Aufl. Leipzig, Baedeker. 8. XLVIII, 412 S. geb. 6 M.

Barattieri, le fortificazioni dei Re e la moderna Roma. Nuova Antologia 1887 N. 1.

Barnabei, F., di una ricca tomba della necropoli Tuderte. Notizie degli scavi 1886, ottobre, p. 357—361.

— les dernières découvertes archéologiques dans l'Etrurie, l'Ombrie et le Latium. Revue internationale XIII 4.

Biebach, A., de re municipali Salonitana. Halle 1886. Diss. 8. 30 S.

Bindseil, Th., Reiseerinnerungen von Sizilien. Schneidemühl. Pr. 4. 34 S.

Bissinger, K., römische Gebäude bei Donaueschingen. Korrespondenzblatt der Westd. Zeitschrift VI 1 p. 1—3.

Bladé, J. E., le Sud-Ouest de la Gaule sous le Haut et le Bas Empire. Agen, imp. Lamy. 8. 35 p.

Boissier, G., Rome et Pompéi. 3. éd. Paris, Hachette. 18. VI, 408 p. et 8 plans. 3 M. 50 Pf.

Boncinelli, E., storia di Vico Auserissola (Vicopisano) e suo distretto. Disp. I et II. Venezia 1886, Fontana. 8. 64 p.

Borsari, L., scavi di Ostia. Mittheilungen des arch. Instituts in Rom I 4 p. 193—199.

— del gruppo di edificii sacri al Sole nell' area degli orti di Cesare. Bullettino della Comm. arch. di Roma XV 4 p. 90—95.

— nuovi scavi nell' area del tempio di Diana in Nemi. Notizie degli scavi 1887, gennaio, p. 23—25.

— scoperte nell' area del tempio di Ercole in Tivoli. Ibid. p. 25—27.

Bourgeois, A., promenade d'un touriste dans l'arrondissement d'Epernay. Châlons-sur-Marne, imp. Martin. 16. XIX, 169 p. et planches. 3 M.

Brizio, E., inaugurazione del museo etrusco di Marzabotto. Atti e memorie della Deputazione di Romagna vol. IV N. 4—6 p. 420—425.

— una Pompei etrusca. Nuova Antologia N. 2.

Cagnat, R., la nécropole phénicienne. Revue archéologique 1887, janvier-février.

Carattoli, L., scavi presso Perugia e Civitella d'Arna. Notizie degli scavi 1886, novembre, p. 410—411; dicembre, p. 447—448.

Cavallari, F. S., avanzi dell' antico muro di Ortigia, scoperti presso la fonte Aretusa. Notizie degli scavi 1886, dic., p. 465—466.

Chabas, R., la ciudad de Denia. El Archivo N. 35—42; N. 47 p. 369—372.

Dewitz, C, die Externsteine. Mit 15 Tafeln. Detmold 1886, Hinrichs. 5 M.
Rec.: Deutsche Literaturzeitung N. 5 p. 170 v. F. X. Kraus.

Diehl, Ch, Ravenne. Paris 1886, Rouam. 4' 2 M. 50 Pf.
Rec.: Berliner phil. Wochenschrift VII 6 p. 180—181 v. G. D.

d'Estaintot et L. de Vesly, procès-verbal des fouilles de Saint-Ouen de
Rouen. Rouen, imp. Cagniard. 8. 26 p.

Falchi, J, scavi di Vetulonia. Mittheilungen des arch. Instituts in Rom I
4 p. 243—244.

Gainsford, W. D, a winter's cruise in the Mediterranean. London, Sonnenschein. 8. 300 p. cl. 7 M. 20 Pf.

Gomme, G. L., Romano-British remains. A classified collection of the chief
contents of the Gentleman's Magazine, 1731—1868. Part I. London, Elliot
Stock. gr. 8. XXIV, 298 p. cl. 9 M.

Gothein, E., Culturentwickelung Süditaliens. Breslau 1886, Köbner. 12 M.
Rec.: Mittheilungen a. d. hist. Lit. XV 1 v. Hochegger.

Gozzadini, G., nuovi scavi della necropoli felsinea. Notizie degli scavi 1886,
ottobre, p. 340—349; dicembre, p. 443—446; 1887, gennaio, p. 3—7.

Grimm, H., la distruzione di Roma: narrazione. Edizione nuovissima. Firenze 1886, tip. della Gazzetta dei Tribunali. 8. 31 p. 1 M.

Gross, W., das römische Bad in Jagsthausen samt anstossendem Gebäude.
Westdeutsche Zeitschrift VI 1 p. 71—79 mit Taf. 2.

Guilhermy, F. de, itinéraire archéologique de Paris 1 volume in-12 de
400 pages, illustré de 15 gravures sur acier et de 22 vignettes gravées sur
bois d'après les dessins de Ch. Fichot, avec un plan archéologique de
Paris. Paris, Librairie d'architecture. 8 M.

Häbler, A., die Nord- u. Westküste Hispaniens. Leipzig 1886. Pr.
Rec.: Deutsche Literaturzeitung N. 2 p 64 v. J. Partsch. — Zeitschrift
für Schulgeographie VIII 7 p. 220 v. K. Preissler.

Hall u. Hastings White, Londinium (Londiniae). Athenaeum N. 3092 p. 161.

Haupt, H., der röm. Grenzwall. Würzburg 1885, Stuber. 2 M. 50 Pf.
Rec.: Phil. Anzeiger XVI 9. 10 p. 571—573 v. M. Erdmann.

Hauser, K. v., die Römerstrassen Kärntens. (Aus den Mittheilungen der
Wiener Anthrop. Gesellschaft) Wien 1886, Hölder. 8. 35 S. mit 1 Karte 1 M.

Helbig, W., viaggio nell' Etruria e nell' Umbria. Mittheilungen des arch.
Instituts in Rom I 4 p. 214—242 mit Taf XII.

Jennepin, notes archéologiques sur l'arrondissement d'Avesnes (Extraits
du t. 17 du Bull. de la commission hist. du Nord.) Lille, imp. Danel. 8.
14 p. et 3 planches.

Jordan, H., der Tempel der Vesta. Berlin 1886, Weidmann. 12 M.
Rec.: Deutsche Literaturzeitung N. 8 p. 270—271 von Ch Hülsen. —
Wochenschrift für klass. Phil. IV 11 p. 321—326 v. G. Zippel.

Jordan, J. B., and F. Haverfield, a relief map of Syracuse, constructed
mainly after Holm and Cavallari. London 1886, Nutt. 30 M.
Rec : Classical Review I 2. 3 p. 73 v. W. E. Heitland.

Isphording, Reste einer zweiten Brücke Cäsars am Thurmer Werth. Jahrbucher des rhein. Alterthumsvereins LXXXII p. 30—34.

Jung, J., Römer u. Romanen in den Donauländern. Hist.-ethnographische
Studien. 2.-Aufl. Innsbruck, Wagner. 8. VIII, 372 S. 7 M. 50 Pf.

Karschulin, G., Aquileja. Jahresbericht des Vereins Mittelschule in Wien, 1886.

König, P., Sarmizegetusa. (Ungarisch.) Deva 1886. Pr. 8. 9 S.

Kofler, Fr., Römerstrasse zwischen Eich u. Gernsheim. Korrespondenzblatt
der Westdeutschen Zeitschrift V 12 p. 275.

— Echzell, ein Knotenpunkt römischer Strassen im östlichen Theile der Wetterau.
Ibid. VI 1 p. 40—46 mit Taf. 1.

Kofler, Fr., Stand der Limesforschung in der Wetterau. Korrespondenzblatt der Westdeutschen Zeitschrift VI 2. 3 p. 38—40.

Klitsche de la Grange, tombe dell' Allumiere. Notizie degli scavi 1886, dic., p. 450—451.

Kraus, F., Kunst u. Alterthum in Elsass-Lothringen. Beschreibende Statistik, im Auftrage des kais. Ministeriums f. Elsass-Lothringen. 3. Bd. 1 Abth. Strassburg 1886, Schmidt. 8. 304 S. 5 M.

Lisle du Dréneuc, P. de, Bretagne. Des Gaulois Venètes, de la Grande Brière et du théâtre de la bataille navale de Brutus dans la Cornouailles. Saint-Brieuc, imp. Prud'homme. 4. 10 p.

Lorenzo, A. di, l'acquedotto di Reggio di Calabria. Notizie degli scavi 1886, novembre, p. 436—441.

— avanzi di edifizio termale, in Reggio di Calabria. Ibid., dic., p. 459—460.

— antichità di Tripi, l'antica Abaceno (Ἀβάκαινον). Ibid. p. 463—465.

— le scoperte archeologiche di Reggio di Calabria nel secondo biennio di vita del museo civico. Reggio Calabria, tip. Siclari 8 67 p. con due tavole. 2 M.

Männel, R, Veränderungen der Oberfläche Italiens in geschichtlicher Zeit. I. Das Gebiet des Arno. Halle. Pr. 4. 42 S.

Mancini, R, giornale degli scavi della necropoli volsiniese. Notizie degli scavi 1886, ottobre, p. 356—357.

Marucchi, O., le antiche e le moderne trasformazioni di Roma. L'edilizio dal s. XV ai dì nostri. Nuova Antologia VI N. 23. 24.

Mau, A., scavi di Pompei. Mittheilungen des arch. Instituts in Rom I 4 p. 203—213 mit Taf. XII.

Mazegger, Römerfunde in Obermais u. die alte Maja-Veste. Korrespondenzblatt der Alterthumsvereine 1887 N. 2.

Mehlis, C, Grabfeld von Obrigheim. Leipzig 1886, Duncker & Humblot. 4 M. Rec.: Berliner phil. Wochenschrift VII 4 p. 114 - 116 v. G. Wolff.

Meyer's Reisebücher, Rom u. die Campagna von Th. Gsell-Fels. 3. Aufl. Neue bericht. Ausg. Mit 4 Karten, 49 Plänen u. Grundrissen, 18 Ansichten, 1 Panorama in Stahlst. u. 47 Ansichten in Holzschn Leipzig, Bibliogr. Instituts. 8. XII, 1255 S. u. Sp. geb. 14 M.

Miller, K., zur Topographie der römischen Kastelle am Limes u. Neckar in Württemberg. Westdeutsche Zeitschrift VI 1 p. 46—71 mit Taf. 2. u. 3.

Nino, A. de, scavi di Corfinium (Samnium). Notizie degli scavi 1886, novembre, p. 421—432.

— necropoli presso Torricella. Ibid. p. 433—434.

— nuove scoperte della necropoli di Sulmona ed altre antichità peligne. Ibid. 1887, gennaio, p. 42.

Nissardi, F., stazione preromana presso Sassari. Notizie degli scavi 1886, dic., p. 467.

— scavi nella necropoli di Cornus (Sardinia). Ibid. 1887, gennaio, p. 47—48.

Poupin, J., Evron, extrait d'histoire depuis l'invasion romaine jusqu'à nos jours. Argenteuil (Seine-et-Oise), imp Leblond. 8. 32 p. 1 M.

Prosdocimi, A., tomba arcaica di Este. Notizie degli scavi 1886, ottobre, p. 339—340.

Raverat, Lugdunum. Légende de Clitophon; Pseudo-Plutarque; fausse interprétation du mot Lug; nouvelles études historiques et archéologiques. Lyon, imp. Waltener. 8. 20 p.

Rossi, G.-B, la casa dei Valerii sul Celio e il monastero di s. Erasmo. Studi di storia e diritto VII 4 p. 235—243.

Rossi, G.-B. e **G. Gatti,** miscellanea per la topografia di Roma. Prospettiva del Campidoglio dell' a. 1565. Il luogo appellato ad palmam e suo emiciclo nel foro romano. I Campidogli nelle colonie e nelle altri città. Bullettino della commissione arch. di Roma XV 2 p. 61 · 68.

Rouire, la découverte du bassin hydrographique de la Tunisie centrale et l'emplacement de l'ancien lac Triton (ancienne mer intérieure d'Afrique). Paris, Challamel. 8. XIX, 187 p. et 9 cartes.

Ruzzenenti, L, i sepolcreti gallici e pelasgici di Remedello. Commentarii dell' Ateneo di Brescia 1886.

Salinas, A., intorno a varie antichità della provincia di Messina. Notizie degli scavi 1886, dic., p. 460—462.

Santarelli, A., scoperte romane in Forlì. Notizie degli scavi 1886, ottobre, p. 349—352.

Saporta, de, les âges préhistoriques de l'Espagne et du Portugal. Revue des deux mondes t. 80 N. 1.

Schneegans, A., Sicilien. Bilder aus Natur, Geschichte u. Leben. Leipzig, Brockhaus. 8. X, 452 S. 6 M.

Schneider, R., Ilerda. Berlin 1886, Weidmann. 1 M. 60 Pf.
Rec.: Deutsche Literaturzeitung N. 10 p. 343—344 v. W. Dittenberger. — Phil. Anzeiger XVI 9. 10 p. 581—586 v. H. J. Heller. — Gymnasium V 7 p. 233—234 v. H. Walther.

Schwörbel, L., zur Topographie u. Geschichte von Köln. Jahrbücher des rhein. Alterthumsvereins LXXXII p. 15—29.

Sordini, F., muro poligonale scoperto in Spoleto. Mittheilungen des arch. Instituts in Rom 1 4 p. 245—246.

Steyert, A., défense de l'étymologie de Lugdunum, où l'on examine qui a pu mieux savoir la langue des Celtes: des gens qui ont vécu de leur temps et avec eux, ou des savants de nos jours qui n'en ont jamais traduit quatre mots suivis: par Un Lyonnais, partisan de la logique et du sens commun (A. Steyert). Lyon, imp. Mougin-Rusand. 8. 15 p.

Strygowski, J., Ansicht (Freskogemälde in Assisi) von Rom, gemalt um 1275 von Cimabue. Sitzungen des Arch. Instituts zu Rom vom 21. Januar u. 25. Februar. (Wochenschrift f. klass. Phil. IV 13 u. 14.)

Tomasetti, Ausgrabungen am Dianatempel bei Nemi. Arch. Institut zu Rom, 4. März. (Wochenschrift f. klass. Phil. IV 14.)

Tommasi-Crudeli, il clima di Roma. Sitzung des Arch. Instituts zu Rom vom 14. Dez (Wochenschrift f. klass. Phil. IV 13.)

Turzjewitsch, J., über das Kapitol u. die aedes Vestae, v. Horatius p. 61.

v. Veith, Römerstrasse Trier-Bonn-Köln. Jahrbücher des rhein. Alterthumsvereins LXXXII p. 35—58.

Vernarecci, A., scoperte presso il passaggio del Furlo (frumento bruciato). Notizie degli scavi 1886, novembre, p. 411—416.

Vivanet, F, antichità di Cagliari. Notizie degli scavi 1887, gennaio, p. 45—46.
— scavi della necropoli di Tharros. Ibid. p. 46—47.

Wagner, E., Römerkastell Oberscheidenthal in Baden. Korrespondenzblatt der Westdeutschen Zeitschrift V 12 p. 273—275.

Watkin, W. Th., Roman Cheshire, or, a description of Roman remains in the country of Cheshire. Liverpool, the Author.
Rec.: Academy N. 759 p. 351 v. H. M. Scarth. — Athenaeum N. 3080 p. 605—606. — Saturday Review N. 1630 p. 131—132.

Wey, Fr., Rome. With 280 illustr. New ed. London, Virtue. 8. 400 p. cl. 18 M.

5. Alterthümer.

A. Allgemeines über orientalische, griechische und römische Alterthümer.

Borgeaud, histoire du plébiscite. Le plébiscite dans l'antiquité, Grèce et Rome. Genf, Georg. gr. 8. XVI, 200 p.

Castellani, C., le biblioteche nell' antichità. Mailand 1884, Höpli. 2 M.
Rec.: Hist. Zeitschrift 1887 N. 3 p. 443 v. L. Holzapfel.

Draper, J. W., histoire du développement intellectuel de l'Europe. 3 vol.
Paris, Marpon et Flammarion. 18. T. 1, 388 p ; t. 2, 417 p.; t. 3, 456 p.
à 3 M. 50 Pf.

Ducoudray, G., histoire sommaire de la civilisation. Paris, Hachette. 8.
1104 p. 7 M. 50 Pf.

Dupony, E., la prostitution dans l'antiquité. Étude d'hygiène sociale. Paris,
Meurillon. 8. avec fig. 5 M.

Fritz, J., aus antiker Weltanschauung. Hagen 1886, Risel. 7 M.
Rec.: Theol. Literaturblatt N. 1 p. 4—6 v. E. König.

Fustel de Coulanges, recherches sur quelques problèmes d'histoire. Paris
1885, Hachette. 10 M.
Rec.: Journal des Savants 1886, déc., p. 723—730 v. R. Dareste.

Grevé, C., das Reisen in alter u. neuer Zeit. Nordische Rundschau VIII 6.

Hurtrel, Mme. A., la femme, sa condition sociale depuis l'antiquité jusqu'à
nos jours Paris, Hurtrel. 4. 281 p. avec planches. 20 M.

Le Blant, E, le Christianisme aux yeux des paiens. Mélanges d'archéologie
VII 1. 2 p. 196—211.

Lippert, J., Kulturgeschichte. 1.--3. Abth. Leipzig 1886, Freytag. à 1 M.
Rec.: Hist. Zeitschrift 1887 N. 2 p. 238—239 v G. Egelhaaf. — Mittheilungen a. d. hist. Lit XV 1 p. 97--99 v. F. Noack.

Miller, J. M., die Beleuchtung im Alterthum. Aschaffenburg 1886. Pr.
8. 75 S.

Otto, A., die Natur im Sprichwort. Archiv f lat. Lexikographie IV 1 p. 14—43.

Post, A. H., Einleitung in das Studium der ethnologischen Jurisprudenz.
Oldenburg 1886, Schulz. 53 S. 1 M. 20 Pf.
Rec.: Wochenschrift f. klass. Phil. III 52 p. 1633—1635 v. O. Schulthess.

Schrader, O., über den Gedanken einer Kulturgeschichte der Indogermanen
auf sprachwissenschaftlicher Grundlage. Jena, Costenoble. 8. 22 S 75 Pf.

Schweiger-Lerchenfeld, A. v, Kultureinflüsse u. Handel in ältester Zeit.
Oesterr. Monatsschrift f. d. Orient XIII 3.

Toda, E., estudios egiptológicos. I et II. La muerte en el antiguo Egipto.
Madrid, Murillo. 4. 148 p. et 64 p. I: 4 M.; II: 3 M.

B. Griechische Alterthümer.

Allievo, G., delle idee pedagogiche presso i Greci: Pitagora, Socrate, Senofonte, Platone, Aristotele, Plutarco. Cuneo, tip. Oggero. 8. 191 p. 3 M.

Amati, L., saggio dell' antica civiltà greca, studiata nei relativi drammi.
Milano, tip. Giuseppe. 16. 142 p. 1 M. 50 Pf.

Baier, B., Studien zur achäischen Bundesverfassung. Würzburg. Pr. 8. 35 S.

Bent, Th., Parallelen griechischen Lebens im Homer u. der heutigen Zeit.
Arch. Institute in London, Sitzung vom 2. Dez. 1886. (Berl. phil. Wochenschrift VII 4.)

Blümner, H., Leben u. Sitten der Griechen. 1. Abtlg.: Die Tracht. Geburt
u erste Kindheit. Erziehung u. Unterricht. Eheschliessung u. Frauenleben.
Mit 19 Vollbildern u. 73 Abb. Leipzig, Freytag. 8. 196 S. 1 M.

Blümner, H., Leben u. Sitten der Griechen. 2. Abtlg.: Tägliches Leben in u. ausser dem Hause. Mahlzeiten, Trinkgelage u. gesell. Unterhaltungen. Krankheiten u. Aerzte, Tod u. Bestattung. Gymnastik. Musik u. Orchestik. Kultus. Mit 15 Vollbildern u. 41 Abb Ibid. VIII, 184 S.   1 M.
— — 3. Abtlg.: Feste u. festl. Spiele. Das Theaterwesen. Kriegs- u. Seewesen. Landwirthschaft, Gewerbe u. Handel. Die Sklaven. Mit 15 Vollbildern u. 43 Abb. Ibid. IV, 190 S.   1 M.

Böckh, A., Staatshaushaltung der Athener. 3. Aufl. von M. Fränkel. 2 Bde. Berlin 1886, Reimer.   30 M.
Rec.: Deutsche Literaturzeitung N. 1 p. 17 v. B. Niese.

Busolt, G., die griechischen Alterthümer. 1. Staats- u. Rechtsalterthümer. Handbuch der klassischen Alterthumswissenschaft, 5. Halbband (Bd. IV), p. 1—222.

Dittenberger, W., de sacris Rhodiorum commentatio altera. Accedit epimetrum de inscriptione quadam Coa. Halle. Ind. lect. aest. 4. 16 S.

Drachmann, A. B., de manumissione servorum apud Graecos qualem ex inscriptionibus cognoscimus. Nord. Tidskrift for Filologi VIII 1 1—74.

Eble, griechische Alterthümer, bearbeitet für den Unterricht in den obern Klassen der Gymnasien. I. Athen. Ravensburg 1886. Pr. 4. 40 S.

Fischer, Will, eine Kaiserkrönung in Byzantion. Zeitschrift für allg. Geschichte N. 2.

Gilbert, G., Handbuch der griech. Staatsalterthümer. II. Leipzig 1885, Teubner   5 M. 60 Pf.
Rec.: Zeitschrift f. d. österr. Gymn. XXXVII 12 p. 911—912 v. V. Thumser.
— der Beschluss der Phratrie Δημοτιωνίδαι. Jahrbücher für Philologie 135. Bd. 1. Hft. p. 23—28.

Jevons, F B., the development of the Athenian Democracy. London 1886, Griffin.   1 M. 20 Pf.
Rec.: Phil. Anzeiger XVII 1 p. 60—62 v. G. Gilbert. — Classical Review I 2. 3 p 58—60 v. A. H. Cooke.

Marquardt, zum Penthathlon. Güstrow 1886 (Opitz).   1 M. 80 Pf.
Rec.: Monatsschrift f. d. Turnwesen V 12 v. Rühl.

Martin, A., les cavaliers athéniens. Paris 1886, Thorin.
Rec.: Journal des Savants 1887, févr., p. 91—104 v. H. Weil. — Bulletin de corresp. hell. XI 3 p 223—224 v. H. L.

Meyer, Ed, die Entwickelung der Ueberlieferung über die lykurgische Verfassung. II. Rhein. Museum XLII 1 p. 81—101.

Mommsen, A., Literaturbericht über die griechischen Sacralalterthümer. Bursian-Müllers Jahresbericht XLIV. Bd. p. 417—421. v. 1886.

Müller, Alb., Lehrbuch der griech. Bühnenalterthümer. Freiburg 1886, Mohr.   10 M.
Rec.: Hist. Zeitschrift 1887 N. 2 p. 246 v. H. R.

Müller, Heinr., der Reigen der alten Griechen, insbesondere in der Tragödie u. bei Sophokles. Monatsschrift f. Turnwesen VI 1.

Ohlert, K., Räthsel u. Gesellschaftsspiele der alten Griechen. Berlin 1886, Mayer & Müller.   5 M.
Rec.: Berliner phil. Wochenschrift VII 3 p. 79—82 v. G. Knaack. — Phil. Anzeiger XVII 1 p. 16 - 24 v. C. Häberlin. — Gymnasium V 2 p. 57.

Reisch, E, de musicis certaminibus. Wien 1885, Gerold.   4 M.
Rec.: Deutsche Literaturzeitung N. 7 p. 231—233 v. H. Reimann. — Phil. Anzeiger XVI 9. 10 p. 542—544 v. U.

Richter, W., die Sklaverei im griech. Alterthum. Breslau 1886, Hirt. 2 M. 50 Pf.
Rec.: Gymnasium V 2 p. 57.

Sauppe, H., de phratribus atticis. Göttingen 1886. Ind. lect. hib.
Rec.: Berliner phil. Wochenschrift VII 8 p. 241 v. Thalheim.

Schvarcz, J., Professor Holm und die Demokratie in Athen. Ungarische Revue VII 1. 2.

Stengel, P., zu den griech. Sacralalterthümern. 1) Die angeblichen Menschenopfer bei der Thurgelienfeier in Athen. 2) Ueber die Fischopfer der Griechen. Hermes XXII 1 p. 86—93.

Studniczka, F., Beiträge zur Geschichte der altgriechischen Tracht. Wien 1886, Gerold. 6 M.
Rec.: Wochenschrift f. klass. Phil. IV 12 p. 355—361 v. P. Weizsäcker.

Tannery, P., les noms des mois attiques chez les Byzantins. Revue archéologique 1887, janvier-février p. 23—36.

Tybaldos, J. A., ὁ θεσμὸς τῆς εἰςποιήσεως κατὰ τὸ ἀρχαῖον ἑλληνορωμαικὸν δίκαιον. Παρνασσός l' γ' p. 152—155.

Valeton, J., de suffragio senum milium Atheniensi. Mnemosyne XV 1 p. 1—47.
— quaestiones de ostracismo. Ibid. 2 p. 129—171, v. 1886.

Vincze, A., über den griechischen Areopag. (Ungarisch) Stuhlweissenburg 1886. Pr. 8. 51 S.

Wilamowitz-Möllendorff, U. v., Demotika der attischen Metöken. Hermes XXII 1 p. 107 - 128.

C. Römische Alterthümer.

d'Arbois de Jubainville, le Fundus et la Villa en Gaule. Extrait des Comptes rendus de l'Académie des inscriptions. Paris. 8. 8 p.

Bernhöft, Staat u. Recht der röm. Königszeit. Stuttgart 1882, Enke. 8 M.
Rec.: Hist. Zeitschrift 1887 N. 3 p. 447—449 v. W. Soltau.

Bloch, G., sur la réforme démocratique à Rome. Revue historique 1886, nov.-déc., p. 241—289

Borde, C., des temples, des églises et de leurs biens, en droit romain. Paris, Larose et Forcel. 8. 155 p.

Bormann, E., die Tribus Pollia. Arch.-epigr. Mittheilungen aus Oesterreich X 2 p 226—230.

Bouché-Leclercq, A., manuel des institutions romaines. Paris 1885, Hachette. 15 M.
Rec.: Academy N. 771 p. 109. — Journal des kais. russ. Ministeriums der Volksaufklärung 1886, Dez., p. 370—381 v. J. Kulakowski.

Bourgeois, E., quomodo provinciarum romanarum conditio principatum peperisse videatur. Paris 1885, Hachette.
Rec.: Hist. Zeitschrift 1887 N. 2 p. 248—249 v. Gardthausen.

Brini, G., matrimonio e divorzio nel diritto romano. I. Bologna, Zanichelli. 8. 234 p. 4 M.

Brinz, A. v., Begriff u. Wesen der römischen Provinz. München 1885, Franz. 60 Pf.
Rec.: Vierteljahrsschrift für Gesetzgebung IX 3 v. Baron.

Brunnenmeister, E., das Tödtungsverbrechen im altrömischen Recht. Leipzig, Duncker & Humblot. 8. VII, 248 S. 5 M.

Budassi, Fr., cenno storico della giurisdizione civile presso i Romani. Urbino, tip. Cappella. 8. 37 p.

Büdinger, M., der Patriciat u. das Fehderecht in den letzten Jahrzehnten der römischen Republik. (Aus den Denkschr. d. k. Akad. d. Wiss.) Wien 1886, Gerold. gr. 4. 48 S. 2 M. 40 Pf.

Cantarelli, L., emituliarius. Bullettino della Comm. arch. di Roma XV 3 p. 77.

Carnazza, M. A., la istituzione dei feziali. Catania 1886, Pastore. 4 M.
Rec.: Berliner phil. Wochenschrift VII 13 p. 401 v. M. Voigt.

Casati, C. C, la Gens. Origine étrusque de la Gens romaine. (Mémoires de l'Académie étrusque.) Paris, Firmin-Didot. 8. 18 p.

Corsi, A., l'occupatione militare in tempo di guerra e le relazioni di diritto publico e privato che ne derivano. 2 ed. Firenze, Pellas. 8. 229 p. 5 M.

Cuq, E., recherches historiques sur le testament per aes et libram. Paris, Larose et Forcel. 8. 55 p.

Daniel-Lacombe, le droit funéraire à Rome. Paris 1886, Picard.   5 M.
Rec.: Berliner phil. Wochenschrift VII 9 p. 279—280 v. M. Voigt.

Dehio, G., die vestalischen Jungfrauen u. ihr neuentdecktes Haus zu Rom. Zeitschrift f. allg. Geschichte 1887 N. 1.

De la Berge, organisation des flottes romaines Supplément par R. Mowat. Bulletin épigr. VI 6 p. 279—294.

Devouroux, A., de l'acquisition des servitudes prédiales, en droit romain. Dijon, imp Jobard. 8. 211 p

Drelon, F., des donations à cause de mort entre époux, en droit romain. Paris, imp. Moquet. 8 161 p.

Egelhaaf, G., Gemeindewahlen in Pompeji. Deutsche Rundschau 1887 N. 7 p. 110 - 118.

Gerathewohl, die römischen Reiter u. Rittercenturionen. München 1886, Ackermann.   2 M.
Rec.: Lit. Centralblatt N. 1 p. 27 v. A. B-r.

Goodwin, F., le XII tavole dell' antica Roma. Traduzione dall' inglese di L. Gaddi, con prefazione di P. Cogliolo. Città di Castello, Lapi. 16. XXI, 90 p.   1 M.

Gradenwitz, O., die Ungültigkeit obligatorischer Rechtsgeschäfte. Berlin, Weidmann. 8. XI, 328 S   6 M.

Hartmann, L. M., de exilio apud Romanos inde ab initio bellorum civilium usque ad Severi Alexandri principatum. Berlin. Diss. 8. 61 S.

Hartmann, O. E, der ordo iudiciorum. Göttingen 1886, Vandenhoeck & Ruprecht.   13 M.
Rec.: Vierteljahrsschrift für Gesetzgebung IX 3 v. Lotmar.

Helssig, R., zur Lehre von der Konkurrenz der Klagen nach röm. Rechte. Stuttgart, Frommann 8. 81 S   2 M.

Humbert, G., essai sur les finances et la comptabilité publique chez les Romains. 2 vol. Paris, Thorin. T. 1, 541 p.; t. 2, 503 p.   18 M.

Kiesewetter, K., das Blumenfest im alten Rom. Ueber Land u. Meer 1887 N. 24.

Klebs, E., zur Entwickelung der kaiserlichen Stadtpräfectur. Rhein. Museum XLII 2 p. 164—178.

Kuntze, die Obligationen im römischen u. heutigen Recht. Leipzig 1886, Hinrichs.   7 M. 50 Pf.
Rec.: Götting. gel. Anzeigen N. 4 v. Ubbelohde.

Kuthe, A., die röm. Manipulartaktik. Wismar 1885, Hinstorff.
Rec.: Mittheilungen a. d. hist. Lit. XV 1 p. 106—108 v. G. Thouret.

Lenel, O, das Edictum perpetuum. Leipzig 1884, Tauchnitz.   16 M.
Rec.: Phil. Anzeiger XVI 9. 10 p. 578—580 v. W. Ohnesseit.

Liebenam, W., Laufbahn der Prokuratoren. Jena 1886, Frommann. 2 M. 50 Pf.
Rec.: Wochenschrift f. klass. Phil. IV 2 p. 33—38 v. P. v. Rohden. — Phil. Anzeiger XVII 1 p. 69—73 v. E H.

Longo, A., la mancipatio. I. Firenze, Pellas. 8. 173 p.   6 M.

Michel, H, du droit de cité romain. Paris 1885, Larose et Forcel.   6 M.
Rec.: Berliner phil. Wochenschrift VII 8 p. 242—244 v. P. Willems.

Mispoulet, J.-B., études d'institutions romaines. 1. Etude sur les tribus. — 2. De la souveraineté du peuple. — 3. Des equites equo privato. -- 4. Du mariage des soldats. — 5. Des spurii. Paris 1887, Pedone-Lauriel. 8. 327 p.

Möstl, F., Frauenleben im alten Rom. Culturhistorische Skizze. Prag, Deutscher Verein. 8   18 S.   20 Pf.

Moll. E, über die römische Aedilität in ältester Zeit. Philologus XLVI 1 p 98 –106.

Mommsen, Th., manuel des antiquités romaines, par Th. Mommsen et J. Marquardt. I. Le Droit public romain Traduit par Fr. Girard. T 1. Paris, Thorin 8   XXIV, 442 p   10 M.
— die römische Tribuseintheilung nach dem marsischen Krieg. Hermes XXII 1 p 101 –106.

Monro, technical terms in Roman Law. Proceedings of the Cambridge Phil. Society XIII – XV p 15—16.

Morlot, E, précis des institutions politiques de Rome. Paris 1886, Dupret. 4 M.
Rec : Academy N 771 p. 109.

Mowat, R., la Domus divina et les Divi. (Supplément.) Bulletin épigr. VI 6 p. 272 –279
Rec.: Bulletin critique 1886 N 21 p. 407—409 v. H. Thédenat.

Neumann, K J, civitates mundi. Hermes XXII 1 p 160.

Nissen, A., Beiträge zum röm Staatsrecht. Strassburg 1885, Trübner. 5 M.
Rec.: Phil Anzeiger XVI 11. 12 p 630—634 v. Dietrich — Deutsche Literaturzeitung N. 4 p 135—136 v. O. Seeck.

Paillot, E,.de la preuve par témoins, en droit romain. Paris, Larose et Forcel LV, 194 p

Peter, R., quaestionum pontificalium specimen. Strassburg, Trübner. 8. 84 S.   1 M 80 Pf.

Petit, E, du testament inofficieux en droit romain. Tours, imp. Mazereau. 8. 195 p.

Poiret, J., de centumviris et causis centumviralibus. Thesis. Paris, Thorin. 8. 83 p.

Pompili, O., il senato romano nelle sette epoche di- svariato governo da Romolo fino a noi, colla serie cronologica ragionata dei senatori dall' anno 1143 fino al 1870. 3 vol Roma, tip. edit Romana. 8. 315, 284, 398 p.

Re, C., del patto successorio. Studio di legislazione comparata Studi di storia e diritto VII 4 p. 271 -298. v. 1886.

Rogery, J. G, de la condition des étrangers en droit romain. Montpellier, imp. Grollier. 8. 113 p   2 M.

Salvioli, G, la responsabilità dell' erede e della famiglia pel delitto del defunto, nel suo svolgimento storico. (Estr. dalla Rivista per le scienze giuridiche, II) Rom, Löscher. 1886. 8. 84 p

Samwer, K, die Grenzpolizei des römischen Reichs. (Herausg von K Zangemeister.) Westdeutsche Zeitschrift V 4 p 311—321.

Scheurl, A, zur Lehre vom römischen Besitzrecht Erlangen 1886, Deichert. 4 M.
Rec : Lit. Centralblatt N 7 p. 212 -213 v. L·r

Soltau, W, die Gültigkeit der Plebiszite. Berlin 1884, Calvary.   7 M.
Rec : Revue de l'instruction publique en Belgique XXX 1 p. 35—39 v. P. Willems.

Stoffel, A, de la légitime, en droit romain. Nancy, imp. Sordoillet. 8. 309 p.

Taddei, A, Roma e i suoi municipi: studi di diritto. Firenze, tip dell' Arte della Stampa 8. 150 p

Vering, Fr., Geschichte u. Pandekten des römischen u. heutigen gemeinen Privatrechts. 5. wesentlich. verb. u. sehr verm. Aufl. Mainz, Kirchheim. 8. XVI, 906 S.   12 M. 80 Pf.

Wilhelm, A. et G Jollivet, le droit romain résumé en tableaux synoptiques. Examen de 1 année. Première partie. 6. édition, revue. Paris, Challamel. 8 88 p   2 M.

Willems, P., les élections municipales à Pompéi   Louvain 1886, Peeters.
2 M. 50 Pf.
Rec.: Berliner phil. Wochenschrift VII 9 p. 278—279 v. M. Voigt. —
Blätter f. d. bayr. Gymn. XXIII 1 p. 56 v. Rottmanner. — Academy
N. 771 p. 110.

Wolf, wie gross war ein römisches Winterlager für zwei Legionen? Jahrbücher des rhein. Alterthumsvereins LXXXII p. 94—106.

Zocco-Rosa, A., la legge Giulia-Tizia nella parafrasi dello Pseudo-Teofilo.
Studio esegetico-critico sul pr. Inst. de Atiliano tutore et eo qui ex lege
Julia et Titia dabatur. (Estratto dall' Antologia giuridica I.) Catania, tip.
Martinez. 8. 48 p.

6. Exacte Wissenschaften.

Mathematik, Naturkunde, Medicin, Handel und Gewerbe im Alterthum.

Allman, G. J., Greek Geometry. (Aus Hermathena VI.) Dublin 1886.
Rec.: Berliner phil. Wochenschrift VII 8 p 246—247 v. Fr. Hultsch.

Barbillion, L., histoire de la médecine. 2. éd. Paris, Dupret. 18. 1 M. 50 Pf.

Berthelot, M., collection des alchimistes grecs. (Extrait.) Paris. gr. 4. 40 p.

— sur quelques métaux et minéraux provenant de l'antique Chaldée. Revue
archéologique 1887, janvier-février.

Bertin, G., Babylonian astronomy. Academy N. 777 p. 223.

— the Babylonian zodiac. Academy N. 768 p. 63.

Bilfinger, G., die Zeitmesser der antiken Völker. Stuttgart 1886 (Wildt).
8. 78 S.   2 M.
Rec.: Berliner phil. Wochenschrift VII 3 p. 77—79 v. S. Günther.

Breusing, A., die Nautik der Alten. Bremen 1886, Schünemann.   10 M.
Rec.: Zeitschrift f. d. österr. Gymn. XXXVIII 2 p. 104—106 v. A. Scheindler.
— Listy filologicke 1887 N. 1 p. 46 v. J. Krall

Brunnhofer, H., über die älteste Herkunft des Silbers u. Eisens in Europa,
erschlossen aus kleinasiatischen Ortsnamen. »Fernschau«, Jahrbuch der
geogr. Gesellschaft in Aarau, 1. Band.

Death, J., the beer of the Bible. One of the hitherto unknown leavens of
Exodus (a confirmation of Biblical accuracy), with a visit to an Arab bre-
wery. Notes on the Oriental ferment products, &c, and map of the routes
of the Exodus, with description of the different authors' contentions. London,
Trübner. 8. 180 p. cl.   7 M. 20 Pf.

Dörpfeld, W., der römische und der italische Fuss. Hermes XXII 1 p. 79—85.

John, F.. über die Einführung der allgemeinen Zahlzeichen in die Mathematik. Eine hist. Studie. Wien, Pichler's Wwe. & Sohn. Lex.-8. 32 S. 70 Pf.

Klimpert, R., kurzgefasste Geschichte der Arithmetik u Algebra. Hannover
1885, C. Meyer.   90 Pf.
Rec.: Zeitschrift f. d. österr. Gymn. XXXVIII 2 p. 135.

Kobert, R., über den Zustand der Arzneikunde vor 18 Jahrhunderten. Dorpat
1887. (Halle, Mühlmann.) 8. 33 S.   80 Pf.
Rec.: Deutsche Literaturzeitung N. 11 p. 390.

Koch, C., die Bäume u. Sträucher des alten Griechenlands. Philologus XVI
11. 12 p. 625—630 v. A. Biese.

Lieblein, J., Handel u. Schiffahrt auf dem roten Meere in alten Zeiten.
Nach ägypt. Quellen. Hrsg. von der Gesellschaft der Wissenschaften zu
Christiania. Leipzig 1886, Hinrichs. 8. 151 S.   4 M.

Lorentz, B., die Taube im Alterthum. Leipzig 1886, Fock.   1 M. 50 Pf.
Rec.: Wochenschrift f. klass. Phil IV 12 p. 353—355 v. Max Schmidt.

Marignan, A., la médecine dans l'Eglise au VI. siècle, mémoire pour servir à l'histoire de la civilisation en France. Paris, Picard. 8. XVIII, 20 p. 1 M. 50 Pf.

Middleton, über die Bauausführungen im alten Rom. Soc. of Antiquaries in London, 24. Febr. (Berl. phil. Wochenschrift VII 18 p. 576.)

Müller, F., historisch-etymologische Studien über mathematische Terminologie. Berlin. Pr. d. Luisen-G. 4 32 S.

Netoliczka, E., illustrierte Geschichte der Elektricität von den ältesten Zeiten an. Wien 1886, Pichler. 8. VIII, 288 S. 3 M. Rec.: Lit. Centralblatt N. 5 p. 143.

Nissen, H., griechische u. römische Metrologie. Handbuch der klassischen Alterthumswissenschaft, 5. Halbband, p. 663—709.

Pioger, L. M., Dieu dans ses oeuvres: l'astronomie à travers les àges, depuis les temps les plus reculés jusqu'aux magnifiques découvertes modernes, avec la réfutation des attaques contre la Bible. Appendice sur l'âge des patriarches. Paris, Haton. 18. XXIX, 389 S.

Richter, O., der kapitolinische Juppitertempel und der italische Fuss. Hermes XXII 1 p. 17—28.

Richter, W., Handel u. Verkehr der wichtigsten Völker des Mittelmeers im Alterthum Leipzig 1886, Seemann. 3 M. Rec.: Berliner phil. Wochenschrift VII 12 p. 376 v. O. Keller. — Lit. Centralbatt N. 12 p. 371—372 v. B-r.

Sandys, J E, Greek frogs. Classical Review I 1 p. 20.

Schäfer, H. W., die Alchemie. Ihr ägyptisch-griechischer Ursprung u. ihre weitere historische Entwickelung. Flensburg. Pr. 4. 34 S.

Schrader, O, Forschungen zur Handelsgeschichte. Jena 1886, Costenoble. 8 M. Rec.: Academy N. 768 p 63. — Egyetemes phil. közlöny N. 1 p. 64—68 v. J. Steuer. — Zeitschrift f. Völkerpsychologie XVII 2 p. 220—226 v. O. Weise.

Schweiger-Lerchenfeld, A. v., Kultureinflüsse u. Handel in ältester Zeit. Oesterr. Monatsschrift f. den Orient XIII 2 - 4.

Terquem, A., la science romaine à l'époque d'Auguste. Paris 1885, Alcan. 3 M. Rec.: Berliner phil. Wochenschrift VII 2 p 47—50 v. S. Günther.

Urbanitzky, A. v., Elektrizität u. Magnetismus im Alterthum. Wien 1886, Hartleben. 3 M. Rec.: Berliner phil. Wochenschrift VII 1 p. 16—19 v. S. Günther.

Weissenborn, H, an Moritz Steinschneider. Zugleich mein letztes Wort Max Curtze gegenüber. Eisenach (beim Verf.). 8.

Wex, J., métrologie. Traduite par P. Monet. Paris. 2 M. 50 Pf. Rec.: Revue critique N. 7 p. 122—123 v. P. L.

Woisin, J., de Graecorum notis numeralibus. Leipzig. Diss. 8. 80 S.

Wönig, F., die Pflanzen im alten Aegypten. Leipzig 1886, Friedrich. 12 M. Rec.: Lit. Centralblatt N. 2 p. 63 v. E. M-r. — Der Naturforscher 1886 N. 51.

7. Kunstarchaeologie.

Antike Denkmäler, herausg. vom kais. deutschen arch. Institut. Band I. 1. Heft. (1886.) Taf. 1. 2. Athenatempel auf der Akropolis von Athen. 3. Athena Parthenos, Marmorkopf in Berlin. 4. Faustkämpfer, Bronzestatue in Rom. 5. Bronzene Porträtstatue in Rom. 6. Parthenonzeichnungen Carreys u. des Nointelschen Anonymus. 7. 8. Thontäfelchen aus Korinth. 9. 10. Schale des Sosias. 11. Wandbild aus Primaporta. 12. Griechischer Schmuck. — Berlin, G. Reimer. Imp.-Fol. 40 M.

7*

Assmann, E., zu den Schiffsbildern der Dipylonvasen. Jahrbuch des arch. Instituts I 4 p. 315—316.

Bazin, l'Artémis marseillaise du musée d'Avignon. Revue arch. 1886, nov.-déc.

Belger, Ch, Beiträge zur Kenntniss der griechischen Kuppelgräber. Berlin. Pr. 4. 40 S. mit Abb.

Benvenuti, L., la situla Benvenuti nel museo d'Este. Este 1886, tip. Stratico. Fol. 11 p. con due tavole.
    Rec.: Deutsche Literaturzeitung N. 8 p. 278 v. F. v. Duhn.

Cartault, A., représentations de navires. Monuments grecs II, 1886.
    Rec : Berliner phil. Wochenschrift VII 9 p. 277—278 v. E. Assmann. — Revue critique N. 10 p. 181—183 v. S. Reinach.

Catalogue méthodique et raisonné de la collection de Clercq. Antiquités assyriennes: cylindres orientaux, cachets, briques, bronzes, bas-reliefs, etc, publiés par M de Clercq, avec la collaboration de J. Menant. Livraisons 1 et 2, formant 3 fascicules. Paris, Leroux. Fol. p. 1—114 et planches 1—22, 37 et 38.   à 20 M.

— raisonné des terres cuites et autres antiquités trouvées dans la nécropole de Myrina (fouilles de l'Ecole française d'Athènes); par E. Pottier et S. Reinach. Paris, libr. des Imprimeries réunies. 4. 349 p.   5 M.

Clement, Clara, an outline history of architecture for beginners. New York 1886, White. 8 VIII, 206 p. cl.   12 M. 50 Pf.

Collignon, M., Phidias. Paris 1886, Rouam 4.   4 M. 50 Pf.
    Rec.: Revue .critique N. 9 p. 161—163 v. S Reinach.

— la sculpture antique au British Museum. I. Gazette des beaux-arts, Februar.

Demmin, A, Studien über die stofflich-bildenden Künste u. Kunsthandwerke. 1. u. 2. Folge. 1. Die Bildnerei in ihrer geschichtlichen Entwickelung. Mit Holzschn. (V, 77 S.) — 2. 1. Die Kunsttischlerei in ihrer geschichtlichen Entwickelung. Mit Abb. II Die Tonwerkzeuge u die Anfänge der Musik. (III, 75 S.) Leipzig, Thomas   à 3 M.

Dümmler, F., Amphora u Hydria von Cervetri. Sitzung des Arch. Instituts zu Rom vom 21. Januar. (Wochenschrift f. klass. Phil. IV 13)

Durm, die Baukunst der Etrusker. Darmstadt 1885, Bergsträsser.   20 M.
    Rec.: Deutsche Literaturzeitung N. 11 p. 387—389 v. R. Bohn.

Emerson, A., the portraiture of Alexander the great. A terracotta head in Munich. I. American Journal of Archaeology I 4 p. 405—413.

Engelmann, Bildwerke, auf den Helenamythus bezüglich. Berliner arch. Gesellschaft, Februarsitzung. (Berl. phil. Wochenschrift VII 9.)

Erman, die älteste Epoche der ägyptischen Plastik. Berliner arch. Gesellschaft, Märzsitzung. (Wochenschrift f. klass. Phil. IV 15)

Fischer, H., Lessings Laokoon u. die Gesetze der bildenden Kunst. Berlin, Weidmann. 8. VIII, 200 S.   3 M 60 Pf.

Fleury, G., une statuette équestre en bronze de l'époque gallo-romaine. (Extrait de la Revue hist. du Maine.) Mamers, Fleury. 8. 14 p. et 2 planches.

Fränkel, M., Vase des Hischylos. Jahrbuch des arch. Instituts I 4 p. 314 · 315 mit Taf. 12.

Fröhner, W., catalogue de la collection E. Gréau. Paris 1885, Hoffmann. 150 M.
    Rec.: Phil. Anzeiger XVI 9. 10 p. 550 v. U.

Fulvio, L., cippo funerario di Cuma. Notizie degli scavi 1886, dic , p 457.

Furtwängler, A., eine Vase der mykenischen Gattung in Marseille. Berliner arch. Gesellschaft, Märzsitzung (Wochenschrift f. klass. Phil. IV 15.)

Gatti, G., il monumento sepolcrale di un sutor a Porta Fontinale. Bullettino della Comm. arch. di Roma XV 2 p. 52—57, mit Taf. III.

Guillaume, E, l'histoire de l'art et de l'ornement. Paris, Delagrave. 8. 139 p. avec gravures.

Hammeran, A., neues Mithraeum von Heddernheim. Korrespondenzblatt der Westdeutschen Zeitschrift VI 2. 3 p. 40—48.

Heydemann, H., die Phlyakendarstellungen auf bemalten Vasen. Jahrbuch des arch. Instituts I 4 p. 260—314 mit Abb.

— bemalte Vase aus Böotien. Mittheilungen des arch. Instituts in Athen XI 3 p. 323 - 324.

Hirschfeld, G., die Felsenreliefs in Kleinasien und das Volk der Hittiter. 2. Beitrag zur Kunstgeschichte Kleinasiens. Mit 2 Taf. u. 15 Abbildgn. im Texte. (Aus den Abhandlgn. der Akad. d. Wissensch. zu Berlin.) Berlin, G. Reimer. 4. 75 S. cart. 4 M. 50 Pf.

Holleaux, M., tête de femme trouvée dans les ruines du sanctuaire d'Apollon Ptoos. Bulletin de correspondance hellénique XI 1. 2 p. 1- 5 avec pl. VII.

Holtzinger, H., kunsthistorische Studien. Tübingen 1886, Fues. 2 M. 40 Pf. Rec.: Berliner phil. Wochenschrift VII 7 p. 197—207 v. K. Lange.

Homolle, Th., de antiquissimis Dianae simulacris Deliacis. Paris 1885, Thorin. Rec.: Berliner phil. Wochenschrift VII 13 p. 399 - 400 v. A. Furtwängler. — Journal des Savants 1887, févr., p. 104—113 v. G. Perrot.

Kabbadias, P., Ἀρχερμος ὁ Χῖος. Ἐφημερίς ἀρχ. 1886 N. 3 p. 133—135.

Kalkmann, A., Aphrodite auf dem Schwan. Jahrbuch des arch. Instituts I 4 p. 231—269 mit Taf. 11.

Klein, W., Euphronios. 2. Aufl. Wien 1886, Gerold. 8 M. Rec.: Berliner phil. Wochenschrift VII 11 p. 336—340 v. E. Kroker. — Zeitschrift f. d. österr. Gymn. XXXVII 12 p. 913 - 915 v. E. Reisch.

— die griechischen Vasen mit Meistersignaturen. 2. verm. u. verb. Aufl. Wien, Gerold. 8. XI, 261 S. 6 M.

Köpp, F., archaische Skulpturen in Rom. II. Mittheilungen des arch Instituts in Rom I 4 p. 200—202 mit Taf. XI. cf. 1886.

Kondakoff, N, histoire de l'art byzantin considéré principalement dans les miniatures. Edition française originale publiée par l'auteur sur la traduction de M. Trawinski, et précédée d'une préface de A. Springer. T. 1. Paris, Rouam. 4. 208 p. avec 29 grav. 25 M.

Le Blant, E., les sarcophages chrétiens de la Gaule. Paris 1886, Hachette. 4. Rec.: Revue critique N. 4 p. 60—63 v. E. Müntz.

— bas-relief antique, portant une danse macabre. Acad. des inscriptions, 25. févr. (Revue critique N. 10.)

Löschcke, G., Boreas u. Oreithyia am Kypseloskasten. Dorpat 1886, (Karow). 4. 12 S. 60 Pf. Rec.: Revue critique N. 13 p. 237—239 v. S. Reinach.

Lübke, W., Grundriss der Kunstgeschichte. Jubiläums-Ausgabe. 10. durchgeseh. Aufl. 2 Bde. Mit 392 Holzschn.-Illustr. Stuttgart, Ebner & Seubert. Lex.-8. XVII, 413 u. IX, 496 S. 15 M.; in Halbfrzbd. 18 M.; auch in 30 Lfgn. à 50 Pf.

— essai d'histoire de l'art. Traduit par A. Koëlla. 11—14. livr. Stuttgart 1886, Ebner & Seubert. 80 Pf.

— Kunstwerke u. Künstler. 3. Sammlung vermischter Aufsätze. Mit 69 Illustr. Breslau 1886, Schottländer. gr. 8. VIII, 587 S. 10 M ; geb 12 M.

Marx, F., rilievo della Villa Albani. Mittheilungen des arch. Instituts in Rom I 4 p. 247—252.

Masner, ein Spiegelrelief aus Caere. Arch.-epigr. Mittheilungen aus Oesterreich X 2 p. 222- 225 mit Taf. VIII.

Menge, R., Einführung in die antike Kunst. 2. Aufl. Leipzig 1885, Seemann. Rec.: Neue phil. Rundschau N. 7 p. 110—111 v. H. Neuling.

Milani, L., sarcofago di terracotta policroma, scoperto presso Chiusi. Notizie degli scavi 1886, ottobre, p. 353.

Minguez, el templo de Esculapio en Atenas: Revista de Espagna N. 450.

Möller, F., die Gans auf Denkmälern des Mars. Westdeutsche Zeitschrift V 4 p. 321—331 mit Taf. 13.

Müntz, E., les monuments de Rome à l'époque de la Renaissance. Revue archéologique 1886, nov.-déc , 1887 janvier-février.

Murray, A. S., Myrons Pristae. Classical Review I 1 p. 3—4.

— Rhyton formed as a Sphinx. Hellenic Society in London, 24. Febr. (Berl. phil. Wochenschrift VII N. 17 p. 543.)

Nissen, H., über Tempelorientirung. Rhein. Museum XLII 1 p. 28—61.

Perrot et **Chipiez**, histoire de l'art dans l'antiquité. T. 4. (Sardaigne, Judée, Asie Mineure.) Paris, Hachette. 8. 839 p. avec 395 grav. et 8 planches, dessinées d'après les originaux ou d'après les documents les plus authentiques.

Petersen, E., Athenastatuen von Epidauros Mittheilungen des arch. Instituts zu Athen XI 3 p. 309—321.

Pfeifer, Fr., die architekonischen Proportionen von der Arche Noe's bis zur christlichen Zeit. »Natur u. Offenbarung« XXXIII 3

Pottier et **Reinach**, inscriptions sur figurines de terre-cuite. Bulletin de correspondance hellénique X 6 p. 475—485.

Rawnsley, H. D., the Colossus of Ramses II. Academy N. 772 p. 137.

Reinach, S., deux terres-cuites de Cymé. Bulletin de correspondance hellénique X 6 p. 492—500. Avec pl. XIII.

Rhomaïdes, C., les musées d'Athènes. 1. livr. Athen 1886, Wilberg. 6 M. Rec : Berliner phil. Wochenschrift VII 3 p. 83—88 v Chr. B. — Deutsche Literaturzeitung N. 4 p. 134—135 v. A. Milchhöfer.

Richer, L., Pompei. Wandmalereien u. Ornamente. 3. Liefg. Fol. (à 6 Chromolith.) Berlin 1886, Wasmuth. In Mappe. 36 M.

Robert, C., archäologische Märchen aus alter u. neuer Zeit. (Philologische Untersuchungen, 10 Hft.) Berlin, Weidmann. 4. VII, 205 S. mit 5 Taf. u. 7 Abb. 6 M.

— über Theriklcische Gefässe. Berliner arch. Gesellschaft, Märzsitzung. (Wochenschrift f. klass. Phil. IV 15.)

Rossbach, O., zum Thongefäss von Athienu. Mittheilungen des arch. Instituts zu Athen XI 3 p. 325—326.

Sammlung Sabouroff Hrsg von Furtwängler. 15. Lief. (Schluss.) 25 M.

Santarelli, A., bronzi arcaici (scudi etc.) scoperti presso Forlì. Notizie degli scavi 1887, gennaio, p. 8—14 con tav. 1.

Staes, W , ἀρχαϊκὸν ἀνάγλυφον ἐξ Ἀκροπόλεως. Ἐφημερίς ἀρχ. 1886 N 3 p. 179—182 mit Taf 9.

Studniczka, Fr., aus Serbien. (Skulpturen von Kragujewac.) Arch.-epigr. Mittheilungen aus Oesterreich X 2 p 209—216.

— παραστάσεις Ἀθηνᾶς ἐπὶ κεραμείων θραυσμάτων ἐκ τῆς Ἀκροπόλεως Ἀθηνῶν. Ἐφημερίς ἀρχ. 1886 N. 3 p. 117—133 mit Taf. 8

Tischler, O, kurzer Abriss der Geschichte des Emails. (Aus den Sitzungsberichten der phys.-ökon. Ges zu Königsberg, XXVII, 1886.) 4. 24 S. Rec.: Korrespondenzblatt der Westd Zeitschrift VI 2. 3 p 53—54.

Tizzani, V, della commissione di archeologia sagra del museo cristiano-pio e dell' antica basilica di s. Clemente. Roma 1886, tip. dell' Acc. dei Lincei. 8. 37 p.

Torr, C., the vases from Thera. Classical Review I 1 p. 20.

Upcott, L, E., introduction to Greek sculpture. London, Frowde. 8. 148 p. cl. 5 M. 40 Pf.

Urlichs, L. v., Arkesilaos. Würzburg (Stabel). Pr. des Wagnerschen Kunst-institutes. 8. 18 S. mit 1 Tafel. 1 M. 20 Pf.

Viola, L., statua di giovane, trovata in Taranto. Notizie degli scavi 1886, novembre, p. 435—436.

Visconti, C. L., elencho degli oggetti di arte antica scoperti per cura della commissione arch. di Roma in 1886. Bullettino della Commissione arch. di Roma XIV 12 p. 415—441.

— trovamenti d'arte. Statua di Ganimede. Ibid. XV 1 p. 25—28. Con 1 tavola.

— di una testa di giovine Pan. Ibid. XV 2 p. 57—60, mit Taf. IV.

Weizsäcker, C., zur östlichen Giebelgruppe des Zeustempels von Olympia. Korrespondenzblatt f. württ. Schulen XXXIV 1. 2 p. 24—32.

Winnefeld, H., Hypnos. Ein archäolog. Versuch. Stuttgart 1886, Spemann. Lex.-8. VI, 38 S. mit Fig. u. 3 Taf. 2 M. 60 Pf.

Witte, J. de, description des collections d'antiquités conservées à l'hôtel Lambert. Paris. 4. LXXX, 187 p. avec fig. et 36 planches en couleur.

Wrigth, J. H., unpublished white lekythoi from Attika. American Journal of Archaeology II 4 p. 375—408.

8. Numismatik.

Anzeiger, numismatisch-sphragistischer. Zeitung für Münz-, Siegel- u. Wappenkunde. Organ des Münzforschervereins zu Hannover. Hrsg. von H. Walte u. M. Bahrfeldt. 17. Jahrg. 1887. 12 Nrn. gr. 8. Hannover, Meyer. 2 M.; mit Numismat. Literaturblatt 3 M.

Babelon, E., description historique et chronologique des monnaies de la république romaine vulgairement appelées monnaies consulaires. Paris, Rollin et Feuardent. 8. 673 p. cf. 1886. 25 M.

Bagnall-Oakeley, M., Roman coins found in Monmouthshire. Archaeologia Cambrensis 1886 N. 11.

Belfort, A. de, recherches des monnaies impériales romaines non décrites par H. Cohen. Annuaire de numismatique 1886, nov.-déc , p. 421—450.

Blätter für Münzfreunde. Correspondenzblatt des deutschen Münzforscher-Vereins. Hrsg. von J. u. A. Erbstein. 23. Jahrg. 1887. 8 Nrn. Leipzig, Thieme. 4. 6 M.

Bulletin mensuel de numismatique et d'archéologie, publié par R. Serrure. 6. année, 1887/88. Bruxelles, bureau: rue aux Laines. 6 M.

Chronicle, numismatic. Journal of the Numismatic Society, edited by J. Evans, W. Vaux, and Barclay V. Head. Quarterly. 3. series, vol. VII. 1887. London, Russell Smith. à N. 6 M.

Del Mar, A., money and civilisation; or, a history of the monetary law and systems of various states since the dark ages and their influence upon civilisation. London, Bell. 8. 458 p. cl. 16 M. 80 Pf.

Drexler, W., zur antiken Münzkunde. Zeitschrift für Numismatik XIV 3. 4 p. 233—236.

Gazetta numismatica, dir.: S. Ambrosoli. Como, Franchi. 12 Nrn. 10 M.

Greenwell, on the electron coins of Kizycos. Numism. Soc. in London, 17. Febr. (Berl. phil. Wochenschrift VII 18 p. 576)

Head, B., Historia Numorum. A Manual of Greek Numismatics. London, Frowde. gr. 8 888 p. 5 plates, 800 illustr. cl. 50 M.
Rec : Athenaeum N. 3098 p. 357. — Saturday Review N. 1638 p. 342.
— Revue critique N. 11 p. 201—203 v. Th. Reinach.

Literaturblatt, numismatisches. Hrsg.: M. Bahrfeldt. 8. Jahrg. 1887.
4—5 Nrn. gr. 8. Stade. (Hannover, Meyer) 1 M 50 Pf.; mit dem numismat.-sphragist. Anzeiger 3 M.

Mittheilungen der bayr. numismatischen Gesellschaft. 6. Jahrgang 1887.
München, Franz.   2 M. 50 Pf.

Münzblätter, Berliner. Monatsschrift zur Verbreitung der Münzkunde, nebst
Beilage: Numismatische Correspondenz, herausg. v. Ad. Weyl. 8. Jahrg.
1887. 12 Nrn. gr. 4. Berlin, Weyl.   2 M. 50 Pf.

Pick, B., zur Titulatur der Flavier. 3. Die griechischen Münzen. Zeitschrift
für Numismatik XIV 3. 4 p. 294—375. cf. 1886.

Pistolakas, A., νομίσματα ἐν τῷ ἐθν. μουσείῳ κατατεθέντα. Athen 1885.
Rec.: Wochenschrift f. klass. Phil. IV 6 p 161 v. L. Bürchner.

Revue numismatique, redigée par MM. Barthélemy, Schlumberger et
Babelon. Paris, Rollin. Série III, année 1887.

— belge de numismatique, publiée par MM. Chalon, de Coster et Serrure.
XLIII. Bruxelles, Decq et Dubent.

Ridgewey, W., über den Ursprung des Talents. Hellenic Society in London,
24 Febr. (Berliner phil Wochenschrift VII 17 p 543)

Robert, Ch, formes et charactères des médailles antiques de bronze relatifs
aux jeux. Mélanges d'archéologie VII 1. 2 p. 39—50.

Serrure, 2 étude sur la numismatique gauloise, v. Caesar p. 56

Six, J.-P, monnaies lyciennes. Revue numismatique 1887 N. 1 p. 1—24.

Verkehr, numismatischer Ein Verzeichniss verkäuflicher u zum Ankauf gesuchter Münzen, Medaillen etc. Herausg von C. G Thieme. 24 Jahrg.
1887. 4 Nrn. 4 Leipzig. Thieme.   1 M 60 Pf.

Zeitschrift für Numismatik. Red. von A. v. Sallet. 14 Bd. 4 Hfte. gr. 8.
Berlin, Weidmann   14 M ; einzeln à 4 M.

— numismatische, hrsg. von der Numism. Gesellschaft in Wien durch deren
Redactions-Comité. 18. Jahrg. 1887. gr. 8 Wien, Manz.   12 M.

BIBLIOTHECA PHILOLOGICA CLASSICA.

Verzeichniss

der

auf dem Gebiete der classischen Alterthumswissenschaft

erschienenen

Bücher, Zeitschriften, Dissertationen, Programm-Abhandlungen, Aufsätze in Zeitschriften und Recensionen.

Beiblatt zum Jahresbericht über die Fortschritte der classischen
Alterthumswissenschaft.

Vierzehnter Jahrgang.

1887.

Zweites Quartal.

BERLIN 1887.

VERLAG VON S. CALVARY & Co.

W. Unter den Linden 17.

Subscriptionspreis für den Jahrgang von 4 Heften 6 Mark.

INHALT.

BIBLIOTHECA PHILOLOGICA CLASSICA.

Verzeichniss der auf dem Gebiete der classischen Alterthums-Wissenschaft
erschienenen Bücher, Zeitschriften, Dissertationen, Programm-
Abhandlungen, Aufsätze in Zeitschriften und Recensionen.

1887. April — Juni.

I. Zur Geschichte und Encyclopaedie der classischen Alterthums-Wissenschaft.

1. Zeitschriften.

Ami des monuments. Revue publié sous la direction de Ch. Normand.
Année 1887, N. 1. Paris (Lesoudier). 8.

Archiv, neues, für sächsische Geschichte und Alterthumskunde. 8. Bd. 1. u.
2. Hft. 176 S. Dresden, Baensch. v. p. 2.   1 M. 50 Pf.

— für lat. Lexikographie Hrsg. von E. Wölfflin. 4. Jahrg. 1. Hft. Leipzig,
Teubner. v. p. 2   12 M.
    Rec.: (III 4) Wochenschrift f. klass. Phil. IV 16 p. 495—497 v. G. Landgraf.

Bibliotheca mathematica. Zeitschrift für Geschichte der Mathematik. Herausg v. G. Eneström. Neue Folge I, 1887. Berlin, Mayer & Müller. 8   4 M.

Forschungen, romanische. Herausg. von K. Vollmöller. 3. Bd. 2. Hft.
(S. 269—460.) Erlangen, Deichert. v. p. 4.   6 M.

Gazette archéologique. Fondée par Fr. Lenormand et J. de Witte. Revue
des musées nationaux. Publiée sous les auspices de L. de Ronchaud par
E Babelon et E. Molinier. Année XII. 12 Nrn. Paris, A. Lévy. 4.
Av. pl. v. p. 4.   45 M.

— des Beaux-Arts. Courrier de l'art et de la curiosité. Avec supplément:
Chronique des arts. Red.: L. Gonse. 2. période, tome XXXV, 1887. Paris,
rue .Favard 8. Avec pl. et ill.   par an: 50 M.

Ἡμερολόγιον τῆς Ἀνατολῆς, τ. ἕ. 1887, ὑπὸ Ἀ. Παλαιολόγου. Konst/pel.
v. p. 5.   5 M.
    Rec.: Berliner phil. Wochenschrift VII 26 p. 821—823 v. P. Papageorg.

Jahrbücher für Philologie. 15. Supplementband, 3. Hft. Leipzig, Teubner.
IV, S. 557—728. v. p. 5.   4 M.

Jahresbericht über die Fortschritte der klass. Alterthumswissenschaft, herausg. von Iwan Müller. 14. Jahrg. 1887. 1—7. Heft. Berlin, Calvary.
v. p. 5.   Subscr.-Pr.: 30 M.; Ladenpr. 36 M.

Nord u. Süd. Eine deutsche Monatsschrift. Hrsg von P. Lindau. 11. Jahrg.
April 1887—März 1888. 12 Hfte. gr. 8. Breslau, Schottländer.   24 M.

Reliquary, the. Archaeological Journal, ed. by Ch. Cox. New Series, II.
Quarterly. London, Bemrose.   à Nr.: 3 M.

Revue, österreichisch-ungarische. Hrsg. u. Red.: J. B. Meyer. Jahrg. 1887.
12 Hfte. gr. 8. (1. Hft. 64 S.) Wien, Hölder.   18 M.

Studien, Berliner, für class. Philologie. 6. Bd. 1. u. 2. Heft. Berlin, Calvary. v. p. 9.   3 M. 60 Pf.
    Rec.: Academy N. 776 p. 204 v. F. Haverfield.

Zeitschrift für vergleichende Literaturgeschichte. Herausg. von M. Koch.
II. Berlin 1887, Hettler. v. p. 10.   pro Band 14 M.
Rec.: Deutsche Literaturzeitung N. 14 p. 492—495 v. K. Burdach.
— internationale, für allg. Sprachwissenschaft, herausg. von F. Techmer.
3. Bd, 1. Hft. Leipzig, Barth. v. p 10.   12 M.
Rec.: Zeitschrift f. d. Kunde des Morgenlandes I 2 p. 151—154 v. F. Müller.
— für Völkerpsychologie u. Sprachwissenschaft. Hrsg. von M. Lazarus u.
H. Steinthal. 17. Bd. Leipzig, Friedrich. v. p. 10.   12 M.
— für vergleichende Rechtswissenschaft. Hrsg. von F. Bernhöft, G. Cohn
u. J. Kohler 7. Bd. 3 Hfte. gr. 8. (1. Hft. 160 S.) Stuttgart, Enke. 15 M.
— westdeutsche. Hrsg. von F. Hettner u. K. Lamprecht. 6. Jahrg.
1887. Ergänzungsheft III. Trier, Lintz. v. p. 10.   5 M.; I—III: 11 M.

2. Academien und Gesellschaftsschriften.

Abhandlungen, philosophische u. historische, der Kön. preuss. Akademie
der Wissenschaften a. d. J. 1886 Berlin 1887, Verlag d. Akad. (G. Reimer.)
gr. 4. 251 S. cart.   14 M.
Annalas della societad rhaetoromanscha. 1. annada. Chur 1886, Rich. gr. 8.
Vl, 375 S   7 M.
Archiv für österr. Geschichte. Hrsg. von der Commission der kais. Akademie. 69. Bd. 1. u. 2. Hälfte. Wien, Gerold. gr. 8. 481 S. v. p. 13.
      6 M. 60 Pf.
Archives des missions scientifiques. 3. série. T. XIII. Paris, Hachette.
8. 859 p. avec pl. v. p. 13.   9 M.
Atti della R. Accademia delle scienze di Torino. Vol. XXII., disp. 1—3
(1886—87). Torino, Löscher. 8. .p. 1—269. v. p. 14.
— del R. Istituto Veneto. Tomo V, serie VI, disp. 1—3. Venezia, presso
la segreteria. 8. p. 1—308, I - LI, con tav.   4 M. 37 Pf.
Beiträge zur Geschichte des Niederrheins. Jahrbuch des Düsseldorfer Ge-
schichtsvereines. 2. Bd. Düsseldorf, Voss. 8. 140 S.   4 M.
Bericht der k. k. Central-Commission für Erforschung u. Erhaltung der Kunst-
u. hist. Denkmale, 1886. Wien, Kubasta. 8. 79 S.   1 M. 60 Pf.
Berichte über die Verhandlungen der königl. sächs. Gesellschaft der Wissen-
schaften zu Leipzig. Phil.-hist. Klasse. 38. Bd. 1886. I u. II. Leipzig,
Hirzel. 8. XXII, 247 S. v. p. 14.   à 1 M.
Bollettino della R. Accademia di Palermo. Anno III (1886.) n. 1—3 (gen-
naio-giugno). Palermo 1886. 4. 19 p.
Bulletin de la Société d'anthropologie de Lyon. T. 5. (1886.) Lyon, Georg.
(Paris, Masson.) 8. 264 p. av. fig.
Ἐφημερὶς ἀρχαιολογικὴ ἐκδιδομένη ὑπὸ τῆς ἐν Ἀθήναις ἀρχ. ἑταιρίας. Πε-
ρίοδος Δ΄. 1887. Athen, Beck. gr. 4. Mit Taf. u. Abb.   16 M.
Jahrbuch des kaiserl. deutschen archäologischen Instituts, hrsg. von A. Conze.
2. Bd. 1887. 4 Hfte. 4. (1. Hft. 76 S. m. 6 Taf.) Berlin, Reimer. v.
p. 19.   16 M.
Jahrbücher des Vereins von Alterthumsfreunden im Rheinlande. 82. Hft.
Bonn 1886, Marcus. gr. 8. 244 S. mit 6 Taf. v. p. 20.   6 M.
Magazin, neues lausitzisches. Hrsg. von Schönwälder. 62. Bd. 1. u.
2. Hft. Görlitz, Remer. S. 1—307. v. p. 21. à Hft. 2 M. 50 Pf.
Mémoires et documents publiés par l'Académie salésienne. T. 9. Annecy,
imp. Niérat. 8. XVI, 318 p.
— de la Société académique de Maine-et-Loire. Lettres et arts. T. 37. Angers,
imp. Lachèse. 8. 243 p. v. p. 21.

Mémoires de l'Académie de Dijon. 3. serie. T. 9. (1885—86.) Dijon, imp. Darantière 8. XXV, 431 p. v. p. 22.

— de l'Académie imp. des sciences de St-Pétersbourg. VII. série. Tome XXXV. Nr. 1. St.-Pétersbourg. (Leipzig, Voss.) 4. 49 S. cf. p. 23.
1 M. 50 Pf.

— de la Société historique de Pontoise. T. 10. Pontoise, imp. Paris. 8. LX, 95 p. v. p. 23.

— de la Société des antiquaires de la Morinie. T. 20. (1886—87.) Saint-Omer, Tumerel. 8. 480 p. et 5 pl. v. p. 23. 7 M.

Mittheilungen des Vereins für Kunde der Aachener Vorzeit. Hrsg. von R. Pick. 1. Jahrg. 1. Hft. Aachen, Cremer. 8. 96 S. m. 2 Taf. 2 M.

Πρακτικὰ τῆς ἐν Ἀθήναις ἀρχ. ἑταιρίας τ. ἔ. 1885. Athen. 8. 71 S. v. p. 25.
Rec.: Wochenschrift f. klass. Phil. IV 19 p. 595—597 v. G. J. Schneider.
— Berliner phil. Wochenschrift VII 23 p. 724 v. Chr. B.

Précis analytique des travaux de l'Académie de Rouen, 1885—1886. Rouen, Cagniard. 8. ' 464 p. v. p. 25.

Proceedings of the Cambridge Philological Society. XIII—XV, 1886. With the laws of the Society, list of members, and an index. (London, Trübner.)
8. 43 p. 3 M.

Rendiconti del-R. Istituto lombardo. Serie II, vol. XX, fasc. 1—3 (1887). Milano, Höpli. 8. p. 1—165. v. p. 26.

Sammelblatt des hist. Vereins in Eichstädt. 1. Jahrg. 1886. Eichstädt, Brönner. 8. 63 S. m. 1 Plan. 1 M. 50 Pf.

Sitzungsberichte der kais. Akademie der Wissenschaften. Phil.-hist. Klasse. 113. Bd. 2. Hft (IV u. S.579—1055.) Wien, Gerold. v. p.27. 6 M. 50 Pf.
(113 Bd. cplt.: 14 M. 10 Pf.)

Zeitschrift des Ferdinandeums. 3. Folge. 30. Hft. Innsbruck 1886 (Wagner.) gr. 8. XC, 407 S. m. 1 Lichtdr.-Bild. 10 M.

3. Sammelwerke.

Vermischte kritische Schriften. — Lateinische und griechische Schriften von Autoren des späteren Mittelalters u. der Neuzeit.

Acta seminarii phil. Erlangensis. IV. Erlangen 1886, Deichert. 9 M.
Rec.: Zeitschrift f. d. Gymn. XXXXI 6 p 358—360 v. O. Weissenfels.

Aufsätze, philosophische. Eduard Zeller zu seinem 50jähr. Doctor-Jubiläum gewidmet. Leipzig, Fues. 8. 482 S. 9 M.

Berndt, A., Joannes Mauropus', Erzbischofs von Euchaïta (11. Jahrh.), Gedichte, ausgewählt u. metrisch übersetzt. Plauen. Pr. 4. 30 S.

Briefwechsel des Beatus Rhenanus, hrsg. v. Horawitz u. Hartfelder. Leipzig, Teubner. v. p. 29. 28 M.
Rec.: Classical Review I 5. 6 p. 167 v. J. H.

Curtius, G., kleine Schriften. 2 Thle. Leipzig 1886, Hirzel. v. p.30. 7 M.
Rec.: (II) Deutsche Literaturzeitung Nr. 23 p. 820—821 v. J. Jolly.

Dissertationes philologae Vindobonenses. Vol. I. Prag, Tempsky. (Leipzig, Freytag.) 8. 348 S. 7 M.
Rec.: Academy N. 776 p. 205 v. F. Haverfield.

Draheim, J., lyra doctorum. Carmina. Leipzig, Teubner. v. p. 30. 2 M.
Rec.: Wochenschrift f. klass. Phil. IV 24 p. 754—756 v. G. Stier. — Rivista di filologia XV 7. 8 p. 375 v. L. Valmaggi.

Egenolff, P., die orthoepischen u. orthographischen Stücke der byzantinischen Litteratur. Mannheim. Pr. 4.

8*

Eyssenhardt, F., Mittheilungen aus der Stadtbibliothek zu Hamburg. IV. Hamburg. Herold. 8. 109 S.   2 M.

Festschrift zur 300jähr. Jubelfeier des Gymnasiums zu Lyck. Lyck. 4.

— zum Jubiläum des Wilhelm-Gymnasiums in Krotoschin. 4.

— zur Feier des 50jähr. Jubiläums des kön. Pädagogiums zu Putbus im Oktober 1886. Putbus. 4.

Huemer, J., zur Geschichte der mittellat. Dichtung. Warneri Basiliensis Synodicus. Romanische Forschungen III 2.

Isotae Nogarolae opera collegit A. comes Apponyi. 2 vol. Wien 1886, Gerold.   24 M.
    Rec.: Lit. Centralblatt N. 24 p. 818—820 v. H. H.

Korsch, Th., στέφανος. Carmina graeca et latina. Kopenhagen, Gyldendal. v. p. 30   1 M. 20 Pf.
    Rec.: Classical Review I 5. 6 p. 161.

Kurtz, E., die Sprichwörtersammlung des Planudes. Leipzig 1886, Neumann. v. p. 30.   1 M. 20 Pf.
    Rec.: Zeitschrift f. d. österr. Gymn. XXXVIII 3 p. 179—182 v. H. Schenkl.

Lange, L., kleine Schriften. I. Göttingen, Vandenhoeck & Ruprecht. v. p. 31   10 M.
    Rec.: Berliner phil. Wochenschrift VII 25 p. 784—788 v. H. Schwarz. — Wochenschrift f. klass. Philologie IV 22 p. 673—675 v. H. Genz.

Morsolin, B., il Sarca. Poemetto latino di Pietro Bembo Atti dell'Istituto veneto V 3.

Opuscula philologica. Udgivne af det phil.-hist. Samfund. Kopenhagen, Klein. 8. 269 S.   6 M.

Piechotta, J., ein anecdotum latinum (Herbarium aus dem 5. Jahrh.) Leobschütz. Pr. 4. 13 S.

Slevogt, H, technopaegnion poeticum ex cod. ms. (Artificium Vergilianum.) Gotha. Pr. 4. 8 S.

Stone, E. D., carmen saeculare graece redditum. Classical Review I 4 p. 114.

Tamizey de Larroque, les correspondants de Peiresc. XII. Pierre-Antoine de Rascas, sieur de Bagarris. Lettres inédites (1598—1610). Paris, Picard. 8.   5 M.

— — XIII. partie, lettres de Gabriel Naudé. Ibid. 116 p.

Treu, M., Maximi Planudis epistulae. Part. II. Breslau. Pr. d. Friedr.-G. 8. S. 49—96.

Untersuchungen, philologische, herausg von A. Kiessling u U. v. Wilamowitz-Möllendorff. 10. Heft: Archäologische Märchen aus alter und neuer Zeit. Von C. Robert. VII, 205 S. mit 5 Taf. u. 7 Abb. 6 M.

Warr, G. C., experiments in archaic metre. Classical Review I 5. 6 p. 168.

Zingerle, A., kleine philologische Abhandlungen. IV. Heft. Mit Sachregister zur ganzen Sammlung. Innsbruck, Wagner. 8. 104 S.   3 M. 20 Pf.

4. Encyclopädie und Methodologie der classischen Philologie.

Adams, Ch. F., a college fetich. An address, delivered before the Harvard Chaptes of the fraternity of the Phi Beta Kappa. 3. ed. Boston 1887, Lee and Shephard. cf. infra Krumme.

Arlt, zum grammatischen Unterricht in den alten Sprachen. Wohlau. Pr. 4.

Arndt, O., gegen die Fremdwörter in der Schulsprache. Paderborn 1886, Schöningh. 8. 85 S.   1 M.
    Rec.: Gymnasium V 11 p. 575 v. C. Blasendorff.

Bodenheimer, C., l'università degli studii di Firenze. Allg. Zeitung, Beilage N. 146.

Ersch u. **Gruber**, allgemeine Encyklopädie der Wissenschaften u. Künste in alphabetischer Folge. 2. Section. H—N. Hrsg. von A. Leskien. 40. Thl. Leipzig, Brockhaus. 4. 392 S. cart. à 11 M. 50 Pf.

Fink, A., die Idee des Gymnasiums u. ihre Verwirklichung. Meldorf. Pr. 4. 22 S.

Haupt, Erich, Plus ultra. Zur Universitätsfrage. Halle, Niemeyer. 8. 62 S. 80 Pf.
Rec.: Deutsche Literaturzeitung N. 20 p. 708—709 v. G. Heinrici.

Haupt, K., die Aufgabe des Geschichtsunterrichts am Gymnasium. Jahrbücher für Philologie 136. Bd. 2—4. Hft.

Hoffmann, J. C. V., einige wichtige pädagogische Tagesfragen. (Rektorats-prüfung, Einheitsschule, Schülerprüfungen, Extemporalien.) Zeitschrift für math. Unterricht XVIII 4 p. 237—263.

— Bericht über die Verhandlungen des Einheitsschulvereins zu Halle. Zeitschrift für math. Unterricht XVIII 4 p. 297—300.

Keelhoff, J., la question des humanités. Bruxelles 1886, Lebègue. gr. 8. 70 p. 1 M. 50 Pf.

— encore la question des humanités. Bruxelles, Mayolez. gr. 8. 36 p. 50 Pf.

Kiessling, Fr. K., Auswahl von Schulreden. Berlin 1886, Springer. 4 M.
Rec.: Deutsche Literaturzeitung N. 23 p. 819 v. E. v. Sallwürk.

Koldewey, Fr., braunschweigische Schulordnungen. Berlin, Hofmann. v. p. 32. 24 M.
Rec.: Jahrbücher f. Philologie 136. Bd. 3. 4. Hft. p. 217—219 v. F. Pfalz.

Krumme, das Urtheil eines Amerikaners über das Griechische. Revidierter Abdruck (Uebersetzung). Zeitschrift für math. Unterricht XVIII 4 p. 304 —310. cf. supra Adams.

Lassel, über die Methodik des griechischen Unterrichts. Kronstadt. Pr. 4.

Lattmann, J., über die Einfügung der induktiven Unterrichtsmethode in den lat. Elementarunterricht. Göttingen 1886, Vandenhoeck. 40 Pf.
Rec.: Zeitschrift f. d. Gymn XXXXI 6 p. 351—358 v. A. Wilms.

Lengnick, B., der Bildungswerth des Lateinischen nach dem auf unseren Gymnasien herrschenden Betriebe. Berlin, Gärtner. 4. 27 S. 1 M.

Lutsch, die Behandlung der lat. Stilistik im Anschluss an die Lektüre. Elberfeld. Pr. 4. 14 S.

Modestow, W., die klassische Welt vom russischen Standpunkt aus betrachtet. (Russisch.) Petersburg 1885 4.
Rec.: Berliner phil. Wochenschrift VII 20 p. 626—627 v. H. Haupt.

Müller, V., der Lateinunterricht in Sexta. Ein Beitrag zur Reform des Unterrichts an den höheren Lehranstalten. Altenburg. Pr. d. Realsch. 4 48 S.

Ottfried, W., der lateinische Aufsatz. Zeitschrift für math. Unterricht XVIII 4 p. 300—304. (Abdruck a. d. »Tägl. Rundschau« 1887, N. 67, Beilage.)

Pachtler, G. M., ratio studiorum Societatis Jesu per Germaniam. 1. (Monumenta paed. II.) Berlin, Hofmann. v. p. 32. 15 M.
Rec.: Theol. Literaturzeitung N. 20 p. 195.

Pearson, K., the proposed University for London. Academy N. 780 p. 273—274.

Ritter, E., l'université de Fribourg en Suisse. Revue internationale de l'enseignement VII 5.

Rothfuchs, J., vom Uebersetzen ins Deutsche u. manchem Anderen, was damit zusammenhängt. Eine didaktische Studie. Gütersloh. Pr. 4. 36 S.

Sarreiter, J., die Instruktionen für den lat. u. griech. Unterricht an den Gymnasien in Oesterreich. Blätter f. d. bayr. Gymnasialwesen XXIII 5. 6 p. 220—234.

Schenkl, K., die Gymnasien Serbiens. Zeitschrift f. d. österr. Gymnasien XXXVIII 3 p. 225—230 u. 4 p. 314—316.

Specht, F. A., Geschichte des Unterrichtswesens in Deutschland. Stuttgart 1885, Cotta.   8 M.
    Rec.: Hist. Zeitschrift 1887 N. 4 p. 116—118 v. A. K.

Spitko, L., a classicus okor ismertetese gymnasium-ainkban. Egyetemes phil. közlöny 1887 N. 5 p. 459—474.

Steinmeyer, R., zur Lehrerbildungsfrage. Aschersleben. Pr. 4. 38 S.

Tegge, A., Abgrenzung u. Vertheilung der lat. Phraseologie nach den einzelnen Klassen des Gymnasiums. Bunzlau. Pr. 4.

Versammlung, 24., rheinischer Schulmänner am 12. April zu Köln. Gymnasium V 10 p. 365—367.

Vincent, J. H, Chantanqua, a popular University. Contemporary Review, May.

Vollbrecht, W., erste Hauptversammlung des Deutschen Einheitsschulvereins zu Halle, April 1887. Wochenschrift f. klass. Phil. IV 23 p. 731—734. cf. p. 32.

Wagenführ, zur Methode des lateinischen Unterrichts in der Tertia des Gymnasiums. Helmstedt. Pr. 4.

Wilms, A., zum lateinischen Unterricht in der Quarta. Jahrbücher für Philologie 136. Bd. 3. 4. Hft. p. 190—196.

5. Geschichte der Alterthumswissenschaft.

Archer-Hind, R. D., the late Master (Thompson) of Trinity (Cambridge) as a Platonic scholar. Classical Review 1 2. 3 p. 33—35.

Bernecker, E., Geschichte des Lycker Gymnasiums. I. Lycker Festschrift.

Biographie, allgemeine deutsche. 117—121. Lfg. (24. Bd. S. 161—788 u. 25. Bd. S. 1—160.) Leipzig, Duncker & Humblot. v. p. 33. à 2 M. 40 Pf.
    Rec.: Deutsche Literaturzeitung N. 17 p. 613—614 v. O. Lorenz.

Brode, R., Max Duncker. Ein Gedenkblatt. Berlin, Calvary. v. p. 33. 1 M. 50 Pf.
    Rec.: Deutsche Literaturzeitung N. 25 p. 901 v. H. Landwehr.

Buschkiel, L., Nationalgefühl u. Vaterlandsliebe im ältern deutschen Humanismus. Chemnitz. Pr. 4. 26 S.

Coppi, E., le università italiane nel medio evo. Firenze 1886, Löscher. 3 M.
    Rec.: Berliner phil. Wochenschrift VII 21 p 662—664 v. H. Bressler.

Courajod, L., Alexandre Lenoir, son journal et le Musée des monuments français. T. 3. Paris, Champion. 8. 469 p. avec grav.

Dembowski, zur Geschichte des königl. Waisenhauses. Königsberg. Pr. d. Progymn. 4.

Dinges, H., Geschichte des Gymnasiums zu Bensheim. I. Bensheim. Pr. 4. 51 S.

Drewes, L., Carl Theodor Gravenhorst. Jahrbücher für Philologie 136. Bd. 5. Hft. p. 65—76.

Falk, F., der Liviusherausgeber u. Uebersetzer Nicolaus Carbach zu Mainz. Centralblatt für Bibliothekswesen IV 5 p. 218—221.

Fischer, K., Erinnerungen an Moritz Seebeck. Heidelberg 1886, Winter. 2 M. 80 Pf.
    Rec.: Lit. Centralblatt N. 15 p. 492.

Flach, J., Erinnerung an Karl Lehrs. Jahrbücher für Philologie 136. Bd. 3. 4. Hft. p. 180—190.

Frémy, E., origines de l'Académie française. Paris.
    Rec.: Journal des Savants, Mai, p. 314—315 v. G. Boissier.

Friderich, die Schulverhältnisse Reutlingens zur Zeit der freien Reichsstadt. Reutlingen. Pr. 4.

Friedersdorff, F., Bericht über die im Juni 1886 begangene Feier des 300jähr. Bestehens des Gymnasium illustre Tilsense. Tilsit. Pr. 4. 37 S.

Gabelentz, G. v. d., über Hans Conon von der Gabelentz. Berichte der Gesellschaft der Wiss. zu Leipzig, phil.-hist. Kl., 1886 N. 2 p. 217—241.

Giesebrecht, W. v., Gedächtnissrede auf Leopold v. Ranke Allg. Zeitung, Beil. N. 102.

Glaser, A. Vaniček. Biographische Skizze. Mit Porträt. Wien 1885, Konegen. 8. IV, 66 S.

Rec.: Zeitschrift f. d. österr. Gymn. XXXVIII 3 p. 231—232 v. Fr. Stolz.

Graux, Ch., l'Université de Salamanque. Paris, Thorin. 24.   1 M.

Gruchot, zur Geschichte des Jesuitenkollegs zu Braunsberg. Braunsberg. Pr. d. G. 4.

Heussner, das neue Kön. Wilhelmsgymnasium und die Feier der Eröffnung desselben. Cassel. Pr. 4.

Horawitz, A., Bericht über die auf die Geschichte der klass. Alterthumswissenschaft bezügliche Litteratur der Jahre 1884—86. Bursian-Müllers Jahresbericht XLVII p. 161—184.

Hörling, W., das höhere Schulwesen in München-Gladbach seit Aufhebung der Abtei. München-Gladbach. Pr. 4. 28 S.

Knaut, K., die Eröffnung des König-Wilh.-Gymnasiums, 1886. — Der Lehrplan des altstädt. Gymnasiums vom J. 1619. Magdeburg. Pr. 4. 28 S.

Kolb, Chr., die städtischen Lateinschulen am Ende des Mittelalters. Vortrag. Schw.-Hall, Schober. 8. 23 S.   50 Pf.

Kühlewein, H, Mittheilungen über Michael Neander u. seine Schule. Jahrbücher für Philologie 136. Bd. 3. 4. Hft. p. 166—180.

Laurie, S., lectures on the rise and early constitution of Universities, a. d. 200—1350 London 1886, Paul. v. p. 34.   7 M. 20 Pf.
Rec : Classical Review 1 4 p. 113 v. Ch. Wordsworth.

Leuchtenberger, Geschichte der höheren Lehranstalt zu Krotoschin. Festschrift von Krotoschin.

Liessem, H., Hermann van dem Busche. Sein Leben u. seine Schriften. Zweiter Theil. Köln. Pr. d Kaiser-Wilh.-G. 4.
— — Anhang zu I: Bibliogr. Verzeichnis der Schriften Hermanns van dem Busche. I. Köln, Bachem 4. 8 S.   80 Pf.

Löffler, zur Geschichte des Culmer Gymnasiums während der zweiten 25 Jahre seines Bestehens Culm. Pr. 4. 73 S.

Lück, zur Geschichte des Progymnasiums. Steglitz. Pr. 4.

Mayor, J. E. B, Johann Nicolai Madvig. Classical Review I 5. 6 p. 123—124.

Meltzer, O., die Kreuzschule zu Dresden. Dresden 1886, Tittmann.   1 M.
Rec.: Deutsche Literaturzeitung N 19 p. 675 v. H. Bressler.

Merivale, C., William Hepworth Thompson. Journal of Philology N. 30 p. 306—308.

Michaelis, A., zur Erinnerung an Wilhelm Henzen. Jahrbuch des Arch. Inst II 1 p 1—12.

Milz, Geschichte des Marzellen-Gymnasiums zu Köln. III. Köln. Pr. 4.

Naumann, Beziehungen Magdeburgs zum Humanismus. Geschichtsblätter für Magdeburg XXII 1.

Nekrologe, Biographisches Jahrbuch IX, 1886. Ludwig Lange (von K. J. Neumann) p 31. — F. H. Genthe (von F. Eyssenhardt), p. 61. — K. A. Schirlitz (von C. Schirlitz), p. 68. — Georg Curtius (von Windisch), p. 75. — C. Schaper (von G. J. Schneider), p. 129. — Max Duncker (von R. Brode), p. 147. — B Jülg, p. 177. — J. N. Madvig (von J. Heiberg), p. 202. — W. H. Thompson (von H. Jackson), p. 221. — G. Roeper, p. 224.

Nodnagel, Geschichte des Realgymnasiums zu Giessen. Giessen. Pr. 4.

Pélissier, L., les amis d'Holstenius. II. (Extrait des Mélanges d'arch. VII.) Paris, Thorin. gr. 8. 105 p. v. p. 35.
    Rec.: Revue critique N. 18 p. 350—351 v. T. de Larroque.

Rashdall, H., unpublished University statutes (of Paris). Academy N. 788 p. 415—416.

Reier, Geschichte des Realgymnasiums Landeshut. Landeshut. Pr. 4.

Richter, Beiträge zur Geschichte des Schulwesens in Jena. Jena. Pr. 4.

Robiquet, P., de Ioannis Aurati poetae regii vita et latine scriptis poematibus. Paris, Hachette. 8. 145 p.   3 M.

Schanzenbach, O., aus der Geschichte des Eberhard-Ludwigs-Gymnasiums. Festschrift. Stuttgart 1886.
    Rec.: Deutsche Literaturzeitung N. 22 p. 782—783 v. Th. Ziegler.

Schwalbe, Geschichte des Dorotheenstädt. Realgymnasiums während seines 50 jähr. Bestehens. Berlin, Gärtner. Pr. 4. 34 S.

Sicard, A., les études classiques avant la Révolution. Paris, Didier. v. p. 35.
                                                          3 M. 50 Pf.
    Rec.: Classical Review I 5. 6 p. 167 v. Ch. Wordsworth.

Slevogt, ein Stück alter Poetik aus der Zeit der Humanisten. Ohrdruf. Pr. 4.

Sormani, P. V., de Joannis Schraderi philologi vita ac scriptis. Diss. Trajecti 1886. (Berlin, Calvary.) v. p. 35.   3 M.
    Rec.: Revue de l'instruction publique en Belge XXX 3 p. 161—162 v. L. R.

Stengel, P., Nekrolog Karl Schapers. Zeitschrift f. d. Gymnasialwesen XXXXI 5 p. 309—326.

Sybel, v., Gedächtnissrede auf Leopold v. Ranke. Abhandlungen der Berliner Akademie a. d. J. 1886. 18 S.

Thorbecke, A., Geschichte der Universität Heidelberg. I. Heidelberg 1886, Köster.   3 M.
    Rec.: Berliner phil. Wochenschrift VII 24 p. 757—760 v. H. Bressler. — Allg Zeitung, Beilage, N. 83 v. A. Koch.

Thümer, K. A., Geschichte des Gymnasiums zu Freiberg, 1811—1842. Freiberg. Pr. 4. 39 S.

Tönnies, P., die Fakultätsstudien zu Düsseldorf vom XVI. bis XIX. Jahrhundert. II. Innere Einrichtungen. Düsseldorf. Pr. 8. S. 51 100.

Uri, J., François Guyet. Paris 1886, Hachette.   6 M.
    Rec.: Berliner phil. Wochenschrift VII 19 p. 594—596 v. O. Seyffert.

Vogeler, Geschichte des Archigymnasiums Soest. Soest. Pr. 4.

Wattenbach, Gedächtnissrede auf Georg Waitz. Abhandlungen der Berliner Akademie a. d. J. 1886, 12 S.

Wendt, G., Ueberblicke über die Geschichte des Gymnasiums. Festschrift. Karlsruhe 1886, Braun.
    Rec.: Deutsche Literaturzeitung N. 22 p. 782—783 v. Th. Ziegler.

6. Bibliographie und Bibliothekswissenschaft.

Heydenreich, E., bibliogr. Repertorium der Stadt Freiberg. 1885.   2 M.
    Rec.: Centralblatt f. Bibliothekswesen IV 6 v. Gräsel.

Inventaire des Marques d'Imprimeurs et de Libraires. Fascicules 1 et 2. Paris, Cercle de la Librairie. 4. 48 et 71 p. Avec chiffres reproduits en fac-simile. Ville de Paris. Ville de Lyon et autres villes de France.
                                                          5 M.; 6 M.

Kayser's vollständiges Bücher-Lexicon, enth. die von 1750 bis Ende 1886 im deutschen Buchhandel erschienenen Bücher. Der ganzen Reihe 23. u. 24. Bd. oder 9. Suppl.-Bd., 1. u. 2. Hälfte, enth. die von 1883 bis Ende 1886 erschienenen Werke, sowie Nachträge und Berichtigungen zu den früheren Theilen. Bearb. von R. Haupt. 23. Bd. 1.—4. Lief. Leipzig, Weigel. 4. 654 S. à 6 M.

Lasteyrie, R. de, bibliographie des travaux historiques et archéologiques, publiés par les Sociétés savantes de la France. Livr. 1 et 2. Paris, Hachette. à 4 M.

Meier, Gabriel, zweiter Nachtrag zu Becker Catalogi bibliothecarum antiqui. Centralblatt für Bibliothekswesen IV 6 p. 254—260.

Müntz et **Fabre,** la Bibliothèque du Vatican au XV. siècle. D'après des documents inédits. Contributions pour servir à l'histoire de l'humanisme. Paris, Thorin. gr. 8. v. p. 37. 12 M. 50 Pf.

Perez Pastor, C., la imprenta en Toledo. Descripción bibliográfica de las obras impresas desde 1483 hasta nuestros dias. Madrid, Murillo. 4. XXIII, 392 p. 7 M. 50 Pf.

II. Griechische und römische Autoren.

Analecta Bollandiana. T. V, fasc. IV. 1. Passio s. Ausonii. — 2. 3. Catalogus codicum hag. bibl. Leodiensis. — 4. Hymnus de ss. Georgio, Aurelio et sociis. — 5. De translatione s. Eugeuli. — 6. Encomium in s. Agathonicum. — 7. Vita s. Severi. Paris, Palmé. p. 289—432. v. p. 37. à vol 15 M.

Anecdota varia graeca et latina edd. R. Schöll et W. Studemund. II. Berlin, Weidmann. v. p. 38. 10 M.
Rec.: Zeitschrift f. d. österr. Gymn. XXXVIII 4 p. 253—265 v. H. Schenkl.

Becker, H., Einleitungen zur griechischen Lektüre. 1I. Waren. Pr. 26 S.

Buresch, C., consolationum a Graecis Romanisque scriptarum historia critica. Leipzig 1886, Hirzel. 4 M.
Rec.: Deutsche Literaturzeitung N. 21 p. 751—752 v. A. Gercke.

Fritzsche, F. V., coniectanearum pars secunda. Rostock. Ind. lect. aest. 4. 8 S.

Molineri, G. C., crestomazia degli autori greci e latini nelle migliori traduzioni italiane, ordinata e illustrata. Torino, Höpli. 16. 3 M.

Ranke, Fr. u. **J.,** Präparationen zu Cäsar. Zu Xenophon. Hannover 1886, Gödel. v. p. 54.
Rec.: Blätter f. d. bayr. Gymn. XXIII 5. 6 p. 275—276.

Zingerle, A., Beiträge zur Kritik u. Erklärung verschiedener Schriftsteller. Phil. Abhandlungen IV (v. p. 108) p. 13—74.

1. Griechische Autoren.

Deventer, C., zu den griechischen Lyrikern. Natur und Naturgefühl bei denselben. Gleiwitz. Pr. 4. 21 S.

Dorn, de οὐ et μή particularum apud poetas graecos usu. Lörrach. Pr. 4.

Dümmler, F., zu den historischen Arbeiten der ältesten Peripatetiker. Rhein. Museum XLII 2 p. 179—197.

Hammer, C, Literaturbericht über die griechischen Rhetoren und späteren Sophisten. Bursian-Müllers Jahresbericht XLVI. Bd. p. 85—108.

Peppmüller, R., exercitationes criticae in poetas Graecos, maxime in elegias Theognideas. Accedunt Th. Bergkii ad Periclis vitam Plutarcheam adnotamenta. Seehausen. Pr. 4. 16 S.

114   Griechische Autoren.

Rockel, C. J., de allocutionis usu apud Thucydidem, Xenophontem, etc.
Königsberg 1884, Koch & Reimer.   1 M.
. Rec.: Wochenschrift f. klass. Phil. IV 18 p. 559—561 v. Br. Keil.

Scheer, E., miscellanea critiça. (Ad Lycophronem.) Plön. Pr. 4. 13 S.

Schneidawind, W., über den Akkusativ des Inhalts bei den griechischen
Prosaikern. Pirmasens 1886. Festschrift.
Rec.: Berliner phil. Wochenschrift VII 25 p. 788—790 v. F. Müller.

Steiger, K., de versuum paeonicorum et dochmiacorum apud poetas-Graecos
usu ac ratione. II. Wiesbaden. Pr. 4. 30 S.

Aelianus. Lübbe, de Aeliani varia historia. Vechta. Pr. 4.

Aeschines. Klinke, G, quaestiones Aeschineae criticae. Leipzig, Fock. 8.
82 S.   1 M. 50 Pf.
Reich, H. W., die Beweisführung des Aeschines. Nürnberg 1885, Campe.
Rec.: Blätter f. d. bayr. Gymn. XXIII 5. 6 p. 280—282.

Aeschylus. Agamemno, em. D. Margoliouth. London 1884, Macmillan. 3 M.
Rec : Zeitschrift f. d. österr. Gymn. XXXVIII 4 p. 317 v. M. Sedlmayer.
— the Seven against Thebes. Ed. by A. W. Verrall. London 1886,
Longman.   9 M.
Rec.: Classical Review 1 2. 3 p. 50—53 v. R. Y. Tyrrell. -
Brey, E., de Septem fabulae stasimo altero. Berlin, Calvary. v. p. 38.
                                                                       1 M. 20 Pf.
Rec.: Wochenschrift f. klass Phil. IV 23 p 709—715 v J. Oberdick.
— Rivista di filologia XV 5. 6 p. 263—265 v. Fraccaroli.
Jackson, H , on two fragments of Aeschylus, 81 and 326 in Dind. Poet.
scen. Proceedings of the Cambridge Phil. Soc. XIII—XV p. 8.
Jahns, Th., Aeschylus quo tempore dederit Oresteam quaeritur. Hildes-
heim. Pr. 4. 10 S.
Koch, J., quaestiones de proverbiis apud Aeschylum, Sophoclem, Euri-
pidem. I. Königsberg, Gräfe & Unzer. 8. 92 S.   1 M. 50 Pf.
Lowinski, A., zur Kritik des Prologs im gefesselten Prometheus des
Aeschylus Deutsch-Crone. Pr. 4. 17 S.
Reiter, S , de syllabarum in trisemam longitudinem productarum usu
Aeschyleo et Sophocleo.
Rec.: Phil. Anzeiger XVII 2. 3 p. 130—136 v. R. Hildebrandt.
Sonne, A. J., einige Bemerkungen zu Aeschylus' Agamemnon. (Russisch.)
Journal des kais. russ. Ministeriums der Volksaufklärung 1887, Mai,
3. Abth., p. 8—19.
Wecklein, N., über den Schauplatz in Aeschylus Eumeniden u. über die
sog Orchestra in Athen. Sitzungsberichte der bayr. Akad. d. Wiss.,
phil.-hist. Kl., 1887 N. 1 p. 62—100.

Ammonius Saccas. Arnim, H. v., Quelle der Ueberlieferung über Ammonius Sakkas Rhein. Museum XLII 2 p. 276—285.

Anthologia graeca. Carmina figurata ad fid. cod. Pal. ed. C. Häberlin.
Ed. II. Hannover, Hahn. v. p. 39.   3 M.
Rec.: Wochenschrift f. klass. Phil. IV 20 p. 613—617 v. G. Knaack.
Dilthey, C., de epigrammatum graecorum syllogis quibusdam minoribus.
Göttingen, Dietrich. 4. 25 S.   80 Pf.

Antisthenes. Susemihl, F., der Idealstaat des Antisthenes u. die Dialoge
Archelaos, Kyros u Herakles. Jahrbücher für Philologie 135 Bd. 3. 4. Hft.
p. 207—214.

Antiphon. Brückner, J., de tetralogiis Antiphonti Rhamnusio ascriptis.
Bautzen. Pr. 4. 28 S.

Antiphon. Cucuel, C., essai sur la langue et le style de l'orateur Antiphon. Paris, Leroux. 8. IX, 146 p.

Keil, B., Antiphon κατὰ τῆς μητριᾶς. Jahrbücher f. Philologie 135. Bd. 2. Hft. p. 89—102.

Kohm, J., über die Echtheit der Tetralogien des Antiphon. 2 Thle. Arnau 1885 - 86. v. p. 39. 60 Pf.
Rec.: Wochenschrift f. klass. Phil. IV 19 p. 587—588 v. H. Lewy.
— Phil. Anzeiger XVII 2. 3 p. 159—161 v. F. Blass.

Wilamowitz-Möllendorff, die erste Rede des Antiphon. Hermes XXII 2 p. 194 - 211.

Antoninus. The meditations translated by J. Collier. Revised, with introduction and notes, by Alice Zimmern. London, W. Scott. 8. 236 p. cl.
1 M. 20 Pf.

Apollonius Rhodius. Linde, K., de diversis recensionibus Apollonii Rhodii Argonauticon. Hannover, Schulze. v. p. 39. 1 M. 50 Pf.
Rec.: Phil. Anzeiger XVII 2 3 p. 119—122 v. R. Volkmann.

Appianus. Giles, emendations of Livy and of Appian, v. Livius.

Archimedes. Heiberg, J. L., eine alte lat. Uebersetzung von Archimedes. Opuscula (v. 108) p. 1—8.

Maleyx, L, étude sur la méthode suivie par Archimède pour déterminer approximativement le rapport de la circonférence au diamètre. Paris 1886, Gauthier-Villars. 8. 36 p. · 1 M. 25 Pf.

Aristophanis opera rec. F. H. M. Blaydes. 2 vol. Halle, Waisenhaus. v. p. 39. 16 M.
Rec : Neue phil. Rundschau N. 12 p. 179 v. O. Kähler. — Classical Review I 4 p. 96—98 v. D. S. Margoliouth.

— fragmenta, coll. Blaydes. Ibid. 1885. 9 M.
Rec.: Centralorgan für Realschulwesen XV 17 p. 273 —274 v. G. Hoffmann.

— le Rane, tradotte da C. Castellani. 2. ed. Bologna 1886, Zanichelli.
Rec.: Deutsche Literaturzeitung N. 16 p. 567 v. H. — Rivista di filologia XV 7. 8 p. 364—369 v. L. Valmaggi.

Chiapelli, A., ancora sui rapporti fra l'Ecclesiazuse e la Repubblica Platonica. Rivista di filologia XV 7. 8 p. 343 —352.

Clausen, über die Parodien beim Aristophanes. Rendsburg. Pr. 4.

Erbe, K., Kleon in den Rittern des Aristophanes. Eisenberg. Pr. 4. 21 S.

Fritzsche, F. V., adnotationes ad Aristophanis Nubes, v. 110 sq. Rostock. Ind. lect. aest. p. 7—8.

Leeuwen, J. van, ad Aristophanis Pacis vs. 1159. Mnemosyne XV 2 p. 210 et p. 239—240.

Mayor, J., on Aristoph. Acharn. 36. Classical Review I 4 p. 115.

Rutherford, G., notes on the scholia of the Plutus. Classical Review I 2. 3 p. 78.

Tyrrell, R. Y., Aristophanica. Classical Review I 5. 6 p. 128—132.

Aristotelis metaphysica rec. W. Christ. Leipzig 1886, Teubner. v. p. 40.
2 M. 40 Pf.
Rec.: Blätter f. d. bayr. Gymn. XXIII 5. 6 p. 248—251 v. Ch. Wirth.

— dè anima, recogn. W. Biehl. Leipzig 1884, Teubner. 1 M. 20 Pf.
Rec.: Wochenschrift f. klass. Phil. IV 14 p. 430—433 v. J. Dembowski.

— fragmenta coll. V. Rose. Leipzig 1886, Teubner. v. p. 40. 4 M. 50 Pf.
Rec.: Berliner phil. Wochenschrift VII 25 p. 773—776 v. M. Wallies. —
Lit. Centralblatt N. 22 p. 752—753 v. Wohlrab.

— Politik. Deutsch von A. Stahr u. K. Stahr. 1.—8. Liefg. 2. Aufl. Berlin, Langenscheidt. S. 1—384. à 35 Pf.

Aristoteles. The Nicomachean Ethics, b. I—IV and X. Translated by
G. Stock. Oxford 1886, Blackwell.   5 M. 40 Pf.
   Rec.: Classical Review I 5. 6 p. 152 v. H. Richards.
— the Rhetorics, translated by J. E. C. Welldon. London 1886, Macmillan.
   v. p. 40.   9 M.
   Rec.: Academy N. 786 p. 381 v. J. E. Sandys. — Classical Review I 4
   p. 98—101 v. G. M. Edwards.
—. traité de la génération des animaux d'Aristote. Traduit pour la première
   fois, et accompagné de notes perpétuelles, par J. Barthélemy-Saint-
   Hilaire. Paris, Hachette. 8. I: 280 et 128 p; II: 557 p.   20 M.
   Rec : Journal des Savants, April, p. 250—251.

Supplementum Aristotelicum. I pars II. **Prisciani** quae extant ed.
   J. Bywater. Berlin 1886, Reimer.   5 M.
   Rec : Lit. Centralblatt N. 24 p. 817 v. Wohlrab.

Dittmeyer, L., die Unechtheit des 9. Buches der Aristotelischen Thiergeschichte. Blätter f. d. bayr. Gymnasialschulwesen XXIII 4 p. 145—
   162. v. p. 40.

Hagiosophites, P., Aristoteles' Ansicht von den ethischen u. intellektuellen
   Unterschieden der Menschen. Jena. Diss. 8. 75 S.

Heck, L., die Hauptgruppen des Thiersystems bei Aristoteles. Leipzig
   1885, Rossberg.   1 M. 60 Pf.
   Rec.: Berliner phil. Wochenschrift VII 16 p. 497—498 v. O. Keller.

Heidenhain, Fr., die Arten der Tragödie bei Aristoteles. Ein Beitrag zur
   Erklärung seiner Poetik u. zur Geschichte der ästhetischen Homerkritik
   bei den Alten. II. u. III. Strasburg, W.-Pr. Pr. 4. 40 S

Hicks, R D., on the avoidance of hiatus in Aristotle's Politics. Proceedings of the Cambridge phil. Soc. XIII—XV p. 22—23.

Konstantinides, G., ein neu entdeckter Codex des Aristoteles. Jahrbücher
   für Philologie 135. Bd 3. 4. Hft. p. 214 218.

Meiser, C., ein Beitrag zur Lösung der Katharsisfrage. Blätter f. d. bayr.
   Gymnasialschulwesen XXXIII 5. 6 p. 211—214.

Papageorg, P., ein neuer Codex des Aristoteles. Berliner phil. Wochenschrift VII 16 p. 482.

Ridgeway, W, Aristotle Politics III 2, 2; 1275 b, 26. Journal of Philology
   N. 30 p 164—165.

Susemihl, F, de politicis Aristoteleis. Leipzig 1886, Teubner. 2 M. 40 Pf.
   Rec.: Lit. Centralblatt N. 24 p. 817 v. Wohlrab.

— Skylla in der Aristotelischen Poetik u. der jüngere Dithyrambos.
   Jahrbücher für Philologie 135. Bd. 3. 4. Hft. p. 219—223.

— appendix Aristotelica, v. Plato.

Unger, de antiquissima Aenianum inscriptione. (Aristot. mir. ausc. c. 145.)
   Altenburg. Pr. 4. 12 S

Weidenbach, P., Aristoteles u. die Schicksalstragödie. Dresden, v. Zahn.
   v. p. 41.   1 M.

Wrobel, V., Aristotelis de perturbationibus animi doctrina. I. Leipzig,
   Fock. 8. 58 S.   1 M. 20 Pf.

Zahlfleisch, J., zu Aristoteles 1135 (Nikom. Ethik). — Zu Aristoteles
   Metaphysik. Zeitschrift f. d. österr. Gymn. XXXVIII 4 p. 249—252.

Ziaja, J., Aristoteles de sensu cap. 1. 2. 3 übersetzt u. mit Anmerkungen
   versehen. Breslau. Pr. d. K. Wilh.-G. 4. 15 S.

Arrianus. Mücke, R., Beiträge zur Kenntniss von dem Sprachgebrauche
   des Arrian u. Epiktet. Ilfeld. Pr. 4. 35 S.

Athenaeus. Kaibel, G., zu Athenäus. Athenäus u. Suidas. Athenäus u.
   .. der Grammaticus Hermanni. Hermes XXII 2 p. 334—335.

Autolycus. **Hultsch, S.,** Autolykos u. Euklid. Berichte der Ges. d. Wiss. zu Leipzig, phil.-hist. Kl., 1886 N. 2 p. 128—155.

Callimachus. **Knaack, G.,** Callimachea. Stettin. Pr. 4. 16 S.

Cebes' tablet (Greek); with introduction, notes, vocabulary, and grammatical questions, by R. Parsons. Boston, Ginn. 8. 94 p. cl. 4 M.

Chrysippus. **Gercke, A.,** Chrysippea. Leipzig 1885, Teubner. 2 M.
Rec.: Wochenschrift f. klass. Phil. IV 20 p. 621—623 v. F. Susemihl.

Clemens Alexandrinus **Mayor, J. E. B.,** Clem. Al. strom. (οἰκουροῦσι). Journal of Philology N. 30 p 180—185.

Comici. **Denis, J.,** la comédie grecque. 2 vols. Paris 1886, Hachette. v. p 41. 15 M.
Rec.: Revue critique N. 19 p. 361—367 v. A. Couat. — Journal des Savants, April, p. 189—202 v. J. Girard. — Revue de l'enseignement V p. 523—524 v. F. Flavert.

Zielinski, Th., die Märchenkomödie in Athen. Petersburg 1885, Akademie. 2 M 50 Pf.
Rec.: Neue phil. Rundschau N. 11 p. 170—174 v. O Kähler. — Phil. Anzeiger XVII 2. 3 p. 136—141 v. W. Uckermann.

Demosthenes, philippische Reden, von Rehdantz. 4. Aufl. von Fr. Blass. Indices. Leipzig 1886, Teubner. 1 M. 80 Pf.
Rec.: Wochenschrift f. klass Phil. IV 16 p. 481—484 v. W. Nitsche.

— erste olynthische Rede, russische Uebersetzung von W. Krause. Kasan 1885, .Kljutschnikow.
Rec.: Berliner phil. Wochenschrift VII 20 p 624 v. H. Haupt.

Härter, E., Dispositionen zu den drei Reden gegen Philipp, sowie zu der Rede περὶ τῆς εἰρήνης. Stendal. Pr. 4. 18 S.

Hubo, G , de Demosthenis oratione Ctesiphontea. Göttingen 1886, Akad. Buchh. 80 Pf.
Rec.: Deutsche Literaturzeitung N. 19 p. 677—678 v. B. Keil.

Majewski, R., de subiectionis et occupationis formis quae inveniuntur apud Demosthenem. Lycker Festschrift.

Pearson, A. C., note on Demosth. Androt. p. 606 § 44 (Boe). Classical Review I 2 3 p. 77.

Riehemann, J., de litis instrumentis quae exstant in Demosthenis quae fertur oratione adversus Neaerum Leipzig 1886, Fock. 1 M.
Rec.: Wochenschrift f. klass. Phil IV 4 p. 745—746 v. J. Kohm.

Schäfer, A., Demosthenes u. seine Zeit. 2 Bde. 2. Aufl. Leipzig 1885/86, Teubner. v. p. 42. 20 M.
Rec : Phil. Anzeiger XVII 2. 3 p. 170—173 v. H. Landwehr.

Vieze, H., de Demosthenis in Androtionem et Timocratem orationibus. Leipzig 1886, Fock. 1 M.
Rec.: Wochenschrift f. klass. Phil. IV 25 p. 775—779 v. J. Kohm.

Dionis Chrysostomi de sacerdotio libri VI. E recensione J. A Bengelii. Ed. ster. Tauchnitianae nova impressio. Leipzig, Bredt. 8. 88 S. 1 M.

Breitung, das Leben des Dio Chrysostomus. Gebweiler. Pr. 4.

Diodorus. **Bethe, E.,** quaestiones Diodoreae mythographae. Göttingen, Vandenhoeck & Ruprecht 8. 106 S. 2 M 40 Pf.

Diogenes Laertius. **Hultsch, F.,** zu Laertios Diogenes. Jahrbücher für Philologie 135. Bd. 3. 4. Hft. p. 223—225.

Dionysii Hal. antiquitates Romanorum, graece et latine recc. Kiessling et Prou Paris 1886, Firmin-Didot 15 M.
Rec.: Wochenschrift f klass. Phil. IV 18 p. 551—559 v. K. Jacoby.

Diophantus. **Tannery, P.,** études sur Diophante. I. Les problèmes déterminés. Bibliotheca mathematica 1887 N. 2 p. 37—43.

118 Griechische Autoren.

Epicharmus Hiller, E., zu Epicharmos. Jahrbücher für Philologie 135. Bd.
3. 4. Hft. p. 202—206.

Epictetus. Mücke, Sprachgebrauch des Arrian u. Epiktet, v. Arrianus.

Schranka, E., der Stoiker Epiktet u. seine Philosophie. Von dem phil.
Doctoren-Collegium der Univ. Prag mit dem 1. Preise gekrönt. Frankfurt a/O 1885, Waldmann. 8. VIII, 119 S.   2 M.

Eratosthenes. Böhme, J., über Eratosthenes' Katasterismen. Rhein. Museum XLII 2 p. 286—309.

Etymologicum magnum. Schömann, G., de Etymologici magni fontibus.
II. De Zenobii praeter commentarium rhematici Apolloniani scriptis verisimilia. Danzig. Pr. 4. 8 S.

Euclid's elements. Books I—VI and parts of b. XI and XII, by H Deighton.
London 1886, Bell.   5 M. 40 Pf.
Rec.: Academy N. 787 p. 398 v. J. S. Mackay.

Hultsch, Autolykos u. Euclid, v. Autolycus.

Tannery, P., les continuateurs d'Euclide. Héron sur Euclide. Bulletin
des sciences mathématiques XI 2 p. 87—108.

Eunapius. Mayor, J. E. B., Eunapius vit. Soph. Journal of Philology
N. 30 p. 176.

Euripides, ausgewählte Tragödien. III. Medea. 2. Aufl. von H. v. Arnim.
Berlin 1886, Weidmann.   1 M. 50 Pf.
Rec.: Wochenschrift f. klass. Phil. IV 16 p. 484—493 v. Th. Barthold.
— Blätter f. d. bayr. Gymn. XXIII 4 p. 172—175 v. H. Stadtmüller.

— Herakliden, von Bauer-Wecklein. München 1885, Lindauer. v. p.42. 1 M.
Rec.: Wochenschrift f. klass. Phil. IV 20 p. 611—613 v. H. Gloel.

— Medea, ed. Th. Barthold. Leipzig, Freytag. v. p. 43.   50 Pf.
Rec.: Classical Review I 5. 6 p. 135 v. A. W Verrall.

— — by G. Glazebrook. London, Rivington. v. p. 43.   3 M.
Rec.: Classical Review I 5. 6 p. 133—134 v. A. W. Verrall.

— — by C. B. Heberden. Oxford. v. p. 43.   2 M. 40 Pf.
Rec.: Wochenschrift f. klass. Phil. IV 18 p. 549—551 v. Th. Barthold. —
Classical Review I 5. 6 p. 134 v. A. W. Verrall.

— — erklärt von S. Mekler. Gotha 1886.   1 M.
Rec.: Wochenschrift f. klass. Phil. IV 19 p. 581—587 v. Th. Barthold. —
Neue phil. Rundschau N. 11 p. 161—164 v. Weinhold.

— Iphigénie en Tauride. Avec introduction littéraire et vie d'Euripide.
(Bibliothèque populaire.) Paris. 8. 32 p.   10 Pf.

Barthold, Th., kritisch-exegetische Untersuchungen zu Euripides' Medea
u. Hippolytus. Hamburg, Herold. 4. 42 S.   2 M. 50 Pf.

Bussler, E., de sententiarum asyndeti usu Euripideo. Halle. Diss. 8. 88 S.

Colby, Fr., Euripides Ion 978. Classical Review I 4 p. 115.

England, emendations in the Orestes and Heraclidae of Euripides. Proceedings of the Cambridge Phil. Soc. XIII—XV p. 23—25.

Hiller v. Gärtringen, zu Eur. Erechtheus. Wochenschrift f. klass. Phil.
IV 18 p. 571—573.

Koch, de proverbiis ap. Aesch., Soph., Eur., v. Aeschylus.

Lugge, G., quomodo Euripides in Supplicibus tempora sua respexerit.
Münster. Pr. 4. 20 S.

Neumann, Th., quid et ex elocutione et ex metrica arte Cyclopis Euripideae redundet ad medium quem drama satyricum inter tragoediam
et comoediam tenet locum accuratius cognoscendum demonstratur. Colberg. Pr. 4. 17 S.

Euripides. **Schwartz, E.**, scholia in Euripidem, collegit, recensuit edidit E. Schw. I. Scholia in Hecubam, Orestem, Phoenissas. Berlin, G. Reimer. 8. XVI, 415 S. 9 M.
Rec.: Revue critique N. 24 p. 461—462 v. W.

Stahl, J. M., de hyporchemate amoebaeo quod est in Euripidis Cyclope. Münster. Ind. lect. aest. 4. 13 S.

Eustathius (Antiochenus). **Jahn, A.**, des h. Eusthatius Beurtheilung des Origenes. Leipzig 1886, Hinrichs. v. p. 43. 4 M. 50 Pf.
Rec.: Lit. Centralblatt N. 18 p. 593 v. E. N. — Deutsche Literaturzeitung N. 20 p 707—708 v. F. Loofs. — Berliner phil. Wochenschrift VII 24 p. 744—746 v. H. Rönsch. — Hist. Zeitschrift 1887 N. 4 p. 114 —115 v. H. Holtzmann

Eustathius (Thessalonicus). **Grossmann, H.**, de doctrinae metricae reliquiis ab Eustathio servatis. Strassburg, Trübner. 8. 55 S.

Euthymius Zigabenus. Ἑρμηνεία εἰς τὰς ιδ' ἐπιστολάς τοῦ ἀποστόλου Παύλου, ἐκδ ὑπὸ N. Καλογεράς. Athen.
Rec.: Theol. Literaturblatt N. 24 p. 225—226 v. F. Delitzsch.

Galeni περὶ χρείας μορίων, herausg. von G. Helmreich. Augsburg 1886. v. p. 43.
Rec.: Berliner phil. Wochenschrift VII 14 p. 421—422 v. J. Ilberg

Grammatici. Egenolff, P., Bericht über die griechischen Grammatiker. Bursian-Müllers Jahresbericht XLVI. Bd. p. 109—112.

Matthias, Th., zu alten Grammatikern. (Aus dem 15. Suppl. der Jahrbücher f. kl. Phil.) Leipzig, Teubner. 8. 50 S. 1 M. 60 Pf.

Gregorius Nazianzenus. Ludwich, A., Nachahmer u. Vorbilder des Dichters Gregorios von Nazianz. Rhein. Museum XLII 2 p. 233—238.

Heliodorus. Mayor, J. E. B., ἡ ἐνεγκοῦσα in Heliodorus. Journal of Philology N. 30 p. 174—176.

Heraclitus. Gomperz, Th., zu Heraklits Lehre u. den Ueberresten seines Werkes. Sitzungsberichte der Wiener Akademie 113. Bd. 2. Hft. p. 997—1055. 1 M.

Pfleiderer, E., die pseudo-heraklitischen Briefe u. ihr Verfasser. Rhein. Museum XLII 2 p. 153-163.

— heraklitische Spuren auf theologischem Boden. Jahrbücher für protest. Theologie XIII 2.

— was ist der Quellpunkt der heraklitischen Philosophie? Tübingen 1886, Fues. 4 M.
Rec.: Philosophische Monatshefte XXIII 7. 8. p. 500 v. C. Schaarschmidt.

Herodianus. Hilgard, A., Herodianea. Heidelberg. Pr. d. G. 4.

Herodicus. Schmidt, K., de Herodico Crateteo. I. Elbing 1886. Pr.
Rec.: Wochenschrift f. klass. Phil. IV 21 p. 655—656 v. F. Susemihl.

Herodotus. Rec. A. Holder. Lib. V et VI. Leipzig, Freytag. v. p. 44. à 40 Pf.
Rec.: Neue phil. Rundschau N. 12 p. 180—181 v. J. Schlichteisen. — Classical Review I 5. 6 p. 156 v. R. W. Macan.

— the Ionian Revolt, extracted from Herodotus, with introduction and notes by E. D. Stone. Eton, Drake. 12. 50 p. cl. 2 M. 40 Pf.
— b. VIII, 1—90 (Artemisium and Salamis). With Introduction and Notes by E. S. Shuckburgh. Cambridge. 12. 190 p. cl. 4 M. 20 Pf.
— morceaux choisis d'Hérodote. Publiés et annotés par E. Tournier. 2. éd., entièrement refondue, avec la collaboration de A. Desrousseaux. Paris, Hachette. 16. XLIV, 294 p. 2 M.

Bahr, P., de ὅπως coniunctionis apud Herodotum usu. Magdeburg. Pr. d. Kl.-G. 4. 20 S.

Brüll, Herodots babylonische Nachrichten. III. Heiligenstadt. Pr. 4.

Herodotus. Heath, D., Herodotus in Egypt. Journal of Philology N. 30 p. 215 - 240.

Miodonski, A., de enuntiatis subiecto carentibus apud Herodotum. Krakau 1886, Akademie.
Rec.: Wochenschrift f. klass. Phil IV 24 p. 740—741 v. W. Gemoll.

Mistschenko, Th, ein masslos strenges Gericht über Herodot. (Russisch.) Moskau 1886, Typ Riess. gr. 8. 40 S.   2 M.

— Herodots Stellung in der griech. Geistesentwickelung. (Russisch.) Moskau 1885, Riess.
Rec.: Berliner phil. Wochenschrift VII 20 p. 624 v. H. Haupt.

Soltau, Fr, zur Erklärung der Sprache des Volkes der Skythen in Anhalt an Herodot. Zugleich als offener Brief an Herrn J. Fressl bezüglich e..Schrift »Die Skythen-Saken«. Berlin, Stargardt. 8. 52 S. 1 M.

Walther, O., über den Gebrauch von ὡς bei Herodot. Hameln. Pr. 4. 23 S.

Hesiodus. Puntoni, V., sul catalogo delle Nereidi nella teogonia esiodea. Rivista di filologia XV 7. 8 p. 289—295.

Hippocrates Korais, A., τῶν μετὰ θάνατον εὑρεθέντων T. V. Ἱπποκράτους τὸ περὶ διαίτῃ ὀξέων καὶ ἀρχαίος ἰατρικῆς μετὰ σημειώσεων γαλλ. Ἀ. Κ. Πρῶτον νῦν ἐκδ. Μ. Δαμαλᾶ. Athen, Konstantinidis. 8. 183 S.   5 M.

Kühlewein, H., die Textesüberlieferung der angeblich Hippokratischen Schrift über die alte Heilkunde. Hermes XXII 2 p. 179—194.

Homers Ilias, erklärt von K. Fr. Ameis 2. Bd 3 Hft. Gesang XIX— XXI. Bearbeitet von C. Hentze. 2. Aufl. Leipzig, Teubner. 96 S. 1 M. 20 Pf.

— Anhang zur Ilias von Ameis-Hentze. 3. Hft.: Erläuterungen zu Gesang VII—IX. 2 umgearbeitete Aufl. Ibid. 174 S. cf. p. 44. 1 M. 80 Pf.

— Ilias, by W. Leaf. I. London, Macmillan. v. p. 45.   16 M. 80 Pf.
Rec.: Neue phil. Rundschau N 12 p. 177—179 v. K. Sittl. — Classical Review I 2. 3 p. 49—50 v. W. Merry. — Bulletin critique N. 5 p. 88—89 v. J. B. L.

— — ed. A Rzach II. Leipzig, Freytag. v. p. 45   1 M.
Rec.: Deutsche Literaturzeitung N. 24 p. 857 v. J. Renner.

— — für den Schulgebrauch erklärt von G. Stier. 2. Hft. Gesang IV—VI. Ausg A, Kommentar unterm Text; Ausg. B, Text u. Kommentar getrennt. Gotha S. 119—230.   à 1 M. 50 Pf.

— Odyssee, ed. P. Cauer. II. Leipzig, Freytag v. p 45.   1 M.
Rec.: Deutsche Literaturzeitung N. 24 p. 858—860 v J. Renner. — Blätter f. d. bayr. Gymn. XXIII 5. 6 p. 243—246 v. M. Seibel.

— — Odysseae epitome. In usum scholarum ed. F. Pauly. Ed. VI. correctior, quam curavit C. Wotke. Pars I, lib. I—XII. Leipzig, Freytag. 8. XI, 149 S.   70 Pf.

— — texte grec, revu et corrigé d'après les diorthoses alexandrines, accompagné d'un commentaire critique et explicatif et suivi de la Batrachomyomachie, des hymnes homériques, etc., par A. Pierron. 2. édition. Chants 1—12. Paris, Hachette. 8. 543 p.   9 M.

— — expliquée littéralement, traduite en français et annotée par M. Sommer. Chants 21, 22, 23 et 24. Paris, Hachette. 12. 259 p. cf. p. 45. 4 M.

— hymni, Batrachomyomachia, ed. E. Abel. Leipzig 1886, Freytag. 1 M. 80 Pf.
Rec.: Wochenschrift f. klass. Phil. IV 23 p. 708 v. A. Gemoll.

— Odyssey, translated by Lord Carnarvon. London 1886, Macmillan. 9 M.
Rec.: Classical Review I 5. 6 p. 159.

— Odyssee, russische Uebersetzung von W. Krause. Kasan 1885, Kljutschnikow.
Rec.: Berliner phil. Wochenschrift VII 20 p. 624 v. H. Haupt.

Homerus, Odyssee, done into English verse by W. **Morris.** 1. London, Reeves & Turner. 4 226 p. cl. 14 M. 40 Pf.
Rec.: Academy N. 782 p. 299 v. A. Morshead. — Athenaeum N. 3106 p. 601 — 602. — Saturday Review N. 1643 p. 587—588. — Classical Review 1 5. 6 p. 160.

Autenrieth, G., Wörterbuch zu den homerischen Gedichten. Mit vielen Holzschnitten u. 2 Karten. 5. Aufl. Leipzig, Teubner. gr. 8. XVIII, 364 S. 3 M.

Brand, A, Ausdrücke der Zeit bei Homer. Dramburg 1882. Pr.
Rec.: Phil. Anzeiger XVII 2. 3 p. 117—119 v. L. Schmidt.

Brandt, K., über eine Erweiterung der alten Epopoe vom Zorne des Achilleus. Königsberg N.-M. 4 18 S.

Buchholz, E., vindiciae carminum Homericorum. I. Leipzig 1885, Engelmann. v. p. 46. 5 M.
Rec.: Revue critique N. 18 p. 340—341 v. A. Croiset.

Bücheler, F., Philodem über das homerische Fürstenideal. Rhein. Museum XLII 2 p. 198—208.

Eberhard, E., metrische Beobachtungen zu den homerischen Hymnen. Magdeburg. Pr. d. Domg. 4. 30 S. cf. 1886.

Ferenczi, J., die homerische Philosophie. (Ungarisch.) Budapest. v. p. 46. 4 M.
Rec.: Egyetemes phil. közlöny 1887 N. 4 p. 360—366 v. G. Nemethy.

Fick, A., die Ilias in der ursprünglichen Sprachform wiederhergestellt. Göttingen 1886, Vandenhoeck & Ruprecht. 20 M.
Rec.: Berliner phil. Wochenschrift VII 17 p. 517—523; N. 18 p. 549 —556; N. 19 p. 581—586 v. P. Cauer. — Phil. Anzeiger XVII 2. 3 p. 97—117 v. H. F. Müller.

Fischer, W., gegen den Homer-Kultus in unseren Schulen. Leipzig, Siegismund. 8. 24 S. 60 Pf.

Flach, H., Peisistratos u. seine literarische Thätigkeit. Tübingen 1885, Fues. 1 M. 20 Pf.
Rec.: Berliner phil. Wochenschrift VII 22 p. 687—688 v. H. Landwehr. — Deutsche Literaturzeitung N. 22 p. 786—787.

Forchhammer, P. W., Erklärung der Ilias auf Grund der in der beigegebenen Orig.-Karte von Spratt u. Forchhammer dargestellten topischen u. physischen Eigenthümlichkeiten der troischen Ebene. 2. unveränd. Aufl. Kiel (1884) 1888, Lipsius & Tischer. 4. XI, 163 S. 10 M.

Guhrauer, H., Musikgeschichtliches aus Homer. I. Lauban 1886. (Leipzig, Fock.) v. p. 46. 90 Pf.
Rec.: Wochenschrift f. klass. Phil. IV 21 p. 644—651 v. K. v. Jan.

Heidenhain, zur ästhetischen Homerkritik der Alten, v. Aristoteles p. 116.

Hollander, H., die handschriftliche Ueberlieferung der homerischen Hymnen. Osnabrück 1886. (Leipzig, Fock.) 1 M.
Rec.: Wochenschrift f. klass. Phil. IV 22 p. 684 v. A. Gemoll.

Jebb, R. C., introduction to the Iliad and Odyssee. Glasgow, Maclehose. v. p. 46. 4 M. 20 Pf.
Rec.: Saturday Review N. 1640 p. 483.

Kammer, E., kritisch-ästhetische Untersuchungen betreffend die Gesänge *M N Ξ O* der Ilias. Lycker Festschrift.

Kowalek, J., das Medium im Sprachgebrauch des Homer. Danzig. Pr. d. Kön. G. 4. 23 S.

Kröhnert, R, zur Homer-Lektüre. Zweiter Theil. Memel. Pr. 4. cf. p. 46.

La Roche, J., Homerisches. Zeitschrift f. d. österr. Gymnasien XXXVIII 3 p. 161—169.

Ludwich, A., Aristarchs homerische Textkritik. 2 Bde. Leipzig 1885, Teubner. v. p. 46. 28 M.
Rec.: Phil. Anzeiger XVII 2. 3 p. 87—97 v. L. Cohn.

Homerus. Ludwich, A., zum homerischen Hermeshymnos. Jahrbücher für Philologie 135. Bd 3. 4. Hft. p. 239—240.

— zum homerischen Hermeshymnus. Berliner phil. Wochenschrift VII 22 p. 697—700.

Mangold, B., la ville homérique. Berlin. Pr. d. Franz. G. 4. 20 S.

Marx, F., über die Nausikaa-Episode. Rhein. Museum XLII 2 p. 251—261.

Menrad, J., de contractionis usu homerico. München 1886, Buchholz. 3 M.
     Rec.: Neue phil. Rundschau N. 8 p. 113—119 v. E. Kammer.

Moritz, über das 11. Buch der Ilias. Posen 1883, Jolowicz.
     Rec.: Wochenschrift f. klass. Phil. IV 15 p. 454 v. A. Gemoll.

Peppmüller, R., zum homerischen Hermeshymnos. Jahrbücher für Philologie 135. Bd. 3. 4. Hft. p. 201.

Rhode, A., die hypothetischen Sätze bei Homer. II. Wittenberg. Pr. 4. cf. 1886.

Römer, A., über die Homerrezension des Zenodot. München 1885, Franz.
     .   2 M. 40 Pf.
     Rec.: Deutsche Literaturzeitung N. 21 p. 750 v. A. Gemoll.

Sander, K., Zeiteintheilung in den homerischen Gedichten. Stralsund 1883. Pr.
     Rec : Phil. Anzeiger XVII 2. 3 p. 119 v. L. Schmidt.

Schmid, W., zur Erklärung des homerischen μέλας bei Bezeichnungen des Wassers. Korrespondenzblatt f. württ. Schulen XXXIV 3. 4 p. 106—108.

Schrader, H., Florentinische Homerscholien. Hermes XXII 2 p. 260—281.

Scotland, A., zur Odyssee 6. 7. Jahrbücher für Philologie 135. Bd. 3. 4. Hft. p. 153—169.

Seiling, H., Ursprung u. Messung des homerischen Verses. Münster. Pr. 4. 20 S.

Stiebeling, Beiträge zum homerischen Gebrauch der tempora praeterita, insbesondere des Imperfektums. Siegen. Pr. 4. 31 S.

Volkmann, R., Nachträge u. Berichtigungen zur Geschichte u. Kritik der Wolfschen Prolegomena zu Homer. Jauer. Pr. 4. 24 S.

Warr, G. C., the Aeolic element in the Iliad and Odyssey. Classical Review I 2. 3 p. 35—38; 4 p. 91—93.

Wegener, W., die Thierwelt bei Homer. Königsberg. Pr. d. städt. Realg. 4. 38 S.

Hypatia. Meyer, W. A., Hypatia von Alexandria. Heidelberg 1886, Weiss.
     .   1 M. 40 Pf.
     Rec.: Deutsche Literaturzeitung N. 19 p. 646—647 v. Cr. — Philosophische Monatshefte XXIII 7. 8 p. 498—499 v. A. Richter.

Jamblichus. On the mysteries, translated by A. Wilder. The Platonist III 1—6.

Ignati Diaconi tetrasticha rec. C. F. Müller. Kiel 1886, Lipsius & Tischer.   3 M.
     Rec.: Phil. Anzeiger XVII 2. 3 p. 141—142 v. F. Hanssen.

Johannes Antiochenus. Boissevin, U., über die dem Joannes Antiochenus zugeschriebenen Excerpta Salmasiana. Hermes XXII 2 p. 161—178.

Josephi opera rec. B. Niese. II. Berlin 1885, Weidmann.   12 M.
     Rec.: Blätter f. d. bayr. Gymn. XXIII 5. 6 p. 251—255 v. J. Muhl.

Lewinski, A., Beiträge zur Kenntniss der religionsphilosophischen Anschauungen des Flavius Josephus. Breslau, Preuss & Jünger. 8. 62 S.
     .   1 M. 80 Pf.

Isocrates. Eloge d'Evagoras. Texte grec, publié avec des sommaires et des notes en français par E. Sommer. Paris, Hachette. 18. 31 p.   50 Pf.

Buermann, H., Ueberlieferung des Isokrates. II. Berlin 1886, Gärtner. 1 M.
     Rec.: Phil. Anzeiger XVII 2. 3 p. 161—162 v. F. Blass.

Isokrates. Susemihl, de Platonis Phaedro et Isocratis or.´ c· soph., v. Plato.

Isyllus. Wilamowitz-Möllendorff, Isyllos von Epidauros. Berlin 1886, Weidmann. v. p. 47. 4 M.
Rec : Deutsche Literaturzeitung N. 19 p. 647 – 648.

Leo mathematicus. Heiberg, J. L., der byzantinische Mathematiker Leon. Bibliotheca mathematica 1887 N. 2 p. 33—36.

Longinus. Διονυσίου ἢ Λογγίνου περὶ ὕψους. De sublimitate libellus, in usum scholarum ed. O. Jahn a. MDCCCLXVII. Iterum ed. J. Vahlen. Bonn, Marcus 8 XII, 80 S. cart. 2 M. 40 Pf.

Hersel, H., qua in citandis scriptorum et poetarum locis auctor libelli περὶ ὕψους usus sit ratione. Berlin 1884, Calvary. 1 M. 80 Pf.
Rec.: Wochenschrift f. klass. Phil. IV 15 p. 454—460 v. B. Keil.

Lucianus. Le Songe, ou le Coq. Expliqué littéralement, traduit en français et annoté par M. Feschotte. Paris, Hachette. 12. 112 p. 1 M. 50 Pf.

Schwartz, K. G., ad Lucianum. Mnemosyne XV 2 p. 187—210.

Wichmann, Lucian als Schulschriftsteller. Eberswalde. Pr. 4. 18 S.

Lycophron. Scheer, ad Lycophronem, v. p. 114.

Lycurgus. Hoffmann, O., Erklärungen zur Rede des Lykurg gegen Leokrates. 1. Hamm. Pr. 4. 16 S.

Lange, G., Literaturbericht zu Lykurg. Jahresberichte des Berliner phil. Vereins XIII p. 113 – 144.

Schedlbauer, J., Beiträge zur Textkritik von Lykurgs Rede gegen Leokrates. Bamberg 1886. Pr. v p. 48.
Rec.: Wochenschrift f. klass. Phil. IV 23 p. 715—716 v. H. Lewy.

Lysias, ausgewählte Reden. Für den Schulgebrauch erklärt v. W. Kocks.. 2. Bdchn. Ausg. A, Kommentar unterm Text. Ausg. B, Text u. Kommentar getrennt. Gotha, Perthes. S 105 – 199. à 1 M. 50 Pf.

— discours contre Eratosthène qui avait été l'un des trente tyrans d'Athènes. Texte grec. revu avec sommaire, analyse et notes, par A. Mottet. Paris, Delalain. 12. IV, 32 p. 75 Pf.

Hallensleben, de orationis quae inter Lysiacas fertur octava ratione et tempore. Arnstadt. Pr. 4. 34 S

Hirzel, R, Polykrates' Anklage u. Lysias' Vertheidigung des Sokrates, v. Polycrates.

Meleager. Dittmar, A, de Meleagri Macedonii Leontii re metrica. Königsberg. Diss. 8. 30 S.

Menander. Studemund, W., Menandri et Philistionis comparatio cum appendicibus edita. Breslau. Ind. lect. aest. 4. 42 S.

Musonius. Wendland, P., quaestiones Musonianae. Berlin, Mayer & Müller. v. p. 48. 1 M. 80 Pf.
Rec.: Classical Review I 2. 3 p. 74 v. J. E. B. Mayor.

Oenomaus. Saarmann, Th., de Oenomao Gadareno. Tübingen. Diss. (Bonn, Behrendt.) 8. 31 S. 1 M.

Paroemiographi. Kephalas, A. Th., ἀνθολογία ἢ συλλογὴ γνωμῶν ἀρχαίων Ἑλλήνων. Athen. 8. 95 S.

Pausanias' description of Greece, translated by A. R. Shilleto. 2 vols. London 1886, Bell. v. p. 48. 12 M.
Rec.: Academy N. 777 p. 226. — Classical Review 1 4 p. 101—102 v. v. H. F. Tozer.

Kalkmann, A., Pausanias der Perieget. Berlin 1886, Reimer. v. p. 49. 8 M.
Rec : Wochenschrift f klass. Phil. IV 14 p. 433—435 v. H. Dütschke.
— Phil. Anzeiger XVII 2. 3 p. 146—159 v. K. Seeliger. — Classical Review I 4 p. 102 – 103 v. H. F. Tozer.

9*

Philodemus Bücheler, Philodem über das hom. Fürstenideal, v. Homerus.
Pindarus. The Olympian and Pythian odes, by B. Gildersleeve. New
York 1885, Harper. 7 M. 50 Pf.
Rec.: Phil. Anzeiger XVIII 2. 3 p. 125–127 v. O. Crusius.
Fraccaroli, G., le due odi di Pindaro per Trasibulo. Rivista di filologia
XV 7. 8 p. 296–342.
Lübbert, E., commentatio de Pindari studiis chronologicis. Bonn. Ind.
lect. aest. 4. 28 p.
— meletemata. Bonn 1886, Cohen.
Rec.: Neue phil. Rundschau N. 10 p. 145–147 v. L. Bornemann.
Tyrrell, R. Y., on Pindar Nem. v. 44. Proceedings of the Cambridge
Phil. Soc. XIII—XV p. 7–8.
Platonis opera quae feruntur omnia. Ad codices denuo collatos ed. M.
Schanz. (Kritische Ausgabe.) Vol. III, Fasc 1. Sophista. Leipzig, Tauch-
nitz. 8. IX, 92 S. 2 M.
— dialogi secundum Thrasylli tetralogias dispositi, post C. Fr. Hermannum
rec. M. Wohlrab. Vol. 1. N. 1. Eutyphro, Apol Socr., Crito, Phaedo
(60 Pf.); N. 2. Cratylus et Theaetetus (90 Pf); N. 3. Sophista et Politicus
(90 Pf.). Leipzig, Teubner. 8. XLII, 555 S. 1 M. 80 Pf.
— Gorgias, von Deuschle-Cron. 4. Aufl. Leipzig 1886, Teubner. 1 M. 80 Pf.
Rec.: Berliner phil. Wochenschrift VII 26 p. 805–809 v. J. Wagner.
— Laches. Russische Schulausgabe von W. Krause. Kasan 1885.
Rec.: Berliner phil. Wochenschrift VII 20 p. 624 v. H. Haupt.
— Meno, with introduction and notes by St. G. Stock. Introduction, text,
and notes. London, Frowde. 12. 3 M.
— Protagoras, ed. J. Kral. Leipzig 1886, Freytag. 40 Pf.
Rec.: Deutsche Literaturzeitung N. 15 p. 534–536 v. M. Schanz.
— the trial and death of Socrates, translated by F. J. Church. London
1886, Macmillan. 5 M. 40 Pf.
Rec.: Saturday Review N. 1644 p. 625–626.
Proclus, commentary on the first Alkibiades of Platon, translated from
the Original Greek by H. Wilder. The Platonist III 1–4.
Bjerregaard, C., the historical position and value of Neo-Platonism. The
Platonist III 1 p. 36–38.
Chiapelli, A., rapporti fra l'Ecclesiazuse e la Repubblica Platonica, v.
Aristophanes.
Demme, C., die Platonische Zahl. Zeitschrift für Mathematik XXXII 3,
2. Abth., p. 81–99 u. N. 4.
Gildersleeve, B. L., studies in the Symposium of Plato. John Hopkins
Univ. Circulars VI 55 p. 49–50.
Grimmelt, B., de reipublicae Platonis compositione et unitate. Diss. Berlin,
Weber. 1 M. 20 Pf.
Herwerden, H. van, Platonica. Mnemosyne XV 2 p. 172–186.
Jackson, H., Plato's later theory of ideas. VI. The Politics. Journal of
Philology N. 30 p. 280–305.
— on Plato Politics 291 A B. Proceedings of the Cambridge Phil. Soc.
XIII—XV p. 17–19.
Joël, K., zur Erkenntniss der geistigen Entwicklung u. der schriftstelle-
rischen Motive Platos. Eine Studie. Berlin, Gärtner. 8. 90 S. 2 M.
Kral, J., Entgegnung auf eine Kritik des Hrn. Prof. M. Schanz (Platos
Protagoras). Prag, Selbstverlag. 8. 12 S.
Perthes, O., die platonische Schrift Menexenus. Bielefeld 1886. Pr.
Rec.: Berliner phil. Wochenschrift VII 23 p. 717–718 v. Schmelzer.

Plato Schönborn, zur Erklärung des platonischen Phädrus. Pless. Pr. 4:
Susemihl, F., de Platonis Phaedro et Isocratis contra sophistas oratione
dissertatio cum appendice Aristotelica. Greifswald. Ind. lect. aest.
4. 16 S.
Wohlrab, M., die Platonhandschriften und ihre gegenseitigen Beziehungen.
(Aus dem 15. Suppl. der Jahrb. f. Phil.) Leipzig, Teubner. 88 S.
2 M. 40 Pf.
Wolcott, D., the Symposion of Plato. The Platonist III 3 p. 148—162.
Zingerle, A., zu Platon Laches 187 E. Phil. Abhandlungen IV (v. p. 108)
p. 40—43.
Plotinus. Besobrasof, Marie, über Plotins Glückseligkeitslehre. Leipzig,
Fock. 8. 39 S. 1 M.
Plutarchus. Vie de Cicéron. Nouvelle édition, contenant des notes historiques, géographiques et littéraires en français, précédée d'une notice littéraire, par M. Gidel. Paris, Belin. 12. VI, 94 p.
— vie de Démosthène. Texte grec, avec sommaires et notes en française à
l'usage des classes, par Ch. Galuski. Nouvelle édition. Paris, Delagrave.
12. 96 p.
— life of Sulla, by H. Holden. Cambridge 1886. 7 M. 20 Pf.
Rec.: Saturday Review N. 1644 p. 625—626. — Classical Review I 5. 6
p 152—153 von W. Fowler.
— Plutarchi de proverbiis Alexandrinorum libellus ineditus, rec. et praefatus
est O. Crusius. Leipzig, Teubner. 4. 34 S. 2 M. 80 Pf.
— vergleichende Lebensbeschreibungen. Uebers. von J. Kaltwasser. Neu
hrsg von O. Güthling. 1. Bd. Theseus. Romulus. Lykurgus. Numa.
Leipzig, Ph. Reclam jun. 16. 209 S. 40 Pf.
— lives of Cato the younger, Agis, Cleomenes, and the Gracchi. Translated
by J. and W. Langhorne. London, Cassell. 12. 190 S. cl. 60 Pf.
Bergkii ad Periclis vitam Plutarcheam adnotamenta ed. R. Peppmüller.
v. p. 113.
Crusius, O., ad Plutarchi de proverbiis Alexandrinorum libellum nuper
repertum. 1. Jahrbucher für Philologie 135. Bd. 3. 4. Hft. p. 241—257.
Michaelis, C. Th, de Plutarchi codice Marciano. Berlin 1886, Gärtner. 1 M.
Rec.: Wochenschrift f. klass. Phil. IV 19 p. 588—589 v. B. Keil.
Muhl, J, Plucharchische Studien. Augsburg 1885. Pr.
Rec.: Berliner phil. Wochenschrift VII 26 p. 809—812 v. R. Volk-
mann. — Blätter f d. bayr. Gymn. XXIII 5. 6 p. 282—283.
Schulz, F. F, quibus ex fontibus fluxerunt Agidis Cleomenis Arati vitae
Plutarcheae Berlin 1886, Haack. v. p. 50. 2 M.
Rec.: Zeitschrift f. d. österr. Gymn. XXXVIII 4 p. 292 v. A. Bauer.
— Revue critique N. 22 p. 431—433 v. M. Dubois.
Poetae lyrici graeci ed. J. Pomtow. 2 voll. Leipzig 1885, Hirzel. 5 M.
Rec.: Phil. Anzeiger XVII 2 3 p. 122—125 v. E. v. L. — Classical Re-
view I 5. 6 p. 152 v. J. W. Mackail.
Hiller, E., Literaturbericht über die griechischen Lyriker. Bursian-Müllers
Jahresbericht XLVI. Bd. p. 1—84.
Polemon. Gomperz, Th., die herkulanische Biographie des Polemon. Philo-
sophische Aufsätze (v. p. 107) p. 139—149.
Polybius. Götzeler, L, de Polybi elocutione. Würzburg, Stahel. 8. 47 S.
Polycrates. Hirzel, R, Polykrates' Anklage u. Lysias' Vertheidigung des
Sokrates. Rhein. Museum XLII 2 p. 239—250.
Porphyrio. Chinazzi, G., il libro di Porfirio filosofo a Marcella, tradotto e
commentato. 2. ed Genova 1886.
Rec.: Rivista di filologia XV 7. 8 p. 370—374 v. G. Bertolotto.

Procopius. **Duwe, A.,** quatenus Procopius Thucydidem imitatus sit. Jever 1885. Pr.
Rec.: Neue phil. Rundschau N. 8 p. 119 v. W. Fischer.
Kirchner, Procopius von Caesarea. Wismar. Pr. 4.

Sappho. Memoir, text, selected renderings, and a literal translation, by H. Th. Wharton. 2. edit. London, Nutt. 12. 222 p. cl. 9 M.

Sophocles, the plays, ed. by L. Campbell and E. Abbott. 2 vol. Oxford 1886. 12 M. 60 Pf.
Rec.: Classical Review I 5. 6 p. 132—133 v. A. W. Verrall.
— — erklärt von J. Holub. 1. Oedipus Tyrannos. Paderborn, Schöningh. v. p. 51. 1 M. 50 Pf.
Rec.: Blätter f. d. bayr. Gymn. XXIII 5. 6 p. 246—248 v. Wecklein.
— — by R. Jebb. II. Oedipus Coloneus. Cambridge 1885. v. p. 51. 15 M.
Rec.: Classical Review I 2. 3 p. 53—56 v. A. W. Verrall.
— — erklärt von C. Schmelzer. I—V. Berlin, Habel. v. p. 51. 9 M. 60 Pf.
Rec.: Wochenschrift f. klass. Phil. IV 24 p. 741—745 v. F. Schubert.
— — τραγοιδίαι, διωρθῶσε καὶ ἐξηγήσατο Δ. Χ. Σεμιτέλος. (Ζωγραφείος ἑλλην. βιβλιοθήκη, Ι.) Τ. Ι: Ἀντιγόνη. Athen 1887. gr. 8. 714 S. Mit Porträt Zographos'. 14 M.
— — tragoediae, rec. E. Wunder. Electra. Ed. IV. cur. Wecklein. Leipzig 1886, Teubner. 1 M. 80 Pf.
Rec.: Berliner phil. Wochenschrift VII 24 p. 741—744 v. H. Müller.
— Antigone. The text closely rendered and illustrated with short notes, preceded by an introduction. Oxford, Shrimpton. 8. 120 p. 4 M. 20 Pf.
— — (von A. Rhallis) Athen 1885.
Rec.: Neue phil. Rundschau N. 9 p. 129—132 v. G. Stier.
— Werke. Deutsch in der Versweise der Urschrift u. erklärt von A. Schöll. Rev. von Fr. Schöll. 15. Ajas. 5. Lfg. 4. Aufl. (4. Bdcbn. S. 193—248.) 16. Philoklet. 1. Lfg. 2. Aufl. (5. Bdcbn. S. 1—48.) Berlin, Langenscheidt. à 35 Pf.
— Antigone. Traduction de M. de Rochefort, avec introduction et Vie de Sophocle. Paris, Gautier. 8. 32 p. 10 Pf.
— — verdeutscht in den Formen der Urschrift, mit Erläuterungen und Analysen der einzelnen Scenen und Chorlieder und einem Versuch über Ursprung und Wesen der antiken Tragödie von L. W. Straub. Stuttgart 1886, Cotta. 8. XIV, 161 S. 1 M. 80 Pf.

Berndt, H., quaestiones grammaticae et criticae in Sophoclis Trachinias. Halle. Pr. d. St-G. 4. 19 S.

Bernhard, F., die Frage nach der chronologischen Reihenfolge der sophokleischen Tragödien. Oberhollabrunn 1886. Pr. v. p. 51.
Rec.: Neue phil. Rundschau N. 11 p. 164—166 v. J. Oberdick.

Koch, de proverbiis ap. Aesch. Soph., Eur., v. Aeschylus.

Müller, H. F., was ist tragisch? Ein Wort für den Sophokles. Blankenburg. Pr. 4. 37 S.

Pähler, R., Technologisches zu Sophokles Aias. Jahrbücher für Philologie 135. Bd. 3. 4. Hft. p. 171—194.

Schneidewind, E., quaestiunculae Sophocleae. Eisenach. Pr. 4. 12 S.

Sprotte, J., die Syntax des Infinitivs bei Sophokles. Ein Beitrag zur hist. Grammatik der griech. Sprache. 1. Der Infinitiv in seiner ursprünglichen kasuellen Bedeutung. Glatz. Pr. 20 S.

Wittich, über Sophokles' König Oedipus und Schillers Braut von Messina. Cassel. Pr. 4. 23 S.

Strabo. **Butzer, H.,** über Strabons Geographica, insbesondere über Plan u. Ausführung des Werkes und Strabons Verhältniss zu Vorgängern u. Späteren. Frankfurt a. M. Pr. d. Wöhlerschule. 4. 36 S.

Strabo. Schröter, E. M., Bemerkungen zu Strabo. Leipzig, Hinrichs. 4. 17 S.
v. p. 52. 1 M.

Synesius. Johnson, Th., hymns of Synesios, translated. The Platonist III
1 p. 39—41; 3 p. 129—131.

Testamentum novum graece, ex ultima Tischendorffii recensione ed. O. de
Gebhardt. Ed. ster. minor. Leipzig, Tauchnitz. 16. VIII, 624 S.
2 M.; geb. 2 M. 50 Pf.

Corssen, über das Verhältniss griechisch-lateinischer Handschriften des neuen
Testaments. Jever. Pr. 4.

Cremer, H., lexicon to New Testament Greek. Translated from the latest
German edition by W. Urwick. Edinburgh 1886, Clark. 45 M.
Rec.: Classical Review I 4 p. 106—108 v. T. K. Abbott.

Harris, J. R, the origin of the Leicester Codex of the New Testament.
London, Clay. 4. 66 p. cl. 12 M. 60 Pf.

Thayer, J. H., a Greek English Lexicon of the New Testament. Edinburgh 1886, Clark. 4. 43 M.
Rec.: Classical Review I 4 p. 106—107 v. J. K. Abbott.

Themistius. Gasda, G., kritische Bemerkungen zu Themistius. I. Leipzig
1886, Fock. cf p. 52. 90 Pf.
Rec.: Berliner phil. Wochenschrift VII 14 p. 422 v. G. Helmreich.

Theocritus. Les idylles traduites, vers pour vers, par Ph. Le Duc. (Extrait de la Rev. litt. de l'Ain.) Bourg,_Martin-Bottier. 3 M.

Mertens, Fr., quaestiones Theocriteae. I. Lötzen. Pr. 4. 25 S.

Rannow, M., studia Theocritea. Berlin 1886, Mayer & Müller. 1 M. 20 Pf.
Rec.: Wochenschrift f. klass. Phil IV 20 p. 617—621 v. G. Knaack.
— Phil. Anzeiger XVII 2. 3 p. 127—130 v. C. Häberlin.

Theodosius. Hultsch, Fr., über eine Sammlung von Scholien zur Sphärik
des Theodosius. Berichte der Ges. d. Wiss. zu Leipzig, phil.-hist. Kl., 1886
Nr. 2 p. 119—128.

Theognis. Corsenn, A., quaestiones Theognideae. Geestemünde. Pr. 8. 45 S.

Peppmüller, R., krit. Bemerkungen zu Theognis, v. p. 113.

Sitzler, J., zu Theognis v. 1013 ff. Jahrbücher für Philologie 135. Bd.
3. 4. Hft. p. 169—170.

Theophrastus. Werle, W., eis quae in Theophrasti characterum libello of-
fendunt, quatenus transpositione medela afferenda sit. Coburg. Pr. 4. 28 S.

Theophylacti Simocattae historiae, ed. C. de Boor. Leipzig, Teubner.
8. XIV, 438 S. 6 M.

Thucydides La guerre du Péloponnèse. Publié par A. Croiset. Paris
1886, Hachette. 8 M.
Rec.: Revue critique N. 23 p. 444—451 v. J. Nicole.

Bauer, A., Thucydides u. H. Müller-Strübing. Nördlingen, Beck. v. p. 53.
70 Pf.
Rec : Phil. Anzeiger XVII 2. 3 p. 142—145 v. E. v. L.

Graeber, G., einige Reste nebengeordneter Satzbildung in untergeordnetem
Satzgefüge bei Thucydides u. Xenophon, namentlich nach temporalen
Vordersätzen. Broklum, Christ. Buchhandl. v. p. 53. 1 M.

Junghahn, E. A., Studien zu Thukydides. Berlin, Calvary. v. p. 53.
3 M. 60 Pf.
Rec.: Lit. Centralblatt N. 20 p. 677 v. A. B . . . r.

Kleist, H., über den Bau der Thucydideischen Reden. II. Die Formen
der Argumentation Dramburg. Pr 4. 19 S.

Mistschenko, Th, Thucydides u. sein Geschichtswerk. (Russisch.) Moskau
1887, Typ. Riess. gr. 8. 130 S. 4 M.

Thucydides. Mistschenko, Th., zur Frage über die Reihenfolge und Abfassungszeit der thucydideischen Geschichtsbücher. (Russisch.) Journal des kais. russ. Ministeriums der Volksaufklärung, Mai, 3. Abth., p. 19—36.

Müller, Franz, Dispositionen zu den Reden des Thucydides. Paderborn. v. p. 53.　　　　　　　　　　　　　　　　　　　　　　1 M. 80 Pf.
　　Rec.: Wochenschrift f. klass. Phil. IV 18 p. 548—549 v. S. Widman.

Pflugk-Harttung, J. v., Perikles u. Thukydides. Zeitschrift f. d. österr. Gymn. XXXVIII 4 p. 241—249.

Stahl, M., quaestiones grammaticae. Leipzig 1886, Teubner. 1 M. 60 Pf.
　　Rec.: Berliner phil. Wochenschrift VII 16 p. 494—497 v. G. Behrendt.
　　— Wochenschrift f. klass. Phil. IV 17 p. 521—524 v. S. Widman.
　　— Mittheilungen a. d. hist. Lit. XV 2 v. Behrendt.

Timaeus. Columba, G., de Timaei historici vita. Rivista di filologia XV 7. 8 p. 353—363.

Kothe, Timaeus Tauromenitanus quid historiis suis profecerit. Breslau. Pr. d. Matth.-G. 4. 15 S.

Tragici. Haigh, A. E., on the trilogy and tetralogy in the Greek drama. Journal of Philology N. 30 p. 257—279.

Kühn, O, die sittlichen Ideen der Griechen u. ihre Verkünder die Tragiker. Oels. Pr. 4. 52 S.

Schmidt, F. W., kritische Studien zu den griechischen Dramatikern. 1. u. 2. Bd. Berlin, Weidmann v. p. 53.　　　　　　　　　22 M.
　　Rec.: Deutsche Literaturzeitung N. 20 p. 711—712 v. G. Kaibel. —
　　Classical Review 1 4 p. 93—96 v. R. C. Jebb.

　　— dasselbe. Dritter Band. Zu den klein. Tragikern, den Adespota, den Komikern u. der Anthologie. Ibid. III, 236 S.　　　　　7 M.

Stadtmüller, H., zur Kritik der griechischen Tragiker. Jahrbücher für Philologie 135. Bd. 3. 4. Hft. p. 195—201.

Xenophanes. Freudenthal, O., über die Theologie des Xenophanes. Breslau 1886, Köbner.　　　　　　　　　　　　　　　　　1 M. 20 Pf.
　　Rec.: Philosophische Monatshefte XXIII 5. 6 p. 358—360 v. A. Richter.

Xenophon. Sixième et septième livre de l'Anabase. Expliqué littéralement et annoté par F. de Parnajon, et traduit en français par M. Talbot. Paris, Hachette. 12. 124 et 196 p.　　　　à 2 M.

　　— Kyropädie, von Hertlein-Nitsche. B. 1—4. Berlin 1886, Weidmann.
　　　　　　　　　　　　　　　　　　　　　　　　1 M. 80 Pf.
　　Rec.: Wochenschrift f. klass. Phil. IV 25 p. 772—775 v. W. Vollbrecht.

　　— Memorabilien. Für den Schulgebrauch erklärt von E. Weissenborn. 2. Bdcbn. Buch III u IV. Ausg. A, Kommentar unterm Text; Ausg. B, Text u. Kommentar getrennt. Gotha, Perthes. 8. S. 93—181. à 1 M. 20 Pf.

　　— Gastmahl. Griechisch u. Deutsch von H. F. Rettig. Leipzig 1885, Engelmann.　　　　　　　　　　　　　　　　　　2 M. 25 Pf.
　　Rec.: Neue phil. Rundschau N. 8 p. 132—134 v. A. Bullinger.

Baldes, Xenophons Cyropädie als Lehrbuch der Taktik. Birkenfeld. Pr. 4. 16 S.

Kruse, H., über Interpolationen in Xenophons Hellenika. Kiel, Lipsius & Tischer. 4 30 S. v. p. 54.　　　　　　　　　　　2 M.

Mahn, Gebrauch der Casus in Xenophons Anabasis u. Hellenica. Lissa. Pr. 4.

Simon, J A., zur Entwickelung des Xenophonteischen Stils. Düren. Pr. 4 42 S.

Weissenborn, E., Xenophons Memorabilien als Schullektüre. Mühlhausen 1886. Pr.
　　Rec.: Zeitschrift f. klass. Phil. IV 22 p. 684—686 v. W. Vollbrecht.

Zeno. Unger, die Zeiten des Zenon von Kition u. Antigonos Gonatas. Sitzungsberichte der bayr. Akad. der Wiss, phil.-hist. Kl., 1887 N. 1 p. 101—169.

2. Römische Autoren.

Hintze, P., de »an« particulae apud priscos scriptores latinos vi et usu. Brandenburg. Pr. d. G. 4. 20 S.

Larsen, S., studia in libellum incerti auctoris de hello Alexandrino. Opuscula (v. p. 108) p. 9—38.

Planer, H., de haud et haud-quaquam ap. script. lat. usu. Jena, Pohle. v. p. 54. 1 M. 50 Pf.
Rec.: Neue phil. Rundschau N. 10 p. 154—156 v. C. Wagener.

Schäfler, J., die Gräcismen bei den augusteischen Dichtern. Amberg 1884, Pohl. 1 M. 60 Pf.
Rec.: Neue phil. Rundschau N. 10 p. 152—154 v. F. Piger.

Speijer, J., lanx satura. Amsterdam. Pr. v. p. 54.
Rec.: Wochenschrift f. klass. Phil. IV 25 p. 785—788. — Phil. Anzeiger XVII 2. 3 p. 167—170 v. C. Häberlin.

Ammianus. Liesenberg, Beobachtungen über den Sprachgebrauch des Ammianus Marcellinus. Blankenburg. Pr. 4.

Apuleius. Amor u. Psyche, übersetzt von A. Mosbach. Berlin 1886, Grote. 108 S.
Rec.: Wochenschrift f. klass. Phil. IV 15 p. 469—471 v. H. Draheim. — Berliner phil. Wochenschrift VII 21 p. 655 v. —i—.

— the 11. book of the Metamorphosis of Apuleius, translated by Th. Taylor. The Platonist III 3—5.

  Förster, R., de Apulei quae fertur physiognomonia recensenda et emendanda. Leipzig, Teubner. 8. 34 S. 1 M. 20 Pf.

  Van der Vliet, J., ad Apulei Metamorphoses. Rhein. Museum XLII 2 p, 314—315. v. p. 55.

Augustini speculum de divinis von F. Weihrich. Wien, Gerold v. p.55. 15 M.
Rec.: Revue critique N. 14 p. 269 v. P. L.

— confessions, books I—X. A revised translation. London, Griffith. 8. 228 p. cl. 1 M. 20 Pf.

— three Anti Pelagian heresies. De spiritu et littera, De natura et gratia, and De gestis Pelagii. Translated, with analysis, by F. H. Woods and J. O. Johnstone. London, Nutt. 8. 262 p. 5 M. 40 Pf.

  Beer, R., die Anecdota Borderiana Augustineischer Sermonen. (Aus den Sitzungsber. d. k. Akad. d. Wiss.) Wien, Gerold. 8. 14 S. 30 Pf.

Avianus. The fables. Edited, with prolegomena, critical apparatus, commentary, excursus, and index, by R. Ellis. London, Frowde. 8 182 p. cl. 8 M. 20 Pf.
Rec.: Academy N. 789 p. 435—436 v. A. Haitum-Schindler.

Avieni carmina rec. A. Holder. Innsbruck, Wagner. 8. LXV, 296 S. 10 M.

Monceaux, note sur le poète Avienus. Revue arch. 1887 März-April.

Caesar's commentaries on the Gallic war. Book I. With a literal interlinear translation and parsing notes by T. J. Arnold. London, Cornish. 18. 98 p. 1 M. 80 Pf.

— the Gallic war. By G. Long. Books 1—3. London, Whittacker. 12. 1 M. 80 Pf.

— — extracts from the books I—IV. Translated into English for retranslation. By V. Macnaghten. London, Rivingtons. 16. 56 p. 60 Pf.

— de hello civili. London, Parker. 18. 382 p. 1 M. 80 Pf.

Caesar. Arnold, E. V., two notes on Caesar. 1. The bridge over the Rhine.
2. Caesar's speech in behalf of the Catilinariens. Classical Review I 5. 6
p. 168—169.

   Görlitz, K., das Gerundium u. Supinum bei Cäsar. Rogasen. Pr. 4. 27 S.

   Heynacher, M., was ergiebt sich aus dem Sprachgebrauch Cäsars? 2. Aufl.
Berlin, Weidmann. v. p. 55.   3 M.
   Rec.: Zeitschrift f. d. österr. Gymn. XXXVIII 3 p. 186—189 v. Golling.

   Menge u. **Preuss**, lexicon Caesarianum. Fasc. I—III. Leipzig, Teubner.
v. p 56.   à 1 M. 60 Pf.
   Rec : Blätter f. d. bayr. Gymn. XXIII 5 6 p. 234—235 v. G. Landgraf.

   Merguet, H, Lexikon zu Cäsar. Jena, Fischer. v. p. 56.   cplt.: 55 M.
   Rec.: Wochenschrift f. klass. Phil. IV 16 p. 493—495 v. A. Neitzert,
     u. N. 17 p. 529—534 v. E. Wolff. — Classical Review I 4 p. 111.

   Meusel, H., lexicon Caesarianum. Vol. I. Berlin, Weber. v. p. 56.
                                               19 M. 20 Pf.
   Rec : Berliner phil. Wochenschrift VII 17 p. 523—524 v. R. Schnei-
     der. — Blätter f. d. bayr. Gymn. XXIII 5. 6 p. 234—235 v. G.
     Landgraf — Classical Review I 4 p. 111.

   Schneider, R., Uxellodunum. Berliner phil. Wochenschrift VII 19 p. 602—604.

Cassiodorus. **Schädel, Plinius** u. Cassiodor, v. Plinius

   Tanzi, C., studio sulla cronologia dei libri variarum di Cassiodorio.
Triest 1886.
   Rec : Blätter f d. bayr. Gymn. XXIII 5. 6 p. 240—243 v. Hasenstab.

Cato. Neuwirth, J, die Zwettler Verdeutschung des Cato. Germania XX
(XXXII) 1 p. 78—91.

   Schöndörffer, O., de genuina Catonis de agricultura libri forma. Königsberg 1885, Koch & Reimer. v. p. 56.   1 M.
   Rec.: Phil. Anzeiger XVII 1 p. 161—162.

Catulli liber, rec. L. Schwabe. Berlin 1886, Weidmann.   1 M. 50 Pf.
   Rec.: Blätter f d. bayr. Gymn. XXIII 5. 6 p 238—240 v. J. Schäfler.

— ausgewählte Lieder, dänisch übersetzt von W. Andersen. Opuscula
(v. p. 108) p. 53—73.

   Seitz, de Catulli carminibus in tres partes distribuendis. Rastatt. Pr. 4.

Ciceronis scripta omnia rec C. F. W. Müller. P. II vol. III. Leipzig
1886, Teubner.   2 M. 10 Pf.
   Rec : Deutsche Literaturzeitung N. 20 p. 712 v. Th. Stangl. — Berliner
     phil. Wochenschrift VII 23 p 718—721 v. J. H. Schmalz. — Classical
     Review I 5 6 p. 136—139 v. J. S. Reid.

— orationes selectae, ed. H. Nohl. Vol. 1—III. Leipzig 1886, Freytag.
v. p. 56
   Rec: Blätter f. d bayr. Gymn. XXIII 4 p. 164—167 v C. Hammer. —
     Classical Review I 5. 6 p. 135—136 v. J. S. Reid.

— de oratore, erklärt von Piderit-Harnecker. I. Leipzig, Teubner. v.
p. 57.   1 M. 80 Pf.
   Rec.: Berliner phil. Wochenschrift VII 20 p. 613—620 u. N. 21 p. 645
     —652 v. F. Sorof. — Blätter f. d. bayr. Gymn. XXIII 5 6 p. 235—238
     v. E. Ströbel.

— Rede für Milo. Für den Schulgebrauch erklärt von R. Bouterwek.
Ausg. A, Kommentar unterm Text; Ausg. B, Text u. Kommentar getrennt.
Gotha, Perthes. 8 III, 90 S.   1 M. 20 Pf·

— Cato; Laelius. - De officiis. Ed. Th. Schiche. Leipzig, Freytag. v.
p. 57.   1 M. 30 Pf.
   Rec.: Classical Review I 5. 6 p 135—136 v. J. S. Reid.

— Cato major, edited by L Huxley. London, Frowde. v. p. 57.   2 M. 40 Pf.
   Rec.: Classical Review 1 4 p. 111.

Cicero. Traité des devoirs, texte latin, accompagné de notes, par E. Maillet. Lib. I. Paris, Belin 12. cf. p. 57. 1 M. 25 Pf.
— — traduction, par E. Maillet Ibid 12. 1 M. 25 Pf.
— the correspondence, by R. Y. Tyrrell. Dublin 1886, University Press. Rec.: Classical Review I 2. 3 p. 66—70 v. H. J. Roby. — Saturday Review N. 1644 p. 625.
— de imperio Gnaei Pompei, ungarisch von V. Keleti. Budapest, Franklin. 8. 200 S. 80 Pf.
Rec.: Egyetemes phil. közlöny 1887 N. 4 p. 366—368.
— dialogue sur l'amitié. Traduction par A. Legouëz, avec le texte latin. Paris, Hachette. 12. 84 p. 50 Pf.
— Cicero's life and letters The life, by Dr. Middleton; Letters to his Friends, translated by W. Melmoth; Letters to Atticus, translated by Dr. Heberden. With Portrait. Edinburgh, Nimmo. gr. 8. . 6 M.
— de la nature des dieux, livre 2. Traduction, précédée d'une introduction sur le stoïcisme et la religion de Cicéron, avec un résumé analytique du livre, par E. Maillet. Paris, Belin. 12. XXXVI, 82 p.

Gasquy, A., Cicéron jurisconsulte. Paris 1886, Thorin. 5 M.
Rec.: Berliner phil. Wochenschrift VII 21 p. 653—654 v. M. Voigt.
— Classical Review I 2. 3 p. 73 v. H. J. Roby.

Harnecker, O., zu Cicero de oratore, II 240. Jahrbücher für Philologie 135 Bd. 3. 4. Hft. p. 277—278.

Jörgensen, C., einige Bemerkungen zu Ciceros Briefen. (Dänisch) Opuscula (v. p. 108) p. 94—98.

Keleti, V., Cicero de imp. Pompei iskolai targyalasa. Egyetemes phil. közlöny 1887 N. 5 p. 453—458.

Kothe, H., zu Ciceros Reden gegen Verres, IV § 128. Jahrbücher für Philologie 135. Bd. 3. 4. Hft. p. 257—258.

Lehmann, C. A., quaestiones Tullianae. I. De Ciceronis epistulis. Leipzig, Freytag. v. p. 58. 3 M.
Rec.: Deutsche Literaturzeitung N. 19 p. 648—649 v. A. E.
— zur handschriftlichen Ueberlieferung der Briefe ad Atticum. Wochenschrift f. klass. Phil. IV 16 p. 506—508.

Lo Parco, V., nuova crestomazia Ciceroniana nel testo latino e nella versione italiana, ad uso delle scuole ginnasiali. Catania. 18. 3 M.

Schmidt, Otto E., die handschriftliche Ueberlieferung der Briefe Ciceros an Atticus, Q. Cicero, M Brutus. (Aus den Abhandl. der sächs. Gesellsch d. Wiss) Leipzig, Hirzel. 8. 108 S mit 4 Taf 6 M.

Schwenke, P., des Hadoardus Cicero-Excerpte. Leipzig, Teubner. v. p. 58. 3 M. 60 Pf.
Rec : Classical Review I 4 p. 110—111 v. J. S. Reid.

Vogels, J., scholia in Ciceronis Aratea. II. Crefeld. Pr. 4. 11 S cf. 1884.

Wermuth, C , quaestiones de Ciceronis epistularum ad M. Brutum libris novem. Basel. Diss. 8. 40 S.

Zimmermann, E., de epistulari temporum usu Ciceroniano quaestiones grammaticae. II. Rastenburg. (Leipzig, Fock) 4. 31 S. 1 M.

Zingerle, A., zu Cic. de off. I 29, 104. Phil. Abhandlungen IV (v. p. 108) p. 43—44.
— zu Cic. pro Murena cap. 2 § 3. Ibid. p. 44.

Corippi quae supersunt rec. M. Petschenig. Berlin, Calvary. v. p. 58. 9 M. 60 Pf.
Rec.: Deutsche Literaturzeitung N. 17 p. 608 v. P. Ewald. — Wochenschrift f. klass. Phil. IV 19 p. 590—593 v. M. Manitius — Classical Review I 5 6 p. 158 v. J. E. B. Mayor.

Cornelii Nepotis liber, von K. Erbe. Stuttgart, Neff. v. p. 58. 2 M. 70 Pf.
Rec.: Gymnasium V 10 p. 349—350 v. Schütt.
— ed. G. Gemss Paderborn 1885.   40 Pf.
Rec.: Zeitschrift f. d. österr. Gymn. XXXVIII 3 p. 185—186 v. J. Golling.
— vitae selectae Praemissae sunt breviores narrationes. Scholarum in usum
ed. A. Meingast. Wien, Manz. 8. 47 S.   60 Pf.
Corpus iuris civilis Fontes iuris romani, ed. C. G. Bruns. Ed. V. cur.
Th. Mommsen. v. p. 59.   8 M.
Rec : Classical Review I 5. 6 p. 157 v. H. J. R
— iurisprudentiae anteiustinianae fragmenta rec. E. Huschke. Leipzig
1886, Teubner.   6 M. 75 Pf.
Rec.: Deutsche Literaturzeitung N. 24 p. 871—872 v. P. Krüger.
Mai, L., der Gegensatz u. die Controversen der Sabinianer u. Proculianer
. im Anschluss an die Berichte der Gaianischen u. Justinianischen In-
stitutionen. (Heidelberg, Weiss) 8. 55 S.   1 M.
Meinhold, über die Verfasser der Institutionen des Justinian. Diedenhofen.
Pr. 4.
Curtius. Krah, E., Beiträge zur Syntax des Curtius. II. Insterburg. v. p. 59.
Rec : Berliner phil. Wochenschrift VII 25 p. 783 v. J. H. Schmalz.
Kupfer, Fr, Gebrauch des Participiums auf urus bei Curtius. Cöslin. Pr.
4. 10 S.
Diomedes. Schultz, Gerhard , über das Kapitel de versuum generibus bei
Diomedes. Hermes XXII 2 p. 260—281.
Eugipii opera rec. P. Knöll. 2 partes. Wien 1885/86, Gerold. v. p. 59. 24 M.
Rec.: Zeitschrift f. d. österr. Gymn. XXXVIII 3 p. 191—197 v. Gold-
bacher. — Lit Centralblatt N. 15 p 490—491 v. A. E. — Classical
Review I 5. 6 p. 139—144 v. W. Sanday. — Bulletin critique N. 4 p. 65—66
v. E. Misset.
Eutropius. Zingerle, A., zu Eutropius IV 4, 3 (Sipylum). Phil. Abband-
lungen IV (v. p. 108) p. 53—55.
Fulgentius Gasquy, A., de Fabio Planciade Fulgentio, Virgilii interprete.
(Berliner Studien 6. Bd. 1. Hft.) Berlin, Calvary & Co. 8. 44 S. 1 M. 60 Pf.
Gellii noctes atticae rec. M. Hertz. 2 vol. Leipzig, Teubner. v. p. 59.
4 M. 20 Pf.
Rec.: Lit. Centralblatt N. 22 p. 754—755 v. A. E.
Hertz, M., opuscula Gelliana. Berlin 1886, Hertz.   7 M.
Rec : Lit. Centralblatt N. 21 p. 718 v. A. E.
Glossae. Götz, G., de Placidi glossis. Jena, Neuenhahn. v. p. 60. 50 Pf.
Rec.: Wochenschrift f. klass. Phil IV 21 p. 656—659 v. H. Hagen.
Onions, J. H., Placidiana (ed Deuerling). Journal of Philology N. 30
p. 167—170.
Grammatici. Nettleship, H , the study of Latin grammar among the Ro-
mans in the first century a. D. Journal of Philology N. 30 p 189—214.
Hilarii tractatus de mysteriis et hymni, et s. **Silviae** Aquitanae peregri-
natio ad loca sancta. Quae inedita ex codice Arretino deprompsit J. F
Gamurrini. (Bibliotheca dell' Accad. stor.-giur. vol. IV) Roma 1887.
Horatius, erklärt von A. Kiessling. II. Satiren. Berlin 1886, Weidmann.
2 M. 25 Pf.
Rec.: Zeitschrift f. d. österr. Gymn XXXVIII 4 p. 265—270 v. F. Hanna.
Curschmann, F., Horatiana. Berlin, Springer. v. p. 60. 1 M. 60 Pf.
Rec.: Zeitschrift f. d. Gymn. XXXXI 5 p. 275—278 v. G. Faltin.
Fritzsche, Th, Horaz Sat. 1 1 in der Prima. Gustrow. Pr. 4. 15 S.
Herzer, J, Nachdichtungen zu Horaz. Od. IV, 7. Blätter f. d. bayr.
Gymn. XXIII 4 p. 162—163.

Horatius. **Hoffs, Fr.** van, zwei Satiren des Horaz (II 4 u. II 8) nach Edmund Vogts Grundsätzen ubertragen u. als ergänzender Nachtrag zu dessen opus postumum. Trier. Pr. cf p. 60. 16 S

Jäger, O., Nachlese zu Horatius. Köln. Pr. 4. 18 S.

Kennedy, on the first two books of the Odes of Horace. Proceedings of the Cambridge Phil. Soc. XIII—XV p. 9—11.

Lytton, Lord, Schiller and Horace, translated by L. L. London, Routledge. 8. 504 p cl.   2 M. 40 Pf.

Oesterlen, Th., Komik u. Humor bei Horaz. 2 Thle. Stuttgart, Metzler. v. p. 61.   6 M.
Rec.: Neue phil Rundschau N. 10 p. 147—151 v. Fr. Curschmann. — Zeitschrift f. vergl. Literaturgeschichte I 3. 4 v. Weymann.

Page, T. E., on the passage »immunis aram ...« Classical Review I 5. 6 p. 169.

Proschberger, J., Horazstudien. I. An Mäcenas, Od. II 12. Blätter f. d. bayr. Gymnasialschulwesen XXIII 5. 6 p. 201—210

Verrall, on Hor. Od. I 6. Proceedings of the Cambridge Phil. Soc. XIII —XV p. 21—22.

Vogel, die Struktur der horazianischen Hexameter. Düren. Pr. 4.

Juvenalis. Thirteen satires, with a commentary by J. Mayor. I. London, Macmillan. v. p. 61.   12 M. 60 Pf.
Rec.: Berliner phil. Wochenschrift VII 26 p. 818—821.

— satires, ed. by C. H Pearson and H. A. Strong. London, Frowde. v. p. 61.   7 M. 20 Pf.
Rec.: Classical Review I 5. 6 p. 154—155 v. J. D. Duff. — Revue critique N. 24 p. 462—463 v. P. Lejay.

Abel, E , ein Juvenal-Codex in der Corviniana. (Ungarisch.) Egyetemes phil. közlöny 1887 N. 4 p. 321—326.

Weidner, A., emendationes Juvenalianae. Dortmund. Pr. 4. 30 S.

— zu Juvenalis Satiren. Jahrbücher für Philologie 135. Bd. 3. 4. Hft. p. 279—296. v. p. 61.

Zingerle, A., über eine Innsbrucker Juvenalhandschrift mit Scholien. Phil. · Abhandlungen (v. p. 108) p. 1—12.

Lactantius Placidus. Kohlmann, Lactantii in Statii Theb. commentarii, v. Statius.

Livius books V. VI. VII, by A. R. Cluer. London, Frowde. v. p. 61. 6 M.
Rec.: Classical Review I 4 p. 112 v. H. M. Stephenson.

— von F. Luterbacher. Lib. V. Leipzig, Teubner. IV, 111 S. cf. p. 61.   1 M. 20 Pf.

Giles, P., emendation of Livy XLII 17, and of Appian Maced. XI 7, 8. Classical Review I 5. 6 p. 170.

Zingerle, A., zu Livius u. Tacitus. Phil. Abhandlungen IV (v. p. 108) p. 45—52.

Luciferi Calaritani opuscula rec. W. Hartel. Wien, Gerold. v. p. 62. 9 M.
Rec.: Lit. Centralblatt N. 20 p. 680 v. A. E. — Bulletin critique N. 4 p. 65—66 v. E. Misset.

Lucilius. Zingerle, A., zum Gedicht Aetna. Phil. Abhandlungen IV (v. p. 108) p. 38.

Lucius L'âne. Traduction de P. Courier. Illustrations de Poirson. Paris, Quantin. 32. XXIV, 136 p. avec grav. en couleur.   10 M.

Lucretius. Reichenhart, E., Infinitiv bei Lukretius. Acta sem. Erl. IV.
Rec.: Blätter f. d. bayr. Gymn. XXIII 5. 6 p. 238 v. J. Schäfler.

Martialis epigrammaton libri, von L. Friedländer. 2 Bde Leipzig, Hirzel. v. p 62   18 M.
>   Rec.: Lit Centralblatt N 14 p. 461—462 v. A. B. — Journal des kais. russ. Ministeriums der Volksaufklärung 1887, Mai, p. 185—200 v. J. Cholodniak.

>   **Zingerle, A**, zu Martial. Phil. Abhandlungen IV (v. p. 108) p. 38—40.

Nonius Marcellus. Meylan, H., collation de manuscrits. Paris 1886, Vieweg   5 M.
>   Rec.: Lit. Centralblatt N. 20 p. 679 v. A. E.

Ovidii carmina selecta, edd Sedlmayer, Zingerle, Güthling. 3 vol. Leipzig 1885, Freytag.   4 M. 25 Pf.
>   Rec : Classical Review I 5 6 p. 157 v. S G. Owen.

— Metamorphosen, von H. Magnus. 3 Bdcbn. Gotha. v. p 62. 5 M. 40 Pf.
>   Rec : Zeitschrift f. d. österr. Gymn. XXXVIII 3 p. 182—185 v J. Rappold.

— epistolarum ex Ponto liber I. With introduction and notes by Ch. H. Keene. London, Bell. 8. 96 p. cl.   3 M. 60 Pf.

— tristia, with notes by S. G. Owen. I. Oxford 1885.   4 M. 20 Pf.
>   Rec.: Neue phil. Rundschau N. 8 p. 119—121 v. F. Gustafsson. — American Journal of Philology N. 29 p. 99—100 v. M. Warren.

— easy selections from Ovid in elegiac verse, arranged and edited, with notes, vocabularies, and exercises in latin verse composition, by H. Wilkinson London, Macmillan. 18. ˊ118 p. cl.   1 M. 80 Pf.

— metamorphoses, book XIII. Literally translated by Roscoe Morgan. London, Cornish. 12. 38 p.   1 M. 80 Pf.

>   **Gilbert**, ad Ovidii Heroides quaestiones criticae. Meissen. 4.

>   **Hau, P.**, de casuum usu Ovidiano. Münster 1884. Diss. 8. 42 p.

>   **Krüger, Fr.**, de Ovidi fastis recensendis. I. Schwerin. Pr. 20 S.

>   **Owen, S. G.**, correction of a corrupt passage in Ovid's Tristia. Academy N. 787 p. 400.

>   **Thiele**, Uebersetzungen aus Ovid in Stanzen nebst Anmerkungen. Sondershausen. Pr. 4 12 S.

>   **Zingerle, A.**, zu Ovid. Heroid. Phil. Abhandlungen IV (v. p. 108) p. 16—19.
>   — zu den Metamorphosen. Ibid. p. 19—37.

Paulus Diaconus. Vogeler, A., Paulus Diaconus u. die Origo gentis Longobardorum. Hildesheim. Pr. 4. 15 S.

Persii Juvenalis Sulpiciae satirae rec. O. Jahn. 2. Aufl. von F. Bücheler. Berlin, Weidmann. v. p. 63.   3 M.
>   Rec.: Wochenschrift f. klass. Phil. IV 15 p 461—466.

>   **Schlüter, J.**, de satirae Persianae natura. Andernach 1886. Pr.
>   Rec. : Berliner phil. Wochenschrift VII 14 p. 434—436 p. F. Gustafsson.

Petronius. Friedländer, L., zu Petronius (Volksräthsel). Rhein. Museum XLII 2 p. 310.

Phaedri fabularum libri quinque. Nouvelle édition, par A. Caron. Paris, Belin.

Plauti comoediae ex rec. Ritscheli. Tomi III fasc. I: Bacchides, recogn. G. Götz. Leipzig 1886, Teubner.   4 M.
>   Rec.: Wochenschrift f. klass. Phil. IV 17 p. 527—529 v. Anspach.

— — tomi III fasc. II: Captivi, rec. Fr. Schöll. Leipzig, Teubner. v. p. 63.   4 M.
>   Rec.: Berliner phil. Wochenschrift VII 25 p. 777—781 u. N. 26 p. 812 —816 v. O. Seyffert.

— comoediae, rec. J. Ussing. V. Kopenhagen. (Leipzig, Weigel.) v. p. 63.
                                                                       13 M. 50 Pf.
>   Rec.: Phil. Anzeiger XVII 2. 3 p. 162—167.

Plautus. Trinummus, commentato da E Cocchia. Turin 1886, Löscher. 2 M.
Rec : Neue phil Rundschau N. 12 p 181—183 v. E Redslob.
— Captivi. With introduction and notes by W. M. Lindsay. London,
Frowde. 12. 3 M.

Goldmann, Fr., über die poetische Personifikation bei Plautus. II. Personifikationen menschlicher Körpertheile, sinnlicher u. seelischer Kräfte, abstrakter Begriffe. Halle. Pr. d lat. Hauptsch. 4 22 S.

Langen, P., plautinische Studien. Berlin, Calvary. v. p. 63. 13 M.
Rec.: Deutsche Literaturzeitung N. 18 p. 641—642 v. F. Leo. — Lit. Centralblatt N. 22 p 754.

Onions, J. H., notes on Plautus, Mercator, prol. 54, and III 1, 26 (524). Journal of Philology N 30 p. 165—166.

Reinkens, J. M, über den accusativus cum infinitivo bei Plautus u. Terenz. I. Düsseldorf. Pr. 4 24 S

Schmerl, der Prohibitiv bei Plautus. Festschrift des Gymn. zu Krotoschin, 1887. 10 S.

Seyffert, O., Literaturbericht über Plautus, 1883—85. Bursian-Müllers Jahresbericht XLVII. Bd. p. 49—138. v. p. 64.

Ussing, J. L., über Lücken in Plautus' Cistellaria. (Dänisch) Opuscula (v. p. 108) p. 85—93.

West, A F., on a patriotic passage in the Miles gloriosus. American Journal of Philology N. 29 p. 15—33.

Wilkins, A. S., »toraria« in Plaut. Mil. gl. 695. Classical Review I 2. 3 p. 79.

Plinius minor. Schädel, L., Plinius der Jüngere u. Cassiodorus. Darmstadt. Pr. 4. 36 S.

Poetarum Romanorum fragmenta coll. Aem. Baehrens. Leipzig 1886, Teubner. 4 M. 20 Pf.
Rec.: Berliner phil. Wochenschrift VII 14 p. 423—434 u. N. 15 p. 458 —462 v. Luc. Müller. — Lit. Centralblatt N. 22 p. 753—754 v. A. R. — Wochenschrift f. klass Phil. IV 23 p. 716—720 v. J. Stowasser.

Baehrens, E., Burmannus redivivus. Vademecum für Lucian Müller. (Beilage zu den Jahrbüchern f. Philologie 135/6. Bd.) 8. 16 S.

Priscillianus. Schepss, G., Priscillian. Würzburg, Stuber. v. p. 64. 1 M. 50 Pf.
Rec : Lit. Centralblatt N. 23 p. 787—788 v A. Eussner.

Propertius. Heydenreich, E, Bericht über die Literatur zu Properz, 1877—80. Bursian-Müllers Jahresbericht XLVII p 139—160.

Hörle, A., de casuum usu Propertiano. Halle. Diss. 8. 86 S

Weber, C., studia Propertiana. Hagen. Pr. 4 16 S.

Prudentius. Breidt, H., de Aurelio Prudentio Clemente Horatii imitatore. Diss. Heidelberg, Winter. 8. 52 S. 1 M. 60 Pf.

Quintiliani institutiones oratoriae, ed. F. Meister. Leipzig, Freytag. v. p. 64. 2 M. 70 Pf.
Rec.: Deutsche Literaturzeitung N. 23 p. 822—823 v. H. J. Müller. — Neue phil. Rundschau N. 9 p. 134—138 v. M. Kiderlin. — Classical Review I 5. 6 p. 155—156 v. J. B. Mayor.

Wölfflin, E., zu Quintilian. Rhein. Museum XLII 2 p. 310—314.

Sallusti Catilina, Jugurtha, ex hist. orationes et epistulae. Ed. A. Eussner. Leipzig, Teubner. 8. XXII, 146 S. 45 Pf.
— libri, orationes, epistulae. Erklärt von R. Jacobs. 9. Aufl. von H. Wirz. Berlin 1886, Weidmann. 1 M. 20 Pf.
Rec.: Berliner phil. Wochenschrift VII 24 p. 747—750 v. A. Eussner.
— — von J. Prammer. Wien, Hölder. v. p. 64. 1 M.
Rec.: Zeitschrift f. d. österr. Gymn. XXXVIII 3 p. 189—191 v. A. Scheindler. — Gymnasium V 6 p. 195—196 v. J. Golling.

136 Römische Autoren.

Sallustius. De bello Jugurthino, par P. Thomas. 2. éd. Mons, Manceaux. v. p. 64.
Rec.: Berliner phil. Wochenschrift VII 24 p. 750—752 v. A. Eussner.
Hauler, E., neue Bruchstücke zu Sallusts Historien. (Aus den Sitzungsber. d. k Akad. d. Wiss.) Wien, Gerold. 8. 66 S. 1 M.
Kuhlmann, L., quaestiones Sallustianae. Oldenburg. v. p. 64.
Rec.: Berliner phil. Wochenschrift VII 25 p. 781—783 v. J. H. Schmalz.
Lendrum, two emendations of Sallust. Proceedings of the Cambridge Phil. Soc. XIII—XV p. 16.
Mollweide, glossae Sallustianae. Strassburg. Pr. d. Lyc. 4.

Scribonius Curio. Wegehaupt, C. Scribonius Curio. Neuwied. Pr. 4.

Senecae dialogorum libros XII rcc. G. Gertz. Kopenhagen, Gyldendal. v. p. 64. 11 M. 25 Pf.
Rec.: Academy N. 783 p. 328 v. H. Nettleship.
— oeuvres morales. 1. Paris, Gautier. 8. 32 p. 10 Pf.
— les seize premières lettres à Lucilius. Texte latin en regard de la traduction. Edition revue et précédée d'une introduction par H. Joly. Paris, Delalain. 12. XXIV, 104 p. 1 M. 50 Pf.
Feldmann, J., observationes ad Senecam criticae. Ostrowo. Pr. 4. 26 S.
Hess, G., curae Annaeanae. Altona (Schlüter). Pr. 4. 26 S. 80 Pf.
Kreiher, J., Seneca's Beziehungen zum Urchristenthum. Berlin, Gärtner. v. p. 65. 5 M.
Rec.: Deutsche Literaturzeitung N 16 p. 569—570 v. F. Schulthess.
— Hist. Zeitschrift 1887 N. 4 p. 110—111 v. H. Holtzmann. —
Theol Literaturzeitung N. 9 p. 202.
Mayor, J. E. B, Seneca de beneficiis VI 16, medicus amicus, medicus imperator. Journal of Philology N. 30 p. 177—179.

Silius. Buchwald, F., quaestiones Silianae. Leipzig, Fock. 8. 32 S. 80 Pf.
Statius. Kohlmann, R., Lactantii Placidi in Statii Thebaidos lib. III commentarii. Emden. Pr. 4.
Suetonius. Mayor, J. E. B., Suetonius Augustus 92. Journal of Philology N. 30 p. 173.
Taciti opera ex rec. Orellii. Ed. II. Vol. II. fasc. V, historiarum lib. II. ed. C. Meiser. Berlin, Calvary. v. p. 65. 4 M. 50 Pf.
Rec.: Wochenschrift f. klass. Phil. IV 23 p. 720—723 v. E. Wolff.
— oeuvres, par E. Person. 2 vols. Paris 1880/83, Belin. 5 M. 50 Pf.
Rec.: Classical Review I 5. 6 p. 154 v. H. Furneaux.
— the histories, I and II, by A. D. Godley. London, Macmillan. v. p. 65. 6 M.
Rec.: Classical Review I 5. 6 p. 154 v. E. G. H.
— les annales, expliquées littéralement, annotées et revues pour la traduction française par M. Materne. Livres 4, 5 et 6. Paris, Hachette. 12. 356 p. 4 M.
— Werke. Russische Uebersetzung von W. Modestow. I. Petersburg 1886, Panteljew.
Rec.: Berliner phil. Wochenschrift VII 20 p. 626 v. H. Haupt.
Dietrich, P., über die Tendenz des Taciteischen Agricola. Stralsund. Pr. 4. 17 S.
Gerber u. **Greef**, lexicon Taciteum. VII. Leipzig 1886, Teubner. 3 M. 60 Pf.
Rec.: Wochenschrift f. klass. Phil. IV 18 p. 563—566 v. E. Wolff.
Schumacher, L., de Taciti Germaniae geographo. Berlin. Pr. v. p. 66.
Rec.: Zeitschrift f. Schulgeographie VIII 7 p. 219—220 v. K. Preissler.
Terentius. Comédies. Traduction nouvelle, avec le texte latin, par G. Hinstin. Paris, Lemerre. 12. 5 M.

Römische Autoren. 137

Terentius. Adelphoe, text with stage directions, by H. Preble. Boston, Ginn. 12. 57 p. 1 M. 25 Pf.

Arlt, servare bei Terenz (u Plautus), als Nachtrag zur Erklärung von Hor. sat. I 1, 89. Wohlau. Pr. 4. 10 S

Greifeld, A, de Andriae Terentianae gemino exitu. Halle 1886 (Berlin, Mayer & Müller) 1 M. 20 Pf.
Rec.: Berliner phil. Wochenschrift VII 16 p. 498 - 500 v. Engelbrecht.

Reinkens, acc. cum inf. bei Plautus u Terenz, v. Plautus.

Slaughter, S, on the substantives of Terence. John Hopkins University circulars VI 57 p 77 - 78.

Tertullianus. Freppel, Mgr., Tertullien. Cours d'éloquence sacrée 3. édition. 2 vols. Paris, Retaux-Bray. 8. 416 et 464 p

Tibullus et **Propertius.** Selections by G. Ramsay. London, Frowde. v. p. 66. 7 M. 20 Pf.
Rec.: Academy N. 782 p. 311 v R. Ellis.

Karsten, H T., de Tibulli elegiarum structura. Mnemosyne XV 2 p. 211—236.

Zingerle, A., zu Tibull. Phil. Abhandlungen IV (v. p. 108) p. 13 - 15.

Valerius Maximus Gehrmann, A, incunabula incrementaque proprietatum sermonis Valerii Maximi. 1. Rössel. Pr. 4. 24 S.

Varro, de lingua latina em. instr. L. Speugel, rec. A. Spengel. Berlin 1885, Weidmann 8 M.
Rec.: Lit. Centralblatt N. 20 p. 677 - 678 v. E. S.

Vergils Gedichte, erklärt von Th. Ladewig. 3 Bdchen. Aeneide VII—XII. 8. Auflage von C. Schaper. Berlin 1886, Weidmann. 2 M. 25 Pf.
Rec.: Blätter f. d. bayr. Gymn. XXIII 4 p. 167 168 v. H. Kern

— carmina ed G Thilo. Leipzig 1886, Tauchnitz. 1 M. 50 Pf.
Rec : Wochenschrift f. klass. Phil. IV 24 p. 750—754 u. N. 25 p. 779— 785 v. W. Gebhardi

— carmina selecta, scholarum in usum ed. E. Eichler. Adiectae sunt tabulae II. Leipzig, Freytag. 8. XXX, 200 S 1 M.

— Aeneis, erklärt von O. Brosin. I. Bdchn. 2 Aufl Gotha 1886. 1 M. 30 Pf.
Rec.: Neue phil. Rundschau N. 11 p. 166—167 v. E Ziegler.

— — ed. W. Kloucek. Leipzig, Freytag. v. p. 67. 1 M 50 Pf.
Rec : Blätter f. d. bayr. Gymn. XXIII 4 p. 167 - 170 v. H. Kern.

— — Textausgabe für den Schulgebrauch mit einem Aufsatz über den Dichter u sein Werk, Inhaltsangaben u. erklär. Verzeichnis der hauptsächlichsten Eigennamen Paderborn, Schoeningh. 8. XXIV, 282 S geb. · 1 M. 50 Pf.

— das 6. Buch der Aeneide, metrisch übersetzt von E. Irmscher. Dresden. Pr. d. Zeidlerschen Sch. 4. 11 S.

— bucolica, georgica, con note di C. Fumagalli. Verona 1886, Drucker & Tedeschi 2 M. 75 Pf.
Rec.: Berliner phil. Wochenschrift VII 26 p. 817—818 v. W. Gebhardi.

— georgicon libri, ed by A Sidgwick. Cambridge 1886. 2 M 40 Pf.
Rec : Berliner phil. Wochenschrift VII 24 p. 746—747 v. W. Gebhardi. — Classical Review I 5. 6 p. 153—154 v. F. C.

Bährens, E, emendationes Vergilianae. Jahrbücher für Philologie 135. Bd. 3. 4. Hft p. 259-277.

Ellis, R., on some disputed passages of the Ciris. American Journal of Philology N 29 p. 1—14.

Feilchenfeld, A., de Vergilii bucolicon temporibus. Berlin 1886, Mayer & Müller. 1 M.
Rec.: Wochenschrift f klass. Phil IV 18 p. 561—563 v R. Bitschofsky.

Vergilius. Gasquy, de Fulgentio Virgilii interprete, v. Fulgentius.

Güthling, O., curae Vergilianae. Liegnitz 1886. Pr.
Rec.: Berliner phil. Wochenschrift VII 22 p. 689—691 v. W. Gebhardi.

Heidtmann, G, Emendationen zu Vergils Aeneis. Coblenz 1885, Groos. 80 Pf.
Rec.: Neue phil. Rundschau N. 10 p. 151—152 v. E. Eichler. —
Zeitschrift f. d. österr. Gymn. XXXVIII 4 p. 318 v. J. Golling.

Hoskyns-Abrahall, J., the epithet given to Prochyta by Vergil in Aen. IX
715. Classical Review I 5. 6 p. 169.

Krafft, M., zur Verskunst Vergils. Goslar. Pr. 4. 38 S.

Paley, F. A., did Virgil, Georgic I 466—483, imitate Apollonius Rhodius
1V 1278 ff.? Proceedings of the Cambridge Phil. Soc. XIII—XV p. 19—20.

Slevogt, H., artificium Vergilianum, v. p. 108.

Sonntag, M., über die Appendix Vergiliana. Frankfurt a. O. 1887. Pr.
4. 26 S.

— Beiträge zur Erklärung Vergilscher Eklogen. .Frankfurt a. O. 1886.
Pr. v. p. 67.
Rec.: Wochenschrift f. klass. Phil. IV 22 p. 688—691 v. P. Deuticke.

Virgilii grammatici opera ed. J. Huemer. Leipzig, Teubner. v. p. 67.
2 M. 40 Pf.
Rec : Deutsche Literaturzeitung N. 22 p. 787—788 v. H. Keil. — Classical
Review I 5. 6 p. 158 v. J. E. B. Mayor.

Victor Aurelius. Haverfield, F., on Aurelius Victor. Journal of Philology
N. 30 p. 161—164.

Victor Vitensis. Pötzsch, Victor von Vita u. die Kirchenverfolgung im
Vandalenreich. Döbeln. Pr. 4. 42 S.

Vitruvius. Eberhard, Vitruvianae observationes grammaticae. Pforzheim.
Pr. 4.

Vulgata. Ehrensberger, die Psalterien der Itala u. des h. Hieronymus
sprachlich verglichen. Tauberbischofsheim. Pr. 4.

Schepss, H., die ältesten Evangelienhandschriften der Würzburger Universitätsbibliothek. Würzburg, Stuber. 1 M. 20 Pf.
Rec.: Wochenschrift f. klass. Phil. IV 17 p. 534 v. Th. Stangl.

Weissbrodt, W., de versionibus scripturae sacrae latinis. I. Braunsberg.
Ind. lect. aest. 4. 18 S.

Wordsworth, Sanday, White, portions of the Gospels. Oxford 1886. 4. 21 M.
Rec.: Berliner phil. Wochenschrift VII 20 p. 620—624 v. H. Rönsch.

Zingerle, A., zum hilarianischen Psalmenkommentar. Phil. Abhandlungen
IV p. 55—74.

— die lat. Bibelcitate bei s. Hilarius von Poitiers. Ibid. p. 75—89.

III. Epigraphik und Palaeographie.

Euting,. J., epigraphische Miscellen. Sitzungsberichte der Berliner Akademie
1887 N. XXV p. 407—422 mit Taf. VI—X.

Geppert, P., zum Monumentum Ancyranum. Berlin (Gärtner). Pr. d. Gr. Kl.
4. 18 S. 1 M.

Müller, Wsewolod, epigraphische Spuren des Iranenthums in Russland.
(Russisch. Im Journal d. Min. d. Volksaufkl. 1886.)
Rec.: Zeitschrift f. Kunde des Morgenlandes I 2 p. 154—158 v. J. Hanusz.

Néroutsos-Bey, inscriptions grecques et latines d'Alexandrie. Revue arch.
1887 März-April.

1. Griechische Inschriften. — Orientalische Inschriften, soweit sie zur Kenntniss der classischen Alterthumswissenschaft von Interesse sind.

Clermont-Ganneau, notes d'archéologie orientale. Inscription funéraire de Qualoniè, environs de Jerusalem (εἰς ϑεὸς ... ὡσζη μνησ[ϑ]ῇ Βαρωχις). Revue critique N. 20 p. 389—391.

Conder, C. R, Altaic hieroglyphs and Hittite inscriptions. London, Bentley. 8. 246 p cl. 6 M.
. Rec.: Academy N. 785 p. 364—365 v. A. H. Sayce.

Cousin et **Deschamps**, le sénatus-consulte de Panamara. Bulletin de correspondance hellénique XI 4 p. 225—238.

Dareste, R., inscriptions de Gortyne. Bulletin de correspondance hellénique XI 4 p. 239—244.

Delattre, A. L, l'Asie occidentale dans les inscriptions assyriennes. Bruxelles 1885, Vromant. v. p. 68.
Rec.: Literaturblatt f. orient. Phil. III 3 v. Oppert.

Diehl et **Cousin**, inscriptions de Lagina. Bulletin de correspondance hellénique XI 3 p 145—162. v. p. 68.

Foucart, P., note sur une inscription d'Olympie. Bulletin de correspondance hellénique XI 4 p. 289—296.

Fougères, A., fouilles de Délos. Dédicaces grecques et latines. Bulletin de correspondance hellénique XI 4 p. 244—275.

Gardner, E. A., the inscriptions of Naukratis. Academy N. 783 p. 347.

Georgios, P., ἐπιγραφὴ ἐξ Ἀκροπόλεως. Ἐφημερὶς ἀρχ. 1886 N. 3 p. 267—272.

Gomperz, Th., zu den jüdischen Grabinschriften nächst der Via Appia. Berliner phil. Wochenschrift VII 15 p. 450—451.

Kaiser, K., de inscriptionum graecarum interpunctione. Leipzig, Fock. v. p. 69. 1 M.
Rec.: Wochenschrift f klass Phil. IV 21 p. 643—644 v. B. Keil.

Kontoleon, A., ἐπιγραφαὶ ἀνέκδοτοι. (Κρήτης, Ἰασοῦ.) Bulletin de correspondance hellénique XI 3 p. 212—223.

Kretschmer, C., die korinthischen Vaseninschriften. Zeitschrift f. vergl. Sprachforschung XXIX 1. 2 p. 152—176.

Kumanudes, St. A., ψηφίσματα δύο ἀττικὰ καὶ ἐν ἐπιμέτρῳ ψήφισμα ἐκ Πριήνης. Ἐφημερὶς ἀρχ. 1886 N. 3 p. 215—223.

Latischew, B., inscription de Chersonésos. Bulletin de correspondance hellénique XI 3 p. 163—168.

Lautensack, die Nominal- u. Verbalflexion der attischen Inschriften. Gotha. Pr. 4. 26 S.

Löwy, A., the apocryphal character of the Moabite Stone. Scotish Review 1887, April-Juny.

Löwy, E., zu den griech. Künstlerinschriften. Jahrbuch des Arch. Instituts II 1 p. 72—73.

Lolling, H., metrische Inschriften in Larisa. Mittheilungen des arch. Instituts zu Athen XI 4 p. 450—451.

Mommsen, Th., Stadtrechtbriefe von Orkistos u. Tymandos. Hermes XXII 2 p. 309—321.

Petrie, Flinders, rock graffiti in Upper Egypt. Academy N. 777 p. 226

Philios, D., ἐπιγραφαὶ ἐξ Ἐλευσίνος. Ἐφημερὶς ἀρχ. 1886 N. 3 p. 185—215.

Ramsay, W. M., Phrygian inscriptions of the Roman period. Zeitschrift für vergl. Sprachforschung XXVIII 4 p. 381—400.

10*

Sakkelion, J., *ἐπιγραφαὶ χριστιανικαὶ ἐπιτύμβιοι*. *Ἐφημερὶς ἀρχ.* 1886 N. 3 p. 235–243.

Sammlung der griechischen Dialektinschriften, herausg. von H. Collitz. 1. Register. Göttingen 1886, Vandenhoeck & Ruprecht.   5 M. Rec.: Berliner phil. Wochenschrift VII 22 p. 688 v. W. Larfeld.

Simon, J., zur Inschrift von Gortyn. Wien, Gerold.   2 M. Rec.: Neue phil. Rundschau N. 9 p. 138 - 140 v. G. F. Rettig.

Stschukarew, A., *Μεγαρικαὶ ἐπιγραφαί*. *Ἐφημερὶς ἀρχ.* 1886 N. 3 p. 223–235.

Studniczka, F., zur Künstlerinschrift des Atotos u. Argeiadas. Mittheilungen des arch. Instituts zu Athen XI 4 p 449–450.

Unger, de Aenianum inscriptione, v. Aristoteles.

2. Lateinische Inschriften.

Blair, R., discovery of a Roman altar at South Shields. Academy N. 782 p. 314.

Cagnat, R., cours élémentaire d'épigraphie latine. Paris 1886. Thorin. 6 M. Rec.: Wochenschrift f. klass. Phil. IV 22 p. 686—688 v. H. Hagen. — Classical Review I 5. 6 p 162 v. F. Haverfield.

Cicerchia, V., cippo di Gallicano, contrada »le Colonelle«, con un consolato finora nuovo (Corellio et Vettoniano cos., età di Vespasiano). Notizie degli scavi 1887, marzo, p. 121—123.

Deecke, W., zur Entzifferung der messapischen Inschriften. IV. Rhein. Museum XLII 2 p. 226—232.

Dümmler, F., iscrizione della fibula prenestina. Mittheilungen des arch. Inst. zu Rom II 1 p. 40–43, mit Abb.

Gamurrini, F., neue faliskische Inschriften aus Corchiano. Sitzung des arch. Inst. zu Rom vom 18. März. (Wochenschrift f. kl. Phil. IV 19.)

Gatti, G., trovamenti epigrafici urbani. Bullettino della Commissione arch. di Roma XV 4 p. 122—131 ù. N. 5 149—165. v. p. 70.

— iscrizione di Roma: [Phil]aelpus regus Metradati, etc.; populus Laodicensis, etc ; populus Ephesius, etc.; Rex Ariob[arzanes] .... et Regina [Athenais], ed altri. Notizie degli scavi 1887, p. 110—115.

— iscrizione della Via Ostiensis (rescritta con la data del 25 luglio 227): Cum sim colonus hortorum olitoriorum, qui sunt via ostiensi, etc. Ibid. p. 115 —118 con tav. III fig. 3.

— scavi di Nemi. Lamine di bronzo, iscritte con legende arcaiche: Poublilia Turpilia, etc , e: C. Manlio Aci[dino] cosol. pro poplo Ariminesi. Ibid. p 120—121 con tav. III fig. 1. 2.

— latercoli militari. Ibid. p. 69—70.

— grande epistilio di Traiano. Ibid. p. 72.

— bolli di mattoni. Ibid. p. 75—76.

— cippo del C. Julius Helius sutor. Ibid. p. 78.

— base di Bracciano: C. Clodio C. f. Vestali pro cos. Claudienses ex praefectura Claudia urbani patrono. Ibid. p. 107.

— di una iscrizione sepolcrale con emblema allusive al nome del defunto Bullettino della Commissione arch. di Roma XV 4 p. 114–121 m. Taf. VII.

— terrecotte votive della Minerva Medica; iscrizione dei flamines montis Opii, etc.; cippo di un »inpiliarius«. Ibid. N. 5 p. 149—165.

Guillemand, les inscriptions gauloises. Revue arch. 1887, März-April.

Henzen, G., iscrizione trovata presso la galleria del Furlo. Mittheilungen des Arch. Inst., röm Abth. II 1 p. 14—20.

Hirschfeld, O, Cippus eines Legionars (leg. XX) L. Plinius Sex., aus. Bulgarien. Sitzung des arch. Inst. zu Rom vom 18. März. (Wochenschrift f. kl. Phil. IV 19.)

Hübner, E, römische Epigraphik. (In Mullers Handh. d. kl. A.) v. p. 70. Rec.: Deutsche Literaturzeitung N. 14 p 391 v. W. Dittenberger. — Berliner phil. Wochenschrift VII 23 p. 709—717 v. A. Chambalu. — Zeitschrift f. d. Gymn. XXXXI 4 p. 209—212 v. O. Weissenfels.

Jullian. C., inscriptions de Bordeaux. I. Paris, Lechevalier. 4. v. p 71. 30 M. Rec.: Journal des Savants, Mai, p. 268—278 v. G. Boissier. — Mélanges d'archéologie VII 3. 4 p. 385—386 v. S. G.

Keller, J., römischer Votivaltar, dem Attis geweiht, von Mainz. Korrespondenzblatt der Westd. Zeitschrift VI 5 p. 108—110.

La Blanchère, R. de, les ex-voto à Juppiter Poeninus et les antiquités du Grand-Saint-Bernard. Mélanges d'archéologie VII 3. 4 p. 244 250. Mit Taf VI.

Möller, Fr., Hammeran u. **Zangemeister**, zum neuen Mithräum in Heddernheim. Korrespondenzblatt der Westd. Zeitschrift VI 4 p. 85—90.

Mommsen, Th., Inschrift eines Finanzbeamten der »Hyperlimitani«. Berliner Anthrop. Gesellschaft, Aprilsitzung. (Berliner phil. Wochenschrift N. 20 p. 640)

Rossi, G.-B. de, l'epigrafia primitiva priscilliana, ossia le iscrizioni incise sul marmo e dipinte sulle tegole della regione primordiale del cimitero di Priscilla Bullettino di arch. cristiana, serie 4, anno 4, N. 1—4, p. 34—166 con tav. I—III.

Rossi, G., titoli sepolcrali di Ventimiglia. Notizie degli scavi, febbrajo, p. 49—50.

Ruggiero, E. de, dizionario epigrafico romano. Fasc. 6 (aedes-aedicula). Rom, Pasqualucci. v. p 71. à 1 M. 50 Pf. Rec.: Phil. Anzeiger XVII 2. 3 p. 85—86 v. J. Schmidt.

Schneider, E., dialectorum italicarum aevi vetustioris exempla. I. Leipzig, Teubner. v p. 71. 3 M. 60 Pf. Rec.: Berliner phil. Wochenschrift VII 23 p. 721—723 v. W. Deecke.

Vögelin, S., bibliographische Exkurse u. Nachträge zu den »Inscriptiones Confoederationis Helveticae latinae.« Anzeiger f. schweiz. Alterthumskunde 1887 N. 2 p. 428—436.

Watkin, Th, recent Roman discoveries in Britain. »The Reliquary«, 1887, N 108, article N 9.

Weizsäcker, C., noch einmal der Mengener Danuvius-Altar. Württ. Vierteljahrsschrift X 1.

Zwetajew, J., inscriptiones Italiae dialecticae. Leipzig, Brockhaus. v. p. 71. 8 M. Rec.: Neue phil. Rundschau N. 8 p. 121—126 v. C. Pauli. — Academy N. 776 p. 204 v. F. Haverfield.

3. Palaeographie.

Allen, T. W., compendiums in Greek palaeography. Academy N. 787 p. 399.

Catalogue général des manuscrits des bibliothèques de France. I. Bibl. de l'Arsénal. II. Bibl. Mazarine. III. Rouen. Paris 1885/86. Plon. v. p 72. Rec.: Berliner phil. Wochenschrift VII 21 p. 660—662 v. A. Lugebil. — Centralblatt f. Bibliothekswesen IV 6 p. 263—266 v. O. Hartwig. — Revue critique N. 20 p 382—389 v. A. Jacob.

(Delisle, L.) Album paléographique ou Recueil de documents importants relatifs à l'histoire et à la littérature nationales. Avec des notices explicatives par la Société de l'Ecole des chartes. Paris, Quantin. 150 M. Rec.: Classical Review 1 5 6 p. 145—147 v. M. Thompson.

142 Allgemeine Sprachwissenschaft.

De Wulf, M., les monastères et la transcription des manuscrits au XII. siècle:
(Extrait du Magasin litt.) Gand, imp. Leliaert. 8. 28 p. 75 Pf.
Ellis, R., notes of a Fortnight's research in the bibliothèque nationale of
Paris. Journal of Philology N. 30 p. 241—256.
Hauréau, B., note sur le Catalogue général des manuscrits des bibliothèques
publiques de France: Paris, Bibliothèque Mazarine. Paris, imp. nationale.
4. 32 p.
Omont, H., catalogue des manuscrits grecs des bibliothèques publiques des
Pays-Bas (Leyde excepté). Centralblatt für Bibliothekswesen IV 5 p. 185—214.
Schum, W., beschreibendes Verzeichniss der Amplonianischen Handschriften-
Sammlung zu Erfurt. Im Auftrage u. auf Kosten d. kgl. preuss. Unterrichts-
Ministeriums bearb. u. hrsg. mit Vorwort über Amplonius u. die Geschichte
seiner Sammlung. Berlin, Weidmann. gr. 8. LVIII, 1010 S. u. 2 Taf. 40 M.
Strzygowski, über den Kalender des Filocalus. Handschrift der Barberini-
schen Bibliothek. Festsitzung des arch. Instituts zu Rom vom 15. April.
(Wochenschrift f. klass. Phil. IV 25.)
Thompson, E. M., early classical Mss. in the British Museum. Classical
Review I 2. 3 p. 38—40.
Wattenbach, W., Anleitung zur lat. Paläographie. 4. Aufl. Leipzig 1886,
Hirzel. 3 M. 60 Pf.
Rec.: Neue phil. Rundschau N. 8 p. 126—127 v. F. Nuess.

IV. Sprachwissenschaft.

1. Allgemeine Sprachwissenschaft. — Vergleichende Grammatik der classischen Sprachen.

Abel, C., zur ägyptischen Etymologie. Berliner phil. Wochenschrift VII 23
p. 706—708.
Ascoli, G. J., sprachwissenschaftliche Briefe. Uebersetzung von B. Güter-
bock. Leipzig, Hirzel. gr. 8. XVI, 228 S. 4 M.
Brugmann, K., Grundriss der vergleichenden Grammatik. I. Strasburg,
Trübner. v. p. 73. 14 M.
Rec.: Berliner phil. Wochenschrift VII 16 p. 500—504 v. O. Bremer. —
Classical Review I 2. 3 p. 62—66 v. T. C. Snow.
Burg, Fr., über das Verhältniss der Schrift zur Sprache. Zeitschrift f. vergl.
Sprachforschung XXIX 1. 2 p. 176—188.
Chatzidakis, G., γλωσσικῶν ἀτοπημάτων ἀναίρεσις. Athen 1886. gr. 8. 84 p.
2 M. 50 Pf.
Collitz, H., die neueste Sprachforschung. Göttingen 1886. v. p. 73. 1 M. 60 Pf.
Rec.: Neue phil. Rundschau N. 8 p. 127—128 v. Stolz.
Darmesteter, A., la vie des mots. Paris, Delagrave. v. p. 73. 2 M.
Rec.: Journal des Savants, April, p. 241—249 v. G. Paris. — Revue cri-
tique N. 15 p. 282—285 v. V. Henry. — Academy N. 788 p. 416—417
v. H. Bradley. — Classical Review I 5. 6 p. 161—162 v. J. E. King.
Fodor, J., das reduplizirte Perfect im Indogermanischen. I. (Ungarisch.)
Egyetemes phil. közlöny 1887 N. 5 p. 433—452.
Ledrain, E., dictionnaire des noms propres palmyréniens. Paris, Leroux.
8. 59 S. 10 M.
Lenz, R., zur Physiologie u. Geschichte der Palatalen. (Aus der Zeitschrift
f. vergl. Sprachforschung.) Gütersloh, Bertelsmann. 8. 62 S.
Müller, M., the simplicity of language. Fortnightly Review, May.

Osthoff, H., die neueste Sprachforschung. Heidelberg 1886, Petters. 80 Pf.
Rec.: Wochenschrift f. klass. Phil. IV 14 p. 417 v. H. Ziemer.

Paul, H., Prinzipien der Sprachgeschichte. 2. Aufl. Halle, Niemeyer. v. p. 73. 9 M.
Rec.: Berliner phil. Wochenschrift VII 17 p. 531—535 v. H. Ziemer.

Pennier, F., les noms topographiques devant la philologie. Paris, Vieweg. v. p. 73. 4 M.
Rec.: Lit. Centralblatt N. 24 p. 818 v. G. M . . . r.

Persson, P., studia etymologica. Commentatio academica. 1. Stirpis demonstrativae »αραι vestigia. Upsala 1886. 8. 122 p.

Pott, A. Fr., allgemeine Sprachwissenschaft u. Abels ägyptische Sprachstudien. Leipzig, Friedrich. v. p. 73. 3 M.
Rec.: Deutsche Literaturzeitung N. 24 p. 855—856 v. A. Erman.

Saalfeld, Handbüchlein der Eigennamen aus der Geographie. Leipzig 1885, Winter. 4 M.
Rec.: Zeitschrift f. wiss. Geographie VI 2 p. 85—86 v. O. Kienitz.

Soltau, zur Erklärung der Sprache der Skythen. v. Herodotus.

Weyman, C., Studien über die Figur der Litotes. Leipzig 1886, Teubner. 2 M.
Rec.: Berliner phil. Wochenschrift VII 21 p. 657—660 v. W. Pecz. — Wochenschrift f. klass. Phil. IV 19 p. 723—724 v. J. H. Schmalz.

Wolzogen, H. v., über Sprache u. Schrift. Gesammelte Beiträge zur Ethnologie, Sprachwissenschaft etc. Leipzig 1886, Schlömp. 3 M.
Rec.: Lit. Centralblatt Nr. 23 p. 785 v. G. M . . . r.

2. Griechische und römische Metrik und Musik.

Fritzsche, F. V., de numeris dochmiacis. VIII. Rostock. Ind. lect. aest. p. 1—7.

Havet et **Duvau**, cours élémentaire de métrique grecque et latine. Paris 1886, Delagrave. 4 M.
Rec.: Classical Review I 5. 6 p. 162 v. C. B. Heberden.

Keller, O., der saturnische Vers. II. Prag 1886, Dominicus. v. p. 74. 1 M.
Rec.: Neue phil. Rundschau N. 189—192 v. E. Seelmann.

Usener, H., altgriechischer Versbau. Bonn, Cohen. v. p. 74. 2 M. 80 Pf.
Rec : Berliner phil. Wochenschrift VII 15 p. 453—457 v. A. Ludwich. — Deutsche Literaturzeitung N. 18 p. 640—641 v. Wilamowitz-Möllendorff. — Lit. Centralblatt N. 21 p. 716—717 v. Cr. — Classical Review I 5. 6 p. 162—163 v. G. C. Warr.

3. Griechische Grammatik und Dialektologie.

Baunack, J. u. **Th.**, Studien auf dem Gebiete der griechischen und arischen Sprachen. II. Leipzig, Hirzel. v. p. 74. 6 M.
Rec.: Wochenschrift f. klass. Phil. IV 17 p. 513—517 v. O. Immisch. — Lit. Centralblatt N. 22 p. 751—752 v. G. M . . . r.

Clermont-Ganneau, les noms gréco-phéniciens Ἀφάσωμος, Μνασέας et Ἄφης. Revue critique N 24 p. 466—471.

— la suppression des nasales dans l'écriture cypriote. Ibid. p. 471—473.

Deecke, W., lykische Studien. II. Die Genitive pluralis auf -he. Beiträge z. K. d. indog Sprachen XII 4 p. 315—340.

— neue wissenschaftliche Fassung der griech. u. lat. Satzsyntax zum Schulgebrauch Buchsweiler. Pr. 4.

Engel, E., die Aussprache des Griechischen. Jena, Costenoble. v. p. 74.
2 M. 50 Pf.
Rec : Neue phil. Rundschau N. 13 p. 203-205 v. Fr. Stolz — Leipziger
Zeitung, Beilage N. 26. — Revue critique N. 14 p. 261—268 v. J.
Psichari.

Johansson, K. F., de derivatis verbis contractis linguae graecae. Upsala,
Lundström. v. p 74.							6 M.
Rec : Deutsche Literaturzeitung N. 21 p. 749 v. A. Bezzenberger. — Lit.
Centralblatt N. 23 p. 786—787 v. G. M. — Neue phil. Rundschau N. 9
p. 141—144 v. Fr. Stolz

Krumbacher, K., ein irrationaler Spirant im Griechischen. München, Straub.
v. p. 75
Rec : Lit. Centralblatt N. 21 p. 717 v. G. M...r. — Berliner phil. Wochenschrift VII 25 p. 790—791 v. Wäschke. — Literaturblatt für germ. u.
rom. Philologie VIII 4 p. 179—182 v. H. Schuchardt.

Mayor, J. E. B., ἄπρακτος—ἄπρατος. Pionii vita Polycarpi 8. Journal of
Philology N. 30 p. 171—173.

Mekler, G, Beiträge zur Bildung des griechischen Verbums. I. Verba con-
tracta. II. Flexion des activen Plusquamperfects. Dorpat, Karow. 8. 90 S.
1 M. 50 Pf.

Moulton, J. H., on the tenues aspiratae in Greek. Cambridge Phil. Society,
26 May. (Academy N. 789 p. 436)

Schmidt, Heinrich, griechische Synonymik. 4 Bde. Leipzig 1886, Teubner.
54 M.
Rec.: Deutsche Literaturzeitung N. 25 p 894 v. Fr. Hanssen. — Wochenschrift f. klass. Phil. IV 22 p. 677   684 v. A. Matthias.

Schulze, K. P., ἐπτόμην — ἐπτάμην. Jahrbücher für Philologie 135. Bd.
3. 4. Hft.

Smyth, H. W., der Diphthong *El*. Göttingen, Vandenhoeck. v. p. 75.
1 M. 80 Pf.
Rec.: American Journal of Philology N. 29 p. 97-99 v. J. H K

Solmsen, F., Sigma in Verbindung mit Nasalen u. Liquiden im Griechischen.
Zeitschrift f. vergl Sprachforschung XXIX 1. 2 p 59 123

Wackernagel, J., Miscellen zur griechischen Grammatik. 12. Ueber die
Behandlung von σ in Verbindung mit ρ, λ, ν, μ 13 Ueber attische Contraction nach vau. 14. ἕκαστος. Zeitschrift f. vergl Sprachtorschuug XXIX
1. 2 p. 124 152.

Wheeler, B, der griechische Nominalaccent. ' Strassburg 1885, Trübner.
3 M. 80 Pf.
Rec : Classical Review I 4 p. 103—106 v. J. Peile -- Revue critique N. 15
p. 285—287 v. M. Y.

Wrede, F., de praepositione εἰς Köln. Pr. 4. 15 S.

Zacher, K., zur griechischen Nominalkomposition. Breslau, Köbner. v.
p. 75							2 M.
Rec.: Deutsche Literaturzeitung Nr. 17 p. 605—606 v. W. Dittenberger.

Zompolides, D., a course of modern Greek. I. London, Williams & Norgate.
v. p. 75.							6 M.
Rec : Classical Review I 4 p. 113 v. M C. Dawes.

4. Lateinische Grammatik und Dialektologie,
einschliesslich des Etruskischen.

Brown, R., the Etruscan numerals. Academy N. 785 p 365.
— etruscan notes. The dice of Toscanella, etc. Platonist I—III

Bury, J., latin etymologies: cervix, crepo, etc. Proceedings of the Cambridge Phil Soc. XIII—XV p 11—13.

Deecke. griechische u. lateinische Satzsyntax, v. p 143.

Du Cange, glossarium mediae et infimae latinitatis. T. 8. (T.-Z.) (Berlin, Calvary) 474 p. et Supplementum de 34 p v. p 76. à 16 M.

Edon, G., écriture et prononciation du Latin savant et du Latin populaire, et appendice sur le chant dit des Frères Arvales Paris 1882. (10 M.) — Restitution du chant dit des Frères Arvales. 1882. — Nouvelle étude sur le chant lémural. 1884   (7 M 50 Pf)
Rec.: Classical Review I 5. 6 p. 163—164 v. W. M. Lindsay.

Ellis, B., the sources of the Etruscan and Basque language. London, Trubner. v. p 76. 9 M.
Rec.: Deutsche Literaturzeitung N. 21 p. 749 v. W. Deecke. — Academy N 779 p 258 v. R Ellis

Engelhardt, M., die lateinische Konjugation nach den Ergebnissen der Sprach-vergleichung Berlin, Weidmann. v p 76 2 M. 40 Pf.
Rec.: Classical Review I 5. 6 p 147—149 v. A. S. Wilkins.

Fritsch, über die Aussprache des lat. c und t. Gymnasium V 10 p. 337—347.

Fröhlich, de grammaticae latinae locis aliquot controversis. Hagenau. Pr. 4.

Gardner Hale, W., the sequence of tenses in Latin. American Journal of Philology N. 29 p. 46—77.

Hintner, V., meridies. Wien 1886 Pr v. p 76.
Rec.: Wochenschrift f. klass Phil. IV 25 p. 788—789 v H. Ziemer.

Meyer, Edmund, zur Konstruktion der lateinischen Periode Nachtrag. Jahrbucher für Philologie 136. Bd. 3 4. Htt. p. 196—197.

Müller, Max, nomen. Academy N. 781 p. 289.

Nettleship, H., dierectus. Journal of Philology N. 30 p 186 – 188.

Postgate, J. P., the reformed pronunciation of the Latin. Classical Review I 2. 3 p 40—42 cf. p. 77.

Reid, J S., on the derivation of the Latin word »titulus« Classical Review I 2. 3 p 78.

Riemann, O., syntaxe latine Paris, Klincksieck. v p. 77. 4 M.
Rec : Deutsche Literaturzeitung N. 24 p. 860—861 v J. H. Schmalz.

Rönsch, H, lexikalische Excerpte aus weniger bekannten lat. Schriften. III. Romanische Forschungen III 2

Schuchardt, H., Romanisches u. Keltisches. Berlin, Oppenheim. v. p. 77. 7 M 50 Pf.
Rec.: Lit. Centralblatt N 18 p 609 - 610 v Widman. — Zeitschrift für vergl. Literaturgeschichte l 3. 4 v. Landau.

Sobolewski, A, das lat. Futurum auf -bo u. das Imperfectum -bam. (Russisch) Journal des kais. russ. Ministeriums der Volksaufklärung 1887, Mai, 3 Abth , p 43—46.

Sonnenschein, E. A., notes on conditional sentences in Latin. Classical I 5 6 p. 124—128.

Stein, A, the etymology ot Meridies. Academy N. 788 p. 418.

Warren, M., meridies. American Journal of Philology N. 29 p. 82—83.

Wilbrandt, F, cella. Zeitschrift f. vergl. Sprachforschung XXIX 1 2 p. 192.

Zingerle, A., Beiträge zu den lat. Wörterbüchern. Phil. Abhandlungen IV (v p 108) p. 90—94.

V. Literaturgeschichte
(einschliesslich der antiken Philosophie).

1. Allgemeine antike Literaturgeschichte.

Bezold, C., Ueberblick über die babylonisch-assyrische Literatur. Leipzig 1886, O. Schulze.   12 M.
Rec.: Lit. Centralblatt N. 16 p. 543—545 v. F. D.

Biese, A., die ästhetische Naturbeseelung in antiker u. moderner Poesie. II. Zeitschrift f. vergl. Literaturgeschichte I 3. 4. v. p. 78.

Bigg, C., the Christian Platonists. Oxford 1886. v. p. 78.   12 M.
Rec.: Academy N. 778 p. 231 v. J. Owen.

Freund's, W., sechs Tafeln der griech., röm., deutschen, engl, franz. u. ital. Literaturgeschichte. Für den Schul- u. Selbstunterricht. I. Tafel der griech. Literaturgeschichte. 3. Aufl. Leipzig, Violet. 8. 50 S.   50 Pf.

Haake, A., die Gesellschaftslehre der Stoiker. Berlin, Calvary. 4. 22 S. 1 M. 60 Pf.

Köstlin, K., Geschichte der Ethik. Darstellung der philosophischen Moral-, Staats- u. Socialtheorie des Alterthums u. der Neuzeit. 1. Bd. Die Ethik des klass. Alterthums. 1. Abth. Die griech. Ethik bis Plato. Tübingen, Laupp. 8. XII, 493 S.   8 M.

Picavet, le phénoménisme et le probabilisme dans l'école platonicienne. Revue philosophique N. 5.

Sidgwick, H., outlines of the history of Ethics. London 1886, Macmillan.
                                                                   4 M. 20 Pf.
Rec.: Academy N. 787 p. 389—390 v. A. Benn.

Siebeck, H., Geschichte der Psychologie. I. Gotha 1884.   17 M.
Rec.: Vierteljahrsschrift f. wiss. Philosophie XI 2 p. 224 - 228 v. M. Heinze.

Striller, F., de stoicorum studiis rhetoricis. Breslau, Köbner. v. p. 78.
                                                                   1 M. 20 Pf.
Rec.: Deutsche Literaturzeitung N. 16 p. 568 v. H. v. Arnim. — Wochenschrift f. klass. Phil. IV 24 p. 747—750 v. R. Volkmann.

2. Griechische Literaturgeschichte.

Bender, F., Geschichte der griechischen Literatur. Leipzig, W. Friedrich. v. p 78.   12 M.
Rec.: Wochenschrift f. klass. Phil. IV 22 p. 675—677 v. K. Sittl.

Croiset, A. et M., histoire de la littérature grecque. Tome premier. Homère, la poésie cyclique, Hésiode, par M. Croiset. Paris, Thorin. 8. 8 M.

Croiset, A., les historiens de la littérature grecque. Revue internationale de l'enseignement VII 6 p. 530—549.

Deltour, F., histoire de la littérature grecque. 2. édition. Paris, Delagrave. 18. IX, 528 p.

Diels, H., über die ältesten Philosophenschulen der Griechen. Philosophische Aufsätze (v. p. 107) p. 239—260.

Girard, J., le sentiment religieux en Grèce. Paris, Hachette. 18. 458 p. v. p. 78.   3 M. 50 Pf.

Jevons, F., Greek literature. London, Griffin. v. p. 78   10 M. 20 Pf.
Rec.: Phil. Anzeiger XVII 2. 3 p. 177 180 v. K. Sittl.

Kopp, W., Geschichte der griechischen Literatur. 4. Aufl. von Hubert. Berlin, Springer. v. p 78   3 M.
Rec.: Zeitschrift f. d Gymn. XXXXI 4 p. 210—212 v. H. Schütz.

Nageotte, E., précis d'histoire de la littérature grecque depuis ses origines jusqu'au VI. siècle de notre ère. Paris, Garnier frères. 18. VII, 494 p.

Sittl, K., Geschichte der griechischen Litteratur bis auf Alexander d. Grossen.
3. Theil mit Generalregister. München, Th. Ackermann. 8. 521S. 6 M. 50 Pf.
Stein, L., Psychologie der Stoa. I. Berlin 1885, Calvary. 7 M.
 Rec.: Zeitschrift f. exakte Philosophie XV 2 p. 190—194 v. Thilo.

3. Römische Literaturgeschichte.

Haube, O., die Epen des silbernen Zeitalters der römischen Literatur. II.
Fraustadt. Pr. 4. 17 S.
Ribbeck, O, Geschichte der römischen Dichtung. 1. Dichtung der Republik.
Stuttgart, Cotta. 8. VII, 348 S. 7 M.

VI. Alterthumskunde.

1. Sammelwerke. — Encyclopaedie und Methodologie der Alterthumskunde.

Böckh, A, Encyklopädie der philologischen Wissenschaften. 2. Aufl. von
R. Klussmann. Leipzig 1886, Teubner. 14 M.
 Rec.: Deutsche Literaturzeitung N. 19 p. 677 v. W. Dittenberger.
Denkmäler des klass. Alterthums. Hrsg. v. A. Baumeister. 21—45. Lief.
München, Oldenburg v. p. 79. à 1 M.
 Rec.: Wochenschrift f. klass. Phil. IV 19 p. 577—581 v. P. Weizsäcker.
 — Zeitschrift f. d. österr. Gymn. XXXVIII 3 p. 199—205 v. F. Stud-
niczka.
Engelmann, Jahresbericht über Archäologie. Jahresberichte des Berliner
phil. Vereins XIII p. 199—208.
Handbuch der klassischen Alterthumswissenschaft, herausg. von Iwan Mül-
ler. 1—4. Bd. Nördlingen, Beck. v. p. 79.
 Rec.: Berliner phil. Wochenschrift VII 22 p. 677—687 v. J. Wex, und
 N. 23 p. 709—717 v. A. Chambalu. — Deutsche Literaturzeitung N. 14
 p. 492 v. W. Dittenberger. — Neue phil. Rundschau N. 11 p. 168;
 N. 13 p. 202—203 v. L. Holzapfel. — Zeitschrift f Gymn. XXXXI 4
 p. 208—212 v. O. Weissenfels. — Academy N. 776 p. 205 — Egyetemes phil. közlöny N. 5 p. 504—511 v. G. Boros.
Longpérier, A. de, oeuvres, réunies et mises en ordre par G. Schlum-
berger. T. 7. Nouveau supplément et table générale. Paris, Leroux.
8. 131 p.
Saglio et Pottier, dictionnaire des antiquités grecques et romaines. Fasc. 1
—12. Paris, Hachette. 4. v. 1886 à 5 M.
 Rec.: Chronique des arts N. 13 p 101—102.
Ulrich, W., Bilder aus der Geschichte, der Kulturgeschichte u. dem litt. Le-
ben der Völker Leipzig, Unflad. 8. VI, 318 S. 4 M. 50 Pf.
Urlichs, L. v., Grundlegung u. Geschichte der klass. Alterthumswissenschaft.
(In Müllers Handbuch d. klass. A., 1. Bd)
 Rec.: Neue phil. Rundschau N. 11 p. 168—170 v. ε.

2. Mythologie und Religionswissenschaft.

Bethe, E, quaestiones Diodoreae mythographae, v. Diodorus.
Clermont-Ganneau, Apollon Agyrieus et le Reseph-Houç phénicien. Revue
critique N. 20 p 393—397.
Gaidoz, H., études de mythologie gauloise I. Paris, Leroux. v. p. 80.
 Rec: Lit. Centralblatt N. 21 p. 724—725 v. Wi.

Gladstone, W. E., the greater gods of Olympos. II. Apollo. Nineteenth Century, May. cf. p. 80.
— the great Olympian sedition. Contemporary Review, June.

Knaack, G., zur Phaethonsage. Berliner phil. Wochenschrift VII 23 p. 732.

Maurer, C., de aris Graecorum pluribus deis in commune positis. Darmstadt 1885, Zernin. 2 M.
. Rec.: Wochenschrift f. klass. Phil. IV 14 p. 418 - 421 v. H. Gloël.

Mérimée, E., de antiquis aquarum religionibus in Gallia meridionali ac praesertim iu Pyrenaeis montibus. Thèse. Paris 1886. 8. 109 p.
Rec : Revue critique N 18 p. 342—345 v. P. L.

Oberzinner, L., il culto del Sole presso gli antichi Orientali. I. Trient 1886, Monauni. 8. X, 218 p.
Rec : Revue critique N 21 p. 401—404 v. G. Maspero.

Réville, J., la religion à Rome sous les Sévères Paris, Leroux. v. p. 80.
7 M. 50 Pf.
Rec.: Academy N. 789 p. 426—427 v. Fr. Richards.

Robiou, F., la religion égyptienne. Le Phénix. Muséon VI 1. 2.

Roscher, W. H, Lexikon der Mythologie. 9. u. 10. Lief. Leipzig, Teubner. v. p. 80. à 2 M.
Rec.: Wochenschrift f. klass. Phil. IV 15 p. 449—454 v. A. Zinzow.

Siebourg, M, de Sulevis, Campestribus, Fatis Bonn 1886. Diss
Rec : Deutsche Literaturzeitung N. 19 p. 674 v. G. Wissowa. — Phil. Anzeiger XVII 2. 3 p. 191—194 v J. Schmidt. — Korrespondenzblatt der Westd. Zeitschrift VI 2. 3 p. 50 - 51.

Taylor, J., the myth of Cupid and Psyche. Academy N. 789 p 433—434.

Tümpel, K., Bemerkungen zu einigen Fragen der griechischen Religionsgeschichte. Neustettin. Pr. 4. 23 S.

Vernes, M., l'histoire des religions. Paris, Leroux. v. p. 81.
Rec.: Lit. Centralblatt N. 20 p. 665—667 v. B. L.

Zinzow, A., der Vaterbegriff bei den röm. Gottheiten. Pyritz. Pr. 4. 18 S.

3. Alte Geschichte.

A. Allgemeine Geschichte und Chronologie der alten Welt. — Orientalische Geschichte.

Adler, C., the legends of Semiramis and the Nimrod Epic. John Hopkins Univ. Circulars VI 55 p. 50—51.

Duncker, M., Geschichte des Alterthums. II (IX). Leipzig. v. p. 81. 10 M.
Rec.: Lit. Centralblatt N. 16 p. 534 - 536 v. F. R

Egelhaaf, G., Analekten zur Geschichte. Stuttgart, Kohlhammer. v. p. 81.
5 M. 40 Pf.
Rec.: Deutsche Literaturzeitung N. 23 p. 825 - 827 v. R Pöhlmann. — Zeitschrift t. d. österr. Gymn. XXXVIII 4 p. 287—290 v. A. Bauer.

Freeman, E A., the chief periods of European history. London, Macmillan. v. p. 81. 12 M. 60 Pf.
Rec.: Athenaeum N. 3106 p. 602 - 604. — Classical Review I 4 p. 112 v. G. Hardy.

Jäger, O., Weltgeschichte in 4 Bänden. Mit zahlreichen authentischen Abbildungen u. Tafeln. 1—4. Abth (1 Bd.) Bielefeld, Velhagen & Klasing ·8· 564 S à 2 M.; 1. Bd.: 8 M.

Kubicki, das Schaltjahr in der grossen Rechnungsurkunde C. I. A. 273. II. Theil Ratibor. Pr. 4. v. 1885.

Lenormant, F., et **E. Babelon**, histoire ancienne de l'Orient jusqu'aux guerres médiques. Continuée par E. Babelon. 9 édition, revue, corrigée, considérablement augmentée et illustrée de nombreuses figures d'après les monuments antiques. T. 9 La civilisation assyro-chaldéenne; les Mèdes et les Perses. Paris, A Lévy. gr. 8 527 p. avec 169 gravures.

Lorenz, 0., die Geschichtswissenschaft kritisch erörtert Berlin 1886, Hertz 7 M.
Rec : Lit. Centralblatt N 24 p. 804—805.

Reinach, Th., Mithridate Eupator et son père Revue numismatique 1887 N 2 p. 97—108

Stade, B., Geschichte des Volkes Israel. 1 Bd. (S. 625 - 710) Berlin, Grote Mit Holzschn. u 2 Taf. à 3 M.

Treuber, 0, weitere Beiträge zur Geschichte der Lykier. Tübingen 1887. Pr. 4 cf 1885
Rec.: (I) Gymnasium V 12 p. 426 v W. J. O Schmidt

Unger, G. F., Zeitrechnung. (In Müllers Handbuch der Alterthumswissenschaft, 4. Halbband)
Rec : Deutsche Literaturzeitung N. 14 p. 491—492 v W. Dittenberger
— Zeitschrift f. d. Gymn. XXXXI 4 p. 212 v O Weissenfels.

Welzhofer, H., allgemeine Geschichte des Alterthums. 1 Gotha 1886. v. p 82 6 M.
Rec : Neue phil Rundschau N 11 p 174—176 v A. Wiedemann

Wilberforce, R I., the five Empires; an outline of ancient history, reprinted with a few notes concerning Assyrian history. London, Griffith. 8 214 p. 1 M. 20 Pf.

B. Griechische Geschichte und Chronologie.

Busolt, G, griechische Geschichte. I. Gotha 1885. v. p. 82 12 M.
Rec : Journal des kais. russ. Ministeriums der Volksaufklärung 1887, April, p 343 – 349 v. A. J Neufeld

Curtius, E., griechische Geschichte. 1. Bd Bis zum Beginne der Perserkriege. 6. verb. Aufl Berlin, Weidmann. 8. VII, 701 S 8 M.

Delbrück, H, die Perserkriege u. die Burgunderkriege. Berlin, Walther & Apolant v. p. 82 6 M.
Rec : Jahrbücher f. Philologie 135 Bd. 3. 4. Hft p. 231—239 v. L Reinhardt.

Demitzas, M, βιογραφία Ὀλυμπιάδος τῆς Ἠπειρωτίδος. Athen, Typ. Palamedes 8. 136 p. 3 M.

Droysen, J. G., histoire de l'Hellénisme, traduite par Bouché-Leclercq et Chuquet. III. Paris 1885, Leroux. 10 M.
Rec.: Revue critique N. 16 p. 305 v. P. G.

Duncker, Max, history of Greece. Transl. by Alleyne and Abbott. II. London, Bentley. v. p. 82. 18 M.
Rec.: Athenaeum N. 3108 p. 669.

— historia de Grecia, vertida por Garcia Ayuso. VII. Madrid, Iravedra. 4. 432 p. 5 M.

Duruy, V., histoire des Grecs depuis les temps les plus reculés jusqu'à la réduction de la Grèce en province romaine. Nouvelle édition, revue, augmentée et enrichie de plus de 1500 grav. et de 50 cartes ou plans. T. 1. (Formation du peuple grec.) Livraisons 2—51, avec 808 grav., 9 cartes et 5 chromolithographies Paris, Hachette. 8. p. 17—827. v. 1886. à 50 Pf.
Rec.: Athenaeum N. 3108 p. 669.

Fokke, A., Rettungen des Alkibiades. II. Emden 1886, Haynel. 2 M.
Rec.: Lit. Centralblatt N. 24 p. 805. — Zeitschrift f. d. österr. Gymn. XXXVIII 4 p. 290 --292 v. A. Bauer.

Frey, K., das Leben des Perikles. Bern. (Leipzig, Fock.) 4. 35 S. 1 M. 20 Pf.

Hertzberg, G. F., histoire de la Grèce sous la domination des Romains. Traduite sous la direction d'A. Bouché-Leclerq. I. De la conquête au règne d'Auguste, traduit par E. Scheurer. Paris, Leroux.   10 M.

Holm, A., Geschichte Griechenlands. 1. Band Berlin, Calvary & Co. v. p. 82.   10 M.
   Rec.: Lit. Centralblatt N. 19 p 636—638 v. F. R. — Journal des kais. russ. Ministeriums der Volksaufklärung 1887, April, p. 343—349 v. A. J. Neufeld.

Hoyer, R., Alkibiades, Vater u Sohn, in der Rhetorenschule. Kreuznach. Pr. 8. 20 S.

Kärst, J., Forschungen zur Geschichte Alexanders des Grossen. Stuttgart, Kohlhammer. 8. VII, 144 S.   1 M. 80 Pf.

Mahaffi and Gilman, Alexander's Empire. London 1886, Unwin. v. p. 83. 6 M.
   Rec.: Athenaeum N. 3100 p. 415.

Peter, C., Zeittafeln der griechischen Geschichte. 6. Aufl. Halle, Waisenhaus. v. p. 83.   4 M. 50 Pf.
   Rec : Zeitschrift f d. österr Gymn. XXXVIII 4 p. 293—294 v. A. Bauer.

Stschukarew, A., zum athenischen Archontenverzeichniss. (Russisch.) Journal des kais. russ. Ministeriums der Volksaufklärung 1887, Mai, 3. Abth., p. 46—52.

Töpffer, quaestiones Pisistrateae. Dorpat 1886, Karow.   2 M. 50 Pf.
   Rec.: Hist. Zeitschrift 1887 N. 4 p. 106 v. H. L.

Trieber, C., Pheidon von Argos. In »Hist. Aufsätze zum Andenken an Waitz«, 1886, 1. Abhandlung.

Unger, die Zeiten des Zenon von Kition u. Antigonos Gonatas, v. Zeno p. 128.

C. Römische Geschichte und Chronologie.

Allard, P., histoire des persécutions pendant le III. siècle. Paris 1886, Lecoffre.   6 M.
   Rec.: Revue critique N. 19 p. 371—372 v. G. Lacour-Gayet.

Arnold, Th., the second Punic war. Edited hy W. J. Arnold. London 1886, Macmillan. v. p 83.   10 M. 20 Pf.
   Rec.: Classical Review I 4 p. 109—110 v. A. S. Wilkins.

Cagnat, R., note sur le praefectus urbi qu'on appelle à tort Aconius Catullinus et sur le proconsul d'Afrique du même nom. Mélanges d'archéologie VII 3. 4 p. 258—267.

Colleville, de, histoire abrégée des empereurs romains et grecs. 1. Paris 1886, Picard. v. p. 83.   20 M.
   Rec.: Revue critique N. 19 p. 368—371 v. Th. Reinach.

Cuno, J. G, die hellenischen Tyrannen in Sicilien. Graudenz. Pr. 4. 39 S.

Dahn, F., Urgeschichte der germanischen u. romanischen Völker. 3 Bd. (S. 801—960.) Berlin, Grote. Mit 3 Taf.   à 3 M.

Deppe, A., Kriegszüge des Tiberius in Deutschland. Bielefeld 1886, Helmich.   1 M. 25 Pf.
   Rec.: Berliner phil. Wochenschrift VII 23 p. 721—722 v. A. Eussner. — Lit. Centralblatt N. 26 p. 868—869 v. A.

Duruy, V., Geschichte des röm. Kaiserreichs. Uebersetzt von G. Hertzberg. 47.—58. Lief. 3. Bd. S. 113—496. Leipzig, Schmidt & Günther. 4. v. p. 83.   à 80 Pf.
   Rec.: Blätter f. d. bayr. Gymn. XXIII 4 p. 181—184 v. S. — Korrespondenzblatt f. d. württ. Schulen XXXIV 3. 4 p. 184.

Gourraigne, L. G., histoire romaine, résumés et récits. Bordeaux, imp. Riffaud 16. 123 p.

Grubich, J., Kämpfe der Griechen u. Normannen um Unteritalien Jena. Diss. 8. 66 S.

Güldenpenning, A., Geschichte des oströmischen Reiches unter Arcadius u. Theodosius II. Halle 1885, Niemeyer. v. p. 84.   10 M.
Rec.: Berliner phil. Wochenschrift VII 19 p. 587—593 v. W. Fischer.

Hammeran, A., die XI. u. XXII. Legion am Mittelrhein. Korrespondenzblatt der Westd. Zeitschrift VI 4 p. 80—84.

Heuzey, L., les opérations militaires de César (en Macédoine). Paris, Hachette. v p. 84.   10 M.
Rec.: Berliner phil. Wochenschrift VII 18 p. 556—560 v. R Schneider.

Horton, R. F., a history of the Romans. 2. ed. With maps. London, Rivington. 8. 344 p. cl.   4 M. 20 Pf.

Ihne, W., römische Geschichte VI. Leipzig 1886, Engelmann.   6 M.
Rec.: Deutsche Literaturzeitung N 18 p. 646—648 v. Joh. Schmidt. — Wochenschrift f. klass Phil IV 17 p. 524—527 v. G. Faltin.

Knoke, Fr., die Kriegszüge des Germanicus in Deutschland. Berlin 1887, Gärtner.   15 M.
Rec.: Wochenschrift f. klass. Phil. IV 20 p. 623—633 v. G. Andresen.
— die Schlacht im Teutoburger Wald. Grenzboten XLVI 25 u. 26.

Lackner, die Einfälle der Gallier in Italien. Gumbinnen. Pr. 4.

Mommsen, Th., histoire romaine. Tome V (IX de l'édition française), traduite par R. Cagnat et J. Toutain. 1. livr. Paris, Vieweg. gr. 8. Avec 3 cartes.   2 M. 40 Pf.

Nitzsch, K. W., Geschichte der röm. Republik. Herausg. von G. Thouret. 2 Bde. Leipzig 1884/85. Duncker & Humblot. v. p. 84.   6 M.
Rec.: Phil. Anzeiger XVII 2. 3 p. 180—189 v. M. Zöller.

Seidel, E., Montesquieu's Verdienst um die römische Geschichte. Annaberg. Pr. 4. 20 S.

Sepp, die Wanderung der Cimbern. München 1882, Ackermann. 1 M. 40 Pf.
Rec.: Hist. Zeitschrift 1887 N. 4 p. 107—109 v. G. Zippel.

Soltau, W., Prolegomena zu einer röm. Chronologie. Berlin, Gärtner. v. p. 85.   5 M.
Rec.: Neue phil. Rundschau N. 12 p. 183—189 v. L. Holzapfel.

Stocchi, G, due studi di storia romana 1) La prima guerra dei Romani nella Mesopotamia. 2) Commio Atrebate. Florenz, Bocca. 12. 139 p. 2 M.

Streit, W., zur Geschichte des zweiten punischen Krieges in Italien nach der Schlacht von Cannae. Berlin, Calvary. 8. 57 S.   2 M.

Wagener, R., der Kriegsschauplatz des Jahres 16 n. Chr. im Cheruskerland. Korrespondenzblatt der Anthrop. Gesellschaft XVIII 4.

4. Ethnologie, Geographie und Topographie.

A. Alte Geographie im Allgemeinen.

Beloch, J., die Bevölkerung der griechisch-römischen Welt. Leipzig, Duncker & Humblot. v. p. 85.   11 M.
Rec.: Deutsche Literaturzeitung N 14 p. 495—498 v. R. Pöhlmann. — Classical Review I 5. 6 p. 164—165 v. L Whibley.

Hertzberg, H., einige Beispiele aus Europa über Völkerverbindung u. Völkertrennung durch Gebirge, Flüsse u. Meeresarme. Halle. Diss. 8. 31 S.

Kampen, A. v., tabulae maximae quibus illustrantur terrae veterum, in usum scholarum descriptae. 1 : 750 000. Tabula II (Italia) et III (Gallia). (à 9 Blatt.) Gotha, J. Perthes. gr qu.-Fol. à 8 M.; auf Leinwand in Mappe à 13 M.; lackirt 19 M.

Klose, W, Bronze- u Eisenzeit oder Metallzeit Ein Beitrag zur Lösung der Frage über die Berechtigung dieser Eintheilung u. uber die Priorität der Bronze. Hirschberg, Kuh. 8 IV, 116 S.   2 M 50 Pf.

Müller, S., l'origine de l'âge du bronze en Europe et ses premiers développements éclairés par les plus anciens objets en bronze découverts dans le sud-est de l'Europe. Traduit du danois par L. Morillot et H. Tripard (Extrait) Paris, Reinwald 8 76 p. avec fig

Penka, K., Herkunft der Arier. Teschen, Prochaska. v. p 86 5 M. 20 Pf. Rec. Berliner phil. Wochenschrift VII 18 p. 562—567 v. F. Justi. — Deutsche Literaturzeitung N. 18 p 650—651. — Revue critique N. 25 p 483—490 v. S. Reinach.

Quatrefages, de, les Pygmées. Les Pygmées des anciens d'après la science moderne, les Négritos ou Pygmées asiatiques, les Négrilles ou Pygmées africains, les Hottentots et les Boschimans. Paris, Baillière. 16. avec. fig. 3 M. 50 Pf.

Saalfeld, G., Handbüchlein der Eigennamen aus der Geographie. Leipzig 1885, Winter.   4 M. Rec : Zeitschrift f. wiss. Geographie VI 2 p. 85—86 v. O. Kienitz.

Schmidt, Max, zur Geschichte der geographischen Litteratur bei Griechen u. Römern. Berlin (Gärtner). Pr. d Askan. G. 4. 27 S.   1 M.

Toussaint, M, von klassischen Stätten. Bayreuth 1886. Pr. Rec.: Phil. Anzeiger XVII 2. 3 p. 201 v. Bornemann.

Wolff, C., Atlas der alten Welt. 19. Aufl. Weimar 1884.   3 M. Rec : Blätter f d bayr. Gymn. XXIII 5. 6 p. 266--267 v. G. Biedermann.

B. Geographie und Topographie von Griechenland und den östlichen Theilen des römischen Reiches.

Adler, Reisebericht. Die Burg von Mykene Berliner arch. Gesellschaft, Junisitzung. (Deutsche Literaturzeitung N 26 p. 947.)

Attinger, G., Beiträge zur Geschichte von Delos. Frauenfeld, Huber. v. p 86. 1 M. 80 Pf. Rec : Berliner phil. Wochenschrift VII 19 p. 586 -- 587 v. G. Egelhaaf

Baumgarten, ein Rundgang durch Alt-Athen. Wertheim. Pr 4.

Berger, H., Geschichte der wissenschaftlichen Erdkunde der Griechen. I. Leipzig, Veit. v p 87.   4 M. Rec.: Wochenschrift f klass Phil IV 17 p. 517—521 v. J. Partsch. — Göttinger gel. Anzeigen N. 7 p. 273—288 v. K. J. Neumann.

Bohn, Bericht über die dritte Campagne pergamenischer Ausgrabungen. Berliner arch. Gesellschaft, Aprilsitzung. (Berliner phil. Wochenschrift VII 27) — Thurm einer pergamenischen Landstadt. Mittheilungen des arch. Instituts zu Athen XI 4 p. 444—445 mit Taf. XII.

Bourne, E., derivation of Stamboul. American Journal of Philology N. 29 p. 78—82.

Buratschkow u. Latischew, zur Ortsbestimmung des Vorgebirges Hippolas. (Russisch) Journal des kais. russ. Ministeriums der Volksaufklärung 1887, 3. Abth., April, p. 307—316, u. Mai, p. 36—43.

Cassel, P., Kitim — Chitim. Ein Sendschreiben an Prof. A. H. Sayce in Oxford. Angehängt sind einige wissenschaftl. Erinnerungen an die Januar- u. Februartage in London. Berlin, Kuhl. 8. IV, 32 S.   60 Pf.

Curtius u. Kaupert, Karten von Attika. IV Berlin 1886, Reimer. 10 M. Rec : Deutsche Literaturzeitung N. 22 p. 795 v. O. Lolling.

Dörpfeld, W., der alte Athenatempel auf der Akropolis. Mittheilungen des arch. Instituts zu Athen XI 4 p 337—352 mit 1 Taf.

Eddy, W., discovery of a tomb temple at Sidon. Academy N. 779 p. 262.

Engel, E., griechische Frühlingstage. Jena, Costenoble. v. p. 87.   7 M.
Rec : Berliner phil. Wochenschrift VII 15 p. 467—472 v. Ch. B. Vgl. N. 22
S. 674—676. — Phil. Anzeiger XVII 2. 3 p. 201—203 v. Bornemann.

Hirsch, L. de, Orontobatès ou Rhoontopatès. Revue numismatiqùe V 2
p 89—96 mit Taf. IV.

Hörnes, das Heroon von Gjölbaschi. Nord und Süd, Mai-Heft.

Homolle, T., rapport sur une mission archéologique dans l'ile de Délos.
(Extrait des Archives des missions scientifiques, t 13.) Paris, imp. nationale.
8. 51 p. et planche

Kanitz, F, Hilandar auf dem Athos. Oesterr. Monatsschrift f. d. Orient XIII 4.

Kaupert, die Rekonstruktion der Agora des Kerameikos. Mit Skizzen.
Berliner phil Wochenschrift VII 18 p. 571—572.

Kiepert, H, Auffindung des alten Kolophon. Globus LI 19

Krumbacher, K, griechische Reise. Berlin, Hettler. v. p 88.   7 M.
Rec.: Berliner phil. Wochenschrift VII 23 p. 725—727 v. E. Fabricius.

Lambros, Sp., notes from Athens. Excavations at Volo and at Gortyna.
Athenaeum N 3099 p 390—391 — Statues found at Kropia. Relief of
Athena, from the Erechtheum. Ibid. N. 3100 p. 423—424.

Latischew, W, Olbia. (Russisch.) Journal des kais. russ. Ministeriums der
Volksaufklärung 1887, April, 3. Abth., p. 183—307. v. p 88.

Leaf, W., notes from Athens The temple of Zeus. Athenaeum N. 3102 p. 486.

Lullies, H, Kenntniss der Griechen u. Römer vom Pamir-Hochlande u. den
benachbarten Gebieten Asiens. Ein Beitrag zur Entdeckungsgeschichte.
Königsberg. Pr. d. Wilh.-G. 4. 22 S.

Meliarakis, A., γεωγραφία νεὰ καὶ ἀρχαία τοῦ νομοῦ Ἀργολίδος καὶ Κοριν-
θίας. Athen 1886, »Hestia«.
Rec : Revue critique N 21 p. 404—410 v. J. Psichari.

Milchhöfer, A., Kuppelgrab von Thorikos. Berliner phil. Wochenschrift
VII 24 p. 739—740.

— Heiligthum des Dionysos in Ikaria. Ibid. N. 25 p. 770—772.

Mommsen, Th., uber einen neu aufgefundenen Reisebericht nach dem ge-
lobten Lande. (Silvia aus Aquitanien, IV Jahrhundert.) Sitzungsberichte
der Berliner Akademie 1887 N. XXII. XXIII p. 357—364. v. Hilarius p. 132.

Moüy, C. de, lettres athéniennes. Dessins de H. Clerget et gravures de
Farlet. Paris, Plon 18. 334 p.   4 M.

Naville, E., the necropolis of Tell-el-Yahordech. Academy N. 781 p. 295—296.

Petrie, Flinders, the finding of Daphne. Archaeological Journal XLIV 173.

Rawlinson, G., ancient Egypt. London, Unwin. 8. 420 p. cl.   6 M.

Regel, W., über die Stadt Dascylos u. den dascylischen See. (Russisch.)
Journal des kais. russ. Ministeriums der Volksaufklärung 1887, Mai,
3. Abth., p. 1—8.

Sandys, J E., an easter vacation in Greece. London, Macmillan. v. p. 88.
                                                                    4 M. 20 Pf.
Rec : Berliner phil. Wochenschrift VII 24 p 760 v. Ch. B. — Academy
N. 781 p 287.

Sayce, A. H., alte Denkmäler im Lichte neuer Forschungen. Leipzig 1886,
O. Schulze.   2 M. 50 Pf.
Rec.: Berliner phil Wochenschrift VII 15 p. 465—467 v. F. Justi.

Schuchardt, C, Kolophon, Notion u. Klaros. Mittheilungen des arch. Instituts zu Athen X1 4 p. 398—435.

Schuhmacher, the ruins of Tiberias. Athenaeum N. 3103 p. 517.

Smith, Agnes, through Cyprus. Illustrated with map. London, Hurst. 8.
340 p. cl.   18 M.
Stillman, J., ancient Athens. 25 autotypes from negatives of the Acropolis
and Parthenon. Selected and issued by authority of the Hellenic Society.
London, Autotype Company.
Vischer, F., griechische Frühlingstage. Vom Fels zum Meer. 1887 N. 16.

C. Geographie und Topographie von Italien und den westlichen
Theilen des römischen Reiches.

Ammon, O., neue Römerstrasse an der Kinzig zwischen Offenburg u. Achern.
Korrespondenzblatt der Westd. Zeitschrift VI 5 p 101—103.
d'Arbois de Jubainville sur les Cimmériens. Académie des inscriptions,
6 Mai. (Revue critique N. 20 p. 400.)
Axt, zur Topographie von Rhegion u. Messana. Grimma, Gensel. v. p. 89. 1 M.
Baedeker, K., Italie. Manuel du voyageur. 3. partie. Italie méridionale,
Sicile et Sardaigne, suivies d'excursions à Malte, à Tunis et à Corfue. Avec
26 cartes et 17 plans. 8. éd. revue et corrigée. Leipzig, Baedeker. 8.
XLVI, 416 S. geb.   6 M.
Bazin, le théâtre romain d'Antibes. Revue arch. 1887 März-April.
B(elger), das Kuppelgrab bei Volo. Berliner phil. Wochenschrift VII 19 p. 577.
Bohnsack, G., die Via Appia von Rom bis Albano. Wolfenbüttel 1886,
Zwissler.   1 M. 50 Pf.
   Rec.: Deutsche Literaturzeitung N. 20 p. 721—722 v. Ch. Hülsen.
Bormann, E , über die Zwölfstädte von Etrurien. Ueber die Praefectura
Claudia Foroclodii. Sitzung des arch. Inst. zu Rom vom 18 März. (Wochen-
schrift f. kl. Phil. IV 19.)
Borsari, L., i portici della regione VII. Bullettino della comm. arch. di
Roma XV 5 p. 140—148.
— gli scavazioni di Antemnae. Con pianta. Notizie degli scavi, febbrajo,
p. 64—69.
Brunn, über die Ausgrabungen der Certosa von Bologna. Zugleich als Fort-
setzung der Probleme der Vasenmalerei. München, Franz. 4. 59 S. 1 M. 80 Pf.
Carratoli, L., nuovi scavi della necropoli di Perugia. Notizie degli scavi,
febbrajo, p. 57—61.
Cipolla, C., tombe ed ustrini di Grezzano, regione di Venezia Notizie degli
scavi, febbrajo, p. 50—55.
Crespellani, A., strada romana e fistule acquarie di Modena. Notizie degli
scavi, febbrajo, p. 56.
Diehl, Ch., Ravenne. Paris, Rouam. v. p. 90.   2 M. 50 Pf.
   Rec.: Neue phil. Rundschau N. 8 p. 128 v. ζ.
Drück, Ausgrabung des Römercastells in Murrhardt. Württ. Vierteljahrs-
hefte X 1.
Duchesne, L., notes sur la topographie de Rome au moyen-âge. II. Les
titres presbytéraux et les diaconies. Mélanges d'archéologie VII 3. 4
p 217—243.
Eidam, H., Ausgrabungen des »Vereins von Alterthumsfreunden« in Gunzen-
hausen, beschrieben. Mit 8 Taf. (Aus dem »43. Jahresbericht des hist.
Vereins f. Mittelfranken«.) Ansbach, Brügel. 4. 34 S.   2 M.
Esmonnot, L., Néris, vicus Neriomagus. Moulins 1885.
   Rec.: Berliner phil. Wochenschrift VII 20 p. 629—634 v. A. Chambalu.
Friedrich, Rich., Materialien zur Begriffsbestimmung des Orbis terrarum.
Leipzig, Hinrichs. 4. 40 S.   1 M. 20 Pf.

Gamurrini, tombe etrusche di Perugia, Orvieto e nella Cannicella. Notizie degli scavi 1887, marzo, p. 85—91.

Gardner, P., on tombs in the neighbourhood of Halicarnassus. Hellenic Society, 21. April. (Athenaeum N. 3105 p. 579.)

Haupt, H., römische Funde bei Butzbach. Korrespondenzblatt der Westd. Zeitschrift VI 4 p. 69—71.

Hauser, v., die Römerstrassen Kärntens. Mittheilungen der Wiener anthrop. Gesellschaft XVI 3. 4.

Helbig, über Sikuler u. Ligurer an der Stätte Roms Festsitzung des Arch. Instituts zu Rom vom 15. April. (Deutsche Literaturzeitung N 21.)

Jordan, H., der Tempel der Vesta. Berlin, Weidmann. 4. v. p. 90. 12 M.
Rec.: Berliner phil. Wochenschrift VII 16 p 485—494 v. O. Richter.

Kallee, v, die Bedeutung der röm. Niederlassung auf dem kleinen Heuberg. Röm. Heerstrasse Rottenberg-Cannstadt. Röm. Niederlassung bei Wachendorf Württ. Vierteljahrshefte X 1.

Lagrèze, G. B. de, les catacombes de Rome. Paris, Firmin-Didot. 8. 180 p. avec grav. 1 M.
— une visite à Pompéi. Paris, Firmin-Didot. 8. 238 p. avec grav. 1 M 50 Pf.

Macé, A., la conservation des monuments mégalithiques dans le Morbihan. Notes et documents. Vannes, librairie Lafolye. 8. 94 S.

Mancini, R., giornale degli scavi della necropoli volsiniese Cannicella. Notizie degli scavi, febbrajo, p. 61—62. v. p 91.

Mann, the Roman villa at Box, in Wiltshire. Journal of the Arch. Association, London, XLIII 1.

Mayerhöfer, A., geschichtlich-topographische Studien über das alte Rom. 1 Bedeutung des Wortes pontifex Der Janikulum in der Königszeit. Neue Beiträge zur Brückenfrage. II. Wandlungen der Strassenverhältnisse. III. Die Thore der Aurelianischen Mauer. Munchen, Lindauer. 8. 115 S. Mit 1 Karte. 2 M.

Mazegger, B., Römer-Funde in Obermais bei Meran u. die alte Maja-Veste. Meran, Pötzelberger. 8. 31 S. v. p. 91. · 80 Pf.

Miller, römisches Bad in Cannstadt. Korrespondenzblatt der Westd. Zeitschrift VI 4 p. 65.

Monale, conte di, delle antichità falische venute alla luce in Civita Castellana e in Corchiano · e della ubicazione di Fescennia. Mittheilungen des Arch. Inst, röm Abth II 1 p. 21—36 mit Taf. III

Muntz, E., les antiquités de la ville de Rome aux XIV., XV. et XVI. siècles (topographie, monuments, collections), d'après des documents nouveaux. Paris, Leroux. 8. 186 p. et planches.

Pasqui, A, avanzi di un tempio scoperti in contrada »Celle« (antica Faleria). Notizie degli scavi 1887, marzo, p. 92--107 con tav. II.

Penrose, F. C., notes on a short visit to Sicily. Athenaeum N. 3097 p. 327.

Pohl, J, Verona u. Cäsoriacum, die ältesten Namen für Bonn u. Mainz. Zweiter Theil. Münstereifel Pr. 4.

Richter, O, Benützung einer Stelle bei Cicero (ad Att. II 24, 3) für die Rekonstruktion der Rostra in Rom Berliner arch. Gesellschaft, 3. Mai. (Deutsche Literaturzeitung N. 21) .

Rosenthal, römische Bauten in Altrip bei Speyer. Korrespondenzblatt der Westd Zeitschrift VI 5 p. 104—105.

Rossi, G. B. de, Ansicht des Forum Romanum im Kloster Monte Oliveto bei Siena. Sitzung des arch. Inst. zu Rom vom 11. März. (Wochenschrift f. kl. Phil IV 19.)

Rouire, la découverte du bassin hydrographique de la Tunisie centrale et l'emplacement du lac Triton. Paris, Challamel. v. p. 92
Rec.: Revue critique N. 17 p. 324 – 329 v. S. Reinach, cf. ibid. N. 24 p. 473—476.

Sayce, A. H., Algerian notes. Academy N. 780 p. 279.

Scati, studi sulle antichità acquensi. Atti della Società di arch. di Torino V 1.

Schneider, J., die alten Heer- u. Handelswege der Germanen, Römer u. Franken im deutschen Reiche. Nach örtl. Untersuchungen dargestellt 5. Hft. Leipzig, Weigel. 8. 23 S. mit 1 Karte.   5 M. (1—5: 9 M.)

Schneider, R., Ilerda. Berlin, Weidmann. v. p. 92.   1 M. 60 Pf.
    Rec.: Hist. Zeitschrift 1887 N. 4 p. 109 v. D.

— Uxellodunum, v. Caesar p. 130.

Tomassetti, G., antichità di Grottaferrata, l'antica Aqua Tepula. Notizie degli scavi, febbrajo, p. 81 – 82.

Villa-Amil y Castro, memoria sobre la creacion de un Museo arqueologico de Santiago. Madrid. 4 71 p.   2 M.

Weckerling, die römische Abtheilung des Paulus-Museums in Worms. II. Worms. Pr. 4.

5. Alterthümer.

A. Allgemeines über orientalische, griechische und römische Alterthümer.

Bagnato, v., Beiträge zur Geschichte der Gesetzgebung im Alterthum. Ehingen. Pr. 4.

Büdinger, M., Zeit u. Schicksal bei Römern u. Westariern. Eine universalhistorische Studie. Sitzungsberichte der Wiener Akademie, phil.-hist. Kl., 113. Bd. 2. Hft. p. 581—611 u. apart. Wien, Gerold. 8. 33 S.   60 Pf.

Gehrke, Vorstufen christlicher Weltanschauung im Alterthum. Rudolstadt. Pr. 4.

Ihering, R. v., die Gastfreundschaft im Alterthum. Deutsche Rundschau XIII 9 p. 357 – 397.

Lippert, J., Kulturgeschichte. Lief. 11—20. Leipzig, Freytag. v. p. 93.
                                                                à 1 M.
    Rec.: Lit. Centralblatt N. 25 p. 835—837 v. F. — Philosophische Monatshefte XXIII 7. 8 p. 501—502 v. C. S.

Revillout, E. et V., les obligations en droit égyptien comparé aux autres droits de l'antiquité Leçons. Suivies d'un appendice sur le droit de la Chaldée au XXIII. siècle et au XVI. siècle avant J.-Chr. Paris, Leroux. 8. LXXXIII, 531 p.

Studer, J., die christliche Ehefrage im Verhältniss zur antiken. Schweizer theol. Zeitschrift IV 2.

Tamassia, il periodo poetico - sacerdotale del diritto. Archivio giuridico XXXVIII 1. 2.

Usener, H., alte Bittgänge. Philosophische Aufsätze (v. p. 108) p. 275 – 302.

Zöller, M., griechische u. römische Privatalterthümer. Breslau, Köbner. 8. XVI, 427 S.   6 M.
    Rec.: Berliner phil. Wochenschrift VII 21 p 656—657 v. G. Egelhaaf.
    — Lit. Centralblatt p. 15 p. 506 – 507 v. hp.

B. Griechische Alterthümer.

Band, O, das attische Demeter-Kore-Fest der Epikleidia. Neuer Beitrag zur griech. Heortologie. 1. Tl. Berlin, Gärtner. 4. 31 S.   1 M.

Belser, die attischen Strategen im V. Jahrh. (Aus dem Korrespondenzbl. f. d. württ Schulen.) Tübingen 1886, Fues. 8. 37 S.   60 Pf.

— dasselbe, noch einige Bemerkungen. Ibid. 8 S.   20 Pf.

Böckh, A., Staatshaushaltung der Athener. 3. Aufl. von M. Fränkel. 2 Bde.
Berlin, Reimer. v. p. 94.   30 M.
Rec.: Phil. Anzeiger XVII 2. 3 p. 174—176 v. H. Landwehr. — Classical
Review I 5. 6 p. 149—151 v. L. C. Purser.

Eble, griechische Alterthümer. I. Athen. Ravensburg. Pr. v. p. 94.
Rec.: Gymnasium V 12 p. 423 v. W. J. O. Schmidt.

Edmonds, E. M., charms. Academy N. 781 p. 291.

Hauvette-Besnault, A, les stratèges athéniens. Paris 1884, Thorin. 6 M.
Rec.: Revue critique N. 17 p. 326—327 v. P. G.

— de archonte rege. Paris 1884, Thorin.
Rec.: Revue critique N. 19 p. 361 v. P. G.

Heikel, J. A., über die βούλευσις in Mordprozessen. Berlin 1886, Mayer &
Müller. 4.   80 Pf.
Rec.: Wochenschrift f. klass. Phil. IV 21 p. 651—652 v. S. Herrlich.

Herbrecht, H., de sacerdoti apud Graecos emptione venditione. Strassburg
1886, Trübner.
Rec.: Wochenschrift f. klass. Phil. IV 19 p. 581 v. P. Stengel. — Berliner
phil. Wochenschrift VII 21 p. 655—656 v. H. Lewy.

Hofmann, W., de iurandi apud Athenienses formulis. Strassburg 1886. Diss.
Rec.: Wochenschrift f. klass. Phil. IV 18 p. 545—548 v. H. Lewy.

Kühn, die sittlichen Ideen der Griechen, v. Tragici p. 128.

Lynn-Linton, Mrs. E., womanhood in Old Greece. Fortnightly Review,
April--May.

Müller, Albert, Lehrbuch der griechischen Bühnenalterthümer. Freiburg,
Mohr. v. p. 94.   10 M.
Rec.: Zeitschrift f. d. österr. Gymn. XXXVIII 4 p. 270—282 v. E. Reisch.

Oesterberg, E., de ephetarum Atheniensium origine. Upsala 1885. Diss.
8. 71 S.

Packard, L., studies in Greek thought. Boston 1886, Ginn.   2 M.
Rec.: American Journal of Philology N. 29 p. 84—88 v. J. H. Wright.

Passow, W., de crimine βουλεύσεως. Leipzig 1886, Fock.   1 M. 50 Pf.
Rec.: Berliner phil. Wochenschritt VII 25 p. 783—784 v. Th. Thalheim.
— Wochenschrift f. klass. Phil. IV 21 p. 652—655 v. S. Herrlich.

Schöll, R., athenische Festcommissionen. Sitzungsberichte der bayr. Akad.
der Wiss., phil-hist. Kl, 1887 N. 1 p. 1—24.

Schultbess, O., Vormundschaft nach attischem Recht. Freiburg 1886, Mohr. 6 M.
Rec.: Classical Review I 5. 6 p. 165 v. H. Hager.

Seaton, the Astragalizontes Classical Review I 5. 6 p. 170.

Weber, L., quaestionum Laconicarum capita duo. I. De »institutis Laconicis«
Pseudoplutarcheis. II De lexicographorum glossis ad rem pertinentibus.
Göttingen, Vandenhoeck & Ruprecht. 8. 64 S.   1 M. 60 Pf.

Wilamowitz-Möllendorff, Demotika der Metöken. II. Hermes XXII 2
p. 211—259. v. p. 95.

Ziemann, F., de anathematis graecis. Königsberg 1885, Koch & Reiner.
                                                                      1 M. 20 Pf.
Rec.: Wochenschrift f. klass. Phil. IV 21 p. 641—643 v. M. Lehnerdt.

Zimmermann, R., de nothorum Athenis condicione. Berlin 1886, Mayer &
Müller.   1 M. 20 Pf.
Rec.: Deutsche Literaturzeitung N. 23 p. 821—822 v. W. Dittenberger.

C. Römische Alterthümer.

Ascoli, la usucapione delle servitù nel diritto romano. Archivio giuridico
XXXVIII 1—4.

Baron, J., Abhandlungen aus dem römischen Civilprozess. III. Der Denun-
tionsprozess. Berlin, Simion. 8. 243 S.   6 M.

Baye, J. de, le torques était porté par les hommes chez les Gaulois. Paris, Nilson. 8. avec planche et fig.   2 M.

Bojessen-Hoffa, Handbuch der römischen Antiquitäten. 4. Aufl. von Kubitschek. Wien 1886, Gerold.   4 M.
   Rec.: Zeitschrift f. d. österr. Gymn. XXXVIII 4 p. 286—287 A. Domaszewski.

Brunnenmeister, E., das Tödtungsverbrechen im altrömischen Recht. Leipzig, Duncker & Humblot. v. p. 95.   5 M.
   Rec.: Lit. Centralblatt N. 25 p. 846—848 v. K. v. L.

Burckhardt, C., Sinn u. Umfang der Gleichstellung von dolus u. lata culpa im röm. Recht. Göttingen 1885, Vandenhoeck & Ruprecht.   5 M.
   Rec.: Vierteljahrsschrift f. Gesetzgebung X 1 v. Richter.

Carr, A., the church and the Roman empire. London, Longman. 8. 220 p. cl.   3 M.

Engelmann, Th., die custodiae praestatio nach röm. Recht. Von der jurist. Fakultät der Universität München mit dem Accessit gekrönte Preisschrift. Nördlingen, Beck. 8. IV, 190 S.   3 M.

Fadda, le usurae quae officio iudicis praestantur. Rivista di science giuridiche III 1.

Ferrini. C., le origini del contratto di società in Roma. Archivio giuridico XXXVIII 1. 2.

Gerathewohl, B., die Reiter u. die Rittercenturien zur Zeit der röm. Republik. München, Ackermann. v. p. 96.   2 M.
   Rec.: Blätter f. d. bayr. Gymn. XXIII 5. 6 p. 265 v. Rottmanner.

Gsell, S., étude sur le rôle politique du sénat romain à l'époque de Trajan. Mélanges d'archéologie VII 3. 4 p. 338—382.

Hartmann, L. M., de exilio apud Romanos. Berlin, Weidmann. v. p. 96.

Hoffmann, Georg, der röm. ager publicus vor dem Auftreten des Tiberius Gracchus. I. Kattowitz. Pr. 4. 24 S.

Karlowa, römische Rechtsgeschichte. I. Leipzig 1885, Veit.   10 M.
   Rec.: Vierteljahrsschrift f. Gesetzgebung X 1 v. Puntschart.

Kipp, Th., die Litisdenuntiation als Prozesseinleitungswesen im röm. Civilprozess. Leipzig, Breitkopf & Härtel. 8. VIII, 510 S.   7 M. 50 Pf.

Kuntze, J. E., die Obligationen im röm. Recht. Leipzig, Heinrich. v. p. 96.   7 M. 50 Pf.
   Rec.: Lit. Centralblatt N. 21 p. 712—714 v. L—r. — Deutsche Literaturzeitung N. 19 p. 686—687 v. Hölder.

Longo, dell' onere della prova nella condictio indebiti. Archivio giuridico XXXVIII 3. 4.

Marcks, E., de alis romanis. Leipzig 1886, Teubner.   1 M. 20 Pf.
   Rec.: Phil. Anzeiger XVII 2. 3 p. 189—191 v. A. Bauer.

Maué, E., die Vereine der fabri. Frankfurt a. M. 1886, (Mahlau & Waldschmidt.) 4.
   Rec.: Phil. Anzeiger XVII 2. 3 p. 194—197 v. E. Herzog.

Mommsen, Th., le droit public romain. Traduit par P. F. Girard. I. Paris, Thorin. v. p. 97.   10 M.
   Rec.: Classical Review I 5. 6 p. 165—166 v. W. W. Fowler. — Revue critique N. 22 p. 433—434 v. G. Bloch.

Monléon, C. de, l'Eglise et le Droit romain, études historiques. Bar-le-Duc, imp. Schorderet et Co. 8. 245 p.

Puglia, F., studi del diritto romano. Messina 1886, Carmelo de Stefano. 4 M.
   Rec.: Berliner phil. Wochenschrift VII 22 p. 691—694 v. J. Baron.

Richter, O., über den locus inferior der römischen Rednerbühne. Berliner arch. Gesellschaft, Maisitzung. (Wochenschrift f. klass. Phil. IV 26 p. 828.)

Rothenberg, die häusliche u. öffentliche Erziehung bei den Römern. Prenzlau. Pr. 4. 16 S.

Royer, A., de l'acquisition des fruits civils par l'usufruitier, en droit romain. Thèse. Paris, Rousseau. 8. 252 p.

Rümelin, M., Stellvertretung im röm. Civilprozess. Freiburg 1886, Mohr. 4 M.
Rec.: Vierteljahrsschritt für Gesetzgebung X 1 v. Eisele.

Scheurl, A. v., zur Lehre vom römischen Besitzrecht. Erlangen 1884, Deichert. v. p. 97.   4 M.
Rec.: Deutsche Literaturzeitung N. 23 p. 830 v. Leonhard.

Serafiui, confutazione della teorica del Dernburg intorno allo svolgimento storico dell'azione revocatoria nel diritto romano. Archivio giuridico XXXVIII 1. 2.

Simon, R., de la règle catonienne. Thèse. Paris, Pichon. 8. 276 p.

Voigt, M., Bericht über die die röm. Privat- u. Sacralalterthümer betreffende Literatur, 1885 resp. 1884. Bursian-Müllers Jahresbericht XLVIII p. 185—192.

Wagener, A., qui désignait le premier interroi? Revue de l'instruction publique en Belgique XXX 3 p. 137—151.

Wehrmann, P., zur Geschichte des römischen Volkstribunates. Stettin. Pr. d. Wilh.-G. 4. 24 S.

Willems, P., le Sénat. 2 vols. Berlin 1883, Calvary.   24 M.
Rec.: Vierteljahrsschrift für Gesetzgebung X 1 v. Baron.

— les élections municipales à Pompéi. Louvain, Peeters. v. p. 98. 2 M. 50 Pf.
Rec.: Phil. Anzeiger XVII 2. 3 p. 197—201 v. E. Herzog.

6. Exacte Wissenschaften.

Mathematik, Naturkunde, Medicin, Handel und Gewerbe im Alterthum.

Armandi, P., histoire des éléphants dans les guerres et les fêtes des peuples anciens jusqu'à l'introduction des armes à feu. Limoges, E. Ardant. gr. 8. 304 p.

B(elger), die Förderung der Erze in den altgriechischen Bergwerken. Berliner phil. Wochenschrift VII 21 p. 643.

Blümner, H., Technologie u. Terminologie der Gewerbe u. Künste bei Griechen u. Römern. 4. Bd. 2. Abth. Leipzig, Teubner. 8. XI, S. 379—629.
7 M. 20 Pf. (cplt.: 50 M. 40 Pf.)
Rec.: Deutsche Literaturzeitung N. 21 p. 759—760 v. G. Hirschteld.

Breusing, A., die Nautik der Alten. Bremen 1886, Schunemann. v. p. 98. 10 M.
Rec.: Deutsche Literaturzeitung N. 26 p. 927—929 v. R. Förster.

Huet, A., deuxième mémoire sur le Laurium. Le Laurium en 1885. (Extrait des Mém. de la Soc. des ingénieurs.) Paris, Chaix. 8. 39 p. et 2 pl.

Hansen, J. H, de metallis atticis. Hamburg 1885, Meissner.   3 M.
Rec.: Wochenschrift f. klass. Phil. IV 25 p. 769—772 v. B. Büchsenschütz.

Hehn, V., Kulturpflanzen u. Hausthiere in ihrem Uebergang aus Asien nach Griechenland u. Italien. Hist.-ling. Skizzen. 5. Aufl. Berlin, Bornträger. gr. 8. IV, 522 S.   10 M.

Heierli, J.; die Anfänge der Weberei Anzeiger f. schweiz. Alterthumskunde 1887 N. 2 p. 423—428 mit Taf. XXVII.

Hoskins-Abrahall, J., the papyrus in Europe. Academy N. 776 p. 204.

Jastrow, J., über Welthandelsstrassen in der Geschichte des Abendlandes. Berlin, Simion. 8. 62 S.   1 M.

Kobert, R., über den Zustand der Arzneikunde vor 18 Jahrhunderten. Dorpat.
(Halle, Mühlmann.) v. p. 98.   80 Pf.
   Rec.: Berliner phil. Wochenschrift. VII 24 p. 754 756 v. Ch. Muff.

Kostomiris, G, περὶ ὀφϑαλμολογίας καὶ ὠτολογίας τῶν ἀρχαίων Ἑλλήνων.
Ἀπὸ τῶν ἀρχαιοτάτων χρόνων μέχρις Ἱπποχράτους. Athen, Wilberg. gr. 8.
XVI, 248 p.   6 M.

Lieblein, J., Handel u. Schiffahrt auf dem rothen Meere. Christiania, Dybwad. (Leipzig, Hinrichs.) v. p. 98.   4 M.
   Rec.: Zeitschrift f. Kunde d. Morgenlandes I 2 p. 139—151 v. L. Reinisch.

Lorentz, B., die Taube im Alterthum. Leipzig, Fock. v. p. 98. 1 M. 50 Pf.
   Rec.: Berliner phil. Wochenschrift VII 17 p. 524—531 v. O. Keller.

Nagele, A., Zahlensymbole. Eine kultur-historische Skizze. (Nachträge.)
Marburg (Steiermark). Pr 8. 40 S.

Netoliczka, E., Geschichte der Elektrizität. Wien, Pichler. v. p. 99 3 M.
   Rec.: Blätter f. d. bayr. Gymn. XXIII 5. 6 p 275 v. Zwerger. — Archiv
der Mathematik IV 2.

Nissen, H., griechische u. römische Metrologie. (In Müllers Handb. d. kl.
A., 5. Hlbb) v. p. 99.
   Rec.: Berliner phil Wochenschrift VII 22 p. 677—687 v. J. Wex. — Neue
phil. Rundschau N. 13 p. 202 – 203 v L. Holzapfel.

Paris, souvenirs de marine. Collection de plans ou dessins de navires et
de bateaux anciens ou modernes, existants ou disparus avec les éléments
numériques nécessaires à leur construction. 3 vols. Première partie, 4 p.
et pl. 1 à 60 avec texte explicatif; deuxième partie, 4 p. et pl. 61 à 120
avec texte explicatif et portrait de Richelieu; troisième partie, 4 p. et
pl 121 à 180 avec texte explicatif et portrait de Colbert. Paris, Gauthier-
Villars. fol.   75 M.

Richter, W., Handel u. Verkehr der wichtigsten Völker des Mittelmeers. I.
Leipzig, Seemann. v. p. 99   3 M.
   Rec.: Neue phil. Rundschau N. 10 p 157 v. M. — Gymnasium V 12
p. 415—416 v. Werra — Wochenschrift f klass. Phil IV 20 p. 609—
611 v. H. Blümner.

Seidensticker, A., Waldgeschichte des Alterthums 2 Bde. Frankfurt a. O.
1886, Trowitzsch.   15 M.
   Rec.: Deutsche Literaturzeitung N. 17 p. 619 – 620 v. y.

Urbanitzky, A. v., Elektrizität u. Magnetismus im Alterthum. Wien, Hart-
leben. v. p. 99.   3 M.
   Rec : Wochenschrift f. klass. Phil. IV 2 p. 801—803 v. Max Schmidt. —
Archiv f. Mathematik IV 2.

Voigtel, die römische Wasserleitung im Dome zu Köln. Fundbericht. Jahrbücher des rhein. Alterthumsvereins LXXXII p. 75—81.

7. Kunstarchaeologie.

Bazin, H., l'Aphrodite Marseillaise. Paris 1886, Leroux. 8. 34 p. avec
planches.
   Rec.: Revue critique N. 15 p. 281 v S. Reinach.

Belger, Chr., Beiträge zur Kenntniss der griechischen Kuppelgräber. Berlin,
Gärtner. v. p. 100.   1 M.
   Rec.: Berliner phil. Wochenschrift VII 24 p. 752—754 v. A Furtwängler.

Benndorf, O., das Niobebild am Sipylos. Akademie der Wiss. zu Wien,
9. März. (Berliner phil. Wochenschrift N. 22 p. 704.)

Bernoulli, J., römische Ikonographie. II. Berlin 1886, Spemann   30 M.
   Rec.: Berliner phil. Wochenschrift VII 15 p. 462—465 v. R. Weil. —
Neue phil. Rundschau N. 13 p. 201—202 v. H. Heydemann.

Kunstarchaeologie. 161

Bie, O., das Motiv des Gegners der Athena in der Pergamener Gigantomachie. Berliner phil. Wochenschrift VII 16 p. 506—506 u. N. 17 p. 538—541.

Böhlau, J., Perseus u. die Graeen. Mittheilungen des arch. Instituts zu Athen XI 4 p. 365—371 mit Taf. X.

— frühattische Vasen. Jahrbuch des arch. Instituts II 1 p 33—66 mit Taf. 3—5.

Brizio, E., l'ovo di Leda sopra un vaso dipinto, trovato in un sepolcro etrusco presso Bologna. Atti e memorie della Deputazione di Romagna 1887 N. 1. 2 p. 163—178 mit Taf. III.

Brückner, A, Ornament u. Form der attischen Grabstelen. Strassburg 1886. Trübner. 3 M. 60 Pt.
    Rec.: Lit. Centralblatt N. 26 p. 888—889 v. T. S.

Brunn, H., Beschreibung der Glyptothek König Ludwig's I. zu München. 5. Aufl. München, Ackermann. VI, 292 S. 2 M.

— Probleme der Vasenmalerei, v. p. 154.

Catalogue des monuments historiques. Monuments antiques, monuments du moyen âge, de la renaissance et des temps modernes. Paris, bureaux de la Société héraldique. gr. 8. 31 p.

Clermont-Ganneau, Πήγασος et πήγνυμι. Revue critique N. 20 p 391—393.

Curtius, E., zur Chronologie der Schaubilder des Pheidias. Berliner arch. Gesellschaft, Maisitzung. (Wochenschrift f. klass. Phil. IV 26 p. 829.)

Donner-v. Richter, O., über Technisches in der Malerei der Alten. München 1885, Keim.
    Rec.: Neue phil. Rundschau N. 9 p. 140—141 v. ζ.

Dümmler, F., Vasen aus Tanagra und Verwandtes. Jahrbuch des arch. Instituts II 1 p. 18—23 mit Taf. 2.

— silberner Schmuck aus Cypern. Ibid. II 2 p. 85—95 mit Taf. 8.

l'Egypte et la Nubie, grand album monumental, historique, architectural. Reproduction par M. Béchard, avec un texte explicatif par A. Palmieri. Paris, Palmieri et Béchard. Fol. 150 planches et 23 p. - 330 M.

Furtwängler, A., der Goldfund von Schwarzenbach, Birkenfeld. Berliner arch. Gesellschaft, Aprilsitzung. (Wochenschrift f. klass. Phil. N. 21.)

— über die Echtheit oder Unechtheit der Terracotten von Myrina. Berliner arch. Gesellschaft, Juni-Sitzung. (Deutsche Literaturzeitung N. 26 p. 946.)

Hauser, F., zur Tübinger Bronze. Jahrbuch des arch. Instituts II 2 p. 95—107.

Helbig, W., sopra un ritratto di Livia. Mittheilungen des Arch. Inst., röm. Abth II 1 p. 3—13 mit Taf. I. II.

— sopro una fibula d'oro trovata presso Palestrina. Ibid. p. 37—39.

Heuzey, L., l'architecture chaldéenne et les découvertes de M. de Sarzec. Paris, Chaix. 8. 14 p.

Heydemann, H, le frecce amorose di Eros. Mittheilungen des arch. Inst. zu Rom II 1 p. 44—52.

— Seilenos vor Midas. Jahrbuch des arch. Inst. II 2 p. 112—114.

— Hetäre Kallipygos. Ibid. p. 125—127 mit Abb.

Hoffmann, Aegis oder Bogen? Zur Erläuterung des Apollo von Belvedere. Metz Pr. 4. 20 S.

Holleaux, M., fouilles au temple d'Apollon Ptoos. Fragments de statues archaïques. Bulletin de correspondance hellénique XI 3 p. 177—200 avec pl. VIII.

— statue archaique trouvée au temple Apollon Ptoos. Ibid. N. 4 p. 275—287. Avec pl. XIV. XV.

Homolle, Th, de antiquissimis Dianae simulacris Deliacis. Paris 1885, Thorin.
    Rec.: Journal des Savants, März p. 125—135 u. April p. 229- 240 v.
    G. Perrot. — Bulletin critique XI 4 p. 303—304 v. G. F.

Hülsen, Ch., ein Monument des Vatikanischen Museums. Gross-Lichterfelde.
    Pr. 4.

Klein, W., Euphronios. 2. Aufl. Wien, Gerold. v. p. 101   8 M.
    Rec.: Deutsche Literaturzeitung N. 17 p. 615 v. K. Wernicke.

— Vasen mit Meistersignaturen. Wien. Gerold. v. p. 101.   6 M.
    Rec.: Classical Review I 5. 6 p. 176 v. C. Torr

Köpp, F,. der Ursprung des Hochreliefs bei den Griechen   Jahrbuch des
    arch Instituts II 2 p. 118—125.

L., A. de, le grand cammée de Vienne.   Chronique des arts N. 2 p. 12—13.

Launitz, E. v. der, Wandtafeln zur Veranschaulichung antiken Lebens und
    antiker Kunst. Taf. XXIV: Die Akropolis von Athen, westliche Ansicht.
    Reconstructionsversuch von R. Bohn, mit Text von A. Trendelenburg.
    (gr. 8. 11 S.) Chromolith. Imp.-Fol. Kassel, Fischer. 18 M. (Ladenpreis 24 M.)

Leblant, E., de quelques objets antiques représentant des squelettes. Mé-
    langes d'archéologie VII 3. 4 p. 251—257 mit Taf. VII u. VIII.

Löwy, E., zwei Reliefs der Villa Albani. Jahrbuch des arch. Instituts II 2
    p. 104 - 112.

Maspero, G, l'archéologie égyptienne. Paris, Quantin. 8. 318 S. 3 M. 50 Pf.
    Rec.: Lit. Centralblatt N. 27 p. 918—919 v. G. E. — Academy N. 785
    p. 367- 368 v A. Edwards. — Chronique des beaux arts N. 10 p. 78.

Mayer, E., Amazonengruppe aus der Villa Borghese. Jahrbuch des arch.
    Instituts II 2 p. 77—85 mit Taf. 7.

Milchhöfer, A., Reliefs von Votivträgern. Jahrbuch des arch. Instituts II 1
    p. 18—23

Naue, J, die figürlichen Darstellungen auf Gürtelblechen u. Situlen von Bronze
    aus der Hallstattperiode. Jahrbucher des rhein. Alterthumsvereins LXXXII
    p. 1—14 mit 1 Tafel.

Oehmichen, G., griechischer Theaterbau. Berlin 1886, Weidmann.   4 M.
    Rec.: Zeitschrift f. österr. Gymn. XXXVIII 4 p. 282—286 v. E. Reisch.

Petersen, E., archaische Nikebilder. Mittheilungen des arch. Instituts zu
    Athen XI 4 p. 372—398 mit Taf. XI.

Philios, D., κεφαλὴ ἐξ 'Ακροπόλεως. 'Εφημερὶς ἀρχ. 1886 N. 3 p. 257-267.
    Mit Taf. 10.

Pigorini, über die bronzenen Rasiermesser vorrömischer Fundschichten in
    Italien. Sitzung des arch. Inst. zu Rom vom 11. März. (Wochenschrift f.
    kl. Phil. IV 19.)

Pottier, E., et S. Reinach, la nécropole de Myrina, fouilles exécutées au
    nom de l'Ecole française d'Athènes. En 2 parties. Première partie. Paris,
    Thorin. gr. 4. 262 p. avec fig. dans le texte, 2 cartes en couleur et 24
    planches en héliogravure   60 M.

Puchstein, uber die Entwickelung des ionischen Capitäls. Berliner arch.
    Gesellschaft, Aprilsitzung. (Deutsche Literaturzeitung N. 17 p. 621.)

Reinach, S., la colonne Trajane. Paris 1886, Leroux.   1 M. 25 Pf.
    Rec.: Berliner phil. Wochenschrift VII 14 p. 436 v. R. Schneider.

Révillout, E., coup d'oeil sur les origines de l'art égyptien à propos d'une
    tête de l'ancien Empire au musée du Louvre. Gazette des beaux-arts N.357
    p. 185 - 195.

Rhomaïdes, frères, les musées d'Athènes. 1. Lief. Athen, Wilberg. v. p. 102.
                                                                          à 6 M.
    Rec.: Wochenschrift f. klass. IV 23 p. 705—708 v. A. Trendelenburg.

Robert, C., Scenisches (Votivrelief vom Piräus.) Hermes XXII 2 p. 336.
— uber Therikläische Gefässe. Berliner arch. Gesellschaft, Märzsitzung.
(Berl. phil Wochenschrift N. 23 p 734—735.)

Rohden, H. v., zum Hermes des Praxiteles. Jahrbuch des Arch. Instituts
II 1 p. 66—69 mit Taf. 6.

Sakellion, J., μεγέϑη ἀγαλμάτων. Ἑβδομάς N. 7 p. 6—7.

Schiaparelli, E., di uno scarabeo sardo, proveniente dalla necropoli di
Tharros. Notizie degli scavi 1887, marzo, p. 124—126.

Schliemann, H., altägyptische Keramik. Wiener anthrop. Gesellschaft,
Märzsitzung. (Berl. phil. Wochenschrift N. 16 p. 510.)

Schmidt, R. O, zum Sarkophagrelief in der Villa Albani (Zoega I 52).
Jahrbuch des arch. Instituts II 2 p. 127.

Stais, W, ἀγάλματα ἐξ Ἐπιδαύρου. Ἐφημερὶς ἀρχ. 1886 N. 3 p. 243—257
mit Taf. 11—13

Studniczka, F., die bemalten Deckziegel. Jahrbuch des Arch. Instituts II 1
p. 69—72.
— Zusammensetzungen im Akropolismuseum. Mittheilungen des arch. Instituts zu Athen XI 4 p 352--364 mit Taf. IX.
— über Stil u. Ursprung der Giebelsculpturen des Zeustempels in Olympia.
(Italienisch) Mittheilungen des arch. Inst. zu Rom II 1 p. 51—57.

Sybel, L. v., zwei Bronzen. Jahrbuch des Arch. Instituts II 1 p. 13—18
mit Taf. 1.

Upcott, L. E., an introduction to Greek sculpture. Oxford, Clarendon Press.
v. p. 103.
Rec : Revue critique N. 18 p. 341—342 v. S Reinach.

Urlichs, L. v, archäologische Analekten. Würzburg 1885, Stabel.   80 Pf.
Rec.: Wochenschrift f klass. Phil. IV 24 p. 737—740 v P. W(eizsäcker).

Visconti, C. L , un frammento di stele sepolcrale attica. Bullettino della
Commissione arch. di Roma XV 4 p. 109—113 mit Taf. VI
— trovamenti. Frammenti di statue della via Labicana. Ibid. p 132—136.
— di un bassorilievo esprimente un adorazione dei Dioscuri   Ibid. N. 3
p. 73—76 mit Taf. V.
— tempio di Minerva Medica sull' Oppio; statua trovata in quel tempio.
Ibid N. 5 p. 166—172.

Walz, Erklärung der Ostgiebelgruppe am Zeustempel zu Olympia u der
Westgiebelgruppe am Parthenon. Maulbronn. Pr. 4.

Weizsäcker, P., zur östlichen Giebelgruppe des Zeustempels zu Olympia.
Tübingen, Fues. 8. 8 S. v. p. 103.   20 Pf.

Wernicke, K., der Triton von Tanagra. Jahrbuch des arch. Instituts II 2
p. 114—118.

8. Numismatik.

Babelon, E., description des monnaies consulaires. II. Paris 1886, Rollin
& Feuardent. v. p. 103.   25 M.
Rec.: Revue critique N. 20 p. 381 v. A. de Barthélemy.
— Marcus Annius Afrinus, gouverneur de Galatie. Revue numismatique
1887 N. 2 p. 109—118.

Bissinger, römische Münzfunde im Grossherzogthum Baden. Donaueschingen.
Pr. 4.

Catalogue of the Greek coins in the British Museum. Coins of Crete and
the Aegean Islands. By W. Wroth. London 1886.   18 M.
Rec : Berliner phil. Wochenschrift VII 18 p 562 v. R. Weil.

Catalogue of Indian coins in the British Museum. Ed. by R. Stuart Poole.
London 1886.   25 M.
   Rec.: Berliner phil. Wochenschrift VII 18 p. 560—562 v. R. Weil

Drexler, W., über einige von Sabatier in der Revue de numismatique belge
herausgegebene Münzen. Zeitschrift f Numismatik XV 1 p. 67—93.

Head, B., historia nummorum. London, Frowde. v. p 103.   50 M.
   Rec.: Academy N 788 p 419—420 v. C Oman. — Classical Review 1 5. 6
p. 171—176 v. A. J. Evans.

Körber, römische Münzen des Mainzer Centralmuseums. Mainz. Pr. 4.

Löbbecke, A., griechische Münzen aus meiner Sammlung. III. Zeitschrift
f Numismatik XV 1 p. 35—55 mit Taf. III.

Reinach, Th., numismatique de Cappadoce. Paris 1886, Rollin.
   Rec.: Revue critique N. 26 p. 502—503 v. A. de Barthélemy.

Sallet, A. v., die Erwerbungen des Kön Münzcabinets 1886/87. Zeitschrift
f. Numismatik XV 1 p. 1—35 mit Taf. I. II.

Veltmann, H., Funde von Römermünzen im freien Germanien u. die Oertlichkeit der Varusschlacht. Osnabrück 1886, Rackhorst. 8 131 S. 1 M. 60 Pf.
   Rec : Lit. Centralblatt N. 21 p. 702—703 v. A.

BIBLIOTHECA PHILOLOGICA CLASSICA.

Verzeichniss

der

auf dem Gebiete der classischen Alterthumswissenschaft

erschienenen

Bücher, Zeitschriften, Dissertationen, Programm-Abhandlungen, Aufsätze in Zeitschriften und Recensionen.

Beiblatt zum Jahresbericht über die Fortschritte der classischen Alterthumswissenschaft.

Vierzehnter Jahrgang.

1887. .

Drittes Quartal.

BERLIN 1887.

VERLAG VON S. CALVARY & Co.

W. Unter den Linden 17.

Subscriptionspreis für den Jahrgang von 4 Heften 6 Mark.

INHALT.

BIBLIOTHECA PHILOLOGICA CLASSICA.

Verzeichniss der auf dem Gebiete der classischen Alterthums-Wissenschaft erschienenen Bücher, Zeitschriften, Dissertationen, Programm-Abhandlungen, Aufsätze in Zeitschriften und Recensionen.

1887. Juli — September.

I. Zur Geschichte und Encyclopaedie der classischen Alterthums-Wissenschaft.

1. Zeitschriften.

Alemannia, herausg. von A. Birlinger. 15. Jahrg. 1. Heft. 1. Hälfte, 48 S. Bonn, Marcus. v. p. 1.   6 M.

Archiv für Geschichte der Philosophie, in Gemeinschaft mit H. Diels, W. Dilthey, B Erdmann u. E Zeller. herausg. von L. Stein. 1. Heft: Oktober 1887. Vierteljährlich. Berlin, G. Reimer. 8.   Jährl.: 12 M.

Ἡμερολόγιον τῆς Ἀνατολῆς φιλολογικὸν τ. ἔ. 1887. Konstantinopel. v. p. 5. 105.   5 M.
     Rec.: Berliner phil. Wochenschrift VII 27 p. 852–854 v. G. Meyer.

Jahresbericht über die Fortschritte der klassischen Alterthumswissenschaft, herausg. von I. Müller. 14. Jahrg. 1886, 7.—12. Heft. Berlin, Calvary. v. p. 5 105.   30 M.
— — Suppl.-Bd. (25. Bd., Preuner: Bericht über Mythologie), 2. Heft (S. 97 192). Ibid   à 1 M. 80 Pf.; für Nichtabonn.: 3 M. 60 Pf.

Jahresbericht, theologischer, herausg. von R. A. Lipsius. 6. Bd., enthaltend die Literatur des Jahres 1886. Leipzig, Reichardt. 8. 538 S. v. p. 5.   10 M.; geb. 12 M.

Mittheilungen aus der Sammlung der Papyrus Erzherzog Rainer. 1. und 2 Heft. Wien, Gerold. v. p. 6.   Jährlich 10 M.
     Rec.: Berliner phil. Wochenschrift VII 37 p. 1154—1158 v. A. Mommsen.

Monatshefte, philosophische. Redigiert von P. Natorp. 24. Bd. (1887/88.) Heidelberg, Weiss. v. p 7.   12 M.

Quartalschrift, römische, für christl. Alterthumskunde und für Kirchengeschichte. Unter Mitwirkung von Fachgenossen herausg. von A. de Waal. 1. Jahrg. 1887. 4 Hefte. (1. Heft 112 S. 8. mit 3 Taf.) Rom. Freiburg, Herder.   16 M.

Record, the Babylonian & Oriental. A monthly Magazine of the antiquities of the East. Editors: De Lacouperie, Th. Pinches, and W. C. Capper. Vol 1 (1887). London, Nutt. gr. 8.   Jährlich: 15 M.

Studien, phonetische Zeitschrift für wissenschaftliche und praktische Phonetik. Herausg. von W. Vietor. 1. Heft (94 S. 8.) Marburg, Elwert.   2 M. 80 Pf.

Zeitschrift für deutsche Philologie Begründet von J. Zacher. 20 Bd. 4 Hefte. (1. Heft 128 S. 8) Halle, Waisenhaus. v. p. 10.   12 M.

2. Academien und Gesellschaftsschriften.

Annalen des hist. Vereins für den Niederrhein. 46. Heft. Köln, Boisserée.
8. VI, 204 S. Mit 2 Taf. u. 1 Abb. v. p. 11.   3 M. 60 Pf.
Annuaire des facultés de Lyon. 1887—1888. Lyon, Pitrat. 8. 63 p. v. p. 12.
— des études grecques, publié par l'association pour l'encouragement des
études grecques en France. 20. année. 1886. Paris, Maisonneuve. 8.
CXXIX, 417 p. v. p. 12.   7 M.
Bulletin de l'Académie delphinale pour 1885. 3. série, t. 20. Grenoble,
imp. Allier. 8. XXV, 400 p. v. p. 16.
Δελτίον τῆς ἱστ. καὶ ἐθνολ. ἑταιρίας. IV. Athen 1887. v. p. 19.
    Rec.: (II) Journal d kais. russ. Ministeriums der Volksaufklärung 1887,
    Juli, p. 148—172 v. G. Destunis.
Jahrbuch des kaiserlich deutschen arch. Instituts. Herausg. von A. Conze.
II. Berlin, Reimer. v. p. 19. 106.   16 M.
    Rec.: (I) Neue phil. Rundschau N. 13 p. 218—219 v. H. Heydemann.
— für Geschichte, Sprache u. Litteratur Elsass-Lothringens, herausg. vom
hist.-litt. Zweigverein des Vogesen-Clubs. 3. Jahrg. Strassburg, Heitz. 8.
204 S. v. p. 20.   2 M. 50 Pf.
Jahresbericht der Geschichtswissenschaft, herausgegeben von Hermann,
Jastrow, Edm. Meyer. V. (1882.) Berlin 1886, Mittler. v. p. 20. 22 M.
    Rec.: Lit. Centralblatt N. 26 p. 867—868.
Magazin, neues Lausitzisches, herausg. von Schönwälder. 63. Bd. 1. Heft.
Görlitz, Renner. 8. 196 S. v. p. 21. 106.   2 M. 50 Pf.
Mémoires de la Société des antiquaires de Picardie. Amieus, imp. Douillet.
(Paris, Chossonnery.) 8. 622 p. v. p. 21.
— de la Société d'agriculture, sciences et arts d'Angers (ancienne Académie
d'Angers). Nouvelle période. T. 28. 1886. Angers, imp. Lachèse. 8.
439 p. v. p. 21. 106.
— et documents publiés par la Société archéologique de Rambouillet. T. 7.
2. fascicule. (1884—1886.) Beauvais, imp. Pere. 8. 189 p. v. p. 21.
Mittelschule. Mittheilungen der Vereine »Mittelschule in Wien« und
»Deutsche Mittelschule in Prag«. Herausg. von V. Langhans, K. Tumlirz u. E. Maiss. 1. Jahrg. (3—4mal). 1., 2. u. 3. Heft. Wien, Hölder.
8. S. 1—224.   7 M. 20 Pf.
Proceedings of the 18. annual session of the American Philological Association, July 1886. Boston 1887, Ginn. 8. 60 p.
Sitzungsberichte der philosophisch-philologischen und hist. Klasse der k.
bayr. Akademie der Wissenschaften zu München. 1887. 2. Heft. München,
Franz. 8. S. 171—301. v. p. 27.   à 1 M. 20 Pf.
— der kais. Akademie der Wissenschaften. Philos.-hist. Klasse. 114. Bd.
1. Heft. (209 S. m. 1 Taf.) Wien, Gerold. v. p. 27. 107.   3 M.
Zeitschrift der Gesellschaft für Beförderung der Geschichts-, Altertums- u.
Volkskunde von Freiburg. 6. Bd. 3. Heft. Freiburg, Stoll & Bader. III
u. S. 397—499. v. p. 28.   à 3 M. 50 Pf.

3. Sammelwerke.

Vermischte kritische Schriften. — Lateinische und griechische
Schriften von Autoren des späteren Mittelalters u. der Neuzeit.

Abhandlungen, Breslauer philologische. 1. Bd. 4. Heft u. 2. Bd. 1. Heft.
Breslau, Köbner. 123 u. 86 S.   I: 2 M. 10 Pf.; II: 1 M. 80 Pf.
Aufsätze, historische, dem Andenken an Waitz gewidmet. Hannover 1886,
Hahn.   16 M.
    Rec.: Deutsche Literaturzeitung N. 26 p. 932—937 v. P. Ewald.

Bachmann, J., das Leben u. die Sentenzen des Philosophen Secundus des Schweigsamen. Nach dem Aethiopischen u. Arabischen. Diss. Halle. (Berlin, Mayer & Muller.) 8. 34 S. 2 M.

Brandes, W, über das frühchristliche Gedicht Laudes Domini. Nebst einem Excurs: Die Zerstörung von Autun unter Claudius II. Braunschweig. Pr. 4. 33 S
Rec.: Neue phil. Rundschau N. 19 p. 300—301 v. E. Bährens.

Briefe von A. Masius, herausg. von M. Lossen. Leipzig, Dürr. v. p 29. 11 M. 40 Pf.
Rec.: Götting. gel. Anzeigen N. 10 v. Loserth.

Briefwechsel des Beatus Rhenanus. Herausg. von Horawitz u. Hart- felder. Leipzig 1886, Teubner. v. p. 29. 107. 28 M.
Rec.: Wochenschrift f. klass. Phil. IV 27 p. 852 — 855 v. B. Kübler. — Jahrbücher für Philologie 136. Bd. 7. Heft. p. 359—361 v. H. Holstein. — Egyetemes phil. közlöny N. 7. 8. p. 614—621 v. R. Weiss.

Commentationes philologae in honorem sodalitii philologorum Gryphiswal- densis secundum lustrum a. d. IV. Kal. Aug. 1887 condentis scripserunt ve- teres sodales. Berlin, Weidmann. 8. 67 S. 1 M. 60 Pf.

Cristoforo Patrizio, versi editi da un codice della monumentale Badia di Grottaferrata, da A. Rocchi Roma, tip. della Prop. fide.
Rec : Rivista di filologia XV 11. 12. p 574—575 v. G. Morosi.

Crusius, O., über die Sprichwörtersammlung des Maximus Planudes. Rhein. Museum XLII 3 p. 386 - 425

Curtius, G, kleine Schriften. 2 Theile. Leipzig 1886, Hirzel. v. p. 30 107. 7 M.
Rec.: Jahrb. f. Phil. 135. Bd. 5. 6. Heft p. 297—306 v. C. Angermann.

Denkschrift zur Erinnerung an das 50jährige Bestehen des herz. Realgym- nasium, vormals Realschule und Progymnasium zu Saalfeld. Saalfeld, Niese. 4. V, 75 S. 2 M. 70 Pf.

Festschrift zum 150jähr. Jubiläum der Universität Georgia - Augusta Göt- tingen. Göttingen (Hannover, Meyer). 4. 20 S. cart. 1 M. 50 Pf.

Grimm, W., kleinere Schriften Herausg. von G. Hinrichs. 4. Bd. Güters- loh, Bertelsmann. 8. IX, 700 S. 14 M. (cplt.: 47 M. 50 Pf.)

Hagen, H., Briefe von Heidelberger Professoren u. Studenten. Heidelberg 1886, Winter. 7 M.
Rec.: Berliner phil. Wochenschrift VII 30/31 p. 964—967 v. K. Hartfelder.

Harster, W, vitae sanctorum metricae IX. Ex codicibus Monacensibus, Pa- risiensibus, Bruxellensi, Hagensi saec. IX—XII editae. Leipzig, Teubner. 8. XVI, 237 S. 3 M.

Krumbacher, K., eine Sammlung byzantinischer Sprichwörter. (Aus den Sitzungsberichten der k. bayr. Akademie, 1887.) München. 8. p. 43—96.

Kurtz, E., die Sprichwörtersammlung des Planudes Leipzig 1886, Neumann. v. p. 30. 108. 1 M. 50 Pf.
Rec.: Neue phil Rundschau N. 13 p. 197—198 v. J. Sitzler.

Lange, L., kleine Schriften. I. Göttingen, Vandenhoeck & Ruprecht. v. p. 31. 108. 10 M.
Rec : Deutsche Literaturzeitung N. 36 p. 1270 — 1271 v. W. Sieglin. — Revue critique N. 28.

Manitius, M., zu Aldhelm u Baeda. Wien 1886, Gerold. 8. 102 S. 1 M. 60 Pf.
Rec.: Berliner phil. Wochenschrift VII 28 p. 878—881 v. J. Huemer.

Massebieau, L., 1) dialogus Fabri Stapulensis in phisicam introductionem. Introductio in phisicam Aristotelis. — 2) Schola Aquitanica; programme d'études du collège de Guyenne au XVI. siècle. (Mémoires et documents scolaires publiés par le »Musée pédagogique«, N. 2 et 7) Paris.
Rec.: Berliner phil Wochenschrift VII 32/33 p. 1018—1022 v. H. Bressler.

Mélanges Renier. Recueil de travaux publiés par l'Ecole pratique des Hautes-Etudes, en mémoire de Léon Renier. Paris, Vieweg. 8. LX, 468 p.

Pauli Crosnensis Rutheni atque **Joannis** Vislicensis carmina, ed., adnotationibus illustravit, praefatione, utriusque poetae vita, indice nominum rerumque memorabilium instruxit Br. Kruczkiewicz. (Corpus ant. poet. Polon, vol. II.) Krakau (Friedlein). 8. XLVI, 234 S.   4 M.

Piechotta, J., ein Anecdotum latinum. Leobschütz. Pr. v. p. 108.
  Rec : Archiv f. lat. Lexikographie IV 2 p. 339—340 v. G. Helmreich.

Poetae latini aevi Carolini rec. L Traube. Tomi III pars I. Berlin 1886, Weidmann. 4. v. p 31.   8 M.
  Rec : Wochenschrift f klass. Phil. IV 32/33 p. 1004 — 1008 v. Manitius.
  — Deutsche Literaturzeitung N 35 p. 1240—1241 v. J Huemer.

Psichari, J., le poème à Spanéas   Mélanges Renier, 27. article.

Renan, E, discours et conférences. Paris, C. Lévy. 8. V, 416 p.   7 M 50 Pf.

Rose, V., Leben des h. David von Thessalonike, herausgegeben. Berlin, Asher. v p. 31.   1 M.
  Rec.: Wochenschrift f. klass Phil. IV 29/30 p 908—909.

Sabbadini, R , la lettera di Alessandro Magno ad Aristotele »de mirabilibus Indiae«. Rivista di filologia XV 11. 12 p. 534—536.

Stowasser, J., incerti auctoris Hisperica famina. Wien 1887. Pr. d Franz-Josephs-Gymn. 8. 38 S.
  — das Luxemburger Pergamen (Hisp. fam). Wiener Studien IX 2 p 309—322.

Tamizey de Larroque, les correspondants de Peiresc. XII. Lettres de P.-A. de Rascas Paris, Picard. v. p 108 .   5 M.
  Rec.: Revue numismatique N. 3 p 329—330 v. A. de Barthélemy.

Voigt, E., Florilegium Gottingense. Romanische Forschungen III 2 p. 281—315.

Walser, J., Lessingiana epigrammata selecta LXX latine reddidit J W. Mittelschule I 2. 3 p. 136—144.

Winnefeld, G., sortes Sangallenses. Adiecta sunt alearum oracula ex cod. Monacensi primum editae. Diss. Bonn, Cohen. 8. 60 S.   2 M.
  Rec.: Archiv f. lat. Lexikographie IV 2 p. 340—341.

Wolff, H., eclogae latinae e Mureti alq. op. retractatae Leipzig 1886, Wartig
  Rec.: Centralorgan f Realschulen XV 9 p 616 v. R Schneider.

4. Encyclopädie und Methodologie der classischen Philologie.

Cantemerle, L., dictionnaire de l'administration des lycées, collèges communaux et écoles normales primaires, contenant le résumé des lois, décrets, ordonnances, règlements, arrêtes, instructions et circulaires ministérielles relatifs à l'administration desdits établissements. 2 vols. Paris, Delalain. 523 et 489 p   30 M.

Classical education in France. Letter from a French University Professor. (Französisch.) Classical Review I 7 p 205—207.

Direktorenversammlung, 12., in der Provinz Sachsen. Gymnasium V 14 p. 507 - 512.

Eckstein, Fr. A., lateinischer u. griechischer Unterricht. Mit Vorwort von W. Schrader. Herausgeg. von H. Heyden. Leipzig, Fues 8. XIII, 501 S   8 M.

Encyklopädie des gesammten Erziehungs- u. Unterrichtswesens, bearb. von einer Anzahl Schulmännern u. Gelehrten, herausg. unter Mitwirkung der DD Palmer u Wildermuth von K. A. Schmid. 2. verb. Aufl., fortgeführt von W. Schrader. 8. Bd. 1. u. 2. Abth. Leipzig, Fues gr. 8. 640 S.
                                           à 6 M. (I – VIII, 2: 145 M.)

Flach, J., der Hellenismus der Zukunft. Ein Mahnwort. Leipzig 1888, Friedrich. 8 51 S.   1 M.
— Klassizismus oder Materialismus? 2. (Titel-) Ausg. Leipzig (1886), Reissner. 8. 49 S   1 M.
Hartel, W. v., u. K. Schenkl, die Ordnung der Prüfung für das Lehramt an höheren Schulen in Preussen. Zeitschrift f. d. österr. Gymn. XXXVIII 5 p. 397—403.
Haupt, K., die Aufgabe des Geschichtsunterrichts am Gymnasium. Jahrbücher für Philologie 136. Bd. 5. 6. Heft p. 270—282; 7. Heft p. 321—331; 8. Heft p 385—392 v. p. 109.
Hering, die Ueberbürdungsfrage u. eine einheitliche höhere Schule. Vortrag. Leipzig 1886, Reissner 8. 86 S.
  Rec.: Blätter f. d. bayr. Gymn. XXIII 8 p. 414—415.
Hruschka, A., eine französische Stimme über antike u. moderne Sprachen. Mittelschule 1 2. 3 p. 94—104.
Holly, der metrisch-prosodische Unterricht in Untertertia. Gymnasium V 16 p. 553—559.
Kann es mit unseren Gymnasien so bleiben? Erörterungen und Vorschläge von einem Gymnasialdirektor. Jahrbücher für Philologie 136. Bd. 5. 6. Heft p. 225—252
Kern, H., Verhandlungen der Direktorenversammlungen in den Provinzen des Königreichs Preussen Band XXIII (Schleswig-Holstein). Zeitschrift f. d. Gymn. XXXXI 7. 8 p. 514—519.
Koldewey, Fr., die Schulgesetzgebung des Herzogs August des.Jüngern von Braunschweig-Wolfenbuttel. Eine schulgeschichtl. Abhandlung, der Georgia Augusta zu ihrem 150jähr. Jubelfeste dargebracht. Braunschweig, J. H. Meyer. 8 43 S.   1 M.
Le Roy, A., mémento du baccalauréat ès lettres, premier examen: partie littéraire. Nouvelle édition. Paris, Hachette. 16. 574 p.   5 M.
Monumenta Germaniae paedagogica Herausg. von K. Kehrbach. 3. Bd. Geschichte des math Unterrichts im deutschen Mittelalter bis zum J. 1525 von S Günther. XV, 408 S 8 cf p. 32   12 M.
Nohl, C., Pädagogik für höhere Lehranstalten. 2 Thle. Berlin 1886, Th. Hofmann.   9 M. 80 Pf.
  Rec : Wochenschrift f. klass. Phil. IV 28 p. 885—889 v. O. Weissenfels.
d'Ovidio, F., questioni universitarie. La scelta dei professori e le commissioni pei concorsi. Nuova Antologia vol. 11 fasc. 17.
Pachtler, G. M., ratio studiorum soc. Jesu per Germaniam. I. Berlin, Hofmann. v. p. 32 109   15 M.
  Rec.: Lit. Centralblatt N. 35 p. 1200.
Rasp, K., die Ergebnisse der Unterrichts-Statistik im Königr. Bayern f. d. Schulj 1884/85. Herausg. vom statist. Bureau mit textl. Bearbeit. von dessen Vorstand K. R. München, Lindauer. gr. 8 229 S.   4 M.
Sarreiter, J., die Instruktionen für den österr. Gymnasialunterricht. Blätter f. d. bayr. Gymn XXIII 8 p. 377—385. v. p. 109.
Schwippel, K., Reminiscenzen eines alten Schulmannes aus dem Gymnasium vor dem J. 1848. Mittelschule 1 2 3 p. 161—167.
Stölzle, L, italienische Gymnasien u. Lyceen. Blätter f d. bayr. Gymn. XXIII 7 p. 289—310 u. N. 8 p. 353—368.
Vollbrecht, W., Bericht über die 1 Hauptversammlung des deutschen Einheitsschulvereins. Berliner phil. Wochenschrift VII 26 u. 27 u. Jahrbücher für Philologie 136 Bd. 9. Heft p. 378—384 v. p. 110.
Weissenfels, O., über unsere Vorlagen zum Uebersetzen aus dem Deutschen ins Lateinische. Zeitschrift f. d. Gymnasialwesen XXXXI 7. 8 p 393—415.
Wendt, C, die 4 badische Direktoren-Konferenz. Zeitschrift f. d. Gymn. XXXXI 7. 8 p. 512—514.

5. Geschichte der Alterthumswissenschaft.

Beck, das Gymnasium zu Posen 1793—1807. Zeitschrift der hist. Gesellschaft für Posen III 1. v. p. 33.

Bernecker, E., Geschichte des königl. Gymnasiums zu Lyck. I. Die Lycker Provinzialschule von ihrer Gründung bis zur Umwandlung in ein humanist. Gymnasium. Königsberg, Hartung. 8. VII, 103 S. v. p. 110.   1 M.

Biographie nationale publiée par l'Académie royale de Belgique. Tome IX, 2. fasc. (Heuschling-Hürter.) Bruxelles, Bruylant-Christophe. 8 à 2 col à 3 M.

Brodrick, G. C., history of the University of Oxford. London, Longman. v. p. 33.   3 M.
  Rec : Athenaeum N. 3120 p. 203.

Francqueville, E., étude sur Léopardi. Amiens, imp. Yvert. 8. 67 p.

Frensdorff, F., Göttingen in Vergangenheit u. Gegenwart. 2. verb. u. verm. Aufl. Göttingen, Peppmüller. 8 IV, 43 S.   1 M.

Giesebrecht, v., Gedächtnissreden auf Georg Waitz und Max Duncker. Sitzungsberichte der Münchener Akademie 1887, 2. Heft p. 277—301.

Heinrich, G. A., notice biographique sur M. Emile Belot, correspondant de l'Institut, professeur d'histoire. Lyon, imp. Plan. 8. 24 p.

Hollmann, S., die Universität Göttingen im 7jährigen Kriege Aus der handschriftl. Chronik des S. Ch. H. (1696—1787) mit Erläuterungen u. Beilagen herausg. von A. Schöne. Leipzig, Hirzel. 8 XII, 82 S. 2 M. 50 Pf

Horning, W., Balthasar Bebel. Strassburg 1886, Vanhoff.   1 M. 50.Pf.
  Rec.: Deutsche Literaturzeitung N. 38 p. 1330 v. A Krauss.

Jebb, R. C., Richard Bentley. Uebersetzt von J. Wöhler. Berlin 1885, Gärtner. v. p 34.   4 M.
  Rec : Korrespondenzblatt f. d. württ. Schulen XXXIV 5. 6 p. 281—283 v. Bender.

Johnson, Alice, Franciscus Patricius. His life and writings. Platonist III 6 p. 317—332.

Knapp, P., zur Erinnerung an A. v. Gutschmid. Korrespondenzblatt f. d. württ. Schulen XXXIV 5. 6 p. 257—261.

Knortz, K., Gustav Seyffarth. New-York 1886. v. p 34.   2 M.
  Rec.: Berliner phil. Wochenschrift VII 36 p. 1127—1128 v. A. Erman.

Köstlin, J., die Baccalauri u. Magistri der Wittenberger philosophischen Fakultät 1503—1517. Halle 1887. Pr. 4.
  Rec.: Theol. Literaturblatt N. 28 p. 265—266 v. G. Kaweran

Krones. F. v., Geschichte der Universität in Graz. Graz 1886, Leuscher & Lubensky. v. p. 34.   8 M.
  Rec.: Lit Centralblatt N. 30 p. 997—998 v. M—r.

Laverrenz, C., die Medaillen und Gedächtniszeichen der deutschen Hochschulen 1. Thl. 2 Aufl. Mit 8 Ansichten u. 16 Taf. Berlin (1885), Laverrenz. 8. XII, 493 S.   16 M.

Lyte, H. C., history of the University of Oxford. London, Macmillan. v. p. 34.   19 M. 20 Pf.
  Rec : Athenaeum N. 3120 p. 203.

Müntz, E., sur Pétrarque et Simone Martini (Memmi) à propos du Virgile de l'Ambrosienne. (Extrait de la Gaz arch.) Paris, Levy. 11 p. 4 avec 2 grav.

Nekrologe, Biographisches Jahrbuch IX, 1886. Henri Jordan (von E. Lubbert) p. 227. — Joh. Sörgel, p. 245. — A. E. E. Desjardins. cf. p. 111.

Nolhac, P. de, notes sur Pirro Ligorio. Mélanges Renier, 24. article.

Pouy, F., le lycée d'Amiens et les Ecoles secondaires à leurs origines. Amiens, imp. Delattre-Lenoel. 8. 19 p.

Prantl, v., Nekrologe auf Georg Martin Thomas, Wilhelm Scherer, Joh. Nic. Madvig und Wilhelm Henzen. Sitzungsberichte der Münchner Akademie 1887, 2. Heft p. 255—276.

Riggenbach, B., untergegangene deutsche Universitäten. Vortrag. (Aus dem Kirchenbl. f. d. reform. Schweiz.) Basel, Detloff. 8. 26 S. 50 Pf.

Rogge, B., Erinnerungen an Schulpforta 1846—50. Deutsche ill. Zeitung N. 50—52.

Schmidt, O. E., zur Erinnerung an Ludwig Lange. Jahrbücher f. Philol. 135. Bd. 5. 6. Heft p. 367—317.

Sicard, A., les études classiques avant la Révolution. Paris, Didier. 18. XII, 590 p. v. p, 35. 3 M. 50 Pf.

Siesbye, O., Nachruf an Madvig. (Dänisch.) Tidskrift for Filologi VIII 2 p. 81—150 mit Porträt.

Sormanni, de Johanni Schraderi vita et scriptis. Groningen 1886. (Berlin, Calvary.) v. p. 112. 3 M.
Rec.: Wochenschrift f. klass. Phil. IV 36 p. 1112—1113 v. B. Kübler.

Thompson, J., the Owens College. Its foundation and growth. Manchester, Cornish.
Rec : Athenaeum N. 3120 p. 203.

Vauthier, G., de Buchanani vita et scriptis. Thèse. Toulouse, Chauvin. 8. 71 p.

Volkmann, R., Gottfried Bernhardy. Zur Erinnerung an sein Leben und Wirken. Mit Bildniss. Halle, Anton. 8. VIII, 160 S. 3 M. 60 Pf.

Wiese, L., Lebenserinnerungen u. Amtserfahrungen. 2 Bde. Berlin 1886, Wiegandt 9 M.
Rec.: Blätter f d. bayr. Gymn. XXIII 8 p. 415 - 418 v. Fleischmann.

Zeller, J., Léopold Ranke et George Waitz. Orléans, imp Girardot. 8. 32 p.

Zöpffel, R., Johannes Sturm, der erste Rektor der Strassburger Akademie. Rektoratsrede. Strassburg, Heitz. gr. 8. 19 S. 40 Pf.

6. Bibliographie und Bibliothekswissenschaft.

Annuaire des bibliothèques et des archives pour 1887. Paris, Hachette. 18. 205 p.

Bibliotheca philologica. Herausg. von A. Blau. 40. Jahrg. Neue Folge 2. Jahrg. 1. Heft Jan.—März 1887. Göttingen, Vandenhoeck & Ruprecht. 8. 110 S. v. p. 36. 1 M. 40 Pf.

Faucon, M., la librairie des papes d'Avignon. 2 vols. Paris, Thorin. v. p. 36. 15 M. 50 Pf.
Rec.: Berliner phil. Wochenschrift VII 37 p. 1158—1161 v. F. Ruhl.

Héron de Villefosse, A., bibliographie des travaux de Léon Renier. Mélanges Renier, 18. article.

Kayser's Bücher - Lexikon. 24. Bd. 4. Lief. Leipzig, Weigel. 4. 701 S. v. p. 113. 26 M.

Mortet, V., note sur la nouvelle installation de la Bibliothèque universitaire de Bordeaux. Revue internationale de l'enseignement VII 6 p. 573 - 581.

Müntz et **Fabre**, la Bibliothèque du Vatican au XV. siècle. Paris, Thorin. v. p. 37. 113. 12 M 50 Pf.
Rec.: American Journal of Arch. III 1. 2 p. 133—134 v. Frothingham.

Vallée, L., bibliographie des bibliographies. Première partie: Catalogue des bibliographies générales et particulières par ordre alphabétique d'auteurs, avec indication complète du titre, des lieux et dates de publication, du format, etc.; deuxième partie: Répertoire des mêmes bibliographies par ordre alphabétique de matières. Supplément. Paris, Terquem gr. 8. 359 p. 15 M.

II. Griechische und römische Autoren.

Analecta Bolandiana. Tomus VI, fasc. I. Vita s. Radpoti. — 2. Vita s.
Bertuini Appendix: De Antonio Gentio hagiographo. — 3. Opusculum r. P.
Mauritii. Chauncy de b martyribus Jo. Houghton et sociis. — 4. Litterae
a b mart Carolo Spinola S. J d. a 1621. — 5. Epistola critica ad C. W.
(de Liviano cod. 15 Vind. saec V). — 6. Vita antiqua s Samsonis Dolensis
episcopi, ed. Fr. Plaine. 7. Catalogus cod. hagiographicorum. Paris,
Palmé. 8. p. 1—128. cf. p. 37.   à vol. (4 livr.) 15 M.
Anecdota varia graeca et latina edd R Schöll et W. Studemund. II.
Berlin, Weidmann. v. p. 38. 113.   10 M.
  Rec.: Jahrbücher für Philologie 135. Bd. 5. 6. Heft p. 389 — 408 v. P.
  Egenolff — (I) Blätter f. d. bayr. Gymn. XXXIII 7 p. 324—329 v.
  H. Stadtmüller — Göttinger gel. Anzeigen N. 15 v. Hörschelmann. —
  (I) Rivista di filologia XV 11. 12 p. 467—568 v. E. Stampini.
— Tractatus Harleianus qui dicitur de metris editus a W. Studemund.
Breslau, Köhler. 4. 29 S.   75 Pf.
Anecdota Oxoniensia. Alphita, ed. by J. L. G. Mowat. Oxford 1887.
4. VII, 243 S.
  Rec.: Archiv f lat. Lexikographie IV 2 p. 342.
Bibliothek der Kirchenväter, in deutscher Uebersetzung, herausgegeben von
W. Thalhofer. 413 — 415. Bdchn. Generalregister, 2. Bd. S. 81 — 320.
Kempten, Kösel. v. 1886.   à 40 Pf.
Schöuemann, J, de lexicographis antiquis. Leipzig, Fock. v. p. 37.   2 M.
  Rec.: Deutsche Literaturzeitung N. 25 p. 894—895 v. E. Maass.
Vahlen, J., de quibusdam orationis ornatae methodis apud poetas graecos
et latinos. Berlin. Ind. lect. hib. 4. 8 S.

1. Griechische Autoren.

Baar, A., Sprichwörter u. Sentenzen aus den griechischen Idyllendichtern
gesammelt u. erläutert. Görz. Pr. 8. 41 S.
Bois, H., la poésie gnomique chez les Hébreux et chez les Grecs. Toulouse
1887. v. p. 37.
  Rec.: Theol Literaturzeitung N. 14 v. Horst.
Kopp, A., Beiträge zur griechischen Excerptenliteratur. Berlin, Gärtner.
v. p. 37.   5 M.
  Rec : Neue phil. Rundschau N. 13 p. 214—215 v. J. Sitzler.
Schneider, Rich., Bodleiana. Leipzig, Teubner. v p 38.   1 M. 60 Pf.
  Rec : Berliner .phil. Wochenschrift VII 28 p. 881—883 v. A. Ludwich. —
  · Lit. Centralblatt N 32 p. 1073 v. B — Wochenschrift f. klass. Phil.
  IV 37 p. 1126—1130 v. P Egenolff.
Sternbach, L., de gnomologio Vaticano inedito. Wiener Studien IX 2
p. 175—206.

Adamantius. Förster, R., de Adamantii physiognomonicis recensendis. Philologus XLVI 2 p. 250—175.
Aelianus. Brunk, A, zu Aelians varia historia. Commentationes Gryphisw.
p. 1—16.
Aeschylus, tragoediae, ed. H. Weil. Leipzig 1884, Teubner.
  Rec.: Wochenschrift f. klass. Phil. IV 31—34 v. J. Oberdick.
— the Seven against Thebes, ed. A. W. Verrall. London 1886, Macmillan.
v. p. 38—114   9 M.
  Rec.: Athenaeum N.3105 p. 570. — Hermathena XIII p. 176—184 v. J. Beare.

Aeschylus. Brey, E., de Septem fabulae stasimo altero. Berlin, Calvary. v. p 38. 114. 1 M 20 Pf.
Rec.: Neue phil. Rundschau N. 15 p. 239 v. W. Brinckmeier

Ludwich, A, zu Aeschylus Eumeniden Rhein Mus. XLII 3 p. 464–475
Maguire, Th, Aeschylus Choeph. 526–549; 691–692; Agam. 612. Hermathena XIII p. 159—164.

Pallis, A., note on Aesch Agam. 301. Classical Review I 7 p. 204

Rappold, J., Gleichniss bei Aischylos, Sophokles u. Euripides. Wien 1886. (Leipzig, Fock) v p. 38 1 M.
Rec.: Gymnasium V 15 p. 529 v J. Golling

Reiter, S, de syllabarum in trisemam longitudinem productarum usu Aeschyleo et Sophocleo. Leipzig, Freytag. v. p. 114
Rec.: Neue phil. Rundschau N. 15 p 225—226 v J. Sitzler.

Schönemann, J, Herodicea (de Persis Aeschylea), v. Herodes p. 177.

Alciphron. Volkmann, W, studia Alciphronea. I. De Alciphrone comoediae imitatore. Diss. Breslau 1886 (Köhler). 8. 44 S. 1 M.

Alexander Trallianus. Puschmann, Th., Nachträge zu Alexander Trallianus. Berlin, Calvary. v. p 38 6 M. 60 Pf.
Rec.: Wiener med. Presse XXVIII 27 p. 939 v. B

Ammonius. Kreuttner, Handschriftliches zu Ammonius, v Grammatici p. 176.

Apollonius Sophista. Forsman, C., de Aristarcho lexici Apolloniani fonte. Berlin (1883), Mayer & Müller. v p. 39. 2 M. 40 Pf.
Rec.: Wochenschrift f. klass. Phil. IV 35 p. 1065—1067 v P. Röllig.

Aristophanis comoediae. Annotatione critica commentario exegetico et scholiis graecis instruxit Fr. H. M. Blaydes. Pars VII: Acharnenses. Halle, Waisenhaus. 8. XX, 509 S. 10 M. (I—VII: 50 M.)

— opera ed. Fr. Blaydes. 2 vol. Halle 1886, Waisenhaus v. p. 39. 115 16 M.
Rec.: Korrespondenzblatt f. d. württ. Schulen XXXIV 5. 6 p. 271—273 v. Th Klett.

Emerson, A., Aristophanes and Low Comedy Proceedings of the American Phil. Association 1886 p. XXXVIII - XL.

Leeuwen, J. van, Aristophanes Equit. 894 sq. Mnemosyne XV 3 p. 336.

M, D. S., note on Aristoph. Ach. 100 Classical Review I 7 p. 204.

Schnee, R., de Aristophanis mss., quibus Ranae et Aves traduntur. Hamburg 1886, Herold. 1 M. 25 Pf.
Rec.: Berliner phil. Wochenschrift VII 30/31 p. 939—942 v. B Kubler.

Aristotelis opera omnia quae extant, brevi paraphrasi et litterae perpetuo inhaerente expositione illustrata a Silvestro Mauro, S. J. Editio juxta Romanam anni 1668. Tomus 4, continens libros de anima, parva naturalia, metaphysicam. Paris, Lethielleux 8. 487 p. v. p. 40.

— Oeconomica ed. F. Susemihl. Leipzig, Teubner. XXX, 94 S. 1 M. 50 Pf.

— Ethik. Russisch übertragen von E. Radlow. Journal des kais russ. Ministeriums der Volksaufklärung 1887, Juli, 3. Abth., p. 97—137 v. 1886.

— Rhetoric, transl. by J. E. C. Welldon. London 1886, Macmillan v. p. 40. 116 9 M.
Rec.: Saturday Review N. 1656 p. 127.

Supplementum Aristotelicum. I Pars II. **Prisciani** quae extant ed. J. Bywater. Berlin, Reimer. v. p. 116. 5 M.
Rec.: Berliner phil. Wochenschrift VII 27 p. 737—839 v. λ.

Bullinger, A, metakritische Gänge, betr. Aristoteles u. Hegel. Mit krit. Seitenblicken auf die Wissenschaft der Gegenwart. München, Ackermann. 8. 39 S. 60 Pf.

Dehlen, A., die Theorie des Aristoteles. Göttingen 1886, Vandenhöck. v. p. 40. 2 M.
Rec.: Philos. Monatshefte XXIII 9. 10 p. 622—623 v. Schaarschmidt

Aristoteles. Essen, E., ein Beitrag zur Lösung der aristotelischen Frage. Berlin 1885 (Steinitz)   4 M.
Rec.: Philosophische Monatshefte XXIII 9. 10 p. 629—630 v. Schaarschmidt.

Gomperz, Th., Skylla in der Aristotelischen Poetik u. der jüngere Dithyrambos Jahrbucher für Philologie 135 Bd. 7. Heft p. 460—461. cf. p. 40 u p 116 s Susemihl.

Heidenhain, F, die Arten der Tragödie bei Aristoteles. II u III. (Berlin, Mayer & Müller) v. p. 116.   1 M.

Kappes, M., die Aristotelische Lehre über Begriff u. Ursache der *κίνησις*. Eine naturphilosoph. Studie. Diss. Bonn, (Freiburg, Herder.) 8. 46 S. 1 M.

Pluzanski, A, Aristotelea de natura astrorum opinio ejusque voces apud philosophos tum antiquos, tum medii aevi. Paris, Thorin. 8. 145 p.

Schmidt, Joh., Aristotelis et Herbarti praecepta, quae ad psychologiam spectant, inter se comparantur. Wien. Pr. d. akad. G. S. 18 S.

Zerbst, M, ein Vorläufer Lessings in der Aristotelesinterpretation. Diss. Jena, Pohle 8 54 S   1 M.

Arrianus. Mücke, R., zu Arrians u. Epiktets Sprachgebrauch. Leipzig, Fock. v. p 116   1 M.

Athenaei deipnosophistarum libri rec. G. Kaibel. II. Leipzig, Teubner. v. p. 41.   4 M. 80 Pf.
Rec.: Lit. Centralblatt N. 31 p. 1040—1041 v. B

Brunk, de exerptis *περὶ τοῦ τῶν ἡρώων χαθ' Ὅμηρον βίου* ab Athenaeo servatis Jena, Pohle v p. 41.   75 Pf.

Nicole, J., Athénée et Lucien. Mélanges Renier, 23. article.

Callimachus. Knaack, G, Callimachea Berlin, Weidmann. v. p. 117. 1 M. 20 Pf.

Clemens Alexandrinus. Bradke, die Stellung des Clemens Alexandrinus zum antiken Mysterienwesen. Theol. Studien N. 4.

Comici. Denis, J, la comédie grecque. 2 vols. Paris 1886, Hachette. v. p. 41. 117.   15 M.
Rec : Journal des Savants, Juli, p. 417—430 v. P. Girard — Neue phil. Rundschau N. 17 p. 258—259 v. K. Sittl.

Humphreys, M., the agon of the old comedy. American Journal of Philology N. 30 p. 179—206.

Zielinski, Th., quaestiones comicae. I. Epirrhematium. II. De comoediae Palaeatticae reliquiis. III. De comoediae Doricae personis. IV. De Menaechmorum paramythio. V. De Acca Larentia. (Ex Ministerii ab Instructione publica Annalium a. 1886 Fasc. 11 et 12) Petropoli. (Leipzig, Fock) gr. 8. 126 p.   2 M.
— die Märchenkomödie in Athen. Petersburg 1885, Akademie. 2 M. 50 Pf.
Rec : Wochenschrift f. klass Phil. IV 32/33 p 989—995 v. K. Zacher.

Demosthenis orationes ex rec. Dindorfii cur. Fr. Blass. I. Leipzig 1885, Teubner.   2 M. 40 Pf.
Rec : Zeitschrift f. d. österr. Gymn XXXVIII 5 p 339—354 v. A. Kornitzer.
— les plaidoyers politiques, par H. Weil. II. Paris 1886, Hachette. 8 M.
Rec : Neue phil. Rundschau N. 19 p. 289—295 v. W. Fox.
— ausgewählte Reden, von Westermann-Rosenberg. Berlin 1885, Weidmann.   2 M. 40 Pf.
Rec.: Zeitschrift f. d. österr. Gymn. XXXVIII 6 p 428—431 v. Slameczka.
— οἱ Φιλιππικοί, μετὰ τῆς μετάφρασεως, σημειώσεων, κειμένου καὶ τῆς τούτου ρυθμίσεως κατὰ σύνταξιν συμπεπληρωμένην διὰ τῶν ἀπὸ κοίνου λαμβανομένων ἢ ἔξωθεν νοουμένων ὑπὸ Θ. Οἰκονομίδου. I. Triest, Schimpff. 8. 94 S.   4 M.
— de corona oratio iterum ed. J. H. Lipsius. Leipzig, Teubner. 1 M. 60 Pf.

Hude, C, adnotationes criticae ad Demosth. or. LIX (*κατὰ Νεαίρας*). Nord. Tidskrift for Filologi VII 4 p. 289—300.

Demosthenes Majewski, R., de subiectionis et occupationis formis, quae inveniuntur apud Demosthenem Königsberg, Hartung. 8. 12 S. v. p 117. 30 Pf.

Rosenberg, E., curae Demosthenicae Hirschberg (Oertel). v. p. 42
Rec.: Neue phil Rundschau N. 19 p 294—295 v. W. Fox.

Schäfer, A, Demosthenes u. seine Zeit. 2 rev Ausg 3. Bd. (Schluss.) Leipzig, Teubner. gr 8. X, 496 S. m. 1 Taf. v. p. 42. 117. à 10 M.

Schimmelpfeng, G., orationes quae sunt in Macartatum [XLIII.] et in Olympiodorum [XLVIII.] et in Lacriti exceptionem [XXXV.] sub Demosthenis nomine traditae num unius eiusdemque oratoris esse indicandae sint. Diss. Leipzig, Fock. 8 68 S 1 M. 50 Pf.

Slameczka, Fr., Untersuchungen über die Rede von der Gesandtschaft. Wien 1886, Hölder v. p 42. 1 M 60 Pf.
Rec : Wochenschrift f. klass Phil IV 29/30 p. 905 - 908 v R Busse.

Uhle, P, de orationum Demostheni falso addictarum scriptoribus. II. Leipzig 1886, Fock v. p 42. 80 Pf.
Rec.: Deutsche Literaturzeitung N. 28 p. 875 v H. Lewy.

Walther, C, num quae imitationis Thucydideae vestigia in Demosthenis orationibus inveniri possint. Leipzig 1886, Fock. v. p 42 80 Pf.
Rec : Wochenschrift f klass Phil. IV 27 p 839 -841 v. J. Kohm.

Weil, H, l'auteur du premier discours contre Aristogiton est-il bien informé des institutions d'Athènes? Mélanges Renier, 34 article

Διδαχή Doctrina duodecim apostolorum Canones apostolorum ecclesiastici ac reliquae doctrinae de duabus viis expositiones veteres. Edidit, adnotationibus et prolegomenis illustravit, versionem latinam addidit Fr. Funk. Tübingen, Laupp 8 VII, LXVII, 116 S. 3 M. 60 Pf.
Rec.: Lit. Centralblatt N 36 p. 1217
Bois, H., zum Texte der Lehre der zwölf Apostel. Zeitschrift f. wiss Theologie XXX 4

Didymi suppl. Hom. ed. Ludwich, v. Homerus p. 178.

Dinarchi orationes tres germanice reddidit Th Paschke I. Waidhofen a. d. Thaya 1885. Pr.
Rec : Wochenschrift f klass. Phil IV 26 p. 811 v J. Kohm.
Thalheim, Th., zu Deinarchos Hermes XXII 3 p 378—387.

Diodorus. Adams, H., die Quellen des Diodoros im 16 Buch. Jahrbücher für Philologie 135. Bd. 5. 6. Heft p. 345—385
Bethe, E., quaestiones Diodoreae mythographae. Göttingen, Vandenhöck. v. p. 117. 1 M.
Rec.: Deutsche Literaturzeitung N. 37 p. 1303—1305 v. E. Maass.

Diogenes Apolloniates. Natorp, P, nochmals Diogenes und Leukippos. Rhein. Museum XLII 3 p. 374—386.

Diogenianus Brachmann, F., quaestiones Pseudodiogenianae. Leipzig 1885, Teubner 1 M. 60 Pf.
Rec.: Lit Centralblatt N. 31 p. 1037—1038 v. Cr.

Dionysius Halic. Greilich, A., Dionysius Halicarnassensis quibus potissimum vocabulis ex artibus metaphorice ductis in scriptis rhetoricis usus sit. Diss. Breslau 1886, Kohler 8. 46 S 1 M.

Diophantus. Roberts, S., sur le vingt-cinquième problème du cinquième livre de Diophante et la Solution par Fermat. Paris, 4, rue Antoine Dubois. 8 7 p

Epictetus. Schranka, E. M., Epiktet u seine Philosophie. Frankfurt a. O. 1885, Waldmann. v p 118. 2 M.
Rec.: Wochenschrift f klass. Phil IV 27 p 841—845 v. Kruszewski.

Epicurus Usener H, Epicurea. Leipzig, Teubner. gr. 8. 16 M.

Eumelus. Sitzler, J, die Lyriker Eumelus, Terpander u Alkman. Festschrift der bad. Gymn. 1886.
Rec : Berliner phil Wochenschrift VII 32/33 p. 991—993 v. K. Sittl.

Eunapius. Lives of the philosophers and sophists Jamblichus. Translated. Platonist III 7 p. 371—381, and 8 p. 416—423.

Jordan, A, de codice Eunapii Laurentiano. (Gratulationsschrift für L. Hölscher.) Lemgo 4. 3 S. cf. Progr. von Wernigerode 1880.

Euripides. Alceste. Texte grec accompagné d'une notice, d'un argument analytique, de notes en français et conforme à la 2. éd. des sept tragédies d'Euripide par H. Weil. Paris, Hachette. 16. 88 p. 1 M. 50 Pf.

— Herakliden, von Bauer-Wecklein. München 1885, Lindauer. v. p. 42 —118. 1 M.
Rec.: Wochenschrift f klass. Phil. IV 32/33 p. 986—988 v. L. Tachau.

— Hippolytus, ed. Th. Bartbold. Leipzig 1885, Freytag. 50 Pf.
Rec : Gymnasium V 14 p 489.

— Iphigenie bei den Tauriern, erklärt von Ch. Ziegler. Freiburg 1886, Mohr v p. 43. 1 M.
Rec.: Berliner phil. Wochenschrift VII 28 p. 869—873 v. Th. Barthold.
— Wochenschrift f. klass. Phil. IV 34 p. 1034 v. Wecklein.

— Medea, ed. Th. Barthold Leipzig 1886, Freytag. v. p. 43 118 50 Pf.
Rec : Berliner phil Wochenschrift VII 36 p 1109 - 1112 v. Wecklein.

— — by M. G Glazebrook London, Rivington. v p 43. 118. 3 M.
Rec : Saturday Review N. 1656 p. 127.

— — by C. B. Heberden. Oxford. v. p. 43. 118. 2 M 40 Pf.
Rec : Saturday Review N 1656 p 127.

— — bewerkt door K. Kuiper. (Grieksche en Latijnsche schrijvers met aanteekeningen, uitgegeven volgens besluit van het Genootschap van Leeraren aan Ned. Gymnasia enz. IX). Leiden, Brill. 1 M. 50 Pf.

Heiland, J., Beiträge zur Textkritik des Euripides. Speier. Pr. 8. 36 S.

Heinsch, J., commentationum Euripidearum specimen. Leipzig 1886, Fock. 90 Pf.
Rec : Berliner phil. Wochenschrift VII 28 p. 873—875 v. Th. Barthold.

Kalousek, W., zur Eur. Andromeda. (Böhmisch.) Listy filologicke XIII 3 4 p. 215—223

Kuiper, K, Euripidea. Mnemosyne XV 3 p. 326—332.

Palmer, A, Euripides Medea 886. Journal of Philology N. 31 p. 40.

Schwartz, E, scholia in Euripidem. I. Berlin, Reimer. v. p. 119. 9 M.
Rec : Deutsche Literaturzeitung N. 31 p. 1111—1113 v. Wilamowitz-Möllendorf. — Lit Centralblatt N. 34 p. 1153 -1154 v. H. St.

Eusebius. Gutschmid, A. v, über die syrische Epitome der Eusebianischen Canones. Stuttgart 1886, Kohlhammer. 4 1 M.
Rec.: Berliner phil. Wochenschrift VII 35 p. 1080—1082 v. K. Frick.

Grammatici Egenolff, P., Literaturbericht über die griechischen Grammatiker. Bursian-Müllers Jahresbericht XLVI Bd. p 113—177. v. p. 119.

Kopp, A, de Ammonii Eranii aliorum distinctionibus synonymicis. Königsberg 1883, Koch & Reimer 1 M. 20 Pf.
Rec.: Wochenschrift f klass. Phil. IV 28 p. 876—879 v. K. Zacher.

Kreuttner, X., Handschriftliches zu dem Lexikon des Ammonios. Philologus XLVI 2 p. 371—375.

Georgius Pisides. Hilberg, J, textkritische Beiträge zu Georgios Pisides. Wiener Studien IX 2 p. 207—222.

Hecataeus Diels, Herodot u Hekataios, v. Herodotus.

Heliodorus. Schnepf, M, de imitationis ratione, quae intercedit inter Heliodorum et Xenophontem Ephesium. Kempten, Kösel. 8. 48 S 1 M.

Zlinszky, A., Heliodorus a magyar irodalomban. Budapest. 8. 42 S.

Hellanicus. Wellmann, M, de Hellanici Troicis. Commentationes Gryphisw. p. 54—67.

Heraclitus. Gomperz, Th, zu Heraklits Lehre u. den Ueberresten seines Werkes. Wien, Gerold. 8. 61 S. v. p. 119. 1 M.
Rec : Deutsche Literaturzeitung N 33 p. 1170—1171 v. H.

Pfleiderer, E, die Philosophie des Heraklit. Berlin 1886, Reimer. v. p. 44. 8 M
Rec.: Lit. Centralblatt N. 29 p. 963—964.

Soulier, E., Eraclito Efesio. Studio. Rom 1885, Löscher. 5 M.
Rec : Philosophische Monatshefte XXIII 9. 10 p. 623 v. Schaarschmidt.

Herculanensia fragmenta ed by W. Scott. Oxford 1885. 25 M. 20 Pf.
Rec.: Classical Review I 7 p. 185—188 v E L. Hicks.

Hermas Hilgenfeld, die Hermasgefahr. Zeitschrift f. wiss. Theol XXX 3.

Hilgenfeld, Bemerkungen zu Hermas Ibid N. 4.

Schenk, R., zum Lehrbegriff des Hirten des Hermas. Marburg 1886, Elwert. 1 M. 20 Pf.
Rec : Deutsche Literaturzeitung N 37 p. 1297—1300 v. A. Jülicher.

Herodes Jambographus. **Schönemann, J.**, Herodicea. (De Persis Aeschylea.) Rhein Museum XLII 3 p. 467—471.

Herodotus Rec. A. Holder. Lib. I—VI. Leipzig, Freytag. v. p. 44. 119. à Bdchn. 40 Pf.
Rec.: Wochenschrift f. klass Phil. IV 26 p. 803—804 v. W. Gemoll.

— book IX 1—89 (Plataea). With introduction and notes by E. S. Shuckburgh. Cambridge, University Press. 8. 220 p. cl. cf. p. 119. 4 M. 20 Pf.

Diels, H, Herodot u. Hekataios. Hermes XXII 3 p. 411—444.

Maguire, Th., Herodotus on the vote of the Spartan kings, VI 57. Hermathena XIII p 164—165.

Mair, Feldzug des Daraios, v. Griech. Geschichte.

Pomptow, P., de Xantho et Herodoto rerum Lydiarum scriptoribus. Jena 1886, Pohle. v p. 44. 1 M.
Rec.: Neue phil. Rundschau N 18 p. 273—274 v. J. Sitzler.

Hierocles. Kurtz, E, zum Philogelos des Hierokles. Blätter f. bayr. Gymn. XXIII 8 p 368—371.

Hippocrates Ilberg, J., zur Ueberlieferung des hippokratischen Corpus. Rhein Museum XLII 3 p 436—461.

Korais, A., Ἱπποκράτους τὸ περὶ διαίτη ὀξέων. Athen. (München, Fritsch) v. p. 120. 5 M.

Vingtrinier, A., un exemplaire d'Hippocrate annoté par Rabelais. Lyon, imp. Mougin-Rusand. 8. 11 p

Homer's Ilias, von Ameis-Hentze 2 Bd. 3. Heft. 2. Aufl. Leipzig, Teubner. v. p. 120. 1 M. 20 Pf
Rec.: Blätter f. d. bayr. Gymn. XXIII 8 p. 391 v. M. Seibel. — Gymnasium V 16 p 561 v. G Vogrinz.

— Anhang zur Ilias von Ameis-Hentze. VIII. Leipzig 1886, Teubner. v. p. 44. 120. 1 M. 80 Pf.
Rec.: Berliner phil. Wochenschrift VII 30/31 p. 934 v. P. Cauer.

— — erklärt von J. U Faesi. 4 Bd. Ges. IX — XXIV. 6. Aufl. von F. R. Franke. Berlin, Weidmann. 8. 248 S. 1 M. 80 Pf.

— — ed. A. Rzach. 2 vol. Leipzig 1886, Freytag. v. p. 45. 120. 1 M.
Rec.: Wochenschrift f. klass. Phil. IV 28 p. 869—875 v F. Wex. — Classical Review I 7 p. 198 v. W. Leaf.

— — by W. S. Tyler Books XVI—XXIV. New-York 1886, Harper. 7 M. 50 Pf.
Rec.: Berliner phil. Wochenschrift VII 30/31 p. 933—934 v. R. Peppmüller.

— Odyssee, ed. P. Cauer. I et II. Leipzig 1886, Freytag. v. p. 45. 120. à 1 M.
Rec.: Wochenschrift f klass. Phil. IV 38 p. 1156—1158 v. K. Sittl. — Gymnasium V 13 p. 453. — Classical Review I 7 p. 198 v. W. Leaf.

Homeri Odysseae epitome ed. Fr. Pauly. Ed. IV. cur. C. Wotke. Leipzig, Freytag. v p. 120. 1 M. 40 Pf.
Rec.: Berliner phil. Wochenschrift VII 32/33 p. 989—990 v. R. Peppmüller.
— Wochenschrift f. klass. Phil. IV 26 p. 1094—1097 v. P. Cauer.
— hymni etc ed. E. Abel. Leipzig 1886, Freytag. v. p 120. 1 M. 80 Pf.
Rec.: Classical Review I 7 p. 198 v. W. Leaf.
— — die homerischen Hymnen, herausg. von A. Gemoll. Leipzig 1886, Teubner. v. p. 45. 6 M. 80 Pf.
Rec.: Journal des Savants, Juni, p. 365—371 v. H. Weil.
— Odyssey done into English Prose. By S. H. Butcher and A. Lang. New ed. 8 444 p. London, Macmillan. cl. 5 M. 40 Pf.

Didymi de Aristarchea Odysseae recensione reliquiarum supplementum, ab A. Ludwich editum. Königsberg (Akad. Buchhandl.) 4. 10 S. 20 Pf.

Brunk, de excerptis περὶ τοῦ ἡρώων καϑ' Ὅμηρον βίου ab Athenaeo servatis, v. p. 174.

Buchholz, E., die homerischen Realien. Dritter Band, II. Leipzig 1885, Engelmann. v. p. 46. 6 M.
Rec.: Listy filologicke XIII 3. 4 p. 285—289 v. W. Kalousek.

Couat, A., Homère: l'Iliade; l'Odyssée. 2 éd. Avec cartes et reproductions de Flaxman. Paris, Lecène et Oudin. 8. 239 p. 1 M. 50 Pf.

Danielovics, K , Homeros világa két éposza alapjan. Ungvar 1886. Pr. v. p. 46.
Rec.: Egyetemes phil közlöny 1887 N. 7. 8 p. 624—625 v. G. Nemethy.

Forsman, de Aristarcho lexici Apolloniani foute, v. Apollonius p. 173.

Gemoll, A , Literaturbericht über die homerischen Realien für 1884. Bursian-Müllers Jahresbericht XLVI. Bd. p. 178—188.

Greschl, F., Spuren von Komik u. Humor in den Homerischen Gedichten. (Böhmisch.) Listy filologicke XIII 3. 4. p. 223—227.

Guhrauer, H., Musikgeschichtliches aus Homer. I. Leipzig, Fock. v. p. 46 121. 90 Pf.
Rec.: Blätter f. d. bayr. Gymn. XXIII 8 p. 394 v. M. Seibel.

Helbig, W., das homerische Epos, aus den Denkmälern erläutert. 2. verb. u. verm. Aufl. Mit 2 Taf. u. 163 Abb. Leipzig, Teubner. 8. X, 470 S. 12 M. 80 Pf.

Hiller, Homer als Collectivname, v. Griech. Literaturgeschichte.

Hollander, H., die handschriftliche Ueberlieferung der homerischen Hymnen. Osnabrück 1886. (Leipzig, Fock) v. p. 121. 1 M.
Rec.: Neue phil. Rundschau N. 13 p. 193—195 v. R. Thiele.

Hubert, F. H., über den Vortrag der homerischen Gedichte ἐξ ὑποβολῆς. Rawitsch 1885. Pr.
Rec.: Berliner phil. Wochenschrift VII 32/33 p. 990—991 v. P. Cauer.

Iskrzycki, zu den Scholien der Odyssee. Zeitschrift f. d. österr Gymnasien XXXVIII 6 p. 409—415.

Kammer, E., kritisch-ästhetische Untersuchungen, betr. die Gesänge *M N Z O* der Ilias. Königsberg, Hartung. v. p. 121. 1 M. 50 Pf.

Krause, W , über den Codex Palatinus der Batrachomiomachie. (Russisch.) Journal des kais. russ. Ministeriums der Volksaufklärung 1887, Juli, 3. Abth , p. 137—142

Leaf, W., Aristarchos' reading and interpretation of Iliad *N* 358—9. Journal of Philology N. 31 p. 157—160.

Leeuwen, J. van, u. Mendes da Costa, der Dialekt der homerischen Gedichte. Leipzig 1886, Teubner. v. p. 46. 2 M 40 Pf.
Rec.: Deutsche Literaturzeitung N. 28 p. 1006—1007 v. W. Prellwitz.'
Wochenschrift f. klass. Phil. VII 39 p. 1205—1210 v. P. Cauer. —
Classical Review I 7 p. 199 v. D. B. Monro.

Homerus. Ludwich, A., angebliche Widersprüche im Homerischen Hermes-hymnos. Jahrbücher für Philologie 135. Bd. 5. 6. Hft. p. 321—340.

Menrad, J., de contractionis et synizeseos usu Homerico. München 1886, Buchholz. v. p. 122. 3 M.
Rec.: Am. Journal of Phil. N. 30 p. 224—228 v. H. W. Smyth.

Meyer, E. H, Homer u. die Ilias. Berlin, Oppenheim. v. p. 47. 4 M. 50 Pf.
Rec.: Deutsche Literaturzeitung N. 35 p. 1239—1240 v. A. Gemoll.
— Neue phil. Rundschau N. 16 p. 241—242 v. K. Sittl.

Mutzbauer, K., der homerische Gebrauch von μέν 2 Thle. Köln 1884/86. 2 M.
Rec.: Berliner phil Wochenschrift VII 30/31 p. 934—939 v. P. Cauer.

Rothe, C, Literaturbericht zu Homer. (Höhere Kritik.) Jahresberichte des Berliner phil. Vereins XIII p. 244—304.

Schrader, H., die ambrosianischen Odysseescholien. Hermes XXII 3 p. 337—370.

Schulze, W., quaestionum Homericarum specimen Diss. Gryphiswaldiae. (Jena, Pohle) 8. 55 S. 1 M.

Seeck, O, die Quellen der Odyssee Berlin, Siemenroth. v. p. 47. 9 M.
Rec.: Neue phil. Rundschau N. 14 p. 209—211 v. K. Sittl.

Seiling, H., Ursprung u. Messung des homerischen Verses Münster. Pr. v. p. 14.
Rec.: Berliner phil. Wochenschrift VII 34 p. 1045—1048 v. Wecklein.

Vogrinz, G, Bericht über homerische Syntax u. Sprachgebrauch, für 1886. Bursian-Müllers Jahresbericht XLVI p. 189—192.

Jamblichus. On the mysteries. Translation by A. Wilder. Platonist III 7 p. 349—354. v. p. 122.
— life of Jamblichus, transl. from the original of Eunapios, v. Eunapius p. 176.

Joannes Chrysostomus. Oeuvres complètes. Traduites pour la première fois en français, sous la direction de M Jeannin. T. 1. Histoire de saint Jean Chrysostome; Exhortations à Théodore: Du sacerdoce. Arras, Sueur-Charruey. 4. à 2 col. 634 p.
— περὶ ἱερωσύνης λόγοι ἕξ. De Sacerdotio libri VI. Mit Anmerkungen neu herausg. von C. Seltmann. Paderborn, Schöningh. 8. XV, 215 S. 2 M. 50 Pf.

Josephus, des berühmten jüd. Geschichtsschreibers Flavius, Werke. Enth.: 20 Bücher von der alten jüdischen Geschichte; 7 Bücher vom Kriege der Juden mit den Römern; 2 Bücher von dem alten Herkommen der Juden wider Apion; 1 Buch von dem Märtyrertode der Makkabäer u. das Leben des Josephus, von ihm selbst geschrieben. Alles aus dem griechischen Originale übersetzt durch J. F. Cotta u. A. Fr. Gfrörer. Das Ganze von Neuem bearb. und mit Tabellen u. Registern versehen durch C R. Demme. 8. Aufl. Philadelphia, Schäfer & Koradi. gr. 4. 903 S. 18 M.

Lewinsky, A., Beiträge zur Kenntniss der religionsphilosophischen Anschauungen des Flavius Josephus. Breslau, Preuss u. Jünger. v. p. 122. 1 M. 80 Pf.
Rec.: Theol. Literaturblatt N. 34 p. 316 v. E. H.

Isocrates, ausgewählte Reden, von O. Schneider. II. Leipzig 1886, Teubner. 1 M. 80 Pf.
Rec.: Berliner phil. Wochenschrift VII 32/33 p. 993—997 v. W. Grasshoff.

Buermann, G., Ueberlieferung des Isokrates. II. Berlin 1886, Gärtner. v. p. 122. 1 M.
Rec.: Neue phil. Rundschau N. 17 p. 257—258 v. Th. Klett.

Keil, Br., analecta Isocratea. Leipzig 1885, Freytag. 4 M.
Rec.: Centralorgan f. Realschulwesen XV 7 p. 481 v. Matthiolius.

Leontius Byzantius. Loofs, Fr., Leontius von Byzanz. I. Leipzig, Hinrichs. v. p. 47. 10 M.
Rec.: Deutsche Literaturzeitung N. 36 p. 1265—1266 v. Bonwetsch. — Berliner phil. Wochenschrift VII 38 p. 1180—1183 v. G. Rnze. — Theol. Literaturzeitung N. 13 v. W. Möller.

Leucippus. Natorp, nochmals Diogenes u. Leukippos, v. Diogenes.

Longinus, περὶ ὕψους, edd. Jahn-Vahlen. Bonn, Marcus. v. p. 123. 2 M. 40 Pf.
Rec : Lit. Centralblatt N. 35 p. 1197 v. Wohlrab.

Lucianus. Rec J. Sommerbrodt. I. Berlin 1886, Weidmann. v p. 48. 3 M.
Rec.: Wochenschrift f klass Phil. IV 31 p. 954—960 v. N. Nilén.

— dialogues des morts. Expliqués littéralement, traduits et annotés par
C. Leprévost. Paris, Hachette. 12. 198 p.   2 M. 50 Pf.

— — nouvelle édition, contenant des notes philologiques et littéraires par
J. Feuillatre. Paris, Garnier frères. 12 IV, 36 p.

— — nouvelle édition, contenant des notices historiques, géographiques et
grammaticales par A. Pessonneaux Paris, Belin 12   44 p.

— dialogues des dieux, des morts ,etc , précédés du Songe. Traduction de
N. Perrot d'Ablancourt. 32 192 p. .Paris, librairie de la Bibl. nationale.   25 Pf.

    Blümner, H., zu Lukianos (Prom c. 7.) Jahrbücher f. Philologie 135. Bd.
    5. 6. Heft p. 306.

    Bürger, C., de Lucio Patrensi sive de ratione inter Asinum Lucianeum
    Apuleique metamorphoses intercedente. Berlin. Diss. 8. 59 S

    Nicole, Athénée et Lucien, v Athenaeus.

Lysias. **Thomaschik, P.,** de Lysiae epithaphii authentia verisimih. Diss
Breslau, Köhler. 8. 44 S.   1 M.

Musonius **Wendland, P.,** quaestiones Musonianae. Berlin 1886, Mayer &
Müller. v. p. 123   1 M. 80 Pf.
    Rec.: Deutsche Literaturzeitung N. 28 p. 1007 v. E Wellmann.

Nemesii libri περὶ φύσεως ἀνθρώπου versio latina nunc primum ed. C. Holzinger. Leipzig, Freitag. v. p 48   6 M
    Rec.: Zeitschrift f d. österr Gymn. XXXVIII 7 p 529—538 v. K. Burkhard.

Oracula. **Ludwich, A,** zu den griechischen Orakeln. Jahrbücher für Philologie 135 Bd 5. 6 Heft p. 386—388.

Oratores. **Egger, A.,** die Parenthese bei den attischen Rednern. Mittelschule I 1 p. 22—32.

    Lutz, die Präposition bei den attischen Rednern. Neustadt a. d. H. Pr. 8.

Orpheus. **Taylor, Th.,** Orpheus, his life, writings and theology. Platonist
III 8 p. 441—448.

Pausanias. **Kalkmann, A,** Pausanias der Perieget. Berlin, Reimer. v. p. 49.
123.   8 M.
    Rec.: Berliner phil. Wochenschbrift VII 27 p. 839—842 v. R Weil. —
    Revue critique N. 38 p 193—198 v. A. Hauvette.

    Mayor, J E.B., Pausanias VIII 16 § 5. Journal of Philology N. 31 p. 111—112.

Pindarus, les Pythiques Expliquées littéralement, traduites en français et annotées par E. Sommer Paris, Hachette. 12. 277 p.   3 M. 50 Pf.

    Bury, J., paronomasia in Pindar. Hermathena XIII p. 185—208.

    Lübbert, E., de Pindaro dogmatis de migratione animarum cultore. Bonn
    (Cohen). Ind. lect. hib. 4. 21 S.

    — de Pindaricorum carminum compositione ex Nomorum historia illu-
    stranda Bonn (Cohen). 4. 19 S.

Pittacus. Rohde, E., die Zeit des Pittacus. Rhein. Museum XLII 3 p. 475—477.

Plato's apologia Socratis, with notes by J. Adam. I. Cambridge. v.
p. 49.   4 M. 20 Pf.
    Rec.: Lit Centralblatt N. 28 p. 947 v. Wohlrab.

— Gorgias, v. Deuschle-Cron. Leipzig 1886, Teubner. v. p. 49. 124. 2 M. 40 Pf.
    Rec : Wochenschrift tur klass. Phil. IV 26 p. 805—811 v. K. J. Liebhold.

— Meno, Eutyphro, etc., rec. R. Fritzsche. Leipzig 1885, Teubner. v.
p. 49.   6 M.
    Rec.: Zeitschrift f. d. österr Gymn. XXXVIII 6 p. 425—428 v. Lauczizky.

Plato. Protagoras, erklärt von H. Bertram. Gotha 1885, Perthes. 1 M.
Rec.: Neue phil. Rundschau N. 15 p. 226—227 v. Nusser.
— symposion, erklärt von A. Hug. 2. Aufl. Leipzig 1884, Teubner. 3 M.
Rec.: Zeitschrift f. d. österr. Gymn. XXXVIII 6 p. 422—425 v. C. Ziwsa.
— the Banquet of Plato, and other Pieces. Translated and Original. London,
Cassell. 18. 192 p 60 Pf.
— Eutyphron, mit Anmerkungen von M Wohlrab. 4. Aufl. Leipzig,
Teubner 45 Pf.
— Apologie und Criton. Ungarische Uebersetzung von F. Télfy. 4. Aufl.
Budapest 1887. 1 M. 20 Pf.

Procli commentariorum in rempublicam Platonis partes ineditae ed. R.
Schöll. Berlin, Weidmann. v. p. 49. 10 M.
Rec.: Wochenschrift f. klass Phil IV 27 p. 835—839 v. R. Reitzenstein.
— Lit. Centralblatt N. 28 p. 946—947 v. Wohlrab.

Bäumker, C., die Ewigkeit der Welt bei Plato Philosophische Monatshefte XXIII 9. 10 p. 513—529.

Carrau, L., étude historique et critique sur les preuves du Phédon de
Platon en faveur de l'immortalité de l'âme humaine. (Extrait.) Paris,
Picard 8. 116 p.

Cucuel, C., quid sibi in dialogo qui Cratylus inscribitur proposuerit Plato.
Paris, Leroux. 3 M.

Demme, C., die platonische Zahl. Zeitschrift f. Mathematik XXXII 4
p. 121—132 v. p. 124.

Graham, Juliet, interpretation of the Timaeus Platonist III 8 p. 425—441.

Grimmelt, B., de reipublicae Platonis compositione et unitate. Diss. Berlin,
Weber. 8 102 S. v. p. 124. 1 M. 20 Pf.

Hochegger, R., über die Platonische Liebe. Berlin, Eckstein. 8. 22 S. 50 Pf.

Jezienicki, M., über die Abfassungszeit der Platonischen Dialoge Theaitet
u Sophistes, mit Einleitung über die Versuche der Gelehrten, die Zeitfolge Platonischer Schriften zu bestimmen Lemberg, Melikowski 8.
49 S 1 M. 20 Pf.

Joël, K, zur Erkenntniss der geistigen Entwickelung Plato's. Berlin,
Gärtner. v. p. 124 2 M.
Rec : Lit. Centralblatt N. 35 p. 1197 v. Wohlrab. — Deutsche Lite-
raturzeitung N. 35 p. 1235—1236 v. Schultess — Revue critique
N. 34 p. 132—135 v. Th. Reinach.

Lukas, F, Erklärung der Stelle Platon Sophistes p. 253 DE. Zeitschrift
f. d. österr. Gymu. XXXVIII 5 p. 329—338.

Maguire, Th., Phaedo 101 D—E. Hermathena XIII p. 171—172.

Monrad, M. J., nonnulla de Platonis philosophandi via et ratione. Nord.
Tidskrift VII 4 p. 282—288.

Ohse, J., zu Platons Charmides. Berlin 1886, Friedländer. v. p. 50. 1 M.
Rec : Lit. Centralblatt N. 26 p. 885 v. Wohlrab. — Bulletin critique
N. 9 p 171—172 v. C Huit

Perthes, O, die platonische Schrift Menexenus. Bonn 1886, Behrendt.
v. p. 124 1 M. 50 Pf.
Rec.: Wochenschrift f. klass Phil. IV 36 p 1097—1102 v K. J. Liebhold.

Reinhold, H, de Platonis epistulis. Quedlinburg 1886. Pr.
Rec : Neue phil. Rundschau N 13 p. 195—197 v. A Heinrich.

Suman, Bemerkungen zu einigen Stellen der Platonischen Apologie. Laibach 1886 Pr.
Rec : Gymnasium V 15 p. 531 v. J Golling.

Susemihl, F., de Platonis Phaedro et Isocratis contra sophistas oratione.
Adiecta est appendix Aristotelica. Gryphiswaldiae. (Berlin, Calvary &
Co) 4 16 S v p. 125. 1 M. 80 Pf.
— zu Platons Theaitetos. Philologus XLVI 2 p. 375.

182 Griechische Autoren.

Plato. Weygoldt, G. P., die platonische Philosophie. Leipzig 1885, O. Schulze. 3 M.
Rec.: Philosophische Monatshefte XXIII 9. 10 p. 619 v. Schaarschmidt.
Plotinus. Müller, H. F., Literaturbericht zu Plotinus. Philologus XLVI 2
p. 354—370.
Plutarchs vergleichende Lebensbeschreibungen. Uebers. von J. Fr. S. Kalt-
wasser. Neu herausg. von O. Güthling. 2. Bd. Solon. Publicola. The-
mistokles Camillus. Leipzig, Ph. Reclam jun 16. 220 S. cf. p. 125. 40 Pf.
Polyaeni strategematon libri edd. Wölfflin-Melber. Leipzig, Teubner.
v. p. 50. 7 M. 50 Pf.
Rec : Lit. Centralblatt N. 29 p. 977 v. B. — Berliner phil. Wochenschrift
VII 39 p. 1210—1213 v. H. Landwehr.
Polybius. Götzeler, L., de Polybi elocutione. Würzburg, Stahel. v. p. 125.
1 M. 60 Pf.
Rec : Berliner phil. Wochenschrift VII 37 p. 1141—1144 v. Fr. Hultsch.
Seipt, O, de Polybii olympiadum ratione et de bello punico primo quae-
stiones chronologicae. Leipzig, Fock. 8. 50 S. 1 M.
Wunderer, C, coniecturae Polybianae. Erlangen 1886, Deichert.
Rec.: Berliner phil Wochenschrift VII 37 p. 1144—1149 v. Fr. Hultsch.
Ptolemaeus. Heylbut, G., Ptolemaeus περὶ διαφορᾶς λέξεων. Hermes XXII
3 p. 388—410.
Pythagoras. Robiou, F., l'enseignement de Pythagore contenait-il des élé-
ments égyptiens? Mélanges Renier, 29. article.
Rintho. Völker, E., Rhinthonis fragmenta. Leipzig, Fock. 8. 49 S. v.
p. 51. 90 Pf.
Socrates. Pasquinelli, R., la dottrina di Socrate nella sua relazione alla mo-
rale ed alla politica. Rivista di filosofia II N. 1.
Sophocles, Tragödien, herausg. von N. Wecklein. II. Oedipus Tyrannos.
2. Aufl. (97 S) — IV. Aias. 2. Aufl. (103 S.) München, Lindauer. à 1 M. 20 Pf.
Rec.: (II) Blätter f. d. bayr Gymn. XXIII 7 p. 322—324 v. K. Metzger.
— Korrespondenzblatt f. d. württ. Schulen XXXIV 5. 6 p. 268—269 v.
H. Knapp.
— Oedipus Tyrannos, erklärt von Fr. Brandscheidt. Wiesbaden 1882,
Rodrian. 2 M. 80 Pf.
Rec.: Korrespondenzblatt f. d. württ. Schulen XXXIV 5. 6 p. 267—268.
— Trachiniae, ed. Fr. Schubert. Leipzig 1886, Freytag. v. p. 51. 40 Pf.
Rec.: Deutsche Literaturzeitung N. 23 p. 1174 v. F. Spiro. — Blätter f.
d. bayr. Gymn. XXIII 7 p. 322 v. K. Metzger.
— Antigone, verdeutscht von L. W. Straub. Stuttgart 1886, Cotta. v.
p. 126. 1 M. 80 Pf.
Rec.: Berliner phil. Wochenschrift VII 35 p. 1077—1079 v. H.
Bernhard, F., die Frage nach der chronologischen Reihenfolge der so-
phokleischen Tragödien. Oberhollabrunn 1886. Pr. v. p. 51. 126.
Rec.: Gymnasium V 15 p. 529 v. J. Golling.
Blümner u. Pähler, zu Sophokles Aias v. 651. Jahrbücher f. Philologie
135. Bd. 7. Heft p. 456—459. cf. p. 126.
Fairbanks, A., the dative case in Sophokles. Proceedings of the American
Phil. Association 1886, p. XXV—XXVIII.
Holub, J, Soph. OK 1556—1578. (Kritische u. exegetische Bemerkun-
gen; rhytmischer Bau.) Weidenau. Pr. 8.
Maguire, Th., Oedipus Rex 27—29. Hermathena XIII p. 173—175.
Masson, J., a lost edition of Sophokles' Philoctetes (Turnebus 1553).
Journal of Philology N. 31 p 114—123
Pappageorg, P. N., in Sophoclis tragoedias scholia vetera post Petrum
Elmsleium e cod. Laur. denuo collato ed. commentario critico instr. P.N.P.
Leipzig, Teubner gr. 8. 4 M. 50 Pf.
Schmidt, M, der Prologos der Antigone. Waidhofen a. d. Th. 1886. Pr.
Rec.: Gymnasium V 15 p. 530 von J. Golling.
Schütz, H., sophokleische Studien. I. Gotha 1886, Perthes. v. p.51. 1 M. 20Pf.
Rec : Neue phil. Rundschau N. 16 p. 242—248 v. W. Fox.

Sophokles. Walser, J., das Moment der Idealität im Charakter des Oedipus Tyrannos. Zeitschrift f. d. österr. Gymn. XXXVIII 7 p. 493—509.

Wittich, über Sophokles' König Oedipus und Schillers Braut von Messina. Leipzig, Fock. v. p. 126.   1 M.

Syncellus. Frick, K., zu Synkellos. Jahrbücher für Philologie 135. Bd. 5. 6. Heft p. 320.

Taurus. Bäumker, Cl., zum Platoniker Tauros. Jahrbücher für Philologie 135 Bd 5. 6 Heft p. 388

Testamentum novum graece. **Bruder, C. H.**, ταμιεῖον τῶν τῆς καίνης δια-θήκης λέξεων sive concordantiae omnium vocum Novi Testamenti graeci. Ed. ster. IV. auctior et emendatior, sectionibus Tregellesii atque Westcotti et Hortii locupletata 1. Abth. Leipzig, Bredt gr. 4. 176 S.   5 M.

Stellhorn, F. W., Wörterbuch zum griech. Neuen Testament. Leipzig 1886, Dörffling. v p 52.   3 M.

Rec.: Deutsche Literaturzeitung N. 38 p. 1329 v. E. Grafe.

Studia Biblica. Essays, by members of the Univ. of Oxford 1886. 12M. 60Pf.

Rec.: Classical Review 1 7 p. 194—197 v. T. K. Abbott.

Theocritus. Cipollini, A., gli idilli di Teocrito. Mailand, Höpli. v. p 52. 5 M.

Rec.: Deutsche Literaturzeitung N. 38 p. 1334.

Kunst, C., de Theocriti versu heroico. (Diss. Vindob.) Wien, Gerold.

Rec.: Nord. Tidskrift for Filologi VII 4 p. 315—319 v. J. Paulson.

Rannow, M., studia Theocritea. Berlin 1886, Mayer & Müller. v. p. 127.
                                                                                  1 M. 20 Pf.

Rec.: Berliner phil. Wochenschrift VII 29 p. 901—903 v. J. Sitzler.

— Neue phil. Rundschau N. 16 p. 248 v. β.

Thucydides La guerre du Péloponnèse. Publiée par A. Croiset. Paris 1886, Hachette. v. p. 127.   8 M.

Rec.: Zeitschrift f. d. österr. Gymn. XXXVIII 7 p. 518—529 v. L. Cwiklinski.

— ed. on the basis of Classen's edition by C. D. Morris. Book I. Boston 1886, Ginn.   6 M.

— — book VII, by C. Forster Smith. Ibid.   4 M. 75 Pf.

— ex rec. Poppo ed. M. Stahl I. Leipzig 1886, Teubner.   4 M. 50 Pf.

Rec.: Wochenschrift f. klass. Phil. IV 34 p. 1035—1039 v. J. Steup.

Bauer, A., Thucydides u. H. Müller-Strübing. Nördlingen, Beck. v. p.53. 127.   70 Pf.

Rec.: Wochenschrift f. klass. Phil. IV 38 p. 1160—1161 v. S. Widmann.

Boltz, C., quaestiones de consilio quo Thucydides historiam suam conscripserit. Halle. Diss. 8. 39 S.

Junghahn, E. A., Studien zu Thukydides. Berlin, Calvary. v. p. 53. 127.
                                                                                  3 M. 60 Pf.

Rec.: Wochenschrift f. klass. Phil. IV 32/33 p. 995—996 v. S. Widmann. — Academy N. 787 p. 393.

Leeuwen, J. van, ad Thucydidem (IV cap. 63 § 2, VI 11 § 7). Mnemosyne XV 3 p 356.

Mistschenko, Th., zur Biographie des Thukydides. (Russisch.) Journal des kais. russ. Ministeriums der Volksaufklärung 1887, Juni, 3. Abth., p. 76—91.

Müller, Franz, Dispositionen zu den Reden bei Thukydides. Paderborn, Schöningh. v. p. 53. 128.   1 M. 80 Pf.

Rec : Neue phil. Rundschau N. 19 p. 295—296 v. ††.

Oeltze, O., de particularum μέν et δέ apud Thucydidem usu. Halle. Diss 8. 61 S.

Polle, F., zu Thukydides (II 42, 4). Jahrbücher für Philologie 135. Bd. 5 6. Heft p. 341—344. cf. p. 53.

Wöhler, R., zu Thukydides II 54. Jahrbücher f. Philologie 135. Bd. 7. Heft p. 462—464.

Tragici. **Aschauer, J.,** über die Parodos u. Epiparodos in der griech. Tragödie. Oberhollabrunn Pr. 8. 29 S

Deltour, F., et **Ch.** **Rinn,** la tragédie grecque, analyses et extraits du théatre d'Eschyle, de Sophocle et d'Euripide. Avec de nombreuses illustrations. Paris, Delagrave. 1 M. 80 Pf.

Hippenstiel, W., de Graecorum tragicorum principum fabularum nominibus. Marburg Diss. 8. 57 S.

Schmidt, F. W., Studien zu den griech. Tragikern I—III. Berlin, Weidmann. v. p. 53. 128. III: 7 M.; cplt : 29 M.

Rec.: (II) Lit. Centralblatt N. 28 p. 947—948 v. H. St. — (II) Götting. gel Anzeigen N. 11 v. Hiller.

Schwerdt. F. J., methodologische Beiträge zur Wiederherstellung der griech. Tragiker. Leipzig 1886, Teubner. v. p 53. 5 M. 20 Pf.

Rec.: Zeitschrift f. d österr. Gymn. XXXVIII 7 p. 570 v. S. Mekler.

Xenophons Anabasis. Für den Schulgebrauch erklärt von D. F. Vollbrecht. 2 Bdcbn. Buch IV—VII. 7. verb. Aufl. Besorgt von W. Vollbrecht. Leipzig, Teubner. 8 III, 208 S. 1 M. 50 Pf.

— the Cyropaedeia, I and II, by A. Holden Cambridge. v. p. 53. 7 M. 20 Pf.

Rec : Revue critique N 31 p. 81—84 v Ch. Cucuel.

— extraits de la Cyropédie et de l'Anabase. Nouvelle édition, par A. Monginot. 3. édition Paris, Garnier frères. 12. 134 p.

— ex Cyropaedia et Anabasi selecta. Tours, Mame. 16. 123 p.

— extraits des Mémorables. Nouvelle édition, par A. Monginot. 3. édition. Paris, Garnier frères. 12. VI, 98 p.

— Cyropaedie. Ungarische Uebersetzung von G. Telfy. I. 2. Aufl. Budapest 1886.

Ranke, J., Präparationen zu Xenophon's Anabasis. I. Hannover, Nordd. Verlagsanstalt. v. p. 54. 1 M.

Rec.: Gymnasium V 14 p 484 v. Widmann.

Simon, J. A., Xenophon-Studien. I. Zur Entwickelung des Xenophonteischen Stils. Leipzig, Fock v. p. 128. 2 M.

Tournier, E., observations sur le texte de l'Economique de Xénophon. Mélanges Renier, 33. article.

Vollbrecht, F., Wörterbuch zur Anabasis. 6. Aufl. Leipzig 1886, Teubner. 1 M. 80 Pf.

Rec.: Wochenschrift f. klass. Phil. IV 36 p. 1103 – 1105 v. W. Nitsche.

Xenophon Ephesius **Schnepf,** de imitationis ratione inter Heliodorum et Xenophontem Ephesium, v. Heliodorus.

Zosimi historia nova ed. L. Mendelssohn Leipzig, Teubner. gr. 8. 8 M.

2. Römische Autoren.

Bölte. F., de artium scriptoribus latinis. Bonn 1886, Behrendt 1 M.

Rec.: Wochenschrift t. klass. Phil IV 29/30 p. 918—921 v. J. Golling.

Brugi, un elenco dei giureconsulti classici in un antico manoscritto della biblioteca universitaria in Padova. Padova, Randi. 8. 18 p.

Bücheler, F., coniectanea Rhein Museum XLII 3 p. 472—473.

Ellis, R., on the fragments of the Latin hexameter poem contained in the Herculanean Papyri. Journal of Philology N. 31 p. 81—86.

Herhold, L., lat Wort- u Gedankenschatz. Ein Hilfs- u. Nachschlagebuch der hauptsächlichsten lat Ausdrücke, Sprüchwörter, Citate, Devisen, Inschriften u. s. w., nebst deutscher Uebersetzung. Hannover, Hahn. 8. VII, 280 S. 4 M.; geb 5 M.

Mähly, J., zur Kritik lateinischer Texte. Basel 1886. 1 M. 60 Pf.

Rec.: Wochenschrift f. klass. Phil. IV 29/30 p. 921—925.

Orationes ex Sallusti, Livi, Curti, Taciti libris selectae. Ed. P. Vogel. Leipzig, Teubner. 8. IV, 205 S. 2 M. 40 Pf.

Ammianus. Reinhardt, G., de praepositionum usu apud Ammianum. Cöthen, Schettler. 8. 62 S. 1 M.

Reiter, A, de Ammiani Marcellini usu orationis obliquae. Diss. Amberg, Habbel. 8. 78 S. 1 M. 20 Pf.

Anthologia latina Boot, J., E. H. Eldikii epistola critica de Anthologia latina. Mnemosyne XV 3 p. 290—296.

Apollinaris Sidonius, traduit par E. Barret, v. Ausonius.

Apuleius. Bürger, de ratione inter Asinum Lucianeum Apuleique intercedente, v. Lucianus p. 180

Augustinus. Three Anti-Pelagian treatises of St. Augustine, translated by F. H. Woods and J. O Johnston. London, Nutt. v. p. 129. 5 M. 40 Pf.

Rec.: Academy N. 798 p. 117

Frick, C, die Quellen Augustins Höxter 1886 (Buchholtz). v. p. 55. 1 M.

Reuter, H., Augustinische Studien. Gotha, Perthes. 8. VIII, 516 S. 10 M.

Rec.: Göttng gel Anzeigen N. 14 v Harnack.

Scipio, K., des Aur. Augustinus Metaphysik. Leipzig 1886, Breitkopf & Härtel. 2 M. 40 Pf.

Rec.: Zeitschrift f. Philos. 91. Bd. 1. Heft p. 152—156 v. A. Dorner.

Ausonii opuscula rec. P. Peiper. Leipzig 1886, Teubner. v. p. 55. 6 M. 60 Pf.

Rec.: Göttinger gel. Anzeigen N. 13 v. O. Seeck.

— Ausone, S. Apollinaire et V. Fortunat. Oeuvres complètes: 1. d'Ausone, traduction nouvelle par E. F. Corpet; 2. de Sidoine Apollinaire, traduites en français par E. Barret; 3. de Venance Fortunat poésies mêlées, traduites pour la première fois, par Ch. Nisard. avec la collaboration, pour les livres 1—5, de E Rittier Paris, Firmin-Didot. gr. 8. à 2 col. 850 p. 12 M.

Avianus, the fables, ed. by R. Ellis. Oxford. v. p. 129. 8 M. 20 Pf.

Rec · Saturday Review N. 1657 p. 164. — Classical Review 1 7 p. 188— 193 v. J. Mayor.

Avieni carmina rec A. Holder Innsbruck, Wagner v. p. 129. 10 M.

Rec.: Archiv f. lat. Lexikographie IV 2 p. 329

Caesar's Commentaries on the Gallic War. Ed. by T. J. Arnold. Book II. Interlinear translation and parsing notes. London, Cornish. 12. 80 p. cf. p 129 1 M. 80 Pf.

— — with notes and vocabulary by Bond and Walpole. Book VII. London, Macmillan. 1 M. 80 Pf.

— — erklärt v. Kraner-Dittenberger. Berlin 1886, Weidmann. 2 M.25 Pf.

Rec : Gymnasium V 15 p 519—521 v. H. Walther.

— — nouvelle édition, par A. Legouëz. Paris, Garnier. 12. IV, 330 p. avec 10 cartes et plans.

— — rec. H. Walther Paderborn, Schöningh. 8. XX, 188 S. geb. 1 M. 20 M.

Rec : Berliner phil Wochenschrift VII 39 p. 1220 v R. Schneider.

Clermont-Ganneau, César et le nom punique de l'éléphant. Revue critique N. 29 p. 56 – 58.

Laurer, J. C, zur Kritik von Cäsars gallischem Krieg, VIII. Buch. Schwabach 1886. Pr.

Rec : Gymnasium V 12 p. 422—423 v. H. Walther.

Menge u. Preuss, Lexicon Caesarianum. Fasc. IV. Leipzig, Teubner. v. p. 56 130. 1 M. 60 Pf.

Rec : Lit. Centralblatt N 33 p 1114 v. A. E. — Archiv f. lat Lexikographie IV 2 p 328.

Meusel, H., lexicon Caesarianum. Fasc. VIII. (1. Bd. cplt.) Berlin, Weber. v. p. 56. 130. à 2 M 40 Pf. (I cplt.: 19 M. 20 Pf.)

Rec.: Wochenschrift f. klass. Phil. IV 35 p. 1067—1068 v. A. Neitzert. — Zeitschrift f. Gymn. XXXXI 9 p. 560 – 563 v. W. Nitsche. — Archiv f. lat Lexikographie IV 2 p 327 – 328. — Rivista di filologia XV 11. 12 v. F. Ramorino.

Caesar. Ranke, Fr. u. **J**, Präparation zu Cäsars gallischem Kriege. 6. Heft.
Buch II—IV. Wortkunde. Hannover. 53 S. v. p. 54. 113.   60 Pf.
    Schlee, E., etymologisches Vocabularium zu Cäsar etc. 2. Aufl. Altona
    1885, Harder.   1 M.
        Rec.: Korrespondenzblatt f. d. württ. Schulen XXXIV 5. 6 p. 273—
        274 v. H.
    Schleussinger, A, zu Cäsars Rheinbrücke. München 1884.
        Rec.: Korrespondenzblatt f. d. württ. Schulen XXXIV 5. 6 p. 274—
        275 v. H.
Calpurnii et **Nemesiani** eclogae ed. Ch. H. Keene. London 1887, Bell.
211 p. cl.
    Rec : Berliner phil. Wochenschrift VII 35 p. 1083 — 1086 v. R. Ehwald.
    — Athenaeum N. 3103 p. 510.
Cassiani, abbatis Massiliensis, collationes XXIV ed. H. Hurter S. J. Inns-
bruck, Wagner. 8. IV, 829 S.   3 M.
Catulls Buch der Lieder, deutsch von R. Westphal. Leipzig 1884,
Leuckart.   2 M. 40 Pf.
    Rec.: Korrespondenzblatt f. d. württ. Schulen XXXIV 5. 6 p. 265 — 267
    v. Holzer.
    Küchenmeister, Fr., Catull, seine Villa, sein Aufenthalt u. die »Ora« am
    Gardasee, Lacus Benacus. Beilage der Leipziger Zeitung N. 62/63.
    Maguire, Th., Catullus LXVI 21, 22. Hermathena XIII p. 165.
Ciceronis opera, nonnullis patrum Societatis Jesu notis illustrata. Epistolae
et historiae selectae. Tomus IV. Ad usum quartanorum Tours, Mame.
16. 184 p.
— orationes selectae ed. H. Nohl. Vol. I—III. Leipzig 1886, Freytag.
v. p. 56. 130.
    Rec.: Zeitschrift f. d. österr. Gymn. XXXVIII 6 p 432—437 v. Kornitzer.
— Rede für Archias, von Richter-Eberhard. Leipzig 1884, Teubner. 45 Pf.
    Rec.: Zeitschrift f. d. österr. Gymn. XXXVIII 6 p. 439—440 v. Kornitzer.
— speeches against Catilina. With introduction and notes by F. A. Upcott. Oxford. 8. 120 p. cl.   3 M.
— divinatio in Q. Caecilium von Richter-Eberhard. Leipzig 1884,
Teubner.   45 Pf.
    Rec.: Zeitschrift f. d. österr. Gymn. XXXVIII 6 p. 438—439 v. Kornitzer.
— oratio pro Milone. Texte latin, publié avec une notice, un argument analytique et des notes en français, par A. Noël. Paris, Hachette. 18. 35 p. 40 Pf.
— pro Sex. Roscio Am. u De imperio, ungarisch von S. Köpesdy. Budapest, Lampel. 8. 166 S.   1 M. 60 Pf.
    Rec.: Egyetemes phil. közlöny 1887 N. 7. 8 p. 583—590 v. E. Abel.
— Rede gegen Verres. 4. Buch. Von Richter-Eberhard. 3. Aufl. Leipzig
1886, Teubner.   1 M. 50 Pf.
    Rec: Rivista di filologia XV 11. 12 p. 537—544 v. F. Ramorino.
— — discours contre Verrès. II. De signis. Par E. Thomas. Paris,
Hachette. 8. 149 p. et 2 cartes.   4 M.
— ad Brutum orator ed. by J. E. Sandys. Cambridge 1885. 19 M. 20 Pf.
    Rec.: Berliner phil. Wochenschrift VII 29 p. 903 - 910 v. F. Heerdegen.
— de senectute. Edit with notes by E. W. Howson. 2 pts. London,
Rivington. 8. 96 p. cl.   2 M. 40 Pf.
— Cato maior, von K. Meissner. 2. Aufl. Leipzig 1885, Teubner.
v. p. 57.   60 Pf.
    Rec.: Centralorgan f. Realschulen XV 9 p. 614—615 v. R. Schneider.
— Laelius de amicitia, erklärt von C. Meissner. Leipzig, Teubner. 8. 70 S. 60 Pf.
— de officiis, ungarisch von S. Köpesdy. Budapest, Lampel. 8. 250 S. 3 M.
    Rec.: Egyetemes phil. közlöny 1887 N. 7. 8 p 580—583 v. E Abel.
— de natura deorum, von A. Göthe. Leipzig, Teubner v. p. 57. 2 M 40 Pf.
    Rec.: Wochenschrift f. klass. Phil. IV 36 p. 1105—1106 v. H. Deiter.

Cicero, the correspondence of Cicero, arranged by R. Y. Tyrrell. 2 voll.
London 1885/86, Longman. v. p. 131.   28 M. 80 Pf.
    Rec.: Berl. phil. Woch. VII 36 p. 1112—1115 v. L. Gurlitt. cf. unten **Ellis.**
— Tusculan disputations, transl. by A. P. Peabody. Boston 1886, Little
& Brown.   6 M
    Rec.: Saturday Review N. 1656 p. 127.
— Tusculanarum libri V ed. G. Tischer. II (III—V). 8 Aufl. von G. So-
rof. Berlin, Weidmann. 8. 172 S.   1 M. 50 Pf.

Dahl, L., zur Handschriftenkunde des Cato maior. 2 Thle. Christiania
1885/86, Dybwad. v. p. 57.   1 M.
    Rec : Wochenschrift f. klass. Phil IV 28 p. 879—882 v. W. Frie-
drich. — Rivista di filologia XV 11. 12 p. 545 v F. Ramorino.

Ellis, R., notes on vol. II of Tyrrells Correspondence of Cicero. Hermathena XIII p. 131—142.

Gasquy, A., de Cic. pro Cornelio Balbo oratione. Paris 1886, Thorin.
    Rec.: Berliner phil. Wochenschrift VII 30/31 p. 945—947 v. M. Voigt.

Grollmus, M, de M. Tullio Cicerone poeta. Particula I. De inscriptionibus, de argumentis, de temporibus singulorum carminum. Diss. Königsberg, Koch & Reimer. 8. 56 S.   1 M. 50 Pf.

Gurlitt, L., gab es im Alterthume eine Sammlung der Epistulae Ciceronis
ad Pompeium? Berliner phil. Wochenschrift VII 28 p. 891—892.

Kornitzer, A, zu Cicero in Verrem I 4 c. 42 § 90′ Wiener Studien IX 2
p. 323—325.

Landgraf, G., Literaturbericht zu Ciceros Reden a. d. J. 1886. Bursian-
Müller's Jahresbericht XLVII p. 223—256.

Luterbacher, F., Literaturbericht zu Ciceros Reden. Jahresberichte des
Berliner phil. Vereins XIII p. 237—243.

Matthias, Th., zu Ciceros rhetorischen Schriften. Jahrbücher für Philologie 135. Bd. 7. Heft p. 477 – 480.

Meyer, Paul, de Ciceronis in epistolis ad Atticum sermone. Bayreuth.
Pr. 8 60 S.

Priem, J., Bedingungssätze bei Cicero u. Cäsar. (Philologus, 5. Suppl.)
Leipzig 1886, Teubner.
    Rec.: Gymnasium V 18 p. 635—638 v. Zimmermann.

Rauschen, G, ephemerides Tullianae. Bonn 1886, Behrendt. 1 M. 20 Pf.
    Rec.: Berliner phil. Wochenschrift VII 36 p. 1115—1118 v. L. Gurlitt.

Safranek, J., srovnani listu a reci Cicerona s jinymi prameny dejin rim-
skych r. 59—43. Kolin 1886. Pr. 8. 28 S
    Rec.: Listy filologicke XIII 3. 4 p. 279—280 v. R. Novak.

Schmidt, O. E., handschriftliche Ueberlieferung der Briefe Ciceros. Leipzig,
Hirzel. v. p. 131.   6 M.
    Rec.: Deutsche Literaturzeitung N. 32 p. 1141—1142 v. Th Stangl.

Stangl, Th., zu Ciceros Briefen. Philologus XLVI 2 p 209—210.

Steuding, H., zu Ciceros Reden (pro Sex. Roscio § 64; de imp. § 18;
pro Murena § 11; pro Sestio § 69). Jahrbücher für Philologie 135. Bd.
7. Heft p. 480—481.

Tschiasny, M., zu Cic. pro Corn. Balbo XIV 33. Wiener Studien IX 2
p. 325—326.

Weidner, A., zu Ciceros Sestiana § 69. Jahrbücher für Philologie 135. Bd.
7. Heft p. 475 - 476.

Wermuth, C., quaestiones de Ciceronis epistularum ad M. Brutum libris.
Basel. Diss. v. p. 131.
    Rec.: Berliner phil. Wochenschrift VII 35 p 1086—1089 v. L. Gurlitt.

Wölfflin, E., zu Cicero Epist. V 12. Hermes XXII 3 p. 492—494.

Cicero. **Ziehen, J.**, ephemerides Tullianae, rerum inde a XVII. m Martii
49 a. C usque ad IX. m. Augusti 48 a. C. gestarum. Budapest. 8. 58 S.
Claudianus. **Maguire, Th.**, Claudian in Ruf.; in nupt. Honorii.
Hermathena XIII p 166

 Rönsch, H., zur Kritik u Erklärung des Claudianus Mamertus. Zeitschrift
 f. wiss Theologie XXX 4

 Trump, Fr., observationes ad genus dicendi Claudiani eiusque imitationem
 Vergilianam spectantes. Halle. Diss. 8. 64 S

Comici. **Cocchia, E**, della natura del canticum e del deverbium nel dramma
romano, e dei personaggi che pigliavano parte alla loro rappresentazione.
Rivista di filologia XV 9 10 p. 474—484

 Maffei, R., le favole Atellane. Volterra 1886.

 Rec.: Berliner phil. Wochenschrift VII 32/33 p. 997—998 v. J. Peters.

Commodianus. **Boissier, G.**, Commodien. Mélanges Renier, 3. article.

Corippi opera rec. M Petschenig. Berlin, Calvary. v. p. 58. 131. 9 M. 60 Pf.

 Rec : Lit. Centralblatt N. 28 p. 948—949 v A. R — Neue phil. Rundschau N 13 p. 198—201 v. R. Amann. — Revue critique N 29 p. 41—
 43 v. S. Reinach

Cornelius Nepos, herausg. von K. Erbe. Stuttgart, Neff. v. p. 58. 132.
                    2 M. 70 Pf.

 Rec.: Lit. Centralblatt N. 35 p. 1198 v. A. E

— opera, nonnullis patrum Societatis Jesu notis illustrata, ad usum scholarum. Tours, Mame. 16. 147 p.

— de vita excellentium imperatorum. Texte latin, revu et annoté par l'abbé
J. Griez 5. éd. Paris Possielgue. 16. XII, 203 p

— liber de excellentibus ducibus rec. E Ortmann. Leipzig 1886, Teubner.
v. p 58.   1 M.

 Rec.: Berliner phil. Wochenschrift VII 30/31 p. 947 v. Gemss

— liber de excell ducibus ed. Fr. Patocka. Ed.. IV. Prag 1884, Kober.

 Rec.: Listy filologicke XIII 3. 4 p. 290—294 v. G. Suran.

 Erdmann, M., zu Cornelius Nepos Philologus XLVI 2 p. 381—383

 Haacke, H., Wörterbuch zu Cornelius Nepos Leipzig 1884, Teubner. 1 M.

 Rec : Centralorgan f. Realschulwesen XV 7 p. 481 v. Matthiolus

 Schäfer, E., Nepos-Vokabular. 1 Thl Praefatio. Miltiades. Themisto-
 cles. Aristides. Pa san as Cimon. Lysander Alcibiades. Thrasybulus.
 Conon. Dion. 2. Aufl. von Ortmann. Leipzig, Teubner. 8. IV. 39 S.
 cart.   40 Pf.

 Weidner, A., Schulwörterbuch zu Cornelius Nepos. Leipzig 1886, Freytag.
                     1 M. 40 Pf.

 Rec : Berliner phil. Wochenschrift VII 30/31 p 947—948 v. Gemss

Corpus iuris civilis. **Bruns, C G.**, fontes iuris romani. 2 vol. Ed. V. cur.
Th. Mommsen. Freiburg, Mohr. v. p. 59.   8 M.

 Rec : Lit. Centralblatt N. 38 p. 1305—1306 v. L-r.

Curtii Rufi historiae Alexandri Magni, ed. Max Schmidt Leipzig, Freytag v. p 59.   1 M.

 Rec.: Zeitschrift f. d österr. Gymn. XXXVIII 5 p 360—362 v. R Bitschofsky

 Adams, W, de ablativi absoluti apud Q. Curtium Rufum usu Diss Marburg. (Arnsberg, Stein) 8. 56 S.   1 M.

 Dosson, S., étude sur Quinte-Curce, sa vie et son oeuvre. Paris. 9 M.

Ennius. **Baehrens, E.**, zu Ennius, Lucilius, Juvenalis. Jahrbücher für Philologie 135. Bd 7. Heft p. 482—484.

Ennodius. **Magani, Fr..** Ennodio. 3 vols. Pavia 1886, Fusi.

 Rec.: Theol. Literaturzeitung N. 13 v. Fr. Vogel.

Eugippii opera rec P. Knöll 2 pts. Wien 1885/86, Gerold v. p. 59. 132. 24 M.
Rec.: Neue phil Rundschau N. 19 p. 299—300 v. ††.

Eutropi breviarium ed. C Wagener. Leipzig 1886, Freytag. 50 Pf
Rec.: Centralorgan f. Realschulwesen XV 7 p. 480 v. Matthiolius.

Festus Goetz, G., nova meletemata Festina. Jena. v. p. 59. 50 Pf.
Rec.: Berliner phil. Wochenschrift VII 30/31 p. 948—949 v. K. E. Georges.

Frontinus. Van der Vliet, ad Frontinum. Mnemosyne XV 3 p. 282

Fulgentius. Eussner, A, zu Fulgentius. Philologus XLVI 2 p. 249

Gaius, Institutionen, ungarisch von A. Bozoky. Budapest, Franklingesell-
schaft 8. 323 S 4 M.

Gellii noctium Atticarum libri rec M. Hertz. 2 vol. Leipzig, Teubner.
v. p. 59 132 4 M. 20 Pf.
Rec : Wochenschrift f klass. Phil. IV 26 p. 818—819.

Boot, J., ad Gellii Noctes atticas. Mnemosyne XV 3 p. 283—289.

Hilarii Tractatus de mysteriis et hymni et **Silviae Aquitanae** peregrinatio ad loca sancta ed. Gamurrini Accedit **Petri diaconi** liber de
sanctis. (Biblioteca dell' Accademia storico-giuridica Vol IV.) gr. 8 XXXIX,
151 p. 4 tab. Rom, Spithöver 10 M. 80 Pf.
Rec.: Lit. Centralblatt N 27 p 897—898 v E. W. — Archiv f. lat. Lexikographie IV 2 p 338—339.
Wölfflin, E., über die Latinität der peregrinatio ad loca sancta. Archiv
f lat. Lexikographie IV 2 p. 259—277

Horatius, erklärt von A. Kiessling. II. Satiren. Berlin 1886, Weidmann
v. p. 132 2 M. 25 Pf.
Rec.: Wochenschrift f. klass Phil. IV 35 p. 1068—1074 v. E Rosenberg.
— Blätter f d. bayr. Gymn XXIII 7 p. 319—321 v. J. Proschberger.

— — carmina, appréciations littéraires.et notes,
précédée d'une vie de l'auteur, d'une explication des faits mythologiques et
d'une notice sur les mètres, par H. T., supérieur du petit séminaire de
Saint-Pierre 4. éd Paris, Poussielgue. 18. XXXII, 364 p.

— — carmina, accedunt argumenta brevesque notae, ad usum studiosae ju-
ventutis Tours, Mame. 16 327 p

— the Odes, Carmen Seculare, and Epodes With a commentary by E. C.
Wickham. New edit revised. London, Frowde. 7 M. 20 Pf.

— livre 2 des Odes. Traduction en vers français par A. Bivrum. Angers,
imp. Dedouvres 18 36 p

— ad Pisones de arte poetica. Ungarisch von P Simon. Budapest, Franklin-
gesellschaft. 8. 173 S. 1 M 40 Pf

— Schiller and Horace. Translated by Lord Lytton (Excelsior series) London, Routledge 8. 504 p. cl. 2 M. 40 Pf.

Bergier, J. F., Horatius christianus, seu Horatii odae, a scandalis expur-
gatae, a scopulis expeditae, et sale christiano conditae par l'abbé J. F.
Bergier. Salins, imp. Bouvier 32. 164 p.

Curschmann, F, Horatiana. Berlin, Springer. v. p 60. 132. 1 M. 60 Pf.
Rec.: Berliner phil. Wochenschrift VII 27 p. 843—847 v. O. Weissen-
fels. — Neue phil Rundschau N 16 p. 249—251 v. E. Rosenberg.
— Wochenschrift f. klass. Phil. IV 32/33 p. 996—999 v. P. Dettweiler.

Nauck, C., zu Horatius (I 13, 2). Jahrbücher fur Philologie 135. Bd.
5. 6. Heft p. 429—430

Potwin, L., Horace vs. his scholiast. (De arte poet. 175. 176). Proceedings of the American Phil. Association 1886 p. XXXVIII.

Scrinerius, J., ad Horatium (epod. II 37). Mnemosyne XV 3 p. 325.

Valentin, V, ein Freundesgruss Horati carmen II 7 neu erklärt. Frankfurt a./M., Rütten. v p. 61. 50 Pf.
Rec.: Berliner phil. Wochenschrift VII 27 p. 847—848 v. O. Weissenfels.

Hyginus. Rusch, P., zu Hygins Schrift de apibus   Commentationes Gryphisw.
p. 42—53.

Unger, R., Bemerkungen zu Hygini fabulae. Philologus XLVI 2 p. 210—249.

Isidors Geschichte der Gothen, Vandalen, Sueven, nebst Auszügen aus der
Kirchengeschichte des **Beda** Venerabilis. Uebers. von D. Coste. Leipzig,
Duncker. 8. X, 60 S.   1 M.

   Schwarz, zu Isidor orig. XVII 3, 10.   Archiv für lat. Lexikographie
   IV 2 p 196.

Justini epitoma rec. F. Ruehl   Leipzig 1886, Teubner.   1 M. 50 Pf.
   Rec : Zeitschrift f. d. österr. Gymn. XXXVIII 6 p. 440—444 v. Petschenig.

Juvenalis   Les Satires.   Traduites en vers par P. Ducos.   Accompagnées
   du texte latin et de remarques extraites de la traduction de Silvecane (édition de 1690)   Paris, Perrin 8. 543 p.   7 M. 50 Pf.

— thirteen satires ed. by Pearson and Strong.   Oxford.   v. p. 61. 133.
                                                                  12 M. 60 Pf.
   Rec : Berliner phil. Wochenschrift VII 38 p. 1186—1188 v. L. Friedländer.

Baehrens, zu Juvenalis, v. Ennius p. 188.

Bergmüller, L., quaestiones Juvenalianae.   Erlangen 1886, Deichert.
   Rec.: Berliner phil. Wochenschrift VII 24 p. 1050—1051 v. L. Friedländer.

Bücheler, F., ad Juvenalis sat. X 294. Rhein. Museum XLII 3 p. 472.

Guérin, étude sur Juvénal, avec une traduction complète en vers français
   et des notes.   Paris, Cerf.   8   347 p.   7 M. 50 Pf.

Nettleship, H., life and poems of Juvenal.   Journal of Philology N. 31
   p. 41—66.

Seehaus, A., de Juvenalis vita.   Halle.   Diss v p. 61.
   Rec.: Berliner phil. Wochenschrift VII 34 p. 1049—1050 v. L. Friedländer.

Livius, ungarische Ausgabe, nach W. Capes in Oxford, von E. Finaczy.
   Budapest 1886, Eggenberger. 8. 112 S.   1 M. 20 Pf.
   Rec.: Egyetemes phil közlöny N 7. 8 p. 578—580 v. G. Nemethy.

— von F Luterbacher. Lib. V. Leipzig, Teubner. v. p. 133. 1 M. 20 Pf.
   Rec.: Zeitschrift f. d. österr. Gymn. XXXVIII 7 p. 538—541 v. A. Zingerle.

— von K. Tücking. Lib. I. 2. verb. Aufl. Paderborn, Schöningh. 8.
   142 S.   1 M. 20 Pf.

— ed. Weissenborn.   Ed. II. ed M. Müller. Pars IV, fasc I. Lib. XXXI
   —XXXV. Leipzig, Teubner. XII, 243 S. cf. p. 61.   60 Pf.

— römische Geschichte. Deutsch von Fr. D. Gerlach. 23—25. Lief. 3. Aufl.
   Berlin, Langenscheidt. v. p. 61.   à 35 Pf.

— Rome et Carthage, par Tite-Live.   Avec étude littéraire.   (Bibl. populaire.)
   Paris, Gautier. 8. 32 p.   10 Pf.

Van der Vliet, Liviana.   Mnemosyne XV 3 p. 333—336.

Lucanus. Maguire, Th., Lucan II 21—28   Hermathena XIII p 166—167.

Lucilius. Baehrens, zu Lucilius, v. Ennius p. 188.

   Bücheler, F., ad Lucilium. Rhein. Museum XLII 3 p. 473.

   Müller, Lucian, Lachmanns Nachlass zu Lucilius.   Berliner phil. Wochenschrift VII 39 p. 1202—1203.

Lucretius. Postgate, J. P., Lucretiana. Journal of Philology N. 31 p. 124—130.

Martialis epigrammaton libri. Mit Anmerkungen von L Friedländer.
   2 Bde. Leipzig, Hirzel v. p. 62. 134   18 M.
   Rec.: Wochenschritt f. klass. Phil. IV 26 p. 812—818 u. N. 27 p. 845—
   851 v. E. Hübner. — Rivista di filologia XV 11. 12 p. 570—572 v.
   E. Stampini. — Listy filologicke XIII 3. 4 p. 280—281 v. R. Novak.

Minucius Felix. Wilhelm, Fr., de Minucii Felicis Octavio et Tertulliani
   Apologetico.   Breslau, Köbner. 8. 86 S.   1 M. 80 Pf.

Nigidius Figulus. Röhrig, H., de P. Nigidio Figulo capita II. Diss. Coburg, Riemann. 8. VIII, 62 p. 1 M. 50 Pf.

Nonii Marcelli compendiosa doctrina em. et adn. Lucianus Müller. Vol. I. Leipzig, Teubner gr. 8 16 M.

Maylan, H., collation de plusieurs manuscrits. Paris 1886, Vieweg v. p. 134 5 M.
Rec.: Neue phil. Rundschau N. 19 p. 296—298 v. J. H. Onions.

Nettleship, H, the title of the second book of Nonius. Journal of Philology N. 31 p. 70.

Ovid's metamorphoses (XIII, XIV), ed. by Ch. Simmons. London, Macmillan. v. p. 62. 5 M. 40 Pf.
Rec.: Classical Review I 7 p. 199—200 v. S. G. Owen.

— selections. Edited, with notes and vocabulary, by H. R Heatley and J. A Turner. New edit. London, Rivington. 16. 180 p. cl. 1 M. 80 Pf.

Gertz, Cl, notae criticae in Ovidii Fast. III 523—710. Tidskrift for Filologi VII 4 p. 312—314.

Magnus, H., Studien zu Ovids Metamorphosen Berlin, Gärtner. v. p. 63. 1 M.
Rec.: Berliner phil. Wochenschrift VII 28 p. 875—877 v. A. Riese.

Mayor, J. E. B., Ovid Met. IV 139—141. Journal of Philology N. 31 p. 113.

Owen, S. G, correction of a corrupt passage in Ovid's Tristia (V 45). Academy N. 787 p. 400.

Präparationen nebst Uebersetzung zu Ovids Metamorphosen. Von einem Schulmann. 6 u. 7. Gesang. Düsseldorf, Schwann 16 118 u. 140 S. v p. 63. à 50 Pf.

Persii Juvenalis Sulpiciae saturae recc. Jahn-Bücheler. Berlin, Weidmann v. p. 63 134 3 M.
. Rec.: Deutsche Literaturzeitung N. 34 p. 1209 - 1210 v. W. Schulz. — Blätter f. d. bayr. Gymn XXIII 8 p. 388 v. C. W.

Bücheler, F., ad Pers. V 175. Rhein Museum XLII 3 p. 472.

Phaedrus. Gomperz, Th, zu Phädrus Fabeln, I 5, 8. Jahrbücher für Philologie 135. Bd. 8 Heft p. 547.

Plauti comoediae ex rec. Ritscheli. Tomi III fasc III: Rudens, ed. Fr. Schöll. Leipzig, Teubner. 8. XXVII, 188 S. 5 M 60 Pf.

— — tomi III fasc. IV: Pseudulus, rec. G. Götz. 4 M.

— — tomi III fasc I: Bacchides, rec. Götz v. p 63 134. 4 M.
Rec.: Neue phil Rundschau N. 13 p. 211 - 213 v. E. Redslob.

— — tomi III fasc. II: Captivi, rec Schöll. 4 M.
Rec.: Deutsche Literaturzeitung N. 29 p. 1043—1044 v. P. Langen. — Lit. Centralblatt N. 30 p. 1008—1009 v J. M.

— Menaechmei, russisch von J. Ch-w. Journal des kais. russ. Ministeriums der Volksaufklärung 1887, August, 3. Abth., p. 143—227.

Cocchia, E., sulla interpretazione delle frasi crepuerunt fores e ψοφεῖ τις ἐξιῶν τὴν θύραν nelle commedie di Plauto e di Menandro. Rivista di filologia XV 9. 10 p 484—489

Langen, P., Plautinische Studien. Berlin, Calvary. v. p. 63. 135 13 M.
Rec.: Neue phil. Rundschau N. 18 p. 274—277 v. E. Redslob.

Meyer, Rudolf, in Ketten und Banden. Ein Plautinisches Schönbartsspiel. Berlin 1886, Gärtner. 4. 1 M.
Rec : Deutsche Literaturzeitung N. 26 p. 945 v. M. Niemeyer.

Niemöller, G, de pronominibus ipse et idem apud Plautum et Terentium. Halle 1886 Diss. v. p 64. 1 M.
Rec : Archiv f. lat. Lexikographie IV 2 p. 336.

Palmer, A, Plautus Curculio 5, 15; Persa 834; 815; Rudens 847; 811; Trinummus 885. Journal of Philology N 31 p. 39.

Plautus. Reinhardstöttner, K v., spätere Bearbeitungen plautinischer Lust-
spiele. Leipzig 1886, Friedrich   18 M.
Rec : Deutsche Literaturzeitung N. 37 p. 1305 - 1306 v. A. v. Weilen.
Plinius maior. Schweder, E., über die gemeinsame Quelle des Pomponius
Mela u des Plinius. Philologus XLVI 2 p. 276—322.
Plinius minor. Roscher, W., das Danaebild des Artemon u. Plinius. Jahr-
bucher für Philologie 135. Bd. 7. Heft p. 485—486
    Schaedel. L., Plinius der Jüngere u Cassiodorius Senator. Kritische Bei-
    träge zum 10. Buch der Briefe u. zu den Briefen. Darmstadt, Winter.
    4. 36 S   v p. 135.   80 Pf.
Poetarum Romanorum fragmenta coll. A e m B a e h r e n s. Leipzig, Teubner.
    v. p. 135   4 M 20 Pf.
    Rec.: Zeitschrift f. d österr. Gymn. XXXVIII 5 p. 354—368 v. Zingerle.
    — Blätter f d. bayr. Gymn. XXIII 8 p 387 v. C. W. — Rivista di
    filologia XV 11 12 p. 551—556.
— selecta poetica auctorum latinorum, notis exquisitissimis Juvencii et va-
    riorum illustrata. Pro media et suprema grammatica. Tours, Mame. 16. 318 p.
Pomponius Mela. Schweder, Quelle des Mela u. des Plinius, v. Plinius major.
Priscillianus. Schepss, G., Priscillian. Würzburg, Stuber. v. p 64 135.
                                                   1 M. 50 Pf.
    Rec.· Blätter f. d bayr. Gymn. XXIII 7 p 321—322 v. B Sepp.
Probus. Paris G., l'»appendix Probi« Mélanges Renier, 26. article.
Propertius Heydenreich, E, Bericht über die Literatur zu Properz, 1877—80.
Bursian-Müllers Jahresbericht XLVII p 161—192 v. p. 135
    Hörle, A., de casuum usu Propertiano. Halle 1887. Diss. v. p. 135.
    Rec.: Archiv f. lat Lexikographie IV 2 p. 336.
    Housmann, A. E, emendationes Propertianae. Journal of Philology N. 31
    p 1—35.
    Olsen, W., Properz u Tibull. Commentationes Gryphisw. p. 27—32.
    Plessis, Fr. études critiques sur Properce Paris 1886, Hachette. 7 M. 50 Pf.
    Rec : Zeitschritt f. d. österr. Gymn. XXXVIII 5 p 358—360 v. E. Reisch.
Prudentius. Rösler, A., der katholische Dichter Prudentius. Freiburg 1886,
Herder.   7 M.
    Rec : Deutsche Literaturzeitung N. 27 p. 961—963 v. P. Schanz.
Quintiliani institutiones oratoriae ed. F. M e i s t e r 2 pts. Leipzig, Freytag.
    v. p. 64 135   2 M 70 Pf.
    Rec.: (ll) Wochenschrift f. klass Phil. IV 37 p 1136—1139 v. W. Gemoll.
    Becher, F, Literaturbericht zu Quintilian, 1880—87. Bursian - Müllers
    Jahresbericht LI. Bd. p 1—64
    Marty, A., de Quintilianeo usu et copia verborum cum Ciceronianis po-
    tissimum comparatis Glaronae 1886. 8 65 S
    Rec.: Archiv f lat. Lexikographie IV 2 p. 337 v. S
    Reuter, A, de Quintiliani libro de causis corruptae eloquentiae. Breslau,
    Köbner v p 64.   2 M.
    Rec.: Wochenschrift f. klass. Phil. IV 28 p. 882—885 v. V.
Sallustii Catilina et Jugurtha. Texte revue et annoté par P. G u i l l a u d.
4. édition. Paris, Poussielgue 16 VIII, 100 p.
— Catilina. Jugurtha Historiarum reliquiae codicibus servatae, accedunt
rhetorum opuscula Sallustiana, H J o r d a n tertium recognovit. Berlin, Weidmann 8 XX, 172 S.   1 M. 50 Pf.
— — von J. P r a m m e r. Wien, Hölder. v. p. 64. 135.   1 M.
    Rec : Wochenschrift f. klass Phil. IV 39 p 1202 - 1205 v. Th. Opitz.
— Catilina, mit Anmerkungen von A. E u s s n e r. Leipzig, Teubner. 8 60 Pf.
— — with notes for use in the middle forms of schools. Edited by B. D.
T u r n e r. London, Rivington. 12. 140 p. cl.   2 M. 40 Pf.

Sallusti de bello Jugurthino, ed. J. H. Schmalz. 2. Aufl. Gotha 1886. 1 M. 20 Pf.
Rec.: Blätter f. d. bayr. Gymn. XXIII 7 p. 314—315 v. A. Köhler.

    Cumpf, K., über die neuen Sallustfragmente. (Böhmisch) Listy filologicke XIII 3. 4 p. 213—215.

    Kornitzer, A., zu Sallust Catilina, c. 52. 20. Zeitschrift für die österr. Gymn. XXXVIII 7 p. 511.

    Kuhlmann, L., quaestiones Sallustianae criticae. Leipzig, Fock. v. p. 64. 136.   1 M. 50 Pf.

    Rohde. D., adiectivum quo ordine apud Sallustium coniunctum sit cum substantivo. Hamburg, Herold. 4. 35 S.   2 M 50 Pf.

    Schnorr v. Carolsfeld, H., über die Reden und Briefe bei Sallust. Gekrönte Preisschrift. Leipzig, Teubner 8.   3 M.

Salvius Julianus. Buhl, H., Salvius Julianus. Heidelberg 1886, Köster. 6 M.
Rec : Deutsche Literaturzeitung N. 27 p. 982—983 v. J. Merkel.

Satirici. Friedländer, L., Literaturbericht zu den röm. Satirikern (ausser Lucilius u. Horatius). Bursian-Müllers Jahresbericht XLVII p. 193—222.

    Lutz, V., Friedrich Rudolf Ludwig v. Canitz, sein Verhältniss zu dem franz. Klassizismus und zu den lat. Satirikern, nebst einer Würdigung seiner dichterischen Thätigkeit für die deutsche Literatur. Neustadt a/H. (Munchen, Kaiser.) 8 83 S.   1 M. 60 Pf.

Scribonii Largi compositiones ed. G. Helmreich. Leipzig, Teubner 8. VIII, 124 S.   1 M. 80 Pf.

Senecae dialogorum libros XII rec. M. C. Gertz. Kopenhagen, Gyldendal. v. p 64 136.   11 M 25 Pf.
Rec.: Neue phil. Rundschau N. 18 p. 281—283 v. Kraffert. — Wochenschrift f. klass Phil. IV 32/33 p. 1000--1004 v. W. Gemoll.

— ad Lucilium epistolae morales I—XVI. Edition précédée d'une introduction, accompagnée d'arguments analytiques et de notes grammaticales, historiques et philosophiques, par D. Bernier. Paris, Poussielgue. 18. 115 p.

— — traduction française par D. Bernier. Ibid. 18. 69 p.

— on benefits Addressed to Aebutius Liberalis. Translated by A. Stewart. London, Bell. 8 246 p cl.   4 M 20 Pf.

    Kreiher, J., Seneca's Beziehungen zum Urchristenthum. Berlin, Gärtner. v. p. 65. 136.   5 M.
    Rec.: Lit. Centralblatt N 32 p. 1074–1075.

    Mayor, J. E. B., Seneca ep. 19 § 3. Journal of Philology N. 31 p. 112.

    Petersen, R, zu L. Seneca (de clem. I 5, 5). Philologus XLVI 2 p. 275.

    Petschenig, H., zu Seneca (de provid. 4, 3; de const sap. 6, 3). Philologus XLVI 2 p. 370

    -- zu Seneca de vita beata. Ibid. p. 383–384.

Seneca tragicus. Schulte, K, Bemerkungen zur Seneca-Tragödie. Rheine 1886 Pr.
Rec.: Wochenschrift f klass Phil. IV 29/30 p. 916—918 v L. Tachau.

    Tachau, L, zu Senecas Tragödien. Philologus XLVI 2 p. 378—381.

Silius Buchwald, F., quaestiones Silianae. Leipzig 1886, Fock. v. p. 136. 80 Pf.
Rec.: Neue phil. Rundschau N. 15 p. 227—229 v L. Bauer.

    Groest, J., quatenus Silius Italicus a Vergilio pendere videatur. Halle. Diss 8 62 S.

    Wartenberg, G, zu den Textesquellen des Silius Italicus. Jahrbücher für Philologie 135 Bd 5. 6. Heft p. 431–432.

Sisebutus rex. Götz, G., de Sisebuti carmine. Jena. (Neuenhahn). Ind. lect. 4. 8 S.   50 Pf.

Silviae peregrinatio, v. Hilarius p. 189.

Statius. **Otto, A.**, zur Kritik von Statius Silvae. Rhein. Museum XLII 3 p. 362—373.

   Sailer, U., Stazio e la sua Tebaide. Venezia 1886.
   Rec.: Wochenschrift f. klass. Phil. IV 29/30 p. 918 v. H. Nohl.

Suetonius. **Wölfflin, E.**, zu Suetons Pratum. Rhein. Museum XLII 3 p. 485—486.

Taciti opera rec. Joh. Müller. II. Historiae et opera minora. Leipzig, Freytag. v. p. 65.   1 M. 50 Pf.
   Rec.: Wochenschrift f. klass. Phil. IV 29/30 p. 913—916 v. W. Wartenberg.

— ab excessu divi Augusti libri. In usum scholarum rec. M. Gitlbauer. Pars I [I—VI]. Freiburg, Herder. 8. VIII, 253 S. 1 M. 20 Pf.; geb. 1 M. 50 Pf.

— the histories, books I and II, by A. D. Godley. London, Macmillan. v. p. 65. 136.   6 M.
   Rec : Neue phil. Rundschau N. 15 p. 229—230 v. E. Wolff.

— Annalen, Schulausgabe von A. Dräger. 1. Buch I—VI. 5. Aufl. 8. VI, 298 S.   2 M. 40 Pf.

— de vita et moribus Julii Agricolae. Texte latin, publié avec une notice, un argument analytique et des notes en français, par E Jacob. 3. éd. revue et corrigée. Paris, Hachette. 16. 96 p. et carte.   75 Pf.

— — expliquée littéralement, annotée et revue pour la traduction française par H. Nepveu. Paris, Hachette. 12. 132 p.   75 Pf.

   Gerber u. **Greef**, lexicon Taciteum. I—VII. Leipzig, Teubner. v. p. 136.
                                     à 3 M. 60 Pf.
   Rec.: Lit. Centralblatt N. 33 p. 1113 v. A. E.

   Hachtmann u. **Kothe**, zu Tacitus Agricola. Jahrbücher für Philologie 135. Bd. 7. Heft p. 492—496.

   Krauss, eine Uebersetzungsprobe aus Tacitus Annalen. Jahrbücher für Philologie 136. Bd. 7. Heft. p. 371—377.

   Maguire, Th., Tacitus hist. I 15. Hermathena XIII p. 168.

   Maxa, Fr., observationes criticae et exegeticae in Taciti Agricolam. III. Radautz. Pr. 8. 20 S.

   Novak, R., ad Tacitum. Listy filologicke XIII 3. 4 p. 206—213.

   Prammer, J., zu Tacitus. (»vastum silentium«; Charakteristik des Enkels des Augustus Ann. 1 3; Verlustangaben bei Schlachten). Zeitschrift f. d. österr. Gymnasien XXXVIII 6 p. 420—421.

   Wiesler, J., Erörterungen zu dem Dialogus de oratoribus des Tacitus. Leoben 1886. Pr.
   Rec.: Mittelschule I 2. 3 p. 204 v. J. Prammer.

Terenti Adelphi ed. by A. Sloman. Oxford 1886.   3 M. 60 Pf.
   Rec.: Berliner phil. Wochenschrift VII 30/31 p. 942—943 v. Engelbrecht.

— Comédies. Traduction par G. Hinstein, avec le texte latin. I. Paris, Lemerre. 12. VIII, 440 p. v. p. 136.   5 M.

   Gilbert, H., zu Terentius. (Andr. 315; Ad. 125.) Jahrbücher für Philologie 135. Bd. 5. 6. Heft p. 428.

   Palmer, A., Terence Eun. 4, 4, 21; Heaut. 4, 1, 32. Journal of Philology N. 31 p. 36—37.

Tertullianus. **Klussmann, M.**, curarum Tertullianarum particulae III. Gotha, Perthes. 8. 80 S.   1 M.

   Nöldechen, E., Tertullian in Griechenland. Zeitschrift f. wiss. Theologie XXX 4.

   Wilhelm, de Minucio et Tertulliano, v. Minucius p. 190.

Tibullus et **Propertius.** Selections, by G. Ramsay. London, Frowde. v. p. 66. 137.   7 M. 20 Pf.
   Rec.: Berliner phil. Wochenschrift VII 38 p. 1183—1186 v. A. Otto.

Tibullus. Karsten, H. T., de Tibulli elegiarum structura. II. Mnemosyne XV 3 p. 305 -- 325.

Olsen, W., Properz u. Tibull, v. Propertius p. 192.

Velleius Paterculus. Zangemeister, K., zu Velleius. Rhein. Museum XLII 3 p. 483—485.

Venantius Fortunatus. Traduction par Ch. Nisard. v. Ausonius p. 185.

Vergilii Maronis opera. Edition classique, publiée avec une biographie, des notices sur ses oeuvres, des notes grammaticales, littéraires, mythologiques et géographiques, par Ch. Aubertin. Texte et commentaire entièrement revus, avec une carte. Paris,-Belin. 12. IV, 584 p.

— Bucolica, Georgica, Aeneis, rec. O. Güthling. 2 tomi. Leipzig, Teubner. v. p. 66.   1 M. 35 Pf.
Rec.: Wochenschrift f. klass. Phil. IV 38 p. 1161—1174 v. W. Gemoll.

— carmina ed. G. Thilo. Leipzig 1886. Tauchnitz. v. p 137.   1 M. 50 Pf.
Rec.: Wochenschrift f. klass. Phil. IV 38 p. 1161—1174 v. W. Gemoll.
— Berliner phil. Wochenschrift VII 39 p. 1213—1220 v. O. Güthling.

— Aeneis, erklärt von O. Brosin. 1. Bdchn. 2. Aufl. Nebst Anhang. Gotha, 1886, Perthes. v. p. 137.   1 M. 30 Pf.
Rec : Berliner phil. Wochenschrift VII 30/31 p. 943—945 v. H. Kern. —
Blätter f. d bayr. Gymn XXIII 7 p. 315—319 v. E. Gross.

— — erläutert von K. Kappes. I. 4 Aufl. Leipzig, Teubner. 1 M. 20 Pf.
Rec.: Rivista di filologia XV 11. 12 p 649—650 v. R. Sabbadini.

— — ed W. Klouček. Leipzig, Freytag. v. p. 67. 137.   1 M. 50 Pf.
Rec.: Wochenschrift f. klass. Phil IV 38 p. 1161—1164 v. W. Gemoll.
— Listy filologicke XIII 3 4 p. 289—290 v. A. Fischer.

— georgicon hbri, ed. by A. Sidgwick. Cambridge 1886. v. p. 137. 2 M. 40 Pf.
Rec.: Saturday Review N. 1656 p. 128.

Servii in Vergilii carmina commentarii rec. G. Thilo et H. Hagen. Vol. III fasc. I. Leipzig, Teubner. 8.   10 M.

Chatelain, E., un important fragment de Virgile (Bibl. nat. lat. 7906). Mélanges Renier, 5. article.

Ellis, R., a Roman ms. of the Culex. Journal of Philology N. 31 p. 153—156.

Feilchenfeld, A., de Vergilii Bucolicon temporibus. Lipsiae 1886. (Berlin, Mayer & Muller) 8. 48 S. v. p. 137.   1 M. 20 Pf.

Gebhardi, W, die Sendung des Mercurius zu den Karthagern, in der Aeneis. Jahrbücher fur Philologie 135. Bd. 8 Heft p. 562.

Heidtmann, G., Emendationen zur Aeneis. Coblenz 1885, Groos. v. p. 138.   80 Pf.
Rec.: Rivista di filologia XV 11. 12 p. 546—548 v. R. Sabbadini.

Hildebrandt, R, Studien auf dem Gebiete der römischen Poesie u. Metrik. I. Vergils Culex. Leipzig, Zangenberg. 8. VII, 176 mit 1 Tab. 2 M. 40 Pf.

Keller, O., zu Vergilius Aeneis (I 461; II 552). Jahrbücher für Philologie 135. Bd. 7. Heft p. 487—489.

Kindermann, C. H., quaestiones de fabulis a Vergilio in Aeneide tractatis. Leiden 1885. Diss 8. 132 p
Rec.: Rivista di filologia XV 9. 10 p. 505—507 v. R. Sabbadini.

Krafft, M, zur Wortstellung Vergils. Goslar. (Leipzig, Fock.) v. p. 138. 1 M.

Mäbly, J, Vergilsche Aporieen. Zeitschrift f. d. österr. Gymn. XXXVIII 6 p 415—419.

Maguire, Th., Virgiliana. Hermathena XIII p. 168—171.

Maurer, Th., zur Aeneis X 185; 194. Jahrbucher für Philologie 135. Bd. 8. Heft p. 558—560.

Nettleship, H., Servius on Aeneid IX 289. Journal of Philology N. 31 p. 160.

Paris, G., l'»appendix Próbic. Mélanges Renier, 26. article.

Vergilius   Paulus, W., »timeo Danaos et dona ferentes«, Verg. Aen. II 49.
Korrespondenzblatt f. d. württ Schulen XXXIV 5. 6 p. 264—265.
Rieppl, A., lo scudo di Enea di Virgilio. Reggio Calabria 1886, Geruso. 2 M.
Rec.: Berliner phil. Wochenschrift VII 32/33 p. 998 - 999 v. E Kroker.
Warren, M., on a passage in the Ciris. American Journal of Philology
N. 30 p. 221—224.
Weck, F, zur Aeneis III 682—687. Jahrbücher für Philologie 135. Bd.
8 Heft p. 561.
Verrius Flaccus. Reitzenstein, R., Verrianische Forschungen   Breslau,
Köbner. gr. 8. 116 S   2 M. 40 Pf.
Rec.: Berliner phil. Wochenschrift VII 37 p. 1149—1154 v. G. Götz.
Virgilii grammatici opera ed J. Huemer. Leipzig, Teubner. v. p 67. 138.
2 M. 40 Pf.
Rec.: Wochenschrift f. klass. Phil. IV 29/30 p 925 —927 v. G. Schultz. --
Rivista dı filologia XV 11 12 p. 557—561 v. L Valmaggi.
Ernault, A., de Virgilio Marone grammatico Tolosano. Paris (1886),
Vieweg. 8. 64 p.
Vitruvius. Härtel, W. v., Löwe's Collationsproben aus spanischen Hand-
schriften (zu Vitruv.) Wiener Studien IX 2 p. 327—328.
Vulgata. Codex f² Corbeiensis sive qvatuor evangelia ante Hieronymum la-
tine translata. E codice membranaceo qvinto vel sexto saeculo, ut videtur,
scripto, qvi in Bibliotheca »Nationali« Parisiensi asservatur. Nunc primum
ed. J. Belsheim. Christiania, Aschehoug. gr. 8. VIII, 127 S. 3 M. 50 Pf.

III. Epigraphik und Palaeographie.

Bauer, Ad., Inschriften, Handschriften u. neue Papyrusfunde. Zeitschrift f.
allg. Geschichte N. 6.
Clermont-Ganneau, sur un nouveau procédé de surmoulage d'inscriptions.
Académie des inscriptions, 27. mai. (Revue critique N. 24)

1. Griechische Inschriften. — Orientalische Inschriften, soweit sıe zur Kenntniss der classischen Alterthumswissenschaft von Interesse sind.

Bauer, Ad, die Inschriften auf der Schlangensäule u. auf der Basis der Zeus-
statue in Olympia. Wiener Studien IX 2 p. 223'—228.
Bechtel, Fr., die Inschriften des ionischen Dialekts Göttingen, Dieterich. 4.
VIII, 154 S. mit 5 Taf.   8 M.
Bent, Th., miscellanea from Egypt. (Graffiti from Naukratis.) Classical Re-
view 1 7 p. 209—211.
Clermont - Ganneau, l'inscription de Tamassos. Revue critique N. 24
p. 466—469.
Derenbourg, J., le sarcophage de Tabnit, roi de Sidon. Académie des
inscriptions, 8. Juli. (Revue critique N. 29-)
Fiorelli, R., epigrafe del Δημητριος Σωχρατους. Notizie degli scavi, aprile, p 140.
Herwerden, H. van, epigraphica (titulum Deliacum). Mnemosyne XV 3 p. 332.
Hirschfeld, G., the inscriptions of Naukratis. Academy N. 798 p. 122.
Homolle, Th., les archives de l'intendance sacrée à Délos. Paris 1886,
Thorin. v. p. 68.   5 M.
Rec.: Revue critique N. 27 p. 3—6 v. M. Dubois. — Listy filologicke
XIII 3 4 p. 298 v. J Prasek.

Lautensack, H., Verbalflexion der attischen Inschriften. Gotha. Pr. v. p. 139. Rec.: Neue phil. Rundschau N. 18 p. 283 v. Meisterhans. — Deutsche Literaturzeitung N. 30 p 1079—1080 v. M. Hecht.

Milchhöfer, A., Antikenbericht aus Attika. (Inschriften) Mittheilungen des Arch. Instituts zu Athen XII 1. 2 p. 81—105 mit Taf. II u. III.

Oppert, J, sur une chronique babylonienne dans le British Museum. Académie des inscr., 24. Juni. (Berliner phil. Wochenschrift VII 38 p. 1200.)
— inscription d'Antiochus I. Soter. Mélanges Renier, 25. article.

Polak, H. J., minutiae epigraphicae. Mnemosyne XV 3 p. 241—282.

Pomtow, zwei delphische Bustrophedon-Inschriften. Sitzungsberichte der Berliner Akademie 1887 N. 34.

Reinach, S., un faux dieu (inscription de Myconos). Revue critique N. 27 p. 13.

Sachau, E., eine altaramäische Inschrift aus Lycien. (Aus den Sitzungsber. d. k. Akad. d. Wiss.) Wien, Gerold. gr. 8. 7 S. mit 1 Taf.   40 Pf.

Sammlung der griechischen Dialekt-Inschriften, herausg. von H. Collitz. 4. Bd. Wortregister. Göttingen, Vandenhoeck & Ruprecht. v. p. 140 5 M.
Rec.: Wochenschrift t. klass. Phil. IV 38 p. 1153—1154 v. P. Cauer. — Deutsche Literaturzeitung N. 33 p. 1174 v. W. Dittenberger.

Schöll, R, Inschrift von Knidos. Rhein. Museum XLII 3 p. 478—479.

Smith, S. A., die Keilinschriften Asurbanipals, Königs von Assyrien (668—623 v. Chr.), nach dem selbst in London copirten Grundtext mit Transscription, Uebersetzung, Kommentar u. vollständigem Glossar. 2. Heft. Neue Bautexte, unveröffentlichte Briefe u. Depeschen mit Originaltext-Ausgabe u. s. w. Leipzig, Pfeiffer. 8. IV, 99 S. mit 18 Schrifttaf. cf. p. 69.   12 M.

Stschukarew, A.. ein unedierter attischer catalogus iudicialis. Mittheilungen des Arch. Instituts zu Athen XII 1. 2 p. 131—136.

Wagener, A, une inscription pélasgo-Tyrrhénienne. Revue de l'instruction publ. en Belgique XXX 4 p. 241—256.

Wheeler, J. R., an Attic decret, the Sanctuary of Kodros. American Journal ot Archaeology III 1. 2 p. 38—49 mit Taf. III. IV.

Wilcken, Weihinschritt des Lichas, an Ptolemäos IV. Berliner arch. Gesellschaft, Maisitzung. (Wochenschrift f. klass. Phil. IV 26 p. 827.)

2. Lateinische Inschriften.

Asbach, J., Inschriftliches zur Geschichte der röm. Rheinlande. Westdeutsche Zeitschrift VI 3 p. 231—234.

Back, F., Inschrift aus Idar (M. Aventinio ...) Korrespondenzblatt d. Westd. Zeitschrift VI 6 p. 133—135.

Barnabei, F., frammenti di una cassa militare della legione IV Macedonica scoperti in Cremona. (Aus den Atti dell'Accad. dei Lincei, 1887.) Rom. 4. 15 S. mit 1 Taf.
— frammenti di una cassa militare della legione IV .macedonica, scoperti in Cremona, dall'anno 45. (Leg IIII Mac. M. Vinicio II , Tauro, etc.) Notizie degli scavi, giugno, p. 209—220, con tav. IV.
— lamina di Cremona: (P. Cornelio Scipione Q. Volu)sio Satur(nino) . . . . (Pomp)eio Paulin(o). Ibid. p. 220—221.
— architravo del sevir C. Lusius, da Chieti Ibid., aprile, p. 158.
— cippi di S. Nicola Manfredi. Epigrafe dedicata a Giunone Veridica. Ibid. p. 161—162.
— di un' epigrafe dell'acqua Augusta-Alsietina. Ibid., maggio, p. 181—185.
— iscrizioni di Ascoli-Piceno. (Pontifex duovir capitalis, duovir quinq., ed altri.) Ibid., giugno, p. 252—254.

Bücheler, F., ad elogium CIL VIII 2391. Rhein. Museum XLII 3 p. 473

Dübi, F., eine wiedergefundene Inschrift (der Valeria Secca). Anzeiger f. schweiz. Alterthumskunde 1887 N. 3 p. 458—461.

Eroli, G, iscrizione di Narni: Hygiae opstetrici, etc. Notizie degli scavi, maggio, p. 166.

Fiorelli, R., frammento di calendario. Notizie degli scavi, aprile, p. 141.
— iscrizione onoraria di Giulio Camilio Galerio Aspro. Ibid. p 141—142.
— graffiti (falischi?) di tazza Ibid. p. 150.
— iscrizione: (Me)nervae dono de(det). Ibid. p. 179.
— lastra: cara meis vixi virgo . . . . Ibid. p. 180.
— cippo del collegium augurum auctore Imp. Caesare divi Traiani . . . . Ibid. p. 181.
— columbari della Via Portuense. Ibid. 185—187.

Friedrichs, C., matronarum monumenta. Bonn 1886, Strauss. gr. 8. X, 46 S.   1 M. 50 Pf.
    Rec.: Westdeutsche Zeitschrift VI 3 p. 279—285 v. M. Siebourg.

Gatti, G., epigrafi della scala d'Aracoeli etc. Bullettino della Comm. arch. di Roma XV 6 p. 173—191
— avanzo di antico calendario. Iscrizione dell'aedes dei Silvani. Ibid. N. 7 p. 220—234
— epigrafi de' cursores factionis prasinae. Ibid. N. 8 p. 262—264.
— dedicazione al Giove Beellefaro. Notizie degli scavi p. 139 u. p. 145—146.
— scoperte epigrafiche nell' area del tempio di Ercole Vincitore. Monumenti del console P. Manilius Vopiscus. Piedistallo del Victorinus, procurator ad accipiendos census in prov. Gallia Lugd. et Thracia, equestribus militiis functo. Base del L. Vipstanius Messala. Ibid. p. 150—153.
— iscrizione importantissima: »Mag. et flamin. montan. montis Oppi . . .« Ibid. p. 176—177.
— iscrizione della Via Salaria. Ibid. p. 191—193.
— cippo nominando un console ignoto: C. Memmius Caecilianus Placidus cos. Ibid. p 232—233.
— tavola lusoria. Ibid. p. 236.

Héron de Villefosse, inscription de Cherchell, d'un tribunus ab ordine lectus. Académie des inscr., 10. Juni. (Berliner phil. Wochenschrift VII 38 p. 1199.)
— inscription d'un negotiator suariae et pecuariae, trouvée à Rome. Académie des inscr., 10. Juni. (Berliner phil. Wochenschrift VII 38 p. 1199.)

Hübner, E., die Inschrift von Cliburn in Nordengland (Dedikation eines Soldatenbades). Korrespondenzblatt der Westd. Zeitschrift VI 9 p. 206—208.

Ihm, M., neue Inschriften aus Köln und Mainz. Rhein. Museum XLII 3 p. 487—488.
— Votivstein (des Ucletianius) u. Grabstein (der Julia Freiania) aus Köln. Korrespondenzblatt der Westd. Zeitschrift VI 8 p. 182—183.

Keller, J., Fragment einer röm. Inschrift (L. fil. Hippi . . . Adyan . . .). Korrespondenzblatt d. Westd. Zeitschrift VI 6 p. 131—133.
— Bruchstück einer Ara, aus Mainz. Ibid. p. 129—130.
— Votivinschrift eines Mannes senatorischen Standes, aus Mainz. Ibid. N. 7 p. 146—149.
— röm Inschriften aus Mainz. Ehreninschrift an einen Kaiser. Inschrift zu Ehren der 22. Legion. Inschrift an Caracalla. Ibid. N. 9 p. 197—201.

Lanciani, R., titoli sepolcrali della Via Prenestina. Notizie degli scavi, maggio, p. 188—191.

Lebègue, épigraphie de Narbonne. Revue celtique, Juli.

Mantovani, G., frammento epigrafico di Bergamo, appartenente al titolo V 5130 del CIL. Notizie degli scavi, maggio, p. 165.

Meisterhans, K., Inschriftliches aus Solothurn. Anzeiger f. schweiz. Alterthumskunde 1887 N. 3 p. 466—468.

Mommsen, Th., cohors I Breucorum in Pfünz u. ala nobilis Petriana in Cliburn. Korrespondenzblatt d. Westd. Zeitschrift VI 7 p 160—164.
— Inschrift aus Saintes (ala Alectogiriana). Ibid. N. 9 p. 205.

Ohlenschlager, römische Inschriften aus Bayern. Sitzungsberichte der Münchener Akad.. phil.-hist. Klasse, 1887, 2. Heft, p. 171—214.
Rec : Berliner phil. Wochenschritt VII 34 p. 1062—1063 v. C. Mehlis.

Otto, röm Altarinschrift von Amöneburg (hastiferi, etc.). Westd Zeitschrift VI 8 p. 179

Renier, L., inscriptions romaines de l'Algérie. Publication posthume des tables II—V, des Addenda et Corrigenda. Paris 1886, Picard. Fol. p. 561—580.
Rec.: Revue critique N. 27 p. 6—7 v. R. Mowat.

Rossi, G -B, collare di bronzo con leggenda: »tene me et reboca me Aproniano Palatino ad Mappa Aurea in Abentino, quia fugi.« Bullettino della commissione arch. di Roma XV 8 p. 265—266.
— elogio metrico sepolcrale d'un praefectus annonae del secoló V. o VI. Röm Quartalschritt I 2 p. 41—45.

Ruggiero, E. de, dizionario epigrafico romano. Fasc. 6. Rom, Pasqualucci. v. p. 71. 141. à 1 M. 50 Pf.
Rec.: Bulletin critique N. 10 p. 181—182 v. R. Mowat.

Schneider, E., dialectorum italicarum exempla. I. Leipzig 1886, Teubner. v. p. 71. 141. 3 M. 60 Pf.
Rec.: Wochenschrift f. klass. Phil. IV 29/30 p. 901—903 v. W. Deecke.
— Revue de l'instruction publ. en Belgique XXX 4 p. 229—233 v. A. de Ceuleneer.

Thédenat, liste des noms gaulois, barbares ou supposés tels, tirés d'inscriptions. Revue celtique, Juli.

Tomassetti, G., notizie epigrafiche. Piombo di un mensor, etc. Cippus della Modie Heliogratiae, erretto dal consorte »Provincius«. Iscrizione di un »Castillanus«. Bulletino della Commissione arch. di Roma XV 7 p. 235—239.

Zwetajew, J., inscriptiones Italiae dialecticae. Leipzig, Brockhaus. v. p. 71. 141. 8 M.
Rec : Revue de l'instruction publ. en Belgique XXX 4 p. 229—233 v. A. de Ceuleneer. — Journal des kais. russ. Ministeriums der Volksaufklärung, August, p. 315—373 v. Th. Korsch.

3. Palaeographie.

Brugsch et Bouriant, le livre des Rois. Caire 1887. 8. 134 p.
Rec.: Berliner phil. Wochenschrift VII 28 p. 885—888 v. H.

Hauréau, notice sur le numéro 647 des manuscrits latins de la Bibliothèque nationale. (Extrait des Notices et Extraits des mss. de la Bibl. nat., t. 32.) Paris, imp. nationale. 4. 20 p.

Jacob, A., de nonnullis codicibus graecis palimpsestis in bibliotheca maiore Parisiensi asservatis. Mélanges Renier, 19. article.

Josa, A. M., i codici ms. della biblioteca Antoniana. Padova 1886. v. p. 72. 4 M.
Rec.: Berliner phil Wochenschrift VII 28 p. 883—885 v. A. Ludwich.

Kirchhoff, A., Studien zur Geschichte des griech. Alphabets. 4. Aufl. Güters. loh, Bertelsmann. v. p. 72. 6 M.
Rec.: Neue phil. Rundschau N. 19 p. 301—302 v. Fr. Stolz.

Lecoy de la Marche, les anciennes collections de manuscrits, leur formation et leur installation. I. Gazette des beaux-arts, juillet.

Lehmann, K., griechische Majuskeln. Wochenschrift f. klass. Phil. IV 29/30 p. 934—936.

Lindsay, W. M., compendium in Greek palaeography. Academy N. 788 p. 418.
Minguez, los alfabetos Heleno-Ibericos. Revista de Espana, 25. Juni.
Paoli, C., Grundriss der lat. Paläographie. Uebersetzt von K. Lohmeyer.
Innsbruck 1885, Wagner.   2 M.
  Rec.: Literaturblatt f. germ. u. rom. Phil. N. 8 p. 362 v. Fr. Pfaff.
Wessely, K., griechische Papyri des British Museum. Wiener Studien IX 2
p. 235—278.
Wilcken, U., die Achmim-Papyri in der Bibliothèque nationale zu Paris.
(Palimpsesttexte zu Hesiod u. Homer.) Sitzungsberichte der Berliner Aka-
demie 1887 No. XXXIX p. 807—820.
— recto oder verso? Hermes XXII 3 p. 487—492.

IV. Sprachwissenschaft.

1. Allgemeine Sprachwissenschaft. — Vergleichende Grammatik der classischen Sprachen.

Abel, E., Einleitung in ein Wurzelwörterbuch. Leipzig, Friedrich. v. p. 72.
                                                            100 M.
  Rec.: Deutsche Literaturzeitung N. 35 p. 1237—1239 v. A. Erman.
Bass, J., die Aussprache fremder Eigennamen im Deutschen. Mittelschule
I 2. 3 p. 81—93.
Bréal, M., comment les langues réparent les points faibles de leur gram-
maire. Mélanges Renier, 4. article.
— l'histoire des mots. Revue des deux mondes, 1. Juli.
Brugmann, K., Grundriss der vergl. Grammatik. I. Strassburg 1886, Trüb-
ner. v. p. 73. 142.   14 M.
  Rec : Zeitschrift f. d. Gymn. XXXXI 7. 8 p 457—462 v. H. Ziemer.
Darmesteter, R, la vie des mots. Paris, Delagrave. v. p. 73. 142.   2 M.
  Rec.: Academy N. 788 p. 416 v. H. Bradley.
Fodor, J , das reduplicirte Perfect im Indogermanischen. II. (Ungarisch.)
Egyetemes phil. közlöny 1887 N. 7—8. p. 529—545. v. p. 142.
Friedrich, E., Gebrauch der Fremdwörter im Inlande. Centralorgan für
Realschulwesen XV 8 p. 517 – 528.
Gerber, G., die Sprache als Kunst. Berlin 1884, Gärtner.   20 M.
  Rec.: Zeitschrift f. deutschen Unterricht I 4 v. Erdmann.
Kares, O., die Formenverhältnisse des Wortschatzes u. die sprachlichen Bau-
stile. Ein Beitrag zur Aesthetik der Sprache. II. Zeitschrift f. Völker-
psychologie XVII 3 p. 315—344.
Lundell, J. A., die Phonetik als Universitätsfach. Phonetische Studien I No. 1.
Paul, H., Prinzipien der Sprachgeschichte. 2. Aufl. Halle 1886, Niemeyer.
v. p. 73. 143.   9 M.
  Rec.: Deutsche Literaturzeitung N. 29 p. 1038—1039 v. R. Meringer.
Regnaud, P., les lois phonétiques sont-elles absolues au sens où l'entendent
les néo-grammairiens? Non! Paris, Leroux. 8.   50 Pf.
Regnier, A., de synthesi in lingua sanscrita cum graeco sermone praesertim
comparata. Paris 1886, Leroux.
  Rec.: Revue de l'instruction publ. en Belgique XXX 4 p. 258 – 260 v.
  E. Monseur.
Schulze, W., Miscellen. (ἄλεισον; ἀλέξω, u. s. w.) Zeitschrift f. vergl.
Sprachforschung XXXIX 3. 4 p 255—270.
Schwabe, B, was ist die Sprache? Güstrow, Opitz. v. p. 73.   I M.
  Rec.: Lit. Centralblatt N. 28 p. 946 v. G. v. d. G.

Soltau, Fr., zur Erklärung der Sprache des Volkes der Scythen in Anhalt an die über die Sitten u. die Sprache dieses Volkes im Geschichtswerke des Herodot gegebenen Mittheilungen, zugleich als offener Brief an Hrn. J. Fressl bezüglich der Schrift »Die Skythen-Saken«, zur Zurückweisung solcher in dieser Schrift dem europ. Germanenthum aufgedrungenen Vaterschaft. Berlin, Stargardt. v. p. 120. 1 M.
Rec : Lit. Centralblatt N. 35 p. 1181 v. R. v. Scala.

Tyrrell, R. Y., translation as a fine art. Hermathena XIII p. 147—159.

Wagner, J., Junggrammatisches für die Schule. Wien 1886, Hölder. 60 Pf.
Rec.: Gymnasium V 13 p. 458 v. J. Golling.

Weil, H., the order of words in the ancient languages compared with that of the modern languages, translated with notes and additions, by C. W. Super Boston, Ginn. 114 p cl. 6 M.

Wheeler, B. J., analogy and the scope of its application in language. Proceedings of the American Phil. Association 1886, p. XXI—XXII.

2. Griechische und römische Metrik und Musik.

Poupin, la musique chez les Grecs. (Extrait, 16 p.) Paris 1886 (Thorin).
Rec.: Berliner phil. Wochenschrift VII 39 p. 1222—1223 v. K. v. Jan.

Rossbach-Westphal, Theorie der musischen Künste der Hellenen. (Als 3. Aufl. der R.-W.schen Metrik.) III. Bd. 1. Abth.: Allgemeine Theorie der griech. Metrik, von Westphal u. Gleditsch. Leipzig, Teubner. gr. 8. XLVI, 368 S. 8 M.

Usener, H, altgriechischer Versbau. Bonn, Cohen. v. p. 74. 143. 2 M. 80 Pf.
Rec.: Blätter f. lit. Unterhaltung N. 27 v. J. Mähly.

Westphal, R, griechische Rhythmik. Leipzig 1885, Teubner. 7 M. 20 Pf.
Rec.: Deutsche Literaturzeitung N. 36 p. 1269—1270 v. F. Spiro.

3. Griechische Grammatik und Dialektologie.

Baunack, J. u. Th, Studien auf dem Gebiete des Griechischen. I. Leipzig Hirzel. v. p. 74. 143. 4 M.
Rec.: Revue critique N. 35 p. 145—146 v. V. Henry. — Götting. gel. Anzeigen N. 11 v. Prellwitz.

Brady, J. E, die Lautveränderungen der neugriechischen Volkssprache nach ihrer Entwickelung aus dem Altgriechischen. Göttingen 1886, Akad Buchh. v. p. 74. 1 M. 50 Pf.
Rec.: Deutsche Literaturzeitung N. 26 p. 929—930 v. W. Meyer.

Curtius, G., principles of Greek etymology. Transl. by Wilkins and England. 2 vols. London 1886, Murray. 33 M. 60 Pf.
Rec.: Saturday Review N. 1650 p. 846.

Engel, E., die Aussprache des Griechischen. Jena, Costenoble. v. p. 74. 144. 2 M. 50 Pf.
Rec.: Gymnasium V 13 p. 447—448 v. J. Sitzler. — Mittelschule I 23 p. 183 v. V. Hintner. — Beilage zur Allg. Zeitung N. 180 v. J. Mábly.

Gildersleeve, μετα and συν. American Journal of Philology N. 30 p. 218—221.

Hartel, W. v, Abriss der Grammatik des homerischen u. herodotischen Dialects. (Sonderabdruck aus der 17 Aufl. von Curtius Griech. Schulgrammatik) Prag, Tempsky. 8 56 S
Rec.: Zeitschrift f. d. österr. Gymn. XXXVIII 7 p 512—516 v. A. Rzach.

Havet, L., »νε« en grec Mélanges Renier, 17. article.

Herforth, E., de dialecto Cretica. Halle. Diss. 8. 37 S.

Johansson, K. F., nagra ord om dialekter specielt de Grekiska. Upsala Universitet Arsskrift. 8. 38 p
Rec.: Revue critique N. 37 p 80 v. V. Henry.

Krebs, F., zur Rection der Casus in der späteren historischen Gräcität. 1. Heft. München, Lindauer. 8. 24 S.　　　　　　　1 M.

Krumbacher, K., ein irrationaler Spirant im Griechischen. München, Akademie. v. p. 75. 144.
  Rec.: Berliner phil. Wochenschrift VII 27 p. 854—856 v. G. Meyer. — Wochenschrift f. klass. Phil. IV 37 p. 1130—1133 v G. Stier. — Deutsche Literaturzeitung N. 30 p. 1080 v. W. Meyer.

Maguire, Th., Greek interjections. Hermathena XIII p. 143—147.

Meyer, G., griechische Grammatik. Leipzig 1886, Breitkopf & Härtel. 11 M.
  Rec.: Götting. gel. Anzeigen N. 11 v. Bezzenberger.

Mommsen, Tycho, Beiträge zu der Lehre von den griechischen Präpositionen. 2. u. 3. Heft. Frankfurt a. M., Jügel. (S. 97—288.) cf. p. 75. 4 M. 80 Pf.
  Rec.: (I) Zeitschrift f. d. Gymn. XXXXI 7. 8 p. 450 v. H. Röhl.

Moulton, J. H., on the Greek treatment of original hard aspirates. American Journal of Philology N. 30 p. 207—213.

Psichari, J., essais de grammaire historique néo-greeque. I. Paris 1886, Leroux. v. p. 75.　　　　　　　7 M. 50 Pf.
  Rec.: Berliner phil. Wochenschrift VII 32/33 p. 1009—1018 v. G. Hatzidakis.

Schmidt, Heinr., griechische Synonymik. 4 Bde. Leipzig 1886, Teubner. 54 M.
  Rec.: Neue phil. Rundschau N. 13 p. 221—222 v G. F. Rettig.

Schulze, W., de reconditioribus quibusdam nominum in -vs exeuntium formis Commentationes Gryphisw. p. 17—26.
— zwei verkannte Aoriste (ἴάχω, ἄιον). Zeitschrift f. vergl. Sprachforschung XXIX 3 4 p. 230—254.

Smyth, H. W., the interrelations of the dialects of Northern Greece. Proceedings of the American Phil. Association 1886, p. XIV—XIX.
  Rec.: Wochenschrift f klass. Phil. IV 37 p. 1133—1134 v. P. Cauer.

Solmsen, F, Sigma in Verbindung mit Nasalen u. Liquiden im Griechischen. Zeitschrift f. vergl. Sprachforschung XXIX 3. 4 p. 329—358.

Télfy, die Orthographie der griechischen Namen. (Ungarisch.) Egyetértés, 1886, N. 108.
— Engel und der erasmische Zopf. (Ungarisch.) Közoltatás, 1887, N. 14.

Zacher, K., zur griech. Nominalkomposition. Breslau 1886, Köhner. v. p. 75. 144.　　　　　　　2 M.
  Rec.: Wochenschrift f. klass. Phil. IV 39 p. 1197—1198 v O. Immisch

4. Lateinische Grammatik und Dialektologie,
einschliesslich des Etruskischen.

Blancard, L., sur quelques noms osques d'Espagne et d'Italie. Marseille, imp. Barlatier-Feissat. 8. 10 p.

Blase, H., perviam pervium. Archiv f. lat. Lexikographie IV 2 p. 322—323.

Brown, R., the Etruscan numerals »seven« and »nine«. Academy N. 798 p. 123.

Bourciez, E., de praepositione Ad casuali in latinitate aevi Merovingici. Paris 1887. 8. 116 p.
  Rec.: Archiv. f. lat Lexikographie IV 2 p. 330—332 v. P. Geyer.

Brugmann, O., condicionales ni. Leipzig. Pr. v. p. 75.
  Rec : Archiv f. lat. Lexikographie IV 2 p 334—335 v. J. H. Schmalz.

Cocchia, E, rassegna critica di filologia e linguistica. 1) La pronunzia del voc. »Valeri« secondo la testimonianza di Nigidio Figulo. 2) Contro l'esistenza di una legge di accentuazione arcaica di quart-ultima nella lingua latina (e nella greca). 3) Della differenza quantitativa e qualitativa dell' A latino. 4) Se il J latino tra vocali renda lunga per posizione la sillaba di cui fa parte. 5) Sulla pronunzia del GN. 6) Della relazione del verso saturnino coll' esametro greco. 7) Canticum e diverbium. 8) Interpretazione della frase crepuerunt fores. Rivista di filologia XV 9. 10 p. 385—489.

Cholodniack, J., Prosepnais oder Prosepnai? Rhein. Museum XLII 3 p. 486—487.

Cramer, Fr., de perfecti coniunctivi usu potentiali. Marburg 1886. Diss.
Rec.: Wochenschrift f. klass. Phil. IV 32/33 p. 996 v. G. Landgraf.

Darmesteter, A., le démonstratif »ille« et le relatif »quia« en roman. Mélanges Renier, 6. article.

Deecke, W., die italischen Sprachen. (Aus Gröbers Grundriss der rom. Sprachen.) Strassburg 1886, Trübner. 8. 16 S.
Rec.: Wochenschrift f. klass. Phil. IV 34 p. 1039 - 1040 v. H. Ziemer.

Dettweiler, P., symbolae ad collocationem verborum. (Giessener Festschrift, 1886.)
Rec.: Wochenschrift f klass. Phil. IV 36 p. 1106—1107 v. G. Landgraf.

Devantier, F., über das Relativum in der Verschränkung. Friedeberg 1886. v. p. 76. 1 M.
Rec.: Neue phil. Rundschau N. 15 p. 239—240 v. Fr. Pätzold.

Dressel, H., accipiter, Jagdfalke. Archiv f. lat. Lexikographie IV 2 p. 324.

Du Cange, glossarium. Tom. X. Indices. (Berlin, Calvary.) v. p. 76. 145. à 16 M.
Rec.: (VIII) Archiv f. lat. Lexikographie IV 2 p. 329.

Edgeworth, F. Y., observations relating to several quantities. Hermathena XIII p. 279—285.

Engelhardt, M., die lateinische Konjugation nach den Ergebnissen der Sprachvergleichung Berlin, Weidmann. v. p. 76 145. 2 M. 40 Pf.
Rec.: Neue phil. Rundschau N. 13 p. 222 - 223

Fierville, Ch., une grammaire latine du XIII. siècle. Paris 1886, Picard. v. p. 76. 5 M.
Rec.: Lit. Centralblatt N. 36 p. 1234 v. E. V.

Funck, A., die Verba auf -illare. II. Archiv f. lat. Lexikographie IV 2 p. 223—246.
— Verba auf -issare u. -izare. Ibid. p. 317 - 320.

Gardner Hale, the sequence of tense in Latin. v. p. 145. (Am. Journ. of Phil. N. 29.)
Rec.: Am. Journal of Phil. N. 30 p. 228—231 v. Gildersleeve.

Georges, K. E., interemo; peremo. Archiv f. lat. Lexikographie IV 2 p. 315.

Gerstenecker, J., über die Bedeutung von si quis, si qui. Blätter f. d. bayr. Gymn. XXIII 7 p. 310—314.

Gilliéron, J., mélanges gallo-romans. Mélanges Renier, 12. article.
Rec : Literaturblatt f. germ. u. rom. Phil. VIII 9 p. 398—400.

Hauler, E, gladiatoricius; incoepisse; luxuriator; praedicatrix. Archiv f. lat. Lexikographie IV 2 p. 323 - 324

Havet, L., expedire Archiv f. lat. Lexikographie IV 2 p. 246.

Krebs, J. Ph., Antibarbarus. 6. Aufl. von J. H. Schmalz. 4. u 5. Lief. Basel, Schwabe. S 401—744. v. p. 76 à 2 M.
Rec.: Zeitschrift f d. Gymnasialwesen XXXXI 9 p. 555—560 v. H. S. Anton. — Archiv f lat. Lexikographie IV 2 p. 330. — Rivista di filologia XV 11. 12 p. 568—570 v. E. Stampini.

Löbl, Fr, über die Bedeutung des Stammprinzipes für die Behandlung der 3. Deklination im lat Elementarunterricht Weidenau. Pr. 8.

Meissner, K., lateinische Synonymik. 3. Aufl. Leipzig 1886, Teubner. v. p. 76. 1 M.
Rec : Wochenschrift f klass. Phil. IV 26 p 819 - 822 v. G. Landgraf. — Rivista di filologia XV 11. 12 p. 562—565 v L. Valmaggi.

Morel-Fatio, A.. note sur l'article dérivé de »ipse« dans les dialectes catalans. Mélanges Renier, 22. article.

Nettleship, H., notes in Latin lexicography. Journal of Philology N. 31 p. 67—69.

Paulus, W., was heisst aliter fieri non potest, quam ut etc. Korrespondenzblatt f. d. württ Schulen XXXIV 5. 6 p. 262—264.

Planer, H., de haud et haudquaquam usu. Jena, Pohle. v. p. 54. 129. 1 M. 50 Pf.
  Rec.: Wochenschrift f. klass. Phil. IV 35 p. 1074—1076 v G. Landgraf.

Reisig's Vorlesungen über lat. Sprachwissenschaft. Mit den Anmerkungen von Fr. Haase. 3. Tl. Neu bearb. von J. H. Schmalz u. G. Landgraf. 12. Lief. (Schluss des 3. Theiles: Lateinische Syntax) VIII u. S. 769—893. Berlin, Calvary. v. p. 77. à 2 M.; 3. Theil cplt.: 18 M.

Richardson, G , de »dum« particulae apud priscos scriptores latinos usu. Leipzig 1886, Liebisch v. p. 54. 2 M.
  Rec.: Wochenschrift f. klass. Phil. IV 34 p. 1040—1041 v. G. Landgraf.
  — Archiv f. lat Lexikographie IV 2 p 332—334 v. B. — Neue phil. Rundschau N. 16 p. 254—255 v. Redslob

Riemann, O., syntaxe latine. Paris 1886, Klincksieck. v. p. 77. 145. 4 M.
  Rec.: Wochenschrift f. klass. Phil. IV 37 p. 1137—1141 v. O. Weissenfels.
  — remarques sur l'attraction du démonstratif et du relatif en latin Mélanges Renier, 28. article.

Roby, H. J., the conditional sentence in Latin. Classical Review I 7 p. 197—198.

Rönsch, H., semasiologische Beiträge zum lat. Wörterbuch. I. Leipzig, Fues. 8. 78 S. 2 M. 40 Pf.
  Rec.: Deutsche Literaturzeitung N. 38 p. 1334—1335 v. K. E Georges.
  — Archiv f lat. Lexikographie IV 2 p. 327.
  — das gemeinsame Etymon von aller u. andare. Zeitschrift f. romanische Philologie XI 2.

Roscher, W , catena = calumniator. Jahrbücher für Philologie 135 Bd. 5. 6 Heft p. 408.

Schöll, Fr., lausa. Archiv f. lat. Lexikographie XV 2 p. 258.

Stegmann, C., zur lateinischen Schulgrammatik. II. Jahrbücher für Philologie 136 Bd. 5. 6. Heft p. 252—269.

Stolz, Fr., zur Bildung der lateinischen Komposita auf -fer u. -ger. Archiv f. lat. Lexikographie IV 2 p. 316—317.
  — Beiträge zur lat. Etymologie. 1) sublestus 2) simpludiaria. 3) Verbalform faxim. 4) sequere. u. a Wiener Studien IX 2 p. 305—308.

Thielmann, Ph., uls, trans u. ultra. I. Archiv f. lat Lexikographie XV 2 p. 247- 258.

Vogel, Fr , in privativum (haud impigre) Archiv f. lat. Lexikographie IV 2 p. 320—322.

Weinhold, A., Genuswechsel der Deminutiva. Archiv f. lat. Lexikographie IV 2 p. 169—189

Winkler, H , zur Sprachgeschichte. Nomen. Verb u. Satz. Antikritik. Berlin, Dümmler. 8. XI, 306 S. 6 M.

Wölfflin, E., die Verba frequentativa u. intensiva. Archiv f. lat. Lexikographie IV 2 p. 197—223
  — abiectio etc. bis ablingo. Ibid. p. 388—315.
  — abhastere; dumtaxat; opus est. Ibid. p. 324.

V. Literaturgeschichte
(einschliesslich der antiken Philosophie).

1. Allgemeine antike Literaturgeschichte.

Amélineau, E., essai sur le gnosticisme épyptien, ses développements et son origine égyptienne. Paris, Leroux. 4. 338 p

Deter, Ch., kurzer Abriss der Geschichte der Philosophie. 4. Aufl. Berlin, Weber. 8. VI, 140 S. 2 M. 80 Pf.

Ebert, A., allgemeine Geschichte der Literatur des Mittelalters im Abendlande. 3. Bd. Die Nationalliteraturen von ihren Anfängen u. die lat. Literatur vom Tode Karls des Kahlen bis zum Beginn des 11. Jahrh Leipzig, Vogel. 8. VIII, 529 S. 12 M. (cplt.: 33 M.)

Freund's sechs Tafeln der griech., röm., deutschen, engl., franz. u ital. Literaturgeschichte. II Tafel der röm. Literaturgeschichte. 3. Aufl. Leipzig, Violet. 8. 48 S. v. p. 146. 50 Pf.

Rex, E. Abriss der Geschichte der antiken Litteratur. Mit bes. Berücksichtigung der Langenscheidtschen Klassiker-Bibliothek. 34.—38. Aufl. Berlin, Langenscheidt. 16. 126 S. 40 Pf.

Roberty, de, l'ancienne et la nouvelle philosophie. Essai sur les lois générales du développement de la philosophie. Paris, Alcan. 8. VI. 364 p. 7 M. 50 Pf.

Scherr, J., allgemeine Geschichte der Literatur. Ein Handbuch in 2 Bdn., umfassend die nationalliter. Entwickelung sämmtl. Völker des Erdkreises. 7. verb , ergänzte u. verm. Aufl. 2—4. Lief. gr. 8 (1. Bd. S. 65—320.) Stuttgart, Conradi. à 1 M.

Siegen, K., zur antiken Literatur- u. Kulturgeschichte. Blätter für lit. Unterhaltung N. 26.

Ziegler, Th., die Ethik der Griechen u Römer. Bonn (1881), Strauss. 8 M. Rec : Journal d. kais. russ. Ministeriums der Volksaufklärung 1887, Juni, p. 386--401.

2. Griechische Literaturgeschichte.

Blass, Fr, die attische Beredsamkeit. 1. Abth.: Von Gorgias bis zu Lysias. 2. Aufl. Leipzig, Teubner. 8. VII, 648 S. 14 M.

Edet, G., histoire sommaire de la littérature grecque. Paris, Hachette. 18. VIII, 368 p. 3 M.

Flach, H., Peisistratos u. seine literarische Thätigkeit. Tübingen 1885, Fues. 1 M. 20 Pf.
Rec.: Neue phil. Rundschau N. 15 p. 238—239 v. K. Sittl. — Zeitschrift f d. österr. Gymn. XXXVIII 7 p. 517 518 v. A. Scheindler.

Croiset, A. et **M.**, histoire de la littérature grecque. I: Homère; la Poésie cyclique; Hésiode. Paris, Thorin 8. XXXVI, 609 p.

Gaster, M., Ilchester Lectures on Greeko-Slavonic Literature and its Relation to the Folk-Lore of Europe during the Middle Ages. With two Appendices and Plates. London, Trübner. 8. 228 p. cl. 9 M.

Hiller, E, Beiträge zur griechichen Literaturgeschichte. V. Homer als Collectivname Rhein. Museum XLII 3 p. 321—361.

Jevons, F. B., Greek literature. London, Griffin. v. p 78. 146. 10 M. 20 Pf.
Rec.: Berliner phil. Wochenschrift VII 29 p. 915—919 v. H. Müller. — Deutsche Literaturzeitung N. 27 p. 969—970 v. E. Heitz.

Kopp, W., Geschichte der griech. Literatur. 4. Aufl. Berlin, Springer. v. p. 78. 146. 3 M.
Rec.: Neue phil. Rundschau N. 18 p. 286 v. β.

Ritter et **Preller**, historia philosophiae Graecae. I. Ed VII. Gotha 1886, Perthes. 3 M. 60 Pf.
Rec : Berliner phil. Wochenschrift VII 38 p. 1173—1180 v. F. Lortzing.

Schmidt, Fr., die epitaphischen Reden der alten Athener. Zeitschrift für allg. Geschichte N. 8.

Schultze, E, Uebersicht über die griechische Philosophie. Leipzig 1886, Teubner. v. p. 79. 1 M 20 Pf.
Rec.: Zeitschrift f. Philosophie 90. Bd. 2. Heft p 309 v. B. Hercher

Stein, L, die Psychologie der Stoa. I. Berlin 1885, Calvary. v. p.147. 7 M.
Rec.: Zeitschrift f d österr. Gymn. XXXVIII 5 p. 387—388 v. T. Wildauer.

3. Römische Literaturgeschichte.

Kopp, W., Geschichte der röm. Literatur. 5. Aufl. von F. G. Hubert. Berlin, Springer.
 Rec.: Centralorgan f. Realschulen XV 9 p. 613—614 v. R. Schneider.

Maffei, le favole Atellane, v. Comici p. 188.

Merlet, G., études littéraires sur les grands classiques latins et extraits empruntés aux meilleures traductions. 2. édition. Paris, Hachette. 18. IV, 598 p.   4 M.

Nageotte, E., histoire de la littérature latine depuis ses origines jusqu'au VI. siècle de notre ère. 3. édition, revue et corrigée. Paris, Garnier. 12. 559 p avec plan, bustes des auteurs, etc.

— précis d'histoire de la littérature latine depuis ses origines jusqu'au VI. siècle de notre ère. Ibid. 12. 11, 507 p. avec plan, bustes des auteurs, etc.

Ribbeck, O., Geschichte der römischen Dichtung. I. Stuttgart, Cotta. v. p. 147.   7 M.
 Rec : Beilage zur Allg. Zeitung N. 240. — Evang.-Monatsblatt N. 8 p. 253 —254 v. O. Güthling.

VI. Alterthumskunde.

1. Sammelwerke. — Encyclopaedie und Methodologie der Alterthumskunde.

Böckh, A., Encyklopädie der phil. Wissenschaften. 2. Aufl. Leipzig, Teubner. v p 147.   14 M.
 Rec : Wochenschrift f klass. Phil. IV 31 p. 945 —948 v. H. Heller.

Compte-rendu de la 8. session du congrès international d'anthropologie et d'archéologie préhistoriques à Budapest 1876. Vol. II. 2 parties. Budapest 1878 et 86. (Leipzig, Hässel.) gr. 8. 187, XVI, 108, 119 S. mit 1 Karte, 120 Taf. u Fig   à 20 M.

Denkmäler des klass. Alterthums, herausg. von A. Baumeister. 45. Lief. München, Oldenbourg. v. p. 79. 147.   à 1 M.
 Rec.: Berliner phil. Wochenschrift VII 36 p. 1118—1124 v. Ch. Belger. — Centralorgan f. Realschulwesen XV 9 p. 637—638 v. Stühlen. — Classical Review I 7 p. 202—203 v W. Wroth.

Engelmann, R., Jahresbericht über Archäologie. Jahresberichte des Berliner phil. Vereins XIII p. 209 - 217 v. p. 147.

Gregorovius, E., kleine Schriften zur Geschichte u. Kultur. I. Leipzig, Brockhaus. v. p. 79.   5 M. 50 Pf.
 Rec : Lit. Centralblatt N. 29 p. 966—967. — Deutsche Literaturzeitung N. 35 p. 1246 v P. Ewald.

Handbuch der klass. Alterthumswissenschaft, herausg. von Iwan Müller. 1—4. Bd. Nördlingen, Beck. v. p. 79 147.   à Hlbbd. 5 M. 40 Pf.
 Rec : Berliner phil. Wochenschrift VII 29 p. 910—915 u. N. 30/31 p. 949 – 955 v A. Mommsen; N. 38 p 1192—1193 v. Z. — Lit. Centralblatt N. 30 p. 1010 — Neue phil. Rundschau N. 15 p. 230—233 v. L. Holzapfel. — Zeitschrift f. Gymn. XXXXI 4 p. 208—212 v. O. Weissenfels. — Gymnasium V 18 p. 632—635 v. J. Golling.

Museographie über das Jahr 1886. 1) Schweiz, Westdeutschland, Holland. Redigiert von F. Hettner. — 2) Bayern, von Ohlenschlager. — 3) Trouvailles faites en Belgique, par H. Schuermans. Westdeutsche Zeitschrift VI 3 p. 286—317 mit Taf. 7—10.

Saglio et **Pottier,** dictiounaire des antiquités. Fasc. 1—12. Paris, Hachette.
v. p 147. à 5 M.
Rec : Classical Review I 7 p. 201 v. J. E. B. Mayor.
Schegg, P., biblische Archäologie. Herausg. von J. Wirthmüller. I. Frei-
burg 1886, Herder. 8. XXII, 388 S. 5 M.
Rec.: Deutsche Literaturzeitung N. 29 p. 1035—1036 v. Himpel.

2. Mythologie und Religionswissenschaft.

Bacon, T., the beginnings of religion. An essay. London, Rivington. 8.
536 p. cl 18 M.
Cassel, P, Zoroaster, sein Name u seine Zeit. Berlin 1886, Calvary. 1 M. 20 Pf.
Rec : Theol. Jahresbericht, 6. Bd.
Chantepie de la Saussaye, P. D., Lehrbuch der Religionsgeschichte.
I. Band. Freiburg, Mohr. X, 465 S. 9 M.
Rec : Academy N 797 p. 99 v. A. Benn
Enmann, A, kritische Versuche zur ältesten griech. Geschichte. I. Kypros
u der Ursprung des Aphroditekultus. Leipzig, Voss. 4. 85 S 2 M. 50 Pf.
Euler, K., die vorchristliche Religions- u. Sittengeschichte, als Einleitung
zur Kirchengeschichte. Landau. Pr. 8. 48 S
Forchhammer, P. W., Mythologie eine Wissenschaft. Philologus XLVI 2
p. 193—200.
Friedländer, L., griechische Mythologie. Deutsche Rundschau XIV 1.
Hildebrandt, R., Ἀθήνη γλαυκῶπις. Philologus XLVI 2 p. 201—209.
Kennerknecht, de Argonautarum fabula 2 pts. München 1886, Lindauer.
v. p. 80. 80 Pf.
Rec.: Wochenschrift f klass. Phil. IV 39 p 1185 v. Stender.
Gruppe, O., die griechischen Culte u. Mythen in ihren Beziehungen zu den
orientalischen Religionen. I. Leipzig, Teubner. 16 M.
Knaack, G, de fabulis nonnullis Cyzicenis. Commentationes Gryphisw.
p. 33—41.
— Mythographisches. 1) Charnabon. 2) Eridanos als Fluss der Unterwelt.
Jahrbucher f Philologie 135. Bd. 5 6. Heft p 318—320.
Kramer, O, de Pelopis fabula. I. Leipzig, Fock. v p. 80. 1 M.
Rec.: Wochenschrift f klass Phil. IV 37 p. 1121—1123 v. A. Zinzow.
Kuhn, A., die Herabkunft des Feuers. 2. Aufl. Gütersloh 1886, Bertels-
mann. v. p 89. 6 M.
Rec.: Berliner phil. Wochenschrift VII 29 p. 919—922 v. K. Bruchmann.
— Literaturblatt f. germ. u. rom. Phil N. 8 p. 344—346 v. E. Mogk.
Mayer, Max, die Giganten u. Titanen in der antiken Sage u Kunst. Berlin,
Weidmann. 8. VIII, 414 S. Mit 2 Taf. u. Abb. 10 M.
Nagele, A, der Schlangenkultus Zeitschrift f. Völkerpsychologie XVII 3
p. 264—289
Preiss, H., Religionsgeschichte. Geschichte der Entwicklung des religiösen
Bewusstseins in seinen einzelnen Erscheinungsformen; eine Geschichte des
Menschengeistes. In 4 Abthl. 1. u. 2. Abthl. Leipzig, Maeder & Wahl.
8. 256 S. à 3 M.
Preuner, A, Jahresbericht über die Mythologie, 1876—83. Bursian-Müllers
Jahresbericht, Supplementband (XXV), 2. Lief. p. 97—192. Berlin, Calvary.
3 M. 60 Pf.
Robert, C., archäologische Nachlese 1) Atalante 2) Die Sybille von Mar-
pressos. 3) Apollon-Geburt. Hermes XXII 3 p. 445—464.
Schröder, L. v, Apollon-Agni. Zeitschrift f. vergl. Sprachforschung XXIX
3. 4 p. 193—229.
Schwartz, W., indogermanischer Volksglaube. Berlin 1884, Seehagen. v.
p. 80 8 M.
Rec.: Philosophische Monatshefte XXIII 9. 10 p. 626—627 v. Schaarschmidt.
Taylor, J., the myth of Perseus and Andromeda. Academy N. 797 p. 105.

3. Alte Geschichte.

A. Allgemeine Geschichte und Chronologie der alten Welt. — Orientalische Geschichte.

Amiaud, A., Cyrus, roi de Perse. Mélanges Renier. 1. article.

Castelli, D., storia degli Israeliti dalle origini fino alla monarchia secondo le fonti bibliche criticamente esposte. Mailand 1887, Höpli.
Rec : Lit. Centralblatt N. 29 p. 961. v. E. N.

Church, A. J., Carthage. London 1887, Unwin.							6 M.
Rec : Academy N. 787 p. 392 — Classical Review 1 7 p. 204 v. W. Fowler.

Duncker, M, Geschichte des Alterthums II (IX). Leipzig. v. p. 81. 148.		10 M.
Rec.: Neue phil. Rundschau N. 14 p. 215—217 v. H. Swoboda.

Egelhaaf, G., Analekten zur Geschichte. Stuttgart 1886, Kohlhammer. v. p. 81. 148.							5 M. 40 Pf.
Rec.: Korrespondenzblatt f. d. württ. Schulen XXXIV 5. 6 p. 275—278 v. Bender.

Gutschmid, A. v., Untersuchungen über die Geschichte des Königreichs Osroëne. Petersburg, Eggers. v. p. 81.							1 M. 50 Pf.
Rec : Berliner phil. Wochenschrift VII 36 p. 1124—1127 v. F. Justi. — Lit. Centralblatt N. 30 p 996—997 v. Ed. M-r.

Jäger, O., Weltgeschichte in 4 Bänden 1. Bielefeld, Velhagen & Klasing. v. p. 148.							8 M.
Rec : Lit. Centralblatt N. 27 p. 900.

Mahler, E., biblische Chronologie. Wien 1887, Konegen.							7 M.
Rec.: Lit. Centralblatt N. 33 p. 1027 v. E. N.

Mair, G., der Feldzug des Dareios gegen die Skythen. Saaz 1886. Pr.
Rec.: Gymnasium V 15 p 531 v. J. Golling.

Maspero, la Syrie avant l'invasion des Hébreux. Revue des études juives, Avril-juin.

Pütz, W., Grundriss der Geographie u. Geschichte für die oberen Klassen höherer Lehranstalten. I. Das Alterthum. 18. Aufl. Bearb. von H. Cremans Leipzig, Bädeker. 8. VIII, 396 S.							2 M. 50 Pf.

Ragozin, Zénaide A., the story of Assyria from the rise of the empire to the fall of Nineveh, (continued from The story of Chaldea.) New York, Putnam 8. XVIII, 450 p. With maps and ill. cl.							7 M. 50 Pf.

Rawlinson, G., ancient history. London, Deacon. 8. 352 p cl.							9 M.

Rieger, K., über Prof. Lorenz' Eintheilungsprinzip geschichtlicher Perioden. Mittelschule I 2. 3 p. 125—136.

Robinson, C. S., the Pharaohs of the bondage and the Exodus. New edit. London, Unwin. 8. 207 p. cl.							6 M.

Schrader, O., die keilinschriftliche babylonische Königsliste. Sitzungsberichte der Berliner Akademie 1887 N. XXXI p. 579 - 610 mit Taf. XI.

Stade, B., Geschichte des Volkes Israel. I. Berlin, Grote. v. p 149. à 3 M.
Rec.: Deutsche Literaturzeitung N 35 p. 1243—1246 v. A. Jülicher.

Treuber, O., Geschichte der Lykier Mit 1 von Kiepert entworfenen Karte. Stuttgart, Kohlhammer. 8. VIII, 247 S. cf. p. 149.							5 M.

Unger, G. Fr, Zeitrechnung der Griechen u. Römer. (In Müllers Handb. d. Altert., I.)
Rec.: Berliner phil. Wochenschrift VII 29 p. 910—915 u. N. 30/31 p. 949—955 v. A. Mommsen. — Neue phil. Rundschau N. 15 p. 230—233 v. L. Holzapfel.

Vigouroux, F., die Bibel u. die neueren Entdeckungen. Uebersetzt von Ibach. 4 Bde. Mainz 1885/86, Kirchheim. 25 M.
Rec.: Deutsche Literaturzeitung N. 28 p. 1001—1002 v. W. Nowack.

Welzhofer, H., Geschichte des Alterthums. I. Gotha 1886. v. p. 82. 149. 6 M.
Rec.: Gymnasium V 15 p 525—526 v. H. Landwehr.

B. Griechische Geschichte und Chronologie.

Bauer, A., Kleandridas u. Gylippos. Wiener Studien IX 2 p. 229—234.

Boltz, A., die Kyklopen. Berlin 1885, Gärtner. 1 M.
Rec.: Közoktatás, 1885 N. 24 v. Télfy.

Busson, A., Lykurgos u. die grosse Rhetra. Innsbruck (Wagner). Pr. 8. 29 S. 80 Pf.
Rec.: Mittelschule 1 2. 3 p. 195—196 v. A. Nagele.

Duncker, M., Abhandlungen aus der griech. Geschichte. Mit Vorwort von A. Kirchhoff. Leipzig, Duncker & Humblot. 8. VII, 164 S. u 1 Karte. 4 M.

Duruy, V., histoire des Grecs. I. Paris, Hachette. v. p 149. 25 M.
Rec.: Neue phil. Rundschau N. 15 p. 233—236 v. A. Bauer. — Journal des Savants, August, p. 492—503 v. H. Wallon.

Enmann, A., zur ältesten griech. Geschichte, v. Mythologie p. 207.

Fokke, A., Rettungen des Alkibiades. II. Emden 1886, Haynel. v. p. 149. 2 M.
Rec.: Wochenschrift f. klass. Phil IV 39 p. 1186—1188 v. Holm.

Hauvette-Besnault, épisode des grains de riz écrasés. Mélanges Renier, 16. article.

Jäger, O., Geschichte der Griechen. 5. Aufl. Gütersloh, Bertelsmann. 8. XV, 640 S. mit 2 Karten, 2 Taf. u. 145 Abb. 7 M. 50 Pf.

Mahaffy and Gilman, Alexander's Empire. London, Unwin. v. p 83. 150. 6 M.
Rec.: Classical Review I 7 p 203—204 v. W. Fowler.

Ménard, L., histoire des Grecs. Tom. I et II. Paris 1886, Delagrave. v. p. 83.
Rec.: Berliner phil. Wochenschrift VII 35 p. 1090—1092 v. G. Hertzberg.

Peter, C., Zeittafeln der griechischen Geschichte. 6. Aufl. Halle 1886, Waisenhaus. v. p. 83. 150. 4 M. 50 Pf.
Rec: Neue phil Rundschau N. 13 p. 224.

Schultze, V., Geschichte des Untergangs des griechisch-römischen Heidentums In 2 Bdn. I. Staat u Kirche im Kampfe mit dem Heidentum. Jena, Costenoble. 8. VIII, 455 S. 12 M.

Strecker-Pascha, über den Rückzug der Zehntausend. Berlin 1886, Mittler. v. p 54. 1 M. 25 Pf.
Rec.: Neue phil. Rundschau N. 18 p. 286—288 v. R. Hansen.

Töpffer, J., quaestiones Pisistrateae. Dorpat 1886, Karow. v. p. 150. 2 M. 40 Pf.
Rec.: Wochenschrift f. klass. Philologie IV 27 p. 833—835 v. A. Holm.

C. Römische Geschichte und Chronologie.

d'Arbois de Jubainville, la Gaule au moment de la conquête romaine. Revue celtique, Juli.

Brandes, W., die Zerstörung von Autun unter Claudius II, v. p. 167.

Casagrandi, V., storia e archeologia romana. Genova 1886. 7 M. 50 Pf.
Rec.: Neue phil. Rundschau N. 16 p. 252 v A Bauer.

Deppe, A., Kriegszüge des Tiberius. Bielefeld 1886, Helmich. v. p. 150. 1 M. 25 Pf.
Rec.: Wochenschrift f. klass. Phil. 32/33 p 999 — 1000 v. F. Violet. — Zeitschrift f. d. österr. Gymn XXXVIII 7 p. 570 v. A. Bauer.

Duruy, V., Geschichte des röm. Kaiserreiches. Uebersetzt von G. Hertzberg. 2. u. 3. Bd. Leipzig, Schmidt & Günther. v. p. 83. 150. à 20 M.
Rec.: Lit. Centralblatt N. 35 p. 1181 v. A.

Görres, die Verwandtenmorde Constantin d. Gr. Zeitschrift f. wiss. Theologie N. 3.

Heuzey, L, les opérations militaires de Jules César. Paris 1886, Hachette.
v p. 84. 151.   10 M.
Rec.: Neue phil. Rundschau N. 18 p. 277—281 v. R. Menge.

Höfer, P., haben die Forschungen über die Kriegszüge der Römer in Deutschland bisher zu solchen Resultaten geführt, dass sie schon jetzt für den Ge-
schichtsunterricht u. die Tacituslektüre verwerthet werden können? Zeitschrift f. d. Gymnasialwesen XXXXI 9 p. 521—554.

Horton, R. F., a history of the Romans. 2. edit. revised. London, Rivingtons. 8. 344 p. with maps.   4 M. 20 Pf.

Ihne, W., römische Geschichte. VI. Leipzig, Engelmann. v. p. 151.   6 M.
Rec.: Lit. Centralblatt N. 29 p. 965 v. F. R.

Jordan, H., die Könige im alten Italien. Ein Fragment. Berlin, Weidmann.
8. XI, 47 S   2 M.

Knoke, Fr., die Kriegszüge des Germanicus. Berlin, Gärtner. v. p 151. 15 M.
Rec.: Lit. Centralblatt N. 33 p. 1101—1103 v. A. — Neue phil. Rund-
schau N. 17 p. 261—265 v. F. Curschmann. — Zeitschrift f. Gymn.
XXXXI 9 p. 521—554 v. P. Höfer.

Largajoli, D., della politica religiosa di Giuliano imperatore e degli studi
critici più recenti. Piacenza, Marchesotti. 8. 160 p.   1 M. 50 Pf.

Léotard, E., les guerres puniques. Leçon d'ouverture. Lyon, Vitte et Perrussel. 8. 23 p

Neubourg, H., die Oertlichkeit der Varusschlacht. Mit vollständigem Verzeichnisse der im Fürstenthum Lippe gefundenen röm. Münzen. Detmold,
Meyer. 8. VI, 70 S.   1 M. 20 Pf.

Schiller, H., Literaturbericht über röm. Geschichte u. Chronologie. Bursian-
Müllers Jahresbericht XLVIII. Bd. p. 211—304

Soltau, W., die Diktatorenjahre. Berliner phil. Wochenschrift VII 32/33
p. 1032—1036 u. N. 34 p. 1067—1068.

— die römischen Schaltjahre. Jahrbücher für Philologie 135. Bd. 5. 6. Heft
p 423—428.

— die Sonnenfinsterniss vom Jahre 217 v. Chr. Hermes XXII 3 p. 479—483.

Stocchi, G., la prima conquista della Britannia per opera dei Romani. Archivio storico XIX 3. 4.

Streit, W., zur Geschichte des zweiten punischen Krieges. Berlin, Calvary.
v. p. 151.   2 M.
Rec.: Neue phil. Rundschau N. 15 p. 236—238 v. Hesselbarth.

Swoboda, W., Vermuthungen zur Chronologie des sog. Markomannenkrieges
unter Marc Aurel u. Commodus (161—180 n. Ch.) Znaim. Pr. 8. 25 S.

Thouret, G., die Chronologie von 218/17 v. Chr. Rhein. Museum XLII 3
p. 426—435.

Unger, G. F., die römischen Kalenderdata aus 218—215 v. Chr. Philologus
XLVI 2 p. 322—353.

— Romulusdata. Jahrbücher für Philologie 135. Bd. 5. 6. Heft p. 409—423.

Vaglieri, de due legioni adiutrici. Rom, Pasqualucci. 8. 34 S.

Viollet, P., les cités libres et fédérées et les principales insurrections des
Gaulois contre Rome. Académie des Inscriptions, 15. Juli. (Revue critique N. 30)

Weise, J., Italien u. die Langobardenherrscher v. 568 bis 628. Halle, Niemeyer. 8. 287 S. 6 M.

Zangemeister, zu der Frage nach der Oertlichkeit der Varusschlacht. Westdeutsche Zeitschrift VI 3 p. 234—251.

4. Ethnologie, Geographie und Topographie.

A. Alte Geographie im Allgemeinen.

Beloch, J, die Bevölkerung der griechisch-römischen Welt. Leipzig, Duncker & Humblot. v. p. 85. 151. 11 M.
    Rec : Lit. Centralblatt N. 36 p. 1220—1221 v. S. — Jahrbücher für Nationalökonomie XV 1 v. Wachsmuth. — Revue critique N. 30 p 62—64 v. C. Jullian.

Jahresbericht der geographischen Gesellschaft in München tür 1886. Der ganzen Reihe 11. Heft. Herausg. von E. Oberhummer u. W. Rohmeder. München, Ackermann. gr. 8. XXXIV, 125 S. mit 2 Karten. 3 M.

Kampen, A. v., orbis terrarum antiquus. Gotha 1884, J. Perthes. 2 M.
    Rec.: Gymnasium V 13 p. 451—452 v. Lohr.

Kiepert, H., Atlas antiquus. Zwölf Karten. 8. Aufl. Berlin 1885, D. Reimer. 6 M.
    Rec.: Zeitschrift f. d. österr. Gymn. XXXVIII 6 p. 455—456 v. Ptaschnik.

Lagarde, P. de, Juden und Indogermanen. Eine Studie nach dem Leben. Göttingen, Dieterich. 8. 95 S. 1 M. 50 Pf.

Lassalle, C., clef de la géographie universelle montrant les racines linguistiques et géographiques sur lesquelles est basée la toponymie primitive. Paris, Leroux. 8. XLVI, 215 p.

Much, l'âge du cuivre en Europe et son rapport avec la civilisation des Indo-Germains (Extrait.) Paris, Reinwald. 8. 15 p.

Pennier, F., les noms topographiques devant la philologie. Paris 1886, Vieweg. 4 M.
    Rec.: Deutsche Literaturzeitung N. 32 p. 1144—1145 v. Γ.

Pérot, F., archéologie préhistorique: âge du bronze, notice sur deux moules en pierre à fondre les monnaies et sur un autre moule pour anneau. (Extrait.) Moulins, imp. Auclaire. 8. 12 p.

Scala, R. v., Beziehungen des Orients zum Occident. Leipzig 1886, Fock. 1 M.
    Rec.: Lit. Centralblatt N. 37 p. 1262—1263 v. R. — Revue de l'instruction publique en Belgique XXX 5 p. 305—306 v M. Philippson.

Schubert, F. W., Atlas antiquus. Historisch-geographischer Schulatlas der alten Welt. 24 Karten. Mit erläuterndem Text. Wien, Hölzel. 1 M. 80 Pf.

Spiegel, F., die arische Periode u ihre Zustände. Leipzig, Friedrich. 8. X, 330 S. 12 M.

Tümpel, K., die Aithiopenländer des Andromedamythos. Studien zur Rhodischen Kolonisation. Leipzig, Teubner. 8.

Wolf, C., Europa, Africa septentrionalis, Asia citerior, anno p. Chr. n. 500. 4 Blatt. (165 c. à 128 c.) Massstab 1 : 4,000,000. Wien, Hölzel. 10 M.; auf Leinwand in Mappe 16 M., auf Leinwand mit Stäben 18 M.

B. Geographie und Topographie von Griechenland und den östlichen Theilen des römischen Reiches.

Attinger, G., Beiträge zur Geschichte von Delos. Frauenfeld, Huber. v. p. 86. 152. 1 M. 80 Pf.
    Rec.: Neue phil. Rundschau N. 17 p. 266 v. A. Bauer.

Bent, Th., die Ausgrabungen auf Thasos (Athenaeum N. 3113.) Berliner phil. Wochenschrift VII 37 p. 1138—1140.

Berger, H., Geschichte der wissenschaftlichen Erdkunde der Griechen. I.
Leipzig, Veit. v. p 87. 152.   4 M.
  Rec.: Neue phil. Rundschau N. 13 p. 218 v. R. Hansen. — Deutsche Li-
  teraturzeitung N. 35 p. 1247—1248 v. W. Sieglin.
Biedermann, G., die Insel Kephallenia im Alterthum. Leipzig. Diss. 8. 84 S.
mit 1 Karte u. 4 Taf.
Bötticher, A., Olympia. 2. Aufl. Berlin 1886, Springer.   20 M.
  Rec.: Listy filologicke XIII 3. 4 p. 271—276 v. K. Cumpfe.
— Entdeckungen auf der Insel Thasos. Allg. Zeitung, Beilage N. 231—237.
Engel, E, griechische Frühlingstage. Jena, Costenoble. v. p. 87. 153. 7 M.
  Rec.: Wochenschrift f. klass. Phil IV 36 p. 1107—1110 v. H. Stürenburg.
— Lit. Centralblatt N. 33 p. 1105.
Führer durch die Ruinen von Pergamon. Herausg. von der Generalverwal-
tung der königl. Museen zu Berlin. 8. Berlin, Spemann. 27 S. mit 2 Plänen
u. 1 Abb.   60 Pf
Haussoullier, B., note sur les trois tribus doriennes en Crète. Mélanges
Renier, 15 article
Hesselmeyer, E, Ursprünge der Stadt Pergamos. Tübingen 1885, Fues.
v. p. 87.   1 M. 20 Pf.
  Rec.: Wochenschrift f. klass. Philologie IV 29/30 p. 897—901 v. E Fa-
  bricius. — Neue phil. Rundschau N. 18 p. 284.
Hiller v. Gärtringen, Fr., de Graecorum fabulis ad Thraces pertinentibus.
Berlin 1886, Haude & Spener   v. p. 88.   2 M.
  Rec.: Lit Centralblatt N 39 p. 1350—1351 v. Cr.
Krumbacher, K., griechische Reise. Berlin 1886, Hettler. v. p. 88. 153. 7 M.
  Rec.: Blätter f. d. bayr. Gymn. XXIII 8 p. 410—414 v. W. Zipperer.
Ménant, J. D., the French expedition to Susiana. American Journal of Ar-
chaeology III 1. 2 p. 87—92 mit Taf. XIII. XIV.
Neumann u. Partsch, Geographie v. Griechenland. Breslau 1885, Köhner 9 M.
  Rec.: Classical Review I 7 p. 203 v. M. G. Glazebrook.
Oehlmann, E., die Fortschritte der Ortskunde von Palästina. I. Mit 1 Karte
des Sees Genezareth. Norden, Soltau. 4. 24 S.   1 M 35 Pf.
Ornstein, B., zur Statistik Griechenlands. Petermanns Mittheilungen 33. Bd.
8 Heft p 247—249.
— die Westküste des argolischen Meerbusens mit dem Mustos-See bei Astros
in Kynurien. Das Ausland N. 31. 32.
Petrie, Flinders, Naukratis. London 1886, Trübner.
  Rec.: Am. Journal of Archaeology III 1. 2 p. 102—110 v. J. H. Wright.
Pomtow, Untersuchungen auf dem Boden des alten Delphi. Berliner arch.
Gesellschaft, Julisitzung. (Wochenschrift f. klass. Phil. IV 34 p. 1049.)
Riley, A., Athos, or, the mountain of the monks. London, Longman. 8.
420 p cl   25 M. 20 Pf.
  Rec.: Athenaeum N. 3119 p. 170—171.
Sarzec, E. de, découvertes en Chaldée. 2. livr., 1 fasc., feuilles 4—9 (58 p.)
et planches 9, 14, 15, 27, 32, 35, 37 et 39. Paris, Leroux. gr. fol. v. p. 88.
                                                                    à 30 M.
  Rec : Revue critique N. 37 p. 177—180 v. Ph. Berger.
Sayce, A. H., alte Denkmäler im Lichte neuer Forschung. Leipzig 1886,
O. Schulze. v. p. 153   2 M. 50 Pf.
  Rec : Lit. Centralblatt N. 38 p 1289—1290 v. F. D.
Sepp, die Abstammung der heutigen Griechen. Vortrag, gehalten in der Mün-
chener geogr. Gesellschaft. (Zeitschrift f. Schulgeographie VIII 11 p. 340—342)
Siemens, Hauptmann, Reiseerinnerungen aus dem heutigen Griechenland.
23. Bericht der Philomathie in Neisse, 2. Artikel.

Tchihatchef, P. de, Klein-Asien. Leipzig, Freytag. 8 VIII, 188 S. mit 1 Karte u. 49 Abb.

Thoma, A., ein Ritt ins gelobte Land. Berlin, Haack. gr. 8 155 S. Mit Abb. 2 M.
   Rec.: Deutsche Literaturzeitung N. 35 p. 1233—1234 v. K. Furrer.

Thraemer, E., Pergamos. Untersuchungen über die Frühgeschichte Theuthraniens u. der Nachbargebiete. Leipzig, Teubner. 8. 8 M.

Vogüé, E M. de, Syrie, Palestine, mont Athos: voyage aux pays du passé. Illustré par J. Pelcoq d'après des photographies. 2. édition. Paris, Plon. 18. 334 p.

Wachsmuth, C., zur Topographie von Alexandria. Rhein. Museum XLII 3 p. 462—466.

C. Geographie und Topographie von Italien und den westlichen Theilen des römischen Reiches.

Album Caranda (suite). Sépultures gauloises, gallo-romaines et mérovingiennes de la villa d'Ancy, Cerseuil, Maast et Violaine. Explication des planches. Extraits du Journal des fouilles (1886), par F. M. Saint-Quentin, imp. Poette. gr. 4 33 p. et 11 planches

Beloch, J., una nuova storia della populazione d'Italia. Nuova Antologia vol. 11 fasc 17.

Bergsoé, G., l'amphithéatre des Flaviens. Paris, Lecène et Oudin. 18. 63 p. avec vignette.

Bindseil, Th., Reiseerinnerungen von Sicilien Leipzig, Fock. 4. 34 S. v. p. 89. 1 M. 20 Pf.

Birch, G, the excavations of Aquae Solis. Journal of the Arch. Association XLIII 2 p. 145—148.

Bohnsack, G., die Via Appia. Wolfenbüttel 1886, Zwissler. v. p. 154. 1 M. 50 Pf.
   Rec.: Lit. Centralblatt N. 32 p. 1077 v. T. S.

Borsari, L., scavi nel tempio di Diana in Nemi. Notizie degli scavi, maggio, p. 195—198 v. p. 89.

Buhot de Kersers, A., histoire et statistique monumentale du département du Cher. Grand in-8. 12. fascicule (Châteauneuf), p. 265 - 341, avec 1 carte, 1 héliogravure et 11 planches (fin du t. 3); 13. fascicule (le Châtelet), p. 1 —51, avec 1 carte et 11 planches. Bourges, imp. Tardy-Pigelet. à 6 M. 50 Pf.

Burckhardt-Biedermann, Ausgrabungen in Basel u. Augst. Anzeiger f. schweiz. Alterthumskuude 1887 N. 3 p. 468—471.

Carattoli, L., scavi nel predio Ara presso Perugia (tombe etrusche). Notizie degli scavi, maggio, p. 167—170.

Chevalier, C., Naples, le Vésuve et Pompéi, croquis de voyage. Illustrations par Anastasi. 4. édition. Tours, Mame. 4. 288 p.

Cocchia, E., sul luogo della Calabria antica in cui Strabone colloca la città di Rudia, che diede i natali a Q. Ennio. Rivista di filologia XV 9. 10 p. 489—497.

Colonna, F., scoperte di Gragnano, appartenenti all'antica Stabia. Notizie degli scavi, aprile, p. 155—156, e giugno, p. 251—252.

Cozza, A., scavi nella necropoli falisca di Civita Castellana. Notizie degli scavi, maggio, p. 170—176.

Czörnig, K. v., die alten Völker Oberitaliens. Wien 1885, Hölder. 9 M. 60 Pf.
   Rec.: Neue phil. Rundschau N. 17 p. 260—261 v. C. Pauli.

Desazars, note sur les Onobrisates et Lugdunum Convenarum (Extrait.) Toulouse, Privat. 8. 11 p.

Devic, C., et **J. Vaissete**, histoire générale de Languedoc. Epigraphie de Narbonne. 1. fascicule. Toulouse, Privat. 4. 382 p.

Eastwood, J. W., on the Roman roads in Durham. Journal of the Arch. Association XLIII 2 p. 155—161.

Flamare, H. de, découvertes archéologiques dans les terrains de l'ancienne caserne de Nevers. (Extrait.) Nevers, imp. Vallière. 8. ˙8 p.

Gatti, G., antichissime mure del colle capitolino. Bullettino della commissione arch. di Roma XV 7 p. 220 - 223.

Gray Birch, present condition of the Roman remains at Bath. Journal of the British Arch. Association, Juni.

Haug, F., römische Alterthümer von Jaxthausen. Korrespondenzblatt der Westdeutschen Zeitschrift VI 9 p. 193—194.

Hehn, V., Italien. Ansichten u. Streiflichter. 3. verm. Aufl. Berlin, Born-träger. 8. X, 299 S. geb.   7 M.

Hettner, neuentdecktes röm. Gebäude in Trier. Korrespondenzblatt der Westd. Zeitschrift VI 8 p. 180—182.

Hooppell, the Roman station Vinovia (Winchester). Journal of the Arch. Association XLIII 2 p. 111—123 with map.

Jatta, G., scoperte di antichità in Canosa, Ruvo e Bitonto. Notizie degli scavi, maggio, p. 199—207.

Jordan, H, der Tempel der Vesta. Berlin 1886, Weidmann. v. p. 90. 155.   12 M.
    Rec.: Listy filologicke XIII 3. 4 p. 276—279 v. K. Cumpfe.

Jung, J., Römer u. Romanen in den Donauländern. 2. Aufl. Innsbruck, Wagner. v. p. 90.   7 M. 50 Pf.
    Rec.: Rivista di filologia XV 11. 12 p. 572—573 v. C. Cipolla.

Knapp, W., Munda in Hispania. Proceedings of the American Phil. Asso-ciation 1886, p. XXXVII.

Könen, C., Römerstrasse zwischen Neuss u. Grimmlinghausen. Korrespon-denzblatt der Westd Zeitschrift VI 7 p. 153.

König, P., Sarmizegetusa. (Ungarisch.) Devai 1886. Pr. v. p. 90.
    Rec.: Egyetemes phil. közlöny N. 7. 8 p. 628—629 v. Kuzsinsky.

Kubitschek, J. W., civitates mundi. Der Text der Ravennatischen Erdbe-schreibung. Hermes XXII 3 p. 471—478.

Laurière, J. de, et **E. Müntz**, Giuliano da San Gallo et les monuments antiques de la France au XV siècle. (Extrait des mém. de la Soc. des An-tiquaires de France, XLV.) Paris. 8.

Longnon, les noms de lieu celtiques en France. 1. Revue celtique, Juli.
— la civitas Rigomagensis. Mélanges Renier, 20. article.

Lupus, B., die Stadt Syrakus im Alterthum. Autoris. deutsche Bearbeitung der Cavallari-Holm'schen Topografia archeologica di Siracusa. Strassburg, Heitz. 8. XII, 343 S. mit Ill.   10 M.
    Rec.: Neue phil. Rundschau N. 18 p. 284—286 v. H. Neuling. — Gym-nasium V 13 p. 452 v, F. Müller.

Mehlis, C., Hercynia, Ardennen, Harz. Zeitschrift f. wiss. Geographie VI 3 4 p. 91—100.

Milani, L, scavi di Mercato Vecchio in Firenze. Notizie degli scavi, aprile, p. 128—133

Näher, J., die römischen Militärstrassen u. Handelswege in Südwestdeutsch-land, in Elsass-Lothringen u. der Schweiz. Strassburg, Noiriel. 4. VIII, 42 S. mit 1 Karte.   3 M.

Ohlenschlager, Fr., die röm Grenzmark in Bayern. München, Akademie. 4. 86 S. mit 7 Karten.   3 M.
    Rec : Berliner phil. Wochenschrift VII 3. 4 p. 1059—1062 v. C. Mehlis. — Lit Centralblatt N. 36 p. 1221—1223 v. A. — Korrespondenzblatt der Westd. Z. VI 7 p. 156 - 159 v. H. Haupt.

Olck, O., hat sich das Klima Italiens seit dem Alterthum geändert? Jahrbücher für Philologie 135. Bd. 7. Heft p. 465—475.

Pasqui, A., avanzi di tempio etrusco in Civita Castellana. Notizie degli scavi, aprile, p. 137—139. v. p. 155.

Paulus, die Heerstrasse der Peutingertafel von Vindonissa bis Abusina. Württembergische Vierteljahrsschrift X 2.

Pichler, Fr., Grösse u. Lage der Römerstadt im Zolfelde. Vierteljahrsschrift f Volkswirthschaft XXIX, 3. Bd., 1. Hälfte, p 27—58.

Quetsch, F. H., das Verkehrwesen am Mittelrhein im Alterthum. Mainz, Wilckens. 8. 45 S. mit 1 Karte. 1 M. 50 Pf.

Scarth, Roman altars preserved at Rokeby and the Roman stations at Greta Bridge and Piersbridge. Journal of the British Arch. Association XLIII 2 p 124—132.

Scheidemandel, H, über Hügelgräberfunde bei Parsberg, Oberpfalz. Landshut, Attenkofer. 4. 24 S. mit 8 Taf. 3 M.

Sodbrunnen, der, der Römerstadt Lorenz zwischen Beinwyl u. Leutwyl. »Seerosen«, Seengen, 11. Juni 1887.

Sogliano, A., scavi di Pompei. Notizie degli scavi, giugno, p. 242–246.

— scoperte nel fundo de Fusco, presso l'anfiteatro di Pompei. Ibid. p. 246—251.

Thédenat, H., antiquités romaines trouvées par M. Payard à Deneuvre (Meurthe-et-Moselle). (Extrait.) Parts, Klincksieck. 8. 11 p. et 2 planches.

Undset, J., zur Kenntniss der vorrömischen Metallzeit in den Rheinlanden. II. Westdeutsche Zeitschrift VI 2 p. 103—115 mit Taf. 6.

Vigil, C. M, Asturias monumental, epigrafica y diplomatica. Datos parà la historia de la provincia. Madrid, Suarez. 4. 650 p. con atlas de 186 láminas. 32 M.

Waal, A., die Ausgrabungen bei der Confessio von St. Peter i. J. 1626. Röm. Quartalschrift I 1 p 1—29.

Watkin, Th., excavations at Chester. Academy N. 798 p. 126.

5. Alterthümer.

A. Allgemeines über orientalische, griechische und römische Alterthümer.

Fritz, J., aus antiker Weltanschauung. Hagen 1886, Riesel. v. p. 93. 7 M.
Rec.: Theol. Quartalschrift LXIX 3 v. Schanz.

Fuld, das Asylrecht im Alterthum u. Mittelalter. Zeitschrift für vergl. Rechtswissenschaft VII 1 u. 2.

Geiger, W., civilisation of the Eastern Iranians in ancient times. Vol. II. The old Iranian polity and the age of the Avesta Translated by Darab Dastur Peshotan Sanjana. London, Frowde.
Rec.: Academy N. 798 p. 121—122 v. E. W. West.

Jevons, F. B., kin and custom. Journal of Philology N. 31 p. 87—110.

Jurien de la Gravière, la marine des anciens; deuxième partie: la Revanche des Perses; les Tyrans de Syracuse. 2. édition. Paris, Plon. 18. 295 p. 3 M. 50 Pf.

Leist, W, gräco-italische Rechtsgeschichte. Jena 1884, Fischer. 16 M.
Rec.: Revue critique N. 34 p. 129—132 v. P. Viollet.

Lippert, J., Kulturgeschichte. 12—20. Lief. (Schluss.) 2. Bd. VI u. S. 65 —656. Stuttgart, Enke. v. p. 93. 156. à 1 M. (cplt : 20 M.)

Maréchal, E., histoire de la civilisation ancienne, Orient, Grèce et Rome. Paris, Delalain. 12. VIII, 692 p., avec 83 gravures ou cartes dans le texte. 5 M.

Nöldechen, E., bei Lehrern u. Zeugen in Carthago, Roma u. Lugdunum. Zeitschrift f. kirchl. Wissenschaft N. 7 u. 8.

Puglia, genesi ed evoluzione di più importanti diritti della personalità umana. Rivista di filosofia 1887, Juni.

Preisigke, altägyptische Baufestlichkeiten. Westermanns Monatshefte 1887, September.

Seignobos, Ch., histoire de la civilisation ancienne, Orient, Grèce et Rome. Paris, Masson. 12. 368 p., avec fig.   3 M.

Tyler, Th., the Hittites and Pythagoreanism. Academy N. 797 p. 107.

Ussing, J. L, Erziehung u. Unterricht bei Griechen u. Römern Berlin 1885, Calvary.   3 M.
  Rec.: Mittheilungen a. d. hist .Lit. XV p. 194—196 v. A. Winkler. — Academy N. 787 p 392

Voullième, E., quomodo veteres adoraverint. Halle. Diss. 8. 41 S. mit 1 Tafel.

Zöller, M., griech. u. röm. Privatalterthümer. Breslau, Köhner. v. p. 156 1 M.
  Rec.: Zeitschrift f. d. Gymn. XXXXI 7. 8 p. 451—457 v. F. G Hubert.

B. Griechische Alterthümer.

Beloch, J., das attische Timema. Hermes XXII 3 p. 371 – 377.

Blass, Fr., Naturalismus u. Materialismus in Griechenland zu Platons Zeit. Rede. Kiel, Universitäts-Buchh. 8. 19 S.   1 M.

Böckh, A., Staatshaushaltung der Athener. 2 Bde. 3. Aufl. von M. Fränkel. Berlin, Reimer. v. p. 94 157.   30 M.
  Rec : Academy N. 787 p. 392.

Dally, de la selection ethnique et de la consanguinité chez les Grecs anciens. Revue d'anthropologie 1887, Juli.

Dümmler u. **Studniczka**, zur Herkunft der mykenischen Kultur. Mittheilungen des Arch. Institus zu Athen XII 1. 2 p. 1—25.

Gilbert, G., Handbuch der griechischen Staatsalterthümer. II. Leipzig 1885, Teubner. v. p. 94.   5 M. 60 Pf.
  Rec : Blätter f. d. bayr Gymn. XXIII 7 p 332—341 v. Gruber.

Hafter, E., die Erbtochter nach attischem Recht. Leipzig, Fock. 8. X, 91 S.   1 M. 50 Pf.

Heikel, J. A., über die βούλευσις. Berlin, Mayer & Müller. v. p. 157.   80 Pf.
  Rec.: Berliner phil. Wochenschrift VII 27 p. 850--851 v. H. Lewy

Holwerda, A., οὐδός, ὀρσοθύρη, ῥῶγες. Mnemosyne XV 3 p. 297—304.

Jevons, F. B., the development of the Athenian democracy. London, Griffin. v p. 94.   1 M. 20 Pf.
  Rec.: Wochenschrift f. klass. Phil. IV 38 p. 1154—1156 v A. Holm. — Academy N 787 p 392.

Meier u. **Schömann**, der attische Process. Vier Bücher. Eine gekrönte Preisschrift. Neu bearb von J. H. Lipsius. 8.—10. L. (Schluss.) (2. Bd. XVI u. S. 885—1053.) Berlin, Calvary. Subscr -Pr. 3 M.; Einzelpr. 4 M.; vollst. 20 M.

Müller, A., Lehrbuch der griech. Bühnenalterthümer. Freiburg 1886, Mohr. v. p. 94. 157.   10 M.
  Rec.: Berliner phil. Wochenschrift VII 32/33 p. 999—1008 u. N. 34 p. 1052 —1059 v. G. v Oehmichen. — Deutsche Literaturzeitung N. 29 p. 1041 —1042 v. E. Fabricius.

Pasanisi, F, l'offerta dei vestiti negli usi funebri greci. Rivista di filologia XV 11. 12 p 511—533.

Passow, W, de crimine βουλεύσεως. Leipzig 1886, Fock. v. p. 157. 1 M. 50 Pf.
  Rec.: Berliner phil. Wochenschrift VII 27 p. 848—850 v. H. Lewy. — Deutsche Literaturzeitung N. 29 p. 1055 v. W. Dittenberger.

Regell, P., Auguralia. Jahrbücher für Philologie 135. Bd. 7. Heft p. 489—491.

Σοφούλης, *Θ.*, περὶ τοῦ ἀρχαιοτέρου ᾽Αττικοῦ ᾽Εργαστηρίου διατριβὴ ἐπὶ ὑφηγεσίας. Athen, Perris. 8. 59 p.

Szanto, E., Hypothek und Scheinkauf im griechischen Rechte. Wiener Studien IX 2 p. 279—296.

Töpffer, L., εὐπατρίδαι. Hermes XXII 3 p. 479—482.

Valeton, J. M., quaestiones graecae. II. De ostracismo. Mnemosyne XV 3 p. 337—355. v. p. 95.

Weber, L., quaestiones Laconicae. Göttingen. 4. v. p. 157. 1 M. 60 Pf.
Rec.: Deutsche Literarzeitung N. 34 p. 1208 v. E. Maass.

C. Römische Alterthümer.

d'Arbois de Jubainville, origine de la propriété foncière en France. Revue hist. de droit N. 3.

Baillet, G., du conflit entre créanciers hypothécaires (Dig., liv. 20, tit. 4; Code, liv. 8, tit. 18). Paris, Larose et Forcel. 8. 123 p.

Bauer, O., die Dareingabe beim Kauf nach röm. Rechte. München, Schweitzer. 8. 90 S. 1 M. 50 Pf.

Baumann, A., des exceptions au droit commun introduites pour les besoins dn commerce de terre, en droit romain. Paris, Larose et Forcel. 8. 254 p.

Bayssat, F., de l'action rei uxoriae, en droit romain. Le Puy, imp. Prades-Freydier. 8. 275 p.

Bojesen-Hoffa, Handbuch der röm. Antiquitäten. 4. Aufl. von **Kubitschek.** Wien 1886, Gerold. v p. 158. 4 M.
Rec.: Berliner phil. Wochenschrift VII 30/31 p. 958—962 v. M. Zöller.

Bouland, M., de la restitutio in integrum accordée aux mineurs de vingt-cinq ans, en droit romain. Dijon, imp. régionale. 8. 259 p.

Caillot, J., de l'acquisition des fruits par le possesseur, en droit romain. Paris, imp. Noblet. 8. 272 p.

Domaszewski, A. v., die Verwaltung der Provinz Mesopotamien. Wiener Studien IX 2 p. 297—299.

Dubois, C. V., du droit latin. Paris, Lefort. 8. 280 p.

Duchesne, L., le concile d'Elvire et les flamines chrétiens. Mélanges Renier, 10. article.

Eckstein, J., der Fruchterwerb des Usufructuars u. des Pächters nach röm. Recht. Preisschrift. Prag, Calve. 8. 27 S. 80 Pf.

Gaddi, le comunità politiche di Roma antica. Il Pagus. Archivio giuridico. XXXVIII 5. 6

Gerathewohl, B., Reiter u. Rittercenturien. München 1886, Ackermann. v. p. 96. 158 2 M.
Rec.: Deutsche Literaturzeitung N. 36 p. 1274—1275 v. W. Soltau.

Helssig, R., zur Lehre von der Konkurrenz der Klagen nach röm. Recht. Stuttgart, Frommann v. p. 96. 2 M.
Rec.: Lit. Centralblatt N. 39 p. 1342. — Deutsche Literaturzeitung N. 39 p. 1376—1377 v. J. Merkel.

Herzog, E., Geschichte u. System der röm. Staatsverfassung. 2. Bd., 1. Abth. Leipzig, Teubner. 10 M.

Hruza, E., über das lege agere pro tutela. Rechtsgeschichtliche Untersuchung. Erlangen, Deichert. 8. 81 S. 2 M.

Hubert, F. G., römische Staatsalterthümer. Berlin 1886, Springer. 3 M.
Rec.: Blätter f. d. bayr. Gymn. XXIII 7 p. 332—333 v. M. Rottmanner. — Korrespondenzblatt f. d. württ. Schulen XXXIV 5. 6 p. 283—284 v. Bender.

Humbert, G., essai sur les finances chez les Romains. 2 vols. Paris 1886, Thorin. v. p. 96.   18 M.
    Rec.: Berliner phil. Wochenschrift VII 30/31 p. 955—958 v. B. Büchsenschütz.

Jacquelin, F., le Conseil des empereurs romains, en droit romain. Poitiers, imp. Oudin. 8. 345 p.

Lemonnier, H., étude historique sur la condition privée des affranchis aux trois premiers siècles de l'empire romain. Paris, Hachette.   6 M.

Mayssent, A., droit romain: des moyens de prévenir ou de réprimer la témérité des plaideurs. Paris, imp. Goupy et Jourdan. 8. 264 p.

Morlot, E., précis des institutions politiques de Rome. Paris 1886, Dupret.   5 M.
    Rec.: Revue critique N. 37 p. 181.

Plocque, A., de la condition de l'Eglise sous l'empire romain. Paris, Larose et Forcel. 8. LXXX, 291 p.

Purser, L. C., the Roman account books. Hermathena XIII p. 209—224.

Re, C., del patto successorio. Studi e documenti di storia VIII 1. 2 p. 91—122.

Röttscher, A., die Aufhebung der Sklaverei durch das Christenthum im ost- u. weströmischen Reiche. Frankfurt a. M., Fösser. 8. 24 S.   50 Pf.

Schiller, H., römische Kriegsalterthümer. (In Müllers Handbuch d. Alt., 7. Halbband.)
    Rec.: Berliner phil. Wochenschrift VII 38 p. 1192—1193.

— Bericht über die röm. Staatsalterthümer für 1885. Bursian-Müllers Jahresbericht LII. Bd. p. 1—32.

Stemler, O., des collèges d'artisans en droit romain. Paris, Larose et Forcel. 8. 350 p.

Strelzow, A., Kriegssanitätswesen bei den Römern. (Russisch.) Journal des kais. russ. Ministeriums der Volksaufklärung 1887, Juni, 3. Abth., p. 49—76.

Szabo, E., szárazföldi közlekedö eszközök a romaiaknal. Tata 1886. Pr. 8.
    Rec.: Egyetemes phil. közlöny 1887 N. 7. 8 p. 625—627.

Varju, J., a régi romaiak jakétairol. Nagy-Karolyi 1886. Pr. 8.
    Rec.: Egyetemes phil. közlöny 1887 N. 7. 8 p. 627—628.

Voigt, M., Bericht über röm. Privat- u. Sacralalterthümer, 1885, resp. 1884. Bursian-Müllers Jahresbericht XLVIII p. 193—210. v. p. 159.

Wagener, A., qui désignait le premier interroi? Revue de l'instruction publique en Belgique XXX 4 p. 217—228. v. p. 159.

Zöller, M., römische Staats- u. Rechtsalterthümer. Breslau 1885, Köbner. 6 M.
    Rec.: Wochenschrift f. klass. Phil., IV 29/30 p. 903—905 v. F. Ammann.

6. Exacte Wissenschaften.

Mathematik, Naturkunde, Medicin, Handel und Gewerbe im Alterthum.

Allman, G., Greek geometry from Thales to Euclid. VII. Theaetetus of Athens. Hermathena XIII p. 269—278.

Baranski, A., Geschichte der Thierzucht und Thiermedizin im Alterthum. Wien 1886, Braumüller. 8. VIII, 245 S.   15 M.
    Rec.: Lit. Centralblatt N. 39 p. 1338 p. 1338 v. N-e.

Breusing, H., die Nautik der Alten. Bremen, Schünemann. v. p. 98. 159. 10 M.
    Rec.: Jahrbücher für Philologie 135. Bd. 8. Heft p. 497 – 527 v. K. Buresch.

Death, J., the beer of the bible. London, Trübner. v. p. 98. 7 M. 20 Pf.
    Rec.: Deutsche Literaturzeitung N. 36 p. 1265 v. Wellhausen.

Edlinger, A. v., Erklärungen der Thiernamen aus allen Sprachgebieten. Landshut 1886, Krüll. 8. 117 S.   2 M.
Rec.: Deutsche Literaturzeitung N. 25 p. 892 v. O. — Neue phil. Rundschau N. 17 p. 266. — Literaturblatt f. germ. u. rom. Phil. N. 8 p. 362 —363 v. J. Wackernagel.

Günther, S., Beobachtung u. Experiment im Alterthum. Gaea XXIII 10.

Heierli, J., die Anfänge der Weberei. Anzeiger für schweiz. Alterthumskunde 1887 N. 3 p. 455—458 mit Abb. v. p. 159.

Keller, O., Thiere des klass. Alterthums in kulturgeschichtlicher Beziehung. Innsbruck, Wagner. 8. IX, 488 S. mit 56 Abb.   10 M. 80 Pf.

Kostromiris, G., περὶ ὀφθαλμολογίας. Athen, Wilberg. v. p. 160.   5 M.
Rec.: Lit Centralblatt N. 31 p. 1038—1038 v. P. — Wochenschrift f. klass. Phil. IV 39 p. 1185.

Kulumbardos, D., ταχυδρομεῖα παρ᾽ Ἕλλησι. Ἑβδομάς N. 19 p. 6—7.

Lieblein, J., Handel und Schiffahrt auf dem rothen Meere. Leipzig 1886, Hinrichs. v. p. 98. 160.   4 M.
Rec.: Deutsche Literaturzeitung N. 32 p. 1139 v. A. Erman. — Lit. Centralblatt N. 34 p. 1139 v. E. Meyer.

Milani, L., morsi da cavallo dell'antica Rusellae, Etruria. Notizie degli scavi, aprile, p. 134—136.

Moldenke, Ch., über die in altägyptischen Texten erwähnten Bäume und deren Verwerthung. Diss. Leipzig. (Halle, Reichardt). 8. 149 S.   6 M.

Müller, F., Studien über mathematische Terminologie. Berlin. Pr. v. p. 99.
Rec.: Berliner phil. Wochenschrift VII 39 p. 1220—1222 v. S. Günther.

Otto, A., das Pflanzenreich im Sprichwort. Archiv f. lat. Lexikographie IV 2 p. 189—196.

Petzold, die Bedeutung des Griechischen für das Verständniss der Pflanzennamen. Päd. Archiv N. 5.

Schott, die handelspolitische Bedeutung des rothen Meeres in alter u. neuer Zeit. Das Ausland N. 30—33.

Tischler, O., über Aggry-Perlen u. über die Herstellung farbiger Gläser im Alterthume. Vortrag. Königsberg 1886, (Koch & Reimer). 4. 12 S. 45 Pf.

Zeuthen, H. G., die Lehre von den Kegelschnitten im Alterthum. Kopenhagen 1886, Höst.   15 M.
Rec.: Neue phil. Rundschau N. 13 p. 220 v. H. Menge. — Lit. Centralblatt Nr. 38 p. 1303 v. G-l.

7. Kunstarchaeologie.

Alt, Th, die Grenzen der Kunst. Berlin 1886, Grote.   4 M.
Rec.: Berliner phil. Wochenschrift VII 35 p. 1092—1099 v. P. Graef.

Antike Denkmäler, herausg. vom kais. deutschen Arch. Institut. 1. Heft. Berlin, Reimer. v. p. 99.   40 M.
Rec.: Deutsche Literaturzeitung N. 37 p. 1312—1315 v. A. Furtwängler. — Athenaeum N. 3120 p. 219.

Back, F., zur Geschichte griechischer Göttertypen. I. Hermes u. Dionysos mit bes. Rücksicht auf die Darstellung des Pheidias. Jahrbücher f. Philologie 135. Bd. 7. Heft p. 433—456·

Bayet, C., précis de l'histoire de l'art. Paris 1886, Quantin.   3 M. 50 Pf.
Rec.: Berliner phil. Wochenschrift VII 39 p. 1223—1224 v. A. Bötticher.

Belger, Ch., zur Bronzestatue eines Faustkämpfers in Rom. Jahrbuch des arch. Instituts II 3 p. 192—193.

Blümner, H., Lebens- u. Bildungsgang eines griechischen Künstlers. Vortrag. Basel, Schwabe. 8. 34 S.

Borsari, L., di un bassorilievo con rappresentanza relativa al mito di Penteo. Bullettino della Comm. arch. di Roma XV 7 p. 215–219 con tav. XIII.

Cartault, A., sur l'authenticité des groupes en terre cuite d'Asie Mineure. Mâcon, imp. Protat 4. 30 p. avec 7 planches. 15 M.

Collignon, M, le combat d'Erechthée et d'Immatados sur une tessère grecque en plomb. (Extrait.) Paris. 8. 9 p.

— la sculpture antique au British Museum. Gazette des Beaux-Arts N. 359 p. 379—403. v. p. 100.

Cholodniak, Prosepnais oder Prosepnai? (Russisch.) Journal des kais. russ. Ministeriums der Volksaufklärung 1887, Juni, 3. Abth., p. 91—94 mit 1 Taf.

Conze, Bronzestatuette eines Hermes. Jahrbuch des arch. Instituts II 3 p. 133—135 mit Taf. 9.

Cozzi, S., statua di uomo, dal Posilipo. Notizie degli scavi, maggio, p. 198—199.

Dörpfeld u. **Petersen,** der alte Athenatempel auf der Akropolis. II. Baugeschichte. Mittheilungen des Arch. Instituts zu Athen XII 1. 2 p. 25—73 mit Taf. I.

Dümmler, F., attische Lekythos aus Cypern. Jahrbuch des Arch. Instituts II 3 p. 168—179 mit Taf 11.

Dumont et **Chaplain,** les céramiques de la Grèce propre. Fasc. 1—3. Paris 1884/86. Firmin-Didot. 4. 1 vol. (4 fasc.) 20 M. Rec.: Lit. Centralblatt N. 30 p. 1013–1014 v. T. S.

Durm, J., Baukunst der Etrusker und der Römer. Darmstadt 1885, Bergsträsser. v. p. 100 20 M. Rec.: Lit. Centralblatt N. 29 p. 979—980 v. T. S.

Fenger, L., dorische Polychromie. Berlin 1886, Asher. Fol. 64 M. Rec.: Am. Journal of Arch. III 1. 2 p. 119—124 v. G. Hirschfeld.

Fowler, H., the statue of Asklepios at Epidauros. American Journal of Archaeology III 1. 2 p. 32—37.

Friedrich, Th., Tempel u. Palast Salomo's, Denkmäler phönikischer Kunst. Rekonstruktion, Exegese der Bauberichte, mit Grundrissen u. Perspectiven. Innsbruck, Wagner. gr 8. III, 72 S. 5 M.

Frothingham, A L., a proto-ionic capital, and bird-worship, represented on an Oriental seal American Journal of Archaeology III 1. 2 p. 57—61 mit Taf. VII.

Furtwängler, A., Kopf des Eubuleus, gefunden in Eleusis. Berliner arch. Gesellschaft, Julisitzung (Wochenschrift f. klass. Phil. IV 34.)

Harster, römische Reiterstatuen von Breitfurt. Korrespondenzblatt d. Westd. Zeitschrift VI 7 p. 150—151.

— röm. Urnen u. Särge aus Speier. Ibid. 8 p. 178—179.

Heydemann, H, Jason in Kolchis. (11. Hallisches Winckelmannsprogramm.) Halle 1886, Niemeyer. 4. 23 S. mit 1 Taf. 2 M.

Hoffmann, E., Epeur. (Heraklesscene auf einem etruskischen Spiegel.) Rhein. Museum XLII 3 p. 479—483.

Holtzinger, H., kunsthistorische Studien. Tübingen 1886, Fues. v. p. 101. 2 M. 40 Pf. Rec.: Neue phil. Rundschau N. 16 p. 252—254 v. ζ.

Holwerda, A. E. J., die alten Cyprier. Leiden 1885, Brill. 4 M. 50 Pf. Rec.: Lit. Centralblatt N. 31 p. 1044—1045 v T. S.

Homolle, Th., de antiquissimis Dianae simulacris Deliacis. Paris 1885, Thorin. v. p 101. 162. Rec.: Revue critique N. 27 p. 1—4 v. M. Dubois.

Hülsen, Ch., das Septizonium des Septimius Severus. Berlin 1886, Reimer. 4. 3 M. 60 Pf. Rec.: Deutsche Literaturzeitung N. 28 p 1015—1016 v. E. Petersen.

Klein, W., Vasen mit Meistersignaturen. 2. Aufl. Wien, Gerold. v. p. 101.
162.   6 M.
  Rec.: Deutsche Literaturzeitung N. 27 p. 979—982 v. F. Studniczka.
— Euphronios. Ibid. v. p. 101. 162.   8 M.
  Rec.: Rivista di filologia XV 11. 12 p. 575 v. E. Ferrero.
Kuhn, R., Roma. Die Denkmale der ewigen Stadt. 3. wohlfeile Ausgabe.
1—10. Lief. Einsiedeln, Benziger. 8. S 1—240.   à 60 Pf.
Langl, J., griechische Götter- u. Heldengestalten. Nach antiken Bildwerken
gezeichnet u. erläutert. Mit kunstgeschichtl. Einleitung von C. v. Lützow.
14 u. 15 Lief. Wien, Hölder. Fol.   à 2 M. 50 Pf.
Launitz, E. v. d., Wandtafeln. XXIV: Die Akropolis von Athen. Rekon-
struktionsversuch von R. Bohn. Cassel, Fischer. v. p 162.   18 M.
  Rec.: Neue phil. Rundschau N. 19 p 302—303 v. H. Neuling.
Laurière, J. de, la mosaïque romaine de Girone (Espagne). Bulletin monu-
mental 1887 N. 3 p. 235—251 mit 2 Tafeln.
Löschcke, G., Boreas u. Oreithia am Kypseloskasten. Dorpat 1886 (Karow).
v. p. 101.   60 Pf.
  Rec : Deutsche Literaturzeitung N. 32 p. 1149—1150 v. F. Studniczka.
Lolling, H. G., zum Kuppelgrab bei Menidi. (Dimini.) Mittheilungen des
Arch. Instituts zu Athen XII 1. 2 p. 136—139.
Mallet, J., cours élémentaire d'archéologie religieuse. T. 1. Architecture.
4 édition, revue et augmentée. Paris, Poussielgue. 8. 345 p.
Martin, A. E., archéologie. Recherches et études sur la décoration en gé-
néral, l'architecture, la céramique, les armes, bijoux, dessins, etc. depuis les
Egyptiens jusqu'à nos jours. En livraisons (chaque année 12 livr.) Première
année, 1887. Paris, Letarouilly. 4. avec pl.   à livr. 75 Pf
Maspero, G., l'archéologie égyptienne. Paris, Quantin. v. p. 162.
  Rec.: Lit Centralblatt N. 27 p. 918—919 v. G. E.
Ménant, J., forgeries of Babylonian and Assyrian Antiquities. American
Journal of Archaeology III 1. 2 p. 14—31 mit Taf. II u. Fig. 1—11.
Milani, L., tre bronzi del Museo etrusco di Firenze. (Perruca d'una statua
di Apollo; signum etrusco; statuetta del tipo Apollineo.) Notizie degli scavi,
giugno, p. 222—232, con tav. V.
Morgenthau, J. C., der Zusammenhang der Bilder auf griech. Vasen 1.
Leipzig 1886, Bär u. Hermann.   1 M. 50 Pf.
  Rec.: Wochenschrift f. klass. Phil. IV 28 p. 861—869 v. W-r.
— Athena u. Marsyas. Jahrbuch des arch. Instituts II 3 p. 193—195.
Oehmichen, G., griech. Theaterbau Berlin 1886, Weidmann. v. p. 162. 4 M.
  Rec.: Berliner phil. Wochenschrift VII 38 p. 1188—1192 v. Ch. Muff. —
Deutsche Literaturzeitung N. 29 p. 1042—1043 v. E. Fabricius. —
Wochenschrift f. klass. Phil IV 37 p. 1123—1126 v. Wecklein.
Reinach, S., observations s l'apotheose d'Homère, bas-relief en marbre du
Musée Britannique (Extrai.) Paris, A. Lévy. gr. 4. 8 p. avec planche.
Reisch, E, Heraklesrelief von Lamptrae. Mittheilungen des arch. Instituts
zu Athen XII 1. 2 p. 118—131 mit Taf. III.
Renan, E., le sarcophage du roi Tabnit de Sidon. Académie des inscriptions
25. Juni. (Berliner phil Wochenschrift VII 28 p. 868.)
Robert, C., Manes im Berliner Museum. Jahrbuch des arch. Instituts II 3
p. 179—182.
Roscher, das Danaebild des Artemon, v. Plinius p. 192.
Perrot, G., mosaïque de Sousse (Hadrumetum), représentant le cortège de
Neptune. Académie des inscriptions, 5. août. (Revue critique N. 37.)
Petra, G. de, statua colossale di un Dioscure, di Baia. Notizie degli scavi,
giugno, p. 241—242.

Poidebard, A., question d'archéologie chrétienne à propos des fouilles récentes de Trion. (Extrait) Lyon, Vitte et Perrussel. 8. 31 p.

Sagnier, A., la Vénus antique du musée Calvet. Avignon, Seguin frères. 8. 14 p.

Sarkophage von Sidon. Berliner phil. Wochenschrift VII 35 p. 1075 u. N. 36 p. 1106—1108.

Schneider, Arthur, der troische Sagenkreis in der ältesten griech. Kunst. Leipzig 1886, Engelmann.   5 M.
   Rec.: Wochenschrift f. klass. Phil. IV 35 p. 1057—1065 u. N. 36 p. 1089 —1094 v. P. Weizsäcker.

Silveri-Gentiloni, A., elmo archaico, di Fermo (Picenum). Notizie degli scavi, aprile, p. 156—157.
   — trovamenti d'oro in una tomba di Ripe san Ginesio. Ibid. p. 157.

Studniczka, F., zu den Tempelbildern der Brauronia. Hermes XXII 3 p. 494—496.
   — Antenor der Sohn des Eumares u. die Geschichte der archaischen Malerei. Jahrbuch des arch. Instituts II 3 p. 135—168 mit Taf. 10.

Swoboda, H., zur Frage der Marmor-Polychromirung. Röm. Quartalschrift I 1 p. 100—105.

Visconti, C. L., le exvoto del tempio di Minerva Medica sull' Esquilino. Bullettino della Comm. arch di Roma XV 6 p. 192—200 mit Taf. X u. XI. cf. p. 163.
   — due frammenti di fregio marmoreo rappresentanti la Gigantomachia. Bullettino della Commissione arch. di Roma XV 8 p. 241—250 con tav. XIV.

Vogel, J., Scenen enripideischer Tragödien in Vasengemälden. Leipzig 1886, Veit.   4 M.
   Rec.: Wochenschrift f klass Phil. IV 36 p. 1091—1094 v. P. Weizsäcker.

Waldstein, Ch., Pasiteles and Arkesilaos, the Venus genetrix and the Venus of the Esquiline. Am. Journal of Archaeology III 1. 2 p. 1—13 mit Taf. I.

Ward, W H, the rising sun on Babylonian cylinders. Journal of Archaeologie III 1. 2 p. 50—56 mit Taf. V. VI.
   — and **Frothingham**, unpublished Hittite monuments. Sculptures near Sindjirli. American Journal of Archaeology III 1. 2 p. 62—69 mit Taf. VII—XII.

Watkin, Th., Roman pavement recently found in London. Academy N. 797 p. 109.

Wieseler, Fr., geschnittene Steine des 4. Jahrhunderts n.'hr. II. Göttingen 1885, Dieterich. 4.   2 M. 40 Pf.
   Rec.: Lit. Centralblatt N 28 p 952 v. T. S.

Wilpert, J., ein neu entdecktes Fresko in der Katakombe der h. Domitilla mit Scenen aus dem realen Leben. Röm. Quartalschrift I 1 p. 20—40 mit Taf. I—III.

Winter, Fr., Grabmal von Lamptrae. Mittheilungen des arch. Instituts zu Athen XII 1. 2 p. 105—118 mit Taf. II u. XI.

Wolff, O., der Tempel von Jerusalem u. seine Maasse. Graz, Styria. gr. 4. VI, 104 S. mit 12 Taf. u. Abb.   8 M.

Wolters, P., zwei thessalische Grabstelen. Mittheilungen des arch. Instituts zu Athen XII 1. 2 p. 73—80 mit Abb.

8. Numismatik.

Annuaire de la Société française de numismatique et d'archéologie. Bimensuel. Paris, Société Av. pl.   20 M.

Babelon, E., description des monnaies consulaires. 2 vols. Paris 1885/86, Rollin & Feuardent. v. p. 103 163.   25 M.
   Rec.: Bulletin monumental 1887 N. 3 p. 322—324 v. H. de Villefosse.

Babelon, E., tétradrachme d'Erétrie. Revue numismat. 1887 N. 3 p. 212—219.

Belfort, A. de, recherches des monnaies imperiales romaines non décrites dans l'ouvrage de H. Cohen. Annuaire de numismatique, juillet - août, p. 325—344.

— un aureus inédit de l'empereur Postume. Annuaire de la Soc. de numismatique 1887, mai-juin, p. 303—304.

Blancard, L., théorie de la monnaie romaine au III. siècle après Jésus-Christ. Marseille, imp. Barlatier-Feissat. 8. 10 p.

Catalogue of the Greek coins in the British Museum, ed. by R. Stuart Poole. Vol. I—VIII. London. v. p. 163.

Rec.: (vol. 1—8) American Journal of Archaeology III 1. 2 p. 75—80 v. E. Babelon.

Changarnier, A., drachmes de Pictavi. Annuaire de la Soc. de numismatique, juillet-août, p. 345—354 av. pl. III.

Demole, E., histoire d'un aureus inédit de l'empereur Quintille. Annuaire de la Soc. de numismatique 1887, mai-juin, p. 277 - 282

De Schodt, le Sidus Julium sur des monnaies frappées après la mort de César. Revue belge de numismatique XLIII 3.

Fox, Earl, l'obole athénienne à l'époque macédonienne. Revue numismatique 1887 N. 3 p. 209—211.

Garrucci, R., le monete dell' Italia antica. Rom 1885, Salviucci. Fol. 150 M. Rec.: Am Journal of Arch. III 1. 2 p. 81—82 v. E. Babelon.

Greenwell, W., the electrum coinage of Cyzicus. Numismatic Chronicle N. 25. 26 p. 1—125 mit Taf. I—VI.

Head, B. V., historia numorum. Oxford. v. p. 103. 164. 50 M.

Rec.: Lit. Centralblatt N. 28 p. 951 952. — Deutsche Literaturzeitung N. 30 p. 1083—1084 v. R. Weil. — Academy N. 788 p. 419 v. C. Oman. — American Journal of arch. III 12 p. 84 v. E. Babelon.

Hettner, S, römische Münzschatzfunde in den Rheinlanden. Westdeutsche Zeitschrift VI 2 p. 115—119 mit Taf. 4 u. 5.

Imhoof-Blumer, Porträtköpfe auf antiken Münzen. Leipzig 1885, Teubner. 4. 10 M.

Rec.: Am. Journal of Arch. III 1. 2 p. 82 v. E. Babelon.

— zur Münzkunde Grossgriechenlands u. s w. Numismatische Zeitschrift XVIII 2.

— zur Münzkunde Grossgriechenlands, Siciliens, Kretas etc. mit bes. Berücksichtigung einiger Münzgruppen mit Stempelgleichheiten. (Aus der Numism. Zeitschr.) Wien (Leipzig, Köhler) 8. 82 S. mit 5 Taf. 4 M. 50 Pf.

— and **Percy Gardner,** a numismatic commentary on Pausanias. I—III. (Aus dem Journ. of Hell. studies.) London. (Ibid.) 8. 58 S. mit 10 Taf. 15 M.

Klügmann, Beiträge zur Numismatik der römischen Republik. Numismatische Zeitschrift XVIII 2.

Körber, römische Münzen des Mainzer Centralmuseum. Mainz. Pr. 4. 23 S. v. p. 164.

Rec.: Korrespondenzblatt der Westd. Zeitschrift VI 8 p. 184.

Lépaulle, E., Mariniane et Salonin. Revue numismatique 1887 N. 3 p. 249—250.

Mommsen, Th, terruncius. Hermes XXII 3 p. 485—486.

Mowat, R., explication d'une marque monétaire du temps de Constantin. (Extrait.) Paris 1886.

Rec.: Revue numismatique N. 3 p. 330—332 v. P. Robert.

Oreschnikow, A., une monnaie au monogramme BAW (MI). Annuaire de la Soc. de numismatique 1887, mai-juin, p 274—276.

Quiling, F., über Fälschungen antiker Münzen. Vortrag im Frankfurter Alterthumsverein. (Korrespondenzblatt d. Westd. Z. VI 6 p. 142—144.)

Reinach, Th., essai sur la numismatique des rois de Cappadoce. Paris, Rollin et Feuardent. v. p. 164.
Rec.: Berliner phil. Wochenschrift VII 27 p. 851 v. x.

Revillout, E., seconde lettre à M. Lenormant sur les monnaies égyptiennes. Annuaire de la Soc. de numismatique 1887, mai-juin, p. 249—273.

Soutzo, M. C., introduction à l'étude des monnaies de l'Italie antique. I. Paris. 8. 95 p.

Stillman, W. J., the coinage of the Greeks. The Century XXXIII 5 p. 788 — 799 mit 75 Abb.

BIBLIOTHECA PHILOLOGICA CLASSICA.

Verzeichniss

der

auf dem Gebiete der classischen Alterthumswissenschaft

erschienenen

Bücher, Zeitschriften, Dissertationen, Programm-Abhandlungen, Aufsätze in Zeitschriften und Recensionen.

Beiblatt zum Jahresbericht über die Fortschritte der classischen Alterthumswissenschaft.

Vierzehnter Jahrgang.

1887.

Viertes Quartal.

BERLIN 1888.

VERLAG VON S. CALVARY & Co.

W. Unter den Linden 17.

Subscriptionspreis für den Jahrgang von 4 Heften 6 Mark.

INHALT.

BIBLIOTHECA PHILOLOGICA CLASSICA.

Verzeichniss der auf dem Gebiete der classischen Alterthums-Wissenschaft
erschienenen Bücher, Zeitschriften, Dissertationen, Programm-
Abhandlungen, Aufsätze in Zeitschriften und Recensionen.

1887. October — December.

I. Zur Geschichte und Encyclopaedie der classischen Alterthums-Wissenschaft.

1. Zeitschriften.

Archiv für Geschichte der Philosophie, herausg. von L. Stein. 1. Band.
(1. Heft 160 S.) Berlin, Reimer. v p 165.   12 M.
    Rec.: Revue critique N. 49 p. 436—437 v. Th. Reinach.
Jahrbücher für klass Philologie. Herausg. von A Fleckeisen. 16. Suppl.-
Bd. 1. Hft. (220 S.) Leipzig, Teubner. v. p. 105.   4 M. 80 Pf.
Jahresbericht über die Fortschritte der klass. Alterthumswissenschaft, her-
ausg. von I. Müller. 15. Jahrg. 1887. 50—53. Bd. 1—3 Hft. 12 Hfte.
Berlin, Calvary & Co. 8. v. p. 5. 105. 165.   Subscr-Pr. 30 M.;
    Ladenpr. 36 M.
— theologischer, herausg. von R. A. Lipsius. 6. Bd., für 1886. Leipzig,
Reichardt. v. p. 5. 165.   10 M.
    Rec.: Theol. Literaturblatt N. 40 p. 362—363.
Jahresberichte über das höhere Schulwesen, herausg. von C. Rethwisch.
1. Jahrg. 1886. Berlin, Gärtner. 8. VIII, 368 S.   8 M.
Mittheilungen, archäologisch-epigraphische, aus Oesterreich-Ungarn, hrsg.
von O. Benndorf u E Bormann 11. Jahrg. 1887. 2 Hfte. (1. Hft.
126 S. mit 4 Taf) Wien, Gerold. v. p. 6.   9 M.
Revue d'histoire diplomatique. Trimestriel. Première année. N. 1—4. Paris
1887, Leroux. 8   20 M.
Studien, Königsberger. Historisch-philologische Untersuchungen. 1. Hft.
Königsberg, Hubner. 8. 242 S.   6 M.
— phonetische, herausg. von W. Vietor. 1. Jahrgang. Marburg, Elwert.
v. p. 165.   2 M. 80 Pf.
    Rec.: Revue critique N. 41 p. 250
— Prager philologische, mit Unterstützung des k. k. Unterrichtsministeriums
herausg. von O Keller. 1. Hft Prag, Dominicus. 8. 30 S.   90 Pf.
Taschenbuch, historisches Herausg. von W Maurenbrecher. 6. Folge.
7. Jahrg Leipzig 1888, Brockhaus. 8. V, 328 S. v. p. 9. 8 M.; geb. 9 M.
Zeitschrift für vergleichende Litteraturgeschichte u. Renaissance-Litteratur.
Hrsg von M Koch u L. Geiger. Neue Folge. 1. Bd. 6 Hfte. gr. 8.
(1. Hft 128 S.) Berlin, Haack. v. p. 10. 106.   14 M.

2. Academien und Gesellschaftsschriften.

Actes de l'Académie nationale des sciences, belles-lettres et arts de Bordeaux.
3. série. 48. année 1. et 2. trimestre 1886. Bordeaux 8 354 p.
Annalen des Vereins für nassauische Altertumskunde u Geschichtsforschung.
20 Bd. 1. Hft. Wiesbaden, Niedner. 8. 151 S mit 2 Taf. v. p 11. 4 M.

Annales du musée Guimet. T. 10 et 14. 2 vols. Lyon, Pitrat ainé. (Paris, Leroux) 4. 603 et 334 p. Avec planches. v. p 11.

Archiv für österr. Geschichte. Hrsg. von der Commission der kais. Akad. der Wissenschaften. 71. Bd. 1. Hälfte. 8. 296 S. v. p. 13. 106.   4 M.

Atti della Società Asiatica, diretta per A. de Gubernatis   Primo anno 1887, primo volume. Roma, Löscher.

Berichte über die Verhandlungen der königl. sächs. Gesellschaft der Wissenschaften zu Leipzig. Phil.-hist Klasse   1887. I—III   Leipzig, Hirzel 8. S 1—282. Mit 6 Taf. v. p. 14. 106.   à 1 M.

Bulletin de l'institut archéologique liégois. T. XX. 1887. Liége, administration, rue Volière.   15 M.

— archéologique du Comité des travaux hist. et scient. Publication du Ministère de l'instruction publique. Année 1887. N. 1. Paris, Leroux v. p. 17.   5 M.

Chronik der rhein. Friedrich-Wilhelms-Universität zu Bonn für 1886/87. Jahrg 12   Neue Folge Jahrg 1. Bonn, Strauss. 8. 189 S.   3 M.

Comptes rendus des travaux de l'Académie de Toulouse, 1886. Toulouse, imp. Chauvin. 8. 99 p.

Jahrbuch des Vereins für niederdeutsche Sprachforschung. XII (1886). Norden, Soltau. 8. 161 S.   4 M.

Jahrbücher des Vereins von Alterthums-Freunden im Rheinlande. 83. Hft. Bonn, Marcus. 8. 252 S. mit 4 Taf. u. Holzschn. v. p. 20. 106   6 M.

— der königl. Akademie zu Erfurt. Neue Folge. 15. Hft. Erfurt, Villaret. v. p 20.   3 M.

Jahres-Bericht, 64., der scbles. Gesellschaft für vaterländische Cultur   Generalbericht über die Arbeiten der Gesellschaft im J. 1886. Nebst Ergänzungsheft: Zacharias Allert's Tagebuch aus dem J. 1627, hrsg. von J Krebs. Breslau, Aderholz. 8. VII, 327 u. 121 S. v. p. 20.   6 M.

Jahresheft, 19, des Vereins schweiz. Gymnasiallehrer. Aarau, Sauerländer. 8. 37 S. v. p. 20.   1 M.

Mémoires de la Société d'archéologie d'Avranches et de Mortain. T. 8. Avranches, imp. Durand   (1886.) 8   XVI, 351 p. v. p. 21.

— de l'Académie de Clermont-Ferrand. T. 28. Année 1886. Clermont-Ferrand, Bellet. 8. 595 p. v. p. 22.

— de la Société bourguignonne de géographie et d'histoire. T. 5. Dijon, imp. Darantière 8. XXIV, 495 p. et planches.

— de l'Académie de Montpellier. Section des sciences. T. 11. Années 1885—1886. Montpellier, imp. Boehm 4. 242 p. et planches. v p. 22.

—· de la Société académique du Nivernais. 2. année. Nevers, imp. Bégat 4. 96 p. et 3 planches.

— de la Société nationale des antiquaires de France. T. 47. 5. série. T. 7. Paris 1886, Klincksieck. 8. 300 p. v. p. 23.

— de l'Académie imp. des sciences de St.-Pétersbourg. VII. série. Tome XXXV. Nr. 4—7. St.-Pétersbourg. (Leipzig, Voss.) 4. v. p. 23. 107.   8 M. 30 Pf.

— de la Société de lettres de l'Aveyron. T. 13. (1881—1886.) Rodez, imp. Ratery-Virenque. 8. 436 p. v. p. 23.

Miscellanea di storia italiana edita per cura della R. Deputazione di Storia Patria. Tomo XXVI. Torino, Bocca. 8. 695 p. v. p. 24.   12 M.

Mittheilungen des Vereins für Kunde der Aachener Vorzeit, herausg. von R. Pick. I. Aachen 1887, Cremer. v. p. 107.   2 M.
Rec.: Westdeutsche Zeitschrift VI 3 p. 275—279 v. H. Lörsch.

— des Akademisch-Orientalistischen Vereins zu Berlin. 1. Jahrg. 1. Heft (Oktober 1887). Berlin, Wolf Peiser. 8. 20 S.   1 M. 50 Pf.

— der litauischen litt. Gesellschaft. 12. Hft. Heidelberg, Winter. 8. S. 393 —445. v. p. 24.   1 M. 60 Pf.

Mittheilungen des Vereins für Geschichte der Stadt Meissen. 2. Bd. 1. Hft. Meissen, Mosche. 8. 98 S. 1 M. 25 Pf.
— des Altertumsvereins zu Plauen i. V. 6. Jahresschrift, 1886/87. Hrsg. von J. Müller Plauen, Neubert. 8. XCV, 107 S. mit 1 Taf. 3 M. 60 Pf.
Sitzungsberichte der philosophisch-philologischen und hist. Klasse der k. bayr. Akademie der Wissenschaften 1887. 3. Heft. München, Franz. S. 303 —426. 1 M. 20 Pf.
— dasselbe. 1887. 2. Bd. 1. u. 2. Hft. Ebd. v. p. 27. 166. à 1 M. 20 Pf.
Société agricole, scientifique et littéraire des Pyrénées-Orientales. 28. volume. Perpignan, imp. Latrobe. 8. 348 p. et 8 pl.
Travaux de l'Académie de Reims. 79 vol. Année 1885/86. T. 1. Reims, Michaud. 8. 323 p. v. p. 28. 6 M.
Zeitschrift für die Geschichte u. Alterthumskunde Ermlands. Im Namen des hist. Vereins für Ermland hrsg. von Bender. 9. Bd. Braunsberg, Huye. 1. Hft. 272 S. 8. 9 M.
— des westpreussischen Geschichtsvereins. 20. Hft. Danzig, Bertling. 8. XI, 213 S mit 1 Karte. v. p. 28. 2 M. 50 Pf.
— des Vereins zur Erforschung der rheinischen Geschichte u. Alterthümer in Mainz Herausg. von W. Velke. 3. Bd. 4. Hft. 8. S. 385—616. Mit 7 Taf. Mainz, v. Zabern. v. p. 29. 4 M.; I—IV: 11 M.

3. Sammelwerke.

Vermischte kritische Schriften. — Lateinische und griechische Schriften von Autoren des späteren Mittelalters u. der Neuzeit.

Abhandlungen, Breslauer philologische. 2. Bd. 2. Hft. Breslau, Köbner. 8. 86 S. 1 M. 80 Pf.
— dasselbe. 1. Bd. 3. Hft. 166 S. mit 1 Tafel. 4 M.
— der königl. Gesellschaft der Wissenschaften zu Göttingen. 34. Bd. Der Georgia Augusta zur Feier ihres 150 jähr. Bestehens dargebracht. Göttingen, Dieterich 4. 538 S. m. 3 Taf. 48 M.
Acta seminarii phil. Erlangensis. IV. 1886. v. p. 107. 9 M.
 Rec.: Deutsche Literaturzeitung N. 41 p. 1439-1442 v. W. Dittenberger.
Aufsätze, philosophische, Eduard Zeller gewidmet. Leipzig, Fues. v. p. 107. 9 M.
 Rec.: Lit. Centralblatt N. 40 p. 1363—1364 v. A. K. — Deutsche Literaturzeitung N. 40 p. 1396—1399 v. Th. Ziegler.
Bergk, Th., kleine philologische Schriften. 2 Bde. Halle, Waisenhaus. v. p. 29. 22 M.
 Rec.: Cassical Review N. 8 p. 234—235 v. J. B. Jevons.
Bolte, J., zwei Humanistenkomödien aus Italien. Zeitschrift f. vergl. Litteraturgeschichte I 1 p. 77—84.
Brandes, W., frühchristliches Gedicht Laudes Domini. Braunschweig. Pr. v. p. 167.
 Rec.: Revue critique N. 46 p. 355—356 v. P. A.
Briefe von A. Masius, herausg. von M. Lossen. Leipzig, Dürr. v. p. 29 167. 11 M. 40 Pf.
 Rec.: Westdeutsche Zeitschrift VI 3 p. 261—272 v. Joachim.
Curtius, G., kleine Schriften. 2 Thle. Leipzig, Hirzel. v. p. 30. 107. 167. 7 M.
 Rec : Revue critique N. 45 p. 343-344 v. L. Duvau.
Dilthey, C., epistulae Gottingenses a C. Diltheyo editae. Göttingen, Dieterich. 4. 44 S. 80 Pf.
Dissertationes philologicae Haleuses. Vol. VIII. Halle, Niemeyer. 8. III. 292 S. 7 M,

Erasmus, D., the praise of folly. Translated and containing Holbein's illustrations. Glasgow, Morison. 8. 210 p. cl. 5 M. 40 Pf.

Festschrift zur Begrüssung der 39. Philologenversammlung, dargeboten von der Universität Zürich. Zürich, Höhr. 4. 109 S 1 M. 35 Pf.

— der antiquarischen Gesellschaft zu Zürich zur Begrüssung der 39. Philologenversammlung. v. Epigraphik, Vögelin, Tschudis epigr. Studien.

— der Kantonschule in Zürich zur Begrussung der 39. Philologenversammlung. Zürich, Höhr. 4. 119 S. 1 M. 35 Pf.

— des philologischen Kränzchens in Zürich zu der in Zürich im Herbst 1887 tagenden 39. Versammlung deutscher Philologen u.. Schulmänner. Zürich, Schulthess. 8 96 S. 2 M.

Haussleiter, J, Leben u. Werke des Bischofs Primasius von Hadrumetum. Eine Untersuchung Erlangen, Metzer. 8. 55 S. 1 M. 35 Pf.
Rec.: Theol. Literaturzeitung N. 21 v. O. Harnack.

Historia Apollonii regis Tyri e cod. Parisino 1955 ed et commentario critico instruxit M. Ring. Pressb. 1888, Steiner. 12. 90 S. 1 M. 50 Pf.

Kock, Th., flores italici, collegit Th. K. Leipzig, Teubner. 12. 177 S.
2 M 40 Pf.

Lange, L., kleine Schriften. 2. Bd. Mit Register. Göttingen, Vandenhoeck & Ruprecht. 8. IV, 641 S v p. 31. 108. 15 M ; compl.: 25 M.
Rec.: Deutsche Literaturzeitunz N. 44 p. 1547 v. W. Sieglin. — Lit. Centralblatt N. 51 p. 1733 v. K J. N.

Leeuwen, J. van, Matris querela Accedit: P. Esseiva, Esther. Carmina probata in certamine poëtico Hoeufftiano praemio aureo ornata. Amst., Müller. 8. 48 S. 1 M. 60 Pf.

Lettre d'Ansse de Viloison à D. Wyttenbach. Revue critique N. 47 p.393—396.

Mélanges Renier. Paris, Vieweg. v. p. 168.
Rec : Academy N. 814 p. 393. — Classical Review I 10 p. 308 v. Rhys Roberts.

Neumann, C., griechische Geschichtsschreiber u. Geschichtsquellen im 12 Jahrh. Studien zu Anna Comnena, Theodor Prodromos, Johannes Cinnamus. Leipzig 1888, Duncker & Humblot. 8. V, 105 S. 2 M. 40 Pf.

Pauli Crosnensis atque **Joannis** Vislicensis carmina ed. B. Kruczkiewicz. Krakau, Friedlein. v. p. 168. 4 M.
Rec.: Zeitschrift f. d. österr. Gymn. XXXVIII 11 p 859—860 v. Morawski.

Poetae latini aevi Carolini rec. L. Traube. III 1. Berlin 1886, Weidmann. v. p. 31. 168 8 M.
Rec : Lit. Centralblatt N. 42 p. 1444. — Mittheilungen a. d. hist. Lit. XV 1 v Hase.

Preces veterum, sive orationes devotae ex operibus Hieronymi, etc. excerptae, et in usum Eccl. Angl. accommodatae. Collegit J. F. France. Editio nova. London, Rivingtons 8 280 p. cl. 6 M.

Raphael, A, die Sprache der Proverbia que dicuntur super natura feminarum. Berlin. Diss 8 50 S.

Roth, F. W. E., lat. Hymnen des Mittelalters. Als Nachtrag zu den Hymnensammlungen von Daniel, Mone, Vilmar u. G. Morel aus Handschriften u. Incunabeln. Nebst Beschreibung der benützten Handschriften u. Drucke, u. Register. Augsburg 1888, Schmid 8. X, 165 S. 4 M.

Saint-Hilaire, Q de, lettres inédites de Coray à Chardon de La Rochette et à Koumas. Annuaire des études grecques XX p 77—87.

Schiller, Fr. v., uber Völkerwanderung, Kreuzzüge u. Mittelalter. Lateinische Uebersetzung mit ausführl. Exkursen. Für Studierende u. Lehrer von R Bouterwek Paderborn, Schöningh 8. 63 S. 1 M. 20 Pf.

Studien, kirchengeschichtliche. Hermann Reuter zum 70. Geburtstage gewidmet von Th. Brieger, P. Tschackert, Th Kolde, Fr. Loofs u. K. Mirbt. Mit Beigabe von A. Reuter. Leipzig, Hinrichs. 8. 351 S 8 M.

Tamizey de Larroque, P., les correspondants de Peiresc. XIII. Gabriel Naudé. — XIV. Samuel Petit. Paris, Techener. 8. 120 et 163 p. v. p. 108. 168.

Tannery, P., le traité de Manuel Moschopoulos sur les carrés magiques. Texte grec et traduction. Annuaire des études grecques XX p. 88—120.

Thomas, lettres latines inédites de Francesco da Barberino. Romania XVI.

Voigt, Nachträge zu den deliciae cleri u. zum Florilegium Gott. Romanische Forschungen III 3.

X., ein Brief Philipp Buttmanns. Rhein. Museum XLII 4 p. 627—633.

4. Encyclopädie und Methodologie der classischen Philologie.

Bauder, die äusseren u. inneren Feinde der humanistischen Bildung. Blätter f. höh. Schulwesen N. 8.

Bendiner, M, ein allgemeines deutsches Universitätsjubiläum. Beilage zur Allg. Zeitung N. 266—272.

Compayré, G., the history of pedagogy. Translated, with introduction, notes, and index, by W. H. Payne. London, Sonnenschein. 8. 624 p. cl. v. p. 33. 7 M. 20 Pf.

Coubertin, P. de, souvenirs d'Oxford et de Cambridge. (Extrait.) Paris, Gervais. 8. 30 p.

Curschmann, F., die Ueberfüllung der Gymnasien u. ihre schädlichen Folgen. Mittel zur Abhülfe. Gymnasium V 21 p. 745—752.

Eckstein, A., lateinischer u. griechischer Unterricht. Leipzig, Fues. v. p. 168. 9 M.
Rec : Deutsche Literaturzeitung N. 45 p. 1580 v. E. v. Sallwürk — Zeitschrift f. d. österr. Gymn. XXXVIII 11 p. 853—859 v. A. Scheindler.

Freytag, L, ein Wort über die wissenschaftlichen Abhandlungen in den Schulprogrammen. Centralorgan für Realschulwesen XV 11 p 713—717.

Fries, W., die Verbindung von Lektüre u. Grammatik im lat. Unterricht, vornehmlich der mittleren Klassen. Zeitschrift f. d. Gymnasialwesen XXXXI 10 p 585—604.

Hammerstein, L., Glaube u. Sittlichkeit an säkularisierten Gymnasien. Stimmen aus Maria-Laach N. 8.

Hartmann, v., der Streit um die Organisation der höheren Schulen. Die Gegenwart N. 39.

Haupt, K., die Aufgabe des Geschichtsunterrichts am Gymnasium. Jahrbücher für Philologie 136 Bd. 9. Hft. p. 433—444. v. p. 109. 169.

Hazlitt, W. C., schools, school books and school masters. A contribution to the history of educational development in Great Britain. London, Jarvis 8. 300 p. cl. 9 M.

Kiessling, Fr. G., Auswahl seiner Schulreden. Berlin 1886, Springer. v. p. 109. 4 M.
Rec.: Wochenschrift für klass. Phil. IV 41 p. 1266—1267 v. Radke. — Zeitschrift f. d. österr. Gymn. XXXVIII 8. 9 p. 724.

Knaack, G, das Stiftungsfest der Philologischen Gesellschaft zu Greifswald. Berliner phil. Wochenschrift VII 40 p. 1262—1264.

Koldewey, Fr. K., braunschweigische Schulordnungen. Berlin, Hofmann. v. p. 32. 109. 24 M.
Rec.: Phil. Anzeiger XVII 4. 5 p. 311—315 v. C. Hartfelder. — Academy N. 790 p. 446.

Koldewey, Fr. K., die Schulgesetzgebung des Herzogs August von Braunschweig-Wolffenbüttel. Braunschweig, J. H. Meyer. v. p. 169.   1 M.
Rec.: Deutsche Literaturzeitung N. 50 p. 1765—1767 v. Th. Ziegler. — Theol. Literaturblatt N. 46 p. 429 v. W. Walther.

Lengnick, B., der Bildungswerth des Lateinischen. Berlin, Gärtner. v. p. 109.   1 M.
Rec.: Deutsche Literaturzeitung N. 48 p. 1692—1693 v. E. v. Sallwürk.

Maschek, Fr., auch eine brodlose literarische Arbeit (Schulprogramme). Deutsche Schriftstellerzeitung N. 48.

Meyer, Bona, zur Reform der deutschen Hochschule. Festrede. Bonn, Strauss. 8. 47 S.   1 M.

Moldenhauer, Fr., 24. Versammlnng rheinischer Schulmänner im April 1887 zu Köln. Zeitschrift f. d. Gymnasialwesen XXXXI 10 p. 640—647.

Müller, Joh., vor- u. frühreformatorische Schulordnungen. II. Zschopau 1886, Raschke.   1 M. 60 Pf.
Rec.: Deutsche Literaturzeitung N. 40 p. 1400 v. Fr. Paulsen.

Pachtler, G. M., ratio studiorum societatis Jesu. I. Berlin, Hoffmann. v. p. 32. 109. 169.   15 M.
Rec.: Deutsche Literaturzeitung N. 42 p. 1469—1471 v. Th. Ziegler. — Berliner phil. Wochenschrift VII 52 p. 1638—1640 v. C. Nohle.

Pfeiffer, A, Bericht über die Philologenversammlung in Zürich. Gymnasium V 22 u. 23.

Planck, M., über die Behandlung des Expositionsstoffs in der Schule. Korrespondenzblatt f. d. württ. Schulen XXXIV 7. 8 p. 329—343.

Rivoyre, de l'étude du grec. Lyon 1886, imp. Schneider. v. p. 32.
Rec : Berliner phil. Wochenschrift VII 43 p. 1349—1350 v. Vogrinz.

Schiff, U., l'université de Florenz. Revue de l'enseignement VII 10.

Schiller, H., Lehrbuch der Geschichte der Pädagogik. Für Studirende u. junge Lehrer höherer Lehranstalten. Leipzig, Fues. 8. V, 352 S. 6 M.

Sittl, K, Bericht über die Philologenversammlung zu Zürich. Berliner phil, Wochenschrift VII 47 p. 1485—1488; N. 48 p. 1517—1520; N. 49 p. 1551—1552; N. 50 p. 1582—1584; N 52 p. 1619.

Strobel, W., die klassischen Studien als Vorbildung für die höheren Berufsarten mit besonderer Berücksichtigung der Theologie. Vortrag. Mit Vorwort von E. Buss. Basel 1888, Schneider. 8. VII, 38 S   80 Pf.

Thumser, über den Lateinunterricht in den beiden ersten Klassen der Gymnasien. Zeitschrift f. d. österr. Gymnsien XXXVIII 8. 9 p 712—721.

5. Geschichte der Alterthumswissenschaft.

Acta nationis Germanicae universitatis Bononiensis ex archetypis tabularii Malvezziani. Jussu instituti Germanici Savignyani edd. E. Friedländer et C. Malagola. Cum V tabulis. Berlin, G. Reimer. 4. XXXIX, 303 S. geb. 38 M.

Bazin, H., notice sur Jérôme Maurand, épigraphiste d'Antibes. Vienne. 8. 12 p.

Caesar, J., catalogus studiosorum scholae Marpurgensis. Pars IV., ab a. 1605 usque ad a. 1628 pertinens. Marburg, Elwert. 4. IV, 204 S. v. 1886. 7 M. 50 Pf.; cplt.: 19 M. 50 Pf.

Dittenberger, W., de universitatis Halensis rebus inde ab a. 1806 usque ad a. 1814. Halle. Ind. lect. hib. 4.

Dubouchet, A., Rabelais à Montpellier (1530—1538). Etude biographique d'après les documents originaux, avec fac-similé en héliogravure. Montpellier, lib. Coulet.

Erler, G., Dietrich von Nieheim (Theodericus de Nyem). Sein Leben u. seine Schriften. Leipzig, Dürr. 8. XIV, 490 u. Beilagen XLV S.   11 M.

Foster, J., alumni Oxonienses. The members of the University of Oxford, 1715—1886. I. (Privately printed.)
Rec.: Athenaeum N. 3134 p 669.

Francke, O., Regesten zur Geschichte des Gymnasiums zu Weimar. Weimar (1888). 4. 44 S.

Friedersdorff, F., Feier des 300jährigen Bestehens des Gymnasiums zu Tilsit. Zeitschrift f. d. Gymnasialwesen XXXXI 11 p. 689—711. cf. p. 111.

Friedländer, K., das Testament des Dr. Joachim Jungius, seine Verwaltung u. seine Stipendiaten. Zum 22. Oktbr. 1887 hrsg. Nebst dem Bildnisse d. Testators u. 4 Facsim. der Unterschriften der Testamentszeugen. Hamburg, Herold. 4. 55 S.   2 M.

Geiger, L., neue Schriften zur Litteraturgeschichte der italienischen Renaissance. I. Zeitschritt f. vergl. Litteraturgeschichte I 1 p. 114—123.

Grashof, O., Gandersheim u. Hrotsuitha. (Fortgesetzt von Sievers.) Studien u. Mittheilungen a. d. Benedictinerorden VIII 3. v. 1886.

Jubiläum der Universität Göttingen am 7.— 10. August. Berliner phil. Wochenschrift VII 42 p 1322—1324 u. N. 43 p. 1353—1356.

Landwehr, H., zur Erinnerung an Adolf Schmidt. Berlin, Calvary. 8. 34 S.   1 M. 50 Pf.

Lasch, B, das Erwachen u. die Entwickelung der hist. Kritik im Mittelalter (vom VI.—XII. Jahrh.) Breslau, Köbner. 8. V, 121 S.   2 M 40 Pf.

Liard, L., les universités de France en 1789. Revue internationale de l'enseignement VII 11 p. 409—436.

Mariéjol, J. H., un lettré italien à la cour l'Espagne (1488—1526), Pierre Martyr d'Anghera, sa vie et ses oeuvres. Paris, Hachette. 8. XVI, 239 S.

Oekonomos, A. D., ὁ καθηγητὴς Ἰωαννης Πανταζίδης. I. Ἐλεγχόμενος s. l. et a. 8. 19 p.

Poirier, P., notice sur François Laurent. Gand, Hoste. 8. 64 p. 1 M. 50 Pf.

Poletto, G., del cardinale Angelo Mai e de' suoi studie e scoperte 2. ed. Siena. 8 219 p.   2 M. 50 Pf.

Rörsch, H., Barthélemy Latomus, le premier professeur d'éloquence latine au Collège Royal de France. Bulletin de l'Académie de Belgique 1887 N. 7.

Roth, F., Wilibald Pirkheimer, ein Lebensbild aus dem Zeitalter des Humanismus u. der Reformation. Halle, Niemeyer. 8. VII, 82 S.   1 M. 60 Pf.

Sierke, E., ein wissenschaftliches Dioskurenpaar. Mommsen u Sybel an ihrem 70 Geburtstag. Ueber Land u. Meer XLIX 8.

Suter, H., die Mathematik auf den Universitäten des Mittelalters. Festschrift der Kantonschule in Zürich p. 39—96.

Verdière, P. Ch., histoire de l'université d'Ingolstadt. Paris.

Volkmann, R, Gottfried Bernhardy. Halle, Anton. v. p. 171. 3 M. 60 Pf.
Rec.: Berliner phil. Wochenschrift VII 50 p. 1575—1577 v. Chr. Muff.

Windisch, E., Georg Curtius. Berlin, Calvary. v p. 35.   2 M. 40 Pf.
Rec.: Berliner phil. Wochenschrift VII 41 p. 1285—1287 v. H. Ziemer. — Classical Review I 9 p. 263—265 v. A. S. Wilkins.

Wüstenfeld, F, die Mitarbeiter an den Göttingischen gelehrten Anzeigen 1801 bis 1830. (Beilage zu den Nachrichten der kön. Gesellschaft der Wiss.) Göttingen, Dieterich. 8. 87 S.   3 M.

Ziesing, Th., Erasme ou Salignac? Etude sur la lettre de Rabelais. Paris, F. Alcan. 8. 29 p.   4 M.

6. Bibliographie und Bibliothekswissenschaft.

Bibliograaf, de   Onder redactie van J. M. Boos van den Berg. 1. jaarg.
N. 1. Amst., Berger. 2 mal monatlich, gratis 4.

Bibliotheca historica Vierteljährliche systematisch geordnete Uebersicht der
auf dem Gebiete der gesammten Geschichte in Deutschland u. dem Auslande neu erschienenen Schriften u. Zeitschriften - Aufsätze. Hrsg. von O.
Masslow Neue Folge. 1 Jahrg. 1887. 1. u. 2. Hft. Göttingen, Vandenhoeck & Ruprecht. 8. II, 244 S.   4 M.

— philologica. Hrsg von A. Blau   40. (2.) Jahrg. 2. Hft. April — Juni
1887. Göttingen, Vandenhoeck & Ruprecht. v. p. 36. 171.   1 M. 60 Pf.

Bulletin bibliographique de la librairie française. 1. année (4 fois par an)
1887. Paris, Cercle de la Librairie.   par an: 1 M.

Catalogue général de la librairie française depuis 1840, rédigé par A. Lorenz. T. 10. 2. fascicule: Pentateuchi-Zybinn (I-Z). Paris, l'auteur, rue
des Beaux-Arts. 8. à 2 col, p. 385 – 768.

Catalogue de la bibliothèque de la ville de Troyes par E. Socard. T. 11,
12 et 14. Troyes, imp Martelet.

Mollat, G., mehrere unbekannte Incunabeln (in Kassel). Rhein. Museum XLII
4 p. 639—640.

Müller, Joh., die wissenschaftlichen Vereine Deutschlands. Bibliographie.
9. u. 10. Lief. (Schluss.) Berlin, Asher. v. p. 37.   à 6 M.
Rec.: Lit Centralblatt N. 49 p. 1670.

Müntz et Fabre, la Bibliothèque du Vatican au XV. siècle. Paris, Thorin.
v. p 37. 113 171.   12 M. 50 Pf.
Rec.: Revue critique N. 48 p. 404—407 v. P. de Nolhac. — Athenaeum
N. 3123

Nolhac, P de, la Bibliothèque de Fulvio Orsini. Contributions à l'histoire
des collections d'Italie et à l'étude de la rénaissance. Paris, Vieweg. gr. 8.
Avec huit fac-similés.   15 M.
Rec : Deutsche Literaturzeitung N. 50 p. 1767—1768.

Zazzeri, R., sui codici e libri a stampa della biblioteca Malatestiana di
. Cesena Cesena. 16 618 p.   7 M.

Zangemeister, K., Theodor Mommsen als Schriftsteller. Verzeichniss seiner
Bücher u. Abhandlungen. Zum 70. Geburtstag am 30. November 1887 überreicht. Heidelberg, Winter. 8. VI, 79 S.   4 M.

II. Griechische und römische Autoren.

Analecta Bolandiana. Tomus VI, fasc II. 1. Vita s. Samsonis Dolensis
episcopi (edente Fr. Plaine). — 2. Praefatio in vitam s Deodati. — 3. Ca-
logus cod hagiographicorum lat. — 4. Tria folia catalogi hag. Paris, Palmé.
p. 97 – 208 et p. 129 – 176 v. p. 37. 113. 172.   à vol. 15 M.

Fränkel, A., die schönsten Lustspiele der Griechen u Römer, zur Einführung
in die antike Komödie nacherzählt u. erläutert. Mit Bildnis des Aristophanes u. Plan des griech. Theaters. Halle 1888, Waisenhaus. 8 VIII,
365 S.   3 M.

1. Griechische Autoren.

Bois, H., la poésie gnomique chez les Hébreux et chez les Grecs. Toulouse.
v. p 37. 172.
Rec.: Lit Centralblatt N. 50 p. 1694—1695 v. Cr.

Carmina figurata graeca ed. C. Häberlin. Ed. altera Hannover, Hahn.
v. p. 39. 114   3 M.
Rec: Lit Centralblatt N. 40 p. 1379—1380 v. Cr. — Neue phil. Rundschau N. 25 p. 385—386 v. J. Sitzler. — Classical Review I 10 p. 304
v. C. B. Heberden.

Gercke, A., alexandrinische Studien. Theokrit u. Kallimachos. Rhein. Museum XLII 4 p. 590 – 626.

Hug, A., zu den Testamenten der griechischen Philosophen. Festschrift der Zuricher Universität p 1 – 22.

Kaibel, G., sententiarum liber quartus. Hermes XXII 4 p. 497 – 515.

Ludwich, A., Streifzuge in entlegenere Gebiete der griech. Literaturgeschichte. Königsberger Studien 1. Hft. p. 61 – 82.

Schneider, Richard, Bodleiana Leipzig, Teubner. v. p. 38. 172. 1 M. 60 Pf.
Rec.: Deutsche Literaturzeitung N 42 p. 1473.

Adamantius. Zahn, Th., die Dialoge des Adamantius mit den Gnostikern. Zeitschrift für Kirchengeschichte IX 2. 3.

Adrians εἰσαγωγὴ εἰν τὰς θείας γραφάς, aus neuaufgefundenen Handschriften herausgegeben, übersetzt u. erläutert von Gössling. Berlin, Reuther 8. XII, 146 S. 3 M. 20 Pf.

Aeschylus. Eumenides. With introduction and notes by A. Sidgwick. Oxford, Clarendon Press gr. 8. 136 p. cl. 3 M. 60 Pf.
Rec.: Academy N. 808 v. Paley, cf. ib. N. 809 v. Sidgwick u. N. 811 v. Upcott.

— Perser, von Teuffel-Wecklein. Leipzig 1886, Teubner. 1 M. 20 Pf.
Rec.: Blätter f. d. bayr. Gymn. XXIII 9 p. 458 – 459 v. K. Metzner.

— Prometheus vinctus, with notes by G. Glazebrook. London, Rivington. 12. cl. 3 M.

— Septem contra Thebes, by A. W. Verrall. London, Macmillan. v. p. 38. 114. 172. 9 M.
Rec.: Wochenschrift f. klass Phil. IV 39 p. 1188 – 1194 v. - t -. — Berliner phil. Wochenschrift VII 46 p 1429 – 1431 v. H. Müller.

— Tragödien. Deutsch in den Vermassen der Urschrift von J. C. Donner. 1 – 5. Ltg. 2. Aufl. Berlin, Langenscheidt 1. Bd. S. 193 – 214 u. 2. Bd. S. 1 – 32. 35 Pf.

Bury, J. B, Aischylos Agamemnon 1227 - 1230 and 1310. Classical Review 1 8 p. 241.

Lalin, E, de praepositionum usu apud Aeschylum. Leipzig 1885, Simmel. 2 M.
Rec.: Berliner phil. Wochenschrift VII 46 p. 1431 – 1433 v. Wecklein.
— Phil. Anzeiger XVII 4 5 p. 262 – 266 v. R. Hildebrandt.

Reiter, S., de syllabarum in trisemam longitudinem productarum usu Aeschyleo et Sophocleo. Leipzig, Freytag. v p. 114. 173
Rec.: Deutsche Literaturzeitung N. 47 p. 1657 – 1658 v. Reimann.

Warr, G. C., Aeschylus Eumenides 631, 2. Classical Review I 10 p. 313.

Weil, H., les traces de remaniements dans les tragédies d'Eschyle. Académie des inscriptions, 19. u. 26. August. (Revue critique N. 41.)
— la fable de Prométhée dans Eschyle. Annuaire des études grecques XX p. 280 – 299.

Aesop's fables. Translated by S. Croxall and Sir Roger L'Estrange. With applications, morals, etc., by G. F. Townsend and L. Valentine. New edit. with 110 original illustrations. London, Warne. 8. cl. 3 M.
— illustrated by E. Griset. Popular edition. London, Cassell. gr. 8. 410 p. cl. 4 M. 20 Pf.

Alexander Trallianus. Puschmann, Th, Nachträge zu Alexander Trallianus. Berlin, Calvary. v p. 38. 178. 6 M 60 Pf.
Rec.: Wochenschrift f. klass Phil. IV 40 p 1228. — Lit. Centralblatt N. 47 p 1598 – 1599. — Deutsche Literaturzeitung N. 51 p. 1804 – 1805 v. Iwan Müller. — Revue critique N. 46 p. 353 – 355 v. C E. Ruelle.

Anaximander. Ziegler, Th., ein Wort von Anaximander. Archiv für Philosophie I 1 p. 16—27.

Andocides. Cinquini, A., Andocidis de codicibus. Mailand 1886.
Rec.: Berliner phil. Wochenschrift VII 44 p. 1366 v. H. Lewy.

Anthologia graeca. Reményi, E., a görög epigramma s a görög anthologia eredete. Budapest 1887, Revai. 8. 63 S. 1 M.
Rec.: Egyetemes phil. közlöny 1887 N. 9 10 p. 759—762 v. E. Abel.

Antoninus, Marcus Aurelius. Translated by J. Collier, revised by Alice Zimmern. London, Scott. v. p. 115. 1 M 20 Pf.
Rec.: Classical Review I 8 p. 232.

Apollinarius Laodicenus Dräseke, J., Apollinarios von Laodicea. Zeitschrift für kirchliche Wissenschaft N. 10.

Apollonius Rhodius. Kaibel, G., ad Apoll. Argonautica. Hermes XXII 4 p. 511—512.

Archestratus. Kaibel, G., locus qdm. Archistrati restituitur. Hermes XXII 4 p. 502—503.

Aristarchus. Tannery, P., scholies sur Aristarque de Samos. Revue de philologie XI 1 p. 33—41.

Aristophanis comoediae instr. Blaydes. VI: Plutus. Halle 1886, Waisenhaus. 9 M.
Rec.: Wochenschrift f. klass. Phil. IV 47 p 1444—1451 v. O. Kähler. — Neue phil. Rundschau N. 21 p. 322—323 v. O. Wächter. — Zeitschrift f. d. österr. Gymn XXXVIII 11 p. 824 - 825 v. C. v. Holzinger.

— the Knights, with notes by W. Merry. 2 pts. Oxford. 3 M. 60 Pf.
Rec.: Zeitschrift f. d. österr. Gymnasien XXXVIII 11 p. 826 v. C. v. Holzinger. — Academy N. 811 v. Upcott.

— die Wolken. Erklärt von W. S. Teuffel. 2. Aufl. von O. Kähler. Leipzig, Teubner. 8. VI, 221 S. 2 M. 70 Pf.

   Briel, A, de Callistrato et Philonide s. de actionibus Aristophaneis. Berlin, Weidmann. v. p. 40. 1 M 60 Pf.
   Rec.: Phil. Anzeiger XVII 6. 7 p 361—380 v. E. Hiller. — Classical Review I 9 p. 273 v. G. Rutherford.

   Hiller, E., der Kokalos des Aristophanes. Jahrbücher für Philologie 135. Bd. 8. Htt. p. 527—528.

   Kaibel, G., ad Aristoph. Thesm. 162. Hermes XXII 4 p. 497—500.

   Leeuwen, J. van, jr., ad Aristophanis equitum vs. 742. Mnemosyne XV 4 p. 459—460. cf p 173.

   Petri, F., de enuntiatorum condicionalium apud Aristophanem formis et usu. Halle. Diss. (Berlin, Mayer & Müller.) 8. 62 S. 1 M. 20 Pf.

   Rutherford, W. G., notes on the scholia on the Plutus. Classical Review I 8 p. 242.

   Scarborough, W. S., the Birds of Aristophanes. A theory of interpretation Proceedings of the American Phil. Association 1886 p. VII.

   Schnee, R, de Aristophanis manuscriptis, quibus Ranae Aves traduntur. Hamburg 1886, Herold. 1 M. 25 Pf.
   Rec.: Phil. Anzeiger XVII 6. 7 p. 348—353 v. O. Bachmann.

   Tucker, ἀστός and ἀντός in Dem. Phil. and Aristophanes Eq. 258—263, v. Demosthenes.

   Tyrrell, R Y., note on Aristophanes Ranae 1028. Classical Review I 10 p. 313.

   Zacher, K., zu Aristophanes Wespen; zum Frieden. Jahrbücher für Philologie 135. Bd. 8. Htt. p 529 - 536.

Aristoteles Ethics. Short summary and analysis. Books I—IV, chaps VI—X. With questions selected from the most recent examination papers. By R. Broughton. Oxford, Shrimpton. 8. 108 p. 3 M.

Aristotelis fragmenta coll. V. Rose. Leipzig, Teubner. v. p 40. 115.
4 M. 50 Pf.
Rec.: Wochenschrift f. klass. Phil. IV 44 p. 1354—1360.
— traité de la génération des animaux, par Barthelemy Saint-Hilaire.
Paris, Hachette. v. p. 116. 20 M.
Rec.: Neue phil. Rundschau N. 25 p. 386—387 v. A. Bullinger.
Commentaria in Aristotelem graeca edita consilio et auctoritate Acade-
miae litterarum regiae borussicae. Vol. IV pars I: **Porphyrii** isagoge
et in Aristotelis categorias commentarium ed. A. Busse. (LVI, 181 S.)
9 M — XVI: Ioannis **Philoponi** in Aristotelis physicorum libros III
priores commentaria ed. H. Vitelli (XX, 495 S.) 20 M. Berlin,
Reimer. gr. 8 29 M.
Supplementum Aristotelicum II, 1: Alexandri Aphrodiensis scripta mi-
noia ed J. Bruns. Berlin, Reimer. v. p 40. 9 M.
Rec.: Lit. Centralblatt N. 49 p. 1662—1663.
Arleth, E., über Aristoteles Eth. Nic. I 5. 1097 b 16 ff. Zeitschrift tür Phi-
losophie 90. Bd. 1. u. 2. Hft.
Azarias, brothers, Aristotle and the Christian Church. An Essai. London,
Kegan Paul.
Bénard, l'esthétique d'Aristote. Séances de l'Académie des sciences mo-
rales 1887, Oct.—Nov. Paris.
Diels, H., über das 3. Buch der aristotelischen Rhetorik. Berlin 1886,
Reimer. v. p 40. 2 M.
Rec.: Berliner phil. Wochenschrift VII 49 p. 1532—1536 v. M. Wallies.
Elfes, A., Aristotelis doctrina de mente humana ex commentariorum grae-
corum sententiis eruta. Pars I. Alexandri Aphrodisiensis et Joannis
Grammatici Philoponi commentationes continens. Bonn, Strauss. 8.
47 S. 2 M.
Farces, A., études philosophiques pour vulgariser les théories d'Aristote
et de saint Thomas et leur accord avec les sciences. T. 3. Matière
et forme en présence des sciences modernes. Paris, au bureau des
Annales de philosophie chrétienne; l'auteur, rue de Vaugirard 74. 8.
222 p. 4 M.
Ferrari, G., l'etica a Nicomaco in relazione alle dottrine greche anteriori.
Mantua, tip. Mondovi 8. 143 p
Goodwin, W., Plato's and Aristotle's doctrines of the immortality of the
soul. v. Plato.
Höpel, G., de notionibus voluntarii (ἑχοίσιον) ac consilii (προαίρεσις) se-
cundum Aristotelis ethica Nicomachea III 1—7. Halle. Diss. 8. 33 S.
Joyau, la doctrine du libre arbitre chez Aristote Annales de la faculté
des lettres de Bordeaux 1887 N 2 p 257—269.
Natorp, P., Thema u. Disposition der aristotelischen Metaphysik. Philo-
sophische Monatshefte XXIV 1. 2.
Poschenrieder, F., die naturwissenschaftlichen Schriften des Aristoteles
in ihrem Verhältniss zu den Büchern der hippokratischen Sammlung.
Bamberg Pr. 8. 67 S
Tumlirz, K., die tragischen Affekte Mitleid u. Furcht nach Aristoteles.
Wien 1885. Pr.
Rec.: Zeitschrift f. d österr. Gymn. XXXVIII 10 p. 798—801 v. J. Pajk.
Wilson, Cook, recent emendations of the Aristotelian text. (Ethics.) Aca-
demy N. 813 p. 375—376.
Wilson, on some passages in Plato's and Aristotle's Ethics. v. Plato.
Wirth, Ch, die ersten drei Kapitel der Metaphysik des Aristoteles. Grund-
text, Uebersetzung u. Kommentar. Bayreuth 1884. Pr.
Rec.: Zeitschr. f. d. österr. Gymn. XXXVIII 11 p. 881—883 v. J. Zahlfleisch.

Aristoteles. Wrobel, V., Aristotelis de perturbationibus animi doctrina. Leipzig, Fock v p. 116.   1 M 20 Pf.
Rec : Zeitschrift f. d. österr. Gymn. XXXVIII 10 p. 792—794.
Arrianus. Böhner, A., de Arriani dicendi genere. Acta sem. Erlang. IV, 1886 v. p. 41.
Rec.: Neue phil. Rundschau N. 20 p 307—308 v. R. Mücke.
Athenaei Naucratitae deipnosophistarum libri XV, rec. G. Kaibel. Vol. I. libri I—V Leipzig, Teubner. 8 XIJ, 491 S. v. p. 41. 174.   4 M. 80 Pf.
Rec.: (II) Berliner phil. Wochenschrift VII 52 p 1621—1625 v. W. Fischer.
Hauvette, A , sur un passage d'Athénée relatif à certaines attributions religieuses de l'archonte-roi. Annuaire des études grecs XX p. 159—171.
Callimachus Gercke, Theokrit u. Kallimachos, v. p. 233.
Knaack, G., Callimachea Berlin, Weidmann. v. p. 117. 174. 1 M. 20 Pf.
Rec : Wochenschrift f. klass. Phil. IV 43 p. 1321 — 1322 v. Hiller v. Gärtringen
Colluthus. Ludwich, A., zu Kolluthos u. Nonnos. Rhein. Museum XLII 4 p. 634—635.
Comici. Humphreys, M., the agon of the old comedy. American Journal of Philology N. 30 p. 179—206.
Zielinski, Th., die Gliederung der altattischen Komödie. Leipzig 1885, Teubner.   10 M.
Rec.: Phil Anzeiger XVII 6. 7 p. 353—361 v. W. Uckermann.
Cratippus. Stahl, M., de Cratippo historico. Münster. Ind. lect. hib. 4.
Damokrates. Studemund, über den Arzt Damokrates. Vortrag auf der Philologenversammlung zu Zürich. (Berliner phil. Wochenschrift VII 47 p. 1486—1487.)
Demetrius Phalereus. Liers, H., Abfassungszeit u. Verfasser der Schrift περὶ ἑρμηνείας. Jahrbücher für Philologie 135. Bd. 10. Hft. p. 705—717.
Demosthenes, ausgewählte Reden, von J Sörgel. I. Gotha 1886. 1 M.20Pf.
Rec.: Berliner phil. Wochenschrift VII 47 p. 1463 v. J Peters
— les plaidoyers politiques. Par H. Weil Paris 1886, Hachette. v.p.174. 8M.
Rec.: Classical Review I 8 p. 218 - 221 v S. H. Butcher.
— orationes selectae ed. C. Wotke. Leipzig, Freytag. XIV, 77 S. mit Porträt u. 1 Karte.   60 Pf.
Rec.: Berliner phil. Wochenschrift VII 46 p. 1433 v. Thalheim. — Zeitschrift f d österr. Gymn XXXVIII 11 p.826—829 v. A. Kornitzer. — Classical Review I 9 p 271-272 v. J. E Sandys.
— orations against Philip. With introduction and notes by E. Abbott and P. E. Matheson. London, Frowde. 12. cl.   3 M. 60 Pf.
— Philippische Reden, von Rehdantz. 5 Aufl. von Fr. Blass. Leipzig 1886, Teubner. v. p. 117.   1 M. 80 Pf.
Rec.: Zeitschrift f. d. Gymn. XXX 8. 9 p. 620—624 v. Slameczka.
— the first Philippic, and Olynthiacs I—III, ed. with introduction and notes by E. Abbott and P. E. Matheson. Oxford, Clarendon Press. 8. cl.   3 M. 60 Pf.
Blass, F., zu Demosthenes Leptinea. Jahrbücher für Philologie 135. Bd. 10. Hft. p. 717—720.
Burger, F., Stichometrisches zu Demosthenes. Hermes XXII 4 p. 650—655.
Ditges, Ph , Philippische Reden des Demosthenes. (Erläuterung.) Köln, Du Mont-Schauberg. 8. V, 193 S.   3 M. 20 Pf.
Girard, P., conjecture à propos de Démosthène disc. sur la Couronne, 169. Revue de philologie XI 1 p. 25—32.
Rosenberg, E, curae Demosthenicae. Hirschberg. Pr. p. 42. 175.
Rec : Berliner phil. Wochenschrift VII 44 p. 1365—1366 v. W. Grasshoff. — Wochenschrift f. klass. Phil. IV 39 p. 1194—1197 v. R. Busse.

Demosthenes. Schäfer, A., Demosthenes u. seine Zeit 3. Bde. 2. Aufl.
Leipzig, Teubner v. p. 42. 117. 175. 30 M.
Rec.: Lit Centralblatt N. 41 p 1413.

Spengel, A., ein Beitrag zur Werthschätzung u. zum Verständniss der
3. Philippischen Rede des Demosthenes. Sitzungsberichte der bayr. Akad.
d. Wiss. 1887, 2. Bd. 2. Hft. p. 272—316.

Swoboda, R, de Demosthenis quae feruntur prooemiis. Wien, Konegen
8. VI, 103 S. m. 1 Tab. 3 M.

Tucker, T. G, ἀστός and αὐτός in Dem. Phil. I. § 36 and Aristophanes
Eq 258 - 263. Classical Review I 9 p. 280.

Whitehouse, C, an uncial codex of Demosthenes. Athenaeum N.3115 p.54.

Διδαχή. Ed F. X. Funk. Tübingen, Laupp. v. p. 175. 3 M. 60 Pf.
Rec.: Classical Review I 10 p. 302—303 v. Ch. Merk.

— complete facsimile edition of the teaching of the Apostles. From the MS
of the holy sepulchre, convent of the greek church, Jerusalem. Accom-
panied by a commentary by J. Rendel Harris. New-York, Westermann.
8. 110 S. mit 10 Taf. 20 M.

Dinarchi orationes ed Th. Thalheim. Berlin, Weidmann. v. p 42. 75 Pf.
Rec.: Berliner phil Wochenschrift VII 44 p. 1368—1370 v. W. Grasshoff.

Thalheim, Th, de Dinarchi codicibus. Breslau 1886 Pr.
Rec : Berliner phil Wochenschrift VII 44 p 1366—1368 v. W. Grasshoff.

Dio Chrysostomus. L'Eubéenne, traduite par H. Fauvel. Paris 1888,
Dupret. 8. 53 p. 1 M.

Diodorus Bethe. E., quaestiones Diodoreae mythographae. Göttingen, Van-
denhöck & Ruprecht. v p. 117. 175 2 M 40 Pf.
Rec.: Wochenschrift f klass Phil. IV 46 p. 1409—1416 v. G. J. Schneider.
— Classical Review I 9 p 273 v. John Bury.

Dionysius Harlicaru. Bury, Dionysios or Longinus, v Longinus.

Epici. Weil, H, les posthomerica cycliques. Observations sur les épiques
grecs Revue de philologie XI 3 p 1—10

Epicurea ed. H. Usener. Leipzig, Teubner 8. LXXIX, 445 S. v. p. 175. 16 M.

Kreibig, J, Epikur. Seine Persönlichkeit u. seine Lehre. Eine Mono-
graphie in populärer Fassung. Wien 1886, Halm & Soldmanu. 8.
V, 50 S
Rec.: Zeitschrift für Philosophie 91. Bd 2. Hft. p. 292—293 v. A. Richter.

Eratosthenes. Hergt, M., quam vere de Ulixis erroribus Eratosthenes iudicaverit Erlangen. Diss. 8. 46 S.

Kaibel, G., ad Eratosthenis epistulam. Hermes XXII 4 p. 500.

Eudoxi ars astronomica ed Fr. Blass. Kiel, Univ.-Buchh. v. p 42. 1 M.
Rec.: Classical Review I 9 p. 272 v. T. L. Heath.

Eunapius. Lives of the philosophers. Translated. The Platonist III 10
p. 543—545; 11 p 577 - 593; 12 p. 643—654. v. p. 176.

Euripides. Alceste. Texte grec, accompagné par H. Weil. Paris, Hachette.
16. 88 p. v. p. 176. 1 M.
— Iphigénie à Aulis. Expliquée littéralement, traduite et annotée par Th.
Fix et Ph. Le Bas. Paris, Hachette. 12. 207 p. 3 M.
— — texte grec, accompagné de notes H. Weil. Paris, Hachette. 16.
123 p. 1 M.
— Medea, ed Th. Barthold. Leipzig, Freytag. v. p. 43. 118 176. 50 M.
Rec.: Neue phil. Rundschau N. 23 p. 353—354 v. A Steinberger.
— — by G. Glazebrook. London 1886, Rivington v. p. 43. 118. 176. 3 M.
Rec.: Berliner phil. Wochenschrift VII 47 p. 1461—1463 v. Th. Barthold.
— — by C. B. Heberden. Oxford 1886. v. p. 43 118. 176 2 M. 40 Pf.
Rec.: Berliner phil. Wochenschrift VII 47 p. 1466 v. Wecklein.

Euripides. Medea, erklärt von S. **Mekler.** Gotha 1886. **v. p. 118. 1 M.**
Rec.: Berliner phil. Wochenschrift VII 40 p. 1238—1239 v. Wecklein.
— Werke, übersetzt von J. **Mäbly.** Berlin 1886, Spemann.   1 M.
Rec.: Neue phil. Rundschau N. 22 p. 352 v. -γ.
— Alcestis and other plays; trad. into English verse by R. **Potter;** with
introduction by H. **Morley.** New York, Routlege. 286 p. cl. 1 M. 20 Pf.
Bury, John, Euripides Orestes 399. Classical Review I 8 p. 241.
Busche, C, observationes criticae in Euripidis Troades. (Göttingen, Van-
denhoeck & Ruprecht.) v p. 43.   80 Pf.
Rec.: Wochenschrift f. klass. Phil. IV 40 p. 1224—1228 v. Th. Barthold.
Cucuel, Ch, Phérès' Admète et Hercule dans l'Alceste d'Euripide. Revue
de philologie XI 1 p 17—25.
Housman, A. E., on Eur. Iph. Taur. 15 and 35. Classical Review I 8
p. 240 - 241.
Klinkenberg, J, Euripidea. Aachen 1884. Pr.
Rec : Neue phil. Rundschau N. 22 p. 340—342 v. L. Eysert.
Rassow, J., zur Hekabe des Euripides. Hermes XXII 4 p. 515 - 535.
Schwartz, E., scholia in Euripidem. I. Berlin, Reimer. v. p. 119. 176. 9 M.
Rec.: Classical Review I 9 p. 272—273 v John Bury.
Stadtmüller, H., zur Kritik des Euripides. (Herc. f. 616; El. 130; Suppl.
949, etc.) Blätter f. d. bayr. Gymn. XXIII 9 p. 434—443.
Stahl, J. M, de hyporchemate amoebaeo in Eur Cyclope. Münster. Ind.
lect. v. p. 119.
Rec.: Phil. Anzeiger XVII 4. 5 p 266—267 v R. Hildebrandt.
Weil, H., deux passages de l'Alceste d'Euripide. Revue de philologie XI
1 p 10—11.
Euthymi Zigabeni ἑρμηνεία, ἐκδ. ὑπὸ Καλογερας. Athen. v. p. 119.
Rec.: Lit. Centralblatt N. 39 p. 1329—1332 v. Schm.
Geoponica Beckh, H., de Geoponicorum codicibus. Erlangen 1886, Deichert.
Rec.: Berliner phil. Wochenschrift VII 41 p. 1272—1275 v. W. Gemoll.
Gorgias. Maass, E., über die erhaltenen Reden des Gorgias. Hermes XXII
4 p. 566 - 581.
Gregorius Nazianzenus. Knaack, G., zu Gregorios Naz. Jahrbücher für
Philologie 135. Bd. 9. Hft. p. 619—620.
Ludwich, A., zu den Gedichten des Gregorios von Nazianz. Streifzüge
(v. p. 283). p. 76—86.
Hephaestion. Engelbrecht, A, Hephaestion vor Theben u. sein astrologi-
sches Compendium. Ein Beitrag zur Geschichte der griech. Astrologie.
Wien, Konegen. 8. 102 S.   2 M.
Heracliti Ephesii reliquiae rec. J. **Bywater.** London 1887.   6 M.
Rec.: Phil. Anzeiger XVII 6. 7 p. 384 - 388 v. C. Cron.
Pfleiderer, E., die Philosophie des Heraclit im Lichte der Mysterienidee.
Berlin 1886, Reimer. v. p. 44. 177.   8 M.
Rec.: Phil. Anzeiger XVII 6. 7 p. 388—392 v. C. Cron. — Philoso-
phische Monatshefte XXIV 1. 2 v. Natorp.
Hermae Pastor. Graece integrum ambitu primum ed. A. **Hilgenfeld.** Leipzig,
Weigel. 8. XXXIX, 130 S.   4 M.
Rec.: Neue phil Rundschau N. 25 p. 397—398 v. H. Rönsch. — Theol.
Literaturzeitung N. 21 p. 496 v. A. Harnack.
Herodianus. Hilgard, A., excerpta ex libris Herodiani technici. Heidelberg.
Pr. (Leipzig, Teubner) 4. 38 S. v. p. 119.
Herodots Perserkriege. Griechischer Text mit erklär. Anmerkungen. Für den
Schulgebrauch hrsg. von V. **Hintner.** 1. Thl., Text. 2. verb. Aufl. Wien,
Hölder. 8. XVI, 115 S.   1 M. 28 Pf.

Herodoti historiarum libri VII—IX. Scholarum in usum ed. A. Holder.
Leipzig, Freytag. 8. Mit 4 Karten. v. p. 44. 119. 177. 1 M. 30 Pf.
Rec.: (VI) Wochenschrift f. klass. Phil IV 38 p. 1158—1160 v. W. Gemoll.

— histoires d'Hérodote. Analyse et extraits. Edition classique, accompagnée
de notes et précédée d'une notice sur la vie et les oeuvres d'Hérodote, par
G. de Montigny. 4. edition. Paris, Delagrave. 12. XXX, 267 p.

— für den Schulgebrauch erklärt von J. Sitzler. VIII. Ausgabe A, Kommentar unterm Text; Ausgabe B, Text und Kommentar getrennt. Gotha,
Perthes. IV, 108 S. 1 M. 50 Pf.

— le nove muse, volgarizzate da G. Becelli con appunti biografici e critici di L. Corio. Milano. 16. 375 p. 1 M.

Desrousseaux, A. M., sur Hérodote. Revue de philologie XI 1 p. 58—60.

Gomperz, Th., über den Abschluss des herodoteischen Geschichtswerkes.
Wien 1886, Gerold. v p. 44 50 Pf.
Rec.: Phil. Anzeiger XVII 4 5 p. 269–272 v. H. Kallenberg.

Kirchhoff, A., uber ein Selbstcitat Herodots. (Sitzungsberichte der Berli-
liner Akad. 1885.)
Rec.: Phil. Anzeiger XVII 4. 5 p. 267—272 v. H. Kallenberg.

Maass, E., Herodot u. Isokrates. Hermes XXII 4 p. 581–595.

Hesiods gedichte, in ihrer ursprüngl. fassung u. sprachform wiederhergestellt
von A. Fick. Mit einem anhang über die versabzählung in den homer.
epen. Göttingen, Vandenhoeck & Ruprecht. gr. 8. 131 S. 4 M.
Rec.: Academy N. 808 v. A. H. Sayce.

— opera rec. A. Rzach. Leipzig 1885, Freytag. 3 M.
Rec.: Centralorgan f. Realschulwesen XV 10 p. 668 v. G. H.

Meyer, Arthur, de compositione Theogoniae Hesiodeae. Berlin, Mayer &
Müller. v. p. 44. 2 M.
Rec.: Revue critique N. 48 p. 401—402 v. E. Baudat.

Sittl, K., der Hesiodische Schild des Herakles Jahrbuch des arch. Instituts II 3 p. 182—192.

Steinacher, J., die Syntax des Hesiodeischen Infinitivs. Landskron 1885. Pr.
Rec : Zeitschrift f. d. österr. Gymn. XXXVIII 11 p. 883—884 v. J. Golling.

Homers Ilias, erklärt von J. La Roche. Thl. I u II. 3. Aufl. Leipzig
1886, Teubner. v. p. 45. à 1 M. 50 Pf.
Rec : Berliner phil. Wochenschrift VII 49 p. 1532 v. P. Cauer. — Gymnasium V 21 p. 762.

— Iliade. Texte grec, avec des notes par A. Pierron. Premier chant. Paris,
Hachette 16. 31 p. 25 Pf.

— — ed. A. Rzach. 2 vol. Leipzig 1886, Freytag. v. p. 45. 120. 177. 1 M.
Rec.: Zeitschrift f. d. Gymn. XXXXI 10 p. 613—620 v. E. Eberhard.

— — books I—III. ed. on the basis of Ameis-Hentze by T. D. Seymour.
Boston, Ginn. 8. IV, 235 p. cl. 7 M. 75 Pf.

— — with notes by A. Sidgwick. Book XXII. London, Rivington. v.
p. 45. 1 M. 50 Pf.
Rec.: Academy N. 791.

— Odyssea ed. P. Cauer. pts. I et II. Leipzig, Freytag. v. p. 45. 120.
177. à 1 M.
Rec.: Zeitschrift f. d. österr. Gymn. XXXVIII 8. 9 p. 614—618 v. F. Stolz.

— — erklärt von J. U. Faesi. 7. Aufl. von J. Renner. 4. Bd. XVIIII
—XXIV. Berlin, Weidmann. 8. 232 S. 1 M. 80 Pf.

— — édition revue et annotée par l'abbé A. Julien. Chant XXII. Paris,
Poussielgue. 18. 20 p. 25 Pf.

— — with introduction, notes, and table of Homeric poems by W. W. Merry.
Book I. London, Frowde. 12. 44 p. cl. 1 M. 80 Pf.

Homerus. Odyssea, epitome ed. Fr. Pauly, ed. VI. cur. C. Wotke. Leipzig,
Freytag. v. p 120. 178.   1 M. 40 Pf.
  Rec.: Neue phil. Rundschau N. 23 p. 367.
— — für den Schulgebrauch erklärt von F. Weck. 4. Hft. Ausg. A,
Kommentar unterm Text; Ausg. B, Text u. Kommentar getrennt. Gotha
Perthes. S. 251–348.   1 M. 20 Pf
— die Hymnen, herausg. von A. Gemoll. Leipzig 1886, Teubner. v. p. 45.
178   6 M 80 Pf.
  Rec.: Lit Centralblatt N. 46 p. 1563—1565 v. Cr. — Wochenschrift f.
  klass. Phil IV 48 p. 1473–1489 v. Peppmüller. — Phil. Anzeiger XVII
  6. 7 p 340—347 v. K Sittl.
— Ilias, ungarische Uebersetzung in Prosa von J. Télfy. I. 4. Aufl. (In
der Einleitung wird die homerische Frage besprochen.) Budapest 1887.
— Odyssey. Done into English verse by W. Morris. 2 vols. Vol. 2.
London, Reeves 4. 450 p. cl. v. p 121.   14 M. 40 Pf.
— — ungarische Uebersetzung von J. Télfy. I. 3. Aufl. Budapest.
— — übers. von J H Voss. Fur Schule u. Haus bearb. von B Kuttner.
Frankfurt a/M. 1888, Sauerländer 8. IV, 228 S   1 M. 30 Pf.
— Batrachomyomachia, Hymns and Epigrams. Translated by Chapman,
with notes by R Hooper. London, Reeves & T. 8. cl.   7 M. 20 Pf.
— la batracomiomaquia, traducida par G. Alenda. Madrid, Navarro. 8. 38p.

Didymi de Aristarchea Od. rec. reliquiarum supplementum ed. A. Lud-
wich. Königsberg, Akad. Buchh. v. p 178.   20 Pf.
Albracht, F, Kampf u Kampfschilderung bei Homer. Pr. (Naumburg 1886,
Sieling.) v. p 45.   1 M.
  Rec : Neue phil. Rundschau N. 21 p. 321—322 v. F. Weck.
Couat, A, Homère. L'Iliade — l'Odyssée. Paris, Lecène et Oudin. 2 éd.
v. p. 178.   1 M. 50 Pf.
  Rec.: Berliner phil. Wochenschrift VII 49 p. 1531 v. Vogrinz.
Ferenczi, die homerische Philosophie. (Ungarisch.) Budapest
  Rec.: Közöltatas 1887 v J. Télfy.
Hergt, quam de Ulixis erroribus Eratosthenes iudicaverit. v. Eratosthe-
nes p. 237.
Jebb, introduction to the Iliad and Odyssee. Glasgow, Maclehose. v.
p 46. 121.   4 M. 20 Pf.
  Rec.: Academy N. 801 v. Schmitz.
Kaibel, G., Hom. Il. A 12 sq. Hermes 4 p 513–514.
Kleinpaul, R., eine homerische Erinnerung auf Sylt. All. Zeitung, Bei-
lage N 281.
Kowaleck, Passiv u Medium bei Homer. Danzig. Pr. v. p. 121.
  Rec.: Gymnasium V 21 p. 770 v. J. Sitzler.
Lepeleer, de, mog een nieuwe vorm van Homers Ilias. »Het Belfort«
11 N 8.
Leeuwen et Mendes da Costa, grammaire de la langue d'Homère, avec
le 1. livre de l'Iliade et de l'Odyssée Traduit du néerlandais par J.
Keelhoof. Mons, Manceaux. 8. 196 p.   3 M. 50 Pf.
Ludwich, A., Homeri Iliades et Odysseae periochae metricae. Königsberg.
4. 16 S.
— der homerische Hymnus auf Pan. Rhein. Museum XLII 4 p. 547—558.
— Argonautika u. hom. Hymnen, v. Orphica p. 242.
Menrad J., de contractionibus usu Homerico. Munchen. v.p.122 179 3 M.
  Rec.: American Journal of Philology N. 30 p 224—228 v. Weir Smith.
Monro, on La Roche's edition of the Iliad. Transactions of the Oxford
Phil. Society 1886/87 p. 32.

Homerus. Paley, the truth about Homer. Academy Nr. 790 p. 453.

Perrot, G, la question homérique. Revue des deux mondes 1887, 1. Dez. p 577—617.

Platt, A., on the meaning of *ἀρετή*. (Homer.) Classical Review I 9 p. 280.

Reichert, C., de hb. Odyss *N* et *II.* Halle. Diss. 8. 30 S.

Schröter, R., Homerlectüre u. prähistorische Mythologie. Jahrbücher für Philologie 136 Bd 9. Hft. p. 444—453 u. 10. Hft. p. 481—490.

Rothe, C, Literaturbericht zu Homer. Jahresberichte des Berliner phil. Verein XIII p. 310—342. v. p. 179.

Sachs, J., notes on Homeric zoology. Proceedings of the American Phil. Association 1886, p. XIV.

Seeck, O., die Quellen der Odyssee. Berlin, Siemenroth. v.p.47 179 9 M.
Rec.: Wochenschrift f. klass Phil. IV 41 p. 1256—1262 v. B. Niese.
— Lit Centralblatt N. 42 p 1440–1444 v. E. Z....e. — Berliner
phil. Wochenschrift VII 50 p 1557—1561 v. E. Kammer. — Gymnasium V 21 p. 755 v. J. Golling. — Academy N. 791 p. 7.

Seiling, H., Ursprung u. Messung des homerischen Verses. Münster. Pr. v. p. 14. 179.
Rec : Gymnasium V 21 p. 769 v. J. Sitzler.

Soltau, Fr., die Mythen u. Sagen-Kreise im Homerischen Schiffer-Epos, genannt Odyssee, desgleichen der Ilias, wie auch der Argonauten-Sage, zeitgeschichtlich, naturwissenschaftlich u. sprachlich beurtheilt u. erläutert. Berlin, Stargardt 8. XX, 135 S. 4 M.

Tannery, P., sur la géographie de l'Odyssée. Annales de la faculté de Bordeaux 1887 N. 1

Vogrinz, G., Bericht über homerische Syntax u. Sprachgebrauch für 1886. Bursian-Müllers Jahresbericht XLVI p. 193—204. v. p. 179.

Wilamowitz-Möllendorff, U. v., zu den Homerscholien. Hermes XXII 4 p 635—637.

Jamblichi protrepticus ad fidem cod. Laur. ed. H. Pistelli. Leipzig 1888, Teubner.

Joannes Antiochenus. Sotiriadis, G., zur Kritik des Joannes von Antiochia. (Aus den Jahrbb. f. klass. Phil. 16. Suppl.-Bd.) Leipzig, Teubner. 8. 126 S. 3 M. 20 Pf.

Joannes Chrysostomus, περὶ ἱερωσύνης, herausg. von C Seltmann. Paderborn, Schöningh v. p. 179. 2 M. 50 Pf.
Rec.: Lit. Centralblatt N. 41 p 1398 v. H. R. — Deutsche Literaturzeitung N 46 p. 1612 v. P Schanz. — Theol. Literaturzeitung N. 21 p. 499 v. A. Harnack. — Classical Review I 10 p. 303 v. A P.
— homélie sur la disgrâce d'Eutrope. Texte revu et annoté par J.H.Vérin. 3. éd. Paris, Poussielgue. 18. 31 p.
— homélie sur le retour de l'évêque Flavien. Texte revu, avec introduction et commentaire par E. Ragon. Paris, Poussielgue. 18 XXII, 40 p.

Josephi opera ed. et apparatu critico instruxit B. Niese Vol I. Antiquitatum iudaicarum libri I—V. Berlin, Weidmann. 8 LXXXIV, 362 S. cf. p. 122. 14 M. (I et II: 26 M.)
Rec.: Phil. Anzeiger XVII 4. 5 p. 272 278 v. Franklin Arnold.

Grünbaum, P., die Priestergesetze bei Flavius Josephus. Halle. Diss. 8. 55 S.

Lewinsky, A., Beiträge zur Kenntniss der religiös-philosoph. Anschauungen des Flavius Josephus Breslau, Preuss v. p. 122 179. 1 M. 80 Pf.
Rec : Lit Centralblatt N. 43 p. 1457. — Theol. Literaturzeitung N. 18 p. 417 v. E. Schürer.

Irenaeus. Loofs, Fr., Handschriften der lat. Uebersetzung des Irenäus u. ihre Kapiteltheilung. Kirchengeschichtl. Studien (v. p. 228) p 1—93.

Isaeus. **Haigh**, Isaeus orat. V § 36. Transactions of the Oxford Phil. Society 1886/87 p. 20—21.

Isocrates, il panegirico, con note di A. Cinquini. Milano, Briola. 8. 110 S.   1 M. 50 Pf.
  Keil, B., der Marcianus 415 des Isokrates. Hermes XXII 4 p. 641—642.
  Maass, Herodot u. Isokrates, v. Herodotus.

Longinus. **Bury, J**, Dionysios or Longinus on sublimity of style. Classical Review I 10 p. 300—302.
  Rothstein, M, in libellum de sublimitate coniectanea critica. Hermes XXII 4 p. 535—547.

Lucianus. Dialogues des morts. Disposés progressivement et annotés à l'usage des classes, par E. Tournier. 2. édition, revue, corrigée et complétés avec la collaboration d'A. M Desrousseaux. Paris, Hachette. 16. XXVIII, 169 p.   1 M. 50 Pf.
  Bürger, K., de Lucio Patrensi sive de ratione inter Asinum q. f. Lucianeum Apuleique metamorphoses intercedente. (Leipzig, Fock.) v. p. 180. 1 M. 60 Pf.
  Desrousseaux, A. M., sur Lucien (dial. mort. IX, 1; X, 6; XXIII, 2; coq). Revue de philologie XI 1 p. 49—58.
  Nilén, N., zur Ueberlieferung des Lucian. Wochenschrift für klass. Philologie IV 49 p. 1526—1533.

Lycophron. **Kaibel, G.**, in Lycophronem. Hermes XXII 4 p. 505—509.

Lysias. Ausgewählte Reden, von W. Kocks. 2 Bdchn. Gotha 1885 u. 1887. v. p. 123.   à 1 M. 50 Pf.
  Rec.: Gymnasium V 22 p. 789—791 v. Widman.
— epitaphios. Ed. with notes and introduction by F. J. Snell. Oxford, Clarendon. Press. 12 cl.   2 M. 40 Pf.
— ausgewählte Reden. Verdeutscht von A. Westermann. 1. Lief. 2. Aufl. Berlin, Langenscheidt. 8. 32 S.   35 Pf.

Musonius. **Wendland, P.**, de Musonio stoico, Clementis Alex. auctore. Berlin, Mayer & Muller. v. p. 123 180.   1 M. 80 Pf.
  Rec.: Wochenschrift f. klass. Phil IV 43 p. 1323 — 1325 v. Kruszewski.
— Theol. Literaturzeitung N. 21 p. 296—297 v. A. Harnack.

Nemesii libri περὶ φύσεως versio latina ed. C. Holzinger. Leipzig, Freytag. v. p. 48. 180.   6 M.
  Rec.: Classical Review I 10 p. 303 v. J. E. B. Mayor.

Nonnus. **Ludwich, A.**, zu Kolluthos u. Nonnos. v. Colluthus p. 236.

Oenomaus. **Saarmann, Th.**, de Oenomao Gadareno. Bonn, Behrendt. v. p. 123.   1 M.
  Rec : Berliner phil. Woebenschrift VII 41 p. 1269—1272 v. P. Wendland.
— Wochenschrift f. klass. Phil. IV 41 p. 1262 - 1263.

Orphica rec. E. Abel. Leipzig 1885, Freytag. v. p. 48.   5 M.
  Rec.: Classical Review I 9 p. 270—271 v. J. H. L.
  Ludwich, A., das Epos vom Argonautenzug und die homerischen Hymnen. Streifzüge (v. p. 233) p. 61—76.
— zu den Orphischen Argonautika. Jahrbücher für Philologie 135. Bd. 10. Hft. p. 647—648.
  Taylor, Th., Orpheus: his life, writings and theology. The Platonist III 10 p. 516—527. v. p. 180.

Paroemiographi. **Cohn, L.**, zu den Parömiographen. Breslau, Köbner. 8. 86 S.
  Rec.: Lit. Centralblatt N. 45 p. 1532—1534 v. Cr.

Pausanias. **Herwerden, H. van**, notulae criticae ad Pausaniam. (Mnemosyne XV 1.) v. p. 48.
  Rec.: Neue phil. Rundschau N. 24 p. 374—381 v. H. Hitzig.
  Hitzig, H., zur Pausaniasfrage. Festschrift des phil. Kränzchens in Zürich. p. 57—96.

Pausanias. Kalkmann, A., Pausanias der Perieget. Berlin 1886, Reimer.
v. p..49. 123. 180. 8 M.
Rec : Neue phil. Rundschau N. 25 p. 387—392 v. P. Weizsäcker.

Weizsäcker, P., die Beschreibung des Marktes von Athen und die Ennea-
krunosepisode bei Pausanias. Jahrbücher f. Phil. 135. Bd. 9. Hft.
p. 577—612.

Pherecydes. Diels, H., zu Pherekydes von Syros. Archiv für Philosophie
I 1 p. 11—15.

Philo. Ausfeld, R., de libro περὶ τοῦ πάντα σπουδαίον. Göttingen, Vandenhoeck & Ruprecht. 8. 58 S. 1 M. 60 Pf.
Rec.: Theol. Literaturzeitung N. 21 p. 494—495 v. A. Harnack.

Philostratus. Bourquin, E., essai sur la correspondance de Flavius Philo-
strate. Annuaire des études grecques XX p. 121—158.

Platt, A., Philostratus vita Apollonii 1 24 and IV 7. Classical Review
I 9 p 280.

Photius. Röllig, P., quae ratio inter Photii et Suidae lexica intercedat.
Halle. Niemeyer. 8 65 S.

Pindarus. Lübbert, E, de poesis Pindaricae. — Meletemata de Pindari
studiis Terpandreis. Bonn 1886. v. p. 124.
Rec.: Wochenschrift f. klass. Phil. IV 45 p. 1380—1395 v. O. Crusius.
— Phil. Anzeiger XVII 4. 5 p. 252—254 v. K. Seeliger.

Maikow, W., Pindar. (Russisch.) Journal des kais. russ. Ministeriums der
Volksaufklärung 1887, Okt, 3. Abth., p. 75—102.

Ridgeway, W., Pindar Nem. VII 17. Classical Review I 10 p. 313.

Schmidt, L., quaestionis de Pind. carminum chronologia supplementum
alterum. Marburg. Ind. lect. aest. v. p. 49.
Rec.: Phil. Anzeiger XVII 4. 5 p. 254-255 v. L. Bornemann.

Plato. Sammlung ausgewählter Dialoge mit deutschem Kommentar, veran-
staltet von M Schanz. 1. Bdcbn. Euthyphro. Leipzig, Tauchnitz. 8.
69 S. 75 Pf.
Rec.: Deutsche Literaturzeitung N. 49 p. 1729 v. J. Bruns.
— dialogi secundum Thrasylli tetralogias dispositi. Rec. M. Wohlrab. I.
Leipzig, Teubner. v. p. 124. 1 M 80 Pf.
Rec.: Deutsche Literaturzeitung N. 49 p. 1727—1728 v. J. Bruns.
— apologia, with notes by J. Adam. I. Cambridge. v. p. 49. 180. 4 M. 20 Pf.
Rec.: Berliner phil. Wochenschrift VII 42 p. 1301—1303 v. O. Apelt. —
Academy N. 791 p. 6. — Athenaeum N. 746 p. 3136.
— — Apologie de Socrate. Texte grec, avec des notes par E. Talbot.
Paris, Hachette. 12. 72 p.
— Eutyphro. In scholarum usum denuo ed. M. Schanz. Leipzig, Tauchnitz.
8. IV, 24 S 40 Pf.
Rec.: Deutsche Literaturzeitung N. 49 p. 1729 v. J. Bruns
— Phédon, dialogue sur l'immortalité de l'âme. Expliqué littéralement, an-
noté et revu pour la traduction française par E. Sommer. Paris, Ha-
chette. 12. 408 p. 5 M.
— Protagoras, ed J Kral. Leipzig 1886, Freytag. v. p 124 40 Pf.
Rec. Zeitschrift f. d. österr. Gymn. XXXVIII 8. 9 p. 618 — 620 v. Lau-
cziczky.
— Apology, Crito and Meno. Translated by St. G. Stock and C. A. Mar-
con. Oxford, Blackwell. 12. 86 p. cl. 2 M. 40 Pf.
— Apology, Crito, and parts of the Phaedo. Translation. 6. ed. London,
Unwin. v. p. 49. 4 M 20 Pf.
Rec.: Classical Review I 8 p. 232.

Procli commentarii in rempublicam Platonis ed. R. Schöll. Berlin,
Weidmann v. p. 49. 181. 10 M.
Rec.: Deutsche Literaturzeitung N. 40 p. 1402 v. A. Gercke. — Göt-
ting. gelehrte Anzeigen N. 17 v. J. Bruns.

17*

Plato. **Bonitz, H.**, Platonische Studien. 3. Aufl. Berlin 1886, Vahlen. v.
p. 49   7 M 50 Pf.
Rec.: Classical Review I 8 p. 232 v. R. D. H.

Dupuis, J., le nombre géométrique de Platon. (Extrait.) Paris. 8. 6 p.

Gomperz, Th, Platonische Aufsätze . I. Zur Zeitfolge platonischer Schriften. (Aus den Sitzungsberichten der Wiener Akademie.) Wien, Gerold. 8. 30 S.   50 Pf.

Goodwin, W, Plato's and Aristotle's doctrines of the immortality of the
soul. The Platonist III 11 p. 606—610

Graham, Juliet, interpretation of the Timaeus. The Platonist III 10
p. 505 – 516, and N. 12 p. 636— 642.

Huit, Ch, Platon et Xenophon. Annuaire des études grecques XX
p. 63 – 76.

— études sur le Politique attribué à Platon. Séances de l'Académie des
sciences morales 1887. Oct.-Nov.

Janet, les dialogues de Platon. Séances de l'Académie des sciences morales, 1887, Oct-Nov.

Joël, K., zur Erkenntniss der geistigen Entwickelung Platos. Berlin,
Gärtner v. p. 124. 181.   2 M.
Rec : Berliner phil. Wochenschrift VII 45 p. 1400—1402 v. K. Troost.

Kugler, F., de particulae τοί apud Platonem usu. Basel 1886. Diss.
Rec.: Neue phil. Rundschau N. 26 p. 405 – 406 v. Nusser.

Ohse, J, zu Platons Charmides. Berlin, Friedländer. v. p. 50. 181. 1 M.
Rec : Berliner phil. Wochenschrift VII 50 p. 1562 – 1563 v. K Troost.

Resl, W., Verhältniss der fünf ersten im platonischen Symposion vorkommenden Reden des Sokrates u. Alkibiades. Brody 1886. Pr.
Rec.: Neue phil. Rundschau N 20 p. 305—307 v Rettig.

Richter, Fr. A., Wahrheit u. Dichtung in Platons Leben. Berlin, Habel.
v. p. 50.   60 Pf.
Rec : Berliner phil. Wochenschrift VII 50 p. 1561—1562 v. K. Troost.

Rothlauf, B, die Physik Platos München 1887. Pr. d. Realsch. 8. 50 S.
Rec.: Zeitschrift f. Mathematik XXXII 6 p. 220 – 221 v. Cantor.

Schumann, J, Bemerkungen zu einigen Stellen der platonischen Apologie.
Laibach 1886. Pr. v. p 50 181.
Rec.: Zeitschrift f. d. österr. Gymn. XXXVIII 11 p. 888 – 889 v.
A. Baar

Taylor, Th., example of the dialectic of Plato. The Platonist III 10
p 606 610

Waddington, Ch, sur l'authenticité des écrits de Platon. Paris 1886, Picard. v. p. 50.
Rec.: Berliner phil. Wochenschrift VII 42 p. 1304—1305 v. K. Troost.

Wagner, J., zur Präparation von Platons Dialogen. I u. II. Wien 1886,
Hölder.   I : 1 M.; II: 90 Pf.
Rec.: Gymnasium V 19 p 672 – 673 v. Moller. — Zeitschrift f. d.
österr. Gymn. XXXVIII 10 p 754 – 755 v. Lauczizky.

Westermann, C., de republica Platonis. Münster. Diss. 55 S.

Wilson, J. C., on some passages in Plato's Republic and Aristotle's Ethics.
Transactions of the Oxford Phil. Society 1886/87 p. 2—4.

Zeller, E., doppelte Gestalt der Ideenlehre in den platonischen Schriften.
Berlin, Reimer.
Rec : Classical Review I 8 p. 232 v. R. D. H.

Plutarchus. Vie de Démosthène. Texte grec, revue sur le manuscrit de
Madrid, accompagné d'une notice sur Plutarque et sur les sources de la vie
de Démosthène, d'un argument et de notes en français, par Ch. Graux.
Paris, Hachette. 16. XXVI, 101 p.   1 M.

Plutarchus. Vie de Démosthène; par Plutarque. Expliquée littéralement, annotée et revue pour la trøduction française par M. Sommer. Paris, Hachette. 12. 147 p. 2 M. 50 Pf.

— life of Nikias. With introduction, notes, and lexicon, by H. A. Holden. Cambridge. 12. 272 p. cl. 6 M.

— moralia rec Gr Bernadakis. Leipzig 1888, Teubner.

— de proverbiis Alexandrinorum libellus ineditus, rec. O. Crusius. Leipzig, Teubner. v. p. 125. 2 M. 80 Pf.

Rec.: Deutsche Literaturzeitung N. 46 p. 1615—1677 v. Warnkross. — Classical Review I 9 p. 272 v. Rhys Roberts.

— vergleichende Lebensbeschreibungen, übersetzt von J. Kaltwasser, ueu herausg. von O. Guthling. 3. Bd Perikles. Fabius Maximus. Alkibiades. Cnejus Coriolanus. Leipzig, Ph. Reclam jun. 16. 214 S cf p. 125 182. 40 Pf.

— lives of Agesilaus, Pompey, and Phocion. Translated by J. and W. Langhorne. London, Cassell. 16. 192 p. cl. 60 Pf.

— lives of Timoleon, Paulus Aemilius, Lysander, and Sylla. Translated by J. & W. Langhorne. Ibid. 176 p. 60 Pf.

Bernardakis, G., remarques critiques sur quelques passages de Plutarque. Revue de philologie XI 1 p. 65—68.

Crozals, J. de, Plutarque (Collection des classiques populaires.) Paris, Lecène & Oudin. 8. 240 p avec ill. 1 M. 50 Pf.

Crusius, O., ad Plutarchi de proverbiis Alexandrinorum libellum nuper repertum II. Jahrbücher für Philologie 135. Bd. 10. Heft p. 657— 675. v. p. 125.

Kaibel, G., pauca ad Plut. scripta. Hermes XXII 4 p. 504—505.

Vollmer, A., Shakespeare u. Plutarch Archiv f. d. Studium der neueren Sprachen LXXVIII 1—3.

Polyaeni stratagematon edd. Wölfflin-Melber. Leipzig, Teubner. v. p. 50. 182 7 M. 50 Pf.
Rec.: Cultura 1887 N. 11/12.

Polybius. Götzeler, L., de Polybii elocutione. Würzburg, Stabel. v. p. 125 182. 1 M. 60 Pf.
Rec.: Neue phil. Rundschau N. 21 p. 324—325 v. H. Stich.

Wunderer, C., coniecturae Polybianae. Erlangen, Deichert. v. p. 182.
Rec.: Neue phil. Rundschau N. 21 p. 325—327 v H. Stich.

Procopius Braun, H., Procopius quatenus imitatus sit Thucydidem. Erlangen 1886, Deichert.
Rec.: Berliner phil. Wochenschrift VII 43 p 1339—1340 v. Wäschke.

Kirchner, Bemerkungen zu Prokops Darstellung der Perserkriege des Anastasius, Justin und Justinian, 502—532. Wismar. Pr. 4. 19 S. v. p 126.

Protagoras. Münz, B., Protagoras u. kein Ende. Zeitschrift f. Philosophie 92 Bd. 1. Heft p 107—124.

Pythagoras. Bobber, M., Pitagora, i suoi tempi e il suo istituto. Turin. 16. 64 p. 1 M.

Simonides. Kaibel, G., ad Simonidem. Hermes XXII 4 p 503—504.

Sophokles' Tragödien Erklärt von C. Schmelzer VI Philoctet. Berlin. Habel. 8 150 S. v. p. 51 126. 1 M. 80 Pf. (1 · 6: 11 M. 40 Pf.)

— Tragödien, erklärt von Schneidewin. II. Oidipus Tyrannos 9. Aufl. von A Nauck Berlin 1886, Weidmann. 1 M. 50 Pf.
Rec.: Blätter f. d. bayr. Gymn. XXIII 9 p. 459 v. K. Metzger.

— — ὑπὸ Δ. Χ. Σεμιτέλου. I. Athen v. p. 126. 14 M.
Rec.: Lit. Centralblatt N. 46 p. 1565—1566 v. H. St.

Sophokles Tragödien, von Wolff-Bellermann. I. Aias. 4. Aufl. Leipzig, Teubner. v. p. 51. 1 M. 50 Pf.
Rec.: Wochenschrift f. klass. Phil. IV 49 p. 1505—1510 v. H. G. — Rivista' di filologia' XVI 1. 2 p. 37—43' v. D. Bassi.

— — ex rec. E. Wunderi ed. II, 1: Electra. Leipzig 1886; Teubner. v. p 126. 1 M' 80 Pf.
Rec.: Wochenschrift f. kläss. Phil IV 46 p. 1419—1420 v. H. Gleditsch. — Rivista di filologia XVI 1. 2 p. 37—43 v. D. Bassi.

— Oidipus Tyrannos, erklärt von J. Holub. Paderborn: v. p. 51. 126. 1 M 50 Pf.
, Rec.: Berliner phil. Wochenschrift VII 43 p. 1333 -1338 v. H. Müller. — Wochenschrift f. kläss. Phil. IV 42 p. 1288—1291 v. Fr. Schubert. — Revue critique N. 47 p. 380 v. E. Baudat.

— . —: Oedipe roi. Texte grec, publié et annoté à l'usage des classes, par E. Tournier. 7. tirage, revu par A. M. Desrousseaux. Paris, Hachette. 16. XVI, 106 p. 1 M. 50 Pf.

— Oedipe à Colone. Texte grec, publié et annoté à l'usage des classes, par E. Tournier. 5. tirage, revu par A. M. Desrousseaux. Paris, Hachette. 16. XVI, 123 p. 1 M. 25 Pf.

— sämmtliche Werke, übersetzt von L. Türkheim. 2 Bde. Stuttgart, Cotta. 204 u. 223 S. geb. 2 M.

— Antigone, verdeutscht v. L. W. Straub. Stuttgart, Cotta. v. p 126. 182. 1 M 80 Pf.
Rec.: Gymnasium' V 21 p' 753—755 v. F. Bender. — Korrespondenzblatt f. d. württ Schulen XXXIV 8. 9 p. 460—461 v. Osiander.

— König Oedipüs. Uebersetzt von E. Müller. Halle 1885, Niemeyer. 1 M.20 Pf.
Rec.: Berliner phil. Wochenschrift VII 40 p. 1237—1238 v. Wecklein.

— die Trachinierinnen, übersetzt von H. Viehoff. (Meyers Volksbücher N. 444)' Leipzig, Bibliogr. Institut. 16. 40 S. 10 Pf.

Herwerden, H. van, lucubrationes Sophocleae. Utrecht, Beijers. v. p. 51. 1 M. 70 Pf.
Rec : Wochenschrift f. klass. Phil IV 48 p. 1489—1490 v. S Mekler. — Neue phil. Rundschau N. 26 p. 401—405 v. Fr. Schubert.

Housman, A. E., on Soph. Electra 564. Classical Review I 8 p. 240.

Müller, Emil, über den Charakter des Königs Oedipus. Zittau 1885. Pr.
Rec : Neue phil. Rundschau N. 22 p. 337—340 v. J. Herzer.

Nieberding, K., zu Sophokles Antigone v. 4, 782. Jahrbücher f. Philologie 135. Bd. 10. Heft p. 654—656.

Papageorg, P. N., Emendationsvorschläge zu Sophokleischen Stellen. Berliner phil. Wochenschrift VII 47 p. 1459—1460; N. 48 p. 1491; N. 49 p. 1491—1492; N. 51 p. 1586—1588. v. p 51.

Schreiner, R, zur Würdigung der Trachiniai Wien 1885, Pichlers Wwe. 1 M.
Rec.: Zeitschrift f. d. österr. Gymn. XXXVIII 11 p. 884—888 v. Fr. Schubert.

Schubert, F,, Sophokles Aias 835 ff. Zeitschrift f. d. österr. Gymn. XXXVIII 11 p. 822—823.

Steuding, H., zu Sophokles Oidipus Tyrannos. Jahrbücher f. Phil. 135. Bd. 9 Heft p. 618.

Walser, J, das Moment der Idealität im Charakter des Oedipus Tyrannus. Zeitschrift f. d. österr. Gymn. XXXVIII 8 9 p 573-585. v. p 183.

Stephanus Byzantius. Geffcken, J., de Stephano Byzantio. Göttingen 1886, Vandenhoeck & Ruprecht. v. p. 51. 1 M. 50 Pf.
Rec,: Wochenschrift f. klass. Phil. IV 49 p. 1514—1515 v. P. Röllig.

Strabo. Herwerden, H. van, spicilegium Strabonianum. Mnemosyne XV 4 p. 427—459.

Strabo. Niese, B., Straboniana. Rhein. Museum XLII 4' p. 559—581.

Wilkens, H., quaestiones de Strabonis fontibus. Marburg 1886, Elwert.
v. p. 52. 1 M. 20 Pf.
Rec.: Berliner phil. Wochenschrift VII 47 p 1464 v. R. Schneider.
— Neue phil. Rundschau N. 25 p. 392 - 393 v. R. Hansen.

Suidas. Röllig, quae ratio inter Photii et Suidae lexica intercedat. v. Photius.

Tatianus. Kalkmann, A., Tatians Nachrichten über Kunstwerke. Rhein. Museum XLII v p. 489—524.

Testamentum novum graece. Rec. inque usum academicum omni modo instruxit C. de Tischendorf. Ed. academica XVI. ad ed. VIII. criticam maiorem conformata. Cum tabula duplici terrae sanctae. Leipzig, Mendelssohn. 16. LXXII, 930 S. 2 M.; geb. 3 M.; in Ldr. m. Goldsch. 3 M. 50 Pf.

— das Neue Testament, griechisch, mit kurzem Commentar nach de Wette.
1. Tl. 2. Hälfte, enth. das 4. Evangelium u. die Apostelgeschichte. Hallé,
Anton. Lex -8. VI u. S. 358—618. 5 M. 80 Pf. (cplt.: 28 M.)

   Bengelii gnomon Novi Testamenti, in quo ex nativa verborum vi simplicitas, profunditas, concinnitas, salubritas sensuum coelestium indicatur.
   Ed. VIII. Ed. III. [1773], per filium superstitem Ernestum Bengelium quondam curata, sexto recusa, emendata et e ceteris Bengelii scriptis
   — posthumis ex parte — aucta opera Pauli Steudel. Cum auctoris effigie. 1.—8. Lief. (cplt.) Stuttgart, Steinkopf. gr. 8. 1149 S. 8 M.

   Bruder, C H., concordantiae vocum Novi Testamenti graeci. Ed. IV. 1. u.
   2. Abth. (2: S. 177—528) Leipzig, Bredt. v. p. 183. à 5 M.
   Rec.: Theol. Literaturblatt N. 40 p. 363

   Chiapelli, A., studi di antica letteratura cristiana. Torino, Löscber. v.
   p. 52. 5 M.
   Rec.: Berliner phil. Wochenschrift VII 51 p. 1594—1593 v. G. R. —
   Lit. Centralblatt N. 45 p. 1521.

   Lipsius, R A., die apokryphen Apostelgeschichten. II. Bd. 1. Hälfte.
   Braunschweig 1887, Schwetschke. v. p. 52. 16 M.
   Rec: Lit. Centralblatt N. 41 p. 1393—1398 v. H. Ldnn. — Prot.
   Kirchenzeitung N. 42. 43 v. Lüdemann.

   Paul, L, die Abfassungszeit der synoptischen Evangelien. Ein Nachweis
   aus Justinus Martyr. Leipzig. Grunow. 8 50 S. 1 M. 60 Pf.
   Rec : Theol. Literaturblatt N. 39 p. 355—356 v. Nn.

   Studia Biblica, essays by membres of the Univ. ot Oxford. v. p. 183.
   12 M. 60 Pf.
   Rec.: Classical Review 1 9 p. 268—270 v. J. C. Snow.

Theocritus. Gercke, Theokrit u. Kallimachos, v. p. 233.

Kunst, C., de Theocriti versu heroico. Diss. Vindob. (Leipzig, Freytag.)
v. p. 183.
Rec.: Deutsche Literaturzeitung N. 47 p. 1656—1657 v. H. Reimann.

Theodosius. Hultsch, Fr, Scholien zur Sphaerik des Theodosius. Mit 22 Fig.
(Aus den Abhandl d. k. sächs. Gesellsch. d. Wiss.) Leipzig, Hirzel 8.
66 S v p. 127. 3 M 60 Pf.

Theognis. Loev, E., quaestiones Theognideae. 1 Quo sensu Theognis vocibus ἀγαθός, κακός, ἐσθλός, δειλός usus sit. Journal des kais. russ Ministeriums der Volksaufklärung 1887, September u. October, 3. Abth., p. 1—74.

Theophylacti Simocattae historicae ed. C de Boor. Leipzig, Teubner.
v. p. 127. 6 M.
Rec.: Wochenschrift f. klass. Phil. IV 50 p. 1543—1546 v. F. Hirsch. —
Cultura VIII 13/14.

Thucydides, Peloponnesischer Krieg, herausg. von K. W. Krüger. 1. 3. Aufl.
von W. Pökel. Leipzig 1885. 3 M.
Rec.: Neue phil. Rundschau N. 24 p 373 - 374.

Thukydides. 6. Buch. Erklärende Ausgabe von FranzMüller. Mit 1 Doppel-
karte u. einem Anh : Litteratur zur Sprache des Thukydides. Paderborn
—1888, Schöningh. 8. VI, 201 S.   1 M. 80 Pf.
— dasselbe, Schulausgabe von Franz Müller. Mit 2 Kärtchen. Ibid.
8. 83 S geb.   1 M.
    Rec.: (II) Neue phil Rundschau N. 24 p. 369—373 v. A. Nieschke. —
    Korrespondenzblatt f. d. württ. Schulen XXXIV 7. 8 p. 377—380 v. Graf.
— édition classique, en deux volumes; précédée d'une notice littéraire par
E. Talbot. II. (livres 5-8). Paris, Delalain frères. 18. 340 p.
— peloponnesischer Krieg. Russische Uebersetzung von Th. Mistschenko.
Moskau 1887.
    Rec : Journal des kais. russ. Ministeriums der Volksaufklärung 1887,
    Nov, p 122—123 v W Ch. L.
— Geschichte des peloponnesischen Kriegs, übers. von C. N. v. Osiander.
1. Bdchn. 7. Aufl. Stuttgart, Metzler.   50 Pf.

Essen, M. H N. v., index Thucydideus ex Bekkeri editione stereotypa
confectus Berlin, Weidmann. 8. IV, 457 S.   12 M.

Geare, R, notes on Thucydides book 1. London, Longman. v. p. 53. 3 M.
    Rec : Saturday Review N. 1667 p. 497. — Classical Review I 8 p. 231
    v. C E. G.

Gräber, G., Reste nebengeordneter Satzbildung bei Thukydides u. Xenophon. Breklum. Pr. v. p 53 127.   1 M.
    Rec : Berliner phil. Wochenschrift VII 43 p. 1338—1339 v. G. Beh-
    rendt. — Wochenschrift f. klass. Phil. IV 49 p. 1510—1512 v. W.
    Vollbrecht

Humphreys, W., Thukydides and geometry. American Journal of Philology N 31 p. 343—345.

Junghahn, E. A., Studien zu Thukydides. Berlin, Calvary. v. p. 53. 127.
183.   3 M. 60 Pf.
    Rec.: Neue phil. Rundschau N 26 p. 406—408 v J. Sitzler.

Kaibel, G., ad Thuc VIII 67. Hermes XXII 4 p. 500.

Kleist, H, Bau der Thukydideischen Reden. II. Dramburg. v. p. 127.
    Rec.: Wochenschrift f. klass. Phil IV 45 p. 1395 v. Widman.

Mistschenko, Th., Thukydides u. sein Geschichtswerk (Russisch.) Moskau.
v. p. 127   4 M.
    Rec.: Wochenschrift f. klass. Phil. IV 51 p. 1585—1586 v M. Wolff.

Nieschke, A, de Thucydide Antiphontis discipulo et Homeri imitatore.
Munden 1885. Pr.
    Rec.: Neue phil. Rundschau N 23 p. 354—356 v. J. Kohm.

Oehler, E., animadversiones in Hermocratis orationem. Homburg 1885. Pr.
    Rec : Wochenschrift f. klass. Phil. IV 46 p. 1421 v. Widman.

Tragici Pecz, W., systematische Darstellung der Tropen bei Aeschylus,
Sophokles u. Euripides Berlin 1886, Calvary.   10 M. 80 Pf.
Rec : Zeitschrift f. d österr. Gymn. XXXVIII 8. 9 p. 690—692 v. J Rappold.

Schmidt, F. W., kritische Studien zu den griechischen Dramatikern. III.
Berlin, Weidmann. v. p 53. 128. 184.   7 M.
    Rec.: Lit. Centralblatt N. 41 p. 1412—1413 v. H. St. — Deutsche
    Literaturzeitung N. 43 p 1512 - 1513 v G. Kaibel. — Wochenschrift
    f klass Phil IV 47 p 1452—1454 v. H Lewy. — (l) Phil. An-
    zeiger XVII 4. 5 p. 255—262 v. K. Schenkl

Stapfer, P., Shakespeare et les tragiques grecs Antigone — Roméo et
Juliette — Oedipe — Le roi Lear — Les Euménides — Spectres, sor-
cières et démons — Macbeth — Hamlet -- Oreste. Paris, Lecène &
Oudin.   3 M. 50 Pf.

Wecklein, N., Bericht über die die griechischen Tragiker betreffende
Literatur, 1885—86. Bursian-Müllers Jahresbericht XLVI. Bd p. 205—300.

Xenophon's Anabasis. Books I and II. With notes and vocabulary. London, Rivington. 18.   à 1 M 20 Pf.
— Anabasis, von F. u. W. Vollbrecht. 1. u. 2. Bdchn. Leipzig 1886, Teubner. v p. 184.   à 1 M. 50 Pf.
 Rec.: (I) Wochenschrift f. klass. Phil. IV 49 p. 1512—1514 v. W. Nitsche.
— Cyropaedia, books III., IV, V. With notes by H. A. Holden. Cambridge. 12. 230 p cl.   6 M.
 Rec.: Academy N. 791 p. 6.
— Économique, édition complète par L. Humbert. Paris, Garnier frères. v. p 53
 Rec.: Berliner phil. Wochenschrift VII 45 p. 1399—1400 v. W. Vollbrecht.
— Memorabilien, erklärt von E. Weissenborn. I u. II. Gotha 1885/87. v. p 128.   à 1 M. 20 Pf.
 Rec.: Gymnasium V 23 p. 821—823 v. S. Widman.
— extraits des Mémorables Texte grec, accompagnée d'une introduction, d'une analyse de l'ouvrage complet et de notes en français, par A. Jacob. 2 tirage. Paris, Hachette. ` 16. XL, 148 p.   1 M. 50 Pf.
— Ἀπομνημονεύματα, ἐκδιδόμενα καὶ ἐξηγούμενα διὰ κριτικῶν καὶ ἑρμηνευτικῶν σχολίων ὑπὸ Ἀ. Π. Σαχελλαρίου. Τ. αʹ. Ἀθῆν. 4. 240 p. 3 M 50 Pf.
Hartman, I. I., analecta Xenophontea. Lugd. Bat. (Leipzig, Harrassowitz) 8. VII, 405 S.   10 M.
Huit, Platon et Xenophon, v. Plato.
Kruse, H., über Interpolationen in Xenophons Hellenika. Kiel, Lipsius & Tischer. v. p. 54. 128.   2 M.
 Rec.: Berliner phil Wochenschrift VII 45 p. 1397—1399 v. W. Vollbrecht. — Wochenschrift f. klass. Phil. IV 46 p. 1421—1426 v. R. Grosser.
Kurtz, E., zu Xen. Anabasis III 2, 26. Blätter f. d. bayr. Gymn. XXIII 9 p. 444—445.
Reuss, Fr., Bemerkungen zu Xenophons Anabasis. Wetzlar. 4. 23 S. v. p. 54.
 Rec.: Berl phil. Wochenschrift VII 51 p. 1589—1592 v. W. Vollbrecht.
Simon, J. A., Xenophon-Studien I. Düren. v. p. 128 184.   2 M.
 Rec : Berl. phil Wochenschrift VII 51 p. 1593—1594 v. W. Vollbrecht.
Stern, E. v., Xenophons Hellenika u. die böotische Geschichtsuberlieferung. Hist. Quellenstudie. Dorpat, Karow 8 71 S.   1 M 80 Pf.
Zosimi historia nova, ed. A. Mendelssohn. Leipzig, Teubner. 8. LIV, 306 S v. p. 184.   10 M.
Mendelssohn, L., de Zosimi aetate disputatio. Rhein. Museum XLII 4 p. 525—530.

2. Römische Autoren.

Binder, F., über den landschaftlichen Sinn der röm. Dichter. I. Kirchheimbolanden 1885 Pr.
 Rec.: Blätter f. d. bayr. Gymn. XXIII 9 p. 478—479 v. Renn.
Bölte, F., de artium scriptoribus latinis. Bonn 1886, Behrendt. v. p. 184. 1 M.
 Rec : Classical Review 1 9 p. 278—279 v. H. Nettleship.
Schulze, K. P, römische Elegiker. Auswahl. 2. Aufl. Berlin 1884, Weidmann.   2 M 40 Pf.
 Rec.: Korrespondenzblatt f. d. württ Schulen XXXIV 8. 9 p. 466 - 467 v. K.

Ammianus. Reiter, A., de Ammiani Marcellini usu orationis obliquae. Diss. Würzburg, Habbel v. p. 185   1 M. 20 Pf.
 Rec.: Archiv f. lat. Lexikographie IV 3. 4 p. 642 v. H. Schmaus.

Anthologia. Krohn, C. W., quaestiones ad anthologiam latinam spectantes. I. De anthologiae lat. carminibus, quae sub Petronii nomine feruntur. Halle. Diss. 8. 39 S.

Apuleius. The most pleasant and delectable tale of the marriage of Cupid and Psyche. With a discourse by A Lang. London, Nutt. 8 LXXXVI, 65 S. Rec : Lit. Centralblatt N. 51 p. 1730—1731 v. G. N.

— Amor u. Psyche, übersetzt von A. Mosbach. Berlin 1886, Grote. v. p. 129.   2 M. Rec.: Lit. Centralblatt N. 41 p. 1413.

Arnobius. Bastgen, M, quaestiones de locis ex Arnobii adversus nationes opere selectis. Münster. Diss. 8. 42 S

     Weyman, C., zu Arnobius adv. nat. Blätter f. d. bayr. Gymn. XXIII 9 p. 445.

Augustini speculum rec. F. Weihrich. Wien, Gerold: v. p. 55. 129. 15 M. Rec : Berliner phil. Wochenschrift VII 42 p. 1309—1313 v. Rönsch.

—· the Enchiridion addressed to Laurentius: being a Treatise on Faith; Hope, and Charity. London, Tract Society. 12.   2 M. 40 Pf.

—· three Anti Pelagian heresies, ed. by Woods and John'stone. London, Nutt. v. p. 129. 185.   5 M. 40 Pf. Rec.: Classical Review I 8 p. 235 v. A. Plummer.

     Regnier, A., de la latinité de s. Augustin. Paris 1886, Hachette. v. p. 155.   5 M. Rec.: Berliner phil Wochenschrift VII 47 p. 1468—1472 v. K. E. Georges. — Classical Review I 8 p. 235 v. J. E. B. Mayor.

     Reuter, H., Augustinische Studien. Gotha. v. p. 185.   10 M. Rec : Deutsche Literaturzeitung N. 44 p. 1538—1540 v. P. Böhringer. — Lit. Centralblatt N. 48 p. 1617—1618. — Theol. Literaturzeitung N. 15 v. Harnack.

— zu dem Augustinischen Fragment de arte rhetorica. Leipzig 1888, Hinrichs. 8. 31 S.   80 Pf.

Ausonii opuscula rec. R. Peiper. Leipzig 1886, Teubner. v. p. 55. 185.   6 M. 60 Pf. Rec.: Wochenschrift f. klass. Phil. IV 46 p. 1428 - 1431 v. E. Baehrens

     De la Ville de Mirmont, sur quelques corrections apportées au texte de la Moselle d'Ausone. Annales de la Faculté de Bordeaux 1887 N. 1.

     Stowasser, M., zu Ausonius. Archiv f. lat. Lexikographie IV 4 p. 616.

Avianus. The fables, with notes by R. Ellis. Oxford v. p. 129. 185.   8 M 20 Pf. Rec.: Academy N. 789 p 435 v. A. S Wilkins. — Athenaeum N. 3129.

Avieni carmina rec. A. Holder. Innsbruck, Wagner. v. p. 129. 185. 10 M. Rec.: Lit Centralblatt N. 44 p. 1503 - 1505 v. Sieglin. — Rivista di filologia XVI 1. 2 p. 57—58 v. E. Ferrero.

Avitus. Weyman, C., Martialis u. Alcimus Avitus. Rhein. Museum XLII 4 p 637.

Boethius. Dräseke, J., Boethiana. Zeitschrift f. wiss. Theologie XXXI 1.

Caesar's Commentaries on the Gallic Wars. Book VII With a literal interlinear translation and parsing notes by T. J. Arnold. London, Cornish. 18. 110 p. v. p. 129. 185.   1 M. 80 Pf.

— — lib. I. Edited with introduction, notes and maps, by A. M. Bell. London, Williams and Norgate.   3 M.

— — by Bond and Walpole. London, Macmillan. v. p. 55. 185. 7 M. 20 Pf. Rec.: Academy N. 810 v. F. Haverfield. — Saturday Review N. 1167 p. 499.

Caesar's b. g., edited by C. Bryans. Book IV. London, Macmillan 1 M. 80 Pf.
Rec.: Classical Review I 8 p. 233 v. A. S. — Athenaeum N. 3140 p. 891.
— — ed. by C. Colbeck Book V. London, Macmillan. v.p.55. 1 M.80 Pf.
Rec.: Saturday Review N. 1667 p. 499. — Athenaeum N. 3140 p. 891.
— — édition classique, accompagnée de remarques et notes par E. Feu-
gère. Paris, Delalain frères. 12, XVI, 198 p. 1 M. 40 M.
— — ed. O. Eichert. Accedit lexicon Breslau 1880, Kern. 1 M. 80 Pf.
Rec.: Zeitschrift f. d österr. Gymn XXXVIII 10 p. 785 v. J. Golling.
— — von Kraner-Dittenberger Berlin, Weidmann. v.p:185. 2 M 25 Pf.
Rec.: Zeitschrift f. d österr. Gymn. XXXVIII 10 p. 755—757 v. J. Prammer.
— — ed. J. Prammer. Ed. 11 correctior. Leipzig, Freytag. 8. XLII,
208 S. 80 Pf.
— — traduction française, publiée avec le texte latin, par E. Sommer.
Paris, Hachette. 12. 472 p. 3 M. 50 Pf.
— — rec. H. Walther. Paderborn, Schöningh. v. p. 185. 1 M. 20 Pf.
Rec.: Neue phil. Wochenschrift N. 25 p. 393 - 396 v. R. Menge. — Gym-
nasium V 19 p. 676 J C. Laurer.
— — Helvetian War, adapted for the use of Beginners by W. Welch
and C. G. Duffield. With notes, exercises, and vocabularies. London,
Macmillan. 12. 96 p. cl 1 M. 80 Pf.
Fröhlich, Fr, Realistisches u Stilistisches zu Cäsar u. dessen Fortsetzern.
Festschrift des phil. Kränzchens in Zürich p. 1—55.
Rec.: Archiv f. lat. Lexikographie IV 3. 4 p. 635.
Göler, A v., Cäsars gallischer Krieg. 2 Thle. 2. Aufl. Tübingen 1880,
Mohr. 18 M.
Rec.: Korrespondenzbl. f. württ. Schulen XXXIV 7. 8 p. 363 -366 v. S. H.
Görlitz, K, Gerundium u Supinum bei Cäsar. Rogasen. v. p. 130.
Rec.: Gymnasium V 21 p. 771 v. H. Walther
Heuzey, L, les opérations de César. Paris 1886, Hachette. v.p.55. 10 M.
Rec.: Bulletin critique N. 18 p. 341—396 v. H Thédenat
Kampen, A. v., descriptiones nobilissimorum apud classicos locorum. I.
Ad Caesaris comm. tabulae. Gotha 1884, J. Perthes. 1 M. 60 Pf.
Rec.: Gymnasium V 20 p 719 v. H. Walther.
Laurer, J. C., zur Kritik von Cäs. b. g. VIII. Schwabach 1886. v.p. 185.
Rec.: Neue phil. Rundschau N. 25 p. 396 v. R. Menge.
Menge u. Preuss, lexicon Caesarianum. I—IV. Leipzig, Teubner. v.
p. 56. 130. 185. à 1 M. 60 Pf.
Rec.: Zeitschrift f. d. österr. Gymn XXXVIII 10 p. 783 v. J. Pram-
mer. — Archiv f. lat. Lex. IV 3. 4 p. 827.
Merguet, H., Lexikon. Jena, Fischer. v. p. 56. 130. cplt. 55 M.
Rec.: Archiv f. lat Lexikographie IV 3. 4 p. 626—627. — Academy
N. 810 v. F. Haverfield.
Meusel, H., Lexicon. 1 Bd. Berlin, Weber. v p 56. 130 185. 19 M. 80 Pf.
Rec : Zeitschrift f. d österr. Gymn. XXXVIII 10 p. 783 - 784 v. J.
Prammer.
Preuss, S, Lexikon zu den pseudo-cäsarianischen Schriftwerken. Erlangen
1884, Deichert 8 M.
Rec : Wochenschrift f. klass. Phil. IV 40 p. 1234 - 1234 v A. Neitzert.
Roby, H. J, Caesar b g. IV 17; the bridge over the Rhine. Classical
Review I 8 p. 242.
Schneider, R, Literaturbericht zu Cäsar. Jahresberichte des Berliner
phil. Vereins XIII p. 343—368.
Stoffel, guerre civile (Suite de l'histoire de Jules César, par l'Empereur
Napoléon III) 2 vol. in-4 avec album in-4 de 24 planches. T. 1. Du
passage du Rubicon à la bataille de Pharsale, VIII, 391 p.; t. 2. De la
bataille de Pharsale à la mort de César, 464 p. Paris, imp. nationale.
100 M.

Calpurnii et **Nemesiani** eclogae ed. Ch. H. Keene. London, Bell. v. p. 186.
Rec.: Classical Review I 9 p 276.

Cassiodorius. Stangl, Th, zu Cassiodorius Senator. (Aus den Sitzungsber.
d. k Akad. d. Wiss.) Wien, Gerold. 8 11 S.   30 Pf.

Catulli carmina, B Schmidt recognovit. Editio major. Leipzig, Tauchnitz.
gr. 8. CXXXVI, 88 S.   4 M.

— dasselbe. Editio minor. Ibid. 8. XII, 88 S.   •   60 Pf.

— i carmi, tradotti e annotati da L. Toldo. Imola 1883, Galeati.   6 M.
Rec.: Berliner phil. Wochenschrift VII 44 p. 1370—1372 v. H. Magnus.

Ciceronis scripta omnia rec. C. F. W. Müller. P. II vol. III. Leipzig
1886, Teubner v. p. 130.   2 M. 10 Pf.
Rec.: Wochenschrift f. klass. Phil. IV 39 p. 1198—1202 v H. Nohl —
Zeitschrift f. d österr. Gymn. XXXVIII 8 9 p. 624—633 v. A. Kor-
nitzer. — Centralorgan f Realschulwesen XV 12 p. 784 v. Hoffmann.
— Rivista di filologia XVI 1. 2 p 60—61 v. L Valmaggi.

— Orator Rec. Th Stangl Leipzig 1885, Freytag.   80 Pf.
Rec : Rivista di filologia XVI 1. 2 p. 48—50 v. A. Cima.

— l'Oratore, commentato da A. De Marchi Turin 1886, Löscher.
Rec.: Rivista di filologia XVI 1. 2 p 48—50 v. A Cima.

— de oratore liber I. Fur den Schulgebrauch erklärt von R. Stölzle.
1. Bdchn Ausg A, Kommentar unter dem Text; Ausg. B, Kommentar u.
Text getrennt. Gotha, Perthes 8. VI, 110 S   1 M. 50 Pf.
Rec.: Classical Review I 10 p 306 v. A. S W.

— dell'oratore, da A. Cima. Turin 1886, Löscher.
Rec.: Classical Review I 10 p. 306 v. A S. W.

— orationes selectae XVIII. Ex recognitione Halmii. Pars I. Orationes
pro S Roscio Amerino, in Q Caecilium, in Verrem lib. IV et V, de imperio
Cn Pompei, in L Catilinam continens. Berlin, Weidmann. 8 204 S. 1 M.
Rec : Zeitschrift f. d. österr. Gymn. XXXVIII 8. 9 p. 637—638 v. F.
Drechsler.

— — idem. Vol. VI: Die 1. u. 2. philippische Rede. 7 verb. Aufl. von
G. Laubmann. Ibid. 128 S.   1 M. 20 Pf.

— — ed. H. Nohl. Vol. III: De imperio Cn. Pompei oratio. In Catilinam. Ed. II Leipzig, Freytag. XIII, 65 S. v. p 56 130 186.   50 Pf.
Rec.: Centralorgan t Realschulwesen XV 10 p 667 v G. H

— — idem. Vol. V: Pro Milone, pro Ligario, ro prege Deiotaro. Ibid. XIV,
60 S.   50 Pf.

— pro Archia poeta. Nouvelle édition annotée par l'abbé E. Ragon. Paris,
Poussielgue. 18.   25 Pf.

— in Caecilium Divinatio and in Verrem actio prima. Edited, with introduction and notes, by J. R. King. London, Frowde. 12. cl. 1 M. 80 Pf.

— pro Caelio Ad optimos codices collatos in usum academicae iuventutis
recogn. J C. Vollgraff. Acc. appendix critica. Leiden, Brill. XV, 96 p. 2 M.

— in Catilinam, von Richter-Eberhard. Leipzig 1888, Teubner   1 M.

— pro A. Cluentio oratio. With notes by W. Y. Fausset. London, Rivington. 8. 350 p. cl.   7 M. 20 Pf

— pro Ligario oratio, con note di C. Fumagalli. Verona, Drucker e Tedeschi.   50 Pf.
Rec.: Berliner phil. Wochenschrift VII 45 p 1405 v. F. Müller.

— pro Milone. Par l'abbé Lechatellier. Paris, Poussielgue. 18. 40 Pf.

— fur Murena; für Sulla. Von G Landgraf. Leipzig 1885, Teubner.
          90 u. 75 Pf.
Rec.: Zeitschrift f d österr. Gymn. XXXVIII 10 p. 757—765 v Kornitzer.

— pro Murena. Nouvelle édition, avec des notes, par A. Noël. Paris, Hachette. 16. 99 p.   40 Pf.

Cicero. Discours à César à l'occasion du rappel de M Cl. Marcellus. Traduction, commentaire et analyse littéraire par J. van Ballaer. Malines, van Velsen. 8. XIV, 86 p.

—' — Rede über das Imperium, von A Deuerling Gotha 1884, Perthes.
Rec.: Zeitschrift f. d. österr. Gymn. XXXVII 8. 9 p. 633—635 v. A. Kornitzer.

— — Philippica II, by A. G. Peskett. Cambridge. v. p. 56. 4 M. 20 Pf.
Rec.: Athenaeum N. 3136 p. 746.

— pro Plancio, von Landgraf. 3. Aufl von Köpke. Leipzig 1888, Teubner.
1 M. 20 Pf.

— Reden gegen Verres, von Richter-Eberhard. IV. Leipzig 1886, Teuh-
ner. v. p. 186. 1 M 50 Pf.
Rec.: Berliner phil Wochenschrift VII 45 p. 1404—1405 v. F. Müller.

— libri qui ad rem publicam et ad philosophiam spectant. Ed. Th Schicbe.
Vol. V: Tusculanarum disputationum libri V. Leipzig, Freytag. 8. XIII,
173 S. 1 M. 20 Pf.

— — idem. Vol. IX: Cato maior. Laelius. Ed. II. correctior. Ibid. VIII,
60 S. 50 Pf.

— Cato major, de senectute dialogus Texte latin, avec des notes, par E.
Charles. Paris, Hachette. 16. 76 p. 40 Pf.

— — ed. by L. Huxley. London, Frowde. v. p. 57. 130. 2 M 40 Pf.
Rec.: Academy N 791 p. 7.

— — et Laelius. Latin, with an introduction and commentary by A. Stick-
ney. New York, Harper. 8. XVII, 191 p. cl. 7 M. 50 Pf.

— somnium Scipionis, erklärt von C Meissner. Leipzig 1886, Teubner. v.
p 57. 45 Pf.
Rec : Zeitschrift f. d. österr. Gymn. XXXVIII 8. 9 p. 635—637 v. F.
Drechsler.

Causeret, Ch., étude sur la langue de la rhétorique et de la critique littéraire dans Cicéron. Paris 1886, Hachette. v. p 57. 4 M.
Rec.: Berliner phil. Wochenschrift VII 51 p. 1596—1600 v. O. Harnecker. — Classical Review 1 8 p. 222—224 v. J. E. Sandys.

Ellis, R, on Cic. letters. Transactions of the Oxford Phil. Society 1886/87
p. 19—20.

Grumme, A., Ciceronis orationis Murenianae dispositio. Gera, Kanitz. 8.
16 S. 40 Pf.

Gurlitt, aus der Korrespondenz Ciceros mit Octavian; Citat bei Nonius
Marcellus. Berliner arch. Gesellschaft, Novembersitzung. (Wochenschrift f. klass. Phil IV 49.)

Kubik, J., de Ciceronis poetarum lat. studiis. Leipzig, Freytag.
Rec.: Deutsche Literaturzeitung N. 47 p. 1658 v. H. Reimann.

Landgraf, G., Literaturbericht zu Cicero's Reden, 1886. Bursian-Müllers
Jahresbericht XLVII Bd. p. 257—266. v. p. 187.

Lehmann, K., zur Rezension der Atticusbriefe Ciceros. II. Wochenschrift
f. klass. Phil. IV 45 p. 1403—1405. v. p. 131.

Lüttgert, G., Bemerkungen zu Cicero's Schrift de natura deorum als Schul-
lektüre. Lingen 1885, van Acken. 1 M.
Rec.: Zeitschrift f. d. österr. Gymn. XXXVIII 11 p. 841—842 v. J.
Golling.

Meissner, K., zu Cicero's Laelius. Jahrbücher für Philologie 135. Bd.
8. Heft p. 545—557.

Meyer, Paul, de Cic. in epistolis ad Atticum sermone. Bayreuth. Pr.
v. p. 187.
Rec.: Deutsche Literaturzeitung N. 49 p. 1729 v. Th. Stangl. —
Archiv f. lat. Lexikographie IV 3. 4 p. 634.

Çicero. Popp, E, de Ciceronis de officiis librorum codice Palatino 1531·
Erlangen 1886, Metzer. 8. 39 S.   1 M.

   Ramorino, F., manoscritti italiani del Cato maior e del Laelius. (Estratto
   della Riv. di fil. XV.) Turin 1886, Löscher. v. p. 58.
   Rec.: Berliner phil. Wochenschrift VII 45 p. 1406 v. H. Deiter.

   Schepss, G., Bruchstück einer Handschrift zu Cic. de inventione. Blatter
   f. d. bayr. Gymn. XXIII 9 p. 432—434.

   Schmidt, O E., die handschriftliche Ueberlieferung der Briefe Ciceros.
   Leipzig, Hirzel v. p. 131.   6 M.
   Rec.: Lit. Centralblatt N. 52 p. 1769—1771 v. F. R. — Rivista di
   filologia XVI 1. 2 p 58—59 v. R. Sabbadini.

   Schwenke, P., Literaturbericht zu Cicero's philosophischen Schriften,
   1884—86. Bursian-Müllers Jahresbericht XLVII. Bd. p. 267—316.

   Simon, kritische Bemerkungen zu Ciceros Brutus Kaiserslautern. Pr. 8.

Claudianus. Birt, Th., Verbalformen vom Perfektstamm bei Claudian. Archiv
f. lat. Lexikographie IV 3. 4 p. 589—594.

   Trump, Fr., observationes ad genus dicendi Claudiani. Halle. v. p. 188.
   Rec.: Archiv f. lat. Lexikographie IV 3. 4 p. 643.

Claudii Marii Victoris Alethia rec. C. Schenkl. v. Poetae christia-
nae p. 259.

Commodiani carmina rec. B. Dombart. Wien, Gerold. gr. 8. XXIV,
250 S.   5 M.
   Rec.: Archiv f. lat. Lexikographie IV 3. 4 p. 644—645 v. W. Kalb.

   Boissier, G., Commodien. Mélanges Renier. v. p. 188.
   Rec.: Theol. Literaturzeitung N. 18 p. 423—424 v. J. Ficker.

   Comte, Ch., une correction au texte de Commodien. Revue de philologie
   XI 1 p. 45—46.

Corippi opera rec. M. Petschenig. Berlin, Calvary. v. p. 58. 131. 188.
                                                                        9 M. 60 Pf.
   Rec.: Zeitschrift f. d. österr. Gymn. XXXVIII 8. 9 p. 639—640 v. A.
   Engelbrecht. — Rivista di filologia XVI 1. 2 p.51—56 v. L. Valmaggi.

Cornelii Nepotis vitae ed. G. Andresen. Leipzig 1884, Freytag. 60 Pf.
   Rec : Centralorgan f. Realschulwesen XV 10 p. 666 v. G. H.

— vitae, herausg. von K. Erbe. Stuttgart, Neff. v. p. 58. 132. 2 M. 70 Pf.
   Rec.: Zeitschrift f. d. österr. Gymn XXXVIII 11 p. 842—845 v. J. Golling. — Zeitschrift f. d. Gymn. XXXXI 10 p. 611—613 v. R. Oehler.

— von Nipperdey-Lupus. Berlin 1885, Weidmann.   1 M. 20 Pf.
   Rec.: Zeitschrift f. d. österr. Gymn. XXXVIII 10 p. 786 v. J. Golling.

— von Siebelis-Jancovius. 11. Aufl. Leipzig 1885, Teubner. 1 M. 20 Pf.
   Rec.: Zeitschrift f. d. österr. Gymn. XXXVIII 10 p. 787.

— resensuit et emendavit A. Weidner. Ed. II. correctior. Leipzig, Freytag.
8. IV, 90 S.   60 Pf.
   Rec.: Centralorgan f. Realschulwesen XV 10 p. 666 v. G. H.

   Anspach, E, zu Cornelius Nepos. Jahrbücher für Philologie 135. Bd.
   8. Heft p 563—566.

   Böhme, W., zu Cornelius Nepos. Jahrbücher für Philologie 135. Bd. 8. Heft
   p. 566—572.

   Haacke, H., Wörterbuch zu Cornelius Nepos. Leipzig 1884, Teubner. v.
   p. 188.   1 M.
   Rec.: Centralorgan f. Realschulwesen XV 10 p. 664 v. R. Schneider.

   Schäfer, E., Nepos-Vokabular. I. 2. Aufl. Leipzig, Teubner. v.p. 188. 40 Pf.
   Rec.: Centralorgan f. Realschulwesen XV 11 p. 724 v. R. Schneider.

Corpus iuris. Textes de droit romain à l'usage des facultés de droit par
E. Garsonnet. Paris, Larose.   6 M.

Corpus iuris civilis. Bruns, G., fontes iuris romani. Ed. V. cur. Th·
Mommsen. 1 Freiburg, Mohr. v. p. 59. 188. 4 M.
Rec.: Deutsche Literaturzeitung N. 41 p. 1451 v. P. Krüger. — Revue
critique N. 40 p. 228—229 v. P. Viollet.

Conrat, Max (Cohn), der Pandekten- u. Institutionenauszug der brittischen
Dekretalensammlung, Quelle des Ivo. Berlin, Weidmann. 4. ,21 S.
1 M. 20 Pf.

Gradenwitz , O., Interpolationen in den Pandekten. Kritische Studien.
Berlin, Weidmann. 8. IX, 246 S. 6 M.

Kalb, W., das Juristenlatein. Versuch einer Charakteristik auf Grundlage
der Digesten Erlangen. Diss. 8. 48 S.

Roby, H. J., an introduction to the study of Justinian's Digest Cambridge 1886. 10 M. 80 Pf.
Rec.: Berliner phil. Wochenschrift VII 50 p 1573—1574 ·v· J. Baron.

Zocco-Rosa, una nuova lettura de' frammenti del lib IX dei »responsa
Papiniani« rinvenuti in Egitto. Rivista giuridica IV 1.

Curtii Rufi historiae Alexandri Magni, ed. M Schmidt. Leipzig 1886, Freytag. v. p. 59. 188. 1 M.
Rec.: Berliner phil. Wochenschrift VII 40 p. 1243—1246 v. E. Hedicke.

Dosson, S., étude sur Quinte-Curce. Paris. v. ·p. 188. 9 M.
Rec.: Jahrbücher f. Philologie 135. Bd. 9. Heft p. 629 – 626 v. Th.
Vogel. — Classical Review I 10 p 307 v. W. E. Heitland. — Re-
vue critique N. 51 p. 473—476 v. P. Lejay.

Meiser, Beiträge zur Textkritik des Geschichtsschreibers Curtius Rufus.
Sitzungsberichte der Münchener Akademie 1887 Bd II, Heft 1 p. 1—38.

Schmidt, M., Schulwörterbuch zu Curtius Leipzig, Freytag. v. ·P. 59.
1 M. 40 Pf.
Rec.: Berliner phil. Wochenschrift VII 40 p. 1246—1249 v. E. Hedicke.

Dictys. Collilieux, E, étude sur Dictys et Darès. Grenoble 1886.
Rec.: Berliner phil. Wochenschrift VII 48 p. 1505—1506 v. H. Dunger.

Donatus. Mähly, J., Donatus über diverbium u. canticum. Zeitschrift f. d.
österr. Gymn. XXXVIII 8. 9 p. 589.

Dracontius. Barwinski, B., quaestiones ad Dracontium et Orestis tragoediam pertinentes. Quaestio I De genere dicendi. Diss. Göttingen, Vandenhoeck & Ruprecht 8. 109 S. 2 M.

Ennius Havet, L., Ennius ap. Macrob. VI, 2, 25. Revue de philologie XI
1 p. 74
Vahlen, J., de fragmentis Alcmaeonis tragoediae Ennianae. Berlin. Ind.
lect. hib. 4.

Eugipii opera rec. P. Knöll. 2 partes. Wien, Gerold. v. p. 59. 132. 189. 24 M.
Rec.: Classical Review I 8 p. 224—227 v. W. Sanday.

Eutropi breviarium rec F. Rühl. Leipzig, Teubner. v. p. 59. 45 Pf.
Rec.: Zeitschrift f. d österr. Gymn. XXXVIII 11 p. 848—850 v. A. Zingerle.

Festus. Mähly, J., sagmina bei Festus de verb. sign. Zeitschrift f. d. österr.
Gymn. XXXVIII 8. 9 p. 590.

Firmicus Maternus. Sittl, K., zu Firmicus Maternus. Archiv für lat.
Lexikographie IV 3. 4 p 607—611.

Gellius. Veen, J. van, Gelliana. Hermes XXII 4 p. 655—656.

Hilarii tractatus de mysteriis et **Silviae** peregrinatio. Rom, Spithöver. v.
p. 189. 10 M. 80 Pf.
Geyer, P., zur Peregrinatio ad loca sancta. Archiv f. lat. Lexikographie
IV 3. 4 p. 611—615.

Historiae Aug scriptores. Gemoll, A., die scriptores hist. Aug. Striegau
1886. Pr.
Rec.: Zeitschrift f. d. österr. Gymn. XXXVIII 10 p. 788 v. A. Kornitzer.

Historici. **Rozwadowski, J.**, de modo ac ratione qua historici romani numeros qui accurate definiri non poterant expresserint Krakau. Diss. 1887. 8. 18 S.
   Rec.: Archiv f. lat. Lexikographie IV 3. 4 p. 637.

Horatius, opera edd. O. K e l l e r et J. H ä u s s n e r. Leipzig 1885, Freytag 1 M.
   Rec.: Zeitschrift f. d. österr. Gymn. XXXVIII 11 p 829—831 v A Kornitzer.

— Werke, erklärt von A. K i e s s l i n g. II. Berlin 1886, Weidmann. v.
  p. 60 132. 189.   2 M 25 Pf.
   Rec.: Lit. Centralblatt N. 40 p. 1380.

— carmina selecta, herausg. von J. H u e m e r. 2. Aufl. Wien 1886, Hölder.
  v. p. 60.   1 M. 40 Pf.
   Rec.: Gymnasium V 23 p. 829.

— hendecas carminum Hor ed. B. D(ahl). Christiania. v. p. 60
   Rec.: Berliner phil. Wochenschrift VII 51 p. 1596 v. F. N.

— Odes. Books III and IV. With a literal interlinear translation by T. J. A r n o l d. London, Cornish. 18. 72 p.   1 M 80 Pf.

— les épitres d'Horace. Expliquées littéralement, traduites en français et annotées par E. T a i l l e f e r Paris, Hachette. 12. 263 p.   2 M.

— sämmtliche Dichtungen. Nach den rev. Uebersetzungen der Oden u. Epoden von E. Gunther, der Satiren u. Episteln von Wieland neu herausg u. mit Einleitung u. Anmerkungen versehen von H. F l e i s c h e r. (Bd. 158 der »Weltliteratur«.) Stuttgart, Cotta. 8 343 S. geb.   1 M.

— von der Dichtung. Uebersetzt von E. S c h a u e n b u r g. Leipzig 1886,
  Fock   1 M.
   Rec.: Wochenschrift f. klass. Phil. IV 48 p 1493—1494 v. G Faltin.

— l'Art poétique, avec commentaire de M. A l b e r t. Paris 1886, Hachette.
  v. p. 60.   2 M. 50 Pf.
   Rec.: Berliner phil. Wochenschrift VII 41 p. 1280—1283 v. O. Weissenfels.

— oeuvres, traduites en vers français par A. de B o r s. Illustrations de P. A v r i l. Paris, Imprimeries réunies. 18. 457 p.

— oeuvres. Traduction nouvelle par L e c o m t e d e L i s l e, avec le texte latin. 2 vols. Paris, Lemerre. 12. 273 et 268 p.   5 M.

— Episteln, deutsch von B a r d t. Leipzig, Velhagen & Klasing. v. p. 60
                                                1 M. 60 Pf.
   Rec.: Wochenschrift f. klass. Phil. IV 41 p. 1263—1265 v. G. Faltin.

Curschmann, F., Horatiana. Berlin, Springer. v p. 60 132. 189. 1 M. 60 Pf.
   Rec : Korrespondenzblatt f d. wurtt. Schulen XXXIV 7. 8 p. 369—371 v. Bender. — Gymnasium V 23 p 823—825 v Küster.

Hagen, H., über die kritischen Zeichen der Berner Horaz- u. Servius-Handschriften. Vortrag auf der Züricher Philologenversammlung. (Berliner phil. Wochenschrift VII 49 p. 1552.)

Jäger, O, Nachlese zu Horatius Köln. v. p. 133.
   Rec.: Wochenschrift f. klass. Phil. IV 46 p. 1426—1428 v. G. Faltin.

Leuchtenberger, Dispositionen zu Oden des Horaz für den Schulgebrauch. Jahrbücher tur Philologie 136. Bd. 8. Heft p. 411—414 u. 9. Heft p. 471—479. v. 1883. 1885.

Mayor, J. E. B., »parum cavisse videtur« in Hor. A. P. 351—353. Classical Review I 10 p 313.

Nieberding, K., zu Horatius, sat. II 2. Jahrbücher für Philologie 135. Bd. 8 Heft p. 572—576.

Oesterlen, Th., Komik u. Humor bei Horaz. Ein Beitrag zur röm. Litteraturgeschichte. 3. Heft: Die Episteln. Stuttgart, Metzler. 8. 123 S. cf p 61. 133.   3 M.
   Rec.: (II) Gymnasium V 24 p. 865—869 v. F. van Hoffs. — Korrespondenzblatt f. d. württ. Schulen XXXIV 8. 9 p. 456—460 v. Knapp..

Horatius. Onions, J. H., note on Hor. Epod. XVII 32 (»virens in Aetna flammaa).
Classical Review 1 8 p. 242.

Prickard, notes on Horace epistle II 2. Transactions of the Oxford Phil.
Society 1886/87 p 9—13.

Proschberger, J., Horazstudien. II. (Oden an Lyce, III· 10 u. IV· 13).
Blätter f. d. bayr. Gymn. XXIII 9 p. 425—432. cf. p. 133.

Roscher, W. H., zu Horatius carm. II 13, 15 (»navita Bosporum Poenus
. perhorrescitα). Jahrbücher für Philologie 135. Bd. 10. Heft p. 676—680.

Schulze, Ernst, zu Horaz carm. III 30. Jahrbucher für Philologie 135. Bd.
9. Heft p. 621—627.

Valentin, V., ein Freundesgruss. Horatii carm. II 7 neu erklärt. Frank-·
furt a. M., Ritter v. p 61. 189. 50 Pf.
Rec.: Neue phil. Rundschau N. 21 p. 327—328 v. E. Rosenberg.

Hygini Gromatici liber de munitionibus castrorum, herausg: u. erklärt von
A v. Domaszewki: Mit 3 Taf. Leipzig, Hirzel. 8. VI, 74 S. 2 M. 80 Pt.

Juvenalis Satires, by Pearson and Strong. Oxford. v. p. 61. 133. 190.
12 M 60 Pf.
Rec.: Saturday Review N. 1667 p. 497.

— les satires de Juvénal, traduites en vers, accompagnées du texte latin et
de remarques. Extraites de la traduction de M. De Silvecane (édition
de 1690). Paris, Perrin. 7 M. 50 Pf.

Mosengel, G., vindiciae Juvenalianae. Erlangen. Diss. 8. 72 S

Stephenson, H. M., difficulties in Juvenal. Classical Review I 8 p. 243.

Livius,. books V—VII, by Cluer-Matheson. Oxford. v. p. 61. 133. 6 M.
Rec.: Saturday Review N. 1667 p. 497.

— erklärt von Luterbacher. Lib. V. Leipzig, Teubner. v. p. 61. 133. 190.
1 M. 20 Pf.
Rec.: Wochenschrift f. klass. Phil. IV 48 p. 1491—1492 v. E. Krah.

— edd. Madvig et Ussing. Vol. II pars I. Kopenbagen 1886. v. p. 61.
5 M. 50 Pf.
Rec.: Academy N. 791· p. 7. — Classical Review I 9 p. 276 v. H. M.
Stephenson.

— von K. Tücking I. 2. Aufl. Paderborn. v. p. 190. 1 M. 20 Pf.
Rec.: Berliner phil. Wochenschritt VII 50 p. 1563—1566 v. -σ·.

— livres XXVI à XXX. Nouvelle édition avec notes et illustrations par
l'abbé Vauchelle. Paris, Poussielgue. 18. cart. 3 M. 50 Pf.

— von Weissenborn-Müller. Leipzig, Teubner. v. p. 61. 190.
Rec.: (I 1 u 111 1) Zeitschrift f. d. österr. Gymn. XXXVIII 11 p. 845—
848 v. J. Golling.

— libri I. II. XXI. XXII ed. A. Zingerle. Ed. II. correctior. Leipzig 1886,
Freytag. X, 267 S. cum V tabb. 1 M. 10 Pf.
Rec.: Korrespondenzblatt f. d. württ. Schulen XXXIV 7. 8 p. 366—368 v. F.

Luchs, A., emendationum Livianarum particulae I—III. Erlangen 1881,
1882, 1887, Metzer. 4. 11, 13 u. 22 S 2 M. 20 Pf.; part. III. (22 S) ap. 1 M.

Lucanus. Pharsalia, ed. by C. E Haskin. With introduction by W. E.
Heitland. Cambridge, Bell. 16 M. 80 Pf.
Rec.: Classical Review 1 10 p. 293—296 v. Nettleship. — Athenaeum
N. 3129.

— Pharsalia, ungarisch von J. Marki. Budapest 1885, Rudnyansky. 8.
494 S 4 M.
Rec.: Egyetemes phil. közlöny 1887 N. 9. 10 p. 762—767 v. R. Weiss.

Cartault, A, sur un passage de la vie de Lucain tirée du commentaire.
de Vacca. Revue de philologie XI 1 p. 14—17.

Reinach, S., sur Lucain Pharsale VIII 146. Revue de philologie XI 1 p. 79.

Luciferi opuscula rec. W. Hartel. Wien 1886, Gerold. v. p 62. 133. 6 M.
Rec.: Neue phil. Rundschau N. 21 p. 328—329 v. P. Mohr.

Lucilius. Stowasser, M., zu Lucilius. Archiv f. lat Lexikographie IV 3. 4
p. 616.

Lucretius. Reichenhart, E., der Infinitiv bei Lukrez. Erlangen 1886. v. p. 133.
Rec.: Berliner phil. Wochenschrift VII 43 p. 1340—1341 v. J. H. Schmalz.
— Neue phil. Rundschau N. 20 p. 308—312 v. A. Lange. — Wochen-
schrift f. klass. Phil. IV 50 p. 1546—1548 v. F. Stürenburg.

Macrobius. Mayor, J. E. B., Macrob. sat. VII 4 § 7. Classical Review
I 8 p. 243.

Martialis epigrammaton libri   Mit Anmerkungen von L. Friedländer.
Leipzig, Hirzel. v. p. 62. 134.   18 M.
Rec.: Phil. Anzeiger XVII 4. 5 p. 284—291 v. E. Renn.

— rec. W. Gilbert. Leipzig 1886, Teubner. v. p. 62.   2 M. 40 Pf.
Rec.: Phil. Anzeiger XVII 4. 5 p. 283—284 v. E Renn.

Schulze, K. P., Martials Catullstudien. Jahrbücher für Philologie 135. Bd.
9. Heft p. 637—640.

Minucii Octavius em. A e. Baehrens. Leipzig 1886, Teubner. 1 M. 35 Pf.
Rec.: Rivista di filologia XVI 1. 2 p. 43—48 v A. Cima.

Wilhelm, Fr., de Minucii Felicis Octavio. Breslau, Köbner. v. p. 190.
1 M. 80 Pf.
Rec.: Lit. Centralblatt N. 46 p. 1555. — Theol. Literaturzeitung
N. 18 p. 422—423 v. Harnack.

Nonius. Duvau, L., sur Nonius. Revue de philologie XI 1 p. 80.

Mähly, J., gallare bei Nonius. Zeitschrift f. d. österr. Gymn. XXXVIII
8. 9 p. 590.

Ovidi carmina selecta, scholarum in usum ed. H. St. Sedlmayer. Ed. II.
correctior. Leipzig, Freytag. 8. XVI, 159 S. geb.   1 M.

— metamorphoseon XIII. XIV. Ed by Ch. Simmons. London, Macmillan.
v. p. 62. 191.   5 M. 40 Pf:
Rec.: Berliner phil. Wochenschrift VII 40 p. 1239—1243 v. R. Ehwald.
— Wochenschrift f. klass. Phil. IV 39 p. 1205—1206 v. K. Schulze. —
Saturday Review N. 1667 p. 497.

— morceaux choisis des Métamorphoses. Texte latin, avec notes, par L.
Armengaud. 3. tirage, revu. Paris, Hachette. 18. XX, 275 p. 1 M. 80 Pf.

— tristia, book I. Ed. by S. G. Owen. Oxford 1885. v. p. 134. 4 M. 20 Pf.
Rec.: Classical Review I 8 p. 234 v. A. S.

Gilbert, J., ad Ovidii Heroides. Meissen. Pr. v. p. 134.
Rec.: Deutsche Literaturzeitung N. 51 p 1806 v. F. Leo.

Guichon de Grandpont, A., Ovidius Nauticus, amples citations, avec ex-
plications sommaires des passages de tous les poèmes d'Ovide qui ont
rapport à la marine. Brest, imp. de l'Océan. 8. 56 p.

Jurenka, H., Schuldwörterbuch zu Sedlmayers Ovidi carmina selecta.
Leipzig 1885, Freytag.   1 M. 60 Pf.
Rec.: Neue phil. Rundschau N. 24 p. 384 v. Schütt.

Magnus, H., Studien zu Ovids Metamorphosen. Berlin, Gärtner. v.
p. 63. 191.   1 M.
Rec.: Wochenschrift f. klass. Phil. IV 42 p. 1298—1302 v. K. Jacoby. — Deutsche Literaturzeitung N. 51 p. 1806—1807 v. F. Leo.

Wartenberg, G., der codex Bernensis 478 der Heroides des Ovid. Wochenschrift f. klass. Philologie IV 41 p. 1272—1278; N. 44 p. 1366—1370;
N. 47 p. 1464—1468.

Winther, H., de fastis Verrii Flacci ab Ovidio adhibitis. Berlin 1885,
Gärtner.
Rec.: Deutsche Literaturzeitung N. 51 p. 1806 v. F. Leo.

Palaemon. Marschall, C., de Q Remii Palaemonis libris grammaticis. Leipzig. Diss 8. 85 S.
Phaedri fabularum libri quinque. Texte latin, avec des notes et les imitations de la Fontaine et de Florian, par E Talbert. Paris, Hachette. 16. IV, 140 p. 80 Pf.
Chatelain, E., un nouveau document sur le codex Remensis de Phèdre. Revue de philologie XI 1 p. 81.
Plauti comoediae recogn. Fr. Leo. I. Berlin 1885, Weidmann. v. p. 63. 1 M. 80 Pf.
  Rec.: Wochenschrift f klass. Phil. IV 47 p. 1454—1457 v. W. Abraham.
— ex rec. Ritschelii Tomi III fasc. IV: Pseudolus, rec. G Goetz. Leipzig, Teubner. XV, 188 S. v. p. 191. 5 M. 60 Pf.
— — tomi III fasc. II: Captivi, rec. Schöll v. p. 63. 134. 191. 4 M.
  Rec.: Classical Review I 10 p. 304 v. J. H. Onions.
— — tomi III fasc. III: Rudens, ed. Schöll. v. p. 191. 5 M. 60 Pf.
  Rec.: Deutsche Literaturzeitung N. 48 p. 1693— 1694 v. P. Langen. — Berliner phil. Wochenschrift VII 52 p. 1625—1632. — Classical Review I 10 p. 305—306 v. J. H. Onions.
— la Aulularia y los Cautivos. Versión de G. Garbón. Madrid, Murillo. 12. 219 p. 50 Pf.
Dorsch, J., Assimilation in den Compositis bei Plautus u. Terenz. Prag, Dominicus. 8. 53 S. 90 Pf.
  Rec.: Archiv f. lat. Lexikographie IV 3. 4 p 633.
Goldmann, Fr., poetische Personifikation bei Plautus. II. Halle. v. p. 135.
  Rec.: Neue phil. Rundschau N 23 p. 356 v. E. Redslob.
Kuklinski, R., critica Plautina. Berlin 1884. Diss.
  Rec.: Phil Anzeiger XVII 6 7 p. 392—394.
Langen, P., Plautinische Studien. Berlin, Calvary. v. p. 63. 135. 191. 13 M.
  Rec.: Berliner phil. Wochenschrift VII 41 p. 1275—1280 u. N. 42 p. 1305—1309 v. G. Langrehr. — Wochenschrift f. klass. Phil. IV 52 p. 1610—1612 v. W. Abraham.
Leo, Fr., vindiciae Plautinae. Rostock. Ind. lect. hib. 4. 12 S.
  Rec.: Deutsche Literaturzeitung N. 43 p. 1513 v. M. Niemeyer. — Archiv f. lat Lexikographie IV 3. 4 p. 632 v. Fr. Schöll.
Luchs, A., commentationes prosodicae Plautinae. I et II. Erlangen 1883 et 1884, Metzer. 4. 23 u. 16 S. 2 M.
Mähly, J., Plautus Aulularia; Captivi. Zeitschrift f. d. österr Gymnasien XXXVIII 8. 9 p 585 — 588.
Piazza, il tipo dell' avaro in Plauto e nei principali suoi imitatori. Foligno, tip. Campitelli. 16. 111 p. 2 M.
Prehn, H., quaestiones Plautinae de pronominibus indefinitis. Strassburg, Diss. 8. 30 S.
Reinhardstöttner, K. v., spätere Bearbeitungen plautinischer Lustspiele. Leipzig 1886, Friedrich. v. p. 192. 18 M.
  Rec.: Lit. Centralblatt N. 49 p. 1663. — Zeitschrift f. vergl. Literaturgeschichte I 1 v. Storck.
Tucker, T. G., supplementum to Plautus' Aulularia, written on the occasion of the performance by the Students of Trinity College, Melbourne, April 1887. Classical Review I 10 p. 310—312.
Plinius maior. Voigt, Hugo, de fontibus earum quae ad artes pertinent nat. hist Plinianae quaestiones. Halle. Diss. 8. 25 S.
Plinius minor. Selected lettres, for schools, with notes by C. Prichard and E. R. Bernard. New edition. Oxford, Clarendon Press. 8. cl. 3 M. 60 Pf.
Poetarum Romanorum fragmenta coll. Ae. Baehrens. Leipzig 1886, Teubner. v. p. 135. 192. 4 M. 20 Pf.
  Rec.: Phil Anzeiger XVII 6. 7 p. 395—400.
Poetae christiani minores. Pars I. **Paulini** Petricordiae carmina rec. M. Petschenig, **Orientii** carmina rec. R. Ellis, **Paulini** Pellaei eucharisticos rec. G. Brandes, **Claudii** Marii Victoris alethia et **Probae** cento rec. C. Schenkl. Wien 1888. Leipzig, Freytag. gr. 8. 640 S. 16 M. 40 Pf.

18*

Priscillianus.. Schepss, Priscillian. v. p 64. 135. 192.   1 M. 50 Pf
   Rec : Neue phil. Rundschau N. 20 p. 314 v. ††.
Propertius. Havet, L., Properce IV, 11, 66. Revue de philologie XI 1 p. 32.
Plessis, Fr., études sur Properce. Paris 1884, Hachette. v. p. 192. 7 M.50Pf.
   Rec.: Phil. Anzeiger XVII 4. 5 p. 278—283 v. R. Ehwald. — Revue
   de l'instr publ. en Belgique XXX 6 p. 379—382 v. P. Thomas.
Pruzsinszky, J. v., de Propertii carminibus in libros distribuendis. Buda-
   pest 1885.
   Rec.: Phil. Anzeiger XVII 6. 7 p 400—403 v. R. Ehwald.   ❧
Quintiliani institutiones ed. F. **Meister.** Leipzig, Freytag. v. p 64. 135.
   192.   2 M. 70 Pf.
   Rec : Blätter f. d. bayr Gymn. XXIII 9 p 452—455 ꝟ. M Kiderlin. —
   American Journal of Philology N. 31 p. 361 v. M. W.
Becher, F., Literaturbericht zu Quintilian, 1880—87. Bursian-Müllers
   Jahresbericht LI Bd. p 65 ·80 v. p. 192
Bonnet, M., les manuscrits de Montpellier. III. Quintilien. Revue de
   philologie XI 1 p. 89 - 90
Reuter, A., de Quintiliani libro de causis corruptae eloquertiae. Breslau,
   Köbner. v. p 64 192.   2 M·
   Rec.: Berliner phil. Wochenschrift VII 48 p. 1503—1505 v. P. Hirt.
Sallusti scripta ed. A. **Eussner.** Leipzig, Teubner. v. p. 135. 192.
   Rec : Wochenschrift f klass. Phil. IV 43 p. 1329—1330 v. J. H. Schmalz.
   — Rivista di filologia XVI 3. 4 p. 147 - 149 v. F. Ramorino. — Deut-
   sche Literaturzeitung N 46 p 1617 v. A. Scheindler. — Cultura VIII 13/14.
—   — erklärt von R. **Jacobs.** 9. Aufl. von H. **Wirz.** Berlin 1886, Weid-
   mann. v. p. 135.   1 M. 20 Pf.
   Rec.: Blätter f. d. bayr. Gymn XXIII 9 p. 451—452 v. A. Eussner.
—   — rec. H **Jordan.** 3. Aufl. Berlin, Weidmann v. p. 192. 1 M. 50 Pf.
   Rec.: Deutsche Literaturzeitung N. 40 p. 1402—1403 v. A. Scheindler.
   — Rivista di filologia XVI 3. 4 p 145 - 147 v. F. Ramorino — Revue
   critique N. 42 p 262—264 von Th. Reinach. — Zeitschrift f d. österr.
   Gymn XXXVIII 11 p 834—841 v. E. Hauler. — Centralorgan f Realschulwesen XV 10 p. 664—665 v. R Schneider.
—   bellum Catilinae, von J. H. **Schmalz.** 2. Aufl. Gotha. v. p. 193.
                                                              1 M. 20 Pf.
   Rec.: Zeitschrift f d. österr. Gymn. XXXVIII 11 p. 831 - 834 v. A. Kor-
   nitzer. — Gymnasium V 23 p. 828—829
—   conspiracy of Catiline. With an introduction, notes, and vocabulary.
   London, Gill. 8. 126 p.   1 M. 20 Pf.
Thiaucourt, C., étude sur la conjuration de Catilina, de Salluste Paris,
   Hachette.   3 M.
Uri, J., quatenus apud Sallustium sermonis latini plebeji vestigia appareant.
   Paris 1885, Hachette.   3 M.
   Rec.: Revue de l'instr. publ. en Belgique XXX 6 p. 383 - 385 v. P.
   Thomas.
Wirz, H., die stoffliche u. zeitliche Gliederung des Bellum Jugurthinum
   des Sallust. Festschrift der Kantonschule in Zurich p. 1—31.
Sedulii opera rec. J. **Huemer.** Wien 1885, Gerold.   9 M.
   Rec.: Wochenschrift f. klass Phil. IV 48 p 1494—1496 v. Deutsch.
Senecae Patris scripta quae manserunt. Edidit H. J. **Müller.** L. Annaei
   Senecae oratorum et rhetorum sententiae, divisiones, colores. Leipzig,
   Freytag. 8. XLIV, 628 S.   14 M.
Senecae dialogorum libros XII· rec. M. C. **Gertz.** Kopenhagen 1886, Gyl-
   dendal. v. p. 64 136. 193.   11 M. 25 Pf.
   Rec.: Zeitschrift f. d österr. Gymn. XXXVIII 8. 9· p. 638—639 v. Pe-
   tschenig, u. N. 11 p. 850—853 v. J. Müller. — Phil. Anzeiger XVII 4.
   5 p. 291—300 v. Fr. Schultess.

Senecae ad Lucilium epistolae morales (1—16). Texte latin, publié avec des notes par R Aubé. Paris, Hachette. 16 123 p. 75 Pf.

— choix de lettres morales. Edition classique, avec des notes par E. Sommer. Paris, Hachette. 12. XII, 126 p 1 M. 25 Pf.

Fiegl, A., de Seneca paedagogo. Bozen 1886. Pr. v. p. 65.
Rec : Zeitschrift f d. österr. Gymn. XXXVIII 10 p. 797—798 v. J. Rappold.

Fowler, H. N., the sources of Seneca's de beneficiis. Proceedings of the American Phil. Association 1886, p. IX—XIII.

Silius Italicus. Buchwald, F., quaestiones Silianae. Leipzig, Fock. v. p. 136. 193. 80 Pf.
Rec.: Wochenschrift f. klass. Phil. IV 43 p. 1332—1334 v. Schlichteisen.

Cartault, A, est-il possible de fixer exactement la date de la composition des Puniques de Silius Italicus? Revue de philologie XI 1 p. 11—14.

Groesst, J., quatenus Silius Italicus a Vergilio pendere videatur. Halle. (Berlin, Mayer & Müller.) v. p. 193. 1 M.
Rec.: Neue phil. Rundschau N. 26 p. 414—415 v. van Veen.

Sulpicius Severus. Manitius, M., zu Sulpicius Severus. Zeitschrift f. d. österr. Gymnasien XXXVIII 11 p. 813—822.

Statius. Otto, A., zur Kritik von Statius Silvae. II. Rhein. Museum XLII 4 p. 531—546

Tabula Peutingerana. Buck, zu den Ortsnamen der Peutingerschen Tafel. Württembergsche Vierteljahrsschrift X 3

Taciti opera rec. Joh. Müller. II. Leipzig, Freytag. v.p.65.194. 1 M. 50 Pf.
Rec : Berliner phil. Wochenschritt VII 50 p. 1566 1571 v. A. Eussner. — Wochenschrift f. klass. Phil. IV 50 p. 1548—1557 v. Pfitzner. — Neue phil. Rundschau N. 20 p. 312—314 v. E Wolff. — Centralorgan f Realschulwesen XV 10 p. 667 v. G. N. — American Journal of Philology N. 31 p 360 v M W.

— the histories, I and II, by A. D. Godley. London, Macmillan. v.p.65. 136. 194 6 M.
Rec : Wochenschrift f klass. Phil IV 43 p. 1331 v. G. A. — Saturday Review N. 1677 p 497.

— — par H. Goelzer. 1. Paris 1886, Hachette. 1 M. 80 Pf.
Rec : Journal des Savants 1887, November, p. 649—663 v. G. Boissier.

— — von E. Wolff. I Berlin 1886, Weidmann. v. p. 65. 2 M 25 Pf.
Rec.: Berliner phil. Wochenschrift VII 49 p 1538—1543 v. A. Eussner. — Neue phil. Rundschau N 22 p 342—345 v. G. Knaut. — Zeitschrift f d. österr. Gymn. XXXVIII 10 p 765—771 v. J. Prammer.

— Annalen, von A. Dräger. I. 5. Aufl. Leipzig, Teubner. v. p. 194. 2 M. 40 Pf.
Rec : Centralorgan f. Realschulwesen XV 12 p 782—782 v. Schendel.

— — Annals I Edited, with introduction and notes for use of schools and junior students, by H. Furneaúx. London, Frowde. 12. cl. 2 M. 40 Pf.

— Werke. Russische Uebersetzung mit Kommentar und Noten von W. Modestow. II. Annales. Dialogus. Petersburg 1887, Panteljew. gr. 8. 576 S cf. p. 136.

— dialogus de oratoribus, übersetzt von Dr. John. Tubingen, Fues. v.p.65.
Rec.: Wochenschrift f. klass. Phil. IV 51 p. 1588—1589 v. E. Wolff.

— — dialogue des orateurs. Texte latin, revu et publié avec un commentaire etc., par H. Goelzer. Paris, Hachette. 8. 4 M.

Dietrich, P., Tendenz des Agricola. Stralsund v. p. 136.
Rec.: Gymnasium V 21 p 772 v. C John.

Gerber u. Greef, lexicon Taciteum. I—VII. v. p. 136. 194. à 3 M. 60 Pf.
Rec.: Zeitschrift f. d. österr Gymn. XXXVIII 10 p. 784 v. J. Prammer.

Tacitus. **Hilberg, J.,** Tacitus Dialogus de oratoribus. Zeitschrift f. d. österr. Gymn. XXXVIII 11 p. 823.

Philipp, E., dialogi Tacitini qui fertur de oratoribus quae genuina fuerit forma. Wien, Hölder. 8. 34 S.   1 M.

Schmaus, H., Tacitus ein Nachahmer Vergils. Diss. Bamberg, Buchner. 8. 55 S   1 M.

Steuding, H., zu Tacitus Dialogus. Jahrbücher für Philologie 135. Bd. 9. Heft p. 627—628

Thomas, E., Tacite, dialogue des orateurs 5. Revue de philologie XI 1 p. 61.

Wolff, E., Wörterbuch zur Germania. Leipzig 1886, Freytag. v. p 66. 80 Pf.
    Rec.: Korrespondenzblatt f. d. württ. Schulen XXXIV 8. 9 p. 440—441 v. G. H.

Wutk, B., dialogum a Tacito Traiani scriptum esse demonstratur. Spandau. v. p. 66.
    Rec : Gymnasium V 21 p. 771 v. C. John.

Tarquitius Priscus. **Bormann, E.,** der Schriftsteller Tarquitius Priscus. Arch.-epigr. Mittheilungen aus Oesterreich XI 1 p. 94—103.

Terentius. Les Adelphes. Texte latin, publié avec la notation métrique, des notes etc., par A. Boué. Paris, Poussielgue. 18. IX, 98 p. avec fig. 90 Pf.

— Hecyra. Texte latin, avec un commentaire, par P. Thomas. Rennes. Paris, Klincksieck. 8. IV, 116 p.

— Phormio. With notes and introductions, intended for the higher forms of public schools, by A. Sloman. London, Frowde. v. p. 194. 12. 176 p.
                      3 M. 60 Pf.

Abel, E, Biographie des Terentius. (Ungarisch.) Budapest 1887, Akademie. 8. 62 S.   80 Pf.
    Rec.: Égyetemes phil. közlöny 1887 N. 9. 10 p. 769—772.

Dorsch, Assimilation bei Plautus u. Terenz, v. Plautus p. 259.

Gilbert, H, zu Terenz Andr. 315. Jahrbücher für Philologie 135. Bd. 9. Heft p 636. v. p. 194.

Greifeld, A., de Andriae Terentianae gemino exitu. Berlin 1886, Mayer & Müller. v. p. 137.   1 M. 20 Pf.
    Rec.: Neue phil Rundschau N. 22 p. 342 v. E. Redslob.

Havet, L., Térence Heaut. 289. Revue de philologie XI 1 p. 47.

— sur la date des Adelphes de Terence. Ibid. p. 48.

Tertullianus. **Klussmann, M.,** curarum Tertullianearum part. tres. Gotha. v. p. 194.   1 M.
    Rec.: Neue phil. Rundschau N. 22 p. 345—346 v. P. Mohr.

Massebieau, l'apologétique de Tertullien et l'Octavius de Minucius Felix. Revue de l'hist. des religions XV 3 et XVI 1.

Tibullus. Selections from Tibullus and Propertius, by G. Ramsay Oxford. v. p. 66. 137. 194.   7 M. 20 Pf.
    Rec.: Wochenschrift f. klass. Phil. IV 40 p. 1235—1238. — Classical Review I 9 p. 276. — Saturday Review N. 1667 p. 497.

Schultz, Rud., quaestiones in Tibulli librum I. chronologicae. Diss. Leipzig. 8. 44 S.

Valerius Probus. **Beck, J. W.,** de Valerio Probo. Groningen 1886.
    Rec.: Berliner phil. Wochenschrift VII 44 p. 1372—1375 v. B Kübler.

Valerius, Julius. **Kübler, B,** zum Julius Valerius de rebus gestis Alexandri. Hermes XXII 4 p. 627—612.

Vergilii opera, nonnullis patrum Soc. Jesu notis illustrata ad usum scholarum. Tours, Mame. 16 400 p.

— carmina ed. G. Thilo. Leipzig 1886, Tauchnitz. v. p. 137. 195. 1 M. 50 Pf.
    Rec.: Neue phil. Rundschau N. 26 p. 409—414 v. H. Kern.

Vergilii Bucolica, Georgica, Aeneis, rec. O. Güthling. Leipzig, Teubner. v. p. 66 195. 1 M. 35 Pf.
Rec.: Classical Review I 9 p. 276 v. S. G. Owen.

— Aeneide. Für Schüler bearb. von Gebhardi 4. Theil: Der Aeneide 7. Buch. Nach dem Tode des Bearbeiters zu Ende geführt von P. Mahn. Paderborn 1888, Schöningh. 8. V, 78 S. 80 Pf. (1—4: 5 M. 20 Pf.) Rec.: Centralorgan f. Realschulwesen XV 10 p. 665—666 v. R. Schneider.

— — book IX, with introduction and notes by A. E Haigh. London, Frowde. 12. cl. 1 M. 80 Pf.

— — second book. With an introduction, notes, and a vocabulary. London, Gill. 8. 92 p. cl. 1 M. 20 Pf.

— — book IX. With a vocabulary by T. White. London, Longman 18. 200 p. cl. 1 M. 80 Pf.

— Bucolics. Edited, with introduction and notes by A. Sidgwick. Cambridge. 12. 92 p. cl. 1 M. 80 Pf.

— Georgicon libri ed. A. Sidgwick. Cambridge. v p. 137. 195. 2 M. 40 Pf. Rec.: Athenaeum N. 3136 p. 746.

— Aeneide von J. H. Voss. Neu herausg. von O. Güthling. Leipzig, Ph. Reclam jr. 16. 293 S. 40 Pf.

— Aeneis. 9. Gesang. Wortgetreu nach H. R. Mecklenburgs Grundsätzen aus dem Latein. in deutsche Prosa übers. von G. N. 1. Heft. 32. (S. 1—32.) Berlin, Mecklenburg. 25 Pf.

— eclogues, and Aeneid I—VI, in English verse by Ch. Bowen. London, John Murray. gr. 8. cl. With map. 14 M. 40 Pf.

Servii grammatici in Vergilii carmina commentarii, recc. G. Thilo et H. Hagen. Vol III fasc. I. In Bucolica et Georgica commentarii. Leipzig, Teubner gr. 8. XX, 360 S. v. p. 195. 10 M. 40 Pf.

Clarke, R. L., on Virgils first and ninth eclogues. Transactions of the Oxford. Phil. Society 1886/87 p. 22—23.

Collignon, A., Virgile (Collection des classiques populaires.) Paris, Lecène. v. p. 67. 1 M. 50 Pf.
Rec.: Berliner phil. Wochenschrift VII 43 p. 1341—1343 v. H. Kern.

Duvau, L., deux feuilles d'un ms. de Servius. Revue de philologie XI 1 p. 80

Feilchenfeld, A., de Vergili bucolicon temporibus. Leipzig 1886, Mayer & Müller. v. p. 137. 195. 1 M. 20 Pf.
Rec.: Berl. phil Wochenschrift VII 47 p. 1464—1468 v. M. Sonntag.

Hauff, G., Schiller und Vergil. Zeitschrift f. vergl. Litteraturgeschichte I 1 p. 72—76

Havet, L., Vergil., Aen. VI 438—439 Revue de philologie XI 1 p. 62—63.

— Servius ad Aen. VI. Ibid. p. 64.

Hildebrandt, R., Vergils Culex. Leipzig, Zangenberg. v. p. 195. 2 M. 40 Pf
Rec.: Academy N. 805 v R. Ellis — Classical Review I 9 p. 274—276 v. R. Ellis.

Ihm, G, Aphorismen über die Vergillektüre. Gymnasium V 19 p. 665—670 u. N. 20 p. 713—720.

Parodi, i rifacimenti e le traduzioni italiane dell'Eneide di Virgilio prima del rinascimento. Studi di filologia romanza N. 5.

Sonntag, M., über die Appendix Vergiliana. Frankfurt a. O. v. p. 67. 138.
Rec.: Berliner phil. Wochenschrift VII 49 p. 1536—1538 v. A. Zingerle. — Classical Review I 10 p. 306 v. R. Ellis.

Warren, M., on a passage in the Ciris. American Journal of Philology N. 30 p. 221—223.

Verrius Flaccus. Reitzenstein, P., Verrianische Forschungen. Breslau, Köbner. v. p. 196.   2 M. 40 Pf.
Rec.: Deutsche Literaturzeitung N. 45 p. 1582—1583 v. H. Keil. — Academy N. 804 u 805 v. H. Nettleship. — Classical Review I 10 p. 307 —308 v. H. Nettleship.

Virgili grammatici opera ed. J. Huemer. Leipzig 1886, Teubner. v. p. 67. 138 196.   2 M. 40 Pf.
Rec.: Neue phil. Rundschau N. 22 p. 346—347 v. ††. — Cultura VII 21/24.

Vitruvius Praun, J., Bemerkungen zur Syntax des Vitruv. Bamberg 1885. Pr.
Rec : Phil. Anzeiger XVII 4. 5 p. 245—246 v. G. Ihm.

Vulgata. Zimmer, der Galaterbrief im altlateinischen Text. Theol. Studien I N. 1.

III. Epigraphik und Palaeographie.

Geppert, P., zum Monumentum Ancyranum. Berlin, Gärtner. v. p. 138. 1 M.
Rec : Wochenschrift f. klass. Phil. IV 49 p. 1515—1516 v. G. Zippel.

Néroutsos - Bey, inscriptions grecques et latines recueillies dans la ville d'Alexandrie. Revue archéologique 1887, Juli-Oktober. v. p. 138.

Tocilescu, G., neue Inschriften aus der Dobrudscha. Arch.-epigr. Mittheilungen aus Oesterreich XI 1 p. 19—70.

1. Griechische Inschriften. — Orientalische Inschriften, soweit sie zur Kenntniss der classischen Alterthumswissenschaft von Interesse sind.

Apostolides, B., essai d'interprétation de l'inscription préhellénique de l'ile de Lemnos Alexandria (d'Egypte) 1887. 8

Berger, P., le sarcophage de Tabnith Revue archéologique, Juli-August.

— note sur la grande inscription néopunique et sur une autre inscription d'Altiburos (Extrait.) Paris, Leroux. 8. 19 p.

Clermont-Ganneau, inscription grecque du Liban: dédicace au Baal Marcod. Académie des inscriptions, 19 August (Revue critique N. 41.)

Clerc, M., inscriptions de la vallée du Ménandre. Tralles, Nysa, Laodicée et Colosses. Bulletin de correspondance hellénique XI 5 p. 346—354.

Corpus inscriptionum atticarum consilio et auctoritate Academiae litterarum regiae borussicae editum. Vol IV supplementa complexi partis I fasc. 2, supplementorum vol. I partem 2 continens. Fol (S 57—132) Berlin, G. Reimer.   7 M.

Dareste, R, la loi de Gortyne. Texte, traduction et commentaire. Annuaire des études grecques XX p. 300—349.

Derembourg, l'inscription de Tabnit. Revue de l'hist. des religions XV 3 et XVI 1.

Deschamps et **Cousin**, inscriptions du temple de Zeus Panamaros. Une famille sacerdotale. Tib Flavius Aeneas et ses enfants. Bulletin de correspondance hellénique XI 5 p 373—391.

Dragatzis, Weihinschrift an den Asklepios. Berliner phil. Wochenschrift VII 52 p 1618.

Foucart, P., liste d'affranchissements de la ville d'Halos en Phthiotide. Bulletin de correspondance hellénique XI 5 p. 364—372.

Gardner, the inscriptions from Naukratis. Academy N. 799. v. p. 139.

Gomperz, Th, zu griechischen Inschriften (Weihinschrift von Delos). Arch.-epigr. Mittheilungen aus Oesterreich XI 1 p. 91—93.

Hall, J., contributions to the grammar of the Cypriote inscriptions. Proceedings of the American. Phil Association 1886, p. VII–VIII.

Hirschfeld, G., über die griech. Grabschriften, welche Geldstrafen anordnen. Königsberger Studien 1. Heft p 83—144

— the inscriptions from Naukratis. Academy N. 792—798.

Keelhoff, J., les formes du verbe dans l'inscription de Gortyne. Mons, Manceaux. 8 58 p.　　　　　　　　　　　　　　　　1 M. 50 Pf.

— het inschrift van Gortyna. Nederlandsch Museum 1887 N. 7.

Kirchhoff, A., Inschriften von der Akropolis zu Athen aus der Zeit nach dem Jahre des Archon Euklides Sitzungsberichte der Berliner Akademie 1887 N. 50/51 p. 1059—1074.

Meister, R., zu den kyprischen Inschriften. (Kenotaph des Aristagoras.) Berliner phil Wochenschrift VII 52 p. 1644.

Milchhöfer, A., attische Inschrift des 5. Jahrhunderts. Berliner phil. Wochenschrift VII 46 p. 1452.

Monceaux, P., inscriptions grecques inédites. Annuaire des études grecques XX p 228 - 240.

Nourrit, E., les tombeaux des anciens rois de Sidon. Précis historiques 1887 N. 7.

Paris, P., fouilles d'Elatée. Inscriptions du temple d'Athèna Cranaia. Bulletin de correspondance hell. XI 5 p. 318—346.

Roberts, E. S, introduction to Greek epigraphy. Part. I. The archaic inscriptions and the Greek alphabet. Cambridge. 8. 420 p. cl.　　21 M. 60 Pf.

Schenkl, K., Grabepigramme aus Lesbos. Arch - epigr. Mittheilungen aus Oesterreich XI 1 p. 93.

Schrader, E, die Keilinschriften der babylonischen Königsliste. Sitzungsberichte der Berliner Akademie XLIV p. 947—951.

Simon, J., zur zweiten Hälfte der Inschrift von Gortyn. Separatabdruck. Wien, Gerold. v p. 69　　　　　　　　　　　　　　　　80 Pf.
Rec.: Wochenschrift f. klass. Phil. IV 42 p. 1287—1288 v. H. Lewy.

Smith, C., on the disk described in the Ἐφ. ἀρχ. 1887 p. 50. Classical Review I 8 p. 250.

Thompson, E. M., the Lygdamis inscription. Classical Review I 10 p. 314—315.

2. Lateinische Inschriften.

Barnabei, F., del libello di Geminio Eutichete. (Lastra della via ostiense: cum sim colonus hortorum Olitoriorum, etc.) Mittheilungen des arch. Instituts zu Rom II 3 p. 202—213

Bormann, E., Etrurisches aus römischer Zeit. Arch -epigr. Mittheilungen aus Oesterreich XI 1 p 94—126.

Brizio, E, iscrizioni etrusche di Perugia Notizie degli scavi 1887, ottobre, p 392—397.

Cagnat, R., note sur l'inscription des thermes de Carthage. Revue archéologique 1887, September-Oktober

— leçon d'ouverture du cours d'épigraphie et antiquités romaines au Collège de France Paris, Thorin 8. 16 p.

Christ, K., Inschriften aus der Umgebung von Heidelberg (»vicaris nediessis« .... und »Mercurio et Rosmerte« .... Rhein Jahrbucher 83. Bd.

Corpus inscriptinum latinorum; consilio et auctoritate academiae litterarum regiae borussicae editum. Vol. XIV, inscriptiones Latii antiqui latinae. Ed H. Dessau. Berlin, G Reimer. Fol. XX, 27 u. 608 S. m 1 Karte. cart.
　　　　　　　　　　　　　　　　　　　　　　　　　　　　61 M.

Corpus des circonscriptions du Languedoc. Publié par A Lebégue. 1. fasc.: Fastes de la Narbonaise; inscriptions de Narbonne. Paris, Privat. 4. Rec.|: Revue critique N. 44 p. 310—312 v. R. Cagnat.

F. B, neu gefundene Inschriften· aus Brigetio und aus Dalmatien. Arch.-epigr. Mittheilungen aus Oesterreich XI 1 p. 85—91.

Epigraphie du département du Pas-de-Calais. Ouvrage publié par la com· mission départementale des monuments historiques. T. 1. 4. fascicule. Arras,. De Sede. 4. p. 371—469 et planches.

— — même ouvrage. T 3. Fascicule 1. 85 p.

Fiorelli, R, dedicazione fata dal popolo di Licia. Notizie degli scavi, agosto, p. 321—322.

— sigillo di bronzo. M. Aureli Cleandri a cubiculo Claud. Aug. n. Notizie degli scavi 1887, ottobre, p. 401.

— iscrizione di Roma. Ibid. luglio – decembre.

Frankfurter, S., neue und revidierte Inschriften aus Ungarn, Steiermark,. Krain u. Kärnten. Arch.-epigr. Mittheilungen aus Oesterreich XI 1 p. 71—85.

Friederichs, K., matronarum monumenta. Bonn, Strauss. v. p. 198. 1 M. 50 Pf. Rec.: Deutsche Literaturzeitung N. 47 p. 1651—1652 v. G. Wissowa.

Gallozzi, iscrizione osca di Curti. Notizie degli scavi 1887, settembre, p. 378.

Gamurrini, G. F., nota intorno alle tessere iscritte di Perugia. Notizie degli scavi 1887, ottobre, p. 397—398.

Gatti, G., di un nuovo cippo terminale delle ripe del Tevere. Bullettino della Comm. arch. di Roma XV 10 p. 306—313.

— bolli di piombo: Societ. argent. fod. mont. Ilucr. Galena. Bullettino della Commissione arch. di Roma XV 10 p. 318.

— iscrizione: M. Aureli Cleandri a cubiculo Aug. n. Ibid. p. 323—324.

Guillemand, les inscriptions gauloises. Nouvel essai d'interprétation. Revue archéologique 1887, September-Oktober. v. p. 140.

Hübner, epigraphische Funde in England u. Spanien. Erzschale: »Apollini Anextiomaro«. Inschriften von Chester. Gräber von Cadix. Berliner arch. Gesellschaft, Novembersitzung. (Wochenschrift f. klass. Philologie IV 49.)

Ihm, Denkmäler des Matronenkultus. v. Mythologie p. 276.

Keller, J., die neuen römischen Inschriften des Museums zu Mainz. Zweiter Nachtrag zum Beckerschen Katalog. Zeitschrift des Mainzer Alterthums- vereins III 4 p. 499—552 mit Taf. VIII.

— röm. Inschrift von Mainz. Korrespondenzblatt der Westdeutschen Zeit- schrift VI 10 p. 212—213.

Lignana, G., iscrizioni falische. Mittheilungen des arch. Instituts zu Rom II 3 p. 196—202.

Maclean, inscriptions, found at Beverston. Transactions of the Bristol Arch. Society XI p. 336—339.

Ruggiero, E. de, dizionario epigrafico. Fasc. I—VII. Rom, Pasqualucci. v. p. 71. 141. 199. à 1 M. 50 Pf. Rec.: Wochenschrift f klass. Phil. IV 40 p. 1228—1232 v. G. Zippel und ibid. N. 51 p. 1586.

Vögelin, S., Aegidius Tschudi's epigraphische Studien in Südfrankreich u. Italien. Ein Beitrag zur Geschichte des deutschen Humanismus. Festschrift der antiq. Ges. zu Zürich.

Watkin, Roman inscriptions discovered in Britain in 1886. Archaeological Journal N. 174.

— Roman inscriptions. Academy N. 802—805 u. 815.

Zangemeister, K., Inschrift der vicani Altiaienses (Alzey). Korrespondenzblatt der Westdeutschen Zeitschrift VI 10 p. 227—229.

Zecca, V, monumento del C. Lusius Storax a Chieti. Notizie degli scavi,
luglio, p. 297—300.

3. Palaeographie.

Arndt, W., Schriftarten zur Erlernung der lat. Paläographie. 1. Heft. 1. Aufl.
Berlin, Grote   Fol. 26 Photolith. mit 8 S. Text. In Mappe.   15 M.

Catalogus codicum manu scriptorum bibliothecae universitatis Rheno-Tra-
jectinae. Ed. B. Tiele. Trajecti ad Rhenum, Haag, Nijhcff. gr. 8. 412 S.
                                                                    7 M. 50 Pf.

Chatelain, E., Paléographie des classiques latins. II. Paris, 1886 Hachette.
                                                                        à 16 M.
 Rec.: Classical Review I 8 p. 230—231 v. M. Thompson

Codices Palatini latini bibliothecae Vaticanae descripti praeside cardinali
Pitra recens. et dig. H. Stevenson jr.; recogn. J. B de Rossi. I. Romae
1886 4.
 Rec.: Journal des Savants, août, p. 503—514 v. B. Hauréau.

Gregory, C. G., die Schreiber der griechischen Handschriften. Theol. Literaturblatt N. 43 p. 393 - 395.

Guidi, frammenti Copti (di Pseudo-Lino, di s. Giovanni etc.) Rendi conti
dell' Accademia dei Lincei 4. ser. 3. vol. 4. fasc. p. 65—81.

Gottlieb, Th., über Handschriften aus Bobbio. Centralblatt für Bibliothekswesen IV 10 p. 442—463.

Havet, J., la tachygraphie italienne du X. siècle. (Extrait.) Paris, Picard
8. 28 p. et planche.

Jacob, A., la souscription du Parisinus grec 200. Revue de philologie XI 1 p. 78.

Lecoy de la Marche, les anciens collections de manuscrits. Gazette des
Beaux-Arts N. 362 p. 141—147. v. p. 199.

Mommsen, Th., Zahl- u. Bruchzeichen. Hermes XXII 4 p. 596—615.

Omont, H., catalogue de manuscrits grecs copiés à Paris au XVI. siècle par
Constantin Palaeocappa. Annuaire des études grecques XX p 241—279.
— catalogue des manuscrits grecs de la Bibliothèque royale de Bruxelles et
des autres bibliothèques publiques de Belgique. (Extrait) Gand, imp. Van-
haeghen. 8. 61 p.
— catalogue des mss. grecs des bibliothèques des Pays-Bas. (Leipzig, Ha-
rassowitz.) v. p 142.
 Rec.: Berliner phil. Wochenschrift VII 48 p. 1512—1514 v. E. Hiller.
— facsimilés de manuscrits grecs du XV. et XVI. siècles. Paris, Picard.
 Rec.: Lit. Centralblatt N. 44 p. 1503 v. V. G. — Deutsche Literaturzeitung N. 48 p. 1093 v. H Diels.

Paoli, C., i codici ashburnhamiani della r. biblioteca Mediceo-Laurenziana
di Firenze. Vol. 1, fasc. 1 Roma. 8. 80 p.   1 M.

Wilcken, C., die Chalkussiglen in der griechischen Cursive. Hermes XXII 4
p. 633—635.

Zangemeister, Entstehung der röm Zahlzeichen. Sitzungsberichte der Berliner Akademie XLIX p. 1011—1018.

IV. Sprachwissenschaft.

1. Allgemeine Sprachwissenschaft. — Vergleichende Grammatik der classischen Sprachen.

Abel, C., Einleitung in ein Wurzelwörterbuch. Leipzig 1886, W. Friedrich.
v. p. 72. 200.   1 M.
 Rec.: Zeitschrift f. Völkerpsychologie XVII 4 p. 432—444 v. Steinthal

Ascoli, G. J., sprachwissenschaltliche Briefe. Uebersetzung von B. Güter-
bock. Leipzig, Hirzel v. p. 142.　　　　　　　　　　4 M.
　　Rec.: Lit. Centralblatt N. 51 p 1726—1727 v. G. M . . . r.

Bréal. M., de l'importance du sens en étymologie et en grammaire. Académie des inscriptions, 19. u. 26. August. (Revue critique N. 41)

Brugmann, K., Grundriss der vergleichenden Grammatik. I. Strassburg 1886,
Trübner. v. p. 73 142. 200.　　　　　　　　　　　14 M.
　　Rec.: Literaturblatt f. germ. u. rom. Phil. VIII 11 p. 465—467 v. Behaghel.

Byrne, J., origin of the Greek, Latin and Gothic Roots. London, Trübner.
8 357 p cl.　　　　　　　　　　　　　　　　21 M. 60 Pf.

Cust, R N, linguistic and oriental essays written from the year 1847 to
1887. 2. series. London, Trübner. 8 550 p cl.　　　　25 M.

Henry, V., précis de grammaire comparée du grec et du latin Paris,
Hachette. 9.　　　　　　　　　　　　　　　　7 M. 50 Pf.

Hermann, C., zur Lehre von den Präpositionen. Jahrbücher für Philologie
136. Bd. 10. Hft. p. 490.　　　　　　　　　　　500 M.

Kares, O., die Formenverhältnisse des Wortschatzes u die sprachlichen Baustile. Zeitschrift für Völkerpsychologie XVII 4 p. 385—432. v. p. 200.

Kewitn, die Anordnung der Buchstaben in Wörterbüchern. Zeitschrift für
Orthographie V 11. 12.

Kingsley, N. W., illustrations of the articulations of the tongue. Zeitschrift
f. allg. Sprachwissenschaft III 2 p. 225—248 mit Abb.

Kozlovski, J., sur l'origine du génétif singulier. Zeitschrift fur allg. Sprachwissenschaft III 2 p. 286—287.

La Grasserie, R de, études de grammaire comparée. Du verbe: Etre, considéré comme instrument d'abstraction, et de ses diverses fonctions. Paris,
Maisonneuve. 8 128 p

Müller (Calw), über die Schleyer'sche Weltsprache Korrespondenzblatt f. d.
wurtt Gelehrtenschulen XXXIV 8 p. 323—329

Müller, E, Grundriss der Sprachwissenschaft. 4. Bd. 1. Abth Nachträge
zum Grundriss aus den J. 1877 — 1887. Wien 1888, Hölder. gr. 8 VII,
240 S.　　　　　　　　　　　5 M. 60 Pf (I—IV, 1: 52 M.)

Nadrowski, R., neue Schlaglichter auf dunkeln Gebieten der griech. u. lat.
Etymologie. 2. gänzlich u. stark vermehrte Auflage Berlin 1888, Isleib.
8. 134 S.　　　　　　　　　　　　　　　　　4 M.

Paul, H., Prinzipien der Sprachgeschichte. 2. Aufl. Halle 1886, Niemeyer.
v. p 78. 143 200.　　　　　　　　　　　　　　9 M.
　　Rec.: Gymnasium V 21 p. 761.

Persson, P., studia etymologica. Upsala 1886, Berling.
　　Rec.: Lit. Centralblatt N. 48 p 1629 v. G. M . . . r. — Wochenschrift f.
klass Phil. IV 44 p. 1352—1354 v H. v. d. Pfordten. — Revue critique
N. 40 p. 236—238 v. V. Henry.

Pott, A. F, allgemeine Sprachwissenschaft u. Abels ägypt. Sprachstudien.
Leipzig, Friedrich. v. p. 73 143.　　　　　　　　　3 M.
　　Rec : Vierteljahrsschrift f Philosophie XI 4 p. 503—505 v. L. Tobler.
— Einleitung in die allgemeine Sprachwissenschaft. Zur Litteratur der Spra-
chenkunde Afrikas. Zeitschrift für allg Sprachwissenschaft III 2 p 249—275.
— zur Literatur der Sprachenkunde　(Supplement I zur Zeitschrift f. allg.
Sprachwiss.) Leipzig, Barth. v. p 73　　　　　　　　6 M
　　Rec.: Lit. Centralblatt N. 49 p 1661 v G. M . . . r.

Regnaud, P, origine et philosophie du langage ou principes de linguistique
indo-européenne. Paris, Fischbacher. 18 XIX, 443 p.　　3 M. 30.

Schweizer-Sidler, über die Beziehungen zwischen der griechischen u. lateinischen Sprache. Vortrag auf der Züricher Philologenversammlung. (Berl.
phil. Wochenschrift VII 49 p. 1652.)

Wackernagel, über den historischen Infinitiv. Vortrag auf der Züricher Philologenversammlung. (Berl phil. Wochenschrift VII 49 p 1552)

Weber, A., Ahalyâ, '*Ἀχιλλεύς* u. Verwandtes. Sitzungsberichte der Berl. Akad. d. Wiss XLV p. 903—917.

Wegener, Ph, Untersuchungen über die Grundfragen des Sprachlebens. Halle 1885, Niemeyer   5 M.
    Rec.: Zeitschrift f vergl Sprachforschung XVII 4 p. 445—454 v. K. Bruchmann.

Windisch, E., über die Verbalformen mit dem Charakter R im Arischen, Italischen, u. Celtischen. (Aus den Abhandl d k. sächs. Gesellsch. d. Wiss.) Leipzig, Hirzel. 8. 66 S.   3 M.

Winkler, H., zur Sprachgeschichte. Nomen, Verb u. Satz   Berlin, Dümmler.
                                             6 M.
    Rec.: Lit. Centralblatt N. 43 p. 1470—1472 v G v. d. G. — Berliner phil. Wochenschrift VII 52 p. 1635—1638 v. H. Ziemer. — Revue critique N. 42 p. 257—261 v. A. G.

2. Griechische und römische Metrik und Musik.

Amsel, G., de vi atque indole rhythmorum quid veteres judicaverint Insunt L. Cohn et Studemund lectiones codicum ad scriptores de re metrica et de re musica pertinentes. Breslau, Köbner. 8 166 S. m. 1 Taf.   4 M.

Chaignet, A. E., essais de métrique grecque. Paris, Vieweg. v. p. 74. 6 M.
    Rec.: Deutsche Literaturzeitung N. 39 p. 1363 v. F. Spiro. — Classical Review I 10 p. 303—304 v. C. B. Heberden.

Cohn et Studemund, ad scriptores de re metrica, v. supra Amsel.

Crusius (Tübingen), über die Nomosfrage. Vortrag auf der Züricher Philologenversammlung. (Berl. phil. Wochenschrift VII 49 p. 1552.)

Hilberg, J., über die tektonischen Regeln der lat Hexameterdichter. Vortrag auf der Züricher Philologenversammlung (Berl. phil. Wochenschrift VII 49 p. 1551.)

Keller, O., der saturnische Vers II. Prag, Dominicus. v. p. 73: 143.   1 M.
    Rec.: Berliner phil. Wochenschrift VII, 45 p. 1408—1409 v. R. Klotz.

Mähly, J, versus Saturnius (bei Naevius)   Zeitschrift f. d. österr. Gymnasien XXXVIII 8. 9 p. 589.

Nettleship, on recent theories of the Saturnian verse. Transaction of the Oxford Phil. Society 1886/87 p 23—25

Ramorino, F., del verso Saturnio. Mailand 1886.
    Rec : Berliner phil. Wochenschrift VII 45 p 1409—1411 v. R. Klotz.

Rossbach - Westphal, Theorie der musischen Kunst der Hellenen. 3. Bd. 2. Abth. Griech. Metrik mit bes. Rücksicht auf die Strophengattungen u. die übrigen melischen Metra. 3. Aufl. von A. Rossbach, Leipzig 1888, Teubner. v: p 201.
    Rec.: (III, 1) Lit. Centralblatt N. 44 p. 1500—1501. — Deutsche Literaturzeitung N. 50 p. 1769 v. F. Spiro.

Steiger, de versuum paeonicorum usu: II. Leipzig, Fock. 4. 30 S. v. p: 74.
                                      1 M. 50 Pf.
    Rec. : (I) Wochenschrift f. klass. Phil. IV 47 p. 1441—1444 v. H. G.

Studemund, tractatus Harleianus qui dicitur de metris. Breslau. Ind. lect. Hib. 4

Usener, H., altgriechischer Versbau. Bonn, Cohen, v. p. 74. 142. 201.
                                      2 M. 80 Pf.
    Rec : Wochenschrift f. klass. Phil. IV 50—52 v. J. Menrad. — Phil. Anzeiger XVII 4. 5 p. 246—252 v. F. Hanssen. — Götting. gel. Anzeigen. N. 20 v. Westphal.

3. Griechische Grammatik und Dialektologie.

Benseler, griechisches Schulwörterbuch. 8. Aufl. von G. Autenrieth. Leipzig 1886, Teubner.
    Rec.: Zeitschrift f d. österr. Gymn. XXXVIII 8. 9 p. 659—660 v. Fr. Stolz.

Collitz, H., ἴφθιμος u. vedisch ksi-. American Journal of Philology N. 30 p 214 - 217.

Eberhardi Bethuniensis graecismus. Ad fidem librorum manu scriptorum recensuit, lectionum varietatem adjecit, indices locupletissimos et imaginem codicis Melicensis photolithographicam addidit J. Wrobel. Breslau, Köbner. XXII, 319 S.   9 M.

d'Eichthal, G., la langue grecque. Mémoires et notices, 1864—1884. Précédé d'une notice sur les services rendus par M. G. d'Eichthal à la Grèce et aux études grecques, par Queux de Saint-Hilaire. Paris, Hachette. 8.   5 M.

Engel, E., die Aussprache des Griechischen. Jena, Costenoble. v. p. 74. 144. 201.   2 M. 50 Pf.
    Rec.: Wochenschrift f. klass. Phil. IV 44 p. 1345—1347 v. E. Kuhn. — Jahrbücher f. Philologie 136. Bd. 9. Heft p. 454—561 v. J. Flach. — Phil. Anzeiger XVII 4. 5 p 241—243 v. L. Bornemann. — Blätter f. lit. Unterhaltung N. 40 v. J. Mäbly.

Gildersleeve, B., μετα and συν. American Journal of Philology N. 31· p. 218—221. v. p. 201.
— the articular infinitive again. Ibid. p. 329—337.

Immisch, O., de pronominis interrogativi τίς liberiore quodam usu. Leipziger Studien X p. 309—318.

Johansson, K. F., de derivatis verbis contractis graecis. Upsala 1886, Lundström. v. p. 74. 144. 201.   6 M.
    Rec.: Phil. Anzeiger XVII 4. 5 p. 229—236 v. J. Wackernagel.

Koch, A., griechisch-deutsches Taschenwörterbuch. 2. Aufl. Berlin 1888, Friedberg & Mode. 16. III, 462 S.   1 M. 80 Pf.; geb. 2 M. 50 Pf.

Κωστόπουλος, Α., Πρακτικὴ γραμματικὴ τῆς Ἑλληνικῆς γλώσσης κατὰ τὸ νέον ἐκπαιδευτικὸν σύστημα. Ἀθ. 150 S.

Krebs, F., zur Rection der Casus in der späteren hist. Gräcität. I. München, Lindauer. v. p. 202.   1 M.
    Rec : Lit. Centralblatt N. 48 p. 1629 v. G. M . . . r. — Deutsche Literaturzeitung N. 52 p. 1837—1839 v. T. Mommsen.

Krumbacher, K., ein irrationaler Spirant. München, Akademie. v. p. 75. 144. 202.
    Rec.: Neue phil. Rundschau N. 23 p. 365—366 v. Fr. Stolz.

Mekler, G., Beiträge zur Bildung des griech. Verbums. Dorpat, Karow. v. p. 144.   1 M. 50 Pf.
    Rec.: Wochenschrift f. klass. Phil. IV 45 p. 1379—1380 v. H. v. d. Pfordten. — Phil. Anzeiger XVII 4. 5 p. 236—241 v. J. Wackernagel.

Meyer, G., griechische Grammatik. Leipzig 1886, Breitkopf & Härtel. v. p. 202.   11 M.
    Rec.: Wochenschrift f. klass. Phil. IV 51 p. 1576—1585 v. P. Cauer.

Mommsen, Tycho, Beiträge zur Lehre von den griech. Präpositionen. 3 Hefte. Frankfurt a. M., Jügel. v. p. 75. 202.   à 2 M. 40 Pf.
    Rec.: Berliner phil. Wochenschrift VII 44 p. 1381 v. Vogrinz.

Pfordten, H. v. d., zur Geschichte der griech. Denominativa. Leipzig 1886, Hinrichs. v. p. 75.   4 M.
    Rec.: Wochenschrift f. klass. Phil. IV 40 p. 1222—1224 v. K. Angermann.

Schnatter, J., éléments de la langue grecque. 4. cours. Eléments de syntaxe grecque. 2. éd. Berlin, Herbig. 8. IV, 52 S.   75 Pf.

Sibree, λάω, fremere, etc. Academy N. 806.

Smyth, H. W., the interrelations of the dialects of Northern Greece. Proceedings of the American Phil. Association 1886, p. XIV—XVIII.

Sophocles, E. A., Greek Lexicon. Roman and Byzantine periods (from B. C. 146 to 1,100). Memorial ed., issued under the supervision of J. H Thayer. New York. 8   3 M. 90 Pf.

Thumb, A., die Pronomina μίν u. νίν. Jahrbücher für Philologie 135. Bd. 10. Hft. p. 641—647.

Wilhelm, O., Motion der Adjektiva dreier Endungen im Griechischen. Leipzig 1886, Fock. v. p. 75.   1 M.
. Rec.: Wochenschrift f. klass Phil. IV 50 p. 1537—1538 v. A. Gemoll.

Zompolides, a course of modern Greek. London, Williams. v. p. 73. 144. 6 M. Rec.: Athenaenm N. 3122.

4. Lateinische Grammatik und Dialektologie,
einschliesslich des Etruskischen.

Audouin, E., sur l'emploi de l'ablatif avec »ab« comme complément d'un participe en -ndus. Revue de philologie XI 1 p. 69—73.

Beltrami, A., il grecismo nella sintassi latina. Turin 1885, tip. Bona. Rec.: Phil. Anzeiger XVII 4. 5 p 244—245 v. J. Schäfler.

Borromei, grammatica etrusca. Genova, tip. dei Sordimuti. 8. 62 p.

Brandes, W., viscera membra. Archiv f. lateinische Lexikographie IV 3. 4 p. 454—455.

Brugmann, O., Gebrauch des kondizionalen ni. Leipzig. v. p. 85. 202. Rec.: Berliner phil. Wochenschrift VII 44 p. 1381—1382 v. -Z.

Bücheler, F., altes Latein. Rhein. Museum XLII 4 p. 582—590.

Chabaneau, sur une particularité de la déclinaison gallo-romane. »Dominus et senior« au féminin, en provençal. Revue des langues romanes, Juli-September.

Cocchia, rassegna di filologia. (Estratto.) Torino, Löscher. v. p. 202. Rec.: Archiv f. lat. Lexikographie IV 3. 4 p. 629—631 v. Fr. Stolz.

Cramer, F., de perfecti coniunctivi usu potentiali apud priscos scriptores latinos. Marburg 1886. v. p. 203. Rec.: Neue phil. Rundschau N. 21 p. 331—332 v. E. Redslob.

Ellis, R., sources of the Etruscan and Basque languages. London 1886. Trübner. v. p. 76. 145.   9 M. Rec.: Neue phil. Rundschau N. 23 p. 359—363 v. Pauli.

Elmer, H. C., que, et, atque in the inscriptions of the Republic, in Terence, and in Cato. American Journal of Philology N. 31 p. 292—328.

Engelhardt, M., die lat. Konjugation nach den Ergebnissen der Sprachvergleichung. v. p. 76. 145. 203. Berlin, Weidmann.   2 M. 40 Pf. Rec.: Wochenschrift f. klass. Phil. IV 41 p. 1249 — 1254 v. Schweizer-Sidler. — Gymnasium V 22 p. 791 · 792 v. J. Golling.

Fierville, Ch., une grammaire latine du XIII. siècle. Paris 1886, Hachette. v. p. 76. 203.   5 M. Rec.: Berliner phil. Wochenschrift VII 46 p. 1445—1448.

Forcellini, totius latinitatis lexicon. Pars altera sive onomasticon totius latinitatis, opera et studio V. De-Vit lucubratum. Distr. 31. gr. 4. (4. Bd. S. 1—80). Prati. (Berlin, Calvary.) v. p. 76.   2 M. 50 Pf.

Gardner Hale, the sequence of tense in Latin. v. p. 145. 203. Rec.: Am. Journal of Philology N. 30 p. 228—231 v. B. Gildersleeve.

Gimenez Lomas, diccionario manual latino-espanol. Madrid 1886, Hernando. 8. 772 et 332 p.   10 M.

Gröber, G., vulgär-lat. Substrate lateinischer Wörter. III. (O—P.) Archiv f. lat. Lexikographie IV 3. 4 p. 422—454. v. p. 76.

Haverfield, F., cavillor. Classical Review I 8 p. 244.

Havet, L., quai. Revue de philologie XI 1 p: 64.
— noms de villes et noms de ports. Ibid. p. 75 – 77.
Heikel, J. A., Kapitel ur latinska Syntaxen. (Aus der Tidskrift of pedag
föreningen i Finland, 1886.) Helsingfors. 8. 58 S.
Heinichen, Fr., lateinisch-deutsches und deutsch-lateinisches Schulwörterbuch.
1' Tl. 5. verb. Aufl., bearb. von A. Draeger. Leipzig, Teubner. 8. XI,
914 S.   6 M.
Hirt, P, penes. Archiv f. lat. Lexikographie IV 3 4 p. 389—400.
Ingerslev, C. F, lateinisch-deutsches und deutsch-lateinisches Schul-Wörter-
buch. Deutsch-latein. Thl. 10. Aufl. Braunschweig, Vieweg gr 8. XXIV,
645 S. v. p. 76.   5 M.
Kraffert, H., Kakophonieen im Lateinischen. Zeitschrift f. d. Gymnasial-
wesen XXXXI 12 p. 713—733.
Krebs, J. Ph, Antibarbarus. 6. Aufl. von J. H. Schmalz. 1. Bd. (5 Lief.)
Basel, Schwabe. v. p. 76. 203.   10 M.
    Rec : Berliner phil. Wochenschrift VII 41 p. 1283—1285 v. G Landgraf.
    — Korrespondenzblatt f. württ. Schulen XXXIV 9 10 p. 438 — 440 v.
    H. P. — Archiv f. lat. Lexikographie IV 3. 4 p. 628.
— dasselbe. 2. Bandes 1. u. 2. Lief. (N. 6—8) S 1—384.   à 2 M.
Lebaigue, C., dictionnaire latin-français, rédigé à l'usage des classes, d'après
les travaux des lexicographes les plus estimés (Forcellini, Freund, Georges,
Klotz, etc), et suivi d'un appendice sur la métrologie, les monnaies et le
calendrier des Romains. 13. édition, revue et corrigée Paris, Belin. 8.
à 3 col. XX, 1372 p
Lübbert, E., die Etymologie des Nom. tulus in augusteischer Zeit. Archiv
f lat. Lexikographie IV 3. 4 p. 587–589
Mayhew, »cave in«. Academy N. 807.
Mayor, J. E B., natare: Archiv f. lat. Lexikographie IV. 3. 4 p. 531—532.
Meissner, K., lat. Synonymik nebst Antibarbarus. 3. Aufl. Leipzig 1886,
Teubner   v. p. 76. 203   1 M.
    Rec.: Berliner phil. Wochenschrift VII 45 p 1411—1412 v. F. Müller.
Menrad, J., abeo. abeona. Archiv f. lat. Lexikographie IV 3 4 p 467–531.
Much, germanische Dative aus der Römerzeit. Zeitschrift f. deutsches Alter-
thum XXXI 4 p. 354—357.
Nettleship, saeculum, saecula: Archiv f. lateinische Lexikographie IV 3. 4
p 598—600.
Noël, F., dictionnaire latin-français. Nouvelle édition, entièrement refondue
par E. Pessonneaux. Paris, Hachette. 8. à 3 col. IX, 948 p.   8 M.
— et F. de Parnajon. Gradus ad Parnassum, ou Nouveau Dictionnaire
poétique latin·français. Nouvelle édition, entièrement refondue. Paris, Hachette. 8. à 2 col. XLVIII, 988 p.   8 M.
Osthoff, H, die lat. Adverba auf -iter. Archiv f. lat. Lexikographie IV 3. 4
p. 455—467.
Ott, J M., ullageris. Archiv f. lat. Lexikograhie IV 3. 4 p. 388.
— soopere, scrobere. Ibid. p. 615—616.
Pfannschmidt, H., velum = Fahrzeug. Archiv f. lat. Lexikographie IV
3. 4 p: 413–421.
Planer, H., de haud' et haud quaquam usu: Jena, Frommann. v. p. 54
129: 204.   1 M. 50 Pf.
    Rec.: Gymnasium V 21 p. 756—757 v. H. Ziemer.
Postgate, J P., über die Infinitivi futuri im Lateinischen! London Phil. Society, 1. April. (Berliner phil. Wochenschrift VII 43.)

Reisigs Vorlesungen über lat. Sprachwissenschaft III. Syntax. Berlin, Calvary. v. p 77 204. 18 M.
Rec.: Gymnasium V 19 p. 676—680 v. M. Wetzel. — Archiv f. lat. Lexikographie IV 3. 4 p. 631.

Roby, H. J., grammar of the Latin language from Plautus to Suetonius. 5. ed. London, Macmillan. 8 520 p. 10 M 80 Pf.

Schmalz, J. H., unsere lateinischen Lexika. Gymnasium V 22 p. 785—790.

Seeck, O., impensae, Mörtel. Archiv f. lat. Lexikographie IV 3. 4 p. 421—422.

Sonnenschein, Roby, and others, the conditional sentence in Latin. Classical Review 1 8 p 238—239. cf. p 204.

Sonny, A., iulicae, Baitflaum. Archiv f. lat. Lexikographie IV 3. 4 p. 606.

Surber, A., Beitrag zu einer Reform der Schulsyntax des lat. Infinitivs. Festschrift der Kantonschule in Zürich p. 32—38.

Thielmann, Ph., uls, trans u. ultra. Archiv f lat. Lexikographie IV 3. 4 p. 358—388. v. p 204.
— abicio, abiectus, abiecte Ibid. p. 532—561.
— zwei neue Fragmente archaischer Poesie. Achariter. Balan. Salaputtium. Ibid p. 600—602.

Vassis, Sp., syntactica (tempora finita et infinita). Revue de philologie XI 1 p 42—44.

Wölfflin, E., das Wortspiel im Lateinischen. Sitzungsberichte der bayr. Akad. d. Wiss 1887, 2. Bd. 2. Hft. p 187—208.
— über Bedeutungswandel. Vortrag auf der Philologenversammlung zu Zürich. (Berliner phil Wochenschrift VII 48 p 1518—1520)
— Substantiva mit in privativum. Archiv f. lat. Lexikographie IV 3. 4 p. 400—412
— instar. Ibid p 357.
— mulus, mulaster. Ibid. p 412.
— ut quid Prorsus ut. Cornuficius. Ibid. p. 620
— Wortspiele im Lateinischen. Ibid. p. 631—632.
— ablatio. ablinda . . . etc. . . . . abnuto. Ibid. 561—586.
— u. **Gerstenecker**, noch einmal si quis u. quisquis. Blätter f. d. bayr. Gymn XXIII 9 p 479 484.

Wrobel, zur lat. Lexikographie. Romanische Vorlesungen III 3.

Zimmermann, über secus, setius. Archiv f. lat. Lexikographie IV 3. 4 p. 602—606.

V. Literaturgeschichte
(einschliesslich der antiken Philosophie).

1. Allgemeine antike Literaturgeschichte.

Bigg, Ch, the Christian Platonists of Alexandria. Oxford 1886. v. p 78 146. 12 M.
Rec.: Berliner phil. Wochenschrift VII 45 p. 1403—1404 v. G. R.

Boyer, E, les Consolations chez les Grecs et les Romains. (Thèse.) Montauban, imp. Granié 8 66 p.

Bywater, J, the literature of ancient philosophy in England in 1886. Archiv für Philosophie I 1 p 142—150

Haake, A., Gesellschaftslehre der Stoiker. Berlin. Calvary. v. p. 146.
1 M. 60 Pf.
Rec : Berliner phil. Wochenschrift VII 48 p. 1499—1503 v. P. Wendland.

King, W., the Gnostics and their remains, ancient and mediaeval. London, Nutt. 8. 468 p.   25 M. 20 Pf.

Köstlin, K., Geschichte der Ethik. I. Tübingen, Laupp. v. p. 146.   8 M.
Rec.: Deutsche Literaturzeitung N. 48 p. 1691—1692 v. Fr. Jodl. — Allg. Zeitung, Beil. N. 288. 289.

Liers, H., zur Geschichte der Stilarten. 1) Verhältniss der Form zum Inhalt. 2) Entwickelung der Stilarten. 3) Die Abfassungszeit u. der Verfasser der Schrift περὶ ἑρμηνείας. Jahrbücher für Philologie 135. Bd. 10. Heft. p. 681—717.

Luthardt, Ch., die antike Ethik in ihrer geschichtlichen Entwickelung, als Einleitung in die Geschichte der christlichen Moral. Leipzig, Dörffling & Francke. 8. VIII, 187 S.   6 M.
Rec.: Theol. Literaturblatt N. 47 p. 439—441 v. L. Schulze.

Rabus, C., Grundriss der Geschichte der Philosophie. Erlangen, Deichert. v. p. 78.   4 M.
Rec.: Neue phil. Rundschau N. 21 p. 331 v. E. Z.

Schwegler, A., Geschichte der Philosophie im Umriss. 14. Aufl. v. R. Köber. Stuttgart, Conradi. 8. 372 S. v. p. 78.   4 M.
Rec.: Zeitschrift f. Philosophie 92. Bd. 1. Hft. p. 131—143 v. H. Heussler.

Zeller, E., die Geschichte der Philosophie, ihre Ziele und Wege. Archiv für Philosophie I 1 p. 1—10.

2. Griechische Literaturgeschichte.

Bender, F., Geschichte der griech. Literatur. Leipzig 1886, Friedrich. v. p. 78.   12 M.
Rec.: Gymnasium V 19 p. 673—676. v. R. Thiele.

Blass, Fr., die attische Beredsamkeit. I. 2. Aufl. Leipzig, Teubner. v. p. 205.
14 M.
Rec.: Deutsche Literaturzeitung N. 44 p. 1545—1547 v. E. Maass. — Lit. Centralblatt N. 47 p. 1599—1600 v. Slgr.

Brochard, V., les sceptiques grecs. Paris, imp. nat. 8. 438 p.

Cesca, G., la teorica della conoscenza nella filosofia greca. Verona 1887, Drucker & Tedeschi. 8. 68 p.   2 M.
Rec.: Deutsche Literaturzeitung N. 52 p. 1835 v. Th. Weber.

Chaignet, A.-Ed., histoire de la psychologie des Grecs. I. Histoire de la psychologie des Grecs avant et après Aristote. Paris, Hachette. 7 M. 50 Pf.

Croiset, A. et M., histoire de la littérature grecque. I. Paris, Thorin. v. p. 146. 205.   8 M.
Rec.: Neue phil. Rundschau N. 25 p. 398—400 v. K. Sittl.

Diels, H., Bericht über die Literatur der Vorsokratiker. Archiv für Philosophie I 1 p. 95—110.

Favre, Mme. Jules, la morale des stoïciens. Paris, F. Alcan. 12. 3 M. 50 Pf.

Jevons, F., a history of Greek Literature. London 1886, Griffin. v. p. 78. 146 205.   10 M. 20 Pf.
Rec.: Neue phil. Rundschau N. 21 p. 329—334 v. J. Sitzler.

Kopp, W., Geschichte der griech. Literatur. 4. Aufl. Berlin, Springer. v. p. 78. 146. 205.   3 M.
Rec.: Zeitschritt f. d. österr. Gymn. XXXVIII 8. 9 p. 645—646 v. A. Engelbrecht. — Korrespondenzblatt f. d. württ. Schulen XXXIV 8. 9 p. 455 v. Bender.

Pappenheim, E., der Sitz der Schule der pyrrhoneischen Skeptiker. Archiv für Philosophie I 1 p. 37—52.

Schmid, Wilh., der Atticismus in seinen Hauptvertretern von Dionysios v. Halikarnass bis auf den zweiten Philostratus dargestellt. I. Stuttgart, Kohlhammer. 8. XIX, 432 S. 6 M.

Stein, L., die Erkenntnisstheorie der Stoa (zweiter Band der Psychologie). Voran geht: Umriss der Geschichte der griechischen Erkenntnisstheorie bis auf Aristoteles. Berlin, Calvary & Co. 8. VIII, 382 S. 12 M.

— Psychologie der Stoa. 1. 1885. v. p. 147. 205. 7 M.
Rec.: Revue philosophique XXIV, Oct. p. 434—435 v. Picavet.

Tannery, P., sur le secret dans l'école de Pythagore. Archiv für Philosophie I 1 p. 28—36.

3. Römische Literaturgeschichte.

Lallier et **Lantoine,** histoire littéraire. Leçons de littérature latine. 2 édition. Paris, Masson 18. 312 p.

Meiser, K., über historische Dramen der Römer. Festrede. München, Akademie. 4. 42 S.

Pellisson, histoire sommaire de la littérature romaine. Paris, Hachette. 12. 397 p. 3 M.

Poiret, J., essai sur l'éloquence judiciaire à Rome. Paris, Thorin. v. p. 79. Rec.: Berliner phil. Wochenschrift VII 44 p. 1375—1377 v. J. Peters. — Classical Review I 9 p. 273—274 v. J. E. Nixon.

Ribbeck, O, Geschichte der röm. Dichtung. I. Stuttgart, Cotta. v. p. 147. 206. 7 M.
Rec.: Deutsche Literaturzeitung N 50 p. 1769—1773 v. M. Hertz. — Gymnasium V 23 p. 825—826 v. J. H Schmalz. — Journal des Savants 1887, déc. p. 728—737 v. H. Weil.

Valmaggi, L., le letture pubbliche a Roma nel primo secolo dell' era volgere. Rivista di filologia VII 34 p. 65—96.

VI. Alterthumskunde.

1. Sammelwerke. — Encyclopaedie und Methodologie der Alterthumskunde.

Clermont-Ganneau, recueil d'archéologie orientale. Fasc. 1—3.

Denkmäler des klass. Alterthums, herausg. von A. Baumeister. Lief. 1—56. v. p. 79. 147. 206. München, Oldenbourg. à 1 M.
Rec.: Centralorgan f. Realschulwesen XV 11 p. 756—757 v. Stühlen.

Duhn, F. v., Wege, Ziele und Faktoren der archäologischen Durchforschung Italiens. Vortrag auf der Philologenversammlung zu Zürich. (Berliner phil. Wochenschrift VII 50 p. 1512.)

— l'archeologia in Italia e l'instituto archeologico germanico di Roma. Nuova Antologia XII 23.

Handbuch der klass. Altertums-Wissenschaft. Herausg. von I. Müller. 6. u. 8 Halbbd. (4. Bd. 1. Hälfte, XI u. S. 225—480c; 3. Bd. S. 1—304.) v. p. 8. Nördlingen, Beck. 7 M. u. 5 M. 50 Pf.
Rec.: (V) Neue phil. Rundschau N. 22 p. 348—349 v. Hubert. — (III) Zeitschrift f. d. österr. Gymn. XXXVIII 8. 9 p. 640—644 v. A. Kornitzer.

Keil, C. F., manual of Biblical Archaeology; with alterations and additions. Translated from the German by P. Christie. Edited by Fr. Crombie. I. London, Hamilton. 8. 466 p cl. 12 M. 60 Pf.

Schreiber, Th., kulturhist. Bilderatlas. I. Leipzig 1885, Seemann. 10 M.
Rec.: Korrespondenzblatt f. d. württ. Schulen XXXIV 7. 8 p. 383—384 v. W.

2. Mythologie und Religionswissenschaft.

Baethgen, E, de vi ac significatione galli in religionibus et artibus Graecorum et Romanorum. Dissertatio inauguralis. Göttingen, Vandenhoeck & Ruprecht. 8 41 S.   1 M.

Brown, R., Etruscan divinity-names. Academy N. 810.

Chantepie de la Saussaye, D., Lehrbuch der Religionsgeschichte. I. Freiburg, Mohr. v. p. 207.   9 M.
     Rec : Lit. Centralblatt N. 44 p. 1489–1490 v. B. L. — Deutsche Literaturzeitung N. 44 p. 1540 v. J. Happel. — Theol. Literaturzeitung N 20 v. Holtzmann.

Cox, G. W., the myth of Cupid and Psyche Academy N. 790 p. 449.

Cumont, J., un épisode de l'histoire du paganisme au II. siècle de notre ère. Bruxelles, Hayez. 8. 54 S.

Decharme, la déesse Basileia. Revue de l'hist. des religions XV 3.

Du Prel, die Mystik der alten Griechen. Mysterien. »Nord u. Süd« 1887, November u. Dezember.

Enmann, A., kritische Versuche zur ältesten griechischen Geschichte. I. Kypros u. der Aphroditekultus. Acad. de St. Petersburg. (Leipzig, Voss.) v p. 207.   2 M. 50 Pf.
     Rec.: Wochenschrift f. klass. Phil. IV 43 p. 1313 – 1318 v. F. Dümmler.

Erman, A, die neueren Fortschritte a. d. Gebiet der religiösen Literatur Aegyptens. Berliner phil Wochenschrift VII 40 p 1257—1261 u. N. 41 p. 1289—1292.

Euler, K, die vorchristliche Religions- u. Sittengeschichte als Einleitung zur Kirchengeschichte. Ein Beitrag zur Gymnasial-Pädagogik. Landau, Kaussler. 8 VIII, 48 S. v. p. 207.   40 Pf.

Gaidoz, H, études de mythologie gauloise I. Paris 1886, Leroux. v. p 80. 147.
     Rec.: Zeitschrift f. d. österr. Gymn. XXXVIII 8. 9 p. 649–650 v. A. Christ.

Gruppe, O., die griechischen Culte u. Mythen in ihren Beziehungen zu den orientalischen Religionen. 1. Bd. Einleitung. Leipzig, Teubner. gr. 8. XVIII, 706 S. v. p. 207.   16 M.

Hardy, E., die allgemeine vergleichende Religionswissenschaft im akademischen Studium. Antrittsrede. Freiburg. 8. 39 S.

Hochart, la religion solaire dans l'empire romain. Annales de la Faculté de Bordeaux 1887 N. 1.

Ihm, M., der Mütter- oder Matronenkultus u. seine Denkmäler. Rhein. Jahrbücher 83. Bd. p. 1—200 mit 3 Taf. u. 19 Abb.

Immerwahr, W, de Atalanta. Berlin 1885.
     Rec.: Berliner phil. Wochenschrift VII 40 p. 1248–1249 v. Roscher.

Kennerknecht, D., de Argonautarum fabula. München 1886, Lindauer. v. p. 80 207.   80 Pf.
     Rec.: Berliner phil. Wochenschrift VII 44 p 1378—1380 v. G. Knaack. — Neue phil Rundschau N. 23 p 357 v. A. Steinberger.

Knaack, G., zur Phaethonsage. Hermes XXII 4 p. 637—641.

Kramer, O., de Pelopis fabula. I Leipzig, Fock. v. p 80. 207.   1 M.
     Rec : Berliner phil. Wochenschrift VII 52 p. 1632–1633 v. O. Höfer.

Lang, A., myth, ritual, and religion 2 vols London, Longman. 8. 720 p. cl. 25 M.
     Rec.: Academy N. 808 v. Tylor. — Athenaeum N. 3127.
     — the myth of Andromeda and Perseus. Academy N 798.

Lefébure, l'oeuf dans la religion égyptienne. Revue de l'hist. des religions XV 3.

Mayer, Max, Giganten u. Titanen in Sage u. Kunst. Berlin, Weidmann. v. p. 207.   10 M.
     Rec.: Deutsche Literaturzeitung N. 44 p. 1557–1559 v. Fr. Köpp. — Wochenschrift f. klass. Phil IV 44 p. 1347—1352 v. H. Heydemann.

Meyer, E. H., indogermanische Mythen. II. Achilleis. Berlin, Dümmler.
v. p. 80.   14 M.
Rec : Berliner phil. Wochenschrift VII 46 p. 1436—1439, N. 47 p. 1472
—1478, u. N. 48 p. 1506—1509 v. Roscher.

Müller, Victor, Leitfaden zum griechischen, römischen, deutschen Sagenunterrichte. 3. verb. Aufl. Altenburg, Bonde. 8. 16 S.   25 Pf.

Murray, H. J. R., the antiquity of the name Isis. Academy N. 802 u. 803.

Pesch, der Gottesbegriff in den heidnischen Religionen des Alterthums. Freiburg 1886, Herder.   1 M. 90 Pf.
Rec.: Theol. Quartalschrift LXIX 4 v. Heppe.

Pfleiderer, O., das Urchristenthum, seine Schriften u. Lehren in geschichtl.
Zusammenhang beschrieben. Berlin, Reimer. gr. 8. VIII, 891 S.   14 M.

Preiss, H., Religionsgeschichte. 1. u. 2. Abth. Leipzig, Mäder & Wahl. v.
p. 207.   à 3 M.
Rec.: Lit. Centralblatt N. 50 p. 1681.

Preller, L., griechische Mythologie. 4. Aufl. v. K. Robert. 1. Bd. 1. Hälfte.
Berlin, Weidmann 8. 428 S.   5 M.

Robiou, F., la religion égyptienne. Le Muséon VI 3. 4. v. p. 148.

Roscher, W, Lexikon der Mythologie. 11. u. 12. Lief. (S. 1761—2112.)
Leipzig, Teubner. v. p. 80 148.   à 2 M.
Rec.: Phil. Anzeiger XVII 6. 7 p. 421—424 v. R. Hildebrandt.

Sayce, A. H., the origin and growth of religion as illustrated by the religion
of the ancient Babylonians. London, Williams & Norgate.
Rec.: Academy N. 800 v. J. Taylor. — Athenaeum N. 3125.

Sayons, la religion à Rome aux temps de la second guerre punique. Annales
de la faculté des lettres de Bordeaux 1887 N. 2 p. 121—194.

Schröder, L. v., griechische Götter u. Heroen. Eine Untersuchung ihres
ursprunglichen Wesens mit Hülfe der vergleichenden Mythologie. 1. Heft:
Aphrodite, Heros u. Hephästos. Berlin, Weidmann. 8. VII, 118 S.   4 M.

Schröter, Homerlektüre u. prähistorische Mythologie, v. Homerus p. 241.

Schultze, V., Geschichte des Untergangs des römisch-griechischen Heiden-
thums. I. Jena, Costenoble.   12 M.
Rec : Lit. Centralblatt N. 46 p. 1556—1557 v. A. — Theol. Literaturblatt N. 42 p. 379 382 v. G. Lechler. — Theol. Literaturzeitung N. 22
v. Jülicher.

Siebourg, M, de Sulevis, Campestribus, Fatis. Bonn 1886. v. p 148.
Rec.: Berliner phil. Wochenschrift VII 52 p. 1633—1635 v. W. Roscher.

Studniczka, Kyrena, v. Kunstarchäologie.

Taylor, J., the myth of Cupid and Psyche. Academy N. 789 p. 433.

Turzewitsch, J., der Vesta-Kult im alten Rom. I. (Russisch.) Kiew 1887.
gr. 8. 112 S.

3. Alte Geschichte.

A. Allgemeine Geschichte und Chronologie der alten Welt. —
Orientalische Geschichte.

Conder, G., the Hyksos. Academy N 805 — The Hittites. Ibid. N. 811.

Fredet, P., ancient history. From the dispersion of the sons of Noe to the
battle of Actium and change of the Roman Republic into an Empire. With
questions adapted to the use of schools. New edit. Baltimore.   9 M.

Freeman, E., the chief periods of European history London, Macmillan.
v. p. 81. 148.   12 M. 60 Pf.
Rec.: Berliner phil. Wochenschrift VII 43 p. 1343—1346 v. —σ—. —
Academy N. 790 p. 442 v. Ch W. Boase.

Gindely, A., Lehrbuch der allg. Geschichte. I. Das Alterthum. 6. Aufl. Prag 1886, Tempsky.   3 M 20 Pf.
    Rec.: Korrespondenzblatt f. d. württ. Schulen XXXIV 7. 8 p. 368—368 v. Bender.

Gutschmid, A. v., Geschichte Irans u. seiner Nachbarländer von Alexander d. Gr. bis zum Untergang der Arsaciden. Mit Vorwort von Th. Nöldeke. Tübingen 1888, Laupp. gr. 8. VII, 172 S.   4 M.

Hommel, Fr., Geschichte Babyloniens-Assyriens. Berlin, Grote. S. 321—480. mit Holzschn., 2 Taf. u. 1 Karte. v. p. 81.   3 M.

— Abriss der Geschichte des alten Orients bis auf die Zeit der Perserkriege. (Aus dem Handbuch der klass. Altertumswissensch.) Nördlingen, Beck. gr 8. 98 S.   1 M. 80 Pf.

Jäger, O., Weltgeschichte. I. Bielefeld, Velhagen & Klasing. v. p. 148. 208.   8 M.
    Rec.: Neue phil. Rundschau N. 23 p. 364—365 v. H. Neuling. — Central-organ f. Realschulwesen XV 10 p. 678—682 v. Bindewald.

Löhlein u. Holdermann, Lehrbuch der allgemeinen Weltgeschichte m. bes. Berücksichtigung der Kunst- u. Kulturgeschichte f. die obere Stufe des Geschichtsunterrichtes an höheren Lehranstalten. I. Geschichte des Altertums. Mit 54 Bildern u. 3 hist. Karten in Farbendr. Leipzig 1888, Freytag. 8. XV, 125 S.   1 M.

Mahler, E., biblische Chronologie. Wien, Konegen. v. p. 208.   7 M.
    Rec.: Deutsche Literaturzeitung N. 44 p. 1537 v. W. Nowack.

Meyer, Ed., Geschichte des alten Aegyptens. Berlin, Grote. S. 145—304 mit Holzschn, 1 Taf. u. 1 Karte. v. p. 81.   3 M.

Morayta, M., Alt-Aegypten. Deutsch von A. Schwarz. Berlin 1888, Siegismund 8. 75 S.   1 M. 50 Pf.
    Rec.: Berliner phil. Wochenschrift VII 49 p. 1543—1544 v. A. Erman.

Μοσχονάς, ἡ ἀρχαία Αἴγυπτος καὶ οἱ βασιλεύσαντες ἐν αὐτῇ Φαραώ. ἐν Καίρῳ. 400 S. mit 24 Porträts.   8 M.

Nöldeke, Th., Aufsätze zur persischen Geschichte. Leipzig, Weigel. 8. IV, 158 S.   4 M.
    Rec.: Götting. gel. Anzeigen N. 22. — Revue critique N. 48 p. 401.

Oppert, Amraphel et Hammurabi. Académie des inscriptions, 9. Dez. 1887. (Revue critique N. 51.)

Oppolzer, Th. v., Canon der Finsternisse. (Denkschriften der kais. Akademie der Wiss., math. Klasse, 52. Bd.) Wien 1887. gr. 4. XXXVII, 376 S. u. 160 Taf.

Renan, E., histoire du peuple d'Israël. I Paris, libr. nouvelle. 8. XXX, 459 p.   7 M. 50 Pf.
    Rec.: Zeitung des Judenthums LI 47. — Athenaeum N. 3132.

— études d'histoire israélite. Saul et David. Revue des deux mondes, 15. Okt.

Sayce, A. H., the capture of Samaria by the Assyrians. Academy N. 807.

Steindorff, G., das Märchen vom König Cheops auf einem neu erworbenen Papyrus des Berliner Museums. Allg. Zeitung, Beil. N. 259—265.

Taylor, J., the Hycsos. Academy N. 802.

Treuber, O., Geschichte der Lykier. Stuttgart, Kohlhammer. v. p. 149. 208.   5 M.
    Rec.: Allg. Zeitung, Beil. N. 282.

Werner, J., zu den dies Aegyptiaci. Rhein. Museum XLII 4 p. 637—639.

Winckler, Studien u. Beiträge zur babylonisch-assyrischen Geschichte. Zeitschrift f. Assyriologie II 3.

Zerffi, G. G., studies in the science of general history. Vol. I, Ancient History. London, Hirschfeld. 8. cl.   15 M.

B. Griechische Geschichte und Chronologie.

Babelon, E., Tarcondimotus, dynaste de Cilicie. Revue numismatique 1887 N. 4 p. 378—381 avec pl. X.

Busolt, G., griechische Geschichte. II. Die Perserkriege u. das alte Reich. Gotha, Perthes. 8. XVI, 606 S. v. p. 82. 149.　　　　　　12 M.

Curtius, E., historia de Grecia, trad. y anotada per A. Garcia Moreno. V. Madrid, Garay. 4. 488 p. con mapas. v. p. 82.　　　　　　6 M.

Duchesne, L., Macédonius évêque d'Apollonias en Lydie. Bulletin de correspondance hellénique XI 5 p. 311—317.

Duncker, M., Abhandlungen aus der griech. Geschichte. Leipzig, Duncker & Humblot. v. p. 209.　　　　　　4 M.
　　Rec.: Berliner phil. Wochenschrift VII 51 p. 1600—1601 v. H. Hertzberg.
　　— Deutsche Literaturzeitung N. 44 p. 1552—1553 v. S. Bruck.

Duruy, V., histoire de la Grèce ancienne pour la classe de cinquième. Nouvelle édition, entièrement refondue. Paris, Hachette. 12. VIII, 400 p. avec grav. et cartes.　　　　　　3 M. 50 Pf.

Fischer, P., quaestiones de Atheniensium sociis historicae. Bonn. Diss. 8. 36 S.

Fränkel, S., Mariades — Cyriades. Hermes XXII 4 p. 649—650.

Gasquet, A., l'Empire grec et les Barbares. Clermont-Ferrand, imp. Mont-Louis. 8. 70 p.

Glück, M., de Tyro ab Alexandro M. oppugnata. Leipzig 1886, Fock.　1 M.
　　Rec.: Neue phil Rundschau N. 23 p. 357—359 v. M. Lüdecke.

Gorra, E., testi inediti di storia trojana, preceduti da uno studio sulla leggenda trojana in Italia. Torino. 8. 572 p.　　　　　　18 M.

Grosch, G., de codice Coisliniano. Jena 1886, Neuenhahn.　　1 M. 35 Pf.
　　Rec.: Wochenschritt f. klass. Phil. IV 48 p. 1490—1491 v. F. Hirsch.

Guiraud, P., de la condition des alliés pendant la première confédération athénienne. Paris, 1883, Thorin.
　　Rec.: Berliner phil. Wochenschrift VII 48 p. 1541 v. H. Landwehr.

Lezius, J., de Alexandri Magni expeditione indica. Dorpat. 8. 160 S.

Mahaffy and **Gilman**, Alexander's Empire. London, Unwin. v. p. 83. 150. 204.　　　　　　6 M.
　　Rec.: Berliner phil. Wochenschrift VII 50 p. 1571—1573 v. G. Egelhaaf.

Rose, D., a popular history of Greece, from the earliest period to the incorporation with the Roman empire. Edited by H. W. Dulcken. London, Ward & L. 8. 460 p. cl.　　　　　　4 M 20 Pf.

Scala, R. v., Cypern vor der römischen Herrschaft. Monatsschrift f. d. Orient XIII 6.

Schäfer, H., der lamische oder hellenische Krieg, nach den Quellen dargestellt. Giessen 1886, Diss. 8. 72 S

Schöll, R., Polykrite. Hermes XXII 4 p. 559—566.

Schubert, R., Geschichte des Agathokles. Neu untersucht und nach den Quellen dargestellt. Breslau, Köbner. 8 V, 210 S.　　　　　　5 M.

Schumacher, K., de republica Rhodiorum. Heidelberg 1886, Winter. 1 M. 80 Pf.
　　Rec.: Berliner phil. Wochenschrift VII 48 p. 1511—1512 v. H. Landwehr.

Strecker, über den Rückzug der Zehntausend. Berlin, Mittler. v. p. 54. 209. 1 M. 25 Pf.
　　Rec.: Phil. Anzeiger XVII 6. 7 p. 380-384 v. M. Erdmann.

Tascher, R. de, le procès des Hermocopides. Annuaire des études grecs XX p. 172-227.

Wachsmuth, C., über eine Hauptquelle für die Geschichte des achäischen Bundes. Leipziger Studien X p. 269—298.

Wiegand, H., Plataä zur Zeit des Einfalls der Perser. Ratzeburg 1886.
  Rec.: Wochenschrift f. klass. Phil. IV 52 p. 1601 v. Holm.

Wilisch, E., Beiträge zur Geschichte des alten Korinth. Zittau. Pr. v. p. 83.
  Rec.: Berliner phil. Wochenschrift VII 48 p. 1510—1511 v. G. Egelhaaf.

C. Römische Geschichte und Chronologie.

Beleze, G., l'histoire romaine mise à la portée de la jeunesse, avec questionnaires. 39. édition. Paris, Delalain frères. 18. 360 p. avec carte. 1 M. 50 Pf.

Birt, Th., de Romae urbis nomine sive de robore romano. Marburg, Elwert. 4. 17 S.   1 M.

Brüggemann, F., de Marci Aemilii Lepidi vita et rebus gestis. Münster. Diss. 8. 75 S.

Brunon, recherches sur le champ de bataille de Zama (avec carte à l'appui). Extrait. Montpellier, imp. Boehm. 8. 23 p.

Cantarelli, L., Vindice e la critica moderna. Rivista di filologia XVI 1. 2 p. 1—32.

Casagrandi, V., storia e archeologia romane. Genova 1886. v. p. 209.
                                                                              7 M. 50 Pf.
  Rec.: Athenaeum N. 3117 p. 110—111.

Cichorius, C., Gargilius Martialis u. die Maurenkriege unter Gallienus. Leipziger Studien X p. 319—327.

Duruy, V., histoire des Romains. Nouvelle édition. I. Paris, Hachette. 8. 560 p. v. p. 83.   7 M. 50 Pf.

Faltin, G., über den Ursprung des 2. punischen Krieges Leipzig, Teubner. v. p. 50.   80 Pf.
  Rec.: Wochenschrift f. klass Phil. IV 41 p. 1254--1256 v. Ackermann.

Fustel de Coulanges, recherches sur quelques problèmes d'histoire. Paris 1885, Hachette.   10 M.
  . Rec.: Hist. Zeitschrift 1887 N. 6 p. 501—508 v. L. Erhardt.

Gazeau, F., histoire romaine, A. M. D. G. 13. édition. Paris, Baltenweck. 18. 292 p.

Gentile, I., l'imperatore Tiberio secondo la moderna critica storica. Milano. 8. 61 p.   1 M. 50 Pf.

Gilbert, O., Geschichte der Stadt Rom. Leipzig 1885, Teubner.   8 M.
  Rec.: Phil. Anzeiger XVII 4. 5 p. 303—305 v. U.

Görres, F., die Religionspolitik des Kaisers Constantin I. Zeitschrift für wiss. Theol. XXXI 1.

Grisar, H., Paradigmen zur Honoriusfrage. Zeitschrift für kath. Theologie 1887, 4. Quartal.

Hagen, Max v., quaestiones criticae de bello Mutinensi. Marburg, Elwert. 8. 53 S.   1 M. 20 Pf.

Hardy, E G., on Mommsen's Röm. Gesch. V. (German legions.) Classical Review I 8 p. 243.

Heyck, E., über den Uebergang des Imperiums an die Deutschen. Zeitschrift fur allg. Geschichte 1887 N 11.

Holzapfel, L., nochmals die Diktatorenjahre. Berliner phil. Wochenschrift VII 47 p. 1482—1484.

Humbert, L., extraits d'auteurs anciens et modernes sur l'histoire romaine. Paris, Garnier frères. 12. 432 p. avec grav.

Ihne, W., römische Königszeit. Vortrag auf der Philologenversammlung zu Zürich. (Berliner phil. Wochenschrift VII 48 p. 1517—1518.)

Jordan, H., die Könige im alten Italien. Berlin, Weidmann. v. p 210. 2 M.
Rec.: Deutsche Literaturzeitung N 40 p 1406 v. H. Nissen. — Lit. Centralblatt N. 49 p 1653 v. Sieglin

Knoke, Fr., die Kriegszüge des Germanicus. Berlin, Gärtner. v. p. 151 210.
15 M.
Rec.: Classical Review I 9 p. 277—278 v. H. Furneaux. — Revue critique N. 43 p. 285 - 289 v. R Cagnat.

Mähly, J., zur Geschichte der Römerfeldzüge in Deutschland. Blätter für lit. Unterhaltung N. 45.

Matzat, H, Zeittafeln für den Anfang des 2. punischen Krieges. Weilburg. v. p. 84.
Rec : Berliner phil. Wochenschrift VII 46 p. 1445 v. H Schiller — Wochenschrift f klass Phil IV 42 p. 1296—1298 v G. Faltin. — Neue phil. Rundschau N. 24 p 381—383 v L. Holzapfel.

Mommsen, Th., die Oertlichkeit der Varusschlacht. Berlin 1885. Weidmann 1 M. 60 Pf.
Rec : Revue critique N. 43 p. 285—289 v. R. Cagnat.

— Mithradates Philopator Philadelphos Zeitschrift f. Numismatik XV 2. 3 p. 207—219.

— histoire romaine, traduite par R. Cagnat et J. Toutain. T. 9 (V). 8. 327 p. et 6 cartes. Paris, Vieweg

— le provincie romane da Cesare a Diocleziano, traduz. dal tedesco di E. de Ruggero. I. Roma 8. 337 p. 7 M.

Neubourg, H., die Oertlichkeit der Varusschlacht. Detmold, Meyer. v. p. 210.
1 M. 20 Pf.
Rec.: Lit Centralblatt N 42 p. 1429 v. A. — Wochenschrift f. klass. Phil. IV 43 p 1325—1329 v P. v. Rohden. — Zeitschrift f. d. Gymn. XXXXI 12 p. 770—771 v. P. Höfer.

Nissen, H, die Alamannenschlacht bei Strassburg. Westdeutsche Zeitschrift VI 4 p 319—334.

Perrin, colonel, marche d'Annibal des Pyrénées au Pô, et description des vallées qui se rendent de la vallée du Rhone en Italie. Paris, Dubois. 8, avec une carte et trois plans. 5 M. 50 Pf.

Phoropulos. D, Εἰρήνη ἡ Ἀθηναία, αὐτοχράτεια Ῥωμαίων. 769—802. Μέρος α'. 769—788. Μετὰ εἰσαγωγῆς περὶ τῶν πολιτικῶν συνεπείων τῆς εἰκονομαχίας 726—775. Leipzig, Stauffer. 8 VIII, 60 S. 2 M.

Rose, D., popular history of Rome under the kings, the republic, and the emperors from the foundation of the City B C. 753 to the fall of the Western Empire, A.D. 476. Edited by, H. W. Dulcken. London, Ward & L. 8. 486 p cl. 4 M. 20 Pf.

Schiller, H, Geschichte der röm. Kaiserzeit. II. Gotha, Perthes. v. p 84 9 M.
Rec : Lit. Centralblatt N. 42 p 1429 v A. — Gymnasium V 21 p. 759 v. H. Landwehr. — Classical Review I 9 p. 266—268 v F. Pelham.

— Literaturbericht über röm. Geschichte u. Chronologie. Bursian - Müllers Jahresbericht XLVII. Bd p. 305—314. v. p. 210.

Soltau, W., Prolegomena zu einer röm. Chronologie. Berlin, Gärtner. v. p. 85. 151 5 M.
Rec.: Hist. Zeitschrift 1887 N 6 p. 497—501 v. -l.; cf. Lit. Centralblatt N. 51 p. 1745. — Götting. gel Anzeigen N. 22 v. B. Niese

Streit, W., zur Geschichte des 2. punischen Krieges. Berlin, Calvary. v. p. 151. 210. 2 M.
Rec.: Deutsche Literaturzeitung N. 45 p. 1586 v. H. Nissen. — Lit Centralblatt N. 47 p 1588—1589 v. S — Wochenschrift f. klass. Phil. IV 40 p. 1232—1234 v. G Faltin. — Revue critique N. 41 p. 241 v. R. C.

Stoffel, histoire de Jules César, v. Caesar p. 251.

Viaud-Grand-Marais, étude sur la mort de Cléopatre. Nantes. (Extrait des Annales de la Soc. acad de la Loire-Inférieure, 1887.) 8. 20 p.
Wiegand, W., die Alamanenschlacht vor Strassburg. Strassburg, Heitz. 8. 20 S.   1 M.
   Rec.: Deutsche Literaturzeitung N. 48 p 1704—1705 v. Holländer. — Lit. Centralblatt N. 45 p. 1525 v. A. — Westdeutsche Zeitschrift VI 4 v. H. Nissen.
Zangemeister, zu der Frage nach der Oertlichkeit der Varusschlacht. Westdeutsche Zeitschrift VI 4 p. 335—354. v. p. 211.

4. Ethnologie, Geographie und Topographie.

A. Alte Geographie im Allgemeinen.

Beloch, J., die Bevölkerung der griechisch-römischen Welt. Leipzig, Duncker & Humblot. v. p 85. 151. 211.   10 M.
   Rec.: Wochenschrift f. klass. Phil IV 40 p. 1218—1220 v. J. Jung — Statistische Monatsschrift N. 13 v. Jung. — Blätter f. lit. Unterhaltung N. 47 v Reich.
Blackie, C., geographical etymology. A dictionary of place names. Revised edition. London, John Murray. gr. 8 cl.   8 M. 40 Pf.
Castelfranco, les villages lacustres et palustres et les terremares. Paléoethnologie italienne. Revue d'anthropologie N. 6.
Egli, J., Geschichte der geographischen Namenkunde. Leipzig 1886, Brandstetter.   10 M.
   Rec.: Bibliographie der Schweiz XVII 9 p. 144—145 v. St — Revue critique N 47 p. 389—392 v. H. Gaidoz.
— über die Namenerklärung im geographischen Unterricht. Vortrag auf der Züricher Philologenversammlung. (Berliner phil. Wochenschrift VII 49 p. 1551.)
Forrer, A., über die Verbreitung der Pfahlbauten in Europa. Antiqua 1887 N. 3, 7—9.
Jahresbericht, IX., des Vereins für Erdkunde zu Metz f 1886. Metz, 8criba. 8. 125 S. mit 1 Tab u. 1 Steintaf.   3 M.
Kampen, A. v., tabulae maximae. I. Italia. II. Gallia Gotha, J. Perthes, v. p. 151.   à 8 M.
   Rec.: Berliner phil. Wochenschrift VII 45 p. 1407—1408 v. R Schneider. — Lit. Centralblatt N. 40 p. 1364 v Sieglin. — Neue phil Rundschau N 20 p. 317—318 v. ††. — Zeitschrift f. d. österr. Gymn. XXXVIII 11 p 871—873 v. W. Tomaschek.
Kiepert, H, manuel de géographie ancienne. Traduit par E. Ernault, accompagné d'un avant propos et remanié en ce qui concerne la Gaule par A. Longnon. Paris, Vieweg.   6 M.
Mandyczewski, C., der geographische Einfluss in der alt-orientalischen Entwickelung. Suczawa 1885. Pr.
   Rec : Zeitschrift f. d. österr. Gymn. XXXVIII 10 p 801 v. D. Onciul.
Mittheilungen des Vereins für Erdkunde zu Halle a/S. Halle, Tausch & Grosse. 8. 171 S. m. 1 Taf. u. 4 Karten. v. p. 86.   4 M. 50 Pf.
— der geographischen Gesellschaft für Thüringen zu Jena, herausg. von G Kurze u F. Regel 6. Bd. Jena, Fischer. 8. 1. u. 2. Hft. 91 u. 12 S. v. p. 86.   5 M.
— des Vereins für Erdkunde zu Leipzig. 1886. 3 Hft. Bücher-Verzeichniss. Leipzig, Duncker & Humblot. 8. III, 119 S. v. p. 89.   2 M. 40 Pf.
Penka, K., Herkunft der Arier. Teschen, Prochaska. v. p. 86. 152. 5 M. 20 Pf.
   Rec : Academy N. 790 p. 452 v. A. H. Sayce.

Petrie, Flinders, ancient ethnology. Academy N. 809.

Ridgeway and **Brown,** Rasenna and Tursenoi. Aeademy N. 814 p. 391; N. 815 p. 409.

Spiegel, Fr. v., die arische Periode u. ihre Zustände. Leipzig, W. Friedrich. v. p 211.   12 M.
Rec.: Academy N. 813 p. 374.

Tümpel, K., die Aithiopenländer des Andromedamythos. Studien zur rhodischen Kolonisation. (Aus den Jahrbb. f. klass. Philol. 16. Suppl.-Bd.) Leipzig, Teubner. 8. 92 S. v. p. 211.   2 M 40 Pf.
Rec.: Classical Review I 10 p. 318 v. C Torr.

B. Geographie und Topographie von Griechenland und den östlichen Theilen des römischen Reiches.

Baumgarten, Fr, ein Rundgang durch die Ruinen Athens. Wertheim. Pr. v. p 152.
Rec.: Wochenschrift f. klass Phil. IV 43 p. 1318—1319 v. Trendelenburg.

Bell, C. F. M., from Pharaoh to Fellah With illustrations by G. Montbard, engraved by Ch. Barbant. London, Gardner. 4. 188 p. cl   12 M.

Benndorf u **Niemann,** Reisen in Lykien. Wien 1884, Gerold v. p. 87. 150 M.
Rec.: Zeitschrift f. bild. Kunst XXIII 1 v. Lachner.

Bent, Th., discoveries in Thasos. The Temple of Apollo. Athenaeum N. 3117 p. 123. v. p. 211.

Berger, H., Geschicbe der wissenschaftlichen Erdkunde der Griechen. I. Leipzig, Veit. v. p. 87. 152. 212.   4 M.
Rec.: Lit. Centralblatt N. 42 p. 1431 v Sieglin.

Biedermann, K., Kephallonia im Alterthum. Würzburg (München). v. p. 212.
Rec.: Deutsche Literaturzeitung N. 45 p. 1592 v. J. Partsch.

Bötticher, A, die Akropolis von Athen. Nach den Berichten der Alten u. den neusten Erforschungen. Mit 132 Fig. u. 36 Taf. Berlin 1888, Springer. Lex.-8. XV, 295 S geb.   20 M.

Colbeck, A., a summer's cruise in the waters of Greece, Turkey and Russia. London, Unwin. 8. 428 p. cl.   12 M. 60 Pf.

Cousin et **Deschamps,** emplacements et ruines de la ville de Κῦς en Carie. Bulletin de correspondance hellénique XI 5 p. 305–311.

Curtius u. **Kaupert,** Karten von Attika. Auf Veranlassung des kaiserl. deutschen archäolog. Instituts und mit Unterstützung des k. preuss. Unterrichtsministeriums aufgenommen durch Offiziere und Beamte des k. preuss. Grossen Generalstabs mit erläut. Text. 3 Karten. 1 : 25,000. Chromolith. Imp.-Fol. Berlin, D. Reimer. v. p. 152.   8 M. (1—5: 54 M.)

Dawson, J W., Egypt and Syria: their physical teatures in relation to Bible History. 2. edit. revised and enlarged. London, Tract Society 8. 3 M. 60 Pf.

De Goeje, J., Cleopatra's needles. Athenaeum N. 3117 p. 123.

Delattre, A., Western Asia in the Assyrian inscriptions. Academy N. 814 p. 395.

Dörpfeld, W., Akropolis. Allg. Zeitung, Beilage N. 316.

Ebers, G, Egypt, descriptive, historical and picturesque. Transl. by Clara Bell. With notes by S. Birch. 2 vols. New ed London, Cassel. 4.

Edwardes, C., letters from Crete. Letters during the spring of 1886. London, Bentley. 8. 408 p. cl.   18 M.

Engel, E., griechische Frühlingstage. Jena, Costenoble. v. p. 87. 153. 212. 7 M.
Rec.: Gymnasium V 21 p. 768 v. F. Bender.

Erman, A., Aegypten u. ägyptisches Leben im Alterthum. 2. Bd. Mit 164 Abb u 5 Vollbildern. Tubingen, Laupp. Lex. 8. VIII u. S. 351—742. v. p. 87.   9 M.; geb. 10 M.

Forchhammer. P., Akropolis, Mythologie, neueste Entdeckung eines Tempels. Allg. Zeitung, Beilage N. 288.

Fougères. G., rapport sur les fouilles de Mantinée. Bulletin de correspondance hellénique XI 8 p. 485 - 494.

Gage, W. L., Palestine, historical and descriptive; or, the home of God's People. Fully illust. London, Warne. 8 560 p. cl.   4 M. 20 Pf.

Gatt, G., hatte Jerusalem eine oder mehrere Akra genannte Burgen? Zeitschrift des Palästinavereins X 3.

Graham, A. and **Ashbee**, travels in Tunisia. With a glossary, a map, a bibliography, and 50 illustrations. London, Dulau. 8. 288 p. cl   30 M.

Hamdy, mémoire sur une nécropole royale découverte à Saïda. Revue archéologique 1887, September-Oktober

Heut, deuxième mémoire sur le Laurium. Mémoires de la Soc. des ingénieurs à Paris, 1887, April

Hirst, J., notes from Crete (Gortyna) Athenaeum N. 3118 p. 156—157 mit Plan v. p 88.

Kawerau, G., die Ausgrabungen auf der Akropolis in Athen. (2. Bericht.) Deutsche Bauzeitung XXII 1 S. 2 - 5 mit Plan.

Kipritschnikow, A, zwei Wochen auf der Insel Chalkis. (Russisch.) Journal des kais. russ. Ministeriums der Volksaufklärung 1887, September, 3. Abth , p. 1—8.

Krumbacher, K, griechische Reise. Berlin 1886, Hettler. v. p 88. 153. 7 M.
  Rec : Classical Review I 8 p 237 v. H. F. Tozer. — Rivista di filologia XVI 1. 2 p 33—37 v. G. Morosi.

Layard, H., early adventures in Persia, Susiana, and Babylonia. 2 vols. London, John Murray. With map and illustrations. gr. 8. cl.   28 M.
  Rec : Athenaeum N 3139 p. 853.

Lefébure, les hypogées royaux de Thèbes. Athenaeum N. 3121.

Macduff, L. B, St Paul in Athens. The City and the discourse. London, Nisbet. 8. 240 p cl.   4 M. 20 Pf.

Mahaffy, J. P., rambles in Greece. 3. ed. London, Macmillan. v. p. 88.
                                                                      12 M. 60 Pf.
  Rec.: Classical Review J 8 p. 237 v. H. F. Tozer.

Menant, J., Ninive et Babylone. Paris, Hachette. 18. 320 p. avec 107 grav.
                                                                        2 M. 25 Pf.

Mézières, A, voyage dans le Péloponèse (1850). Annuaire des études grecques XX p. 1—62.

Moüy, Ch de, lettres Athéniennes. Paris, Plon. v. p. 153.   4 M.
  Rec.: Berliner phil. Wochenschrift VII 43 p. 1348— 1349 v. Fr. Baumgarten

Müller, Hans, griechische Reisen. 2 Theile in 1 Bd. Leipzig, Friedrich. 8. XI, 244 u. u. 209 S.   6 M.
  Rec : Berliner phil. Wochenschrift VII 43 p. 1346—1348 v. K Krumbacher — Deutsche Literaturzeitung N. 40 p 1410—1411 v. W Meyer. — Lit. Centralblatt N. 42 p. 1432. — Centralorgan für Realschulwesen XV 11 p. 725—726 v. Söhns.

Naville, E., the great temple of Bubastis. Academy N. 791 p. 13—14.

Oberhummer, E., Akarnanien, Ambrakia, Amphilochien, Leukas im Alterthum. München, Ackermann. v. p. 88.   10 M.
  Rec.: Deutsche Literaturzeitung N 42 p 1472 - 1473 v. S. Bruck. — Berliner phil. Wochenschrift VII 40 p. 1252-1254 v. R. Weil. — Neue phil Rundschau N. 26 p. 415—416 v. R. Hansen. — Classical Review I p. 279 v. M. Glazebrook.

Penrose, the palace at Tyrins. Athenaeum N. 3133.

— über den Tempel des Jupiter Olympius in Athen. Archaeological School in Athen, 13. April. (Berliner phil. Wochenschrift VII 43.)

Petrie, Flinders, explorations in Egypte. (Tell Basta.) Academy N. 813 p 378.

Philippson, Bericht über eine Recognoscirungsreise im Peloponnes. Verhandlungen der Berliner Gesellschaft für Erdkunde XIV 9.

Pomtow, topographische Untersuchungen in Delphi. Berliner arch. Gesellschaft, Julisitzung. (Berliner phil. Wochenschrift VII 42.) v. p. 212.

Radet et **Lechat,** notes de géographie ancienne. La ville d'Aegae en Eolie. Attaleia de Lydie. Sandaina. Bulletin de correspondance hellénique XI 5 p 392—404 v. p. 88.

Rawlinson, G., ancient Egypt. London, Unwin. v. p. 153.   6 M.
    Rec : Berliner phil. Wochenschrift VII 52 p. 1638 v. A Erman.

Riley, Athos, or, the mountain of the monks. London, Longman. v. p. 212. 25 M. 20 Pf.
    Rec.: Academy N. 800 v. J Tozer

Sandys, J. E, an easter vacation in Greece London, Macmillan. v p. 88. 153.   4 M. 20 Pf.
    Rec : Classical Review I 8 p. 237 v. H F Tozer.

Sauer, L., Ausgrabungen in Delphi. Allg. Zeitung, Beilage. N. 294—300.

Sayce, A. H., alte Denkmäler im Lichte neuer Forschungen. Leipzig 1886, O. Schulze. v. p. 153. 212.   2 M. 50 Pf.
    Rec.: Deutsche Literaturzeitung N 39 p 1361—1362.

— Pythagorean Hittites. . Academy N 811.

Schuchhardt, vorläufiger Bericht über eine Bereisung der pergamenischen Landschaft. Sitzungsberichte der Berliner Akademie LIII LIV p. 1207—1216.

Stenerson, L. B., om Kolonos Agoraias Christiania 1885.   75 Pf.
    Rec.: Berliner phil. Wochenschrift VII 46 p. 1440—1444 v. H. Palzig.

Tchihatchef, P. de. Kleinasien. Leipzig, Freytag. v. p. 213.   1 M.
    Rec.: Lit. Centralblatt N. 46 p. 1560 v Chr. Fr.

Torr, C, Rhodes in modern times. (London.)
    Rec.: Athenaeum N. 3123. — Classical Review I 8 p. 249 v. H. F. Tozer.

Vercoutre, la nécropole de Sfax et les sépultures en jarres Revue archéologique 1887, Juli-August u. September-Oktober.

Warsberg, A. v., Ithaka. Mit 5 Aquarellfarbendr , 1 Karte u. 40 Phototypien nach Originalen v. L. H. Fischer. Wien, Gerold. 4. V, 144 S. 20 M.

Weizsäcker, P., uber die Agora von Athen Vortrag auf der Philologenversammlung zu Athen. (Berliner phil Wochenschrift VII 50 p. 1583.)

Winckler, H., Sumer u. Akkad. Mittheilungen des Berliner orientalistischen Vereins N. 1 p. 6—20.

C. Geographie und Topographie von Italien und den westlichen Theilen des römischen Reiches.

Allmer et **Dissard,** Trion. Antiquités découvertes en 1885, 1886 et antérieurement au quartier de Lyon dit de Trion. I. Lyon, Plan. gr. 8. CLXVIII, 264 p. avec fig.

Allmers, H., röm. Schlendertage. 6. Aufl. Oldenburg 1888, Schultze. 5 M. 60 Pf.

Aloysius, souvenirs d'un voyage à Rome et en Italie. Annecy, lib. Abry. 8. 412 p.

Audiat, A., fouilles dans les remparts gallo-romains de Saintes. Paris, Picard. Saintes, Trepeau. 8. 16 p. et pl.

Bastelaer, A. van, trois menhirs. La pierre de Jupiter, à Gozée, la pierre du diable, Thuillies; le cheval de pierre à Thuillies. Bruxelles, imp. Hayez 8 28 p. et 2 planches.

Bindseil, Th., Reiseerinnerungen von Sizilien. Leipzig, Fock. v. p. 89. 213.
1 M. 20 Pf.
Rec.: Wochenschrift f. klass. Phil. IV 40 p. 1220—1222 v. B. Lupus.

Blair, R., the walls of Chester. Academy N. 815 p. 412.

Bormann, E, der Städtebund Etruriens. Arch.- epigr. Mittheilungen aus Oesterreich XI p. 103—126.

Borsari, L, di un cippo spettante alla terminazione delle sponde del Tevere (. . . a Trigario ad pontem Agripae). Notizie degli scavi, agosto, p. 322—327.

Bosteaux, C., fouilles gauloises en 1885 — 1886. Nancy, Berger-Levrault. 8. 5 p.

Brizio, E., di una terramara scoperta al Baggio della Gaggiola a Porretta. Notizie degli scavi 1887, ottobre, p. 387—390.

Brock, the age of the wall of Chester. Academy N. 802.

Buhot de Kersers, A., histoire et statistique monumentale du dép. du Cher. 14. fascicule: Canton de Dou-le-Roi, illustré d'une carte et de 10 planches gravées à l'eau-forte par G. Garen. Bourges, imp. Tardy-Pigelet. 4. p. 53 —156. v. p. 213. 15 M.

Canale, A., storia dell' isola di Capri, dall' età remotissima sino ai tempi presenti. Napoli. 16. 416 p. 2 M. 50 Pf.

Carattoli, L., tombe etrusche di Perugia. Notizie degli scavi 1887, ottobre, p. 391—392

Castaing, A., ethnogénie de l'Aquitaine primitive. Paris, Maisonneuve. 4. IV p et p. 183—332 et 3 planches. 11 M. 50 Pf.

Castelfranco, P., i cimiteri di Milano. — Tombe romane e galliche. Notizie degli scavi 1887, ottobre, p 383—386.

Cavallari, S., tombe a finestre (»Fenstergräber«) nell' agro di Letini, Sicilia. Notizie degli scavi, luglio, p. 301—304.

Closmadeuc, G. de, Gavr'inis: dernières fouilles. Vannes, imp. Galles. 8. 7 p. et 2 pl.

Cohausen, v., römische Mainbrücken. Annalen für nassauische Alterthumskunde XX 1.

Cooper, A. N., walk to Rome: being a journey on foot of 741 miles from Yorkshire to Rome. London, Simpkin. 12. 74 p. 1 M. 20 Pf.

Cozza, A., relazione sugli scavi della necropoli falisca dell' antica Faleria. Notizie degli scavi, luglio, p. 262—265, e agosto, p. 307—319 con tav. VI.

De los Rivos, A., estudios arqueológicos de la provincia de Burgos. Revista de Espana 25. Oct.

Frauer, l'Istria semitica. Archeografo triestino XIII 2.

Fulvio, L., di un edificio termale in Castelforte. Notizie degli scavi 1887, ottobre, p. 406—410.

Gamurrini, scavi della necropoli volsiniese (Orvieto). Notizie degli scavi 1887, settembre, p. 344—372 con tavv. VII—XII. v. p. 155.

Gauthier, J., répertoire archéologique du canton de Pierrefontaine (Doubs). Besançon, imp. Jacquin. 8. 20 p.

Gomme, G. L., Romano-British remains. London, Stock. v. p. 90. 9 M.
Rec.: Academy N. 807 v. F. Haverfield; N. 808 v. Watkin; cf. N. 809 (v. Gomme). — Classical Review I 10 p. 298—300 v. F. Haverfield v. p. 90.

Gozzadini, G., scavi di Bologna. Tombe arcaiche. Notizie degli scavi 1887, settembre, p. 340—344.

Gross, V., la Tène, un oppidum helvète. Paris, Baillière. 4. avec fig. et 13 planches. cart. 8 M.

Guignard, L., Blois gallo-romain. Nancy, Berger-Levrault. 8. 3 p.

Häbler, A., die Nord- u. Westküste Hispaniens. Leipzig (Hinrichs). v. p 147. 1 M. 60 Pf.
Rec.: Hist. Zeitschrift 1887 N. 6 p. 504 v. G. Zippel.

Hauser, v. Domaszewski, v. Schneider, Ausgrabungen in Carnuntum. Arch.-epigr. Mittheilungen aus Oesterreich XI 1 p. 1—18 mit Taf. I—IV.

Heim u. Velke, die römische Rheinbrücke bei Mainz. Zeitschrift des Mainzer Alterthumsvereins III 4 p. 553—610 mit Taf. IX—XIV.

Helbig, W., scavi di Corneto. Mittheilungen des arch. Instituts zu Rom II 3 p. 153—158.

Hübner, über neue Funde in England u. Spanien. Berliner arch. Gesellschaft, 1. Nov. (Deutsche Literaturzeitung N. 47.)

Hülsen, Ch., das Pomerium Roms in der Kaiserzeit. Hermes XXII 4 p. 615 - 626.

Huyot, J., plan restauré de Rome antique Paris. Rapilly. 8. (texte) 1 feuille in-fol. max., (plan). 8 M.

Jangigny, A. de, essai sur l'étymologie de Leuconaus, nom primitif de Saint-Valéry-sur-Somme, suivi d'une notice sur les archives municipales de cette ville. Lille, imp. Danel. 8. 79 p.

Jatta, G., tomba greca, trovata in Ruvo di Puglia. Notizie degli scavi 1887, ottobre, p. 422—428.

Ihm, M., römische Funde von Müddersheim bei Zülpich. Rhein. Jahrbücher 83. Bd.

Italy, from the Alps to Mount Etna. Its arts, its cities, its lakes, its rivers. With 164 illust. London, Virtue. 4. 394 p. cl. 18 M.

Keller, Jak., römisches Bad u. Legionsbaustein der XIV. Legion in Mainz. Korrespondenzblatt der Westdeutschen Zeitschrift VI 11 p. 241—245.

Könen, C., römische Funde in Trier. Korrespondenzblatt der Westdeutschen Zeitschrift VI 10 p 220 - 221.

Kofler, Fr., alte Mainbrücke bei Seligenstadt. Korrespondenzblatt der Westdeutschen Zeitschrift VI 10 p. 210 - 212.

Lacava, M., antichità della Lucania. Notizie degli scavi, agosto, p. 332—335.

Lafitte, H., sépultures anciennes et souterrain-refugé découverts à Chalais. Angoulême, imp. Chasseignac. 8. 11 p.

Lefèvre, G., rapport sur les fouilles archéologiques faites dans les environs de Landen. Bulletin de l'Inst. arch. liégeois XX 1.

Lewis, the antiquities of Saintes. Archaeological Journal N. 174 u. 175.

Lugari, G., viale e casa romana, trovate al IV miglio della Via Appia. Notizie degli scavi, luglio, p. 277—283.

Lund, T. W. M., Como and Italian lakeland. London, Allen. 8. 510 p. cl. 12 M. 60 Pf.

Lupus, B., die Stadt Syrakus. Strassburg, Heitz. v. p. 214. 10 M.
Rec.: Berliner phil. Wochenschrift VII 51 p. 1602—1608 v. H. Crohn. — Lit. Centralblatt N. 48 p. 1620—1621 v. Sieglin. — Revue critique N. 39 p. 209—210 v. S. Reinach.

Männel, R., Veränderungen der Oberfläche Italiens. I. Halle. v. p. 91.
Rec.: Wochenschrift f. klass. Phil. IV 45 p. 1396 v. G. Faltin.

Marchetti, sulle acque di Roma antiche e moderne. Rom, tip. Sinimberghi. 8. 428 p.

Mayet, V., voyage dans le sud de la Tunisie. 2. édition, revue et augmentée, avec carte. Paris, Challamel. 8. 358 p.

Mazegger, B., Römerfunde in Obermais bei Meran, und die alte Majaveste.
2. Aufl. Meran, Pötzelberger. 8. 35 S. v. p. 91. 155.   80 Pf.

Mehlis, C., Ausgrabungen auf der Heidenburg in der Pfalz. Berliner phil.
Wochenschrift VII 45 p. 1394—1396; N. 50 p. 1555—1556.

Möller, Fr., Abnoba u. Herappel. Korrespondenzblatt der Westd. Zeitschrift
VI 11 p 258—261.

Müntz, E., les antiquités de la ville de Rome aux XIV, XV et XVI siècle.
Paris 1886, Leroux. v. p. 102. 155.
    Rec.: Revue critique N 44 p. 313—314 v. A. de Barthélemy

Murray's Handbook of Rome and its Environs. 14. edit. carefully revised,
with plans and maps London, Murray. 12 573 p cl.   12 M.

Nino, A de, scavi di Sulmona. Notizie degli scavi, luglio, p. 293—296.

Petit, M., sur les états gaulois et leurs chefs-lieux compris dans le territoire
de la Seconde Lyonnaise ou ancienne province de Normandie. Alençon,
imp. Lepage 8. 14 p.

Pichler, Fr., römische Ausgrabungen auf dem Kugelstein. Mittheilungen des
hist. Vereins für Steiermark, 35 Hft., mit 1 Tafel.

Pierrot-Deseilligny, J, l'amphithéâtre de Lyon. Bulletin monumental 1887
N. 5 p 415—438 avec 1 planche.

Sales y Ferré, estudios arqueológicos. Necrópolis de Carmona. Funerales
de los lomanos. Sarcófago visigótico. Madrid, Suarez. 8 205 p. 2 M. 50 Pf.

Salvo, A. de, notizie storiche intorno Metauria e Tauriana. Neapel 1886,
Furchheim gr 8. 135 p.
    Rec.: Revue critique N. 42 p. 261 v. R. C.

Scarabelli Gommi Flaminij, stazione preistorica sul monte del Castel-
laccio presso Imola, scoperta ed interamente esplorata. Torino. 4. 102 p.
con 23 tav.   30 M.

Schneider, J., die alten Heer- u Handelswege im deutschen Reich. 1.—
5. Heft. Düsseldorf u. Leipzig 1882—86. v. p. 156.   1—5: 9 M.
    Rec.: Berliner phil Wochenschrift VII 44 p. 1386—1388 u. N. 45 p. 1416
    1420 v. A. Chambalu. — Lit. Centralblatt N. 44 p 1492—1494 v. β.

Scott, L., Tuscan studies an sketches. Illustrated. London, Unwin. 8.
338 p. cl.   12 M. 60 Pf.

Seelmann, W, Ptolemaeus u. die Sitze der Semnonen. Jahrbuch des Vereins
für niederdeutsche Sprachforschung XII (1886) p. 39—52.

— das norddeutsche Herulerreich. Ibid. p. 53—59.

Sogliano, A, relazione intorno alle scoperte di Pompei. Notizie degli scavi
1887, settembre, p. 379—380, ottobre p 411—415.

Spadoni, O., the Etruscans: an historical and critical notice of the origin,
development and civilization of the early italian race. Rome. 8. 58 p.
          2 M. 50 Pf.

Strobl, G., Reisebilder aus Süditalien. Studien a d Benedictinerorden VIII 3.

Tissot, Ch, géographie comparée de la province romaine d'Afrique. II. Chorographie. Publie par S Reinach. Paris, Hachette. 4. Avec atlas.   15 M.

— — l'atlas apart. Ibid. 4.   6 M.

Trendelenburg, A., uber Namen u. Bestimmung des Septizonium des Septimius Severus. Berliner arch Gesellschaft, November-Sitzung. (Wochenschrift f klass. Phil. IV 49.)

Vachez, A., l'amphithéâtre de Lugdunum et les Martyrs d'Ainay. Lyon,
Brun. 8. 35 p.

Valera, historia de la civilización ibérica. Revista de España, 25. Oct.

Vernaz, notes sur les fouilles à Carthage. Revue archéologique, Juli-August.

Vidal, P., Elne historique et archéologique. Perpignan, imp. de l'Indépen-
dant. 16. 183 p. et planches.

Vlaminck, A. de, le véritable emplacement des Aduatiques. Messager des sciences hist. 1887 N. 1.

Vogel, J., die Klagen über die Vernichtung Roms. Grenzboten XLVI 47.

Wartmann, H, eine neue Deutung des Namens der Alamanen. (Alemanni = »a Lemanno videlicet laco«). Anzeiger f. schweiz Geschichte XVIII 5 p. 119.

Watkin, Th., notes from Rome. The transformation of Rome. Athenaeum N. 3137 p. 790.

— the age of the walls of Chester. Academy N. 805. 806. 807. 813.

Werdmüller v. Elgg, relazioni politiche e mercantile fra l'impero romano e la China Atti della Soc. asiatica I.

Wiedemann, A., über römische Funde in Godesberg. Rhein. Jahrbücher 83. Bd p 226 ff.

Withrow, W. H, the catacombs of Rome and their testimony relative to primitive Christianity. With numerous illustrations. London, Hodder. 8. 546 p. cl. 7 M. 20 Pf.

Wolff, das röm. Kastell in Deutz. Rhein. Jahrbücher 83. Bd.

Wulff u. Klein, Berichte über röm. Gräber in Köln. Rhein. Jahrbücher 83. Bd. p. 224 ff.

5. Alterthümer.

A. Allgemeines über orientalische, griechische und römische Alterthümer.

Ascoli, G, le origini dell' ipoteca. Livorno, Giusti.

Cavaro, R., costumes des peuples anciens. Première partie: Egypte-Asie. Deuxième partie: Grèce, Etrurie, Rome. 2 vol. Paris, lib. de l'Art. 16. à 84 p. avec grav. 1 M. 50 Pf.

Debrou, étude historique sur la chevelure et la barbe d'après les oeuvres de la sculpture. Extrait. Paris, lib. Gervais. 8. 38 p.

Ducoudray, G., histoire sommaire de la civilisation. Paris, Hachette. 8. v. p. 93. 7 M. 50 Pf.
     Rec : Athenaeum N. 3118 p. 147.

— histoire sommaire de la civilisation depuis les origines jusqu'à Charlemagne. 4. et 5 années Pour l'enseignement secondaure des jeunes filles. 2 vol. Paris, Hachette. 16. 412 u. 430 p. cf. p. 93. à 4 M.

Erman, A., über eine neue Bestattungsart in Babylonien. Berliner arch. Gesellschaft, 9 Dez. 1887. (Deutsche Literaturzeitung 1888 N. 1 p. 35.)

Geiger, K. A, der Selbstmord im klass Alterthum. Hist.-krit. Abhandlung. Augsburg 1888, Huttler. 8. VII, 82 S. 1 M. 50 Pf.

Geiger, W., civilisation of the Eastern Iraniems, transl. by Sanjana. London 1886, Frowde. v. p. 215 14 M. 40 Pf.
     Rec.: Academy N. 798 v. West.

Lippert. J, Kulturgeschichte. Stuttgart, Enke. v. p. 93. 156. 215. 20 M.
     Rec.: Lit Centralblatt N. 48 p. 1619—1620.

Maschke, R, der Freiheitsprocess im klass. Alterthum, insb. der Process um Verginia. Berlin 1888, Gärtnur 8. XII, 191 S. 6 M.

Otto, A., Essen und Trinken im Sprichwort. Archiv f. lat. Lexikographie IV 3. 4 p. 345—357.

Paturet, G., la condition juridique de la femme dans l'ancienne Égypte. Avec une lettre à l'auteur par M. Revillout. Paris (1886). 8. 6 M.

Pirogow, Wl., Semasiologische u. archäologische Aufsätze zur ältesten Kulturgeschichte. Odessa 1887. (Russisch.) gr. 8. 408 S.

Revillout, E., les obligations en droit égyptien. Paris, Girard. v. p. 156.
10 M.

Richter, W., die Spiele der Griechen u. Römer. Mit Illustr. Leipzig, Seemann. 8 VII, 220 S.   3 M.

Schrader, O., über den Gedanken einer Kulturgeschichte der Indogermanen auf sprachwissenschaftlicher Grundlage. Jena, Costenoble. v. p. 93. 75 Pf.
    Rec.: Deutsche Literaturzeitung N. 49 p. 1724—1727 v. H. Zimmer.

Serre, études sur l'histoire militaire et maritime des Grecs et des Romains. Paris, Baudoin. 18. XII, 270 p.   3 M.

Sittl, K., über die Geberden der Alten. Vortrag auf der Philologenversammlung zu Zürich. (Berliner phil. Wochenschrift VII 47 p. 1488.)

Ussing, J. L., παίδων ἀγωγὴ καὶ παιδεία παρὰ τοῖς Ἕλλησι καὶ Ῥωμαίοις. Ἐξελληνιστεῖσα ὑνὸ Λ. Κώνστα. Odessa 1887. 8. V, 161 S.

Wake, C. St., serpent worship and other essays. With chapter on Totemism. London, Redway. 8. 292 p. cl   12 M. 60 Pf.

B. Griechische Alterthümer.

Band, O., das attische Demeter-Kore-Fest der Epikleidia. I. Berlin, Gärtner. v. p. 156.   1 M.
    Rec.: Wochenschrift f. klass. Phil. IV 40 p. 1217—1218 v. P. Stengel.

Bischoff, E., Beiträge zur Kenntniss nichtattischer Tagesnamen. Leipziger Studien X p. 299—308.

Bojesen-Hoffa, kurzgefasstes Handbuch der griech. Antiquitäten. 2. Aufl., bearb. von E. Szanto. Wien, Gerold. gr. 8. X, 215 S.   4 M.

Busolt, G., griechische Staats- u. Rechtsalterthümer (Im Handbuch d. Alterth., 5. Halbbd) v. p. 94.
    Rec.: Neue phil. Rundschau N. 22 p. 348—349 v. Hubert.

Cinquini, A, delle fratrie attiche post-Clisteniche. Milano, Briola. 40 S.

Droysen, H., Heerwesen u Kriegführung der Griechen. 1. Hälfte. Freiburg, Mohr. 8. V, 184 S. mit 1 Taf.   5 M.

Fischer, Rich., de praetoribus atticis. Königsberg 1881. Diss. (Leipzig 1886, Fock.)
    Rec.: Wochenschrift f. klass. Phil. IV 43 p. 1319—1320 v. H. Lewy.

Geffroy, origines de la diplomatie. Les plus anciens traités dans l'antiquité grecque. Revue diplomatique I 4.

Hermann's Lehrbuch der griechischen Antiquitäten. Neu herausg. von H. Blümner u. W. Dittenberger. 2. Bd. 2. Abth. 1. Hälfte. Freiburg 1888, Mohr. 8. VII, 184 S.   5 M.

Jebb, R. C., to the Greek theatre. Classical Review I 10 p. 298.

Lipsius, Nachtrag zu den Bemerkungen über die dramatische Choregie. Berichte der kön. sächs. Gesellschaft der Wiss. 1887 p. 278—282. v. 1886.

Macan, on the significance of the Lot and the date of its introduction at Athens. Transactions of the Oxford Phil. Society 1886/87 p. 4—9.
    — the political constitution of Corcyra. Ibid. p. 25—32.

Mahaffy, J. P., Greek life and tought, from the age of Alexander to the Roman conquest. London, Macmillan. gr. 8. 632 p. cl.   15 M.
    Rec.: Academy N. 814 p. 382—383 v. F. Richards.

Martin, A., les cavaliers athéniennes. Paris 1886, Thorin.   8 M.
    Rec.: Berliner phil. Wochenschrift VII 42 p. 1313—1316 v. Thalheim. —
    Classical Review I 8 p. 228—230 v. W. Wyse.

Mommsen, A., Literaturbericht über die griechischen Sacralalterthümer. Bursian-Müllers Jahresbericht XLVIII. Bd. p. 315—352 v. p. 94.

Müller, Alb., die griechischen Bühnenalterthümer. Freiburg 1886, Mohr. v. p 94. 157. 10 M.
Rec.: Wochenschrift f. klass. Phil. IV 42 p. 1281—1287 v. Cwiklinski. — Classical Review I 10 p. 296—298 v. H. Hager.

Nebe, A., de mysteriorum Eleusiniorum tempore et administratione publica. Halle, Niemeyer. 8. 53 S.

Passow, W., de crimine βουλεύσεως. Leipzig, Fock. v. p. 157. 216. 1 M. 50 Pf.
Rec.: Phil. Anzeiger XVII 6. 7 p. 413—421 v. C. Schäfer.

Poland, F., de legationibus Graecorum publicis. Leipzig 1885, Teubner.
Rec : Berliner phil. Wochenschrift VII 47 p. 1478—1479 v. J. H. Lipsius.

Sauppe, H., de phratriis atticis. Göttingen. v. p. 94.
Rec.: Wochenschrift f. klass. Phil. IV 46 p. 1416—1418 v. L. Cohn.

Schömann, G. F., antiquités grecques. Trad. par C. Galuski. I. Paris, Picard.
Rec.: Berliner phil. Wochenschrift VII 47 p. 1479 v. J. H. Lipsius.

Stengel, P., Opferspenden. Jahrbücher für Philologie 135. Bd. 10. Hft. p. 649—654.

— θυσίαι ἄσπονδαι. Hermes XXII 4 p. 645—648.

Valeton, J. M., quaestiones Graecae. II. De ostracismo. Mnemosyne XV 4 p. 357—426. v. p. 95. 217.

Welsing, C., de inquilinorum et peregrinorum apud Athenienses iudiciis. Münster. Diss. 8. 53 S.

Zimmermann, R., de nothorum Athenis condicione. Berlin, Mayer & Müller. v. p. 157. 1 M. 20 Pf.
Rec.: Phil. Anzeiger XVII 6. 7 p. 403—413 v. C. Schäfer.

C. Römische Alterthümer.

Acollas, E., le droit romain mis à la portée de tout le monde. Le droit de la guerre. Paris, Delagrave. 18. 172 p.

Allard, P., les capitoles provinciaux et les actes des martyrs. Science catholique (Gand) N. 6.

Aron, P. M., usucapio lucrativa pro heredc. Thèse. Paris, Rousseau. 8. 145 p.

Asbach, J., römisches Kaiserthum u. Verfassung bis zur Erhebung Vespasians. Hist. Taschenbuch VII.

Ascoli, G., contributo alla teoria della confusione e commissione in diritto romano. Rivista giuridica IV 1.

Assirelli, P., l'agro romano et sa colonisation. (Extrait de la Réforme sociale.) Paris. 8. 8 p.

Barberot, E., de la stipulatio poenae. Dijon, imp. Jobard. 8. 170 p.

Baron, J., der Denunziationsprozess. Berlin, Simion. v. p. 157. 6 M.
Rec.: Deutsche Literaturzeitung N. 52 p. 1850—1852 v. J. Merkel.

Bendixen, Fr., der Niessbrauch an einer Heerde nach röm. Recht. Leipzig, Diss. (Göttingen, Vandenhoeck & Ruprecht.) 8. 31 S. 60 Pf.

Blunt, H. W., the causes of the decline of the Roman commonwealth. (The Arnold Prize essay for 1887.) Oxford, Blackwell. 8. 42 p. 2 M. 40 Pf.

Bojesen-Hoffa, Handbuch der römischen Antiquitäten. 4. Aufl. Wien, Gerold. v. p. 158. 4 M.
Rec.: Zeitschrift f. d. Gymn. XXXXI 10 p. 620—622 v. G. Hubert.

Bouché-Leclercq, A., manuel des institutions romaines. Paris 1885, Hachette. v. p. 95.   15 M.
    Rec.: Phil. Anzeiger XVII 4. 5 p. 305—311 v. J. Schmidt.

Brinz, A. v., zu den Alimentenstiftungen der römischen Kaiser. Sitzungsberichte der bayr. Akad. des Wiss. 1887, 2 Bd. 2. Hft. p. 209—227.

Caille, E., du colonat, en droit romain. Thèse. Poitiers, imp. Oudin. 8. 281 p.

Cauquil, A., de l'hypothèque conventionnelle, en droit romaine Thèse. Oran, imp. Perrier. 8. 286 p

Cirier, J., de l'occupation, en droit romain. Thèse. Lille, imp. Lefort. 8. 188 p.

Colin, A., des fiançailles; histoire du droit. Paris, Rousseau. 8. 230 p.

Correra, L, di alcune imposte dei Romani. Turin, Bocca. 8   77 p.
    Rec.: Berliner phil. Wochenschrift VII 44 p. 1378 v. H. Schiller.

Das Heer des römischen Kaiserreichs. Beihefte N. 10 — 12 zum Militärwochenblatt 1887.

Dreyfus, E, de la condition des pubères mineurs de vingt-cinq ans en droit romain. Thèse. Paris, imp. Davy. 8. 195 p.

Engelmann, Th., die custodiae praestatio nach römischem Recht. München. Diss. 8. 190 S.

Gandolfo, la efficacia delle eccezioni parziarie nella procedura civile romana classica. Archivio giuridico XXXIX 1—3.

Giachi, V., la superstizione nell' antica Roma. Nuova Antologia XXII 18.

Gradenwitz, O., die Ungultigkeit obligatorischer Rechtsgeschäfte. Berlin, Weidmann. v. p. 96   6 M.
    Rec.: Deutsche Literaturzeitung N. 49 p. 1738—1739 v. J. Merkel. — Lit. Centralblatt N. 45 p. 1531—1532 v. L-r.

Guiraud, P., les assemblées provinciales dans l'empire romain. Paris, Colin. 8. 313 p.

Hartmann, L. M, de exilio apud Romanos. Berlin, Weidmann. v. p. 96. 158.   90 Pf.
    Rec.: Berliner phil. Wochenschrift VII 45 p. 1406 · 1407 v. H. Schiller.

Herzog, E., Geschichte u. System der röm. Staatsverfassung. 2. Bd. Die Kaiserzeit von der Diktatur Cäsars bis zum Regierungsantritt Diocletians. 1. Abtheilung Geschichtliche Übersicht. Leipzig, Teubner. gr 8. XXII, 602 S. v. p. 217.   10 M.

Lammfromm, H, Beiträge zur Geschichte der Erbschaftsklage. Tübingen. Diss 8. 143 S.

Marquardt u. Mommsen, Handbuch der röm) Alterthümer. 3. Bd. 1. Abth. Leipzig, Hirzel. gr. 8. XVIII, 832 S.   15 M.
— — dasselbe. 1. Bd. 3 Aufl. XXVI, 708 S.   14 M.
— l'amministrazione pubblica romana, tradotta sulla 2.'ediz. tedesca da E. Solaini. I. Organizzazione dei dominii romani. Firenze. 8. 653 p. 12 M.

Maué, H. C., der Praefectus fabrum. Ein Beitrag zur Geschichte des röm. Beamtenthums u. des Collegialwesens während der Kaiserzeit. Mit Anh., enthaltend die Inschriften. Halle, Niemeyer. gr. 8. XII, 190 S.   5 M.

Mesnil, H., étude sur les particularités du legs d'usufruit. Paris, Rousseau. 8. 319 S.

Middell, E, de iustitio deque aliis quibusdam iuris publici romani notionibus. Erlangen. Diss. 8. 63 S.

Missol, C. E., de la représentation en justice par cognitor et par procurator. Essai sur le développement d'une institution juridique à Rome. Lyon, imp. nouvelle. 8. 354 p.

Mommsen, Th., röm. Staatsrecht. 3. Bd. 1. Abth. Leipzig, Hirzel. gr. 8. XVIII, 832 S   15 M.
— — dasselbe. 1. Bd. 3. Aufl. XXVI, 708 S.   14 M.
— — dasselbe. 2. Bd. 1. u. 2. Abth. XV, 742 u. XIV, u. S. 743—1171.   14 M. u. 9 M.

Mommsen, Tb., die römischen Provinzialmilizen. Hermes XXII 4 p. 547—558.

Montesquieu, considérations sur les causes de la grandeur des Romains et de leur décadence, suivies du Dialogue de Sylla et d'Eucrate, et de Lysimaque. Edition classique, annotée par C. Aubert. Paris, Hachette. 12. 213 p. 1 M. 25 Pf.

Müllenhoff, K., deutsche Altertumskunde. 2. Bd. Mit 4 Karten von H. Kiepert. Berlin, Weidmann. 8. XVI, 407 S. 14 M.

Pelham, on some points in the provincial organisation of Gaul and Spain. Transactions of the Oxford Phil. Society 1886/87 p. 13—19.

Piot, G., de l'aliénation de l'Ager publicus pedant la période républicaine. Thèse. Paris, imp. Levé. 8. 186 p.

Rada y Delgado, elementos de derecho romano con cuadros sinópticos para su mas fácil inteligencia al final de cada capitulo. Madrid, Hernando. 4. 417 p. geb. 9 M. 50 Pf.

Reure, la vie scolaire à Rome, les maitres, les écoliers, les études. Discours. Lyon. 8. 37 p.

Ruppel, K., die Theilnahme der Patricier an den Tributcomitien. Heidelberg. Diss. 8. 37 S.
Rec.: Deutsche Literaturzeitung N. 42 p. 1478—1479 v. W. Soltau.

Saalfeld, G. A., der Hellenismus in Rom. Wolfenbüttel 1883, Zwissler. (6 M.) — Haus u. Hof in Rom. Paderborn 1884. (4 M.)
Rec.: Blätter f d. bayr. Gymn. XXIII 10 p. 518—520 v. G. Orterer.

Salivas et Bellan, éléments de droit romain. 2 vols. Paris, Girard. 18 M.

Salkowski, C., Lehrbuch der Institutionen u der Geschichte des röm. Privatrechts für den akademischen Gebrauch. 5. Aufl. Leipzig, Tauchnitz. gr. 8. XXII, 554 S. 8 M.

Sampolo, della divisione e della misura delle acque e della permutazione del turno in diritto romano. Circolo giuridico di Palermo XVIII 4. 5.

Schiller, H., Literaturbericht über die röm. Staatsalterthümer. Bursian-Müllers Jahresbericht LII. Bd. p. 33—89. v. p. 218.

Stampe, E, das Kompensationsverfahren im vorjustinianischen stricti iuris iudicium. Leipzig 1886, Veit 2 M. 60 Pf.
Rec.: Deutsche Literaturzeitung N. 42 p. 1484 v. M. Conrat.

Steinhausen, G., de legum XII tabularum patria. Greifswald. Diss. 8. 48 S.

Unger, J., de censibus provinciarum Romanarum. Leipziger Studien X p. 1—76.

Voigt, M., über die staatsrechtliche possessio u. den ager compascuus der röm. Republik. Leipzig, Hirzel. 8. 52 S. 2 M.
Rec.: Lit. Centralblatt N. 48 p. 1626—1627 v. L-r.

Wamser, F., de iure sepulcrali Romanorum quid tituli doceant. Giessen. Diss. 8. 54 S.

Zambeaux, L., de l'extinction de l'usufruit en droit romain. Thèse. Paris Rousseau. 8. 294 S.

6. Exacte Wissenschaften.

Mathematik, Naturkunde, Medicin, Handel und Gewerbe im Alterthum.

Aurés, A., rapport sur une publication de M. J. Oppert, relative aux mesures assyriennes de superficie. Première partie. (Extrait.) Nimes, Catelan. 8. 24 p.

Berthelot et Ruelle, collection des alchimistes grecs. 1. livr. Paris, Steinheil gr. 8. 268 p. (introduction), 108 p. (texte grec) et 116 p. (traduction). Avec 45 fig.
Prix de souscr. pour l'ensemble (ca. 1200 p.): 60 M.; vente 80 M.

Böklein, über die Berücksichtigung des Historischen beim Unterricht in der
Geometrie. Pythagoras. Hippokrates. Platon. Korrespondenablatt f. württ.
Schulen XXXIV 9. 10 p. 393—404.

Blümner, **H.**, Technologisches. Schwefel, Alaun u. Asphalt im Alterthum.
Festschrift der Züricher Universität p. 23—40.

Bucher, **B**, Geschichte der technischen Künste. 22. Lief. (3: Bd. S. 193
—240 m. Illustr.) Stuttgart, Spemann.   à 2 M.

Dupouy, **E.**, médecine et moeurs de l'ancienne Rome d'après les poètes
latins. Paris, Baillière. 18. 450 p. avec fig.   4 M.

Edlinger, **A. v.**, Erklärung der Thiernamen. Landshut 1886. v. p. 219. 2 M.
     Rec.: Phil. Anzeiger XVII 6. 7 p. 337—340 v. C. Angermann.

Hertz, **N.**, Geschichte der Bahnbestimmung von Planeten u. Kometen. I. Die
Theorien des Alterthums. (Eudoxius, Hipparchus, Ptolemaeus.) Leipzig,
Teubner. 8. VIII, 170 S.   5 M.

Hooppell, ancient Roman balance recently found at Bainesse, Catterick.
Journal of the Brit. arch. Association XLIII 3 p. 238—239.

Husson, **G.**, histoire du pain à toutes les époques et chez tous les peuples.
Tours 1887, Cattier. 8. 214 p.

James, **M. R.**, note on Δίχαιρον. Classical Review I 8 p. 244.

Keller, **O.**, Thiere des Klass. Alterthums. Innsbruck, Wagner. v. p. 219.
                                                            10 M. 80 Pf.
     Rec.: Neue phil. Rundschau N. 22 p. 349 - 351. — Rivista di filologia
     XVI 3: 4 p. 152—153 v. F. Ramorino.

Kurtz, **E.**, Thierbeobachtung bei den Griechen. Leipzig 1886, Neumann. 50 Pf.
     Rec.: Korrespondenzblatt f. d. württ. Schulen XXXIV 8. 9 p. 455 v. Bender.

Melainis, **H.**, οἱ ἀρχαῖοι Ἕλληνες ζωόφιλοι. Athen.
     Rec.: Ἐβδομάς N. 21 p. 8 v. Dorer.

Moldenke, **Ch.**, über die in altägypt. Texten erwähnten Bäume und deren
Verwerthung. Leipzig, Breitkopf & Härtel. 8. 149 S. v. p. 219.   6 M.

Nissen, **H.**, griechische und römische Metrologie. Aus dem Handbuch der
klass. Alterthumswissenschaft. Nördlingen, Beck. 8. 45 S. v. p. 99 160. 1 M.

Osborne, **W.**, das Beil und seine typischen Formen in vorhistorischer Zeit.
Ein Beitrag zur Geschichte des Beiles. Dresden, Warnatz & Lehmann.
gr. 4. 67 S. Mit 19 Taf.   10 M.

Schmidt, **A.**, Magnet u. Knoblauch. Korrespondenzblatt f. d. württ. Gelehrten-
Schulen XXXIV 8. 9 p. 422—426 u. (Nestle) p. 473—474.

Schrader, **O.**, Forschungen zur Handelsgeschichte. I. Jena 1886, Costenoble. v. p. 99.   8 M.
     Rec.: Deutsche Literaturzeitung N. 49 p. 1724—1727 v. H. Zimmer. —
     Zeitschrift f. d. österr. Gymn. XXXVIII 11 p. 874—876 v. W. Toma-
     schek. — Revue de l'instr. publ. en Belgique XXX 6 p. 389—391 v.
     Ch. Michel.

Schubert, **H.**, Zählen u. Zahl. Eine kulturgeschichtliche Studie. Hamburg,
Richter. 8. 36 S.   80 Pf.

Strelzow, **A.**, aus der Geschichte der Medizin im alten Rom. (Russisch.)
Journal des kais. russ. Ministeriums der Volksaufklärung 1887, Nov., 3. Abth.,
p. 103—154.

Tannery, **P.**, la géométrie grecque. Comment son histoire nous est parvenue
et ce que nous en savons, essai critique. Première partie: Histoire générale de la géométrie élémentaire. Paris, Gauthier-Villars. 8. VIII, 188 p.
avec fig.   4 M. 50 Pf.
— pour l'histoire de la science hellène. De Thalès à Empédocle. Paris, F.
Alcan. 8. 404 p.   7 M. 50 Pf.

Urbanitzky, **A. v.**, Elektrizität u. Magnetismus im Alterthum. Wien, Hartleben. v. p. 99. 160.   3 M.
     Rec.: Deutsche Literaturzeitung N. 49 p. 1740 v. E. Gerland.

Vars, J., l'art nautique dans l'antiquité et spécialement en Grèce d'après A. Breusing (Die Nautik der Alten). Accompagné d'éclaircissements et de comparaisons avec les usages et les procédés de la marine actuelle: Introduction par le contre-amiral A. Vallon. Paris, Klincksieck. 12. XV, 265 p. avec 56 fig.

Voigt, Mor., über die Bankiers, die Buchführung u. die Litteralobligation der Römer. (Aus den Abhandl. d. k. sächs. Gesellsch. d. Wiss.) Leipzig, Hirzel. 8. 66 S.   3 M.

7. Kunstarchaeologie.

Alt, Th., die Grenzen der Kunst. Berlin, 1886, Grote. v. p. 219.   4 M.
    Rèc.: Blätter f. lit. Uhterhaltung N. 43 v. Göler.

Antike Denkmäler, herausg. vom kais. deutschen arch. Institut. 1. Heft. Berlin, Reimer. v. p. 99. 219.   40 M.
    Rec.: Lit. Centralblatt N. 40 p. 1382—1383 v. T. S. — Classical Review I 8 p. 250—251 v. C. Torr.

Arndt, P., Studien zur Vasenkunde. Leipzig, Engelmann. 8. IX, 170 S.   4 M.

Babelon, E., cabinet des antiques prés. la Bibliothèque nationalè. 2. tirage. Paris, A. Levy.

Belger, Chr., Beiträge zur Kenntniss der griechischen Kuppelgräber. Berlin, Gärtner. v. p. 100. 160.   1. M.
    Rec.: Deutsche Literaturzeitung N. 41 p. 1450 v. E. Fabricius.

Bertrand, A., découvertes à Magnésie du Méandre. Académie des inscriptions, 9 Sept. (Revue critique N. 41.)

— statuettes du Jupiter infernal des Gaulois, Dispater. Académie des inscriptions, 14. Oct. (Revue critique N. 43.)

— et **Héron de Villefosse**, mosaïques découvertes à Sousse (Hadrumet). Académie des inscriptions, 23. Sept. (Revue critique N. 41.)

Bie, O., die Musen in der antiken Kunst. Berlin, Weidmann. VI, 106 S. m. 19 Fig.   2 M. 80 Pf.

Blair, a Roman patera found at South Shields. Academy N. 804.

Böhlau, J., eine melische Amphora. Jahrbuch des arch. Instituts II 4 p. 211—215 mit Taf. 12 u. Abb.

Brugsch, H., das Herakleion an der Kanalmündung. Zeitschrift für ägypt. Sprache 1887 N. 3 p. 98—100.

Brunn, v, troische Miscellen (Interpretation von Kunstdenkmälern) Sitzungsberichte der bayr. Akad. d. Wiss. 1887, 2. Hft. p. 229—271.

Bulič, le gemme del museo di Spalato. Bullettino di arch. dalmata X 9—12 p. 139 ff.

Casati, sur la céramique étrusque. Académie des inscriptions, 26. August. (Revue critique N. 41.)

— sur les sarcophages étrusques. conservés dans les musées d'Italie. Académie des inscriptions, 26. Sept. (Revue critique N. 41).

Catalogue of the classical antiquities from the collection of the late. Sir Gardner Wilkinson; by C. Torr. London, Nutt.   1 M. 20 Pf.
    Rec.: Classical Review I 9 p. 285—286 v. C. Torr.

Cipolla, C, mosaico trovato in Verona. Notizie degli scavi 1887, settembre, p. 340.

Cohausen, v., der cymbelschlagende Satyr. Annalen für nassauische Alterthumskunde XX 1, mit Abb.

Dietrichson, zum 200jähr. Gedächtniss der Zerstörung des Parthenon. Auszug aus dem Tagebuche eines venezianischen Offiziers. Zeitschrift f. bild. Kunst XXII 12.

Dümmler, F., über eine Klasse griechischer Vasen mit schwarzen Figuren. Mittheilungen des arch. Instituts zu Rom II 3 p. 171 - 192 mit Taf. VIII. IX.

Duhn, F. v., Charon-Lekythen. Jahrbuch des Arch. Instituts II 4 p. 240 – 244 mit Abb.

Dumont et Chaplain, céramiques de la Grèce. Paris, Firmin - Didot v. p 220.   à vol. 20 M.
      Rec.: Academy N. 803 v. C. Torr.

Eichhorn, A., die Akustik grosser Räume nach altgriechischer Theorie. Berlin 1887, Ernst. 8. 76 S. mit 4 Taf

Fabié, los bronces de Lascuta que publica Manuel Berlenga. Revista de Espagna, 25. August.

Flouest, F., note sur trois bronzes de la haute antiquité découverts dans le département de la Drôme. Extrait. Paris, Reinwald. 8. 24 p. avec fig.

Fröhner, W., une collection de terres cuites (coli. Mme. Darthès). Gazette des beaux-arts N. 364 p. 265—274 et N. 366 p. 478 – 487 avec dessins et planches.

Furtwängler, A., über den praxitelischen Eubuleuskopf von Eleusis. Berliner arch. Gesellschaft, Julisitzung. (Berl. phil. Wochenschrift VIII 41.)

— Entdeckungen in karischen Gräbern. Campanische Vasen. Berliner arch. Gesellschaft, Novembersitzung. (Wochenschrift f. klass Phil. IV 49.)

Gatti, G., scultura rappresentanda Hercules Julianus, Juppiter Caelius ed il Genius Caelimontis. Bullettino della comm. arch. di Roma XV p. 314—317 mit Taf. XIX.

Gercke, A., Apollon der Galliersieger. Jahrbuch des arch. Instituts II 4 p. 260—264.

Gerhard, E., etruskische Spiegel. 5. Bd. Im Auftrage d. kais deutscheu arch. Instituts bearb. von Klügmann u. G. Körte. 6. Heft. Berlin, Reimer. gr. 4. S. 57—72 m. 10 Taf. v. 1885.   à 9 M.

Grempler, der Fund von Sackrau. Brandenburg, Lunitz. gr. 4. 16 S. Mit 1 Karte u. 5 Taf.   6 M.
      Rec.: Lit. Centralblatt N. 45 p. 1541 v. W. v. Sch.

Hartwig, P., testo di Helios Mittheilungen des arch. Instituts zu Rom II 3 p 159 – 166 mit Taf. VII.

— rapporto su una serie di tazze attiche a figure rosse con nomi di artisti e di favoriti raccolta a Roma. Ibid. p. 167 – 170.

Heideloff, C., der kleine Grieche. Taschenbuch der altgriech. Säulenordnungen. Zum Handgebrauch für Schüler der Gewerbevorbereitungs- und Handwerks-Schulen. 2. Aufl. m. 12 Kupfertaf. Nürnberg, Korn. 16. 14 S. 1 M.

Hettner, röm. Bad u. Fortuna in Pölich. Korrespondenzblatt der Westdeutschen Zeitsehrift VI 10 p. 219.

Heydemann, H., Jason in Kolchis. 11. Hallisches Winkelmannprogramm. Halle 1886, Niemeyer. v. p. 220.   2 M.
      Rec.: Lit. Centralblatt N. 52 p. 1774 v. Cr.

Holleaux, M., fouilles au temple d'Apollon Ptoos. Statues archaïques. Bulletin de correspondance hellénique XI 5 p. 354—363 avec pl. IX—XI.

Holtzinger, H., kunsthistorische Studien Tübingen, Fues. v. p. 101. 2 M 40 Pf.
      Rec.: Lit. Centralblatt N. 52 p 1773—1774 v. H. J.

Hoskyns-Abrahall, Roman pavement recently found in London. Academy N. 800.

Inventaire général des richesses d'art de la France: Province: Monuments religieux. T. 1. Paris, Plon. 8 449 p.

— même ouvrage. Monuments civils. T. 2. 8. 472 p.   9 M.

— même ouvrage. Deuxième partie. Documents déposés aux archives nationales et provenant du musée des monuments français. 483 p   9 M.

Kalkmann, A., Tatians Nachrichten über Kunstwerke, v. Tatianus p. 247.

Keller u. **Hettner**, Beiträge zu den sogenannten Juppitersäulen. Korrespondenzblatt der Westdeutschen Zeitschrift VI 10 p. 229–235.

Κ α τ ά λ ο γ ο ς τοῦ κεντρικοῦ ἀρχαιολογικοῦ μουσείου. ὑπὸ Π. Κ α β β α δ ί α. I et II. Athen 1886/87, Typ. Vlastos. 8. 160 p.
Rec.: Revue critique N. 49 p. 427—430 v. S. Reinach.

Klein, W., Vasen mit Meistersignaturen. 2. Aufl. Wien, Gerold. v. p. 101. 162 221.   6 M.
Rec. : Zeitschrift f. d. österr. Gymn. XXXVIII 8. 9 p. 646—648 v. E. Reisch.

Köpp, F., Giganten in Waffenrüstung. Jahrbuch des Arch. Instituts II 4 p. 265–270 mit Abb.

Kontoleon, Skulpturen des Museums der Ev. Schule in Smyrna. *»'Ροδώνα* (Athen) I (1887) p. 101—107.

Kuhnert, E., eine neue Leukippidenvase. Jahrbuch des Arch. Institus II 4 p. 271—274.

Langl, J, Götter- u. Heldengestalten. 16.—18. Lief., Schluss. Wien, Hölder. v. p. 221.   à 2 M. 50 Pf.
Rec.: Blätter f. d. bayr. Gymn XXXIII 9 p. 459–460 v. A. Flasch. —
Centralblatt für Realschulwesen XV 10 p. 684–689 v. Bindewald.

Loeschcke, G., Boreas u. Oreithya am Kypseloskasten. Dorpat 1886 (Karow). v. p 101. 221.   60 Pf.
Rec.: Berliner phil. Wochenschrift VII 40 p. 1249—1251 v. Roscher.

— archaische Niobidenvase. Jahrbuch des Arch. Instituts II 4 p. 275—279. (Hierzu Antike Denkmäler I Taf 22.)

Lübke, W., essai sur l'histoire de l'art. Traduit par Ch. K o ë l l a. 2 vols. Paris, Rouam. 4 v p. 101.   80 Pf.
Rec.: Journal des Savants 1887, Nov., p. 712 v. Ch. L.

Maionica, il Mitreo della Transsilvania, trovato a Temesvar in 1881—83. Atti della Società asiatica I.

Masaraki, die archäologische Sammlung des Herrn S A. Masaraki. (Russisch) »Njiwa« (Petersburg) N. 34 mit Abb.

Maspero, G., l'archéologie égyptienne. Paris, Quantin. v. p. 162. 221. 3 M.50Pf.
Rec.: Rhein. Jahrbücher 83. Hft. v. Wiedemann.

— Egyptian Archaeology. Translated from the French by A m e l i a B. E d. w a r d s With 299 Illustrations. London, Grevel. 8. 326 p.   12 M. 60 Pf.

Mau, A., sul significato della parola pergula nell' architettura antica. Mittheilungen des arch. Instituts zu Rom II 3 p. 214–220.

Michaelis, über alexandrinische Kunst Vortrag auf der Philologenversammlung zu Zürich. (Berl phil Wochenschritt VII 47 p. 1487—1488.)

Müller, Emil, die griechischen Vasenbilder Festgruss an die Philologenversammlung zu Zürich. Zürich. gr. 4. 20 S. mit 2 Taf.

Müntz, E., les collections des Médicis au XV. siècle: le musée, la bibliothèque, le mobilier (appendice aux Précurseurs de la Renaissance). Paris, Rouam. 4. 146 p.

Murray, A S., an archaic Greek vase. Classical Review I 10 p. 315—316.

Naville, E., Goshen and the shrine of Saft-el-Henneh. 4. Memoir of the Egypt Explor Fund, 1885) London, Trubner. gr. 4. 26 p. With 9 plates and 2 maps. cl.   25 M.

Overbeck, J., griech. Kunstmythologie. Besonderer Theil. 3. Bd. 5. Buch: Apollon. 1. Lief. Leipzig, Engelmann. gr. 8 S. 1—320, mit 5 Taf. u. 19 Fig   10 M.

Paris, P., fouilles au temple d'Athéna. Cranaia. — Les ex-voto. Bulletin de correspondance hellénique XI 6 p. 405–444 avec planches III. IV. V.

Perrot et **Chipiez**, histoire de l'art antique. IV. Paris, Hachette. v. p. 102.
Rec.: Neue phil. Rundschau N. 22 p. 347—348 — Revue critique N. 45 p 329 · 343 v Clermont-Ganneau. — Bulletin critique N. 19 p. 364— 371 v. E. Beurlier.

Petra, G. de, degli oggetti di metallo prezioso e dei libelli scoperti in Pompei. Notizie degli scavi 1887, ottobre, p. 415—420.

Pfundheller, die Laokoongruppe im Lichte der Bildwerke von Pergamon. Deutsch-evang. Blätter N. 12.

Pottier et Reinach, la nécropole de Myrina. Deuxième partie. p 261—631, texte p. 34—80, titre etc., et planches 2. 5. 7. 11—51. Paris, Thorin. v. p. 162.   60 M.

Prost, les anciens sarcophages chrétiens dans la Gaule. Revue archéologique 1887, September-Oktober.

Puchstein, O., das römische Capitell. 47. Winkelmann. Programm. Berlin. 4. 67 S. mit 52 Abb. v. p. 162.   3 M.

Racinet, das polychrome Ornament. 2. Serie. Antike und asiatische Kunst Lief. 32—38. Deutsch von C. Vogel. Stuttgart, Neff. Fol.

Reinach, S., la colonne Trajane au musée de Saint-Germain. Paris 1886, Leroux. v. p 162   1 M. 25 Pf.
     Rec.: Wochenschrift f. klass. Phil. IV 46 p. 1419 v. P. Weizsäcker.
—   la Vénus drapée au Musée du Louvre. Gazette archéologique XIII 9. 10 p. 250—262

Reymond, W., histoire de l'art. Paris 1886, Delagrave,   2 M. 90 Pf.
     Rec : Wochenschrift f. klass. Phil. IV 45 p. 1377—1379 v. P. Weizsäcker.

Robert, K., archäologische Märchen Berlin, Weidmann. v. p. 102.   6 M.
     Rec.: Berliner phil. Wochenschrift VII 48 p 1493—1499 u. N. 49 p. 1525 —1531 v. Oehmichen.
—   Beiträge zur Erklärung des pergamenischen Telephos-Frieses. Jahrbuch des Arch. Instituts I 4 p. 244—259 mit Abb.

Robins, E. C., the temple of Solomon. A review of the various theories respecting its form and style of architecture. The ethics of art. Two lectures. London, Whittaker. 8. 61 p.   3 M.

Rumor, S., Musaeum lapidarium Vincentinum. Città e borghi. Vinceuza. 8. 325 p.   4 M.

Sauer, B., die Anfänge der statuarischen Gruppe. Ein Beitrag zur Geschichte der griech. Plastik. Leipzig, Seemann. 8 III, 82 S.   2 M.

Schweisthal, M., l'image de Niobé et l'autel de Zeus Hypatos au mont Sipyle. Gazette archéologique XIII 9. 10 p. 213—232.

Seaton, R. C., on the word γλύφιδες. Classical Review I 8 p. 244.

Springer, A., Grundzüge der Kunstgeschichte. Textbuch zur Handausgabe der kunsthistor. Bilderbogen. 3. verb. Aufl. des Textbuches. I. Das Alterthum. Leipzig 1888, Seemann. 8. VIII, 112 S   1 M.; geb. 1 M. 35 Pf.
     Rec.: Journal des Savants 1887, Oktober, p. 629—642 v. E. Müntz.

Studniczka, F., über einen Frauenkopf im Berliner Museum. Berliner arch. Gesellschaft, 9. Dez. 1887. (Deutsche Literaturzeitung 1888 N. 1 p. 34—35)
—   über Kyrene-Darstellungen auf Vasen. Berliner arch. Gesellschaft, Novembersitzung. (Deutsche Literaturzeitung N. 47.)
—   Nachtrag zu Stein- und Vaseninschriften. Jahrbuch des Arch. Instituts II 4 p. 280—281.

Sybel, H. v., Weltgeschichte der Kunst bis zur Erbauung der Sophienkirche. Marburg 1888, Elwert. 8. 479 S. mit 1 Taf. u. 380 Abb.

Torr, C., the scarabaeus from Talysos. Classical Review I 8 p. 250.

Upcott, L. E., introduction to Greek sculpture. Oxford. v. p. 103. 163. 5 M. 40 Pf.
     Rec.: Berliner phil. Wochenschrift VII 50 p. 1574—1575 v. A. Brückner.

Urlichs, L. v., archäologische Analekten. Würzburg 1885, Stabel. v. p 163. 80 Pf.
     Rec.: Lit. Centralblatt N. 43 p. 1475 v. T. S.

Visconti, C. L., un singolare monumento di scultura ultimamente scoperto negli orti sallustiani. Bullettino della Commissione arch. di Roma XV 9 p. 267—274 mit Taf XV, XVI

— di un frammento con rilievi appartenente ad una statua di Marte sedente. Ibid. N. 10 p 299—305 mit Taf XVII. XVIII.

Vogel, J., Scenen euripideischer Tragödien in Vasengemälden. Leipzig, Veit. v. p. 222.   4 M.
Rec.: Lit. Centralblatt N. 43 p. 1476 v. J. S.

Wallis, H., the archaic sculpture of the Acropolis. Athenæum N. 3134 p. 680—681.

Walz, über die Erklärung der Eckfiguren am Ostgiebel des olympischen Zeustempels u. am Westgiebel des Parthenon. Tübingen, Fues 4. 39' S. v. p. 163.   1 M. 50 Pf.

Winnefeld, H., Hypnos. Berlin 1886, Spemann. v. p. 103.   2 M. 60 Pf.
Rec.: Neue phil. Rundschau N. 20 p. 315—316 v H. Heydemann.

— Beschreibung der Vasensammlung der grossh. vereinigten Sammlungen zu Karlsruhe. Mit 1 Taf. Karlsruhe, Bielefeld. 8. X, 193 S.   2 M.

Winter, F., zur altattischen Kunst. Jahrbuch des Arch. Instituts II 4 p. 216 — 239 mit Taf. 13. 14 u. Abb.

Witte, J. de, sur un miroir étrusque avec la devise »Thamu«. Muséon VI 5 p. 581—583.
— l'arc de triomphe d'Orange. Revue archéologique 1887, September-Oktober.

8. Numismatik.

Belfort, A. de, recherches des monnaies romaines non décrites dans l'ouvrage de H. Cohen. Annuaire de numismatique 1887, sept·oct., p. 421—433; nov.-déc. p. 581—598. v. p. 103. 203.

Catalogue of the Greek coins in the British Museum. VIII. Peloponnesus Ed. by Percy Gardner. London.
Rec.: Academy N. 807 v. Oman. — Athenaeum N. 3125. — Classical Review I 8 p. 248—249 v. Oman.

— of Indian coins in the British Museum. Ed. by R. Stuart Poole. London 1886. v. p. 164.   25 M.
Rec.: Revue critique N. 44 p. 305—310 v. J. Darmesteter.

Changarnier, A., numismatique gauloise. Potins et bronzes séquanes, éduens et éduo-ségusiaves. Variétés de quinaires du chef séquane Q. Doci. Annuaire de numismatique 1887, sept.-oct., p. 536—542.

Engel, A., notes sur quelques contremarques antiques et sur certains singularités numismatiques. Revue numismatique 1887 N. 4 p. 382—401 avec pl. XI

Evans, A., on a coin of a second Carausius, Caesar in Britain in the 5th century. Numismatic Chronicle 3. serie, N. 27 p. 191—219.

Gardner, Percy, new Greek coins of Bactria and India. Numismatic Chronicle 3. serie, N. 27 p. 177—184 with pl. VII.

— the exchange-value of Cyzicene staters. Ibid. p. 188—190.

Head, B. v., historica numorum. London, Frowde. v. p. 103. 164. 223.   50 M.
Rec.: Zeitschrift f. Numismatik XV 2. 3 p. 236—237 v. A. v. S. — Numismatic Chronicle 3. serie N. 27 p. 273—276 v. J. H. Midleton.

Mommsen, Th., die Münzen des C. Clodius Vestalis. Zeitschrift f. Numismatik XV 2. 3 p. 202—206.

Morgan, on the XX. legion as illustrated by consular denarii. Journal of the Brit. arch. Association XLIII 3 p. 267—274

Platel, E., über falsche Münzen u. deren Erkennung. Bulletin de la Société suisse de numismatique 1887 N. 6.

Reinach, S., la monnaie et le calendrier. Revue archéologique 1887, September-Oktober.

Reinach, Th., essai sur la numismatique des rois de Bithynie. Revue numismatique 1887 N. 4 p 337—368 avec pl. VlII—IX. (fin.) v. p. 164. 224.

Revillout, E., lettre à M. Lenormant sur les monnaies de cuivre et d'or. Annuaire de la Soc. de Numismatique 1887, nov.-déc., p. 553—580.

Sorlin-Dorigny et **Babelon,** monnaies nabatéennes inédites. Revue numismatique 1887 N. 4 p 369—377 avec pl. X.

Stein, M. A., the Greek Sampi on Indo-Scythian coins. Academy N. 801, 803 u. 804.

Stettiner, P., considerazioni sull' Aes grave etrusco. Mittheilungen des arch. Instituts zu Rom ll 3 p. 192—196.

Veltman, G., Funde von Römermünzen im freien Germanien u. die Oertlichkeit der Varusschlacht. Osnabrück 1886, Rackhorst. v. p. 164. 1 M. 60 Pf.
Rec.: Wochenschrift f. klass. Phil IV 43 p. 1325—1329 v. P. v. Rohden.

Weil, R., über sogenannte Krösusmünzen. Berliner numism. Gesellschaft. 3. Okt. (Berliner phil. Wochenschrift N. 46.)

Alphabetisches Register.

342   Alphabetisches Register.

348 Alphabetisches Register.

352 Alphabetisches Register.

356 Alphabetisches Register.

Druck von C. Feicht in Berlin.